Carl von Clausewitz

Vom Kriege

Hinterlassenes Werk

Ungekürzter Text

Ullstein Sachbuch

Ullstein Sachbuch
Ullstein Buch Nr. 34799
im Verlag Ullstein GmbH,
Frankfurt/M – Berlin

Umschlagentwurf:
Hansbernd Lindemann

Printed in Germany 1991
Gesamtherstellung:
Ebner Ulm
ISBN 3 548 34799 1

3. Auflage März 1991

CIP-Titelaufnahme
der Deutschen Bibliothek

Clausewitz, Carl von:
Vom Kriege: hinterlassenes Werk / Carl
von Clausewitz. – Ungekürzter Text. –
Frankfurt/M; Berlin: Ullstein, 1991
(Ullstein-Buch; Nr. 34799:
Ullstein-Sachbuch)
ISBN 3-548-34799-1
NE: GT

Inhalt

Sechstes Buch: Verteidigung

Dritter Teil

Skizzen zum siebenten Buche: Der Angriff

Achtes Buch: Kriegsplan

Anhang

Vom Kriege.

Hinterlassenes Werk

des

Generals Carl von Clausewitz.

Erster Theil.

Berlin,
bei Ferdinand Dümmler.

1832.

Vom Kriege.

Hinterlassenes Werk

des

Generals Carl von Clausewitz.

Zweite Auflage.

Erster Theil.

Berlin,
Ferd. Dümmler's Verlagsbuchhandlung.
1853.

Vorrede [zur ersten Auflage]

Es wird mit Recht befremden, daß eine weibliche Hand es wagt, ein Werk von solchem Inhalt wie das vorliegende mit einer Vorrede zu begleiten. Für meine Freunde bedarf es hierüber keiner Erklärung, aber auch in den Augen derer, die mich nicht kennen, hoffe ich durch die einfache Erzählung dessen, was mich dazu veranlaßte, jeden Schein einer Anmaßung von mir zu entfernen.

Das Werk, dem diese Zeilen vorangehen sollen, hat meinen unaussprechlich geliebten, mir und dem Vaterlande leider zu früh entrissenen Mann während der letzten zwölf Jahre seines Lebens fast ausschließend beschäftigt. Es zu vollenden, war sein sehnlichster Wunsch, aber nicht seine Absicht, es während seines Lebens der Welt mitzuteilen; und wenn ich mich bemühte, ihn von diesem Vorsatz abzubringen, gab er mir oft, halb im Scherz, halb aber auch wohl im Vorgefühl eines frühen Todes, zur Antwort: »*Du* sollst es herausgeben.« Diese Worte (die mir in jenen glücklichen Tagen oft Tränen entlockten, sowenig ich damals geneigt war, ihnen eine ernsthafte Bedeutung unterzulegen) sind es nun, die es mir nach der Ansicht meiner Freunde zur Pflicht machen, den hinterlassenen Werken meines geliebten Mannes einige Zeilen vorauszuschicken; und wenn man auch hierüber verschiedener Meinung sein kann, so wird man doch das Gefühl gewiß nicht mißdeuten, das mich veranlaßt hat, die Schüchternheit zu überwinden, welche einer Frau jedes auch noch so untergeordnete Auftreten der Art so sehr erschwert.

Es versteht sich von selbst, daß ich dabei auch nicht die entfernteste Absicht haben kann, mich als die eigentliche Herausgeberin eines Werkes zu betrachten, das weit über meinem Horizont liegt. Nur als eine teilnehmende Begleiterin will ich demselben bei seinem Eintritt in die Welt zur Seite stehen. Diese Stelle darf ich wohl in Anspruch nehmen, da mir auch bei dessen Entstehung und Ausbildung eine ähnliche vergönnt wurde. Wer unsere glückselige Ehe gekannt hat und weiß, wie wir *alles* miteinander teilten, nicht allein Freude und Leid, sondern auch jede Beschäftigung, jedes Interesse des täglichen Lebens: der wird begreifen, daß eine Arbeit dieser Art meinen geliebten Mann nicht beschäftigen konnte, ohne auch mir genau bekannt zu sein. Es kann also auch niemand so wie ich Zeugnis geben von dem Eifer, von der Liebe, mit der er sich ihr widmete, von den Hoffnungen, die er damit verband, sowie von der Art und dem

Zeitpunkt ihres Entstehens. Sein so reich begabter Geist hatte von früher Jugend an das Bedürfnis des Lichts und der Wahrheit[1] empfunden, und so vielseitig er auch gebildet war, hatte sich sein Nachdenken doch hauptsächlich auf die Kriegswissenschaften gerichtet, welchen sein Beruf ihn widmete, und welche von so großer Wichtigkeit für das Wohl der Staaten sind. Scharnhorst hatte ihn zuerst auf die richtige Bahn geführt, und seine im Jahre 1810 erfolgte Anstellung als Lehrer bei der Allgemeinen Kriegsschule sowie die Ehre, die ihm in derselben Zeit zuteil wurde, Seiner Königlichen Hoheit dem Kronprinzen[2] den ersten militärischen Unterricht zu erteilen, waren ihm neue Veranlassungen, seinen Forschungen und Bestrebungen diese Richtung zu geben sowie dasjenige niederzuschreiben, worüber er mit sich selbst aufs reine gekommen war. Ein Aufsatz, mit welchem er im Jahre 1812 den Unterricht Seiner Königlichen Hoheit des Kronprinzen schloß, enthält schon die Keime seiner folgenden Werke. Aber erst im Jahre 1816 in Koblenz fing er wieder an, sich mit wissenschaftlichen Arbeiten zu beschäftigen und die Früchte zu sammeln, welche die reichen Erfahrungen von vier so gewichtigen Kriegsjahren in ihm zur Reife gebracht hatten. Er schrieb seine Ansichten zuerst in kurzen, untereinander nur lose verbundenen Aufsätzen nieder. Der nachfolgende, der sich ohne Datum unter seinen Papieren fand, scheint auch aus jener früheren Zeit herzustammen:

»Durch die hier niedergeschriebenen Sätze sind nach meiner Meinung die Hauptsachen, welche die sogenannte Strategie ausmachen, berührt. Ich sah sie noch als bloße Materialien an und war ziemlich so weit gekommen, sie zu einem Ganzen zu verschmelzen.

Es sind nämlich diese Materialien ohne vorher gemachten Plan entstanden. Meine Absicht war anfangs, ohne Rücksicht auf System und strengen Zusammenhang über die wichtigsten Punkte dieses Gegenstandes dasjenige in ganz kurzen, präzisen, gedrungenen Sätzen niederzuschreiben, was ich darüber mit mir selbst ausgemacht hatte. Die Art, wie Montesquieu seinen Gegenstand behandelt hat, schwebte mir dabei dunkel vor. Ich dachte mir, solche kurze, sentenzreiche Kapitel, die ich anfangs nur Körner nennen wollte, würden den geistreichen Menschen anziehen ebensosehr durch das, was weiter aus ihnen entwickelt werden konnte, als durch das, was sie selbst feststell-

1 [2. Auflage: nach Licht und Wahrheit]
2 [2. Auflage notiert in einer Fußnote: jetzt regierendem Könige; [gemeint ist der spätere König Friedrich Wilhelm IV. (1795–1861)].]

ten; es schwebte mir also ein geistreicher, schon mit der Sache bekannter Leser vor. Allein meine Natur, die mich immer zum Entwickeln und Systematisieren treibt, hat sich am Ende auch hier wieder hervorgearbeitet. Eine Zeitlang vermochte ich es über mich, aus den Abhandlungen, welche ich für einzelne Gegenstände schrieb, weil sie mir dadurch selbst erst recht klar und sicher werden sollten, nur die wichtigsten Resultate herauszuheben und also den Geist in ein kleineres Volumen zu konzentrieren; später aber ist meine Eigentümlichkeit völlig mit mir durchgegangen, ich habe entwickelt, was ich gekonnt habe, und mir dann natürlich dabei einen mit dem Gegenstand noch nicht bekannten Leser gedacht.

Je mehr ich fortgearbeitet, je mehr ich mich dem Geiste der Untersuchung hingegeben habe, um so mehr bin ich auch auf das System zurückgeführt, und so sind denn nach und nach Kapitel eingeschaltet worden.

Meine letzte Absicht war nun, alles noch einmal durchzugehen, in den früheren Aufsätzen manches mehr zu motivieren, in den späteren vielleicht manche Analyse in ein Resultat zusammenzuziehen und so ein erträgliches Ganze daraus zu machen, welches einen kleinen Oktavband bildete. Aber auch dabei wollte ich durchaus alles Gewöhnliche, was sich von selbst versteht, hundertmal gesagt, allgemein angenommen ist, vermeiden; denn mein Ehrgeiz war, ein Buch zu schreiben, was nicht nach zwei oder drei Jahren vergessen wäre, und was derjenige, welcher sich für den Gegenstand interessiert, allenfalls mehr als einmal in die Hand nehmen könnte.«

In Koblenz, wo er viele Dienstgeschäfte hatte, konnte er seinen Privatarbeiten nur abgebrochene Stunden widmen; erst durch seine im Jahre 1818 erfolgte Ernennung zum Direktor der Allgemeinen Kriegsschule in Berlin gewann er die Muße, seinem Werk eine weitere Ausdehnung zu geben und es auch durch die Geschichte der neueren Kriege zu bereichern. Diese Muße söhnte ihn auch mit seiner neuen Bestimmung aus, die ihm in anderer Hinsicht wohl nicht ganz genügen konnte, da nach der einmal bestehenden Einrichtung der Kriegsschule der wissenschaftliche Teil der Anstalt nicht unter dem Direktor steht, sondern von einer besonderen Studienkommission geleitet wird. So frei er auch von jeder kleinlichen Eitelkeit, von jedem unruhigen egoistischen Ehrgeiz war, so fühlte er doch das Bedürfnis, wahrhaft nützlich zu sein und die Fähigkeiten, mit welchen Gott ihn begabt hatte, nicht ungebraucht zu lassen. Im tätigen Leben stand er nicht an einer Stelle, wo dies Bedürfnis Befriedigung finden konnte, und er machte sich wenig Hoffnung, noch einst zu einer solchen zu gelangen; sein ganzes Streben richtete sich also auf das Reich der Wissenschaft, und der Nutzen, den er einst durch sein Werk zu stiften hoffte, wurde der Zweck seines Lebens. Wenn trotzdem der Entschluß, dies Werk erst nach seinem Tode erscheinen zu lassen, immer fester in ihm wurde, so ist dies wohl der beste Beweis, daß kein eitles Verlangen nach Lob und Anerkenntnis, keine Spur irgendeiner egoistischen Rücksicht diesem edlen Drange nach einer großen und dauernden Wirksamkeit beigemischt war.

So arbeitete er eifrig fort, bis er im Frühjahr 1830 zur Artillerie versetzt und seine Tätigkeit nun auf eine ganz andere Weise, und zwar in so hohem Grade in Anspruch genommen wurde, daß er, wenigstens fürs erste, allen schriftstellerischen Arbeiten entsagen mußte. Er ordnete seine Papiere, versiegelte die einzelnen Pakete, versah sie mit Aufschriften und nahm einen wehmütigen Abschied von dieser ihm so liebgewordenen Beschäftigung. Er wurde im August desselben Jahres nach Breslau versetzt, wo er die zweite Artillerieinspektion erhielt, aber schon im Dezember wieder nach Berlin zurückberufen und als Chef des Generalstabes bei dem Feldmarschall Grafen von Gneisenau (für die Dauer des demselben verliehenen Oberkommandos) angestellt. Im März 1831 begleitete er seinen verehrten Feldherrn nach Posen. Als er nach dem schmerzlichsten Verlust im November von dort nach Breslau zurückkehrte, erheiterte ihn die Hoffnung, sein Werk wieder vornehmen und vielleicht im Laufe des Winters vollenden zu können. Gott hatte es anders gewollt; er war am 7. November nach Breslau zurückgekehrt, am 16. war er nicht mehr, und die von seiner Hand versiegelten Pakete wurden erst nach seinem Tode eröffnet! –

Dieser Nachlaß ist es nun, der in den folgenden Bänden mitgeteilt wird, und zwar ganz so, wie er sich vorfand, ohne daß ein Wort hinzugefügt oder gestrichen worden wäre. Dennoch war bei der Herausgabe desselben vieles zu tun, zu ordnen und zu beraten, und ich bin mehreren treuen Freunden für den mir hierbei geleisteten Beistand den herzlichsten Dank schuldig. Namentlich dem Herrn Major O'Etzel, der die Korrektur des Druckes sowie die Anfertigung der Karten, welche den historischen Teil des Werkes begleiten sollen, gütigst übernommen hat. Ich darf auch wohl meinen geliebten Bruder hier nennen, der meine Stütze war in der Stunde des Unglücks, und der sich auch um diesen Nachlaß in so vieler Hinsicht verdient gemacht hat. Er hat unter anderem bei dem sorgfältigen Durchlesen und

Ordnen desselben die angefangene Umarbeitung gefunden, welche mein geliebter Mann *in der im Jahre 1827 geschriebenen* und weiter unten folgenden *Nachricht*[1] als eine beabsichtigte Arbeit erwähnt, und hat sie an den Stellen des ersten Buches, für welche sie bestimmt war (denn weiter reichte sie nicht), eingeschaltet.

Noch vielen anderen Freunden möchte ich danken für den mir erteilten Rat, für die mir erwiesene Teilnahme und Freundschaft, aber wenn ich sie auch nicht alle nennen kann, werden sie doch gewiß an meiner innigsten Dankbarkeit nicht zweifeln. Diese ist um so größer, je fester ich überzeugt bin, daß alles, was sie für mich taten, nicht allein um meinetwillen geschah, sondern dem Freunde galt, den ihnen Gott so früh entrissen hat.

War ich einundzwanzig Jahre lang hochbeglückt an der Hand eines *solchen* Mannes, so bin ich es auch noch ungeachtet meines unersetzlichen Verlustes durch den Schatz meiner Erinnerungen und meiner Hoffnungen, durch das reiche Vermächtnis von Teilnahme und Freundschaft, das ich dem geliebten Verstorbenen verdanke, und durch das erhebende Gefühl, seinen seltenen Wert so allgemein und so ehrenvoll anerkannt zu sehen.

Das Vertrauen, mit welchem ein edles Fürstenpaar mich zu sich rief, ist eine neue Wohltat, für die ich Gott zu danken habe, da es mir einen ehrenvollen Beruf eröffnet, dem ich mich freudig widme. Möchte dieser Beruf gesegnet sein, und möchte der teure kleine Prinz, der in diesem Augenblick meiner Obhut anvertraut ist, einst dieses Buch lesen und durch dasselbe zu Taten begeistert werden, ähnlich denen seiner glorreichen Ahnen!

Geschrieben im Marmor-Palais bei Potsdam, den 30. Juni 1832.

Marie von Clausewitz,
geborene Gräfin Brühl,
Oberhofmeisterin Ihrer Königlichen Hoheit der
Prinzessin Wilhelm.[2]

---

1 [Siehe Seite 8 unserer Ausgabe.]
2 [2. Auflage notiert in einer Fußnote: Jetzt Prinzessin von Preußen.]

Nachricht*

»Ich betrachte die ersten sechs Bücher, welche sich schon ins reine geschrieben finden, nur als eine noch ziemlich unförmliche Masse, die durchaus noch einmal umgearbeitet werden soll. Bei dieser Umarbeitung wird die doppelte Art des Krieges überall schärfer im Auge behalten werden, und dadurch werden alle Ideen einen schärferen Sinn, eine bestimmte Richtung, eine nähere Anwendung bekommen. Diese doppelte Art des Krieges ist nämlich diejenige, wo der Zweck das *Niederwerfen des Gegners* ist, sei es, daß man ihn politisch vernichten oder bloß wehrlos machen und also zu jedem beliebigen Frieden zwingen will, und diejenige, wo man *bloß an den Grenzen seines Reiches einige Eroberungen machen will,* sei es, um sie zu behalten, oder um sie als nützliches Tauschmittel beim Frieden geltend zu machen. Die Übergänge von einer Art in die andere müssen freilich bestehenbleiben, aber die ganz verschiedene Natur beider Bestrebungen muß überall durchgreifen und das Unverträgliche voneinander sondern.

Außer diesem faktisch bestehenden Unterschied in den Kriegen muß noch der ebenfalls praktisch notwendige Gesichtspunkt ausdrücklich und genau festgestellt werden, daß der Krieg *nichts ist als die fortgesetzte Staatspolitik mit anderen Mitteln.* Dieser Gesichtspunkt, überall festgehalten, wird vielmehr Einheit in die Betrachtung bringen, und es wird sich alles leichter auseinanderwirren. Obgleich dieser Gesichtspunkt hauptsächlich erst im achten Buche seine Wirksamkeit haben[1] wird, so muß er doch schon im ersten Buche vollständig entwickelt werden und auch bei der Umarbeitung der sechs ersten Bücher mitwirken. Mit einer solchen Umarbeitung werden die sechs ersten Bücher manche Schlacke loswerden, manche Spalte und Kluft wird sich zusammenziehen, und manche Allgemeinheit wird in bestimmtere Gedanken und Formen übergehen können.

Das siebente Buch, Vom Angriff, wozu die Skizzen der einzelnen Kapitel bereits entworfen sind, ist als ein Reflex des sechsten Buches zu betrachten und soll sogleich nach den eben angegebenen bestimmteren Gesichtspunkten bearbeitet werden, so daß es keiner neuen

---

* S. Vorrede S. 7.

---

1 [2. Auflage: seine Anwendung finden]

Umarbeitung bedürfen wird, sondern vielmehr bei der Umarbeitung der sechs ersten Bücher als Norm dienen kann.

Zum achten Buch, *Vom Kriegsplan,* d. h. überhaupt von der Einrichtung eines ganzen Krieges, finden sich mehrere Kapitel entworfen, die aber nicht einmal als wahre Materialien betrachtet werden können, sondern ein bloßes rohes Durcharbeiten durch die Masse sind, um in der Arbeit selbst erst recht gewahr zu werden, worauf es ankommt. Diesen Zweck haben sie erfüllt, und ich denke nach Beendigung des siebenten Buches gleich zur Ausarbeitung des achten zu schreiten, wo dann hauptsächlich die beiden oben angegebenen Gesichtspunkte geltend gemacht werden und alles vereinfachen, aber auch zugleich vergeistigen sollen. Ich hoffe in diesem Buche manchen Faltenkniff in den Köpfen der Strategen und Staatsmänner auszubügeln, und wenigstens überall zu zeigen, worum es sich handelt, und was bei einem Kriege eigentlich in Betrachtung zu ziehen ist.

Bin ich nun durch die Ausarbeitung dieses achten Buches mit meinen Ideen ins klare gekommen, und haben die großen Lineamente des Krieges sich gehörig festgestellt, so wird es mir dann um so leichter werden, diesen Geist in die ersten sechs Bücher überzutragen und jene Lineamente auch hier überall durchschimmern zu lassen. Also erst alsdann werde ich die Umarbeitung der sechs ersten Bücher vornehmen.

Sollte mich ein früher Tod in dieser Arbeit unterbrechen, so wird das, was sich vorfindet, freilich nur eine unförmliche Gedankenmasse genannt werden können, die, unaufhörlichen Mißverständnissen ausgesetzt, zu einer Menge unreifer Kritiken Veranlassung geben wird; denn in diesen Dingen glaubt jeder das, was ihm einfällt, indem er die Feder ergreift, eben gut genug, um gesagt und gedruckt zu werden, und hält es für ebenso unbezweifelhaft, als daß zwei mal zwei vier ist. Wollte er sich die Mühe geben wie ich, jahrelang über den Gegenstand nachzudenken und ihn immer mit der Kriegsgeschichte zu vergleichen, so würde er freilich mit der Kritik behutsamer sein.

Aber trotz dieser unvollendeten Gestalt glaube ich doch, daß ein vorurteilsfreier, nach Wahrheit und Überzeugung dürstender Leser in den sechs ersten Büchern die Früchte eines mehrjährigen Nachdenkens und eifrigen Studiums des Krieges nicht verkennen und vielleicht darin die Hauptgedanken finden werde, von denen eine Revolution in dieser Theorie ausgehen könnte.

Berlin, den 10. Juli 1827.«

Außer dieser Nachricht fand sich noch in dem Nachlasse folgender unvollendete Aufsatz, der, wie es scheint, von sehr neuem Datum ist.

»Das Manuskript über die Führung des großen Krieges, welches man nach meinem Tode finden wird, kann, so wie es da ist, nur als eine Sammlung von Werkstücken betrachtet werden, aus denen eine Theorie des großen Krieges aufgebaut werden sollte. Das meiste hat mich noch nicht befriedigt, und das sechste Buch ist als ein bloßer Versuch zu betrachten; ich würde es ganz umgearbeitet und den Ausweg anders gesucht haben.

Allein die Hauptlineamente, welche man in diesen Materialien herrschen sieht, halte ich für die richtigen in der Ansicht vom Kriege; sie sind die Frucht eines vielseitigen Nachdenkens mit beständiger Richtung gegen das praktische Leben, in beständiger Erinnerung dessen, was die Erfahrung und der Umgang mit ausgezeichneten Soldaten mich gelehrt hatten.

Das siebente Buch sollte den Angriff enthalten, wovon die Gegenstände flüchtig hingeworfen sind; das achte den Kriegsplan, worin ich die politische und menschliche Seite des Krieges noch besonders aufgefaßt haben würde.

Das erste Kapitel des ersten Buches ist das einzige, was ich als vollendet betrachte; es wird wenigstens dem Ganzen den Dienst erweisen, die Richtung anzugeben, die ich überall halten wollte.

Die Theorie des großen Krieges oder die sogenannte Strategie hat außerordentliche Schwierigkeiten, und man kann wohl sagen, daß sehr wenig Menschen von den einzelnen Gegenständen deutliche, d. h. bis auf das Notwendige in beständigem Zusammenhange zurückgeführte Vorstellungen haben. Beim Handeln folgen die meisten einem bloßen Takt des Urteils, der mehr oder weniger gut trifft, je nachdem mehr oder weniger Genie in ihnen ist.

So haben alle großen Feldherren gehandelt, und darin lag zum Teil ihre Größe und ihr Genie, daß Sie mit diesem Takt immer das Rechte trafen. So wird es auch für das Handeln immer bleiben; und dieser Takt reicht dazu vollkommen hin. Aber wenn es darauf ankommt, nicht selbst zu handeln, sondern in einer Beratung andere zu überzeugen, dann kommt es auf klare Vorstellungen, auf das Nachweisen des inneren Zusammenhanges an; und weil die Ausbildung in diesem Stück noch so wenig fortgeschritten ist, so sind die meisten Beratungen ein fundamentloses Hin- und Herreden, wobei entweder jeder seine Meinung behält, oder ein bloßes Abkommen aus gegenseitiger Rücksicht zu einem Mittelwege führt, der eigentlich ohne allen Wert ist.

Die klaren Vorstellungen in diesen Dingen sind also nicht unnütz, außerdem hat der menschliche Geist nun einmal ganz allgemein die Richtung auf Klarheit und das Bedürfnis, überall in einem notwendigen Zusammenhang zu stehen.

Die großen Schwierigkeiten, welche ein solcher philosophischer Aufbau der Kriegskunst hat, und die vielen sehr schlechten Versuche, welche darin gemacht sind, hat die meisten Leute dahin gebracht, zu sagen: es ist eine solche Theorie nicht möglich, denn es ist von Dingen die Rede, die kein stehendes Gesetz umfassen kann. Wir würden in diese Meinung einstimmen und jeden Versuch einer Theorie aufgeben, wenn sich nicht eine ganze Anzahl von Sätzen ohne Schwierigkeit ganz evident machen ließe: daß die Verteidigung die stärkere Form mit dem negativen Zweck, der Angriff die schwächere mit dem positiven Zweck ist; daß die großen Erfolge die kleinen mitbestimmen; daß man also die strategischen Wirkungen auf gewisse Schwerpunkte zurückführen kann; daß eine Demonstration eine schwächere Kraftverwendung ist als ein wirklicher Angriff, daß sie also besonders bedingt sein muß; daß der Sieg nicht bloß in der Eroberung des Schlachtfeldes, sondern in der Zerstörung der physischen und moralischen Streitkraft besteht, und daß diese meistens erst im Verfolgen der gewonnenen Schlacht erreicht wird; daß der Erfolg immer am größten ist, wo man den Sieg erfochten hat, daß also das Überspringen von einer Linie und Richtung auf die andere nur als ein notwendiges Übel betrachtet werden kann; daß die Berechtigung zum Umgehen nur von der Überlegenheit überhaupt oder von der Überlegenheit der eigenen Verbindungs- und Rückzugslinie über die des Gegners entstehen kann; daß Flankenstellungen also auch durch dieselben Verhältnisse bedingt werden; daß sich jeder Angriff im Vorgehen schwächt.«

Vorrede des Verfassers

Daß der Begriff des Wissenschaftlichen nicht allein oder hauptsächlich im System und seinem fertigen Lehrgebäude besteht, bedarf heutigentages keiner Auseinandersetzung. – System ist in dieser Darstellung auf der Oberfläche gar nicht zu finden, und statt eines fertigen Lehrgebäudes sind es nichts als Werkstücke.

Die wissenschaftliche Form liegt in dem Bestreben, das Wesen der kriegerischen Erscheinungen zu erforschen, ihre Verbindung mit der Natur der Dinge, aus denen sie zusammengesetzt sind, zu zeigen. Nirgends ist der philosophischen Konsequenz ausgewichen, wo sie aber in einem gar zu dünnen Faden ausläuft, hat der Verfasser es vorgezogen, ihn abzureißen und an die entsprechenden Erscheinungen der Erfahrung wieder anzuknüpfen; denn so wie manche Pflanzen nur Früchte tragen, wenn sie nicht zu hoch in den Stengel schießen, so müssen in praktischen Künsten die theoretischen Blätter und Blumen nicht zu hoch getrieben, sondern der Erfahrung, ihrem eigentümlichen Boden, nahegehalten werden.

Unstreitig wäre es ein Fehler, aus den chemischen Bestandteilen des Weizenkorns die Gestalt der Ähre erforschen zu wollen, die es treibt, da man nur aufs Feld zu gehen braucht, um die Ähren fertig zu sehen. Untersuchung und Beobachtung, Philosophie und Erfahrung dürfen nie einander verachten noch ausschließen; sie leisten einander gegenseitige Bürgschaft. Die Sätze dieses Buches stützen sich daher mit dem kurzen Gewölbe ihrer inneren Notwendigkeit entweder auf die Erfahrung oder auf den Begriff des Krieges selbst als einen äußeren Punkt und entbehren also der Widerlagen nicht*.

Es ist vielleicht nicht unmöglich, eine systematische Theorie des Krieges voll Geist und Gehalt zu schreiben, unsere bisherigen aber sind weit davon entfernt. Ihres unwissenschaftlichen Geistes gar nicht zu gedenken, strotzen sie in dem Bestreben nach dem Zusammenhang und der Vollständigkeit des Systems von Alltäglichkeiten, Gemeinsprüchen und Salbadereien aller Art. Will man ein treffendes Bild

* Daß dies bei vielen militärischen Schriftstellern, besonders solchen, die den Krieg selbst wissenschaftlich behandeln wollten, nicht der Fall ist, beweisen die vielen Beispiele, wo in ihrem Räsonnement das pro et contra sich gegenseitig so verschlingen,[1] daß nicht einmal wie bei den beiden Löwen die Schwänze übrigbleiben.

1 [In der 2. Auflage endet hier die Fußnote.]

davon, so lese man Lichtenbergs Auszug aus einer Feuerverordnung:

»Wenn ein Haus brennt, so muß man vor allen Dingen die rechte Wand des zur Linken stehenden Hauses und hingegen die linke Wand des zur Rechten stehenden Hauses zu decken suchen; denn wenn man zum Exempel die linke Wand des zur Linken stehenden Hauses decken wollte, so liegt ja die rechte Wand des Hauses der linken Wand zur Rechten, und folglich, da das Feuer auch dieser Wand und der rechten Wand zur Rechten liegt (denn wir haben ja angenommen, daß das Haus dem Feuer zur Linken liege), so liegt die rechte Wand dem Feuer näher als die linke, und die rechte Wand des Hauses könnte abbrennen, wenn sie nicht gedeckt würde, ehe das Feuer an die linke, die gedeckt wird, käme; folglich könnte etwas abbrennen, das man nicht deckt, und zwar eher, als etwas anderes abbrennen würde, auch wenn man es nicht deckte; folglich muß man dieses lassen und jenes decken. Um sich die Sache zu imprimieren, darf man nur merken: wenn das Haus dem Feuer zur Rechten liegt, so ist es die linke Wand, und liegt das Haus zur Linken, so ist es die rechte Wand.«

Um mit solchen Gemeinsprüchen den Leser von Geist nicht zurückzuschrecken und das wenige Gute durch den wäßrigen Aufguß unschmackhaft zu machen, hat der Verfasser es vorgezogen, was vieljähriges Nachdenken über den Krieg, der Umgang mit gescheiten Leuten, die ihn kannten, und manche eigene Erfahrung in ihm hervorriefen und feststellten, in kleinen Körnern gediegenen Metalls zu geben. So sind die äußerlich nur schwach verbundenen Kapitel dieses Buches entstanden, denen es doch hoffentlich nicht an innerem Zusammenhange fehlt. Vielleicht erscheint bald ein größerer Kopf, der statt dieser einzelnen Körner das Ganze in einem Guß gediegenen Metalls ohne Schlacken gibt.

Erster Teil

Erstes Buch: Über die Natur des Krieges

Erstes Kapitel: Was ist der Krieg?

1. Einleitung

Wir denken die einzelnen *Elemente* unseres Gegenstandes, dann *die einzelnen Teile* oder *Glieder* desselben und zuletzt *das Ganze* in seinem inneren Zusammenhange zu betrachten, also vom Einfachen zum Zusammengesetzten fortzuschreiten. Aber es ist hier mehr als irgendwo nötig, mit einem Blick auf das Wesen des Ganzen anzufangen, weil hier mehr als irgendwo mit dem Teile auch zugleich immer das Ganze gedacht werden muß.

2. Definition

Wir wollen hier nicht erst in eine schwerfällige publizistische Definition des Krieges hineinsteigen, sondern uns an das Element desselben halten, an den Zweikampf. Der Krieg ist nichts als ein erweiterter Zweikampf. Wollen wir uns die Unzahl der einzelnen Zweikämpfe, aus denen er besteht, als Einheit denken, so tun wir besser, uns zwei Ringende vorzustellen. Jeder sucht den anderen durch physische Gewalt zur Erfüllung seines Willens zu zwingen; sein *nächster* Zweck ist, den Gegner *niederzuwerfen* und dadurch zu jedem ferneren Widerstand unfähig zu machen.

Der Krieg ist also ein Akt der Gewalt, um den Gegner zur Erfüllung unseres Willens zu zwingen.

Die Gewalt rüstet sich mit den Erfindungen der Künste und Wissenschaften aus, um der Gewalt zu begegnen. Unmerkliche, kaum nennenswerte Beschränkungen, die sie sich selbst setzt unter dem Namen völkerrechtlicher Sitte, begleiten sie, ohne ihre Kraft wesentlich zu schwächen. Gewalt, d. h. die physische Gewalt (denn eine moralische gibt es außer dem Begriffe des Staates und Gesetzes nicht), ist also *das Mittel*, dem Feinde unseren Willen aufzudringen, *der Zweck*. Um diesen Zweck sicher zu erreichen, müssen wir den Feind wehrlos machen, und dies ist dem Begriff nach das eigentliche Ziel der kriegerischen Handlung. Es vertritt den Zweck und verdrängt ihn gewissermaßen als etwas nicht zum Kriege selbst Gehöriges.

3. Äußerste Anwendung der Gewalt

Nun könnten menschenfreundliche Seelen sich leicht denken, es gebe ein künstliches Entwaffnen oder Niederwerfen des Gegners, ohne zuviel Wunden zu verursachen, und das sei die wahre Tendenz der Kriegskunst. Wie gut sich das auch ausnimmt, so muß man doch diesen Irrtum zerstören, denn in so gefährlichen Dingen, wie der Krieg eins ist, sind *die* Irrtümer, welche aus Gutmütigkeit entstehen, gerade die schlimmsten. Da der Gebrauch der physischen Gewalt in ihrem ganzen Umfange die Mitwirkung der Intelligenz auf keine Weise ausschließt, so muß der, welcher sich dieser Gewalt rücksichtslos, ohne Schonung des Blutes bedient, ein Übergewicht bekommen, wenn der Gegner es nicht tut. Dadurch gibt er dem anderen das Gesetz, und so steigern sich beide bis zum äußersten, ohne daß es andere Schranken gäbe als die der innewohnenden Gegengewichte.

So muß man die Sache ansehen, und es ist ein unnützes, selbst verkehrtes Bestreben, aus Widerwillen gegen das rohe Element die Natur desselben außer acht zu lassen.

Sind die Kriege gebildeter Völker viel weniger grausam und zerstörend als die der ungebildeten, so liegt das in dem gesellschaftlichen Zustande, sowohl der Staaten in sich als unter sich. Aus diesem Zustande und seinen Verhältnissen geht der Krieg hervor, durch ihn wird er bedingt, eingeengt, ermäßigt: aber diese Dinge gehören ihm nicht selbst an, sind ihm nur ein Gegebenes, und nie kann in der Philosophie des Krieges selbst ein Prinzip der Ermäßigung hineingetragen werden, ohne eine Absurdität zu begehen.

Der Kampf zwischen Menschen besteht eigentlich aus zwei verschiedenen Elementen, dem *feindseligen Gefühl* und *der feindseligen Absicht.* Wir haben das letztere dieser beiden Elemente zum Merkmal unserer Definition gewählt, weil es das allgemeine ist. Man kann sich auch die roheste, an Instinkt grenzende Leidenschaft des Hasses nicht ohne feindliche Absicht denken, dagegen gibt es viele feindselige Absichten, die von gar keiner oder wenigstens von keiner vorherrschenden Feindschaft der Gefühle begleitet sind. Bei rohen Völkern herrschen die dem Gemüt, bei Gebildeten die dem Verstande angehörenden Absichten vor; allein dieser Unterschied liegt nicht in dem Wesen von Roheit und Bildung selbst, sondern in den sie begleitenden Umständen, Einrichtungen usw.: er ist also nicht notwendig in jedem einzelnen Fall, sondern er beherrscht nur die Mehrheit der Fälle, mit einem Wort: auch die gebildetsten Völker können gegeneinander leidenschaftlich entbrennen.

Man sieht hieraus, wie unwahr man sein würde, wenn man den Krieg der Gebildeten auf einen bloßen Verstandesakt der Regierungen zurückführen und ihn sich immer mehr als von aller Leidenschaft loslassend denken wollte, so daß er zuletzt die physischen Massen der Streitkräfte nicht wirklich mehr brauchte, sondern nur ihre Verhältnisse, eine Art Algebra des Handelns.

Die Theorie fing schon an, sich in dieser Richtung zu bewegen, als die Erscheinungen der letzten Kriege sie eines Besseren belehrten. Ist der Krieg ein Akt der Gewalt, so gehört er notwendig auch dem Gemüt an. Geht er nicht davon aus, so führt er doch darauf mehr oder weniger zurück, und dieses Mehr oder Weniger hängt nicht von dem Grade der Bildung, sondern von der Wichtigkeit und Dauer der feindseligen Interessen ab.

Finden wir also, daß gebildete Völker den Gefangenen nicht den Tod geben, Stadt und Land nicht zerstören, so ist es, weil sich die Intelligenz in ihre Kriegführung mehr mischt und ihnen wirksamere Mittel zur Anwendung der Gewalt gelehrt hat als diese rohen Äußerungen des Instinkts.

Die Erfindung des Pulvers, die immer weitergehende Ausbildung des Feuergewehrs zeigen schon hinreichend, daß die in dem Begriff des Krieges liegende Tendenz zur Vernichtung des Gegners auch faktisch durch die zunehmende Bildung keineswegs gestört oder abgelenkt worden ist.

Wir wiederholen also unseren Satz: der Krieg ist ein Akt der Gewalt, und es gibt in der Anwendung derselben keine Grenzen; so gibt jeder dem anderen das Gesetz, es entsteht eine Wechselwirkung, die dem Begriff nach zum äußersten führen muß. Dies ist *die erste Wechselwirkung* und das *erste Äußerste,* worauf wir stoßen. (Erste Wechselwirkung.)

4. Das Ziel ist, den Feind wehrlos zu machen

Wir haben gesagt: den Feind *wehrlos* zu machen sei das Ziel des kriegerischen Aktes, und wir wollen nun zeigen, daß dies wenigstens in der theoretischen Vorstellung notwendig ist.

Wenn der Gegner unseren Willen erfüllen soll, so müssen wir ihn in eine Lage versetzen, die nachteiliger ist als das Opfer, welches wir von ihm fordern; die Nachteile dieser Lage dürfen aber natürlich, wenigstens dem Anscheine nach, nicht vorübergehend sein, sonst würde der

Gegner den besseren Zeitpunkt abwarten und nicht nachgeben. Jede Veränderung dieser Lage, welche durch die fortgesetzte kriegerische Tätigkeit hervorgebracht wird, muß also zu einer *noch nachteiligeren* führen, wenigstens in der Vorstellung. Die schlimmste Lage, in die ein Kriegführender kommen kann, ist die gänzliche Wehrlosigkeit. Soll also der Gegner zur Erfüllung unseres Willens durch den kriegerischen Akt gezwungen werden, so müssen wir ihn entweder faktisch wehrlos machen oder in einen Zustand versetzen, daß er nach Wahrscheinlichkeit damit bedroht sei. Hieraus folgt: daß die Entwaffnung oder das Niederwerfen des Feindes, wie man es nennen will, immer das Ziel des kriegerischen Aktes sein muß.

Nun ist der Krieg nicht das Wirken einer lebendigen Kraft auf eine tote Masse, sondern, weil ein absolutes Leiden kein Kriegführen sein würde, so ist er immer der Stoß zweier lebendiger Kräfte gegeneinander, und was wir von dem letzten Ziel der kriegerischen Handlung gesagt haben, muß von beiden Teilen gedacht werden. Hier ist also wieder Wechselwirkung. Solange ich den Gegner nicht niedergeworfen habe, muß ich fürchten, daß er mich niederwirft, ich bin also nicht mehr Herr meiner[1], sondern er gibt mir das Gesetz, wie ich es ihm gebe. Dies ist *die zweite Wechselwirkung, die zum zweiten Äußersten führt.*
(Zweite Wechselwirkung.)

5. *Äußerste Anstrengung der Kräfte*

Wollen wir den Gegner niederwerfen, so müssen wir unsere Anstrengung nach seiner Widerstandskraft abmessen; diese drückt sich durch ein Produkt aus, dessen Faktoren sich nicht trennen lassen, nämlich: *die Größe der vorhandenen Mittel* und *die Stärke der Willenskraft.*

Die Größe der vorhandenen Mittel würde sich bestimmen lassen, da sie (wiewohl doch nicht ganz) auf Zahlen beruht, aber die Stärke der Willenskraft läßt sich viel weniger bestimmen und nur etwa nach der Stärke des Motivs schätzen. Gesetzt, wir bekämen auf diese Weise eine erträgliche Wahrscheinlichkeit für die Widerstandskraft des Gegners, so können wir danach unsere Anstrengungen abmessen und diese entweder so groß machen, daß sie überwiegen, oder, im Fall dazu unser Vermögen nicht hinreicht, so groß wie möglich. Aber

1 [2. Auflage: meiner Handlungen]

dasselbe tut der Gegner; also neue gegenseitige Steigerung, die in der bloßen Vorstellung wieder das Bestreben zum Äußersten haben muß. Dies ist *die dritte Wechselwirkung* und ein *drittes Äußerstes,* worauf wir stoßen.
(Dritte Wechselwirkung.)

6. Modifikationen in der Wirklichkeit

So findet in dem abstrakten Gebiet des bloßen Begriffs der überlegende Verstand nirgends Ruhe, bis er an dem Äußersten angelangt ist, weil er es mit einem Äußersten zu tun hat, mit einem Konflikt von Kräften, die sich selbst überlassen sind, und die keinen anderen Gesetzen folgen als ihren inneren; wollten wir also aus dem bloßen Begriffe des Krieges einen absoluten Punkt für das Ziel, welches wir aussetzen, und für die Mittel, welche wir anwenden sollen, ableiten, so würden wir bei den beständigen Wechselwirkungen zu Extremen geraten, die nichts als ein Spiel der Vorstellungen wären, hervorgebracht durch einen kaum sichtbaren Faden logischer Spitzfindigkeit. Wenn man, fest an das Absolute haltend, alle Schwierigkeiten mit einem Federstrich umgehen und mit logischer Strenge darin beharren wollte, daß man sich jederzeit auf das Äußerste gefaßt machen und jedesmal die äußerste Anstrengung daransetzen müsse, so würde ein solcher Federstrich ein bloßes Büchergesetz sein und keins für die wirkliche Welt.

Gesetzt auch, jenes Äußerste der Anstrengungen wäre ein Absolutes, was leicht gefunden werden könnte, so muß man doch gestehen, daß der menschliche Geist sich dieser logischen Träumerei schwerlich unterordnen würde. Es würde in manchen Fällen ein unnützer Kraftaufwand entstehen, welcher in anderen Grundsätzen der Regierungskunst ein Gegengewicht finden müßte; eine Anstrengung des Willens würde erfordert werden, die mit dem vorgesetzten Zweck nicht im Gleichgewicht stände und also nicht ins Leben gerufen werden könnte, denn der menschliche Wille erhält seine Stärke nie durch logische Spitzfindigkeiten.

Anders aber gestaltet sich alles, wenn wir aus der Abstraktion in die Wirklichkeit übergehen. Dort mußte alles dem Optimismus unterworfen bleiben, und wir mußten uns den einen wie den anderen denken, nicht bloß nach dem Vollkommenen strebend, sondern auch es erreichend. Wird dies jemals in der Wirklichkeit auch so sein? Es würde so sein, wenn:

1. der Krieg ein ganz isolierter Akt wäre, der urplötzlich entstünde und nicht mit dem früheren Staatsleben zusammenhinge,
2. wenn er aus einer einzigen oder aus einer Reihe gleichzeitiger Entscheidungen bestünde,
3. wenn er eine in sich vollendete Entscheidung enthielte und nicht der politische Zustand, welcher ihm folgen wird, durch den Kalkül schon auf ihn zurückwirkte.

7. *Der Krieg ist nie ein isolierter Akt*

Was den ersten Punkt betrifft, so ist jeder der beiden Gegner dem anderen keine abstrakte Person, auch[1] für denjenigen Faktor im Widerstandsprodukt, der nicht auf äußere Dinge beruht, nämlich den Willen. Dieser Wille ist kein ganz Unbekanntes; er tut sich kund für das, was er morgen sein wird, in dem, was er heute war. Der Krieg entsteht nicht urplötzlich; seine Verbreitung ist nicht das Werk eines Augenblicks, es kann also jeder der beiden Gegner den anderen großenteils schon aus dem beurteilen, was er ist, was er tut, nicht nach dem, was er, strenge genommen, sein und tun müßte. Nun bleibt aber der Mensch mit seiner unvollkommenen Organisation immer hinter der Linie des Absolut-Besten zurück, und so werden diese von beiden Seiten in Wirksamkeit tretenden Mängel ein ermäßigendes Prinzip.

8. *Er[2] besteht nicht aus einem einzigen Schlag ohne Dauer*

Der zweite Punkt gibt uns zu folgenden Betrachtungen Veranlassung.

Wäre die Entscheidung im Kriege eine einzige oder eine Reihe gleichzeitiger, so müßten natürlich alle Vorbereitungen zu derselben die Tendenz zum Äußersten bekommen, denn ein Versäumnis ließe sich auf keine Weise wieder einbringen; es würden also aus der wirklichen Welt höchstens die Vorbereitungen des Gegners, soweit sie uns bekannt sind, einen Maßstab für uns abgeben können, und alles übrige fiele wieder der Abstraktion anheim. Besteht aber die Entscheidung aus mehreren sukzessiven Akten, so kann natürlich der vorgehende mit allen seinen Erscheinungen am nachfolgenden ein Maß werden, und auf diese Weise tritt auch hier die wirkliche Welt an,

1 [2. Auflage ergänzt: nicht]
2 [2. Auflage: Es]

die Stelle des Abstrakten und ermäßigt so das Bestreben nach dem Äußersten.

Nun würde aber jeder Krieg notwendig in einer einzigen Entscheidung oder in einer Reihe gleichzeitiger enthalten sein müssen, wenn die zum Kampf bestimmten Mittel alle zugleich aufgeboten würden oder sich aufbieten ließen; denn da eine *nachteilige* Entscheidung die Mittel notwendig vermindert, so kann, wenn sie in der ersten *alle* angewendet worden sind, eine zweite eigentlich nicht mehr gedacht werden. Alle kriegerischen Akte, die nachfolgen könnten, gehörten dem ersten wesentlich zu und bildeten eigentlich nur seine Dauer.

Allein wir haben gesehen, daß schon bei den Vorbereitungen zum Kriege die wirkliche Welt an die Stelle des bloßen Begriffs, ein wirkliches Maß an die Stelle einer äußersten Voraussetzung tritt; also schon darum werden beide Gegner in ihrer Wechselwirkung hinter der Linie einer äußersten Anstrengung zurückbleiben und also nicht sogleich alle Kräfte aufgeboten werden.

Aber es liegt auch in der Natur dieser Kräfte und ihrer Anwendung, daß sie nicht alle zugleich in Wirksamkeit treten *können.* Diese Kräfte sind: *die eigentlichen Streitkräfte, das Land* mit seiner Oberfläche und Bevölkerung und die *Bundesgenossen.*

Das Land mit seiner Oberfläche und Bevölkerung macht nämlich, außerdem daß es der Quell aller eigentlichen Streitkräfte ist, auch noch für sich einen integrierenden Teil der im Kriege wirksamen Größen aus, und zwar nur mit dem Teile, der zum Kriegstheater gehört oder einen merklichen Einfluß darauf hat.

Nun kann man wohl alle beweglichen Streitkräfte gleichzeitig wirken lassen, aber nicht alle Festungen, Ströme, Gebirge, Einwohner usw., kurz nicht das ganze Land, wenn dieses nicht so klein ist, daß es von dem ersten Akt des Krieges ganz umfaßt wird. Ferner ist die Mitwirkung der Bundesgenossenschaft nicht von dem Willen der Kriegführenden abhängig, und es liegt in der Natur der Staatenverhältnisse, daß sie häufig erst später eintritt oder sich verstärkt zur Herstellung des verlorenen Gleichgewichts.

Daß dieser Teil der Widerstandskräfte, welche nicht sogleich in Wirksamkeit gesetzt werden können, in manchen Fällen einen viel größeren Teil des Ganzen ausmacht, als man auf den ersten Blick glauben sollte, und daß dadurch selbst da, wo die erste Entscheidung mit einer großen Gewalt gegeben und also das Gleichgewicht der Kräfte sehr gestört worden ist, dieses doch wieder hergestellt werden kann, wird in der Folge näher entwickelt werden. Hier genügt es uns zu zeigen, daß der Natur des Krieges *eine vollkommene Vereinigung der Kräfte in der Zeit* entgegen ist. Nun könnte dies an und für sich kein Grund sein, die Steigerung der Anstrengungen für die erste Entscheidung zu ermäßigen, weil eine ungünstige Entscheidung immer ein Nachteil ist, dem man sich nicht absichtlich aussetzen wird, und weil die erste Entscheidung, wenn sie auch nicht die einzige bleibt, doch um so mehr Einfluß auf die folgenden haben wird, je größer sie gewesen ist; allein die Möglichkeit einer späteren Entscheidung macht, daß der menschliche Geist sich in seiner Scheu vor allzugroßen Anstrengungen dahinein flüchtet, also bei der ersten Entscheidung die Kräfte nicht in dem Maß sammelt und anstrengt, wie sonst geschehen sein würde. Was jeder der beiden Gegner aus Schwäche unterläßt, wird für den anderen ein wahrer *objektiver* Grund der Ermäßigung, und so wird durch diese Wechselwirkung wieder das Streben nach dem Äußersten auf ein bestimmtes Maß der Anstrengung zurückgeführt.

9. Der Krieg ist mit seinem Resultat nie etwas Absolutes

Endlich ist selbst die Totalentscheidung eines ganzen Krieges nicht immer für eine absolute anzusehen, sondern der erliegende Staat sieht darin oft nur ein vorübergehendes Übel, für welches in den politischen Verhältnissen späterer Zeiten noch eine Abhilfe gewonnen werden kann. Wie sehr auch *dies* die Gewaltsamkeit der Spannung und die Heftigkeit der Kraftanstrengung mäßigen muß, versteht sich von selbst.

10. Die Wahrscheinlichkeiten des wirklichen Lebens treten an die Stelle des Äußersten und Absoluten der Begriffe

Auf diese Weise wird dem ganzen kriegerischen Akte das strenge Gesetz der nach dem Äußersten getriebenen Kräfte genommen. Wird das Äußerste nicht mehr gefürchtet und nicht mehr gesucht, so bleibt dem Urteil überlassen, statt seiner die Grenzen für die Anstrengungen festzustellen, und dies kann nur aus den Daten, welche die Erscheinungen der wirklichen Welt darbieten, nach *Wahrscheinlichkeitsgesetzen* geschehen. Sind die beiden Gegner nicht mehr bloße Begriffe, sondern individuelle Staaten und Regierungen, ist der Krieg nicht mehr ein idealer, sondern ein sich eigentümlich gestaltender Verlauf der Handlung, so wird das wirklich Vorhandene die Daten abgeben für das Unbekannte, zu Erwartende, was gefunden werden soll.

Aus dem Charakter, den Einrichtungen, dem Zustande, den Verhältnissen des Gegners wird jeder der beiden Teile nach Wahrscheinlichkeitsgesetzen auf das Handeln des anderen schließen und danach das seinige bestimmen.

11. Nun tritt der politische Zweck wieder hervor

Hier drängt sich nun von selbst ein Gegenstand von neuem in die Betrachtung, den wir (s. Nr. 2) daraus entfernt hatten: es ist der *politische Zweck des Krieges.* Das Gesetz des Äußersten, die Absicht, den Gegner wehrlos zu machen, ihn niederzuwerfen, hatte diesen Zweck bisher gewissermaßen verschlungen. Sowie dieses Gesetz in seiner Kraft nachläßt, diese Absicht von ihrem Ziel zurücktritt, muß der politische Zweck des Krieges wieder hervortreten. Ist die ganze Betrachtung ein Wahrscheinlichkeitskalkül, aus bestimmten Personen und Verhältnissen hervorgehend, so muß der *politische Zweck* als das *ursprüngliche Motiv* ein sehr wesentlicher Faktor in diesem Produkt werden. Je kleiner das Opfer ist, welches wir von unserem Gegner fordern, um so geringer dürfen wir erwarten, daß seine Anstrengungen sein werden, es uns zu versagen. Je geringer aber diese sind, um so kleiner dürfen auch die unsrigen bleiben. Ferner, je kleiner unser politischer Zweck ist, um so geringer wird der Wert sein, den wir auf ihn legen, um so eher werden wir uns gefallen lassen, ihn aufzugeben: also *um so kleiner werden auch aus diesem Grunde unsere Anstrengungen sein.* So wird also der *politische Zweck* als das *ursprüngliche Motiv* des Krieges das Maß sein, sowohl für das Ziel, welches durch den kriegerischen Akt erreicht werden muß, als für die Anstrengungen, die erforderlich sind. Aber er wird dies nicht *an und für sich* sein können, sondern, weil wir es mit wirklichen Dingen zu tun haben und nicht mit bloßen Begriffen, so wird er es *in Beziehung auf die beiderseitigen Staaten* sein. Ein und derselbe politische Zweck kann bei verschiedenen Völkern, oder selbst bei ein und demselben Volk, zu verschiedenen Zeiten ganz *verschiedene* Wirkungen hervorbringen. Wir können also den politischen Zweck nur so als das Maß gelten lassen, indem wir uns ihn *in Einwirkungen auf die Massen denken, die er bewegen soll,* so daß also die Natur dieser Massen in Betrachtung kommt. Daß dadurch das Resultat ein ganz anderes werden kann, je nachdem sich in den Massen Verstärkungs- oder Schwächungsprinzipe für die Handlung finden, ist leicht einzusehen. Es können in zwei Völkern und Staaten sich solche Spannungen, eine solche Summe feindseliger Elemente finden, daß ein an sich sehr geringes politisches Motiv des Krieges eine weit über seine Natur hinausgehende Wirkung, eine wahre Explosion hervorbringen kann.

Dies gilt für die Anstrengungen, welche der politische Zweck in beiden Staaten hervorrufen, und für das Ziel, welches er der kriegerischen Handlung stecken soll. Zuweilen wird er selbst dieses Ziel sein können, z. B. die Eroberung einer gewissen Provinz. Zuweilen wird der politische Zweck selbst sich nicht dazu eignen, das Ziel der kriegerischen Handlung abzugeben; dann muß ein solches genommen werden, welches als ein Äquivalent für ihn gelten und beim Frieden ihn vertreten kann. Aber auch hierbei ist immer die Rücksicht auf die Eigentümlichkeit der wirkenden Staaten vorausgesetzt. Es gibt Verhältnisse, wo das Äquivalent viel größer sein muß als der politische Zweck, wenn dieser damit errungen werden soll. Der politische Zweck wird als Maß um so mehr vorherrschen und selbst entscheiden, je gleichgültiger sich die Massen verhalten, je geringer die Spannungen sind, die auch außerdem in beiden Staaten und ihren Verhältnissen sich finden, und so gibt es Fälle, wo er fast allein entscheidet.

Ist nun das Ziel des kriegerischen Aktes ein Äquivalent für den politischen Zweck, so wird er im allgemeinen mit diesem heruntergehen, und zwar um so mehr, je mehr dieser Zweck vorherrscht; und so erklärt es sich, wie ohne inneren Widerspruch es Kriege mit allen Graden von Wichtigkeit und Energie geben kann, von dem Vernichtungskriege hinab bis zur bloßen bewaffneten Beobachtung. Dies führt uns aber zu einer Frage anderer Art, die wir noch zu entwickeln und zu beantworten haben.

12. Ein Stillstand im kriegerischen Akt ist dadurch noch nicht erklärt

Wie unbedeutend auch die politischen Forderungen beider Gegner sein mögen, wie schwach die aufgebotenen Mittel, wie gering das Ziel, welches sie dem kriegerischen Akte stecken, kann dieser Akt je einen Augenblick stillstehen? Dies ist eine in das Wesen der Sache tief eindringende Frage.

Jede Handlung braucht zu ihrer Vollziehung eine gewisse Zeit, die wir ihre Dauer nennen. Diese kann größer oder kleiner sein, je nachdem der Handelnde mehr oder weniger Eile hineinlegt

Um dieses Mehr oder Weniger wollen wir uns hier nicht bekümmern. Jeder macht die Sache auf seine Weise; der Langsame aber macht sie nicht darum langsamer, weil er mehr Zeit darauf verbringen will, sondern weil er seiner Natur nach mehr Zeit braucht und sie bei größerer Eile weniger gut machen würde. Diese Zeit hängt also von inneren Gründen ab und gehört zur eigentlichen *Dauer* der Handlung.

Lassen wir nun im Kriege einer jeden Handlung diese ihre Dauer, so müssen wir wenigstens auf den ersten Blick dafürhalten, daß jeder Zeitaufwand außer dieser Dauer, d. h. jeder Stillstand im kriegerischen Akt widersinnig erscheint. Wir müssen immer dabei nicht vergessen, daß nicht von dem Fortschreiten des einen oder anderen der beiden Gegner, sondern von dem Fortschreiten des ganzen kriegerischen Aktes die Rede ist.

13. Es gibt nur einen Grund, welcher das Handeln aufhalten kann, und dieser scheint immer nur auf einer Seite sein zu können

Haben beide Teile sich zum Kampf gerüstet, so muß ein feindseliges Prinzip sie dazu vermocht haben; solange sie nun gerüstet bleiben, d.h. nicht Frieden schließen, muß dieses Prinzip vorhanden sein, und es kann bei jedem der beiden Gegner nur unter einer einzigen Bedingung ruhen, nämlich: *einen günstigeren Zeitpunkt des Handelns abwarten zu wollen.* Nun scheint es auf den ersten Blick, daß diese Bedingung immer nur auf einer Seite vorhanden sein könne, weil sie eo ipso auf der anderen zum Gegenteil wird. Hat der eine das Interesse des Handelns, so muß der andere das Interesse des Abwartens haben.

Ein völliges Gleichgewicht der Kräfte kann einen Stillstand nicht hervorbringen, denn bei einem solchen müßte der, welcher den positiven Zweck hat (der Angreifende), der Vorschreitende bleiben.

Wollte man sich aber das Gleichgewicht so denken, daß derjenige, welcher den positiven Zweck, also das stärkere Motiv hat, zugleich über die geringeren Kräfte gebietet, so daß die Gleichung aus dem Produkt von Motiv und Kräften entstände, so müßte man immer noch sagen: wenn für diesen Zustand des Gleichgewichts keine Veränderung vorher zu sehen ist, so müssen beide Teile Frieden machen; ist sie aber vorher zu sehen, so wird sie nur dem einen günstig sein und dadurch also der andere zum Handeln bewogen werden müssen. Wir sehen, daß der Begriff des Gleichgewichts den Stillstand nicht erklären kann, sondern daß es doch wieder auf das Abwarten eines günstigeren Augenblicks hinausläuft. Gesetzt also, von zwei Staaten habe der eine einen positiven Zweck: er will eine Provinz des Gegners erobern, um sie beim Frieden geltend zu machen. Nach dieser Eroberung ist sein politischer Zweck erfüllt, das Bedürfnis des Handelns hört auf, für ihn tritt Ruhe ein. Will der Gegner sich auch bei diesem Erfolg beruhigen, so muß er Frieden schließen, will er dies nicht, so muß er handeln; nun läßt sich denken, daß er in vier Wochen mehr dazu organisiert sein wird, er hat also einen hinlänglichen Grund, das Handeln zu verschieben.

Von dem Augenblick an aber, *so scheint es,* fällt die logische Verpflichtung des Handelns dem Gegner zu, damit dem Besiegten nicht Zeit gelassen werde, sich zum Handeln auszurüsten. Es versteht sich, daß hierbei eine vollkommene Einsicht des Falles von beiden Seiten vorausgesetzt wird.

14. Dadurch würde eine Kontinuität in das kriegerische Handeln kommen, die alles wieder steigerte

Wäre diese Kontinuität des kriegerischen Aktes wirklich vorhanden, so würde durch sie wieder alles zum Äußersten getrieben werden, denn abgesehen davon, daß eine solche rastlose Tätigkeit die Gemütskräfte mehr entflammen und dem Ganzen einen höheren Grad von Leidenschaft, eine größere Elementarkraft geben würde, so würde auch durch die Kontinuität des Handelns eine strengere Folge, eine ungestörtere Kausalverbindung entstehen und damit jede einzelne Handlung bedeutender und also gefahrvoller werden.

Aber wir wissen, daß die kriegerische Handlung selten oder nie diese Kontinuität hat, und daß es eine Menge von Kriegen gibt, wo das Handeln bei weitem den geringsten Teil der angewendeten Zeit einnimmt und der Stillstand den ganzen übrigen. Dies kann unmöglich immer eine Anomalie, und der Stillstand im kriegerischen Akt muß möglich, d. h. kein Widerspruch in sich sein. Daß und wie es so ist, wollen wir jetzt zeigen.

15. Hier wird also ein Prinzip der Polarität in Anspruch genommen

Indem wir das Interesse des einen Feldherrn immer in entgegengesetzter Größe bei dem anderen gedacht haben, haben wir eine wahre *Polarität* angenommen. Wir behalten uns vor, diesem Prinzip in der Folge ein eigenes Kapitel zu widmen, müssen aber hier folgendes darüber sagen.

Das Prinzip der Polarität ist nur gültig, wenn diese an ein und demselben Gegenstand gedacht wird, wo die positive Größe und ihr Gegensatz, die negative, sich genau vernichten. In einer Schlacht will jeder der beiden Teile siegen; das ist wahre Polarität, denn der Sieg des einen vernichtet den des anderen. Wenn aber von zwei verschiedenen Dingen die Rede ist, die eine gemeinschaftliche Beziehung außer sich haben, so haben nicht *diese Dinge,* sondern ihre Beziehungen die Polarität.

16. Angriff und Verteidigung sind Dinge von verschiedener Art und von ungleicher Stärke, die Polarität kann also nicht auf sie angewendet werden

Gäbe es nur eine Form des Krieges, nämlich den Anfall des Gegners, also keine Verteidigung, oder mit anderen Worten, unterschiede sich der Angriff von der Verteidigung bloß durch das positive Motiv, welches jener hat und diese entbehrt, der Kampf wäre aber immer ein und derselbe: so würde in diesem Kampfe jeder Vorteil des einen immer ein ebenso großer Nachteil des anderen sein, und es wäre Polarität vorhanden.

Allein die kriegerische Tätigkeit zerfällt in zwei Formen, Angriff und Verteidigung, die, wie wir in der Folge sächlich dartun werden, sehr verschieden und von ungleicher Stärke sind. Die Polarität liegt also in dem, worauf sich beide beziehen, in der Entscheidung, aber nicht im Angriff und der Verteidigung selbst. Will der eine Feldherr die Entscheidung später, so muß der andere sie früher wollen, aber freilich nur bei derselben Form des Kampfes. Hat A das Interesse, seinen Gegner nicht jetzt, sondern vier Wochen später anzugreifen, so hat B das Interesse, nicht vier Wochen später, sondern jetzt von ihm angegriffen zu werden. Dies ist der unmittelbare Gegensatz; daraus folgt aber nicht, daß B das Interesse hätte, A jetzt gleich anzugreifen, welches offenbar etwas ganz Verschiedenes ist.

17. Die Wirkung der Polarität wird oft durch die Überlegenheit der Verteidigung über den Angriff vernichtet, und so erklärt sich der Stillstand des kriegerischen Aktes

Ist die Form der Verteidigung stärker als die des Angriffs, wie wir in der Folge zeigen werden, so frägt es sich, ob der Vorteil der *späteren Entscheidung* bei dem einen so groß ist wie der Vorteil *der Verteidigung* bei dem anderen; wo das nicht ist, da kann er auch nicht vermittelst seines Gegensatzes diesen aufwiegen und so auf das Fortschreiten des kriegerischen Aktes wirken. Wir sehen also, daß die anregende Kraft, welche die Polarität der Interessen hat, sich in dem Unterschied der Stärke von Angriff und Verteidigung verlieren und dadurch unwirksam werden kann.

Wenn also derjenige, für welchen die Gegenwart günstig ist, zu schwach ist, um den Vorteil der Verteidigung entbehren zu können, so muß er sich gefallen lassen, der ungünstigeren Zukunft entgegenzugehen; denn es kann immer noch besser sein, sich in dieser ungünstigen Zukunft verteidigend zu schlagen, als jetzt angreifend, oder als Frieden zu schließen. Da nun nach unserer Überzeugung die Überlegenheit der Verteidigung (richtig verstanden) sehr groß und viel größer ist, als man sich beim ersten Anblick denkt, so erklärt sich daraus ein sehr großer Teil der Stillstandsperioden, welche im Kriege vorkommen, ohne daß man genötigt ist, dabei auf einen inneren Widerspruch zu schließen. Je schwächer die Motive des Handelns sind, um so mehr werden ihrer von diesem Unterschied von Angriff und Verteidigung verschlungen und neutralisiert werden, um so häufiger also wird der kriegerische Akt innehalten, wie die Erfahrung dies auch lehrt.

18. Ein zweiter Grund liegt in der unvollkommenen Einsicht des Falles

Aber es gibt noch einen anderen Grund, welcher den kriegerischen Akt zum Stehen bringen kann, nämlich die unvollkommene Einsicht des Falles. Jeder Feldherr übersieht nur seine eigene Lage genau, die des Gegners nur nach ungewissen Nachrichten; er kann sich also in seinem Urteil darüber irren und infolge dieses Irrtums glauben, das Handeln sei am Gegner, wenn es eigentlich an ihm ist. Dieser Mangel an Einsicht könnte nun zwar ebensooft ein unzeitiges Handeln wie ein unzeitiges Innehalten veranlassen und würde also an sich nicht mehr zur Verzögerung als zur Beschleunigung des kriegerischen Aktes beitragen; aber immer wird es als eine der natürlichen Ursachen betrachtet werden müssen, welche den kriegerischen Akt *ohne inneren Widerspruch zum Stehen bringen können.* Wenn man aber bedenkt, daß man immer vielmehr geneigt und veranlaßt ist, die Stärke seines Gegners zu hoch, als sie zu gering zu schätzen, weil es so in der menschlichen Natur ist, so wird man auch zugeben, daß die unvollkommene Einsicht des Falles im allgemeinen sehr dazu beitragen muß, die kriegerische Handlung aufzuhalten und das Prinzip derselben zu ermäßigen.

Die Möglichkeit eines Stillstandes führt eine neue Ermäßigung in den kriegerischen Akt, indem sie denselben gewissermaßen mit Zeit verdünnt, die Gefahr in ihrem Schritte hemmt und die Mittel zur Herstellung eines verlorenen Gleichgewichts vermehrt. Je größer die Spannungen sind, aus denen der Krieg hervorgegangen, je größer also seine Energie ist, um so kürzer werden diese Stillstandsperioden sein; je schwächer das kriegerische Prinzip ist, um so länger; denn die stärkeren Motive vermehren die Willenskraft, und diese ist, wie wir wissen, jedesmal ein Faktor, ein Produkt der Kräfte.

19. Der häufige Stillstand im kriegerischen Akt entfernt den Krieg noch mehr vom Absoluten, macht ihn noch mehr zum Wahrscheinlichkeitskalkül

Je langsamer aber der kriegerische Akt abläuft, je häufiger und länger er zum Stehen kommt, um so eher wird es möglich, einen Irrtum gutzumachen, um so dreister wird also der Handelnde in seinen Voraussetzungen, um so eher wird er damit hinter der Linie des Äußersten zurückbleiben und alles auf Wahrscheinlichkeiten und Vermutungen bauen. Was also die Natur des konkreten Falles an sich schon erfordert, einen *Wahrscheinlichkeitskalkül* nach den gegebenen Verhältnissen, dazu läßt der mehr oder weniger langsame Verlauf des kriegerischen Aktes mehr oder weniger Zeit.

20. Es fehlt also nur noch der Zufall, um ihn zum Spiel zu machen, und dessen entbehrt er am wenigsten

Wir sehen hieraus, wie sehr die objektive Natur des Krieges ihn zu einem Wahrscheinlichkeitskalkül macht; nun bedarf es nur noch eines einzigen Elementes, um ihn zum *Spiel* zu machen, und dieses Elementes entbehrt er gewiß nicht: es ist der *Zufall.* Es gibt keine menschliche Tätigkeit, welche mit dem Zufall so beständig und so allgemein in Berührung stände als der Krieg. Mit dem Zufall aber nimmt das Ungefähr und mit ihm das Glück einen großen Platz in ihm ein.

21. *Wie durch seine objektive Natur, so wird der Krieg auch durch die subjektive zum Spiel*

Werfen wir nun einen Blick auf die *subjektive Natur* des Krieges, d.h. auf diejenigen Kräfte, womit er geführt werden muß, so muß er uns noch mehr als ein Spiel erscheinen. Das Element, in welchem die kriegerische Tätigkeit sich bewegt, ist Gefahr; welche aber ist in der Gefahr die vornehmste aller Seelenkräfte? *Der Mut.* Nun kann zwar Mut sich wohl mit kluger Berechnung vertragen, aber sie sind doch Dinge von verschiedener Art, gehören verschiedenen Seelenkräften an; dagegen sind *Wagen, Vertrauen auf Glück, Kühnheit, Verwegenheit* nur Äußerungen des Mutes, und alle diese Richtungen der Seele suchen das Ungefähr, weil es ihr Element ist.

Wir sehen also, wie von Hause aus das Absolute, das sogenannte Mathematische, in den Berechnungen der Kriegskunst nirgends einen festen Grund findet, und daß gleich von vornherein ein Spiel von Möglichkeiten, Wahrscheinlichkeiten, Glück und Unglück hineinkommt, welches in allen großen und kleinen Fäden seines Gewebes fortläuft und von allen Zweigen des menschlichen Tuns den Krieg dem Kartenspiel am nächsten stellt.

22. *Wie dies dem menschlichen Geiste im allgemeinen am meisten zusagt*

Obgleich sich unser Verstand immer zur Klarheit und Gewißheit hingedrängt fühlt, so fühlt sich doch unser Geist oft von der Ungewißheit angezogen. Statt sich mit dem Verstande auf dem engen Pfade philosophischer Untersuchung und logischer Schlußfolgen durchzuwinden, um, seiner selbst sich kaum bewußt, in Räumen anzukommen, wo er sich fremd fühlt, und wo ihn alle bekannten Gegenstände zu verlassen scheinen, weilt er lieber mit der Einbildungskraft im Reiche der Zufälle und des Glücks. Statt jener dürftigen Notwendigkeit schwelgt er hier im Reichtum von Möglichkeiten; begeistert davon, beflügelt sich der Mut, und so wird Wagnis und Gefahr das Element, in welches er sich wirft wie der mutige Schwimmer in den Strom.

Soll die Theorie ihn hier verlassen, sich in absoluten Schlüssen und Regeln selbstgefällig fortbewegen? Dann ist sie unnütz fürs Leben. Die Theorie soll auch das Menschliche berücksichtigen, auch dem Mut, der Kühnheit, selbst der Verwegenheit soll sie ihren Platz gönnen. Die Kriegskunst hat es mit lebendigen und mit moralischen Kräften zu tun, daraus folgt, daß sie nirgends das Absolute und Gewisse erreichen kann; es bleibt also überall dem Ungefähr ein Spielraum, und zwar ebenso groß bei dem Größten wie bei dem Kleinsten. Wie dieses Ungefähr auf der einen Seite steht, muß Mut und Selbstvertrauen auf die andere treten und die Lücke ausfüllen. So groß wie diese sind, so groß darf der Spielraum für jenes werden. Mut und Selbstvertrauen sind also dem Kriege ganz wesentliche Prinzipe; die Theorie soll folglich nur solche Gesetze aufstellen, in welchen sich jene notwendigen und edelsten der kriegerischen Tugenden in allen ihren Graden und Veränderungen frei bewegen können. Auch im Wagen gibt es noch eine Klugheit und ebensogut eine Vorsicht, nur daß sie nach einem anderen Münzfuß berechnet sind.

23. *Aber der Krieg bleibt doch immer ein ernsthaftes Mittel für einen ernsthaften Zweck. Nähere Bestimmungen desselben*

So ist der Krieg, so der Feldherr, der ihn führt, so die Theorie, die ihn regelt. Aber der Krieg ist kein Zeitvertreib, keine bloße Lust am Wagen und Gelingen, kein Werk einer freien Begeisterung; er ist ein ernstes Mittel für einen ernsten Zweck. Alles, was er von jenem Farbenspiel des Glückes an sich trägt, was er von den Schwingungen der Leidenschaften, des Mutes, der Phantasie, der Begeisterung in sich aufnimmt, sind nur Eigentümlichkeiten dieses Mittels.

Der Krieg einer Gemeinheit – ganzer Völker – und namentlich *gebildeter* Völker geht immer von einem politischen Zustande aus und wird nur durch ein politisches Motiv hervorgerufen. Er ist also ein politischer Akt. Wäre er nun ein vollkommener, ungestörter, eine absolute Äußerung der Gewalt, wie wir ihn uns aus seinem bloßen Begriff ableiten mußten, so würde er von dem Augenblicke an, wo er durch die Politik hervorgerufen ist, an ihre Stelle treten als etwas von ihr ganz Unabhängiges, sie verdrängen und nur seinen eigenen Gesetzen folgen, so wie eine Mine, die sich entladet, keiner anderen Richtung und Leitung mehr fähig ist, als die man ihr durch vorbereitende Einrichtungen gegeben. So hat man sich die Sache bisher auch wirklich gedacht, sooft ein Mangel an Harmonie zwischen der Politik und Kriegführung zu theoretischen Unterscheidungen der Art geführt hat. Allein so ist es nicht, und diese Vorstellung ist eine grundfalsche. Der Krieg der wirklichen Welt ist, wie wir gesehen haben, kein solches Äußerstes, was seine Spannung in einer einzigen Entladung löst, sondern er ist das Wirken von Kräften, die nicht vollkommen gleichartig und gleichmäßig sich entwickeln, sondern die jetzt hinreichend aufschwellen, um den Widerstand zu überwinden, den die Trägheit und die Friktion ihr entgegenstellen, ein anderes Mal aber zu schwach sind, um eine Wirkung zu äußern; so ist er gewissermaßen ein Pulsieren der Gewaltsamkeit, mehr oder weniger heftig, folglich mehr oder weniger schnell die Spannungen lösend und die Kräfte erschöpfend; mit anderen Worten: mehr oder weniger schnell ans Ziel führend, immer aber lange genug dauernd, um auch noch in seinem Verlauf Einfluß darauf zu gestatten, damit ihm diese oder jene Richtung gegeben werden könne, kurz, um dem Willen einer leitenden Intelligenz unterworfen zu bleiben. Bedenken wir nun, daß der Krieg von einem politischen Zweck ausgeht, so ist es natürlich, daß dieses erste Motiv, welches ihn ins Leben gerufen hat, auch die erste und höchste Rücksicht bei seiner Leistung bleibt. Aber der politische Zweck ist deshalb kein despotischer Gesetzgeber, er muß sich der Natur des Mittels fügen und wird dadurch oft ganz verändert, aber immer ist er das, was zuerst in Erwägung gezogen werden muß. Die Politik also wird den ganzen kriegerischen Akt durchziehen und einen fortwährenden Einfluß auf ihn ausüben, soweit es die Natur der in ihm explodierenden Kräfte zuläßt.

24. Der Krieg ist eine bloße Fortsetzung der Politik mit anderen Mitteln

So sehen wir also, daß der Krieg nicht bloß ein politischer Akt, sondern ein wahres politisches Instrument ist, eine Fortsetzung des politischen Verkehrs, ein Durchführen desselben mit anderen Mitteln. Was dem Kriege nun noch eigentümlich bleibt, bezieht sich bloß auf die eigentümliche Natur seiner Mittel. Daß die Richtungen und Absichten der Politik mit diesen Mitteln nicht in Widerspruch treten, das kann die Kriegskunst im allgemeinen und der Feldherr in jedem einzelnen Falle fordern, und dieser Anspruch ist wahrlich nicht gering; aber wie stark er auch in einzelnen Fällen auf die politischen Absichten zurückwirkt, so muß dies doch immer nur als eine Modifikation derselben gedacht werden, denn die politische Absicht ist der Zweck, der Krieg ist das Mittel, und niemals kann das Mittel ohne Zweck gedacht werden.

25. Verschiedenartigkeit der Kriege

Je großartiger und stärker die Motive des Krieges sind, je mehr sie das ganze Dasein der Völker umfassen, je gewaltsamer die Spannung ist, die dem Kriege vorhergeht, um so mehr wird der Krieg sich seiner abstrakten Gestalt nähern, um so mehr wird es sich um das Niederwerfen des Feindes handeln, um so mehr fallen das kriegerische Ziel und der politische Zweck zusammen, um so reiner kriegerisch, weniger politisch scheint der Krieg zu sein. Je schwächer aber Motive und Spannungen sind, um so weniger wird die natürliche Richtung des kriegerischen Elementes, nämlich der Gewalt, in die Linie fallen, welche die Politik gibt, um so mehr muß also der Krieg von seiner natürlichen Richtung abgelenkt werden, um so verschiedener ist der politische Zweck von dem Ziel eines idealen Krieges, um so mehr scheint der Krieg *politisch* zu werden.

Wir müssen aber hier, damit der Leser nicht falsche Vorstellungen unterlege, bemerken, daß mit dieser *natürlichen Tendenz* des Krieges nur die philosophische, die eigentlich *logische* gemeint ist und keineswegs die Tendenz der wirklich im Konflikt begriffenen Kräfte, so daß man sich z. B. darunter alle Gemütskräfte und Leidenschaften der Kämpfenden denken sollte. Zwar könnten in manchen Fällen auch diese in solchem Maße angeregt sein, daß sie mit Mühe in dem politischen Wege zurückgehalten werden könnten; in den meisten Fällen aber wird solcher Widerspruch nicht entstehen, weil durch das Dasein so starker Bestrebungen auch ein großartiger, damit zusammenstimmender Plan bedingt sein wird. Wo dieser Plan nur auf Kleines gerichtet ist, da wird auch das Streben der Gemütskräfte in der Masse so gering sein, daß diese Masse immer eher eines Anstoßes als einer Zurückhaltung bedürfen wird.

26. Sie können alle als politische Handlungen betrachtet werden

Wenn es also, um zur Hauptsache zurückzukehren, auch wahr ist, daß bei der einen Art Krieg die Politik ganz zu verschwinden scheint, während sie bei der anderen Art sehr bestimmt hervortritt, so kann man doch behaupten, daß die eine so politisch sei wie die andere; denn betrachtet man die Politik wie die Intelligenz des personifizierten Staates, so muß unter allen Konstellationen, die ihr Kalkül aufzufassen hat, doch auch diejenige begriffen sein können, wo die Natur aller Verhältnisse einen Krieg der ersten Art bedingt. Nur insofern man unter Politik nicht eine allgemeine Einsicht, sondern den *konventionellen* Begriff einer der Gewalt abgewendeten, behutsamen, verschlagenen, auch unredlichen Klugheit versteht, könnte die letzte Art des Krieges ihr mehr angehören als die erstere.

27. Folgen dieser Ansicht für das Verständnis der Kriegsgeschichte und für die Grundlagen der Theorie

Wir sehen also *erstens:* daß wir uns den Krieg unter allen Umständen als kein *selbständiges Ding,* sondern als ein politisches Instrument zu denken haben; und nur mit dieser Vorstellungsart ist es möglich, nicht mit der sämtlichen Kriegsgeschichte in Widerspruch zu geraten. Sie allein schließt das große Buch zu verständiger Einsicht auf. – *Zweitens:* zeigt uns ebendiese Ansicht, wie verschieden die Kriege nach der Natur ihrer Motive und der Verhältnisse, aus denen sie hervorgehen, sein müssen.

Der erste, der großartigste, der entschiedenste Akt des Urteils nun, welchen der Staatsmann und Feldherr ausübt, ist der, daß er den Krieg, welchen er unternimmt, in dieser Beziehung richtig erkenne, ihn nicht für etwas nehme oder zu etwas machen wolle, was er der Natur der Verhältnisse nach nicht sein kann. Dies ist also die erste, umfassendste aller strategischen Fragen; wir werden sie in der Folge beim Kriegsplan näher in Betrachtung ziehen.

Hier begnügen wir uns, den Gegenstand bis auf diesen Punkt geführt und dadurch den Hauptgesichtspunkt festgestellt zu haben, aus welchem der Krieg und seine Theorie betrachtet werden müssen.

28. Resultat für die Theorie

Der Krieg ist also nicht nur ein wahres Chamäleon, weil er in jedem konkreten Falle seine Natur etwas ändert, sondern er ist auch seinen Gesamterscheinungen nach, in Beziehung auf die in ihm herrschenden Tendenzen eine wunderliche Dreifaltigkeit, zusammengesetzt aus der ursprünglichen Gewaltsamkeit seines Elementes, dem Haß und der Feindschaft, die wie ein *blinder Naturtrieb* anzusehen sind, aus dem Spiel der Wahrscheinlichkeiten und des Zufalls, die ihn zu einer *freien Seelentätigkeit* machen, und aus der untergeordneten Natur eines politischen Werkzeuges, wodurch er *dem bloßen Verstande* anheimfällt.

Die erste dieser drei Seiten ist mehr dem Volke, die zweite mehr dem Feldherrn und seinem Heer, die dritte mehr der Regierung zugewendet. Die Leidenschaften, welche im Kriege entbrennen sollen, müssen schon in den Völkern vorhanden sein; der Umfang, welchen das Spiel des Mutes und Talents im Reiche der Wahrscheinlichkeiten des Zufalls bekommen wird, hängt von der Eigentümlichkeit des Feldherrn und des Heeres ab, die politischen Zwecke aber gehören der Regierung allein an.

Diese drei Tendenzen, die als ebenso viele verschiedene Gesetzgebungen erscheinen, sind tief in der Natur des Gegenstandes gegründet und zugleich von veränderlicher Größe. Eine Theorie, welche eine derselben unberücksichtigt lassen oder zwischen ihnen ein willkürliches Verhältnis feststellen wollte, würde augenblicklich mit der Wirklichkeit in solchen Widerspruch geraten, daß sie dadurch allein schon wie vernichtet betrachtet werden müßte.

Die Aufgabe ist also, daß sich die Theorie zwischen diesen drei Tendenzen wie zwischen drei Anziehungspunkten schwebend erhalte.

Auf welchem Wege dieser schwierigen Aufgabe noch am ersten genügt werden könnte, wollen wir in dem Buche von der Theorie des Krieges untersuchen. In jedem Fall wird die hier geschehene Feststellung des Begriffs vom Kriege der erste Lichtstrahl, der für uns in den Fundamentalbau der Theorie fällt, der zuerst die großen Massen sondern und sie uns unterscheiden lassen wird.

Zweites Kapitel: Zweck und Mittel im Kriege

Nachdem wir im vorigen Kapitel die zusammengesetzte und veränderliche Natur des Krieges kennengelernt haben, wollen wir uns damit beschäftigen, zu untersuchen, welchen Einfluß dies auf Zweck und Mittel im Kriege hat.

Fragen wir zuerst nach dem Ziel, worauf der ganze Krieg gerichtet werden muß, um für den politischen Zweck das rechte Mittel zu sein, so werden wir dasselbe ebenso veränderlich finden, als der politische Zweck und die eigentümlichen Verhältnisse des Krieges es sind.

Halten wir uns zuvörderst wieder an den reinen Begriff des Krieges, so müssen wir sagen, daß der politische Zweck desselben eigentlich außer seinem Gebiete liege; denn wenn der Krieg ein Akt der Gewalt ist, um den Gegner zur Erfüllung unseres Willens zu zwingen, so müßte es *immer* und *ganz allein* darauf ankommen, den Gegner niederzuwerfen, d. h. ihn wehrlos zu machen. Wir wollen zuerst *diesen* aus dem Begriff entwickelten Zweck, dem gleichwohl in der Wirklichkeit eine Menge von Fällen sehr nahekommen, in dieser Wirklichkeit betrachten.

Wir werden in der Folge beim Kriegsplan näher untersuchen, was es heißt, einen Staat *wehrlos* machen, müssen aber hier gleich drei Dinge unterscheiden, die als drei allgemeine Objekte alles übrige in sich fassen. Es ist die *Streitkraft,* das *Land* und der *Wille des Feindes.*

Die Streitkraft muß *vernichtet, d. h. in einen solchen Zustand versetzt werden, daß sie den Kampf nicht mehr fortsetzen kann.* Wir erklären hierbei, daß wir in der Folge bei dem Ausdruck »Vernichtung der feindlichen Streitkraft« nur dies verstehen werden.

Das Land muß erobert werden, denn aus dem Lande könnte sich eine neue Streitkraft bilden.

Ist aber auch beides geschehen, so kann der Krieg, d. h. die feindliche Spannung und Wirkung feindseliger Kräfte, nicht als beendet angesehen werden, solange der *Wille* des Feindes nicht auch bezwungen ist, d. h. seine Regierung und seine Bundesgenossen zur Unterzeichnung des Friedens oder das Volk zur Unterwerfung vermocht sind; denn es kann sich, während wir im vollen Besitz des Landes sind, der Kampf in seinem Innern oder auch durch Beistand seiner Bundesgenossen von neuem entzünden. Freilich kann dies auch *nach* dem Frieden geschehen, aber dies beweist weiter nichts, als daß nicht jeder Krieg eine vollkommene Entscheidung und Erledigung in sich trägt. Aber selbst wenn dies der Fall ist, so ersterben doch im Friedensschluß selbst jedesmal eine Menge Funken, die im stillen fortgeglüht hätten, und die Spannungen lassen nach, weil alle dem Frieden zugewandten Gemüter, deren es in jedem Volk und unter allen Verhältnissen immer eine große Anzahl gibt, sich aus der Richtung des Widerstandes ganz abwenden. Wie dem übrigens auch sei, immer muß man mit dem Frieden den Zweck als erreicht und das Geschäft des Krieges als beendigt ansehen.

Da von jenen drei Gegenständen die Streitkraft zur Beschützung des Landes bestimmt ist, so ist die natürliche Ordnung, daß diese zuerst vernichtet, dann das Land erobert, und durch diese beiden Erfolge sowie durch den Zustand, in welchem wir uns dann noch befinden, der Gegner zum Frieden vermocht werde. Gewöhnlich geschieht die Vernichtung der feindlichen Streitkraft nach und nach, und in eben dem Maße folgt ihr auf dem Fuße die Eroberung des Landes. Beide pflegen dabei in Wechselwirkung zu treten, indem der Verlust der Provinzen auf die Schwächung der Streitkräfte zurückwirkt. Diese Ordnung ist aber keineswegs notwendig, und deswegen findet sie auch nicht immer statt. Es kann sich die feindliche Streitmacht, noch ehe sie merklich geschwächt worden ist, an die entgegengesetzten Grenzen des Landes, auch ganz ins Ausland zurückziehen. In diesem Falle wird also der größte Teil des Landes oder auch das ganze erobert.

Aber dieser Zweck des *abstrakten Krieges,* dieses letzte Mittel zur Erreichung des politischen Zwecks, in dem sich alle anderen zusammenfinden sollen, das *Wehrlosmachen des Gegners,* ist in der Wirklichkeit keineswegs allgemein vorhanden, ist nicht die notwendige Bedingung zum Frieden und kann also auf keine Weise in der Theorie als ein Gesetz aufgestellt werden. Es gibt eine zahllose Menge von Friedensschlüssen, die erfolgt sind, ehe einer der beiden Teile als wehrlos angesehen werden konnte, ja ehe das Gleichgewicht auch nur merklich gestört war. Noch mehr, wenn wir auf die konkreten Fälle sehen, so müssen wir uns sagen, daß in einer ganzen Klasse derselben *das Niederwerfen des Gegners* ein unnützes Spiel der Vorstellungen sein würde, wenn nämlich der Gegner bedeutend mächtiger ist.

Die Ursache, warum der aus dem Begriff des Krieges entwickelte Zweck nicht allgemein auf den wirklichen Krieg paßt, liegt in der Verschiedenheit beider, womit wir uns im vorigen Kapitel beschäftigt haben. Wäre er, wie ihn der bloße Begriff gibt, so würde ein Krieg zwischen Staaten von merklich ungleichen Kräften als ein Absurdum erscheinen, also unmöglich sein; die Ungleichheit der physischen Kräfte dürfte höchstens so groß sein, daß sie durch die entgegengesetzten moralischen ausgeglichen werden könnte, und das würde in Europa bei unserem heutigen gesellschaftlichen Zustande nicht weit reichen. Wenn wir also Kriege zwischen Staaten *von sehr ungleicher Macht* haben stattfinden sehen, so ist es, *weil der Krieg in der Wirklichkeit sich von seinem ursprünglichen Begriff oft sehr weit entfernt.*

Es sind zwei Dinge, welche in der Wirklichkeit als Motiv zum Frieden an die Stelle der Unfähigkeit zum ferneren Widerstande treten können. Das erste ist die Unwahrscheinlichkeit, das zweite ein zu großer Preis des Erfolges.

Da, wie wir im vorigen Kapitel gesehen haben, der ganze Krieg von dem strengen Gesetz innerer Notwendigkeit loslassen und sich der Wahrscheinlichkeitsberechnung anheimgeben muß, und da dies immer um so mehr der Fall ist, je mehr er sich den Verhältnissen nach, aus denen er hervorgegangen ist, dazu eignet, je geringer die Motive und die Spannungen sind, so ist es auch begreiflich, wie aus dieser Wahrscheinlichkeitsberechnung das Motiv zum Frieden selbst entstehen kann. Es braucht also der Krieg nicht immer bis zum Niederwerfen des einen Teiles ausgekämpft zu werden, und man kann denken, daß bei sehr schwachen Motiven und Spannungen eine leichte, kaum angedeutete Wahrscheinlichkeit schon hinreicht, den, gegen welchen sie gerichtet ist, zum Nachgeben zu bewegen. Wäre nun der andere im voraus davon überzeugt, so ist es ja natürlich, daß er nur nach *dieser Wahrscheinlichkeit* streben, nicht erst den Umweg eines gänzlichen Niederwerfens des Feindes suchen und machen wird.

Noch allgemeiner wirkt die Beachtung des Kraftaufwandes, welcher schon erforderlich gewesen ist und es noch sein wird, auf den Entschluß zum Frieden. Da der Krieg kein Akt blinder Leidenschaft ist, sondern der politische Zweck darin vorwaltet, so muß der Wert, den dieser hat, die Größe der Aufopferungen bestimmen, womit wir ihn erkaufen wollen. Dies wird nicht bloß der Fall sein bei ihrem *Umfang,* sondern auch bei ihrer *Dauer*. Sobald also der Kraftaufwand so groß wird, daß der Wert des politischen Zwecks ihm nicht mehr das Gleichgewicht halten kann, so muß dieser aufgegeben werden und der Friede die Folge davon sein.

Man sieht also, daß in den Kriegen, wo der eine den anderen nicht ganz wehrlos machen kann, die Motive zum Frieden in beiden Teilen steigen und fallen werden nach der Wahrscheinlichkeit der ferneren Erfolge und des erforderlichen Kraftaufwandes. Wenn diese Motive in beiden Teilen gleich stark wären, so würden sie sich in der Mitte ihrer politischen Differenz treffen; was sie in dem einen an Stärke zunehmen, dürfen sie in dem anderen schwächer sein; wenn ihre Summe nur hinreicht, so wird der Friede zustande kommen, natürlich aber mehr zum Besten dessen ausfallen, der die schwächsten Motive dazu hatte.

Wir übergehen hier absichtlich noch den Unterschied, den die *positive* und *negative* Natur des politischen Zwecks im Handeln notwendig hervorbringen muß; denn wenn dieser auch, wie wir in der Folge zeigen werden, von der höchsten Wichtigkeit ist, so müssen wir uns doch hier auf einem noch allgemeineren Standpunkt erhalten, weil die ursprünglichen politischen Absichten im Laufe des Krieges sehr wechseln und zuletzt ganz andere werden können, *eben weil sie durch die Erfolge und durch die wahrscheinlichen Ergebnisse mit bestimmt werden.*

Es entsteht nun die Frage, wie man auf die Wahrscheinlichkeit der

Erfolge wirken kann. Zuerst natürlich durch dieselben Gegenstände, welche auch zum Niederwerfen des Gegners führen: *die Vernichtung seiner Streitkräfte und die Eroberung seiner Provinzen;* aber beide sind darum nicht genau dieselben, welche sie bei jenem Zweck sein würden. Wenn wir die feindliche Streitkraft angreifen, so ist es etwas ganz anderes, ob wir dem ersten Schlag eine Reihe anderer folgen lassen wollen, bis zuletzt alles zertrümmert ist, oder ob wir uns mit einem Siege begnügen wollen, um das Gefühl der Sicherheit beim Gegner zu brechen, ihm das Gefühl unserer Überlegenheit zu geben und ihm also für die Zukunft Besorgnisse einzuflößen. Wollen wir das, so werden wir an die Vernichtung seiner Streitkräfte nur so viel setzen, als dazu hinreichend ist. Ebenso ist die Eroberung von Provinzen eine andere Maßregel, wenn es nicht auf das Niederwerfen des Gegners abgesehen ist. In jenem Falle wäre die Vernichtung seiner Streitkraft die eigentliche wirksame Handlung und das Einnehmen der Provinzen nur die Folge davon; sie einzunehmen, ehe die Streitkraft zusammengeworfen ist, wäre immer nur als ein notwendiges Übel zu betrachten. Dagegen ist, wenn wir es nicht auf das Niederwerfen der feindlichen Streitkraft absehen, und wenn wir überzeugt sind, daß der Feind den Weg der blutigen Entscheidung selbst nicht sucht, sondern *fürchtet,* das Einnehmen einer schwach oder gar nicht verteidigten Provinz schon *an sich ein Vorteil;* und ist dieser Vorteil groß genug, um den Gegner über den allgemeinen Erfolg besorgt zu machen, so ist er auch als ein naher Weg zum Frieden zu betrachten.

Nun kommen wir aber noch auf ein eigentümliches Mittel, – auf die Wahrscheinlichkeit des Erfolges zu wirken, ohne die feindliche Streitkraft niederzuwerfen, nämlich solche Unternehmungen, die eine *unmittelbare politische Beziehung* haben. Gibt es Unternehmungen, die vorzugsweise geeignet sind, Bündnisse unseres Gegners zu trennen oder unwirksam zu machen, uns neue Bundesgenossen zu erwerben, politische Funktionen zu unserem Besten aufzuregen usw., so ist leicht begreiflich, wie dies die Wahrscheinlichkeit des Erfolges sehr steigern und ein viel kürzerer Weg zum Ziel werden kann, als das Niederwerfen der feindlichen Streitkräfte.

Die zweite Frage ist, welches die Mittel sind, auf den feindlichen Kraftaufwand, d. h. auf die Preiserhöhung zu wirken.

Der Kraftaufwand des Gegners liegt in dem *Verbrauch seiner Streitkräfte,* also in der *Zerstörung* derselben von unserer Seite; in dem *Verlust von Provinzen,* also in der *Eroberung* derselben durch uns.

Daß diese beiden Gegenstände wegen der verschiedenen Bedeutung auch hier nicht allemal mit der gleichnamigen bei einem anderen Zweck zusammenfallen, wird sich bei näherer Betrachtung von selbst ergeben. Daß die Unterschiede meistens nur gering sein werden, darf uns nicht irremachen, denn in der Wirklichkeit entscheiden oft bei schwachen Motiven die feinsten Nuancen für die eine oder andere Modalität der Kraftanwendung. Uns kommt es hier nur darauf an, zu zeigen, daß unter Voraussetzung gewisser Bedingungen andere Wege zum Ziele *möglich,* kein *innerer Widerspruch, kein Absurdum,* auch nicht einmal *Fehler* sind.

Außer diesen beiden Gegenständen gibt es nun noch *drei* eigentümliche Wege, die unmittelbar darauf gerichtet sind, den Kraftaufwand des Gegners zu steigern. Der erste ist die *Invasion, d. h. die Einnahme feindlicher Provinzen, nicht mit der Absicht sie zu behalten,* sondern um Kriegssteuern darin zu erheben, oder sie gar zu verwüsten. Der unmittelbare Zweck ist hier weder die Eroberung des feindlichen Landes noch das Niederwerfen seiner Streitkraft, sondern bloß *ganz allgemein der feindliche Schaden.* Der zweite Weg ist, unsere Unternehmungen *vorzugsweise* auf solche Gegenstände zu richten, die den feindlichen Schaden vergrößern. Es ist nichts leichter, als sich zwei verschiedene Richtungen unserer Streitkraft zu denken, davon die eine bei weitem den Vorzug verdient, wenn es darauf ankommt, den Feind niederzuwerfen, die andere aber, wenn vom Niederwerfen nicht die Rede ist und sein kann, einträglicher ist. Wie man zu sagen gewohnt ist, würde man die erste für die mehr militärische, die andere mehr für eine politische halten. Wenn man sich aber auf den höchsten Standpunkt stellt, so ist eine so militärisch wie die andere, und jede nur zweckmäßig, wenn sie zu den gegebenen Bedingungen paßt. Der dritte Weg, an Umfang der ihm zugehörigen Fälle bei weitem der wichtigste, ist *das Ermüden* des Gegners. Wir wählen diesen Ausdruck nicht bloß, um das Objekt mit einem Wort zu bezeichnen, sondern weil er die Sache ganz ausdrückt und nicht so bildlich ist, als es auf den ersten Blick scheint. In dem Begriff des Ermüdens bei einem Kampfe liegt eine *durch die Dauer der Handlung nach und nach hervorgebrachte Erschöpfung der physischen Kräfte und des Willens.*

Wollen wir nun den Gegner in der Dauer des Kampfes überbieten, so müssen wir uns mit so kleinen Zwecken als möglich begnügen, denn es liegt in der Natur der Sache, daß ein großer Zweck mehr Kraftaufwand erfordert als ein kleiner; der kleinste Zweck aber, den wir uns vorsetzen können, ist *der reine Widerstand,* d. h. der Kampf ohne eine positive Absicht. Bei diesem werden also unsere Mittel verhältnismäßig am größten sein und also das Resultat am meisten gesichert. Wie weit kann nun diese Negativität gehen? Offenbar nicht bis zur absoluten Passivität, denn ein bloßes Leiden wäre kein Kampf mehr; der Widerstand aber ist eine Tätigkeit, und durch diese sollen so viele von des Feindes Kräften zerstört werden, daß er seine Absicht aufgeben muß. Nur das wollen wir bei jedem einzelnen Akt, und darin besteht die negative Natur unserer Absicht.

Unstreitig ist diese negative Absicht in ihrem einzelnen Akt nicht so wirksam, wie eine in gleicher Richtung liegende positive sein würde, vorausgesetzt, daß sie gelinge; aber darin liegt eben der Unterschied, daß jene eher gelingt, also mehr Sicherheit gibt. Was ihr nun an Wirksamkeit im einzelnen Akt abgeht, muß sie durch die Zeit, also durch die Dauer des Kampfes, wieder einbringen; und so ist denn diese negative Absicht, welche das Prinzip des reinen Widerstandes ausmacht, auch das natürliche Mittel, den Gegner in der Dauer des Kampfes zu überbieten, das ist ihn zu ermüden.

Hier liegt der Ursprung des das ganze Gebiet des Krieges beherrschenden Unterschiedes von *Angriff* und *Verteidigung*. Wir können aber diesen Weg hier nicht weiter verfolgen, sondern begnügen uns zu sagen, daß aus dieser negativen Absicht selbst alle die Vorteile und so alle die stärkern Formen des Kampfes abgeleitet werden können, die ihr zur Seite stehen, und in welcher sich also dieses philosophisch-dynamische Gesetz, was zwischen Größe und Sicherheit des Erfolgs besteht, verwirklicht. Wir werden dies alles in der Folge betrachten.

Gibt also die negative Absicht, d. h. die Vereinigung aller Mittel im bloßen Widerstand, eine Überlegenheit im Kampf, so wird, wenn diese so groß ist, um ein etwaiges Übergewicht des Gegners *auszugleichen,* die bloße *Dauer* des Kampfes hinreichen, um den Kraftaufwand beim Gegner nach und nach auf den Punkt zu bringen, daß ihm der politische Zweck desselben nicht mehr das Gleichgewicht halten kann, er ihn also aufgeben muß. Man sieht also, daß dieser Weg, die Ermüdung des Gegners, die große Anzahl von Fällen unter sich begreift, wo der Schwache dem Mächtigen widerstehen will.

Friedrich der Große im Siebenjährigen Kriege wäre niemals imstande gewesen, die österreichische Monarchie niederzuwerfen, und hätte er es in dem Sinne eines Karl XII. versuchen wollen, er würde unfehlbar zugrunde gegangen sein. Nachdem aber die talentvolle Anwendung einer weisen Ökonomie der Kräfte den gegen ihn verbündeten Mächten sieben Jahre lang gezeigt hatte, daß der Kraftaufwand viel größer werde, als sie sich anfangs vorgestellt hatten, beschlossen sie den Frieden.

Wir sehen also, daß es im Kriege der Wege zum Ziele viele gibt, daß nicht jeder Fall an die Niederwerfung des Gegners gebunden ist, daß *Vernichtung der feindlichen Streitkraft, Eroberung feindlicher Provinzen, bloße Besetzung derselben, bloße Invasion derselben, Unternehmungen, die unmittelbar auf politische Beziehungen gerichtet sind, endlich ein passives Abwarten der feindlichen Stöße – alles Mittel* sind, die, jedes für sich, zur Überwindung des feindlichen Willens gebraucht werden können, je nachdem die Eigentümlichkeit des Falles mehr von dem einen oder dem anderen erwarten läßt. Wir können noch eine ganze Klasse von Zwecken als kürzere Wege zum Ziele hinzufügen, die wir Argumente ad hominem nennen könnten. In welchem Gebiete menschlichen Verkehrs kämen diese, alle sächlichen Verhältnisse überspringenden Funken der persönlichen Beziehungen nicht vor, und im Kriege, wo die Persönlichkeit der Kämpfer, im Kabinett und Felde, eine so große Rolle spielt, können sie wohl am wenigsten fehlen. Wir begnügen uns, darauf hinzudeuten, weil es eine Pedanterie wäre, sie in Klassen bringen zu wollen. Mit diesen, kann man wohl sagen, wächst die Zahl der möglichen Wege zum Ziel bis ins Unendliche.

Um diese verschiedenen kürzeren Wege zum Ziel nicht unter ihrem Wert zu schätzen, sie entweder nur als seltene Ausnahmen gelten zu lassen oder den Unterschied, den sie in der Kriegführung bedingen, für unwesentlich zu halten, muß man sich nur der Mannigfaltigkeit der politischen Zwecke bewußt werden, die einen Krieg veranlassen können, oder mit einem Blick den Abstand messen, der zwischen einem Vernichtungskrieg um das politische Dasein und einem Krieg stattfindet, den ein erzwungenes oder hinfällig gewordenes Bündnis zur unangenehmen Pflicht macht. Zwischen beiden gibt es zahllose Abstufungen, die in der Wirklichkeit vorkommen. Mit eben dem Recht, womit man eine dieser Abstufungen in der Theorie verwerfen wollte, könnte man sie alle verwerfen, d. h. die wirkliche Welt ganz aus den Augen setzen.

So ist es im allgemeinen mit dem Ziel beschaffen, welches man im Kriege zu verfolgen hat; wenden wir uns jetzt zu den Mitteln.

Dieser Mittel gibt es nur ein einziges, es ist der *Kampf*. Wie mannigfaltig dieser auch gestaltet sei, wie weit er sich von der rohen Erledigung des Hasses und der Feindschaft im Faustkampfe entfernen möge, wieviel Dinge sich einschieben mögen, die nicht selbst Kampf sind, immer liegt es im Begriff des Krieges, daß alle in ihm erscheinenden Wirkungen *ursprünglich vom Kampf* ausgehen müssen.

Daß dem auch in der größten Mannigfaltigkeit und Zusammensetzung der Wirklichkeit immer so sei, dafür gibt es einen sehr einfachen Beweis. Alles, was im Kriege geschieht, geschieht durch Streitkräfte; *wo aber Streitkräfte,* das ist *bewaffnete Menschen* angewendet werden, da muß notwendig die Vorstellung des Kampfes zum Grunde liegen.

Es gehört also alles zur kriegerischen Tätigkeit, was sich auf die Streitkräfte bezieht, also alles, was zu ihrer Erzeugung, Erhaltung und Verwendung gehört.

Erzeugung und Erhaltung sind offenbar nur die Mittel, die Anwendung aber ist der Zweck.

Der Kampf im Kriege ist nicht ein Kampf des einzelnen gegen den einzelnen, sondern ein vielfach gegliedertes Ganzes. In diesem großen Ganzen können wir Einheiten zweierlei Art unterscheiden: die eine nach dem Subjekt, die andere nach dem Objekt bestimmt. In einem Heere reiht sich die Zahl der Kämpfer immer zu neuen Einheiten zusammen, die Glieder einer höheren Ordnung bilden. Es bildet also der Kampf eines jeden dieser Glieder auch eine mehr oder weniger hervortretende Einheit. Ferner bildet der Zweck des Kampfes, also sein *Objekt,* eine Einheit desselben.

Jede dieser Einheiten nun, die sich im Kampf unterscheiden, belegt man mit dem Namen *eines Gefechts.*

Liegt aller Anwendung von Streitkräften die Vorstellung von Kampf zum Grunde, so ist auch die Verwendung der Streitkräfte überhaupt nichts als die Feststellung und Anordnung einer gewissen Anzahl von Gefechten.

Es bezieht sich also alle kriegerische Tätigkeit notwendig auf das Gefecht, entweder unmittelbar oder mittelbar. Der Soldat wird ausgehoben, gekleidet, bewaffnet, geübt, er schläft, ißt, trinkt und marschiert, *alles nur, um an rechter Stelle und zu rechter Zeit zu fechten.*

Endigen sich also im Gefecht alle Fäden kriegerischer Tätigkeit, so werden wir sie auch alle auffassen, indem wir die Anordnung der Gefechte bestimmen; nur von dieser Anordnung und ihrer Vollziehung gehen die Wirkungen aus, niemals unmittelbar von den ihnen vorhergehenden Bedingungen. Nun ist im Gefecht alle Tätigkeit auf die Vernichtung des Gegners oder vielmehr *seiner Streitkräfte*[1] gerich-

---

1 [2. Auflage: *Streitfähigkeit*]

tet, denn es liegt in seinem Begriff; die Vernichtung der feindlichen Streitkraft ist also immer das Mittel, um den Zweck des Gefechts zu erreichen.

Dieser Zweck kann ebenfalls die bloße Vernichtung der feindlichen Streitkraft sein, aber dies ist keineswegs notwendig, sondern er kann auch etwas ganz anderes sein. Sobald nämlich, wie wir das gezeigt haben, das Niederwerfen des Gegners nicht das einzige Mittel ist, den politischen Zweck zu erreichen, sobald es andere Gegenstände gibt, welche man als Ziel im Kriege verfolgen kann, so folgt von selbst, daß diese Gegenstände der Zweck einzelner kriegerischer Akte werden können und also auch der Zweck von Gefechten.

Aber selbst diejenigen Gefechte, welche der Niederwerfung der feindlichen Streitkraft als untergeordnete Glieder ganz eigentlich gewidmet sind, brauchen die Vernichtung derselben nicht gerade zu ihrem nächsten Zweck zu haben.

Wenn man an die mannigfaltige Gliederung einer großen Streitkraft denkt, an die Menge von Umständen, die bei ihrer Anwendung in Wirksamkeit kommen, so ist begreiflich, daß auch der Kampf einer solchen Streitkraft eine mannigfache Gliederung, Unterordnung und Zusammensetzung bekommen muß. Da können und müssen natürlich für die einzelnen Glieder eine Menge von Zwecken vorkommen, die nicht selbst Vernichtung feindlicher Streitkraft sind und dieselbe zwar in einem gesteigerten Maße, aber nur mittelbar bewirken. Wenn ein Bataillon den Auftrag erhält, den Feind von einem Berge, einer Brücke usw. zu vertreiben, so ist in der Regel der Besitz dieser Gegenstände der eigentliche Zweck, die Vernichtung der feindlichen Kräfte daselbst bloßes Mittel oder Nebensache. Kann der Feind durch eine bloße Demonstration vertrieben werden, so ist der Zweck auch erreicht; aber dieser Berg, diese Brücke werden in der Regel nur genommen, um damit eine gesteigerte Vernichtung der feindlichen Streitkraft zu bewirken. Ist es schon so auf dem Schlachtfelde, so wird es noch viel mehr so sein auf dem ganzen Kriegstheater, wo nicht bloß ein Heer dem anderen, sondern ein Staat, ein Volk, ein Land dem anderen gegenübersteht. Hier muß die Zahl möglicher Beziehungen und folglich der Kombinationen sehr vermehrt, die Mannigfaltigkeit der Anordnungen vergrößert und durch die sich unterordnende Abstufung der Zwecke das erste Mittel von dem letzten Zwecke weiter entfernt werden.

Es ist also aus vielen Gründen möglich, daß der Zweck eines Gefechts nicht die Vernichtung der feindlichen Streitkraft, nämlich der uns gegenüberstehenden ist, sondern daß diese bloß als Mittel erscheint. In allen diesen Fällen aber kommt es auch auf die Vollziehung dieser Vernichtung nicht mehr an; denn das Gefecht ist hier nichts als ein *Abmesser* der Kräfte, hat an sich keinen Wert, sondern nur den des Resultates, d. h. seiner Entscheidung.

Ein Abmessen der Kräfte kann aber in Fällen, wo sie sehr ungleich sind, schon durch das bloße Abschätzen erhalten werden. In solchen Fällen wird auch das Gefecht nicht stattfinden, sondern der Schwächere gleich nachgeben.

Ist der Zweck der Gefechte nicht immer die Vernichtung der darin begriffenen Streitkräfte, und kann ihr Zweck oft sogar erreicht werden, ohne daß das Gefecht wirklich stattfindet, durch seine bloße Feststellung und die daraus hervorgehenden Verhältnisse, so wird es erklärlich, wie ganze Feldzüge mit großer Tätigkeit geführt werden können, ohne daß das faktische Gefecht darin eine namhafte Rolle spielt.

Daß dem so sein kann, beweist die Kriegsgeschichte in hundert Beispielen. Wie viele von diesen Fällen die unblutige Entscheidung mit Recht gehabt haben, d.h. *ohne inneren Widerspruch,* und ob einige daher entspringende Berühmtheiten die Kritik aushalten würden, das wollen wir dahingestellt sein lassen, denn es ist uns nur darum zu tun, die *Möglichkeit* eines solchen kriegerischen Verlaufes zu zeigen.

Wir haben nur *ein* Mittel im Kriege, *das Gefecht,* was aber bei der Mannigfaltigkeit seiner Anwendung uns in alle die verschiedenen Wege hineinführt, die die Mannigfaltigkeit der Zwecke zuläßt, so daß wir nichts gewonnen zu haben scheinen; so ist es aber nicht, denn von dieser Einheit des Mittels geht ein Faden aus, der sich für die Betrachtung durch das ganze Gewebe kriegerischer Tätigkeit fortschlingt und es zusammenhält.

Wir haben aber die Vernichtung der feindlichen Streitkraft als einen der Zwecke betrachtet, die man im Kriege verfolgen kann, und es dahingestellt sein lassen, welche Wichtigkeit ihm unter den übrigen Zwecken gegeben werden solle. Im einzelnen Falle wird es von den Umständen abhängen, und für das Allgemeine haben wir seinen Wert unbestimmt gelassen; jetzt werden wir noch einmal darauf zurückgeführt, und wir werden einsehen lernen, welcher Wert ihm notwendig zugestanden werden muß.

Das Gefecht ist die einzige Wirksamkeit im Kriege; im Gefecht ist die Vernichtung der uns gegenüberstehenden Streitkraft das Mittel zum Zweck, ist es selbst da, wo das Gefecht nicht faktisch eintritt, weil jedenfalls der Entscheidung die Voraussetzung zum Grunde liegt, daß diese Vernichtung als unzweifelhaft zu betrachten sei. Sonach ist also die Vernichtung der feindlichen Streitkraft die Grundlage aller kriegerischen Handlungen, der letzte Stützpunkt aller Kombinationen, die darauf wie der Bogen auf seinen Widerlagen ruhen. Es geschieht also alles Handeln unter der Voraussetzung, daß, wenn die dabei zum Grunde liegende Entscheidung der Waffen wirklich eintreten sollte, sie eine *günstige* sei. Die Waffenentscheidung ist für alle großen und kleinen Operationen des Krieges, was die bare Zahlung für den Wechselhandel ist; wie entfernt diese Beziehungen auch sein, wie selten die Realisationen eintreten mögen, ganz können sie niemals fehlen.

Ist die Waffenentscheidung die Grundlage aller Kombinationen, so folgt, daß der Gegner jede derselben durch *eine glückliche Waffenentscheidung unwirksam machen kann,* nicht nur, wenn es die ist, auf welcher unsere Kombination unmittelbar beruht, sondern auch durch jede andere, wenn sie nur bedeutend genug ist; denn jede bedeutende Waffenentscheidung, d. i. Vernichtung feindlicher Streitkräfte, wirkt auf alle anderen vorliegenden zurück, weil sie sich wie ein flüssiges Element ins Niveau setzen.

So erscheint also die Vernichtung der feindlichen Streitkraft immer als das höherstehende, wirksamere Mittel, dem alle anderen weichen müssen.

Aber freilich können wir der Vernichtung feindlicher Streitkraft nur bei vorausgesetzter Gleichheit aller übrigen Bedingungen eine höhere Wirksamkeit zuschreiben. Es wäre also ein großes Mißverstehen, wenn man daraus den Schluß ziehen wollte, ein blindes Draufgehen müßte über behutsame Geschicklichkeit immer den Sieg davontragen. Ein ungeschicktes Draufgehen würde zur Vernichtung der eigenen, nicht der feindlichen Streitkraft führen, und kann also von uns nicht gemeint sein. Die höhere Wirksamkeit gehört nicht dem *Wege,* sondern dem *Ziele* an, und wir vergleichen nur die Wirkung des einen erreichten Zieles mit dem anderen.

Wenn wir von Vernichtung der feindlichen Steitmacht sprechen, so müssen wir hier ausdrücklich darauf aufmerksam machen, daß uns nichts zwingt, diesen Begriff auf die bloße physische Streitkraft zu beschränken, sondern vielmehr die moralische notwendig darunter mit verstanden werden muß, weil ja beide sich bis in die kleinsten Teile durchdringen und deshalb gar nicht voneinander zu trennen sind. Es ist aber gerade hier, wo wir uns auf die unvermeidliche Einwirkung berufen, die ein großer Vernichtungsakt (ein großer Sieg) auf alle übrigen Waffenentscheidungen hat: das moralische Element, dasjenige, was am flüssigsten ist, wenn wir uns so ausdrücken dürfen und also am leichtesten sich über alle Glieder verteilt. Dem überwiegenden Wert, welchen die Vernichtung der feindlichen Streitkräfte über alle anderen Mittel hat, steht die Kostbarkeit und Gefahr dieses Mittels gegenüber, und nur um diese zu vermeiden ist es, daß andere Wege eingeschlagen werden.

Daß das Mittel kostbar sein muß, ist an sich verständlich, denn der Aufwand eigener Streitkräfte ist bei übrigens gleichen Umständen immer größer, je mehr unsere Absicht auf die Vernichtung der feindlichen gerichtet ist.

Die Gefahr dieses Mittels liegt aber darin, daß eben die größere Wirksamkeit, welche wir suchen, im Fall des Nichtgelingens auf uns zurückfällt, also größere Nachteile zur Folge hat.

Die anderen Wege sind also weniger kostbar beim Gelingen und weniger gefährlich beim Mißlingen; aber es liegt hierin notwendig die Bedingung, daß sie es nur mit ihresgleichen zu tun haben, nämlich, daß der Feind dieselben Wege geht; weil, wenn der Feind den Weg großer Waffenentscheidung wählte, der unserige sich *eben dadurch gegen unseren Willen auch in einen solchen verwandeln würde.* Es kommt also dann auf den Ausgang des Vernichtungsaktes an; nun ist aber klar, daß wir, alle übrigen Umstände wieder gleich genommen, in diesem Akt im Nachteil aller Verhältnisse sein müssen, weil wir unsere Absichten und unsere Mittel zum Teil auf andere Dinge gerichtet hatten, welches der Feind nicht getan hat. Zwei verschiedene Zwecke, deren der eine nicht Teil des anderen ist, schließen einander aus, und es kann also eine Kraft, die für den einen verwendet wird, nicht zugleich dem anderen dienen. Wenn also einer der beiden Kriegführenden entschlossen ist, den Weg großer Waffenentscheidungen zu gehen, so hat er auch schon eine hohe Wahrscheinlichkeit des Erfolges für sich, sobald er gewiß ist, daß der andere ihn nicht gehen, sondern ein anderes Ziel verfolgen will; und jeder, der sich ein solches anderes Ziel vorsetzt, kann dies vernünftigerweise nur tun, insofern er von seinem Gegner voraussetzt, daß er die großen Waffenentscheidungen ebensowenig sucht.

Aber was wir hier von einer anderen Richtung der Absichten und Kräfte gesagt haben, bezieht sich nur auf die *positiven Zwecke,* welche man außer der Vernichtung feindlicher Kräfte sich im Kriege noch vorsetzen kann, *durchaus nicht auf den reinen Widerstand,* der in der Absicht gewählt wird, die feindliche Kraft dadurch zu erschöpfen. Dem bloßen Widerstand fehlt die *positive* Absicht, und mithin können bei demselben unsere Kräfte dadurch nicht auf andere Gegenstände geleitet, sondern nur bestimmt sein, die Absichten des Gegners zu vernichten.

Hier ist es, wo wir von der Vernichtung der feindlichen Streitkraft die negative Seite, nämlich die Erhaltung der eigenen, zu betrachten haben. Diese beiden Bestrebungen gehen stets miteinander, weil sie in Wechselwirkung stehen; sie sind integrierende Teile ein und derselben Absicht, und wir haben nur zu untersuchen, welche Wirkung entsteht, wenn die eine oder die andere das Übergewicht hat. Das Bestreben zur Vernichtung der feindlichen Streitkräfte hat den positiven Zweck und führt zu positiven Erfolgen, deren letztes Ziel die Niederwerfung des Gegners sein würde. Das Erhalten der eigenen Streitkräfte hat den negativen Zweck, führt also zur Vernichtung der feindlichen Absicht, d. h. zum reinen Widerstand, wovon das letzte Ziel nichts sein kann, als die Dauer der Handlung so zu verlängern, daß der Gegner sich darin erschöpft.

Das Bestreben mit dem positiven Zweck ruft den Vernichtungsakt ins Leben, das Bestreben mit dem negativen wartet ihn ab.

Wie weit dieses Abwarten gehen soll und darf, werden wir bei der Lehre von Angriff und Verteidigung, an deren Ursprung wir uns abermals befinden, näher angeben. Hier müssen wir uns begnügen zu sagen, daß das Abwarten kein absolutes Leiden werden darf und daß in dem damit verbundenen Handeln die Vernichtung der in dem Konflikt dieses Handelns begriffenen feindlichen Streitkraft ebensogut das Ziel sein kann wie jeder andere Gegenstand. Es wäre also ein großer Irrtum in den Grundvorstellungen zu glauben, daß das negative Bestreben dahin führen müßte, die Vernichtung der feindlichen Streitkräfte nicht zum Zweck zu wählen, sondern eine unblutige Entscheidung vorzuziehen. Das Übergewicht des negativen Bestrebens kann allerdings die Veranlassung dazu sein, aber dann geschieht es immer auf die Gefahr, ob dieser Weg der angemessene sei, welches von ganz anderen Bedingungen abhängt, die nicht in uns, sondern im Gegner liegen. Dieser andere, unblutige Weg kann also keineswegs als das natürliche Mittel betrachtet werden, um der überwiegenden Sorge für die Erhaltung unserer Streitkräfte genugzutun; vielmehr würden wir diese in Fällen, wo ein solcher Weg den Umständen nicht entspräche, dadurch vollkommen zugrunde richten. Sehr viele Feldherren sind in diesen Irrtum verfallen und dadurch zugrunde gegangen. Die einzige notwendige Wirkung, welche das Übergewicht des negativen Bestrebens hat, ist das Aufhalten der Entscheidung, so daß der Handelnde sich gewissermaßen in das Abwarten der entscheidenden Augenblicke hineinflüchtet. Die Folge davon pflegt zu sein: das *Zurückverlegen der Handlung* in der Zeit und, insofern der Raum damit in Verbindung steht, auch im Raum, soweit es die Umstände gestatten. Ist der Augenblick, wo dies ohne überwiegenden Nachteil nicht weiter geschehen könnte, gekommen, so muß der Vorteil der Negative als erschöpft betrachtet werden, und nun tritt das Bestreben zur Vernichtung der feindlichen Streitkraft, welches nur durch ein Gegengewicht aufgehalten, aber nicht verdrängt war, unverändert hervor.

Wir haben also in unseren bisherigen Betrachtungen gesehen, daß es im Kriege vielerlei Wege zum Ziel, d. h. zur Erlangung des politischen Zweckes, gibt, daß aber das Gefecht das einzige Mittel ist, und daß darum alles unter einem höchsten Gesetz steht: unter der *Waffenentscheidung;* daß, wo sie faktisch am Gegner in Anspruch genommen wird, dieser Rekurs niemals versagt werden kann, daß also der Kriegführende, welcher einen anderen Weg gehen will, sicher sein muß, daß der Gegner diesen Rekurs nicht nehmen oder seinen Prozeß an diesem höchsten Gerichtshof verlieren wird; daß also, mit einem Wort, die Vernichtung der feindlichen Streitkraft unter allen Zwekken, die im Kriege verfolgt werden können, immer als der über alles gebietende erscheint.

Was Kombinationen anderer Art im Kriege leisten können, werden wir erst in der Folge und natürlich nur nach und nach kennenlernen. Wir begnügen uns, hier im allgemeinen *ihre Möglichkeit* als etwas auf die Abweichung der Wirklichkeit von dem Begriff, auf die individuellen Umstände Gerichtetes anzuerkennen. Aber wir dürfen nicht unterlassen, schon hier die *blutige Entladung der Krise,* das Bestreben zur Vernichtung der feindlichen Streitkraft, als den erstgeborenen Sohn des Krieges geltend zu machen. Mag bei kleinen politischen Zwecken, bei schwachen Motiven, geringen Spannungen der Kräfte ein behutsamer Feldherr geschickt alle Wege versuchen, wie er ohne große Krisen und blutige Auflösungen, durch die eigentümlichen Schwächen seines Gegners, im Felde und im Kabinett, sich zum Frieden hinwindet; wir haben kein Recht, ihn darüber zu tadeln, wenn seine Voraussetzungen gehörig motiviert sind und zum Erfolg berechtigen; aber wir müssen doch immer von ihm fordern, daß er sich bewußt bleibe, nur Schleifwege zu gehen, auf denen ihn der Kriegsgott ertappen kann, daß er den Gegner immer im Auge behalte, damit er nicht, wenn dieser zum scharfen Schwerte greift, ihm mit einem Galanteriedegen entgegentrete.

Diese Resultate, von dem, was der Krieg ist, wie Zweck und Mittel in ihm wirken, wie er sich von seinem ursprünglich strengen Begriff in den Abweichungen der Wirklichkeit bald mehr, bald weniger entfernt, hin und her spielt, aber immer unter jenem strengen Begriff wie unter einem höchsten Gesetz steht – das alles müssen wir in unserer Vorstellung festhalten und müssen uns desselben bei jedem der folgenden Gegenstände wieder bewußt werden, wenn wir ihre wahren Beziehungen, ihre eigentümliche Bedeutung richtig verstehen und nicht unaufhörlich in die schreiendsten Widersprüche mit der Wirklichkeit und zuletzt mit uns selbst geraten wollen.

Drittes Kapitel: Der kriegerische Genius

Jede eigentümliche Tätigkeit bedarf, wenn sie mit einer gewissen Virtuosität getrieben werden soll, eigentümlicher Anlagen des Verstandes und Gemüts. Wo diese in einem hohen Grade ausgezeichnet sind und sich durch außerordentliche Leistungen darstellen, wird der Geist, dem sie angehören, mit dem Namen des Genius bezeichnet.

Wir wissen wohl, da dieses Wort nach Ausdehnung und Richtung in sehr verschiedenartigen Bedeutungen vorkommt und daß in manchen dieser Bedeutungen es eine sehr schwere Aufgabe ist, das Wesen des Genius zu bezeichnen; aber da wir uns weder für einen Philosophen noch für einen Grammatiker ausgeben, so wird es uns gestattet sein, bei einer im Sprachgebrauch üblichen Bedeutung stehenzubleiben und unter Genie die für gewisse Tätigkeiten sehr gesteigerte Geisteskraft zu verstehen.

Wir wollen bei dieser Fakultät und Würde des Geistes einige Augenblicke verweilen, um die Berechtigung näher nachzuweisen und den Inhalt des Begriffs näher kennenzulernen. Aber wir können nicht bei dem durch ein sehr gesteigertes Talent graduierten, bei dem eigentlichen *Genie* stehenbleiben, denn dieser Begriff hat ja keine abgemessenen Grenzen, sondern wir müssen überhaupt jede gemeinschaftliche Richtung der Seelenkräfte zur kriegerischen Tätigkeit in Betrachtung ziehen, die wir dann *als das Wesen des kriegerischen Genius* ansehen können. Wir sagen die *gemeinschaftlichen,* denn darin besteht eben der kriegerische Genius, daß er nicht eine einzelne dahin gerichtete Kraft, z. B. der Mut ist, während andere Kräfte des Verstandes und Gemüts fehlen oder eine für den Krieg unbrauchbare Richtung haben, sondern *daß er ein harmonischer Verein der Kräfte ist,* wobei eine oder die andere vorherrschen, aber keine widerstreben darf.

Wenn jeder Kämpfende vom kriegerischen Genius mehr oder weniger beseelt sein sollte, so würden unsere Heere wohl sehr schwach sein; denn eben weil darunter eine *eigentümliche* Richtung der Seelenkräfte verstanden wird, so kann sie da nur selten vorkommen, wo in einem Volke die Seelenkräfte nach so vielen Seiten hin in Anspruch genommen und ausgebildet werden. Je weniger verschiedenartige Tätigkeiten ein Volk aber hat, je mehr die kriegerische bei demselben vorherrscht, um so mehr muß sich auch der kriegerische Genius in demselben verbreitet finden. Dies bestimmt aber nur seinen Umfang, keineswegs seine Höhe, denn diese hängt von der *allgemeinen geistigen Entwicklung* des Volkes ab. Wenn wir ein rohes, kriegerisches Volk betrachten, so ist ein kriegerischer Geist unter den einzelnen viel gewöhnlicher als bei den gebildeten Völkern, denn bei jenen besitzt ihn fast jeder einzelne Krieger, während bei den gebildeten eine ganze Masse nur durch die Notwendigkeit und keineswegs durch inneren Trieb mit fortgerissen wird. Aber unter rohen Völkern findet man nie einen eigentlich großen Feldherrn, und äußerst selten, was man ein kriegerisches Genie nennen kann, weil dazu eine Entwicklung der Verstandeskräfte erforderlich ist, die ein rohes Volk nicht haben kann. Daß auch gebildete Völker eine mehr oder weniger kriegerische Richtung und Entwicklung haben können, versteht sich von selbst, und je mehr dies der Fall ist, um so häufiger wird sich in ihrem Heere der kriegerische Geist auch in dem einzelnen finden. Da dies nun mit dem höheren Grade desselben zusammentrifft, so gehen von solchen Völkern immer die glänzendsten kriegerischen Erscheinungen aus, wie Römer und Franzosen bewiesen haben. Die größten Namen dieser und aller im Kriege einst berühmten Völker fallen aber immer erst in die Zeiten einer höheren Bildung.

Es läßt uns dies schon erraten, wie groß der Anteil ist, welchen die Verstandeskräfte an dem höheren kriegerischen Genius haben. Wir wollen jetzt einen nähern Blick auf ihn werfen.

Der Krieg ist das Gebiet der Gefahr, es ist also *Mut* vor allen Dingen die erste Eigenschaft des Kriegers.

Der Mut ist doppelter Art: einmal Mut gegen die persönliche

Gefahr, und dann Mut gegen die Verantwortlichkeit, sei es vor dem Richterstuhl irgendeiner äußeren Macht oder der inneren, nämlich des Gewissens. Nur von dem ersteren ist hier die Rede.

Der Mut gegen die persönliche Gefahr ist wieder doppelter Art: erstens kann er Gleichgültigkeit gegen die Gefahr sein, sei es, daß sie aus dem Organismus des Individuums oder aus Geringschätzung des Lebens oder aus Gewohnheit hervorgehe, auf jeden Fall aber ist er als ein bleibender *Zustand* anzusehen.

Zweitens kann der Mut aus positiven Motiven hervorgehen wie Ehrgeiz, Vaterlandsliebe, Begeisterung jeder Art. In diesem Fall ist der Mut nicht sowohl ein Zustand als eine Gemütsbewegung, ein Gefühl.

Es ist begreiflich, daß beide Arten verschiedener Wirkung sind. Die erste Art ist sicherer, weil sie, zur zweiten Natur geworden, den Menschen nie verläßt, die zweite führt oft weiter; der ersten gehört mehr die Standhaftigkeit, der zweiten mehr die Kühnheit an; die erste läßt den Verstand nüchterner, die zweite steigert ihn zuweilen, verblendet ihn aber auch oft. *Beide vereinigt* geben die *vollkommenste* Art des Mutes.

Der Krieg ist das Gebiet körperlicher Anstrengungen und Leiden; um dadurch nicht zugrunde gerichtet zu werden, bedarf es einer gewissen Kraft des Körpers und der Seele, die, angeboren oder eingeübt, gleichgültig dagegen macht. Mit diesen Eigenschaften, unter der bloßen Führung des gesunden Verstandes, ist der Mensch schon ein tüchtiges Werkzeug für den Krieg, und diese Eigenschaften sind es, die wir bei rohen und halbkultivierten Völkern so allgemein verbreitet antreffen. Gehen wir in den Forderungen weiter, die der Krieg an seine Genossen macht, so treffen wir auf *vorherrschende Verstandeskräfte.* Der Krieg ist das Gebiet der Ungewißheit; drei Vierteile derjenigen Dinge, worauf das Handeln im Kriege gebaut wird, liegen im Nebel einer mehr oder weniger großen Ungewißheit. Hier ist es also zuerst, wo ein feiner, durchdringender Verstand in Anspruch genommen wird, um mit dem Takte seines Urteils die Wahrheit herauszufühlen.

Es mag ein gewöhnlicher Verstand diese Wahrheit einmal durch Zufall treffen, ein ungewöhnlicher Mut mag das Verfehlen ein andermal ausgleichen, aber die Mehrheit der Fälle, der Durchschnittserfolg, wird den fehlenden Verstand immer an den Tag bringen.

Der Krieg ist das Gebiet des Zufalls. In keiner menschlichen Tätigkeit muß diesem Fremdling ein solcher Spielraum gelassen werden, weil keine so nach allen Seiten hin in beständigem Kontakt mit ihm ist. Er vermehrt die Ungewißheit aller Umstände und stört den Gang der Ereignisse.

Jene Unsicherheit aller Nachrichten und Voraussetzungen, diese beständigen Einmischungen des Zufalls machen, daß der Handelnde im Kriege die Dinge unaufhörlich anders findet, als er sie erwartet hatte, und es kann nicht fehlen, daß dies auf seinen Plan oder wenigstens auf die diesem Plane zugehörigen Vorstellungen Einfluß habe. Ist dieser Einfluß auch so groß, die gefaßten Vorsätze entschieden aufzuheben, so müssen doch in der Regel neue an ihre Stelle treten, für welche es dann oft in dem Augenblicke an Datis fehlt, weil im Lauf des Handelns die Umstände den Entschluß meistens drängen und keine Zeit lassen, sich von neuem umzusehen, oft nicht einmal so viel, um reifliche Überlegungen anzustellen. Aber es ist viel gewöhnlicher, daß die Berichtigung unserer Vorstellungen und die Kenntnis eingetretener Zufälle nicht hinreicht, unseren Vorsatz ganz umzustoßen, sondern ihn nur wankend zu machen. Die Kenntnis der Umstände hat sich in uns vermehrt, aber die Ungewißheit ist dadurch nicht verringert, sondern gesteigert. Die Ursache ist, weil man diese Erfahrungen nicht alle mit einemmal macht, sondern nach und nach, weil unsere Entschließungen nicht aufhören, davon bestürmt zu werden, und der Geist, wenn wir so sagen dürfen, immer unter den Waffen sein muß.

Soll er nun diesen beständigen Streit mit dem Unerwarteten glücklich bestehen, so sind ihm zwei Eigenschaften unentbehrlich: *einmal ein Verstand, der auch in dieser gesteigerten Dunkelheit nicht ohne einige Spuren des inneren Lichts ist, die ihn zur Wahrheit führen, und dann Mut, diesem schwachen Lichte zu folgen.* Der erstere ist bildlich mit dem französischen Ausdruck *coup d'oeil* bezeichnet worden, der andere ist die *Entschlossenheit.*

Weil die Gefechte im Kriege das sind, was zuerst und am meisten den Blick auf sich gezogen hat, in den Gefechten Zeit und Raum wichtige Elemente sind, und es in jener Periode noch mehr waren, wo die Reiterei mit ihren rapiden Entscheidungen die Hauptsache war, so ist der Begriff *eines schnellen und treffenden Entschlusses* zuerst aus der Schätzung jener beiden Dinge hervorgetreten und hat daher einen Ausdruck zur Bezeichnung bekommen, der nur auf richtiges Augenmaß geht. Viele Lehrer der Kriegskunst haben ihn daher auch mit dieser beschränkten Bedeutung definiert. Aber es ist nicht zu verkennen, daß bald alle im Augenblick der Ausführung gefaßten treffenden

Entschlüsse darunter verstanden worden sind, z. B. das Erkennen des wahren Angriffspunktes usw. Es ist also nicht bloß das körperliche, sondern häufiger das geistige Auge, welches in dem coup d'oeil gemeint ist. Natürlich ist der Ausdruck wie die Sache immer mehr im Gebiet der Taktik zu Hause gewesen, doch kann sie auch in der Strategie nicht fehlen, insofern auch in ihr oft schnelle Entscheidungen erforderlich sind. Entkleidet man diesen Begriff von dem, was ihm der Ausdruck zu Bildliches und Beschränktes gegeben hat, so ist er nichts als das schnelle Treffen einer Wahrheit, die einem gewöhnlichen Blick des Geistes gar nicht sichtbar ist oder es erst nach langem Betrachten und Überlegen wird.

Die Entschlossenheit ist ein Akt des Mutes in dem einzelnen Fall, und wenn sie zum Charakterzug wird, eine Gewohnheit der Seele. Aber hier ist nicht der Mut gegen körperliche Gefahr, sondern der gegen die Verantwortung, also gewissermaßen gegen Seelengefahr gemeint. Man hat diesen oft courage d'esprit genannt, weil er aus dem Verstande entspringt, aber er ist darum kein Akt des Verstandes, sondern des Gemüts. Bloßer Verstand ist noch kein Mut, denn wir sehen die gescheitesten Leute oft ohne Entschluß. Der Verstand muß also erst das Gefühl des Mutes erwecken, um von ihm gehalten und getragen zu werden, weil im Drange des Augenblicks Gefühle den Menschen stärker beherrschen als Gedanken.

Wir haben hier der Entschlossenheit diejenige Stelle angewiesen, wo sie bei nicht hinreichenden Motiven die Qualen der Zweifel, die Gefahren des Zauderns heben soll. Der nicht sehr gewissenhafte Sprachgebrauch belegt freilich auch die bloße Neigung zum Wagen, Dreistigkeit, Kühnheit, Verwegenheit mit diesem Namen. Wo aber hinreichende Motive in dem Menschen sind, sie mögen subjektiv oder objektiv, gültig oder falsch sein, ist kein Grund, von seiner Entschlossenheit zu reden, denn, indem wir das tun, setzen wir uns an seine Stelle und legen Zweifel in die Waagschale, die er gar nicht gehabt hat.

Hier kann man nur von Kraft oder Schwäche sprechen. Wir sind nicht pedantisch genug, um mit dem Sprachgebrauch über diesen kleinen Mißgriff zu rechten, sondern unsere Bemerkung soll bloß dienen, falsche Einwürfe zu entfernen.

Diese Entschlossenheit nun, welche einen zweifelhaften Zustand besiegt, kann nur durch Verstand hervorgerufen werden, und zwar durch eine ganz eigentümliche Richtung desselben. Wir behaupten, daß das bloße Beisammensein höherer Einsichten und nötiger Gefühle immer noch nicht die Entschlossenheit macht. Es gibt Leute, die den schönsten Blick des Geistes für die schwierigste Aufgabe besitzen, denen es auch nicht an Mut fehlt, vieles auf sich zu nehmen, und die in schwierigen Fällen doch nicht zum Entschluß kommen können. Ihr Mut und ihre Einsicht stehen jedes einzeln, bieten sich nicht die Hand und bringen darum nicht die Entschlossenheit als ein Drittes hervor. Diese entsteht erst durch *den Akt* des Verstandes, der die Notwendigkeit des Wagens zum Bewußtsein bringt und durch sie den Willen bestimmt. Diese ganz eigentümliche Richtung des Verstandes, die jede andere Scheu im Menschen niederkämpft mit der Scheu vor dem *Schwanken* und *Zaudern,* ist es, welche in kräftigen Gemütern die Entschlossenheit ausbildet; darum können Menschen mit wenig Verstand in unserem Sinne nicht entschlossen sein. Sie können in schwierigen Fällen ohne Zaudern handeln, aber dann tun sie es *ohne Überlegung,* und es können freilich den, welcher unüberlegt handelt, keine Zweifel mit sich selbst entzweien. Ein solches Handeln kann auch hin und wieder das Rechte treffen, aber wir sagen hier wie oben: es ist der *Durchschnittserfolg,* welcher auf das Dasein des kriegerischen Genius deutet. Wem unsere Behauptung dennoch wunderlich vorkommt, weil er manchen entschlossenen Husarenoffizier kennt, der kein tiefer Denker ist, den müssen wir erinnern, daß hier von einer eigentümlichen Richtung des Verstandes, nicht von einer großen Meditationskraft die Rede ist.

Wir glauben also, daß die Entschlossenheit einer eigentümlichen Richtung des Verstandes ihr Dasein verdankt, und zwar einer, die mehr kräftigen als glänzenden Köpfen angehört; wir können diese Genealogie der Entschlossenheit noch dadurch belegen, daß es eine so große Zahl von Beispielen gibt, wo Männer, die in niederen Regionen die größte Entschlossenheit gezeigt hatten, diese in den höheren verloren. Obgleich sie das Bedürfnis haben, sich zu entschließen, so sehen sie doch die Gefahren ein, die in einem *falschen* Entschluß liegen, und da sie mit den Dingen, die ihnen vorliegen, nicht vertraut sind, so verliert ihr Verstand seine ursprüngliche Kraft, und sie werden nur um so zaghafter, je mehr sie die Gefahr der Unentschlossenheit, in die sie gebannt sind, kennen, und je mehr sie gewohnt waren, frisch von der Faust weg zu handeln.

Bei dem coup d'oeil und der Entschlossenheit liegt es uns ganz nahe, von der damit verwandten *Geistesgegenwart* zu reden, die in einem Gebiete des Unerwarteten, wie der Krieg ist, eine große Rolle spielen muß; denn sie ist ja nichts als eine gesteigerte Besiegung des Unerwarteten. Man bewundert die Geistesgegenwart in einer treffenden

Antwort auf eine unerwartete Anrede, wie man sie bewundert in der schnell gefundenen Aushilfe bei plötzlicher Gefahr. Beide, diese Antwort und diese Aushilfe, brauchen nicht ungewöhnlich zu sein, wenn sie nur treffen; denn was nach reiflicher und ruhiger Überlegung nichts Ungewöhnliches, also in seinem Eindruck auf uns etwas Gleichgültiges wäre, kann als ein schneller Akt des Verstandes Vergnügen machen. Der Ausdruck *Geistesgegenwart* bezeichnet gewiß sehr passend die Nähe und Schnelligkeit der vom Verstande dargereichten Hilfe.

Ob diese herrliche Eigenschaft eines Menschen mehr der Eigentümlichkeit seines Verstandes oder mehr dem Gleichgewicht seines Gemüts zugeschrieben werden muß, hängt von der Natur des Falles ab, wiewohl keines von beiden je ganz fehlen darf. Eine treffende Antwort ist mehr das Werk eines witzigen Kopfes; ein treffendes Mittel in plötzlicher Gefahr setzt vor allen Dingen Gleichgewicht des Gemütes voraus.

Wenn wir nun einen Gesamtblick auf die vier Bestandteile werfen, aus denen die Atmosphäre zusammengesetzt ist, in welcher sich der Krieg bewegt, *auf die Gefahr, die körperliche Anstrengung, die Ungewißheit* und *den Zufall,* so wird es leicht begreiflich, daß eine große Kraft des Gemütes und des Verstandes erforderlich ist, um in diesem erschwerenden Element mit Sicherheit und Erfolg vorzuschreiten, eine Kraft, die wir nach den verschiedenen Modifikationen, welche sie von den Umständen annimmt, als *Energie, Festigkeit, Standhaftigkeit, Gemüts- und Charakterstärke* in dem Munde der Erzähler und Berichterstatter kriegerischer Ereignisse finden. Man könnte alle diese Äußerungen der Heldennatur als eine und dieselbe Kraft des Willens betrachten, die sich nach den Umständen modifiziert; aber so nahe diese Dinge miteinander verwandt sind, so sind sie doch nicht ein und dasselbe, und es ist in unserem Interesse, das Spiel der Seelenkräfte dabei wenigstens um etwas genauer zu unterscheiden.

Zuerst gehört es wesentlich zur Deutlichkeit der Vorstellungen zu sagen, daß das Gewicht, die Last, der Widerstand, wie man es nennen will, welche jene Kraft der Seele in dem Handelnden herausfordert, nur zum kleinsten Teil *unmittelbar* die *feindliche Tätigkeit,* der *feindliche Widerstand,* das *feindliche Handeln* ist. Unmittelbar hat die feindliche Tätigkeit auf den Handelnden zuerst nur für seine eigene Person Einwirkung, ohne seine Tätigkeit als Führer zu berühren. Wenn der Feind statt zwei Stunden vier Stunden widersteht, so befindet sich der Führer statt zwei Stunden vier Stunden in Gefahr; dies ist offenbar eine Größe, deren Bedeutung abnimmt, je höher der Führer steht; was will das sagen in der Rolle des Feldherrn – es ist nichts!

Zweitens wirkt der feindliche Widerstand *unmittelbar* auf den Führer durch den Verlust an Mitteln, der ihm bei einem längeren Widerstand entsteht, und die Verantwortlichkeit, die damit verknüpft ist. Hier, durch diese sorgenvollen Betrachtungen, wird zuerst seine Willenskraft geprüft und herausgefordert. Aber wir behaupten, daß dies bei weitem nicht die schwerste Last ist, die er zu tragen hat, denn er hat es nur mit sich selbst abzumachen. Alle übrigen Wirkungen des feindlichen Widerstandes aber sind auf die Kämpfenden gerichtet, die er anführt, und wirken *durch diese auf ihn zurück*.

Solange eine Truppe voll guten Mutes mit Lust und Leichtigkeit kämpft, ist selten eine Veranlassung da, große Willenskraft in der Verfolgung seiner Zwecke zu zeigen; sowie aber die Umstände schwierig werden, und das kann, wo Außerordentliches geleistet werden soll, nie ausbleiben, so geht die Sache nicht mehr von selbst wie mit einer gut eingeölten Maschine, sondern die Maschine selbst fängt an Widerstand zu leisten, und diesen zu überwinden, dazu gehört die große Willenskraft des Führers. Unter *diesem Widerstande* wird man sich nicht gerade Ungehorsam und Widerrede denken, wiewohl auch diese bei einzelnen Individuen häufig genug vorkommen, sondern es ist der Gesamteindruck aller ersterbenden physischen und moralischen Kräfte, es ist der herzzerreißende Anblick der blutigen Opfer, den der Führer in sich selbst zu bekämpfen hat und dann in allen anderen, die unmittelbar oder mittelbar ihre Eindrücke, ihre Empfindungen, Besorgnisse und Bestrebungen in ihn übergehen lassen. Sowie die Kräfte in dem einzelnen ersterben, diese nicht mehr vom eigenen Willen angeregt und getragen werden, lastet nach und nach die ganze Inertie der Masse auf dem Willen des Feldherrn; an der Glut in seiner Brust, an dem Lichte seines Geistes soll sich die Glut des Vorsatzes, das Licht der Hoffnung aller anderen von neuem entzünden; nur insoweit er dies vermag, insoweit gebietet er über die Masse und bleibt Herr derselben; sowie das aufhört, sowie sein eigener Mut nicht mehr stark genug ist, den Mut aller anderen wiederzubeleben, so zieht ihn die Masse zu sich hinab in die niedere Region der tierischen Natur, die vor der Gefahr zurückweicht und die Schande nicht kennt. Dies sind die Gewichte, welche der Mut und die Seelenstärke des Führers im Kampfe zu überwinden hat, wenn er Ausgezeichnetes leisten will. Sie wachsen mit den Massen, und so müssen also die Kräfte auch zunehmen mit der Höhe der Stellen, wenn sie den Lasten angemessen bleiben sollen.

Die *Energie* des Handelns drückt die Stärke des Motivs aus, wodurch das Handeln hervorgerufen wird, das Motiv mag nun in einer Verstandesüberzeugung oder in einer Gemütsregung seinen Grund haben. Die letztere darf aber schwerlich da fehlen, wo sich eine große Kraft zeigen soll.

Von allen großartigen Gefühlen, die die menschliche Brust in dem heißen Drange des Kampfes erfüllen, ist, wir wollen es nur gestehen, keines so mächtig und konstant wie der Seelendurst nach Ruhm und Ehre, den die deutsche Sprache so ungerecht behandelt, indem sie ihn in *Ehrgeiz* und *Ruhmsucht,* durch zwei unwürdige Nebenvorstellungen, herabzusetzen strebt. Freilich hat der Mißbrauch dieser stolzen Sehnsucht gerade im Kriege die empörendsten Ungerechtigkeiten gegen das menschliche Geschlecht hervorbringen müssen; aber ihrem Ursprunge nach sind diese Empfindungen gewiß zu den edelsten der menschlichen Natur zu zählen, und im Kriege sind sie der eigentliche Lebenshauch, der dem ungeheuren Körper eine Seele gibt. Alle anderen Gefühle, wieviel allgemeiner sie auch werden können, oder wieviel höher manche auch zu stehen scheinen, Vaterlandsliebe, Ideenfanatismus, Rache, Begeisterung jeder Art, sie machen den Ehrgeiz und die Ruhmbegierde nicht entbehrlich. Jene Gefühle können den ganzen Haufen im allgemeinen erregen und höherstimmen, aber geben dem Führer nicht das Verlangen, mehr zu wollen als die Gefährten, welches ein wesentliches Bedürfnis seiner Stelle ist, wenn er Vorzügliches darin leisten soll; sie machen nicht, wie der Ehrgeiz tut, den einzelnen kriegerischen Akt zum Eigentum des Anführers, welches er dann auf die beste Weise zu nutzen strebt, wo er mit Anstrengung pflügt, mit Sorgfalt sät, um reichlich zu ernten. Diese Bestrebungen aller Anführer aber, von dem höchsten bis zum geringsten, diese Art von Industrie, dieser Wetteifer, dieser Sporn sind es vorzüglich, welche die Wirksamkeit eines Heeres beleben und erfolgreich machen. Und was nun ganz besonders den höchsten betrifft, so fragen wir: hat es je einen großen Feldherrn ohne Ehrgeiz gegeben, oder ist eine solche Erscheinung auch nur denkbar?

Die *Festigkeit* bezeichnet den Widerstand des Willens in bezug auf die Stärke eines einzelnen Stoßes, die *Standhaftigkeit* in bezug auf die Dauer.

So nahe beide beieinanderliegen, und sooft der eine Ausdruck für den anderen gebraucht wird, so ist doch eine merkliche Verschiedenheit ihres Wesens nicht zu verkennen, insofern die Festigkeit gegen einen einzelnen heftigen Eindruck ihren Grund in der bloßen Stärke eines Gefühls haben kann, die Standhaftigkeit aber schon mehr von dem Verstande unterstützt sein will; denn mit der Dauer eine Tätigkeit nimmt die Planmäßigkeit derselben zu, und aus dieser schöpft die Standhaftigkeit zum Teil ihre Kraft.

Wenden wir uns zur *Gemüts- oder Seelenstärke,* so ist die erste Frage: was wir darunter verstehen sollen.

Offenbar nicht die Heftigkeit der Gemütsäußerungen, die Leidenschaftlichkeit, denn das wäre gegen allen Sprachgebrauch, sondern das Vermögen, auch bei den stärksten Anregungen, im Sturm der heftigsten Leidenschaft, noch dem Verstande zu gehorchen. Sollte dies Vermögen bloß von der Kraft des Verstandes herrühren? Wir bezweifeln es. Zwar würde die Erscheinung, daß es Menschen von ausgezeichnetem Verstande gibt, die sich nicht in ihrer Gewalt haben, noch nichts dagegen beweisen, denn man könnte sagen, daß es einer eigentümlichen, vielleicht einer mehr kräftigen als umfassenden Natur des Verstandes bedürfte. Aber wir glauben der Wahrheit doch näher zu sein, wenn wir annehmen, daß die Kraft, sich auch in den Augenblicken der heftigsten Gemütsbewegung dem Verstande noch zu unterwerfen, welche wir die *Selbstbeherrschung* nennen, in dem Gemüte selbst ihren Sitz hat. Es ist nämlich ein anderes Gefühl, was in starken Gemütern der aufgeregten Leidenschaft das Gleichgewicht hält, ohne sie zu vernichten, und durch dieses Gleichgewicht wird dem Verstande erst die Herrschaft gesichert. Dieses Gegengewicht ist nichts anderes als das Gefühl der Menschenwürde, dieser edelste Stolz, dieses innerste Seelenbedürfnis, *überall als ein mit Einsicht und Verstand begabtes Wesen zu wirken.* Wir würden darum sagen: ein starkes Gemüt ist ein solches, *welches auch bei den heftigsten Regungen nicht aus dem Gleichgewicht kommt.*

Werfen wir einen Blick auf die Verschiedenartigkeit der Menschen in Beziehung auf das Gemüt, so finden wir erstens solche, die sehr wenig Regsamkeit besitzen, und die wir phlegmatisch oder indolent nennen.

Zweitens sehr Regsame, deren Gefühle aber nie eine gewisse Stärke überschreiten, und die wir als gefühlvolle, aber ruhige Menschen kennen.

Drittens sehr Reizbare, deren Gefühle sich schnell und heftig wie Pulver entzünden, aber nicht dauernd sind; endlich viertens solche, die durch kleine Veranlassungen nicht in Bewegung zu bringen sind und die überhaupt nicht schnell, sondern nach und nach in Bewegung kommen, deren Gefühle aber eine große Gewalt annehmen und viel dauernder sind. Dies sind die Menschen mit energischen, tief und versteckt liegenden Leidenschaften.

Dieser Unterschied der Gemütskonstituion liegt wahrscheinlich dicht an der Grenze *der körperlichen Kräfte,* die sich in dem menschlichen Organismus regen, und gehört jener Amphibiennatur an, die wir Nervensystem nennen, die mit der einen Seite der Materie, mit der anderen dem Geiste zugewendet scheint. Wir mit unserer schwachen Philosophie haben in diesem dunklen Felde nichts weiter zu suchen. Wichtig ist es uns aber, bei der Wirkung einen Augenblick zu verweilen, welche diese verschiedenen Naturen in der kriegerischen Tätigkeit haben, und inwiefern eine große Seelenstärke von ihnen zu erwarten ist.

Die indolenten Menschen können nicht leicht aus dem Gleichgewicht gebracht werden, aber freilich kann man das nicht Seelenstärke nennen, wo es an aller Kraftäußerung fehlt. Es ist aber nicht zu verkennen, daß solche Menschen eben wegen ihres beständigen Gleichgewichts im Kriege von einer gewissen einseitigen Tüchtiqkeit sind. Es fehlt ihnen oft das positive Motiv des Handelns, der Antrieb, und als Folge davon die Tätigkeit, aber sie verderben nicht leicht etwas.

Die Eigentümlichkeit der zweiten Klasse ist, daß sie von kleinen Gegenständen leicht zum Handeln angeregt, von großen aber leicht erdrückt wird. Menschen dieser Art werden eine lebhafte Tätigkeit zeigen, einem einzelnen Unglücklichen zu helfen, aber von dem Unglück eines ganzen Volkes nur traurig gestimmt, nicht zum Handeln angeregt werden.

Im Kriege wird es solchen Männern weder an Tätigkeit noch an Gleichgewicht fehlen, aber etwas Großes werden sie nicht vollbringen, es müßte denn sein, daß in einem *sehr kräftigen Verstande* die Motive dazu vorhanden wären. Es ist aber selten, daß sich mit solchen Gemütern ein sehr starker, unabhängiger Verstand verbände.

Die aufbrausenden, aufflammenden Gefühle sind an sich für das praktische Leben und also auch für den Krieg nicht sehr geeignet. Sie haben zwar das Verdienst starker Antriebe, aber diese halten nicht vor. Wenn indessen in solchen Menschen die Regsamkeit die Richtung des Mutes und des Ehrgeizes hat, so wird sie im Kriege auf niedrigen Stellen oft sehr brauchbar aus dem bloßen Grunde, weil der kriegerische Akt, über den ein Führer der niederen Stufen zu gebieten hat, von viel kürzerer Dauer ist. Hier reicht oft ein einzelner mutiger Entschluß, eine Aufwallung der Seelenkräfte hin. Ein kühner Anfall, ein kräftiges Hurra ist das Werk weniger Minuten, ein kühner Schlachtenkampf ist das Werk eines ganzen Tages und ein Feldzug das Werk eines Jahres.

Bei der reißenden Schnelligkeit ihrer Gefühle ist es solchen Menschen doppelt schwer, das Gleichgewicht des Gemüts zu behaupten, daher verlieren sie häufig den Kopf, und dies ist für die Kriegführung die schlimmste ihrer Seiten. Aber es würde gegen die Erfahrung sein, zu behaupten, daß sehr reizbare Gemüter niemals stark, d. h. auch in ihren stärksten Regungen im Gleichgewicht *sein könnten.* Warum sollte auch das Gefühl für die eigene Würde in ihnen nicht vorhanden sein, da sie in der Regel den edleren Naturen angehören! Dies Gefühl fehlt ihnen selten, es hat aber nicht Zeit, wirksam zu werden. Hinterher sind sie meist von Selbstbeschämung durchdrungen. Wenn Erziehung, Selbstbeobachtung und Lebenserfahrung sie früh oder spät das Mittel gelehrt haben, gegen sich selbst auf der Hut zu sein, um in Augenblicken lebhafter Anregung sich des in ihrer eigenen Brust ruhenden Gegengewichts noch bei Zeiten bewußt zu werden, so können auch sie einer großen Seelenstärke fähig sein.

Endlich sind die wenig beweglichen, aber darum tief bewegten Menschen, die sich zu den vorigen wie die Glut zur Flamme verhalten, am meisten geeignet, mit ihrer Titanenkraft die ungeheuren Massen wegzuwälzen, unter welchen wir uns bildlich die Schwierigkeiten des kriegerischen Handelns vorstellen können. Die Wirkung ihrer Gefühle gleicht der Bewegung großer Massen, die, wenn auch langsamer, doch überwältigender ist.

Obgleich solche Menschen nicht so von ihren Gefühlen überfallen und zu ihrer eigenen Beschämung fortgerissen werden wie die vorigen, so wäre es doch wieder gegen die Erfahrung, zu glauben, daß sie das Gleichgewicht nicht verlieren und blinder Leidenschaft nicht unterwürfig werden könnten; dies wird vielmehr immer geschehen, sobald ihnen der edle Stolz der Selbstbeherrschung fehlt oder sooft er nicht stark genug ist. Wir sehen diese Erfahrung am häufigsten bei großartigen Männern roher Völker, wo die geringe Verstandesausbildung immer ein Vorherrschen der Leidenschaft begünstigt. Aber auch unter den gebildeten Völkern und in den gebildetsten Ständen derselben ist ja das Leben voll solcher Erscheinungen, wo Menschen durch gewaltsame Leidenschaften fortgerissen werden wie im Mittelalter die auf Hirschen angeschmiedeten Wilddiebe durchs Gehölz.

Wir sagen es also noch einmal: ein starkes Gemüt ist nicht ein solches, welches bloß starker Regungen fähig ist, sondern dasjenige, welches bei den stärksten Regungen im Gleichgewicht bleibt, so daß trotz den Stürmen in der Brust der Einsicht und Überzeugung wie der Nadel des Kompasses auf dem sturmbewegten Schiff das feinste Spiel gestattet ist.

Mit dem Namen der Charakterstärke oder überhaupt des Charakters bezeichnet man das feste Halten an seiner Überzeugung, sie mag nun das Resultat fremder oder eigner Einsicht sein, und mag sie Grundsätzen, Ansichten, augenblicklichen Eingebungen oder was immer für Ergebnissen des Verstandes angehören. Aber *diese Festigkeit* kann sich freilich nicht kundtun, wenn die Einsichten selbst häufigem Wechsel unterliegen. Dieser häufige Wechsel braucht nicht die Folge fremden Einflusses zu sein, sondern er kann aus der eigenen fortwirkenden Tätigkeit des Verstandes hervorgehen, deutet dann aber freilich auf eine eigentümliche Unsicherheit desselben. Offenbar wird man von einem Menschen, der seine Ansicht alle Augenblicke ändert, wie sehr dies auch aus ihm selbst hervorgehen mag, nicht sagen: *er hat Charakter.* Man bezeichnet also nur solche Menschen mit dieser Eigenschaft, deren Überzeugung *sehr konstant* ist, entweder weil sie tief begründet und klar, an sich zu einer Veränderung wenig geeignet ist, oder weil es, wie bei indolenten Menschen, an Verstandestätigkeit und damit an dem Grund zur Veränderung fehlt, oder endlich, weil ein ausdrücklicher Akt des Willens, aus einem gesetzgebenden Grundsatz des Verstandes entsprungen, den Wechsel der Meinungen bis auf einen gewissen Grad zurückweist.

Nun liegen im Kriege in den zahlreichen und starken Eindrücken, welche das Gemüt erhält, und in der Unsicherheit alles Wissens und aller Einsicht mehr Veranlassungen, den Menschen von seiner angefangenen Bahn abzudrängen, ihn an sich und anderen irrezumachen, als dies in irgendeiner anderen menschlichen Tätigkeit vorkommt.

Der herzzerreißende Anblick von Gefahren und Leiden läßt das Gefühl leicht ein Übergewicht über die Verstandesüberzeugung gewinnen, und in dem Dämmerlicht aller Erscheinungen ist eine tiefe, klare Einsicht so schwer, daß der Wechsel derselben begreiflicher und verzeihlicher wird. Es ist immer nur ein Ahnen und Herausfühlen der Wahrheit, nach welcher gehandelt werden muß. Darum ist nirgends die Meinungsverschiedenheit so groß als im Kriege, und der Strom der Eindrücke gegen die eigene Überzeugung hört nie auf.

Selbst das größte Phlegma des Verstandes kann kaum dagegen schützen, weil die Eindrücke zu stark und lebhaft und immer zugleich gegen das Gemüt mit gerichtet sind.

Nur die allgemeinen Grundsätze und Ansichten, welche das Handeln von einem *höheren* Standpunkt aus leiten, können die Frucht einer klaren und tiefen Einsicht sein, und an ihnen liegt sozusagen die Meinung über den vorliegenden individuellen Fall gewissermaßen vor Anker. Aber das Halten an diesen Resultaten eines früheren Nachdenkens gegen den Strom der Meinungen und Erscheinungen, welchen die Gegenwart herbeiführt, ist eben die Schwierigkeit. Zwischen dem individuellen Fall und dem Grundsatz ist oft ein weiter Raum, der sich nicht immer an einer sichtbaren Kette von Schlüssen durchziehen läßt, und wo ein gewisser Glaube an sich selbst notwendig ist und ein gewisser Skeptizismus wohltätig. Hier hilft oft nichts anderes als ein gesetzgebender Grundsatz, der, außer das Denken selbst gestellt, dasselbe beherrscht; es ist der Grundsatz, bei allen zweifelhaften Fällen *bei seiner ersten Meinung zu beharren und nicht eher zu weichen, bis eine klare Überzeugung dazu zwingt.* Man muß stark sein in dem Glauben an die bessere Wahrheit wohlgeprüfter Grundsätze und *bei der Lebhaftigkeit* der augenblicklichen Erscheinungen nicht vergessen, daß ihre Wahrheit von einem geringeren Gepräge ist. Durch dieses Vorrecht, welches wir in zweifelhaften Fällen unserer früheren Überzeugung geben, durch dieses Beharren bei derselben gewinnt das Handeln diejenige Stätigkeit und Folge, die man Charakter nennt.

Wie sehr das Gleichgewicht des Gemütes die Charakterstärke befördert, ist leicht einzusehen, daher auch Menschen von großer Seelenstärke meistens viel Charakter haben.

Die Charakterstärke führt uns zu einer Abart derselben, *dem Eigensinn.*

Sehr schwer ist es oft, im konkreten Falle zu sagen, wo die eine aufhört und der andere anfängt, dagegen scheint es nicht schwer, den Unterschied im Begriffe festzustellen.

Eigensinn *ist kein Fehler des Verstandes;* wir bezeichnen damit das Widerstreben gegen bessere Einsicht, und dieses kann nicht ohne Widerspruch in den Verstand als dem Vermögen der Einsicht gesetzt werden. Der Eigensinn ist *ein Fehler des Gemütes.* Die Unbeugsamkeit des Willens, diese Reizbarkeit gegen fremde Einrede haben ihren Grund nur in einer besonderen Art von *Selbstsucht,* welche höher als alles andere *das Vergnügen stellt, über sich und andere nur mit eigener*

Geistestätigkeit zu gebieten. Wir würden es eine Art Eitelkeit nennen, wenn es nicht allerdings etwas Besseres wäre; der Eitelkeit genügt der Schein, der Eigensinn aber beruht auf dem Vergnügen an der Sache.

Wir sagen also: die Charakterstärke wird zum Eigensinn, sobald das Widerstreben gegen fremde Einsicht nicht aus besserer Überzeugung, nicht aus Vertrauen auf einen höheren Grundsatz, sondern aus einem *widerstrebenden Gefühl* entsteht. Wenn diese Definition uns auch, wie wir schon eingeräumt haben, praktisch wenig hilft, so wird sie doch verhindern, den Eigensinn für eine *bloße Steigerung* der Charakterstärke zu halten, während er etwas wesentlich Verschiedenes davon ist, was derselben zwar zur Seite liegt und mit ihr grenzt, aber so wenig ihre Steigerung ist, daß es sogar sehr eigensinnige Menschen gibt, die wegen Mangel an Verstand wenig Chrakterstärke haben.

Nachdem wir in diesen Virtuositäten eines ausgezeichneten Führers im Kriege diejenigen Eigenschaften kennengelernt haben, in welchen Gemüt und Verstand zusammen wirken, kommen wir jetzt zu einer Eigentümlichkeit der kriegerischen Tätigkeit, welche vielleicht als die stärkste betrachtet werden kann, wenn es auch nicht die wichtigste ist, und die ohne Beziehung auf die Gemütskräfte bloß das Geistesvermögen in Anspruch nimmt. Es ist die Beziehung, in welcher der Krieg zu Gegend und Boden steht.

Diese Beziehung ist erstens *ganz unausgesetzt vorhanden,* so daß man sich einen kriegerischen Akt unserer gebildeten Heere gar nicht anders als in einem bestimmten Raum vorgehend denken kann; sie ist zweitens von der *entscheidendsten Wichtigkeit,* weil sie die Wirkungen aller Kräfte modifiziert, zuweilen total verändert; drittens führt sie auf der einen Seite oft zu *den kleinsten Zügen der Örtlichkeit,* während sie auf der anderen die *weitesten Räume umfaßt.*

Auf diese Weise ist es, daß die Beziehung, welche der Krieg zu Gegend und Boden hat, seiner Tätigkeit eine hohe Eigentümlichkeit gibt. Wenn wir an die anderen menschlichen Tätigkeiten denken, die eine Beziehung zu jenem Gegenstande haben, an Garten- und Landbau, an Häuser- und Wasserbauten, an Bergbau, an Jägerei und Forstbetrieb, so sind alle auf sehr mäßige Räume beschränkt, welche sie bald mit genügender Genauigkeit erforschen können. Der Führer im Kriege aber muß das Werk seiner Tätigkeit einem mitwirkenden Raume übergeben, den seine Augen nicht überblicken, den der regste Eifer nicht immer erforschen kann, und mit dem er bei dem beständigen Wechsel auch selten in eigentliche Bekanntschaft kommt. Zwar ist der Gegner im allgemeinen in demselben Fall; aber erstlich ist die gemeinschaftliche Schwierigkeit doch immer eine solche, und es wird der, welcher ihrer durch Talent und Übung Herr wird, einen großen Vorteil auf seiner Seite haben, zweitens findet diese Gleichheit der Schwierigkeit nur im allgemeinen statt, keineswegs in dem einzelnen Fall, wo gewöhnlich einer der beiden Kämpfenden (der Verteidiger) viel mehr von der Örtlichkeit weiß als der andere.

Diese höchst eigentümliche Schwierigkeit muß eine eigentümliche Geistesanlage besiegen, welche mit einem zu beschränkten Ausdruck *der Ortssinn* genannt wird. Es ist das Vermögen, *sich von jeder Gegend schnell eine richtige geometrische Vorstellung zu machen* und als Folge davon sich in ihr jedesmal leicht zurechtzufinden. Offenbar ist dies ein Akt der Phantasie. Zwar geschieht das Auffassen dabei teils durch das körperliche Auge, teils durch den Verstand, der mit seinen aus Wissenschaft und Erfahrung geschöpften Einsichten das Fehlende ergänzt und aus den Bruchstücken des körperlichen Blicks ein Ganzes macht; aber daß dies Ganze nun lebhaft vor die Seele trete, ein Bild, eine innerlich gezeichnete Karte werde, daß dies Bild bleibend sei, die einzelnen Züge nicht immer wieder auseinanderfallen, *das vermag nur die Geisteskraft zu bewirken, die wir Phantasie nennen.* Wenn ein genialer Dichter oder Maler sich verletzt fühlt, daß wir seiner Göttin eine solche Wirksamkeit zumuten, wenn er die Achseln zuckt, daß ein findiger Jägerbursche darum eine ausgezeichnete Phantasie haben solle, so wollen wir gern einräumen, daß nur von einer sehr beschränkten Anwendung, von einem wahren Sklavendienst derselben die Rede ist. Aber wie weniges dies auch sei, es muß doch von dieser Naturkraft entnommen werden, denn wenn sie ganz abgeht, dann wird es schwer werden, sich die Dinge in ihrem Formenzusammenhange bis zur Anschauung deutlich vorzustellen. Daß ein gutes Gedächtnis dabei sehr zu Hilfe komme, räumen wir gern ein; ob aber das Gedächtnis dann als eine eigene Seelenkraft anzunehmen ist, oder ob es eben in jenem Vorstellungsvermögen liegt, das Gedächtnis für diese Dinge besser zu fixieren, müssen wir um so mehr unausgemacht lassen, als es überhaupt schwer scheint, diese beiden Seelenkräfte in manchen Beziehungen getrennt zu denken.

Daß Übung und Verstandeseinsicht dabei sehr viel tun, ist nicht zu leugnen. Puységur, der berühmte Generalquartiermeister des berühmten Luxemburg, sagt, daß er sich anfangs in diesem Punkt wenig zugetraut, weil er bemerkt, daß wenn er die Parole weit zu holen gehabt, er jedesmal den Weg verfehlt habe.

Es ist natürlich, daß auch die Anwendungen dieses Talents sich nach oben hin erweitern. Müssen der Husar und Jäger bei Führung einer Patrouille in Weg und Steg sich leicht finden, und bedarf es dafür immer nur weniger Kennzeichen einer beschränkten Auffassung und Vorstellungsgabe, so muß der Feldherr sich bis zu den allgemeinen geographischen Gegenständen einer Provinz und eines Landes erheben, den Zug der Straßen, Ströme und Gebirge immer lebhaft vor Augen haben, ohne darum den beschränkten Ortssinn entbehren zu können. Zwar sind ihm für die allgemeinen Gegenstände Nachrichten aller Art, Karten, Bücher, Memoiren, und für die Einzelheiten der Beistand seiner Umgebungen eine große Hilfe, aber gewiß ist es dennoch, daß ein großes Talent in schneller und klarer Auffassung der Gegend seinem ganzen Handeln einen leichteren und festeren Schritt verleiht, ihn vor einer gewissen inneren Unbehilflichkeit schützt und weniger abhängig von anderen macht.

Ist diese Fähigkeit der Phantasie zuzuschreiben, so ist dies auch fast der einzige Dienst, welchen die kriegerische Tätigkeit von dieser ausgelassenen Göttin fordert, die ihr übrigens eher verderblich als nützlich ist. –

Wir glauben hiermit diejenigen Äußerungen der Geistes- und Seelenkräfte in Betracht gezogen zu haben, welche durch die kriegerische Tätigkeit der manschlichen Natur abgefordert werden. Überall erscheint der Verstand als eine wesentlich mitwirkende Kraft, und so wird es denn begreiflich, wie das in seinen Erscheinungen so einfache, wenig zusammengesetzte kriegerische Wirken von Leuten ohne ausgezeichnete Verstandeskräfte nicht auf eine ausgezeichnete Art geleistet werden kann.

Hat man diese Ansicht gewonnen, so ist man nicht mehr genötigt, das Umgehen einer feindlichen Stellung, eine an sich so natürliche, tausendmal dagewesene Sache, und hundert ähnliche für das Werk großer Geistesanstrengung zu halten.

Freilich ist man gewohnt, den einfachen tüchtigen Soldaten als einen Gegensatz zu denken zu den meditativen oder erfindungs- oder ideenreichen Köpfen und den in Bildungsschmuck aller Art glänzenden Geistern; auch ist dieser Gegensatz keineswegs ohne Realität, aber er beweist nur nicht, daß die Tüchtigkeit des Soldaten bloß in seinem Mute bestände, und daß es nicht auch einer gewissen eigentümlichen Tätigkeit und Tüchtigkeit des Kopfes bedürfte, um nur das zu sein, was man einen guten Degen nennt. Wir müssen immer wieder darauf zurückkommen, daß nichts gewöhnlicher ist als Beispiele von Männern, die ihre Tätigkeit verlieren, sobald sie zu höheren Stellen gelangen, denen ihre Einsichten nicht mehr gewachsen sind; wir müssen aber auch immer wieder daran erinnern, daß wir von vorzüglichen Leistungen reden, von solchen, die Ruf in der Art von Tätigkeit geben, der sie angehören. Es bildet daher jede Stufe des Befehls im Kriege ihre eigene Schicht von erforderlichen Geisteskräften, von Ruhm und Ehre.

Eine sehr große Kluft liegt zwischen einem Feldherrn, d. h. einem entweder an der Spitze eines ganzen Krieges oder eines Kriegstheaters stehenden General, und der nächsten Befehlshaberstufe unter ihm, aus dem einfachen Grunde, weil dieser einer viel näheren Leitung und Aufsicht unterworfen ist, folglich der eigenen Geistestätigkeit einen viel kleineren Kreis läßt. Dies hat denn veranlaßt, daß die gewöhnliche Meinung eine ausgezeichnete Verstandestätigkeit nur in dieser höchsten Stelle sieht und bis dahin mit dem gemeinen Verstande auszureichen glaubt; ja, man ist nicht abgeneigt, in einem unter den Waffen ergrauten Unterfeldherrn, den seine einseitige Tätigkeit zu einer unverkennbaren Geistesarmut geführt hat, ein gewisses Verdummen zu erblicken und bei aller Verehrung für seinen Mut über seine Einfalt zu lächeln. Es ist nicht unser Vorsatz, diesen braven Leuten ein besseres Los zu erkämpfen; dies würde nichts zu ihrer Wirksamkeit und wenig zu ihrem Glück beitragen, sondern wir wollen nur die Sachen zeigen wie sie sind, und vor dem Irrtum warnen, daß im Kriege ein bloßer Bravo ohne Verstand Vorzügliches leisten könne.

Wenn wir schon in den niedrigsten Führerstellen für den, welcher ausgezeichnet sein soll, auch ausgezeichnete Geisteskräfte fordern und diese mit jeder Stufe steigern, so folgt daraus von selbst, daß wir eine ganz andere Ansicht von den Leuten haben, welche die zweiten Stellen in einem Heere *mit Ruhm* bekleiden, und ihre scheinbare Einfalt neben dem Polyhistor, dem federtätigen Geschäftsmann, dem konferierenden Staatsmann soll uns nicht irremachen an der ausgezeichneten Natur ihres werktätigen Verstandes. Freilich geschieht es zuweilen, daß Männer den Ruhm, welchen sie sich in niedrigen Stellen erworben haben, in die höheren mit hinüberbringen, ohne ihn wirklich dort zu verdienen; werden sie nun in diesen nicht viel gebraucht, kommen sie also nicht in die Gefahr, sich Blößen zu geben, so unterscheidet das Urteil nicht so genau, welche Art von Ruf ihnen zukommt, und so tragen solche Männer oft bei, daß man einen geringen Begriff faßt von der Persönlichkeit, die in gewissen Stellen noch zu glänzen vermag.

Es gehört also von unten herauf zu den ausgezeichneten Leistungen im Kriege ein eigentümlicher Genius. Mit dem Namen des eigentlichen Genius pflegt aber die Geschichte und das Urteil der Nachwelt nur diejenigen Geister zu belegen, die in den ersten, d. h. in den Feldherrnstellen geglänzt haben. Die Ursache ist, weil hier allerdings mit einemmal[1] die Forderungen an Verstand und Geist sehr gesteigert werden.

Um einen ganzen Krieg oder seine größten Akte, die wir Feldzüge nennen, zu einem glänzenden Ziel zu führen, dazu gehört eine große Einsicht in die höheren Staatsverhältnisse. Kriegführung und Politik fallen hier zusammen, und aus dem Feldherrn wird zugleich der Staatsmann.

Man gibt Karl XII. nicht den Namen eines großen Genies, weil er die Wirksamkeit seiner Waffen nicht einer höheren Einsicht und Weisheit zu unterwerfen, nicht damit zu einem glänzenden Ziel zu gelangen wußte; man gibt ihn nicht Heinrich IV., weil er nicht lange genug gelebt hat, um mit seiner kriegerischen Wirksamkeit die Verhältnisse mehrerer Staaten zu berühren und in dieser höheren Region sich zu versuchen, wo ein edles Gefühl und ritterliches Wesen nicht soviel über den Gegner vermögen wie bei der Besiegung eines inneren Geistes.[2]

Um fühlen zu lassen, was hier alles mit einem Blick umfaßt und richtig getroffen sein will, verweisen wir auf unser erstes Kapitel. Wir sagen: der Feldherr wird zum Staatsmann, aber er darf nicht aufhören, das erstere zu sein; er umfaßt mit seinem Blick auf der einen Seite alle Staatsverhältnisse, auf der anderen ist er sich genau bewußt, was er mit den Mitteln leisten kann, die in seiner Hand liegen.

Da hier die Mannigfaltigkeit und die unbestimmte Grenze aller Beziehungen eine große Menge von Größen in die Betrachtung bringen, da die meisten dieser Größen nur nach Wahrscheinlichkeitsgesetzen geschätzt werden können, so würde, wenn der Handelnde dies alles nicht mit dem Blick eines die Wahrheit überall ahnenden Geistes träfe, eine Verwicklung von Betrachtungen und Rücksichten entstehen, aus denen sich das Urteil gar nicht mehr herausfinden könnte. In diesem Sinne hat Bonaparte ganz richtig gesagt, daß viele dem Feldherrn vorliegende Entscheidungen eine Aufgabe mathematischer Kalküls bilden würden, der Kräfte eines *Newton* und *Euler* nicht unwürdig.

---

1 [In der 2. Auflage fehlt: mit einemmal]
2 [2. Auflage: der Besiegung innern Widerstandes.]

Was hier von höheren Geisteskräften gefordert wird, ist Einheit und Urteil, zu einem wunderbaren Geistesblick gesteigert, der in seinem Fluge tausend halbdunkle Vorstellungen berührt und beseitigt, welche ein gewöhnlicher Verstand erst mühsam ans Licht ziehen und an denen er sich erschöpfen würde. Aber diese höhere Geistestätigkeit, dieser Blick des Genies würde doch nicht zur historischen Erscheinung werden, wenn die Gemüts- und Charaktereigenschaften, von denen wir gehandelt haben, ihn nicht unterstützten.

Das bloße Motiv der Wahrheit ist in dem Menschen nur äußerst schwach, und darum immer ein großer Unterschied zwischen dem Erkennen und Wollen, zwischen dem Wissen und Können. Den stärksten Anlaß zum Handeln bekommt der Mensch immer durch Gefühle und den kräftigsten Nachhalt, wenn man uns den Ausdruck gestatten will, durch jene Legierung von Gemüt und Verstand, die wir in der Entschlossenheit, Festigkeit, Standhaftigkeit und Charakterstärke kennengelernt haben.

Wenn übrigens diese erhöhte Geistes- und Gemütstätigkeit des Feldherrn sich nicht in dem Totalerfolg seines Wirkens kundtäte und nur auf Treue und Glauben angenommen würde, so würde sie nur selten zur historischen Erscheinung werden.

Was von dem Gange der kriegerischen Ereignisse bekannt wird, ist gewöhnlich sehr einfach, sieht sich einander sehr ähnlich, und niemand, der sich an die bloße Erzählung hält, sieht von den Schwierigkeiten, die dabei überwunden wurden, etwas ein. Nur hin und wieder kommt in den Memoiren der Feldherren oder ihrer Vertrauten oder bei Gelegenheit einer besonderen historischen Forschung, die sich auf ein Ereignis verbissen hat, ein Teil der vielen Fäden an das Tageslicht, die das ganze Gewebe bilden. Die meisten Überlegungen und Geisteskämpfe, welche einer bedeutenden Ausführung vorhergehen, werden absichtlich verborgen, weil sie politische Interessen berühren, oder geraten zufällig in Vergessenheit, weil sie als bloße Gerüste betrachtet werden, die nach Vollendung des Baues weggenommen werden müssen.

Wollen wir nun endlich noch, ohne uns an eine nähere Bestimmung der höheren Seelenkräfte zu wagen, einen Unterschied in der Verstandeskraft selbst gelten lassen nach gewohnten Vorstellungen, wie sie sich in der Sprache fixiert haben, und uns dann fragen, welcher Art von Verstand dem kriegerischen Genius am nächsten angehört, so wird uns sowohl der Blick auf den Gegenstand als auf die Erfahrung sagen, daß es mehr die prüfenden als schaffenden, mehr die umfassenden als einseitig verfolgenden, mehr die kühlen als die heißen Köpfe sind, denen wir im Kriege das Heil unserer Brüder und Kinder, die Ehre und Sicherheit unseres Vaterlandes anvertrauen möchten.

Viertes Kapitel: Von der Gefahr im Kriege

Gewöhnlich macht man sich, ehe man sie kennegelernt hat, eine Vorstellung davon, die eher anziehend als zurückschreckend ist. Im Rausche der Begeisterung sturmschritts auf den Feind eindringen – wer zählt da die Kugeln und die Fallenden –, die Augen wenige Momente zugedrückt, sich dem kalten Tode entgegenzuwerfen, ungewiß, ob wir oder andere ihm entrinnen werden – und dies alles dicht am goldenen Ziel des Sieges – dicht vor der labenden Frucht, nach welcher der Ehrgeiz durstet – kann das schwer sein? Es wird nicht schwer sein, und noch weniger wird es so scheinen. Aber solcher Momente, die dennoch nicht das Werk eines einzigen Pulsschlages sind, wie sie gedacht werden, sondern wie arzneiliche Mischungen mit Zeit verdünnt und verdorben genossen werden müssen – solcher Momente, sagen wir, gibt es nur wenige.

Begleiten wir den Neuling auf das Schlachtfeld. Wenn wir uns demselben nähern, so wechselt der immer deutlicher werdende Donner des Geschützes endlich mit dem Heulen der Kugeln, welches nun die Aufmerksamkeit des Unerfahrnen auf sich zieht. Kugeln fangen an, nahe vor und hinter uns einzuschlagen. Wir eilen zu dem Hügel, auf welchem der kommandierende General mit seinem zahlreichen Gefolge hält. Hier wird das nahe Einschlagen der Kanonenkugeln, das Zerspringen der Granaten schon so häufig, daß der Ernst des Lebens sich durch das jugendliche Phantasiebild hindurchdrängt. Plötzlich stürzt ein Bekannter – es schlägt eine Granate in den Haufen und bringt einige unwillkürliche Bewegungen hervor – man fängt an zu fühlen, daß man nicht mehr völlig ruhig und gesammelt ist; auch der Bravste wird wenigstens etwas zerstreut. – Jetzt einen Schritt in die Schlacht hinein, die vor uns tobt, fast noch wie ein Schauspiel, zum nächsten Divisionsgeneral; hier folgt Kugel auf Kugel, und der Lärm des eigenen Geschützes mehrt die Zerstreuung. – Vom Divisions- zum Brigadegeneral – dieser, von anerkannter Tapferkeit, hält vorsichtig hinter einem Hügel, einem Hause oder hinter Bäumen; – ein sicherer Exponent der steigenden Gefahr – Kartätschen rasseln in Dächern und Feldern, Kanonenkugeln sausen in allen Richtungen an und über uns weg, und schon stellt sich ein häufiges Pfeifen der Flintenkugeln ein; – noch ein Schritt zu den Truppen, zu der im stundenlangen Feuergefecht mit unbeschreiblicher Standhaftigkeit ausharrenden Infanterie; – hier ist die Luft erfüllt von zischenden Kugeln, die ihre Nähe bald durch den kurzen scharfen Laut verkünden, womit sie zollweit an Ohr, Kopf und Seele vorüberfliegen. Zum Überfluß schlägt das Mitleiden über den Anblick der Verstümmelten und Hinstürzenden mit Jammerschlägen an unser klopfendes Herz.

Keine dieser verschiedenen Dichtigkeitsschichten der Gefahr wird ein Neuling berühren, ohne zu fühlen, daß das Licht der Gedanken sich hier durch andere Mittel bewege und in anderen Strahlen gebrochen werde als bei der spekulativen Tätigkeit; ja, es müßte der ein sehr außerordentlicher Mensch sein, der bei diesen ersten Eindrücken nicht die Fähigkeit zu einem augenblicklichen Entschluß verlöre. Es ist wahr, die Gewohnheit stumpft diese Eindrücke sehr bald ab; nach einer halben Stunde fangen wir an, gleichgültiger gegen alles zu werden, was uns umgibt, der eine mehr, der andere weniger; aber bis zur völligen Unbefangenheit und zur natürlichen Elastizität der Seele bringt ein gewöhnlicher Mensch es immer nicht – und so mag man denn erkennen, daß mit Gewöhnlichem hier wieder nicht auszureichen ist, welches um so wahrer wird, je größer der Wirkungskreis ist, der ausgefüllt werden soll. Enthusiastische, stoische, angeborene Bravour, gebieterischer Ehrgeiz oder auch lange Bekanntschaft mit der Gefahr, viel von allem dem muß da sein, wenn nicht alle Wirkung in diesem erschwerenden Mittel hinter dem Maß zurückbleiben soll, welches auf dem Zimmer als ein gewöhnliches erscheinen mag.

Die Gefahr im Kriege gehört zur Friktion desselben, eine richtige Vorstellung davon ist zur Wahrheit der Erkenntnis notwendig, und darum ist ihrer hier Erwähnung geschehen.

Fünftes Kapitel: Von der körperlichen Anstrengung im Kriege

Wenn niemand ein Urteil über kriegerische Ereignisse anders fällen dürfte als in dem Augenblick, wo er von Frost erstarrt oder vor Hitze und Durst verschmachtend, von Mangel und Müdigkeit niedergedrückt ist, so würden wir zwar noch weniger Urteile haben, die objektiv richtig wären, aber sie würden es wenigstens subjektiv sein, d. h. sie würden das Verhältnis des Urteilenden zum Gegenstande genau in sich enthalten. Man erkennt dies schon, wenn man sieht, wie billig herabstimmend, ja schlaff und klein das Urteil derjenigen über die Resultate schlimmer Fälle ist, welche Augenzeugen waren, besonders solange sie sich mitten darin befanden. Dies sei unsere Anschauung, ein Maß des Einflusses, den die körperliche Anstrengung übt, und der Rücksicht, die sie beim Urteil verdient.

Unter den vielen Dingen im Kriege, für deren Gebrauch keine Polizeitaxe ein Maß festsetzen kann, gehört hauptsächlich die körperliche Anstrengung. Vorausgesetzt, daß sie nicht verschwendet wird, ist sie ein Koeffizient aller Kräfte, und niemand kann genau sagen, wie weit sie getrieben werden darf. Das Merkwürdige aber ist, daß, so wie nur ein starker Arm des Schützen die Sehne des Bogens schärfer spannen kann, so ist auch nur von einem starken Geist zu erwarten, daß er im Kriege die Kräfte seines Heeres höher spannen werde. Denn ein anderes ist es, wenn infolge großer Unglücksfälle ein Heer, von Gefahren umgeben, sich wie niederstürzendes Gemäuer in Trümmer auflöst und seine Rettung nur in der höchsten Anstrengung seiner körperlichen Kräfte finden kann; ein anderes, wenn ein siegreiches Heer, allein von stolzen Empfindungen fortgezogen, von seinem Feldherrn nach freier Willkür geleitet wird. Dieselbe Anstrengung, die dort höchstens Mitleiden erregen könnte, müßte uns hier Bewunderung einflößen, weil sie viel schwerer zu erhalten war.

Es tritt also hiermit für das ungetrübte Auge einer der Gegenstände ans Licht, die den Bewegungen des Geistes gleichsam im Dunkeln Fesseln anlegen und die Kräfte der Seele im geheimen verzehren.

Obgleich hier eigentlich nur die Rede ist von der Anstrengung, die der Feldherr vom Heere, der Führer von seinen Untergebenen fordert, also von dem Mut, sie zu begehren, von der Kunst, sie zu erhalten, so darf doch die körperliche Anstrengung des Führers und des Feldherrn selbst nicht übergangen werden; wir müssen, nachdem wir die Analyse des Krieges ehrlich bis zu diesem Punkt getrieben haben, auch das Gewicht dieser zurückgebliebenen Schlacken in Betrachtung ziehen.

Von der körperlichen Anstrengung ist hier am Ort hauptsächlich die Rede, weil sie wie die Gefahr zu den vornehmsten[1] Ursachen der Friktion gehört, und weil ihr unbestimmtes Maß sie der Natur elastischer Körper ähnlich macht, deren Reibung sich bekanntlich schwer berechnen läßt.

Daß von diesen Betrachtungen, von diesem Ermessen der erschwe-

1 [2. Auflage: tiefsten]

renden Bedingungen des Krieges kein Mißbrauch gemacht werde, dazu hat die Natur unserem Urteil einen leitenden Führer in unserer Empfindungsweise gegeben. So wie ein einzelner sich auf seine persönliche Unvollkommenheit nicht mit Vorteil berufen wird, wenn er beschimpft und gemißhandelt ist, wohl aber dann, wenn er die Beschimpfung glücklich abwies oder glänzend rächte, so wird kein Feldherr und kein Heer den Eindruck einer schimpflichen Niederlage verbessern durch Darstellung derselben Gefahr, Not und Anstrengung, die den Glanz eines Sieges unendlich erhöhen würden. So verbietet uns eine anscheinende Billigkeit, zu der unser Urteil geneigt sein würde, *unser Gefühl,* welches aber nur ein höheres Urteil ist.

Sechstes Kapitel: Nachrichten im Kriege

Mit dem Worte Nachrichten bezeichen wir die ganze Kenntnis, welche man von dem Feinde und seinem Lande hat, also die Grundlage aller eigenen Ideen und Handlungen. Man betrachte einmal die Natur dieser Grundlage, ihre Unzuverlässigkeit und Wandelbarkeit, und man wird bald das Gefühl haben, wie gefährlich das Gebäude des Krieges ist, wie leicht es zusammenstürzen und uns unter seinen Trümmern begraben kann. – Denn daß man nur sicheren Nachrichten trauen solle, daß man das Mißtrauen nie von sich lassen müsse, steht wohl in allen Büchern, ist aber ein elender Büchertrost und gehört zu der Weisheit, zu welcher System- und Kompendienschreiber in Ermangelung von etwas Besserem ihre Zuflucht nehmen.

Ein großer Teil der Nachrichten, die man im Kriege bekommt, ist widersprechend, ein noch größerer ist falsch und bei weitem der größte einer ziemlichen Ungewißheit unterworfen. Was man hier vom Offizier fordern kann, ist ein gewisses Unterscheiden, was nur Sach- und Menschenkenntnis und Urteil geben können. Das Gesetz des Wahrscheinlichen muß ihn leiten. Diese Schwierigkeit ist nicht unbedeutend bei den ersten Entwürfen, die auf dem Zimmer und noch außer der eigentlichen Kriegssphäre gemacht werden, aber unendlich größer ist sie da, wo im Getümmel des Krieges selbst eine Nachricht die andere drängt; ein Glück noch, wenn sie, einander widersprechend, ein gewisses Gleichgewicht erzeugen und die Kritik selbst herausfordern. Viel schlimmer für den Nichtgeprüften, wenn ihm der Zufall diesen Dienst nicht erweist, sondern eine Nachricht die andere unterstützt, bestätigt, vergrößert, das Bild mit immer neuen Farben ausmalt, bis die Notwendigkeit uns in fliegender Eile den Entschluß abgedrängt hat, der – bald als Torheit erkannt wird, so wie alle jene Nachrichten, als Lügen, Übertreibungen, Irrtümer usw. Mit kurzen Worten: die meisten Nachrichten sind falsch, und die Furchtsamkeit der Menschen wird zur neuen Kraft der Lüge und Unwahrheit. In der Regel ist jeder geneigt, das Schlimme eher zu glauben als das Gute; jeder ist geneigt, das Schlimme etwas zu vergrößern, und die Gefährlichkeiten, welche auf diese Weise berichtet werden, ob sie gleich wie die Wellen des Meeres in sich selbst zusammensinken, kehren doch wie jene ohne sichtbare Veranlassung immer von neuem zurück. Fest im Vertrauen auf sein besseres inneres Wissen muß der Führer dastehen wie der Fels, an dem die Welle sich bricht. Die Rolle ist nicht leicht; wer nicht von Natur mit leichtem Blute begabt oder durch kriegerische Erfahrungen geübt und im Urteil gestärkt ist, mag es sich eine Regel sein lassen, sich gewaltsam, d. h. gegen das innere Niveau seiner eigenen Überzeugung von der Seite der Befürchtungen ab auf die Seite der Hoffnungen hinzuneigen; er wird nur dadurch das wahre Gleichgewicht erhalten können. Diese Schwierigkeit *richtig zu sehen,* welche eine der allergrößten Friktionen im Kriege ausmacht, läßt die Dinge ganz anders erscheinen, als man sie gedacht hat. Der Eindruck der Sinne ist stärker als die Vorstellungen des überlegenden Kalküls, und dies geht so weit, daß wohl noch nie eine einigermaßen wichtige Unternehmung ausgeführt worden ist, wo der Befehlshaber nicht in den ersten Momenten der Ausführung neue Zweifel bei sich zu besiegen gehabt hätte. Gewöhnliche Menschen, die fremden Eingebungen folgen, werden daher meistens unschlüssig an Ort und Stelle; sie glauben die Umstände anders gefunden zu haben, als sie solche vorausgesetzt hatten, und zwar um so mehr, da sie auch hier sich wieder fremden Eingebungen überlassen. Aber auch der, welcher selbst entwarf und jetzt mit eigenen Augen sieht, wird leicht an seiner vorigen Meinung irre. Festes Vertrauen zu sich selbst muß ihn gegen den scheinbaren Drang des Augenblicks waffnen; seine frühere Überzeugung wird sich bei der Entwicklung bewähren, wenn die vorderen Kulissen, welche das Schicksal in die Kriegsszenen einschiebt, mit ihren dick aufgetragenen Gestalten der Gefahr weggezogen und der Horizont erweitert ist. – Dies ist eine der großen Klüfte zwischen *Entwerfen* und *Ausführen.*

Siebentes Kapitel: Friktion im Kriege

Solange man selbst den Krieg nicht kennt, begreift man nicht, wo die Schwierigkeiten der Sache liegen, von denen immer die Rede ist, und was eigentlich das Genie und die außerordentlichen Geisteskräfte zu tun haben, die vom Feldherrn gefordert werden. Alles erscheint so einfach, alle erforderlichen Kenntnisse erscheinen so flach, alle Kombinationen so unbedeutend, daß in Vergleichung damit uns die einfachste Aufgabe der höheren Mathematik mit einer gewissen wissenschaftlichen Würde imponiert. Wenn man aber den Krieg gesehen hat, wird alles begreiflich, und doch ist es äußerst schwer, dasjenige zu beschreiben, was diese Veränderung hervorbringt, diesen unsichtbaren und überall wirksamen Faktor zu nennen.

Es ist alles im Kriege sehr einfach, aber das Einfachste ist schwierig. Diese Schwierigkeiten häufen sich und bringen eine Friktion hervor, die sich niemand richtig vorstellt, der den Krieg nicht gesehen hat. Man denke sich einen Reisenden, der zwei Stationen am Ende seiner Tagereise noch gegen Abend zurückzulegen denkt, vier bis fünf Stunden mit Postpferden auf der Chaussee; es ist nichts. Nun kommt er auf der vorletzten Station an, findet keine oder schlechte Pferde, dann eine bergige Gegend, verdorbene Wege, es wird finstere Nacht, und er ist froh, die nächste Station nach vielen Mühseligkeiten erreicht zu haben und eine dürftige Unterkunft dort zu finden. So stimmt sich im Kriege durch den Einfluß unzähliger kleiner Umstände, die auf dem Papier nie gehörig in Betrachtung kommen können, alles herab, und man bleibt weit hinter dem Ziel. Ein mächtiger eiserner Wille überwindet diese Friktion, er zermalmt die Hindernisse, aber freilich die Maschine mit. Wir werden noch oft auf das Resultat kommen. Wie ein Obelisk, auf den die Hauptstraßen eines Ortes zugeführt sind, steht in der Mitte der Kriegskunst gebieterisch hervorragend der feste Wille eines stolzen Geistes.

Friktion ist der einzige Begriff, welcher dem ziemlich allgemein entspricht, was den wirklichen Krieg von dem auf dem Papier unterscheidet. Die militärische Maschine, die Armee und alles, was dazu gehört, ist im Grunde sehr einfach und scheint deswegen leicht zu handhaben. Aber man bedenke, daß kein Teil davon aus einem Stücke ist, daß alles aus Individuen zusammengesetzt ist, deren jedes seine eigene Friktion nach allen Seiten hin behält. Theoretisch klingt es ganz gut: der Chef des Bataillons ist verantwortlich für die Ausführung des gegebenen Befehls, und da das Bataillon durch die

Disziplin zu einem Stück zusammengeleimt ist, der Chef aber ein Mann von anerkanntem Eifer sein muß, so dreht sich der Balken um einen eisernen Zapfen mit wenig Friktion. So aber ist es in der Wirklichkeit nicht, und alles, was die Vorstellung Übertriebenes und Unwahres hat, zeigt sich im Kriege auf der Stelle. Das Bataillon bleibt immer aus einer Anzahl Menschen zusammengesetzt, von denen, wenn der Zufall es will, der unbedeutendste imstande ist, einen Aufenthalt oder sonst eine Unregelmäßigkeit zu bewirken. Die Gefahren, welche der Krieg mit sich bringt, die körperlichen Anstrengungen, die er fordert, steigern das Übel so sehr, daß sie als die beträchtlichsten Ursachen desselben angesehen werden müssen.

Diese entsetzliche Friktion, die sich nicht wie in der Mechanik auf wenig Punkte konzentrieren läßt, ist deswegen überall im Kontakt mit dem Zufall und bringt dann Erscheinungen hervor, die sich gar nicht berechnen lassen, eben weil sie zum großen Teil dem Zufall angehören. Ein solcher Zufall ist z. B. das Wetter. Hier verhindert der Nebel, daß der Feind zu gehöriger Zeit entdeckt wird, daß ein Geschütz zur rechten Zeit schießt, daß eine Meldung den kommandierenden Offizier findet; dort der Regen, daß ein Bataillon ankommt, daß ein anderes zur rechten Zeit kommt, weil es statt drei vielleicht acht Stunden marschieren mußte, daß die Kavallerie wirksam einhauen kann, weil sie im tiefen Boden steckenbleibt usw.

Diese paar Detailzüge nur zur Deutlichkeit, und damit Verfasser und Leser zusammen bei der Sache bleiben, denn sonst ließen sich von solchen Schwierigkeiten ganze Bände voll schreiben. Um dies zu vermeiden und doch einen deutlichen Begriff von dem Heere kleiner Schwierigkeiten hervorzubringen, womit man im Kriege kämpft, möchten wir uns in Bildern erschöpfen, wenn wir nicht zu ermüden befürchteten. Aber ein paar werden uns auch diejenigen noch zugute halten, die uns längst verstanden haben.

Das Handeln im Kriege ist eine Bewegung im erschwerenden Mittel. Sowenig man imstande ist, im Wasser die natürlichste und einfachste Bewegung, das bloße Gehen, mit Leichtigkeit und Präzision zu tun, sowenig kann man im Kriege mit gewöhnlichen Kräften auch nur die Linie des Mittelmäßigen halten. Daher kommt es, daß der richtige Theoretiker wie ein Schwimmeister erscheint, der Bewegungen, die fürs Wasser nötig sind, auf dem Trocknen üben läßt, die denen grotesk und übertrieben vorkommen, die nicht an das Wasser denken; daher kommt es aber auch, daß Theoretiker, die selbst nie untergetaucht haben oder von ihren Erfahrungen nichts Allgemeines zu abstrahieren wissen, unpraktisch und selbst abgeschmackt sind, weil sie nur das lehren, was ein jeder kann – gehen.

Ferner: jeder Krieg ist reich an individuellen Erscheinungen, mithin ist jeder ein unbefahrenes Meer voll Klippen, die der Geist des Feldherrn ahnen kann, die aber sein Auge nie gesehen hat, und die er nun in dunkler Nacht umschiffen soll. Erhebt sich noch ein widriger Wind, d. h. erklärt sich noch irgendein großer Zufall gegen ihn, so ist die höchste Kunst, Geistesgegenwart und Anstrengung da nötig, wo dem Entfernten alles von selbst zu gehen scheint. Die Kenntnis dieser Friktion ist ein Hauptteil der oft gerühmten Kriegserfahrung, welche von einem guten General gefordert wird. Freilich ist der nicht der beste, der die größte Vorstellung davon hat, dem sie am meisten imponiert (dies gibt jene Klasse von ängstlichen Generalen, die unter den Erfahrenen so häufig zu finden sind), sondern der General muß sie kennen, um sie zu überwinden, wo dies möglich ist, und um nicht eine Präzision in den Wirkungen zu erwarten, die eben wegen dieser Friktion nicht möglich ist. – Man wird sie übrigens theoretisch nie ganz kennenlernen, und könnte man es, so würde jene Übung des Urteils immer noch fehlen, die man Takt nennt, und die allemal in einem Felde voll unendlich kleiner und mannigfaltiger Gegenstände nötiger ist als in großen entscheidenden Fällen, wo man mit sich und anderen Konzilium hält. So wie den Weltmann nur der fast zur Gewohnheit gewordene Takt seines Urteils immer passend sprechen, handeln und sich bewegen läßt, so wird nur der kriegserfahrene Offizier bei großen und kleinen Vorfällen, man möchte sagen bei jedem Pulsschlage des Krieges, immer passend entscheiden und bestimmen. Durch diese Erfahrung und Übung kommt ihm der Gedanke von selbst: das eine geht, das andere nicht. Er wird also nicht leicht in den Fall kommen, sich eine Blöße zu geben, was im Kriege, wenn es häufig geschieht, die Grundfeste des Vertrauens erschüttert und äußerst gefährlich ist.

Die Friktion, oder was hier so genannt ist, ist es also, welche das scheinbar Leichte schwer macht. Wir werden in der Folge noch oft auf diesen Gegenstand zurückkommen, und es wird dann auch klar werden, daß außer Erfahrung und einem starken Willen noch manche andere seltene Eigenschaften des Geistes zum ausgezeichneten Feldherrn erforderlich sind.

Achtes Kapitel: Schlußbemerkungen zum ersten Buch

Wir haben mit der Gefahr, den körperlichen Anstrengungen, den Nachrichten und der Friktion diejenigen Gegenstände genannt, welche sich als Elemente in der Atmosphäre des Krieges zusammenfinden und dieselbe zu einem erschwerenden Mittel für alle Tätigkeit machen. Sie lassen sich also in ihren hindernden Wirkungen wieder unter dem Gesamtbegriff einer allgemeinen Friktion zusammenfassen. – Gibt es nun kein milderndes Öl für diese Reibung? – Nur eins, und dieses eine steht dem Feldherrn und dem Kriegsheer nicht nach Willkür zu Gebote: es ist die Kriegsgewohnheit des Heeres.

Gewohnheit stärkt den Körper in großen Anstrengungen, die Seele in großen Gefahren, das Urteil gegen den ersten Eindruck. Überall wird durch sie eine kostbare Besonnenheit gewonnen, welche vom Husaren und Schützen bis zum Divisionsgeneral hinaufreicht und dem Feldherrn das Handeln erleichtert.

Wie das menschliche Auge im finsteren Zimmer seine Pupille erweitert, das wenige vorhandene Licht einsaugt, nach und nach die Dinge notdürftig unterscheidet und zuletzt ganz gut Bescheid weiß, so der geübte Soldat im Kriege, während dem Neulinge nur die stockfinstere Nacht entgegentritt.

Kriegsgewohnheit kann kein Feldherr seinem Heere geben, und schwach ist der Ersatz, den Friedensübungen gewähren; schwach im Vergleich mit der wirklichen Kriegserfahrung, aber nicht im Vergleich mit einem Heere, wo auch diese Übungen nur auf mechanische Kunstfertigkeiten gerichtet sind. Die Übungen des Friedens so einzurichten, daß ein Teil jener Friktionsgegenstände darin vorkomme, das Urteil, die Umsichtigkeit, selbst die Entschlossenheit der einzelnen Führer geübt werde, ist von viel größerem Wert, als diejenigen glauben, welche den Gegenstand nicht aus Erfahrung kennen. Es ist unendlich wichtig, daß der Soldat, hoch oder niedrig, auf welcher Stufe er auch stehe, diejenigen Erscheinungen des Krieges, die ihn beim erstenmal in Verwunderung und Verlegenheit setzen, nicht erst im Kriege zum erstenmal sehe; sind sie ihm früher nur ein einziges Mal vorgekommen, so ist er schon halb damit vertraut. Das bezieht sich selbst auf körperliche Anstrengungen. Sie müssen geübt werden, weniger, daß sich die Natur, als daß sich der Verstand daran gewöhne. Im Kriege ist der neue Soldat sehr geneigt, ungewöhnliche Anstrengungen für Folgen großer Fehler, Irrungen und Verlegenheiten in der Führung des Ganzen zu halten und dadurch doppelt niedergedrückt zu werden. Dies wird nicht geschehen, wenn er bei Friedensübungen darauf vorbereitet wird.

Ein anderes, weniger umfassendes, aber doch höchst wichtiges Mittel, die Kriegsgewohnheit im Frieden zu gewinnen, ist das Heranziehen kriegserfahrener Offiziere anderer Heere. Selten ist in Europa überall Frieden, und nie geht der Krieg in den anderen Weltteilen aus. Ein Staat, der lange im Frieden ist, sollte also stets suchen, von diesen Kriegsschauplätzen sich einzelne Offiziere, aber freilich nur solche, die gut gedient haben, zu verschaffen, oder von den seinigen einige dahin zu schicken, damit sie den Krieg kennenlernen.

Wie gering auch die Anzahl solcher Offiziere zur Masse eines Heeres erscheinen möge, so ist doch ihr Einfluß sehr fühlbar. Ihre Erfahrungen, die Richtung ihres Geistes, die Ausbildung des Charakters wirken auf ihre Untergebenen und Kameraden, und außerdem sind sie auch dann, wenn sie nicht an die Spitze eines Wirkungskreises gestellt werden können, als der Gegend kundige Männer zu betrachten, die man in vielen einzelnen Fällen befragen kann.

Zweites Buch: Über die Theorie des Krieges

Erstes Kapitel: Einteilung der Kriegskunst

Krieg in seiner eigentlichen Bedeutung ist Kampf; denn Kampf ist allein das wirksame Prinzip in der mannigfaltigen Tätigkeit, die man in der weiteren Bedeutung Krieg nennt. Kampf aber ist ein Abmessen der geistigen und körperlichen Kräfte vermittelst der letzteren. Daß man die geistigen nicht ausschließen darf, versteht sich von selbst, denn der Zustand der Seele hat ja den entschiedensten Einfluß auf die körperlichen[1] Kräfte.

Das Bedürfnis des Kampfes hat den Menschen früh zu eigenen Erfindungen geführt, um sich die Vorteile in demselben zuzuwenden; dadurch ist der Kampf sehr verändert worden; wie er aber auch beschaffen sein mag, sein Begriff wird dadurch nicht verändert, und er ist es, der den Krieg ausmacht.

Die Erfindungen sind zunächst Waffen und Ausrüstung der einzelnen Kämpfenden gewesen. Diese müssen geschaffen und eingeübt werden, ehe der Kampf beginnt; sie werden nach der Natur des Kampfes eingerichtet, erhalten also von ihm das Gesetz; aber offenbar ist die Tätigkeit, welche sich damit beschäftigt, eine andere als der Kampf selbst; sie ist nur die Vorbereitung zum Kampf, nicht die Führung desselben. Daß Bewaffnung und Ausrüstung nicht wesentlich zum Begriff des Kampfes gehören, ist klar, denn bloßes Ringen ist auch Kämpfen.

Der Kampf hat die Einrichtung der Waffen und der Ausrüstung bestimmt, und diese modifizieren den Kampf; es ist also Wechselwirkung zwischen beiden.

Aber der Kampf selbst bleibt darum doch eine ganz eigentümliche Tätigkeit, und das um so mehr, als er sich in einem ganz eigentümlichen Element, nämlich in dem Element der Gefahr, bewegt.

Ist also je irgendwo eine Trennung verschiedenartiger Tätigkeiten notwendig, so ist es hier; und wir brauchen, um die praktische Wichtigkeit dieses Gedankens durchschauen zu lassen, nur leise daran zu erinnern, wie oft die tüchtigste Persönlichkeit[2] in dem einen Felde als die unbrauchbarste Pedanterie in dem anderen erschienen ist.

---

1 [2. Auflage: kriegerischen]
2 [2. Auflage: wie oft persönliche Tüchtigkeit]

Es ist auch keineswegs schwer, in der Betrachtung die eine Tätigkeit von der anderen zu trennen, wenn man die bewaffnete und ausgerüstete Streitkraft als *gegebene* Mittel betrachtet, von denen man, um sie zweckmäßig zu gebrauchen, nichts zu kennen braucht als ihre Hauptresultate.

Die Kriegskunst im eigentlichen Sinn wird also die Kunst sein, sich der gegebenen Mittel im Kampf zu bedienen, und wir können sie nicht besser als mit dem Namen *Kriegführung* bezeichnen. Dagegen werden allerdings zur Kriegskunst im weiteren Sinne auch alle Tätigkeiten gehören, die um seinetwillen[1] da sind, also die ganze Schöpfung, d. i. Aushebung, Bewaffnung, Ausrüstung und Übung der Streitkräfte.

Es ist für die Realität einer Theorie höchst wesentlich, diese beiden Tätigkeiten zu trennen, denn es ist leicht einzusehen, daß, wenn jede Kriegskunst mit der Einrichtung der Streitkräfte anfangen und diese für die Kriegführung, so wie sie dieselben angegeben, bedingen wollte, sie nur auf die wenigen Fälle anwendbar sein könnte, wo die vorhandenen Streitkräfte dem gerade entsprächen. Will man dagegen eine Theorie haben, die für die große Mehrheit der Fälle geeignet, für keinen aber ganz unbrauchbar sei, so muß sie auf die große Mehrheit der gewöhnlichen Streitmittel und bei diesen auch auf die wesentlichsten Resultate gebaut sein.

Die Kriegführung nun ist also die Anordnung und Führung des Kampfes. Wäre dieser Kampf ein einzelner Akt, so würde kein Grund zu einer weiteren Einteilung sein; allein der Kampf besteht aus einer mehr oder weniger großen Zahl *einzelner, in sich geschlossener Akte,* die wir Gefechte nennen, wie wir das im ersten Kapitel des ersten Buches gezeigt haben, und die neue Einheiten bilden. Daraus entspringt nun die ganz verschiedene Tätigkeit, diese Gefechte *in sich anzuordnen und zu führen* und sie unter sich zum Zweck des Krieges *zu verbinden.* Das eine ist die *Taktik,* das andere die *Strategie* genannt worden.

Die Einteilung in Taktik und Strategie ist jetzt im Gebrauch fast allgemein, und jeder weiß ziemlich bestimmt, wohin er ein einzelnes Faktum stellen soll, ohne daß er sich des Einteilungsgrundes klar bewußt ist. Wo aber solche Einteilungen vom Gebrauch dunkel befolgt werden, müssen sie einen tiefen Grund für sich haben. Diesen Grund haben wir aufgesucht, und wir können sagen, daß es eben der Gebrauch der Majorität ist, der uns zu ihm geführt hat. Dagegen

1 [2. Auflage: um des Krieges willen]

müssen wir die von einzelnen Schriftstellern versuchten willkürlichen, nicht aus der Natur der Sache genommenen Feststellungen des Begriffs eben darum nicht gefaßt haben, auch als nicht im Gebrauch vorhanden betrachten.[1]

Es ist also nach unserer Einteilung die Taktik *die Lehre vom Gebrauch der Streitkräfte im Gefecht,* die Strategie *die Lehre vom Gebrauch der Gefechte zum Zweck des Krieges.*

Wie sich der Begriff des einzelnen oder selbständigen Gefechts näher bestimmt, an welche Bedingungen diese Einheit gebunden ist, werden wir erst ganz deutlich machen können, wenn wir das Gefecht näher betrachten; jetzt müssen wir uns begnügen zu sagen, daß in Beziehung auf den Raum, also unter gleichzeitigen Gefechten, die Einheit gerade so weit reicht wie der *persönliche Befehl,* in Beziehung auf die Zeit aber, also unter Gefechten, die einander nahe folgen, so weit, bis die Krise, welche jedes Gefecht hat, ganz vorüber ist.

Daß hier zweifelhafte Fälle vorkommen können, nämlich solche, wo mehrere Gefechte auch allenfalls als ein einziges betrachtet werden können, wird unserem Einteilungsgrunde nicht zum Vorwurf gereichen, denn das hat er mit allen Einteilungsgründen wirklicher Dinge gemein, deren Verschiedenheiten immer durch abstufende Übergänge vermittelt sind. Es kann also allerdings einzelne Tätigkeitsakte geben, die ebensogut, und zwar ohne Veränderung des Gesichtspunktes, zur Strategie als zur Taktik zu zählen sind, z. B. sehr ausgedehnte Stellungen, die einer Postierung ähnlich werden, die Anordnung mancher Flußübergänge usw.

Unsere Einteilung trifft und erschöpft *nur den Gebrauch der Streitkräfte.* Nun gibt es aber im Kriege eine Menge von Tätigkeiten, die ihm dienen, aber von ihm doch verschieden, ihm bald näher verwandt, bald fremdartiger sind. Diese Tätigkeiten alle beziehen sich *auf die Erhaltung der Streitkräfte.* So wie die Schaffung und Ausbildung dem Gebrauch vorhergeht, so bleibt ihre Erhaltung demselben zur Seite und ist eine notwendige Bedingung. Genau betrachtet aber sind alle Tätigkeiten, die sich darauf beziehen, immer als Vorbereitungen zum Kampf zu betrachten, nur freilich als solche, die der Handlung sehr nahe liegen, so daß sie den kriegerischen Akt mit durchziehen und mit dem *Gebrauch* abwechselnd vorkommen. Man hat also ein Recht, sie wie die anderen vorbereitenden Tätigkeiten von der Kriegskunst im engeren Sinn, von der eigentlichen Kriegführung,

1 [2. Auflage: des Begriffs als nicht im Gebrauch vorhanden betrachten.]

auszuschließen, und man ist dazu genötigt, wenn man die Hauptaufgabe jeder Theorie, *die Trennung des Ungleichartigen,* erfüllen will. Wer wollte die ganze Litanei der Verpflegung und Administration zur *eigentlichen Kriegführung* zählen, da sie mit dem Gebrauch der Truppen zwar in beständiger Wechselwirkung steht, aber etwas wesentlich Verschiedenes davon ist!

Wir haben in unserem zweiten Kapitel des ersten Buches gesagt, daß, indem der Kampf oder das Gefecht als die einzige unmittelbar wirksame Tätigkeit *bestimmt wird,* die Fäden aller anderen, weil sie sich in ihm endigen, mit aufgenommen werden. Hiermit haben wir ausdrücken wollen, daß allen anderen dadurch der Zweck gestellt wird, welchen sie nun nach ihren eigentümlichen Gesetzen zu erreichen suchen. Hier müssen wir uns über diesen Gegenstand näher auslassen.

Die Gegenstände der noch außer dem Gefecht vorhandenen Tätigkeiten sind sehr verschiedener Natur.

Der eine Teil gehört in einer Beziehung dem Kampf selbst noch an, ist identisch mit demselben, während er in einer anderen der Erhaltung der Streitkräfte dient. Der andere Teil gehört bloß der Erhaltung an und hat nur wegen der Wechselwirkung mit seinen Resultaten einen bedingenden Einfluß auf den Kampf.

Diejenigen Gegenstände, welche in einer Beziehung dem Kampfe selbst noch angehören, sind *Märsche, Lager* und *Quartiere,* denn sie begreifen ebenso viele verschiedene Zustände der Truppen, und wo Truppen gedacht werden, muß immer die Idee des Gefechts vorhanden sein.

Die anderen, welche nur der Erhaltung angehören, sind *Ernährung, Krankenpflege, Waffen-* und *Ausrüstungsersatz.*

Die Märsche sind mit dem Gebrauch der Truppen ganz identisch. Der *Marsch im Gefecht,* gewöhnlich Evolution genannt, ist zwar noch nicht eigentlicher Waffengebrauch, aber er ist so innig und notwendig damit verbunden, daß er einen integrierenden Teil dessen ausmacht, was wir Gefecht nennen. Der Marsch außer dem Gefecht ist aber nichts als die Ausführung der *strategischen Bestimmung.* Durch diese wird gesagt, *wann, wo* und *mit welcher Streitkraft* ein Gefecht gegeben werden soll, und dies zur Ausführung zu bringen, ist der Marsch das einzige Mittel.

Der Marsch außer dem Gefecht ist also ein strategisches Instrument, aber darum nicht bloß ein Gegenstand der Strategie, sondern, weil die Streitkraft, die ihn ausführt, in jedem Augenblick ein mögliches Gefecht konstituiert, so steht auch seine Ausführung unter taktischen und strategischen Gesetzen. Wenn wir einer Kolonne den Weg diesseits des Flusses oder Gebirgsarmes vorschreiben, so ist das eine strategische Bestimmung, denn es liegt darin die Absicht, dem Gegner, wenn während des Marsches ein Gefecht nötig werden sollte, dasselbe lieber diesseits als jenseits anzubieten.

Wenn aber eine Kolonne, statt im Tale der Straße zu folgen, auf dem sie begleitenden Höhenrücken fortzieht oder sich des bequemen Aufmarsches wegen in mehrere kleine Kolonnen spaltet, so sind das taktische Bestimmungen, denn sie beziehen sich auf *die Art, wie* wir im vorkommenden Gefecht unsere Streitkräfte brauchen wollen.

Die inner Ordnung des Marsches hat eine konstante Beziehung zur Gefechtsbereitschaft, ist also taktischer Natur, denn sie ist ja nichts anderes als die erste vorläufige Disposition zu dem Gefechte, welches vorkommen könnte.

Da der Marsch das Instrument ist, durch welches die Strategie ihre wirksamen Prinzipe, die Gefechte, verteilt, diese aber oft bloß mit ihrem Resultat und nicht mit ihrem faktischen Verlauf eintreten, so hat es nicht fehlen können, daß man in der Betrachtung oft das Instrument an die Stelle des wirksamen Prinzips gesetzt hat. So spricht man von entscheidenden, von gelehrten Märschen und meint diejeniqen Gefechtskombinationen, zu denen sie geführt haben. Diese Substitution der Vorstellungen ist zu natürlich und die Kürze des Ausdrücks zu wünschenswert, um sie zu verdrängen, aber immer ist es nur eine zusammengeschobene Vorstellungsreihe, bei der man nicht versäumen muß, sich das Gehörige zu denken, wenn man nicht auf Abwege geraten will.

Ein solcher Abweg ist es, wenn den strategischen Kombinationen eine von den taktischen Erfolgen unabhängige Kraft zugeschrieben wird. Man kombiniert Märsche und Manöver, erreicht seinen Zweck, und es ist von keinem Gefecht dabei die Rede, woraus man schließt, daß es Mittel gibt, den Feind auch ohne Gefecht zu überwinden. Wir werden erst in der Folge die ganze folgenreiche Größe dieses Irrtums zeigen können.

Aber wenngleich der Marsch vollkommen als ein integrierender Teil des Kampfes betrachtet werden kann, so gibt es doch auch in ihm schon gewisse Beziehungen, die nicht dazu gehören, also weder taktisch noch strategisch sind. Dahin gehören alle Einrichtungen, welche bloß zur Bequemlichkeit der Truppen dienen, die Ausführung von Brücken- und Wegebau usw. Dies sind bloße Bedingungen, sie können unter manchen Umständen dem Gebrauch der Truppen sehr nahetreten und sich fast mit demselben identifizieren, wie der Bau einer Brücke unter den Augen des Feindes; aber an sich sind es immer fremdartige Tätigkeiten, deren Theorie nicht in die Theorie der Kriegführung gehört.

Lager, worunter wir jede versammelte, also schlachtfertige Aufstellung der Truppen begreifen, im Gegensatze der Quartiere, sind ein Zustand der Ruhe, also der Erholung, aber sie sind auch zugleich die strategische Feststellung eines Gefechts an der Stelle, wo sie genommen werden; durch die Art aber, wie sie genommen werden, enthalten sie schon die Grundlinie des Gefechts, eine Bedingung, von der jedes Verteidigungsgefecht ausgeht; sie sind also wesentliche Teile der Strategie und Taktik.

Quartiere vertreten zu besserer Erquickunq der Truppen die Stelle der Lager; sie sind also wie jene der Lage und Ausdehnung nach strategische, der auf die Gefechtsbereitschaft gerichteten inneren Einrichtung nach taktische Gegenstände.

Der Zweck der Lager und Quartiere ist freilich neben der Erholung der Truppen gewöhnlich auch noch ein anderer, z. B. die Deckung einer Gegend, die Behauptung einer Stellung; aber er kann sehr wohl bloß der erstere sein. Wir erinnern uns, daß die Zwecke, welche die Strategie verfolgt, eine sehr große Mannigfaltigkeit haben können, denn alles, was als ein Vorteil erscheint, kann der Zweck eines Gefechts sein, und die Erhaltung des Instruments, mit dem man den Krieg führt, muß notwendig sehr häufig der Zweck ihrer einzelnen Kombination werden.

Wenn also in einem solchen Falle die Strategie der bloßen Erhaltung der Truppen dient, so befinden wir uns dadurch nicht etwa in einem fremden Felde, sondern wir sind immer beim Gebrauch der Streitkraft, weil jede Aufstellung derselben auf irgendeinem Punkte des Kriegstheaters ein solcher ist. Wenn aber die Erhaltung der Truppen in Lagern und Quartieren Tätigkeiten hervorruft, die kein Gebrauch der Streitkräfte sind, wie der Bau der Hütten, das Aufschlagen der Zelte, der Verpflegungs- und Reinlichkeitsdienst im Lager und Quartier, so gehört das weder zur Strategie noch Taktik.

Selbst Verschanzungen, deren Lage und Einrichtung ganz offenbar ein Teil der Gefechtsdisposition sind, also taktische Gegenstände, gehören doch für *die Ausführung ihres Baues* nicht zur Theorie der Kriegführung, sondern die dahin gehörigen Kenntnisse und Fertigkeiten müssen der ausgebildeten Streitkraft schon innewohnen; die

Gefechtslehre setzt sie voraus.

Von den Gegenständen, welche der bloßen Erhaltung der Streitkraft angehören, weil keiner ihrer Teile sich mit dem Gefecht identifiziert, steht die Ernährung der Truppen demselben doch am nächsten, weil sie fast täglich und für jedes Individuum tätig sein muß. So geschieht es, daß sie den kriegerischen Akt in seinen strategischen Bestandteilen ganz durchdringt. Wir sagen: in seinen strategischen Bestandteilen, weil innerhalb des einzelnen Gefechts die Ernährung der Truppen höchst selten einen den Plan modifizierenden Einfluß haben wird, wenngleich der Fall doch auch denkbar genug bleibt. Die meiste Wechselwirkung wird also zwischen der Strategie und der Sorge für den Unterhalt der Streitkräfte eintreten, und es ist nichts gewöhnlicher, als daß die Rücksicht auf diese Unterhalt die strategischen Hauptlineamente eines Feldzuges und Krieges mitbestimmt.

Wie entscheidend und wie häufig diese Rücksichten auch sein mögen, der Unterhaltsbetrieb der Truppen bleibt immer eine von dem Gebrauch derselben wesentlich verschiedene Tätigkeit, die nur mit ihren Resultaten darauf Einfluß hat.

Viel entfernter stehen dem Gebrauch der Truppen die anderen von uns genannten Gegenstände administrativer Tätigkeit. Die Krankenpflege, so höchst wichtig sie für das Wohl eines Heeres ist, trifft doch dasselbe nur immer in einem kleinen Teil seiner Individuen und hat daher nur einen sehr schwachen und mittelbaren Einfluß auf den Gebrauch der übrigen; die Ergänzung der Ausrüstungsgegenstände tritt, insofern sie nicht schon durch den Organismus der Streitkräfte eine ihnen innewohnende fortlaufende Tätigkeit hat, nur periodisch ein und wird also auch bei den strategischen Entwürfen nur selten zur Sprache kommen.

Wir müssen uns aber hier vor einem Mißverständnis bewahren. Im einzelnen Fall können faktisch diese Gegenstände von entscheidender Wichtigkeit sein. Die Entfernung der Hospitäler und Munitionsvorräte kann sehr füglich als der einzige Grund für sehr wichtige strategische Entscheidungen gedacht werden; das wollten wir weder in Abrede noch in den Schatten stellen. Wir sprechen aber nicht von dem faktischen Verhältnis des einzelnen Falles, sondern von dem Abstrakten der Theorie, und unsere Behauptung ist also: daß ein solcher Einfluß zu selten ist, um der Theorie der Krankenpflege und der Munitions- und Waffenergänzung eine Wichtigkeit für die Theorie des Kriegführens zu geben, es also der Mühe wert erscheinen zu lassen, die verschiedenen Wege und Systeme, welche jene Theorien angeben möchten, mit ihren Resultaten in der Theorie des Kriegführens mit aufzunehmen, wie das mit der Ernährung der Truppen allerdings der Fall ist.

Werden wir uns jetzt des Resultates unserer Betrachtungen noch einmal deutlich bewußt, so zerfallen die dem Kriege angehörigen Tätigkeiten in zwei Hauptabteilungen: solche, *die nur Vorbereitungen zum Kriege sind, und in den Krieg selbst.* Diese Einteilung muß denn auch die Theorie treffen.

Die Kenntnisse und Fertigkeiten der Vorbereitungen werden sich mit der Schaffung, Ausbildung und Erhaltung aller Streitkräfte beschäftigen. Welchen allgemeinen Namen man ihnen geben will, lassen wir dahingestellt sein, aber man sieht, daß Artillerie, Befestigungskunst, sogenannte Elementartaktik, die ganze Organisation und Administration der Streitkräfte und alle ähnlichen Dinge dahin gehören. Die Theorie des Krieges selbst aber beschäftigt sich mit dem Gebrauch dieser ausgebildeten Mittel für den Zweck des Krieges. Sie bedarf von den ersteren nur die Resultate: nämlich die Kenntnis der von ihr übernommenen Mittel nach ihren Haupteigenschaften.

Diese nennen wir Kriegskunst im engeren Sinn oder Theorie des Kriegführens oder Theorie des Gebrauches der Streitkräfte, welches alles für uns dieselbe Sache bezeichnet.

Diese Theorie wird also das Gefecht abhandeln als den eigentlichen Kampf, die Märsche, Lager und Quartiere als Zustände, die mehr oder weniger damit identisch sind. Den Unterhalt der Truppen aber wird sie nicht wie eine ihr angehörige Tätigkeit, sondern seinen Resultaten nach wie *andere gegebene Umstände* in Betracht ziehen.

Diese Kriegskunst im engeren Sinn zerfällt nun wieder selbst in Taktik und Strategie. Jene beschäftigt sich mit der Gestalt des einzelnen Gefechts, diese mit seinem Gebrauch. Beide berühren die Zustände von Märschen, Lagern und Quartieren nur durch das Gefecht, und diese Gegenstände werden also taktisch oder strategisch, je nachdem sie sich auf die Gestalt oder auf die Bedeutung des Gefechts beziehen.

Gewiß wird es viele Leser geben, die diese sorgfältige Unterscheidung von zwei einander so nahe liegenden Dingen wie Taktik und Strategie für sehr überflüssig halten, weil sie auf das Kriegführen selbst keinen unmittelbaren Einfluß hat. Freilich müßte man ein großer Pedant sein, um von einer theoretischen Einteilung die unmittelbaren Wirkungen auf dem Schlachtfelde zu suchen.

Das erste Geschäft einer jeden Theorie ist das Aufräumen der durcheinander geworfenen und, man kann wohl sagen, sehr ineinander verfilzten[1] Begriffe und Vorstellungen; und erst, wenn man sich über Namen und Begriffe verständigt hat, darf man hoffen, in der Betrachtung der Dinge mit Klarheit und Leichtigkeit vorzuschreiten, darf man gewiß sein, sich mit dem Leser immer auf demselben Standpunkt zu befinden. Taktik und Strategie sind zwei in Raum und Zeit sich einander durchdringende, aber doch wesentlich verschiedene Tätigkeiten, deren innere Gesetze und deren Verhältnis zueinander schlechterdings nicht deutlich gedacht werden können, ohne ihren Begriff genau festzustellen.

Wem dies alles nichts ist, der muß entweder gar keine theoretische Betrachtung gestatten, oder seinem Verstande müssen die verworrenen und verwirrenden, auf keinen festen Punkt gestützten, zu keinem ruhigen Resultat gelangenden, bald platten, bald phantastischen, bald in leerer Allgemeinheit schwimmenden Vorstellungen noch nicht weh getan haben, die wir über die eigentliche Kriegführung deswegen so oft hören und lesen müssen, weil noch selten ein Geist wissenschaftlicher Untersuchung auf diesem Gegenstand geruht hat.

Zweites Kapitel: Über die Theorie des Krieges

Zuerst verstand man unter Kriegskunst nur die Zubereitung der Streitkräfte

Man hatte früher unter dem Namen von Kriegskunst oder Kriegswissenschaften immer nur die Gesamtheit derjenigen Kenntnisse und Fertigkeiten verstanden, welche sich mit den materiellen Dingen beschäftigen. Die Einrichtung und Zubereitung und der Gebrauch der Waffen, der Bau von Festungen und Schanzen, der Organismus des Heeres und der Mechanismus seiner Bewegungen waren die Gegenstände dieser Kenntnisse und Fertigkeiten, und sie führten alle zur Darstellung einer im Krieg brauchbaren Streitkraft. Hier hatte man es mit einem materiellen Stoff, mit einer einseitigen Tätigkeit zu tun, es war im Grunde nichts als eine sich nach und nach vom Handwerk zu einer verfeinerten mechanischen Kunst erhebende Tätigkeit. Dies alles verhielt sich zum Kampf selbst nicht viel anders wie die Kunst des

1 [2. Auflage: verworrenen]

Schwertfegers zur Fechtkunst. Von dem Gebrauch im Augenblick der Gefahr und unter beständiger Wechselwirkung, von den eigentlichen Bewegungen des Geistes und Mutes in der ihnen angelegten Richtung war noch nicht die Rede.

In der Belagerungskunst kommt zuerst der Krieg selbst vor

In der Belagerungskunst zuerst war etwas von der Führung des Kampfes selbst, von der Bewegung des Geistes, dem diese Materien übergeben sind, sichtbar, aber meistens nur insofern er sich in neuen materiellen Gegenständen schnell verkörperte, wie Approchen, Trancheen, Kontreapprochen, Batterien usw., und jeden seiner Schritte durch ein solches Produkt bezeichnete; es war nur der Faden, dessen man bedurfte, um diese materiellen Schöpfungen daran anzureihen. Da sich bei dieser Art von Krieg der Geist fast nur in solchen Dingen ausspricht, so war der Sache damit ziemlich Genüge geschehen.

Dann streifte die Taktik bis dahin

Später versuchte es die Taktik, in den Mechanismus ihrer Zusammenfügungen den Charakter einer allgemeinen, auf die Eigentümlichkeiten des Instrumentes gebauten Disposition zu legen, welcher freilich schon auf das Schlachtfeld führte, aber nicht zu freier Geistestätigkeit, sondern mit einem durch Formation und Schlachtordnung zu einem Automat umgeschaffenen Heer, welches, durch das bloße Kommandowort angestoßen, seine Tätigkeit wie ein Uhrwerk abwikkeln sollte.

Das eigentliche Kriegführen kam nur gelegentlich inkognito vor

Das eigentliche Kriegführen, der freie, d. h. den individuellsten Bedürfnissen angepaßte Gebrauch der zubereiteten Mittel, glaubte man, könne kein Gegenstand der Theorie sein, sondern dies müßte allein den natürlichen Anlagen überlassen bleiben. Nach und nach, wie der Krieg aus dem Faustkampf des Mittelalters in eine regelmäßigere und zusammengesetztere Gestalt überging, drängten sich zwar auch über diesen Gegenstand dem menschlichen Geist einzelne Betrachtungen auf, sie kamen aber meistens nur in Memoiren und Erzählungen beiläufig und gewissermaßen inkognito vor.

Die Betrachtungen über Kriegsbegebenheiten führten das Bedürfnis einer Theorie herbei

Als diese Betrachtungen sich immer mehr häuften, die Geschichte immer mehr den kritischen Charakter annahm, entstand das lebhafte Bedürfnis nach einem Anhalt von Grundsätzen und Regeln, damit in der der Kriegsgeschichte so natürlichen Kontroverse der Kampf der Meinungen zu irgendeinem Ziel gebracht werden könne. Dieser Wirbel der Meinungen, der sich um keinen festen Punkt und nach keinem fühlbaren Gesetz drehte, mußte dem menschlichen Geist eine widerwärtige Erscheinung sein.

Bestreben, eine positive Lehre aufzustellen

Es entstand also das Bestreben, Grundsätze, Regeln oder gar Systeme für die Kriegführung anzugeben. Hiermit setzte man sich einen positiven Zweck, ohne die unendlichen Schwierigkeiten gehörig ins Auge gefaßt zu haben, die die Kriegführung in dieser Beziehung hat. Die Kriegführung verläuft sich, wie wir das gezeigt haben, fast nach allen Seiten hin in unbestimmte Grenzen; jedes System, jedes Lehrgebäude aber hat die beschränkende Natur einer Synthesis, und damit ist ein nie auszugleichender Widerspruch zwischen einer solchen Theorie und der Praxis gegeben.

Beschränkung auf materielle Gegenstände

Die Theorienschreiber aber fühlten die Schwierigkeit des Gegenstandes früh genug und glaubten sich berechtigt, ihr dadurch aus dem Wege zu treten, daß sie ihre Grundsätze und Systeme wieder nur auf materielle Dinge und eine einseitige Tätigkeit richteten. Man wollte, wie in den Wissenschaften *der Kriegsvorbereitung,* auf lauter gewisse und positive Resultate kommen und also auch nur das in Betrachtung ziehen, was einer Berechnung unterworfen werden konnte.

Überlegenheit der Zahl

Die Überlegenheit der Zahl war ein materieller Gegenstand, man wählte unter allen Faktoren im Produkt eines Sieges diesen heraus, weil man ihn durch Kombination von Zeit und Raum in eine mathematische Gesetzgebung bringen konnte. Von allen übrigen Umständen glaubte man abstrahieren zu können, indem man sich dieselben auf beiden Seiten gleich und dadurch neutralisiert dachte. Dies wäre schon recht gewesen, wenn man es einstweilen hätte tun wollen, um diesen einen Faktor seinen Verhältnissen nach kennenzulernen; aber es für immer zu tun, die Überlegenheit der Zahl für das einzige Gesetz zu halten und in der Formel: *in gewisser Zeit auf gewissen Punkten eine Überlegenheit hinzubringen* das ganze Geheimnis der Kriegskunst zu sehen, war eine gegen die Macht des wirklichen Lebens ganz unhaltbare Beschränkung.

Unterhalt der Truppen

Noch ein anderes materielles Element wurde in einer theoretischen Behandlung zu systematisieren versucht, indem man den Unterhalt der Truppen, auf einen gewissen vorausgesetzten Organismus des Heeres gestützt, zum Hauptgesetzgeber der großen Kriegführung machte. Man gelangte auf diese Weise freilich wieder zu bestimmten Zahlen, aber zu Zahlen, die auf einer Menge ganz willkürlicher Voraussetzungen beruhten und also in der Erfahrung nicht Stich halten konnten.

Basis

Ein witziger Kopf versuchte eine ganze Menge von Umständen, zwischen denen auch sogar einige geistige Beziehungen mit unterliefen: *die Ernährung des Heeres, die Ergänzung desselben und seiner Ausrüstungsmittel, die Sicherheit seiner Nachrichtenverbindung*[1] *mit dem Vaterlande, endlich die Sicherheit seines Rückzuges,* im Fall er nötig würde, in einem einzigen Begriff, den *der Basis,* zusammenzufassen und zuerst diesen Begriff allen jenen einzelnen Beziehungen, dann aber wieder die Größe (Ausdehnung) der Basis ihr selbst und zuletzt den Winkel, welchen die Streitkraft mit dieser Basis macht, der Größe der Basis zu substituieren; und dies alles bloß, um auf ein rein geometrisches Resultat zu kommen, was ganz ohne Wert ist. Dies letztere ist in der Tat nicht zu verwundern[2], wenn man bedenkt, daß keine jener Substitutionen gemacht werden konnte, ohne die Wahrheit zu verletzen und einen Teil der Dinge auszulassen, die in dem

1 [2. Auflage: *Verbindung*]
2 [2. Auflage: vermeiden]

früheren Begriff noch enthalten waren. Der Begriff der Basis ist der Strategie ein wirkliches Bedürfnis, und es ist ein Verdienst, darauf gekommen zu sein; aber ein solcher Gebrauch desselben, wie wir ihn eben bezeichnet haben, ist vollkommen unzulässig und mußte zu ganz einseitigen Resultaten führen, die diesen Theoretiker sogar in eine ganz widersinnige Richtung fortgetrieben haben, nämlich zu der überlegenen Wirkung der umfassenden Form.

Innere Linien

Als Reaktion gegen diese falsche Richtung ist dann ein anderes geometrisches Prinzip, nämlich das der sogenannten inneren Linien, auf den Thron gehoben worden. Ob nun gleich dies Prinzip sich auf einen guten Grund stützt, auf die Wahrheit, daß das Gefecht das einzige wirksame Mittel im Kriege ist: so ist es doch, eben wegen seiner bloß geometrischen Natur, nichts als eine neue Einseitigkeit, welche nimmermehr dahin gelangen konnte, das wirkliche Leben zu beherrschen.

Alle diese Versuche sind verwerflich

Alle diese Theorieversuche sind nur in ihrem analytischen Teil als Fortschritte in dem Gebiet der Wahrheit zu betrachten, in dem synthetischen Teil aber, in ihren Vorschriften und Regeln, ganz unbrauchbar.

Sie streben nach bestimmten Größen, während im Kriege alles unbestimmt ist und der Kalkül mit lauter veränderlichen Größen gemacht werden mußte.

Sie richten die Betrachtung nur auf materielle Größen, während der ganze kriegerische Akt von geistigen Kräften und Wirkungen durchzogen ist.

Sie betrachten nur die einseitige Tätigkeit, während der Krieg eine beständige Wechselwirkung der gegenseitigen ist.

Sie schließen das Genie von der Regel aus

Alles, was von solcher dürftigen Weisheit einer einseitigen Betrachtung nicht erreicht werden konnte, lag außer der wissenschaftlichen Einhegung, war das Feld des Genies, *welches sich über die Regel erhebt.*

Wehe dem Krieger, der zwischen diesem Betteltum von Regeln herumkriechen sollte, die für das Genie zu schlecht sind, über die es sich vornehm hinwegsetzen, über die es sich auch allenfalls lustig machen kann! Was das Genie tut, muß gerade die schönste Regel sein, und die Theorie kann nichts Besseres tun, als zu zeigen, wie und warum es so ist.

Wehe der Theorie, die sich mit dem Geiste in Opposition stellt;[1] sie kann diesen Widerspruch durch keine Demut gutmachen, und je demütiger sie ist, um so mehr wird Spott und Verachtung sie aus dem wirklichen Leben verdrängen.

Schwierigkeit der Theorie, sobald geistige Größen in Betracht kommen

Jede Theorie wird von dem Augenblick an unendlich viel schwieriger, wie sie das Gebiet geistiger Größen berührt. Baukunst und Malerei wissen genau, woran sie sind, solange sie noch mit der Materie zu tun haben; über mechanische und optische Konstruktionen ist kein Streit. Sowie aber die geistigen Wirkungen ihrer Schöpfungen anfangen, sowie geistige Eindrücke oder Gefühle hervorgebracht werden sollen, verschwimmt die ganze Gesetzgebung in unbestimmte Ideen.

Die Arzneikunst ist meistens nur mit körperlichen Erscheinungen beschäftigt, sie hat es mit dem tierischen Organismus zu tun, der, ewigen Veränderungen unterworfen, in zwei Momenten nie genau derselbe ist; das macht ihre Aufgabe sehr schwierig und stellt das Urteil des Arztes schon höher als sein Wissen; aber wieviel schwieriger ist der Fall, wenn eine geistige Wirkung hinzukommt, und wieviel höher stellt man den Seelenarzt!

Die geistigen Größen können im Kriege nicht ausgeschlossen werden

Nun ist aber die kriegerische Tätigkeit nie gegen die bloße Materie gerichtet, sondern immer zugleich gegen die geistige Kraft, welche diese Materie belebt, und beide voneinander zu trennen ist ganz unmöglich.

Die geistigen Größen aber sieht man nur mit dem inneren Auge, und dieses ist in jedem Menschen anders und oft verschieden in verschiedenen Augenblicken. Da die Gefahr das allgemeine Element ist, in dem sich im Kriege alles bewegt, so ist es auch vorzüglich der Mut, das Gefühl der eigenen Kraft, wodurch das Urteil anders bestimmt wird. Es ist gewissermaßen die Kristallinse, durch welche

---

1 [2. Auflage: setzt!]

die Vorstellungen gehen, ehe sie den Verstand treffen. Und doch kann man nicht zweifeln, daß diese Dinge schon durch die bloße Erfahrung einen gewissen objektiven Wert bekommen müssen. Jeder kennt die moralischen Wirkungen des Überfalls, des Seiten- und Rückenangriffs, jeder schätzt den Mut des Gegners geringer, sobald er den Rücken gewandt hat, und wagt ganz anders beim Verfolgen als beim Verfolgtwerden. Jeder beurteilt den Gegner nach dem Ruf seiner Talente, nach seinen Jahren und seiner Erfahrung und richtet sich danach. Jeder tut einen prüfenden Blick auf den Geist und die Stimmung seiner und der feindlichen Truppen. Alle diese und ähnliche Wirkungen im Gebiet der geistigen Natur haben sich in der Erfahrung erwiesen, sind immer wiedergekehrt und berechtigen dadurch, sie in ihrer Art als wirkliche Größen gelten zu lassen. Und was sollte wohl aus einer Theorie werden, in der man sie unbeachtet lassen wollte?

Aber freilich ist die Erfahrung ein notwendiger Stammbrief dieser Wahrheiten. Mit psychologischen und philosophischen Klügeleien soll keine Theorie sich befassen und kein Feldherr sich versuchen.[1]

Hauptschwierigkeiten[2] *der Theorie des Kriegführens*

Um die Schwierigkeit der Aufgabe, welche in einer Theorie der Kriegführung enthalten ist, deutlich zu übersehen und daraus den Charakter ableiten zu können, den eine solche Theorie haben muß, müssen wir auf die Haupteigentümlichkeiten, welche die Natur der kriegerischen Tätigkeit ausmachen, einen näheren Blick werfen.

Erste Eigentümlichkeit: geistige Kräfte und Wirkungen (Das feindselige Gefühl)

Die erste dieser Eigentümlichkeiten besteht in den geistigen Kräften und Wirkungen.

Kampf ist ursprünglich die Äußerung *feindseliger Gefühle;* es wird aber allerdings in unseren großen Kämpfen, die wir Krieg nennen, aus dem feindseligen Gefühl häufig nur eine feindselige *Absicht,* und es pflegt dem einzelnen wenigstens kein feindseliges Gefühl gegen den einzelnen beizuwohnen. Nichtsdestoweniger geht es nie ohne eine

1 [2. Auflage: soll sich aber keine Theorie, soll sich kein Feldherr befassen.]
2 [2. Auflage: Hauptschwierigkeit]

solche Gemütstätigkeit ab. Der Nationalhaß, an dem es auch bei unseren Kriegen selten fehlt, vertritt bei dem einzelnen gegen den einzelnen mehr oder weniger stark die individuelle Feindschaft. Wo aber auch dieser fehlt und anfangs keine Erbitterung war, entzündet sich das feindselige Gefühl an dem Kampfe selbst, denn eine Gewaltsamkeit, die jemand auf höhere Weisung an uns verübt, wird uns zur Vergeltung und Rache gegen ihn entflammen, früher noch, ehe wir es gegen die höhere Gewalt sein werden, die ihm gebietet, so zu handeln. Dies ist menschlich oder auch tierisch, wenn man will, aber es ist so. – Man ist in den Theorien sehr gewohnt, den Kampf wie ein abstraktes Abmessen der Kräfte ohne allen Anteil des Gemüts zu betrachten, und das ist einer der tausend Irrtümer, die die Theorien ganz absichtlich begehen, weil sie die Folgen davon nicht einsehen.

Außer jener in der Natur des Kampfes selbst gegründeten Anregung der Gemütskräfte gibt es noch andere, die nicht wesentlich dazu gehören, aber sich der Verwandtschaft wegen leicht damit verbinden, wie Ehrgeiz, Herrschsucht, Begeisterung jeder Art usw.

Die Eindrücke der Gefahr (Der Mut)

Endlich gebiert der Kampf das Element der Gefahr, in welchem sich alle kriegerischen Tätigkeiten wie der Vogel in der Luft und der Fisch im Wasser erhalten und bewegen müssen. Die Wirkungen der Gefahr gehen aber alle auf das Gemüt entweder unmittelbar, also instinktmäßig, oder durch den Verstand[1]. Die erstere würde das Bestreben sein, sich ihr zu entziehen, und, insofern dies nicht geschehen kann, Furcht und Angst. Wenn diese Wirkung nicht entsteht, so ist es der *Mut,* welcher jenem Instinkt das Gleichgewicht hält. Der Mut aber ist keineswegs ein Akt des Verstandes, sondern ebenfalls ein Gefühl wie die Furcht; diese ist auf die physische Erhaltung, der Mut auf die moralische gerichtet. Der Mut ist ein edlerer Instinkt. Weil er aber das ist, so läßt er sich nicht wie ein lebloses Instrument gebrauchen, was seine Wirkungen im genau vorgeschriebenen Maße äußert. Der Mut ist also kein bloßes Gegengewicht der Gefahr, um diese in ihren Wirkungen zu neutralisieren, sondern eine eigentümliche Größe.

---

1 [2. Auflage ergänzt: über]

Umfang des Einflusses, welchen die Gefahr übt

Um aber den Einfluß der Gefahr auf die im Kriege Handelnden richtig zu würdigen, muß man ihren Bereich nicht auf die physische Gefahr des Augenblickes beschränken. Sie beherrscht den Handelnden nicht bloß, indem sie ihn bedroht, sondern auch durch die Bedrohung aller ihm Anvertrauten; nicht bloß in dem Augenblick, wo sie wirklich vorhanden ist, sondern durch die Vorstellung auch in allen anderen, die zu diesem Augenblick eine Beziehung haben; endlich nicht bloß unmittelbar durch sich selbst, sondern auch mittelbar durch die Verantwortlichkeit, die sie mit zehnfachem Gewicht auf dem Geist des Handelnden lasten läßt. Wer könnte eine große Schlacht anraten oder beschließen, ohne daß der Geist sich mehr oder weniger gespannt und betroffen fühlte von der Gefahr und Verantwortlichkeit, die ein solcher großer Entscheidungsakt in sich trägt. Man kann sagen, daß das Handeln im Kriege, insofern es ein wirkliches Handeln, nicht ein bloßes Dasein ist, nie ganz aus dem Bereich der Gefahr hinaustritt.

Andere Gemütskräfte

Wenn wir diese durch Feindschaft und Gefahr aufgeregten Gemütskräfte als dem Kriege eigentümlich betrachten, so schließen wir alle anderen den Menschen auf seinem Lebenswege begleitenden nicht davon aus; sie werden auch hier häufig genug Platz finden. Zwar darf man sagen, daß manches kleinliche Spiel der Leidenschaften in diesem ernsten Dienst des Lebens zum Schweigen gebracht wird, doch gilt dies nur von den Handelnden der niederen Regionen, die, von einer Gefahr und Anstrengung zur anderen fortgerissen, die übrigen Dinge des Lebens aus den Augen verlieren, sich der Falschheit entwöhnen, weil der Tod sie nicht gelten läßt, und so zu jener soldatischen Einfachheit des Charakters kommen, die immer der beste Repräsentant des Kriegerstandes gewesen ist. – In den höheren Regionen ist es anders, denn je höher einer steht, um so mehr muß er um sich sehen; da entstehen denn Interessen nach allen Seiten und ein mannigfaltiges Spiel der Leidenschaften, der guten und bösen. Neid und Edelsinn, Hochmut und Bescheidenheit, Zorn und Rührung, alle können als wirksame Kräfte in dem großen Drama erscheinen.

Eigentümlichkeit des Geistes

Die Eigentümlichkeiten des Geistes in dem Handelnden sind neben denen des Gemütes gleichfalls von einem hohen Einfluß. Andere Dinge darf man erwarten von einem phantastischen, überspannten, unreifen Kopf als von einem kalten und kräftigen Verstande.

Aus der Mannigfaltigkeit der geistigen Individualität entspringt aber die Mannigfaltigkeit der Wege, die zum Ziel führen

Diese große Mannigfaltigkeit in der geistigen Individualität, deren Einfluß man sich vorzüqlich in den höheren Stellen denken muß, weil er nach oben hin zunimmt, ist es vorzüglich, welche die von uns schon im ersten Buche ausgesprochene Mannigfaltiqkeit der Wege zum Ziel hervorbringt und dem Spiel mit Wahrscheinlichkeit und Glück einen so ungleichen Anteil an den Begebenheiten zuteilt.

Zweite Eigentümlichkeit: lebendige Reaktion

Die zweite Eigentümlichkeit im kriegerischen Handeln ist die lebendige Reaktion und die Wechselwirkung, welche daraus entspringt. Wir sprechen hier nicht von der Schwierigkeit, eine solche Reaktion zu berechnen, denn diese liegt schon in der erwähnten Schwierigkeit, die geistigen Kräfte als Größen zu behandeln, sondern weil die Wechselwirkung ihrer Natur nach aller Planmäßigkeit entgegenstrebt. Die Wirkung, welche irgendeine Maßregel auf den Gegner hervorbringt, ist das Individuellste, was es unter allen Datis des Handelns gibt; jede Theorie aber muß sich an Klassen von Erscheinungen halten, und niemals kann sie den eigentlichen individuellen Fall in sich aufnehmen; dieser bleibt überall dem Urteil und Talent anheimgegeben. Es ist also natürlich, daß ein Handeln wie das kriegerische, was so häufig in seinem auf allgemeine Umstände gebauten Plan durch unerwartete individuelle Erscheinungen gestört ist, überhaupt mehr dem Talent überlassen bleiben muß und von einer theoretischen *Anweisung* weniger Gebrauch machen kann wie jedes andere.

Dritte Eigentümlichkeit: Ungewißheit aller Datis[1]

Endlich ist die große Ungewißheit aller Datis[1] im Kriege eine eigentümliche Schwierigkeit, weil alles Handeln gewissermaßen in einem bloßen Dämmerlicht verrichtet wird, was noch dazu nicht selten wie eine Nebel- oder Mondscheinbeleuchtung den Dingen einen übertriebenen Umfang, ein groteskes Ansehen gibt. Was diese schwache Beleuchtung an vollkommener Einsicht entbehren läßt, muß das Talent erraten, oder es muß dem Glück überlassen bleiben. Es ist also wieder das Talent oder gar die Gunst des Zufalls, welchen in Ermangelung einer objektiven Weisheit vertraut werden muß.

Eine positive Lehre ist unmöglich

Bei dieser Natur des Gegenstandes müssen wir uns sagen, daß es eine reine Unmöglichkeit wäre, die Kriegskunst durch ein positives Lehrgebäude wie mit einem Gerüst versehen zu wollen, welches dem Handelnden überall einen äußeren Anhalt gewähren könnte. Der Handelnde würde sich in allen jenen Fällen, wo er auf sein Talent verwiesen ist, außer diesem Lehrgebäude und mit ihm im Widerspruch befinden, und es würde, wie vielseitig dasselbe auch aufgefaßt sein möchte, immer dieselbe Folge wieder eintreten, von der wir schon gesprochen haben: *daß das Talent und Genie außer dem Gesetz handelt und die Theorie ein Gegensatz der Wirklichkeit wird.*

Auswege für die Möglichkeit einer Theorie (Die Schwierigkeiten sind nicht überall gleich groß)

Aus dieser Schwierigkeit öffnen sich uns zwei Auswege.

Zuerst ist das, was wir von der Natur der kriegerischen Tätigkeit im allgemeinen gesagt haben, nicht auf dieselbe Weise von der Tätigkeit einer jeden Stelle zu verstehen. Nach unten hin wird der Mut persönlicher Aufopferung mehr in Anspruch genommen, aber für den Verstand und das Urteil sind die Schwierigkeiten unendlich viel geringer. Das Feld der Erscheinungen ist viel geschlossener, Zwecke und Mittel sind in der Zahl beschränkter, die Data bestimmter, meistens sogar in wirklichen Anschauungen enthalten. Je weiter wir aber hinaufsteigen, um so mehr nehmen die Schwierigkeiten zu, bis sie

1 [2. Auflage: Data]

im obersten Feldherrn ihren höchsten Grad erreichen, so daß bei ihm fast alles dem Genius überlassen bleiben muß.

Aber auch nach einer *sächlichen* Einteilung des Gegenstandes sind die Schwierigkeiten nicht überall dieselben, sondern nehmen ab, je mehr die Wirkungen sich in der materiellen Welt äußern, und zu, je mehr sie in die geistige übergehen und zu Motiven werden, die den Willen bestimmen. Darum ist es leichter, die innere Ordnung, die Anlage und Führung eines Gefechts durch eine theoretische Gesetzgebung zu bestimmen als den Gebrauch desselben. Dort ringen die physischen Waffen miteinander, und wenn der Geist auch darin nicht fehlen kann, so muß doch der Materie ihr Recht gelassen werden. In der *Wirkung* der Gefechte aber, wo die materiellen Erfolge zu Motiven werden, hat man es nur mit der geistigen Natur zu tun. Mit einem Wort: die *Taktik* wird viel weniger Schwierigkeiten einer Theorie haben als die *Strategie.*

Die Theorie soll eine Betrachtung und keine Lehre sein

Der zweite Ausweg für die Möglichkeit einer Theorie ist der Gesichtspunkt, daß sie nicht notwendig eine positive Lehre, *d. i. Anweisung* zum Handeln, zu sein braucht. Überall, wo eine Tätigkeit es größtenteils immer wieder mit denselben Dingen zu tun hat, mit denselben Zwecken und Mitteln, wenn auch mit kleinen Veränderungen und wenn auch in einer noch so großen Mannigfaltigkeit der Kombination, müssen diese Dinge ein Gegenstand vernünftiger Betrachtung werden können. Eine solche Betrachtung aber ist eben der wesentlichste Teil jeder *Theorie* und hat auf diesen Namen ganz eigentlich Anspruch. Sie ist eine analytische Untersuchung des Gegenstandes, führt zu einer genauen *Bekanntschaft,* und wenn sie auf die Erfahrung, also in unserem Fall auf die Kriegsgeschichte angewendet wird, zur *Vertrautheit* mit demselben. Je mehr sie diesen letzten Zweck erreicht, um so mehr geht sie aus der objektiven Gestalt eines Wissens in die subjektive eines Könnens über, und um so mehr wird sie sich also auch da wirksam zeigen, wo die Natur der Sache keine andere Entscheidung als die des Talents zuläßt; sie wird in ihm selbst wirksam werden.

Untersucht die Theorie die Gegenstände, welche den Krieg ausmachen, unterscheidet sie schärfer, was auf den ersten Blick zusammenzufließen scheint, gibt sie die Eigenschaften der Mittel vollständig an, zeigt sie die wahrscheinlichen Wirkungen derselben, bestimmt sie klar die Natur der Zwecke, trägt sie überall das Licht einer verweilenden kritischen Betrachtung in das Feld des Krieges, so hat sie den Hauptgegenstand ihrer Aufgabe erfüllt. Sie wird dann demjenigen ein Führer, der sich mit dem Kriege aus Büchern vertraut machen will; sie hellt ihm überall den Weg auf, erleichtert seine Schritte, erzieht sein Urteil und bewahrt ihn vor Abwegen.

Wenn ein Sachverständiger sein halbes Leben darauf verwendet, einen dunkeln Gegenstand überall aufzuklären, so wird er wohl weiter kommen als derjenige, welcher in kurzer Zeit damit vertraut sein will. Daß also nicht jeder von neuem aufzuräumen und sich durchzuarbeiten habe, sondern die Sache geordnet und gelichtet finde, dazu ist die Theorie vorhanden. Sie soll den Geist des künftigen Führers im Kriege erziehen oder vielmehr ihn bei seiner Selbsterziehung leiten, nicht aber ihn auf das Schlachtfeld begleiten; so wie ein weiser Erzieher die Geistesentwicklung eines Jünglings lenkt und erleichtert, ohne ihn darum das ganze Leben hindurch am Gängelbande zu führen.

Bilden sich aus den Betrachtungen, welche die Theorie anstellt, von selbst Grundsätze und Regeln, schießt die Wahrheit von selbst in diese Kristallform zusammen, so wird die Theorie diesem Naturgesetz des Geistes nicht widerstreben, sie wird vielmehr, wo sich der Bogen in einem solchen Schlußstein endigt, diesen noch hervorheben. Aber sie tut dies nur, um dem philosophischen Gesetz des Denkens zu genügen, um den Punkt deutlich zu machen, nach welchem die Linien alle hinlaufen, nicht um daraus eine algebraische Formel für das Schlachtfeld zu bilden; denn auch diese Grundsätze und Regeln sollen in dem denkenden Geiste mehr die Hauptlineamente seiner eingewohnten Bewegungen bestimmen als ihm in der Ausführung den Weg gleich Meßstangen bezeichnen.

Mit diesem Gesichtspunkt wird die Theorie möglich, und ihr Widerspruch mit der Praxis hört auf

Mit diesem Gesichtspunkt wird die Möglichkeit einer befriedigenden, d. h. einer nützlichen und niemals mit der Wirklichkeit in Widerspruch tretenden Theorie der Kriegführung gegeben, und es wird nur von der verständigen Behandlung abhängen, sie mit dem Handeln so zu befreunden, daß der widersinnige Unterschied zwischen Theorie und Praxis ganz verschwinde, den oft eine unvernünftige Theorie hervorgerufen, und womit sie sich von dem gesunden Menschenverstand losgesagt hat, den aber ebensooft Beschränktheit des Geistes und Unwissenheit als Vorwand gebraucht hat, um sich in der angeborenen Ungeschicklichkeit recht gehen zu lassen.

Die Theorie betrachtet also die Natur der Zwecke und Mittel. Zweck und Mittel in der Taktik

Die Theorie hat also die Natur der Mittel und Zwecke zu betrachten.

In der Taktik sind die Mittel die ausgebildeten Streitkräfte, welche den Kampf führen sollen. Der Zweck ist der Sieg. Wie dieser Begriff näher bestimmt werden kann, wird sich in der Folge, bei der Betrachtung des Gefechts, besser sagen lassen. Wir begnügen uns hier, den Abzug des Gegners vom Kampfplatz als das Zeichen des Sieges anzugeben. Vermittelst dieses Sieges erreicht die Strategie den Zweck, welchen sie dem Gefecht gegeben hat, und der eine eigentliche *Bedeutung* ausmacht. Diese Bedeutung hat auf die Natur des Sieges allerdings einigen Einfluß. Ein Sieg, welcher darauf gerichtet ist, die feindliche Streitkraft zu schwächen, ist etwas anderes als einer, der uns bloß in den Besitz einer Stellung bringen soll. Er wird also die Bedeutung eines Gefechts auf die Anlage und Führung desselben einen merklichen Einfluß haben[1] können. Es werden also diese Bedeutungen auch ein Gegenstand der Betrachtung für die Taktik sein.

Umstände, welche die Anwendung der Mittel immer begleiten

Da es gewisse Umstände gibt, welche das Gefecht immerwährend begleiten und mehr oder weniger Einfluß darauf haben, so müssen diese bei der Anwendung der Streitkräfte mit in Betrachtung gezogen werden.

Diese Umstände sind die Örtlichkeit (das Terrain), die Tageszeit und das Wetter.

Örtlichkeit

Die Örtlichkeit, welche wir lieber in die Vorstellung von Gegend und Boden auflösen wollen, könnte, strenge genommen, ohne Einfluß sein, wenn das Gefecht in einer vollkommenen und ganz unbebauten

---

1 [2. Auflage: haben können, folglich auch ein Gegenstand der Betrachtung für die Taktik sein.]

Ebene geliefert würde.

In Steppengegenden kommt der Fall wirklich vor, in den Gegenden des gebildeten[1] Europas ist er fast nur eine eingebildete Vorstellung. Es ist also zwischen den gebildeten Völkern kaum ein Gefecht ohne Einfluß von Gegend und Boden denkbar.

Tageszeit

Die Tageszeit wirkt auf das Gefecht durch den Unterschied von Tag und Nacht, aber die Beziehungen reichen natürlich weiter als gerade bis an die Grenze beider, weil jedes Gefecht eine gewisse Dauer hat, und die großen sogar eine Dauer von vielen Stunden. Für die Anlage einer großen Schlacht macht es einen wesentlichen Unterschied, ob sie am Morgen oder Nachmittag anfängt. Indessen wird es allerdings eine Menge Gefechte geben, wo sich der Umstand der Tageszeit als ganz gleichgültig verhält, und in der Allgemeinheit der Fälle ist der Einfluß desselben nur gering.

Wetter

Noch seltener wird das Wetter von einem bestimmenden Einfluß, und meistens ist es nur durch den Nebel, daß es eine Rolle spielt.

Zwecke und Mittel in der Strategie

Die Trategie hat ursprünglich nur den Sieg, d. h. den taktischen Erfolg, als Mittel und, in letzter Instanz, die Gegenstände, welche unmittelbar zum Frieden führen sollen, als Zweck. Die Anwendung ihres Mittels zu diesen Zwecken ist gleichfalls von Umständen begleitet, die mehr oder weniger Einfluß darauf haben.

Umstände, welche die Anwendung der Mittel begleiten

Diese Umstände sind Gegend und Boden, aber die erstere zugleich erweitert zu Land und Volk des ganzen Kriegstheaters; die Tageszeit, aber auch zugleich die Jahreszeit; endlich das Wetter, und zwar durch ungewöhnliche Erscheinungen desselben, großer Frost usw.

---

1 [2. Auflage: kultivierten]

Sie bilden neue Mittel

Indem die Strategie diese Dinge mit dem Erfolg eines Gefechts in Verbindung bringt, gibt sie diesem Erfolge und also dem Gefecht eine besondere Bedeutung, *setzt ihm einen besonderen Zweck.* Insofern aber dieser Zweck nicht der ist, welcher unmittelbar zum Frieden führen soll, also nur ein untergeordneter, ist er auch als Mittel zu betrachten, und wir können also das Mittel in der Strategie die Gefechtserfolge oder Siege in allen ihren verschiedenen Bedeutungen betrachten. Die Eroberung einer Stellung ist ein solcher auf das Terrain angewendeter Gefechtserfolg. Aber nicht bloß die einzelnen Gefechte mit besonderen Zwecken sind als Mittel zu betrachten, sondern auch jede höhere Einheit, welche sich in der Kombination der Gefechte durch die Richtung auf einen gemeinschaftlichen Zweck bilden möchte, ist als *ein Mittel* zu betrachten. Ein Winterfeldzug ist eine solche auf die Jahreszeit angewendete Kombination.

Es bleiben also an Zwecken nur diejenigen Gegenstände übrig, die als *unmittelbar* zum Frieden führend gedacht sind. Alle diese Zwecke und Mittel untersucht die Theorie nach der Natur ihrer Wirkungen und ihrer gegenseitigen Beziehungen.

Die Strategie entnimmt die zu untersuchenden Mittel und Zwecke nur aus der Erfahrung

Die erste Frage ist, wie sie zu einer erschöpfenden Aufzählung dieser Gegenstände gelangt. Sollte eine philosophische Untersuchung zu einem notwendigen Resultat führen, so würde sie sich in alle Schwierigkeiten verwickeln, die die logische Notwendigkeit von der Kriegführung und ihrer Theorie ausschließen. Sie wendet sich also an die Erfahrung und richtet ihre Betrachtung auf diejenigen Kombinationen, welche die Kriegsgeschichte schon aufzuweisen hat. Auf diese Weise wird sie freilich eine beschränkte Theorie sein, die nur auf Verhältnisse paßt, wie die Kriegsgeschichte sie darbietet. Aber diese Beschränkung ist ja auch schon darum unvermeidlich, weil die Theorie in jedem Fall das, was sie von den Dingen aussagt, entweder aus der Kriegsgeschichte abstrahiert oder wenigstens mit ihr verglichen haben muß. Übrigens ist eine solche Beschränkung in jedem Fall mehr eine dem Begriff als der Sache nach.

Ein großer Vorteil dieses Weges wird darin bestehen, daß die Theorie sich nicht in Grübeleien, Spitzfindigkeiten und Hirngespinsten verlieren kann, sondern praktisch bleiben muß.

Wie weit die Analyse der Mittel gehen muß

Eine andere Frage ist, wie weit die Theorie in ihrer Analyse der Mittel gehen soll. Offenbar nur so weit, als die abgesonderten Eigenschaften beim Gebrauch in Betrachtung kommen. Die Schußweite und Wirkung der verschiedenen Waffen ist der Taktik höchst wichtig; ihre Konstruktion, obgleich jene Wirkungen daraus hervorgehen, höchst gleichgültig; denn der Kriegführung sind nicht Kohlen, Schwefel und Salpeter, Kupfer und Zinn gegeben, um daraus Pulver und Kanonen zu machen, sondern die fertige Waffe mit ihrer Wirkung ist das Gegebene. Die Strategie macht Gebrauch von Karten, ohne sich um trigonometrische Vermessungen[1] zu bekümmern; sie untersucht nicht, wie ein Land eingerichtet, ein Volk erzogen und regiert werden muß, um die besten kriegerischen Erfolge zu geben, sondern sie nimmt diese Dinge, wie sie in der europäischen Staatengesellschaft angetroffen werden, und macht darauf aufmerksam, wo sehr verschiedene Zustände einen merklichen Einfluß auf den Krieg haben.

Große Vereinfachung des Wissens

Daß auf diese Weise für die Theorie die Zahl der Gegenstände sehr vereinfacht und das für die Kriegführung erforderliche Wissen sehr beschränkt wird, ist leicht einzusehen. Die sehr große Masse von Kenntnissen und Fertigkeiten, die der kriegerischen Tätigkeit im allgemeinen dienen, und die nötig werden, ehe nur ein ausgerüstetes Heer ins Feld rücken kann, drängen sich in wenige große Resultate zusammen, ehe sie dazu kommen, im Kriege den endlichen Zweck ihrer Tätigkeit zu erreichen: so wie die Gewässer des Landes sich in Ströme vereinigen, ehe sie ins Meer kommen. Nur diese, sich unmittelbar ins Meer des Krieges ergießenden Tätigkeiten hat derjenige kennenzulernen, welcher sie leiten will.

Sie erklärt das schnelle Ausbilden großer Feldherren, und warum ein Feldherr kein Gelehrter ist

In der Tat ist dieses Resultat unserer Betrachtung ein so notwendiges, daß jedes andere uns mißtrauisch gegen ihre Richtigkeit machen müßte. Nur so erklärt es sich, wie so oft Männer im Kriege, und zwar

1 [2. Auflage: Messungen]

in den höheren Stellen, selbst als Feldherren, mit großem Erfolg aufgetreten sind, die früher eine ganz andere Richtung ihrer Tätigkeit hatten; ja wie überhaupt die ausgezeichneten Feldherren niemals aus der Klasse vielwissender oder gar gelehrter Offiziere hervorgegangen sind, sondern meistens ihrer ganzen Lage nach auf keine große Summe des Wissens eingerichtet sein konnten. Darum sind auch diejenigen immer im Recht als lächerliche Pedanten verspottet worden, die für die Erziehung eines künftigen Feldherrn nötig oder auch nur nützlich hielten, mit der Kenntnis aller Details anzufangen. Es läßt sich ohne große Mühe beweisen, daß sie ihm schaden wird, weil der menschliche Geist durch die ihm mitgeteilten Kenntnisse und Ideenrichtungen *erzogen* wird. Nur das Große kann ihn großartig, das Kleine nur kleinlich machen, wenn er es nicht wie etwas ihm Fremdes ganz von sich stößt.

Früherer Widerspruch

Weil man diese Einfachheit des im Kriege erforderlichen Wissens nicht beachtet, sondern dieses Wissen immer mit dem ganzen Troß dienender Kenntnisse und Fertigkeiten zusammengeworfen hat, so hat man auch den offenbaren Widerspruch, in den man mit den Erscheinungen der wirklichen Welt geriet, nicht anders lösen können, als daß man alles dem Genie zuschrieb, welches keiner Theorie bedarf, und für welches die Theorie nicht geschrieben sein sollte.

Man leugnete deshalb den Nutzen alles Wissens und schrieb alles der natürlichen Anlage zu

Die Leute, bei denen der Mutterwitz die Oberhand behielt, fühlen wohl, welch ein ungeheurer Abstand immer noch zwischen einem Genie des höchsten Fluges und einem gelehrten Pedanten auszufüllen bliebe, und diese kamen zu einer Art von Freigeisterei, indem sie allen Glauben an die Theorie von sich wiesen und das Kriegführen für eine natürliche Funktion des Menschen hielten, die er mehr oder weniger gut machte, nur nachdem er mehr oder weniger Anlagen dazu mit auf die Welt gebracht. Es ist nicht zu leugnen, daß diese der Wahrheit näher standen als die, welche den Wert auf ein falsches Wissen legten; indessen sieht man einer solchen Ansicht bald an, daß sie nichts als ein übertriebener Ausdruck ist. Keine Tätigkeit des menschlichen Verstandes ist ohne einen gewissen Reichtum von Vorstellungen möglich, diese aber werden ihm, wenigstens dem größten Teil nach, nicht angeboren, sondern erworben und machen sein Wissen aus. Es frägt sich also nur, welcher Art diese Vorstellungen sein sollen, und das glauben wir bestimmt zu haben, wenn wir sagen, daß sie für den Krieger[1] auf die Dinge gerichtet sein sollen, mit denen er im Kriege unmittelbar zu tun hat.

Das Wissen muß sich nach der Stelle richten

Innerhalb dieses Feldes der kriegerischen Tätigkeit selbst werden sie verschieden sein müssen nach dem Stand, den er[2] einnimmt; auf geringere und beschränktere Gegenstände gerichtet, wenn er niedriger, auf größere und umfassendere, wenn er höher steht. Es gibt Feldherren, die an der Spitze eines Reiterregiments nicht geglänzt haben würden, und umgekehrt.

Das Wissen im Kriege ist sehr einfach, aber nicht zugleich sehr leicht

Dadurch aber, daß das Wissen im Kriege *so einfach ist,* nämlich auf so wenig Gegenstände gerichtet, und diese immer nur in ihren Endresultaten auffassend, dadurch wird das Können nicht zugleich sehr leicht. Welchen Schwierigkeiten das Handeln im Kriege überhaupt unterworfen ist, davon haben wir schon im ersten Buch gesprochen; wir übergehen hier diejenigen, die nur durch den Mut überwunden werden können, und behaupten, daß auch die eigentliche Tätigkeit des Verstandes nur in den niedrigen Stellen einfach und leicht ist, mit den Stellen aber an Schwierigkeit steigt und in der höchsten Stelle, in der des Feldherrn, zu den schwierigsten gehört, die es für den menschlichen Geist gibt.

Wie das Wissen beschaffen sein muß

Der Feldherr braucht weder ein gelehrter Staats-, noch[3] Geschichtsforscher, noch Publizist zu sein, aber er muß mit dem höheren Staatsleben vertraut sein, die eingewohnten Richtungen, die aufgeregten Interessen, die vorliegenden Fragen, die handelnden Personen

---

1 [2. Auflage: Krieg]
2 [2. Auflage: der Führer]
3 [In 2. Auflage fehlt: Staats-, noch]

kennen und richtig ansehen; er braucht kein feiner Menschenbeobachter, kein haarscharfer Zergliederer des menschlichen Charakters zu sein, aber er muß den Charakter, die Denkungsart und Sitte, die eigentümlichen Fehler und Vorzüge derer kennen, denen er befehlen soll. Er braucht nichts von der Einrichtung eines Fuhrwerks, der Anspannung eines Geschützes zu verstehen, aber er muß den Marsch einer Kolonne seiner Dauer nach unter den verschiedenen Umständen richtig zu schätzen wissen.

Alle diese Kenntnisse lassen sich nicht durch den Apparat wissenschaftlicher Formeln und Maschinerien erzwingen, sondern sie erwerben sich nur, wenn in der Betrachtung der Dinge und im Leben ein treffendes Urteil, wenn ein nach dieser Auffassung hingerichtetes Talent tätig ist.

Das einer hochgestellten kriegerischen Tätigkeit nötige Wissen zeichnet sich also dadurch aus, daß es in der Betrachtung, also in Studium und Nachdenken, nur durch ein eigentümliches Talent erworben werden kann, was, wie die Biene den Honig aus der Blume, als ein geistiger Instinkt aus den Erscheinungen des Lebens nur den Geist zu ziehen versteht; und daß es neben Betrachtung und Studium auch durch das Leben zu erwerben ist. Das Leben mit seiner reichen Belehrung wird niemals einen *Newton* oder *Euler* hervorbringen, wohl aber den höheren Kalkül eines *Condé* oder *Friedrich*.

Es ist also nicht nötig, daß man, um die Geisteswürde der kriegerischen Tätigkeit zu retten, seine Zuflucht nehme zur Unwahrheit und zu einfältiger Pedanterie. Es hat nie einen[1] ausgezeichneten Feldherrn beschränkten Geistes gegeben, und sehr zahlreich sind die Fälle, wo Männer, die in geringeren Stellen mit der höchsten Auszeichnung gedient hatten, in der höchsten unter dem Mittelmäßigen blieben, weil die Fähigkeiten ihres Geistes nicht zureichten. Daß auch selbst unter den Feldherrnstellen wieder ein Unterschied gemacht werden kann nach dem Grad ihrer Machtvollkommenheit, versteht sich von selbst.

Das Wissen muß ein Können werden

Wir haben jetzt noch einer Bedingung zu gedenken, welche für das Wissen der Kriegführung dringender ist als für irgendein anderes: daß

1 [2. Auflage ergänzt: großen,]

es nämlich ganz in den Geist übergehen und fast ganz aufhören muß, etwas Objektives zu sein. Fast in allen anderen Künsten und Tätigkeiten des Lebens kann der Handelnde von Wahrheiten Gebrauch machen, die er nur einmal kennengelernt hat, in deren Geist und Sinn er nicht mehr lebt, und die er aus bestaubten Büchern wieder hervorzieht. Selbst Wahrheiten, die er täglich unter Händen hat und gebraucht, können etwas ganz außer ihm Befindliches bleiben. Wenn der Baumeister die Feder zur Hand nimmt, um die Stärke eines Widerlagers durch einen verwickelten Kalkül zu bestimmen, so ist die als Resultat gefundene Wahrheit keine Äußerung seines eigenen Geistes. Er hat sich die Data erst mit Mühe heraussuchen müssen und diese dann einer Verstandesoperation überlassen, deren Gesetze er nicht erfunden hat, und deren Notwendigkeit er sich zum Teil in dem Augenblick nicht einmal bewußt ist, sondern die er großenteils wie mechanische Handgriffe anwendet. So ist es aber im Kriege nie. Die geistige Reaktion, die ewig wechselnde Gestalt der Dinge macht, daß der Handelnde den ganzen Geistesapparat seines Wissens in sich tragen, daß er fähig sein muß, überall und mit jedem Pulsschlag die erforderliche Entscheidung aus sich selbst zu geben. Das Wissen muß sich also durch diese vollkommene Assimilation mit dem eigenen Geist und Leben in ein wahres Können verwandeln. Dies ist der Grund, warum es bei den im Kriege ausgezeichneten Männern so leicht vorkommt, und alles dem natürlichen Talent zugeschrieben wird; wir sagen: *dem natürlichen Talent,* um es dadurch von dem durch Betrachtung und Studium erzogenen und ausgebildeten zu unterscheiden.

Wir glauben durch diese Betrachtung die Aufgabe einer Theorie der Kriegführung deutlich gemacht und die Art ihrer Lösung angedeutet zu haben.

Von den beiden Feldern, in welche wir das Kriegführen geteilt haben, der Taktik und Strategie, hat, wie wir schon bemerkt haben, die Theorie der letzteren unstreitig die größeren Schwierigkeiten, weil die erstere fast ein geschlossenes Feld der Gegenstände hat, die letztere aber sich nach der Seite der unmittelbar zum Frieden führenden Zwecke in ein unbestimmtes Gebiet von Möglichkeiten öffnet. Weil es aber hauptsächlich nur *der Feldherr* ist, welcher diese Zwecke ins Auge zu fassen hat, so ist auch vorzugsweise derjenige Teil der Strategie, in welchem er sich bewegt, dieser Schwierigkeit unterworfen. Es wird also die Theorie in der Strategie, und besonders da, wo sie die höchsten Bestimmungen umfaßt, noch viel mehr als in der Taktik bei der bloßen Betrachtung und Untersuchung[1] der Dinge stehenbleiben und sich begnügen, dem Handelnden zu jener Einsicht der Dinge zu verhelfen, die, in sein ganzes Denken verschmolzen, seinen Gang leichter und sicherer macht, ihn nie zwingt, von sich selbst zu scheiden, um einer objektiven Wahrheit gehorsam zu sein.

Drittes Kapitel: Kriegskunst oder Kriegswissenschaft

Der Sprachgebrauch ist noch uneinig (Können und Wissen. Wissenschaft, wo bloßes Wissen; Kunst, wo Können der Zweck ist)

Man scheint mit der Wahl immer noch nicht entschieden zu sein und nicht recht zu wissen, aus welchen Gründen entschieden werden soll, so einfach die Sache auch ist. Wir haben schon anderswo gesagt, daß *Wissen* etwas anderes sei als *Können.* Beides ist voneinander so verschieden, daß es nicht leicht verwechselt werden sollte. Das *Können* kann eigentlich in keinem Buche stehen, und so sollte Kunst auch nie der Titel eines Buches sein. Weil man sich aber einmal gewöhnt hat, die zur Übung einer Kunst erforderlichen Kenntnisse (die einzeln völlige Wissenschaften sein können) unter dem Namen Kunsttheorie oder schlechtweg Kunst zusammenzufassen, so ist es konsequent, diesen Einteilungsgrund durchzuführen und alles Kunst zu nennen, wo ein hervorbringendes Können der Zweck ist, z. B. Baukunst; Wissenschaft, wo bloßes Wissen der Zweck ist, Mathematik, Astronomie. Daß in jeder Kunsttheorie einzelne, vollkommene Wissenschaften vorkommen können, versteht sich also von selbst und darf uns nicht irremachen. Bemerkenswert aber ist noch, daß es auch kein Wissen ganz ohne Kunst gibt, in der Mathematik z. B. ist das Rechnen und der Gebrauch der Algebra eine Kunst, aber hier ist noch lange die Grenze nicht. Die Ursache ist: so grob und fühlbar der Unterschied zwischen Wissen und Können in den zusammengesetzten Produkten der menschlichen Kenntnisse auch ist, so schwer sind beide in dem Menschen selbst bis zu einer völligen Teilung zu verfolgen.

1[2. Auflage fehlt: und Untersuchung]

Schwierigkeit, das Erkennen vom Urteil zu sondern (Kriegskunst)

Alles Denken ist ja Kunst. Wo der Logiker den Strich zieht, wo die Vordersätze aufhören, die ein Resultat *der Erkenntnis* sind, wo das Urteil anfängt: da fängt die Kunst an. Aber nicht genug: selbst das Erkennen des Geistes ist ja schon wieder Urteil und folglich Kunst, und am Ende auch wohl das Erkennen durch die Sinne. Mit einem Wort: wenn sich ein menschliches Wesen mit bloßem Erkenntnisvermögen ohne Urteil ebensowenig als umgekehrt denken läßt, so können auch Kunst und Wissen nie ganz rein voneinander geschieden werden. Je mehr sich diese feinen Lichtelemente an den *Außengestalten* der Welt verkörpern, um so *getrennter* wird ihr Reich; und nun noch einmal: wo Schaffen und Hervorbringen der Zweck ist, da ist das Gebiet der Kunst; die Wissenschaft herrscht, wo Erforschen und Wissen das Ziel ist. – Nach allem dem ergibt sich von selbst, daß es passender sei, Kriegskunst als Kriegswissenschaft zu sagen.

Soviel hiervon, weil man diese Begriffe nicht entbehren kann. Nun aber treten wir mit der Behauptung auf, daß der Krieg weder eine Kunst noch eine Wissenschaft sei in der eigentlichen Bedeutung, und daß gerade dieser Anfangspunkt der Vorstellungen, von welchem man ausgegangen ist, in eine falsche Richtung geführt, eine unwillkürliche Gleichstellung des Krieges mit anderen Künsten oder Wissenschaften und eine Menge unrichtiger Analogien veranlaßt hat.

Man hat dies schon früher gefühlt und deswegen behauptet, der Krieg sei ein Handwerk; damit war aber mehr verloren als gewonnen, denn ein Handwerk ist nur eine *niedrigere* Kunst und unterliegt als solche auch bestimmteren und engeren Gesetzen. In der Tat hat die Kriegskunst eine Zeitlang sich im Geiste des Handwerks bewegt, nämlich zur Zeit der *Kondottieri.* Aber diese Richtung hatte sie nicht nach *inneren,* sondern aus *äußeren* Gründen, und wie wenig sie in dieser Zeit naturgemäß und befriedigend war, zeigt die Kriegsgeschichte.

Der Krieg ist ein Akt des menschlichen Verkehrs

Wir sagen also, der Krieg gehört nicht in das Gebiet der Künste und Wissenschaften, sondern in das Gebiet des gesellschaftlichen Lebens. Er ist ein Konflikt großer Interessen, der sich blutig löst, und nur darin ist er von den anderen verschieden. Besser als mit irgendeiner Kunst ließe er sich mit dem Handel vergleichen, der auch ein Konflikt menschlicher Interessen und Tätigkeiten ist, und *viel* näher steht ihm die Politik, die ihrerseits wieder als eine Art Handel in größerem Maßstabe angesehen werden kann. Außerdem ist sie der Schoß, in welchem sich der Krieg entwickelt; in ihr liegen die Lineamente desselben schon verborgen angedeutet wie die Eigenschaften der lebenden Geschöpfe in ihren Keimen.

Unterschied

Das Wesentliche des Unterschiedes besteht darin, daß der Krieg keine Tätigkeit des Willens ist, die sich gegen einen toten Stoff äußert wie die mechanischen Künste, oder gegen einen lebendigen, aber doch leidenden, sich hingebenden Gegenstand, wie der menschliche Geist und das menschliche Gefühl bei den idealen Künsten, sondern gegen einen lebendigen, *reagierenden.* Wie wenig auf eine solche Tätigkeit der Gedankenschematismus der Künste und Wissenschaften paßt, springt in die Augen, und man begreift zugleich, wie das beständige Suchen und Streben nach Gesetzen, denen ähnlich, welche aus der toten Körperwelt entwickelt werden können, zu beständigen Irrtümern hat führen müssen. Und doch sind es gerade die mechanischen Künste, denen man die Kriegskunst hat nachbilden wollen. Bei den idealen verbot sich die Nachbildung von selbst, weil diese selbst der Gesetze und Regeln noch zu sehr entbehren, und die bisher versuchten, immer wieder als unzulänglich und einseitig erkannt, von dem Strom der Meinungen, Gefühle und Sitten unaufhörlich untergraben und weggespült worden sind.

Ob ein solcher Konflikt des Lebendigen, wie er sich im Kriege bildet und löst, allgemeinen Gesetzen unterworfen bleibt, und ob diese eine nützliche Richtschnur des Handelns abgeben können, soll zum Teil in diesem Buche untersucht werden; aber so viel ist an sich klar, daß dieser, wie jeder Gegenstand, der unser Begreifungsvermögen nicht übersteigt, durch einen untersuchenden Geist aufgehellt und in seinem inneren Zusammenhang mehr oder weniger deutlich gemacht werden kann, und das allein reicht schon hin, den Begriff der Theorie zu verwirklichen.

Viertes Kapitel: Methodismus

Um uns über den Begriff der Methode und des Methodismus, welche im Kriege eine so große Rolle spielen, deutlich zu erklären, müssen wir uns erlauben, einen flüchtigen Blick auf die logische Hierarchie zu werfen, durch welche wie durch konstituierte Behörden die Welt des Handelns beherrscht wird.

Gesetz, der allgemeinste, für Erkennen und Handeln gleich richtige Begriff, hat in seiner Wortbedeutung offenbar etwas Subjektives und Willkürliches und drückt doch gerade dasjenige aus, wovon wir und die Dinge außer uns abhängig sind. Gesetz als ein Gegenstand der Erkenntnis ist das Verhältnis der Dinge und ihrer Wirkungen zueinander; als Gegenstand des Willens ist es eine Bestimmung des Handelns und dann gleichbedeutend mit *Gebot* und *Verbot.*

Grundsatz ist gleichfalls ein solches Gesetz für das Handeln, aber nicht in seiner *formellen definitiven Bedeutung,* sondern es ist nur der Geist und der Sinn des Gesetzes, um da, wo die Mannigfaltigkeit der wirklichen Welt sich nicht unter die definitive Form eines Gesetzes fassen läßt, dem Urteil mehr Freiheit in der Anwendung zu lassen. Da das Urteil die Fälle, wo der Grundsatz nicht anzuwenden ist, bei sich selbst motivieren muß, so wird er dadurch ein eigentlicher *Anhalt* oder Leitstern für den Handelnden.

Der Grundsatz ist *objektiv,* wenn er das Ergebnis objektiver Wahrheit und folglich für alle Menschen gleich gültig ist; er ist *subjektiv* und wird dann gewöhnlich Maxime genannt, wenn sich subjektive Beziehungen in ihm finden, und er also nur für den, welcher ihn sich macht, einen gewissen Wert hat.

Regel wird häufig in dem Sinn von Gesetz genommen und ist dann mit Grundsatz gleichbedeutend, denn man sagt: keine Regel ohne Ausnahme; man sagt aber nicht: kein Gesetz ohne Ausnahme; ein Zeichen, daß man sich bei der Regel eine freiere Anwendung vorbehält.

In einer anderen Bedeutung wird Regel für Mittel gebraucht: eine tiefer liegende Wahrheit an einem einzelnen, näher liegenden Merkmal zu erkennen, um an dieses einzelne Merkmal das auf die ganze Wahrheit gehende Gesetz des Handelns zu knüpfen. Von der Art sind alle Spielregeln, alle abgekürzten Verfahrungsarten in der Mathematik usw.

Vorschriften und *Anweisungen* sind eine solche Bestimmung des Handelns, durch welche eine Menge kleiner, den Weg näher bezeichnender Umstände mit berührt werden, die für allgemeine Gesetze zu zahlreich und unbedeutend sein würden.

Endlich ist *Methode, Verfahrungsart,* ein unter mehreren möglichen ausgewähltes, immer wiederkehrendes Verfahren, und *Methodismus,* wenn statt allgemeiner Grundsätze oder individueller Vorschriften das Handeln durch Methoden bestimmt wird. Hierbei müssen notwendigerweise die unter eine solche Methode gestellten Fälle in ihren wesentlichen Stücken als gleich vorausgesetzt werden; da sie dies nicht alle sein können, so kommt es darauf an, daß es wenigstens *so viele als möglich* sind; mit anderen Worten: daß die Methode auf die wahrscheinlichsten Fälle berechnet sei. Der Methodismus ist also nicht auf bestimmte einzelne Prämissen, sondern auf die *Durchschnittswahrscheinlichkeit* der sich einander übertragenden Fälle gegründet und läuft darauf hinaus, eine Durchschnittswahrheit aufzustellen, deren beständige gleichförmige Anwendung bald etwas von der Natur einer mechanischen Fertigkeit bekommt, die zuletzt das Rechte fast ohne Bewußtsein tut.

Der Begriff des Gesetzes in Beziehung auf das Erkennen kann für die Kriegführung füglich entbehrt werden, weil die zusammengesetzten Erscheinungen des Krieges nicht so regelmäßig, und die regelmäßigen nicht so zusammengesetzt sind, um mit diesem Begriff viel weiter zu reichen als mit der einfachen Wahrheit. Wo aber die einfache Vorstellung und Rede hinreicht, wird die *zusammengesetzte, potenzierte* preziös und pedantisch. Den Begriff des Gesetzes in Beziehung auf das Handeln aber kann die Theorie der Kriegführung nicht gebrauchen, weil es in ihr bei dem Wechsel und der Mannigfaltigkeit der Erscheinungen keine Bestimmung gibt, die allgemein genug wäre, um den Namen eines Gesetzes zu verdienen.

Grundsätze, Regeln, Vorschriften und Methoden aber sind für die Theorie der Kriegführung unentbehrliche Begriffe, insoweit sie zu positiven Lehren führt, weil in diesen die Wahrheit nur in solchen Kristallisationsformen anschießen kann.

Da die Taktik derjenige Teil der Kriegführung ist, in welchem die Theorie am meisten zur positiven Lehre gelangen kann, so werden jene Begriffe auch in ihr am häufigsten vorkommen.

Die Reiterei nicht ohne Not gegen Infanterie zu gebrauchen, die noch in Ordnung ist; die Schußwaffen nur zu brauchen, sobald sie anfangen, eine sichere Wirksamkeit zu haben; im Gefecht die Kräfte soviel als möglich für das Ende aufzusparen: sind taktische Grundsätze. Alle diese Bestimmungen lassen sich nicht absolut auf jeden Fall anwenden, aber sie müssen dem Handelnden gegenwärtig sein, um den Nutzen der in ihnen enthaltenen Wahrheit nicht zu verlieren, da wo sie gelten kann.

Wenn man aus den ungewöhnlichen Abkochen eines feindlichen Korps auf seinen Abmarsch schließt, wenn das absichtliche Freistellen der Truppen im Gefecht auf einen Scheinangriff deutet: so wird diese Art, die Wahrheit zu erkennen, eine Regel genannt, weil man aus einem einzelnen, sichtbaren Umstand auf die Absicht schließt, welcher derselbe angehört.

Wenn es eine Regel ist, den Feind, sobald er anfängt, im Gefecht seine Batterien abzufahren, mit erneuter Energie anzufallen: so wird an diese einzelne Erscheinung eine Bestimmung des Handelns geknüpft, welche auf den ganzen, dadurch erratenen Zustand des Gegners gerichtet ist, nämlich: daß er das Gefecht aufgeben will, seinen Abzug anfängt und während dieses Abzuges weder zum vollen Widerstand noch, wie auf dem Rückzug selbst, zum hinlänglichen Ausweichen geeignet ist.

Vorschriften und Methoden bringen die den Krieg vorbereitenden Theorien mit in die Kriegführung, insofern sie den ausgebildeten Streitkräften als tätige Prinzipe eingeimpft werden. Die sämtlichen Formations-, Übungs- und Felddienstreglements sind Vorschriften und Methoden; in den Übungsreglements herrscht die erstere, in den Felddienstreglements die letztere vor. An diese Dinge knüpft sich die eigentliche Kriegführung an, sie übernimmt sie also als gegebene Verfahrungsarten, und als solche müssen sie in der Theorie der Kriegführung vorkommen.

Für die in dem Gebrauch dieser Kräfte frei gebliebenen Tätigkeiten aber können Vorschriften, d. h. bestimmte Anweisungen, nicht vorkommen, eben weil sie den freien Gebrauch ausschließen. Methoden hingegen als eine allgemeine Ausführungsart vorkommender Aufgaben, die, wie wir gesagt haben, auf die Durchschnittswahrscheinlichkeit berechnet ist, als eine bis zur Anwendung durchgeführte Herrschaft der Grundsätze und Regeln, können allerdings in der Theorie der Kriegführung vorkommen, insofern sie nur nicht für etwas anderes ausgegeben werden als sie sind, nicht für absolute und notwendige Konstruktionen des Handelns (Systeme), sondern für die besten der allgemeinen Formen, welche an die Stelle der individuellen Entscheidung als kürzere Wege gesetzt und zur Zahl gestellt werden können.

Aber die häufige Anwendung der Methoden wird in der Kriegführung auch als höchst wesentlich und unvermeidlich erscheinen, wenn man bedenkt, wie vieles Handeln auf bloße Voraussetzungen oder in völliger Ungewißheit geschieht, weil der Feind verhindert, alle Umstände kennenzulernen, die auf unsere Anordnungen Einfluß haben, oder weil nicht Zeit dazu ist, so daß, wenn man diese Umstände auch wirklich kannte, es wegen der Weitläuftigkeit und zu großen Zusammensetzungen schon unmöglich sein würde, alle Anordnungen danach abzumessen, daß also unsere Einrichtungen immer auf eine gewisse Zahl von Möglichkeiten zugeschnitten sein müssen. Wenn man bedenkt, wie zahllos die kleinen Umstände sind, die einem individuellen Falle angehören, also mit berücksichtigt werden müßten, und daß es also kein anderes Mittel gibt, als sich die einen durch die anderen übertragen zu denken und nur auf das Allgemeine und Wahrscheinliche seine Anordnungen zu bauen; endlich, wenn man bedenkt, daß bei der nach unten hin in beschleunigter Progression zunehmenden Zahl der Führer der wahren Einsicht und dem ausgebildeten Urteil eines jeden um so weniger überlassen werden darf, je weiter das Handeln hinuntersteigt, und daß da, wo man keine anderen Einsichten voraussetzen darf als die, welche die Dienstvorschrift und Erfahrung gibt, man ihnen mit dem daran grenzenden Methodismus entgegenkommen muß. Dieser wird ihrem Urteil ein Anhalt und zugleich ein Hindernis für ausschweifende, ganz verkehrte Ansichten, die man in einem Gebiet vorzüglich zu fürchten hat, wo die Erfahrung so kostbar ist.

Außer dieser Unentbehrlichkeit des Methodismus müssen wir auch einen positiven Vorteil desselben anerkennen. Es wird nämlich durch die Übung seiner stets wiederkehrenden Formen *Fertigkeit, Präzision* und *Sicherheit* in der Führung der Truppen erreicht, welche die natürliche Friktion vermindert und die Maschine leichter gehen macht.

Die Methode wird also um so vielfältiger gebraucht, um so unentbehrlicher werden, je weiter die Tätigkeit hinuntersteigt, nach oben hin aber abnehmen, bis sie sich in den höchsten Stellen ganz verliert. Darum wird sie auch mehr in der Taktik als in der Strategie zu Hause sein.

Der Krieg in seinen höchsten Bestimmungen besteht nicht aus *einer unendlichen Menge kleiner Ereignisse,* die in ihren Verschiedenheiten sich übertragen, und die also durch eine bessere oder schlechtere Methode besser oder schlechter beherrscht würden, sondern aus *einzelnen großen, entscheidenden,* die individuell behandelt sein wollen. Er ist nicht ein Feld voll Halme, die man ohne Rücksicht auf die Gestalt der einzelnen mit einer besseren oder schlechteren Sense besser oder schlechter mäht, sondern es sind große Bäume, an welche die Axt mit Überlegung, nach Beschaffenheit und Richtung eines jedes einzelnen Stammes angelegt sein will.

Wie weit die Zulässigkeit des Methodismus in der kriegerischen Tätigkeit hinaufreicht, bestimmt sich natürlich nicht eigentlich nach den Stellen, sondern nach den Sachen, und es ist nur, weil die höchsten Stellen die umfassendsten Gegenstände der Tätigkeit haben, daß sie davon weniger berührt werden. Eine bleibende Schlachtordnung, eine bleibende Einrichtung der Avantgarden und Vorposten sind Methoden, wodurch der Feldherr nicht bloß seinen Untergebenen, sondern auch sich selbst für gewisse Fälle die Hände bindet. Freilich können sie seine Erfindungen und von ihm nach Umständen eingerichtet sein, sie können aber auch, insofern sie auf die allgemeinen Eigenschaften der Truppen und Waffen gegründet sind, ein Gegenstand der Theorie sein. Dagegen würde jede Methode, wodurch Kriegs- und Feldzugspläne bestimmt und wie von einer Maschine fertig geliefert würden, unbedingt verwerflich sein.

Solange es keine erträgliche Theorie, d. h. keine verständige Betrachtung über die Kriegführung gibt, muß der Methodismus auch in den höheren Tätigkeiten über die Gebühr um sich greifen, denn die Männer, welche diese Wirkungskreise ausfüllen, sind zum Teil nicht imstande gewesen, sich durch Studien und höhere Lebensverhältnisse auszubilden; in die unpraktischen und widerspruchsvollen Räsonnements der Theorien und Kritiken wissen sie sich nicht zu finden, ihr gesunder Menschenverstand stößt sie von sich, und sie bringen also keine andere Einsicht mit als die der Erfahrung; daher sie denn bei denjenigen Fällen, die einer freien, individuellen Behandlung fähig und bedürftig sind, auch gern die Mittel anwenden, die ihnen die Erfahrung gibt, d. h. eine Nachahmung der dem obersten Feldherrn eigentümlichen Verfahrungsweise, wodurch denn von selbst ein Methodismus entsteht. Wenn wir Friedrichs des Großen Generale immer mit der sogenannten schiefen Schlachtordnung auftreten, die französischen Revolutionsgenerale immer das Umfassen in lang ausgedehnten Schlachtlinien anwenden, die Bonapartischen Unterfeldherren aber mit der blutigen Energie konzentrischer Massen hineinstürmen[1] sehen, so erkennen wir in der Wiederkehr des Verfahrens

1 [2. Auflage: hineinstürzen]

offenbar eine angenommene Methode und sehen also, daß der Methodismus bis zu den an das Höchste grenzenden Regionen hinaufreichen kann. Wird eine verbesserte Theorie das Studium der Kriegführung erleichtern, den Geist und das Urteil der Männer erziehen, die sich zu den höheren Stellen hinaufschwingen, so wird auch der Methodismus nicht mehr so weit hinaufreichen, und derjenige, welcher als unentbehrlich zu betrachten ist, wird dann wenigstens aus der Theorie selbst geschöpft werden und nicht aus bloßer Nachahmung entstehen. Wie vortrefflich auch ein großer Feldherr die Dinge macht, immer ist in der Art, wie er sie macht, etwas Subjektives, und hat er eine bestimmte Manier, so ist ein guter Teil seiner Individualität darin enthalten, die dann nicht immer mit der Individualität dessen stimmt, der diese Manier nachahmt.

Indessen wird es weder möglich noch recht sein, den subjektiven Methodismus oder die Manier ganz aus der Kriegführung zu verbannen, man muß ihn vielmehr als eine Äußerung desjenigen Einflusses betrachten, den die Gesamtindividualität eines Krieges auf seine einzelnen Erscheinungen hat, und dem, wenn die Theorie ihn nicht hat vorhersehen und in ihre Betrachtungen mit aufnehmen können, nur so Genüge geschehen kann. Was ist natürlicher, als daß der Revolutionskrieg seine eigentümliche Weise hatte, die Dinge zu machen, und welche Theorie hätte die Eigentümlichkeit mit aufzufassen vermocht? Das Übel ist nur, daß eine solche, aus dem einzelnen Fall hervorgehende Manier sich selbst leicht überlebt, weil sie bleibt, während die Umstände sich unvermerkt ändern; das ist es, was die Theorie durch eine lichte und verständige Kritik verhindern soll. Als im Jahre 1806 die preußischen Generale Prinz Louis bei Saalfeld, Tauentzien auf dem Dornberge bei Jena, Grawert vor und Rüchel hinter Kapellendorf, sämtlich mit der schiefen Schlachtordnung Friedrichs des Großen sich in den offnen Schlund des Verderbens warfen, war es nicht bloß eine Manier, die sich überlebt hatte, sondern die entschiedenste Geistesarmut, zu der je der Methodismus geführt hat, womit sie es zustande brachten, die Hohenlohische Armee zugrunde zu richten, wie nie eine Armee auf dem Schlachtfelde selbst zugrunde gerichtet worden ist.

Fünftes Kapitel: Kritik

Die Einwirkung theoretischer Wahrheiten auf das praktische Leben geschieht immer mehr durch Kritik als durch Lehre; denn da die Kritik eine Anwendung der theoretischen Wahrheit auf wirkliche Ereignisse ist, so bringt sie jene dem Leben nicht nur näher, sondern sie gewöhnt auch den Verstand mehr an diese Wahrheiten durch die beständige Wiederkehr ihrer Anwendungen. Wir halten es daher für nötig, neben dem Gesichtspunkt für die Theorie den für die Kritik festzustellen.

Von der einfachen Erzählung eines geschichtlichen Ereignisses, welche die Dinge bloß nebeneinander hinstellt und höchstens ihre nächsten Kausalverbindungen berührt, unterscheiden wir *die kritische.*

In dieser kritischen können drei verschiedene Tätigkeiten des Verstandes vorkommen.

Erstens die geschichtliche Ausmittelung und Feststellung zweifelhafter Tatsachen. Sie ist die eigentliche Geschichtsforschung und hat mit der Theorie nichts gemein.

Zweitens die Ableitung der Wirkung aus den Ursachen. Dies ist die *eigentliche kritische Forschung;* sie ist der Theorie unentbehrlich, denn alles, was in der Theorie durch die Erfahrung festgestellt oder unterstützt oder auch nur erläutert werden soll, kann nur auf diesem Wege erledigt werden.

Drittens die Prüfung der angewandten Mittel. Dies ist die eigentliche Kritik, in welcher Lob und Tadel enthalten sind. Hier ist es die Theorie, welche der Geschichte oder vielmehr der aus ihr zu ziehenden Belehrung dient.

In diesen beiden letzten, eigentlich kritischen Teilen der geschichtlichen Betrachtung kommt alles darauf an, die Dinge bis in ihre letzten Elemente, d. h. bis zu unzweifelhaften Wahrheiten zu verfolgen und nicht, wie so sehr häufig geschieht, auf dem halben Wege, d. h. bei irgendeiner willkürlichen Setzung oder Voraussetzung stehenzubleiben.

Was die Ableitung der Wirkung aus den Ursachen betrifft, so hat diese oft eine äußere, unüberwindliche Schwierigkeit, daß man nämlich die wahren Ursachen gar nicht kennt. In keinem Verhältnisse des Lebens kommt dieses so häufig vor als im Kriege, wo die Ereignisse selten vollständig bekannt werden, und noch weniger die Motive, die von den Handelnden entweder absichtlich verhehlt werden, oder, wenn sie sehr vorübergehend und zufällig waren, auch für die

Geschichte verlorengehen können. Daher muß die kritische Erzählung mit der geschichtlichen Forschung meistens Hand in Hand gehen, und doch bleibt oft ein solches Mißverhältnis zwischen Ursache und Wirkung, daß sie nicht berechtigt ist, aus den bekannten Ursachen die Wirkungen als notwendige Folgen zu betrachten. Hier müssen also notwendig Lücken entstehen, d. h. geschichtliche Erfolge, die für die Belehrung nicht benutzt werden können. Alles, was die Theorie fordern kann, ist, daß die Untersuchung entschieden bis zu dieser Lücke geführt werde und bei ihr alle Folgerungen einstelle. Ein wahres Übel entsteht erst, wenn das Bekannte schlechterdings hinreichen soll, die Wirkungen zu erklären, ihm also eine falsche Wichtigkeit gegeben wird.

Außer dieser Schwierigkeit hat die kritische Forschung darin noch eine sehr große innere: daß die Wirkungen im Kriege selten aus einer einfachen Ursache hervorgehen, sondern aus mehreren gemeinschaftlichen, und daß es also nicht genügt, mit unbefangenem, redlichem Willen die Reihe der Ereignisse bis zu ihrem Anfange hinaufzusteigen, sondern daß es dann noch darauf ankommt, einer jeden der vorhandenen Ursachen ihren Anteil zuzuweisen. Dies führt also zu einer näheren Untersuchung ihrer Natur, und so kann eine kritische Untersuchung in das eigentliche Feld der Theorie führen.

Die kritische *Betrachtung,* nämlich die Prüfung der Mittel, führt zu der Frage, welches die eigentümlichen Wirkungen der angewendeten Mittel sind, und ob diese Wirkungen die Absicht des Handelnden waren.

Die eigentümlichen Wirkungen der Mittel führen zur Untersuchung ihrer Natur, d. h. wieder ins Feld der Theorie.

Wir haben gesehen, daß in der Kritik alles darauf ankommt, bis zu unzweifelhaften Wahrheiten zu gelangen, also nicht bei willkürlichen Satzungen stehenzubleiben, die für andere nicht gültig sind, denen dann andere, vielleicht ebenso willkürliche Behauptungen entgegengestellt werden, so daß des Hin- und Herräsonierens kein Ende, das Ganze ohne Resultat, also ohne Belehrung ist.

Wir haben gesehen, daß sowohl die Untersuchung der Ursachen als die Prüfung der Mittel in das Feld der Theorie führt, d. h. in das Feld der allgemeinen Wahrheit, die nicht bloß aus dem vorliegenden individuellen Falle hervorgeht. Gibt es nun eine brauchbare Theorie, so wird die Betrachtung sich auf das, was in derselben ausgemacht ist, berufen und ihre Untersuchung da einstellen können. Wo es aber eine solche theoretische Wahrheit nicht gibt, wird die Untersuchung bis in die letzten Elemente fortgesetzt werden müssen. Kommt diese Notwendigkeit oft vor, so muß sie natürlich den Schriftsteller, wie man sich auszudrücken pflegt, von dem Hundertsten ins Tausendste führen; er bekommt dann alle Hände voll zu tun, und es ist fast nicht möglich, daß er überall mit der erforderlichen Muße verweile. Die Folge ist doch, daß er, um seiner Betrachtung Grenzen zu setzen, bei willkürlichen Behauptungen stehenbleibt, die, wenn sie es auch wirklich für ihn nicht wären, es doch für die anderen bleiben, weil sie sich nicht von selbst verstehen und unerwiesen sind.

Eine brauchbare Theorie ist also eine wesentliche Grundlage der Kritik, und es ist unmöglich, daß diese im allgemeinen auf den Punkt gelange, auf welchem sie hauptsächlich erst belehrend wird, nämlich, daß sie eine überzeugende Demonstration und sans réplique sei, ohne den Beistand einer vernünftigen Theorie.

Aber es wäre eine träumerische Hoffnung, an die Möglichkeit einer Theorie zu glauben, die für jede abstrakte Wahrheit sorgte und es der Kritik nur überließe, den Fall unter das passende Gesetz zu stellen; es wäre eine lächerliche Pedanterie, der Kritik vorzuschreiben, daß sie an den Grenzen der heiligen Theorie jedesmal umdrehe. Derselbe Geist analytischer Untersuchung, welcher die Theorie schafft, soll auch das Geschäft der Kritik leiten, und es kann und mag also geschehen, daß er oft in das Gebiet der Theorie hinüberschweift und sich diejenigen Punkte noch aufklärt, auf die es ihm besonders ankommt. Es kann vielmehr umgekehrt der Zweck der Kritik ganz verfehlt werden, wenn sie zu einer geistlosen Anwendung der Theorie wird. Alle positiven Ergebnisse der theoretischen Untersuchung, alle Grundsätze, Regeln und Methoden ermangeln der Allgemeinheit und absoluten Wahrheit um so mehr, je mehr sie zur positiven Lehre werden. Sie sind da, um sich beim Gebrauch anzubieten, und dem Urteil muß es immer überlassen bleiben, ob sie angemessen sind oder nicht. Solche Resultate der Theorie darf die Kritik nie als Gesetze und Normen zum Maßstabe gebrauchen, sondern nur als das, was sie auch dem Handelnden sein sollen, als *Anhalt für das Urteil.* Wenn es in der Taktik eine ausgemachte Sache ist, daß in der allgemeinen Schlachtordnung die Reiterei nicht neben, sondern hinter das Fußvolk gehört, so wäre es doch töricht, jede davon abweichende Anordnung deshalb zu verdammen; die Kritik soll die Gründe der Abweichung untersuchen, und nur wenn diese unzureichend sind, hat sie ein Recht, sich auf die theoretische Feststellung zu berufen. Wenn es ferner in der Theorie ausgemacht ist, daß ein geteilter Angriff die Wahrscheinlichkeit des Erfolges vermindert, so würde es ebenso unvernünftig sein, überall, wo ein geteilter Angriff und schlechter Erfolg zusammentrafen, ohne weitere Untersuchung, ob es sich wirklich so verhält, den letzten als die Folge des ersten zu betrachten, oder da, wo der geteilte Angriff einen guten Erfolg hatte, etwa daraus rückwärts auf die Unrichtigkeit jener theoretischen Behauptung zu schließen. Beides soll der untersuchende Geist der Kritik nicht erlauben. Es ist also hauptsächlich auf die Resultate der analytischen Untersuchung in der Theorie, auf welche sich die Kritik stützt; was hier schon ausgemacht ist, hat sie selbst erst nicht von neuem festzustellen, und es wird dort ausgemacht, damit sie es festgestellt vorfinde.

Diese Aufgabe der Kritik, zu untersuchen, welche Wirkung aus der Ursache hervorgegangen ist, und ob ein angewandtes Mittel seinem Zweck entsprochen habe, wird leicht sein, wenn Ursache und Wirkung, Zweck und Mittel nahe beieinanderliegen.

Wenn eine Armee überfallen wird und dadurch zu keinem ordnungsmäßigen und verständigen Gebrauch ihrer Fakultäten kommt, so ist die Wirkung des Überfalles nicht zweifelhaft. – Wenn die Theorie ausgemacht hat, daß ein umfassender Angriff in der Schlacht zu größerem, aber weniger gesichertem Erfolg führt, so fragt es sich, ob der, welcher den umfassenden Angriff anwendet, sich vorzugsweise die Größe des Erfolgs zum Ziel gesetzt hat; in diesem Fall ist das Mittel richtig gewählt. Hat er aber damit seinen Erfolg *gewisser* machen wollen, und war dieser nicht auf die individuellen Umstände, sondern auf die allgemeine Natur des umfassenden Angriffs gegründet, wie wohl hundertmal vorgekommen ist, so hat er die Natur jenes Mittels verkannt und einen Fehler begangen.

Hier ist das Geschäft der kritischen[1] Untersuchung und Prüfung nicht schwer, und es wird jedesmal leicht sein, wo man sich auf die nächsten Wirkungen und Zwecke beschränkt. Man kann dies ganz nach Willkür tun, sobald man von dem Zusammenhange mit dem Ganzen abstrahieren und die Dinge nur in diesem Verhältnisse betrachten will.

Es steht aber im Kriege, wie überhaupt in der Welt, alles im Zusammenhange, was einem Ganzen angehört, und folglich muß jede Ursache, wie klein sie auch sei, in ihren Wirkungen sich bis ans Ende des kriegerischen Aktes erstrecken und das Endresultat, um ein wie Geringes es auch sein möge, modifizieren. Ebenso muß jedes Mittel

1 [2. Auflage: kriegerischen]

bis zu dem letzten Zweck hinaufreichen.

Man kann also die Wirkungen einer Ursache so lange verfolgen, als Erscheinungen noch des Beobachtens wert sind, und ebenso kann man ein Mittel nicht bloß für den nächsten Zweck prüfen, sondern auch diesen Zweck selbst als Mittel für den höheren, und so an der Kette der einander untergeordneten Zwecke hinaufsteigen, bis man auf einen trifft, der keiner Prüfung bedarf, weil seine Notwendigkeit nicht zweifelhaft ist. In vielen Fällen, besonders wenn von großen entscheidenden Maßregeln die Rede ist, wird die Betrachtung bis zu dem *letzten Zweck,* bis zu dem, welcher unmittelbar den Frieden bereiten soll, hinaufreichen müssen.

Es ist klar, daß man in diesem Hinaufsteigen mit jeder neuen Station, die man einnimmt, einen neuen Standpunkt für das Urteil bekommt, so daß dasselbe Mittel, welches in dem nächsten Standpunkt als vorteilhaft erscheint, von einem höheren aus betrachtet verworfen werden muß.

Das Forschen nach den Ursachen der Erscheinungen und das Prüfen der Mittel nach den Zwecken gehen bei der kritischen Betrachtung eines Aktes immer Hand in Hand, denn das Forschen nach der Ursache bringt erst auf die Dinge, welche es verdienen, ein Gegenstand der Prüfung zu sein.

Dieses Verfolgen des Fadens, hinauf und herunter, ist mit bedeutenden Schwierigkeiten verbunden; denn je weiter von einer Begebenheit die Ursache, welche man aufsucht, entfernt liegt, um so mehr andere Ursachen sind zugleich mit ins Auge zu fassen und für den Anteil, welchen sie an den Begebenheiten gehabt haben mögen, abzufinden und auszuscheiden, weil jede Erscheinung, je höher sie steht, durch um so viel mehr einzelne Kräfte und Umstände bedingt wird. Wenn wir die Ursachen einer verlorenen Schlacht ausgemittelt haben, so haben wir freilich auch einen Teil der Ursachen der Folgen ausgemittelt, welche diese verlorene Schlacht für das Ganze hatte, aber nur einen Teil, denn es werden in das Endresultat nach den Umständen mehr oder weniger Wirkungen anderer Ursachen hineinströmen.

Eben diese Mannigfaltigkeit der Gegenstände entsteht bei der Prüfung der Mittel, je höher man mit dem Standpunkt hinaufrückt; denn je höher die Zwecke liegen, um so größer ist die Zahl der Mittel, welche zu ihrer Erreichung angewendet werden. Der letzte Zweck des Krieges wird von allen Armeen gleichzeitig verfolgt, und es ist also nötig, alles, was von diesem geschehen ist oder geschehen konnte, mit in die Betrachtung zu ziehen.

Man sieht wohl, daß dies zuweilen in ein weites Feld der Betrachtung führen kann, in dem es leicht ist, sich zu verwirren, und in welchem die Schwierigkeit obwaltet, weil eine Menge von Voraussetzungen gemacht werden müssen über diejenigen Dinge, die sich nicht wirklich zugetragen haben, die aber wahrscheinlich waren und deshalb aus der Betrachtung schlechterdings nicht wegbleiben dürfen.

Als Bonaparte im März 1797 mit der italienischen Armee gegen den Erzherzog Karl von dem Tagliamento vordrang, geschah es in der Absicht, diesen Feldherrn zu einer Entscheidung zu zwingen, ehe noch derselbe seine vom Rhein erwarteten Verstärkungen an sich gezogen hatte. Sieht man bloß auf die nächste Entscheidung, so war das Mittel gut gewählt, und der Erfolg hat es bewiesen, denn der Erzherzog war noch so schwach, daß er am Tagliamento nur *den Versuch* eines Widerstandes machte, und als er seinen Gegner zu stark und entschlossen sah, ihm den Kampfplatz und die Eingänge der Norischen Alpen räumte. Was konnte nun Bonaparte mit diesem *glücklichen Erfolg* bezwecken? Selbst in das Herz der österreichischen Monarchie vorzudringen, den beiden Rheinarmeen unter Moreau und Hoche das Vordringen zu erlichtern und in nahe Verbindung mit ihnen zu treten. So sah Bonaparte die Sache ein, und von diesem Gesichtspunkte aus hatte er recht. Stellt sich nun aber die Kritik auf einen höheren Standpunkt, nämlich auf den des französischen Direktoriums, welches übersehen konnte und mußte, daß der Feldzug am Rhein erst sechs Wochen später eröffnet werden würde, so kann man das Vordringen Bonapartes über die Norischen Alpen nur als ein übertriebenes Wagstück betrachten; denn hatten die Österreicher in Steiermark vom Rhein her beträchtliche Reserven aufgestellt, womit der Erzherzog über die italienische Armee herfallen konnte, so war diese nicht allein zugrunde gerichtet, sondern auch der ganze Feldzug verloren. Diese Betrachtung, die sich Bonapartes in der Gegend von Villach bemächtigte, hat ihn vermocht, zu dem Waffenstillstand von Leoben so bereitwillig die Hand zu bieten.

Stellt sich die Kritik noch eine Stufe höher und weiß sie, daß die Österreicher keine Reserve zwischen der Armee des Erzherzogs Karl und Wien hatten, so war durch das Vordringen der italienischen Armee Wien bedroht.

Gesetzt, Bonaparte hätte diese Entblößung der Hauptstadt und diese entschiedene Überlegenheit, welche ihm auch in Steiermark über den Erzherzog blieb, gekannt, so würde sein Vorauseilen gegen das Herz des österreichischen Staates nicht mehr zwecklos sein, und der Wert desselben hängt nur von dem Wert ab, den die Österreicher auf die Erhaltung Wiens legen; denn wenn dieser so groß wäre, daß sie lieber die Friedensbedingungen eingehen würden, die Bonaparte ihnen anzubieten hatte, so war die Bedrohung Wiens als das letzte Ziel zu betrachten. Hätte dies Bonaparte aus irgendeinem Grunde gewußt, so kann auch die Kritik dabei stehenbleiben; war es aber noch problematisch, so muß die Kritik sich wieder zu einem höheren Standpunkt erheben und fragen, was entstanden sein würde, wenn die Österreicher Wien preisgegeben und sich weiter in die noch übrige große Masse ihrer Staaten zurückgezogen hätten. Diese Frage aber kann, wie leicht zu erachten ist, gar nicht mehr beantwortet werden, ohne die wahrscheinlichen Ereignisse zwischen den beiderseitigen Rheinarmeen in Betrachtung zu ziehen. Bei der entschiedenen Überlegenheit der Franzosen (130000 Mann zu 80000 Mann) würde der Erfolg an sich zwar wenig zweifelhaft gewesen sein, aber es entstand wieder die Frage, wozu das französische Direktorium diesen Erfolg benutzen würde, ob zu einer Verfolgung seiner Vorteile bis an die entgegengesetzten Grenzen der österreichischen Monarchie, also bis zur Zertrümmerung oder Niederwerfung dieser Macht, oder ob bloß zur Eroberung eines bedeutenden Teiles als Unterpfand des Friedens. Für beide Fälle ist das wahrscheinliche Resultat auszumitteln, um nach diesem ersten[1] die wahrscheinliche Wahl des französischen Direktoriums zu bestimmen. Gesetzt, das Resultat dieser Betrachtung fiele dahin aus, daß für die gänzliche Niederwerfung des österreichischen Staates die französischen Streitkräfte viel zu schwach gewesen wären, so daß der Versuch davon ganz von selbst einen Umschwung der Dinge herbeigeführt hätte, und daß selbst die Eroberung und Behauptung eines bedeutenden Teiles die Franzosen in strategische Verhältnisse geführt hätte, denen ihre Kräfte wahrscheinlich nicht gewachsen waren: so muß dieses Resultat Einfluß auf die Beurteilung der Lage haben, in welcher sich die italienische Armee befand, und dieselbe zu geringen Hoffnungen berechtigen. Und dies ist es unstreitig, was Bonaparte auch da, als er die hilflose Lage des Erzherzogs ganz übersehen konnte, noch vermocht hat, den Frieden von Campoformio auf Bedingungen abzuschließen, die den Österreichern keine größeren Opfer auferlegten als den Verlust von Provinzen, die sie auch nach dem glücklichsten Feldzug nicht wieder erobert haben

1 [2. Auflage: erst]

würden. Aber selbst auf diesen mäßigen Frieden von Campoformio hätten die Franzosen nicht rechnen, und sie hätten ihn also nicht zum Zweck ihres kühnen Vorschreitens machen können, wenn nicht zwei Betrachtungen anzustellen gewesen wären; die erste besteht in der Frage: welchen Wert die Österreicher auf jedes der beiden Resultate gelegt haben würden, ob sie dieselben trotz der Wahrscheinlichkeit eines endlichen glücklichen Erfolges, welcher in beiden für sie lag, der Opfer wert gefunden haben würden, die mit ihnen, das ist mit der Fortsetzung des Krieges, verbunden waren, und die sie durch einen Frieden auf nicht zu nachteilige Bedingungen vermeiden konnten. Die zweite Betrachtung besteht in dieser anderen Frage: ob die österreichische Regierung überhaupt mit ihrer Überlegenheit so weit gehen, ob sie die letzten möglichen Erfolge ihrer Gegner gehörig prüfen,[1] sich nicht von dem Eindruck der augenblicklichen Mißverhältnisse zur Mutlosigkeit fortreißen lassen würde.

Die Betrachtung, welche den Gegenstand dieser ersten Frage macht, ist nicht etwa eine müßige Spitzfindigkeit, sondern von so entschiedenem praktischem Gewicht, daß sie jedesmal vorkommt, wenn ein auf das Äußerste gerichteter Plan vorliegt, und sie ist es, welche die Ausführung solcher Pläne am häufigsten verhindert.

Die zweite Betrachtung ist ebenso notwendig, denn man führt den Krieg nicht mit einem abstrakten Gegner, sondern mit einem wirklichen, den man immer im Auge haben muß. Und gewiß hat dem kühnen Bonaparte dieser Gesichtspunkt nicht gefehlt, d. h. nicht gefehlt das Vertrauen, welches er in den Schrecken setzte, der seinem Schwerte voranging. Dasselbe Vertrauen führte ihn im Jahre 1812 nach Moskau. Hier hat es ihn im Stich gelassen; der Schrecken hatte sich in den gigantischen Kämpfen schon etwas abgenutzt; im Jahre 1797 war er allerdings noch neu, und das Geheimnis von der Stärke eines bis aufs Äußerste gerichteten Widerstandes noch unerfunden, aber nichtsdestoweniger würde ihn auch im Jahre 1797 seine Kühnheit zu einem negativen Resultat geführt haben, wenn er nicht, wie gesagt, im Vorgefühl davon den mäßigen Frieden von Campoformio als Ausweg gewählt hätte.

Wir müssen diese Betrachtung hier abbrechen; sie wird hinreichen, um als Beispiel den weiten Umfang, die Mannigfaltigkeit und die Schwierigkeit zu zeigen, welche eine kritische Betrachtung bekom-

---

1 [2. Auflage: Regierung die letzten möglichen Erfolge ihres fortgesetzten Widerstandes gehörig erwägen und]

men kann, wenn man bis zu den letzten Zwecken hinaufsteigt, d. h. wenn man von Maßregeln großer und entscheidender Art spricht, die notwendig bis so weit hinaufreichen müssen. Es wird daraus hervorgehen, daß außer der theoretischen Einsicht in den Gegenstand das natürliche Talent auch einen großen Einfluß auf den Wert einer kritischen Betrachtung haben muß, denn von diesem wird es hauptsächlich abhängen, das Licht in den Zusammenhang der Dinge zu tragen und von den zahllosen Verknüpfungen der Begebenheiten die wesentlichen zu unterscheiden.

Aber das Talent wird noch auf eine andere Art in Anspruch genommen. Die kritische Betrachtung ist nicht bloß eine Prüfung der wirklich angewendeten Mittel, sondern *aller möglichen,* die also erst angegeben, d. h. erfunden werden müssen, und man kann ja überhaupt nie ein Mittel tadeln, wenn man nicht ein anderes als das bessere anzugeben weiß. Wie klein nun auch die Zahl der möglichen Kombinationen in den meisten Fällen sein mag, so ist doch nicht zu leugnen, daß das Aufstellen der nicht gebrauchten keine bloße Analye vorhandener Dinge, sondern eine selbsttätige Schöpfung ist, welche sich nicht vorschreiben läßt, sondern von der Fruchtbarkeit des Geistes abhängt.

Wir sind weit entfernt, das Feld großer Genialität zu sehen, wo sich alles auf sehr wenige, praktisch mögliche und sehr einfache Kombinationen zurückführen läßt; wir finden es unbeschreiblich lächerlich, das Umgehen einer Stellung der Erfindung wegen wie einen Zug großer Genialität zu betrachten, wie so oft vorgekommen ist, aber nichtsdestoweniger ist dieser Akt schöpferischer Selbsttätigkeit notwendig, und der Wert kritischer Betrachtung wird durch ihn wesentlich mitbestimmt.

Als Bonaparte am 30. Juli 1796 den Entschluß faßte, die Belagerung von Mantua aufzuheben, um dem vorrückenden Wurmser entgegenzugehen und mit vereinter Kraft seine durch den Gardasee und den Mincio getrennten Kolonnen einzeln zu schlagen,[1] erschien dies als der sicherste Weg zu glänzenden Siegen. Diese Siege sind wirklich erfolgt und haben sich bei den späteren Ersatzversuchen mit demselben Mittel noch glänzender wiederholt. Man hört darüber nur eine Stimme, die der ungeteilten Bewunderung.

---

1 [2. Auflage: die Belagerung Mantuas aufzuheben, im den zum Ersatz heranrückenden getrennten feindlichen Kolonnen mit vereinter Kraft entgegen zu gehen und sie einzeln zu schlagen,]

Gleichwohl konnte Bonaparte am 30. Juli diesen Weg nicht einschlagen, ohne den Gedanken an die Belagerung Mantuas ganz aufzugeben, weil es unmöglich war, den Belagerungstrain zu retten, und ein zweiter in diesem Feldzuge nicht zu beschaffen war. In der Tat verwandelte sich die Belagerung in eine bloße Einschließung, und der Platz, der bei fortgesetzter Belagerung in den ersten acht Tagen gefallen[1] sein würde, widerstand trotz aller Siege Bonapartes im freien Felde noch sechs Monate.

Die Kritik hat dies als ein ganz unvermeidliches Übel angesehen, weil sie keinen besseren Weg des Widerstandes anzugeben wußte. Der Widerstand gegen einen anrückenden Ersatz innerhalb einer Zirkumvallationslinie war so in Verruf und Verachtung gekommen, daß dieses Mittel dem Auge ganz entrückt war. Gleichwohl hatte es zur Zeit Ludwigs XIV. so sehr oft seinen Zweck erfüllt, daß es nur eine Modeansicht zu nennen ist, wenn es keinem Menschen einfiel, daß es hundert Jahre später *wenigstens mit in die Betrachtung kommen könnte.* Hätte man diese Möglichkeit gestattet, so würde die nähere Untersuchung der Verhältnisse ergeben haben, daß 40000 Mann der besten Infanterie von der Welt, welche Bonaparte in einer Zirkumvallationslinie vor Mantua aufstellen konnte, bei einer starken Verschanzung die 50000 Österreicher, welche Wurmser zum Entsatz anführte, so wenig zu fürchten hatten, daß diese schwerlich auch nur einen Versuch zum Angriff ihrer Linien gemacht haben würden. Wir wollen uns hier auf keinen näheren Beweis dieser Behauptung einlassen, wir glauben aber genug gesagt zu haben, um diesem Mittel das Recht der Mitbewerbung zu verschaffen. Ob Bonaparte im Handeln selbst an dieses Mittel gedacht hat, wollen wir nicht entscheiden; in seinen Memoiren und den übrigen gedruckten Quellen findet sich davon keine Spur; die ganze spätere Kritik hat nicht daran gedacht, weil der Blick sich von dieser Maßregel ganz entwöhnt hatte. Das Verdienst, an dieses Mittel zu erinnern, ist nicht groß, denn man braucht sich nur von der Anmaßung einer Modeansicht loszumachen, um daraufzukommen; aber es ist doch notwendig, daß man daraufkomme, um es in die Betrachtung zu ziehen und mit dem Mittel, welches Bonaparte anwendete, zu vergleichen. Wie das Resultat dieser Vergleichung auch ausfallen möge, die Kritik darf sie nicht versäumen.

Als Bonaparte im Februar 1814 von der Blücherschen Armee, nachdem er sie in den Gefechten von Etoges, Champaubert, Montmi-

1 [2. Auflage: Belagerung sehr bald gefallen]

rail usw. besiegt hatte, abließ, um sich wieder gegen Schwarzenberg zu wenden, und dessen Korps bei Montereau und Mormant schlug, war jedermann voll Bewunderung, weil Bonaparte gerade in diesem Hin- und Herwerfen seiner Hauptmacht einen glänzenden Gebrauch von dem Fehler machte, welcher in dem getrennten Vorgehen der Verbündeten lag; wenn ihn diese glänzenden Schläge nach allen Seiten hin nicht gerettet haben, so meint man, war es wenigstens nicht seine Schuld. Niemand hat bis jetzt die Frage getan: was der Erfolg gewesen sein würde, wenn er sich nicht von Blücher wieder gegen Schwarzenberg gewendet, sondern seine Stöße ferner gegen Blücher gerichtet und diesen bis an den Rhein verfolgt hätte. Wir halten uns überzeugt, daß ein gänzlicher Umschwung des Feldzuges eingetreten und die große Armee, statt nach Paris zu gehen, über den Rhein zurückgekehrt wäre. Wir verlangen nicht, daß man diese Überzeugung mit uns teile, aber daß die Kritik diese Alternative mit zur Sprache bringen mußte, wird kein Sachverständiger bezweifeln, sobald sie einmal genannt ist.

Hier lag das zur Vergleichung zu stellende Mittel auch viel näher als im vorigen Fall; gleichwohl ist es versäumt worden, weil man einer einseitigen Richtung blind folgte und keine Unbefangenheit hatte.

Aus der Notwendigkeit, für ein gemißbilligtes Mittel das bessere anzugeben, ist die Art von Kritik entstanden, die fast allein gebraucht wird, nämlich sich mit der bloßen Angabe des vermeintlich besseren Verfahrens zu begnügen und den eigentlichen Beweis schuldig zu bleiben. Die Folge ist, daß nicht jedermann überzeugt wird, daß andere es ebenso machen, und daß dann Streit entsteht, der ohne allen Anhalt für das Räsonnement ist. Die ganze Kriegsliteratur strotzt von diesen Dingen.

Der Beweis, den wir fordern, ist überall nötig, wo der Vorzug des vorgeschlagenen Mittels nicht so evident ist, daß er keinen Zweifel zuläßt, und er besteht darin, daß jedes der beiden Mittel seiner Eigentümlichkeit nach untersucht und mit dem Zweck verglichen werde. Hat man die Sache so auf einfache Wahrheiten zurückgeführt, so muß der Streit endlich aufhören, oder er führt wenigstens zu neuen *Resultaten,* während bei der andern Art das pro et contra sich immer rein verzehrt.

Wollten wir z. B. uns nicht damit begnügen und in dem von uns zuletzt aufgestellten Fall beweisen, daß das unablässige Verfolgen Blüchers besser gewesen wäre als das Umkehren gegen Schwarzenberg, so würden wir uns auf folgende einfache Wahrheiten stützen:

1. Im allgemeinen ist es vorteilhafter, die Stöße in einer Richtung fortzusetzen, als die Kraft hin- und herzuwerfen, weil dieses Hin- und Herwerfen Zeitverlust mit sich bringt und weil da, wo die moralische Kraft schon durch bedeutende Verluste geschwächt ist, neue Erfolge leichter zu erhalten sind, man also auf diese Weise nicht einen Teil des erhaltenen Übergewichts unbenutzt läßt.
2. Weil Blücher, obgleich schwächer als Schwarzenberg, doch wegen seines Unternehmungsgeistes der Bedeutendere war, daß in ihm also mehr der Schwerpunkt lag, der das Übrige in seiner Richtung mit fortreißt.
3. Weil die Verluste, die Blücher erlitten hatte, einer Niederlage gleichzuachten und dadurch ein solches Übergewicht Bonapartes über ihn entstanden war, daß der Rückzug bis an den Rhein kaum zweifelhaft sein konnte, weil sich auf dieser Linie keine namhaften Verstärkungen befanden.
4. Weil kein anderer möglicher Erfolg sich so furchtbar ausgenommen, sich der Phantasie in einer solchen Riesengestalt gezeigt haben würde, dies aber bei einem unentschlossenen, zaghaften Armeekommando, wie das Schwarzenbergsche notorisch war, als eine große Hauptsache angesehen werden mußte. Was der Kronprinz von Württemberg bei Montereau, der Graf Wittgenstein bei Mormant eingebüßt, das mußte der Fürst Schwarzenberg ziemlich genau kennen; was hingegen Blücher auf seiner ganz abgesonderten und getrennten Linie von der Marne bis an den Rhein für Unglücksfälle erlebt hätte, würde ihm nur durch die Schneelawine des Gerüchts zugekommen sein. Die verzweiflungsvolle Richtung, welche Bonaparte Ende März auf Vitry nahm, um zu versuchen, was eine angedrohte strategische Umgehung für eine Wirkung auf die Verbündeten hervorbringen würde, war offenbar auf das Prinzip des Schreckens gegründet, aber unter ganz anderen Umständen, nachdem er bei Laon und Arcis gescheitert war, und Blücher sich mit 100000 Mann bei Schwarzenberg befand.

Es wird freilich Leute geben, die durch diese Gründe nicht überzeugt werden, aber sie werden uns wenigstens nicht erwidern können: »Indem Bonaparte durch sein Nachdringen gegen den Rhein die Basis Schwarzenbergs bedrohte, bedrohte Schwarzenberg Paris, also die Basis Bonapartes«; weil wir durch unsere Gründe oben beweisen wollten, daß Schwarzenberg nicht daran gedacht haben würde, auf Paris zu marschieren.

In dem von uns berührten Beispiel aus dem Feldzug von 1796 würden wir sagen: Bonaparte sah den Weg, welchen er einschlug, als den sichersten an, die Österreicher zu schlagen; wäre er das auch gewesen, so war doch der Zweck, welcher dadurch erreicht wurde, ein leerer Waffenruhm, der auf den Fall von Mantua kaum einen merklichen Einfluß haben konnte. Der Weg, welchen wir einschlagen, war in unseren Augen viel sicherer, um den Entsatz zu verhindern; aber wenn wir auch in dem Sinn des französischen Feldherrn ihn nicht dafür betrachten, sondern die Sicherheit des Erfolges als geringer ansehen wollten, so würde die Frage *darauf* zurückgeführt sein, daß in dem einen Falle ein mehr wahrscheinlicher, aber fast unbrauchbarer, also sehr geringer, in dem anderen ein nicht ganz wahrscheinlicher, aber viel größerer Erfolg in die Waagschale zu legen war. Stellt man die Sache auf diese Weise, so hätte die Kühnheit sich für die zweite Lösung erklären müssen, was, die Sache oberflächlich betrachtet, gerade umgekehrt war. Bonaparte hatte gewiß nicht die weniger kühne Absicht, und es ist nicht zu bezweifeln, daß er sich die Natur des Falles nicht bis zu dem Grade deutlich gemacht und die Folgen so übersehen hat, wie wir sie aus der Erfahrung kennengelernt haben.

Daß die Kritik sich bei der Betrachtung der Mittel oft auf die Kriegsgeschichte berufen muß, ist natürlich, denn in der Kriegskunst ist die Erfahrung mehr wert als alle philosophische Wahrheit. Aber dieser geschichtliche Beweis hat freilich seine eigenen Bedingungen, deren wir in einem besonderen Kapitel erwähnen werden, und leider sind diese Bedinungen so selten erfüllt, daß die historische Bezugnahme meistens nur dazu beiträgt, die Verwirrung der Begriffe noch größer zu machen.

Jetzt haben wir noch einen wichtigen Gegenstand zu betrachten, nämlich inwieweit es der Kritik gestattet oder selbst zur Pflicht gemacht ist, bei der Beurteilung eines einzelnen Falles von ihrer besseren Übersicht der Dinge und also auch von dem, was der Erfolg bewiesen hat, Gebrauch zu machen; oder wann und wo sie genötigt ist, von diesen Dingen zu abstrahieren, um sich ganz genau in die Lage des Handelnden zu versetzen.

Wenn die Kritik Lob und Tadel über den Handelnden aussprechen will, so muß sie allerdings suchen, sich genau in seinen Standpunkt zu versetzen, d. h. alles zusammenstellen, was er gewußt und was sein Handeln motiviert hat, dagegen von allem absehen, was der Handelnde nicht wissen konnte oder nicht wußte, also vor allen Dingen auch vom Erfolg. Allein das ist nur ein Ziel, nach dem man streben, was man aber nie ganz erreichen kann, denn niemals liegt der Stand der Dinge, von welchem eine Begebenheit ausgeht, genau so vor dem

Auge der Kritik, wie er vor dem Auge des Handelnden lag. Eine Menge kleiner Umstände, die auf den Entschluß Einfluß haben konnten, sind verlorengegangen, und manches subjektive Motiv ist nie zur Sprache gekommen. Die letzteren lernt man nur aus den Memoiren der Handelnden oder ihnen sehr vertrauter Personen kennen, und in solchen Memoiren werden die Dinge oft in einer sehr breiten Manier behandelt, auch wohl absichtlich nicht aufrichtig erzählt. Es muß also der Kritik immer vieles abgehen, was dem Handelnden gegenwärtig war.

Von der anderen Seite ist es noch schwerer, daß sie von dem absehe, was sie zuviel weiß. Leicht ist dies nur in Beziehung auf alle zufälligen, d. h. in den Verhältnissen selbst nicht begründeten Umstände, die sich eingemischt haben, sehr schwer aber und nie vollkommen zu erreichen von allen wesentlichen Dingen.

Sprechen wir zuerst von dem Erfolg. Ist er nicht aus zufälligen Dingen hervorgegangen, so ist es fast unmöglich, daß seine Kenntnis nicht auf die Beurteilung der Dinge Einfluß habe, aus denen er hervorgegangen, denn wir sehen ja diese Dinge in seinem Licht und lernen sie zum Teil durch ihn erst ganz kennen und würdigen. Die Kriegsgeschichte ist mit allen ihren Erscheinungen für die Kritik selbst eine *Quelle der Belehrung,* und es ist ja natürlich, daß sie die Dinge mit eben dem Lichte beleuchte, was ihr aus der Betrachtung des Ganzen geworden ist. Müßte sie also in manchen Fällen die Absicht haben, durchaus davon abzusehen, so würde ihr das doch nie vollkommen gelingen.

Aber so verhält es sich nicht bloß mit dem Erfolg, also mit dem, was erst später eintritt, sondern auch mit dem schon Vorhandenen, also den Datis, welche das Handeln bestimmen. Die Kritik wird daran in den meisten Fällen mehr haben als der Handelnde, nur sollte man glauben, es sei leicht, davon ganz abzusehen, und doch ist es nicht so. Die Kenntnis der vorhergegangenen und gleichzeitigen Umstände beruht nämlich nicht bloß auf bestimmten Nachrichten, sondern auf einer großen Zahl von Vermutungen oder Voraussetzungen, ja es ist von den Nachrichten über nicht ganz zufällige Dinge fast keine, der nicht schon eine Voraussetzung oder Vermutung vorausgegangen wäre, und wodurch die gewisse Nachricht, wenn sie ausbleibt, vertreten wird. Nun ist es begreiflich, daß die spätere Kritik, welche alle vorhergegangenen und gleichzeitigen Umstände faktisch kennt, dadurch nicht bestochen werden sollte, wenn sie sich fragt, was sie in dem Augenblick des Handelns von den nicht bekannten Umständen für wahrscheinlich gehalten haben würde. Wir behaupten, daß hier eine vollkommene Abstraktion ebenso unmöglich ist wie bei dem Erfolg, und zwar aus denselben Gründen.

Wenn also die Kritik über einen einzelnen Akt des Handelns Lob oder Tadel aussprechen will, so wird es ihr immer nur bis auf einen gewissen Punkt gelingen, sich in die Stellung des Handelnden zu versetzen. In sehr vielen Fällen wird sie es bis auf einen für das praktische Bedürfnis genügenden Grad können; in manchen Fällen aber durchaus nicht, und das muß man nicht aus den Augen verlieren.

Aber es ist weder notwendig noch wünschenswert, daß die Kritik sich ganz mit dem Handelnden identifiziere. Im Kriege, wie überhaupt im kunstfertigen Handeln, wird eine ausgebildete natürliche Anlage gefordert, die man seine Virtuosität nennt. Diese kann groß und klein sein. In dem ersten Falle kann sie leicht die des Kritikers übersteigen; denn welcher Kritiker wollte behaupten, die Virtuosität eines Friedrich oder Bonaparte zu besitzen! Soll also die Kritik sich nicht jedes Ausspruchs über ein großes Talent enthalten, so muß es ihr gestattet sein, von dem Vorteile ihres größeren Horizontes Gebrauch zu machen. Die Kritik kann also einem großen Feldherrn die Lösung seiner Aufgabe nicht mit denselben Datis wie ein Rechenexempel nachrechnen, sondern sie muß, was in der höheren Tätigkeit seines Genies gegründet war, erst durch den Erfolg, durch das sichere Zutreffen der Erscheinungen bewundernd erkennen und den wesentlichen Zusammenhang, den der Blick des Genies ahnte, erst faktisch kennenlernen.

Aber für jede, auch die kleinste Virtousität ist es nötig, daß die Kritik sich auf einem höheren Standpunkt befinde, damit sie, reich an objektiven Entscheidungsgründen, so wenig subjektiv als möglich sei, und ein beschränkter Geist des Kritikers sich nicht selbst zum Maßstabe mache.

Diese höhere Stellung der Kritik, dieses Lob und der Tadel nach einer völligen Einsicht der Sache hat auch an sich nichts, was unser Gefühl verletzt, sondern bekommt es erst dann, wenn der Kritiker sich persönlich hervordrängt und in einem Ton spricht, als wäre alle die Weisheit, die ihm durch die vollkommene Einsicht der Begebenheit gekommen ist, sein eigentümliches Talent. So grob dieser Betrug ist, so spielt ihn die Eitelkeit doch leicht, und es ist natürlich, daß er bei anderen Unwillen erregt. Noch öfter aber ist eine solche persönliche Überhebung gar nicht in der Absicht des Kritikers, wird aber, wenn er sich nicht ausdrücklich dagegen verwahrt, von dem übereilten Leser dafür genommen, und da entsteht denn auf der Stelle die Klage über Mangel an Beurteilungskraft.

Wenn also die Kritik einem Friedrich oder Bonaparte Fehler nachweist, so ist damit nicht gesagt, daß der, welcher die Kritik übt, sie nicht gemacht haben würde, er könnte sogar einräumen, daß er in der Stelle dieser Feldherren viel größere hätte machen können, sondern er erkennt[1] diese Fehler aus dem Zusammenhange der Dinge und fordert von der Sagazität des Handelnden, daß er sie hätte sehen sollen.

Dies ist also ein Urteil durch den Zusammenhang der Dinge und also auch *durch den Erfolg*. Aber es gibt noch einen ganz anderen Eindruck des Erfolges auf dasselbe, nämlich wenn er ganz einfacherweise als Beweis für oder gegen die Richtigkeit einer Maßregel gebraucht wird. Dieses kann man das Urteil *nach dem Erfolg* nennen. Ein solches Urteil nun scheint auf den ersten Anblick ganz unbedingt verwerflich, und doch ist es wieder nicht so.

Als Bonaparte 1812 nach Moskau zog, kam alles darauf an ob er durch die Eroberung dieser Hauptstadt und das, was vorhergegangen war, den Kaiser Alexander zum Frieden bewegen würde, wie er ihn 1807 nach der Schlacht bei Friedland und den Kaiser Franz 1805 und 1809 nach den Schlachten von Austerlitz und Wagram dazu bewogen hatte; denn wenn er den Frieden in Moskau nicht erhielt, so bleib ihm nichts als das Umkehren, d. h. nichts als eine strategische Niederlage übrig. Wir wollen davon absehen, was Bonaparte getan hatte, um nach Moskau zu kommen, und ob dabei nicht schon vieles, wodurch dem Kaiser Alexander der Entschluß zum Frieden gegeben werden konnte, verfehlt war; wir wollen auch von den zerstörenden Umständen absehen, von denen der Rückzug begleitet war, und die ihre Ursache vielleicht noch in der Führung des ganzen Feldzuges hatten. Immer wird die Frage dieselbe bleiben, denn wieviel glänzender auch das Resultat des Feldzuges bis Moskau hätte sein können, es blieb doch immer ungewiß, ob der Kaiser Alexander dadurch in den Frieden hineingeschreckt werden würde, und wenn der Rückzug auch keine solche Vernichtungsprinzipien in sich getragen hätte, er konnte nie etwas anderes als eine große strategische Niederlage sein. Ging der Kaiser Alexander einen nachteiligen Frieden ein, so gehörte der Feldzug von 1812 in die Reihen der Feldzüge von Austerlitz, Friedland und Wagram. Aber auch diese Feldzüge hätten ohne den Frieden wahrscheinlich zu ähnlichen Katastrophen geführt. Welche Kraft,

1 [2. Auflage: kennt]

Geschicklichkeit und Weisheit also der Welteroberer auch angewendet haben mochte, diese letzte Frage an das Schicksal blieb überall dieselbe. Soll man nun die Feldzüge von 1805, 1807 und 1809 verwerfen und um des Feldzuges von 1812 wegen behaupten, sie wären alle ein Werk der Unklugheit, der Erfolg sei gegen die Natur der Dinge, und im Jahre 1812 hätte sich endlich die strategische Gerechtigkeit gegen das blinde Glück Luft gemacht? Das wäre eine sehr gezwungene Ansicht, ein tyrannisches Urteil, wofür man den Beweis bis zur Hälfte schuldig bleiben müßte, weil kein menschlicher Blick imstande ist, den Faden des notwendigen Zusammenhanges der Dinge bis zu dem Entschluß der besiegten Fürsten zu verfolgen.

Noch weniger kann man sagen, der Feldzug von 1812 verdiente eben den Erfolg wie die anderen, und, daß er ihn nicht hatte, liege in etwas Ungehörigem, denn man wird die Standhaftigkeit Alexanders nicht als etwas Ungehöriges betrachten können.

Was ist natürlicher, als zu sagen: in den Jahren 1805, 1807 und 1809 hat Bonaparte seine Gegner richtig beurteilt, im Jahre 1812 hat er sich geirrt; damals also hat er recht gehabt, diesmal unrecht, und zwar beides, *weil es der Erfolg so lehrt.*

Alles Handeln im Kriege ist, wie wir schon gesagt haben, nur auf wahrscheinliche, nicht auf gewisse Erfolge gerichtet; was an der Gewißheit fehlt, muß überall dem Schicksal oder Glück, wie man es nennen will, überlassen bleiben. Freilich kann man fordern, daß dies sowenig als möglich sei, aber nur in Beziehung auf den einzelnen Fall: nämlich, sowenig als *in diesem einzelnen Fall möglich,* nicht aber, daß man den Fall, wobei die Ungewißheit am geringsten ist, immer vorziehen müßte; das wäre ein ungeheurer Verstoß, wie das aus allen unseren theoretischen Ansichten hervorgehen wird. Es gibt Fälle, wo das höchste Wagen die höchste Weisheit ist.

In allem nun, was der Handelnde dem Schicksal überlassen muß, scheint sein persönliches Verdienst ganz aufzuhören und also auch seine Verantwortlichkeit; nichtsdestoweniger können wir uns eines inneren Beifalles nicht enthalten, sooft die Erwartung zutrifft, und wir fühlen, wenn sie fehlschlug, ein Mißbehagen des Verstandes, *und weiter soll das Urteil von Recht und Unrecht auch nicht bedeuten, was wir aus dem bloßen Erfolg entnehmen, oder vielmehr, was wir in ihm finden.*

Aber es ist nicht zu verkennen, daß das Wohlgefallen, welches unser Verstand am Zutreffen, das Mißfallen, was er am Verfehlen hat, doch auf dem dunklen Gefühle beruht, daß zwischen diesem, dem Glück zugeschriebenen Erfolg und dem Genius des Handelnden ein feiner, dem Auge des Geistes unsichtbarer Zusammenhang bestehe, der uns in der Voraussetzung Vergnügen macht. Was diese Ansicht beweist, ist, daß unser Anteil steigt, zu einem bestimmteren Gefühle wird, wenn das Treffen und Verfehlen sich bei demselben Handelnden oft wiederholt. So wird es begreiflich, wie das Glück im Kriege eine viel edlere Natur annimmt als das Glück im Spiel. Überall wo ein glücklicher Krieger unsere Interessen nicht anderweitig verletzt, werden wir ihn mit Vergnügen auf seiner Bahn begleiten.

Die Kritik wird also, nachdem sie alles, was in das Gebiet menschlicher Berechnung und Überzeugung gehört, abgewogen hat, für den Teil, wo der tiefe geheime Zusammenhang der Dinge sich nicht an sichtbaren Erscheinungen verkörpert, den Ausgang sprechen lassen und diesen leisen Spruch einer höheren Gesetzgebung auf der einen Seite vor dem Tumult roher Meinungen schützen, indem sie zugleich von der anderen Seite die plumpen Mißbräuche zurückweist, die von dieser höchsten Instanz gemacht werden können.

Dieser Ausspruch des Erfolges muß also überall erzeugen, was die menschliche Klugheit nicht ermitteln kann, und so werden es denn die geistigen Kräfte und Wirkungen hauptsächlich sein, für die er in Anspruch genommen wird, teils weil sie sich am wenigsten mit Zuverlässigkeit beurteilen lassen, teils weil sie dem Willen selbst so nahe liegen, daß sie ihn um so leichter bestimmen. Wo Furcht oder Mut den Entschluß fortreißen, da gibt es zwischen ihnen nichts Objektives mehr abzumachen, und folglich nichts, wo Klugheit und Berechnung dem wahrscheinlichen Erfolg noch einmal begegnen könnte.

Jetzt müssen wir uns noch einige Betrachtungen über das Instrument der Kritik erlauben, nämlich über die Sprache, deren sie sich bedient, weil diese dem Handeln im Kriege gewissermaßen zur Seite bleibt; denn die prüfende Kritik ist ja nichts als die Überlegung, welche dem Handeln vorhergehen soll. Wir halten es darum für etwas höchst Wesentliches, daß die Sprache der Kritik denselben Charakter habe, den das Überlegen im Kriege haben muß, sonst würde sie aufhören, praktisch zu sein und der Kritik keinen Eingang in das Leben verschaffen.

Wir haben in unserer Betrachtung über die Theorie der Kriegführung gesagt, daß sie den Geist der Führer im Kriege erziehen oder vielmehr bei seiner Erziehung leiten soll, daß sie nicht bestimmt ist, ihn mit positiven Lehren und Systemen auszurüsten, die er wie

Instrumente des Geistes gebrauchen könnte. Ist aber im Kriege zur Beurteilung eines vorliegenden Falles niemals die Konstruktion wissenschaftlicher Hilfslinien notwendig oder auch nur zulässig, tritt die Wahrheit da nicht in systematischer Gestalt auf, wird sie nicht *mittelbar,* sondern *unmittelbar* durch den natürlichen Blick des Geistes gefunden, so muß es auch in der kritischen Betrachtung *also* sein.

Zwar haben wir gesehen, daß sie überall, wo es zu weitläuftig sein würde, die Natur der Dinge festzustellen, sich auf die in der Theorie davon ausgemachten Wahrheiten stützen muß. Allein so wie im Kriege der Handelnde diesen theoretischen Wahrheiten mehr gehorcht, indem er ihren Geist in den seinigen aufgenommen hat, als indem er sie wie ein äußeres steifes Gesetz betrachtet, so soll auch die Kritik sich ihrer nicht wie eines fremden Gesetzes oder einer algebraischen Formel bedienen, deren neue Wahrheit für die Anwendung gar nicht aufgeschlossen zu werden braucht, sondern sie soll diese Wahrheit selbst immer durchleuchten lassen, indem sie nur die genaueren und umständlicheren Beweise der Theorie überläßt. So vermeidet sie eine geheimnisvolle dunkle Sprache und bewegt sich in einfacher Rede, in einer lichten, d. h. immer *sichtbaren* Vorstellungsreihe fort.

Freilich wird dies nicht immer vollkommen zu erreichen, aber es muß das Streben der kritischen Darstellung sein. Sie muß zusammengesetzte Formen der Erkenntnis so wenig als möglich brauchen und nie sich der Konstruktion wissenschaftlicher Hilfslinien wie eines eigenen Wahrheitsapparates bedienen, sondern alles durch den natürlichen freien Blick des Geistes ausrichten.

Aber dieses fromme Bestreben, wenn wir uns den Ausdruck erlauben dürfen, ist leider bisher in den wenigsten kritischen Betrachtungen herrschend gewesen, die meisten sind vielmehr von einer gewissen Eitelkeit zum Ideenprunk fortgezogen worden.

Das erste Übel, worauf wir häufig stoßen, ist eine unbehilfliche, ganz unzulässige Anwendung gewisser einseitiger Systeme als eine förmliche Gesetzgebung. Aber es ist nie schwer, die Einseitigkeit eines solchen Systems zu zeigen, und das braucht man nur zu tun, um ein für allemal seinen richterlichen Spruch verworfen zu haben. Man hat es hier mit einem bestimmten Gegenstande zu tun, und da die Zahl möglicher Systeme am Ende doch nur klein sein kann, so sind sie an sich auch nur das kleinere Übel.

Viel größer ist der Nachteil, der in dem Hofstaat von *Terminologien, Kunstausdrücken* und *Metaphern liegt,* den die Systeme mit sich schleppen, und der wie loses Gesindel, wie der Troß eines Heeres, von seinem Prinzipal loslassend, sich überall umhertreibt. Wer unter den Kritikern sich nicht zu einem ganzen System erhebt, entweder weil ihm keins gefällt, oder weil er nicht so weit gekommen ist, eins ganz kennenzulernen, der will wenigstens ein Stückchen davon gelegentlich wie ein Lineal anlegen, um zu zeigen, wie fehlerhaft der Gang des Feldherrn war. Die meisten können gar nicht räsonieren, ohne ein solches Fragment wissenschaftlicher Kriegslehre hier und da als Stützpunkt zu brauchen. Die kleinsten dieser Fragmente, die in bloßen Kunstwörtern und Metaphern bestehen, sind oft nichts als Verschönerungsschnörkel der kritischen Erzählung. Nun ist es in der Natur der Sache, daß alle Terminologien und Kunstausdrücke, welche einem Systeme angehören, ihre Richtigkeit, wenn sie dieselbe wirklich hatten, verlieren, sobald sie, herausgerissen aus demselben, wie allgemeine Axiome gebraucht werden sollen oder wie kleine Wahrheitskristalle, die mehr Beweiskraft haben als die schlichte Rede.

So ist es denn gekommen, daß unsere theoretischen und kritischen Bücher statt einer schlichten, einfachen Überlegung, bei welcher der Autor wenigstens immer weiß, was er sagt, und der Leser, was er liest, wimmelnd voll sind von diesen Terminologien, die dunkle Kreuzpunkte bilden, an denen Leser und Autor voneinander abkommen. Aber sie sind oft noch etwas viel Schlimmeres; sie sind oft hohle Schalen ohne Kern. Der Autor selbst weiß nicht mehr deutlich, was er dabei denkt und beruhigt sich mit dunklen Vorstellungen, die ihm bei der einfachen Rede selbst nicht genügen würden.

Ein drittes Übel der Kritik ist der Mißbrauch historischer Beispiele und der Prunk mit Belesenheit. Was die Geschichte der Kriegskunst ist, darüber haben wir uns schon ausgesprochen, und wir werden unsere Ansicht über Beispiele und über die Kriegsgeschichte überhaupt noch in besonderen Kapiteln entwickeln. Ein Faktum, welches bloß im Fluge berührt wird, kann zur Vertretung der *entgegengesetztesten Ansichten* gebraucht werden, und drei oder vier, die aus den entferntesten Zeiten oder Ländern, aus den ungleichartigsten Verhältnissen herbeigeschleppt und zusammengehäuft werden, zerstreuen und verwirren das Urteil meistens, ohne die mindeste Beweiskraft zu haben; denn wenn sie bei Lichte betrachtet werden, so ist es meistens nur Plunder und die Absicht des Autors, mit Belesenheit zu prunken.

Was kann aber mit diesen dunklen, halbwahren, verworrenen, willkürlichen Vorstellungen für das praktische Leben gewonnen werden? So wenig, daß die Theorie vielmehr dadurch, solange sie besteht, ein wahrer Gegensatz der Praktik und nicht selten der Spott derer geworden ist, denen im Felde eine große Tüchtigkeit nicht abzusprechen war.

So hätte es aber unmöglich sein können, wenn sie in einfacher Rede und natürlicher Betrachtung der Gegenstände, welche die Kriegführung ausmachen, dasjenige festzustellen gesucht hätte, was sich feststellen läßt; wenn sie ohne falsche Ansprüche und ungehörigen Pomp wissenschaftlicher Formen und historischer Zusammenstellungen dicht bei der Sache geblieben und mit Leuten, die im Felde durch den natürlichen Blick ihres Geistes die Dinge leiten sollen, Hand in Hand gegangen wäre.

Sechstes Kapitel: Über Beispiele

Historische Beispiele machen alles klar und haben nebenher in Erfahrungswissenschaften die beste Beweiskraft. Mehr als irgendwo ist dies in der Kriegskunst der Fall. Der General Scharnhorst, welcher in seinem Taschenbuche über den eigentlichen Krieg am besten geschrieben hat, erklärt die historischen Beispiele für das Wichtigste in dieser Materie, und er macht einen bewunderungswürdigen Gebrauch davon. Hätte er den Krieg, in welchem er fiel, überlebt, so würde der vierte Teil seiner umgearbeiteten Artillerie uns einen noch schöneren Beweis gegeben haben, mit welchem Geist der Beobachtung und Belehrung er die Erfahrung durchdrang.

Aber ein solcher Gebrauch von historischen Beispielen wird nur selten von den theoretischen Schriftstellern gemacht, vielmehr ist die Art, wie sie sich derselben bedienen, meistens nur geeignet, den Verstand nicht allein unbefriedigt zu lassen, sondern sogar zu verletzen. Wir halten es daher für wichtig, den rechten Gebrauch und den Mißbrauch der Beispiele besonders ins Auge zu fassen.

Unstreitig gehören die der Kriegskunst zum Grunde liegenden Kenntnisse zu den Erfahrungswissenschaften; denn wenn sie auch größtenteils aus der Natur der Dinge hervorgehen, so muß man doch diese Natur meistens selbst erst durch die Erfahrung kennenlernen; außerdem aber wird die Anwendung von so vielen Umständen modifiziert, daß die Wirkungen nie aus der bloßen Natur des Mittels vollständig erkannt werden können.

Die Wirkung des Pulvers, dieses großen Agens für unsere kriegerische Tätigkeit, ist bloß durch die Erfahrung erkannt worden, und noch zu dieser Stunde ist man unaufhörlich durch Versuche beschäftigt, sie genauer zu erforschen. Daß eine eiserne Kugel, der man durch das Pulver eine Geschwindigkeit von 1000 Fuß in der Sekunde gegeben hat, alles zerschmettert, was sie von lebenden Wesen in ihrem Lauf berührt, versteht sich freilich von selbst, es bedarf dazu keiner Erfahrung; aber wie viel Hundert Nebenumstände bestimmen diese Wirkung genauer, die zum Teil nur durch die Erfahrung erkannt werden können. Und die physische Wirkung ist ja nicht die einzige, die wir zu beachten haben; die moralische ist es ja, welche wir suchen, und es gibt kein anderes Mittel, dieses kennen und schätzen zu lernen, als die *Erfahrung*. Im Mittelalter, als die Feuerwaffen eben erst erfunden waren, war die physische Wirkung der unvollkommenen Einrichtung wegen natürlich viel geringer als jetzt, ihre moralische war aber viel größer. Man muß die Standhaftigkeit eines jener Haufen, die Bonaparte in seinem Eroberungsdienst erzogen und angeführt hat, im stärksten und anhaltendsten Geschützfeuer gesehen haben, um sich einen Begriff davon zu machen, was eine in langer Übung der Gefahr gestählte Truppe leisten kann, die durch eine reiche Siegesfülle zu dem edlen Satze gelangt ist, sich selbst die höchsten Forderungen zu machen. In der bloßen Vorstellung würde man es nie glauben. Von der anderen Seite ist es eine bekannte Erfahrung, daß es noch heut in den europäischen Heeren Truppen gibt wie Tataren, Kosaken, Kroaten, deren[1] Haufen durch ein paar Kanonenschüsse jedesmal zerstreut werden. Aber keine Erfahrungswissenschaft, und folglich auch nicht die Theorie der Kriegskunst, ist imstande, ihre Wahrheiten immer von den historischen Beweisen begleiten zu lassen; teils würde es schon der bloßen Weitläuftigkeit wegen unmöglich sein, teils würde es auch schwer sein, die Erfahrung in den einzelnen Erscheinungen nachzuweisen. Findet man im Kriege, daß irgendein Mittel sich einmal sehr wirksam gezeigt hat, so wird es wiederholt; einer macht es dem anderen nach, es wird förmlich Mode, und auf diese Weise kommt es, auf die Erfahrung gestützt, in den Gebrauch und nimmt seinen Platz in der Theorie ein, die dabei stehenbleibt, sich im allgemeinen auf die Erfahrung zu berufen, um seinen Ursprung anzudeuten, nicht aber, um es zu beweisen. Ganz anders ist es aber, wenn die Erfahrung gebraucht werden soll, um ein gebräuchliches Mittel zu verdrängen, ein zweifelhaftes festzustellen, oder ein neues einzuführen; dann müssen einzelne Beispiele

1 [2. Auflage: Truppen gibt, deren]

aus der Geschichte zum Beweise aufgestellt werden.

Wenn man nun den Gebrauch eines historischen Beispiels näher betrachtet, so ergeben sich dafür vier leicht zu unterscheidende Gesichtspunkte.

Zuerst kann man dasselbe als eine bloße *Erläuterung* des Gedankens brauchen. Es ist nämlich bei jeder abstrakten Betrachtung sehr leicht, falsch oder auch gar nicht verstanden zu werden; wo der Autor dies fürchtet, dient ein historisches Beispiel dazu, dem Gedanken das fehlende Licht zu geben, und zu sichern, daß Autor und Leser beieinanderbleiben.

Zweitens kann es als eine *Anwendung* des Gedankens dienen, weil man bei einem Beispiel Gelegenheit hat, die Behandlung derjenigen kleineren Umstände zu zeigen, die bei dem allgemeinen Ausdruck des Gedankens nicht alle mit aufgefaßt werden konnten; denn darin besteht ja der Unterschied zwischen Theorie und Erfahrung. Diese beiden Fälle sind die des eigentlichen Beispiels; die beiden folgenden gehören zum historischen Beweis.

Drittens kann man sich nämlich auf ein historisches Faktum beziehen, um damit dasjenige, was man gesagt hat, zu belegen. Dies ist in allen Fällen hinreichend, wo man bloß die *Möglichkeit* einer Erscheinung oder Wirkung dartun will.

Endlich kann man viertens aus der umständlichen Darstellung eines historischen Ereignisses und aus der Zusammenstellung mehrerer irgendeine Lehre ziehen, die also in diesem Zeugnis selbst ihren waren Beweis findet.

Bei dem ersten Gebrauch kommt es meistens nur auf eine flüchtige Erwähnung des Falles an, weil man ihn nur einseitig benutzt. Es ist dabei selbst die historische Wahrheit eine Nebensache, ein erfundenes Beispiel könnte auch dienen; nur haben historische immer den Vorzug, praktischer zu sein und den Gedanken, welchen sie erläutern, dem praktischen Leben selbst näher zu führen.

Der zweite Gebrauch setzt eine umständlichere Darstellung des Falles voraus, nur ist die Richtigkeit dabei wieder Nebensache, und in dieser Beziehung dasselbe zu sagen, was wir vom ersten Fall gesagt haben.

Beim dritten Gebrauch reicht meistens die bloße Angabe eines unzweifelhaften Faktums hin. Wenn man die Behauptung aufstellt, daß verschanzte Stellungen unter gewissen Bedingungen ihren Zweck erfüllen können, so braucht man bloß die Stellung vom Bunzelwitz zu nennen, um diese Behauptung zu belegen.

Soll aber durch die Darstellung eines historischen Falles irgendeine allgemeine Wahrheit erwiesen werden, so muß dieser Fall in allem, was Bezug auf die Behauptung hat, genau und umständlich entwikkelt, er muß gewissermaßen vor dem Auge des Lesers sorgfältig aufgebaut werden. Je weniger dies zu erreichen ist, um so schwächer wird der Beweis, und um so mehr wird es nötig, was dem einzelnen Fall an Beweiskraft abgeht, durch die Menge der Fälle zu ersetzen, weil man nämlich mit Recht voraussetzt, daß die näheren Umstände, die man nicht imstande gewesen ist, anzugeben, in einer gewissen Anzahl von Fällen ihren Wirkungen nach sich ausgeglichen haben werden.

Wenn man aus der Erfahrung beweisen will, daß die Reiterei besser hinter als neben dem Fußvolk steht, daß es bei nicht entscheidender Übermacht höchst gefährlich ist, den Gegner sowohl in einer Schlacht als auf dem Kriegstheater, also sowohl taktisch als strategisch mit getrennten Kolonnen weit zu umfassen, so reicht es in dem ersten Fall nicht hin, einige verlorene Schlachten zu nennen, wo die Reiterei auf den Flügeln, und ein paar gewonnene, wo sie hinter dem Fußvolk stand, und im letzten Fall reicht es nicht hin, an die Schlachten von Rivoli oder Wagram, an die Angriffe der Österreicher auf das italienische Kriegstheater 1796 oder der Franzosen auf das deutsche in eben diesem Feldzug zu erinnern, sondern es muß durch eine genaue Verfolgung aller Umstände und der einzelnen Vorgänge dargetan werden, auf welche Weise jene Formen der Stellung und des Angriffs wesentlich zum schlechten Ausgang beigetragen haben. Dann wird sich auch ergeben, *inwieweit* jene Formen verwerflich sind, welches notwendig mitbestimmt werden muß, weil eine ganz allgemeine Verwerfung jedenfalls die Wahrheit verletzen würde.

Daß man, wenn die umständliche Darlegung des Faktums nicht tunlich ist, die fehlende Beweiskraft durch die Anzahl der Beispiele ergänzen kann, haben wir schon eingeräumt, aber es ist nicht zu leugnen, daß dies ein gefährlicher Ausweg ist, der häufig gemißbraucht wird. Statt eines sehr umständlich dargelegten Falles begnügt man sich, drei oder vier bloß zu *berühren,* und gewinnt dadurch *den Schein* eines starken Beweises. Aber es gibt Gegenstände, wo ein ganzes Dutzend aufgeführter Fälle nichts beweist, wenn sie sich nämlich häufig wiederholen, und es also ebenso leicht ist, ein Dutzend Fälle mit engegengesetztem Ausgang dawider anzuführen. Wer uns ein Dutzend verlorene Schlachten nennt, in welchen der Geschlagene in getrennten Kolonnen angriff, dem können wir ein Dutzend gewonnene nennen, wo eben diese Ordnung gebraucht wurde. Man sieht, daß auf diese Weise kein Resultat zu erreichen wäre.

Wenn man sich diese verschiedenen Verhältnisse überlegt, so wird man einsehen, wie leicht mit Beispielen Mißbrauch getrieben werden kann.

Ein Ereignis, was nicht in allen seinen Teilen sorgfältig aufgebaut, sondern im Fluge berührt wird, ist wie ein aus zu großer Entfernung gesehener Gegenstand, an dem man die Lage seiner Teile nicht mehr unterscheiden kann, und der von allen Seiten ein gleiches Ansehen hat. Wirklich haben solche Beispiele den widersprechendsten Meinungen zur Stütze dienen müssen. Dem einen sind Dauns Feldzüge das Muster weiser Behutsamkeit, dem anderen der Zaghaftigkeit und Unentschlossenheit. Bonapartes Vordringen über die Norischen Alpen im Jahr 1797 kann als die herrlichste Entschlossenheit, aber auch als eine wahre Unbesonnenheit erscheinen; seine strategische Niederlage 1812 kann als eine Folge eines Übermaßes an Energie, aber auch eines Mangels daran vorgestellt werden. Alle diese Meinungen sind vorgekommen, und man begreift wohl, wie sie haben entstehen können, weil jede sich den Zusammenhang der Dinge anders gedacht hat. Gleichwohl können diese widersprechenden Meinungen nicht miteinander bestehen, und eine von beiden muß also notwendig unwahr sein.

So sehr viel Dank wir dem vortrefflichen Feuquières für die zahlreichen Beispiele schuldig sind, womit er seine Memoiren ausgerüstet hat, teils weil dadurch eine Menge historischer Nachrichten auf uns gekommen sind, die wir sonst entbehren würden, teils weil er dadurch zuerst eine sehr nützliche Annäherung theoretischer, d. i. abstrakter Vorstellungen an das praktische Leben bewirkt hat, insofern die angeführten Fälle als Erläuterung und nähere Bestimmung der theoretischen Behauptung zu betrachten sind, so hat er doch den Zweck, welchen er sich meistens dabei vorsetzt, die theoretischen Wahrheiten historisch zu erweisen, schwerlich bei einem unbefangenen Leser unserer Zeit erreichen können. Denn wenn er auch die Ereignisse zuweilen mit einiger Umständlichkeit erzählt, so fehlt doch viel daran, daß aus ihrem inneren Zusammenhang die gezogenen Folgerungen notwendig hervorgingen.

Aber das bloße Berühren von historischen Ereignissen hat noch den anderen Nachteil, daß ein Teil der Leser diese Ereignisse nicht hinreichend kennt oder im Gedächtnis hat, um sich auch nur das dabei denken zu können, was sich der Autor dabei gedacht hat, so daß für sie nichts übrig bleibt, als sich imponieren zu lassen oder ohne alle Überzeugung zu bleiben.

Es ist allerdings sehr schwer, geschichtliche Ereignisse so vor dem Auge des Lesers aufzubauen oder sich zutragen zu lassen, wie es nötig ist, wenn sie zu Beweisen gebraucht werden sollen, denn es fehlt den Schriftstellern meistens ebenso sehr an den Mitteln als an Zeit und Raum dazu; wir behaupten aber, daß, wo es auf die Feststellung einer neuen oder einer zweifelhaften Meinung ankommt, ein einziges gründlich dargestelltes Ereignis belehrender ist als zehn bloß berührte. Das Hauptübel dieser oberflächlichen Berührung liegt nicht darin, daß der Schriftsteller sie gibt mit dem falschen Anspruch, dadurch etwas beweisen zu wollen, sondern daß er diese Ereignisse nie ordentlich kennengelernt hat, und daß von dieser leichtsinnigen, oberflächlichen Behandlung der Geschichte dann hundert falsche Ansichten und theoretische Projektmachereien entstehen, die nie zum Vorschein gekommen wären, wenn der Schriftsteller die Verpflichtung hätte, alles, was er Neues zu Markt bringt und aus der Geschichte beweisen will, aus dem genauen Zusammenhang der Dinge unzweifelhaft hervorgehen zu lassen.

Hat man sich von diesen Schwierigkeiten bei dem Gebrauch historischer Beispiele und von der Notwendigkeit dieser Forderung überzeugt, so wird man auch der Meinung sein, daß die neueste Kriegsgeschichte immer das natürlichste Feld für die Wahl der Beispiele sein muß, insoweit sie nur hinreichend bekannt und bearbeitet ist. Nicht nur, daß entferntere Perioden anderen Verhältnissen angehören, also auch einer anderen Kriegführung, und daß also ihre Ereignisse weniger lehrreich und praktisch für uns sind, sondern es ist auch natürlich, daß die Kriegsgeschichte wie jede andere nach und nach eine Menge von kleinen Zügen und Umständen einbüßt, die sie anfangs noch aufzuweisen hatte, daß sie immer mehr an Farben und Leben verliert, wie ein ausgeblaßtes oder nachgedunkeltes Bild, so daß zuletzt nur noch die großen Massen und einzelne Züge zufällig stehen bleiben, die ein übertriebenes Gewicht dadurch bekommen.

Betrachten wir den Zustand der jetzigen Kriegführung, so müssen wir uns sagen, daß es hauptsächlich die Kriege bis zu dem Österreichischen Erbfolgekriege sind, welche wenigstens in der Bewaffung noch eine große Ähnlichkeit mit den heutigen haben, und die, wenn sich auch sonst in den großen und kleinen Verhältnissen viel geändert hat, den heutigen Kriegen doch noch nahe genug stehen, um viel Belehrung aus ihnen zu ziehen. Ganz anders ist es schon mit dem Spanischen

Erbfolgekriege, wo das Feuergewehr noch nicht so ausgebildet und die Reiterei noch die Hauptwaffe war. Je weiter man zurückgeht, um so unbrauchbarer wird die Kriegsgeschichte, wie sie zugleich um so ärmer und dürftiger wird. Am unbrauchbarsten und dürftigsten muß die Geschichte der alten Völker sein.

Aber diese Unbrauchbarkeit ist freilich keine absolute, sondern sie bezieht sich nur auf Gegenstände, die von der Kenntnis der genaueren Umstände oder von denjenigen Dingen abhängen, in welchen sich die Kriegführung geändert hat. Wie wenig wir auch von dem Hergang der Schlachten der Schweizer gegen die Österreicher, Burgunder und Franzosen unterrichtet sind, so finden wir doch darin zuerst die Überlegenheit eines guten Fußvolkes gegen die beste Reiterei mit den stärksten Zügen ausgesprochen. Ein allgemeiner Blick auf die Zeit der Kondottieri lehrt uns, wie die ganze Kriegführung abhängig ist von dem Instrument, dessen man sich bedient, denn zu keiner anderen Zeit hatten die im Kriege gebrauchten Streitkräfte so den Charakter eines eigentümlichen Instruments und waren so von dem übrigen Staats- und Volksleben getrennt. Die merkwürdige Art, wie Rom im zweiten Punischen Kriege Karthago bekämpfte durch einen Angriff in Spanien und Afrika, während Hannibal in Italien noch unbesiegt war, kann ein Gegenstand sehr lehrreicher Betrachtung sein, weil die allgemeinen Verhältnisse der Staaten und Heere, worauf die Wirksamkeit dieses indirekten Widerstandes beruhte, noch hinreichend bekannt sind.

Aber je weiter die Dinge in das Einzelne hinuntersteigen und sich von den allgemeinsten Verhältnissen entfernen, um so weniger können wir die Muster und Erfahrungen in sehr entlegenen Zeiten aufsuchen, denn wir sind weder imstande, die entsprechenden Ereignisse gehörig zu würdigen, noch auf unsere ganz veränderten Mittel anzuwenden.

Aber es ist leider zu allen Zeiten die Neigung der Schriftsteller sehr groß gewesen, die Begebenheiten des Altertums im Munde zu führen. Wir wollen unentschieden lassen, wieviel Anteil Eitelkeit und Charlatanerie daran haben können, aber wir vermissen dabei meistens die redliche Absicht, das eifrige Bestreben, zu belehren und zu überzeugen, und können solche Allusionen dann nur für Zierate halten, womit Lücken und Fehler bedeckt werden sollen.

Unendlich groß wäre das Verdienst, den Krieg in lauter historischen Beispielen zu lehren, wie Feuquières sich vorgesetzt hatte; aber es wäre reichlich das Werk eines ganzen Menschenlebens, wenn man bedenkt, daß der, welcher es unternimmt, doch erst durch eine lange eigene Kriegserfahrung dazu ausgerüstet sein muß.

Wer, von inneren Kräften angeregt, sich ein solches Werk vorsetzen will, der rüste sich zu dem frommen Unternehmen mit Kräften wie zu einer weiten Pilgerfahrt aus. Er opfere Zeit und scheue keine Anstrengung, er fürchte keine zeitliche Gewalt und Größe, er erhebe sich über eigene Eitelkeit und falsche Scham, um nach dem Ausdruck des französischen Kodex *die Wahrheit zu sagen, nichts als die Wahrheit, die ganze Wahrheit.*

Drittes Buch: Von der Strategie überhaupt

Erstes Kapitel: Strategie

Der Begriff ist festgestellt im zweiten Kapitel des zweiten Buches. Sie ist der Gebrauch des Gefechts zum Zweck des Krieges. Sie hat es eigentlich nur mit dem Gefecht zu tun, aber ihre Theorie muß den Träger dieser eigentlichen Tätigkeit, die Streitkraft, an sich und in ihren Hauptbeziehungen mit betrachten, denn das Gefecht wird durch sie gegeben und äußert seine Wirkungen wieder zunächst auf sie. Das Gefecht selbst muß sie in Beziehung auf seine möglichen Erfolge kennenlehren und die Kräfte des Geistes und Gemüts, welche bei dem Gebrauch desselben die wichtigsten sind.

Die Strategie ist der Gebrauch des Gefechts zum Zweck des Krieges; sie muß also dem ganzen kriegerischen Akt ein Ziel setzen, welches dem Zweck desselben enspricht, d. h. sie entwirft den Kriegsplan, und an dieses Ziel knüpft sie die Reihe der Handlungen an, welche zu demselben führen sollen, d. h. sie macht die Entwürfe zu den einzelnen Feldzügen und ordnet in diesen die einzelnen Gefechte an. Da sich alle diese Dinge meistens nur nach Voraussetzungen bestimmen lassen, die nicht alle zutreffen, eine Menge anderer, mehr ins einzelne gehender Bestimmungen sich aber gar nicht vorher geben lassen, so folgt von selbst, daß die Strategie mit ins Feld ziehen muß, um das Einzelne an Ort und Stelle anzuordnen und für das Ganze die Modifikationen zu treffen, die unaufhörlich erforderlich werden. Sie kann also ihre Hand in keinem Augenblick von dem Werke abziehen.

Daß man dies, wenigstens was das Ganze betrifft, nicht immer so angesehen hat, beweist die frühere Gewohnheit, die Strategie im Kabinett zu haben und nicht bei der Armee, welches nur dann zulässig ist, wenn das Kabinett dem Heer so nahe bleibt, daß es für das große Hauptquartier desselben genommen werden kann.

Die Theorie wird also der Strategie in diesem Entwurfe folgen, oder richtiger gesagt, sie wird die Dinge an sich und in ihren Verhältnissen zueinander beleuchten und das wenige herausheben, was sich als Grundsatz oder Regel ergibt.

Wenn wir uns aus dem ersten Kapitel erinnern, wieviel Gegenstände der größten Art der Krieg berührt, so werden wir begreifen, daß die Berücksichtigung aller einen seltenen Blick des Geistes voraussetzt.

Ein Fürst oder Feldherr, welcher seinen Krieg genau nach seinen Zwecken und Mitteln einzurichten weiß, nicht zu viel und zu wenig tut, gibt dadurch den größten Beweis seines Genies. Aber die Wirkungen dieser Genialität zeigen sich nicht sowohl in neuerfundenen Formen des Handelns, welche sogleich in die Augen fallen würden, als in dem glücklichen Endresultat des Ganzen. Es ist das richtige Zutreffen der stillen Voraussetzungen, es ist die geräuschlose Harmonie des ganzen Handelns, welche wir bewundern sollten, und die sich erst in dem Gesamterfolg verkündet.

Derjenige Forscher, welcher von diesem Gesamterfolg aus jener Harmonie nicht auf die Spur kommt, der sucht die Genialität leicht da, wo sie nicht ist und sein kann.

Es sind nämlich die Mittel und Formen, deren sich die Strategie bedient, so höchst einfach, durch ihre beständige Wiederkehr so bekannt, daß es dem gesunden Menschenverstand nur lächerlich vorkommen kann, wenn er so häufig die Kritik mit einer geschraubten Emphase davon sprechen hört. Eine tausendmal vorgekommene Umgehung wird hier wie der Zug der glänzendsten Genialität, dort der tiefsten Einsicht, ja selbst des umfassendsten Wissens gepriesen. Kann es abgeschmacktere Auswüchse in der Bücherwelt geben?

Immer lächerlicher wird es, wenn man sich noch hinzudenkt, daß eben diese Kritik nach der gemeinsten Meinung alle moralischen Größen von der Theorie ausschließt und es nur mit dem Materiellen zu tun haben will, so daß alles auf ein paar mathematische Verhältnisse von Gleichgewicht und Überlegenheit, von Zeit und Raum und ein paar Winkel und Linien beschränkt wird. Wäre es nichts als das, so würde sich ja aus solcher Misere kaum eine wissenschaftliche Aufgabe für einen Schulknaben bilden lassen.

Aber gestehen wir nur: es ist hier von wissenschaftlichen Formen und Aufgaben gar nicht die Rede; die Verhältnisse der materiellen Dinge sind alle sehr einfach; schwieriger ist das Auffassen der geistigen Kräfte, die im Spiel sind. Aber auch bei diesen sind die Geistesverwicklungen und die große Mannigfaltigkeit der Größen und Verhältnisse nur in den höchsten Regionen der Strategie zu suchen, da, wo sie an die Politik und Staatskunst grenzt oder vielmehr beides selbst wird, und da haben sie, wie wir schon gesagt haben, mehr Einfluß auf das Wieviel und Wiewenig als auf die Form der Ausführung. Wo diese vorherrscht, wie bei den einzelnen großen und kleinen Begebenheiten des Krieges, da sind die geistigen Größen schon auf eine geringe Anzahl zurückgebracht.

So ist denn in der Strategie alles sehr einfach, aber darum nicht auch alles sehr leicht. Ist aus den Verhältnissen des Staates einmal bestimmt, was der Krieg soll und was er kann, so ist der Weg dazu leicht gefunden; aber diesen Weg unverrückt zu verfolgen, den Plan durchzuführen, nicht durch tausend Veranlassungen tausendmal davon abgebracht zu werden, das erfordert außer einer großen Stärke des Charakters eine große Klarheit und Sicherheit des Geistes; und von tausend Menschen, die ausgezeichnet sein können, der eine durch Geist, der andere durch Scharfsinn, wieder andere durch Kühnheit oder durch Willensstärke, wird vielleicht nicht einer die Eigenschaften in sich vereinigen, die ihn in der Bahn des Feldherrn über die Linie des Mittelmäßigen erheben.

Es klingt sonderbar, ist aber gewiß für alle, die den Krieg in dieser Beziehung kennen, ausgemacht, daß zu einem wichtigen Entschluß in der Strategie viel mehr Stärke des Willens gehört als in der Taktik. In dieser reißt der Augenblick mit fort, der Handelnde fühlt sich in einem Strudel fortgezogen, gegen den er ohne die verderblichsten Folgen nicht ankämpfen darf, er unterdrückt die aufsteigenden Bedenklichkeiten und wagt mutig weiter. In der Strategie, wo alles viel langsamer abläuft, ist den eigenen und fremden Bedenklichkeiten, Einwendungen und Vorstellungen und also auch der unzeitigen Reue viel mehr Raum gegönnt, und da man die Dinge in der Strategie nicht wie in der Taktik wenigstens zur Hälfte mit eigenen leiblichen Augen sieht, sondern alles erraten und vermuten muß, so ist auch die Überzeugung weniger kräftig. Die Folge ist, daß die meisten Generale, wo sie handeln sollten, in falschen Bedenklichkeiten steckenbleiben.

Jetzt werfen wir einen Blick in die Geschichte; er fällt auf Friedrich des Großen Feldzug von 1760, berühmt durch die schönen Märsche und Manöver, ein rechtes Kunstwerk strategischer Meisterschaft, wie uns die Kritik rühmt. Sollen wir nun da außer uns geraten vor Bewunderung, daß der König nun Dauns rechte Flanke umgehen wollte, nun seine linke, dann wieder die rechte usw.? Sollen wir darin eine tiefe Weisheit sehen? Nein, das können wir nicht, wenn wir natürlich und ohne Ziererei urteilen wollen. Wir müssen vielmehr zuvörderst des Königs Weisheit bewundern, der bei seinen beschränkten Kräften ein großes Ziel verfolgend, nichts unternahm, was diesen Kräften nicht entsprochen hätte, und *gerade genug,* um seinen Zweck zu erreichen. Diese Weisheit des Feldherrn ist nicht bloß in diesem Feldzug sichtbar, sondern über alle drei Kriege des großen Königs verbreitet.

Schlesien in den sicheren Hafen eines wohl garantierten Friedens zu bringen, war sein Zweck.

An der Spitze eines kleinen Staates, den übrigen Staaten in den meisten Dingen ähnlich und nur durch einige Zweige der Verwaltung vor ihnen ausgezeichnet, konnte er kein Alexander werden, und als Karl XII. würde er sich wie jener das Haupt zerschellt haben. Wir finden daher in seiner ganzen Kriegführung jene verhaltene Kraft, die immer im Gleichgewicht schwebt, die es nie an Nachdruck fehlen läßt, sich im Augenblick großer Bedrängnis zum Erstaunenswürdigen erhebt und im nächsten Augenblick wieder ruhig fort oszilliert, um dem Spiel der leisesten politischen Regungen sich unterzuordnen. Weder Eitelkeit, noch Ehrgeiz, noch Rachsucht können ihn von dieser Bahn entfernen, und diese Bahn allein ist es, die ihn an den glücklichen Ausgang des Streites geführt hat.

Wie wenig vermögen diese paar Worte jene Seite des großen Feldherrn zu würdigen; nur wenn man den wunderbaren Ausgang dieses Kampfes sorgfältig ins Auge faßt und den Ursachen nachspürt, die ihn herbeigeführt, wird man von der Überzeugung durchdrungen, daß nur des Königs scharfer Blick ihn durch alle Klippen glücklich geführt hat.

Dies ist die eine Seite, welche wir an diesem großen Feldherrn bewundern, in dem Feldzug von 1760 und in allen anderen, aber in diesem vorzugsweise, weil er in keinem einer so überlegenen feindlichen Macht mit so geringen Opfern das Gleichgewicht gehalten hat.

Die andere Seite trifft die Schwierigkeit der Ausführung. Die Märsche zu einer Umgehung rechts und links sind leicht entworfen; der Gedanke, sein Häuflein immer dicht beisammen zu halten, um dem zerstreuten Feinde überall gewachsen zu sein, sich mit schnellen Bewegungen zu vervielfältigen, ist ebenso leicht gefunden als ausgesprochen; die Erfindung also kann unsere Bewunderung nicht erwekken, und von so einfachen Dingen bleibt nichts übrig, als zu gestehen, daß sie einfach sind.

Aber ein Feldherr versuche es einmal, diese Dinge Friedrich dem Großen nachzutun. Lange hinterher haben Schriftsteller, die Augenzeugen waren, von der Gefahr, ja von der Unvorsichtigkeit gesprochen, welche mit des Königs Lagern verbunden gewesen, und wir dürfen nicht zweifeln, daß im Augenblick, wo er sie nahm, diese Gefahr dreimal so groß erschien als hinterher.

Ebenso war es mit den Märschen unter den Augen, oft unter den Kanonen des feindlichen Heeres. Friedrich der Große nahm jene

Lager und tat diese Märsche, weil er in Dauns Verfahrungsweise, in seiner Aufstellungsart, seiner Verantwortlichkeit und seinem Charakter diejenige Sicherung fand, die seine Lager und Märsche gewagt, aber nicht unbesonnen machten. Aber es gehörte des Königs Kühnheit, Entschlossenheit und die Stärke seines Willens dazu, um die Dinge so zu sehen und nicht von der Gefahr, von welcher man 30 Jahre hinterher noch schreiben und sprechen konnte, irre gemacht und abgeschreckt zu werden. Wenige Feldherren würden an Ort und Stelle diese einfachen Mittel der Strategie ausführbar geglaubt haben.

Nun wieder eine andere Schwierigkeit der Ausführung: des Königs Armee ist in diesem Feldzug unaufhörlich in Bewegung. Zweimal zieht sie hinter Daun her und, gefolgt von Lacy, auf schlechten Nebenwegen von der Elbe nach Schlesien (anfangs Juli und anfangs August). Sie muß in jedem Augenblick schlagfertig sein und ihre Märsche mit einer Kunst einrichten, die notwendig eine ebenso große Anstrengung zur Folge hat. Obgleich von Tausenden von Wagen begleitet und aufgehalten, ist ihre Verpflegung doch nur höchst kümmerlich. In Schlesien ist sie bis zur Schlacht von Liegnitz, 8 Tage lang, in beständigen Nachtmärschen verwickelt, immer in Auf- und Niederziehen an der feindlichen Front begriffen; – das kostet gewaltige Anstrengungen, das fordert große Entbehrungen.

Kann man glauben, daß sich das alles zugetragen habe ohne eine starke Friktion in der Maschine? Kann der Geist des Feldherrn solche Bewegungen mit der Leichtigkeit hervorbringen wie die Hand des Feldmessers die Bewegungen seines Abstrolabiums? Durchschneidet nicht der Anblick dieser Mühseligkeiten der armen hungernden und durstenden Kampfgenossen tausendmal das Herz der Führer und des obersten Führers? Kommen nicht die Klagen und Bedenklichkeiten darüber an sein Ohr? Hat ein gewöhnlicher Mensch Mut, dergleichen zu begehren, und werden solche Anstrengungen nicht unvermeidlich den Geist des Heeres herunterbringen, seine Ordnung lösen, kurz seine militärische Tugend untergraben, wenn nicht ein mächtiges Vertrauen zu der Größe und Unfehlbarkeit des Feldherrn alles gutmacht? – Hier also ist es, wo man Respekt haben soll; diese Wunder der Ausführung sind es, welche wir bewundern müssen. Alles dies aber fühlt sich mit seinem ganzen Gewicht nur, wenn man durch die Erfahrung einen Vorgeschmack davon bekommt; wer den Krieg nur aus Büchern und von Exerzierplätzen kennt, für den ist im Grunde dieses ganze Gegengewicht des Handelns nicht vorhanden; er möge daher, was ihm aus eigener Erfahrung nicht werden kann, von uns auf

Treu und Glauben annehmen.

Wir haben durch dieses Beispiel dem Gange unserer Vorstellungen mehr Klarheit geben wollen und eilen nun zum Schluß dieses Kapitels zu sagen, daß wir in unserer Darstellung der Strategie diejenigen einzelnen Gegenstände derselben, welche uns die wichtigsten scheinen, sie mögen nun materieller oder geistiger Natur sein, auf unsere Weise charakterisieren, von dem Einzelnen zum Zusammengesetzten fortschreiten und mit dem Zusammenhang des ganzen kriegerischen Aktes, d. h. mit dem Kriegs- und Feldzugsplan schließen werden.

Anmerkung. In dem Manuskript einer früheren Bearbeitung des zweiten Buches befinden sich folgende Stellen von der Hand des Verfassers: »*für das erste Kapitel des dritten Buches zu benutzen*«, bezeichnet. Die beabsichtigte Umarbeitung dieses Kapitels unterblieb, man gibt daher die erwähnten Stellen ihrem vollen Inhalte nach.

Durch die bloße Aufstellung von Streitkräften auf einem Punkt wird ein Gefecht daselbst bloß möglich, und nicht immer findet es wirklich statt. Ist nun jene Möglichkeit schon als Realität zu betrachten, als ein wirkliches Ding? Allerdings. Sie wird es durch ihre *Folgen,* und diese *Wirkungen, welche sie auch sein mögen, können niemals fehlen.*

Mögliche Gefechte sind der Folgen wegen als wirkliche zu betrachten

Wenn man einen Haufen absendet, um dem fliehenden Feinde den Rückweg zu versperren, und er sich darauf ergibt, ohne weiter zu fechten, so ist es doch nur das Gefecht, welches ihm dieser abgesandte Haufen anbietet, wodurch sein Entschluß hervorgebracht ist.

Wenn ein Teil unseres Heeres eine feindliche Provinz besetzt, die ohne Verteidigung war und dem Feinde dadurch beträchtliche Kräfte zur Ergänzung seines Heeres entzieht, so ist es nur das Gefecht, welches dieser abgesandte Teil dem Feinde vorher sehen läßt, im Fall er die Provinz wieder nehmen wollte, wodurch wir im Besitz derselben bleiben.

In beiden Fällen hat also die bloße Möglichkeit des Gefechts Folgen gehabt und ist dadurch in die Reihe der wirklichen Dinge getreten. Gesetzt, der Feind hätte in beiden Fällen unseren Korps andere entgegengestellt, denen sie nicht gewachsen wären, und sie dadurch bewogen, ohne Gefecht ihren Zweck aufzugeben, so ist zwar unser Zweck verfehlt, aber das Gefecht, welches wir dem Feinde auf diesem

Punkte anboten, darum doch nicht ohne Wirkung geblieben, denn es hat die feindlichen Kräfte herbeigezogen. Selbst dann, wenn uns das ganze Unternehmen zum Schaden gereicht, kann man nicht sagen, daß jene Aufstellungen, jene *möglichen Gefechte* ohne Wirkung geblieben seien; diese Wirkungen sind dann denen eines verlorenen Gefechts ähnlich.

Auf diese Weise zeigt sich, daß die Vernichtung der feindlichen Streitkräfte und die Niederwerfung der feindlichen Macht nur durch die Wirkungen des Gefechts geschehen, sei es, daß es wirklich stattfinde, oder daß es bloß angeboten und nicht angenommen werde.

Doppelter Zweck des Gefechts

Aber diese Wirkungen sind auch doppelter Art: unmittelbare und mittelbare. Das letztere sind sie, wenn andere Gegenstände sich einschieben und Zweck des Gefechts werden, die nicht schon an sich als Vernichtung feindlicher Streitkräfte angesehen werden können, sondern die erst dazu führen sollen, zwar mit einem Umweg, aber mit um so größerer Gewalt. Der Besitz von Provinzen, Städten, Festungen, Straßen, Brücken, Magazinen usw. kann der nächste Zweck eines Gefechts sein, aber niemals der letzte. Immer müssen diese Gegenstände nur als Mittel zu größerer Überlegenheit angesehen werden, um dem Gegner zuletzt in solcher Lage das Gefecht anzubieten, daß es ihm unmöglich ist, dasselbe anzunehmen. Es sind also alle diese Dinge nur als Zwischenglieder, gleichsam als Leiter des wirksamen Prinzips anzusehen, niemals als das wirksame Prinzip selbst.

Beispiele

Als man im Jahre 1814 Bonapartes Hauptstadt eingenommen hatte, war der Zweck des Krieges erreicht. Die politischen Spaltungen, welche ihre Wurzel in Paris hatten, traten in Wirksamkeit, und ein ungeheurer Riß ließ die Macht des Imperators in sich zusammensinken. Nichtsdestoweniger ist man genötigt, alles dies unter dem Gesichtspunkte zu betrachten, daß dadurch die Streitkraft und die Widerstandsfähigkeit Bonapartes plötzlich sehr vermindert, die Überlegenheit der Verbündeten also in eben dem Maße erhöht und nun jeder fernere Widerstand unmöglich wurde. Diese Unmöglichkeit war es, die den Frieden mit Frankreich gab. Denkt man sich die Streitkräfte in diesem Augenblick durch äußere Umstände in eben dem

Maße verringert, verschwindet die Überlegenheit, so verschwindet auch die ganze Wirkung und Wichtigkeit der Einnahme von Paris.

Wir haben diese Vorstellungsreihe durchlaufen, um zu zeigen, daß dies die natürliche und einzig wahre Ansicht der Sache ist, woraus sich ihre Wichtigkeit ergibt. Sie führt unaufhörlich zu der Frage zurück: welches wird in jedem Augenblick des Krieges und des Feldzuges der wahrscheinliche Erfolg der großen und kleinen Gefechte sein, die beide Teile einander anzubieten haben? Nur diese Frage entscheidet bei dem Durchdenken eines Feldzugs- oder Kriegsplans über die Maßregeln, die man von vornherein zu nehmen hat.

Sieht man es nicht so an, so gibt man anderen Dingen einen falschen Wert

Gewöhnt man sich nicht, den Krieg und im Kriege den einzelnen Feldzug als eine Kette zu betrachten, die aus lauter Gefechten zusammengesetzt ist, wo eins immer das andere herbeiführt, gibt man sich der Vorstellung hin, daß die Einnahme gewisser geographischer Punkte, die Besitznahme unverteidigter Provinzen *an sich etwas sei,* so ist man auch nahe daran, es als einen Vorteil zu betrachten, den man nebenbei einstecken könnte, und indem man es so, und nicht als ein Glied in der ganzen Reihe der Begebenheiten betrachtet, fragt man sich nicht, ob dieser Besitz nicht später zu größeren Nachteilen führen wird. Wie oft finden wir diesen Fehler in der Kriegsgeschichte wieder. Man möchte sagen: so wie der Negoziant den Gewinn einer einzelnen Unternehmung nicht beiseite und in Sicherheit bringen kann, so kann auch im Kriege ein einzelner Vorteil nicht von dem Erfolg des Ganzen gesondert werden. So wie jener immer mit der ganzen Masse seines Vermögens wirken muß, ebenso wird im Kriege nur die endliche Summe über den Vorteil und Nachteil des einzelnen entscheiden.

Ist aber der Blick des Geistes immer auf die Reihe der Gefechte gerichtet, soweit sie sich vorher übersehen läßt, so ist er auch immer auf dem *geraden* Wege zum Ziele, und dabei bekommt die Bewegung der Kraft diejenige Geschwindigkeit, d. h. Wollen und Handeln diejenige Energie, die der Sache gemäß und nicht von fremdartigen Einflüssen gestört ist.

Zweites Kapitel: Elemente der Strategie

Man kann die in der Strategie den Gebrauch des Gefechts bedingenden Ursachen füglich in Elemente verschiedener Art abteilen, nämlich in die moralischen, die physischen, die mathematischen, die geographischen und die statistischen Elemente.

In die Klasse der ersteren würde alles gehören, was durch geistige Eigenschaften und Wirkungen hervorgerufen wird; in die zweite Klasse die Größe der Streitkräfte, ihre Zusammensetzung, das Verhältnis der Waffen usw.; in die dritte Klasse die Winkel der Operationslinien, die konzentrischen und exzentrischen Bewegungen, insofern ihre geometrische Natur einen Wert in der Rechnung bekommt; in die vierte der Einfluß der Gegend, als: dominierende Punkte, Gebirge, Flüsse, Wälder, Straßen; in die fünfte endlich die Mittel des Unterhalts usw. Daß man sich diese Elemente einmal getrennt denke, hat sein Gutes, um Klarheit in die Vorstellungen zu bringen und um den größeren oder geringeren Wert dieser verschiedenen Klassen gleich im Vorbeigehen zu schätzen. Denn indem man sie sich getrennt denkt, verlieren manche von selbst die erborgte Wichtigkeit; man fühlt z. B. gleich deutlich, daß der Wert einer Operationsbasis, wenn man davon auch nichts als *die Lage der Operationslinie* betrachten wollte, doch in dieser einfachen Gestalt immer noch viel weniger von dem geometrischen Element der Winkel abhängt, die sie miteinander machen, als von der Beschaffenheit der Wege und der Gegend, durch welche sie führen.

Wenn man aber die Strategie nach diesen Elementen abhandeln wollte, so wäre das der unglücklichste Gedanke, den man haben könnte, denn diese Elemente sind meistens in den einzelnen kriegerischen Akten vielfach und innig miteinander verbunden; man würde sich in der leblosesten Analyse verlieren, und wie in einem bösen Traum würde man ewig umsonst versuchen, von diesen abstrakten Grundlagen den Bogen zu den Erscheinungen der wirklichen Welt hinüber zu wölben. Der Himmel behüte einen jeden Theoretiker vor einem solchen Beginnen. Wir wollen uns an die Welt der Totalerscheinungen halten und unsere Analyse nicht weitertreiben, als jedesmal zur Verständlichkeit des Gedankens notwendig ist, den wir mitteilen wollen, und der uns nicht etwa bei einer spekulativen Untersuchung, sondern durch den Eindruck der Totalerscheinungen des Krieges geworden ist.

Drittes Kapitel: Moralische Größen

Noch einmal müssen wir auf diesen Gegenstand zurückkommen, den wir im dritten Kapitel des zweiten Buches berührt haben, weil die moralischen Größen zu den wichtigsten Gegenständen des Krieges gehören. Es sind die Geister, welche das ganze Element des Krieges durchdringen, und die sich an den Willen, der die ganze Masse der Kräfte in Bewegung setzt und leitet, früher und mit stärkerer Affinität anschließen, gleichsam mit ihm in eins zusammenrinnen, weil er selbst eine moralische Größe ist. Leider suchen sie sich aller Bücherweisheit zu entziehen, weil sie sich weder in Zahlen noch in Klassen bringen lassen und gesehen oder empfunden sein wollen.

Der Geist und die übrigen moralischen Eigenschaften des Heeres, des Feldherrn, der Regierungen, die Stimmung der Provinzen, worin der Krieg geführt wird, die moralische Wirkung eines Sieges oder einer Niederlage sind Dinge, die an sich sehr verschiedenartig sind und in ihrer Stellung zu unserem Zweck und unseren Verhältnissen wieder sehr verschiedenartigen Einfluß haben können.

Wenn sich auch in Büchern darüber wenig oder nichts sagen läßt, so gehören diese Dinge darum doch zur Theorie der Kriegskunst so gut wie alles andere, was den Krieg ausmacht. Denn ich muß es noch einmal sagen: es ist doch eine armselige Philosophie, wenn man nach alter Art seine Regeln und Grundsätze diesseits aller moralischen Größen abschließt, und sowie diese erscheinen, die Ausnahmen zu zählen anfängt, die man dadurch gewissermaßen wissenschaftlich konstituiert, d. h. zur Regel macht; oder wenn man sich dadurch hilft, an das Genie zu appellieren, welches über alle Regeln erhaben ist, wodurch man im Grunde zu verstehen gibt, daß die Regeln nicht allein für Dummköpfe geschrieben werden, sondern auch wirklich selbst dumm sein müssen.

Wenn die Theorie der Kriegskunst wirklich auch weiter nichts tun könnte, als daß sie an diese Gegenstände erinnert, daß sie die Notwendigkeit dartut, die moralischen Größen in ihrem ganzen Wert zu würdigen und in die Rechnung mit aufzunehmen, so hätte sie ihre Grenzen schon über dieses Reich der Geister ausgedehnt und durch die Feststellung dieser Gesichtspunkte jeden im voraus verurteilt, der sich bloß mit dem physischen Verhältnis der Kräfte vor ihrem Richterstuhl rechtfertigen wollte.

Aber auch um aller übrigen sogenannten Regeln willen darf die Theorie die moralischen Größen nicht aus ihren Grenzen verweisen, weil die Wirkungen der physischen Kräfte mit den Wirkungen der moralischen ganz verschmolzen und nicht wie eine metallische Legierung durch einen chemischen Prozeß davon zu scheiden sind. Bei jeder auf die physischen Kräfte sich beziehenden Regel muß der Theorie im Geist der Anteil vorschweben, den die moralischen Größen dabei haben können, wenn sie sich nicht zu kategorischen Sätzen verleiten lassen soll, die bald zu furchtsam und beschränkt, bald zu anmaßend und ausgedehnt sind. Selbst die geistlosesten Theorien haben, sich selbst unbewußt, in dieses Geisterreich hinüberschweifen müssen; denn es läßt sich z. B. kein Sieg in seinen Wirkungen einigermaßen erklären, ohne auf die moralischen Eindrücke Rücksicht zu nehmen. Und so sind denn auch die meisten Gegenstände, welche wir in diesem Buche durchlaufen, halb aus physischen, halb aus moralischen Ursachen und Wirkungen zusammengesetzt, und man möchte sagen: die physischen erscheinen fast nur wie das hölzerne Heft, während die moralischen das edle Metall, die eigentliche, blank geschliffene Waffe sind.

Am besten wird der Wert der moralischen Größen überhaupt bewiesen und ihr oft unglaublicher Einfluß gezeigt durch die Geschichte; und dies ist der edelste und gediegenste Nahrungsstoff, den der Geist des Feldherrn aus ihr zieht. – Dabei ist zu bemerken, daß Demonstrationen und kritische Untersuchungen und gelehrte Abhandlungen es weniger sind als Empfindungen, Totaleindrücke und einzelne sprühende Geistesfunken, die die Weisheitskörner absetzen, welche die Seele befruchten sollen.

Wir könnten die hauptsächlichsten der moralischen Erscheinungen im Kriege durchgehen und mit der Sorgfalt eines fleißigen Dozenten versuchen, was sich über eine jede Gutes oder Schlechtes beibringen ließe. Aber da man bei dieser Methode nur zu sehr in Gemeinsprüche und Alltäglichkeiten verfällt, während der eigentliche Geist in der Analyse schnell entweicht, so kommt man unvermerkt dazu, Dinge zu erzählen, die jeder Mensch weiß. Wir ziehen es daher vor, hier noch mehr als sonst unvollständig und rhapsodisch zu bleiben, im allgemeinen auf die Wichtigkeit der Sache aufmerksam gemacht und den Geist angedeutet zu haben, in welchem die Ansichten dieses Buches aufgefaßt sind.

Viertes Kapitel: Die moralischen Hauptpotenzen

Sie sind: *die Talente des Feldherrn, kriegerische Tugend des Heeres, Volksgeist desselben.* Welcher dieser Gegenstände mehr Wert hat, kann niemand im allgemeinen bestimmen, denn es ist schon an sich schwer, von ihrer Größe überhaupt etwas auszusagen, und noch schwerer, die Größe des einen an der Größe des anderen abzuwägen. Das beste ist, keinen gering zu achten, wozu das menschliche Urteil in seinem etwas grillenhaften Hin- und Herlaufen bald auf dieser, bald auf jener Seite geneigt ist. Es ist besser, sich für die unverkennbare Wirksamkeit dieser drei Gegenstände hinlängliche historische Zeugnisse aufzustellen.

Indessen ist es wahr, daß in der neueren Zeit die Heere der europäischen Staaten ziemlich alle auf denselben Punkt von innerer Fertigkeit und Ausbildung gekommen sind, und daß das Kriegführen sich, mit einem Ausdruck des Philosophen, so naturgemäß ausgebildet hat, dabei zu einer Art Methode geworden ist, die ziemlich alle Heere innehaben, daß auch von seiten des Feldherrn auf die Anwendung besonderer Kunstmittel im engeren Sinn (etwa wie Friedrichs des Zweiten schiefe Schlachtordnung) nicht mehr zu rechnen ist. Es ist also nicht zu leugnen, daß, wie die Sachen jetzt stehen, dem Volksgeist und der Kriegsgewohnheit des Heeres ein um so größerer Spielraum bleibt. Ein langer Friede könnte dies wieder ändern.

Der Volksgeist des Heeres (Enthusiasmus, fanatischer Eifer, Glaube, Meinung) spricht sich im Gebirgskriege am stärksten aus, wo jeder sich selbst überlassen ist bis zum einzelnen Soldaten hinab. Schon darum sind Gebirge für Volksbewaffnungen die besten Kampfplätze.

Kunstvolle Fertigkeit des Heeres und der gestählte Mut, der die Haufen zusammenhält, als wären sie aus einem Guß, zeigen sich am überlegensten in der freien Ebene.

Das Talent des Feldherrn hat den meisten Spielraum in einer durchschnittenen, hügelreichen Gegend. Im Gebirge ist er zu wenig Herr der einzelnen Teile, und die Leitung aller geht über seine Kräfte; in der freien Ebene ist sie zu einfach und erschöpft diese Kräfte nicht.

Nach diesen unverkennbaren Wahlverwandtschaften sollten sich die Entwürfe richten.

Fünftes Kapitel: Kriegerische Tugend des Heeres

Sie unterscheidet sich von der bloßen Tapferkeit und noch mehr von dem Enthusiasmus für die Sache des Krieges. Die erstere ist freilich ein notwendiger Bestandteil derselben, aber so wie sie, die in dem bloßen Menschen eine natürliche Anlage ist, bei einem Krieger als einem Teil eines Heeres auch aus Gewohnheit und Übung entstehen kann, so muß sie bei diesem auch eine andere Richtung haben als beim bloßen Menschen. Sie muß den Trieb nach ungezügelter Tätigkeit und Kraftäußerung verlieren, der ihr im Individuum eigen ist, sich selbst den Forderungen höherer Art, dem Gehorsam, der Ordnung, Regel und der Methode unterordnen. Der Enthusiasmus für die Sache gibt der kriegerischen Tugend eines Heeres Leben und stärkeres Feuer, aber er ist kein notwendiger Bestandteil derselben.

Krieg ist ein bestimmtes Geschäft (und wie allgemein auch seine Beziehung sei, und wenn auch alle waffenfähigen Männer eines Volkes dasselbe trieben, so würde es doch immer ein solches bleiben), verschieden und getrennt von den übrigen Tätigkeiten, die das Menschenleben in Anspruch nehmen. – Von dem Geiste und Wesen dieses Geschäftes durchdrungen sein, die Kräfte, die in ihm tätig sein sollen, in sich üben, erwecken und aufnehmen, das Geschäft mit dem Verstande ganz durchdringen, durch Übung Sicherheit und Leichtigkeit in demselben gewinnen, ganz darin aufgehen, aus dem Menschen übergehen in die Rolle, die uns darin angewiesen wird: das ist die kriegerische Tugend des Heeres in dem einzelnen.

Wir sorgfältig man sich also auch den Bürger neben dem Krieger in einem und demselben Iindividuum ausgebildet denken, wie sehr man sich die Kriege nationalisieren, und wie weit man sie sich in einer Richtung hinaus denken möge, entgegengesetzt der ehemaligen Kondottieris: niemals wird man die Individualität des Geschäftsganges aufheben können, und wenn man das nicht kann, so werden auch immer diejenigen, welche es treiben, und solange sie es treiben, sich als eine Art Innung ansehen, in deren Ordnungen, Gesetzen und Gewohnheiten sich die Geister des Krieges vorzugsweise fixieren. Und so wird es auch in der Tat sein. Man würde also bei der entschiedensten Neigung, den Krieg vom höchsten Standpunkt aus zu betrachten, sehr unrecht haben, den Innungsgeist (esprit de corps) mit Geringschätzung anzusehen, der mehr oder weniger in einem Heer vorhanden sein kann und muß. Dieser Innungsgeist gibt in dem, was wir kriegerische Tugend des Heeres nennen, gewissermaßen das

Bindemittel ab unter den natürlichen Kräften, die darin wirksam sind. Es schießen an dem Geist der Innung die Kristalle kriegerischer Tugend leichter an.

Ein Heer, welches in dem zerstörendsten Feuer seine gewohnten Ordnungen behält, welches niemals von einer eingebildeten Furcht geschreckt wird und der gegründeten den Raum Fuß für Fuß streitig macht, stolz im Gefühl seiner Siege, auch mitten im Verderben der Niederlage die Kraft zum Gehorsam nicht verliert, nicht die Achtung und das Zutrauen zu seinen Führern, dessen körperliche Kräfte in der Übung von Entbehrung und Anstrengung gestärkt sind wie die Muskeln eines Athleten, welches diese Anstrengungen ansieht als ein Mittel zum Siege, nicht als einen Fluch, der auf seinen Fahnen ruht, und welches an alle diese Pflichten und Tugenden durch den kurzen Katechismus einer einzigen Vorstellung erinnert wird, nämlich die Ehre seiner Waffen, – ein solches Heer ist vom kriegerischen Geiste durchdrungen.

Man kann sich vorzüglich schlagen wie die Vendéer und Großes bewirken wie die Schweizer, die Amerikaner, die Spanier, ohne diese kriegerische Tugend zu entwickeln; man kann sogar glücklich sein an der Spitze stehender Heere wie Eugen und Marlborough, ohne sich ihres Beistandes vorzüglich zu erfreuen; man soll also nicht sagen, daß ein glücklicher Krieg ohne sie nicht denkbar sei, und wir machen hierauf besonders aufmerksam, um den Begriff, welchen wir hier aufstellen, mehr zu individualisieren, damit die Vorstellungen nicht im allgemeinen verschwimmen, und man nicht glaube, die kriegerische Tugend sei am Ende eins und alles. So ist es nicht. Die kriegerische Tugend eines Heeres erscheint als eine bestimmte moralische Potenz, die man sich hinwegdenken, deren Einfluß man also schätzen, – als ein Werkzeug, dessen Kraft man berechnen kann.

Nachdem wir sie so charakterisiert haben, wollen wir versuchen, was sich über ihren Einfluß sagen läßt und über die Mittel, ihn zu gewinnen.

Die kriegerische Tugend ist für die Teile überall, was der Genius des Feldherrn für das Ganze ist. Nur das Ganze kann der Feldherr leiten, nicht jeden einzelnen Teil, und wo er den Teil nicht leiten kann, da muß der kriegerische Geist sein Führer werden. Der Feldherr wird gewählt nach dem Ruf seiner ausgezeichneten Eigenschaften; die vornehmeren Führer großer Haufen nach sorgfältiger Prüfung; aber diese Prüfung nimmt ab, je tiefer man hinuntersteigt, und in eben dem Maße dürfen wir also weniger auf individuelle Anlagen rechnen;

was aber an diesen abgeht, muß die kriegerische Tugend ersetzen. Eben diese Rollen spielen die natürlichen Eigenschaften eines zum Kriege gerüsteten Volkes: *Tapferkeit, Gewandtheit, Abhärtung* und *Enthusiasmus*. Diese Eigenschaften also können den kriegerischen Geist ersetzen und umgekehrt, woraus sich denn Folgendes ergibt:

1. Die kriegerische Tugend ist nur den stehenden Heeren eigen, sie bedürfen ihrer auch am meisten. Bei Volksbewaffnungen und Kriegen werden sie durch die natürlichen Eigenschaften ersetzt, die sich da schneller entwickeln.
2. Stehende Heere gegen stehende Heere können ihrer eher entbehren als stehende Heere gegen Volksbewaffnungen; denn in diesem Falle sind die Kräfte geteilter und die Teile sich mehr selbst überlassen. Wo das Heer aber zusammengehalten werden kann, nimmt der Genius des Feldherrn eine größere Stelle ein und ersetzt, was dem Geist des Heeres fehlt. Überhaupt wird also kriegerische Tugend um so nötiger, je mehr der Kriegsschauplatz und andere Umstände den Krieg verwickelt machen und die Kräfte zerstreuen.

Die einzige Lehre, welche sich aus diesen Wahrheiten ziehen läßt, ist die: daß man, wenn einem Heere diese Potenz abgeht, den Krieg so einfach als möglich einzurichten suche oder seine Vorsorge für andere Punkte der Kriegseinrichtung verdoppele und nicht etwa von dem bloßen Namen des stehenden Heeres erwarte, was nur die Sache leisten kann.

Es ist also die kriegerische Tugend des Heeres eine der bedeutendsten moralischen Potenzen im Kriege, und wo sie gefehlt hat, sehen wir entweder eine der anderen sie ersetzen, wie die überlegene Größe des Feldherrn, der Enthusiasmus des Volkes, oder wir finden Wirkungen, die den gemachten Anstrengungen nicht entsprechen. – Wie viel Großes dieser Geist, diese Gediegenheit des Heeres, diese Veredlung des Erzes bis zum strahlenden Metall schon geleistet hat, sehen wir an den Mazedoniern unter Alexander, den römischen Legionen unter Cäsar, an der spanischen Infanterie unter Alexander Farnese, den Schweden unter Gustav Adolf und Karl XII., den Preußen unter Friedrich dem Großen und den Franzosen unter Bonaparte. Man müßte absichtlich die Augen verschließen gegen alle historischen Beweise, wenn man nicht zugeben wollte, daß die wunderbaren Erfolge dieser Feldherren und ihre Größe in den schwierigsten Lagen nur bei einem so potenzierten Heere möglich waren.

Entstehen kann dieser Geist nur aus zwei Quellen, und diese können ihn nur gemeinschaftlich erzeugen. Die erste ist eine Reihe von Kriegen und glücklichen Erfolgen, die andere eine oft bis zur höchsten Anstrengung getriebene Tätigkeit des Heeres. Nur in dieser lernt der Krieger seine Kräfte kennen. Je mehr ein Feldherr gewohnt ist, von seinen Soldaten zu fordern, um so sicherer ist er, daß die Forderung geleistet wird. Der Soldat ist ebenso stolz auf überwundene Mühseligkeiten als auf überstandene Gefahren. Also nur in dem Boden einer beständigen Tätigkeit und Anstrengung gedeiht dieser Keim; aber auch nur im Sonnenlicht des Sieges. Ist er einmal zum starken Baum ausgebildet, so widersteht er den größten Stürmen von Unglück und Niederlage und sogar der trägen Ruhe des Friedens wenigstens eine Zeitlang. *Entstehen* kann er also nur im Kriege und unter großen Feldherren, aber dauern kann er freilich, wenigstens mehrere Generationen hindurch, auch unter mittelmäßigen und bei beträchtlichen Friedensepochen.

Mit diesem erweiterten und veredelten Bandengeist einer narbenvollen abgehärteten Kriegerrotte soll man nicht das Selbstgefühl und die Eitelkeit stehender Heere vergleichen, die bloß durch den Leim eines Dienst- und Exerzierreglements zusammengehalten werden. – Ein gewisser schwerer Ernst und strenge Dienstordnung können die kriegerische Tugend einer Truppe länger erhalten, aber sie erzeugen sie nicht; sie behalten darum immer ihren Wert, aber man soll sie nicht überschätzen. Ordnung, Fertigkeit, guter Wille, auch ein gewisser Stolz und eine vorzügliche Stimmung sind Eigenschaften eines im Frieden erzogenen Heeres, die man schätzen muß, die aber keine Selbständigkeit haben. Das Ganze hält das Ganze, und wie beim zu schnell erkalteten Glase zerbröckelt ein einziger Riß die ganze Masse. Besonders verwandelt sich die beste Stimmung von der Welt beim ersten Unfall nur zu leicht in Kleinmut und, man möchte sagen, in eine Art von Großsprecherei der Angst: das französische sauve qui peut. – Ein solches Heer vermag nur durch seinen Feldherrn etwas, nichts durch sich selbst. Es muß mit doppelter Vorsicht geführt werden, bis nach und nach in Sieg und Anstrengung die Kraft in die schwere Rüstung hineinwächst. Man hüte sich also, Geist des Heeres mit Stimmung desselben zu verwechseln.

Sechstes Kapitel: Die Kühnheit

Welche Stelle und Rolle die Kühnheit einnimmt in dem dynamischen System der Kräfte, wo sie der Vorsicht und Behutsamkeit entgegensteht, haben wir in dem Kapitel von der Sicherheit des Erfolges gesagt, um damit zu zeigen, daß die Theorie kein Recht hat, sie unter dem Vorwande ihrer Gesetzgebung einzuschränken.

Aber diese edle Schwungkraft, womit die menschliche Seele sich über die drohendsten Gefahren erhebt, ist im Kriege auch als ein eigenes wirksames Prinzip zu betrachten. In der Tat, in welchem Gebiet menschlicher Tätigkeit sollte die Kühnheit ihr Bürgerrecht haben, wenn es nicht im Kriege wäre?

Sie ist vom Troßknecht und Tambour bis zum Feldherrn hinauf die edelste Tugend, der rechte Stahl, welcher der Waffe ihre Schärfe und ihren Glanz gibt.

Gestehen wir uns nur: sie hat im Kriege sogar eigene *Vorrechte.* Über den Erfolg des Kalküls mit Raum, Zeit und Größe hinaus müssen ihr noch gewisse Prozente zugestanden werden, die sie jedesmal, wo sie sich überlegen zeigt, aus der Schwäche der andern zieht. Sie ist also eine wahrhaft schöpferische Kraft. Dies ist selbst philosophisch nicht schwer nachzuweisen. Sooft die Kühnheit auf die Zaghaftigkeit trifft, hat sie notwendig die Wahrscheinlichkeit des Erfolges für sich, weil Zaghaftigkeit schon ein verlorenes Gleichgewicht ist. Nur wo sie auf besonnene Vorsicht trifft, die, man möchte sagen, ebenso *kühn,* in jedem Fall ebenso stark und kräftig ist als sie selbst, muß sie im Nachteil sein; das sind aber schon die seltenen Fälle. In der ganzen Schar der Vorsichtigen befindet sich eine ansehnliche Majorität, die es aus Furchtsamkeit ist.

In dem großen Haufen ist die Kühnheit eine Kraft, deren vorzügliche Ausbildung nie zum Nachteil anderer Kräfte gereichen kann, weil der große Haufen durch die Rahmen und Gefüge der Schlachtordnung und des Dienstes an einen höheren Willen gebunden und also von fremder Einsicht geleitet wird. Hier bleibt die Kühnheit nur bis zum Losschnellen immer gespannte Federkraft.

Je höher wir unter den Führern hinaufsteigen, je notwendiger wird es, daß der Kühnheit ein überlegender Geist zur Seite trete, daß sie nicht zwecklos, nicht ein blinder Stoß der Leidenschaft sei; denn immer weniger betrifft es die eigene Aufopferung, immer mehr knüpft sich die Erhaltung anderer und die Wohlfahrt eines großen Ganzen daran. Was also bei dem großen Haufen die zur zweiten Natur gewordene Dienstordnung regelt, das muß in dem Führer die Überlegung regeln, und hier kann die Kühnheit einer einzelnen Handlung schon leicht zum Fehler werden. Aber dennoch bleibt es ein schöner Fehler, der nicht angesehen werden muß wie jeder andere. Wohl dem Heere, wo sich eine unzeitige Kühnheit häufig zeigt; es ist ein üppiger Auswuchs, aber der Zeuge eines kräftigen Bodens. Selbst die Tollkühnheit, d. h. die Kühnheit ohne allen Zweck, ist nicht mit Geringschätzung anzusehen; im Grunde ist es dieselbe Kraft des Gemütes, nur ohne alles Zutun des Geistes, in einer Art Leidenschaft ausgeübt. Nur wo die Kühnheit sich gegen den Gehorsam des Geistes auflehnt[1], wo sie einen ausgesprochenen höheren Willen geringschätzend verläßt, da muß sie, nicht um ihrer selbst willen, sondern wegen des Ungehorsams wie ein gefährliches Übel behandelt werden, denn nichts geht im Kriege über den Gehorsam. –

Daß bei einem gleichen Grade von Einsicht im Kriege tausendmal mehr verdorben wird durch Ängstlichkeit als durch Kühnheit, das brauchen wir wohl nur auszusprechen, um des Beifalls unserer Leser gewiß zu sein.

Im Grunde sollte das Hinzutreten eines vernünftigen Zweckes die Kühnheit erleichtern, sie also an und für sich heruntersetzen; und doch ist es gerade umgekehrt.

Allen Kräften des Gemütes benimmt das Hinzutreten des lichten Gedankens oder gar das Vorherrschen des Geistes einen großen Teil ihrer Gewalt. Darum wird die Kühnheit *immer seltener, je höher wir hinaufsteigen in den Graden*; denn wenn auch die Einsicht und der Verstand nicht mit diesen Graden wachsen sollten, so werden doch den Führern in ihren verschiedenen Stationen die objektiven *Größen, Verhältnisse* und *Rücksichten* von außen her so viel und stark aufgedrungen, *daß sie gerade nur um so mehr davon belastet sind, je weniger es die eigene Einsicht ist.* Dies ist im Kriege der hauptsächlichste Grund der in dem französischen Sprichwort bewahrten Lebenserfahrung: Tel brille au second qui s'éclipse au premier. Fast alle Generale, die uns die Geschichte als mittelmäßige oder gar unentschlossene Feldherren kennenlehrt, hatten sich in geringeren Graden durch Kühnheit und Entschlossenheit ausgezeichnet.

Bei denjenigen Motiven zu einer kühnen Handlung, welche aus dem Drang der Notwendigkeit entspringen, muß man einen Unterschied machen. Diese Notwendigkeit hat ihre Grade. Liegt sie nahe,

---

1 [2. Auflage: den Gehorsam auflehnt]

wird der Handelnde zur Verfolgung seines Ziels zwischen großen Gefahren hingetrieben, um anderen, ebenso großen Gefahren zu entgehen, so kann man nur noch die Entschlossenheit bewundern, die aber auch noch ihren Wert hat. Wenn ein junger Mensch, um seine Geschicklichkeit als Reiter zu zeigen, über einen tiefen Abgrund sprengt, so ist es kühn; wenn er denselben Sprung tut, verfolgt von einer Rotte kopfabschneidender Janitscharen, so ist er bloß entschlossen. Je weiter aber die Notwendigkeit von der Handlung entfernt ist, je größer die Zahl der Verhältnisse ist, die der Verstand durchlaufen muß, um sich ihrer bewußt zu werden, um so weniger tut sie der Kühnheit Eintrag. Wenn Friedrich der Große im Jahr 1756 den Krieg als unvermeidlich ansah und seinem Untergang nur entgehen konnte, wenn er seinen Feinden zuvor kam, so war es notwendig, den Krieg selbst anzufangen, aber gewiß zu gleicher Zeit sehr kühn, denn nur wenige Männer in seiner Lage würden sich dazu entschlossen haben.

Obgleich die Strategie nur das Gebiet der Feldherren oder der Führer in den höchsten Stellen ist, so ist ihr doch die Kühnheit aller übrigen Glieder des Heeres ebensowenig ein gleichgültiger Gegenstand, wie die anderen kriegerischen Tugenden desselben. Mit einem Heere, was von einem kühnen Volke ausgegangen und in welchem der Geist der Kühnheit immer genährt worden ist, lassen sich andere Dinge unternehmen als mit einem, was dieser kriegerischen Tugend entfremdet ist; darum haben wir derselben auch für das Heer gedacht. Aber ganz eigentlich ist die Kühnheit des Feldherrn unser Gegenstand, und doch haben wir nicht viel davon zu sagen, nachdem wir diese kriegerische Tugend im allgemeinen nach unserem besten Wissen charakterisiert haben.

Je höher wir in den Führerstellen hinaufsteigen, um so mehr wird Geist, Verstand und Einsicht in der Tätigkeit vorherrschend, um so mehr wird also die Kühnheit, welche eine Eigenschaft des Gemütes ist, zurückgedrängt, und darum finden wir sie in den höchsten Stellen so selten, aber um so bewunderungswürdiger ist sie auch dann. Eine durch vorherrschenden Geist geleitete Kühnheit ist der Stempel des Helden, diese Kühnheit besteht nicht im Wagen gegen die Natur der Dinge, in einer plumpen Verletzung des Wahrscheinlichkeitsgesetzes, sondern in der kräftigen Unterstützung jenes höheren Kalküls, den das Genie, der Takt des Urteils in Blitzesschnelle und nur halb bewußt durchlaufen hat, wenn er seine Wahl trifft. Je mehr die Kühnheit den Geist und die Einsicht beflügelt, um so weiter reichen diese mit ihrem Flug, um so umfassender wird der Blick, um so richtiger das Resultat;

aber freilich immer nur in dem Sinn, daß mit den größeren Zwecken auch die größeren Gefahren verbunden bleiben. Der gewöhnliche Mensch, um nicht von den schwachen und unentschlossenen zu reden, kommt höchstens bei einer eingebildeten Wirksamkeit auf seinem Zimmer, entfernt von Gefahr und Verantwortlichkeit, zu einem richtigen Resultat, soweit nämlich ein solches ohne lebendige Anschauung möglich ist. Treten ihm aber Gefahr und Verantwortlichkeit überall nahe, so verliert er den Überblick, und bliebe ihm dieser etwa durch den Einfluß anderer, so würde er den *Entschluß* verlieren, weil da kein anderer aushelfen kann.

So glauben wir denn, daß ohne Kühnheit kein ausgezeichneter Feldherr zu denken ist, d. h. daß ein solcher nie aus einem Menschen werden kann, dem diese Kraft des Gemütes nicht angeboren ist, die wir also als die erste Bedingung einer solchen Laufbahn ansehen. Wieviel von dieser angeborenen, durch die Erziehung und das übrige Leben weiterausgebildeten und modifizierten Kraft übrig bleibt, wenn der Mann die hohe Stelle erreicht hat, ist die zweite Frage. Je größer diese Kraft noch ist, um so stärker ist der Flügelschlag des Genies, um so höher der Flug. Das Wagnis wird immer größer, aber das Ziel wächst mit ihm. Ob die Linien von einer entfernten Notwendigkeit auslaufen und ihre Richtung bekommen oder nach dem Schlußstein eines Gebäudes hinziehen, welches der Ehrgeiz entworfen hat, ob Friedrich oder Alexander handeln, ist für die kritische Betrachtung ziemlich dasselbe. Reizt das letztere mehr die Phantasie, weil es noch kühner ist, so befriedigt das erstere mehr den Verstand, weil es mehr innere Notwendigkeit hat.

Jetzt müssen wir aber noch eines wichtigen Verhältnisses gedenken.

Der Geist der Kühnheit kann in einem Heere zu Hause sein, entweder weil er es im Volke ist oder weil er sich in einem glücklichen Kriege unter kühnen Führern erzeugt hat; in diesem Fall aber wird man ihn im Anfange entbehren.

Nun gibt es in unseren Zeiten kaum ein anderes Mittel, den Geist des Volkes in diesem Sinne zu erziehen, als eben den Krieg, und zwar die kühne Führung desselben. Durch sie allein kann jener Weichlichkeit des Gemütes, jenem Hang nach behaglicher Empfindung entgegengewirkt werden, welche ein in steigendem Wohlstand und in erhöhter Tätigkeit des Verkehrs begriffenes Volk herunterziehen.

Nur wenn Volkscharakter und Kriegsgewohnheit in beständiger Wechselwirkung sich gegenseitig tragen, darf ein Volk hoffen, einen festen Stand in der politischen Welt zu haben.

Siebentes Kapitel: Beharrlichkeit

Von Winkeln und Linien erwartet der Leser zu hören und findet statt dieser Bürger der wissenschaftlichen Welt nur Leute aus dem gemeinen Leben, die er alle Tage auf der Straße begegnet. Und doch kann der Verfasser sich nicht entschließen, ein Haarbreit mathematischer zu werden als ihm sein Gegenstand zu sein scheint, und er scheut nicht die Befremdung, welche ihm sein Leser zeigen könnte.

Im Kriege mehr als irgendwo sonst in der Welt kommen die Dinge anders, als man sich es gedacht hat, und sehen in der Nähe anders aus als in der Entfernung. Mit welcher Ruhe kann der Baumeister sein Werk aufsteigen und in seine Zeichnung hineinwachsen sehen! Der Arzt, obgleich viel mehr unerforschlichen Wirkungen und Zufällen preisgegeben als der Baumeister, kennt doch die Wirkungen und Formen seiner Mittel genau. Im Kriege befindet sich der Führer eines großen Ganzen im beständigen Wellenschlag von falschen und wahren Nachrichten; von Fehlern, die begangen werden aus Furcht, aus Nachlässigkeit, aus Übereilung; von Widerspenstigkeiten, die ihm gezeigt werden aus wahrer oder falscher Ansicht, aus üblem Willen, wahrem oder falschem Pflichtgefühl, Trägheit oder Erschöpfung, von Zufällen, an die kein Mensch gedacht hat. Kurz, er ist hunderttausend Eindrücken preisgegeben, von denen die meisten eine besorgliche, die wenigsten eine ermutigende Tendenz haben. Lange Kriegserfahrung bringt zu dem Takt, den Wert dieser einzelnen Erscheinungen schnell zu würdigen, hoher Mut und innere Stärke widerstehen ihnen, wie der Fels dem Geplätscher der Wellen. Wer diesen Eindrücken nachgeben wollte, würde keine seiner Unternehmungen durchführen, und darum ist die *Beharrlichkeit* in dem gefaßten Vorsatz, so lange nicht die entschiedensten Gründe dagegen eintreten, ein sehr notwendiges Gegengewicht. – Ferner gibt es im Kriege fast kein ruhmvolles Unternehmen, was nicht mit unendlicher Anstrengung, Mühe und Not zustande gebracht würde, und wenn hier die Schwäche des physischen und geistigen Menschen immer zum Nachgeben bereit ist, so kann wieder nur eine große Willenskraft ans Ziel führen, die sich in einer von Welt und Nachwelt bewunderten *Ausdauer* kundtut.

Achtes Kapitel: Überlegenheit der Zahl

Sie ist in der Taktik wie in der Strategie das allgemeinste Prinzip des Sieges und soll von uns zuerst in dieser Allgemeinheit betrachtet werden, wozu wir uns folgende Entwicklung erlauben.

Die Strategie bestimmt den Punkt, *auf* welchem, die Zeit, *in* welcher, und die Streitkräfte, *mit* welchen gefochten werden soll; sie hat also durch diese dreifache Bestimmung einen sehr wesentlichen Einfluß auf den Ausgang des Gefechts. Hat die Taktik das Gefecht geliefert, ist der Erfolg da, er mag nun Sieg oder Niederlage sein, so macht die Strategie denjenigen Gebrauch davon, welcher sich nach dem Zweck des Krieges davon machen läßt. Dieser Zweck des Krieges ist natürlich oft ein sehr entfernter und in den seltensten Fällen ein ganz naheliegender. Eine Reihe von anderen Zwecken ordnen sich ihm als Mittel unter. Diese Zwecke, die zugleich Mittel für höhere Zwecke sind, können in der Anwendung mancherlei sein, selbst der letzte Zweck, das Ziel des ganzen Krieges, ist fast in jedem Kriege ein anderes. Wir werden mit diesen Dingen uns bekanntmachen in dem Maße, als wir die einzelnen Gegenstände kennenlernen, die dadurch berührt werden, und es kann nicht unsere Absicht sein, hier durch eine vollständige Aufzählung derselben, wenn sie auch möglich wäre, den ganzen Gegenstand zu umfassen. Wir lassen also die Verwendung des Gefechts vorderhand liegen.

Auch diejenigen Dinge, wodurch die Strategie Einfluß auf den Ausgang des Gefechts hat, indem es dasselbe festsetzt (gewissermaßen dekretiert), sind nicht so einfach, daß man sie mit einer einzigen Betrachtung umfassen könnte. Indem die Strategie Zeit, Ort und Stärke bestimmt, kann sie dies in der Anwendung auf mancherlei Weise tun, wovon jede das Gefecht sowohl seinem Ausgang als seinem Erfolg nach anders bedingt. Also werden wir auch dies erst nach und nach kennenlernen, nämlich bei den Gegenständen, welche die Anwendung näher bestimmen.

Entkleiden wir so das Gefecht von allen Modifikationen, die es nach seiner Bestimmung und den Umständen, aus welchen es hervorgeht, bekommen kann, abstrahieren wir endlich von dem Wert der Truppen, weil dieser ein Gegebenes ist, so bleibt nur der nackte Begriff des Gefechts, d. h. ein formloser Kampf übrig, an dem wir nichts als die Zahl der Kämpfenden unterscheiden.

Diese Zahl wird also den Sieg bestimmen. Schon aus der Menge von Abstraktionen, welche wir haben machen müssen, um auf diesen

Punkt zu kommen, ergibt sich, daß die Überlegenheit der Zahl in einem Gefecht nur einer der Faktoren ist, aus welchem der Sieg gebildet wird, daß also, weit entfernt, mit der Überlegenheit der Zahl alles oder auch nur die Hauptsache gewonnen zu haben, vielleicht noch sehr wenig damit erreicht ist, je nachdem die mitwirkenden Umstände so oder anders sind.

Aber die Überlegenheit hat Grade, sie kann doppelt, drei-, viermal so groß gedacht werden usw., und jedermann begreift, daß sie bei dieser Steigerung alles übrige überwältigen muß.

In dieser Beziehung muß man einräumen, daß die Überlegenheit der Zahl der wichtigste Faktor in dem Resultat eines Gefechts ist, nur muß sie groß genug sein, um den übrigen mitwirkenden Umständen das Gleichgewicht zu halten. Die unmittelbare Folge davon ist, daß man die möglichst größte Zahl von Truppen auf den entscheidenden Punkt ins Gefecht bringen müsse.

Mögen diese Truppen dann hinreichen oder nicht, so hat man von dieser Seite alles getan, was die Mittel zuließen. Dies ist der erste Grundsatz in der Strategie. So allgemein wie er hier ausgesprochen ist, würde er ebenso gut für Griechen und Perser oder für Engländer und Mahratten als für Franzosen und Deutsche passen. Aber wir wollen den Blick auf unsere europäischen Kriegsverhältnisse richten, um uns etwas Bestimmteres dabei denken zu können.

Hier sind die Heere in Bewaffung, Einrichtung und Kunstfertigkeit jeder Art einander viel ähnlicher, es besteht nur abwechselnd noch ein Unterschied in kriegerischer Tugend des Heeres und Talent des Feldherrn. Gehen wir die Kriegsgeschichte des neueren Europa durch, so finden wir keine Beispiele von Marathon.

Friedrich der Große schlug bei Leuthen mit etwa 30000 Mann 80000 Österreicher, bei Roßbach mit 25000 Mann einige 50000 Mann Verbündete; das sind aber auch die einzigen Beispiele eines gegen den doppelt und mehr als doppelt so starken Feind errungenen Sieges. Karl XII. in der Schlacht bei Narwa können wir füglich nicht anführen. Die Russen waren damals kaum als Europäer zu betrachten, auch sind selbst die Hauptumstände dieser Schlacht zu wenig bekannt. Bonaparte bei Dresden hatte 120000 gegen 220000, es war also noch nicht das Doppelte. Bei Kolin wollte es Friedrich dem Großen mit 30000 Mann gegen 50000 Österreicher nicht gelingen, und ebenso Bonaparte in der verzweiflungsvollen Leipziger Schlacht, wo er 160000 Mann gegen 280000 stark, die Überlegenheit also lange nicht das Doppelte war.

Es geht hieraus wohl hervor, daß im heutigen Europa es dem talentvollsten Feldherrn sehr schwer ist, einer feindlichen Macht von doppelter Stärke den Sieg abzugewinnen; sehen wir die doppelte Streitkraft gegen die größten Feldherren ein solches Gewicht in die Waagschale legen, so dürfen wir nicht zweifeln, daß in gewöhnlichen Fällen bei großen und kleinen Gefechten eine bedeutende Überlegenheit, die aber doch das Doppelte nicht zu übersteigen braucht, hinreichen wird, den Sieg zu verleihen, wie nachteilig auch die anderen Umstände sein mögen. Freilich kann man sich einen Paß denken, wo auch das Zehnfache zur Überwältigung nicht hinreichen würde; aber in solchem Falle kann von Gefecht überhaupt nicht mehr die Rede sein. Wir glauben also, daß gerade in unseren Verhältnissen sowie in allen ähnlichen die Stärke auf dem entscheidenden Punkt eine große Hauptsache, und daß dieser Gegenstand in der Allgemeinheit der Fälle geradezu unter allen der wichtigste sei. Die Stärke auf dem entscheidenden Punkte hängt von der absoluten Stärke des Heeres und von der Geschicklichkeit der Verwendung ab.

Die erste Regel würde also sein: mit einem Heere so stark als möglich ins Feld zu ziehen. Das klingt sehr nach einem Gemeinspruch und ist doch wirklich keiner.

Um zu beweisen, wie man lange Zeit hindurch die Stärke der Streitkräfte keineswegs für eine Hauptsache angesehen hat, dürfen wir nur bemerken, daß in den meisten, selbst in den ausführlicheren Kriegsgeschichten des achtzehnten Jahrhunderts die Stärke der Heere entweder gar nicht oder nur nebenher angegeben und niemals ein besonderer Wert darauf gelegt wird, Tempelhoff in seiner Geschichte des Siebenjährigen Krieges ist der früheste von den Schriftstellern, der sie regelmäßig, aber dennoch nur sehr oberflächlich angibt.

Selbst Massenbach in seinen mancherlei kritischen Betrachtungen über die preußischen Feldzüge von 1793 und 1794 in den Vogesen spricht viel von Bergen, Tälern, Wegen und Fußstegen, sagt aber nie eine Silbe von der gegenseitigen Stärke.

Ein anderer Beweis liegt in einer wunderbaren Idee, welche in den Köpfen mancher kritischen Schriftsteller spukte, nach der es eine gewisse Größe eines Heeres gab, welches die beste war, eine Normalgröße, über die hinaus die überschießenden Streitkräfte mehr lästig als nützlich wären.*

---

* Tempelhoff und Montalembert fallen uns zunächst dabei ein; jener in einer Stelle seines ersten Teiles, Seite 148, dieser in seiner Korrespondenz bei Gelegenheit des russischen Operationsplanes für 1759.

Endlich gibt es eine Menge von Beispielen, wo nicht alle verwendbaren Streitkräfte in der Schlacht oder im Kriege wirklich verwendet wurden, weil man die Überlegenheit der Zahl nicht von der Wichtigkeit glaubte, die ihr nach der Natur der Sache gebührt.

Ist man von der Überzeugung, daß mit einer beträchtlichen Übermacht alles mögliche zu erzwingen ist, recht durchdrungen, so kann es nicht fehlen, daß diese klare Überzeugung auf die Anstalten zum Kriege zurückwirkt, um mit so viel Kräften, als nur immer möglich, aufzutreten und entweder selbst das Übergewicht zu bekommen, oder sich wenigstens vor einem feindlichen zu verwahren. So viel was die absolute Macht betrifft, mit welcher der Krieg geführt werden soll.

Das Maß dieser absoluten Macht wird von der Regierung bestimmt, und obgleich mit dieser Bestimmung schon die eigentliche kriegerische Tätigkeit beginnt und dieselbe ein ganz wesentlicher, strategischer Teil derselben ist, so muß doch in den meisten Fällen der Feldherr, welcher diese Streitkraft im Kriege führen soll, ihre absolute Stärke als ein Gegebenes betrachten, sei es, daß er keinen Teil an ihrer Bestimmung hatte, oder daß die Umstände verhinderten, ihr eine genügende Ausdehnung zu geben.

Es bleibt also nur übrig, durch eine geschickte Verwendung auch da, wo das absolute Übergewicht nicht zu erreichen war, sich ein relatives auf dem entscheidenden Punkt zu verschaffen.

Als das Wesentlichste hierbei erscheint die Berechnung von Raum und Zeit, und dies hat veranlaßt, daß man in der Strategie diesen Gegenstand als einen den ganzen Gebrauch der Streitkräfte ziemlich umfassenden betrachtet hat. Ja, man ist so weit gegangen, in der Strategie und Taktik großen Feldherren ein eigens dafür geschaffenes inneres Organ beizulegen.

Aber diese Vergleichung von Raum und Zeit, wenn sie auch überall zum Grunde liegt und gewissermaßen das tägliche Brot der Strategie ist, ist doch weder das Schwierigste noch das Entscheidende.

Wenn wir die Kriegsgeschichte mit unbefangenem Blick durchlaufen, so werden wir finden, daß die Fälle, wo wirklich die Fehler in solcher Rechnung die Ursache bedeutender Verluste geworden wären, wenigstens in der Strategie höchst selten sind. Soll aber der Begriff einer geschickten Kombination von Raum und Zeit alle die Fälle repräsentieren, wo ein entschlossener und tätiger Feldherr durch schnelle Märsche mit ein und demselben Heer mehrere seiner Gegner schlug (Friedrich der Große, Bonaparte), so verwirren wir uns unnützerweise in eine konventionelle Sprache. Für die Klarheit und

Fruchtbarkeit der Vorstellungen ist es nötig, die Dinge immer bei ihrem rechten Namen zu nennen.

Die richtige Beurteilung ihrer Gegner (Daun, Schwarzenberg), das Wagnis, ihnen eine Zeitlang nur geringe Streitkräfte gegenüberstehen zu lassen, die Energie verstärkter Märsche, die Dreistigkeit schneller Anfälle, die erhöhte Tätigkeit, welche große Seelen im Augenblick der Gefahr gewinnen: das sind die Gründe solcher Siege – und was haben diese mit der Fähigkeit zu tun, zwei so einfache Dinge, wie Raum und Zeit sind, richtig zu vergleichen!

Aber selbst jenes rikoschettierende Spiel der Kräfte, wo die Siege von Roßbach und Montmirail den Schwung geben zu den Siegen von Leuthen und Montereau, und welchen die großen Feldherren in der Verteidigung sich öfter vertraut haben, ist doch, wenn wir klar und genau sein wollen, nur ein seltenes Vorkommen in der Geschichte.

Viel häufiger hat die relative Überlegenheit, d. h. die geschickte Führung überlegener Streitkräfte auf den entscheidenden Punkt, ihren Grund in der richtigen Würdigung dieser Punkte und der treffenden Richtung, welche die Kräfte von Hause aus dadurch erhalten; in der Entschlossenheit, welche erforderlich ist, um das Unwichtige zum Besten des Wichtigen fallen zu lassen, d. h. seine Kräfte in einem überwiegenden Maße vereinigt zu halten. Darin sind namentlich Friedrich der Große und Bonaparte charakteristisch.

Hiermit glauben wir der Überlegenheit in der Zahl die Wichtigkeit wiedergegeben zu haben, die ihr zukommt; sie soll als die Grundidee betrachtet, überall zuerst und nach Möglichkeit gesucht werden.

Sie darum für eine notwendige Bedingung des Sieges zu halten, würde ein völliges Mißverstehen unserer Entwicklung sein; vielmehr liegt in dem Resultat derselben nichts als der Wert, welchen man auf die Stärke der Streitkräfte im Gefecht legen soll. Wird diese Stärke so groß als möglich gemacht, so ist dem Grundsatz genug geschehen, und nur der Blick auf die Gesamtheit der Verhältnisse entscheidet, ob das Gefecht wegen fehlender Streitkräfte vermieden werden darf oder nicht.

Neuntes Kapitel: Die Überraschung

Schon aus dem Gegenstand des vorigen Kapitels, dem allgemeinen Streben nach relativer Überlegenheit, ergibt sich ein anderes Streben, welches folglich ebenso allgemein sein muß: es ist die *Überraschung* des Feindes. Sie liegt mehr oder weniger allen Unternehmungen zum Grunde, denn ohne sie ist die Überlegenheit auf dem entscheidenden Punkte eigentlich nicht denkbar.

Die Überraschung wird also das Mittel zur Überlegenheit, aber sie ist außerdem auch als ein selbständiges Prinzip anzusehen, nämlich durch ihre geistige Wirkung. Wo sie in einem hohen Grade gelingt, sind Verwirrung, gebrochener Mut beim Gegner die Folgen, und wie diese den Erfolg multiplizieren, davon gibt es große und kleine Beispiele genug. Es ist also hier nicht vom eigentlichen Überfall die Rede, welcher beim Angriff hingehört, sondern von dem Bestreben, mit seinen Maßregeln überhaupt, besonders aber mit der Verteilung der Kräfte den Gegner zu überraschen, welches ebensogut bei der Verteidigung gedacht werden kann und in der taktischen Verteidigung namentlich eine große Hauptsache ist.

Wir sagen: die Überraschung liegt ohne Ausnahme allen Unternehmungen zum Grunde, nur in sehr verschiedenen Graden nach der Natur der Unternehmung und der übrigen Umstände.

Schon bei den Eigenschaften des Heeres, des Feldherrn, ja der Landesregierung fängt dieser Unterschied an.

Geheimnis und Schnelligkeit sind die beiden Faktoren dieses Produktes, und beide setzen bei der Regierung und beim Feldherrn eine große Energie, beim Heere aber einen großen Ernst des Dienstes voraus. Mit Weichlichkeit und laxen Grundsätzen ist es vergeblich, auf Überraschung zu rechnen. Aber so allgemein, ja so unerläßlich dieses Bestreben ist, und so wahr es ist, daß dasselbe nie ganz ohne Wirkung bleiben wird, so ist es doch ebenso wahr, daß es selten in einem *ausgezeichneten* Grade gelingt, und daß dies in der Natur der Sache liegt. Man würde sich also eine falsche Vorstellung machen, wenn man glaubte, durch dieses Mittel sei hauptsächlich viel im Kriege zu erreichen. In der Idee spricht es uns so sehr an, in der Ausführung bleibt es meistens in der Friktion der ganzen Maschine stecken.

In der Taktik ist die Überraschung vielmehr zu Hause aus der ganz natürlichen Ursache, daß alle Zeiten und Räume kleiner sind. Sie wird also in der Strategie um so tunlicher, als die Maßregeln dem Gebiet der Taktik näherliegen, und um so schwieriger, je höher hinauf gegen das Gebiet der Politik diese liegen.

Die Vorbereitungen zum Kriege nehmen gewöhnlich mehrere Monate ein, die Versammlung der Heere in ihren großen Aufstellungspunkten erfordert meistens die Anlage von Magazinen und Depots und beträchtliche Märsche, deren Richtung sich früh genug erraten läßt.

Es ist daher äußerst selten, daß ein Staat den anderen mit einem Kriege überrascht oder mit der Richtung seiner Kräfte im großen. Im siebzehnten und achtzehnten Jahrhundert, wo der Krieg sich viel um Belagerungen drehte, war ein vielfältiges Bestreben und ein ganz eigenes wichtiges Kapitel in der Kriegskunst, einen festen Platz unvermutet einzuschließen; und auch dies gelang nur selten.

Dagegen ist bei Dingen, die von einem Tag zum anderen geschehen können, die Überraschung viel denkbarer, und so ist es denn auch oft nicht schwer, dem Feinde einen Marsch und dadurch eine Stellung, einen Punkt in der Gegend, einen Weg abzugewinnen usw. Allein es ist klar, daß, was die Überraschung nach dieser Seite hin an Leichtigkeit gewinnt, an ihrer Wirksamkeit verloren geht, sowie diese nach der anderen Richtung hin immer zunimmt. Wer da glaubt, daß sich an solche Überraschung in kleinen Maßregeln oft Großes anknüpfen ließe, z. B. der Gewinn einer Schlacht, die Wegnahme eines bedeutenden Magazins, der glaubt etwas, was allerdings sehr denkbar ist, was aber die Geschichte nicht bewährt, denn es sind im ganzen sehr wenig Beispiele, wo aus solchen Überraschungen Großes hervorgegangen wäre, woraus man wohl ein Recht hat, auf die Schwierigkeit zu schließen, die in der Sache liegen.

Freilich muß, wer die Geschichte in solchen Dingen befragt, sich nicht an gewisse Paradepferde der historischen Kritik, an ihre Sentenzen und selbstgefälligen Terminologien halten, sondern dem Faktum selbst in die Augen sehen. Es gibt z. B. einen gewissen Tag im Feldzuge von 1761 in Schlesien, der in dieser Beziehung eine Art Berühmtheit hat. Es ist der 22. Juli, an welchem Friedrich der Große dem General Laudon den Marsch nach Nossen bei Neisse abgewann, wodurch, wie es heißt, die Vereinigung der österreichischen und russischen Armee in Oberschlesien unmöglich und also für den König ein Zeitraum von vier Wochen gewonnen wurde. Wer dieses Ereignis in den Hauptgeschichtschreibern* umständlich nachliest und unbefangen überlegt, wird in dem Marsch vom 22. Juli diese Bedeutung niemals finden und überhaupt in dem ganzen Räsonnement, welches über diesen Punkt zur Mode geworden ist, nichts als Widersprüche, in den Bewegungen Laudons in dieser berühmten Manöverzeit aber viel Unmotiviertes sehen. Wie könnte man nun bei dem Durst nach Wahrhaftigkeit und klarer Überzeugung solch einen historischen

* Tempelhoff, der Veteran, Friedrich der Große.

Beweis gelten lassen.

Indem man sich von dem Prinzip der Überraschung im Laufe eines Feldzuges große Wirkungen verspricht, denkt man an eine sehr große Tätigkeit, schnelle Entschlüsse, starke Märsche, welche dazu die Mittel geben sollen; daß aber diese Dinge, auch da, wo sie in einem hohen Grade vorhanden sind, nicht immer die beabsichtigte Wirkung hervorbringen, sehen wir an Beispielen zweier Feldherren, die wohl dafür gelten können, die größte Virtuosität darin gehabt zu haben, Friedrich des Großen und Bonapartes. Der erstere, als er im Juli 1760 so urplötzlich von Bautzen aus auf Lacy fiel und sich gegen Dresden wandte, erreichte mit diesem ganzen Intermezzo eigentlich nichts, vielmehr wurden seine Angelegenheiten dadurch merklich verschlimmert, indem Glatz unterdessen fiel.

Bonaparte wandte sich im Jahr 1813 von Dresden aus zweimal urplötzlich gegen Blücher, von seinem Einfall aus der Oberlausitz nach Böhmen hinein gar nicht einmal zu sprechen, und beide Male ganz ohne die beabsichtigte Wirkung. Es wurden Lufthiebe, welche ihm nur Zeit und Kräfte kosteten und bei Dresden hätten höchst gefährlich werden können.

Eine Überraschung mit großem Erfolg geht also auch in diesem Gebiet nicht aus der bloßen Tätigkeit, Kraft und Entschlossenheit der Führung hervor, sie muß durch andere Umstände begünstigt werden. Wir wollen aber diesen Erfolg keineswegs leugnen, sondern ihn nur an die Notwendigkeit günstiger Bedingungen anknüpfen, die sich dann freilich nicht so häufig finden, und die der Handelnde selten hervorbringen kann.

Eben jene Feldherren geben jeder ein auffallendes Beispiel davon, Bonaparte in seiner berühmten Unternehmung auf Blüchers Heer 1814, als dasselbe, vom großen Heere getrennt, die Marne hinunterzog. Nicht leicht konnte ein überraschender Marsch von zwei Tagen größere Resultate geben. Blüchers Heer, auf drei Tagemärsche ausgedehnt, wurde einzeln geschlagen und erlitt einen Verlust, welcher einer verlorenen Hauptschlacht gleichkam. Es war lediglich die Wirkung der Überraschung, denn Blücher würde, wenn er an eine so nahe Möglichkeit eines Anfalls Bonapartes geglaubt hätte, seinen Marsch ganz anders eingerichtet haben. An diesen Fehler Blüchers knüpfte sich der Erfolg an. Bonaparte kannte diese Umstände allerdings nicht, und so war es für ihn glücklicher Zufall, welcher sich einmischte.

Ebenso ist es mit der Schlacht von Liegnitz 1760. Friedrich der

Große gewann diese schöne Schlacht, weil er in der Nacht seine Stellung, die er eben erst bezogen hatte, schon wieder veränderte; dadurch wurde Laudon völlig überrascht, und der Erfolg war ein Verlust von 70 Kanonen und 10000 Mann. Obgleich Friedrich der Große in dieser Zeit den Grundsatz angenommen hatte, sich viel hin und her zu bewegen, um dadurch eine Schlacht unmöglich zu machen oder wenigstens des Feindes Pläne zu verrücken, so war doch die Veränderung der Stellung in der Nacht vom 14. zum 15. nicht gerade in der Absicht gemacht, sondern, wie der König selbst sagt, weil ihm die Stellung vom 14. nicht gefiel. Es war also auch hier der Zufall stark im Spiel. Ohne das Zusammentreffen des Angriffs mit der nächtlichen Veränderung und der unzugänglichen Gegend wäre der Erfolg nicht derselbe gewesen.

Auch im höheren und höchsten Gebiet der Strategie gibt es einige Beispiele folgenreicher Überraschungen, wir wollen nur an die glänzenden Züge des großen Kurfürsten gegen die Schweden von Franken bis Pommern und von der Mark bis an den Pregel, an den Feldzug von 1757 und den berühmten Übergang Bonapartes über die Alpen 1800 erinnern. Hier überlieferte ein Heer in einer Kapitulation sein ganzes Kriegstheater, und wenig fehlte 1757, daß ein anderes sein Kriegstheater und sich selbst ausgeliefert hätte. Endlich kann man für den Fall eines ganz unerwarteten Krieges Friedrichs des Großen Einfall in Schlesien anführen. Groß und gewaltig sind hier überall die Erfolge. Aber solche Erscheinungen gibt es sehr wenige in der Geschichte, wenn man nämlich nicht die Fälle damit verwechselt, wo ein Staat aus Mangel an Tätigkeit und Energie (1756 Sachsen und 1812 Rußland) mit seinen Anstalten nicht fertig wird.

Jetzt ist noch eine Bemerkung zurück, welche das Innere der Sache betrifft. Es kann nämlich nur derjenige überraschen, welcher dem anderen das Gesetz gibt; das Gesetz gibt, wer im Recht ist. Wenn wir den Gegner mit einer verkehrten Maßregel überraschen, so werden wir statt der guten Folgen vielleicht einen derben Rückschlag zu ertragen haben; in jedem Fall braucht der Gegner sich um unsere Überraschung wenig zu kümmern, er findet in unserem Fehler die Mittel, das Übel abzuwenden. Da der Angriff viel mehr positive Handlungen in sich schließt als die Verteidigung, so ist auch das Überraschen allerdings mehr in der Stelle des Angreifenden, aber keineswegs ausschließlich, wie wir das in der Folge sehen werden. Es können sich also die gegenseitigen Überraschungen des Angreifenden und des Verteidigers begegnen, und dann müßte derjenige recht behalten, welcher den Nagel am besten auf dem Kopf getroffen hat.

So sollte es sein; es hält aber das praktische Leben diese Linie auch nicht so genau, und zwar aus einer einfachen Ursache. Die geistigen Wirkungen, welche die Überraschung mit sich führt, machen für denjenigen, welcher sich ihres Beistandes erfreut, oft die schlechteste Sache zu einer guten und lassen den anderen nicht zu einem ordentlichen Entschluß kommen; wir haben hier mehr als irgendwo nicht bloß die ersten Führer im Sinn, sondern jeden einzelnen, weil die Wirkung der Überraschung das Eigentümliche hat, das Band der Einheit gewaltig aufzulockern, so daß leicht jede einzelne Individualität dabei zum Vorschein kommt.

Viel hängt hier von dem allgemeinen Verhältnis ab, in welchem beide Teile zueinanderstehen. Ist der eine schon durch ein allgemeines moralisches Übergewicht zum Entmutigen und Überschnellen des anderen befähigt, so wird er sich der Überraschung mit mehr Erfolg bedienen können und selbst da gute Früchte ernten, wo er eigentlich zuschanden werden sollte.

Zehntes Kapitel: Die List

List setzt eine versteckte Absicht voraus und steht also der geraden, schlichten, das ist unmittelbaren Handlungsweise entgegen, so wie der Witz dem unmittelbaren Beweise entgegensteht. Mit den Mitteln der Überredung, des Interesses, der Gewalt hat sie daher nichts gemein, aber viel mit dem Betruge, weil dieser seine Absicht gleichfalls versteckt. Sie ist sogar selbst ein Betrug, wenn das Ganze fertig ist, aber sie unterscheidet sich doch von dem, was schlechthin so genannt wird, und zwar dadurch, daß sie nicht unmittelbar wortbrüchig wird. Der Listige läßt denjenigen, welchen er betrügen will, die Irrtümer des Verstandes selbst begehen, die zuletzt in *eine* Wirkung zusammenfließend, plötzlich das Wesen des Dinges vor seinen Augen verändern. Daher kann man sagen: wie der Witz eine Taschenspielerei mit Ideen und Vorstellungen ist, so ist die List eine Taschenspielerei mit Handlungen.

Auf den ersten Blick scheint es nicht mit Unrecht zu sein, daß die Strategie ihren Namen von der List bekommen, und daß bei allen wahren und scheinbaren Veränderungen, welche der große Zusammenhang des Krieges seit den Griechen erlitten hat, dieser Name doch noch auf ihr eigentlichstes Wesen deute.

Wenn man die Ausführung der Gewaltstreiche, die Gefechte selbst, der Taktik überläßt und die Strategie als die Kunst betrachtet, sich des Vermögens dazu mit Geschick zu bedienen, so scheint außer den Kräften des Gemütes, als da sind ein glühender Ehrgeiz, der wie eine Feder immer drückt, ein starker Wille, der schwer weicht usw., keine subjektive Naturanlage so geeignet, die strategische Tätigkeit zu leiten und zu beleben, als die List. Schon das allgemeine Bedürfnis zu überraschen, wovon wir im vorigen Kapitel gesprochen haben, weist darauf hin; denn jedem Überraschen liegt ein wenn auch noch so geringer Grad von List zum Grunde.

Aber so sehr man gewissermaßen das Bedürfnis fühlt, die Handelnden im Kriege an verschlagener Tätigkeit, Gewandheit und List sich einander überbieten zu sehen, so muß man doch gestehen, daß diese Eigenschaften sich in der Geschichte wenig zeigen und selten aus der Masse der Verhältnisse und Umstände sich haben hervorarbeiten können.

Der Grund davon liegt nahe genug und läuft mit dem Gegenstande des vorigen Kapitels ziemlich auf eins hinaus.

Die Strategie kennt keine andere Tätigkeit als die Anordnung der Gefechte mit den Maßregeln, die sich darauf beziehen. Sie kennt nicht, wie das übrige Leben, Handlungen, die in bloßen Worten, d. h. in Äußerungen, Erklärungen usw. bestehen. Diese, die nicht viel kosten, sind es aber vorzüglich, womit der Listige hinters Licht führt.

Das, was es im Kriege Ähnliches gibt: Entwürfe und Befehle bloß zum Schein gegeben, falsche Nachrichten dem Feinde absichtlich hinterbracht usw., ist für das strategische Feld gewöhnlich von so schwacher Wirkung, daß es nur bei einzelnen, sich von selbst darbietenden Gelegenheiten gebraucht, also nicht als eine freie Tätigkeit, die von dem Handelnden ausgeht, betrachtet werden kann.

Solche Handlungen aber, wie die Anordnung von Gefechten, soweit durchzuführen, daß sie dem Feinde einen Eindruck machen, erfordert schon einen beträchtlichen Aufwand von Zeit und Kräften, und zwar um so mehr, je größer der Gegenstand ist. Weil man diese gewöhnlich nicht daran geben will, darum sind die wenigsten der sogenannten Demonstrationen in der Strategie von der beabsichtigten Wirkung. In der Tat ist es gefährlich, bedeutende Kräfte auf längere Zeit zum bloßen Schein zu verwenden, weil immer die Gefahr bleibt, daß es umsonst geschieht und man diese Kräfte dann am entscheidenden Ort entbehrt.

Diese nüchterne Wahrheit fühlt der Handelnde im Kriege immer durch, und darum vergeht ihm die Lust zu dem Spiel schlauer Beweglichkeit. Der trockene Ernst der Notwendigkeit drängt meist so in das unmittelbare Handeln hinein, daß für jenes Spiel kein Raum bleibt. Mit einem Wort: es fehlt den Steinen im strategischen Schachbrett die Beweglichkeit, welche das Element der List und Verschlagenheit ist.

Die Folgerung, welche wir ziehen, ist: daß ein richtiger treffender Blick eine notwendigere und nützlichere Eigenschaft des Feldherrn ist als die List, wiewohl diese auch nichts verdirbt, wenn sie nicht auf Unkosten notwendiger Gemütseigenschaften besteht, welches freilich nur zu oft der Fall ist.

Je schwächer aber die Kräfte werden, welche der strategischen Führung unterworfen sind, um so zugänglicher wird diese der List sein, so daß dem ganz Schwachen und Kleinen, für den keine Vorsicht, keine Weisheit mehr ausreicht, auf dem Punkt, wo ihn alle Kunst zu verlassen scheint, die List sich als die letzte Hilfe desselben anbietet. Je hilfloser seine Lage ist, je mehr sich alles in einen einzigen verweiflungsvollen Schlag zusammendrängt, um so williger tritt die List seiner Kühnheit zur Seite. Von aller weiteren Berechnung loslassend, von aller späteren Entgeltung befreit, dürfen Kühnheit und List einander steigern und so einen unmerklichen Hoffnungsschimmer auf einen einzigen Punkt vereinigen, zu einem einzigen Strahl, der allenfalls[1] noch zu zünden vermag.

Elftes Kapitel: Sammlung der Kräfte im Raum

Die beste Strategie ist: immer *recht stark zu sein,* zuerst überhaupt und demnächst auf dem entscheidenden Punkt. Daher gibt es außer der Anstrengung, welche die Kräfte schafft, und die nicht immer vom Feldherrn ausgeht, kein höheres und einfacheres Gesetz für die Strategie als das: *seine Kräfte zusammenzuhalten.* – Nichts soll von der Hauptmasse getrennt sein, was nicht durch einen *dringenden* Zweck davon abgerufen wird. An dies Kriterium halten wir fest und sehen es als einen zuverlässigen Führer an. Welches die vernünftigen Ursachen einer Teilung der Kräfte sein können, werden wir nach und nach kennenlernen. Dann werden wir auch sehen, daß dieser Grundsatz nicht in jedem Kriege dieselben allgemeinen Folgen haben könne,

---

1 [2. Auflage: ebenfalls]

sondern daß sich diese nach Zweck und Mittel verändern.

Es klingt unglaublich und ist doch hundertmal vorgekommen, daß die Streitkräfte geteilt und getrennt worden sind bloß nach dem dunklen Gefühl herkömmlicher Manier, ohne deutlich zu wissen, warum.

Erkennt man die Vereinigung der ganzen Streitkräfte als die Norm an und jede Trennung und Teilung als eine Abweichung, die motiviert sein muß, so wird nicht nur jene Torheit ganz vermieden, sondern auch manchem falschen Teilungsgrund der Zutritt versperrt.

Zwölftes Kapitel: Vereinigung der Kräfte in der Zeit

Wir haben es hier mit einem Begriff zu tun, der da, wo er ins tätige Leben ausläuft, mancherlei trügerischen Schein verbreitet; eine klare Feststellung und Durchführung der Vorstellungen ist uns daher Bedürfnis, und so hoffen wir, man wird uns abermals eine kleine Analyse erlauben.

Der Krieg ist ein Stoß entgegengesetzter Kräfte aufeinander, woraus von selbst folgt, daß die stärkere die andere nicht bloß vernichtet, sondern in ihrer Bewegung mit fortreißt. Dies läßt im Grunde keine nachhaltige (sukzessive) Wirkung der Kräfte zu, sondern es muß die gleichzeitige Anwendung aller für einen Stoß bestimmten Kräfte als ein Urgesetz des Krieges erscheinen.

So ist es auch wirklich, aber nur soweit, als der Kampf auch wirklich dem mechanischen Stoße gleicht; wo aber derselbe in einer dauernden gegenseitigen Einwirkung vernichtender Kräfte besteht, da kann allerdings eine nachhaltige Wirkung der Kräfte gedacht werden. Dies ist in der Taktik der Fall, hauptsächlich weil das Feuergewehr die Hauptgrundlage aller Taktik ist, aber auch aus anderen Gründen. Wenn im Feuergefecht 1000 Mann gegen 500 gebraucht werden, so ist die Größe ihres Verlustes zusammengesetzt aus der Größe der feindlichen Kräfte und der eigenen. Tausend schießen noch einmal soviel als 500; gegen 1000 aber treffen auch mehr Kugeln als gegen 500, weil doch vorauszusetzen ist, daß sie dichter stehen als jene. Dürften wir annehmen, daß auch die Anzahl der treffenden Kugeln bei ihnen doppelt so groß wäre, so würde der Verlust von beiden Seiten gleich sein. Von den 500 würden z. B. 200 außer Gefecht sein und von den 1000 gleichfalls. Hätten nun jene 500 ebensoviel hinter sich, die bis dahin ganz außer dem Feuer gehalten wurden, so würden beide Teile 800 Mann gesund haben, davon aber der eine 500 Mann ganz frisch mit voller Munition und mit vollen Kräften hätte, der andere aber nur 800 Mann, die alle im gleichen Maße aufgelöst, ohne hinlängliche Munition und in geschwächter Kraft sind. Die Voraussetzung, daß die 1000 Mann bloß wegen ihrer größeren Zahl auch doppelt soviel verlieren sollten, als 500 an ihrer Stelle verloren haben würden, ist allerdings nicht richtig, es muß also bei jener ursprünglichen Ordnung der größere Verlust, welchen der erleidet, der die Hälfte seiner Kraft zurückgestellt hat, als ein Nachteil angesehen werden; ebenso muß in der Allgemeinheit der Fälle eingeräumt werden, daß den 1000 Mann im ersten Augenblick der Vorteil werden kann, ihre Gegner aus ihrem Standpunkt zu vertreiben und in eine rückgängige Bewegung zu bringen; ob nun diese beiden Vorteile dem Nachteile das Gleichgewicht halten, sich mit 800 Mann durch das Gefecht aufgelöster Truppen gegen einen Feind zu befinden, der wenigstens nicht merklich schwächer ist und 500 Mann ganz frischer Truppen hat, das kann eine weiter getriebene Analyse nicht mehr entscheiden, sondern man muß hier auf die Erfahrung sich stützen; und da wird es wohl keinen Offizier von einiger Kriegserfahrung geben, welcher nicht in der Allgemeinheit der Fälle das Übergewicht demjenigen zuschreiben wird, der die frischen Kräfte hat.

Auf diese Weise wird es klar, wie die Anwendung zu großer Kräfte im Gefechte nachteilig werden kann, denn wie viele Vorteile uns auch die Überlegenheit im ersten Augenblick geben mag, vielleicht müssen wir im nächsten dafür büßen.

Diese Gefahr reicht aber nur soweit, als *die Unordnung, der Zustand der Auflösung und Schwächung reicht,* mit einem Wort, die Krise, welche jedes Gefecht *auch beim Sieger* mit sich bringt. In dem Bereich dieses geschwächten Zustandes ist die Erscheinung einer verhältnismäßigen frischen Anzahl Truppen entscheidend.

Wo aber diese auflösende Wirkung des Sieges aufhört, und also nur die moralische Überlegenheit bleibt, die jeder Sieg gibt, da ist die frische Kraft nicht mehr imstande, das Verlorene gutzumachen, da wird sie mit fortgerissen. Ein geschlagenes Heer kann Tages darauf nicht mehr durch eine starke Reserve zum Sieg zurückgeführt werden. *Hier befinden wir uns an der Quelle eines höchst wesentlichen Unterschiedes zwischen Taktik und Strategie.*

Es liegen nämlich die taktischen Erfolge, die Erfolge *innerhalb* des Gefechts und vor seinem Schluß, *größtenteils noch in dem Bereich jener Auflösung und Schwächung*; die strategischen aber, d. h. der

Erfolg des Totalgefechts, der fertige Sieg, groß oder klein, wie er auch sei, *liegt schon außerhalb dieses Bereichs.* Erst wenn die Erfolge der Teilgefechte sich zu einem selbständigen Ganzen verbunden haben, tritt der strategische Erfolg ein, dann hört aber der Zustand der Krise auf, die Kräfte gewinnen ihre ursprüngliche Gestalt wieder und sind nur um den Teil geschwächt, der wirklich vernichtet worden ist.

Die Folge dieses Unterschiedes ist, daß die Taktik eines nachhaltigen Gebrauchs der Kräfte fähig ist und die Strategie nur eines gleichzeitigen.

Kann ich in der Taktik nicht mit dem ersten Erfolg alles entscheiden, muß ich den nächsten Augenblick fürchten, so folgt von selbst, daß ich für den Erfolg des ersten Augenblicks nur soviel Kräfte verwende, als dazu nötig scheinen, und die übrigen aus der Vernichtungssphäre sowohl des Feuers als des Faustkampfes entfernt halte, um frischen Kräften frische entgegenzustellen oder mit solchen geschwächte überwinden zu können. So ist es aber nicht in der Strategie. Teils hat sie, wie wir eben gezeigt haben, nachdem ihr Erfolg eingetreten ist, nicht so leicht eine Rückwirkung zu befürchten, weil mit diesem Erfolg die Krise aufhört, teils werden nicht notwendig alle Kräfte, die strategisch sind, *geschwächt.* Nur was mit der feindlichen Kraft *taktisch* im Konflikt, d. h. im Teilgefecht begriffen ist, wird durch sie geschwächt, also, wenn die Taktik nicht unnütz verschwendet, nur so viel, als unvermeidlich ist, keineswegs aber alles, was strategisch damit im Konflikt ist. Korps, welche wegen Überlegenheit der Kräfte wenig oder gar nicht gefochten und durch ihre bloße Gegenwart mit entschieden haben, sind nach der Entscheidung, was sie vorher waren, und für neue Zwecke ebenso brauchbar, als wenn sie müßig gewesen wären. Wie sehr aber solche die Übermacht gebenden Korps zum Totalerfolge beitragen können, ist an sich klar; ja selbst das ist nicht schwer einzusehen, wie sie selbst den Verlust der im taktischen Konflikt begriffenen Kräfte unsererseits beträchtlich verringern können.

Wächst also in der Strategie der Verlust nicht mit dem Umfang der gebrauchten Kräfte, wird er sogar dadurch oft verringert, und ist, wie sich von selbst versteht, die Entscheidung dadurch mehr für uns gesichert, so folgt von selbst, daß man niemals zu viel Kräfte anwenden könne, und folglich auch, daß die zur Verwendung vorhandenen *gleichzeitig* angewendet werden müssen.

Aber wir müssen den Satz noch auf einem anderen Felde durchkämpfen. Wir haben bis jetzt nur vom Kampfe selbst gesprochen; er ist die eigentliche kriegerische Tätigkeit, aber Menschen, Zeit und Raum, welche als die Träger dieser Tätigkeit erscheinen, müssen dabei berücksichtigt und die Produkte ihrer Einwirkungen in die Betrachtung mit aufgenommen werden.

Mühen, Anstrengungen und Entbehrungen sind im Kriege ein eigenes, nicht wesentlich zum Kampf gehöriges, aber mehr oder weniger unzertrennlich mit ihm verbundenes Vernichtungsprinzip, und zwar eins, was der Strategie vorzugsweise angehört. Sie finden zwar in der Taktik auch statt und vielleicht da im höchsten Grade, aber da die taktischen Akte von weniger Dauer sind, so können die Wirkungen von Anstrengungen und Entbehrungen in ihnen auch wenig in Betrachtung kommen. Aber in der Strategie, wo Zeiten und Räume größer sind, wird die Wirkung nicht nur stets merklich, sondern oft ganz entscheidend. Es ist nicht ungewöhnlich, daß ein siegreiches Heer viel mehr an Krankheiten als in Gefechten verliert.

Betrachten wir also diese Vernichtungssphäre in der Strategie, wie wir die des Feuers und des Faustkampfes in der Taktik betrachtet haben, so können wir uns allerdings vorstellen, daß alles, was ihr ausgesetzt ist, am Ende des Feldzuges oder eines anderen strategischen Abschnittes in einen Zustand der Schwächung gerät, welche eine neu erscheinende frische Kraft *entscheidend* macht. Man könnte also hier wie dort veranlaßt werden, den ersten Erfolg mit so wenigem als möglich zu suchen, um diese frische Kraft für das Ende sich aufzubewahren.

Um diesen Gedanken, welcher in zahlreichen Fällen der Anwendung einen großen Schein von Wahrheit haben wird, genau zu würdigen, müssen wir den Blick auf die einzelnen Vorstellungen desselben richten. Zuerst muß man den Begriff der bloßen Verstärkung nicht mit einer frischen, unabgenutzten Kraft verwechseln. Es gibt wenig Feldzüge, an deren Schluß nicht dem Sieger wie dem Besiegten ein neuer Zuwachs der Kräfte höchst erwünscht, ja entscheidend erscheinen sollte; aber davon ist hier nicht die Rede, denn dieser Zuwachs an Kräften würde nicht nötig sein, wenn diese gleich anfangs so viel größer gewesen wären. Daß aber ein frisch ins Feld rückendes Heer seinem moralischen Werte nach besser zu achten wäre als das schon im Felde stehende, so wie eine taktische Reserve allerdings besser zu achten ist als eine Truppe, die schon viel im Gefecht gelitten hat, das wäre gegen alle Erfahrung. Ebenso viel wie ein unglücklicher Feldzug den Truppen an Mut und moralischer Kraft nimmt, ebenso viel erhöht ein glücklicher ihren Wert von dieser Seite, so daß sich diese Wirkungen in der Allgemeinheit der Fälle ausgleichen, und dann noch die Kriegsgewohnheit als ein reiner Gewinn übrigt bleibt. Überdem muß hier der Blick mehr auf die glücklichen als auf die unglücklichen Feldzüge gerichtet sein, weil da, wo der letztere sich mit mehr Wahrscheinlichkeit vorhersehen läßt, ohnehin die Kräfte fehlen, und an eine Zurückstellung eines Teiles derselben zum späteren Gebrauch nicht zu denken ist.

Ist dieser Punkt beseitigt, so fragt es sich: wachsen die Verluste, welche eine Streitkraft durch Anstrengungen und Entbehrungen erleidet, ebenso wie ihr Umfang, wie das im Gefecht der Fall ist? Und darauf muß man »nein« antworten.

Die Anstrengungen entstehen größtenteils aus den Gefahren, womit jeder Augenblick des kriegerischen Aktes mehr oder weniger durchdrungen ist. Diesen Gefahren überall zu begegnen, in seinem Handeln mit Sicherheit fortzuschreiten, das ist der Gegenstand einer großen Menge von Tätigkeiten, welche den taktischen und strategischen Dienst des Heeres ausmachen. Dieser Dienst wird schwieriger, je schwächer das Heer ist, und leichter, je mehr seine Überlegenheit gegen das feindliche zunimmt. Wer kann das bezweifeln? Ein Feldzug gegen einen viel schwächeren Feind wird also auch geringere Anstrengungen kosten als gegen einen ebenso starken oder gar stärkeren.

Das sind die Anstrengungen. Etwas anders sieht es mit den Entbehrungen aus. Diese bestehen hauptsächlich in zwei Gegenständen: dem Mangel an Lebensmitteln und dem Mangel beim Unterkommen der Truppen, sei es im Quartiere oder in bequemen Lagern. Beide werden allerdings um so größer, je zahlreicher das Heer auf demselben Fleck ist. Allein gibt denn nicht gerade die Übermacht auch die besten Mittel, sich auszubreiten und mehr Raum, also auch mehr Mittel des Unterhaltes und des Unterkommens zu finden?

Wenn Bonaparte im Jahr 1812 beim Vordringen in Rußland sein Heer auf eine unerhörte Weise zu großen Massen auf einer Straße vereinigt und dadurch einen ebenso unerhörten Mangel veranlaßt hat, so muß man das seinem Grundsatz zuschreiben: nie stark genug auf dem entscheidenden Punkt sein zu können. Ob er diesen Grundsatz hier übertrieben hat oder nicht, ist eine Frage, die nicht hierher gehört, aber gewiß ist es, daß, wenn er dem dadurch hervorgerufenen Mangel hätte aus dem Wege gehen wollen, er nur in einer größeren Breite vorzugehen brauchte; es fehlte dazu in Rußland nicht an Raum und wird in den wenigsten Fällen daran fehlen. Es kann also hieraus kein Grund hergeleitet werden, um zu beweisen, daß die gleichzeitige

Anwendung sehr überlegener Kräfte eine größere Schwächung hervorbringen mußte. Gesetzt nun aber, Wind und Wetter und die unvermeidlichen Anstrengungen des Krieges hätten auch an dem Teil des Heeres, welchen man als eine überschießende Macht allenfalls für einen späteren Gebrauch hätte aufbewahren können, trotz der Erleichterungen, welcher dieser Teil dem Ganzen verschaffte, doch eine Verminderung bewirkt, so muß man doch nun erst alles wieder mit einem Gesamtblick im Zusammenhange auffassen und also fragen: wird diese Verminderung so viel betragen als der Gewinn an Kräften, welchen wir durch unsere Übermacht auf mehr als einem Wege machen können?

Aber es gibt noch einen sehr wichtigen Punkt zu berühren. In dem Teilgefecht kann man ohne große Schwierigkeit die Kraft ungefähr bestimmen, welche zu einem größeren Erfolg, den man sich vorgesetzt hat, nötig ist, und folglich auch bestimmen, was überflüssig sein würde. In der Strategie ist dies so gut wie unmöglich, weil der strategische Erfolg keinen so bestimmten Gegenstand und keine so nahen Grenzen hat. Was also in der Taktik als ein Überfluß von Kräften angesehen werden kann, muß in der Strategie als ein Mittel betrachtet werden, den Erfolg zu erweitern, wenn sich die Gelegenheit dazu darbietet; mit der Größe des Erfolges aber wachsen die Prozente des Gewinnes, und das Übergewicht der Kräfte kann auf diese Weise schnell zu einem Punkte kommen, welchen die sorgfältigste Ökonomie der Kräfte nie gegeben haben würde.

Vermittelst seiner ungeheuren Überlegenheit gelang es Bonaparte im Jahre 1812 bis Moskau vorzudringen und diese Zentralhauptstadt einzunehmen; wäre es ihm auch vermittelst eben dieser Übermacht noch gelungen, das russische Heer vollkommen zu zertrümmern, so würde er wahrscheinlich einen Frieden in Moskau geschlossen haben, der auf jede andere Weise weniger erreichbar war. Dies Beispiel soll den Gedanken nur erklären, nicht beweisen, welches einer umständlichen Entwicklung bedürfte, wozu hier nicht der Ort ist.

Alle diese Betrachtungen sind bloß auf den Gedanken einer sukzessiven Kraftanwendung gerichtet und nicht auf den eigentlichen Begriff einer Reserve, welchen sie zwar unaufhörlich berühren, der aber, wie wir im folgenden Kapitel sehen werden, noch mit anderen Vorstellungen zusammenhängt.

Was wir hier ausmachen wollten, ist, daß, wenn in der Taktik die Streitkraft schon durch die bloße *Dauer* der wirklichen Anwendung eine Schwächung erleidet, die Zeit also als ein Faktor in dem Produkt erscheint, dies in der Strategie nicht auf eine wesentliche Art der Fall ist. Die zerstörenden Wirkungen, welche die Zeit auf die Streitkräfte auch in der Strategie übt, werden durch die Masse derselben teils vermindert, teils auf andere Weise eingebracht, und es kann daher in der Strategie nich die Absicht sein, die Zeit *um ihrer selbst willen* zu seinem Verbündeten zu machen, indem man die Kräfte nach und nach zur Anwendung bringt.

Wir sagen *um ihrer selbst willen,* denn der Wert, welchen die Zeit wegen anderer Umstände, die sie herbeiführt, die aber von ihr selbst verschieden sind, für den einen der beiden Teile haben kann, ja notwendig haben muß, ist etwas ganz anderes, ist nichts weniger als gleichgültig oder unwichtig und wird der Gegenstand anderer Betrachtung sein.

Das Gesetz, welches wir zu entwickeln versuchten, ist also: Alle Kräfte, welche für einen strategischen Zweck bestimmt und vorhanden sind, sollen *gleichzeitig* darauf verwendet werden, und diese Verwendung wird um so vollkommener sein, je mehr alles in einen Akt und in einen Moment zusammengedrängt wird.

Es gibt aber darum doch einen Nachdruck und eine nachhaltige Wirkung in der Strategie, und wir können sie um so weniger übersehen, als sie ein Hauptmittel des endlichen Erfolges ist, nämlich die fortdauernde Entwicklung neuer Kräfte. Auch dies ist der Gegenstand eines anderen Kapitels, und wir nennen ihn bloß, um zu verhüten, daß der Leser nicht etwas im Auge habe, wovon wir gar nicht sprechen.

Wir wenden uns nun zu einem mit unseren bisherigen Betrachtungen sehr nahe verwandten Gegenstand, durch dessen Feststellung dem Ganzen erst sein volles Licht gegeben werden kann, wir meinen die *strategische Reserve.*

Dreizehntes Kapitel: Strategische Reserve

Eine Reserve hat zwei Bestimmungen, die sich wohl voneinander unterscheiden lassen, nämlich: erstens, die Verlängerung und Erneuerung des Kampfes, und zweitens, der Gebrauch gegen unvorhergesehene Fälle. Die erste Bestimmung setzt den Nutzen einer sukzessiven Kraftanwendung voraus und kann deshalb in der Strategie nicht vorkommen. Die Fälle, wo ein Korps nach einem Punkt hingeschickt wird, der im Begriff ist, überwältigt zu werden, sind offenbar in die

Kategorie der zweiten Bestimmung zu setzen, weil der Widerstand, welchen man hier zu leisten hat, nicht hinlänglich vorhergesehen worden ist. Ein Korps aber, was zur bloßen Verlängerung des Kampfes bestimmt und zu dem Behuf zurückgestellt ist, würde nur außer dem Bereich des Feuers gestellt, dem im Gefecht Befehlenden untergeordnet und zugewiesen, mithin eine taktische und keine strategische Reserve sein.

Das Bedürfnis aber, eine Kraft für unvorhergesehene Fälle bereit zu haben, kann auch in der Strategie vorkommen, und folglich kann es auch strategische Reserve geben: aber nur da, wo unvorhergesehene Fälle denkbar sind. In der Taktik, wo man die Maßregeln des Feindes meistens erst durch den Augenschein kennenlernt, und wo jedes Gehölz und jede Falte eines wellenförmigen Bodens dieselben verbergen kann, muß man natürlich immer mehr oder weniger auf unvorhergesehene Fälle gefaßt sein, um diejenigen Punkte unseres Ganzen, welche sich zu schwach zeigen, hinterher zu verstärken und überhaupt die Anordnung unserer Kräfte mehr nach Maßgabe der feindlichen einrichten zu können.

Auch in der Strategie müssen solche Fälle vorkommen, weil der strategische Akt unmittelbar an den taktischen anknüpft. Auch in der Strategie wird manche Anordnung erst nach dem Augenschein, nach ungewissen, von einem Tage zum anderen, von einer Stunde zur anderen eingehenden Nachrichten, endlich nach den wirklichen Erfolgen der Gefechte getroffen; es ist also eine wesentliche Bedingung der strategischen Führung, daß nach Maßgabe der Ungewißheit Streitkräfte zur späteren Verwendung zurückgehalten werden.

Bei der Verteidigung überhaupt, besonders aber gewisser Bodenabschnitte, wie Flüsse, Gebirge usw. kommt dies bekanntlich unaufhörlich vor.

Aber diese Ungewißheit nimmt ab, je weiter sich die strategische Tätigkeit von der taktischen entfernt und hört fast ganz auf in jenen Regionen derselben, wo sie an die Politik grenzt.

Wohin der Feind seine Kolonnen zur Schlacht führt, kann man nur aus dem Augenschein erkennen; wo er einen Fluß überschreiten wird, aus wenigen Anstalten, die sich kurz vorher kundtun; auf welcher Seite er unser Reich anfallen werde, das verkünden gewöhnlich schon alle Zeitungen, ehe noch ein Pistolenschuß fällt. Je größerer Art die Maßnahmen werden, um so weniger kann man damit überraschen. Zeiten und Räume sind so groß, die Verhältnisse, aus welchen die Handlung hervorgeht, so bekannt und wenig veränderlich, daß man das Ergebnis entweder zeitig genug erfährt oder mit Gewißheit erforschen kann.

Von der anderen Seite wird auch der Gebrauch einer Reserve, wenn sie wirklich vorhanden wäre, in diesem Gebiete der Strategie immer unwirksamer, je weiter die Maßregel das Ganze hinaufrückt.

Wir haben gesehen, daß die Entscheidung eines Teilgefechts an sich nichts ist, sondern daß alle Teilgefechte erst in der Entscheidung des Totalgefechts ihre Erledigung finden.

Aber auch diese Entscheidung des Totalgefechts hat nur eine relative Bedeutung in sehr vielen Abstufungen, je nachdem die Streitkraft, über welche der Sieg errungen ist, einen mehr oder weniger großen und bedeutenden Teil des Ganzen ausmachte. Das verlorene Treffen eines Korps kann durch den Sieg des Heeres gutgemacht werden, und selbst die verlorene Schlacht eines Heeres könnte durch die gewonnene eines bedeutenderen nicht bloß aufgewogen, sondern in ein glückliches Ereignis verwandelt werden (die beiden Tage von Kulm 1813). Niemand kann dies bezweifeln; aber es ist ebenso klar, daß das Gewicht eines jeden Sieges (der glückliche Erfolg eines jeden Totalgefechts) um so selbständiger wird, je bedeutender der besiegte Teil war, und daß also die Möglichkeit, das Verlorene durch ein späteres Ereignis wieder einzubringen, in dieser Richtung immer mehr abnimmt. Wie sich das näher bestimmt, werden wir an einem anderen Ort zu betrachten haben; hier ist es uns genug, auf das unzweifelhafte Dasein dieser Progression aufmerksam gemacht zu haben.

Fügen wir nun endlich diesen beiden Betrachtungen noch die dritte hinzu, nämlich, daß, wenn der nachhaltige Gebrauch der Streitkräfte in der Taktik die Hauptentscheidung immer gegen das Ende des ganzen Aktes hin verschiebt, das Gesetz des gleichzeitigen Gebrauchs in der Strategie umgekehrt die Hauptentscheidung (welches nicht die endliche zu sein braucht) fast immer am Anfang des großen Aktes stattfinden läßt, so werden wir in diesen drei Resultaten Gründe genug haben, um strategische Reserve immer entbehrlicher, immer unnützer und immer gefährlicher zu finden, je mehr ihre Bestimmung *umfassend* ist.

Der Punkt aber, wo die Idee der strategischen Reserve anfängt widersprechend zu werden, ist nicht schwer zu bestimmen; er liegt in der *Hauptentscheidung*. Die Verwendung aller Kräfte muß sich innerhalb der Hauptentscheidung befinden, und jede Reserve *(fertiger Streitkräfte)*, welche erst nach dieser Entscheidung gebraucht werden sollte, ist widersinnig.

Wenn also die Taktik in ihren Reserven das Mittel hat, nicht bloß den unvorhergesehenen Anordnungen des Feindes zu begegnen, sondern auch den niemals vorherzusehenden Erfolg des Gefechts da, wo er unglücklich ist, wieder gutzumachen, so muß die Strategie, wenigstens was die große Entscheidung betrifft, auf dieses Mittel verzichten; sie kann die Nachteile, welche auf einem Punkt eintreten, in der Regel nur durch die Vorteile wieder gutmachen, die sie auf anderen erhält, und in wenigen Fällen, indem sie Kräfte von einem Punkte zum anderen überführt; niemals aber soll oder darf sie auf den Gedanken kommen, einem solchen Nachteil durch eine zurückgestellte Kraft im voraus begegnen zu wollen.

Wir haben die Idee einer strategischen Reserve, welche bei der Hauptentscheidung nicht mitwirken soll, für widersinnig erklärt, und das ist sie so unzweifelhaft, daß wir gar nicht versucht gewesen sein würden, sie einer solchen Analyse zu unterwerfen, wie in diesen beiden Kapiteln geschehen ist, wenn sie sich nicht, unter anderen Vorstellungen verkappt, etwas besser ausnähme und so häufig zum Vorschein käme. Der eine sieht in ihr den Preis strategischer Weisheit und Vorsicht, der andere verwirft sie und mit ihr die Idee jeder Reserve, folglich auch der taktischen. Dieser Ideenwirrwarr geht ins wirkliche Leben über, und will man ein glänzendes Beispiel davon sehen, so erinnere man sich, daß Preußen 1806 eine Reserve von 20000 Mann unter dem Prinzen Eugen von Württemberg in der Mark kantonieren ließ, welche dann die Saale zur rechten Zeit nicht mehr erreichen konnte, und daß andere 25000 Mann dieser Macht in Ost- und Südpreußen zurückblieben, *welche man als eine Reserve erst später auf den Feldfuß setzen wollte.*

Nach diesen Beispielen wird man uns wohl nicht schuld geben, daß wir mit Windmühlen gefochten haben.

Vierzehntes Kapitel: Ökonomie der Kräfte

Der Pfad der Überlegung läßt sich, wie wir gesagt haben, durch Grundsätze und Ansichten selten bis zu einer bloßen Linie einengen. Es bleibt immer ein gewisser Spielraum. So ist es aber in allen praktischen Künsten des Lebens. Für die Schönheitslinien gibt es keine Abszissen und Ordinaten, Kreis und Ellipse werden nicht mit ihren algebraischen Formeln zustandegebracht. Es muß sich also der

Handelnde bald dem feineren Takt des Urteils überlassen, der, aus natürlichem Scharfsinn hervorgehend und durch Nachdenken gebildet, das Rechte fast bewußtlos trifft; bald muß er das Gesetz zu hervorstechenden Merkmalen vereinfachen, welche ihre Regel bilden, bald muß die eingeführte Methode der Stab werden, an welchem er sich hält.

Als ein solches vereinfachtes Merkmal, als einen Handgriff des Geistes sehen wir den Gesichtspunkt an, stets auf die Mitwirkung aller Kräfte zu wachen, oder mit anderen Worten, es immer und immer im Auge zu haben, daß kein Teil derselben müßig sei. Wer da Kräfte hat, wo der Feind sie nicht hinreichend beschäftigt, wer einen Teil seiner Kräfte marschieren, d. h. tot sein läßt, während die feindlichen schlagen, der führt mit seinen Kräften einen schlechten Haushalt. In diesem Sinne gibt es eine Verschwendung der Kräfte, die selbst schlimmer ist als ihre unzweckmäßige Verwendung. Wenn einmal gehandelt werden soll, so ist das erste Bedürfnis, daß alle Teile handeln, weil die unzweckmäßigste Tätigkeit doch einen Teil der feindlichen Kräfte beschäftigt und niederschlägt, während die ganz müßigen Kräfte für den Augenblick ganz neutralisiert sind. Unverkennbar hängt diese Ansicht mit den Grundsätzen der drei letzten Kapitel zusammen; es ist dieselbe Wahrheit, aber von einem etwas mehr umfassenden Standpunkt aus gesehen und in eine einzelne Vorstellung zusammengedrängt.

Fünfzehntes Kapitel: Geometrisches Element

Wie stark[1] das geometrische Element oder die Form in der Aufstellung der Streitkräfte im Kriege zu einem vorherrschenden Prinzip werden kann, sehen wir an der Befestigungskunst, wo die Geometrie fast das Größte und Kleinste besorgt. Auch in der Taktik spielt sie eine große Rolle. Von der Taktik im engeren Sinne, der Bewegungslehre der Truppen, ist sie die Grundlage; in der Feldbefestigung aber sowie in der Lehre von den Stellungen und ihrem Angriff herrschen ihre Winkel und Linien wie Gesetzgeber, welche den Streit zu entscheiden haben.. Manches ist hier zu falscher Anwendung gekommen, und anderes war nur Spielerei; aber dennoch hat gerade in der heutigen Taktik, wo man in jedem Gefecht seinen Gegner zu umfassen sucht,

---

1 [2. Auflage: sehr]

das geometrische Element von neuem eine große Wirksamkeit erhalten, zwar in sehr einfacher, aber immer wiederkehrender Anwendung. Nichtsdestoweniger kann in der Taktik, wo alles beweglicher, wo die moralischen Kräfte, die individuellen Züge und der Zufall einflußreicher sind als im Festungskriege, das geometrische Element nicht ebenso wie in ihm vorherrschen. Noch geringer aber ist sein Einfluß in der Strategie. Zwar sind auch hier die Formen in der Aufstellung der Streitkräfte, die Gestalt der Länder und Staaten von großem Einfluß. – Das geometrische Prinzip ist nicht *entscheidend* wie in der Befestigungskunst und lange nicht so wichtig wie in der Taktik. – Auf welche Weise jener Einfluß sich zeigt, wird sich erst nach und nach an denjenigen Orten sagen lassen, wo er eintritt und Rücksicht verdient. Hier wollen wir vielmehr auf den Unterschied aufmerksam machen, welcher dabei zwischen Taktik und Strategie besteht.

In der Taktik kommen Zeit und Raum schnell auf ihr absolut Kleinstes zurück. Wenn eine Truppe von der feindlichen in Seite und Rücken gefaßt wird, so kommt es bald auf den Punkt, wo ihr gar kein Rückzug mehr bleibt; eine solche Lage ist der absoluten Unmöglichkeit, weiter zu fechten, nahe, und sie muß sich also daraus befreien oder derselben vorbeugen. Dies gibt allen dahinzielenden Kombinationen von Hause aus eine große Wirksamkeit, und diese besteht größtenteils in den Besorgnissen, welche sie dem Gegner über die Folgen einflößen. Darum ist die geometrische Aufstellung der Streitkräfte ein so wesentlicher Faktor in dem Produkt.

Von allen dem hat die Strategie wegen der großen Räume und Zeiten nur einen schwachen Reflex. Man schießt nicht von einem Kriegstheater bis zum anderen, sondern es vergehen oft Wochen und Monate, ehe eine angelegte strategische Umgehung zur Wirklichkeit kommt. Ferner sind die Räume so groß, daß die Wahrscheinlichkeit, zuletzt den rechten Punkt zu treffen, auch bei den besten Maßregeln sehr geringe bleibt.

In der Strategie ist also die Wirkung solcher Kombinationen, d. h. des geometrischen Elementes, viel geringer, und darum ist die Wirkung dessen, was man einstweilen faktisch auf einem Punkt errungen hat, viel größer. Dieser Vorteil hat Zeit, seine volle Wirkung zu äußern, ehe er von entgegengesetzten Besorgnissen darin gestört oder gar vernichtet wird. Wir scheuen uns daher nicht, es als eine ausgemachte Wahrheit anzusehen, daß es in der Strategie mehr auf die Anzahl und den Umfang siegreicher Gefechte ankomme als auf die Form der großen Lineamente, in welcher sie zusammenhängen.

Gerade die umgekehrte Ansicht ist ein Lieblingsthema neuerer Theorie gewesen, weil man geglaubt hat, dadurch der Strategie eine größere Wichtigkeit zu geben. In der Strategie aber sah man wieder die höhere Funktion des Geistes, und so glaubte man den Krieg dadurch zu veredeln und, wie man vermöge einer neuen Substitution der Begriffe sagte, *wissenschaftlicher* zu machen. Wir halten es für einen Hauptnutzen einer vollständigen Theorie, solchen Verschrobenheiten ihr Ansehen zu benehmen, und da das geometrische Element die Hauptvorstellung ist, von welcher dieselbe auszugehen pflegt, so haben wir diesen Punkt ausdrücklich herausgehoben.

Sechzehntes Kapitel: Über den Stillstand im kriegerischen Akt

Wenn man den Krieg als einen Akt gegenseitiger Vernichtung ansieht, so muß man sich notwendigerweise beide Teile als im allgemeinen vorschreitend denken, zugleich aber muß man sich, was den jedesmaligen Augenblick betrifft, fast ebenso notwendigerweise den einen als abwartend und nur den anderen als vorschreitend denken, denn die Umstände werden niemals auf beiden Seiten völlig gleich sein oder sich völlig gleich bleiben. Es wird mit der Zeit ein Wechsel entstehen, woraus dann folgt, daß der gegenwärtige Augenblick dem einen günstiger ist als dem anderen. Setzt man nun bei beiden Feldherren eine vollkommene Kenntnis dieser Umstände voraus, so entspringt daraus für den einen ein Grund des Handelns, der dann zugleich für den anderen ein Grund des Abwartens wird. Es können also hiernach beide nicht zugleich das Interesse des Vorschreitens, aber auch nicht zugleich das Interesse des Abwartens haben. Dieses gegenseitige Ausschließen desselben Zweckes ist hier nicht aus dem Grunde der allgemeinen Polarität hergeleitet und also kein Widerspruch gegen die Behauptung des fünften Kapitels des zweiten Buches, sondern rührt daher, daß hier für beide Feldherren wirklich dieselbe Sache Bestimmungsgrund wird, nämlich die Wahrscheinlichkeit einer Verbesserung oder Verschlimmerung ihrer Lage durch die Zukunft.

Ließe man aber auch die Möglichkeit einer völligen Gleichheit der Umstände in dieser Beziehung zu, oder nimmt man darauf Rücksicht, daß die mangelhafte Kenntnis der gegenseitigen Lagen beiden Feldherren es so erscheinen lassen kann, so hebt doch die Verschiedenheit der politischen Zwecke diese Möglichkeit eines Stillstandes auf. Einer der beiden Teile muß, politisch genommen, notwendig der Angreifende sein, weil aus gegenseitiger Verteidigungsabsicht kein Krieg entstehen kann. Der Angreifende aber hat den positiven Zweck, der Verteidiger einen bloß negativen; – jenem gebührt also das positive Handeln, denn nur dadurch kann er den positiven Zweck erreichen. Es wird also in den Fällen, wo beide Teile sich in ganz gleichen Umständen befinden, der Angreifende durch seinen positiven Zweck zum Handeln aufgefordert.

So ist also nach dieser Vorstellungsart ein Stillstand im kriegerischen Akt strenge genommen ein Widerspruch mit der Natur der Sache, weil beide Heere wie zwei feindliche Elemente einander unausgesetzt vertilgen müssen, so wie Feuer und Wasser sich nie ins Gleichgewicht setzen, sondern solange auf einander einwirken, bis eines ganz verschwunden ist. Was würde man von zwei Ringern sagen, die sich stundenlang umfaßt hielten, ohne eine Bewegung zu machen? Der kriegerische Akt sollte also wie ein aufgezogenes Uhrwerk in stetiger Bewegung ablaufen. – Aber so wild die Natur des Krieges ist, so liegt sie doch an der Kette der menschlichen Schwächen, und der Widerspruch, der sich hier zeigt, daß der Mensch die Gefahr sucht und schafft, die er gleichwohl fürchtet, wird niemand befremden.

Richten wir den Blick auf die Kriegsgeschichte überhaupt, so finden wir so sehr das Gegenteil von einem unaufhaltsamen Fortschreiten zum Ziel, daß ganz offenbar *Stillstehen* und *Nichtstun* der *Grundzustand* der Heere mitten im Kriege ist und das *Handeln* die *Ausnahme*. Dies sollte uns an der Richtigkeit der gefaßten Vorstellung fast irremachen. Aber wenn die Kriegsgeschichte dies tut durch die Masse ihrer Begebenheiten, so führt die letzte Reihe derselben von selbst in unsere Ansicht zurück. Der Revolutionskrieg zeigt nur zu sehr ihre Realität und beweist nur zu sehr ihre Notwendigkeit. In ihm, und besonders in den Feldzügen Bonapartes, hat die Kriegführung den unbedingten Grad der Energie erreicht, den wir als das natürliche Gesetz des Elements betrachtet haben. Dieser Grad ist also möglich, und wenn er möglich ist, so ist er notwendig.

In der Tat, wie wollte man auch vor den Augen der Vernunft den Aufwand von Kräften rechtfertigen, welchen man im Kriege macht, wenn ein Handeln nicht der Zweck wäre? Der Bäcker heizt seinen Ofen nur, wenn er das Brot hineinschieben will; die Pferde spannt man nur an den Wagen, wenn man damit fahren will; warum denn die ungeheuren Anstrengungen eines Krieges machen, wenn man damit nichts hervorbringen will als ähnliche Anstrengungen beim Feinde?

So viel zur Rechtfertigung des allgemeinen Prinzips, jetzt von seinen Modifikationen, soweit sie in der Natur der Sache liegen und nicht von individuellen Fällen abhängen.

Es sind hier drei Ursachen zu bemerken, welche als innere Gegengewichte erscheinen und das allzu rasche oder unaufhaltsame Ablaufen des Uhrwerks verhindern.

Die erste, welche einen beständigen Hang zum Aufenthalt hervorbringt und dadurch ein retardierendes Prinzip wird, ist die natürliche Furchtsamkeit und Unentschlossenheit des menschlichen Geistes, eine Art Schwere in der moralischen Welt, die aber nicht durch anziehende, sondern durch zurückstoßende Kräfte hervorgebracht wird; nämlich durch die Scheu vor Gefahr und Verantwortlichkeit.

In dem Flammenelement des Krieges müssen die gewöhnlichen Naturen schwerer erscheinen, die Anstöße müssen also stärker und wiederholter sein, wenn die Bewegung eine dauernde werden soll. Selten reicht die bloße Vorstellung von dem Zweck der Bewaffnung hin, diese Schwere zu überwinden, und wenn nicht ein kriegerischer unternehmender Geist an der Spitze steht, der sich im Kriege, wie der Fisch im Wasser, in seinem rechten Element befindet, oder wenn nicht eine große Verantwortlichkeit von oben drückt, so wird das Stillstehen zur Tagesordnung und das Vorschreiten zu den Ausnahmen gehören.

Die zweite Ursache ist die Unvollkommenheit menschlicher Einsicht und Beurteilung, die im Kriege größer ist als irgendwo, weil man kaum die eigene Lage in jedem Augenblick genau kennt, die des Gegners aber, weil sie verschleiert ist, aus wenigem erraten muß. Dies bringt denn oft den Fall hervor, daß beide Teile auch da ein und denselben Gegenstand für ihren Vorteil ansehen, wo das Interesse des einen doch überwiegend ist. So kann denn jeder glauben, weise zu tun, wenn er einen anderen Moment abwartet, wie wir das im fünften Kapitel des zweiten Buches schon gesagt haben.

Die dritte Ursache, welche wie ein Sperrad in das Uhrwerk eingreift und von Zeit zu Zeit einen gänzlichen Stillstand hervorbringt, ist die größere Stärke der Verteidigung; A kann sich zu schwach fühlen, B anzugreifen, woraus aber nicht folgt, daß B stark genug zum Angriff gegen A sei. Der Zusatz von Kraft, welchen die Verteidigung gibt, geht durch den Angriff nicht bloß verloren, sondern wird dem Gegner gegeben, so wie, bildlich gesagt, die Differenz von $a + b$ und $a - b$ gleich $2b$ ist. Daher kann es kommen, daß beide Teile zum Angriff zugleich zu schwach nicht bloß sich fühlen, sondern wirklich sind.

So finden mitten in der Kriegskunst selbst besorgliche Klugheit,

Furcht vor allzu großer Gefahr bequeme Standpunkt, um sich geltend zu machen und das elementarische Ungestüm des Krieges zu bändigen.

Indessen würden diese Ursachen schwerlich ohne Zwang den langen Stillstand erklären können, den die Unternehmungen in früheren, von keinem großen Interesse angeregten Kriegen litten, wo der Müßiggang neun Zehnteile der Zeit einnahmen, die man unter den Waffen zubrachte. Diese Erscheinung rührt vorzüglich von dem Einfluß her, den die Forderung des einen und der Zustand und die Stimmung des anderen auf die Führung des Krieges haben, wie im Kapitel vom Wesen und Zweck des Krieges bereits gesagt ist.

Diese Dinge können von einem so überwiegenden Einfluß werden, daß sie den Krieg zu einem Halbdinge machen. Oft sind die Kriege nicht viel mehr wie eine bewaffnete Neutralität oder eine drohende Stellung zur Unterstützung der Unterhandlungen oder ein mäßiger Versuch, sich in einen kleinen Vorteil zu setzen und dann die Sache abzuwarten, oder eine unangenehme Bundespflicht, die man so karg als möglich erfüllt.

In allen diesen Fällen, wo der Stoß der Interessen gering, das Prinzip der Feindschaft schwach ist, wo man dem Gegner nicht viel tun will und auch nicht viel von ihm zu befürchten hat, kurz, wo kein großes Interesse drängt und treibt, wollen die Kabinette nicht viel aufs Spiel setzen, und daher diese zahme Kriegführung, wo der feindselige Geist des wahren Krieges an die Kette gelegt wird.

Je mehr der Krieg auf diese Weise zu einem Halbdinge wird, um so mehr entbehrt die Theorie desselben der nötigen festen Punkte und Widerlagen für ihr Räsonnement, des Notwendigen wird immer weniger, des Zufälligen immer mehr.

Nichtsdestoweniger wird es auch in dieser Kriegführung eine Klugheit geben, ja vielleicht ist ihr Spiel hier mannigfaltiger und ausgedehnter als in der anderen. Das Hazardspiel mit Goldrollen[1] scheint in ein Kommerzspiel mit Groschen verwandelt. Und in diesem Felde, wo die Kriegführung mit vielen kleinen Schnörkeln die Zeit ausfüllt, mit Vorpostengefechten, die zwischjen Ernst und Scherz in der Mitte stehen, mit langen Dispositionen, die nichts hervorbringen, mit Stellungen und Märschen, die man hinterher nur darum gelehrt nennt, wiel die winzig kleine Ursache derselben verloren gegeangen ist und der Hausverstand sich nichts dabei denken kann, gerade in diesem Felde finden manche Theoretiker die wahre Kriegskunst zu

1 [2. Auflage: Geldrollen]

Hause; in diesen Finten, Paraden, Halben- und Viertelstößen der alten Kriege finden sie das Ziel aller Theorie, das Vorherrschen des Geistes über die Materie, und die letzten Kriege kommen ihnen dagegen wie rohe Faustschläge vor, bei denen nichts zu lernen ist und die man als Rückschritte gegen die Barbarei betrachten muß. Diese Ansicht ist ebenso kleinlich als ihr Gegenstand. Wo große Kräfte, große Leidenschaften fehlen, ist es einer gewandten Klugheit freilich leichter, ihr Spiel zu zeigen; aber ist denn die Leitung großer Kräfte, das Steuern in Sturm und Wellenschlag nicht an sich eine höhere Tätigkeit des Geistes? Ist denn jene Rapierkunst nicht von der anderen Kriegführung umfaßt und getragen? Verhält sie sich nicht zu ihr, wie sich die Bewegungen auf einem Schiffe zu den Bewegungen des Schiffes verhalten? Sie kann ja nur bestehen unter der stillschweigenden Bedingung, daß der Gegner es nicht besser mache. Und wissen wir, wie lange er diese Bedingung erfüllen wird? Hat uns denn nicht Frankreichs Revolution mitten in der eingebildeten Sicherheit unserer alten Künste überfallen und von Châlons bis Moskau geschleudert? Und hat Friedrich der Große nicht schon auf ähnliche Weise die Österreicher in der Ruhe ihrer alten Kriegsgewohnheiten überrascht und ihre Monarchie erschüttert? – Wehe dem Kabinett, das mit einer halben Politik und gefesselten Kriegskunst auf einen Gegner trifft, der wie das rohe Element keine anderen Gesetze kennt als die seiner innewohnenden Kraft! Dann wird jeder Mangel an Tätigkeit und Anstrengung ein Gewicht in der Waagschale des Gegners; es ist dann nicht so leicht, die Fechterstellung in die eines Athleten zu verwandeln, und ein geringer Stoß reicht oft hin, das Ganze zu Boden zu werfen.

Aus allen angeführten Ursachen geht hervor, daß der kriegerische Akt eines Feldzuges nicht in kontinuierlicher Bewegung fortläuft, sondern ruckweise, und daß also zwischen den einzelnen blutigen Handlungen eine Zeit des Beobachtens eintritt, in welcher sich beide Teile in der Verteidigung befinden, sowie daß gewöhnlich ein höherer Zweck bei dem einen das Prinzip des Angriffs vorherrschen und ihn im allgemeinen in einer fortschreitenden Stellung bleiben läßt, wodurch denn sein Betragen in etwas modifiziert wird.

Siebzehntes Kapitel: Über den Charakter der heutigen Kriege

Die Rücksicht, welche man dem Charakter der heutigen Kriege schuldig ist, hat einen großen Einfluß auf alle Entwürfe, vorzüglich die strategischen.

Seit alle gewöhnlichen früheren Mittel durch Bonapartes Glück und Kühnheit über den Haufen geworfen und Staaten vom ersten Range fast mit einem Schlage vernichtet worden sind, seitdem die Spanier durch ihren anhaltenden Kampf gezeigt haben, was Nationalbewaffnungen und Insurrektionsmittel im großen vermögen trotz ihrer Schwäche und Porösität im einzelnen, seitdem Rußland durch seinen Feldzug von 1812 gelehrt hat, erstens, daß ein Reich von großen Dimensionen nicht zu erobern ist (welches man füglich vorher hätte wissen können), zweitens, daß die Wahrscheinlichkeit des Erfolges nicht in allen Fällen in dem Maße abnimmt, als man Schlachten, Hauptstädte, Provinzen verliert (welches früher allen Diplomaten ein unumstößlicher Grundsatz war, daher sie auch gleich mit einem interimistischen schlechten Frieden bei der Hand waren), sondern daß man oft mitten in seinem Lande am stärksten ist, wenn die Offensivkraft des Gegners sich schon erschöpft hat, und mit welcher ungeheuren Gewalt dann die Defensive zur Offensive überspringt, seitdem ferner Preußen 1813 gezeigt hat, daß plötzliche Anstrengungen die gewöhnliche Stärke einer Armee auf dem Wege der Miliz versechsfachen können, und daß diese Miliz ebensogut außerhalb des Landes als im Lande zu gebrauchen ist, – nachdem alle diese Fälle gezeigt haben, welch ein ungeheurer Faktor in dem Produkt der Staats-, Kriegs- und Streitkräfte das Herz und die Gesinnung der Nation sei, – nachdem die Regierungen alle diese Hilfsmittel kennengelernt haben, ist nicht zu erwarten, daß sie dieselben in künftigen Kriegen unbenutzt lassen werden, sei es, daß die Gefahr der eigenen Existenz ihnen drohe, oder ein heftiger Ehrgeiz sie treibe.

Daß Kriege, welche mit der ganzen Schwere der gegenseitigen Nationalkraft geführt werden, nach anderen Grundsätzen eingerichtet sein müssen als solche, wo alles nach dem Verhältnis der stehenden Heere zueinander berechnet wurde, ist leicht einzusehen. Die stehenden Heere glichen sonst den Flotten, die Landmacht der Seemacht in ihrem Verhältnis zum übrigen Staat, und daher hatte die Kriegskunst zu Lande etwas von der Seetaktik, was sie nun ganz verloren hat.

Achtzehntes Kapitel: Spannung und Ruhe

Das dynamische Gesetz des Krieges

Wir haben im sechzehnten Kapitel dieses Buches gesehen, wie viel größer in den meisten Feldzügen die Zeit des Stillstandes und der Ruhe als die des Handelns war. Wenn wir nun auch, wie im zehnten Kapitel gesagt ist, in den heutigen Kriegen einen ganz anderen Charakter wahrnehmen, so ist es doch gewiß, daß das eigentliche Handeln immer von mehr oder weniger langen Pausen unterbrochen sein wird, und dies führt uns auf das Bedürfnis, das Wesen beider Zustände näher zu betrachten.

Wenn ein Stillstand im kriegerischen Akt eintritt, d. h. wenn keiner von beiden Teilen etwas Positives will, so ist Ruhe und folglich Gleichgewicht; aber freilich Gleichgewicht in der weitesten Bedeutung, wo nicht bloß die physischen und moralischen Streitkräfte, sondern alle Verhältnisse und Interessen in die Rechnung kommen. Sowie einer der beiden Teile sich einen neuen positiven Zweck vorsetzt und für die Erreichung desselben tätig wird, wäre es auch bloß mit Vorbereitungen, und sobald der Gegner diesem widerstrebt, entsteht eine Spannung der Kräfte, diese dauert so lange, bis die Entscheidung erfolgt ist, d. h. bis entweder der eine seinen Zweck aufgegeben oder der andere ihn eingeräumt hat.

Auf diese Entscheidung, deren Gründe immer in den Wirkungen der Gefechtskombinationen liegen, welche von beiden Seiten entstehen, folgt dann eine Bewegung in der einen oder anderen Richtung.

Hat sich diese Bewegung erschöpft, entweder in den Schwierigkeiten, die dabei zu überwinden waren, wie an eigener Friktion, oder durch neu eingetretene Gegengewichte, so tritt entweder wieder Ruhe oder eine neue Spannung und Entscheidung und dann eine neue Bewegung in den meisten Fällen in der entgegengesetzten Richtung ein.

Diese spekulative Unterscheidung von Gleichgewicht, Spannung und Bewegung ist wesentlicher für das praktische Handeln, als es auf den ersten Augenblick scheinen möchte.

Im Zustand der Ruhe und des Gleichgewichts kann mancherlei Tätigkeit herrschen, nämlich die, welche bloß von Gelegenheitsursachen und nicht von dem Zweck einer großen Veränderung ausgeht. Eine solche Tätigkeit kann bedeutende Gefechte, ja selbst Hauptschlachten in sich schließen, aber sie ist darum doch von einer ganz anderen Natur und deshalb meistens von anderer Wirkung.

Wenn eine Spannung stattfindet, so wird die Entscheidung immer wirksamer sein, teils weil sich darin mehr Willenskraft und mehr Drang der Umstände kundtun wird, teils weil alles schon auf eine große Bewegung vorbereitet und zugerichtet ist. Die Entscheidung gleicht da der Wirkung einer wohl verschlossenen und verdämmten Mine, während eine an sich vielleicht ebenso große Begebenheit im Zustande der Ruhe einer in freier Luft verplatzten Pulvermasse mehr oder weniger ähnlich ist.

Der Zustand der Spannung muß übrigens, wie sich von selbst versteht, von verschiedenen Graden gedacht werden und kann sich folglich gegen den Zustand der Ruhe hin in so viel Abstufungen verlaufen, daß er in den letzten wenig von ihr verschieden sein wird.

Nun ist der wesentlichste Nutzen, den wir aus dieser Betrachtung ziehen, der Schluß, daß jede Maßregel, die man in dem Zustande der Spannung nimmt, wichtiger, erfolgreicher ist, als dieselbe Maßregel im Zustande des Gleichgewichts gewesen sein würde, und daß diese Wichtigkeit in den höchsten Graden der Spannung unendlich steigt.

Die Kanonade von Valmy hat mehr entschieden als die Schlacht bei Hochkirch.

In einem Landstrich, den uns der Feind überläßt, weil er ihn nicht verteidigen kann, dürfen wir uns ganz anders niederlassen, als wenn der Rückzug des Feindes bloß in der Absicht geschah, die Entscheidung unter besseren Umständen zu geben. Gegen einen im Vorschreiten begriffenen strategischen Angriff kann eine fehlerhafte Stellung, ein einziger falscher Marsch von entscheidenden Folgen sein, während im Zustande des Gleichgewichts diese Dinge sehr hervorstechend sein müßten, um des Gegners Tätigkeit überhaupt nur anzuregen.

Die meisten früheren Kriege bestanden, wie wir schon gesagt haben, dem größten Teil der Zeit nach in diesem Zustande des Gleichgewichts oder wenigstens so geringer, entfernt liegender schwachwirkender Spannungen, daß die Ereignisse, welche darin vorkommen, selten von großem Erfolge waren, oft Gelegenheitsstücke zum Geburtstag einer Monarchin (Hochkirch), oft eine bloße Genugtuung der Waffenehre (Kunersdorf), der Feldherren Eitelkeit (Freiberg).

Daß der Feldherr diese Zustände gehörig erkenne, daß er den Takt habe, sich im Geist derselben zu betragen, halten wir für ein großes Erfordernis, und wir haben an dem Feldzug von 1806 die Erfahrung gemacht, wie sehr dies zuweilen abgeht. In jener ungeheuren Spannung, wo alles zu einer Hauptentscheidung hindrängte, und diese mit allen ihren Folgen allein die ganze Seele des Feldherrn hätte in Anspruch nehmen sollen, kamen Maßregeln in Vorschlag und zum Teil auch zur Anwendung (die Rekognoszierung nach Franken), die höchstens im Zustande des Gleichgewichts ein leichtes, oszillierendes Spiel hätten abgeben können. Über allen diesen verwirrenden, die Tätigkeit absorbierenden Maßregeln und Betrachtungen gingen die notwendigen, die allein retten konnten, verloren.

Diese von uns gemachte spekulative Unterscheidung ist uns aber auch für den Fortbau unserer Theorie notwendig, weil alles, was wir über das Verhältnis von Angriff und Verteidigung und über die Vollziehung dieses doppelseitigen Aktes zu sagen haben, sich auf den Zustand der Krise bezieht, in welchem sich die Kräfte während der Spannung und Bewegung befinden; und daß wir alle Tätigkeit, welche im Zustande des Gleichgewichtes stattfinden kann, nur als ein Korollarium betrachten und behandeln werden, denn jene Krise ist der eigentliche Krieg, und dieses Gleichgewicht nur ein Reflex davon.

Viertes Buch: Das Gefecht

Erstes Kapitel: Übersicht

Nachdem wir im vorigen Buche die Gegenstände betrachtet haben, welche als die wirksamen Elemente im Kriege betrachtet werden können, wollen wir jetzt unsern Blick auf das Gefecht werfen, als die eigentliche kriegerische Tätigkeit, welche durch ihre physischen und geistigen Wirkungen bald einfacher, bald zusammengesetzter den Zweck des ganzen Krieges umfaßt. In dieser Tätigkeit und in ihren Wirkungen müssen also jene Elemente sich wieder finden.

Die Konstruktion des Gefechts ist taktischer Natur, wir werfen nur einen allgemeinen Blick darauf, um es in seiner Gesamterscheinung kennenzulernen. Die näheren Zwecke geben in der Anwendung jedem Gefecht eine eigentümliche Gestalt; diese näheren Zwecke werden wir erst in der Folge kennenlernen. Allein jene Eigentümlichkeiten sind im Verhältnis zu den allgemeinen Eigenschaften eines Gefechts meistens nur unbedeutend, so daß die Mehrzahl derselben einander sehr ähnlich sind, und wir sind also, wollen wir nicht an jedem Orte das Allgemeine wiederholen, genötigt, dasselbe zu betrachten, ehe noch von einer näheren Anwendung die Rede ist.

Zuvor also, im nächsten Kapitel, werden wir mit ein paar Worten die heutige Schlacht in ihrem taktischen Verlauf charakterisieren, weil diese unseren Vorstellungen vom Gefecht zum Grunde liegt.

Zweites Kapitel: Charakter der heutigen Schlacht

Nach den Begriffen, die wir von der Taktik und Strategie angenommen haben, versteht es sich von selbst, daß, wenn die Natur der ersten sich ändert, dies Einfluß auf die letztere haben muß. Haben die taktischen Erscheinungen in dem einen Fall einen ganz anderen Charakter als in dem anderen, so werden ihn auch die strategischen haben müssen, wenn sie konsequent und vernünftig bleiben sollen. Darum ist es wichtig, die Hauptschlacht in ihrer neueren Gestalt zu charakterisieren, ehe wir ihren Gebrauch in der Strategie weiter kennenlernen.

Was tut man jetzt gewöhnlich in einer großen Schlacht? Man stellt sich in großen Massen neben- und hintereinander geordnet ruhig hin, entwickelt verhältnismäßig nur einen geringen Teil des Ganzen und läßt sich diesen ausringen in einem stundenlangen Feuergefecht, welches durch einzelne kleine Stöße von Sturmschritt, Bajonette und Kavallerieanfall hin und wieder unterbrochen und etwas hin und her geschoben wird. Hat dieser eine Teil sein kriegerisches Feuer auf diese Weise nach und nach ausgeströmt, und es bleiben nichts als die Schlacken übrig, so wird er zurückgezogen und von einem anderen ersetzt.

Auf diese Weise brennt die Schlacht mit gemäßigtem Element wie nasses Pulver langsam ab, und wenn der Schleier der Nacht Ruhe gebietet, weil niemand mehr sehen kann, und sich niemand dem blinden Zufall preisgeben will, so wird geschätzt, was dem einen und dem anderen übrig bleiben mag an Massen, die noch brauchbar genannt werden können, d. h. die noch nicht ganz wie ausgebrannte Vulkane in sich zusammengefallen sind; es wird geschätzt, was man an Raum gewonnen oder verloren hat, und wie es mit der Sicherheit des Rückens steht; es ziehen sich diese Resultate mit den einzelnen Eindrücken von Mut und Feigheit, Klugheit und Dummheit, die man bei sich und seinem Gegner wahrgenommen zu haben glaubt, in einen einzigen Haupteindruck zusammen, aus welchem dann der Entschluß entspringt: das Schlachtfeld zu räumen oder das Gefecht am anderen Morgen zu erneuern.

Diese Schilderung, die nicht ein ausgemaltes Bild der heutigen Schlacht sein, sondern bloß ihren Ton angeben soll, paßt auf Angreifende und Verteidiger, und man kann in dieselbe die einzelnen Züge, welche der vorgesetzte Zweck, die Gegend usw. an die Hand geben, hineintragen, ohne diesen Ton wesentlich zu ändern.

Es sind aber die heutigen Schlachten nicht zufällig so, sondern sie sind es, weil die Parteien sich ungefähr auf demselben Punkt der kriegerischen Einrichtungen und der Kriegskunst befinden, und weil das kriegerische Element, angefacht durch große Volksinteressen, durchgebrochen ist und in seine natürlichen Bahnen geleitet. Unter diesen beiden Bedingungen werden die Schlachten diesen Charakter immer behalten.

Diese allgemeine Vorstellung von der heutigen Schlacht wird uns in der Folge an mehr als einem Orte nützlich sein, wenn wir den Wert der einzelnen Koeffizienten von Stärke, Gegend usw. bestimmen wollen. Nur von allgemeinen, großen und entscheidenden Gefechten, und was dem nahekommt, gilt diese Schilderung; die kleinen haben ihren Charakter auch in dieser Richtung, aber weniger als die großen, verändert. Der Beweis davon gehört in die Taktik, wir werden aber dennoch Gelegenheit haben, in der Folge diesen Gegenstand noch durch ein paar Züge deutlicher zu machen.

Drittes Kapitel: Das Gefecht überhaupt

Das Gefecht ist die eigentliche kriegerische Tätigkeit, alles übrige sind nur die Träger derselben. Werfen wir also auf seine Natur einen aufmerksamen Blick.

Gefecht ist Kampf, und in diesem ist die Vernichtung oder Überwindung des Gegners der Zweck; der Gegner im einzelnen Gefecht aber ist die Streitkraft, welche uns entgegensteht.

Dies ist die einfache Vorstellung, wir werden zu ihr zurückkehren; aber ehe wir das können, müssen wir eine Reihe anderer einschalten.

Denken wir uns den Staat und seine Kriegsmacht als Einheit, so ist die natürlichste Vorstellung, uns den Krieg auch als ein einziges großes Gefecht zu denken, und in den einfachen Verhältnissen wilder Völker ist es auch nicht viel anders. Unsere Kriege aber bestehen aus einer Unzahl von großen und kleinen, gleichzeitigen oder aufeinanderfolgenden Gefechten, und dieses Zerfallen der Tätigkeit in so viel einzelne Handlungen hat seinen Grund in der großen Mannigfaltigkeit der Verhältnisse, aus denen der Krieg bei uns hervorgeht.

Schon der letzte Zweck unserer Kriege, der politische, ist nicht immer ein ganz einfacher, und wäre er es auch, so ist die Handlung an eine solche Menge von Bedingungen und Rücksichten gebunden, daß der Zweck nicht mehr durch einen einzelnen großen Akt, sondern nur durch eine Menge größerer oder kleinerer, die zu einem Ganzen verbunden sind, erreicht werden kann. Jede dieser einzelnen Tätigkeiten ist also ein Teil eines Ganzen, hat folglich einen besonderen Zweck, durch welchen sie an dieses Ganze gebunden ist.

Wir haben früher gesagt, daß sich jede strategische Handlung auf die Vorstellung eines Gefechts zurückführen läßt, weil sie eine Verwendung der Streitkraft ist und dieser die Idee des Gefechts immer zum Grunde liegt. Wir können also im Gebiete der Strategie alle kriegerische Tätigkeit auf die Einheit einzelner Gefechte zurückführen und uns nur mit den Zwecken dieser letzteren beschäftigen. Wir werden diese besonderen Zwecke erst nach und nach kennenlernen, sowie wir von den Gegenständen sprechen werden, die sie hervorrufen. Hier ist es uns genug, zu sagen: jedes Gefecht, groß oder klein, hat seinen besonderen, dem Ganzen untergeordneten Zweck. Ist dieses der Fall, so ist die Vernichtung und Überwindung des Gegners nur als das Mittel für diesen Zweck zu betrachten. So ist es allerdings.

Allein dieses Resultat ist nur in seiner Form wahr und nur um des Zusammenhanges willen wichtig, welchen die Vorstellungen unter sich haben, und es ist gerade, um uns von demselben wieder loszumachen, daß wir es aufgesucht haben.

Was ist die Überwindung des Gegners? Immer nur die Vernichtung seiner Streitkraft, sei es durch Tod oder Wunden oder auf was für eine andere Art, sei es ganz und gar oder nur in einem solchen Maße, daß er den Kampf nicht mehr fortsetzen will. Wir können also, so lange wir von allen besonderen Zwecken der Gefechte absehen, die Vernichtung des Gegners ganz oder teilweise als den einzigen Zweck aller Gefechte betrachten.

Nun behaupten wir, daß in der Mehrheit der Fälle, und besonders bei den großen Gefechten, der besondere Zweck, wodurch das Gefecht individualisiert und mit dem großen Ganzen verbunden wird, nur eine schwache Modifikation jenes allgemeinen Zweckes oder ein mit demselben verbundener Nebenzweck ist, wichtig genug, um das Gefecht zu individualisieren, aber immer nur unbedeutend im Vergleich mit jenem allgemeinen Zweck; dergestalt, daß, wenn jener Nebenzweck allein erreicht werden sollte, nur ein unwichtiger Teil seiner Bestimmung erfüllt ist. Wenn diese Behauptung richtig ist, so wird man einsehen, daß jene Vorstellungsart, wonach die Vernichtung der feindlichen Streitkräfte nur das Mittel, und der Zweck immer irgendein anderer ist, nur in ihrer Form wahr sei, daß sie aber zu falschen Folgerungen führen würde, wenn man sich nicht erinnerte, daß eben diese Vernichtung der feindlichen Streitkraft sich in jenem Zweck auch wieder findet, und daß dieser nur eine schwache Modifikation derselben sei.

Dieses Vergessen hat vor der letzten Kriegsepoche in ganz falsche Ansichten hineingeführt und Tendenzen sowie Fragmente von Systemen erzeugt, womit die Theorie sich über den Handwerksgebrauch um so mehr zu erheben glaubte, je weniger sie meinte, des eigentlichen Instrumentes, nämlich der Vernichtung der feindlichen Streitkräfte, zu bedürfen.

Freilich würde ein solches System nicht entstehen können, wenn nicht andere falsche Voraussetzungen dabei gebraucht und an die Stelle der Vernichtung der feindlichen Streitkräfte andere Dinge gesetzt würden, denen man eine falsche Wirksamkeit zuschrieb. Wir werden diese bekämpfen, wo uns der Gegenstand dazu veranlaßt, aber wir können nicht von dem Gefecht handeln, ohne die Wichtigkeit und den wahren Wert derselben reklamiert und vor dem Abweg gewarnt zu haben, den eine bloß formelle Wahrheit veranlassen könnte.

Aber wie werden wir es nur beweisen, daß die Vernichtung der feindlichen Streitkräfte in den meisten und wichtigsten Fällen die Hauptsache ist? Wie werden wir nur der äußerst feinen Vorstellung begegnen, welche sich die Möglichkeit denkt, durch eine besonders künstliche Form mit einer geringen unmittelbaren Vernichtung feindlicher Streitkräfte eine größere mittelbar zu erreichen oder vermittelst kleiner, aber besonders geschickt angebrachter Schläge eine solche Lähmung der feindlichen Kräfte, eine solche Lenkung des feindlichen Willens hervorzubringen, daß dieses Verfahren als eine große Abkürzung des Weges zu betrachten wäre? Allerdings ist ein Gefecht auf einem Punkte mehr wert als auf einem anderen, allerdings gibt es eine kunstvolle Ordnung der Gefechte untereinander auch in der Strategie, und diese ist sogar nichts als diese Kunst; das zu verneinen, ist nicht unsere Absicht, aber wir behaupten, daß die unmittelbare Vernichtung der feindlichen Streitkräfte überall das *Vorherrschende* ist. Diese vorherrschende Wichtigkeit und nichts anderes wollen wir dem Vernichtungsprinzip hier erkämpfen.

Indessen müssen wir daran erinnern, daß wir uns in der Strategie und nicht in der Taktik befinden, daß wir also nicht von den Mitteln sprechen, welche jene haben mag, mit wenig Kraftaufwand viel feindliche Streitkräfte zu vernichten, sondern daß wir unter unmittelbarer Vernichtung die taktischen Erfolge verstehen, und daß also unsere Behauptung ist, daß nur große taktische Erfolge zu großen strategischen führen können, oder, wie wir es schon einmal bestimmter ausgedrückt haben, daß die *taktischen* Erfolge von *vorherrschender Wichtigkeit* in der Kriegführung sind.

Der Beweis dieser Behauptung scheint uns ziemlich einfach; er liegt in der Zeit, welche jede zusammengesetzte (kunstvolle) Kombination erfordert. Ob ein einfacher Stoß oder ein mehr zusammengesetzter, kunstvoller größere Wirkungen hervorbringt, mag unzweifelhaft für den letzteren entschieden werden, solange der Gegner als ein leidender Gegenstand gedacht wird. Allein jeder zusammengesetzte Stoß erfordert mehr Zeit, und diese Zeit muß ihm gegönnt werden, ohne daß durch einen Gegenstoß auf einen der Teile das Ganze in den Vorbereitungen zu seiner Wirkung gestört werde. Entscheidet sich nun der Gegner zu einem einfacheren Stoß, der in kurzer Zeit ausgeführt ist, so gewinnt er den Vorsprung und stört die Wirkung des großen Planes. Man muß also bei dem Werte eines zusammengesetzten Stoßes alle Gefahr in Betrachtung bringen, welche man während seiner Vorbereitung läuft und kann ihn nur anwenden, wenn man von dem Gegner nicht fürchten darf, durch einen kürzeren gestört zu werden; sooft dies der Fall ist, muß man selbst den kürzeren wählen und in diesem Sinne soweit hinuntersteigen, als es der Charakter, die Verhältnisse des Gegners und andere Umstände nötig machen. Verlassen wir die schwachen Eindrücke abstrakter Begriffe und steigen ins wirkliche Leben hinab, so wird ein rascher, mutiger, entschlossener Gegner uns nicht Zeit zu weitaussehenden künstlichen Zusammensetzungen lassen, und gerade gegen einen solchen würden wir der Kunst am meisten bedürfen. Hiermit, scheint es uns, ist das *Vorherrschen* der einfachen und unmittelbaren Erfolge vor den zusammengesetzten schon gegeben.

Unsere Meinung ist also nicht, daß der einfache Stoß der beste sei, sondern daß man nicht weiter ausholen dürfe, als der Spielraum erlaubt, und daß dies immer mehr zum unmittelbaren Kampf hinführen wird, je kriegerischer der Gegner ist. Also weit entfernt, den Gegner überbieten zu dürfen nach der Richtung zusammengesetzter Pläne hin, muß man vielmehr suchen, ihm nach der entgegengesetzten Richtung hin immer voran zu sein.

Wenn man die letzten Fundamentalsteine dieser Gegensätze untersucht, so wird man finden, daß es in dem einen die Klugheit, in dem anderen der Mut ist. Nun ist es sehr verführerisch, zu glauben, daß ein mäßiger Mut, mit einer großen Klugheit gepaart, mehr Wirkung hervorbringen werde als eine mäßige Klugheit mit einem großen Mut. Wenn man sich aber diese Elemente nicht in unlogischen Mißverhältnissen denkt, so hat man auch kein Recht, der Klugheit diesen Vorteil über den Mut einzuräumen in einem Felde, welches Gefahr heißt, und welches als die eigentliche Dämone des Mutes betrachtet werden muß.

Nach dieser abstrakten Betrachtung wollen wir nur noch sagen, daß die Erfahrung, weit entfernt, ein anderes Resultat zu geben, vielmehr die einzige Ursache ist, welche uns in diese Richtung hineingedrängt und zu solchen Betrachtungen veranlaßt hat.

Wer die Geschichte unbefangen liest, wird sich der Überzeugung nicht enthalten können, daß von allen kriegerischen Tugenden die *Energie der Kriegführung* stets am meisten zum Ruhm und Erfolg der

Waffen beigetragen hat.

Wie wir unseren Grundsatz, die Vernichtung der feindlichen Streitkräfte nicht nur im ganzen Kriege, sondern auch im einzelnen Gefecht als die Hauptsache zu betrachten, durchführen und allen den Formen und Bedingungen anpassen werden, welche die Verhältnisse, aus denen der Krieg hervorgeht, notwendig fordern, wird die Folge lehren.

Vorderhand war es uns nur darum zu tun, ihm seine allgemeine Wichtigkeit zu erkämpfen, und mit diesem Resultat kehren wir zu dem Gefecht zurück.

Viertes Kapitel: Fortsetzung

Wir sind im vorigen Kapitel dabei stehengeblieben, die Vernichtung des Gegners sei der Zweck des Gefechts, und haben durch eine besondere Betrachtung zu beweisen gesucht, daß dies in der Mehrheit der Fälle und bei den größeren Gefechten wahr sei, weil die Vernichtung der feindlichen Streitkraft immer das Vorherrschende im Kriege sei. Die anderen Zwecke, welche dieser Vernichtung der feindlichen Streitkraft beigemischt sein und mehr oder weniger vorwalten können, werden wir im nächsten Kapitel allgemein charakterisieren und in der Folge nach und nach näher kennenlernen; hier entkleiden wir das Gefecht von ihnen ganz und betrachten die Vernichtung des Gegners als den völlig genügenden Zweck des einzelnen Gefechts.

Was ist nun unter Vernichtung der feindlichen Streitkraft zu verstehen? Eine Verminderung derselben, die verhältnismäßig größer ist als die unserer eigenen. Wenn wir eine große Überlegenheit der Zahl über den Feind haben, so wird natürlich dieselbe absolute Größe des Verlustes für uns kleiner sein als für ihn und folglich schon als ein Vorteil betrachtet werden können. Da wir das Gefecht hier als von allen Zwecken entkleidet betrachten, so müssen wir auch den davon ausschließen, wo es zu einer größeren Vernichtung der feindlichen Streitkräfte nur mittelbar gebraucht wird; mithin kann auch nur jener unmittelbare Gewinn, den wir in dem gegenseitigen Zerstörungsprozeß gemacht haben, als der Zweck betrachtet werden, denn dieser Gewinn ist ein absoluter, der durch die Rechnung des ganzen Feldzuges durchläuft und am Schluß derselben sich immer als ein reiner Gewinst erweist. Jede andere Art des Sieges über unseren Gegner aber würde entweder ihren Grund in anderen Zwecken haben, von denen wir hier ganz absehen, oder nur einen einstweilen relativen Vorteil geben; ein Beispiel soll uns klar machen.

Wenn wir unseren Gegner durch eine geschickte Anordnung in eine so nachteilige Lage versetzt haben, daß er das Gefecht ohne Gefahr nicht fortsetzen kann, und er sich nach einigem Widerstande zurückzieht, so können wir sagen, daß wir ihn auf diesem Punkt überwunden haben; haben wir aber bei dieser Überwindung gerade in demselben Verhältnis an Streitkräften eingebüßt als er, so wird bei der Schlußrechnung des Feldzuges von diesem Siege, wenn man einen solchen Erfolg so nennen könnte, nichts übrigbleiben. Es kommt also das Überwinden des Gegners, d. h. die Versetzung desselben in einen solchen Zustand, daß er das Gefecht aufgeben muß, an und für sich nicht in Betrachtung und kann deshalb auch nicht in die Definition des Zweckes aufgenommen werden; und so bleibt denn, wie gesagt, nichts übrig als der unmittelbare Gewinn, den wir in dem Zerstörungsprozeß gemacht haben. Es gehören aber dahin nicht bloß die Verluste, welche im Verlauf des Gefechts vorkommen, sondern auch die, welche nach dem Abzug des besiegten Teiles als unmittelbare Folge desselben eintreten.

Nun ist es eine bekannte Erfahrung, daß die Verluste an physischen Streitkräften im Laufe des Gefechts selten eine große Verschiedenheit zwischen Sieger und Besiegten geben, oft gar keine, zuweilen auch wohl eine sich verkehrt verhaltende, und daß die entscheidendsten Verluste für den Besiegten erst mit dem Abzug eintreten, nämlich die, welche der Sieger nicht mit ihm teilt. Die schwachen Reste schon erschütterter Bataillone werden von der Reiterei zusammengeworfen[1], Ermüdete bleiben liegen, zerbrochene Geschütze und Pulverwagen bleiben stehen, andere können in schlechten Wegen nicht schnell genug fort und werden von feindlicher Reiterei erreicht; in der Nacht verirren sich einzelne Haufen und fallen dem Feinde wehrlos in die Hände, und so gewinnt der Sieg meistens erst Körper, nachdem er schon entschieden ist. Hier würde ein Widerspruch sein, wenn er sich nicht auf folgende Art löste.

Der Verlust an physischen Streitkräften ist nicht der einzige, den beide Teile im Verlauf des Gefechts erleiden, sondern auch die moralischen werden erschüttert, gebrochen und gehen zugrunde. Es ist nicht bloß der Verlust an Menschen, Pferden und Geschützen, sondern an Ordnung, Mut, Vertrauen, Zusammenhang und Plan,

1 [2. Auflage: zusammen gehauen]

welcher bei der Frage in Betrachtung kommt, ob das Gefecht noch fortgesetzt werden kann oder nicht. Diese moralischen Kräfte sind es vorzugsweise, welche hier entscheiden, und sie waren es allein in allen Fällen, wo der Sieger ebensoviel verloren hatte als der Besiegte.

Das Verhältnis des physischen Verlustes ist ohnehin im Laufe des Gefechts schwer zu schätzen, aber das Verhältnis des moralischen nicht. Zwei Dinge geben ihn hauptsächlich kund. Das erste ist der Verlust des Bodens, auf dem man gefochten, das andere das Übergewicht der feindlichen Reserven. Je stärker unsere Reserven im Verhältnis zu den feindlichen zusammenschwinden, um so mehr Kräfte haben wir gebraucht, das Gleichgewicht zu erhalten; schon darin tut sich ein fühlbarer Beweis der moralischen Überlegenheit des Gegners kund, der auch selten verfehlt, in dem Gemüt des Feldherrn eine gewisse Bitterkeit und Geringschätzung seiner eigenen Truppen zu erzeugen. Aber die Hauptsache ist, daß alle Truppen, welche schon anhaltend gefochten haben, mehr oder weniger wie eine ausgebrannte Schlacke erscheinen; sie haben sich verschossen, sind zusammengeschmolzen, ihre physische und moralische Kraft ist erschöpft, auch wohl ihr Mut gebrochen. Eine solche Truppe ist also auch, abgesehen von der Verminderung ihrer Zahl, als ein organisches Ganzes betrachtet, bei weitem nicht mehr, was sie vor dem Gefecht war, und so ist es, daß sich der Verlust an moralischen Kräften an dem Maß verbrauchter Reserven wie an einem Zollstock kundtut.

Verlorener Boden und Mangel an frischen Reserven sind also gewöhnlich die beiden Hauptursachen, welche zum Rückzug bestimmen, womit wir aber andere, welche in dem Zusammenhang der Teile, im Plan des Ganzen usw. liegen können, keineswegs ausschließen oder zu sehr in den Schatten stellen wollen.

Jedes Gefecht ist also die blutige und zerstörende Abgleichung[1] der Kräfte, der physischen und moralischen. Wer am Schluß die größte Summe von beiden übrig hat, ist der Sieger.

Im Gefecht war der Verlust der moralischen Kräfte die vorherrschende Ursache der Entscheidung; nachdem diese gegeben, bleibt jener Verlust im Steigen, und er erreicht erst am Schluß des ganzen Aktes seinen Kulminationspunkt; er wird also auch das Mittel, den Gewinn in der Zerstörung der physischen Streitkräfte zu machen, welcher der eigentliche Zweck des Gefechts war. Die verlorene

1 [2. Auflage: Ausgleichung]

Ordnung und Einheit macht oft selbst den Widerstand einzelner verderblich; der Mut des Ganzen ist gebrochen, die ursprüngliche Spannung über Verlust und Gewinn, in welcher die Gefahr vergessen wurde, ist aufgelöst, und den meisten erscheint die Gefahr nun nicht mehr wie eine Herausforderung des Mutes, sondern wie das Erleiden einer harten Züchtigung. So ist das Instrument im ersten Augenblick des feindlichen Sieges geschwächt und abgestumpft und darum nicht mehr geeignet, Gefahr mit Gefahr zu vergelten.

Diese Zeit muß der Sieger benutzen, um den eigentlichen Gewinn an der physischen Kraftzerstörung zu machen; nur was er an dieser erreicht, bleibt ihm gewiß, die moralischen Kräfte kehren in dem Gegner nach und nach zurück, die Ordnung wird hergestellt, der Mut wieder gehoben, und es bleibt in der Mehrheit der Fälle nur ein sehr geringer Teil von dem errungenen Übergewicht zurück, oft gar keins, und in einzelnen, obgleich seltenen Fällen entsteht wohl gar durch Rache und stärkeres Anfachen der Feindschaft eine *umgekehrte* Wirkung. Dagegen kann, was an Toten, Verwundeten, Gefangenen und eroberten Geschützen gewonnen ist, niemals aus der Rechnung verschwinden.

Die Verluste in der Schlacht bestehen mehr in Toten und Verwundeten, die nach der Schlacht mehr in verlorenem Geschütz und Gefangenen. Die ersten teilt der Sieger mit dem Besiegten mehr oder weniger, die letzten nicht, und deshalb finden sie sich gewöhnlich nur auf der einen Seite des Kampfes oder wenigstens dort nur in bedeutender Überzahl.

Kanonen und Gefangene sind darum jederzeit als die wahren Trophäen des Sieges betrachtet worden und zugleich als der Maßstab desselben, weil sich an ihnen sein Umfang unzweifelhaft kundtut. Selbst der Grad der moralischen Überlegenheit geht daraus besser hervor als aus irgendeinem anderen Verhältnis, besonders wenn damit die Zahl der Toten und Verwundeten verglichen wird, und hier entsteht eine neue Potenz moralischer Wirkungen.

Wir haben gesagt, daß sich die im Gefecht und seinen ersten Folgen zugrunde gerichteten moralischen Kräfte nach und nach wieder herstellen und oft keine Spur ihrer Zerstörung lassen; dies ist der Fall bei kleinen Abteilungen des Ganzen, seltener bei großen; es kann auch bei diesen im Heere der Fall sein, aber selten oder nie im Staat und der Regierung, denen dies Heer angehört. Hier schätzt man das Verhältnis mit mehr Unparteilichkeit und von einem höheren Standpunkt ab und erkennt in dem Umfang der dem Feinde gebliebenen

Trophäen und dem Verhältnis derselben zum Verlust an Toten und Verwundeten nur zu leicht und gut den Grad der eigenen Schwäche und Unzulänglichkeit.

Überhaupt dürfen wir das verlorene Gleichgewicht der moralischen Kräfte darum, weil es keinen absoluten Wert hat und nicht unfehlbar in der endlichen Summe der Erfolge erscheint, nicht geringachten; es kann von einem so überwiegenden Gewicht werden, daß es mit der unwiderstehlichen Gewalt alles niederwirft. Es kann darum auch oft ein großes Ziel des Handelns werden, wovon wir an anderen Orten sprechen wollen. Hier müssen wir noch einige ursprüngliche Verhältnisse desselben betrachten.

Die moralische Wirkung eines Sieges nimmt zu mit dem Umfang der Streitkräfte, nicht bloß in gleichem Maße, sondern in steigenden Graden, nämlich nicht bloß an Umfang, sondern auch an intensiver Stärke. In einer geschlagenen Division ist die Ordnung leicht wieder hergestellt. Wie ein erstarrtes einzelnes Glied sich an dem übrigen Körper leicht wieder erwärmt, so wird der Mut einer geschlagenen Division an dem Mute des Heeres leicht wieder gehoben, sobald sie zu demselben stößt. Verschwinden also die Wirkungen des kleinen Sieges nicht ganz, so gehen sie doch dem Gegner zum Teil verloren. So ist es nicht, wenn das Heer selbst in einer unglücklichen Schlacht erlag; da stürzt eins mit dem anderen zusammen. Ein großes Feuer erreicht einen ganz anderen Grad der Hitze als mehrere kleine.

Ein anderes Verhältnis, welches das moralische Gewicht des Sieges bestimmen sollte, ist das Verhältnis der Streitkräfte, welche miteinander gefochten haben. Viele mit wenigen zu schlagen, ist nicht nur ein doppelter Gewinn, sondern zeigt auch eine größere, besonders eine allgemeinere Überlegenheit, welcher der Besiegte immer wieder zu begegnen fürchten muß. Gleichwohl ist in der Wirklichkeit dieser Einfluß in einem solchen Fall *kaum merklich*. In dem Augenblicke des Handelns ist die Überzeugung von der wirklichen Stärke des Gegners gewöhnlich so unbestimmt, die Abschätzung der eigenen gewöhnlich so unwahr, daß der Überlegene das Mißverhältnis entweder gar nicht oder doch lange nicht in voller Wahrheit zugibt, wodurch er dem moralischen Nachteil, welcher für ihn daraus entspringen würde, größtenteils entgeht. Erst später in der Geschichte pflegt jene Kraft aus der Unterdrückung, in welcher sie Unwissenheit, Eitelkeit oder auch besonnene Klugheit gehalten haben, aufzutauchen, und dann verherrlicht sie wohl das Heer und seinen Führer, aber sie kann dann mit ihrem moralischen Gewicht nichts mehr für die längst abgelaufenen Ereignisse tun.

Sind Gefangene und eroberte Geschütze diejenigen Dinge, in welchen der Sieg hauptsächlich Körper gewinnt, seine wahren Kristallisationen, so wird auch die Anlage des Gefechts vorzugsweise darauf berechnet sein; die Vernichtung des Gegners mit Tod und Wunde erscheint hier als ein bloßes Mittel.

Welchen Einfluß dies auf die Anordnungen im Gefecht hat, geht die Strategie nichts an, aber die Feststellung des Gefechts selbst steht damit schon in Verbindung, und zwar durch die Sicherheit des eigenen Rückens und die Gefährdung des feindlichen. Von diesem Punkt hängt die Zahl der Gefangenen und der eroberten Geschütze in einem hohen Grade ab, und diesem Punkt kann in manchen Fällen die Taktik allein nicht genügen, wenn nämlich die strategischen Verhältnisse ihr zu sehr entgegen sind.

Die Gefahr, sich von zwei Seiten schlagen zu müssen, und die noch drohendere, keinen Rückzug zu behalten, lähmen die Bewegungen und die Kraft des Widerstandes und wirken auf die Alternative von Sieg und Niederlage; ferner steigern sie bei der Niederlage den Verlust und treiben ihn oft bis an die äußerste Grenze, d. h. bis zur Vernichtung. Der bedrohte Rücken macht also die Niederlage zugleich *wahrscheinlicher* und *entscheidender*.

Hieraus entsteht also ein wahrer Instinkt für die ganze Kriegführung und besonders für die großen und kleinen Gefechte; nämlich die Sicherung des eigenen Rückens und die Gewinnung des feindlichen; er folgt aus dem Begriff des Sieges, der, wie wir gesehen haben, noch etwas anderes als bloßes Totschlagen ist.

In diesem Streben sehen wir also die *erste nähere Bestimmung* des Kampfes, und zwar eine ganz allgemeine. Es ist kein Gefecht denkbar, in welchem dasselbe nicht in seiner doppelten oder einfachen Gestalt neben dem bloßen Stoß der Gewalt einhergehen sollte. Nicht die kleinste Abteilung wird sich je auf ihren Gegner werfen, ohne an ihren Rückzug zu denken, und in den meisten Fällen wird sie den feindlichen suchen.

Wie oft in verwickelten Fällen dieser Instinkt verhindert ist, den geraden Weg zu gehen, wie oft er in der Schwierigkeit anderen höheren Betrachtungen weichen muß, das würde uns hier zu weit führen; wir bleiben dabei stehen, ihn als ein allgemeines Naturgesetz des Gefechts aufzustellen.

Er ist also überall wirksam, drückt überall mit seinem natürlichen Gewicht und wird so der Punkt, um welchen sich fast alle taktischen und strategischen Manöver drehen.

Werfen wir jetzt noch einen Blick auf den Gesamtbegriff des Sieges, so finden wir darin drei Elemente:

1. den größeren Verlust des Gegners an physischen Kräften,
2. an moralischen,
3. das öffentliche Bekenntnis davon, indem er seine Absicht aufgibt.

Über den Verlust an Toten und Verwundeten sind die gegenseitigen Berichte nie genau, selten wahrhaft und in den meisten Fällen voll absichtlicher Entstellung. Selbst die Zahl der Trophäen wird selten ganz zuverlässig angegeben, und wo sie also nicht sehr bedeutend ist, kann auch sie noch Zweifel des Sieges übrig lassen. Von dem Verlust an moralischen Kräften läßt sich außer den Trophäen gar kein gültiges Maß angeben; es bleibt also in vielen Fällen das Aufgeben des Kampfes als der einzig wahre Beweis des Sieges allein übrig. Es ist also das Bekenntnis der Schuld als das Senken des Paniers zu betrachten, wodurch dem Gegner Recht und Überlegenheit in diesem einzelnen Fall eingeräumt wird, und diese Seite der Demütigung und Scham, welche von allen übrigen moralischen Folgen des umschlagenden Gleichgewichts noch zu unterscheiden bleibt, ist ein wesentliches Stück des Sieges. Dieser Teil allein ist es, welcher auf die öffentliche Meinung außer dem Heere wirkt, auf Volk und Regierung in beiden kriegführenden Staaten und in allen beteiligten anderen.

Nun ist aber das Aufgeben der Absicht nicht gerade identisch mit dem Abzug vom Schlachtfelde, selbst da, wo der Kampf hartnäckig und anhaltend geführt worden ist; niemand wird von Vorposten, welche sich nach einem hartnäckigen Widerstande zurückziehen, sagen, sie hätten ihre Absicht aufgegeben; selbst in Gefechten, welche die Vernichtung der feindlichen Streitkräfte zur Absicht haben, kann der Abzug vom Schlachtfelde nicht stets wie ein Aufgeben dieser Absicht angesehen werden, z. B. bei vorher beabsichtigten Rückzügen, bei welchen das Land Fuß für Fuß streitig gemacht wird. Es gehört dies alles dahin, wo wir von dem besonderen Zweck der Gefechte sprechen werden, hier wollen wir bloß darauf aufmerksam machen, daß in den meisten Fällen das Aufgèben der Absicht von dem Abzuge vom Schlachtfelde schwer zu unterscheiden, und daß der Eindruck, welchen jenes in und außer dem Heere hervorbringt, nicht gering zu schätzen ist.

Für Feldherren und Heere, die nicht einen gemachten Ruf haben, ist dies eine eigene, schwierige Seite mancher, sonst in den Umständen gegründeten Verfahrungsarten, wo eine Reihe mit Rückzug endigender Gefechte als eine Reihe von Niederlagen erscheinen kann, ohne es zu sein, und wo dieses Erscheinen von sehr nachteiligem Einfluß werden kann. Es ist dem Ausweichenden in diesem Fall nicht möglich, durch die Darlegung seiner eigentümlichen Absicht dem moralischen Eindruck überall vorzubeugen, denn um das mit Wirksamkeit zu tun, müßte er seinen Plan vollständig bekanntmachen, welches, wie sich versteht, seinem Hauptinteresse zu sehr entgegenlaufen würde.

Um auf die besondere Wichtigkeit dieses Siegesbegriffes aufmerksam zu machen, wollen wir nur an die Schlacht von Soor erinnern, deren Trophäen nicht bedeutend waren (einige 1000 Gefangene und 20 Kanonen), und wo Friedrich der Große den Sieg dadurch verkündete, daß er noch fünf Tage auf dem Schlachtfelde stehen blieb, obgleich sein Rückzug nach Schlesien schon beschlossen und in seiner ganzen Lage gegründet war. Er glaubte mit dem moralischen Gewicht dieses Sieges sich dem Frieden zu nähern, wie er selbst sagt; ob nun gleich noch ein paar andere siegreiche Erfolge nötig waren, nämlich das Gefecht bei Katholisch-Hennersdorf in der Lausitz und die Schlacht bei Kesselsdorf, ehe dieser Friede eintrat, so kann man doch nicht sagen, daß die moralische Wirkung der Schlacht von Soor Null gewesen sei.

Ist es vorzüglich die moralische Kraft, welche durch den Sieg erschüttert worden ist, und steigt dadurch die Zahl der Trophäen zu einer ungewöhnlichen Höhe, so wird das verlorene Gefecht eine Niederlage, die also nicht jedem Siege gegenübersteht. Da bei einer solchen Niederlage die moralische Kraft des Überwundenen in einem viel höheren Grade aufgelöst ist, so entsteht oft eine völlige Unfähigkeit zum Widerstand, und das ganze Handeln besteht in Ausweichen, d. h. in Flucht.

Jena und Belle-Alliance sind Niederlagen, Borodino aber nicht.

Ob man gleich ohne Pedanterie hier kein einzelnes Merkmal als Grenze angeben kann, weil die Dinge nur dem Grade nach verschieden sind, so ist doch die Festhaltung der Begriffe als Mittelpunkt für die Deutlichkeit theoretischer Vorstellungen wesentlich, und es ist ein Mangel unserer Terminologie, daß wir im Fall der Niederlage den ihr entsprechenden Sieg und im Fall eines einfachen Sieges das ihm entsprechende Unterliegen des Gegners nicht mit *einem* Worte zu bezeichnen wissen.

Fünftes Kapitel: Über die Bedeutung des Gefechts

Nachdem wir im vorigen Kapitel das Gefecht in seiner absoluten Gestalt betrachtet haben, gleichsam als das verkleinerte Bild des ganzen Krieges, wenden wir uns zu den Verhältnissen, in denen es als Teil eines größeren Ganzen mit den anderen Teilen steht. Zuerst fragen wir nach der näheren Bedeutung, welche ein Gefecht haben kann.

Da der Krieg nichts ist als gegenseitige Vernichtung, so scheint das Natürlichste in der Vorstellung und vielleicht auch in der Realität zu sein, daß sich alle Kräfte jeder Partei in einem großen Volumen vereinigen und alle Erfolge in einem großen Stoß dieser Massen. – Diese Vorstellung hat gewiß viel Wahres, und es scheint im ganzen sehr heilsam zu sein, wenn man an ihr festhält und deswegen die kleinen Gefechte anfangs nur wie notwendigen Abgang, gleichsam wie Hobelspäne, ansieht. Indessen ist doch die Sache niemals so einfach abzutun.

Daß die Vervielfältigung der Gefechte aus der Teilung der Streitkräfte entsteht, ergibt sich von selbst, und die näheren Zwecke der einzelnen Gefechte werden daher mit der Teilung der Streitkräfte zur Sprache kommen. Aber diese Zwecke, und mit ihnen die ganze Masse der Gefechte, lassen sich überhaupt in gewisse Klassen bringen, und es wird zur Klarheit unserer Betrachtungen beitragen, diese jetzt kennenzulernen.

Vernichtung der feindlichen Streitkräfte ist freilich der Zweck aller Gefechte, allein es können sich daran auch andere Zwecke knüpfen, und diese auch sogar vorherrschend werden; wir müssen also den Fall unterscheiden, wo die Vernichtung der feindlichen Streitkraft die Hauptsache, und den, wo sie mehr das Mittel ist. Außer der Vernichtung der feindlichen Streitkraft können der Besitz eines Ortes und der Besitz eines Gegenstandes noch die allgemeinen Bestimmungen sein, die ein Gefecht haben kann, und zwar entweder eine davon allein, oder mehrere zusammen, in welchem Fall doch gewöhnlich eine die Hauptbestimmung bleibt. Die beiden Hauptformen des Krieges, Angriff und Verteidigung, von denen wir bald reden werden, modifizieren nun die erste dieser Bestimmungen nicht, allerdings aber die beiden anderen, und es würde also ein Tableau, welches wir uns davon machen wollten, so aussehen:

Offensives Gefecht	*Defensives Gefecht*
1. Vernichtung der feindlichen Streitkräfte.	1. Vernichtung der feindlichen Streitkräfte.
2. Eroberung eines Ortes.	2. Verteidigung eines Ortes.
3. Eroberung eines Gegenstandes.	3. Verteidigung eines Gegenstandes.

Indessen scheinen diese Bestimmungen den Umfang des Gebietes nicht genau auszumessen, wenn wir uns an Rekognoszierungen und Demonstrationen erinnern, bei welchen offenbar keiner jener drei Gegenstände Zweck des Gefechts ist. Wirklich muß uns dies vermögen, noch eine vierte Klasse zuzulassen. Genau betrachtet, werden zwar bei Rekognoszierungen, wo sich der Feind uns zeigen, bei Alarmierungen, wo er sich ermüden, bei Demonstrationen, wo er einen Punkt nicht verlassen oder auf einen anderen sich wenden soll, alle diese Zwecke nur mittelbar und *unter Vorspiegelung eines der drei oben angegebenen,* gewöhnlich des zweiten erreicht, denn der Feind, der rekognoszieren will, muß sich anstellen, als wolle er uns wirklich angreifen und schlagen oder vertreiben usw. Allein diese Vorspiegelung ist nicht der wahre Zweck, und nur nach diesem haben wir hier gefragt; wir müssen also zu jenen drei Zwecken des Angreifenden noch den vierten, nämlich den gesellen, den Gegner zu einer falschen Maßregel zu verleiten, oder mit anderen Worten: ein Scheingefecht zu liefern. Daß sich dieser Zweck nur offensiv denken läßt, liegt in der Natur der Sache.

Auf der anderen Seite müssen wir bemerken, daß die Verteidigung eines Ortes von doppelter Art sein kann, entweder absolut, wenn man den Punkt überhaupt nicht aufgeben darf, oder relativ, wenn man ihn nur eine Zeitlang braucht. Dies letztere kommt bei den Gefechten der Vorposten und Arrieregarden unaufhörlich vor.

Daß die Natur dieser verschiedenen Bestimmungen des Gefechts auf die Einrichtung desselben einen wesentlichen Einfluß habe, ist wohl an sich klar. Anders wird man verfahren, wenn man einen feindlichen Posten bloß von seinem Platze verdrängen, als wenn man ihn total schlagen will; anders, wenn man einen Ort um jeden Preis verteidigen, als wenn man den Feind nur einige Zeit aufhalten soll; im ersteren Fall kümmert man sich wenig um den Rückzug, im letzteren ist dieser die Hauptsache usw.

Aber diese Betrachtungen gehören in die Taktik und stehen hier bloß als Beispiel zur größeren Deutlichkeit. Was die Strategie über die verschiedenen Zwecke des Gefechts zu sagen hat, wird in den Kapiteln vorkommen, die diese Zwecke berühren. Hier nur ein paar allgemeine Bemerkungen.

Die erste: daß die Wichtigkeit der Zwecke ungefähr in der Ordnung abnimmt, wie sie oben stehen; sodann, daß der erste dieser Zwecke in der Hauptschlacht immer vorherrschen sollte; endlich, daß die beiden letzteren beim Defensivgefecht eigentlich solche sind, die keine Zinsen tragen; sie sind nämlich ganz negativ und können also nur mittelbar, indem sie irgend etwas anderes Positives erleichtern, nützlich werden. *Es ist daher ein schlimmes Zeichen von der strategischen Lage, wenn Gefechte dieser Art zu häufig werden.*

Sechstes Kapitel: Dauer des Gefechts

Betrachten wir das Gefecht nicht mehr an sich, sondern im Verhältnis zu den übrigen Streitkräften, so erhält die Dauer desselben eine eigene Bedeutung.

Die Dauer eines Gefechts ist gewissermaßen als ein zweiter untergeordneter Erfolg zu betrachten. Dem Sieger kann ein Gefecht niemals schnell genug entschieden sein, dem Besiegten niemals lange genug dauern. Der schnelle Sieg ist eine höhere Potenz des Sieges, die späte Entscheidung bei der Niederlage ein Erfolg[1] für den Verlust.

Dies ist im allgemeinen wahr, aber praktisch wichtig wird es bei der Anwendung auf diejenigen Gefechte, deren Bedeutung eine relative Verteidigung ist.

Hier liegt der ganze Erfolg oft in der bloßen Dauer. Dies ist der Grund, warum wir sie in die Reihe der strategischen Elemente mit aufnehmen.

Die Dauer eines Gefechts steht mit seinen wesentlichen Verhältnissen in einem notwendigen Zusammenhang. Diese Verhältnisse sind: absolute Größe der Macht, Verhältnis der gegenseitigen Macht und Waffen und Natur der Gegend. 20000 Mann reiben sich nicht so schnell aneinander auf als 2000; einem zwei- oder dreifach überlegenen Feinde widersteht man nicht solange als einem von gleicher Stärke; ein Kavalleriegefecht entscheidet sich schneller als ein Infan-

---

1 [2. Auflage: Ersatz]

teriegefecht, und ein Gefecht mit bloßer Infanterie schneller, als wenn Artillerie dabei ist; in Gebirgen und Wäldern schreitet man nicht so schnell vor als in der Ebene; alles das ist an sich klar.

Hieraus folgt also, daß Stärke, Waffenverhältnis und Aufstellung berücksichtigt werden müssen, wenn das Gefecht durch seine Dauer eine Absicht erfüllen soll; diese Regel war uns aber bei dieser besonderen Betrachtung weniger wichtig, als es uns darum zu tun war, an dieselbe sogleich die Hauptresultate anzuknüpfen, die uns die Erfahrung über diesen Gegenstand gibt.

Der Widerstand einer gewöhnlichen Division von 8 bis 10000 Mann aller Waffen dauert selbst gegen einen bedeutend überlegenen Feind und in nicht ganz vorteilhafter Gegend doch mehrere Stunden und, ist der Feind wenig oder gar nicht überlegen, wohl einen halben Tag; ein Korps von 3 bis 4 Divisionen gewinnt die doppelte Zeit; eine Armee von 80 bis 100000 Mann etwa die drei- bis vierfache. Solange dürfen also die Massen sich selbst überlassen bleiben, und es entsteht kein geteiltes Gefecht, wenn innerhalb dieser Zeit die anderen Kräfte herbeigeschafft werden können, deren Wirksamkeit dann schnell mit dem Erfolge des stattgehabten Gefechts in ein Ganzes zusammenfließt.

Jene Zahlen haben wir aus der Erfahrung entlehnt, es ist uns aber zugleich wichtig, den Moment der Entscheidung und folglich der Beendigung näher zu charakterisieren.

Siebentes Kapitel: Entscheidung des Gefechts

Kein Gefecht entscheidet sich in einem einzelnen Moment, obwohl in jedem es Momente von großer Wichtigkeit gibt, welche die Entscheidung hauptsächlich bewirken. Der Verlust eines Gefechts ist also ein stufenweises Niedersinken der Waage. Es gibt aber bei jedem Gefecht einen Zeitpunkt, wo man dasselbe als entschieden ansehen kann, so daß der Wiederanfang desselben ein neues Gefecht und nicht die Fortsetzung des alten würde. Über diesen Zeitpunkt eine klare Vorstellung zu haben, ist sehr wichtig, um sich entscheiden zu können, ob ein Gefecht von einer herbeieilenden Hilfe noch mit Nutzen wieder aufgenommen werden kann.

Oft werden in Gefechten, die nicht wiederherzustellen sind, neue Kräfte vergeblich geopfert, oft wird versäumt, die Entscheidung zu wenden, wo dies noch füglich geschehen konnte. Hier gibt es zwei

Beispiele, die nicht schlagender sein können.

Als der Fürst von Hohenlohe 1806 bei Jena mit 35000 Mann gegen etwa 60 bis 70000 unter Bonaparte die Schlacht angenommen und verloren, aber so verloren hatte, daß die 35000 Mann als zertrümmert angesehen werden konnten, unternahm es der General Rüchel, mit zirka 12000 Mann die Schlacht zu erneuern; die Folge war, daß er in einem Augenblick gleichfalls zertrümmert war.

An demselben Tage bei Auerstedt dagegen hatte man mit etwa 25000 Mann gegen Davout, welcher 28000 hatte, bis gegen Mittag zwar unglücklich gefochten, aber ohne sich in dem Zustande der Auflösung zu befinden, ohne eben mehr eingebüßt zu haben als der Gegner, dem es ganz an Reiterei fehlte, – und man versäumte, die 18000 Mann Reserve des General Kalckreuth zu gebrauchen, um die Schlacht zu wenden, die unter diesen Umständen unmöglich zu verlieren war. –

Jedes Gefecht ist ein Ganzes, in welchem die Teilgefechte sich zu einem Gesamterfolge vereinigen. In diesem Gesamterfolg liegt die Entscheidung des Gefechts. Dieser Erfolg braucht nicht gerade ein Sieg zu sein, wie wir ihn im sechsten Kapitel bezeichnet haben, denn oft ist die Anlage dazu nicht gemacht, oft ist dazu keine Gelegenheit, wenn der Feind zu früh ausweicht, und in den meisten Fällen tritt selbst da, wo ein hartnäckiger Widerstand stattfand, die Entscheidung früher ein als derjenige Erfolg, der den Begriff eines Sieges hauptsächlich ausmacht.

Wir fragen also: welches ist gewöhnlich der Augenblick der Entscheidung, d. h. derjenige, wo eine neue, wohlverstanden nicht unverhältnismäßige Streitkraft ein nachteiliges Gefecht nicht mehr wenden kann?

Übergehen wir die Scheingefechte, welche ihrer Natur nach eigentlich ohne Entscheidung sind, so ist:

1. Wenn der Besitz eines beweglichen Gegenstandes der Zweck war, der Verlust desselben jedesmal die Entscheidung.
2. Wenn der Besitz einer Gegend der Zweck des Gefechts war, so liegt die Entscheidung meistens auch in dem Verlust derselben, doch nicht immer, nämlich nur dann, wenn diese Gegend von besonderer Stärke ist; eine leicht zugängliche Gegend, wie wichtig sie auch sonst sein möchte, läßt sich ohne große Gefahr wieder nehmen.
3. In allen anderen Fällen aber, wo jene beiden Umstände das Gefecht nicht schon entschieden haben, also namentlich in dem Fall, wo die

Vernichtung der feindlichen Streitkraft der Hauptzweck ist, liegt die Entscheidung in dem Augenblick, wo der Sieger aufhört, sich in einem Zustand der Auflösung und also einer gewissen Untüchtigkeit zu befinden, wo also der vorteilhafte Gebrauch sukzessiver Kraftanstrengung, wovon wir im zwölften Kapitel des dritten Buches gesprochen haben, aufhört. Aus diesem Grunde haben wir auf diesen Punkt die strategische Einheit des Gefechts verlegt.

Ein Gefecht also, in welchem der Vorschreitende gar nicht außer den Zustand der Ordnung und Tüchtigkeit gekommen ist oder nur mit einem kleinen Teil seiner Macht, während die unserige sich mehr oder weniger aufgelöst hat, ist auch nicht wieder herzustellen, und ebensowenig, wenn der Gegner seine Tüchtigkeit schon wieder hergestellt hat.

Je kleiner also der Teil der Streitkraft ist, welcher wirklich gefochten, je größer derjenige ist, welcher als Reserve durch sein bloßes Dasein mitentschieden hat, um so weniger kann eine neue Streitkraft des Gegners uns den Sieg wieder aus den Händen winden, und derjenige Feldherr wie dasjenige Heer, welche es am weitesten darin gebracht haben, das Gefecht selbst mit der höchsten Ökonomie der Kräfte zu führen und überall die moralische Wirkung starker Reserven geltend zu machen, gehen den sichersten Weg zum Siege. Man muß in der neueren Zeit den Franzosen, besonders wenn Bonaparte sie führte, darin eine große Meisterschaft einräumen.

Ferner wird der Augenblick, wo beim Sieger der Zustand der Gefechtskrise aufhört und die alte Tüchtigkeit zurückkehrt, um so früher eintreten, je kleiner das Ganze ist. Eine Reiterfeldwache, die ihren Gegner spornstreichs verfolgt, wird in wenigen Minuten wieder die alte Ordnung gewinnen, und länger dauert auch die Krise nicht; ein ganzes Regiment Reiterei braucht dazu schon mehr Zeit; noch länger dauert es bei dem Fußvolk, wenn es sich in einzelne Schützenlinien aufgelöst hat, und wieder länger bei Abteilungen von allen Waffen, wenn ein Teil diese, der andere jene zufällige Richtung eingeschlagen und das Gefecht also eine Störung der Ordnung veranlaßt hat, die gewöhnlich dadurch erst schlimmer wird, daß keiner recht weiß, wo der andere ist. So tritt also der Zeitpunkt, wo der Sieger die gebrauchten Instrumente, die alle durcheinandergeraten und zum Teil in Unordnung gekommen sind, wieder aufgefunden, ein wenig hergerichtet, auf einen passenden Platz gestellt und also die Schlachtwerkstatt wieder in Ordnung gebracht hat, dieser Augenblick, sagen wir, tritt immer später ein, je größer das Ganze wird.

Wieder tritt dieser Augenblick später ein, wenn die Nacht den Sieger in der Krise überrascht, und endlich tritt er später ein, wenn die Gegend durchschnitten und verdeckt ist. Zu diesen beiden Punkten aber muß man bemerken, daß die Nacht auch ein großes *Schutzmittel* ist, weil nur selten die Umstände geeignet sind, sich von nächtlichen Angriffen einen guten Erfolg zu versprechen, wie am 10. März 1814 bei Laon, wo York gegen Marmont ein ganz hierher gehöriges Beispiel gibt. Ebenso wird eine verdeckte und durchschnittene Gegend gleichfalls der Schutz des in der längeren Siegeskrise Begriffenen gegen eine Reaktion sein. Beides also, die Nacht sowohl als die verdeckte und durchschnittene Gegend, erschweren eine Wiederaufnahme desselben Gefechts, anstatt sie zu erleichtern.

Bis jetzt haben wir die herbeieilende Hilfe des im Verlust Begriffenen als eine bloße Vermehrung der Streitkraft betrachtet, also als eine gerade von hinten kommende Verstärkung, welches der gewöhnliche Fall ist. Ganz anders aber wird der Fall, wenn sie dem Gegner von der Seite oder in den Rücken kommt.

Über die Wirkung der Seiten- und Rückenangriffe werden wir an einem anderen Ort sprechen, so weit sie in die Strategie gehören; ein solcher, wie wir ihn hier zur Herstellung eines Gefechts im Auge haben, gehört hauptsächlich in die Taktik, und nur, weil wir hier von den taktischen Resultaten sprechen und unsere Vorstellungen also in das Gebiet der Taktik hineindringen müssen, kommt er zur Sprache.

Die Richtung einer Streitkraft in des Feindes Seite und Rücken kann ihre Wirksamkeit sehr erhöhen, aber sie tut das nicht notwendig immer, sondern sie kann sie auch ebenso sehr schwächen. Die Umstände, unter welchen das Gefecht statthat, entscheiden über diesen Punkt seiner Anlage wie über jeden anderen, ohne daß wir hier darauf eingehen können. Für unseren Gegenstand sind aber dabei zwei Dinge wichtig.

Erstens: *daß Seiten- und Rückenangriffe in der Regel günstiger auf den Erfolg nach der Entscheidung wirken als auf die Entscheidung selbst.* Nun ist bei Herstellung eines Gefechts vor allen Dingen erst die günstige Entscheidung zu suchen und nicht die Größe des Erfolges. In dieser Rücksicht sollte man also glauben, daß eine Hilfe, die zur Herstellung unseres Gefechts herbeieilte, weniger günstig wird, wenn sie dem Gegner in Seite und Rücken geht, also getrennt von uns, als wenn sie sich gerade mit uns vereinigte. Gewiß fehlt es nicht an Fällen, wo dem so ist; allein man muß doch sagen, daß die Mehrheit auf der anderen Seite sich finden wird, und zwar wegen des zweiten Punktes, welcher uns hier wichtig ist.

Dieser zweite Punkt ist *die moralische Kraft der Überraschung, welche eine zur Herstellung eines Gefechts herbeieilende Hilfe in der Regel für sich hat.*

Die Wirkung einer Überraschung in Seite und Rücken aber ist immer gesteigert, und ein in der Krisis des Sieges Begriffener ist in seinem ausgereckten und zerstreuten Zustande weniger imstande, ihr entgegenzuwirken. Wer fühlt es nicht, daß ein Seiten- und Rückenanfall, welcher im Anfang des Gefechts, wo die Kraft gesammelt und solchen Fällen immer vorgesehen ist, wenig bedeuten würde, ein ganz anderes Gewicht im letzten Augenblick des Gefechts bekommt!

Wir müssen also unbedenklich einräumen, daß in den meisten Fällen eine von der Seite oder im Rücken des Gegners herbeikommende Hilfe viel wirksamer sein, sich wie dasselbe Gewicht an einem längeren Hebelarm verhalten wird, so daß man also unter solchen Umständen die Herstellung eines Gefechts mit derselben Kraft unternehmen kann, die auf dem geraden Wege nicht zugereicht haben würde. Hier, wo die Wirkungen fast jeder Berechnung ausweichen, weil die moralischen Kräfte ganz das Übergewicht gewinnen, ist das rechte Feld der Kühnheit und des Wagens.

Auf alle diese Gegenstande also muß das Augenmerk gerichtet, alle diese Momente zusammenwirkender Kräfte müssen in Betrachtung gezogen werden, wenn man die zweifelhaften Fälle entscheiden soll, ob einem nachteiligen Gefechte wieder aufgeholfen werden könne oder nicht.

Ist das Gefecht noch nicht als beendigt anzusehen, so wird das neue, welches vermittelst der herbeieilenden Hilfe eröffent wird, mit dem früheren in eins, also in ein gemeinschaftliches Resultat zusammenfließen, und der erste Nachteil verschwindet dann ganz aus der Rechnung. So ist es aber nicht, wenn das Gefecht schon entschieden war; dann gibt es zwei voneinander getrennte Resultate. Ist nun die herbeieilende Hilfe nur von einer verhältnismäßigen Stärke, d. h. dem Gegner nicht an und für sich schon gewachsen, so ist schwerlich auf einen günstigen Erfolg dieses zweiten Gefechts zu rechnen; ist sie aber so stark, daß sie das zweite Gefecht ohne Rücksicht auf das erste unternehmen kann, so kann sie das letzte zwar durch einen günstigen Erfolg ausgleichen und überwiegen, aber nie aus der Rechnung verschwinden machen.

In der Schlacht von Kunersdorf eroberte Friedrich der Große im ersten Anlauf den linken Flügel der russischen Stellung und nahm 70 Geschütze; am Ende der Schlacht war beides wieder verloren und das ganze Resultat dieses ersten Gefechts aus der Rechnung verschwunden. Wäre es möglich gewesen, hier innezuhalten und den zweiten Teil der Schlacht bis auf den kommenden Tag zu verschieben, so würden, selbst wenn der König sie verlor, die Vorteile des ersten immer daran abgeglichen[1] werden können.

Aber es verschwindet, indem man ein nachteiliges Gefecht noch vor seinem Schluß auffaßt und wendet, nicht bloß sein Minusresultat für uns aus der Rechnung, sondern es wird auch die Grundlage eines größeren Sieges. Wenn man sich nämlich den taktischen Hergang des Gefechts genau vorstellt, so sieht man leicht, daß, bis es geschlossen ist, alle Erfolge der Teilgefechte nur suspendierte Urteile sind, die durch den Haupterfolg nicht bloß vernichtet, sondern in entgegengesetzte umgewandelt werden können. Je mehr unsere Streitkräfte bereits zugrunde gerichtet sind, um so mehr feindliche werden sich daran aufgerieben haben, um so größer wird also die Krisis auch beim Feinde sein, und um so größer wird das Übergewicht unserer frischen Kräfte werden. Wendet sich nun der Totalerfolg für uns, entreißen wir dem Feinde das Schlachtfeld und die Trophäen wieder, so werden alle Kräfte, die sie ihm gekostet haben, ein barer Vorteil für uns, und unsere frühere Niederlage wird die Stufe zu höherem Triumph. Die glänzendsten Waffentaten, welche im Siege dem Gegner so hoch gegolten hätten, daß er die daran verlorenen Kräfte nicht achten konnte, lassen nun nichts zurück als die Reue über diese aufgeopferten Kräfte. So verändert der Zauber des Sieges und der Fluch der Niederlage das spezifische Gewicht der Elemente.

Es ist also auch selbst dann, wenn man entschieden überlegen ist und dem Feinde seinen Sieg durch einen größeren vergelten könnte, immer noch besser, dem Schluß eines nachteiligen Gefechts, wenn es von verhältnismäßiger Bedeutung ist, zuvorzukommen, um dasselbe zu wenden, als ein zweites zu liefern.

Feldmarschall Daun im Jahr 1760 versuchte es bei Liegnitz, dem General Laudon zu Hilfe zu kommen, während dessen Gefecht dauerte; aber er versuchte nicht, als jenes mißlungen war, den König am folgenden Tage anzugreifen, obgleich es ihm an Macht nicht fehlte.

Aus diesem Grunde sind blutige Gefechte der Avantgarde, welche

---

1 [2. Auflage: ausgeglichen]

einer Schlacht vorhergehen, nur als notwendige Übel zu betrachten und da, wo sie nicht notwendig sind, zu vermeiden.

Wir werden noch eine andere Folgerung zu betrachten haben.

Ist ein geschlossenes Gefecht eine abgemachte Sache, so kann es nicht der Grund werden, ein neues zu beschließen, sondern der Entschluß dieses neuen muß aus den übrigen Verhältnissen hervorgehen. Dieser Folgerung tritt aber eine moralische Kraft entgegen, die wir berücksichtigen müssen: es ist das Gefühl der Rache und Vergeltung. Vom obersten Feldherrn bis zum geringsten Tambour fehlt dies Gefühl nicht, und daher ist nie eine Truppe von einer besseren Stimmung beseelt, als wenn es darauf ankommt, eine Scharte auszuwetzen. Nur setzt dies voraus, daß der geschlagene Teil kein zu bedeutender des Ganzen sei, weil jenes Gefühl sich sonst in dem der Ohnmacht verlieren würde.

Es ist also eine sehr natürliche Tendenz, jene moralische Kraft zu benutzen, um auf der Stelle das Verlorene wieder einzubringen und deshalb vorzugsweise, wenn die übrigen Umstände es zulassen, ein zweiten Gefecht zu suchen. Es liegt dann in der Natur der Sache, daß dieses zweite Gefecht meistens ein Angriff sein muß.

In der Reihe der untergeordneten Gefechte findet man viele Beispiele solcher Wiedervergeltungen; die großen Schlachten aber haben gewöhnlich zu viel andere Bestimmungsgründe, um von dieser schwächeren Kraft angezogen zu werden.

Ein solches Gefühl war es unstreitig, welches den edlen Blücher den 14. Februar 1814, nachdem zwei seiner Korps drei Tage zuvor bei Montmirail geschlagen waren, mit dem dritten auf dieses Schlachtfeld führte. Hätte er gewußt, daß er noch auf Bonaparte selbst treffen würde, so mußten natürlich überwiegende Gründe ihn bestimmen, seine Rache aufzuschieben; aber er hoffte sich an Marmont zu rächen, und anstatt die Vorteile einer edlen Rachbegierde zu ernten, unterlag er den Nachteilen einer falschen Berechnung.

Von der Dauer der Gefechte und dem Moment ihrer Entscheidung hängen die Entfernungen ab, in welchen diejenigen Massen voneinander aufgestellt sein dürfen, die bestimmt sind, *gemeinschaftlich* zu fechten. Diese Aufstellung würde insofern eine taktische Anordnung sein, als sie ein und dasselbe Gefecht beabsichtigt; allein sie kann doch nur da so betrachtet werden, wo die Aufstellung so nahe ist, daß zwei getrennte Gefechte dabei nicht denkbar sind und also der Raum, welchen das Ganze einnimmt, strategisch wie ein bloßer Punkt angesehen werden kann. Es kommen aber im Kriege die Fälle häufig vor, wo man auch diejenigen Kräfte, welche bestimmt sind, *gemeinschaftlich* zu schlagen, so weit voneinander trennen muß, daß ihre Vereinigung zum gemeinschaftlichen Gefecht zwar die Hauptabsicht, aber das Vorkommen getrennter Gefechte doch auch möglich bleibt. Eine solche Aufstellung ist also eine strategische.

Anordnungen solcher Art sind: Märsche in getrennten Massen und Kolonnen, Avantgarden und Seitenkorps, Reserven, die mehr als einem strategischen Punkt zur Unterstützung dienen sollen, Versammlung der einzelnen Korps aus weitläuftigen Quartieren usw. Man sieht, daß sie unaufhörlich vorkommen und gewissermaßen die Scheidemünze in dem strategischen Haushalt ausmachen, während die Hauptschlachten und alles, was mit ihnen auf gleicher Linie steht, die Gold- und Talerstücke sind.

Achtes Kapitel: Einverständnis beider Teile zum Gefecht

Kein Gefecht kann ohne gegenseitige Einwilligung dazu entstehen, und von dieser Idee, welche die ganze Grundlage eines Zweikampfes ausmacht, geht eine gewisse Phraseologie der historischen Schriftsteller aus, die zu vielen unbestimmten und irrigen Vorstellungen verführt.

Die Betrachtung der Schriftsteller dreht sich nämlich häufig um den Punkt, daß der eine Feldherr dem anderen die Schlacht angeboten und dieser sie nicht angenommen habe.

Aber das Gefecht ist ein sehr modifizierter Zweikampf, und die Grundlage desselben besteht nicht bloß in der gegenseitigen Kampflust, d. h. Einwilligung, sondern in den Zwecken, welche mit dem Gefecht verbunden werden; diese gehören immer größeren Ganzen an, und das um so mehr, als selbst der ganze Krieg, als Kampfeinheit gedacht, politische Zwecke und Bedingungen hat, die einem größeren Ganzen angehören. So tritt also die bloße Lust, sich gegenseitig zu besiegen, in ein ganz untergeordnetes Verhältnis, oder vielmehr sie hört ganz auf, etwas an und für sich selbst zu sein, und ist nur als der Nerv anzusehen, der dem höheren Willen die Bewegung verleiht.

Bei den alten Völkern und dann wieder in der ersten Zeit der stehenden Heere hatte der Ausdruck, daß man dem Feind die Schlacht vergeblich angeboten, doch noch mehr Sinn als in unseren Tagen. Bei den alten Völkern war nämlich alles darauf eingerichtet, sich in offenem Felde ohne alle hindernde Gegenstände im Kampf miteinander zu messen, und alle Kriegskunst bestand in der Einrichtung und Zusammensetzung des Heeres, also in der Schlachtordnung.

Da nun ihre Heere sich in ihren Lagern regelmäßig verschanzten, so wurde die Stellung im Lager als etwas Unantastbares betrachtet, und eine Schlacht wurde erst möglich, wenn der Gegner sein Lager verließ und sich in zugänglicher Gegend gewissermaßen in die Schranken stellte.

Wenn es also heißt, daß Hannibal dem Fabius die Schlacht vergeblich anbot, so sagt das zwar in Beziehung auf den letzteren nichts, als daß eine Schlacht nicht in seinem Plan lag, und es beweist an sich weder die physische noch moralische Überlegenheit des Hannibal; aber die Beziehung auf diesen ist doch der Ausdruck richtig, denn er sagt, daß Hannibal die Schlacht wirklich gewollt hat.

In der ersten Zeit der neueren Heere fanden bei großen Gefechten und Schlachten ähnliche Verhältnisse statt. Die großen Massen wurden nämlich vermittelst einer Schlachtordnung ins Gefecht geführt und darin geleitet, die als ein großes, unbehilfliches Ganze mehr oder weniger die Ebene brauchte und sich weder zum Angriff noch selbst zur Verteidigung in einer sehr durchschnittenen oder verdeckten oder gar gebirgigen Gegend eignete. Es fand also der Verteidiger auch hier einigermaßen ein Mittel, die Schlacht zu vermeiden. Diese Verhältnisse haben sich, wiewohl immer schwächer, bis in die ersten Schlesischen Kriege erhalten, und erst im Siebenjährigen wurde ein Angriff des Gegners auch in *unzugänglichen* Gegenden immer mehr tunlich und Sitte; nun hörte zwar die Gegend nicht auf, ein Verstärkungsprinzip für denjenigen zu werden, der sich ihres Beistandes bediente, aber sie war nicht mehr ein Zauberkreis, welcher die natürlichen Kräfte des Krieges bannte.

Seit 30 Jahren hat sich der Krieg noch viel mehr in diesem Sinne ausgebildet, und es steht demjenigen, welcher wirklich eine Entscheidung durchs Gefecht haben will, nichts mehr im Wege, er kann seinen Gegner aufsuchen und angreifen; tut er dies nicht, so kann er nicht dafür gelten, das Gefecht gewollt zu haben, und der Ausdruck, er habe eine Schlacht angeboten, die sein Gegner nicht angenommen, heißt also jetzt nichts als er habe die Verhältnisse zum Gefecht nicht vorteilhaft genug gefunden, welches ein Geständnis ist, worauf jener Ausdruck nicht paßt, und das er nur zu bemänteln strebt.

Freilich kann der Verteidiger auch noch jetzt ein Gefecht zwar nicht mehr ablehnen, aber doch vermeiden, wenn er nämlich seinen Platz und die damit verknüpfte Rolle aufgibt; dann liegt aber für den

Angreifenden in diesem Erfolg der halbe Sieg und die Anerkenntnis seiner einstweiligen Überlegenheit.

Es kann also diese auf ein Kartell sich beziehende Vorstellungsart jetzt nicht mehr gebraucht werden, um mit solchem Worttriumph das Stillstehen dessen zu beschönigen, an welchem das Vorschreiten ist, nämlich des Angreifenden. Der Verteidiger, welcher, solange er nicht zurückweicht, dafür gelten muß, die Schlacht zu wollen, kann allerdings, wenn er nicht angegriffen wird, sagen, er habe sie angeboten, wenn sich dies nicht schon von selbst verstände.

Von der anderen Seite kann aber jetzt einer, der *ausweichen* will und kann, nicht wohl zum Gefecht gezwungen werden. Da nun dem Angreifenden an den Vorteilen, welche er mit diesem Ausweichen erhält, oft nicht genügt, und ein wirklicher Sieg ihm dringendes Bedürfnis wird, so werden zuweilen die wenigen Mittel, welche vorhanden sind, auch einen *solchen* Gegner zum Gefecht zu *zwingen,* oft mit einer besonderen Kunst gesucht und angewendet.

Die hauptsächlichsten Wege hierzu sind: erstens das *Umstellen* des Gegners, um ihm den Rückzug unmöglich oder so schwer zu machen, daß er es vorzieht, das Gefecht anzunehmen, und zweitens das *Überraschen* desselben. Dieser letztere Weg, welcher früher in der Unbehilflichkeit aller Bewegungen seinen Grund hatte, ist in der neueren Zeit sehr unwirksam geworden. Bei der Biegsamkeit und Beweglichkeit der jetzigen Heere scheut man sich nicht, auch im Angesicht des Feindes seinen Rückzug anzutreten, und nur besonders nachteilige Verhältnisse der Gegend können hier bedeutende Schwierigkeiten hervorbringen.

Ein Fall der Art möchte der der Schlacht von Neresheim sein, welche der Erzherzog Karl den 11. August 1796 in der rauhen Alb gegen Moreau lieferte, bloß in der Absicht, sich den Rückzug zu erleichtern, wiewohl wir gern gestehen, daß wir das Räsonnement des berühmten Feldherrn und Autors hier nie ganz verstanden haben.

Die Schlacht von Roßbach liefert ein anderes Beispiel, insofern der Feldherr des verbündeten Heeres wirklich nicht die Absicht gehabt haben sollte, Friedrich den Großen anzugreifen.

Von Soor sagt der König selbst, daß er die Schlacht nur angenommen habe, weil ihm der Rückzug im Angesicht des Feindes bedenklich geschienen; indessen führt doch der König auch noch andere Gründe zur Schlacht an.

Im ganzen werden, die eigentlichen nächtlichen Überfälle ausgenommen, solche Fälle immer selten sein, und die, wo ein Gegner durch Umstellung zum Gefecht gezwungen worden ist, sich hauptsächlich nur bei einzelnen Korps, wie das Fincksche bei Maxen, zutragen.

Neuntes Kapitel: Die Hauptschlacht

Ihre Entscheidung

Was ist die Hauptschlacht? Ein Kampf der Hauptmacht, aber freilich nicht ein unbedeutender um einen Nebenzweck, nicht ein bloßer Versuch, den man aufgibt, sobald man frühzeitig gewahr wird, daß man seinen Zweck schwer erreichen wird, sondern ein Kampf mit ganzer Anstrengung um einen wirklichen Sieg.

Auch in einer Hauptschlacht können Nebenzwecke dem Hauptzweck beigemischt sein, und sie wird manchen besonderen Farbenton von den Verhältnissen annehmen, aus denen sie hervorgeht, denn auch eine Hauptschlacht hängt mit einem größeren Ganzen zusammen, von dem sie nur ein Teil ist; allein man muß, weil das Wesen des Krieges Kampf, und die Hauptschlacht der Kampf der Hauptmacht ist, diese immer als den eigentlichen Schwerpunkt des Krieges betrachten, und es ist daher im ganzen ihr unterscheidender Charakter, daß sie mehr als irgendein anderes Gefecht um ihrer selbst willen da ist.

Dies hat Einfluß auf die *Art ihrer Entscheidung, auf die Wirkung des in ihr erhaltenen Sieges,* und bestimmt den Wert, *welchen ihr die Theorie als Mittel zum Zweck* beilegen muß. Wir machen sie daher zum Gegenstand unserer besonderen Betrachtung, und zwar hier, bevor wir noch der besonderen Zwecke gedenken, die mit ihr verbunden sein können, die aber ihren Charakter, sobald sie den Namen einer Hauptschlacht wirklich verdient, nicht wesentlich verändern.

Ist eine Hauptschlacht hauptsächlich um ihrer selbst willen da, so müssen die Gründe ihrer Entscheidung in ihr selbst liegen, mit anderen Worten: es soll in ihr der Sieg solange gesucht werden, als noch eine Möglichkeit dazu vorhanden ist, und sie soll also nicht wegen einzelner Umstände, sondern einzig und allein aufgegeben werden, wenn die Kräfte als völlig unzureichend erscheinen.

Wie läßt sich nun dieser Moment näher bezeichnen?

Wenn, wie eine geraume Zeit in der neueren Kriegskunst, eine gewisse künstliche Ordnung und Zusammenfügung des Heeres die Hauptbedingung ist, unter welcher die Tapferkeit des Heeres sich den Sieg erringen kann, so ist *die Zerstörung dieser Ordnung* die Entscheidung. Ein geschlagener Flügel, der aus seinen Fugen weicht, entscheidet über den stehenden mit. Wenn wie zu einer anderen Zeit das Wesen der Verteidigung in einem engen Bündnis des Heeres mit dem Boden und seinen Hindernissen besteht, auf dem es ficht, so daß Heer und Stellung nur eins sind, so ist die Eroberung *eines wesentlichen Punktes* dieser Stellung die Entscheidung. Man sagt: der Schlüssel der Stellung ist verlorengegangen, sie kann also nicht weiterverteidigt, die Schlacht nicht fortgeschlagen werden. In beiden Fällen erscheinen die geschlagenen Heere ungefähr wie gesprungene Saiten, die ihren Dienst versagen.

Sowohl jenes geometrische als dieses geographische Prinzip, welche die Tendenz hatten, die kämpfenden Heere in eine Kristallisationsspannung zu versetzen, die es nicht gestattete, die vorhandenen Kräfte bis auf den letzten Mann zu verwenden, haben von ihrem Einfluß wenigstens so viel verloren, daß sie nicht mehr vorherrschen. Auch jetzt wird das Heer in einer bestimmten Ordnung in den Kampf geführt, aber sie ist nicht mehr entscheidend; auch jetzt werden die Hindernisse des Bodens noch zur Verstärkung des Widerstandes benutzt, aber sie sind nicht mehr der einzige Anhalt.

Wir haben es versucht, im zweiten Kapitel dieses Buches einen Gesamtblick auf die Natur der heutigen Schlacht zu werfen. Nach dem Bilde, welches wir uns davon gemacht haben, ist die Schlachtordnung nur ein Zurechtstellen der Kräfte zum bequemen Gebrauch und der Verlauf ein gegenseitiges langsames Verzehren dieser Kräfte aneinander, um zu sehen, wer seinen Gegner früher erschöpft haben wird.

Der Entschluß, das Gefecht aufzugeben, entspringt also in der Hauptschlacht mehr als in irgendeinem anderen Gefechte aus dem Verhältnis der übrigbleibenden frischen Reserven, denn nur diese haben noch alle moralischen Kräfte, und die von dem Zerstörungselement bereits ausgeglühten Schlacken zusammengeschossener und geworfener Bataillone können nicht auf gleiche Linie damit gestellt werden. Auch der verlorene Boden ist ein Maßstab verlorener moralischer Kräfte, wie wir anderswo gesagt haben; er kommt also mit in Betrachtung, doch mehr als ein Zeichen eines gemachten Verlustes denn als der Verlust selbst, und immer bleibt die Zahl der frischen Reserven das Hauptaugenmerk beider Feldherren.

Gewöhnlich nimmt eine Schlacht ihre Richtung schon von vornherein, wiewohl auf eine wenig merkliche Art. Oft sogar ist diese Richtung schon durch die Anordnungen, welche zu ihr getroffen sind, auf eine sehr entschiedene Weise gegeben, und dann ist es Mangel an Einsicht desjenigen Feldherrn, welcher die Schlacht unter so schlimmen Bedingungen eröffent, ohne sich derselben bewußt zu werden. Allein wo dieser Fall auch nicht stattfindet, ist es in der Natur der Dinge, daß der Verlauf der Schlachten mehr ein langsames Umschlagen des Gleichgewichts ist, welches bald, aber, wie gesagt, anfangs nicht merklich eintritt und dann mit jedem neuen Zeitmoment stärker und sichtlicher wird: als ein oszillierendes Hin- und Herschwanken, wie man, durch die unwahren Schlachtbeschreibungen verführt, sie sich gewöhnlich denkt.

Mag es aber auch sein, daß das Gleichgewicht eine lange Zeit wenig gestört ist, oder daß es selbst, nachdem es nach einer Seite hin verloren, zurückkehrt, um nun nach der anderen Seite hin verloren zu gehen, so ist doch gewiß, daß in den meisten Fällen der besiegte Feldherr dies lange schon vor dem Abzug gewahr wird, und daß die Fälle, wo irgendeine Einzelheit unvermutet stark auf den Hergang des Ganzen einwirkt, meistens nur in der Beschönigung ihr Dasein haben, womit jeder seine verlorene Schlacht erzählt.

Wir können uns hier nur an das Urteil unbefangener Männer von Erfahrung wenden, welche uns gewiß ihre Zustimmung geben und uns bei dem Teil unserer Leser vertreten werden, die den Krieg nicht aus eigener Erfahrung kennen. Die Notwendigkeit dieses Herganges aus der Natur der Sache zu entwickeln, würde uns zu sehr in das Gebiet der Taktik hineinführen, wohin dieser Gegenstand gehört, mit dessen Resultat wir es hier nur zu tun haben.

Wenn wir sagen: der besiegte Feldherr sieht den schlimmen Ausgang gewöhnlich schon geraume Zeit vorher, ehe er sich zum Aufgeben der Schlacht entschließt, so lassen wir auch Fälle entgegengesetzter Art zu und würden ja sonst einen in sich widersprechenden Satz behaupten. Wäre mit jeder entschiedenen Richtung einer Schlacht diese als verloren zu betrachten, so müßten auch keine Kräfte zu ihrer Wendung mehr aufgeboten werden, und folglich würde diese entschiedene Richtung dem Augenblick des Abzuges nicht geraume Zeit vorhergehen können. Allerdings gibt es Fälle, wo eine Schlacht schon eine sehr entschiedene Richtung nach einer Seite hin angenommen und doch eine Entscheidung nach der anderen hin bekommen hatte, aber sie sind nicht die *gewöhnlichen,* sondern selten; aber auf diese seltenen Fälle rechnet jeder Feldherr, gegen welchen sich das Glück erklärt, und er muß darauf rechnen, solange ihm irgendeine Möglichkeit der Wendung bleibt. Er hofft durch stärkere Anstrengungen, durch eine Erhöhung der übrigbleibenden moralischen Kräfte, durch ein Selbstübertreffen oder auch durch einen glücklichen Zufall den Augenblick noch gewendet zu sehen und treibt dies so weit, wie Mut und Einsicht es in ihm miteinander abmachen. Wir wollen davon etwas mehr sagen, zuvor aber angeben, welches die Zeichen des umschlagenden Gleichgewichts sind. Der Erfolg des Gesamtgefechts besteht aus der Summe der Erfolge aller Teilgefechte; diese Erfolge der einzelnen Gefechte aber fixieren sich in drei verschiedenen Gegenständen.

Erstlich mit der bloßen moralischen Kraft in dem Bewußtsein der Führer. Wenn ein Divisionsgeneral gesehen hat, wie seine Bataillone unterlegen haben, so wird das auf sein Verhalten und auf seine Meldungen, und diese werden wieder auf die Maßregeln des Oberfeldherrn Einfluß haben. Es gehen also selbst diejenigen unglücklichen Teilgefechte, die dem Anschein nach gutgemacht werden, in ihren Erfolgen nicht verloren, und die Eindrücke davon summieren sich in der Seele des Feldherrn ohne viel Mühe und selbst gegen seinen Willen.

Zweitens durch das schnellere Zusammenschmelzen unserer Truppen, welches sich bei dem langsamen, wenig tumultuarischen Verlauf unserer Schlachten sehr wohl abschätzen läßt.

Drittens in dem verlorenen Boden. Alle diese Dinge dienen dem Auge des Feldherrn als Bussole, um die Richtung zu erkennen, welche das Schiff seiner Schlacht nimmt. Sind ihm ganze Batterien verlorengegangen und keine der feindlichen genommen, sind Bataillone durch feindliche Reiterei niedergeworfen, während die des Feindes überall undurchdringliche Massen bilden, weicht die Feuerlinie seiner Schlachtordnung von einem Punkt zum anderen unfreiwillig zurück, werden zur Eroberung gewisser Punkte vergebliche Anstrengungen gemacht und die anrückenden Bataillone von einem wohl angebrachten Hagel von Kartätschen jedesmal zerstreut, fängt unser Geschütz an, in seinem Feuer gegen das feindliche zu ermatten, schmelzen die im Feuer stehenden Bataillone ungewöhnlich schnell zusammen, weil mit den Verwundeten Scharen von Nichtverwundeten zurückgehen, sind gar durch die Störung des Schlachtplanes einzelne Teile abgeschnitten und gefangen worden, fängt der Rückzug an, gefährdet zu werden, so muß der Feldherr wohl in allen diesen Dingen die Richtung erkennen, in welcher er sich mit seiner Schlacht befindet. Je länger diese Richtung dauert, je entschiedener sie wird, um so schwieriger wird die Wendung, um so mehr nähert sich der Augenblick, wo er die Schlacht aufgeben muß. Über diesen Augenblick wollen wir nun sprechen.

Wir haben es schon mehr als einmal ausgesprochen, daß das Verhältnis der übrigbleibenden frischen Reserven meistens den Hauptgrund zur völligen Entscheidung abgibt; derjenige Feldherr, welcher seinen Gegner darin von entschiedener Überlegenheit sieht, entschließt sich zum Rückzug. Es ist gerade die Eigentümlichkeit der neueren Schlachten, daß alle Unglücksfälle und Verluste, welche im Verlauf derselben stattgehabt haben, durch frische Kräfte gutgemacht werden können, weil die Einrichtung der neueren Schlachtordnung und die Art, wie die Truppen ins Gefecht geführt werden, ihren Gebrauch fast überall und in jeder Lage gestattet. Solange also derjenige Feldherr, gegen den der Ausgang sich zu erklären scheint, noch eine Überlegenheit an Reserve hat, wird er die Schlacht[1] nicht aufgeben. Von dem Zeitpunkt an aber, wo seine Reserven anfangen, schwächer zu werden als die feindlichen, ist die Entscheidung als gegeben zu betrachten, und was er nun noch tut, hängt teils von besonderen Umständen, teils von dem Grade des Mutes und der Ausdauer ab, die ihm gegeben sind, und die auch wohl in unweisen Starrsinn ausarten können. Wie der Feldherr dahin gelangt, das Verhältnis der gegenseitigen Reserven richtig zu schätzen, ist eine Sache der Kunstfertigkeit in der Ausführung, die in keinem Fall hierher gehört; wir halten uns an das Resultat, wie es sich in seinem Urteil feststellt. Aber auch dieses Resultat ist noch nicht der eigentliche Augenblick der Entscheidung, denn ein Motiv, welches nur gradweise entsteht, ist dazu nicht geeignet, sondern es ist nur eine allgemeine Bestimmung des Entschlusses, und dieser Entschluß selbst bedarf noch besonderer Veranlassungen. Diese sind denn hauptsächlich zwei, welche immer wiederkehren, nämlich die Gefahr des Rückzuges und die einbrechende Nacht.

Wird der Rückzug mit jedem neuen Schritt, den die Schlacht in ihrem Verlauf tut, immer mehr bedroht, und sind die Reserven so zusammengeschmolzen, daß sie nicht mehr hinreichen, sich von neuem Luft zu schaffen, so bleibt nichts anderes übrig, als sich dem Schicksal zu unterwerfen und durch einen ordnungsvollen Abzug zu retten, was bei längerem Verweilen sich in Flucht und Niederlage

1 [2. Auflage: Sache]

auflösen, verloren gehen würde.

Die Nacht aber macht in der Regel allen Gefechten ein Ende, weil ein Nachtgefecht nur unter besonderen Bedingungen Vorteil verspricht; da nun die Nacht mehr zum Rückzug geeignet ist als der Tag, so wird der, welcher ihn als ganz unvermeidlich oder als höchst wahrscheinlich zu betrachten hat, es vorziehen, dazu die Nacht zu benutzen.

Daß es außer diesen beiden gewöhnlichen und hauptsächlichsten Veranlassungen auch noch viele andere geben kann, die kleiner, individueller und nicht zu übersehen sind, versteht sich von selbst, denn je mehr die Schlacht sich zum völligen Umschlagen des Gleichgewichts hinneigt, um so empfindlicher wirkt auch jeder Teilerfolg auf dasselbe. So kann der Verlust einer Batterie, das glückliche Einbrechen von einem Paar Reiterregimentern usw. den schon reifenden Entschluß zum Rückzug völlig ins Leben rufen.

Zum Schluß dieses Gegenstandes müssen wir nun noch einen Augenblick auf dem Punkt verweilen, wo Mut und Einsicht in dem Feldherrn eine Art von Kampf miteinander zu bestehen haben.

Wenn auf der einen Seite der gebieterische Stolz eines siegreichen Eroberers, wenn der unbeugsame Wille eines angeborenen Starrsinns, wenn das krampfhafte Widerstreben einer edlen Begeisterung nicht von dem Schlachtfelde weichen wollen, wo sie ihre Ehre zurücklassen sollen, so rät auf der anderen die Einsicht, nicht alles auszugeben, nicht das Letzte aufs Spiel zu setzen, sondern soviel übrig zu behalten, als zu einem ordnungsvollen Rückzug nötig ist. Wie hoch auch der Wert des Mutes und der Standhaftigkeit im Kriege angeschlagen werden muß, und wie wenig Aussicht der zum Siege hat, der sich nicht entschließen kann, ihn mit der ganzen Kraftanstrengung zu suchen, so gibt es doch einen Punkt, über den hinaus das Verharren nur eine verzweiflungsvolle Torheit genannt und also von keiner Kritik gebilligt werden kann. In der berühmtesten aller Schlachten, in der von Belle-Alliance, setzte Bonaparte seine letzten Kräfte daran, eine Schlacht zu wenden, die nicht mehr zu wenden war, er gab den letzten Heller aus und floh dann wie ein Bettler vom Schlachtfelde und aus dem Reiche.

Zehntes Kapitel: Fortsetzung

Wirkung des Sieges

Man kann sich, je nachdem man seinen Standpunkt nimmt, ebenso sehr verwundern über die außerordentlichen Erfolge, welche manche große Schlachten gehabt haben, als über den Mangel an Erfolg bei anderen. Wir wollen jetzt einen Augenblick bei der Natur der Wirkung verweilen, welche ein großer Sieg hat.

Wir können hier leicht drei Dinge unterscheiden: die Wirkung auf die Instrumente selbst, nämlich auf die Feldherren und ihre Heere, die Wirkung auf die beteiligten Staaten, und den eigentlichen Erfolg, welchen diese Wirkungen in dem weiteren Verlauf des Krieges zeigen.

Wer nur an den unbedeutenden Unterschied denkt, der an Toten, Verwundeten, Gefangenen und verlorenen Geschützen auf dem Schlachtfelde selbst zwischen Sieger und Besiegten zu bestehen pflegt, dem scheinen die Folgen, welche sich aus diesem unbedeutenden Punkt entwickeln, oft ganz unbegreiflich, und doch geht gewöhnlich alles nur zu natürlich zu.

Wir haben schon im siebenten Kapitel gesagt, daß die Größe eines Sieges nicht bloß steigt in dem Maße, wie die besiegten Streitkräfte an Umfang zunehmen, sondern in höheren Graden. Die moralischen Wirkungen, welche der Ausgang eines großen Gefechts hat, sind größer bei dem Besiegten und beim Sieger, sie werden Veranlassung zu größeren Verlusten an physischen Kräften, die dann wieder auf die moralischen zurückwirken und so sich gegenseitig tragen und steigern. Auf diese moralische Wirkung muß man also ein besonderes Gewicht legen. Sie findet in entgegengesetzter Richtung bei beiden Teilen statt: wie sie die Kräfte des Besiegten untergräbt, so erhöht sie die Kräfte und Tätigkeit des Siegers. Aber die Hauptwirkung liegt doch in dem Besiegten, denn hier wird sie die unmittelbare Ursache zu neuen Verlusten, und außerdem ist sie mit der Gefahr, den Anstrengungen und Mühseligkeiten, überhaupt mit allen erschwerenden Umständen, zwischen welchen der Krieg sich bewegt, homogener Natur, tritt also mit ihnen in Bund und wächst durch ihren Beistand, während beim Sieger sich alle diese Dinge wie Gewichte an den höheren Schwung seines Mutes legen. Man findet also, daß der Besiegte sich viel tiefer unter der Linie des ursprünglichen Gleichgewichts hinuntersenkt, als der Sieger sich darüber erhebt, darum haben wir, wenn wir von der Wirkung des Sieges sprechen, hauptsächlich die im Auge, welche sich bei dem besiegten Heere kundtut. Ist diese Wirkung in einem Gefechte von großem Umfang stärker als in einem von kleinem, so ist sie in der Hauptschlacht wieder viel stärker als in einem untergeordneten Gefecht. Die Hauptschlacht ist um ihrer selbst willen da, um des Sieges willen, den sie geben soll, und der in ihr mit der höchsten Anstrengung gesucht wird. Hier an dieser Stelle, in dieser Stunde den Gegner zu überwinden, ist die Absicht, in welcher der ganze Kriegsplan mit allen seinen Fäden zusammenläuft, alle entfernte Hoffnungen und dunkle Vorstellungen von der Zukunft sich zusammenfinden; es tritt das Schicksal vor uns hin, um die Antwort auf die dreiste Frage zu geben. – Dies ist die Geistesspannung, nicht bloß des Feldherrn, sondern seines ganzen Heeres bis zum letzten Troßknecht hinab; freilich in abstufender Stärke, aber auch in sich abstufender Wichtigkeit. Zu allen Zeiten und nach der Natur der Dinge waren Hauptschlachten niemals unvorbereitete, unerwartete, blinde Dienstverrichtungen, sondern ein großartiger Akt, der aus der Masse der gewöhnlichen Tätigkeiten teils von selbst, teils nach der Absicht der Führer hinreichend hervortritt, um die Spannung aller Gemüter höher zu stimmen. Je höher aber diese Spannung auf den Ausgang ist, um so stärker muß die Wirkung desselben sein.

Wieder größer ist die moralische Wirkung des Sieges in unseren Schlachten, als sie in den früheren der neueren Kriegsgeschichte war. Sind jene, wie wir sie geschildert haben, ein wahres Ausringen der Kräfte, so entscheidet die Summe dieser Kräfte, der physischen wie der moralischen, mehr als einzelne Anordnungen oder gar Zufälle.

Einen Fehler, den man gemacht, kann man das nächste Mal verbessern, vom Glück und Zufall kann man ein andermal mehr Gunst erwarten; aber die Summe der moralischen und physischen Kräfte pflegt sich nicht so schnell zu ändern, und so scheint, was der Ausspruch eines Sieges über sie entschieden hat, für die ganze Zukunft von viel größerer Bedeutung. Zwar haben wohl von allen in und außer einem Heere durch eine Schlacht Beteiligten die wenigsten über solchen Unterschied nachgedacht, aber der Hergang der Schlacht selbst drückt den Gemütern aller darin Befindlichen ein solches Resultat auf, und die Erzählung dieses Herganges in den öffentlichen Berichten, wie sie auch durch einzelne hineingezwängte Umstände beschönigt werden mag, zeigt auch mehr oder weniger der übrigen Welt, daß die Ursachen mehr im ganzen als in Einzelheiten lagen.

Wer sich nie in einer großen verlorenen Schlacht befunden hat, wird

Mühe haben, sich eine lebendige und folglich eine ganz wahre Vorstellung davon zu machen, und die abstrakten Vorstellungen von diesem oder jenem kleinen Verlust werden den eigentlichen Begriff einer verlorenen Schlacht niemals ausfüllen. Verweilen wir einen Augenblick bei dem Bilde.

Das erste, was sich der Einbildungskraft, und man kann auch wohl sagen des Verstandes, in einer unglücklichen Schlacht bemächtigt, ist das Zusammenschmelzen der Massen, dann der Verlust des Bodens, welcher mehr oder weniger immer, und also auch bei dem Angreifenden, eintritt, wenn er nicht glücklich ist; dann die zerstörte ursprüngliche Ordnung, das Durcheinandergeraten der Teile, die Gefahren des Rückzuges, die mit wenig Ausnahmen immer bald schwächer, bald stärker eintreten; nun der Rückzug, der meist in der Nacht angetreten oder wenigstens die Nacht hindurch fortgesetzt wird. Gleich bei diesem ersten Marsch müssen wir eine Menge von Ermatteten und Zerstreuten zurücklassen, oft gerade die Bravsten, die sich am weitesten vorgewagt, die am längsten ausgeharrt haben; das Gefühl, besiegt zu sein, welches auf dem Schlachtfelde nur die höheren Offiziere ergriff, geht nun durch alle Klassen bis zum Gemeinen über, verstärkt durch den abscheulichen Eindruck, soviel brave Gefährten, die gerade in der Schlacht uns erst recht wert geworden sind, in Feindes Händen zurücklassen zu müssen, und verstärkt durch das erwachende Mißtrauen gegen die Führung, der mehr oder weniger jeder Untergebene die Schuld seiner vergeblich gemachten Anstrengungen beimißt. Und dieses Gefühl, besiegt zu sein, ist keine bloße Einbildung, über die man Herr werden könnte; es ist die evidente Wahrheit, daß der Gegner uns überlegen ist; eine Wahrheit, die in den Ursachen so versteckt sein konnte, daß sie vorher nicht zu übersehen war, die aber beim Ausgang immer klar und bündig hervortritt, die man auch vielleicht vorher erkannt hat, der man aber in Ermangelung von etwas Reellerem Hoffnung auf den Zufall, Vertrauen auf Glück und Vorsehung, mutiges Wagen entgegenstellen mußte. Nun hat sich dies alles unzulänglich erwiesen, und die ernste Wahrheit tritt uns streng und gebieterisch entgegen.

Alle diese Eindrücke sind noch weit entfernt von einem panischen Schrecken, welcher bei einem mit kriegerischer Tugend ausgerüsteten Heere nie und bei jedem anderen doch nur ausnahmsweise die Folge verlorener Schlachten ist. Sie müssen auch beim besten Heere entstehen, und wenn lange Kriegs- und Siegesgewohnheit, großes Vertrauen zum Feldherrn sie hier und da ein wenig mildert, so fehlen sie doch im ersten Augenblick niemals ganz. Auch sind sie nicht die bloße Folge verlorener Trophäen, diese gehen gewöhnlich erst später verloren und werden nicht so schnell allgemein bekannt; sie werden also auch bei dem langsamsten und abgemessensten Umschlagen des Gleichgewichts nicht fehlen und immer diejenige Wirkung eines Sieges ausmachen, auf die man in jedem Fall rechnen kann.

Daß der Umfang der Trophäen diese Wirkung erhöht, haben wir schon gesagt.

Wie sehr ist nun ein Heer in diesem Zustande, als Instrument betrachtet, geschwächt, wie wenig läßt sich erwarten, daß es in diesem geschwächten Zustande, welcher, wie wir schon gesagt haben, in allen gewöhnlichen Schwierigkeiten der Kriegführung neue Feinde findet, imstande sei, das Verlorene durch eine neue Anstrengung wieder einzubringen! Vor der Schlacht bestand ein wirkliches oder eingebildetes Gleichgewicht beider Teile; dieses ist verloren, und es ist also eine äußere Ursache erforderlich, um es wieder zu gewinnen; jede neue Kraftanstrengung ohne einen solchen äußeren Stützpunkt wird nur zu neuem Verluste führen.

So ist also in dem mäßigsten Siege der Hauptmacht schon der Grund zu einem beständigen Sinken der Waage gegeben, bis neue äußere Verhältnisse eine Wendung herbeiführen. Sind diese nicht nahe, ist der Sieger ein rastloser Gegner, der ruhmdürstig nach großen Zwekken jagt, so ist ein vorzüglicher Feldherr und ein in vielen Feldzügen gediegener und gestählter kriegerischer Geist des Heeres nötig, um den angeschwollenen Strom des Übergewichts nicht ganz durchbrechen zu lassen, sondern durch einen kleinen vervielfältigten Widerstand seinen Lauf zu ermäßigen, bis sich die Kraft des Sieges am Ziel einer gewissen Bahn ausgerungen hat.

Und nun die Wirkung außer dem Heer bei Volk und Regierung; es ist das plötzliche Zusammenbrechen der gespanntesten Hoffnungen, das Niederwerfen des ganzen Selbstgefühls. An die Stelle dieser vernichteten Kräfte strömt in das entstandene Vakuum die Furcht mit ihrer verderblichen Expansivkraft und vollendet die Lähmung. Es ist ein wahrer Nervenschlag, den einer der beiden Athleten durch den elektrischen Funken der Hauptschlacht bekommt. Auch diese Wirkung, wie verschiedenen in ihren Graden hier und dort, bleibt niemals ganz aus. Anstatt daß jeder in seiner Wirksamkeit geschäftigt herbeieilen sollte, um dem Unglück zu steuern, fürchtet jeder, daß seine Anstrengung eine vergebliche sein werde, und hält zögernd inne, wo er eilen sollte, oder läßt gar mutlos die Arme sinken, alles dem Fatum anheimgebend.

Die Folgen aber, welche diese Wirkung des Sieges in dem Gang des Krieges selbst hervorbringt, hängen teils von dem Charakter und Talent des siegenden Feldherrn, mehr aber von den Verhältnissen ab, aus welchen der Sieg hervorgeht, und in welche er hineinführt. Ohne Kühnheit und Unternehmungsgeist des Feldherrn wird der glänzendste Sieg keinen großen Erfolg geben, und noch viel schneller erschöpft sich diese Kraft an den Verhältnissen, wenn diese sich ihr groß und stark entgegenstellen. Wie ganz anders als Daun würde Friedrich der Große den Sieg bei Kolin benutzt haben, und welche anderen Folgen als Preußen hätte Frankreich einer Schlacht von Leuthen geben können!

Die Bedingungen, welche von einem großen Sieg große Folgen erwarten lassen, werden wir bei den Gegenständen kennenlernen, an welche sie sich knüpfen, und dann erst wird das Mißverhältnis sich erklären lassen, welches beim ersten Blick zwischen der Größe eines Sieges und seinen Folgen stattfinden kann, und welches man allzu bereit ist, dem Mangel an Energie des Siegers beizumessen. Hier, wo wir es mit der Hauptschlacht an sich zu tun haben, wollen wir dabei stehen bleiben, zu sagen: daß die geschilderten Wirkungen eines Sieges niemals fehlen, daß sie steigen mit der intensiven Stärke des Sieges, steigen, je mehr die Schlacht Hauptschlacht, d. h. je mehr in ihr die ganze Streitkraft vereinigt, je mehr in dieser Streitkraft die ganze Kriegsmacht und in der Kriegsmacht der ganze Staat enthalten ist.

Darf denn aber die Theorie diese Wirkung des Sieges als eine ganz notwendige annehmen, muß sie sich nicht vielmehr bestreben, das genügende Mittel dagegen aufzufinden und so die Wirkung wieder aufzuheben? Es scheint so natürlich, diese Frage zu bejahen; aber der Himmel behüte uns vor diesem Abweg der meisten Theorien, wodurch ein sich gegenseitig verzehrendes pro et contra entsteht.

Allerdings ist jene Wirkung ganz notwendig, denn sie ist in der Natur der Sache gegründet, und sie besteht auch dann, wenn wir Mittel finden, ihr entgegenzustreben, so wie die Bewegung einer Kanonenkugel in der Richtung der Erdumwälzung[1] fortbesteht, wenn sie, auch von Osten nach Westen abgeschossen, durch diese entgegengesetzte Bewegung einen Teil der allgemeinen Geschwindigkeit vernichtet.

1 [2. Auflage: Erdumdrehung]

Der ganze Krieg setzt menschliche Schwäche voraus, und gegen diese ist er gerichtet.

Wenn wir also in der Folge bei einer anderen Gelegenheit überlegen, was nach einer verlorenen Hauptschlacht zu tun ist, wenn wir die Mittel in Betrachtung ziehen, die in der verzweifeltsten Lage noch übrig bleiben möchten, wenn wir auch in dieser Lage noch an die Möglichkeit glauben werden, alles wiederzugewinnen, so ist damit nicht gemeint, die Wirkungen einer solchen Niederlage nach und nach gleich Null zu machen, denn die Kräfte und Mittel, die man zur Herstellung anwendet, hätten zu positiven Zwecken angewendet werden können; und dies gilt von den moralischen wie von den physischen Kräften.

Eine andere Frage ist es, ob durch den Verlust einer Hauptschlacht nicht vielleicht Kräfte geweckt werden, die sonst gar nicht ins Leben gekommen wären. Dieser Fall ist allerdings denkbar, und er ist bei vielen Völkern wirklich schon vorgekommen. Aber diese verstärkte Rückwirkung hervorzubringen, liegt nicht mehr im Gebiete der Kriegskunst, diese kann nur darauf Rücksicht nehmen, wo sie allenfalls vorauszusetzen ist.

Wenn es nun Fälle gibt, wo die Folgen eines Sieges verderblicher erscheinen können durch die Rückwirkung der dadurch geweckten Kräfte, Fälle, die freilich zu den seltensten Ausnahmen gehören, so muß um so gewisser eine Verschiedenheit in den Folgen angenommen werden, welche ein und derselbe Sieg hervorbringen kann nach dem Charakter des besiegten Volkes oder Staates.

Elftes Kapitel: Fortsetzung

Der Gebrauch der Schlacht

Wie sich auch die Führung des Krieges im einzelnen Fall gestaltet, und was wir auch in der Folge davon als notwendig anerkennen müssen, wir dürfen uns nur an den Begriff des Krieges erinnern, um folgendes mit Überzeugung zu sagen:

1. Die Vernichtung der feindlichen Streitkräfte ist das Hauptprinzip desselben und für die ganze Seite des positiven Handelns der Hauptweg zum Ziel.
2. Diese Vernichtung der Streitkräfte findet *hauptsächlich* nur im Gefecht statt.

3. Nur große und allgemeine Gefechte geben große Erfolge.
4. Am größten werden die Erfolge, wenn sich die Gefechte in eine große Schlacht vereinigen.
5. Nur in einer Hauptschlacht regiert der Feldherr das Werk mit eigenen Händen, und es ist in der Natur der Dinge, daß er es am liebsten den seinigen anvertraut.

Aus diesen Wahrheiten ergibt sich ein Doppelgesetz, dessen Teile sich gegenseitig tragen: nämlich, daß die Vernichtung der feindlichen Streitkräfte hauptsächlich in großen Schlachten und ihren Erfolgen zu suchen ist, und daß der Hauptzweck großer Schlachten die Vernichtung der feindlichen Streitkräfte sein muß.

Freilich findet sich das Vernichtungsprinzip auch in anderen Mitteln mehr oder weniger, freilich gibt es Fälle, wo durch eine Begünstigung der Umstände in einem kleinen Gefecht unverhältnismäßig viel feindliche Streitkräfte vernichtet werden können (Maxen); auf der anderen Seite kann in einer Hauptschlacht oft die Gewinnung oder Behauptung eines Postens als ein sehr wichtiger Zweck vorwalten, aber im allgemeinen bleibt es vorherrschend wahr, daß Hauptschlachten nur zur Vernichtung der feindlichen Streitkräfte geliefert, und daß diese nur durch die Hauptschlacht erreicht wird.

Die Hauptschlacht ist daher als der konzentrierte Krieg, als der Schwerpunkt des ganzen Krieges oder Feldzuges anzusehen. Wie sich die Strahlen der Sonne im Brennpunkt des Hohlspiegels zu ihrem vollkommenen Bilde und zur höchsten Glut vereinigen, so vereinigen sich Kräfte und Umstände des Krieges in der Hauptschlacht zu einer zusammengedrängten höchsten Wirkung.

Die Versammlung der Streitkräfte zu einem großen Ganzen, welche mehr oder weniger in allen Kriegen stattfindet, deutet schon die Absicht an, mit diesem Ganzen einen Hauptschlag zu tun, entweder freiwillig wie der Angreifende, oder durch den anderen veranlaßt wie der Verteidiger. Wo nun dieser Hauptschlag nicht erfolgt, da haben sich an das ursprüngliche Motiv der Feindschaft andere ermäßigende und aufhaltende angehangen und die Bewegung geschwächt, verändert oder ganz gehemmt. Aber selbst in diesem Zustande des gegenseitigen Nichthandelns, welcher in so vielen Kriegen der Grundton gewesen ist, bleibt auch die Idee der möglichen Hauptschlacht für beide Teile immer ein Richtungspunkt, ein weit entlegener Brennpunkt für die Konstruktion ihrer Bahnen. Je mehr der Krieg wirklicher Krieg, je mehr er eine Erledigung der Feindschaft, des Hasses, ein gegenseitiges Überwältigen wird, um so mehr vereinigt sich alle

Tätigkeit in blutigem Kampf, und um so stärker tritt auch die Hauptschlacht hervor.

Überall, wo ein großer, positiver, also in das Interesse des Gegners tief eingreifender Zweck das Ziel ist, bietet sich die Hauptschlacht als das natürlichste Mittel dar; sie ist darum auch das beste, wie wir in der Folge noch näher zeigen werden, und es bestraft sich in der Regel, wenn sie aus Scheu vor der großen Entscheidung umgangen worden ist.

Der positive Zweck gehört dem Angreifenden, und so ist die Hauptschlacht auch vorzugsweise sein Mittel. Aber ohne die Begriffe von Angriff und Verteidigung hier näher bestimmen zu können, müssen wir doch sagen, daß selbst der Verteidiger in den meisten Fällen nur dies eine wirksame Mittel hat, um früh oder spät damit den Bedürfnissen seiner Lage zu entsprechen, seine Aufgaben zu lösen.

Die Hauptschlacht ist der blutigste Weg der Lösung; zwar ist sie kein bloßes gegenseitiges Morden und ihre Wirkung mehr ein Totschlagen des feindlichen Mutes als der feindlichen Krieger, wie wir das im nächsten Kapitel näher betrachten wollen, allein immer ist Blut ihr Preis und Hinschlachten ihr Charakter wie ihr Name; davor schaudert der Mensch im Feldherrn zurück.

Aber noch mehr erbebt der Geist des Menschen vor dem Gedanken der mit einem einzigen Schlag gegebenen Entscheidung. *In einen Punkt* des Raumes und der Zeit ist hier alles Handeln zusammengedrängt, und in solchen Augenblicken regt sich in uns ein dunkles Gefühl, als ob sich unsere Kräfte in diesem engen Raum nicht entwickeln und tätig werden könnten, als ob wir mit der bloßen Zeit schon viel gewonnen hätten, wenn auch diese Zeit uns gar nichts schuldig ist. Dies ist eine bloße Täuschung, aber auch als Täuschung ist es etwas, und eben diese Schwäche, welche den Menschen bei jeder anderen großen Entscheidung anwandelt, kann sich im Feldherrn stärker regen, wenn er einen Gegenstand von so ungeheurem Gewicht auf eine Spitze stellen soll.

So haben denn Regierungen und Feldherren zu allen Zeiten stets Wege um die entscheidende Schlacht herum gesucht, um entweder ihr Ziel ohne dieselbe zu erreichen, oder es unvermerkt fallen zu lassen. Die Geschichts- und Theorienschreiber haben sich dann abgemüht, in diesen Feldzügen und Kriegen in irgendeinem anderen Wege nicht bloß das Äquivalent der versäumten Schlachtenscheidung zu finden, sondern selbst eine höhere Kunst. Auf diese Weise sind wir in unserer Zeit nahe daran gewesen, in der Ökonomie des Krieges die Hauptschlacht wie ein durch Fehler notwendig gewordenes Übel anzusehen, wie eine krankhafte Äußerung, zu der ein ordentlicher, vorsichtiger Krieg niemals führen müßte; nur diejenigen Feldherren sollten Lorbeeren verdienen, die es verständen, den Krieg ohne Blutvergießen zu führen, und die Theorie des Krieges, ein wahrhafter Brahminendienst, sollte ganz eigens dazu bestimmt sein, dies zu lehren.

Die Geschichte der Zeit hat diesen Wahn zerstört, aber kein Mensch kann dafür einstehen, daß er nicht hier und da auf kürzere oder längere Zeit zurückkehrt und die Führer der Angelegenheiten zu solchen Verkehrtheiten hinzieht, die der Schwäche zusagen, also dem Menschen näher liegen. Vielleicht, daß man in einiger Zeit Bonapartes Feldzüge und Schlachten wie Rohheiten und halbe Dummheiten betrachtet und noch einmal mit Wohlgefallen und Zutrauen auf den Galanteriedegen veralteter, zusammengeschrumpfter Einrichtungen und Manieren sieht. Kann die Theorie davor warnen, so hat sie denen, welche ihrer Warnung Gehör geben, einen wesentlichen Dienst geleistet. Möchte es uns gelingen, denen, die in unserem teuren Vaterlande berufen sind, eine wirksame Meinung in diesen Dingen zu haben, die Hand zu reichen, um ihnen als Führer in diesem Felde zu dienen und sie zu einer redlichen Prüfung der Gegenstände aufzufordern.

Nicht bloß der Begriff des Krieges führt uns dahin, eine große Entscheidung nur in einer großen Schlacht zu suchen, sondern auch die Erfahrung. Von jeher haben nur große Siege zu großen Erfolgen geführt, bei dem Angreifenden unbedingt, bei dem Verteidiger mehr oder weniger. Selbst Bonaparte würde das in seiner Art einzige Ulm nicht erlebt haben, wenn er das Blutvergießen gescheut hätte, vielmehr ist es nur als eine Nachmahd der Siegesfälle seiner früheren Feldzüge anzusehen. Es sind nicht bloß die kühnen Feldherren, die verwegenen, die trotzigen, die ihr Werk mit dem großen Wagstück entscheidender Schlachten zu vollbringen gesucht haben, es sind die glücklichen insgesamt; und von diesen können wir uns bei einer so umfassenden Frage die Antwort gefallen lassen.

Wir mögen nichts hören von Feldherren, die ohne Menschenblut siegen. Wenn das blutige Schlachten ein schreckliches Schauspiel ist, so soll das nur eine Veranlassung sein, die Kriege mehr zu würdigen, aber nicht die Schwerter, die man führt, nach und nach aus Menschlichkeit stumpfer zu machen, bis einmal wieder einer dazwischen kommt mit einem scharfen, der uns die Arme beim Leibe weghaut.

Wir betrachten eine große Schlacht als eine Hauptentscheidung, aber freilich nicht als die einzige, welche für einen Krieg oder Feldzug nötig wäre. Nur in der neueren Zeit sind die Fälle häufig gewesen, wo eine große Schlacht über einen ganzen Feldzug entschieden hat; die, wo sie über einen ganzen Krieg entschied, gehören zu den seltensten Ausnahmen.

Die Entscheidung, welche durch eine große Schlacht bewirkt wird, hängt natürlich ab nicht nur von ihr selbst, d. h. von der Masse der in ihr versammelten Streitkräfte und von der intensiven Stärke des Sieges, sondern auch von einer Menge anderer Verhältnisse der gegenseitigen Kriegsmacht und der Staaten, welchen diese angehören. Allein indem die Hauptmasse der vorhandenen Streitkraft zum großen Zweikampf hingeführt wird, wird auch eine Hauptentscheidung eingeleitet, deren Umfang sich zwar in manchen Beziehungen vorher übersehen läßt, aber nicht in allen, und die, wenn sie auch nicht die einzige, doch die *erste* Entscheidung ist und als solche auch auf die folgenden einen Einfluß behält. Darum ist eine beabsichtigte Hauptschlacht nach ihren Verhältnissen mehr oder weniger, in gewissen Graden aber immer als der vorläufige Mittel- und Schwerpunkt des ganzen Systems zu betrachten. Je mehr der Feldherr mit dem eigentlichen Geist des Krieges wie jedes Kampfes auszieht, mit dem Gefühl und dem Gedanken, d. h. mit dem Bewußtsein, er müsse und werde seinen Gegner niederschlagen, um so mehr wird er alles in die Waagschale der ersten Schlacht legen, in ihr alles zu erringen hoffen und streben. Bonaparte ist wohl kaum in einem seiner Kriege ohne den Gedanken ausgezogen, seinen Gegner gleich in der ersten Schlacht niederzuschlagen; und Friedrich der Große, in kleineren Verhältnissen und beschränkteren Krisen, dachte ebenso, wenn er an der Spitze eines kleinen Heeres sich im Rücken gegen die Russen oder die Reichsarmee Luft machen wollte.

Die Entscheidung, welche die Hauptschlacht gibt, hängt zum Teil von ihr selbst ab, haben wir gesagt, d. h. von der Menge der Streitkräfte, mit welchen sie geliefert wird, und von der Größe des Erfolges.

Wie der Feldherr in Beziehung auf den ersten Punkt ihre Wichtigkeit steigern kann, ist an sich klar, und wir wollen nur bei der Bemerkung stehenbleiben, daß mit dem Umfang der Hauptschlacht die Menge der Fälle wächst, welche durch sie mitentschieden werden, und daß deshalb Feldherren, welche im Vertrauen zu sich die großen Entscheidungen liebten, es immer möglich gemacht haben, den größten Teil ihrer Streitkräfte darin zu verwenden, ohne auf anderen Punkten dadurch wesentlich zu versäumen.

Was den Erfolg oder, genauer gesprochen, die intensive Stärke des Sieges betrifft, so hängt diese hauptsächlich von vier Verhältnissen ab:

1. Von der taktischen Form, in welcher die Schlacht geliefert wird.
2. Von der Natur der Gegend.
3. Von dem Waffenverhältnis.
4. Von dem Machtverhältnis.

Eine Schlacht mit gerader Front und ohne Umgehung wird selten einen so großen Erfolg geben als eine, in welcher der Besiegte umgangen war, oder die er mit mehr oder weniger verwandter Front liefern mußte. In durchschnittener oder bergiger Gegend ist der Erfolg ebenfalls geringer, weil die Stoßkraft überall geschwächt ist.

Hat der Besiegte eine gleiche oder überlegene Reiterei, so fallen die Wirkungen des Verfolgens und damit ein großer Teil der Siegeserfolge weg.

Endlich ist es an sich verständlich, wie ein Sieg, welcher mit Übermacht erfochten wird, wenn diese zur Umgehung oder Frontveränderung benutzt worden ist, einen größeren Erfolg geben wird, als wenn der Sieger schwächer war als der Besiegte. Die Schlacht von Leuthen möchte zwar an der praktischen Richtigkeit dieses Grundsatzes zweifeln lassen; aber es sei uns erlaubt, hier einmal zu sagen, was wir sonst nicht lieben: *keine Regel ohne Ausnahme.*

In allen diesen Wegen hat also der Feldherr das Mittel, seiner Schlacht einen entscheidenden Charakter zu geben; freilich wachsen damit die Gefahren, denen er sich aussetzt, aber diesem dynamischen Gesetz der moralischen Welt ist sein ganzes Handeln unterworfen.

So ist denn der Hauptschlacht im Kriege nichts an Wichtigkeit zu vergleichen, und die höchste Weisheit der Strategie offenbart sich in der Beschaffung der Mittel zu ihr, in ihrer geschickten Feststellung nach Ort, Zeit und Richtung der Kräfte und in der Benutzung ihres Erfolges.

Aus der Wichtigkeit dieser Gegenstände erfolgt aber nicht, daß sie sehr verwickelter und verborgener Natur wären, vielmehr ist hier alles sehr einfach, die Kunst der Kombination sehr gering, aber groß das Bedürfnis an scharfer Beurteilung der Erscheinungen, an Energie, an fester Konsequenz, an jugendlichem Unternehmungsgeist: heldenmütige Eigenschaften, an die wir uns noch oft werden wenden müssen. Es ist also hier wenig von dem nötig, was sich in Büchern lehren läßt, und viel von dem, was, wenn es je gelehrt werden kann, durch einen anderen Leiter als den Buchstaben in den Feldherrn kommen muß.

Der Impuls der Hauptschlacht, die freie sichere Bewegung zu ihr, muß von dem Gefühl eigener Kraft und dem klaren Bewußtsein der Notwendigkeit, mit anderen Worten, er muß von dem angeborenen Mut und von dem durch große Lebensverhältnisse geschärften Blick ausgehen.

Große Beispiele sind die besten Lehrmeister, aber freilich ist es schlimm, wenn sich eine Wolke von theoretischen Vorurteilen dazwischenlegt, denn auch das Sonnenlicht bricht und färbt sich in Wolken. Solche Vorurteile, die sich in mancher Zeit wie ein Miasma bilden und verbreiten, zu zerstören, ist eine dringende Pflicht der Theorie, denn was menschlicher Verstand fälschlich erzeugt, kann auch bloßer Verstand wieder vernichten.

Zwölftes Kapitel: Strategische Mittel, den Sieg zu benutzen

Das Schwierigere, den Sieg möglichst vorzubereiten, ist ein stilles Verdienst der Strategie, sie wird kaum darüber belobt. Glänzend und ruhmvoll erscheint sie, indem sie den erfochtenen Sieg benutzt.

Welchen besonderen Zweck die Schlacht haben kann, wie sie in das ganze System des Krieges eingreift, bis wohin die Siegesbahn nach der Natur der Verhältnisse führen kann, wo ihr Kulminationspunkt liegt, alles das kann uns erst in der Folge beschäftigen. Aber für alle denkbaren Verhältnisse bleibt es wahr, daß ohne Verfolgen kein Sieg eine große Wirkung haben kann, und daß, wie kurz auch die Siegesbahn sein mag, sie immer über die ersten Schritte des Verfolgens hinausführen muß, und um dies nicht bei jeder Gelegenheit wieder zu sagen, wollen wir bei dieser notwendigen Zugabe des Überwindens im allgemeinen einen Augenblick verweilen.

Das Verfolgen eines geschlagenen Gegners hebt mit dem Augenblick an, wo dieser, das Gefecht aufgebend, seinen Platz verläßt; alle früheren hin- und hergehenden Bewegungen können dazu nicht gerechnet werden, sondern gehören der Schlachtentwicklung selbst an. Gewöhnlich ist der Sieg in dem hier bezeichneten Augenblick, wenngleich unzweifelhaft, doch noch sehr klein und schwach und würde in der Reihe der Begebenheiten nicht viel positive Vorteile gewähren, wenn er nicht durch das Verfolgen des ersten Tages vervollständigt würde. Da werden, wie wir gesagt haben, meistens erst die Trophäen geerntet, die den Sieg verkörpern. Über dieses Verfolgen wollen wir zunächst sprechen.

Gewöhnlich kommen beide Teile mit sehr geschwächten körperlichen Kräften in die Schlacht, denn die Bewegungen, welche unmittelbar vorhergehen, haben meistens den Charakter dringender Umstände. Die Anstrengungen, welche das Ausringen eines langen Kampfes kostet, vollenden die Erschöpfung; dazu kommt, daß der siegende Teil nicht viel weniger durcheinander gekommen und aus seinen ursprünglichen Ordnungsfugen gewichen ist als der besiegte, und also das Bedürfnis hat, sich zu ordnen, die Zerstreuten zu sammeln, die, welche sich verschossen haben, mit frischer Munition zu versehen. Alle diese Umstände versetzen den Sieger selbst in einen Zustand der Krise, wovon wir schon gesprochen haben. Ist nun der Geschlagene nur ein untergeordneter Teil gewesen, der von anderen aufgenommen werden kann, oder hat er sonst irgendeine bedeutende Verstärkung zu erwarten, so kann der Sieger leicht in die evidente Gefahr kommen, seinen Sieg wieder einzubüßen, und diese Betrachtung macht in solchem Fall dem Verfolgen bald ein Ende oder legt ihm wenigstens starke Zügel an. Aber selbst da, wo eine namhafte Verstärkung des Geschlagenen nicht zu befürchten ist, findet in den oben angegebenen Umständen der Sieger ein starkes Gegengewicht seiner Schnellkraft beim Verfolgen. Es ist zwar ein Entreißen des Sieges nicht zu befürchten, aber nachteilige Gefechte bleiben doch möglich und können die bis dahin erhaltenen Vorteile schwächen. Außerdem hängt sich nun das ganze Gewicht des sinnlichen Menschen mit seinen Bedürfnissen und Schwächen an den Willen des Feldherrn. Alle die Tausende, welche unter seinem Befehl stehen, haben das Bedürfnis nach Ruhe und Stärkung, haben das Verlangen, die Schranken der Gefahr und Arbeit vorderhand geschlossen zu sehen; nur wenige, die man als Ausnahme betrachten kann, sehen und fühlen über den gegenwärtigen Augenblick hinaus, nur in diesen wenigen ist noch soviel freies Spiel des Mutes, um, nachdem das Notwendige vollbracht ist, auch noch an diejenigen Erfolge zu denken, die in solchem Augenblick wie eine bloße Verschönerung des Sieges, wie ein Luxus des Triumphes erscheinen. Alle jene Tausende aber haben ihre Stimme im Rat des Feldherrn, denn durch die ganze Stufenfolge der übereinandergestellten Führer haben diese Interessen der sinnlichen Menschen ihren sicheren Leiter bis ins Herz des Feldherrn. Dieser selbst ist mehr oder weniger durch geistige und körperliche Anstrengung in seiner inneren Tätigkeit geschwächt, und so geschieht es denn, daß meistens aus diesem rein menschlichen Grunde weniger geschieht als geschehen könnte, und daß überhaupt, was geschieht, nur von dem *Ruhmdurst,* der *Energie* und auch wohl der *Härte* des obersten Feldherrn abhängt. Nur so läßt sich die zaghafte Weise erklären, mit der wir viele Feldherren den Sieg, welchen ihnen die Übermacht gegeben, verfolgen sehen. Das erste Verfolgen des Sieges wollen wir im ganzen auf den ersten Tag und allenfalls die sich daranschließende Nacht beschränken, denn jenseits dieses Abschnittes wird die Notwendigkeit der eigenen Erholung in jedem Fall Stillstand gebieten.

Dieses erste Verfolgen nun hat verschiedene natürliche Grade.

Der erste ist, wenn es mit bloßer Reiterei geschieht; dann ist es im Grunde mehr ein Schrecken und Beobachten als ein wahrhaftes Drängen, weil der kleinste Bodenabschnitt gewöhnlich hinreicht, den Verfolgenden aufzuhalten. Soviel die Reiterei bei einer erschütterten und geschwächten Truppe gegen den einzelnen Haufen vermag, so ist sie doch gegen das Ganze immer nur wieder die Hilfswaffe, weil der Abziehende seine frischen Reserven zur Deckung seines Rückzuges verwenden und so beim nächsten unbedeutendsten Bodenabschnitt durch die Verbindung aller Waffen mit Erfolg widerstehen kann. Nur ein in wahrer Flucht und gänzlicher Auflösung befindliches Heer macht hier eine Ausnahme.

Der zweite Grad ist, wenn die Verfolgung durch eine starke Avantgarde von allen Waffen geschieht, wobei natürlich der größte Teil der Reiterei sich befindet. Ein solches Verfolgen drängt den Gegner bis zur nächsten starken Stellung seiner Arrieregarde oder bis zur nächsten Aufstellung seines Heeres. Zu beiden findet sich gewöhnlich nicht sogleich Gelegenheit, und das Verfolgen reicht also weiter; meistens übersteigt es aber nicht die Weite von einer, höchstens von ein paar Stunden, weil die Avantgarde sich sonst nicht hinreichend unterstützt glaubt.

Der dritte und stärkste Grad ist, wenn das siegreiche Heer selbst im Vorgehen bleibt, soweit die Kräfte reichen. In diesem Fall wird der Geschlagene die meisten Aufstellungen, wozu ihm die Gegend einige Gelegenheit bietet, auf die bloßen Anstalten eines Angriffs oder einer Umgebung[1] wieder verlassen, und die Arrieregarde sich noch weniger in einen hartnäckigen Widerstand verwickeln.

In allen drei Fällen macht gewöhnlich die Nacht, wenn sie vor Beendigung des ganzen Aktes eintritt, ihm ein Ende, und die wenigen Fälle, wo dies nicht geschieht, und das Verfolgen die Nacht hindurch

1 [2. Auflage: Umgehung]

fortgesetzt wird, müssen als ein ganz besonders verstärkter Grad desselben betrachtet werden.

Wenn man bedenkt, daß bei nächtlichen Gefechten alles mehr oder weniger dem Zufall überlassen, und daß im Ausgang einer Schlacht ohnehin der ordnungsmäßige Zusammenhang und Hergang sehr gestört ist, so wird man wohl die Scheu begreifen, welche beide Feldherren haben, ihr Geschäft in die Dunkelheit der Nacht hinein fortzusetzen. Wenn nicht eine gänzliche Auflösung des Besiegten oder eine seltene Überlegenheit des siegenden Heeres an kriegerischer Tugend den Erfolg sichert, so würde alles ziemlich dem Fatum anheimgegeben sein, welches nicht das Interesse irgendeines, selbst des verwegensten Feldherrn sein kann. In der Regel macht also die Nacht dem Verfolgen ein Ende, auch selbst da, wo die Schlacht sich erst kurz vor ihrem Einbruch entschieden hat. Sie gestattet dem Besiegten entweder unmittelbar einen Akt der Ruhe und des Sammelns oder, wenn er den Rückzug während der Nacht fortsetzt, den Vorsprung dazu. Nach diesem Abschnitt ist der Besiegte schon wieder in einem merklich besseren Zustande. Vieles von dem, was aus- und durcheinander gekommen war, hat sich wieder gefunden, die Munition ist erneuert, das Ganze zu einer neuen Ordnung zusammengestellt. Was er nun gegen den Sieger ferner zu bestehen hat, ist ein neues Gefecht, nicht die Verlängerung des alten, und ist dieses auch weit entfernt, einen absolut guten Ausgang zuzulassen, so ist es doch ein neuer Kampf und nicht bloß des Siegers Auflesen zusammengefallener Trümmer.

In den Fällen also, wo der Sieger das Verfolgen selbst die Nacht hindurch fortsetzen darf, wäre es auch nur mit einer aus allen Waffen bestehenden starken Avantgarde, wird die Wirkung des Sieges außerordentlich verstärkt werden, wovon die Schlachten bei Leuthen und Belle-Alliance Beispiele geben.

Die ganze Tätigkeit dieses Verfolgens ist im Grunde eine taktische, und wir verweilen bloß bei ihr, um uns des Unterschiedes deutlicher bewußt zu werden, der dadurch in die Wirkung der Siege gebracht wird.

Dieses erste Verfolgen bis zum nächsten Stationspunkt ist ein Recht jedes Siegers und kaum in irgendeiner Abhängigkeit von seinen weiteren Plänen und Verhältnissen. Diese können die positiven Erfolge eines Sieges mit der Hauptmacht sehr verringern, aber *diese erste* Benutzung desselben können sie nicht unmöglich machen, wenigstens würden Fälle der Art, wenn man sie sich auch denken könnte, von solcher Seltenheit sein, daß sie keinen merklichen Einfluß auf die Theorie haben dürften. Und hier ist allerdings, wo man sagen muß, daß das Beispiel der neueren Kriege ein ganz neues Feld der Energie eröffnet hat. Es war in den früheren, auf einer schmaleren Grundlage ruhenden, von engeren Grenzen umschlossenen Kriegen, wie in vielen anderen Punkten, besonders auch in diesem eine unnotwendige konventionelle Beschränktheit entstanden. *Der Begriff, die Ehre* des Sieges schienen den Feldherren so sehr die Hauptsache, daß sie an die eigentliche Vernichtung der feindlichen Streitkraft dabei weniger dachten, wie denn diese Vernichtung der Streitkraft ihnen nur wie eins von den vielen Mitteln des Krieges, nicht einmal wie das Hauptmittel, geschweige denn wie das einzige erschien. Um so lieber steckten sie den Degen in die Scheide, sobald der Gegner den seinigen gesenkt hatte. Es schien ihnen nichts natürlicher, als den Kampf einzustellen, sobald die Entscheidung gegeben war, und alles fernere Blutvergießen wie unnütze Grausamkeit. Wenn diese falsche Philosophie auch nicht den ganzen Entschluß ausmachte, so gab sie doch den Gesichtspunkt, unter welchem die Vorstellungen von Erschöpfung aller Kräfte und physischer Unmöglichkeit der Fortsetzung des Kampfes leichter Eingang und starkes Gewicht fanden. Freilich liegt die Schonung seines eigenen Siegesinstrumentes nahe genug, wenn man nur dies eine besitzt und voraussieht, daß bald ein Zeitpunkt kommen wird, wo es ohnehin nicht zureicht für alles, was man dann zu tun hat, wie denn in der Regel jedes Fortschreiten in der Offensive dazu führt. Allein diese Rechnung war doch insofern falsch, als offenbar der weitere Verlust an Streitkräften, den man beim Verfolgen erleiden konnte, mit dem feindlichen in gar keinem Verhältnis stand. Jene Betrachtung konnte also eben nur wieder entstehen, indem man die Streitkräfte nicht als die Hauptsache betrachtete. So finden wir denn, daß in den früheren Kriegen nur die eigentlichen Heroen wie Karl XII., Marlborough, Eugen, Friedrich der Große ihren Siegen da, wo sie entschieden genug waren, eine kräftige Verfolgung hinzufügten, und daß die anderen Feldherren sich gewöhnlich mit dem Besitz des Schlachtfeldes begnügten. In der neueren Zeit hat die größere Energie, welche die Kriegführung durch die größeren Verhältnisse bekommen hatte, aus denen sie hervorgegangen war, diese konventionellen Schranken vernichtet; das Verfolgen ist ein Hauptgeschäft des Siegers geworden, die Trophäen haben deswegen an Umfang sehr zugenommen, und wenn man auch in neueren Schlachten Fälle sieht, wo dies nicht ist, so gehören sie doch zu den Ausnahmen und sind immer durch besondere Umstände motiviert.

Bei Görschen und Bautzen verhinderte nur Überlegenheit der verbündeten Reiterei eine gänzliche Niederlage; bei Großbeeren und Dennewitz das Mißwollen des Kronprinzen von Schweden, bei Laon des alten Blüchers schwacher persönlicher Zustand.

Aber auch Borodino ist ein hierher gehöriges Beispiel, und wir können uns nicht enthalten, ein paar Worte mehr darüber zu sagen, teils weil wir nicht glauben, daß die Sache mit einem bloßen Tadel Bonapartes abgemacht sei, teils weil es scheinen möchte, als gehörte dieser und mit ihm eine große Zahl ähnlicher Fälle zu denjenigen, welche wir als so äußerst selten betrachtet haben, wo die allgemeinen Verhältnisse den Feldherrn schon am Ausgang seiner Schlacht ergreifen und fesseln. Es haben namentlich französische Schriftsteller und große Verehrer Bonapartes (Vaudoncourt, Chambray, Ségur) ihn entschieden darüber getadelt, daß er das russische Heer nicht gänzlich vom Schlachtfelde vertrieben und seine letzten Kräfte zur Zertrümmerung desselben angewendet habe, weil dann, was jetzt eine bloß verlorene Schlacht war, eine völlige Niederlage geworden sein würde. Es würde uns hier zu weit führen, die gegenseitige Lage beider Heere umständlich darzustellen; aber soviel ist klar, daß Bonaparte, der, als er über den Njemen ging, in denjenigen Korps, welche in der Folge die Schlacht von Borodino schlugen, 300000 Mann gehabt hatte, wovon jetzt nur 120000 übrig waren, wohl die Besorgnis haben konnte, er werde nicht genug übrig behalten, um auf Moskau marschieren zu können, welches der Punkt war, auf den alles anzukommen schien. Ein Sieg, wie er ihn erfochten hatte, gab ihm ziemlich die Gewißheit von der Einnahme dieser Hauptstadt, denn daß die Russen innerhalb 8 Tagen eine zweite Schlacht liefern konnten, schien höchst unwahrscheinlich; in Moskau aber hoffte er den Frieden zu finden. Freilich würde ein zertrümmertes russisches Heer ihm diesen Frieden viel gewisser gemacht haben, aber die erste Bedingung war doch immer, hinzukommen, d. h. mit einer Macht hinzukommen, mit welcher er die Hauptstadt und durch sie dem Reich und der Regierung als ein Gebieter erschien. Was er nach Moskau brachte, reichte dazu nicht mehr hin, wie die Folge gezeigt hat, es würde aber noch weniger der Fall gewesen sein, wenn er an der Zertrümmerung des russischen Heeres sein eigenes mitzertrümmert hätte, und Bonaparte fühlte das durch und durch, und er erscheint in unseren Augen vollkommen gerechtfertigt. Darum ist aber dieser Fall doch nicht zu denen zu zählen, wo dem Feldherrn durch die allgemeinen Verhältnisse schon das erste Verfolgen seines Sieges untersagt ist. Es war nämlich noch gar nicht vom bloßen Verfolgen die Rede. Der Sieg war nachmittags um 4 Uhr entschieden, aber die Russen hatten den größten Teil des Schlachtfeldes noch inne und wollten ihn auch noch nicht räumen, sondern würden bei Erneuerung des Angriffs noch hartnäckigen Widerstand getan haben, der zwar gewiß mit ihrer gänzlichen Niederlage geendigt, aber dem Gegner noch viel Blut gekostet hätte. Man muß also die Schlacht von Borodino zu den Schlachten rechnen, die, wie die von Bautzen, *nicht ganz ausgeschlagen worden sind.* Bei Bautzen war es der Besiegte, welcher vorzog, das Schlachtfeld früher zu verlassen; bei Borodino der Sieger, welcher vorzog, sich mit einem halben Siege zu begnügen, nicht weil ihm die Entscheidung zweifelhaft schien, sondern weil er nicht reich genug war, den ganzen zu bezahlen.

Kehren wir zu unserem Gegenstand zurück, so ergibt sich aus unseren Betrachtungen als Resultat in Beziehung auf das erste Verfolgen: daß die Energie, mit welcher dies geschieht, den Wert des Sieges hauptsächlich bestimmt, daß dies Verfolgen ein zweiter Akt des Sieges ist, in vielen Fällen sogar wichtiger als der erste, und daß die Strategie, indem sie sich hier der Taktik nähert, um von ihr das vollendete Werk in Empfang zu nehmen, den ersten Akt ihrer Autorität darin bestehen läßt, diese Vervollständigung des Sieges zu fordern.

Aber auch bei diesem ersten Verfolgen bleibt die Wirksamkeit des Sieges in den seltensten Fällen stehen, und es fängt nur erst die eigentliche Bahn an, wozu der Sieg die Schnellkraft verliehen. Diese Bahn bedingt sich, wie wir schon gesagt haben, nach den übrigen Verhältnissen, von welchen hier noch nicht die Rede sein soll. Aber wir dürfen doch dasjenige des Verfolgens, was einen allgemeinen Charakter hat, hier aufnehmen, um uns nicht bei allen Gelegenheiten, wo es vorkommen könnte, darin zu wiederholen.

Bei dem weiteren Verfolgen kann man wieder drei Grade unterscheiden: ein bloßes Nachrücken, ein eigentliches Drängen und ein Parallelmarsch zum Abschneiden.

Das bloße Nachrücken motiviert den weiteren Rückzug des Feindes so lange, bis er glaubt, uns wieder ein Gefecht anbieten zu können; es würde also hinreichen, das erlangte Übergewicht in seiner Wirkung zu erschöpfen, und wird uns außerdem alles, was der Geschlagene nicht mit sich fortbringen kann, Verwundete, Kranke, Ermüdete, manches an Gepäck und Fuhrwerk aller Art in die Hände liefern. Aber dies bloße Nachziehen erhöht den Zustand der Auflösung beim Gegner nicht, welches die beiden folgenden Grade bewirken.

Wenn wir nämlich, anstatt uns zu begnügen, dem Feinde in sein altes Lager zu folgen und immer soviel von der Gegend einzunehmen, als er uns lassen will, unsere Einrichtung so treffen, jedesmal etwas mehr von ihm zu verlangen, also mit unserer dazu gehörig eingerichteten Avantgarde jedesmal seine Arrieregarde anzugreifen, sooft sie ihre Aufstellung nehmen will, so wird dies die Bewegung des Feindes beschleunigen und also seine Auflösung befördern. – Hauptsächlich aber wird es dies letztere bewirken durch den Charakter von ruheloser Flucht, den sein Rückzug dadurch annehmen wird. Nichts macht auf den Soldaten einen so widerwärtigen Eindruck, als wenn in dem Augenblick, wo er sich nach einem angestrengten Marsche der Ruhe überlassen will, sich das feindliche Geschütz schon wieder hören läßt; wiederholt sich dieser Eindruck eine Zeitlang hindurch täglich, so kann er zum panischen Schrecken führen. Es liegt darin das beständige Anerkenntnis, dem Gesetz des Gegners gehorchen zu müssen und zu keinem Widerstande fähig zu sein, und dieses Bewußtsein kann nicht anders als die moralische Kraft des Heeres in einem hohen Grade schwächen. Am höchsten wird die Wirksamkeit dieses Drängens steigen, wenn man den Gegner dadurch zu Nachtmärschen zwingt. Scheucht der Sieger den Geschlagenen beim Sonnenuntergang aus dem Lager wieder auf, welches sich dieser ausersehen hat, sei es für das Heer selbst oder für die Arrieregarde, so wird der Besiegte entweder einen förmlichen Nachtmarsch tun oder wenigstens seine Stellung noch in der Nacht verändern und weiter rückwärts verlegen, welches ungefähr dasselbe ist; der Sieger aber kann die Nacht ruhig zubringen.

Die Anordnung der Märsche und die Wahl der Aufstellungen hängen auch in diesem Fall von so vielen anderen Dingen ab, besonders von der Verpflegung, von starken Abschnitten des Bodens, von großen Städten usw., daß es eine lächerliche Pedanterie sein würde, durch eine geometrische Auseinandersetzung zu zeigen, wie der Verfolgende dadurch, daß er dem Zurückgehenden das Gesetz gibt, diesen zwingen kann, jedesmal des Nachts zu marschieren, während er selbst des Nachts ruht. Allein nichtsdestoweniger bleibt es wahr und anwendbar, daß die Marscheinrichtungen des Verfolgens diese Tendenz haben können und dann die Wirksamkeit des Verfolgens sehr erhöhen werden. Wenn dies in der Ausführung selten berücksichtigt wird, so liegt es darin, daß ein solches Verfahren auch für das verfolgende Heer schwieriger ist als ein regelmäßiges Innehalten der Stationen und der Tageszeit. Des Morgens bei guter Zeit aufbrechen, um mittags sein Lager einzunehmen, den übrigen Tag zur Beschaffung der Bedürfnisse und die Nacht zur Ruhe zu benutzen, ist eine viel bequemere Methode, als seine Bewegungen genau nach den feindlichen einzurichten, mithin immer erst im letzten Augenblick zu bestimmen, bald morgens bald abends aufzubrechen, sich immer mehrere Stunden im Angesicht des Feindes zu befinden, Kanonenschüsse mit ihm zu wechseln, Plänkeleien zu unterhalten, Umgehungen anzuordnen, kurz den ganzen Aufwand von taktischen Maßregeln zu machen, der dadurch erforderlich wird. Das lastet natürlich mit einem bedeutenden Gewicht auf dem verfolgenden Heer, und im Kriege, wo es der Lasten soviele gibt, sind die Menschen immer geneigt, sich die abzustreifen, die nicht gerade notwendig scheinen. Diese Betrachtungen bleiben wahr, sie mögen auf das ganze Heer oder, was der gewöhnliche Fall ist, auf eine starke Avantgarde anzuwenden sein. Aus den eben berührten Gründen sieht man denn dieses Verfolgen des zweiten Grades, dieses beständige Drängen des Besiegten ziemlich selten vorkommen. Selbst Bonaparte in seinem russischen Feldzuge von 1812 hat es wenig getan aus dem hier sehr in die Augen springenden Grunde, daß die Schwierigkeiten und Mühseligkeiten dieses Feldzuges sein Heer ohnehin schon mit einer völligen Vernichtung bedrohten, ehe er das Ziel erreicht haben würde; dagegen haben die Franzosen in ihren anderen Feldzügen sich auch in diesem Punkt durch ihre Energie ausgezeichnet.

Der dritte und der wirksamste Grad des Verfolgens ist endlich der Parallelmarsch nach dem nächsten Ziel des Rückzuges.

Jedes geschlagene Heer wird natürlich hinter sich, näher oder entfernter, einen Punkt haben, dessen Erreichung ihm zunächst sehr am Herzen liegt; sei es, daß sein fernerer Rückzug dadurch gefährdet werden kann, wie bei Straßenengen, oder daß es für den Punkt selbst wichtig ist, ihn vor dem Feinde zu erreichen, wie bei Hauptstädten, Magazinen usw., oder endlich, daß das Heer auf diesem Punkt neue Widerstandsfähigkeit gewinnen kann, wie bei festen Stellungen, Vereinigung mit anderen Korps usw.

Richtet nun der Sieger auf einer Seitenstraße seinen Marsch auf diesen Punkt, so ist an sich klar, wie das den Rückzug des Besiegten auf eine verderbliche Art beschleunigen, in Eile, zuletzt in Flucht verwandeln könne. Der Besiegte hat nur drei Wege, dem entgegenzuwirken. Der erste würde sein, sich dem Feinde selbst entgegenzuwerfen und durch einen unverhofften Angriff sich die Wahrscheinlichkeit des Erfolges zu verschaffen, die ihm seiner Lage nach im allgemeinen abgehen muß; dies setzt offenbar einen unternehmenden, kühnen Feldherrn und ein vortreffliches Heer voraus, welches besiegt, aber nicht in einer völligen Niederlage begriffen wäre; es dürfte also wohl in den wenigsten Fällen von dem Besiegten angewendet werden.

Der zweite Weg ist die Beschleunigung des Rückzuges. Diese aber ist eben, was der Sieger will; und sie führt leicht zu übermäßiger Anstrengung der Truppen, wo denn in Scharen von Nachzüglern, in zerbrochenen Geschützen und Fahrzeugen aller Art unerhörte Verluste gemacht werden.

Der dritte Weg ist das Ausbiegen, um die nächsten Abschneidungspunkte zu umgehen und in einer größeren Entfernung vom Feinde mit weniger Anstrengung zu marschieren und so die Eile unschädlicher zu machen. Dieser letzte Weg ist der allerschlimmste, da er gewöhnlich nur wie neues Borgen eines unzahlungsfähigen Schuldners zu betrachten ist und zu noch größerer Verlegenheit führt. Es gibt wohl Fälle, wo dieser Weg ratsam ist, andere, wo er allein übrigbleibt, auch Beispiele, wo er gelungen ist, aber im allgemeinen ist es gewiß wahr, daß weniger die klare Überzeugung, auf diesem Wege das Ziel sicherer zu erreichen, als ein anderer, unzulässiger Grund in denselben hineinzudrängen pflegt. Dieser Grund ist die Angst, mit dem Feinde handgemein zu werden. Wehe dem Feldherrn, der sich dieser hingibt. Wie sehr auch die moralische Kraft des Heeres gelitten habe, und wie gerecht die Besorgnisse sein mögen, bei jedem Zusammentreffen mit dem Feinde von dieser Seite im Nachteil zu sein, so wird das Übel durch das ängstliche Vermeiden aller Gelegenheit dazu nur schlimmer. Bonaparte würde im Jahre 1813 auch die 30 bis 40000 Mann nicht über den Rhein gebracht haben, welche ihm nach der Schlacht von Hanau blieben, hätte er dieser Schlacht ausweichen und bei Mannheim oder Koblenz über den Rhein gehen wollen. Gerade durch kleine Gefechte, die mit Sorgfalt eingeleitet und geführt werden, und wobei dem Besiegten doch immer der Beistand der Gegend bleibt, weil er der Verteidiger ist, *gerade durch diese kann die moralische Kraft des Heeres am ersten wieder gehoben werden.*

Unglaublich ist die wohltätige Einwirkung des kleinsten Erfolges. Aber es gehört bei den meisten Führern eine Überwindung zu diesem Versuch; der andere Weg, der des Ausweichens, erscheint im ersten Augenblick soviel leichter, daß er meistens vorgezogen wird. Es ist also gewöhnlich gerade dieses Ausweichen, welches die Absicht des Siegers am meisten befördert und oft mit dem völligen Untergang des Besiegten endet. Wir müssen aber hierbei daran erinnern, daß vom ganzen Heere und nicht von einer einzelnen Abteilung die Rede ist, die, abgeschnitten, durch einen Umweg wieder zu den übrigen zu stoßen sucht; bei dieser sind die Verhältnisse anders und das Gelingen nicht ungewöhnlich. Eine Bedingung bei diesem Wettlauf um das Ziel aber ist, daß eine Abteilung des verfolgenden Heeres dem verfolgten auf gerader Straße nachziehe, um alles, was zurückbleibt, aufzulesen und den Eindruck, welchen die Gegenwart des Feindes immer macht, nicht zu versäumen. Dies hat Blücher in seinem übrigens musterhaften Verfolgungszug von Belle-Alliance bis Paris versäumt.

Solche Märsche schwächen den Verfolger freilich mit, und sie würden nicht zu raten sein, wenn das feindliche Heer von einem anderen, beträchtlichen, aufgenommen wird, wenn es einen ausgezeichneten Feldherrn an der Spitze hat und seine Vernichtung nicht schon sehr vorbereitet ist. Aber da, wo man sich dieses Mittel erlauben darf, wirkt es auch wie eine große Maschine. Das geschlagene Heer verliert dabei so unverhältnismäßig durch Erkrankte und Ermüdete, und der Geist wird durch die beständige Besorgnis, verloren zu sein, so geschwächt und heruntergebracht, daß zuletzt an einen ordentlichen Widerstand kaum noch zu denken ist; mit jedem Tage werden Tausende von Gefangenen eingebracht, ohne daß ein Schwertstreich fällt. In solcher Zeit des vollen Glücks darf der Sieger keine Teilung seiner Kräfte scheuen, um alles, was er mit seiner Armee erreichen kann, mit in den Strudel hineinzuziehen, entsendete Haufen abzuschneiden, unvorbereitete Festungen zu nehmen, große Städte zu besetzen usw. Er darf sich alles erlauben, bis ein neuer Zustand eintritt, und je mehr er sich erlaubt, um so später wird dieser eintreten.

An Beispielen so glänzender Wirkungen großer Hauptsiege und großartiger Verfolgung fehlt es in den Kriegen Bonapartes nicht. Wir dürfen nur an die Schlachten von Jena, Regensburg, Leipzig und Belle-Alliance erinnern.

Dreizehntes Kapitel: Rückzug nach verlorener Schlacht

In der verlorenen Schlacht ist die Macht des Heeres gebrochen worden: noch mehr die moralische als die physische. Eine zweite, ohne daß neue, vorteilhafte Umstände ins Spiel kommen, würde zur gänzlichen Niederlage, vielleicht zum Untergange führen. Das ist ein militärisches Axiom. Nach der Natur der Sache geht der Rückzug bis zu demjenigen Punkt, wo sich das Gleichgewicht der Kräfte wieder hergestellt haben wird, sei es durch Verstärkung oder durch den Schutz bedeutender Festungen oder durch große Abschnitte des Bodens oder durch die Ausdehnung der feindlichen Macht. Der Grad des Verlustes, die Größe der Niederlage wird diesen Moment des Gleichgewichts nähern oder entfernen, noch mehr aber der Charakter des Gegners. Wieviele Beispiele gibt es nicht, daß das geschlagene Heer sich in einer geringen Entfernung wieder aufgestellt hat, ohne daß seine Verhältnisse seit der Schlacht sich im mindesten verändert hätten! Der Grund davon liegt entweder in der moralischen Schwäche des Gegners oder darin, daß das in der Schlacht gewonnene Übergewicht nicht groß genug ist, um zu einem nachdrücklichen Stoße zu führen.

Um diese Schwächen oder Fehler des Gegners zu benutzen, nicht einen Zollbreit weiter zurückzugehen, als die Gewalt der Umstände erfordert, hauptsächlich aber, um das Verhältnis der moralischen Kräfte auf einem so vorteilhaften Punkt als möglich zu erhalten, ist ein langsamer, immer widerstrebender Rückzug, ein kühnes, mutiges Entgegentreten, sooft der Verfolgende seine Vorteile im Übermaß benutzen will, durchaus nötig. Die Rückzüge großer Feldherren und kriegeübter Heere gleichen stets dem Abgehen eines verwundeten Löwen, und dies ist unstreitig auch die beste Theorie.

Es ist wahr, daß man oft in Augenblicken, wo man eine gefährliche Lage verlassen wollte, hat eitle Förmlichkeiten anwenden sehen, welche einen unnützen Zeitaufwand verursachten und dadurch gefährlich wurden, statt daß in solchen Fällen alles davon abhängt, schnell davonzukommen. Geübte Führer halten diesen Grundsatz sehr wichtig. Aber solche Fälle sind nicht mit dem allgemeinen Rückzug nach verlorener Schlacht zu verwechseln. Wer hier glaubt, durch einige schnelle Märsche einen Vorsprung zu gewinnen und leichter einen festen Stand zu bekommen, begeht einen großen Irrtum. Die ersten Bewegungen müssen so klein als möglich, und im allgemeinen muß es Grundsatz sein, sich nicht das Gesetz des Feindes aufdringen zu lassen. Diesen Grundsatz kann man nicht befolgen ohne blutige Gefechte mit dem nachdringenden Feind, aber der Grundsatz ist dieses Opfers wert. Ohne ihn kommt man in eine beschleunigte Bewegung, die bald ein Stürzen wird und dann an bloßen Nachzüglern mehr Menschen kostet, als die Schlachten der Arrieregarden gekostet haben würden, außerdem aber die letzten Überreste des Mutes vernichtet.

Eine starke Arrieregarde, von den besten Truppen gebildet, vom tapfersten General geführt und in den wichtigsten Augenblicken von der ganzen Armee unterstützt, eine sorgfältige Benutzung der Gegend, starke Hinterhalte, sooft die Kühnheit der feindlichen Avantgarde und die Gegend Gelegenheit dazu geben, kurz, die Einleitung und der Plan zu förmlichen kleinen Schlachten, das sind die Mittel zur Befolgung jenes Grundsatzes.

Die Schwierigkeiten des Rückzuges sind natürlich größer oder kleiner, nachdem die Schlacht mehr oder weniger unter günstigen Verhältnissen gefochten, und nachdem sie mehr oder weniger ausgehalten worden ist. Wie man, wenn man sich gegen einen überlegenen Gegner bis auf den letzten Mann wehrt, aus allem ordnungsmäßigen Rückzuge kommen kann, zeigen die Schlachten von Jena und Belle-Alliance.

Es ist wohl hin und wieder geraten worden*, sich zum Rückzug zu teilen, also in getrennten Haufen oder gar exzentrisch zurückzugehen. Diejenige Teilung, welche der bloßen Bequemlichkeit wegen geschieht, und wo ein gemeinschaftliches Schlagen möglich und die Absicht bleibt, kommt hier nicht in Betrachtung; jede andere ist höchst gefährlich, gegen die Natur der Sache und also ein großer Fehler. Jede verlorene Schlacht ist ein schwächendes und auflösendes Prinzip, und das nächste Bedürfnis ist, sich zu sammeln und in der Sammlung wieder Ordnung, Mut und Vertrauen zu finden. Die Idee, in dem Augenblick, wo der Feind seinen Sieg verfolgt, ihn mit getrennten Haufen auf beiden Seiten zu beunruhigen, ist eine wahre Anomalie; einem furchtsamen Pedanten von Feind könnte man dadurch imponieren, und da mag es gelten, wo man aber dieser Schwäche seines Gegners nicht gewiß ist, soll man es bleibenlassen. Erfordert das strategische Verhältnis nach der Schlacht, sich rechts und links durch abgesonderte Haufen zu decken, so muß so viel geschehen, wie nach den Umständen unerläßlich ist; aber diese Trennung muß immer als ein Übel betrachtet werden, und selten wird man imstande sein, sie am Tage nach der Schlacht selbst schon eintreten zu lassen.

---

* Lloyd, Bülow.[1]

---

1 [In der 2. Auflage nicht als Note, sondern eingeklammert im Text.]

Wenn Friedrich der Große nach der Schlacht von Kolin und der Aufhebung der Belagerung von Prag in drei Kolonnen zurückging, so geschah es nicht aus Wahl, sondern weil die Stellung seiner Streitkräfte und die Deckung Sachsens es nicht anders zuließ. Bonaparte ließ nach der Schlacht von Brienne Marmont auf die Aube zurückgehen, während er selbst über die Seine sich gegen Troyes wandte; daß ihm aber dies nicht schlecht bekam, lag bloß darin, daß die Verbündeten, anstatt zu verfolgen, sich gleichfalls trennten, sich mit einem Teil (Blücher) gegen die Marne wandten und mit dem anderen (Schwarzenberg), aus Furcht, zu schwach zu sein, ganz langsam vorrückten.

Vierzehntes Kapitel: Das nächtliche Gefecht

Wie es geführt wird, und welches die Eigentümlichkeiten seines Verlaufes sind, ist ein Gegenstand der Taktik; wir betrachten es hier nur, insoweit das Ganze als ein eigentümliches Mittel erscheint.

Im Grunde ist jeder nächtliche Angriff nur ein gesteigerter Überfall. Auf den ersten Anblick erscheint nun ein solcher als ganz vorzüglich wirksam, denn man denkt sich den Verteidiger überfallen und den Angreifenden natürlich vorbereitet zu dem, was geschehen soll. Welche Ungleichheit! Die Phantasie malt sich auf der einen Seite das Bild der vollkommensten Verwirrung und auf der anderen Seite den Angreifenden nur beschäftigt, die Früchte davon zu ernten. Daher die häufigen Ideen zu nächtlichen Überfällen bei denen, die nichts zu führen und zu verantworten haben, während sie in der Wirklichkeit so selten vorkommen.

Jene Vorstellungen finden alle unter der Voraussetzung statt, daß der Angreifende die Maßregeln des Verteidigers kennt, weil sie vorher genommen und ausgesprochen sind und seinen Rekognoszierungen und Nachforschungen nicht haben entgehen können, daß dagegen die Maßregeln des Angreifenden, welche dieser erst im Augenblick der Ausführung trifft, dem Gegner unbekannt bleiben müßten. Aber schon das letztere ist nicht immer ganz der Fall, und noch weniger ist es das erstere. Wenn wir dem Gegner nicht so nahe stehen, daß wir ihn gerade unter den Augen haben, wie die Österreicher Friedrich den Großen vor der Schlacht von Hochkirch, so wird, was wir von seiner Aufstellung wissen, immer sehr unvollkommen sein, von Rekognoszierungen, Patrouillen, Aussagen von Gefangenen und Spionen herrühren und schon deswegen niemals recht feststehen, weil diese Nachrichten immer mehr oder weniger veraltet sind, und die Stellung des Gegners sich seitdem geändert haben kann. Übrigens war es bei der ehemaligen Taktik und Lagerungsart noch viel leichter, die Stellung des Gegners zu erforschen als jetzt. Eine Zeltlinie läßt sich viel leichter unterscheiden als ein Hüttenlager oder gar ein Biwak, und eine Lagerung in entwickelten, regelmäßigen Frontlinien auch leichter als in kolonnenartig aufgestellten Divisionen, wie sie jetzt oft vorkommt. Man kann die Gegend, in welcher eine Division auf solche Weise lagert, vollkommen unter Augen haben und doch zu keiner ordentlichen Vorstellung davon kommen.

Aber die Stellung ist wieder nicht alles, was wir wissen müssen; die Maßregeln, welche der Verteidiger im Verlaufe des Gefechts nimmt, sind ebenso wichtig und bestehen ja nicht in einem bloßen Losschießen. Auch diese Maßregeln machen die nächtlichen Überfälle in den neueren Kriegen schwieriger als in den früheren, weil sie in diesen ein Übergewicht über die schon genommenen haben. In unseren Gefechten ist die Aufstellung des Verteidigers mehr eine vorläufige als definitive, und darum kann in unseren Kriegen der Verteidiger seinen Gegner mehr mit unerwarteten Streichen überraschen, als er es ehemals konnte.

Es ist also das, was der Angreifende von dem Verteidiger beim nächtlichen Überfalle weiß, selten oder nie hinreichend, den Mangel der unmittelbaren Anschauung zu ersetzen.

Aber der Verteidiger hat auch seinerseits sogar noch einen kleinen Vorteil darin, daß er sich in der Gegend, die seine Stellung ausmacht, mehr zu Hause befindet als der Angreifende, wie der Bewohner eines Zimmers in demselben sich auch im Dunkeln leichter zurechtfindet als ein Fremder. Er weiß jeden Teil seiner Streitkräfte leichter[1] zu finden und dann leichter zu ihm gelangen, als dies beim Angreifenden der Fall ist.

Es ergibt sich hieraus, daß der Angreifende bei nächtlichen Gefechten seiner Augen ebensogut bedarf als der Verteidiger, und daß also nur besondere Ursachen zu einem nächtlichen Angriff bestimmen können.

Diese Ursachen beziehen sich nun meistens auf untergeordnete Teile des Heeres und selten auf das Heer selbst, woraus denn folgt, daß der nächtliche Überfall auch in der Regel nur bei untergeordneten Gefechten und selten bei großen Schlachten vorkommen kann.

1[2. Auflage: schneller]

Einen untergeordneten Teil des feindlichen Heeres können wir mit großer Überlegenheit angreifen, folglich umfassend, um ihn entweder ganz aufzuheben oder ihm in einem nachteiligen Gefechte große Verlust beizubringen, vorausgesetzt, daß die übrigen Umstände dazu günstig sind. Eine solche Absicht kann aber niemals ohne große Überraschung gelingen, weil in ein so nachteiliges Gefecht sich kein untergeordneter Teil des feindlichen Heeres einlassen, sondern ausweichen würde. Ein hoher Grad der Überraschung ist aber, mit wenigen Ausnahmen sehr verdeckter Gegenden, nur bei Nacht zu erreichen. Wollen wir also von einer fehlerhaften Aufstellung einer untergeordneten feindlichen Streitkraft einen solchen Vorteil ziehen, so müssen wir uns der Nacht bedienen, wenigstens die vorläufigen Anordnungen zu vollbringen, wenn auch das Gefecht selbst erst gegen Morgen eröffnet werden sollte. So entstehen also alle die kleinen nächtlichen Unternehmungen gegen Vorposten und andere kleine Haufen, deren Pointe immer darin besteht, durch Überlegenheit und Umgehung den Feind unvermutet in ein so nachteiliges Gefecht zu verwickeln, daß er nicht ohne großen Verlust wegkommen kann.

Je größer das angegriffene Korps ist, um so schwieriger ist das Unternehmen, weil ein stärkeres Korps mehr innere Hilfsmittel hat, sich auch eine Zeitlang nach hinten zu wehren, bis Hilfe kommt.

Das feindliche Heer selbst kann aus diesem Grunde in gewöhnlichen Fällen gar nicht der Gegenstand eines solchen Angriffs sein; denn obgleich es von außen keine Hilfe zu erwarten hat, so hat es doch in sich selbst Hilfsmittel genug gegen einen Angriff von mehreren Seiten, zumal in unserer Zeit, wo jedermann auf diese so gewöhnliche Form des Angriffs von Hause aus eingerichtet ist. Ob uns der Feind von mehreren Seiten mit Erfolg anfallen könne, hängt gewöhnlich von ganz anderen Bedingungen ab als davon, daß es unvermutet geschehe; ohne uns hier schon auf diese Bedingungen einzulassen, bleiben wir dabei stehen, daß mit dem Umgehen große Erfolge, aber auch große Gefahren verbunden sind, daß also, abgesehen von individuellen Umständen, nur eine große Überlegenheit, wie eben die ist, welche wir gegen einen untergeordneten Teil des feindlichen Heeres anwenden können, dazu berechtigt.

Aber das Umfassen und Umgehen eines kleinen feindlichen Korps, und namentlich in der Dunkelheit der Nacht, ist auch schon um deswillen tunlicher, weil, was wir daransetzen, wie überlegen es auch sein mag, doch wahrscheinlich nur einen untergeordneten Teil unseres Heeres ausmacht, und man diesen schon eher auf das Spiel einer großen Wagnis setzen kann als das Ganze. Außerdem dient gewöhnlich ein größerer Teil oder gar das Ganze diesem vorgewagten Teile zur Stütze und Aufnahme, welches die Gefahr des Unternehmens wieder vermindert.

Aber nicht bloß die Wagnis, sondern auch die Schwierigkeiten der Ausführung beschränken die nächtlichen Unternehmungen auf kleinere Teile. Da das Überraschen der eigentliche Sinn davon ist, so ist auch das Durchschleichen die Hauptbedingung der Ausführung; dies ist aber leichter mit kleinen als mit großen Haufen und für die Kolonnen eines ganzen Heeres selten ausführbar. Aus diesem Grunde treffen solche Unternehmungen auch meistens nur einzelne Vorposten und können gegen größere Korps nur angewendet werden, wenn diese ohne genügende Vorposten sind, wie Friedrich der Große bei Hochkirch. Beim Heere selbst wird dieser Fall wieder seltener vorkommen als bei untergeordneten Teilen.

In der neueren Zeit, wo der Krieg so viel rascher und kräftiger geführt worden ist, hat es allerdings infolgedessen auch öfter vorkommen müssen, daß die Heere einander sehr nahe gelagert und ohne ein starkes Vorpostensystem waren, weil beides sich immer in den Krisen zuträgt, die einer Entscheidung kurz vorherzugehen pflegen. Allein in solchen Zeiten ist denn auch die Schlachtfertigkeit beider Teile größer; dagegen war in früheren Kriegen es häufiger Sitte, daß die Armeen ihr Lager, die eine im Angesicht der anderen, auch dann nahmen, wenn sie eben nichts vorhatten, als einander im Zaum zu halten, und folglich auf längere Zeit. Wie oft hat Friedrich der Große wochenlang den Österreichern so nahe gestanden, daß beide hätten Kanonenschüsse miteinander wechseln können!

Diese dem nächtlichen Überfall allerdings mehr zusagende Methode ist aber in den neueren Kriegen verlassen worden, und die Heere, welche jetzt in ihrer Verpflegung sowie in ihren Lagerungsbedürfnissen nicht mehr so in sich vollendete selbständige Körper sind, finden es nötig, gewöhnlich einen Tagemarsch zwischen sich und dem Feinde zu lassen. Fassen wir nun den nächtlichen Überfall eines Heeres noch besonders ins Auge, so ergibt sich, daß dazu nur selten genügende Motive vorhanden sein können, die sich auf folgende Fälle zurückführen lassen werden.

1. Eine ganz besondere Unvorsichtigkeit oder Keckheit des Feindes, die selten vorkommt und da, wo sie vorkommt, gewöhnlich durch ein großes moralisches Übergewicht gutgemacht wird.
2. Ein panischer Schrecken im feindlichen Heer oder überhaupt eine

solche Überlegenheit der moralischen Kräfte in dem unserigen, daß diese allein hinreichend ist, die Stelle der Leitung zu vertreten.

3. Beim Durchschlagen durch ein überlegenes feindliches Heer, welches uns umschlossen hält, weil hierbei alles auf Überraschung ankommt, und die Absicht des bloßen Davonkommens eine viel größere Vereinigung der Kräfte gestattet.
4. Endlich in verzweiflungsvollen Fällen, wo unsere Kräfte ein solches Mißverhältnis zu den feindlichen haben, daß wir nur in einem außerordentlichen Wagen die Möglichkeit eines Erfolges sehen.

In allen diesen Fällen aber bleibt doch stets die Bedingung, daß das feindliche Heer sich unter unseren Augen befindet und durch keine Avantgarde gedeckt ist.

Übrigens werden die meisten nächtlichen Gefechte so eingeleitet, daß sie mit Tagesanbruch endigen, so daß nur die Annäherung und der erste Anfall unter dem Schutze der Dunkelheit geschieht, weil der Angreifende auf diese Weise die Folgen der Verwirrung, in welche er den Gegner stürzt, besser benutzen kann; dagegen sind Gefechte, welche erst mit Tagesanbruch anfangen, und wo die Nacht also bloß zur Annäherung benutzt wird, nicht mehr zu den nächtlichen zu zählen.

Zweiter Teil

Fünftes Buch: Die Streitkräfte

Erstes Kapitel: Übersicht

Wir werden die Streitkräfte betrachten:
1. nach ihrer Stärke und Zusammensetzung;
2. in ihrem Zustand außer dem Gefecht;
3. in Rücksicht ihres Unterhaltes und
4. endlich in ihren allgemeinen Beziehungen zu Gegend und Boden.

Wir werden uns also in diesem Buche mit denjenigen Beziehungen der Streitkräfte beschäftigen, die nur *als notwendige Bedingungen des Kampfes*, nicht als der Kampf selbst zu betrachten sind. Sie stehen mit diesem Kampf in mehr oder weniger enger Verbindung und Wechselwirkung und werden also bei der Anwendung des Kampfes noch oft zur Sprache kommen, aber wir mußten sie einmal jede für sich als ein Ganzes in ihrem Wesen und ihrer Eigentümlichkeit betrachten.

Zweites Kapitel: Armee, Kriegstheater, Feldzug[1]

Eine genaue Bestimmung dieser drei verschiedenen Werkschuhe[2] für Zeit, Raum und Masse im Kriege läßt die Natur der Sache nicht zu, um aber nicht zuweilen ganz mißverstanden zu werden, müssen wir uns den Sprachgebrauch, an den wir uns in den meisten Fällen gern halten, etwas deutlicher zu machen suchen.

1. Kriegstheater

Eigentlich denkt man sich darunter einen solchen Teil des ganzen Kriegsraumes, der gedeckte Seiten und dadurch eine gewisse Selbständigkeit hat. Diese Deckung kann in Festungen liegen, in großen Hindernissen der Gegend, auch in einer beträchtlichen Entfernung von dem übrigen Kriegsraum. – Ein solcher Teil ist kein bloßes Stück des Ganzen, sondern selbst ein kleines Ganze, welcher dadurch mehr oder weniger in dem Fall ist, daß die Veränderungen, welche sich auf dem übrigen Kriegsraum zutragen, keinen unmittelbaren, sondern

1 [2. Auflage: Kriegstheater, Armee, Feldzug]
2 [2. Auflage: Faktoren]

nur einen mittelbaren Einfluß auf ihn haben. Wollte man hier ein genaues Merkmal, so könnte es nur die Möglichkeit sein, sich auf dem einen ein Vorgehen zu denken, während auf dem anderen zurückgegangen würde, eine Defension, während auf dem anderen offensiv verfahren würde. Diese Schärfe[1] können wir nicht überall mitnehmen, sie soll bloß den eigentlichen Schwerpunkt andeuten.

2. *Armee*

Nehmen wir den Begriff des Kriegstheaters zu Hilfe, so ist es sehr leicht zu sagen, was eine Armee ist – diejenige Streitmasse, die sich auf einem und demselben Kriegstheater befindet. Allein dies umfaßt den Sprachgebrauch offenbar nicht ganz. Blücher und Wellington führten 1815 zwei Armeen an, ob sie gleich auf einem Kriegstheater waren. Der Oberbefehl ist also ein anderes Merkmal für den Begriff der Armee. Indessen ist dieses Merkmal dem obigen sehr nahe verwandt, denn wo die Sachen gut eingerichtet sind, sollte auf einem und demselben Kriegstheater nur ein Oberbefehl sein und der Befehlshaber eines eigenen Kriegstheaters niemals eines angemessenen Grades von Selbständigkeit entbehren.

Die bloße, absolute Stärke des Heeres aber entscheidet bei der Benennung weniger, als es im ersten Augenblick scheint. Denn wo mehrere Armeen auf *einem* und *demselben Kriegstheater* und unter gemeinschaftlichem Oberbefehl handeln, tragen sie diesen Namen nicht der Stärke wegen, sondern sie bringen ihn aus ihren früheren Verhältnissen mit (1813 die Schlesische, Nordarmee usw.), und man wird eine große Masse, die bestimmt ist, in einem Kriegstheater zu bleiben, zwar in Korps, aber niemals in verschiedene Armeen teilen, wenigstens wäre das gegen den Sprachgebrauch, der also fest an der Sache gehalten zu haben scheint. Auf der anderen Seite wäre es zwar pedantisch, für jeden Parteigänger, der in einer entfernten Provinz unabhängig haust, den Namen einer Armee in Anspruch zu nehmen, doch kann man nicht unbemerkt lassen, daß es niemand auffällt, wenn von der Armee der Vendéer im Revolutionskriege die Rede ist, wiewohl sie oft nicht viel stärker war. Die Begriffe Armee und Kriegstheater werden also in der Regel miteinander gehen und sich wechselseitig tragen.

1 [2. Auflage: Diese Schärfe des Begriffs]

3. Feldzug

Ob man gleich oft Feldzug nennt, was in einem Jahr an kriegerischen Begebenheiten auf allen Kriegstheatern vorgekommen ist, so ist es doch gewöhnlicher und bestimmter gesprochen, die Begebenheiten *eines* Kriegstheaters darunter zu verstehen. Schlimmer aber ist es, mit dem Begriff von einem Jahr fertig zu werden, da sich die Kriege nicht mehr durch bestimmte und lange Winterquartiere von selbst in einjährige Feldzüge abteilen. Da die Begebenheiten eines Kriegstheaters von selbst in gewisse größere Abschnitte zerfallen, wenn nämlich die unmittelbaren Wirkungen einer mehr oder weniger großen Katastrophe aufhören und neue Verwicklungen geschürzt werden, so müssen diese natürlichen Einschnitte mit in Betrachtung gezogen werden, um einem Jahre (Feldzuge) seinen vollständigen Anteil von Begebenheiten zuzumessen. Niemand wird den Feldzug von 1812 an der Memel endigen lassen, wo die Armeen sich am 1. Januar befanden, und den weiteren Rückzug der Franzosen bis über die Elbe zum Feldzug von 1813 rechnen, da er offenbar nur ein Stück des ganzen Rückzuges von Moskau ist.

Daß die Feststellung dieser Begriffe keine größere Schärfe hat, ist von gar keinem Nachteil, weil sie nicht wie philosophische Definitionen zu irgendeiner Quelle von Bestimmungen gebraucht werden können. Sie sollen bloß dienen, der Sprache etwas mehr Klarheit und Bestimmtheit zu geben.

Drittes Kapitel: Machtverhältnis

Wir haben im achten Kapitel des dritten Buches gesagt, welchen Wert die Überlegenheit der Zahl im Gefechte und folglich die allgemeine Überlegenheit in der Strategie hat, woraus denn die Wichtigkeit des Machtverhältnisses hervorgeht, über welches wir hier noch ein paar nähere Betrachtungen anstellen müssen.

Wenn wir die neueste Kriegsgeschichte ohne Vorurteil betrachten, so müssen wir gestehen, daß die Überlegenheit in der Zahl mit jedem Tag entscheidender wird; wir müssen also den Grundsatz, möglichst stark im entscheidenden Gefecht zu sein, allerdings jetzt etwas höher stellen, als er ehemals gestellt worden sein mag.

Der Mut und Geist des Heeres haben zu allen Zeiten die physischen Kräfte multipliziert und werden es auch ferner tun; aber wir haben in der Geschichte Zeiten, wo eine große Überlegenheit in der Einrichtung und Ausrüstung der Heere, andere, wo eine solche Überlegenheit in der Beweglichkeit ein bedeutendes moralisches Übergewicht gab; dann waren es neu aufgebrachte taktische Systeme, dann verwikkelte sich die Kriegskunst in dem Bestreben durch eine kunstvolle, nach großen und umfassenden Grundsätzen eingerichtete Benutzung der Gegend, und in diesem Gebiet konnte der eine Feldherr dem anderen hin und wieder große Vorteile abgewinnen; aber dieses Bestreben selbst ist untergegangen, hat einer natürlichen und einfacheren Verfahrungsweise Platz machen müssen. – Sehen wir nun die Erfahrungen der letzten Kriege ohne vorgefaßte Meinung an, so müssen wir uns sagen, daß sich darin von jenen Erscheinungen wenig mehr gezeigt hat, sowohl überhaupt im ganzen Feldzug als in den entscheidenden Gefechten, namentlich der Hauptschlacht, wobei wir an das zweite Kapitel des vorhergehenden Buches erinnern.

Die Heere sind in unseren Tagen einander an Bewaffnung, Ausrüstung und Übung so ähnlich, daß zwischen den besten und schlechtesten kein sehr merklicher Unterschied in diesen Dingen besteht. Die Bildung in den wissenschaftlichen Korps mag noch einen merklichen Unterschied haben, aber sie führt meistens nur dahin, daß die einen die Erfinder und Anführer in den besseren Einrichtungen sind und die anderen die schnell folgenden Nachahmer. Selbst die Unterfeldherren, die Führer der Korps und Divisionen, haben überall, was ihr Handwerk betrifft, ziemlich dieselben Ansichten und Methoden gefaßt, so daß außer dem Talent des obersten Feldherrn, welches schwerlich in einem konstanten Verhältnis mit der Bildung des Volkes und Heeres zu denken, sondern ganz dem Zufall überlassen ist, nur noch die Kriegsgewohnheit ein merkliches Übergewicht geben kann. Je mehr das Gleichgewicht in allen jenen Dingen besteht, um so entscheidender wird das Machtverhältnis.

Der Charakter, welchen die heutigen Schlachten haben, ist die Folge jenes Gleichgewichts. Man lese nur unbefangen die Schlacht von Borodino, wo das erste Heer der Welt, das französische, sich mit dem russischen gemessen hat, welches doch in vielen seiner Einrichtungen und in der Bildung seiner einzelnen Glieder am weitesten zurück sein mochte. In der ganzen Schlacht kommt nicht ein einziger Zug überwiegender Kunst oder Intelligenz vor, es ist ein ruhiges Abmessen der Kräfte aneinander, und da diese fast gleich waren, so konnte am Ende nichts folgen als ein sanftes Umschlagen der Waage nach derjenigen Seite hin, wo die größere Energie der Führung und die größere Kriegsgewohnheit des Heeres war. Wir wählen diese Schlacht als Beispiel, weil in ihr ein Gleichgewicht der Zahl bestand, wie es sich in wenig anderen findet.

Wir behaupten nicht, daß alle Schlachten so sind, aber es ist der Grundton der meisten.

Bei einer Schlacht, wo sich die Kräfte so langsam und methodisch aneinander abmessen, muß der Überschuß einen viel sichereren Erfolg geben. In der Tat werden wir uns in der neuesten Kriegsgeschichte vergeblich nach Schlachten umsehen, wo man über den doppelt so starken Feind gesiegt hätte, wie früher doch öfter vorgekommen ist. Bonaparte, der größte Feldherr der neueren Zeit, hatte in seinen siegreichen Hauptschlachten, mit Ausnahme einer einzigen, der von Dresden 1813, stets eine überlegene oder wenigstens nicht merklich schwächere Armee zu vereinigen gewußt, und wo ihm dies nicht möglich war, wie bei Leipzig, Brienne, Laon und Belle-Alliance, erlag er.

Aber die absolute Stärke ist in der Strategie meistens ein Gegebenes, an welchem der Feldherr nichts mehr ändern kann. Die Folge unserer Betrachtung kann aber nicht sein, daß der Krieg mit einem merklich schwächeren Heer unmöglich sei. Der Krieg ist nicht immer ein freier Entschluß der Politik, und am wenigsten ist er es da, wo die Kräfte sehr ungleich sind, folglich läßt sich jedes Machtverhältnis im Kriege denken, und es wäre eine sonderbare Kriegstheorie, die sich da ganz lossagen wollte, wo sie am meisten gebraucht wird.

Wie wünschenswert die Theorie also eine angemessene Streitkraft finden muß, so kann sie doch auch von der unangemessensten[1] nicht sagen, daß sie keine Anwendung mehr zuließe. Es sind hier keine Grenzen zu bestimmen.

Je schwächer die Kraft, um so kleiner müssen die Zwecke sein; ferner: je schwächer die Kraft, um so kürzer die Dauer. Nach diesen beiden Seiten hin hat also die Schwäche Raum auszuweichen, wenn wir uns so ausdrücken dürfen. Welche Veränderungen nun das Maß der Kraft in der Kriegführung hervorbringt, werden wir nur nach und nach sagen können, wie die Dinge vorkommen; hier ist es genug, den allgemeinen Gesichtspunkt angegeben zu haben; um denselben aber zu vervollständigen, wollen wir nur noch das eine hinzufügen.

Je mehr dem in einen ungleichen Kampf Hineingezogenen der Umfang der Kräfte fehlt, um so größer muß, von der Gefahr gedrängt,

---

1 [2. Auflage: mindest angemessenen]

die innere Spannung, die Energie derselben werden. Wo das Entgegengesetzte stattfindet, wo statt einer heldenmütigen Verzweiflung eine mutlose eintritt, da hört freilich alle Kriegskunst auf.

Verbindet sich mit jener Energie der Kräfte eine weise Mäßigung in den vorgesetzten Zwecken, so entsteht jenes Spiel von glänzenden Schlägen und vorsichtiger Zurückhaltung, welches wir in Friedrichs des Großen Kriegen bewundern müssen.

Je weniger aber diese Mäßigung und Behutsamkeit vermögen, um so vorherrschender muß die Spannung und Energie der Kräfte werden. Wo das Mißverhältnis der Macht so groß ist, daß keine Beschränkung des eigenen Zieles vor dem Untergang sichert, oder die wahrscheinliche Dauer der Gefahr so groß, daß die sparsamste Verwendung der Kräfte nicht mehr ans Ziel führen kann, da wird oder soll sich die Spannung der Kräfte in einen einzigen verzweiflungsvollen Schlag zusammenziehen; der Bedrängte wird, kaum Hilfe mehr erwartend von Dingen, die ihm keine versprachen, sein ganzes und letztes Vertrauen in die moralische Überlegenheit setzen, welche die Verzweiflung jedem Mutigen gibt, er wird die höchste Kühnheit als die höchste Weisheit betrachten, allenfalls noch kecker List die Hand reichen und, wenn kein Erfolg ihm werden soll, in einem ehrenvollen Untergange das Recht zu künftiger Auferstehung finden.

Viertes Kapitel: Waffenverhältnis

Wir werden nur von den drei Hauptwaffen reden: dem Fußvolk, der Reiterei und der Artillerie.

Man verzeihe folgende Analyse, die wesentlicher in die Taktik gehört, uns aber zum bestimmteren Denken nötig ist.

Das Gefecht besteht aus zwei wesentlich zu unterscheidenden Bestandteilen: dem Vernichtungsprinzip des Feuers und dem Handgemenge oder persönlichen Gefecht. Das letztere ist wieder entweder Angriff oder Verteidigung (Angriff und Verteidigung sind hier, wo von Elementen die Rede ist, ganz absolut zu verstehen). Die Artillerie wirkt offenbar nur durch das Vernichtungsprinzip des Feuers, die Reiterei nur durch das persönliche Gefecht, das Fußvolk durch beides.

Bei dem persönlichen Gefecht ist das Wesen der Verteidigung, fest zu stehen wie eingewurzelt im Boden; das Wesen des Angriffs ist die Bewegung. Die Reiterei entbehrt die erstere Eigenschaft ganz und genießt[1] die letztere vorzugsweise. Sie ist also nur zum Angriff geeignet. Die Infanterie hat die Eigenschaft des festen Standes vorzugsweise, entbehrt aber die Bewegung nicht ganz.

Aus dieser Verteilung der kriegerischen Elementarkräfte unter die verschiedenen Waffen ergibt sich die Überlegenheit und Allgemeinheit des Fußvolkes im Vergleich mit den beiden anderen Waffen, da sie die einzige ist, die alle drei Elementarkräfte in sich vereinigt. Ferner wird hieraus klar, wie die Verbindung der drei Waffen im Kriege zu einem vollkommeneren Gebrauche der Kräfte führt, weil man dadurch in den Stand gesetzt ist, das eine oder das andere Prinzip, welches in dem Fußvolk auf eine unveränderliche Weise verbunden ist, nach Belieben zu verstärken.

Das Vernichtungsprinzip des Feuers ist in unseren jetzigen Kriegen offenbar das überwiegend wirksame, dem ungeachtet aber ist ebenso offenbar der persönliche Kampf Mann gegen Mann als die eigentliche selbständige[2] Basis des Gefechts anzusehen. Darum wäre also ein Heer von bloßer Artillerie im Kriege ein Unding; ein Heer von bloßer Reiterei aber wäre denkbar, nur würde es von sehr geringer intensiver Stärke sein. Nicht bloß denkbar, sondern auch schon viel stärker wäre ein Heer von bloßem Fußvolk. Die drei Waffen haben also in Beziehung auf Selbständigkeit diese Ordnung: Fußvolk, Reiterei, Artillerie.

So ist es aber nicht in Beziehung auf die Wichtigkeit, die jede[3] hat, wenn sie in Verbindung mit den anderen ist. Da das Vernichtungsprinzip viel wirksamer ist als das Bewegungsprinzip, so würde die gänzliche Abwesenheit der Reiterei ein Heer weniger schwächen als die gänzliche Abwesenheit der Artillerie.

Ein Heer von bloßem Fußvolk und Artillerie würde zwar, gegenüber einem anderen von allen drei Waffen gebildet, sich in einer unangenehmen Lage befinden, aber wenn es, was ihm an Reiterei abgeht, durch eine *verhältnismäßige* Menge des Fußvolkes ersetzte, so würde es bei einem etwas anders eingerichteten Verfahren doch mit seinem taktischen Haushalt fertig werden können. Es würde sich wegen der Vorposten in ziemlicher Verlegenheit befinden, niemals den geschlagenen Feind mit großer Lebhaftigkeit verfolgen können und einen eigenen Rückzug mit mehr Mühseligkeiten und Anstren-

---

1 [2. Auflage: ganz, besitzt dagegen]
2 [Fehlt in 2. Auflage.]
3 [2. Auflage: jede Waffe]

gungen machen; aber diese Schwierigkeiten würden doch wohl an und für sich nicht hinreichen, es ganz aus dem Felde zu vertreiben. – Dagegen würde ein solches Heer, gegenüber einem anderen von bloßem Fußvolk und Reiterei gebildet, eine sehr gute Rolle spielen, und wie dieses letztere gegen alle drei Waffen das Feld halten könnte, läßt sich kaum denken.

Daß diese Betrachtungen über die Wichtigkeit der einzelnen Waffen nur von der Allgemeinheit aller kriegerischen Fälle abstrahiert sind, wo ein Fall den anderen überträgt, versteht sich von selbst, und es kann also nicht die Absicht sein, die gefundene Wahrheit auf jede individuelle Lage eines einzelnen Gefechts anwenden zu wollen. Ein Bataillon auf einem Vorposten oder auf dem Rückzug wird vielleicht lieber eine Schwadron als ein paar Kanonen bei sich haben. Eine Masse Reiterei und reitende Artillerie, die den fliehenden Feind schnell verfolgen oder umgehen soll, kann gar kein Fußvolk brauchen usw.

Fassen wir das Resultat dieser Betrachtungen noch einmal zusammen, so ist es:

1. Das Fußvolk ist die selbständigste unter den Waffen.
2. Die Artillerie ist ganz unselbständig.
3. Das Fußvolk das wichtigste bei der Verbindung mehrerer.
4. Die Reiterei ist am entbehrlichsten.
5. Die Verbindung der drei gibt die größte Stärke.

Gibt die Verbindung aller drei Waffen die größte Stärke, so ist es natürlich, nach dem absolut besten Verhältnis zu fragen, und diese Frage ist fast unmöglich zu beantworten.

Wenn man den Aufwand der Kräfte, welchen die Anschaffung und Unterhaltung der verschiedenen Waffen nötig machen, untereinander vergleichen könnte und dann wieder das, was jede im Kriege leistet, so müßte man auf ein bestimmtes Resultat kommen, welches ganz abstrakt das beste Verhältnis ausdrückte. Allein dieses ist kaum mehr als ein Spiel der Vorstellungen. Schon das vordere Glied dieses Verhältnisses ist schwer zu bestimmen; der eine Faktor zwar nicht, nämlich die Kosten; aber ein anderer ist der Wert des Menschenlebens, worüber niemand gern in Zahlen etwas wird aufstellen wollen.

Auch der Umstand, daß jede der drei Waffen sich vorzugsweise auf eine andere Staatskraft gründet, das Fußvolk auf die Menge der Menschen, die Reiterei auf die Menge der Pferde, die Artillerie auf die vorhandenen Geldmittel, bringt einen fremden Bestimmungsgrund hinein, den wir auch in den großen historischen Umrissen verschiedener Völker und Zeiten deutlich vorherrschen sehen.

Wir müssen uns also, da wir aus anderen Gründen eines Maßstabes doch nicht ganz entbehren können, statt jenes ganzen ersten Gliedes des Verhältnisses nur des einen Faktors bedienen, den wir ausmitteln können, nämlich die Geldkosten. Hierüber haben wir nun mit einer für uns zureichenden Genauigkeit im allgemeinen anzugeben, daß nach den gewöhnlichen Erfahrungen eine Schwadron von 150 Pferden, ein Bataillon von 800 Mann und eine Batterie von 8 sechspfündigen Geschützen ungefähr gleich viel kosten, sowohl was die Ausrüstungs- als Unterhaltungskosten betrifft.

Was das andere Glied des Verhältnisses betrifft, nämlich, wie viel jede Waffe im Vergleich mit der anderen leistet, so ist für dasselbe eine bestimmte Größe noch viel weniger auszumachen. Möglich würde eine solche Ermittelung allenfalls noch sein, wenn es auf das bloße Vernichtungsprinzip ankäme, allein jede Waffe hat ihre eigentümliche Bestimmung, also ihren eigenen Wirkungskreis; dieser aber ist wieder nicht so bestimmt, daß er nicht größer oder kleiner sein könnte, wodurch bloß Modifikationen in der Kriegführung, aber noch keine entschiedenen Nachteile herbeigeführt werden.

Man spricht wohl oft von dem, was die Erfahrung darüber lehrt, und glaubt in der Kriegsgeschichte hinreichende Gründe zu einer Feststellung zu finden, aber jeder muß sich sagen, daß das bloße Redensarten sind, die, weil sie auf nichts Primitives und Notwendiges zurückgeführt werden, in einer untersuchenden Betrachtung keine Rücksicht verdienen.

Wenn nun auch für das beste Verhältnis der Waffen sich zwar eine bestimmte Größe denken läßt, diese aber ein nicht auszumittelndes x, ein bloßes Spiel der Vorstellungen ist, so wird man doch sagen können, welche Wirkungen es haben wird, wenn eine der Waffen in großer Überlegenheit oder in sehr geringer Zahl im Vergleich mit derselben Waffe im feindlichen Heere vorhanden ist.

Die Artillerie verstärkt das Vernichtungsprinzip des Feuers, sie ist die furchtbarste der Waffen, und ihr Mangel schwächt also die intensive Kraft des Heeres ganz vorzüglich. Von der anderen Seite ist sie die unbeweglichste der Waffen, sie macht folglich das Heer schwerfälliger; ferner bedarf sie immer eine Truppe zu ihrer Deckung, weil sie keines persönlichen Gefechts fähig ist; ist sie zu zahlreich, so daß die Deckungstruppen, welche ihr gegeben werden können, nicht überall den feindlichen Angriffsmassen gewachsen sind, so wird sie häufig verlorengehen, und dabei zeigt sich ein neuer Nachteil, daß sie nämlich von den drei Waffen diejenige ist, die der Feind in ihren Hauptteilen, nämlich Geschütz und Fahrzeug, sehr bald *gegen* uns gebrauchen kann.

Die Reiterei vermehrt das Prinzip der Bewegung in einem Heer. Ist sie in einem zu geringen Maße vorhanden, so schwächt das den raschen Brand des kriegerischen Elementes dadurch, daß alles langsamer (zu Fuß) gemacht wird, daß alles vorsichtiger eingerichtet werden muß; die reiche Saat des Sieges wird nicht mehr mit der Sense, sondern mit der Sichel geschnitten.

Ein Übermaß der Reiterei kann freilich niemals als eine unmittelbare Schwächung der Streitkräfte, als ein inneres Mißverhältnis angesehen werden, aber freilich mittelbar wegen des schwierigen Unterhaltes, und wenn man bedenkt, daß man statt 10000 Mann Reiterei, die man zu viel hat, 50000 Mann Fußvolk haben könnte.

Diese Eigentümlichkeiten, welche aus dem Vorherrschen einer Waffe entspringen, sind der Kriegskunst im engeren Sinn um so wichtiger, da sie den Gebrauch der *vorhandenen* Streitkräfte lehrt, und mit diesen Streitkräften dem Feldherrn auch gewöhnlich das Maß der einzelnen Waffen zugemessen wird, ohne daß er viel dabei zu bestimmen hätte.

Wollen wir uns also den Charakter einer Kriegsart modifiziert durch eine vorherrschende Waffe denken, so ist es auf folgende Weise:

Ein Übermaß von Artillerie muß zu einem mehr defensiven und passiven Charakter der Unternehmungen führen; man wird sein Heil mehr in starken Stellungen, großen Abschnitten des Bodens, selbst in Gebirgsstellungen suchen, damit die Hindernisse des Bodens die Verteidigung und den Schutz der zahlreichen Artillerie übernehmen, und die feindlichen Kräfte selbst kommen, sich ihre Vernichtung zu holen. Der ganze Krieg wird in einem ernsten, förmlichen Menuettschritt geführt werden.

Ein Mangel an Artillerie wird umgekehrt uns vermögen, das Angriffs-, das aktive, das Bewegungsprinzip vorwalten zu lassen. Märsche, Mühen, Anstrengungen werden für uns zu eigentümlichen Waffen; so wird der Krieg mannigfaltiger, lebendiger, krauser; die großen Begebenheiten werden in Scheidemünze umgesetzt.

Bei einer sehr zahlreichen Reiterei werden wir die weiten Ebenen suchen und die *großen* Bewegungen lieben. In größerer Entfernung vom Feinde werden wir größere Ruhe und Bequemlichkeit genießen, ohne sie ihm zu gönnen. Wir werden kühnere Umgehungen und überhaupt dreistere Bewegungen wagen, weil wir über den Raum gebieten. Insoweit Diversionen und Invasionen zu den wahren Hilfsmitteln des Krieges gehören, werden wir uns ihrer mit Leichtigkeit bedienen können.

Ein entschiedener Mangel an Reiterei vermindert die Bewegungskraft des Heeres, ohne sein Vernichtungsprinzip zu verstärken, wie das Übermaß der Artillerie tut. Vorsicht und Methode sind dann der Hauptcharakter des Krieges. Dem Feinde immer unter den Augen bleiben[1], um ihn immer unter den Augen zu haben, keine schnellen, noch weniger übereilte Bewegungen, überall ein langsames Hinschieben gut gesammelter Massen, Vorliebe zur Verteidigung und zur durchschnittenen Gegend und, wo der Angriff sein muß, die kürzeste Richtung auf den Schwerpunkt der feindlichen Armee sind die natürlichen Tendenzen in diesem Falle.

Diese verschiedenen Richtungen, welche die Kriegsart nach einer vorherrschenden Waffe annimmt, werden selten so umfassend und durchgreifend sein, daß sie allein oder vorzüglich die Richtung des ganzen Unternehmens abgeben. Ob man den strategischen Angriff oder die Verteidigung, dieses oder jenes Kriegstheater, eine Hauptschlacht oder eines der anderen Zerstörungsmittel wählen soll, wird wohl durch andere wesentlichere Umstände bestimmt werden, wenigstens ist sehr zu befürchten, daß, wenn dies nicht der Fall sein sollte, man eine Nebensache für die Hauptsache genommen hätte. Aber auch wenn dem so ist, wenn die Hauptfragen bereits aus anderen Gründen entschieden worden sind, bleibt immer noch ein gewisser Spielraum für den Einfluß der vorherrschenden Waffenart, denn man kann im Angriff vorsichtig und methodisch, in der Verteidigung kühn und unternehmend sein usw. durch alle verschiedenen Stationen und Nuancen kriegerischen Lebens.

Umgekehrt kann die Natur des Krieges auf das Verhältnis der Waffen einen merklichen Einfluß haben.

Erstens: Ein auf Landwehr und Landsturm gestützter Volkskrieg muß natürlich eine große Menge Fußvolk aufstellen; denn in einem solchen fehlt es mehr an Ausrüstungsmitteln als an Menschen, und da die Ausrüstung ohnehin dabei noch auf das Allernotwendigste beschränkt wird, so kann man leicht denken, daß für eine Batterie von acht Geschützen nicht ein Bataillon, sondern zwei oder drei gestellt werden könnten.

Zweitens: Kann ein Schwacher gegen einen Mächtigen nicht zur

1 [2. Auflage: Dem Feinde immer nahe bleiben]

Volksbewaffnung oder einem derselben nahe kommenden Landwehrstande seine Zuflucht nehmen, so ist allerdings die Vermehrung der Artillerie das kürzeste Mittel, seine schwache Streitkraft dem Gleichgewicht zu nähern; denn er gewinnt die Menschen und erhöht das wesentlichste Prinzip seiner Streitkraft, nämlich das Vernichtungsprinzip. Ohnehin wird er meistens auf ein kleines Kriegstheater beschränkt sein, und diese Waffe sich also mehr für ihn eignen. Friedrich der Große ergriff dies Mittel in den späteren Jahren des Siebenjährigen Krieges.

Drittens: Die Reiterei ist die Waffe der Bewegung und großen Entscheidungen; ihr Vorherrschen über das gewöhnliche Verhältnis ist also wichtig bei sehr ausgedehnten Räumen, großen Hin- und Herzügen und der Absicht großer entscheidender Schläge. Bonaparte gibt ein Beispiel davon.

Daß Angriff und Verteidigung nicht eigentlich an sich einen Einfluß darauf haben können, wird erst deutlich werden können, wenn wir von diesen beiden Formen der kriegerischen Tätigkeit reden; vorläufig wollen wir nur bemerken, daß beide, der Angreifende wie der Verteidiger, in der Regel dieselben Räume durchziehen und auch, wenigstens in vielen Fällen, dieselben entscheidenden Absichten haben können. Wir erinnern an den Feldzug von 1812.

Gewöhnlich ist man der Meinung, daß die Reiterei im Verhältnis zum Fußvolk im Mittelalter sehr viel zahlreicher gewesen sei und nach und nach bis auf unsere Tage abgenommen habe. Dies ist doch wenigstens zum Teil ein Mißverständnis. Das Verhältnis der Reiterei, der Zahl nach, war im Durchschnitt vielleicht nicht bedeutend größer, wie man sich wohl überzeugen wird, wenn man die genaueren Angaben der Streitkräfte durch das Mittelalter verfolgt. Man denke nur an die Massen des Fußvolkes, welche die Heere der Kreuzfahrer ausmachten oder den deutschen Kaisern auf ihren Römerzügen folgten. Aber es war die *Wichtigkeit* der Reiterei, welche viel größer war. Sie war die *stärkere* Waffe, aus dem besten Teile des Volkes zusammengesetzt, und war dies so sehr, daß sie, obgleich immer sehr viel schwächer, doch immer als die Hauptsache angesehen, das Fußvolk wenig gerechnet, kaum genannt wurde; daher denn auch die Meinung entstanden ist, als habe es damals dessen sehr wenig gegeben. Freilich kam bei kleineren Kriegsanfällen im Inneren von Deutschland, Frankreich und Italien der Fall öfter als jetzt vor, daß das ganze kleine Heer aus bloßer Reiterei bestand; da sie die Hauptwaffe war, so hatte das nichts Widersprechendes; allein diese

Fälle können nicht entscheiden, wenn wir die Allgemeinheit im Auge haben, wo sie von den größeren Heeren reichlich übertragen werden. Nur als alle Lehnsverbindlichkeit in der Kriegführung aufgehört hatte, die Kriege durch geworbene, gemietete und besoldete Soldaten geführt wurden, also auf Geld und Werbung sich stützten, also in den Zeiten des Dreißigjährigen Krieges und der Kriege unter Ludwig XIV., da hörte dieser Gebrauch einer großen Masse weniger nützlichen Fußvolkes auf, und man würde vielleicht ganz auf die Reiterei zurückgekommen sein, wenn das Fußvolk nicht schon durch eine merkliche Ausbildung des Feuergewehres an Wichtigkeit zugenommen und sich dadurch einigermaßen in seiner überlegenen Zahl behauptet hätte; das Verhältnis desselben zur Reiterei war in dieser Periode, wenn es schwach war, wie 1 : 1, wenn es zahlreich war, wie 3 : 1.

Von jener Wichtigkeit hat die Reiterei seitdem immer mehr eingebüßt, je weiter die Ausbildung der Feuerwaffen gegangen ist. Dies ist schon an sich verständlich genug, nur muß diese Ausbildung nicht bloß auf die Waffe selbst und die Kunstfertigkeit ihres Gebrauches bezogen werden, sondern auch auf den Gebrauch der damit ausgerüsteten Heeresteile. In der Mollwitzer Schlacht hatten es die Preußen auf den größten Grad der Feuerfertigkeit gebracht, der auch seitdem in diesem Sinn nicht weiter hat getrieben werden können. Dagegen ist der Gebrauch des Fußvolkes in durchschnittener Gegend und des Feuergewehres im Schützengefecht erst seitdem aufgekommen und als ein großer Fortschritt in dem Vernichtungsakt zu betrachten.

Unsere Meinung ist also, daß das Verhältnis der Reiterei sich der Zahl nach wenig, der Wichtigkeit nach aber sehr verändert hat. Dies scheint ein Widerspruch zu sein, ist es aber in der Tat nicht. Das Fußvolk des Mittelalters nämlich war, wenn es sich in großer Zahl beim Heere befand, nicht durch sein inneres Verhältnis zur Reiterei auf diese Zahl gekommen, sondern weil alles, was man nicht zu der viel kostbareren Reiterei stellen konnte, als Fußvolk gestellt wurde; dieses Fußvolk war also ein bloßer Behelf, und die Reiterei hätte, wenn ihre Zahl bloß nach ihrem inneren Wert bestimmt werden sollte, nie zu stark sein können. So ist zu begreifen, wie trotz der stets verminderten Wichtigkeit die Reiterei vielleicht immer noch Bedeutung genug hat, um sich auf dem Punkt des Zahlenverhältnisses zu erhalten, welchen sie bisher so dauernd behauptet hat.

In der Tat ist es bemerkenswert, daß wenigstens seit dem Österreichischen Sukzessionskriege das Verhältnis der Reiterei zum Fußvolk sich gar nicht verändert und immer zwischen einem Vierteil, einem Fünfteil und einem Sechsteil desselben geschwebt hat; dies scheint anzudeuten, daß in demselben das natürliche Bedürfnis gerade befriedigt sei, und sich also darin diejenigen Größen kundtäten, die unmittelbar nicht auszumitteln sind. Wir zweifeln doch, daß dem so sei, und finden, daß die anderweitigen Veranlassungen zu einer zahlreichen Reiterei in den namhaftesten Fällen offenbar am Tage liegen.

Rußland und Österreich sind Staaten, welche darauf hingewiesen sind, weil sie noch Bruchstücke tatarischer Einrichtung in ihrem Staatsverband haben. Bonaparte konnte für seine Zwecke nie stark genug sein; hatte er nun die Konskription benutzt, soviel immer möglich war, so blieb ihm nur noch die Verstärkung seines Heeres durch Vermehrung der Hilfswaffen, welche mehr auf das Geld als auf Menschenverbrauch gegründet sind. Außerdem ist nicht zu verkennen, daß bei dem ungeheuren Umfange seiner kriegerischen Züge die Reiterei einen höheren Wert haben mußte als in gewöhnlichen Fällen.

Friedrich der Große rechnete bekanntlich sehr ängstlich jeden Rekruten nach, den er seinem Lande ersparen konnte; es war seine Hauptindustrie, sein Heer soviel als möglich auf Kosten des Auslandes stark zu erhalten. Daß er dazu alle Ursache hatte, begreift man, wenn man bedenkt, daß ihm von der kleinen Ländermasse noch Preußen und die westfälischen Provinzen entzogen waren.

Die Reiterei, außerdem, daß sie überhaupt weniger Menschen erfordert, ergänzte sich auch viel leichter durch Werbung; dazu kam sein durchaus auf Überlegenheit in der Bewegung gegründetes Kriegssystem, und so geschah es, daß sich seine Reiterei, während sein Fußvolk abnahm, bis Ende des Siebenjährigen Krieges hin immer noch vermehrte; doch betrug sie selbst am Ende desselben schwerlich über ein Vierteil der im Felde stehenden Infanterie.

Es fehlte in der eben bezeichneten Epoche auch nicht an Beispielen, daß Armeen mit ungewöhnlich schwacher Reiterei aufgetreten sind und doch den Sieg erhalten haben. Das namhafteste ist die Schlacht von Groß-Görschen. Bonaparte war, wenn wir bloß auf die Divisionen sehen, die teil an dem Gefecht genommen, 100000 Mann stark, wobei 5000 Mann Reiterei und 90000 Mann Fußvolk; die Verbündeten 70000 Mann, wobei 25000 Mann Reiterei und 40000 Mann Fußvolk. Bonaparte hatte also für 20000 Mann Reiterei, welche ihm abgingen, nur 50000 Mann Fußvolk mehr, er hätte aber 100000 dafür haben sollen. Hat er die Schlacht mit jenem Übergewicht an Fußvolk gewonnen, so kann man wohl fragen, ob er sie, wenn das Verhältnis 140000 zu 40000 gewesen wäre, überhaupt möglicherweise hätte verlieren können. Freilich zeigte sich gleich nach der Schlacht der große Nutzen unserer Überlegenheit an Reiterei, denn Bonaparte erntete fast keine Siegestrophäe. Der Gewinn der Schlacht ist also nicht alles – aber bleibt es nicht immer die Hauptsache?

Wenn wir solche Betrachtungen anstellen, so haben wir Mühe, zu glauben, daß das Verhältnis, auf welches sich Reiterei und Fußvolk seit 80 Jahren gestellt und erhalten haben, das natürliche, bloß aus ihrem absoluten Werte hervorgehende sei; wir sind vielmehr der Meinung, daß nach manchem Oszillieren das Verhältnis dieser beiden Waffen sich ferner in dem bisherigen Sinn verändern und die konstante Zahl der Reiterei am Ende bedeutend geringer werden wird. –

Was die Artillerie betrifft, so ist die Anzahl der Geschütze natürlich seit ihrer Erfindung und mit ihrer Erleichterung und Vervollkommnung gestiegen; doch erhält auch sie sich seit Friedrich dem Großen ziemlich auf demselben Verhältnis von 2 bis 3 Geschützen auf 1000 Mann, wohlverstanden bei Eröffnung des Feldzuges, denn im Laufe desselben schmilzt die Artillerie nicht so zusammen wie das Fußvolk, daher ist das Verhältnis am Ende des Feldzuges merklich stärker und kann zu 3, 4 bis 5 Geschützen auf 1000 Mann angenommen werden. Ob dies Verhältnis das natürliche ist, oder die Vermehrung der Geschütze noch weitergehen kann, ohne der ganzen Kriegführung zum Nachteil zu gereichen, muß der Erfahrung überlassen bleiben.

Fassen wir jetzt noch ein Hauptresultat unserer ganzen Betrachtung auf, so ist es:

1. Daß das Fußvolk die Hauptwaffe ist, welcher die anderen beiden zugeordnet sind.
2. Daß man durch einen größeren Aufwand von Kunst und Tätigkeit in der Führung des Krieges den Mangel beider einigermaßen ersetzen kann, vorausgesetzt, daß man dafür um so viel stärker an Fußvolk sei, und daß man dies um so eher könne, je besser dieses Fußvolk ist.
3. Daß die Artillerie schwerer zu entbehren ist als die Reiterei, weil sie das Hauptvernichtungsprinzip und ihr Gefecht mit dem des Fußvolkes mehr verschmolzen ist.
4. Daß überhaupt, da die Artillerie im Vernichtungsakt die stärkste Waffe ist, und die Reiterei die schwächste, man immer fragen muß: wieviel Artillerie kann man ohne Nachteil haben, und mit wie wenig Reiterei kann man sich behelfen?

Fünftes Kapitel: Schlachtordnung des Heeres

Die Schlachtordnung ist diejenige Einteilung und Zusammensetzung der Waffen zu einzelnen Gliedern des Ganzen und diejenige Form ihrer Aufstellung, welche für den ganzen Feldzug oder Krieg die Norm bleiben soll.

Sie besteht also gewissermaßen aus einem arithmetischen und einem geometrischen Element, der *Einteilung* und der *Aufstellung*. Die erstere geht von der festen Friedensorganisation des Heeres aus, nimmt gewisse Teile wie Bataillone, Schwadronen, Regimenter und Batterien als Einheiten an und bildet davon die größeren Glieder bis zum Ganzen hinauf nach dem Bedürfnis der herrschenden Umstände. Auf eben die Art geht die Aufstellung von der Elementartaktik aus, welche dem Heere im Frieden gelehrt und eingeübt ist, und die als eine im Augenblick des Krieges nicht mehr wesentlich zu verändernde Eigenschaft desselben angesehen werden muß, knüpft daran die Bedingungen, welche der Gebrauch der Truppen im Kriege und im großen erfordert, und bestimmt so im allgemeinen die Norm, nach welcher das Heer zum Gefecht aufgestellt werden soll.

Dies ist überall der Fall gewesen, wo große Heere ins Feld gerückt sind, und es gab sogar Zeiten, wo diese Form als das wesentlichste Stück des Gefechtes angesehen wurde.

Als im 17. und 18. Jahrhundert die Ausbildung des Feuergewehres das Fußvolk in einem so hohen Grade vermehren und in so langen dünnen Linien auseinanderziehen ließ, wurde die Schlachtordnung dadurch zwar einfacher, aber zugleich schwieriger und künstlicher in der Ausführung, und da man nun nichts weiter mit der Reiterei anzufangen wußte, als sie auf den Flügeln zu verteilen, wo nicht geschossen wurde und wo Raum zum Reiten war, so machte die Schlachtordnung aus dem Heere jedesmal ein geschlossenes und unteilbares Ganze. Schnitt man eine solche Armee in der Mitte entzwei, so war sie wie ein durchgeschnittener Regenwurm; die Flügel hatten noch Leben und Beweglichkeit, aber sie hatten ihre natürlichen Funktionen verloren. Die Streitkraft lag also in einer Art von Bann der Einheit, und es war jedesmal eine kleine Organisation und Desorganisation nötig, wenn Teile davon getrennt aufgestellt werden sollten. Die Märsche, welche das Ganze machen mußte, waren ein Zustand, in welchem es sich gewissermaßen außer dem Gesetz befand. War der Feind in der Nähe, so mußten sie mit der höchsten Künstlichkeit angeordnet werden, um das eine Treffen oder den einen

Flügel immer in einer erträglichen Entfernung von dem anderen über Stock und Block wegzuführen; sie mußten dem Feinde beständig abgestohlen werden, und nur eins machte, daß man diesen beständigen Diebstahl ungestraft begehen durfte, nämlich, daß der Feind in eben diesem Banne lag.

Als man daher in der letzten Hälfte des 18. Jahrhunderts auf die Idee kam, daß Reiterei wohl ebensogut die Flügel schützen könne, wenn sie hinter der Armee als in ihrer Verlängerung stände, daß sie überdem wohl noch zu manchem anderen gebraucht werden könne, als sich mit der feindlichen allein zu duellieren, da hatte man schon deswegen einen großen Schritt vorwärts getan, weil nun die Armee in ihrer Hauptausdehnung, welches immer die Breite ihrer Aufstellung ist, aus lauter homogenen Gliedern bestand, so daß man sie in eine beliebige Anzahl Stücke zerlegen konnte und lauter Stücke erhielt, die sich untereinander und dem Ganzen ähnlich waren. Damit nun hörte sie auf, ein einziges Stück zu sein und wurde ein viel gegliedertes Ganze, folglich biegsam und gelenkig. Die Teile konnten vom Ganzen ohne Umstände getrennt und wieder an dasselbe angereiht werden, es blieb immer dieselbe Schlachtordnung. – So entstanden die Korps von allen Waffen, d. h. so wurden sie möglich, denn das Bedürfnis dazu war wohl viel früher gefühlt worden.

Daß dies alles von der Schlacht ausgeht, ist sehr natürlich. Die Schlacht war sonst der ganze Krieg und wird immer das Hauptstück desselben bleiben, außerdem aber gehört die Schlachtordnung überhaupt mehr der Taktik als der Strategie an, und wir haben durch diese Herleitung nur zeigen wollen, wie schon die Taktik durch die Anordnung des Ganzen in kleinere Ganze der Strategie vorgearbeitet hat.

Je größer die Heere geworden, je mehr sie auf weiten Räumen verteilt sind, je mannigfaltiger die Wirksamkeiten der einzelnen Teile ineinander greifen, um so mehr Raum gewann die Strategie, und so hat denn auch die Schlachtordnung in dem Sinn unserer Definition mit der Strategie in eine Art Wechselwirkung treten müssen, die sich hauptsächlich an den Endpunkten zeigt, wo Taktik und Strategie sich berühren, nämlich in den Momenten, wo die allgemeine Verteilung der Streitkräfte in die besonderen Anordnungen des Gefechts übergeht.

Wir wenden uns nun zu den drei Punkten der *Einteilung, Waffenverbindung* und *Aufstellung* unter dem strategischen Gesichtspunkt.

1. Einteilung. Strategisch sollte man niemals fragen, wie stark eine Division oder ein Korps sein, sondern wieviel Korps oder Divisionen eine Armee haben müsse. Es gibt nichts Ungeschickteres als eine Armee, die in drei Teile geteilt ist, es sei denn eine, die gar nur in zwei geteilt wäre, wobei der Oberfeldherr fast neutralisiert sein muß.

Die Stärke der großen und kleinen Korps, sei es aus Gründen der Elementartaktik oder der höheren, zu bestimmen, läßt der Willkür ein unglaublich weites Feld, und der Himmel weiß, welche Räsonnements schon mit diesem Spielraum gespielt haben. Dagegen ist das Bedürfnis einer gewissen Anzahl Teile für ein selbständiges Ganze eine ebenso klare als bestimmte Sache, und dieser Gedanke gibt daher für die größeren Abteilungen echt strategische Bestimmungsgründe ihrer Anzahl, folglich ihrer Stärke, während die kleinen, wie Kompagnien, Bataillone usw., der Taktik überlassen bleiben.

Das kleinste isoliert stehende Ganze läßt sich kaum denken, ohne daß man drei Teile an ihm unterscheide, damit ein Teil vorgeschoben und einer zurückgestellt wirken könne; daß vier noch bequemer sind, ergibt sich schon, wenn man bedenkt, daß der mittelste Teil als die Hauptmacht doch stärker sein muß als jeder der beiden anderen; so kann man vorschreiten bis zu acht, welches uns die passendste Zahl für eine Armee scheint, wenn man als konstantes Bedürfnis annimmt einen Teil zur Avantgarde, drei bei der Hauptmacht, nämlich als rechter Flügel, Mitte und linker Flügel, zwei zum Rückhalt, einen zum Entsenden rechts und einen zum Entsenden links. Ohne pedantisch auf diese Zahlen und Figuren einen großen Wert zu legen, glauben wir allerdings, daß sie die gewöhnlichste immer wiederkehrende strategische Aufstellung ausdrücken und deswegen eine bequeme Einteilung abgeben.

Freilich scheint es die Armeeführung (und die Führung jedes Ganzen) ungemein zu erleichtern, nicht mehr als drei oder vier Männern zu befehlen, allein diese Bequemlichkeit büßt der Feldherr auf eine doppelte Art sehr teuer. Erstlich geht von der Schnelligkeit, Kraft und Präzision des Befehles um so mehr verloren, je länger die Stufenleiter ist, die er hinabsteigen muß, welches der Fall ist, wenn Korpskommandanten sich zwischen ihm und den Divisionsbefehlshabern befinden; zweitens verliert er überhaupt an eigentlicher Macht und Wirksamkeit, je größer die Wirkungskreise seiner unmittelbaren Untergebenen sind. Ein Feldherr, der über 100000 Mann vermittelst 8 Divisionen befiehlt, übt eine intensiv größere Macht aus, als wenn diese 100000 Mann nur in drei Divisionen geteilt wären. Mancherlei Gründe sind die Ursache davon, der wichtigste aber ist, daß ein Befehlshaber an allen Teilen seines Korps eine Art Eigentumsrecht zu haben glaubt und sich fast jedesmal widersetzt, wenn ihm ein Teil davon auf kürzere oder längere Zeit entzogen werden soll. Einige Kriegserfahrungen werden jedem dies erklärlich machen.

Von der anderen Seite darf man aber die Anzahl der Teile nicht zu groß werden lassen, wenn nicht Unordnungen die Folge sein sollen. Es ist schon schwer, von einem Armeehauptquartier aus acht Teile zu leiten, und höher wie zehn kann man die Zahl wohl nicht gehen lassen. Bei einer Division aber, wo die Mittel, die Befehle in Wirksamkeit zu setzen, viel geringer sind, müssen die kleineren Normalzahlen vier, höchstens fünf als die passenderen angesehen werden.

Reicht man mit diesen Faktoren fünf und zehn nicht aus, d. h. würden die Brigaden zu stark, so müßten Korpskommandos eingeschoben werden; man muß aber bedenken, daß dadurch eine neue *Potenz* entsteht, welche alle übrigen Faktoren auf einmal sehr heruntersetzt.

Was ist denn nun aber eine zu starke Brigade? Die Gewohnheit ist, sie zwischen 2 und 5000 Mann zu machen; und zwei Gründe scheinen diese letztere Grenze einigermaßen zu bewachen[1]; der erste, daß man sich eine Brigade als eine Abteilung denkt, die von einem Manne unmittelbar, nämlich durch den Bereich seiner Stimme geführt werden könne, zweitens, daß man eine größere Infanteriemasse nicht ohne Artillerie lassen will und durch diese erste Waffenverbindung von selbst eine besondere Abteilung erhält.

Wir wollen uns in diesen taktischen Spitzfindigkeiten nicht verlieren und wollen uns auch nicht auf die Streitfragen einlassen, wann und in welchen Verhältnissen die Verbindung aller drei Waffen statthaben soll, ob bei Divisionen, die 8 bis 12000 Mann, oder bei Korps, die 20 bis 30000 sind. Nur die Behauptung werden die entschiedensten Gegner dieser Verbindung nicht verargen, daß nur diese Verbindung *die Selbständigkeit einer Abteilung* ausmacht, und daß also für solche, die bestimmt sind, sich im Kriege häufig isoliert zu finden, sie wenigstens sehr wünschenswert sei.

Eine Armee von 200000 Mann in zehn Divisionen, die Divisionen in fünf Brigaden geteilt, würden diese 4000 Mann stark lassen. Wir sehen hier nirgends ein Mißverhältnis. Freilich kann man diese Armee auch in 5 Korps, das Korps in 4 Divisionen, die Division in 4 Brigaden teilen, welches diese 2500 Mann stark läßt; doch scheint uns die erste Einteilung, abstrakt betrachtet, vorzüglicher, denn außerdem, daß

1 [2. Auflage: Grenze zu ziehen]

man bei der anderen eine Ordnungsstufe mehr hat, sind fünf Glieder für eine Armee zu wenig; sie ist damit ungelenk, vier für ein Korps sind es wieder, und 2500 Mann ist eine schwache Brigade, deren man auf die Weise 80 hat, statt daß die erste Einteilung nur 50 gab, also einfacher war. Alle diese Vorteile gibt man auf, bloß um nur halb sovielen Generalen Befehle zu erteilen. Daß bei kleineren Armeen die Einteilung von Korps noch unpassender ist, ergibt sich von selbst.

Dies ist die abstrakte Ansicht von der Sache. Der individuelle Fall kann Gründe mit sich führen, die anders entscheiden. Schon muß man bekennen, daß, wenn 8 oder 10 Divisionen sich vereinigt in der Ebene noch regieren lassen, dies in ausgedehnten Gebirgsstellungen vielleicht unmöglich werden könnte. Ein großer Strom, der die Armee halbiert, macht einen Befehlshaber über die eine Hälfte unerläßlich; kurz, es gibt hundert der entscheidendsten Lokal- und individuellen Umstände, denen die abstrakten Regeln weichen müssen.

Daß aber diese abstrakten Gründe doch am häufigsten gebraucht und seltener von jenen verdrängt werden, als man vielleicht glauben sollte, lehrt die Erfahrung.

Wir erlauben uns, den Umfang dieser Betrachtung noch mit einem einfachen Umriß deutlich zu machen und wollen dazu die einzelnen Schwerpunkte nebeneinander aufstellen.

Indem wir unter *Gliedern eines Ganzen* nur die verstehen, welche die *erste* Teilung gibt, also die *unmittelbaren,* sagen wir:

1. Hat ein Ganzes zu wenig Glieder, so wird es ungelenk.
2. Sind die Glieder eines Ganzen zu groß, so schwächt dies die Macht des obersten Willens.
3. Mit jeder neuen Stufenfolge des Befehls wird die Kraft desselben auf zwei anderen Wegen geschwächt, einmal durch den Verlust, den sie beim neuen Übergang macht, zweitens durch die längere Zeit, die der Befehl braucht.

Alles dies führt dahin, die Zahl der nebeneinander bestehenden Glieder so groß und die Stufenreihe so klein als möglich zu machen, und diesem steht nur entgegen, daß man bei Armeen nicht mehr als 8 bis 10 Glieder und bei kleineren Abteilungen nicht mehr als 4 bis 6 bequem regieren kann.

2. Verbindung der Waffen. Für die Strategie ist die Verbindung der Waffen in der Schlachtordnung nur für die Teile wichtig, die nach der gewöhnlichen Ordnung der Dinge oft zu einer getrennten Aufstellung kommen, wo sie gezwungen werden können, ein selbständiges Gefecht zu liefern. Nun liegt es in der Natur der Sache, daß die Glieder

der *ersten Ordnung,* und hauptsächlich *nur diese,* zu einer getrennten Aufstellung bestimmt sind, weil, wie wir das bei einer anderen Gelegenheit sehen werden, die getrennten Aufstellungen meistens von dem Begriff und den Bedürfnissen eines Ganzen ausgehen.

Es würde daher, strenge genommen, die Strategie die bleibende Verbindung der Waffen nur für die Korps oder, wo diese nicht stattfinden, für die Divisionen fordern und sich bei den Gliedern einer niedrigeren Ordnung die augenblickliche Verbindung nach dem Bedürfnis gefallen lassen.

Man sieht aber wohl, daß die Korps, wenn sie beträchtlich, d. h. 30 bis 40000 Mann stark werden, sich selbst selten in dem Fall einer ungeteilten Aufstellung befinden werden. Bei so starken Korps ist also eine Verbindung der Waffen in den Divisionen nötig. Wer den Aufenthalt für nichts halten sollte, den bei eiligen Entsendungen es macht, wenn der Infanterie erst ein Teil Kavallerie von einem anderen, vielleicht ziemlich entfernten Punkt zugewiesen werden soll, von den Verwirrungen, die dabei vorkommen, gar nicht zu reden, dem müßte man geradezu alle Kriegserfahrung absprechen.

Die genauere Verbindung der drei Waffen, wie weit sie gehen, wie innig sie stattfinden, welche Verhältnisse beobachtet werden, welche Reserve von jeder übrig bleiben soll – alles das sind rein taktische Gegenstände.

3. Die Aufstellung. Die Bestimmung, nach welchen räumlichen Verhältnissen untereinander in der Schlachtordnung die Teile eines Heeres aufgestellt werden sollen, ist gleichfalls völlig taktisch und bezieht sich allein auf die Schlacht. Zwar gibt es natürlich eine strategische Aufstellung, allein sie hängt fast allein von den Bestimmungen und Bedürfnissen des Augenblicks ab, und dasjenige, was darin rationell ist, liegt nicht mit in der Bedeutung, welche das Wort Schlachtordnung hat; wir werden es daher an einem anderen Ort unter dem Titel Aufstellung des Heeres angeben.

Die Schlachtordnung des Heeres ist also die Einteilung und Aufstellung desselben *in einer zur Schlachtwahl*[1] *geordneten Masse.* Die Teile sind so gefügt, daß sowohl die taktischen als strategischen Forderungen des Augenblicks durch Verwendung einzelner aus dieser Masse herausgenommener Teile leicht befriedigt werden können. Hört das Bedürfnis des Augenblicks auf, so treten die Teile an ihre Stelle zurück, und so wird die Schlachtordnung die erste Stufe und

1 [2. Auflage: *Schlacht wohl*]

Hauptgrundlage jenes heilsamen Methodismus, der im Kriege wie ein Pendelschlag das Werk regelt, und wovon wir im 4. Kapitel des 2. Buches schon gesprochen haben.

Sechstes Kapitel: Allgemeine Aufstellung des Heeres

Von dem Augenblick der ersten Versammlung der Streitkräfte bis zu dem der reifen Entscheidung, wo die Strategie das Heer auf den entscheidenden Punkt geführt, die Taktik jedem einzelnen Teil seine Stelle und Rolle angewiesen hat, findet sich in den meisten Fällen ein großer Zwischenraum; ebenso von einer entscheidenden Katastrophe zur anderen.

Früher gehörten diese Zwischenräume gewissermaßen gar nicht zum Kriege. Man sehe nur, wie Luxemburg sich lagerte und wie er marschierte. Wir erinnern an diesen Feldherrn, weil er wegen seiner Lager und Märsche berühmt ist, also für den Repräsentanten seiner Zeit gelten kann, und wir aus der Histoire de la Flandre militaire mehr davon wissen als von anderen Feldherren jener Zeit.

Das Lager wurde regelmäßig mit dem Rücken dicht an einem Fluß oder Morast oder tiefen Taleinschnitt genommen, wie man es jetzt für Wahnsinn halten würde. Die Richtung, in der sich der Feind befand, bestimmte dabei so wenig die Fronte, daß die Fälle sehr häufig sind, wo der Rücken dem Feinde, die Fronte dem eigenen Lande zugekehrt war. Dieses jetzt unerhörte Verfahren ist durchaus nur zu begreifen, wenn man bei der Wahl des Lagers die Bequemlichkeit als die Haupt-, ja fast als die einzige Rücksicht betrachtet, also den Zustand im Lager wie einen Zustand außer dem kriegerischen Akt, gewissermaßen hinter der Kulisse, wo man sich nicht geniert. Daß man dabei den Rücken immer dicht an ein Hindernis lehnte, muß für die einzige Sicherheitsmaßregel gelten, die man dabei nahm, freilich im Sinn der damaligen Kriegführung; denn diese Maßregel paßte durchaus nicht auf die Möglichkeit, in einem solchen Lager zu einem Gefecht gezwungen zu werden. Dies war aber auch wenig zu fürchten, weil die Gefechte fast auf einer Art gegenseitigen Übereinkommens beruhten, wie ein Duell, wo man sich auf ein bequemes Rendezvous begibt. Da die Heere teils wegen der zahlreichen Reiterei, welche am Abend ihres Glanzes, besonders bei den Franzosen, noch als die Hauptwaffe betrachtet wurde, teils wegen ihrer unbehilflichen Schlachtordnung nicht in jeder Gegend fechten konnten, so befand man sich in einer durchschnittenen Gegend fast wie im Schutz neutralen Gebietes, und da man von den durchschnittenen Teilen der Gegend selbst wenig Gebrauch machen konnte, so ging man dem zur Schlacht anrückenden Feind lieber entgegen. Wir wissen wohl, daß gerade Luxemburgs Schlachten von Fleurus, Steenkerke und Neerwinden in einem anderen Geiste sind; aber dieser Geist löste sich eben damals unter diesem großen Feldherrn von der früheren Methode, und er hatte noch nicht auf die Methode der Lagerung zurückgewirkt. Die Veränderungen in der Kriegskunst gehen nämlich immer von den entscheidenden Handlungen aus, und durch diese werden nach und nach die übrigen modifiziert. Wie wenig man den Zustand im Lager für den eigentlichen Kriegszustand hielt, beweist der Ausdruck: il va à la guerre, welcher für den Parteigänger üblich war, der auszog, den Feind zu beobachten.

Nicht viel anders war es mit den Märschen, wo sich die Artillerie vom Heer ganz absonderte, um sicherere und bessere Wege zu gehen, und die Flügel der Reiterei gewöhnlich die Plätze wechselten, damit ihnen ja die Ehre des rechten Flügels abwechselnd zuteil werde.

Jetzt, d. h. hauptsächlich seit den Schlesischen Kriegen, ist der Zustand außer dem Gefecht so sehr mit den Beziehungen des Gefechts durchdrungen, daß sie in der allerinnigsten Wechselwirkung stehen, so daß einer ohne den anderen gar nicht mehr vollständig gedacht werden kann. War sonst im Feldzuge das Gefecht die eigentliche Waffe und der Zustand außer dem Gefecht nur das Heft, jenes die stählerne Klinge, dieses der hölzerne angeleimte Stiel, das Ganze also aus heterogenen Teilen zusammengesetzt: so ist jetzt das Gefecht als die Schneide, der Zustand außer dem Gefecht als der Rücken der Waffe, das Ganze als ein wohl zusammengeschweißtes Metall zu betrachten, in dem man nicht mehr unterscheidet, wo der Stahl anfängt und das Eisen aufhört.

Dieses Dasein im Kriege außer dem Gefecht wird nun jetzt teils durch die Einrichtungen und Dienstordnungen des Heeres, welche dasselbe aus dem Frieden mitgebracht hat, bestimmt, teils durch die taktischen und strategischen Anordnungen des Augenblicks. Die drei Zustände, in welchen die Streitkräfte sich befinden können, sind Quartiere, Marsch und Lager. Alle drei gehören ebensowohl der Taktik als der Strategie zu, und beide, die hier vielfältig aneinander grenzen, scheinen oft ineinander zu greifen oder tun es auch wirklich, so daß manche Anordnungen zu gleicher Zeit als taktisch und strategisch angesehen werden können.

Wir wollen von jenen drei Formen des Daseins außer dem Gefecht im allgemeinen sprechen, ehe sich noch besondere Zwecke daran anknüpfen; deswegen müssen wir aber zuvor die allgemeine Aufstellung der Streitkräfte betrachten, weil diese für Lager, Quartiere und Märsche eine höhere, umfassendere Anordnung ist.

Betrachten wir die Aufstellung der Streitkräfte allgemein, d. i. ohne besondere Zwecke, so können wir sie nur als Einheit, nämlich nur *als ein zum gemeinschaftlichen Schlagen bestimmtes Ganze* denken, denn jede Abweichung von dieser einfachsten Form würde schon einen besonderen Zweck voraussetzen. So entsteht also der Begriff eines Heeres, wie klein oder groß dasselbe auch sein mag.

Ferner, wo alle besonderen Zwecke noch fehlen, tritt als einziger Zweck hervor die *Erhaltung,* folglich auch die *Sicherheit* des Heeres. Daß das Heer ohne besonderen Nachteil bestehe, und daß es ohne besonderen Nachteil sich vereinigt schlagen könne, sind also die beiden Bedingungen. Aus diesen ergeben sich in näherer Anwendung auf die das Dasein und die Sicherheit des Heeres betreffenden Gegenstände folgende Rücksichten:

1. Die Leichtigkeit der Verpflegung.
2. Die Leichtigkeit der Unterbringung der Truppen.
3. Ein gesicherter Rücken.
4. Ein freier Landstrich vor sich.
5. Die Stellung selbst in einem durchschnittenen[1].
6. Strategische Anlehnungspunkte.
7. Zweckmäßige Teilung.

Unsere Erläuterungen über diese einzelnen Punkte sind folgende. Die beiden ersten veranlassen das Aufsuchen kultivierter Landstriche und großer Städte und Straßen. Sie entscheiden mehr für das Allgemeine als das Besondere.

Was wir unter einem gesicherten Rücken verstehen, geht aus dem Kapitel über die Verbindungslinien hervor. Das Nächste und Wichtigste dabei ist die senkrechte Aufstellung auf die Richtung, welche die Hauptrückzugsstraße in der Nähe der Aufstellung hat.

Was den vierten Punkt betrifft, so kann freilich eine Armee nicht einen Landstrich übersehen, wie bei der taktischen Aufstellung zur Schlacht sie ihre Fronte übersieht. Aber die strategischen Augen sind die Avantgarde, die vorgeschickten Haufen, Spione usw., und diesen wird die Beobachtung natürlich in einem offenen Landstrich leichter

1 [2. Auflage ergänzt: Boden]

als in einem durchschnittenen. Der fünfte Punkt ist die bloße Kehrseite des vierten.

Die strategischen Anlehnungspunkte unterscheiden sich von den taktischen durch zwei Eigenschaften; nämlich daß sie das Heer nicht unmittelbar zu berühren brauchen, und daß sie von der anderen Seite eine viel größere Ausdehnung haben müssen. Der Grund ist, weil nach der Natur der Sache die Strategie sich überhaupt in größeren Raum- und Zeitverhältnissen bewegt als die Taktik. Wenn also eine Armee sich in der Entfernung einer Meile von der Küste oder den Ufern eines sehr beträchtlichen Stromes aufstellt, so lehnt sie sich strategisch an diese Gegenstände, denn der Feind wird nicht imstande sein, diesen Raum zu einer strategischen Umgehung zu benutzen. Er wird sich nicht tage- und wochenlang, und meilen- und märscheweit in diesen Raum hineinbegeben. Von der anderen Seite ist für die Strategie ein See von einigen Meilen Umfang kaum als ein Hindernis anzusehen; bei ihren Wirkungsarten kommt es auf einige Meilen rechts oder links selten an. Festungen werden in dem Maße ein strategischer Stützpunkt, als sie größer sind und eine weitere Wirkungssphäre ihrer Offensivunternehmungen haben[1].

Die geteilte Aufstellung des Heeres richtet sich entweder nach besonderen Zwecken und Bedürfnissen oder nach allgemeinen, nur von den letzteren kann hier die Rede sein.

Das erste allgemeine Bedürfnis ist das Vorschieben der Avantgarde mit anderen zur Beobachtung des Feindes erforderlichen Haufen.

Das zweite ist, daß bei sehr großen Armeen gewöhnlich auch die Reserven mehrere Meilen weit zurückgestellt werden und also zu einer geteilten Aufstellung führen.

Endlich erfordert die Deckung der beiden Flügel des Heeres gewöhnlich besonders aufgestellte Korps.

Unter dieser Deckung ist nicht etwa zu verstehen, daß ein Teil der Armee genommen werde, um den Raum auf ihrem Flügel zu verteidigen, damit dieser sogenannte schwache Punkt dem Feinde unzugänglich werde; wer würde dann den Flügel des Flügels verteidigen? Diese Vorstellungsart, die so gemein ist, ist völliger Unsinn. Die Flügel an und für sich sind keine schwachen Teile eines Heeres, aus dem Grunde, weil das feindliche auch Flügel hat und die unserigen nicht in Gefahr bringen kann, ohne die seinigen derselben Gefahr auszusetzen. Erst wenn die Umstände ungleich werden, wenn das feindliche

1 [2. Auflage: Wirkungssphäre haben]

Heer uns überlegen ist, wenn die feindlichen Verbindungen stärker sind als die unserigen (siehe Verbindungslinie), erst dann werden die Flügel schwächere Teile; von diesen besonderen Fällen aber ist hier nicht die Rede, also auch nicht von dem Fall, wo ein Flügelkorps in Verbindung mit anderen Kombinationen bestimmt ist, den Raum auf unserem Flügel wirklich zu verteidigen, denn das gehört nicht mehr in die Klasse allgemeiner Anordnungen.

Aber wenn auch die Flügel nicht besonders *schwache* Teile sind, so sind sie doch besonders *wichtige,* weil hier wegen der Umgehungen der Widerstand nicht mehr so einfach ist als in der Fronte, die Maßregeln verwickelter werden und mehr Zeit und Vorbereitungen erfordern. Aus diesem Grunde ist es in der Allgemeinheit der Fälle immer nötig, die Flügel besonders vor unvorhergesehenen Unternehmungen des Feindes zu schützen, und dies geschieht, wenn stärkere Massen, als zur bloßen Beobachtung nötig wären, auf den Flügeln aufgestellt werden. Diese Massen zu verdrängen, wenn sie auch keinen ernstlichen Widerstand leisten, erfordert um so mehr Zeit und eine um so größere Entwicklung der feindlichen Kräfte und Absichten, je größer sie sind; und damit ist der Zweck erreicht: was weiter geschehen soll, schließt sich an die besonderen Pläne des Augenblikkes an. Man kann daher die auf den Flügeln befindlichen Korps als Seitenavantgarden betrachten, welche das Vordringen des Feindes in den über unseren Flügeln hinausliegenden Raum verzögern und uns Zeit verschaffen, Gegenanstalten zu treffen.

Sollen sich diese Korps auf die Hauptarmee zurückziehen, und diese nicht zugleich eine rückgängige Bewegung machen, so folgt von selbst, daß sie nicht in gleicher Linie mit derselben aufgestellt, sondern etwas vorgeschoben werden müssen, weil ein Rückzug auch selbst da, wo er angetreten wird, ohne sich in ein ernsthaftes Gefecht einzulassen, doch nicht ganz zur Seite der Aufstellung fallen darf.

Es entsteht also aus diesen inneren Gründen zu einer geteilten Aufstellung ein natürliches System von vier oder fünf abgesonderten Teilen, je nachdem die Reserve beim Hauptteil bleibt oder nicht.

So wie die Verpflegung und Unterbringung der Truppen bei der Aufstellung überhaupt mit entscheiden, so tragen diese beiden Gegenstände auch zur geteilten Aufstellung bei. Die Berücksichtigung beider tritt mit den oben entwickelten Gründen zusammen, man sucht der einen zu genügen, ohne der anderen zu viel zu vergeben. In den meisten Fällen werden durch die Teilung in fünf abgesonderte Korps die Schwierigkeiten des Unterkommens und der Verpflegung schon behoben sein, und durch diese Rücksicht keine großen Veränderungen nötig werden.

Wir haben jetzt noch einen Blick auf die Entfernungen zu werfen, welche diesen abgesonderten Haufen gegeben werden können, wenn die Absicht einer gegenseitigen Unterstützung, also eines gemeinschaftlichen Schlagens, dabei stattfinden soll. Wir erinnern hier an das, was in den Kapiteln von der Dauer und Entscheidung des Gefechts gesagt ist, wonach sich keine absolute Bestimmung geben läßt, weil absolute und relative Stärke, Waffen und Gegend einen sehr großen Einfluß haben, sondern nur das Allgemeinste, gleichsam eine Durchschnittssumme.

Die Entfernung der Avantgarde bestimmt sich am leichtesten; da sie auf ihrem Rückzug auf die Armee trifft, so kann ihre Entfernung allenfalls bis zu einem starken Tagemarsche betragen, ohne daß sie zu einer abgesonderten Schlacht gezwungen werden könnte. Man wird sie aber nicht weiter vorschieben, als die Sicherheit des Heeres erfordert, weil sie um so mehr leidet, je weiter sie sich zurückziehen muß.

Was die Seitenkorps betrifft, so pflegt, wie wir schon gesagt haben, das Gefecht einer gewöhnlichen Division von 8 bis 10000 Mann stets mehrere Stunden, ja bis einen halben Tag zu dauern, ehe es entschieden ist; darum trägt man kein Bedenken, eine solche Division einige Stunden, also 1 bis 2 Meilen von sich entfernt aufzustellen, und nach eben den Gründen können Korps von 3 bis 4 Divisionen füglich einen Tagemarsch, also 3 bis 4 Meilen entfernt werden.

Es wird also aus dieser in der Natur der Sache gegründeten allgemeinen Aufstellung der Hauptmacht in vier bis fünf Teilen und bei den gegebenen Entfernungen ein gewisser Methodismus entstehen, welcher maschinenmäßig das Heer verteilt, sooft nicht besondere Zwecke entscheidender eingreifen.

Aber ob wir gleich voraussetzen, daß jeder dieser voneinander getrennten Teile zu einem für sich bestehenden Gefecht geeignet sei, und daß er in die Notwendigkeit eines solchen kommen könne, so folgt daraus doch keineswegs, daß es *die eigentliche Absicht* der getrennten Aufstellung sei, sich getrennt zu schlagen; die Notwendigkeit dieser getrennten Aufstellung ist meistens nur eine Bedingung des Daseins[1], welche durch die Zeit gebildet wird. Nähert sich der Feind, um durch ein allgemeines Gefecht zu entscheiden, so ist die strategische Dauer

1 [2. Auflage: Subsistenz]

vorüber, es schwindet[1] alles in dem einen Moment der Schlacht zusammen, und damit endigen und verschwinden die Zwecke der geteilten Aufstellung. Wenn die Schlacht sich eröffnet, so hört die Rücksicht auf Quartier und Verpflegung auf; die Beobachtung des Feindes auf Front und Seiten und die Verminderung seiner Schnellkraft durch einen mäßigen Gegendruck hat sich erfüllt, und es wendet sich nun alles zu der großen Einheit der Hauptschlacht hin. Ob dem so sei, die Verteilung nur als die Bedingung, als das notwendige Übel, vereintes Schlagen aber als der Zweck der Aufstellung gedacht worden, ist das beste Kriterium von ihrem Werte.

Siebentes Kapitel: Avantgarde und Vorposten

Es gehören diese beiden Gegenstände zu denjenigen, in welche die taktischen und die strategischen Fäden gemeinschaftlich hineinlaufen. Auf der einen Seite muß man sie zu den Anordnungen zählen, welche dem Gefecht seine Gestalt geben und die Ausführung der taktischen Entwürfe sichern, anderenteils veranlassen sie häufig selbständige Gefechte und sind durch ihre von dem Hauptkorps mehr oder weniger entfernte Aufstellung als Glieder in der strategischen Kette zu betrachten, und eben diese Aufstellung ist es, welche uns veranlaßt, zur Ergänzung des vorigen Kapitels einen Augenblick bei ihnen zu verweilen.

Jede Truppe, welche nicht vollkommen schlachtfertig ist, bedarf einer Vorhut, um des Feindes Anrücken zu erfahren und zu erforschen, bevor sie ihn selbst ansichtig wird, denn der Gesichtskreis reicht in der Regel nicht viel weiter als der Wirkungskreis der Waffen. Was wäre aber ein Mensch, dessen Augen nicht weiter reichten als seine Arme? Die Vorposten sind die Augen des Heeres, hat man schon früher gesagt. Aber das Bedürfnis ist nicht immer dasselbe, es hat seine Grade. Stärke und Ausdehnung, Zeit, Ort, Umstände, Kriegsart, ja der Zufall hat Einfluß darauf, und so können wir uns nicht wundern, wenn der Gebrauch von Avantgarde und Vorposten in der Kriegsgeschichte nicht in bestimmten und einfachen Umrissen, sondern in einer Art Unordnung der mannigfaltigsten Fälle erscheint.

Bald sehen wir die Sicherheit des Heeres einem bestimmten Korps der Avantgarde anvertraut, bald einer langen Linie einzelner Vorposten; bald findet sich beides zusammen, bald ist weder von dem einen

1 [2. Auflage: zieht sich]

noch dem anderen die Rede; bald ist die Avantgarde den vorrückenden Kolonnen gemeinschaftlich, bald hat jede ihre eigene. Wir wollen versuchen, uns den Gegenstand klar vorzustellen und dann sehen, ob er sich auf wenige Grundsätze für die Anwendung zurückführen läßt.

Ist die Truppe in Bewegung, so bildet ein mehr oder weniger starker Haufe ihre Vorhut, nämlich die Avantgarde, welche, im Fall die Bewegung rückwärts geschieht, zur Arrieregarde wird. Ist die Truppe in Quartieren oder Lagern, so bildet eine ausgedehnte Linie schwacher Posten ihre Vorhut, *die Vorposten.* Es liegt nämlich in der Natur der Dinge, daß beim Stehen ein größerer Raum gedeckt werden kann und gedeckt werden muß als bei der Bewegung, so daß also in dem einen Fall der Begriff einer Postenlinie, in dem anderen der eines vereinigten Korps von selbst entsteht.

Die Avantgarde sowohl wie die Vorposten haben ihre Grade innerer Stärke von einem aus allen Waffen zusammengesetzten beträchtlichen Korps bis zu einem Husarenregiment, und von einer starken und verschanzten, aus allen Waffen bestehenden Verteidigungslinie bis zu bloßen aus dem Lager vorgesandten Feldwachen und Piketts. Die Wirkungen solcher Vorhut gehen also von der bloßen Beobachtung zum Widerstand über, und dieser Widerstand ist nicht nur geeignet, dem Korps die Zeit zu verschaffen, welche es braucht, um sich schlachtfertig zu machen, sondern auch des Feindes Maßregeln und Absichten zu einer früheren Entwicklung zu bringen, folglich die Beobachtung bedeutend zu steigern.

Je nachdem also eine Truppe mehr oder weniger Zeit braucht, je nachdem ihr Widerstand mehr oder weniger auf die besonderen Anordnungen des Feindes berechnet sein und danach eingerichtet werden soll, um so mehr bedarf sie einer stärkeren Avantgarde und stärkerer Vorposten.

Friedrich der Große, welcher der schlachtfertigste[1] aller Feldherren genannt werden kann, und welcher sein Heer fast mit dem bloßen Kommandowort in die Schlacht führte, bedurfte keiner starken Vorposten. Wir sehen ihn daher sich stets dicht unter die Augen des Feindes lagern und hier durch ein Husarenregiment, dort durch ein Freibataillon oder durch Feldwachen und Piketts, welche aus dem Lager gegeben werden, für seine Sicherheit ohne großen Apparat sorgen. Bei den Märschen bildeten einige tausend Pferde, meistens zur Flügelreiterei des ersten Treffens gehörig, die Avantgarde, die

---

1 [2. Auflage: schlagfertigste]

nach Beendigung des Marsches wieder ins Heer einrückten. Selten kommt der Fall eines bleibenden Korps der Avantgarde vor.

Wo ein kleines Heer immer mit dem Gewicht seiner ganzen Masse und mit großer Schnellkraft handeln, seine größere Ausbildung und entschlossenere Führung geltend machen will, da muß, wie bei Friedrich dem Großen gegen Daun, fast alles sous la barbe de l'ennemi geschehen. Eine zurückgehaltene Aufstellung, ein umständliches Vorpostensystem würde seine Überlegenheit ganz unwirksam machen. Daß Fehler und Übertreibung einmal zur Schlacht von Hochkirch führen können, beweist nichts gegen das Verfahren, vielmehr muß man des Königs Meisterschaft darin erkennen, eben deswegen, weil es in allen Schlesischen Kriegen nur eine Schlacht von Hochkirch gibt.

Bonaparte aber, dem es doch wahrlich nicht an einem taktfesten Heer und nicht an Entschlossenheit fehlte, sehen wir fast überall mit einer starken Avantgarde vorrücken. Zwei Ursachen veranlaßten dies.

Die erste liegt in der Veränderung der Taktik. Man führt das Heer nicht mehr als ein einfaches Ganze mit dem bloßen Kommandowort in die Schlacht, um die Sache mit mehr oder weniger Gewandtheit und Tapferkeit wie ein großes Duell abzumachen, sondern man paßt seine Streitkräfte den Eigentümlichkeiten des Bodens und der Umstände mehr an, macht aus der Schlachtordnung und folglich aus der Schlacht ein mehrgliedriges Ganze, woraus denn folgt, daß aus dem einfachen Entschluß ein zusammengesetzter Plan und aus dem Kommandowort eine mehr oder weniger lange Disposition wird. Dazu gehören Zeit und Data.

Die zweite Ursache liegt in dem großen Umfange der neueren Heere. Friedrich führte 30 bis 40000 Mann in die Schlacht, Bonaparte 1 bis 200000.

Wir haben diese beiden Beispiele gewählt, weil man von solchen Feldherren voraussetzen konnte, daß sie eine durchgreifende Verfahrungsweise nicht ohne Grund angenommen haben werden. Im ganzen hat sich der Gebrauch der Avantgarde und der Vorposten in der neueren Zeit überhaupt mehr ausgebildet: daß aber in den Schlesischen Kriegen nicht alle verfuhren wie Friedrich der Große, sehen wir an den Österreichern, die ein viel stärkeres Vorpostensystem hatten und viel häufiger ein Korps der Avantgarde vorschoben, wozu sie durch ihre Lage und Verhältnisse hinreichend veranlaßt waren. Ebenso finden sich in den neuesten Kriegen Verschiedenheiten genug. Selbst die französischen Marschälle, Macdonald in Schlesien, Oudinot und Ney in der Mark, rücken mit 60 bis 70000 Mann starken Heeren vor, ohne daß wir von einem Korps der Avantgarde lesen. –

Wir haben bis jetzt von Avantgarden und Vorposten nach den Graden ihrer Stärke gesprochen, es besteht aber noch ein anderer Unterschied, über den wir mit uns ins reine kommen müssen. Es kann nämlich ein Heer, wenn es in einer gewissen Breite vor- oder zurückgeht, eine für alle nebeneinandergehenden Kolonnen gemeinschaftliche Vor- und Nachhut haben oder für jede Kolonne eine besondere. Um hier zu klaren Vorstellungen zu kommen, müssen wir uns die Sache auf folgende Art denken.

Im Grunde ist die Avantgarde, wenn es ein Korps gibt, welches diesen Namen besonders führt, nur für die Sicherheit der in der Mitte vorgehenden Hauptmacht bestimmt. Geht diese auf mehreren, nahe beieinanderliegenden Wegen vor, welche durch diese Korps der Avantgarde füglich auch genommen und folglich gedeckt werden können, so bedürfen die Seitenkolonnen natürlich keiner besonderen Deckung.

Diejenigen Korps aber, welche in größeren Entfernungen als wirklich abgesonderte Korps vorgehen, müssen für ihre Vorhut selbst sorgen. Auch diejenigen Korps der in der Mitte befindlichen Hauptmacht, welche sich der zufälligen Lage der Wege nach zu weit von der Mitte entfernt befinden, kommen in denselben Fall. Es werden also soviel Avantgarden entstehen, in wieviel getrennten Massen das Heer nebeneinander vorrückt; ist nun jede viel schwächer als eine gemeinschaftliche sein würde, so wird sie mehr in die Reihe der übrigen taktischen Anordnungen zurücktreten, und in dem strategischen Tableau die Avantgarde ganz fehlen. Hat aber die Hauptmasse in der Mitte ein viel größeres Korps zu seiner Vorhut, so wird dies als Avantgarde des Ganzen erscheinen und es auch in vieler Beziehung sein.

Was kann aber die Veranlassung sein, der Mitte eine so viel stärkere Vorhut zu geben als den Flügeln? Folgende drei Gründe:

1. Weil in der Mitte gewöhnlich eine stärkere Truppenmasse vorgeht.
2. Weil offenbar von dem Landstrich, welchen ein Heer seiner Breite nach einnimmt, der Mittelpunkt als solcher immer der wichtigste Teil bleibt, denn alle Entwürfe beziehen sich am meisten auf ihn, und darum ist auch das Schlachtfeld ihm gewöhnlich näher gelegen als den Flügeln.
3. Weil ein in der Mitte vorgeschobenes Korps, wenn es die Flügel

auch nicht als eine wahre Vorhut unmittelbar sichern kann, doch mittelbar sehr viel zu ihrer Sicherheit beiträgt. Der Feind kann nämlich in gewöhnlichen Fällen einem solchen Korps in einer gewissen Entfernung nicht vorbeigehen, um gegen einen der Flügel etwas Bedeutendes zu unternehmen, weil er einen Anfall in Flanke und Rücken fürchten müßte. Ist dieser Zwang, welchen das in der Mitte vorgeschobene Korps dem Gegner antut, auch nicht hinreichend, um darauf die völlige Sicherheit des Seitenkorps zu bauen, so ist er doch geeignet, eine Menge von Fällen zu beseitigen, die nun von dem Seitenkorps nicht mehr zu fürchten sind.

Die Vorhut der Mitte also, wenn sie viel stärker ist als die Vorhut der Flügel, d. h. in ein besonderes Korps der Avantgarde besteht, hat nicht mehr die einfache Bestimmung einer Vorhug, die dahinterstehenden Truppen vor einem Überfall zu sichern, sondern sie wirkt als ein vorgeschobenes Korps in allgemeineren strategischen Beziehungen.

Der Nutzen eines solchen Korps läßt sich auf folgende Zwecke zurückführen, welche also auch seine Anwendung bestimmen:

1. In Fällen, wo unsere Anordnungen viel Zeit erfordern, einen stärkeren Widerstand zu gewähren, das Vordringen des Feindes behutsamer zu machen, also die Wirkungen einer gewöhnlichen Vorhut zu steigern.
2. Wenn die Hauptmasse der Truppen sehr zahlreich ist, diese unbehilfliche Hauptmasse etwas mehr zurückhalten zu können und mit einem beweglichen Korps in des Feindes Nähe zu bleiben.
3. Wenn auch andere Gründe uns nötigen, mit der Hauptmasse in beträchtlicher Entfernung vom Feinde zu bleiben, ein Korps in dessen Nähe zu seiner Beobachtung zu haben.

   Der Gedanke, als könnte ein schwacher Beobachtungsposten, ein bloßer Parteigänger zu dieser Beobachtung ebensogut dienen, widerlegt sich, wenn man bedenkt, wie leicht ein solcher vertrieben ist, und wie gering, im Vergleich mit einem großen Korps, auch seine Mittel zur Beobachtung sind.
4. Beim Verfolgen des Feindes. Mit einem bloßen Korps der Avantgarde, welchem der größte Teil der Kavallerie beizugeben ist, kann man sich schneller bewegen, des Abends später auf dem Platz, des Morgens früher bei der Hand sein als mit dem Ganzen.
5. Endlich beim Rückzug als Arrieregarde, um zur Verteidigung der Hauptabschnitte des Bodens gebraucht zu werden. Auch in diesem

Verhältnis ist das Zentrum vorzüglich wichtig. Auf den ersten Anblick scheint es zwar, als wenn eine solche Arrieregarde stets in Gefahr wäre, von den Flügeln her umgangen zu werden. Allein man muß nicht vergessen, daß der Feind, wenn er auch auf den Flügeln schon etwas weiter vorgedrungen sein sollte, von da her immer noch den Weg zur Mitte zurückzulegen hat, wenn er dieser wirklich gefährlich werden will, daß also die Arrieregarde der Mitte darum immer um etwas länger standhalten und in der Bewegung zurückbleiben darf. Dagegen wird es gleich bedenklich, wenn die Mitte schneller ausweicht als die Flügel; es gewinnt gleich das Ansehen des Zersprengens, und dieses Ansehen ist an sich schon sehr zu fürchten. Niemals ist das Bedürfnis der Vereinigung, des Zusammenhaltens stärker vorhanden, und niemals wird es lebhafter von jedermann gefühlt als bei Rückzügen. Die Bestimmung der Flügel ist, in letzter Instanz doch wieder zur Mitte zu stoßen, und wenn Unterhalt und Wege nötigen, in einer beträchtlichen Breite zurückzugehen, so endigt die Bewegung doch gewöhnlich mit einer vereinigten Aufstellung in der Mitte. Nehmen wir zu diesen Betrachtungen noch die, daß der Feind doch gewöhnlich in der Mitte mit seiner Hauptstärke und mit dem Hauptnachdruck vorgeht, so müssen wir einsehen, daß die Arrieregarde der Mitte von besonderer Wichtigkeit ist.

Hiernach wird also das Vorschieben eines besonderen Korps der Avantgarde in allen den Fällen angemessen, wo eine der obigen Beziehungen eintritt. Sie fallen fast alle weg, wenn die Mitte nicht stärker an Truppen ist als die Flügel, wie z. B. Macdonald, als er 1813 in Schlesien gegen Blücher vorging, und dieser, als er sich gegen die Elbe bewegte. Beide hatten 3 Korps, die gewöhnlich in 3 Kolonnen auf verschiedenen Straßen nebeneinander zogen. Daher wird bei ihnen auch keine Avantgarde namhaft.

Aber diese Anordnung in drei gleich starken Kolonnen ist zum Teil auch darum nichts weniger als empfehlungswert, so wie denn für ein ganzes Heer die Einteilung in 3 Teile sehr unbeholfen ist, wie wir das im 5. Kapitel des 3. Buches gesagt haben.

Bei der Aufstellung des Ganzen in der Mitte mit zwei davon getrennten Flügeln, welche wir im vorigen Kapitel als die natürlichste dargestellt haben, solange es noch an besonderen Bestimmungen fehlt, wird das Korps der Avantgarde der einfachsten Idee nach sich vor der Mitte und also auch vor der Linie der Flügel befinden; da aber die Seitenkorps im Grunde ähnliche Bestimmungen für die Seiten haben wie die Avantgarde für die Fronte, so wird es sich sehr häufig zutragen, daß jene sich mit derselben in einer Linie befinden oder auch wohl gar noch weiter vorgeschoben sind, wie die besonderen Umstände es veranlassen.

Was die Stärke der Avantgarde betrifft, so ist wenig darüber zu sagen, da es jetzt mit Recht allgemeiner Gebrauch ist, eins oder mehrere der Glieder erster Ordnung, in welchen das Ganze geteilt ist, dazu zu nehmen und mit einem Teil der Kavallerie zu verstärken; also ein Korps, wenn das Heer in Korps, eine Division oder mehrere, wenn es in Divisionen geteilt ist.

Daß auch in dieser Beziehung die größere Zahl der Glieder ein Vorteil ist, sieht man leicht ein.

Die Entfernung, in welcher die Avantgarde vorgeschoben werden soll, hängt durchaus von den Umständen ab; es kann Fälle geben, wo sie mehr als einen Tagemarsch von der Hauptmasse entfernt, und andere, wo sie dicht vor derselben steht. Wenn wir sie in der großen Mehrheit der Fälle zwischen 1 und 3 Meilen Entfernung finden, so beweist dies allerdings, daß das Bedürfnis diese Entfernung am häufigsten fordert, ohne daß man daraus eine Regel machen kann, von der ausgegangen werden müßte.

Wir haben bei unserer bisherigen Betrachtung die *Vorposten* ganz aus den Augen verloren und müssen also noch einmal darauf zurückkommen.

Wenn wir anfangs gesagt haben: die Vorposten entsprechen der stehenden Truppe, die Avantgarde der im Marsch begriffenen, so war es, um die Begriffe auf ihre Entstehung zurückzuführen und vorläufig zu sondern; es ist aber klar, daß man wenig mehr als eine pedantische Unterscheidung gewinnen würde, wenn man sich streng an die Worte halten wollte.

Wenn ein im Marsch begriffenes Heer abends Halt macht, um morgens weiterzuziehen, so muß freilich auch die Avantgarde dies tun und muß jedesmal Posten zur Sicherheit für sich und das Ganze ausstellen, ohne daß sie darum aus einer Avantgarde sich in bloße Vorposten verwandelt. Sollen die letzteren als ein dem Begriff einer Avantgarde Entgegenstehendes betrachtet werden, so kann es nur da geschehen, wo sich die Hauptmasse der zur Vorhut bestimmten Truppe in einzelne Posten auflöst und ein Geringes oder gar nichts als vereinigtes Korps übrigbleibt, wo also der Begriff einer langen Postenlinie vor dem eines vereinigten Korps vorherrscht.

Je kürzer die Zeit der Ruhe ist, um so weniger vollkommen braucht die Deckung zu sein; von einem Tage zum anderen hat der Feind gar nicht einmal Gelegenheit, zu erfahren, was gedeckt ist und nicht. Je länger die Ruhe dauert, um so vollkommener muß die Beobachtung und Deckung aller Zugangspunkte werden. In der Regel wird also die Vorhut bei längerem Halt sich immer mehr und mehr in einer Postenlinie ausdehnen. Ob sie ganz darin übergehen, oder ob der Begriff eines vereinigten Korps vorherrschend bleiben soll, hängt hauptsächlich von zwei Umständen ab. Der erste ist die Nähe der gegenseitigen Heere, der zweite die Natur der Gegend.

Sind die Heere im Verhältnis zu ihrer Breitenausdehnung einander sehr nahe, so wird oft ein Korps der Avantgarde zwischen beide nicht mehr gestellt werden können, und sie werden ihre Sicherheit bloß durch eine Reihe von kleinen Posten erhalten können.

Überhaupt braucht ein vereinigtes Korps, da es die Zugänge weniger unmittelbar deckt, mehr Zeit und Raum zu seiner Wirksamkeit, und es wird also in Fällen, wo das Heer eine sehr große Breite einnimmt, wie bei Quartieren, schon eine beträchtliche Entfernung vom Feinde erforderlich, wenn ein vereinigt stehendes Korps die Zugänge sichern soll; daher z. B. Winterquartiere meistens durch einen Vorpostenkordon gedeckt worden sind.

Der zweite Umstand ist die Natur der Gegend; wo nämlich ein starker Bodeneinschnitt Gelegenheit gibt, mit wenig Kräften eine starke Postenlinie zu bilden, da wird man ihn nicht unbenutzt lassen.

Endlich kann auch bei Winterquartieren die Strenge der Jahreszeit Veranlassung werden, das Korps der Avantgarde in eine Postenlinie aufzulösen, weil das Unterkommen desselben dadurch erleichtert wird.

Am vollkommensten ausgebildet findet sich der Gebrauch einer verstärkten Vorpostenlinie bei dem englich-holländischen Heer in den Niederlanden in dem Winterfeldzug von 1794 bis 1795, wo die Verteidigungslinie aus Brigaden von allen Waffen in einzelnen Posten gebildet und durch eine Reserve unterstützt wurden. Scharnhorst, der sich bei dieser Armee befand, hat diesen Gebrauch im Jahr 1807 in Ostpreußen bei der preußischen Armee an der Passarge eingeführt. Sonst ist er aber in den neueren Zeiten wenig vorgekommen, hauptsächlich weil die Kriege zu bewegungsreich waren. Aber auch da, wo sich die Gelegenheit dazu fand, ist er versäumt worden, wie z. B. von seiten Murats bei Tarutino. Eine längere Ausdehnung seiner Verteidigungslinie würde ihn nicht in den Fall gesetzt haben, in einem Vorpostengefecht einige dreißig Kanonen einzubüßen.

Es ist nicht zu leugnen, wo es Umstände mit sich bringen, aus diesem Mittel große Vorteile gezogen werden können, wovon wir bei anderen Gelegenheiten noch zu sprechen denken.

Achtes Kapitel: Wirkungsart vorgeschobener Korps

Wir haben eben gesehen, wie die Sicherheit des Heeres von den Wirkungen erwartet wird, welche die Avantgarde und Seitenkorps auf den vordringenden Feind hervorbringen. Diese Korps sind immer als sehr schwach zu betrachten, sobald man sie sich als im Konflikt mit dem feindlichen Hauptheer denkt, und es bedarf daher einer eigenen Entwicklung, wie sie ihre Bestimmung erfüllen können, ohne daß von jenem Mißverhältnis der Stärke bedeutende Verluste zu befürchten sind.

Die Bestimmung dieser Korps ist die Beobachtung des Feindes und die Verzögerung seines Vorrückens.

Schon für den ersten Zweck würde ein kleiner Haufen niemals dasselbe leisten; teils weil er leichter vertrieben ist, teils weil seine Mittel, d. i. seine Augen, nicht so weit reichen.

Aber das Beobachten soll auch einen höheren Grad haben; der Feind soll sich vor solchen Korps in seiner ganzen Stärke entwickeln und dabei nicht bloß seine Stärke, sondern auch seine Pläne deutlicher werden lassen.

Hierzu würde ihr bloßes Dasein hinreichen, und sie hätten nur nötig, die Anstalten, welche der Feind zu ihrer Vertreibung macht, abzuwarten und dann ihren Rückzug anzutreten.

Aber sie sollen auch das Vorrücken des Feindes verzögern; dazu gehört schon eigentlicher Widerstand.

Wie läßt sich nun sowohl dieses Abwarten bis auf den letzten Augenblick als dieser Widerstand denken, ohne daß ein solches Korps dabei in beständiger Gefahr großer Verluste sei? Hauptsächlich dadurch, daß der Feind auch mit einer vorgeschobenen Avantgarde anrückt und folglich nicht gleich mit der überflügelnden und überwältigenden Gewalt des Ganzen. Ist nun auch diese Avantgarde schon von Hause aus unserem vorgeschobenen Korps überlegen, wie sie denn natürlich dazu eingerichtet wird, und ist auch das feindliche Heer derselben näher als wir der unserigen und, weil es schon im Anzug begriffen ist, auch bald zur Stelle, um den Angriff seiner Avantgarde mit aller Macht zu unterstützen, so gibt doch dieser erste Abschnitt, wo unser vorgeschobenes Korps es mit der feindlichen Avantgarde, also ungefähr mit seinesgleichen zu tun hat, schon einigen Zeitgewinn und die Fähigkeit, das Anrücken des Gegners einige Zeit zu beobachten, ohne seinen eigenen Rückzug in Gefahr zu bringen.

Aber selbst einiger Widerstand, welchen ein solches Korps in einer dazu geeigneten Stellung tut, bringt nicht allen Nachteil, welchen man in Rücksicht auf das Mißverhältnis der Macht in anderen Fällen erwarten könnte. Die Hauptgefahr beim Widerstand gegen einen überlegenen Feind liegt immer in der Möglichkeit, umgangen und durch einen umfassenden Angriff in großen Nachteil gebracht zu werden; diese ist aber in solcher Lage meistens sehr gemindert, weil der Vorrückende niemals recht weiß, wie nahe eine Unterstützung von dem Heere selbst sich findet und also seine abgeschickten Kolonnen selbst zwischen zwei Feuer bringen könnte. Die Folge ist, daß der Vorrückende mit seinen einzelnen Kolonnen immer ziemlich in gleicher Höhe bleibt und erst dann, wenn er die Lage seines Gegners genau durchforscht hat, anfängt, mit Vorsicht und Behutsamkeit den einen oder anderen Flügel zu umgehen. Dieses Herumtasten und diese Behutsamkeit machen es dann dem vorgeschobenen Korps möglich, sich vor dem Eintritt einer wirklichen Gefahr abzuziehen.

Wie lange übrigens der wirkliche Widerstand eines solchen Korps gegen den Frontalangriff und gegen den Anfang einer Umgehung dauern darf, hängt vorzüglich von der Natur der Gegend und der Nähe seiner Unterstützung ab. Wird dieser Widerstand über sein natürliches Maß ausgedehnt, entweder aus Unverstand oder aus Aufopferung, weil das Heer Zeit braucht, so wird ein beträchtlicher Verlust immer die Folge davon sein.

In den seltensten Fällen, nämlich nur, wenn ein beträchtlicher Bodenabschnitt dazu Gelegenheit gibt, wird der eigentliche Gefechtswiderstand von Bedeutung sein dürfen, und die Dauer der kleinen Schlacht, welche ein solches Korps liefern könnte, würde, an sich betrachtet, schwerlich ein hinreichender Zeitgewinn sein; dieser muß vielmehr in der dreifachen Weise gesucht werden, welche in der Natur der Sache liegt, nämlich:

1. durch das behutsamere und folglich langsamere Vorschreiten des Gegners,
2. durch die Dauer des wirklichen Widerstandes,
3. durch den Rückzug selbst.

Dieser Rückzug muß so langsam gemacht werden, als die Sicherheit gestattet. Wo die Gegend zu neuen Aufstellungen Gelegenheit darbietet, muß sie benutzt werden, welches den Feind zwingt, neue Anstalten zum Angriff und zur Umgehung zu treffen, und also neuen Zeitgewinn verschafft. Selbst ein wirkliches Gefecht kann vielleicht in der neuen Stellung angenommen werden.

Man sieht, daß der Gefechtswiderstand und der Rückmarsch innig miteinander verschmolzen sind, und daß, was den Gefechten an Dauer abgeht, durch ihre Vervielfältigung gewonnen werden muß.

Dies ist die Widerstandsart eines vorgeschobenen Korps. Das Resultat derselben richtet sich vor allen Dingen nach der Stärke des Korps und der Natur der Gegend, nächstdem nach der Länge des Weges, welchen es zurückzulegen, und der Unterstützung und Aufnahme, die es findet.

Ein kleiner Haufe kann, auch bei gleichem Machtverhältnis, nicht so lange widerstehen wie ein beträchtliches Korps; denn je größer die Massen werden, um so mehr Zeit brauchen sie zur Vollbringung ihrer Tätigkeit, welcher Art diese auch sein mag. In einer Gebirgsgegend ist schon der bloße Marsch viel langsamer, der Widerstand in den einzelnen Aufstellungen länger und gefahrloser und die Gelegenheit zu solchen Aufstellungen auf jedem Schritt vorhanden.

Die Weite, auf welcher ein Korps vorgeschoben worden ist, vermehrt die Länge seines Rückzuges und also den absoluten Zeitgewinn seines Widerstandes; aber da ein solches Korps seiner Lage nach noch weniger widerstandsfähig und unterstützt ist, so wird es den Weg verhältnismäßig in kürzerer Zeit zurücklegen als einen kürzeren, wenn es dem Heere näher gestanden hätte.

Die Aufnahme und Unterstützung, welche ein Korps findet, muß natürlich Einfluß auf die Dauer seines Widerstandes haben, da das, was man dem Rückzug an Vorsicht und Behutsamkeit schuldig ist, immer von dem Widerstande genommen und diesem also entzogen werden muß.

Einen merklichen Unterschied in der Zeit, welche durch den Widerstand der vorgeschobenen Korps gewonnen wird, macht es, wenn der Feind erst in der letzten Hälfte des Tages vor ihnen erscheint; in diesem Fall wird gewöhnlich, weil die Nacht selten zum weiteren Vorschreiten benutzt wird, die Dauer derselben an Zeit mehr gewonnen. So geschah es, daß im Jahr 1815 das erste preußische Korps unter General Zieten von etwa 30000 Mann Bonaparte mit 120000 Mann gegen sich haben und auf dem kurzen Weg von Charleroi bis Ligny, der noch nicht 2 Meilen beträgt, dem preußischen Heer über 24 Stunden Zeit zu seiner Versammlung verschaffen konnte. General Zieten wurde nämlich den 15. Juni vormittags um etwa 9 Uhr angegriffen, und die Schlacht von Ligny fing den 16. etwa um 2 Uhr mittags an. Freilich hatte General Zieten einen sehr beträchtlichen Verlust, nämlich 5 bis 6000 Mann an Tote, Verwundete und Gefangene.

Fragen wir die Erfahrung, so dürfte sich folgendes Resultat als Anhaltspunkt für Betrachtungen der Art aufstellen lassen.

Eine durch Reiterei verstärkte Division von 10 bis 12000 Mann, die auf einen Tagemarsch von 3 bis 4 Meilen vorgeschoben ist, wird in einer gewöhnlichen, nicht eben starken Gegend den Feind einschließlich des Rückzuges etwa anderthalbmal so lange Zeit aufhalten können, als der einfache Marsch durch die Rückzugsgegend erfordert hätte; ist aber die Division nur eine Meile weit vorgeschoben, so wird der Aufenthalt des Feindes wohl zwei- bis dreimal solange dauern wie der einfache Marsch.

Also bei 4 Meilen, deren gewöhnliche Marschdauer auf 10 Stunden anzunehmen ist, wird man etwa auf 15 Stunden rechnen können von dem Augenblick, da der Feind vor der Division mit Macht erscheint, bis zu dem Augenblick, wo er imstande ist, unser Heer selbst anzugreifen. Dagegen wird, wenn die Avantgarde nur eine Meile weit vom Heere steht, die Zeit, welche bis zum möglichen Angriff unseres Heeres verstreicht, länger als 3 bis 4 Stunden und füglich auf das Doppelte anzunehmen sein; denn die Zeit, welche der Gegner braucht, seine ersten Maßregeln gegen die Avantgarde zu entwickeln, wird dieselbe, die Zeit des Widerstandes dieser Avantgarde in der ursprünglichen Aufstellung sogar größer sein wie im Fall einer weiter vorgeschobenen Stellung.

Die Folge ist, daß der Feind unter jener ersten Voraussetzung nicht leicht an demselben Tage, wo er unsere Avantgarde vertreibt, den Angriff gegen unser Heer unternehmen kann, und so hat es sich auch meistens in der Erfahrung ergeben. Selbst im zweiten Fall muß der Feind unsere Avantgarde wenigstens in der ersten Hälfte des Tages vertreiben, um noch Zeit zu einer Schlacht zu behalten.

Da bei der ersten unserer Voraussetzungen die Nacht uns zu Hilfe kommt, so sieht man, wieviel Zeit durch eine weiter vorgeschobene Avantgarde gewonnen werden kann.

Was die einem Heer zur Seite aufgestellten Korps betrifft, deren Bestimmung wir früher angegeben haben, so ist ihr Verfahren in den meisten Fällen mehr oder weniger an Umstände geknüpft, die in das Gebiet der näheren Anwendung gehören. Das einfachste Verhältnis ist, sie wie eine dem Heer zur Seite aufgestellte Avantgarde zu betrachten, die, zugleich etwas vorgeschoben, sich in schräger Richtung auf dasselbe zurückzieht.

Da sich diese Korps nicht gerade vor dem Heere befinden und also nicht zu beiden Seiten von demselben so bequem aufgenommen werden können wie eine wirkliche Avantgarde, so würden sie größerer Gefahr ausgesetzt sein, wenn sich nicht die feindliche Stoßkraft auf den äußersten Enden in der Allgemeinheit der Fälle auch etwas verringerte, und in den schlimmsten Fällen diese Korps Raum zum Ausweichen hätten, ohne das Heer so unmittelbar in Gefahr zu bringen, wie eine fliehende Avantgarde tun würde.

Die Aufnahme vorgeschobener Korps geschieht am liebsten und besten durch eine beträchtliche Reiterei, welches denn Veranlassung wird, die Reserve dieser Waffe, wo die Entfernungen es nötig machen, zwischen dem Heer und dem vorgeschobenen Korps aufzustellen.

Das Endresultat ist also: daß die vorgeschobenen Korps weniger durch eigentliche Kraftanstrengung als durch ihre bloße Gegenwart, weniger durch Gefechte, die sie wirklich liefern, als durch die Möglichkeit derjenigen, die sie liefern könnten, wirksam werden; daß sie die feindliche Bewegung nirgends hemmen, sondern wie ein Pendelgewicht ermäßigen und regeln sollen, damit man imstande sei, sie dem Kalkül zu unterwerfen.

Neuntes Kapitel: Lager

Wir betrachten die drei Zustände des Heeres außer dem Gefecht nur strategisch, d. h. insofern sie einzelne Gefechte darstellen, also: Ort, Zeit und die Menge der Streitkräfte bedingen. Alle Gegenstände, welche sich auf die inneren Anordnungen der Gefechte und auf den Übergang in den Zustand des Gefechts beziehen, gehören in die Taktik.

Die Aufstellung in Lagern, worunter wir jede Aufstellung außer Quartieren verstehen, sei es unter Zelten, in Hütten oder im freien Felde, ist mit dem dadurch bedingten Gefecht strategisch völlig identisch. Taktisch ist sie es nicht immer, denn man kann aus mancherlei Gründen den Lagerplatz etwas verschieden wählen von dem ausersehenen Schlachtfelde. Nachdem wir nun über die Aufstellung des Heeres, d. h. über den Ort, welchen die einzelnen Teile einnehmen werden, bereits das Erforderliche gesagt haben, geben uns die Lager nur noch zu einer historischen Betrachtung Veranlassung.

Früher, d. h. seitdem die Armeen wieder zu einer bedeutenden Größe angewachsen, die Kriege dauernder, in ihren einzelnen Teilen zusammenhängender geworden sind, und bis zur französischen Revolution lagerten die Heere stets unter Zelten. Dies war ihr Normalzustand. Mit dem Eintritt der schönen Jahreszeit verließen sie die Quartiere und bezogen dieselben erst wieder mit Eintritt des Winters. Die Winterquartiere muß man gewissermaßen als einen Zustand des Nichtkrieges ansehen, denn in ihnen wurden die Kräfte neutralisiert, das ganze Uhrwerk in seinem Gange angehalten. Erholungsquartiere, welche den eigentlichen Winterquartieren vorangehen, und andere Kantonnements auf kurze Zeit und in engen Räumen waren Übergänge und außergewöhnliche Zustände.

Wie sich jene regelmäßige freiwillige Neutralisierung der Kraft mit dem Zweck und Wesen des Krieges vertrug und noch verträgt, ist hier nicht der Ort, zu untersuchen, wir kommen später auf diesen Gegenstand; genug, es war so.

Seit dem französischen Revolutionskriege haben die Heere die Zelte des großen Trosses wegen, welchen sie veranlassen, ganz abgeschafft. Teils findet man es besser, bei einem Heer von 100000 Mann statt der 6000 Zeltpferde 5000 Mann Reiterei oder ein paar hundert Geschütze mehr zu haben, teils ist bei großen und raschen Bewegungen ein solcher Troß nur hinderlich und wenig nützlich.

Dadurch sind aber zwei Rückwirkungen entstanden, nämlich: ein stärkerer Verbrauch von Streitkräften und eine größere Verheerung des Landes.

Wie schwach auch der Schutz eines Daches von schlechter Leinewand sei, es ist nicht zu verkennen, daß mit ihm die Truppen auf die Dauer einer großen Erleichterung entbehren. Für einen einzelnen Tag ist der Unterschied gering, weil ein Zelt gegen Wind und Kälte wenig und gegen Nässe nicht vollkommen schützt; aber dieser geringe Unterschied macht ein Bedeutendes, wenn es sich 2 oder 300 Mal im Jahr wiederholt. Ein größerer Verlust durch Krankheiten ist die ganz natürliche Folge.

Wie die Verheerung des Landes durch den Mangel an Zelten zunimmt, braucht nicht auseinandergesetzt zu werden.

Man sollte also glauben, die Abschaffung der Zelte müßte wegen dieser beiden Rückwirkungen den Krieg auf eine andere Weise wieder geschwächt haben; man müßte länger und häufiger in Quartieren stehen und aus Mangel an Lagerungsbedürfnissen manche Aufstellung unterlassen, die vermittelst der Zeltlager möglich war.

Dies würde auch der Fall gewesen sein, wenn der Krieg nicht in derselben Epoche überhaupt eine ungeheure Veränderung erlitten hätte, welche diese kleinen untergeordneten Wirkungen in sich verschlungen hat.

Sein elementarisches Feuer ist so überwältigend, seine Energie so außerordentlich geworden, daß auch jene regelmäßigen Perioden der Ruhe verschwunden sind, und alle Kräfte sich mit unaufhaltsamer Gewalt zur Entscheidung hindrängen, wovon eigentlicher im neunten Buche gehandelt werden soll. Unter diesen Umständen kann also von einer Veränderung nicht die Rede sein, welche die Entbehrung der Zelte in dem Gebrauch der Streitkräfte veranlassen sollte. Man lagert in Hütten oder unter freiem Himmel, vollkommen rücksichtslos auf Wetter, Jahreszeit und Gegend, wie es der Zweck und Plan des Ganzen fordert.

Ob der Krieg zu allen Zeiten und unter allen Umständen diese Energie behalten wird, davon werden wir in der Folge sprechen; da, wo er sie aber nicht hat, wird allerdings die Entbehrung der Zelte einigen Einfluß auf seine Führung äußern können; daß aber diese Rückwirkung je stark genug werden könnte, um wieder zur Einführung der Zeltlager zu führen, ist darum zu bezweifeln, weil, nachdem sich für das kriegerische Element einmal viel weitere Schranken aufgetan haben, es immer nur periodisch für gewisse Zeiten und Verhältnisse in die alten, engeren zurückkehren, von Zeit zu Zeit aber wieder mit der Allgewalt seiner Natur durchbrechen wird. Bleibende Einrichtungen der Heere können also nur auf diese berechnet werden.

Zehntes Kapitel: Märsche

Die Märsche sind ein bloßer Übergang von einer Aufstellung zur anderen, und darin sind zwei Hauptbedingungen enthalten[1].

Die erste ist die Bequemlichkeit der Truppen, damit nicht Kräfte unnütz vertan werden, die man nützlich anwenden könnte; die zweite die Genauigkeit der Bewegung, damit sie richtig zutreffen. Wenn man 100000[2] Mann in einer einzigen Kolonne, d. h. auf einer Straße ohne Zeitabschnitte marschieren lassen wollte, so würde das Ende dieser

1 [2. Auflage: und erfordern zwei Hauptrücksichten]
2 [2. Auflage: 10000]

Kolonne mit ihrer Spitze niemals an demselben Tage eintreffen; man würde entweder ungewöhnlich langsam vorrücken müssen, oder die Masse würde, wie ein fallender Wasserstrahl in Tropfen, auseinanderreißen, und dieses Auseinanderreißen, verbunden mit der übermäßigen Anstrengung, welche die Länge der Kolonne für die hintersten zur Folge hat, würde bald alles in Wirrwarr auflösen.

Von diesem Extrem nun hinunter wird der Marsch immer[1] um so leichter und genauer, je kleiner die Masse der Truppen ist, die sich in einer Kolonne befindet. Daraus also entsteht ein Bedürfnis der *Teilung,* welches nichts mit derjenigen Teilung zu tun hat, die von der geteilten Aufstellung herrührt, so daß die Teilung in Marschkolonnen zwar im allgemeinen, aber nicht in jedem besonderen Fall aus der Aufstellung hervorgeht. Eine große Masse, die man auf einen Punkt vereint aufstellen will, muß man notwendig im Marsch teilen. Aber selbst dann, wenn eine geteilte Aufstellung einen geteilten Marsch veranlaßt, können bald die Bedingungen der Aufstellung, bald die des Marsches vorherrschen. Ist z. B. die Aufstellung eine bloße Rast, kein Gefecht in derselben zu erwarten, so herrschen die Bedingungen des Marsches vor, und diese Bedingungen bestehen hauptsächlich in der Wahl guter und gebahnter Straßen. Diese Verschiedenheit im Auge habend, wird man in dem einen Fall die Wege der Quartiere und Lager wegen, in dem anderen die Quartiere und Lager der Straße wegen wählen. Wo man eine Schlacht erwartet, und es darauf ankommt, den passenden Punkt mit einer Truppenmasse zu erreichen, da trägt man kein Bedenken, dieselben nötigenfalls durch die schwierigsten Seitenwege dahin gelangen zu lassen; befindet man sich dagegen mit dem Heere gewissermaßen noch auf der Reise zum Kriegstheater, so werden die nächsten großen Straßen für die Kolonnen gewählt und Quartiere und Lager, so gut es gehen will, in ihrer Nähe aufgesucht.

Zu welcher der beiden Arten der Marsch auch gehören mag, so ist es ein allgemeiner Grundsatz der neueren Kriegskunst, überall, wo nur die Möglichkeit eines Gefechts denkbar ist, d. h. in dem ganzen Bereich des eigentlichen Krieges, die Kolonnen so einzurichten, daß die darin enthaltene Truppenmasse zu einem selbständigen Gefecht geeignet sei. Diese Bedingung wird erfüllt durch die Verbindung der drei Waffen, durch eine organische Einteilung des Ganzen und durch die gehörige Bestellung des Oberbefehls. Es sind also hauptsächlich die Märsche, welche die neuere Schlachtordnung veranlaßt

1 [2. Auflage: Der Marsch wird immer]

haben, und welche den größten Nutzen von ihr ziehen.

Als in der Mitte des vorigen Jahrhunderts, besonders auf dem Kriegstheater Friedrichs II., man anfing, die Bewegung als ein eigenes Prinzip des Schlagens anzusehen und den Sieg durch den Einfluß unvermuteter Bewegungen an sich zu reißen, machte der Mangel einer organischen Schlachtordnung die künstlichsten und schwerfälligsten Anordnungen in den Märschen notwendig. Um in der Nähe des Feindes eine Bewegung auszuführen, mußte man immer zum Schlagen bereit sein; man war aber dazu nicht bereit, wenn nicht die Armee beisammen war, weil nur die Armee ein Ganzes ausmachte. Das zweite Treffen mußte bei Seitenmärschen, um immer in einer erträglichen Entfernung, d. h. nicht über eine Viertelmeile vom ersten sich zu befinden, mit Not und Mühe und mit einem großen Aufwand von Lokalkenntnis über Stock und Block geführt werden, denn wo findet man auf eine Viertelmeile zwei gebahnte Wege parallel nebeneinander herlaufen? Eben die Umstände traten ein für die Flügelkavallerie, wenn man senkrecht auf den Feind marschierte. Neue Not war mit der Artillerie, die ihre eigene durch die Infanterie gedeckte Straße brauchte, weil die Infanterietreffen ununterbrochene Linien bilden sollten, und die Artillerie ihre langen schleppenden Kolonnen noch schleppender gemacht und alle Distanzen in Unordnung gebracht haben würde. Man lese nur die Marschdispositionen in Tempelhoffs Geschichte des Siebenjährigen Krieges, um sich von allen diesen Umständen und von den Fesseln zu überzeugen, welche dadurch dem Kriege angelegt wurden.

Seitdem aber die neuere Kriegskunst dem Heere eine organische Einteilung gegeben, wobei die Hauptteile als kleine Ganze zu betrachten sind, die im Gefecht alle Wirkungen des großen Ganzen hervorbringen können mit dem einzigen Unterschied, daß ihr Wirken von kürzerer Dauer ist, seitdem ist man, selbst da, wo man ein vereintes Schlagen beabsichtigt, nicht mehr genötigt, die Kolonnen in dem Maße nahe beieinander zu haben, daß sich alle vor Anfang des Gefechts vereinigen können, sondern es ist hinreichend, wenn diese Vereinigung im Lauf des Gefechts statthat.

Je kleiner eine Truppenmasse ist, um so leichter ist sie zu bewegen, um so weniger bedarf es derjenigen Teilung, die nicht eine Folge der geteilten Aufstellung, sondern der Unbehilflichkeit der Masse ist. Ein kleiner Haufen marschiert also in einer Straße, und soll er auf mehreren Linien vorgehen, so finden sich leicht Wege nahe beieinander, gut genug für sein Bedürfnis. Je größer die Massen werden, um so größer wird das Bedürfnis der Teilung, die Anzahl der Kolonnen und das Erfordernis gebahnter Wege oder gar großer Straßen, folglich auch die Entfernung der Kolonnen untereinander. Mit diesem Bedürfnis der Teilung steht nun die Gefahr derselben, arithmetisch gesprochen, in umgekehrtem Verhältnis. Je kleiner die Teile sind, um so eher müssen sie einander beispringen, je größer, um so länger können sie sich selbst überlassen bleiben. Wenn man sich nur dessen erinnert, was im vorigen Buch hierher Gehöriges gesagt worden ist, und bedenkt, daß in kultivierten Gegenden sich auf einige Meilen Entfernung von der Hauptstraße immer ziemlich gebahnte parallel laufende Wege finden werden, so wird man leicht einsehen, daß in der Anordnung des Marsches sich keine sehr großen Schwierigkeiten finden, die ein *schnelles Vorschreiten* und *genaues Zutreffen* mit der gehörigen *Vereinigung der Kräfte* unverträglich machte. – In Gebirgen, wo der parallelen Straßen am wenigsten und die Verbindungen derselben untereinander am schwierigsten sind, ist auch die Widerstandsfähigkeit einer einzelnen Kolonne sehr viel größer.

Um uns des Gegenstandes klarer bewußt zu werden, wollen wir denselben einen Augenblick in konkreter Gestalt betrachten.

Eine Division von 8000 Mann nimmt mit ihrer Artillerie und einigem anderen Fuhrwerk nach der Erfahrung in gewöhnlichen Fällen den Raum einer Stunde ein; wenn also zwei Divisionen auf einer Straße ziehen, so kommt die zweite eine Stunde nach der ersten an; nun ist aber, wie wir im sechsten Kapitel des vierten Buches schon gesagt haben, eine Division von solcher Stärke wohl imstande, auch gegen einen überlegenen Feind das Gefecht mehrere Stunden zu unterhalten, und es würde also die zweite Division, selbst im unglücklichsten Falle, wenn nämlich die erste genötigt worden wäre, das Gefecht augenblicklich zu beginnen, nicht zu spät kommen. Ferner wird man innerhalb einer Stunde rechts und links der Straße, auf welcher man marschiert, in den kultivierten Ländern Mitteleuropas meistens auch *Seitenwege* finden, welche man für den Marsch benutzen kann, ohne, wie das im Siebenjährigen Kriege so oft geschah, querfeldein zu marschieren.

Ferner ist es aus der Erfahrung bekannt, daß ein Heer von 4 Divisionen und einer Kavalleriereserve einen Marsch von 3 Meilen, selbst in nicht guten Wegen, mit der Spitze in 8 Stunden zurückzulegen pflegt; rechnen wir nun für jede Division eine Stunde Tiefe und ebensoviel für die Kavallerie- und Artilleriereserve, so wird der ganze Marsch 13 Stunden dauern. Dies ist keine übermäßige Zeitlänge, und doch würden in diesem Falle an 40000 Mann auf derselben Straße marschiert sein. Bei dieser Masse aber kann man die Nebenwege noch weiter suchen und benutzen, folglich den Marsch leicht abkürzen. Wäre die Masse der Truppen, welche auf einer Straße ziehen sollte, noch größer als die obige, so würde auch schon der Fall eintreten, daß die Ankunft derselben an ein und demselben Tage nicht mehr unerläßlich wäre; denn solche Massen liefern sich jetzt die Schlachten niemals in der ersten Stunde des Zusammentreffens und gewöhnlich erst am folgenden Tage.

Wir haben diese konkreten Fälle angeführt, nicht um die Verhältnisse derart zu erschöpfen, sondern um deutlicher zu werden und mit diesem Blick in die Erfahrung zu zeigen, daß bei der jetzigen Kriegführung die Einrichtung der Märsche keine so großen Schwierigkeiten mehr darbietet; daß die schnellsten und genauesten Märsche nicht mehr eine eigene Kunst und eine so genaue Landeskenntnis erfordern, wie dies im Siebenjährigen Kriege bei den schnellen und genauen Märschen Friedrichs des Großen der Fall war; vielmehr machen sie sich jetzt vermittelst der organischen Einteilung des Heeres fast von selbst, wenigstens ohne große Entwürfe. Wie die Schlachten sonst durch das bloße Kommandowort geleitet wurden, die Märsche aber langer Entwürfe bedurften, so bedürfen jetzt die Schlachtordnungen der letzteren, und für den Marsch genügt fast das bloße Kommandowort.

Bekanntlich unterscheiden sich alle Märsche in senkrechte und parallele. Die letzteren, auch Flankenmärsche genannt, verändern die geometrische Lage der Teile; was in der Aufstellung nebeneinander war, wird auf dem Marsch hintereinander sein und umgekehrt. Ob nun gleich alle innerhalb des rechten Winkels liegenden Grade ebensogut als Richtung des Marsches vorkommen können, so muß doch die Ordnung derselben entschieden von der einen oder der anderen Art sein.

Nur der Taktik wäre es möglich, diese geometrische Veränderung vollkommen durchzuführen, und dieser auch nur, wenn sie sich des sogenannten Rottenmarsches bediente, welches für große Massen unmöglich ist. Noch viel weniger kann es die Strategie. Die Teile, welche ihre geometrischen Verhältnisse wechseln, beziehen sich bei der ehemaligen Schlachtordnung nur auf Flügel und Treffen, bei der neueren Schlachtordnung gewöhnlich auf die Glieder der ersten Ordnung: Korps, Divisionen oder auch Brigaden, je nachdem das Ganze eingeteilt ist. Allein auch hierauf haben die aus der neueren

Schlachtordnung oben gezogenen Folgerungen Einfluß; da es nicht mehr so nötig ist wie sonst, daß das Ganze zusammen sei, ehe gehandelt werde, so trägt man mehr Sorge, daß dasjenige, was zusammen ist, ein Ganzes sei. Wenn 2 Divisionen so aufgestellt wären, daß die eine hinter der anderen als Reserve sich befände, und diese auf zwei Wegen gegen den Feind vorrücken sollte, so würde niemand auf den Gedanken kommen, jede der beiden Divisionen in die beiden Wege zu teilen, sondern man würde unbedenklich jeder Division einen Weg geben, sie also nebeneinander marschieren und jeden der Divisionsgenerale dafür sorgen lassen, im Fall eines Gefechts sich seine Reserve selbst zu bilden. Die Einheit des Befehls ist viel wichtiger als das ursprüngliche geometrische Verhältnis; kommen die Divisionen ohne Gefecht in der bestimmten Stellung an, so können sie ihr voriges Verhältnis wieder einnehmen. Noch weniger wird man, wenn zwei nebeneinanderstehende Divisionen einen *Parallel*marsch auf zwei Wegen machen sollen, auf den Gedanken kommen, die hinteren Treffen oder Reserve jeder Division auf dem hinteren Wege ziehen zu lassen, sondern man wird jeder der Divisionen einen der beiden Wege anweisen und also während des Zuges die eine als die Reserve der anderen betrachten. Wenn ein Heer von 4 Divisionen, davon 3 in der Fronte, die vierte als Reserve aufgestellt wären, gegen den Feind in dieser Ordnung vorrücken soll, so ist es natürlich, jeder der 3 Frontedivisionen einen eigenen Weg anzuweisen und die Reserve der mittelsten folgen zu lassen. Finden sich aber diese drei Wege nicht auf passenden Entfernungen, so würde man unbedenklich auch in zwei Wegen vorrücken können, ohne daß daraus ein merklicher Nachteil entspringen könnte.

Ebenso ist es bei dem umgekehrten Fall der Parallelmärsche.

Ein anderer Punkt ist der Rechts- und Linksabmarsch der Kolonnen. Bei Parallelmärschen ergibt er sich von selbst. Niemand wird rechts abmarschieren, um sich nach der linken Seite hin zu bewegen. Beim Marsch vor- und rückwärts sollte sich die Marschordnung eigentlich nach der Lage des Weges gegen die Linie des künftigen Aufmarsches richten. In der Taktik wird dies auch in vielen Fällen geschehen können, weil ihr Raum kleiner und also die geometrischen Verhältnisse leichter zu übersehen sind. In der Strategie ist dies ganz unmöglich, und wenn wir dennoch hin und wieder aus der Taktik eine gewisse Analogie haben überführen sehen, so war es reine Pedanterie. Obgleich früher die ganze Marschordnung eine rein taktische Sache war, weil das Heer auch im Marsch ein ungeteiltes Ganzes blieb und nur *ein* Totalgefecht vorstellte, so konnte doch Schwerin z. B., als er den 5. Mai aus der Gegend von Brandeis abmarschierte, nicht wissen, ob ihm sein künftiges Schlachtfeld rechts oder links liegen würde, daher der berühmte Kontremarsch gemacht werden mußte.

Wenn ein Heer der alten Schlachtordnung in 4 Kolonnen gegen den Feind vorrückte, so machten die beiden Kavallerieflügel des ersten und zweiten Treffens die beiden äußeren, die Infanterieflügel beider Treffen die beiden mittleren Kolonnen. Diese Kolonnen konnten nun sämtlich rechts oder sämtlich links, oder der rechte Flügel rechts und der linke links, oder der linke rechts und der rechte links abmarschieren. Im letzteren Falle würde man den Abmarsch »aus der Mitte« genannt haben. Alle diese Formen aber waren im Grunde, ob sie gleich eine Beziehung zum künftigen Aufmarsch haben sollten, gerade in dieser Beziehung gleichgültig. Als Friedrich der Große in die Schlacht von Leuthen ging, war er flügelweis in 4 Kolonnen rechts abmarschiert, daraus entstand mit großer Leichtigkeit der von allen Geschichtschreibern so sehr bewunderte Übergang zum Abmarsch in Treffen, weil es zufällig der österreichische linke Flügel war, den der König angreifen wollte. Hätte er den rechten umgehen wollen, so würde wie bei Prag ein Kontremarsch notwendig geworden sein.

Entsprachen diese Formen schon damals jenem Zweck nicht, so wären sie jetzt in Beziehung auf denselben eine völlige Spielerei. Man kennt jetzt ebensowenig als sonst die Lage des künftigen Schlachtfeldes zum Wege, den man zieht, und der kleine Verlust an Zeit, welcher aus einem falschen Abmarsch entsteht, ist jetzt unendlich weniger wesentlich als sonst. Auch hier hat die neue Schlachtordnung ihren wohltätigen Einfluß; welche Division zuerst ankommt, welche Brigade zuerst ins Feuer geführt wird, ist völlig gleichgültig.

Unter diesen Umständen hat der Rechts- und Linksabmarsch jetzt keinen anderen Wert, als daß er, wenn darin abgewechselt wird, dazu dient, die Mühseligkeiten bei den Truppen auszugleichen. Und dies ist der einzige, aber freilich ein sehr wichtiger Grund, diesen doppelten Abmarsch auch im großen beizubehalten.

Der Abmarsch aus der Mitte fällt unter diesen Umständen als eine bestimmte Ordnung von selbst weg und kann nur zufällig entstehen; ein Abmarsch aus der Mitte bei ein und derselben Kolonne ist in der Strategie ohnehin ein Unding, denn er setzt einen doppelten Weg voraus.

Die Ordnung des Marsches gehört übrigens mehr in das Gebiet der Taktik als der Strategie, denn es ist die Zerlegung eines Ganzen in

Glieder, welche nach dem Marsch wieder ein Ganzes werden sollen. Da aber in der neueren Kriegskunst auf das genaue Beisammensein der Teile nicht mehr gesehen wird, sondern diese während des Marsches weiter voneinander entfernt und sich selbst überlassen werden, so können auch viel leichter Gefechte davon die Folge sein, welche die Teile für sich bestehen, und die also als Totalgefechte betrachtet werden müssen; darum haben wir es für nötig gefunden, so viel davon zu sagen.

Übrigens wird, da, wie wir im zweiten Kapitel dieses Buches gesehen haben, eine Aufstellung in drei nebeneinander liegenden Teilen sich, wo keine besonderen Zwecke vorwalten, als die natürlichste ergibt, daraus auch die Marschordnung in drei großen Zügen als die natürlichste hervorgehen.

Wir haben hier jetzt nur noch zu bemerken, daß der Begriff einer Kolonne nicht bloß von dem Wege ausgeht, welchen eine Truppenmasse zieht, sondern daß man in der Strategie auch Truppenmassen so benennen muß, welche in verschiedenen Tagen auf derselben Straße ziehen. Denn die Teilung in Kolonnen entsteht hauptsächlich zur Abkürzung und Erleichterung des Marsches, weil eine kleine Zahl stets schneller und bequemer marschiert als eine große. Dieser Zweck wird aber auch erreicht, wenn die Truppenmasse nicht auf verschiedenen Wegen, aber an verschiedenen Tagen marschiert.

Elftes Kapitel: Fortsetzung

Über das Maß eines Marsches und die dazu erforderliche Zeit ist es natürlich, sich an die allgemeinen Erfahrungssätze zu halten.

Für unsere neueren Heere steht es längst fest, daß ein Marsch von 3 Meilen das gewöhnliche Tagewerk ist, welches bei langen Zügen sogar auf 2 Meilen heruntergesetzt werden muß, um die nötigen Rasttage einschalten zu können, welche für die Herstellung alles schadhaft Gewordenen bestimmt sind.

Bei einer Division von 8000 Mann dauert ein solcher Marsch in ebenen Gegenden und mittelmäßigen Wegen 8 bis 10, in bergigen 10 bis 12 Stunden. Sind mehrere Divisionen in einer Kolonne beisammen, so dauert er noch ein paar Stunden länger, wenn man auch selbst die Zeit abrechnet, welche man die folgenden Divisionen später aufbrechen läßt.

Man sieht also: daß der Tag bei einem solchen Marsch schon

ziemlich besetzt ist, daß die Anstrengung des Soldaten, 10 bis 12 Stunden unter seinem Gepäck zu sein, nicht mit einer gewöhnlichen Fußreise von 3 Meilen verglichen werden kann, die ein einzelner bei erträglichen Wegen füglich in 5 Stunden zurücklegen kann.

Zu den stärksten Märschen gehören, wenn sie einzeln vorkommen, 5, höchstens 6 Meilen, auf längere Dauer 4.

Ein Marsch von 5 Meilen erfordert schon einen Halt von mehreren Stunden, und eine Division von 8000 Mann wird ihn auch bei guten Wegen nicht unter 16 Stunden zurücklegen.

Ist der Marsch 6 Meilen, und sind mehrere Divisionen beisammen, so muß man wenigstens 20 Stunden rechnen.

Es ist hier der Marsch gemeint von einem Lager ins andere und bei versammelten Divisionen, denn dies ist die gewöhnliche Form, welche auf dem Kriegstheater vorkommt. Marschieren mehrere Divisionen in einer Kolonne, so wird man die vordersten etwas früher versammeln und abmarschieren lassen, und sie rücken dann auch um so viel früher ins Lager. Indessen kann dieser Unterschied doch niemals die ganze Zeit betragen, welche der Länge einer Division im Marsch entspricht, und welche sie, wie die Franzosen sehr gut sagen, zu ihrem découlement (Ablauf) braucht. Es wird daher für die Anstrengung des Soldaten dadurch wenig erspart und jeder Marsch durch die Menge der Truppen in seiner Dauer sehr verlängert. Die Division selbst auf eine ähnliche Art mit ihren Brigaden in verschiedenen Zeiten zu versammeln und abrücken zu lassen, ist in den wenigsten Fällen anwendbar, und darin liegt der Grund, warum wir sie als Einheit angenommen haben.

Bei langen Reisemärschen, wo die Truppen von einem Quartier ins andere rücken und die Wege in kleinen Abteilungen ohne Versammlungspunkte zurücklegen, kann freilich der Weg an und für sich größer sein; allein er ist es auch schon durch die Umwege, welche die Quartiere verursachen.

Diejenigen Märsche aber, bei welchen die Truppen sich täglich in Divisionen oder gar in Korps versammeln müssen und doch in Quartiere abrücken, kosten die meiste Zeit und sind nur in reichen Gegenden und bei nicht zu großen Truppenmassen ratsam, weil dann die erleichterte Beköstigung und das Obdach einen hinreichenden Ersatz geben für die längere Anstrengung. Die preußische Armee auf ihrem Rückzug 1806 befolgte unstreitig ein fehlerhaftes System, als sie der Verpflegung wegen die Truppen jede Nacht in Quartiere verlegte. Die Verpflegung hätte sich auch in Feldlagern (Biwaks) herbeischaffen lassen, die Armee hätte nicht bei übertriebenen Anstrengungen der Truppen auf etwa 50 Meilen dennoch 14 Tage Zeit nötig gehabt.

Alle jene Zeit- und Längenbestimmungen erleiden aber, wenn schlechte Wege oder bergige Gegenden zu durchziehen sind, solche Veränderungen, daß man Mühe hat, in einem ganz bestimmten Fall die Zeit eines Marsches mit einiger Sicherheit zu schätzen, geschweige denn etwas Allgemeines darüber zu bestimmen. Die Theorie kann daher nur auf die Gefahr der Mißgriffe aufmerksam machen, in welcher man hier schwebt. Um sie zu vermeiden, ist der behutsamste Kalkül nötig und ein großer Spielraum für unvorhergesehene Verzögerungen. Auch das Wetter und der Zustand der Truppen kommen hierbei in Betrachtung.

Seit der Abschaffung der Zelte und seit der Verpflegung der Truppen durch gewaltsame Beitreibung der Lebensmittel an Ort und Stelle ist der Troß der Heere merklich verringert worden, und es ist natürlich die bedeutendste Wirkung davon zunächst in der Beschleunigung ihrer Bewegungen, also in der Vergrößerung des Tagemarsches zu suchen. Dies ist doch nur der Fall unter gewissen Umständen.

Die Märsche auf dem Kriegstheater sind dadurch wenig beschleunigt worden, denn es ist eine bekannte Sache, daß in allen Fällen, wo der Zweck Märsche erforderte, die über das gewöhnliche Maß hinausgingen, der Troß zurückgelassen oder vorausgeschickt und gewöhnlich solange von der Truppe entfernt gehalten wurde, wie diese Bewegungen dauerten; mithin hatte er gewöhnlich auf die Bewegung keinen Einfluß und wurde, sobald er aufhörte, ein unmittelbares Impediment zu sein, wie sehr er auch übrigens dabei leiden mochte, nicht weiter berücksichtigt. Es kommen daher im Siebenjährigen Kriege Märsche vor, die auch jetzt nicht übertroffen werden könnten, und wir wollen zum Beweise den Marsch Lacys 1760 anführen, als er die Diversion der Russen auf Berlin unterstützen sollte. Er legte den Weg von Schweidnitz durch die Lausitz bis Berlin, welcher 45 Meilen beträgt, in 10 Tagen zurück und machte also täglich 4 1/2 Meilen, welches für ein Korps von 15000 Mann auch noch jetzt außerordentlich sein würde.

Von der anderen Seite haben die Bewegungen der neueren Heere eben wegen der veränderten Verpflegungsart wieder ein *aufhaltendes* Prinzip bekommen. Müssen die Truppen sich ihren Bedarf zum Teil selbst beschaffen, welches oft vorkommt, so brauchen sie dazu mehr Zeit, als zum bloßen Empfang des auf Brotwagen vorrätigen Brotes nötig gewesen wäre. Außerdem kann man die Truppen bei länger dauernden Zügen nicht in so großen Massen auf einem Fleck lagern lassen, sondern man muß die Divisionen voneinander trennen, um leichter für sie Rat zu schaffen; endlich fehlt es auch selten, daß ein Teil des Heeres, namentlich die Reiterei, in Quartiere verlegt wird. Alles dieses verursacht im ganzen einen merklichen Aufenthalt. Wir finden deshalb, daß Bonaparte 1806, als er das preußische Heer verfolgte und abschneiden wollte, und Blücher 1815, als er dieselbe Absicht mit dem französischen hatte, beide nur etwa 30 Meilen in 10 Tagen zurückgelegt haben, eine Geschwindigkeit, die auch Friedrich der Große seinen Märschen aus Sachsen nach Schlesien und zurück trotz allem Troß, welchen er dabei mit sich führte, zu geben wußte.

Indessen haben die Beweglichkeit und Handlichkeit, wenn wir uns so ausdrücken dürfen, der großen und kleinen Heeresteile auf dem Kriegsschauplatz durch die Verminderung des Trosses doch merklich gewonnen. Teils hat man bei gleicher Anzahl der Reiterei und des Geschützes weniger Pferde, ist also wegen des Futters nicht so oft in Sorgen, teils ist man in seinen Stellungen weniger befangen, weil man nicht immer auf einen lang nachziehenden Schweif des Trosses Rücksicht zu nehmen braucht.

Märsche, wie Friedrich der Große nach der Aufhebung der Belagerung von Olmütz 1758 sie machte mit 4000 Fuhrwerken, zu deren Deckung die halbe Armee in einzelnen Bataillonen und Zügen aufgelöst wurde, dürften jetzt, auch gegen den furchtsamsten Gegner, nicht mehr gelingen.

Auf langen Reisemärschen, vom Tajo bis an den Njemen, ist freilich jene Erleichterung des Heeres fühlbarer; denn wenn auch wegen des übrigen Fuhrwerkes das gewöhnliche Maß des Tagesmarsches dasselbe bleibt, so kann doch in dringenden Fällen mit geringeren Opfern davon abgewichen werden.

Überhaupt liegt in der Verminderung des Trosses mehr eine Ersparung von Kräften als eine Beschleunigung der Bewegungen.

Zwölftes Kapitel: Fortsetzung

Wir haben jetzt den zerstörenden Einfluß zu betrachten, welchen die Märsche auf die Streitkraft üben. Er ist so groß, daß man ihn als ein eigenes tätiges Prinzip neben dem Gefecht aufstellen möchte.

Ein einzelner mäßiger Marsch nutzt das Instrument nicht ab, aber eine Reihe von mäßigen tut es schon und eine Reihe von schwierigen natürlich viel mehr.

Auf der Kriegsbühne selbst sind Mangel an Verpflegung und Unterkommen, schlechte ausgefahrene Wege und der Kothurn[1] beständiger Schlachtfertigkeit[2] die Ursachen der unverhältnismäßigen Kraftanstrengungen, wodurch Menschen, Vieh, Fuhrwerk und Bekleidung zugrunde gerichtet werden.

Man ist gewohnt, zu sagen, daß eine lange Ruhe dem physischen Wohl eines Heeres nicht tauge, daß in demselben mehr Krankheiten entständen als bei mäßiger Tätigkeit. Allerdings können und werden Krankheiten entstehen, wenn der Soldat in engen Quartieren aufeinandergepackt ist, aber diese werden auch entstehen, wenn dies Marschquartiere sind, und niemals kann Mangel an Luft und Bewegung die Ursache solcher Krankheiten sein, da man beides durch Übungen so leicht geben kann.

Man überlege nur, welchen Unterschied es in dem gestörten und schwankenden Organismus eines Menschen macht, ob er auf offener Landstraße in Kot, Schlamm und Regen unter der Last seines Gepäckes oder im Zimmer erkrankt; selbst aus dem Lager wird er bald nach dem nächsten Ort zu schaffen und nicht ganz ohne ärztliche Hilfe sein, während er auf dem Marsch erst stundenlang am Wege ohne irgendeine Unterstützung liegen bleibt und sich dann meilenweit als Nachzügler fortschleppt. Wieviel leichte Krankheiten werden dadurch zu schweren, wieviel schwere zu tödlichen! Man überlege, wie im Staub und dem brennenden Sonnenstrahl des Sommers selbst ein mäßiger Marsch die furchtbarste Erhitzung verursachen kann, in welcher dann, vom glühendsten Durst gepeinigt, der Soldat zum frischen Quell stürzt, um sich Krankheit und Tod zu holen.

Es kann mit dieser Betrachtung nicht unsere Absicht sein, die Tätigkeit im Kriege vermindern zu wollen; für den Gebrauch ist das Instrument da, und nutzt dieser Gebrauch es ab, so ist das in der Natur der Sache; aber wir wollen nur alles an seinen Ort gestellt wissen und jener theoretischen Prahlerei entgegentreten, nach welcher die überwältigendste Überraschung, die schnellste Bewegung, die ruheloseste Tätigkeit nichts kosten sollen, sondern als reiche Minen geschildert werden, welche die Trägheit der Feldherren unbenutzt liegen läßt. Es verhält sich mit der Ausbeute dieser Minen wie mit jener der Gold- und Silbergruben; man sieht nur auf das Produkt und fragt nicht,

1 [2. Auflage: die Notwendigkeit]
2 [2. Auflage: Schlagfertigkeit]

wieviel die Arbeit wert gewesen, die es zu Tage gefördert.

Bei langen Reisemärschen außer dem Kriegstheater sind zwar die Bedingungen, unter welchen der Marsch geschieht, gewöhnlich leichter und die Verluste der einzelnen Tage geringer, dafür aber ist der leichteste Kranke gewöhnlich auf lange Zeit verloren, weil die Genesenden das immer fortrückende Heer nicht erreichen können.

Bei der Reiterei vermehrt sich die Zahl gedrückter und lahmer Pferde in steigender Progression, und beim Fuhrwerk gerät manches ins Stocken und in Unordnung. Es fehlt daher nie, daß ein Heer nach einem Zuge von 100 Meilen und darüber sehr geschwächt ankommt, besonders an Reiterei und Fuhrwerk.

Werden solche Züge auf dem Kriegstheater selbst, d. h. unter den Augen des Feindes nötig, so fließen die Nachteile beider Verhältnisse zusammen, und die Verluste können bei großen Massen und sonst ungünstigen Verhältnissen ins Unglaubliche steigen.

Nur ein paar Beispiele, um der Vorstellung Bestimmtheit zu geben.

Als Bonaparte den 24. Junius 1812 den Njemen überschritt, war das ungeheure Zentrum, womit er in der Folge gegen Moskau zog, 301000 Mann stark. Bei Smolensk, den 15. August, waren davon entsendet 13500 Mann, es hätte also 287500 Mann stark sein müssen. Sein wirklicher Bestand aber betrug 182000 Mann; der Verlust war also 105500 Mann.* Bedenkt man, daß bis dahin nur zwei namhafte Gefechte vorgekommen waren, eins zwischen Davout und Bagration, das andere zwischen Murat und Tolstoj-Ostermann, so wird man den Verlust des französischen Heeres in Gefechten höchstens auf 10000 Mann anschlagen können, und der, welchen es durch Krankheiten und Nachzügler hatte, betrug also innerhalb 52 Tagen und bei einem geraden Vorrücken von etwa 70 Meilen 95000 Mann, d. h. ein Dritteil des Ganzen.

Drei Wochen später, zur Zeit der Schlacht von Borodino, betrug dieser Verlust schon 144000 Mann (mit Einschluß der in den Gefechten verlorenen) und 8 Tage darauf in Moskau 198000 Mann. Die Verluste jener Armee überhaupt sind in der ersten jener Perioden täglich $1/150$, in der zweiten $1/120$ und in der dritten $1/19$ des Ganzen in seiner anfänglichen Stärke.

Die Bewegung Bonapartes von dem Übergang über den Njemen bis Moskau ist allerdings eine unaufhaltsame zu nennen, doch muß man nicht vergessen, daß sie 82 Tage gedauert hat, in welchen nur etwa 120

* Alle diese Zahlen sind aus dem Chambray genommen.

Meilen zurückgelegt sind, und daß das französische Heer zweimal förmlich Halt gemacht hat: einmal bei Wilna etwa 14 Tage, das andere Mal bei Witebsk etwa 11 Tage, in welcher Zeit mancher Nachzügler Zeit hatte, sich wieder anzuschließen. Bei diesem vierzehnwöchentlichem Vorrücken waren Jahreszeit und Wege nicht zu den schlimmsten zu zählen, denn es war Sommer und die Wege, welche man zog, meistens Sand. Aber die große, auf einer Straße vereinigte Truppenmasse, der Mangel an zureichender Verpflegung und ein Gegner, welcher im Rückzug, aber nicht auf der Flucht ist, waren die erschwerenden Bedingungen.

Von dem Rückzuge der französischen Armee, oder richtiger, von ihrem *Vorgehen* von Moskau[1] bis an den Njemen wollen wir gar nicht sprechen, aber das dürfen wir wohl bemerken, daß die nachrückende russische Armee 120000 Mann stark aus der Gegend von Kaluga abmarschierte und 30000 Mann stark in Wilna eintraf. Wie wenig sie in dieser Zeit in Gefechten eingebüßt, ist jedermann bekannt.

Noch ein Beispiel aus dem nicht durch einen langen Zug, aber durch viele Hin- und Herbewegung sehr ausgezeichneten Feldzug Blüchers 1813 in Schlesien und Sachsen. Das Yorksche Korps desselben fing diesen Feldzug den 16. August etwa 40000 Mann stark an und war am 19. Oktober bei Leipzig noch 12000 Mann. Die Hauptgefechte, welche dieses Korps bei Goldberg, Löwenberg, in der Schlacht an der Katzbach, bei Wartenburg und in der Schlacht bei Möckern (Leipzig) geliefert hatte, kosteten ihm nach den Angaben der besten Schriftsteller etwa 12000 Mann, mithin betrug der übrige Verlust in 8 Wochen 16000 Mann, also ⅖ des Ganzen.

.Man muß sich also auf ein großes Zerstören seiner eigenen Kräfte gefaßt machen, wenn man einen bewegungsreichen Krieg führen will, danach seinen übrigen Plan einrichten und vor allem die Verstärkungen, welche nachrücken sollen.

Dreizehntes Kapitel: Quartiere

In der neueren Kriegskunst sind die Quartiere wieder unentbehrlich geworden, weil weder Zelte noch ein vollständiges Fuhrwesen das Heer unabhängig machen. Hütten- und Freilager (sogenannte Biwaks), wie weit sie auch getrieben werden, können doch nicht die

1 [2. Auflage: französischen Armee von Moskau]

gewöhnliche Art sein, das Heer zu bergen, ohne daß nach Maßgabe des Klimas bald früher, bald später Krankheiten überhandnehmen und die Kräfte desselben vor der Zeit erschöpfen. Der Feldzug in Rußland vom Jahr 1812 ist einer der wenigen, wo in einem sehr rauhen Klima die Truppen während der ganzen 6 Monate seiner Dauer fast gar nicht in Quartiere gelegt worden sind. Welches sind aber auch die Folgen dieser Anstrengung gewesen, die man eine Extravaganz nennen müßte, wenn nicht diese Benennung noch viel mehr der politischen Idee des Unternehmens angehörte!

Zwei Dinge verhindern das Beziehen von Quartieren: die Nähe des Feindes und die Schnelligkeit der Bewegung. Darum werden sie verlassen, sobald die Entscheidung naht und können nicht eher wieder bezogen werden, bis diese Entscheidung vollendet ist.

In den neueren Kriegen, d. h. in allen Feldzügen, die wir seit 25 Jahren vor Augen haben, hat das kriegerische Element mit seiner ganzen Energie gewirkt. Es ist darin in Rücksicht auf Tätigkeit und Kraftanstrengung meistens geschehen, was überhaupt möglich war; alle diese Feldzüge sind aber nur von kurzer Dauer gewesen, sie haben selten ein halbes Jahr, meistens nur einige Monate gebraucht, um ans Ziel zu führen, d. h. zu dem Punkt, wo der Besiegte sich zum Waffenstillstand oder gar zum Frieden genötigt sah, oder auch, wo beim Überwinder die Siegeskraft sich ausgerungen hatte. Innerhalb dieses Zeitraumes der höchsten Anstrengung hat wenig von Quartieren die Rede sein können, denn selbst im siegreichen Zug des Verfolgens, wenn keine Gefahr mehr vorhanden war, hat die Schnelligkeit der Bewegung diese Erleichterung unmöglich gemacht.

Wo aber aus irgendeinem Grunde der Gang der Begebenheiten weniger reißend ist, wo mehr ein gleichgewichtiges Schweben und Abwägen der Kräfte stattfindet, da ist das Unterbringen der Truppen unter Dach und Fach ein Hauptgegenstand der Aufmerksamkeit. Dieses Bedürfnis hat auf die Führung des Krieges selbst einigen Einfluß, teils dadurch, daß man durch ein stärkeres Vorpostensystem, durch eine bedeutendere und weiter vorgeschobene Avantgarde mehr Zeit und Sicherheit zu gewinnen sucht, teils dadurch, daß man sich weniger von den taktischen Vorteilen der Gegend, von den geometrischen Verhältnissen der Linien und Punkte, als von dem Reichtum und Anbau derselben leiten läßt. Eine Handelsstadt von 20 oder 30000 Einwohnern, eine mit großen Dörfern und blühenden Städten dicht besetzte Straße geben eine solche Leichtigkeit in konzentrierter Aufstellung großer Massen, und diese Konzentrierung gibt eine solche Gewandtheit und einen solchen Spielraum, daß dadurch die Vorteile reichlich vergolten werden, die eine bessere Lage des Punktes geben könnte.

Über die Form der Quartieranordnung haben wir nur einige Bemerkungen zu machen, da das meiste dieses Gegenstandes in die Taktik gehört.

Die Unterbringung der Truppen zerfällt in zwei Arten, indem sie entweder die Haupt- oder die Nebensache sein kann. Ist die Aufstellung der Truppen im Laufe des Feldzuges aus bloß taktischen und strategischen Gründen angeordnet, und sind ihnen zur Erleichterung die in der Nähe des Aufstellungspunktes vorhandenen Quartiere angewiesen, welches besonders mit der Kavallerie zu geschehen pflegt, so sind die Quartiere Nebensache und vertreten die Stelle des Lagers, müssen also in einem solchen Umkreise genommen sein, daß die Truppen die Aufstellung zur rechten Zeit erreichen können. Bezieht aber das Heer Erholungsquartiere, so ist die Unterbringung der Truppen die Hauptsache, und die übrigen Maßregeln, also auch die speziellere Wahl des Aufstellungspunktes, müssen sich danach richten.

Die erste Frage, welche hier zu berücksichtigen ist, betrifft die Form des ganzen Quartierbezirkes. Gewöhnlich ist diese Form ein sehr gedehntes Oblongum, gleichsam eine bloße Vergrößerung der taktischen Schlachtordnung. Der Versammlungspunkt befindet sich vor demselben und das Hauptquartier dahinter. Diese drei Bestimmungen sind nun gerade der sicheren Versammlung des Ganzen vor der Ankunft des Feindes sehr hinderlich, fast entgegengesetzt.

Je mehr die Quartiere ein Quadrat oder gar einen Kreis bilden, um so schneller lassen sich die Truppen in einem Punkt, nämlich dem Mittelpunkt, vereinigen. Je weiter der Versammlungspunkt zurückgelegt wird, um so später erreicht ihn der Feind, um so längere Zeit verbleibt uns zur Versammlung. Ein Versammlungspunkt hinter den Quartieren kann niemals in Gefahr kommen. Je weiter aber umgekehrt das Hauptquartier vorgelegt wird, um so eher langen die Meldungen an, um so besser ist der Befehlshaber von allem unterrichtet. Indessen sind jene Bestimmungen nicht ohne Gründe, die mehr oder weniger Rücksicht verdienen.

Mit der Ausdehnung der Quartiere in die Breite beabsichtigt man die Deckung des Landes, welches sonst der Feind zu Lieferungen benutzen möchte. Allein dieser Grund ist weder völlig wahr noch sehr wichtig. Er ist nur wahr, wenn von den äußersten Flügeln die Rede ist und nicht von dem Zwischenraume, welcher zwischen zwei Armeeabteilungen entsteht, wenn sich ihre Quartiere mehr um ihren Versammlungspunkt herumziehen; denn in diesen Zwischenraum wird sich kein feindlicher Haufen hineinwagen. Er ist nicht sehr wichtig, weil es einfachere Mittel gibt, die in unserer Nähe befindlichen Bezirke der Gegend den feindlichen Ausschreibungen zu entziehen, als das Verzetteln des Heeres selbst.

Das Vorlegen der Versammlungspunkte hat die Absicht, die Quartiere zu decken. Dies hängt so zusammen. Erstlich hinterläßt eine Truppe, die eiligst unter das Gewehr tritt, in ihrem Quartier immer einen Schweif von Nachziehenden, Kranken, Bagage, Vorräten u. dgl., die dem Feinde leicht in die Hände fallen könnten, wenn die Aufstellung rückwärts genommen wird. Zweitens muß man besorgen, daß der Feind, wenn er mit Kavallerieabteilungen der Avantgarde vorbeigeht, oder diese überhaupt gesprengt worden wäre, in die vereinzelten Regimenter und Bataillons fallen würde. Eine aufgestellte Truppe, auf die er stößt, wenn sie auch schwach ist und am Ende überwältigt werden muß, bringt ihn doch zum Stehen, und es wird Zeit gewonnen.

Was die Lage des Hauptquartiers betrifft, so hat man geglaubt, dasselbe könne niemals genug gesichert sein.

Nach diesen verschiedenen Rücksichten würden wir glauben, daß die beste Einrichtung der Quartierbezirke die wäre, wo sie ein dem Quadrat oder Kreis sich näherndes Oblongum einnehmen, den Versammlungspunkt in der Mitte haben und das Hauptquartier bei einigermaßen beträchtlichen Massen in der vorderen Reihe.

Was bei der Aufstellung im allgemeinen von der Deckung der Flügel gesagt ist, bleibt auch hier wahr, daher werden von der Hauptmacht rechts und links abgesonderte Korps ihren eigenen Versammlungspunkt mit der Hauptmacht in gleicher Höhe auch dann noch haben, wenn man ein gemeinschaftliches Schlagen beabsichtigt.

Wenn man übrigens bedenkt, daß die Natur der Gegend von der einen Seite durch vorteilhafte Abschnitte des Bodens den natürlichen Aufstellungspunkt, von der anderen durch Städte und Ortschaften die Lage der Quartiere bestimmt, so wird man wohl einsehen, wie selten die geometrische Gestalt dabei entscheidet; nötig aber war es doch, darauf aufmerksam zu machen, weil sie, wie alle allgemeine Gesetze, bald mehr, bald weniger vorherrschend sich durch die Allgemeinheit der Fälle fortzieht.

Was sich ferner noch über die vorteilhafte Lage der Quartiere sagen läßt, besteht in der Wahl eines deckenden Abschnittes der Gegend, um die Quartiere hinter demselben zu beziehen, während die feindliche Seite von kleinen, aber zahlreichen Haufen beobachtet wird, oder das Beziehen derselben hinter Festungen, die unter solchen Umständen, wo man die Stärke ihrer Besatzung nicht schätzen kann, dem Feinde weit mehr Achtung und Vorsicht einflößen.

Von den befestigten Winterquartieren behalten wir uns vor, in einem eigenen Artikel zu reden.

Verschieden von den Quartieren einer stehenden Truppe sind die einer marschierenden dadurch, daß sie zur Vermeidung der Umwege sich wenig ausbreiten, sondern der Straße entlang ziehen, welches, wenn es das Maß eines kleinen Tagemarsches nicht überschreitet, nichts weniger als der schnellen Versammlung ungünstig ist.

In allen Fällen, wo man sich vor dem Feinde befindet, wie der Kunstausdruck ist, d. h. in allen Fällen, wo kein beträchtlicher Zwischenraum zwischen den gegenseitigen Avantgarden ist, bestimmt die Ausdehnung der Quartiere und die Zeit, welche zur Versammlung der Truppen erforderlich ist, die Stärke und Stellung der Avantgarde und Vorposten; oder wo diese durch den Feind und die Umstände bedingt sind, wird umgekehrt die Ausdehnung der Quartiere von der Zeit abhängen, welche der Widerstand der Vorhut uns gewährt.

Wie man sich diesen Widerstand im Falle vorgeschobener Korps denken muß, haben wir im dritten Kapitel dieses Buches gesagt. Von der Zeit desselben muß man die Zeit der Benachrichtigung und des Ausrückens der Truppen abziehen, und nur was übrig bleibt, ist die Zeit, welche zum Vereinigungsmarsch verwendet werden kann.

Um auch hier am Schluß unsere Vorstellungen in einem Resultat zu fixieren, wie es sich unter den gewöhnlichsten Bedingungen ergibt, wollen wir bemerken, daß, wenn die Quartiere die Entfernung der Avantgarde zum Radius hätten und der Versammlungspunkt ziemlich in der Mitte der Quartiere läge, die durch den Aufenthalt des feindlichen Vorrückens gewonnene Zeit zur Benachrichtigung und zum Ausrücken übrigbleiben würde, welches in den meisten Fällen zureichend sein dürfte, wenn auch die Benachrichtigung nicht durch Fanale, Signalschüsse u. dgl., sondern durch bloße Ordonnanzrelais geschieht, welches allein die gehörige Sicherheit gibt.

Man würde also bei einer drei Meilen weit vorgeschobenen Avantgarde einen Raum von etwa 30 Quadratmeilen mit den Quartieren einnehmen können. In einem mäßig bevölkerten Lande findet man auf diesem Raum etwa 10000 Feuerstellen, welches für ein Heer von

50000 Mann nach Anrechnung[1] der Avantgarde etwa 4 Mann auf die Feuerstelle, also sehr bequem, und bei einem doppelt so starken Heer 9 Mann auf die Feuerstelle, also immer noch nicht ganz enge Quartiere geben würde. Dagegen wird man, wenn die Avantgarde nicht mehr als eine Meile hätte vorgeschoben werden können, nur einen Raum von 4 Quadratmeilen bekommen; denn obleich der Zeitgewinn nicht in eben dem Maße abnimmt wie die Entfernung der Avantgarde, und man bei der Entfernung einer Meile noch etwa auf 6 Stunden Zeit würde rechnen können, so muß doch auch die Behutsamkeit bei solcher Nähe des Feindes zunehmen. Es würde ein Heer von 50000 Mann in solchem Raum aber nur in einem sehr bevölkerten Landstrich einigermaßen Unterkommen finden.

Man sieht wohl, welche entscheidende Rolle große oder wenigstens bedeutende Städte hierbei spielen, welche Gelegenheit geben, 10 bis 20000 Mann fast auf einem Punkt unterzubringen.

Aus diesem Resultat würde sich ergeben, daß, wenn man dem Feinde nicht zu nahe steht und bei einer gehörigen Avantgarde, man selbst gegen einen versammelten Feind in Quartieren bleiben könnte, wie auch Friedrich der Große im Anfang des Jahres 1762 bei Breslau und Bonaparte 1812 bei Witebsk getan hat. Allein wenn man auch selbst gegen einen versammelten Feind bei gehöriger Entfernung und zweckmäßigen Anstalten für die Sicherheit des Zusammenkommens nichts zu besorgen hätte, so muß man doch nicht vergessen, daß ein Heer, welches beschäftigt ist, sich eiligst zu versammeln, in dieser Zeit nichts anderes tun kann;[2] daß es also nicht imstande ist, die sich ergebenden Umstände augenblicklich zu benutzen, wodurch ihm der größere Teil seiner Wirkungsfähigkeit genommen wird. Die Folge ist, daß ein Heer sich nur in den folgenden drei Fällen vollständig in Quartieren verlegen wird:

1. wenn der Feind es gleichfalls tut;
2. wenn der Zustand der Truppen es durchaus notwendig macht;
3. wenn die nächste Tätigkeit desselben sich durchaus auf die Verteidigung einer starken Stellung beschränkt, und es also auf nichts anderes ankommt, als die Truppen zur rechten Zeit in derselben zu versammeln.

Ein recht merkwürdiges Beispiel von der Versammlung eines kantonierenden Heeres gibt der Feldzug von 1815. General Zieten mit

---

1 [2. Auflage: Abrechnung]
2 [Der nachfolgende Restsatz fehlt in 2. Auflage.]

der Avantgarde Blüchers von 30000 Mann stand bei Charleroi, nur 2 Meilen von Sombreffe, wo die Versammlung des Heeres beabsichtigt war. Die weitesten Quartiere des Heeres waren von Sombreffe etwa 8 Meilen, nämlich auf der einen Seite über Ciney hinaus, auf der anderen bis gegen Lüttich hin. Gleichwohl waren die über Ciney hinaus verlegten Truppen mehrere Stunden vor dem Anfang der Schlacht von Ligny dort versammelt, und die gegen Lüttich hin verlegten (das Bülowsche Korps) würden es ohne Zufall und fehlerhafte Einrichtung in der Benachrichtigung auch gewesen sein.

Unstreitig war für die Sicherheit des preußischen Heeres nicht gehörig gesorgt; man muß aber zur Erklärung sagen, daß jene Verhältnisse angenommen worden waren, als das französische Heer selbst noch in weitläuftigen Quartieren stand, und daß der Fehler nur darin bestand, sie nicht in dem Augenblick geändert zu haben, als man die erste Nachricht von Bewegungen im feindlichen Heer und der Ankunft Bonapartes bei demselben erhielt.

Immer bleibt es merkwürdig, daß das preußische Heer möglicherweise noch hätte bei Sombreffe vor dem Angriff des Feindes vereinigt sein können. Zwar erhielt Blücher den 14. nachts, also 12 Stunden, ehe der General Zieten wirklich angegriffen wurde, Nachricht vom Vorrücken des Feindes und fing seine Versammlung an; allein den 15. früh 9 Uhr stand General Zieten schon in vollem Feuer, und in diesem Augenblick kam dem General Thielmann in Ciney erst der Befehl zu, nach Namur zu marschieren. Er mußte also sein Korps erst in Divisionen versammeln und dann 6 ½ Meilen bis Sombreffe zurücklegen, welches in 24 Stunden geschah. Auch General Bülow hätte um diese Zeit eintreffen können, wenn ihn der Befehl gehörig getroffen hätte.

Bonaparte aber kam nicht vor 2 Uhr mittags am 16. dazu, seinen Angriff auf Ligny zu machen. Die Besorgnis, Wellington auf der einen, Blücher auf der anderen Seite gegen sich zu haben, mit anderen Worten das Mißverhältnis der Macht trug zu dieser Langsamkeit bei; man sieht aber, wie selbst der entschlossenste Feldherr durch das behutsame Herumtasten aufgehalten wird, welches bei einigermaßen vewickelten Fällen immer unvermeidlich ist.

Ein Teil der hier aufgestellten Betrachtungen ist offenbar mehr taktischer als strategischer Natur; wir haben aber lieber etwas hinübergreifen wollen, als uns in der Gefahr befinden, nicht klar zu sein.

Vierzehntes Kapitel: Der Unterhalt

Dieser hat in den neueren Kriegen eine viel größere Wichtigkeit bekommen, und zwar aus zwei Gründen: einmal, weil die Heere im allgemeinen doch sehr viel größer sind als die des Mittelalters und selbst die der alten Welt; denn wenn auch ab und zu Heere vorkommen, die den neueren an Umfang gleichen oder sie auch weit übertreffen, so sind das doch seltene, vorübergehende Erscheinungen, während in der neueren Kriegsgeschichte seit Ludwig XIV. die Heere immer sehr zahlreich gewesen sind. Der zweite Grund aber ist noch viel wichtiger und der neueren Zeit eigentümlicher. Er besteht nämlich in dem stärkeren inneren Zusammenhang unserer Kriege, in der beständigen Schlachtfertigkeit[1] der Streitkräfte, die sie führen. Die meisten älteren Kriege bestehen aus einzelnen, unzusammenhängenden Unternehmungen, welche durch Pausen voneinander getrennt waren, in denen der Krieg faktisch entweder ganz ruhte und nur politisch noch vorhanden war, oder wo die Streitkräfte wenigstens sich so weit voneinander entfernt hatten, daß jede ohne Rücksicht auf die ihr entgegenstehende nur ihren Bedürfnissen nachging.

Die neueren Kriege, d. h. die seit dem Westfälischen Frieden, haben durch das Bestreben der Regierungen eine regelmäßige, zusammenhängendere Gestalt bekommen, der kriegerische Zweck herrscht überall vor und fordert auch in Rücksicht des Unterhalts solche Einrichtungen, daß ihm überall Genüge geschehen könne. Zwar haben die Kriege des siebzehnten und achtzehnten Jahrhunderts auch große Pausen der Waffenruhe, die einem gänzlichen Aufhören des Krieges nahekommen, nämlich die regelmäßigen Winterquartiere, allein immer bleiben doch auch diese dem kriegerischen Ziel untergeordnet; es ist die schlechte Jahreszeit, aber nicht der Unterhalt der Truppen, welche dazu veranlaßt, und da sie regelmäßig mit dem eintretenden Sommer aufhören, so ist wenigstens während der guten Jahreszeit die ununterbrochene kriegerische Handlung erforderlich.

Wie überall die Übergänge von einem Zustand und einer Verfahrungsweise zur anderen stufenweise stattgefunden haben, so ist das auch hier der Fall. In den Kriegen gegen Ludwig XIV. pflegten die Verbündeten ihre Truppen während der Winterquartiere noch in entferntere Provinzen zu versenden, um sie leichter unterhalten zu können; in den Schlesischen Kriegen kommt das schon nicht mehr vor.

---

1 [2. Auflage: Schlagfertigkeit]

Diese regelmäßige und zusammenhängende Gestalt der kriegerischen Handlung wurde den Staaten hauptsächlich erst möglich, indem sie an die Stelle der Lehnsheere die Söldner treten ließen. Die Lehnspflicht wurde nun in einer Abgabe verwandelt, und der persönliche Dienst fiel entweder ganz weg, indem Werbung an die Stelle trat, oder er blieb nur in der ganz geringen Volksklasse, indem der Adel die Rekrutenstellung (wie noch jetzt in Rußland und Ungarn) als eine Art von Abgabe, als eine Menschensteuer betrachtete. In jedem Fall wurden nun die Heere, wie wir das schon anderswo gesagt haben, ein Instrument des Kabinetts, dessen Hauptbasis der Schatz oder das Geldeinkommen der Regierung war.

Gerade dieselbe Bewandnis, welche es mit der Aufstellung und beständigen Ergänzung der Streitkraft hatte, mußte es mit ihrem Unterhalt nehmen. Hatte man die Stände gegen Geldentschädigung von dem ersteren entbunden, so konnte man ihnen das letztere nicht auf einem so kurzen Umwege wieder aufbürden. Das Kabinett, der Schatz, mußte also für den Unterhalt des Heeres Sorge tragen und durfte es im eigenen Lande nicht auf Unkosten desselben leben lassen. Die Regierungen mußten also auch den Unterhalt der Streitkräfte ganz als ihre eigene Sache ansehen. Auf diese Weise wurde der Unterhalt auf eine doppelte Weise schwieriger; einmal, indem er Sache der Regierung wurde, und dann, weil die Streitkräfte immer im Angesicht der feindlichen bleiben sollten.

Es wurde also nicht bloß ein selbständiges Kriegsvolk, sondern auch eine selbständige Einrichtung seiner Ernährung geschaffen und so weit ausgebildet, als es nur immer gehen wollte.

Es wurden nicht bloß die Vorräte zum Unterhalt entweder durch Geld oder Dominiallieferungen, also von entlegenen Punkten herbeigeschafft und in Magazinen aufgehäuft, sondern auch von diesen zu den Truppen vermittelst eines eigenen Fuhrwesens hingeschafft, in ihrer Nähe vermittelst eigener Bäckerei verbacken und dann wieder vermittelst eines anderen, den Truppen zuletzt selbst beigegebenen Fuhrwesens von diesen abgeholt. Wir werfen einen Blick auf dieses System, nicht bloß weil es die Eigentümlichkeit der Kriege erklärt, in welchen es bestanden hat, sondern weil es nie ganz aufhören kann, und einzelne Bestandteile desselben immer wieder vorkommen werden.

So strebte also die Kriegseinrichtung dahin, immer unabhängiger von Volk und Land zu werden.

Die Folge war, daß der Krieg auf diese Weise zwar regelmäßiger, zusammenhängender, dem kriegerischen, d. h. dem politischen Zweck untergeordneter wurde, aber zugleich auch in seinen Bewegungen viel beschränkter und zwangsvoller und in seiner Energie unendlich geschwächt. Denn nun war man an Magazine gebunden, auf die Wirkungskreise des Fuhrwesens beschränkt, und es war nichts natürlicher, als daß das Ganze die Richtung nahm, den Unterhalt des Heeres so sparsam als möglich einzurichten. Der Soldat, genährt durch ein kümmerliches Stückchen Brot, wankte oft wie ein Schatten umher, und keine Aussicht auf einen Wechsel des Glückes tröstete ihn im Augenblick der Entbehrung.

Wer diese kümmerliche Ernährung des Soldaten für eine gleichgültige Sache ausgeben will und nur daran denkt, was Friedrich der Große mit seinen so verpflegten Soldaten getan hat, der sieht den Gegenstand nicht mit voller Unbefangenheit an. Die Kraft, zu entbehren, macht beim Soldaten eine der schönsten Tugenden aus, und ohne sie gibt es kein Heer von wahrhaft kriegerischem Geist, aber dies Entbehren muß vorübergehend, durch die Gewalt der Umstände geboten sein und nicht die Folge eines ärmlichen Systems oder einer kärglichen, abstrakten Berechnung der Notdurft. In diesem Fall wird es immer die Kraft des Individuums physisch und moralisch schwächen. Was Friedrich der Große mit seinem Kriegsvolk ausgerichtet hat, kann uns nicht zum Maßstab dienen, denn teils stand ihm dasselbe System entgegen, teils wissen wir nicht, wieviel mehr er unternommen hätte, wenn er sein Kriegsvolk so hätte leben lassen können, wie Bonaparte das seinige leben ließ, sooft es die Umstände erlaubten.

Nur bis auf den Unterhalt der Pferde hatte man das künstliche Verpflegungssystem niemals auszudehnen gewagt, weil dieser des Volumens wegen viel mehr Schwierigkeiten des Transportes hat. Eine Ration wiegt ungefähr zehnmal soviel wie eine Portion, die Zahl der Pferde ist aber bei einem Heer nicht etwa $\frac{1}{10}$ der Menschen, sondern noch jetzt $\frac{1}{4}$ bis $\frac{1}{3}$ und war sonst $\frac{1}{3}$ bis $\frac{1}{2}$, also das Gewicht der Rationen drei-, vier- oder fünfmal so groß wie das der Portionen; darum suchte man dies Bedürfnis gerade auf die allerunmittelbarste Weise zu befriedigen, nämlich durch Fouragierungen. Diese Fouragierungen nun legten der Kriegführung auf eine andere Art einen großen Zwang an: einmal, indem sie einen Hauptgegenstand daraus machten, daß der Krieg auf feindlichem Gebiet geführt werde, zweitens, indem sie nicht verstatteten, zu lange in einer Gegend zu verbleiben. Indessen hatten doch die Fouragierungen zur Zeit der Schlesischen Kriege schon sehr abgenommen; man fand darin eine viel größere Verwüstung und Anstrengung der Gegend, als wenn man das Bedürfnis durch Lieferungen und Beitreibungen aus der Gegend befriedigte.

Als die französische Revolution mit einemmal wieder eine Volkskraft auf die Kriegsbühne führte, zeigten sich die Mittel der Regierungen nicht mehr genügend, und das ganze Kriegssystem, welches aus der Beschränktheit dieser Mittel entsprang und in dieser Beschränktheit wieder seine Sicherheit fand, wurde gesprengt, und mit dem Ganzen denn auch *der* Teil, von dem wir hier handeln, nämlich das System des Unterhalts. Ohne sich viel um Magazine zu bekümmern, und noch weniger an eine Einrichtung dieses künstlichen Uhrwerkes denkend, welches die verschiedenen Abteilungen des Fuhrwesens wie ein Räderwerk umlaufen ließ, sandten die Revolutionsführer ihre Soldaten ins Feld, trieben ihre Generale in die Schlacht, ernährten, stärkten, belebten, reizten alles durch Beitreiben, Rauben und Plündern dessen, was sie brauchten.

Zwischen diesen beiden Extremen ist der Krieg unter und gegen Bonaparte in der Mitte geblieben, d. h. er hat von den Mitteln jeder Art das benutzt, was ihm zusagte; und so wird es auch für die Folge wohl bleiben.

Auch bei der neueren Verpflegungsart der Truppen, d. h. indem man alles, was die Gegend nur irgend darbietet, ohne Rücksicht auf mein und dein benutzt, gibt es vier verschiedene Wege, nämlich: die Ernährung durch den Wirt, durch Beitreibungen, welche die Truppen selbst besorgen, durch allgemeine Ausschreibungen und durch Magazine. Alle vier gehen gewöhnlich miteinander, wobei denn eine vorzuherrschen pflegt, doch kommt auch der Fall vor, daß nur eine ganz allein angewendet wird.

1. Die Ernährung durch den Wirt oder die Gemeinde, welches dasselbe ist. Bedenkt man, daß in einer Gemeinde, selbst wenn sie wie die großen Städte nur aus Konsumenten besteht, doch immer Lebensmittel auf mehrere Tage vorrätig sein müssen, so sieht man wohl ein, daß auch die volkreichste Stadt imstande sein wird, eine Einquartierung, die ihrer Volkszahl nahekommt, auf einen Tag zu ernähren, und wenn die Einquartierung viel schwächer ist, auf mehrere Tage, ohne daß besondere Voranstalten nötig wären. Dies gibt bei beträchtlichen Städten ein sehr genügendes Resultat, weil man eine beträchtliche Truppenmasse auf einem Punkte ernähren kann. Bei kleineren Städten oder gar bei Dörfern aber würde das Resultat sehr ungenügend sein; denn eine Bevölkerung von 3 bis 4000 Menschen auf die

Quadratmeile, die schon sehr beträchtlich ist, würde nur die Ernährung von 3 bis 4000 Mann geben, welches bei beträchtlichen Massen eine so weitläuftige Verteilung der Truppen erfordern würde, daß die anderen Bedingungen dabei schwerlich bestehen könnten. Allein auf dem flachen Lande und selbst in kleinen Städten ist die Masse derjenigen Lebensmittel, auf die es im Kriege ankommt, sehr viel größer; der Brotvorrat eines Bauern reicht für seine Familie, eins ins andere gerechnet, gewöhnlich auf 8 bis 14 Tage hin; Fleisch kann täglich beschafft werden, Gemüse sind gewöhnlich bis zur nächsten Ernte vorhanden. Es hat daher in Quartieren, die noch nicht belegt gewesen sind, keine Schwierigkeit, das Drei- bis Vierfache der Bevölkerung auf einige Tage zu ernähren, welches denn wieder ein sehr genügendes Resultat gibt. Eine Kolonne von 30000 Mann würde hiernach bei einer Bevölkerung von 2 bis 3000 Seelen[1], wenn keine beträchtliche Stadt mitbelegt werden kann, etwa 4 Quadratmeilen Raum nötig haben, dies würde eine Seitenausdehnung von 2 Meilen geben. Man würde also mit einer Armee von 90000 Köpfen, die man etwa auf 75000 Kombattanten rechnen könnte, wenn sie in drei Kolonnen nebeneinander marschierte, nur eine Breite von 6 Meilen einzunehmen haben, im Fall sich auf dieser Breite drei Straßen fänden.

Folgen sich in ein solches Quartier mehrere Kolonnen hintereinander, so muß von den Ortsbehörden besonders Rat geschafft werden, welches aber für das Bedürfnis von einem oder ein paar Tagen mehr nicht schwer hält. Es würden also, wenn die obigen 90000 Mann von ebensoviel um einen Tag später gefolgt würden, auch diese noch nicht Not leiden, welches schon die beträchtliche Masse von 150000 Kombattanten gibt.

Das Futter für die Pferde hat noch weniger Schwierigkeit, denn es bedarf keiner Vermahlung und Verbackung, und da für die Pferde des Landes die Unterhaltsmittel bis zur nächsten Ernte vorhanden sein müssen, so wird selbst da, wo wenig Stallfütterung ist, doch nicht leicht Mangel vorhanden sein; nur muß freilich die Futterlieferung von der Gemeinde und nicht vom Wirt gefordert werden. Es versteht sich übrigens, daß einige Rücksichten vorausgesetzt werden, die man bei der Anordnung des Marsches auf die Natur der Gegend nimmt, um nicht in Handels- und Fabrikorten und Gegenden gerade die Reiterei hinzuweisen.

1 [2. Auflage ergänzt: auf die Quadratmeile]

Das Resultat dieses flüchtigen Blickes ist also, daß man in einem mittelmäßig bevölkerten Lande, nämlich von 2 bis 3000 Seelen auf die Quadratmeile, mit einem Heer von 150000 Kombattanten in sehr geringer, ein gemeinschaftliches Schlagen nicht ausschließender Ausdehnung seinen Unterhalt auf ein bis zwei Tage bei den Wirten und Gemeinden finden werde; d. h. also, daß man ein solches Heer auf einem ununterbrochenen Marsch ohne Magazine und andere Vorbereitungen erhalten kann.

Auf dieses Resultat haben sich die Unternehmungen der französischen Heere im Revolutionskriege und unter Bonaparte gestützt. Sie sind von der Etsch bis an die untere Donau und vom Rhein bis an die Weichsel vorgedrungen, ohne viel andere Verpflegungsmittel zu haben als die des Wirtes,[1] und ohne je Not zu leiden. Da ihre Unternehmungen auf physische und moralische Überlegenheit gestützt, von unzweifelhaften Erfolgen begleitet, wenigstens in keinem Fall durch Unentschlossenheit und Behutsamkeit verzögert wurden, so war die Bewegung in ihrer Siegesbahn meistens die eines unausgesetzten Marsches.

Sind die Umstände weniger günstig, ist die Bevölkerung nicht so groß, oder besteht sie mehr aus Gewerbsleuten als Bauern, ist der Boden schlecht, die Gegend schon mehrere Male mitgenommen, so wird natürlich das Resultat heruntergehen. Bedenkt man aber, daß, indem man die Seitenausdehnung einer Kolonne von 2 auf 3 Meilen steigen läßt, man gleich mehr als das Doppelte, nämlich statt vier neun Quadratmeilen Oberfläche bekommt, und daß dies immer noch eine Ausdehnung ist, die in gewöhnlichen Fällen das gemeinschaftliche Schlagen zuläßt, so sieht man wohl, daß auch selbst unter ungünstigen Umständen bei unausgesetzter Bewegung diese Ernährungsart immer noch möglich bleiben wird.

Sowie aber ein Stillstand von mehreren Tagen eintritt, müßte die größte Not entstehen, wenn nicht auf andere Weise vorgekehrt würde. Diese Vorkehrungen bestehen nun in zwei Einrichtungen, ohne welche ein beträchtliches Heer auch jetzt nicht bleiben kann. Die erste ist ein den Truppen zugegebenes Fuhrwesen, wodurch Brot oder Mehl als der notwendigste Teil des Unterhalts auf einige, d. h. drei bis vier Tage mitgenommen werden kann; rechnet man dazu drei bis vier Tage, die der Soldat selbst trägt, so entsteht immer Sicherheit für acht Tage des notdürftigsten Unterhalts.

---

1 [Der Restsatz fehlt in 2. Auflage]

Die zweite Einrichtung ist die eines gehörigen Kommissariats, welches in jedem Augenblick der Rast aus entfernten Gegenden Vorräte herbeizieht, so daß man in jedem Augenblick aus dem System der Quartierverpflegung in ein anderes übergehen kann.

Die Verpflegung durch die Quartiere hat den unendlichen Vorteil, daß sie gar keiner Transportmittel bedarf und in der kürzesten Zeit geleistet wird; aber freilich setzt sie voraus, daß in der Regel alle Truppen in Quartieren untergebracht werden.

2. Verpflegung durch Beitreibung der Truppen. Wenn ein einzelnes Bataillon ein Lager bezieht, so kann dies allenfalls in der Nähe einiger Dörfer geschehen, und diese können angewiesen werden, ihm die Lebensmittel zu liefern; dann wäre die Verpflegung im wesentlichen von der vorigen nicht verschieden. Wenn aber, wie gewöhnlich, die Truppenmasse, welche auf einem Punkt lagern soll, viel stärker ist, so bleibt nichts anderes übrig, als für ein größeres Ganze, z. B. eine Brigade oder Division, das Erforderliche gemeinschaftlich aus gewissen Bezirken beizutreiben und dann zu verteilen.

Der erste Blick zeigt, daß mit diesem Verfahren der Unterhalt für beträchtliche Heere niemals zu beschaffen ist. Die Ausbeute aus den Vorräten des Landes wird viel geringer sein, als wenn die Truppen in demselben Bezirk Quartiere bezogen hätten; denn wo 30 oder 40 Mann dem Bauer in das Haus dringen, werden sie, wo es fehlt, auch das letzte beizutreiben wissen; ein Offizier aber, der mit ein paar Leuten abgeschickt wird, um Lebensmittel beizutreiben, hat weder Zeit noch Mittel, alle Vorräte so aufzusuchen; oft wird es auch an Transportmitteln fehlen: er wird also nur einen geringen Teil des Vorhandenen herbeischaffen können. Von der anderen Seite sind in Lagern die Truppenmassen dergestalt auf einen Punkt gehäuft, daß die Bezirke, aus denen in der Geschwindigkeit beigetrieben werden kann, zu unbedeutend für das ganze Bedürfnis sind. Was will es sagen, wenn 30000 Mann in der Runde von einer Meile, also von einer 3 bis 4 Quadratmeilen betragenden Oberfläche, Lebensmittel herbeitreiben! Und doch werden sie das selten können, denn die meisten der nächsten Dörfer werden von einzelnen Truppenteilen belegt sein, die nichts verabfolgen lassen wollen. Endlich wird bei dieser Art am meisten verschwendet, weil einzelne über das Maß bekommen, viel ungenossen verloren geht usw.

Das Resultat ist also, daß die Verpflegung durch solche Beitreibungen nur mit Erfolg stattfinden kann bei nicht zu großen Truppenmassen, etwa bei einer Division von 8 bis 10000 Mann, und daß man sie auch hier nur als ein notwendiges Übel eintreten lassen wird.

Unvermeidlich ist sie gewöhnlich bei allen unmittelbar vor dem Feinde stehenden Abteilungen, wie Avantgarde und Vorposten, im Fall der vorschreitenden Bewegung, weil diese auf Punkte kommen, wo gar keine Vorbereitungen getroffen werden konnten, und gewöhnlich von den für das übrige Heer gesammelten Vorräten zu entfernt sind; ferner bei Streifkorps, die sich selbst überlassen sind; endlich in allen Fällen, wo zufällig keine Zeit und Mittel zu einer anderen Verpflegung waren.

Je mehr die Truppe zu einer regelmäßigen Ausschreibung eingerichtet ist, je mehr Zeit und Umstände erlauben, in diese Verpflegungsweise überzugehen, um so besser wird das Resultat sein. Aber es ist meistens die Zeit, welche fehlt, denn was die Truppen sich unmittelbar verschaffen, geht ihnen viel schneller zu.

3. Durch regelmäßige Ausschreibungen. Dies ist unstreitig das einfachste und wirksamste Mittel der Verpflegung, welches auch die Grundlage aller neueren Kriege ausgemacht hat.

Von der vorigen Art unterscheidet sich diese vorzüglich durch die Mitwirkung der Landesbehörden. Es soll nicht mehr der Vorrat gewaltsam genommen werden, wo er sich gerade findet, sondern vermittelst einer vernünftigen Verteilung ordnungsmäßig geliefert. Diese Verteilung können nur die Landesbehörden machen.

Hier kommt alles auf die Zeit an. Je mehr Zeit vorhanden ist, um so allgemeiner kann die Verteilung werden, um so weniger wird sie drücken, um so regelmäßiger wird der Erfolg sein. Selbst Ankäufe mit barem Gelde können zu Hilfe genommen werden, und diese Verpflegungsart wird sich dadurch der folgenden nähern. Bei allen Versammlungen der Streitkräfte im eigenen Lande hat dies keine Schwierigkeit, und in der Regel auch nicht bei rückgängigen Bewegungen. Dagegen bleibt bei allen Bewegungen in eine Gegend hinein, in deren Besitz wir noch nicht sind, sehr wenig Zeit zu solchen Einrichtungen übrig; gewöhnlich nur der eine Tag, welchen die Avantgarde dem Heere voraus zu sein pflegt. Mit dieser ergehen dann an die Landesbehörde die Aufforderungen, wieviel Portionen und Rationen sie hier und dort in Bereitschaft halten soll. Da diese nur aus der nächsten Gegend, d.h. ein paar Meilen im Umkreise des bestimmten Punktes herbeigeschafft werden können, so würden bei beträchtlichen Heeren diese in der Eil gemachten Anhäufungen bei weitem nicht reichen, wenn das Heer nicht auf mehrere Tage mitbrächte. Es ist also Sache der Kommissariate, mit dem Erhaltenen zu wirtschaften und nur denjenigen Truppenteilen zu geben, welche nichts haben. Mit jedem der folgenden Tage aber wird die Verlegenheit abnehmen; denn wachsen die Entfernungen, aus denen die Lebensmittel herbeigeschafft werden können wie die Anzahl der Tage, so wächst die Oberfläche und folglich das Resultat wie die Quadrate. Haben am ersten Tag nur 4 Quadratmeilen liefern[1] können, so können am folgenden 16, am dritten 36 liefern; also am zweiten 12 mehr als am ersten, am dritten 20 mehr als am zweiten.

Daß dies nur eine Andeutung der Verhältnisse ist, versteht sich von selbst, denn es treten dabei viel beschränkende Umstände ein, wovon der hauptsächlichste ist, daß die Gegend, aus welcher das Heer eben kommt, nicht in dem Maße mitwirken kann wie die anderen. Aber von der anderen Seite muß man auch bedenken, daß die Lieferungsradien sich um mehr als 2 Meilen täglich erweitern können, vielleicht 3, 4 und an manchen Orten noch mehr.

Daß diese ausgeschriebenen Lieferungen, wenigstens dem größeren Teile nach, wirklich erfolgen, dafür sorgt die exekutive Gewalt einzelner Detachements, welche den Beamten beigegeben sind, noch mehr aber die Furcht vor Verantwortlichkeit, Strafe und Mißhandlung, welche in solchen Fällen wie ein allgemeiner Druck auf die ganze Bevölkerung zu lasten pflegt.

Übrigens kann es nicht unsere Absicht sein, die näheren Einrichtungen, das ganze Uhrwerk des Kommissariats- und Verpflegungswesens anzugeben, wir haben bloß das Resultat im Auge.

Dieses Resultat, welches sich uns aus dem Blick des gesunden Menschenverstandes auf die allgemeinen Verhältnisse ergeben und durch die Erfahrung der seit der Revolution geführten Kriege bewährt hat, ist also, daß auch das beträchtlichste Heer, wenn es auf einige Tage Lebensmittel mit sich führt, unbedenklich durch solche Ausschreibungen ernährt werden kann, welche erst im Augenblick des Eintreffens eintreten, zuerst die nächste Gegend treffen und dann mit der Zeit in immer weiteren Kreisen ausgedehnt, von immer höheren Standpunkten angeordnet werden.

Dieses Mittel hat keine anderen Grenzen als die Erschöpfung, Verarmung und Zerstörung des Landes. Da nun bei einem längeren Aufenthalt die Anordnungen bis zu den höchsten Landesstellen hinaufsteigen, und diese natürlich alles tun werden, um die Last so

---

1 [2. Auflage: Lebensmittel liefern]

gleichmäßig als möglich zu verteilen, durch Käufe den Druck[1] zu erleichtern, da auch selbst der fremde kriegführende Staat in diesem Fall nicht so roh und rücksichtslos zu sein pflegt, wenn er lange in unserem Lande verweilt, durchaus die ganze Last des Unterhaltes diesem aufzubürden, so pflegt das Lieferungssystem sich nach und nach von selbst dem System der Magazine zu nähern, ohne darum ganz aufzuhören, noch den Einfluß, den es auf die kriegerischen Bewegungen hat, merklich zu ändern; denn es ist etwas ganz anderes, wenn die Kräfte der Gegend durch Vorräte, die man aus größeren Entfernungen herbeischafft, wieder ergänzt werden, das Land aber selbst das eigentliche Organ der Heeresverpflegung bleibt, oder wenn das Heer wie in den Kriegen des achtzehnten Jahrhunderts seinen ganz selbständigen Haushalt besorgt, und das Land der Regel nach gar nichts damit zu tun hat.

Zwei Dinge machen den Hauptunterschied aus: nämlich die Benutzung des Landesfuhrwesens und der Landesbäckereien. Dadurch fällt jener ungeheure, sein eigenes Werk fast immer zerstörende Troß des Armeefuhrwesens weg.

Zwar wird auch jetzt kein Heer ganz ohne Verpflegungsfuhrwesen sein können, allein dies ist unendlich viel geringer und dient gewissermaßen nur, den Überfluß des einen Tages auf den anderen zu übertragen. Besondere Verhältnisse, wie die in Rußland 1812, haben auch in der neueren Zeit zu einem gewaltigen Wagentroß zwingen können, und auch Feldbäckereien hat man mitnehmen müssen; allein teils sind dies Ausnahmen, denn wie selten wird der Fall vorkommen, daß 300000 Mann fast auf einer einzigen Straße 130 Meilen weit vordringen, und das in einem Lande wie Polen und Rußland und kurz vor der Ernte, teils werden auch in solchen Fällen die bei dem Heere getroffenen Anstalten nur als Aushilfen und die Lieferungen der Gegend mithin immer als die Grundlage der ganzen Verpflegung betrachtet werden.

Seit den ersten Feldzügen des französischen Revolutionskrieges ist also das Lieferungssystem bei den französischen Heeren beständig jene Grundlage gewesen, und auch die ihnen entgegenstehenden Verbündeten haben darin übergehen müssen, und es ist schwerlich zu erwarten, daß man je davon zurückkommen könne. Kein anderes gibt solche Resultate, sowohl was die Energie der Kriegführung als ihre Leichtigkeit und Ungezwungenheit betrifft. Weil man für die ersten 3

1 [2. Auflage: Druck der Lieferung]

bis 4 Wochen gewöhnlich in keiner Verlegenheit ist, wohin man sich auch wendet, und später durch Magazine nachgeholfen werden kann, so kann man wohl sagen, daß der Krieg auf diese Weise die vollkommenste Freiheit gewonnen hat. Zwar werden die Schwierigkeiten in einer Richtung größer sein als in einer anderen, und dies kann in der Waagschale der Überlegung etwas gelten, aber niemals wird man auf eine absolute Unmöglichkeit stoßen, und niemals wird die Rücksicht, die man dem Unterhalt widmet, gebieterisch entscheiden. Nur ein Verhältnis macht hiervon eine Ausnahme; es sind die Rückzüge in Feindes Land. Hier treffen sehr viel der Verpflegung ungünstige Bedingungen zusammen. Die Bewegung ist eine fortschreitende, und zwar gewöhnlich ohne sonderlichen Aufenthalt, es ist also keine Zeit, Vorräte zusammenzubringen; die Umstände, unter welchen man einen solchen Rückzug antritt, sind meistens schon sehr ungünstig, man ist also genötigt, stets in Masse beisammenzubleiben, und es kann darum gewöhnlich von keiner Verteilung in Quartieren oder von einer beträchtlichen Ausbreitung in den Kolonnen die Rede sein; das feindliche Verhältnis des Landes erlaubt nicht, durch bloße Ausschreibungen ohne exekutive Gewalt Vorräte zusammenzubringen, und endlich ist der Moment an sich noch besonders geeignet, den Widerstand und üblen Willen der Landesbewohner herauszufordern. Alles dies macht, daß man in solchen Fällen in der Regel auf die eingerichteten Verbindungs- und Rückzugslinien beschränkt ist.

Als Bonaparte 1812 seinen Rückzug antreten wollte, konnte dies durchaus nur auf der Straße geschehen, auf welcher er gekommen war, und zwar wegen des Unterhalts, weil er auf jeder anderen noch früher und unzweifelhafter zugrunde gegangen wäre, und alles, was sogar französische Schriftsteller Tadelndes darüber gesagt haben, ist auf das äußerste unverständig.

4. Der Unterhalt aus Magazinen. Sollte diese Verpflegungsart sich von der vorigen noch generisch unterscheiden, so könnte es nur bei einer solchen Einrichtung sein, wie sie in dem letzten Drittel des siebzehnten und während des achtzehnten Jahrhunderts stattgefunden hat. Wird diese Einrichtung je wiederkehren können?

Freilich begreift man kaum, wie es anders sein könnte, wenn man sich den Krieg mit großen Heeren 7, 10, 12 Jahre lang auf einer Stelle gebannt denkt, wie das in den Niederlanden, am Rhein, in Oberitalien, in Schlesien und Sachsen vorgekommen ist; denn welches Land könnte so lange das Hauptorgan des Unterhalts der gegenseitigen[1]

1 [2. Auflage: beiderseitigen]

Heere bleiben, ohne völlig zugrunde zu gehen, also seinen Dienst nach und nach zu versagen?

Aber hier entsteht natürlich die Frage: wird der Krieg das Verpflegungssystem oder das Verpflegungssystem den Krieg bestimmen? Wir antworten: zuerst wird das Verpflegungssystem den Krieg bestimmen, soweit es die übrigen Bedingungen, von denen er abhängt, gestatten; wo diese aber anfangen, zu viel Widerstand zu leisten, wird der Krieg auf das Verpflegungssystem zurückwirken und in diesem Fall also dasselbe bestimmen.

Der auf das Lieferungssystem und die örtliche Verpflegung gegründete Krieg hat eine solche Überlegenheit über den Krieg mit der reinen Magazinverpflegung, daß dieser gar nicht mehr als dasselbe Instrument erscheint. Kein Staat wird es also wagen, mit diesem gegen jenen aufzutreten, und gäbe es irgendwo einen Kriegsminister, der beschränkt und unwissend genug wäre, die allgemeine Notwendigkeit dieser Verhältnisse zu verkennen und das Heer bei Eröffnung des Krieges auf die alte Weise auszurüsten, so würde die Gewalt der Umstände den Feldherrn bald mit sich fortreißen, und das Lieferungssystem sich von selbst hervordrängen. Bedenkt man dabei noch, daß der große Kostenaufwand, welchen eine solche Einrichtung verursacht, notwendig den Umfang der Rüstungen, die Masse der Streitkräfte verringern muß, weil kein Staat überflüssig mit Geld versehen ist, so läßt dies fast keine andere Möglichkeit einer solchen Ausrüstung zu, als wenn etwa beide kriegführende Parteien sich diplomatisch darüber einigen wollten, ein Fall, der als ein bloßes Spiel der Vorstellungen betrachtet werden muß.

Es werden also die Kriege fortan wohl immer mit dem Lieferungssysteme anfangen; wieviel die eine oder andere der Regierungen tun will, um dasselbe durch künstliche Einrichtungen zu ergänzen, ihr eigenes Land mehr zu schonen usw., mag dahingestellt bleiben; allzuviel wird es wohl nicht sein, weil man in solchen Augenblicken immer auf die dringendsten Bedürfnisse zuerst geführt wird und ein künstliches Verpflegungswesen zu diesen nicht mehr gehört.

Wenn nun aber ein Krieg in seinen Erfolgen nicht so entscheidend, in seinen Bewegungen nicht so weit ausgreifend ist, als es eigentlich in seiner Natur liegt, so wird das Lieferungssystem anfangen, die Gegend dergestalt zu erschöpfen, daß man entweder Frieden schließen oder Einrichtungen zur Erleichterung des Landes und zum unabhängigen Unterhalt des Heeres treffen muß. Dies letztere war der Fall der Franzosen unter Bonaparte in Spanien; aber viel häufiger wird das erstere eintreten. In den meisten Kriegen nimmt die Erschöpfung der Staaten so sehr zu, daß sie, anstatt auf den Gedanken einer kostbareren Kriegführung zu kommen, vielmehr zu der Notwendigkeit des Friedens hingedrängt sein werden. So wird denn die neuere Kriegführung auch von dieser Seite zu dem Resultat führen, die Kriege abzukürzen.

Wir wollen indessen die Möglichkeit von Kriegen mit der alten Verpflegungseinrichtung nicht ganz allgemein leugnen; wo die Natur der Verhältnisse von beiden Seiten hindrängt, und andere begünstigende Umstände eintreten, wird sie sich vielleicht einmal wieder zeigen; aber wir können nur in dieser Form niemals einen naturgemäßen Organismus finden; sie ist vielmehr nur eine Abnormität, welche die Umstände zulassen, die aber aus der eigentlichen Bedeutung des Krieges nie hervorgehen kann. Noch weniger können wir diese Form deswegen, weil sie menschenfreundlicher ist, für eine Vervollkommnung des Krieges halten, denn der Krieg ist selbst nichts Menschenfreundliches.

Welche Verpflegungsweise aber auch gewählt werden mag, so ist es natürlich, daß sie in reichen und bevölkerten Gegenden leichter wird als in armen und menschenleeren. Daß auch die Bevölkerung dabei in Betrachtung kommt, liegt in der doppelten Beziehung, welche sie auf die im Lande vorhandenen Vorräte hat; einmal, indem da, wo viel verzehrt wird, auch viel vorrätig sein muß, zweitens, indem in der Regel auch bei größerer Bevölkerung eine größere Produktion ist. Hiervon machen nun freilich solche Bezirke, die vorzüglich von Fabrikarbeitern bevölkert sind, eine Ausnahme, besonders wenn sie, wie das nicht selten der Fall ist, in Gebirgstälern bestehen, die von unfruchtbarem Boden umgeben sind; allein in der Allgemeinheit der Fälle ist es immer sehr viel leichter, in einem bevölkerten Lande für die Bedürfnisse eines Heeres zu sorgen als in einem menschenarmen. 400[1] Quadratmeilen, auf denen 400000 Menschen leben, werden, wenn sie auch noch so fruchtbaren Boden haben, gewiß nicht so leicht 100000 Köpfe eines Heeres übertragen können als 400 Quadratmeilen, auf denen 2 Millionen leben. Dazu kommt, daß in sehr bevölkerten Ländern Straßen- und Wasserverbindungen häufiger und besser, die Mittel des Transportes reichlicher, die Handelsverbindungen leichter und sicherer sind. Mit einem Wort: es ist unendlich viel leichter, ein Heer in Flandern als in Polen zu ernähren.

1 [2. Auflage: 480]

Die Folge ist, daß der Krieg mit seinem vierfachen Saugrüssel sich am liebsten auf Hauptstraßen, in volkreichen Städten, fruchtbaren Tälern großer Ströme oder längs der Küste befahrener Meere niedersenkt.

Hieraus wird die allgemeine Einwirkung klar, welche der Unterhalt des Heeres auf die Richtung und Form der Unternehmungen, auf die Wahl der Kriegstheater und der Verbindungslinien haben kann.

Wie weit dieser Einfluß gehen, welchen Wert die Schwierigkeit oder Leichtigkeit des Unterhalts in der Rechnung bekommen darf, das hängt freilich sehr von der Art ab, wie der Krieg geführt werden soll. Geschieht dies in seinem eigentlichsten Geist, d. h. mit der ungezügelten Stärke seines Elementes, mit dem Drange und Bedürfnis nach Kampf und Entscheidung, so ist der Unterhalt des Heeres eine wichtige, aber untergeordnete Sache; findet aber ein Äquilibrieren statt, wo die Heere in derselben Provinz viele Jahre hin- und herziehen, dann wird die Verpflegung oft die Hauptsache, der Intendant wird der Feldherr und die Leitung des Krieges eine Administration der Wagen.

So gibt es unzählige Feldzüge, wo nichts geschehen, der Zweck verfehlt, die Kräfte unnütz verbraucht sind und alles mit dem Mangel an Lebensmitteln entschuldigt wird; dagegen pflegte Bonaparte zu sagen: qu'on ne me parle pas des vivres!

Freilich hat dieser Feldherr im russischen Feldzuge evident gemacht, daß man diese Rücksichtslosigkeit zu weit treiben kann, denn, um nicht zu sagen, daß sein ganzer Feldzug vielleicht bloß dadurch zuschanden geworden ist, welches doch am Ende eine Vermutung bleiben würde, so ist doch außer Zweifel, daß er dem Mangel an Rücksicht auf den Unterhalt beim Vorgehen das unerhörte Zusammenschmelzen seines Heeres und beim Zurückgehen den gänzlichen Untergang desselben zu verdanken hat.

Aber ohne in Bonaparte den leidenschaftlichen Spieler zu verkennen, der sich oft in ein tolles Extrem wagt, kann man doch wohl sagen, daß er und die ihm vorangegangenen Revolutionsfeldherren in Betrachtung der Verpflegung ein mächtiges Vorurteil beiseite geschafft und gezeigt haben, daß diese nie anders als unter dem Gesichtspunkt einer *Bedingung,* also niemals als Zweck betrachtet werden müsse.

Übrigens verhält es sich mit der Entbehrung im Kriege wie mit der körperlichen Anstrengung und der Gefahr; die Forderungen, welche der Feldherr an sein Heer machen kann, sind durch keine bestimmten

Linien begrenzt; ein starker Charakter fordert mehr als ein weichlicher Gefühlsmensch; auch die Leistungen des Heeres sind verschieden, je nachdem Gewohnheit, kriegerischer Geist, Vertrauen und Liebe zum Feldherrn oder Enthusiasmus für die Sache des Vaterlandes den Willen und die Kräfte des Soldaten unterstützen. Aber das sollte man wohl als Grundsatz aufstellen können, daß Entbehrung und Not, wie hoch sie auch gesteigert werden mögen, immer nur als vorübergehende Zustände betrachtet werden, und daß sie zu reichlichem Unterhalt, ja auch wohl einmal zum Überfluß führen müssen. Gibt es etwas Rührenderes als den Gedanken an soviel tausend Soldaten, die, schlecht gekleidet, mit einem Gepäck von 30 bis 40 Pfund belastet, sich auf tagelangen Märschen in jedem Wetter und Wege mühsam fortschleppen, Gesundheit und Leben unaufhörlich auf das Spiel setzend, und dafür nicht in trockenem Brote sich sättigen können? Wenn man weiß, wieviel dies im Kriege vorkommt, so begreift man in der Tat kaum, wie es nicht öfter zum Versagen des Willens und der Kräfte führt, und wie eine bloße Richtung der Vorstellungen im Menschen fähig ist, durch ihr nachhaltiges Wirken solche Anstrengungen hervorzurufen und zu unterstützen.

Wer also dem Soldaten große Entbehrungen auferlegt, weil große Zwecke es fordern, der wird, sei es aus Gefühl oder aus Klugheit, auch die Entschädigung im Auge haben, die er ihm dafür zu anderen Zeiten schuldig ist.

Jetzt haben wir noch des Unterschiedes zu gedenken, welcher im Betreff des Unterhaltes beim Angriff und der Verteidigung stattfindet.

Die Verteidigung ist imstande, von den Vorbereitungen, die sie zur Verpflegung hat treffen können, während des Aktes ihrer Verteidigung ununterbrochen Gebrauch zu machen. Es kann also dem Verteidiger nicht wohl an dem Notwendigen fehlen; im eigenen Lande wird dies vorzugsweise der Fall sein, aber auch im feindlichen bleibt es wahr. Der Angriff aber entfernt sich von seinen Hilfsquellen und muß, solange sein Vorschreiten dauert, und selbst in den ersten Wochen seines Innehaltens, von einem Tage zum anderen das Nötige beschaffen, wobei es denn selten ohne Mangel und Verlegenheit abgeht.

Zweimal pflegt diese Schwierigkeit am größten zu werden. Einmal beim Vorgehen, ehe die Entscheidung gefallen ist; dann sind die Vorräte des Verteidigers noch alle in seinen Händen, und der Angreifende hat die seinigen hinter sich lassen müssen; er muß seine Massen zusammendrängen und kann also keinen großen Raum einnehmen, selbst sein Fuhrwesen hat ihm nicht mehr folgen können, sobald die Schlachtbewegungen ihren Anfang genommen haben. Sind in diesem Augenblick nicht gute Vorbereitungen getroffen, so geschieht es leicht, daß die Truppen einige Tage vor der entscheidenden Schlacht Mangel und Not haben, welches denn nicht das Mittel ist, sie gut[1] in die Schlacht zu führen.

Das zweite Mal entsteht der Mangel vorzugsweise am Ende der Siegesbahn, wenn die Verbindungslinien anfangen, zu lang zu werden, besonders wenn der Krieg in einem armen, menschenleeren, vielleicht auch feindselig gesinnten Lande geführt wird. Welch ein ungeheurer Unterschied zwischen einer Verbindung von Wilna auf Moskau, wo jede Fuhre mit Gewalt herbeigeschafft werden muß, oder von Köln über Lüttich, Löwen, Brüssel, Mons, Valenciennes, Cambrai nach Paris, wo ein kaufmännischer Auftrag, ein Wechsel hinreicht, Millionen von Rationen herbeizuschaffen.

Schon oft sind die Folgen dieser Schwierigkeit gewesen, daß der Glanz der herrlichsten Siege erlischt, die Kräfte abmagern, der Rückzug notwendig wird und dann nach und nach alle Symptome einer wahren Niederlage annimmt.

Das Futter der Pferde, welches anfangs, wie wir gesagt haben, am wenigsten zu fehlen pflegt, wird, wenn eine Erschöpfung der Gegend eintritt, zuerst mangeln, denn es ist wegen seines Volumens am schwersten aus der Ferne herbeizuschaffen, und das Pferd ist durch Mangel viel schneller zugrunde gerichtet als der Mensch. Aus diesem Grunde kann eine zu zahlreiche Reiterei und Artillerie einem Heere eine wahre Last und ein wirkliches Schwächungsprinzip werden.

Fünfzehntes Kapitel: Operationsbasis

Wenn ein Heer von den Punkten seiner Entstehung zu einer Unternehmung vorschreitet, sei es der Angriff des Feindes und seines Kriegstheaters oder die Aufstellung an den Grenzen des eigenen, so bleibt es von jenen Quellen in einer notwendigen Abhängigkeit und muß die Verbindung mit ihnen unterhalten, denn sie sind die Bedingungen seines Daseins und Bestehens. Diese Abhängigkeit wächst intensiv und extensiv mit der Größe des Heeres. Nun ist es aber weder immer möglich noch erforderlich, daß das Heer mit dem

1 [2. Auflage: künftig]

ganzen Lande in unmittelbarer Verbindung bleibe, sondern nur mit dem Stück davon, welches sich gerade hinter ihm befindet und folglich durch seine Stellung gedeckt ist. In diesem Teil des Landes werden dann, soweit es nötig ist, besondere Anlagen von Vorräten gemacht und Veranstaltungen zur regelmäßigen Fortschaffung der Ergänzungskräfte getroffen. Dieses Stück des Landes ist also die Grundlage des Heeres und aller seiner Unternehmungen, es muß mit demselben als ein Ganzes betrachtet werden. Sind die Vorräte zu größerer Sicherheit derselben in befestigten Orten angelegt, so wird der Begriff einer Basis dadurch verstärkt, aber er entsteht nicht erst dadurch, denn in einer Menge von Fällen findet dies nicht statt.

Aber auch ein Stück des feindlichen Landes kann die Grundlage eines Heeres ausmachen oder wenigstens mit dazugehören, denn wenn ein Heer im feindlichen Lande vorgerückt ist, werden eine Menge Bedürfnisse aus dem eingenommenen Teile desselben gezogen; aber die Bedingung ist in diesem Fall, daß man wirklich Herr dieses Landstrichs, d. h. der Befolgung seiner Anordnungen gewiß sei. Diese Gewißheit reicht aber selten weiter, als soweit man die Einwohner durch kleine Garnisonen und hin- und herziehende Haufen in Furcht halten kann, und dies ist gewöhnlich ziemlich beschränkt. Die Folge ist also, daß im feindlichen Lande die Gegend, aus welcher man Bedürfnisse aller Art ziehen kann, in Beziehung auf den Bedarf des Heeres sehr beschränkt ist und meistens nicht ausreicht; daß also das eigene Land viel geben muß, und daß folglich immer wieder dasjenige Stück desselben, welches sich hinter dem Heere befindet, als ein notwendiger Bestandteil der Basis in Betrachtung kommen muß.

Die Bedürfnisse eines Heeres muß man in zwei Klassen unterscheiden: nämlich die, welche jede angebaute Gegend gibt, und andere, die es nur aus den Quellen seiner Entstehung ziehen kann. Die ersten sind hauptsächlich Unterhalts- und die zweiten Ergänzungsmittel. Die ersteren kann also auch das feindliche Land, die letzteren in der Regel nur das eigene liefern, z. B. Menschen, Waffen und meistens auch Munition. Wenn auch in einzelnen Fällen Ausnahmen von diesem Unterschied vorkommen, so sind sie doch selten und unbedeutend, und jene Unterscheidung bleibt sehr wichtig und beweist von neuem, daß die Verbindung mit dem eigenen Lande unentbehrlich ist.

Die Ernährungsvorräte werden meistens in offenen Orten gesammelt, sowohl im feindlichen als im eigenen Lande, weil es nicht soviel Festungen gibt, wie dazu erforderlich sein würden, die viel größere

Masse dieser sich schnell verzehrenden, bald hier, bald dort erforderlichen Vorräte aufzunehmen, und weil ihr Verlust leichter zu ersetzen ist; dagegen werden Vorräte der Ergänzung, also an Waffen, Munition und Ausrüstungsgegenständen, in der Nähe des Kriegstheaters nicht leicht in offenen Orten niedergelegt, sondern lieber aus größeren Entfernungen herbeigeholt, im feindlichen Lande aber nie anders als in Festungen. Auch dieser Umstand macht, daß die Wichtigkeit der Basis mehr von den Ergänzungs- als Ernährungsmitteln herrührt.

Je mehr nun die Mittel beider Art, ehe sie ihre Anwendung erreichen, in großen Niederlagen zusammengebracht werden, je mehr sich also alle einzelne Quellen in große Reservoire vereinigen, um so mehr können diese als die Stellvertreter des ganzen Landes betrachtet werden, und der Begriff der Basis wird sich um so mehr auf diese großen Vorratsorte hauptsächlich beziehen; aber niemals kann das so weit gehen, daß sie allein für die Basis genommen werden könnten.

Sind diese Quellen der Ergänzung und Ernährung sehr reich, d. h. sind es große und reiche Länderstriche, sind sie zu schnellerer Wirksamkeit in größeren Anlagen gesammelt, sind sie auf die eine oder andere Weise gedeckt, liegen sie dem Heere nahe, führen gute Straßen zu ihnen, breiten sie sich weit hinter dem Heere aus oder umfassen dasselbe sogar teilweise, so entsteht daraus teils ein kräftigeres Leben für das Heer, teils eine größere Freiheit seiner Bewegungen. Diese Vorteile der Lage eines Heeres hat man in eine einzige Vorstellung zusammenfassen wollen, nämlich in der Größe der Operationsbasis. Mit dem Verhältnis dieser Basis zum Ziel der Unternehmungen, mit dem Winkel, den ihre Endpunkte mit diesem Ziel, als Punkt gedacht, machen, hat man die ganze Summe der Vorteile und Nachteile ausdrücken wollen, die einer Armee aus der Lage und Beschaffenheit ihrer Ernährungs- und Ergänzungsquellen erwachsen; aber es fällt in die Augen, daß diese geometrische Eleganz eine Spielerei ist, da sie auf einer Reihe von Substitutionen beruht, die alle auf Kosten der Wahrheit gemacht werden mußten. Die Basis eines Heeres bildet, wie wir gesehen haben, eine dreifache Abstufung, in welcher sich das Heer befindet: die Hilfsmittel der Gegend, die auf einzelnen Punkten gemachten Vorratsanlagen und das *Gebiet,* aus dem diese Vorräte sich sammeln. Diese drei Dinge sind örtlich getrennt, lassen sich nicht auf eins zurückführen und am wenigsten durch eine Linie vertreten, welche die Breitenausdehnung der Basis vorstellen soll, und die, meistens ganz willkürlich, entweder von der einen Festung zur anderen oder von einer Provinzialhauptstadt zur anderen oder längs den politischen Landesgrenzen gedacht wird. Auch ein bestimmtes Verhältnis jener drei Abstufungen läßt sich nicht feststellen, denn in der Wirklichkeit vermischen sich ihre Naturen immer mehr oder weniger. In dem einen Fall gibt die Umgegend mancherlei Ergänzungsmittel, die man sonst nur aus großer Ferne herbeizuziehen pflegt; in dem anderen ist man genötigt, sogar die Lebensmittel von weither kommen zu lassen. Hier sind die nächsten Festungen große Waffenplätze, Häfen, Handelsorte, die die Streitkräfte eines ganzen Staates in sich vereinigen, dort sind sie nichts als eine dürftige Umwallung, die sich kaum selbst genügt.

Die Folge ist gewesen, daß alle Folgerungen, welche man aus der Größe der Operationsbasis und der Operationswinkel gezogen, und das ganze System der Kriegführung, was man darauf gebaut hat, soweit es geometrischer Natur war, nie die kleinste Rücksicht in dem wirklichen Kriege gewonnen und in der Ideenwelt nur verkehrte Bestrebungen veranlaßt hat. Weil aber der Grund der Vorstellungsreihe wahr ist, und nur die Entwicklungen falsch sind, so wird diese Ansicht sich leicht und oft wieder vordrängen.

Wir glauben also, daß man dabei stehen bleiben muß, den Einfluß der Basis auf die Unternehmungen, *daß* und *auf welche Weise* sie stark und schwach sein kann, überhaupt[1] anzuerkennen: daß es aber kein Mittel gibt, dies bis auf ein paar Vorstellungen als brauchbare Regel zu vereinfachen, sondern daß man in jedem einzelnen Fall alle Dinge, welche wir genannt haben, *zugleich* im Auge haben muß.

Sind die Anstalten zur Ergänzung und Ernährung des Heeres einmal in einem gewissen Bezirk und für eine gewisse Richtung getroffen, so ist selbst im eigenen Lande nur dieser Bezirk als die Basis des Heeres zu betrachten, und da eine Veränderung damit immer Zeit und Kraftaufwand nötig macht, so kann auch im eigenen Lande das Heer seine Basis nicht von einem Tage zum anderen verlegen, und darum ist es auch in der Richtung seiner Unternehmungen immer mehr oder weniger beschränkt. Wenn man also bei Unternehmungen im feindlichen Lande die ganze eigene Landesgrenze gegen dasselbe als die Basis des Heeres betrachten wollte, so könnte das wohl im allgemeinen gelten, insofern überall Einrichtungen getroffen werden könnten, aber nicht für jeden gegebenen Augenblick, weil nicht überall Einrichtungen getroffen sind. Als anfangs des Feldzuges von 1812 das russische Heer sich vor dem französischen zurückzog, konnte

1 [2. Auflage: Unternehmungen überhaupt]

es freilich ganz Rußland als seine Basis um so mehr betrachten, als die großen Dimensionen dieses Landes dem Heer überall, wohin es sich auch wandte, große Flächenräume darbot. Diese Vorstellung war nicht illusorisch, sondern sie trat ins Leben, als später andere russische Heere von mehreren Seiten gegen das französische vordrangen; allein für jeden gegebenen Zeitabschnitt des Feldzuges war doch die Basis des russischen Heeres nicht ebenso groß, sondern sie war hauptsächlich in den Straßen vorhanden, auf welche der ganze Traktus der Transporte zum Heer und von demselben zurück eingerichtet war. Diese Beschränktheit verhinderte z. B. das russische Heer, nachdem es sich bei Smolensk 3 Tage geschlagen hatte, den weiter nötig gewordenen Rückzug in einer anderen Richtung als auf Moskau anzutreten und sich, wie man vorgeschlagen hatte, plötzlich gegen Kaluga zu wenden, um den Feind von Moskau abzuziehen. Eine solche veränderte Richtung wäre nur möglich gewesen, insofern sie lange vorgesehen war. Wir haben gesagt, daß die Abhängigkeit von der Basis mit der Größe des Heeres extensiv und intensiv wächst, welches an sich verständlich ist. Das Heer gleicht einem Baume; aus dem Boden, worauf er wächst, zieht er seine Lebenskräfte; ist er klein und ein bloßer Strauch, so kann er leicht verpflanzt werden, dies wird aber schwierig und immer schwieriger, je größer er wird. Ein kleiner Haufe hat auch seine Lebenskanäle, aber er schlägt leicht Wurzel, wo er sich befindet, nicht so ein zahlreiches Heer. Wenn also von dem Einfluß der Basis auf die Unternehmungen die Rede ist, so muß allen Vorstellungen immer der Maßstab zum Grunde liegen, welchen die Größe des Heeres angibt.

Ferner ist es in der Natur der Dinge, daß für das augenblickliche Bedürfnis die Ernährung, für das allgemeine Bestehen durch längere Zeiträume aber die Ergänzung wichtiger ist, weil die letztere nur aus bestimmten Quellen fließt, die erstere aber auf mannigfaltige Weise beschafft werden kann; dies bestimmt wieder den Einfluß näher, welchen die Basis auf die Unternehmungen haben wird.

So groß nun dieser Einfluß sein kann, so darf man doch nie vergessen, daß er zu denjenigen gehört, welche viel Zeit brauchen, ehe sie eine entscheidende Wirkung haben, und daß also immer die Frage ist, was in dieser Zeit geschehen kann. Der Wert der Operationsbasis wird also bei der Wahl einer Unternehmung von vornherein selten entscheiden,[1] er wird es wenigstens nur dann, wenn man das

1 [2. Auflage beschließt hier den Satz, der Restsatz fehlt.]

Unmögliche fordert. Die bloße Schwierigkeit, welche von dieser Seite entstehen kann, muß mit den anderen wirksamen Mitteln zusammengestellt und verglichen werden; oft sinken diese Hindernisse vor der Kraft entscheidender Siege zusammen.

Sechzehntes Kapitel: Verbindungslinien

Die Straßen, welche von dem Standpunkt einer Armee aus nach denjenigen Punkten zurückgehen, in welchen sich ihre Unterhalts- und Ergänzungsquellen hauptsächlich vereinigen, und die sie in allen gewöhnlichen Fällen auch zu ihrem Rückzugspunkt wählt, haben eine doppelte Bedeutung: einmal sind sie *Verbindungslinien* zur beständigen Alimentierung der Streitkräfte, und dann *Rückzugsstraßen*.

Wir haben in dem vorigen Kapitel gesagt, daß eine Armee, ungeachtet sie bei der jetzigen Verpflegungsart sich hauptsächlich aus der Gegend ernährt, in welcher sie steht, mit ihrer Basis doch als ein Ganzes angesehen werden müsse. Die Verbindungslinien gehören zu diesem Ganzen, sie machen den Zusammenhang zwischen der Basis und der Armee aus und sind als soviel Lebensadern anzusehen. Lieferungen aller Art, Munitionstransporte, hin- und herziehende Detachements, Posten und Kuriere, Hospitäler und Depots, Munitionsreserve, Administrationsbehörden sind Gegenstände, die diese Straßen unaufhörlich bedecken und deren Gesamtwert von entscheidender Wichtigkeit für das Heer ist.

Diese Lebenskanäle dürfen also weder bleibend unterbrochen werden, noch zu lang und beschwerlich sein, weil immer etwas von der Kraft auf dem langen Wege verlorengeht und ein siechhafter Zustand des Heeres die Folge davon wird.

In der zweiten Bedeutung, nämlich als Rückzugsstraßen, konstituieren sie im eigentlichen Sinn den strategischen Rücken des Heeres.

In beiden Bedeutungen kommt es bei dem Wert dieser Straßen auf ihre *Länge,* ihre *Anzahl,* ihre *Lage,* nämlich ihre allgemeine Richtung und ihre Richtung nahe bei der Armee, ihre *Beschaffenheit* als Straße, die *Schwierigkeit des Bodens, das Verhältnis und die Stimmung der Einwohner* und endlich auf ihre *Deckung* durch Festungen oder Hindernisse der Gegend an.

Aber nicht alle Straßen und Wege, welche von dem Standpunkt eines Heeres nach den Quellen seines Lebens und seiner Kraft führen, gehören zu seinen eigentlichen Verbindungslinien. Sie können freilich allenfalls dazu benutzt und als ein Subsidium des Systems der Verbindungslinien betrachtet werden, aber dieses System beschränkt sich auf die dazu eingerichteten Straßen. Nur diejenigen Straßen, auf denen man seine Niederlagen, seine Hospitäler, seine Etappen, seine Briefposten eingerichtet, seine Kommandanten bestellt, seine Gendarmen und Besatzungen verteilt hat, können als die wahren Verbindungslinien angesehen werden. Aber hier tritt ein sehr wichtiger und oft übersehener Unterschied ein zwischen dem eigenen und dem feindlichen Heere. Das Heer im eigenen Lande wird zwar auch seine eingerichtete Verbindungslinie haben, aber es ist nicht durchaus darauf beschränkt und kann im Fall der Not davon abspringen und jede andere Straße wählen, die überhaupt noch vorhanden ist; denn es ist überall zu Hause, hat überall seine Behörden und findet überall den guten Willen. Wenn also andere Straßen weniger gut und passend für seine Verhältnisse sind, so ist doch ihre Wahl nicht unmöglich, und das Heer wird also, wenn es sich umgangen und zu einer Drehung genötigt sähe, diese auch nicht als *unmöglich* betrachten. Das Heer im feindlichen Lande hingegen kann in der Regel nur diejenigen Straßen als Verbindungslinien betrachten, auf denen es selbst vorgegangen ist, und es entsteht hier eine große Verschiedenheit in der Wirkung aus kleinen, wenigstens unscheinbaren Ursachen. Die im feindlichen Lande vorgehende Armee trifft die Einrichtungen, welche das Wesen der Verbindungslinie ausmachen, im Vorgehen mit dem Heere, unter seinem Schutz, und kann, indem die drückende, Furcht und Schrekken einflößende Gegenwart des Heeres in den Augen der Einwohner diesen Maßregeln das Gepräge der unabänderlichen Notwendigkeit gibt, diese sogar veranlassen, sie als eine Milderung des allgemeinen Kriegsübels anzusehen. Kleine Besatzungen, die man hin und wieder zurückläßt, unterstützen und halten das Ganze. Wollte man dagegen seine Kommissare, Etappenkommandanten, Gendarmen, Feldposten und anderen Ordnungsapparat auf eine entlegene Straße senden, auf welcher das Heer nicht gekommen, so würden die Einwohner diese Anstalten wie eine Last ansehen, von der sie ganz füglich befreit bleiben könnten, und wenn nicht etwa die entschiedensten Niederlagen und Unglücksfälle das feindliche Land in ein panisches Schrecken versetzt haben, so werden diese Beamten feindlich behandelt, mit blutigen Köpfen abgewiesen werden. Es werden also vor allen Dingen Besatzungen erfordert, um die neue Straße zu unterwerfen, und zwar in diesem Falle beträchtlicher als in dem gewöhnlichen, wobei doch immer noch die Gefahr bleibt, daß die Einwohner es versuchen möchten, sich diesen Besatzungen zu widersetzen. Mit einem Wort: die im feindlichen Lande vorgehende Armee entbehrt aller Werkzeuge des Gehorsams, sie muß sich ihre Behörden erst einsetzen, und zwar durch die Autorität der Waffen; dies kann sie nicht überall, nicht ohne Aufopferungen und Schwierigkeiten, nicht im Augenblick. – Es folgt hieraus, daß ein Heer im feindlichen Lande noch viel weniger von einer Basis auf die andere überspringen kann durch den Wechsel des Verbindungssystems wie im eigenen Lande, wo es allenfalls möglich ist; daß mithin hieraus im allgemeinen eine größere Beschränkung in ihren Bewegungen und eine größere Empfindlichkeit für das Umgehen entspringt[1].

Aber auch die Wahl und Einrichtung der Verbindungslinien von Hause aus ist an eine Menge von Bedingungen gebunden, die sie beschränken. Es müssen nicht nur überhaupt größere[2] Straßen sein, sondern sie werden auch in vieler Rücksicht um so besser sein, je größer die Straßen sind, je mehr volkreiche und wohlhabende Städte dadurch berührt, durch je mehr feste Plätze sie geschützt werden. Auch Ströme als Wasserstraßen und wieder Brücken als Übergangspunkte bestimmen dabei viel. Es ist also dadurch die Lage der Verbindungslinien und folglich auch der Weg, welchen ein Heer beim Angriff nimmt,[3] nur bis auf einen gewissen Punkt freier Wahl unterworfen, die genauere Lage aber an die geographischen Verhältnisse gebunden.

Alle die obengenannten Dinge zusammengenommen machen die Verbindung eines Heeres mit seiner Basis stark oder schwach, und dieses Resultat, verglichen mit demselben Gegenstand bei der feindlichen Armee, entscheidet, welcher von beiden Gegnern eher imstande ist, dem anderen die Verbindungslinie oder gar den Rückzug abzuschneiden, d. h. mit dem gewöhnlichen Kunstausdruck, ihn zu *umgehen.* Abgesehen von der moralischen oder physischen Überlegenheit wird nur derjenige es mit Wirksamkeit tun, dessen Verbindungslinien den feindlichen überlegen sind, weil sonst der andere sich durch die Wiedervergeltung am kürzesten sichert.

Dieses Umgehen kann nun nach der doppelten Bedeutung der Straßen auch einen doppelten Zweck haben. Entweder sollen die

---

1 [2. Auflage: Empfindlichkeit ihrer Verbindungslinien entsteht]
2 [2. Auflage: gebahnte]
3 [2. Auflage: nimmt, sehr von den geographischen Verhältnissen abhängig.]

Verbindungslinien gestört oder unterbrochen werden, damit die Armee verwelke und hinsterbe und auf diese Weise zum Rückzug gezwungen werde, oder man will ihr den Rückzug selbst nehmen.

Für den ersten Zweck ist zu bemerken, daß eine augenblickliche Unterbrechung bei der jetzigen Art der Verpflegung selten fühlbar wird, daß vielmehr eine gewisse Zeit dazu nötig ist, um durch die Menge der einzelnen Verluste zu ersetzen, was ihnen an Wichtigkeit abgeht. Eine einzelne Flankenunternehmung, die zu gewissen Zeiten einen entscheidenden Schlag tun konnte, als bei dem künstlichen Verpflegungssystem noch Tausende von Mehlwagen hin und her fuhren, wird jetzt gar nichts bewirken, wenn sie auch noch so gut gelänge; denn sie könnte höchstens einen Transport aufheben, der eine teilweise Schwäche veranlaßte, aber keinen Rückzug notwendig machte.

Die Folge ist, daß die Flankenunternehmungen, welche immer mehr in Büchern als im Leben Mode gewesen sind, jetzt noch unpraktischer erscheinen, und man kann sagen, daß nur sehr lange Verbindungslinien bei ungünstigen Umständen, hauptsächlich aber die überall und zu jedem Augenblick immer bereiten Anfälle[1] einer *Volksbewaffnung* dieselben gefährlich machen.

Was das Abschneiden des Rückzuges betrifft, so muß man die Gefahr eingeengter und bedrohter Rückzugswege auch in dieser Rücksicht nicht überschätzen, da uns die neueren Erfahrungen aufmerksam darauf machen, daß bei guten Truppen und dreisten Führern das Einfangen *schwerer* ist als das Durchschlagen.

Die Mittel zur Abkürzung und Sicherung langer Verbindungslinien sind äußerst gering. Die Eroberung einer Anzahl Festungen in der Nähe der genommenen Aufstellung und auf den zurückgehenden Straßen oder, im Falle das Land keine Festungen hat, die Befestigung passender Plätze, die gute Behandlung der Einwohner, strenge Kriegszucht auf der Heerstraße, gute Polizei im Lande, fleißige Ausbesserung der Straßen sind die einzigen, wodurch das Übel vermindert, aber freilich nie ganz behoben werden kann.

Übrigens muß das, was bei Gelegenheit des Unterhaltes von den Wegen gesagt ist, welche die Heere vorzugsweise nehmen, noch insbesondere auf die Verbindungslinien angewendet werden. Die größten Straßen über die reichsten Städte, durch die bebautesten Provinzen sind die besten Verbindungslinien, und sie verdienen selbst

1 [2. Auflage: hauptsächlich durch Anfälle]

bei bedeutenden Umwegen den Vorzug und geben in den meisten Fällen die nähere Bestimmung über die Aufstellung des Heeres ab.

Siebzehntes Kapitel: Gegend und Boden

Ganz abgesehen von den Mitteln des Unterhaltes, welches eine ganz andere Seite dieses Gegenstandes ist, haben Gegend und Boden eine sehr nahe und nie fehlende Beziehung zur kriegerischen Tätigkeit, nämlich einen sehr entscheidenden Einfluß auf das Gefecht, sowohl was seinen Verlauf selbst als seine Vorbereitung und Benutzung betrifft. In dieser Beziehung, also in der ganzen Bedeutung des französischen Ausdrucks *Terrain,* haben wir Gegend und Boden hier zu betrachten.

Ihre Wirksamkeit liegt größtenteils im Gebiet der Taktik, allein die Resultate erscheinen in der Strategie; ein Gefecht in einem Gebirge ist auch in seinen Folgen etwas ganz anderes als ein Gefecht in der Ebene.

Aber solange wir den Angriff noch nicht von der Verteidigung getrennt und uns zur näheren Betrachtung beider gewendet haben, können wir auch die Hauptgegenstände des Terrains noch nicht in ihren Wirkungen betrachten, und wir müssen also hier bei ihrem allgemeinen Charakter stehenbleiben. Drei Eigenschaften sind es, wodurch Gegend und Boden Einfluß auf die kriegerische Tätigkeit haben, nämlich: als Hindernis des Zuganges, als Hindernis der Übersicht und als Deckungsmittel gegen die Wirkung des Feuers; auf diese drei lassen sich alle zurückführen.

Unstreitig hat diese dreifache Einwirkung der Gegend die Tendenz, das kriegerische Handeln mannigfaltiger, zusammengesetzter und kunstvoller zu machen, denn es sind offenbar drei Größen mehr, welche in die Kombination treten.

Den Begriff einer vollkommenen und vollkommien offenen Ebene, also eines ganz wirkungslosen Bodens, gibt es in der Wirklichkeit nur für ganz kleine Abteilungen, und auch bei diesen nur für die Wirksamkeit[1] eines gegebenen Momentes. Bei größeren Abteilungen und längerer Dauer mischen sich die Gegenstände des Bodens in die Handlung, und bei ganzen Heeren ist auch für einen einzelnen Moment, z. B. die Schlacht, der Fall kaum denkbar, daß die Gegend nicht Einfluß darauf gehabt haben sollte.

Dieser Einfluß ist also so gut wie immer vorhanden, aber er ist freilich stärker oder schwächer nach der Natur des Landes.

---

1 [2. Auflage: Dauer]

Wenn wir die große Masse der Erscheinungen im Auge haben, so werden wir finden, daß eine Gegend hauptsächlich auf dreifache Weise sich von dem Begriff einer offenen, freien Ebene entfernt: einmal durch die Gestalt des Bodens, also durch Erhöhungen und Vertiefungen, dann durch Wälder, Sümpfe und Seen als natürliche Erscheinungen und endlich durch das, was die Kultur hervorbringt. In allen drei Richtungen nimmt der Einfluß der Gegend auf das kriegerische Handeln zu. Verfolgen wir diese drei Richtungen bis zu einer gewissen Weite, so haben wir das Gebirgsland, das wenig bebaute, mit Wald und Sümpfen bedeckte, und das sehr angebaute. In allen drei Fällen also wird der Krieg dadurch verwickelter und kunstvoller.

Was den Anbau betrifft, so wirken freilich nicht alle Arten desselben in gleicher Stärke; am stärksten jener in Flandern, Holstein und anderen Gegenden gebräuchliche, wo das Land von vielen Gräben, Zäunen, Hecken und Wällen durchschnitten, mit vielen einzelnen Wohnungen und kleinen Gebüschen überstreut ist.

Die leichteste Art der Kriegführung wird also in einem Lande sein, was flach und mäßig angebaut ist. So verhält es sich aber nur in der ganz allgemeinen Beziehung, und wenn wir von dem Gebrauch, welchen die Verteidigung von den Hindernissen des Bodens macht[1], ganz absehen.

Jede jener drei Landesarten wirkt also auf dem dreifachen Wege: als Hindernis des Zuganges, der Übersicht und als Deckungsmittel, und zwar jede auf ihre Weise.[2]

In einem waldbedeckten Lande ist das Hindernis der Übersicht, in einem gebirgigen das Hindernis des Zuganges vorherrschend, in sehr angebauten Gegenden halten beide die Mitte.

Da das waldreiche Land einen großen Teil des Bodens den Bewegungen gewissermaßen entzieht, weil außer den Schwierigkeiten des Zuganges auch noch der gänzliche Mangel an Übersicht nicht gestattet, von jedem Mittel des Durchkommens Gebrauch zu machen, so vereinfacht es auf der einen Seite die Handlung wieder, die es auf der anderen soviel schwieriger macht. Ist es daher in einem solchen Lande schwer tunlich, seine Kräfte im Gefecht ganz zu sammeln, so findet doch auch nicht eine so viel gegliederte Teilung statt, wie sie im Gebirge und in sehr durchschnittenen Gegenden gewöhnlich ist; mit anderen Worten: die Teilung ist in einem solchen Lande unvermeidli-

1 [2. Auflage: von dem Boden macht]
2 [2. Auflage: Jede jener Terrainarten wirkt in Beziehung auf Zugänglichkeit, Übersicht und Deckung auf ihre Weise.]

cher, aber weniger groß.

Im Gebirge ist das Hindernis des Zuganges vorherrschend und auf eine doppelte Art wirksam, indem man nämlich nicht überall durchkann und da, wo man es kann, sich langsamer und mit größerer Anstrengung bewegen muß. Deswegen wird die Schnellkraft aller Bewegungen im Gebirge sehr gemäßigt und der ganzen Wirkungsart viel mehr Zeit zugemischt. Aber der Gebirgsboden hat vor den anderen noch die Eigentümlichkeit voraus, daß ein Punkt den anderen überhöht. Wir werden vom Überhöhen überhaupt im folgenden Kapitel besonders sprechen und hier nur bemerken, daß es diese Eigentümlichkeit ist, welche die große Teilung der Kräfte im Gebirgslande veranlaßt, denn nun sind die Punkte nicht bloß um ihrer selbst willen wichtig, sondern auch um des Einflusses willen, den sie auf andere ausüben.

Alle drei sich zu einem Äußersten hinneigenden Arten der Gegend und das Bodens haben, wie wir das schon anderswo gesagt haben, die Wirkung, den Einfluß des obersten Feldherrn auf den Erfolg in eben dem Maße zu schwächen, als die Kräfte der Untergeordneten bis zum gemeinen Soldaten hinab stärker hervortreten. Je größer die Teilung, je unmöglicher die Übersicht ist, um so mehr ist jeder Handelnde sich selbst überlassen; das ist an sich verständlich. Zwar wird bei der größeren Gliederung, Mannigfaltigkeit und Vielseitigkeit des Handelns der Einfluß der Intelligenz überhaupt zunehmen müssen, und auch der oberste Feldherr wird eine größere Einsicht dabei zeigen können; aber wir müssen auch hier wieder darauf zurückkommen, was wir früher schon gesagt haben, daß im Kriege die Summe der einzelnen Erfolge mehr entscheidet als die Form, in welcher sie zusammenhängen, und daß also, wenn wir unsere jetzige Betrachtung bis an die äußerste Grenze fortsetzen und uns ein Heer in eine große Schützenlinie aufgelöst denken wollen, wo jeder Soldat seine eigene kleine Schlacht liefert, es mehr auf die Summe der einzelnen Siege als auf die Form ihres Zusammenhanges ankommt; denn die Wirksamkeit guter Kombinationen kann nur von positiven Erfolgen ausgehen, nicht von negativen. Es wird also der Mut, die Gewandtheit und der Geist des einzelnen in diesem Fall über alles entscheiden. Nur wo die Heere von gleichem Werte sind, oder die Eigentümlichkeiten in beiden sich die Waage halten, kann das Talent und die Einsicht der Feldherren wieder entscheidend werden. Die Folge davon ist, daß Nationalkriege, Volksbewaffnungen usw., wo wenigstens der Geist des einzelnen immer sehr gesteigert ist, wenn auch die Tapferkeit und Gewandtheit nicht gerade überlegen sein sollte, bei einer großen Vereinzelung der Kräfte und also einem sehr durchschnittenen Boden ihre Überlegenheit finden, daß sie aber auch nur auf einem solchen bestehen können, weil gewöhnlich einer solchen Streitkraft alle die Eigenschaften und Tugenden fehlen, die schon bei der Vereinigung mäßig starker Haufen unentbehrlich sind.[1]

Auch die Natur der Streitkraft stuft sich von dem einen Äußersten bis zum anderen nur nach und nach ab, denn schon das Verhältnis der eigenen Landesverteidigung gibt einem Heere, wenn es auch ganz stehendes Heer ist, etwas Nationales und eignet es in diesem Fall mehr zur Vereinzelung.

Je mehr nun einem Heere diese Eigenschaften und Verhältnisse abgehen, je stärker sie bei dem Gegner hervortreten, um so mehr wird es die Vereinzelung fürchten und durchschnittene Gegenden vermeiden; allein das Vermeiden einer durchschnittenen Gegend liegt selten in seiner Wahl, man kann sich sein Kriegstheater nicht unter vielen Proben wie eine Ware aussuchen, und so finden wir denn meistens, daß die Heere, welche ihrer Natur nach in der Vereinigung der Massen ihren Vorteil finden, ihre ganze Kunst aufbieten, dies System *gegen die Natur der Gegend* soviel als immer möglich durchzusetzen. Sie müssen sich dabei anderen Nachteilen unterwerfen, z. B. einer dürftigen und schwierigen Verpflegung, schlechtem Unterkommen, im Gefecht häufigen Anfällen von allen Seiten; allein der Nachteil, sich seiner eigentümlichen Vorzüge ganz zu begeben, würde ein viel größerer sein.

Beide in entgegengesetzter Richtung liegende Tendenzen zur Sammlung und zur Zerstreuung der Streitkräfte finden in dem Maße statt, als die Naturen dieser Streitkräfte sich nach der einen oder anderen Seite hinneigen; aber auch in den entschiedensten Fällen kann der eine nicht immer vereinigt bleiben und der andere den Erfolg nicht allein von seiner zerstreuten Wirksamkeit erwarten. Auch die Franzosen in Spanien mußten ihre Kräfte teilen, und auch die Spanier in der Verteidigung ihres Bodens vermittelst eines Volksaufstandes mußten einen Teil ihrer Kräfte auf großen Schlachtfeldern versuchen.

---

1 [2. Auflage: Die Folge ist, daß Nationalkriege, Volksbewaffnungen usw., die den kriegerischen Gesit der Einzelnen sehr zu steigern pflegen, bei einer großen Vereinzelung der Kräfte und begünstigt durch sehr durchschnittenen Boden, ihre Überlegenheit zu behaupten vermögen, daß sie aber auch mir in einem solchen auf die Dauer stattfinden können, weil Streitkräften dieser Art gewöhnlich jene Eigenschaften ganz fehlen, die schon bei Vereinigung mäßig starker Haufen unentbehrlich sind.]

Nächst der Beziehung, welche Gegend und Boden auf die allgemeine und besonders auf die politische Beschaffenheit der Streitkräfte haben, ist die auf das Waffenverhältnis die wichtigste.

In allen sehr unzugänglichen Gegenden, sei die Ursach Gebirge, Wald oder Kultur, ist eine zahlreiche Reiterei unnütz, das ist an sich klar; ebenso ist es in waldreichen Gegenden mit der Artillerie, es kann leicht an Raum fehlen, sie mit allem Nutzen zu brauchen, an Wegen, sie durchzubringen, an Futter für die Pferde. Weniger nachteilig sind für diese Waffe kulturreiche Gegenden, und am wenigsten Gebirge. Beide bieten zwar Deckung gegen das Feuer dar und sind mithin der Waffe, die vorzugsweise mit dem Feuer wirkt, ungünstig, beide geben auch dem alles durchdringenden Fußvolk die Mittel, das schwerfälligere Geschütz häufig in Verlegenheit zu bringen; allein in beiden fehlt es doch niemals geradezu an Raum zum Gebrauch einer zahlreichen Artillerie, und im Gebirge hat sie den großen Vorteil, daß die langsameren Bewegungen des Gegners ihre Wirksamkeit wieder vermehren.

Unverkennbar aber ist die entschiedene Überlegenheit, welche das Fußvolk in jedem schwierigen Boden über die anderen Waffen hat, und daß also in solchem seine Zahl das gewöhnliche Verhältnis merklich übersteigen darf.

Achtzehntes Kapitel: Überhöhen

Das Wort dominieren hat in der Kriegskunst einen eigenen Zauber, und in der Tat gehört diesem Elemente ein sehr großer Teil, vielleicht die größere Hälfte der Einflüsse zu, welche die Gegend auf den Gebrauch der Streitkräfte ausübt. Hier haben manche Heiligtümer[1] der kriegerischen Gelehrsamkeit ihre Wurzel, z. B. beherrschende Stellungen, Schlüsselpositionen, strategisches Manövrieren usw. Wir wollen den Gegenstand so scharf ins Auge fassen, als es ohne die Weitläuftigkeit einer Abhandlung geschehen kann, und das Wahre mit dem Falschen, das Reale mit dem Übertriebenen vor unserem Blick vorübergehen lassen.

Jede physische Kraftäußerung von unten nach oben ist schwieriger als umgekehrt, folglich muß es auch wohl das Gefecht sein, und es liegen drei Ursachen davon am Tage. Erstens ist jede Höhe als ein

1 [2. Auflage: Mysterien]

Hindernis des Zuganges anzusehen; zweitens schießt man von oben nach unten zwar nicht merklich weiter, aber man trifft, alle geometrischen Verhältnisse wohl in Betrachtung gezogen, merklich *besser* als im umgekehrten Fall; drittens hat man den Vorteil der besseren Übersicht. Wie sich das alles im Gefecht vereinigt, geht uns hier nichts an, wir fassen die Summe der Vorteile, welche die Taktik aus dem Hochstehen zieht, in einen zusammen und sehen ihn als den ersten strategischen an.

Aber der erste und letzte der aufgezählten Vorteile muß in der Strategie selbst noch einmal vorkommen, denn man marschiert und beobachtet in der Strategie so gut wie in der Taktik; wenn also das Höherstehen ein Hindernis des Zuganges ist für den, der niedriger steht, so ist dies der zweite und die daraus entspringende bessere Übersicht der dritte Vorteil, den die Strategie daraus ziehen kann.

Aus diesen Elementen ist die Kraft des Dominierens, Überhöhens, Beherrschens zusammengesetzt; aus diesen Quellen fließt das Gefühl der Überlegenheit und Sicherheit für den, welcher sich auf einem Gebirgsrande befindet und seinen Feind unter sich erblickt, und das Gefühl der Schwäche und Besorgnis für den, der unten ist. Vielleicht ist sogar dieser Totaleindruck stärker, als er sein sollte, weil die Vorteile des Überhöhens mehr als die sie modifizierenden Umstände mit der sinnlichen Anschauung zusammenfallen; vielleicht geht es also über die Wahrheit hinaus, und in diesem Falle muß diese Wirkung der Einbildungskraft als ein neues Element angesehen werden, wodurch die Wirkung des Überhöhens verstärkt wird.

Allerdings ist der Vorteil der erleichterten Bewegung nicht absolut und nicht immer für den Höherstehenden; er ist es nur, wenn der andere an ihn will; er ist es nicht, wenn ein großes Tal beide trennt, und er ist es sogar für den Niedrigstehenden, wenn sie sich in der Ebene treffen wollen (Schlacht von Hohenfriedeberg). Ebenso hat auch das Übersehen seine großen Beschränkungen: eine waldreiche Gegend unten, und oft die Masse des Gebirges selbst, auf dem man sich befindet, verbieten es sehr leicht. Unzählig sind die Fälle, wo man in der Gegend selbst vergeblich nach den Vorteilen der überhöhenden Stellung suchen würde, die man nach der Karte gewählt hat, man würde oft glauben, sich nur in alle entgegengesetzten Nachteile verwickelt zu sehen. Allein diese Beschränkungen und Bedingungen heben die Überlegenheit nicht auf, welche der Höherstehende sowohl bei der Verteidigung als beim Angriff hat; nur mit ein paar Worten wollen wir sagen, auf welche Weise in beiden.

Von den drei strategischen Vorteilen des Überhöhens: Die *größere taktische Stärke,* der *schwierige Zugang* und die *bessere Übersicht* sind die beiden ersten von der Art, daß sie eigentlich nur dem Verteidiger zukommen, denn nur der, welcher feststeht, kann sie nutzen, weil der andere sie in seiner Bewegung nicht mitnehmen kann; der dritte Vorteil aber kann ebensogut vom Angreifenden als vom Verteidiger gebraucht werden.

Hieraus folgt, wie wichtig das Überhöhen dem Verteidiger ist, und da dasselbe auf eine entschiedene Weise nur bei Gebirgsstellungen zu erhalten ist, so würde daraus ein wichtiger Vorzug der Gebirgsstellungen für den Verteidiger folgen. Wie sich das aber wegen anderer Umstände anders stellt, wird in dem Kapitel der Gebirgsverteidigung gesagt werden.

Unterscheiden muß man überhaupt, ob bloß von der Überhöhung eines einzelnen Punktes, z. B. einer Stellung, die Rede ist: dann schwinden die strategischen Vorteile ziemlich in dem einzigen taktischen einer vorteilhaften Schlacht zusammen; denkt man sich aber einen bedeutenden Landstrich, z. B. eine ganze Provinz, als eine schiefe Fläche, wie der Abfall allgemeiner Wasserscheidungen, so daß man mehrere Märsche tun kann und immer in der Überhöhung über die vorliegende Gegend bleibt, so erweitern sich die strategischen Vorteile; denn man genießt nun diese Begünstigung des Überhöhens nicht bloß bei der Kombination der Kräfte im einzelnen Gefecht, sondern auch bei der Kombination mehrerer Gefechte untereinander. So ist es mit der Verteidigung.

Was den Angriff betrifft, so genießt er einigermaßen dieselben Vorteile von dem Überhöhen, welche die Verteidigung davon hat; deswegen, weil der strategische Angriff nicht in einem einzelnen Akt besteht wie der taktische. Sein Vorschreiten ist nicht die kontinuierliche Bewegung eines Räderwerkes, sondern es geschieht in einzelnen Märschen und nach kürzeren oder längeren Pausen, und bei jedem Ruhepunkt befindet er sich so gut wie sein Gegner auf der Verteidigung.

Aus dem Vorteil einer besseren Übersicht entspringt für den Angriff wie für die Verteidigung eines gewissermaßen aktive Wirksamkeit des Überhöhens, deren wir noch gedenken müssen; es ist die Leichtigkeit, mit abgesonderten Haufen wirken zu können. Denn eben die Vorteile, welche das Ganze aus dieser überhöhenden Stellung zieht, zieht auch jeder Teil aus derselben; mithin ist ein großes oder kleines abgesondertes Korps stärker, als es ohne diesen Vorteil sein würde, und man kann seine Aufstellung mit weniger Gefahr wagen, als man es ohne eine beherrschende Stellung könnte. Welche Nutzen aus solchen Haufen zu ziehen sind, gehört an einen anderen Ort hin.

Verbindet sich das Überhöhen mit anderen geographischen Vorteilen in unserem Verhältnis zum Gegner, sieht er sich auch noch aus anderen Gründen in seinen Bewegungen beschränkt, z. B. die Nähe eines großen Stromes, so können die Nachteile seiner Lage ganz entschieden werden, so daß er sich ihnen nicht schnell genug entziehen kann. Keine Armee ist imstande, sich in dem Tale eines großen Stromes zu erhalten, wenn sie nicht den Gebirgsrand innehat, der dasselbe bildet.

So kann das Überhöhen zum wirklichen Beherrschen werden, und es ist die Realität dieser Vorstellung keineswegs zu leugnen. Aber dies hindert nicht, daß die Ausdrücke von *beherrschen der Gegend, decken der Stellung, Schlüssel des Landes usw.*, insoweit sie auf die Natur des Überhöhens und Herabsteigens sich gründen, meistens hohle Schalen sind, denen ein gesunder Kern fehlt. Um das anscheinend Gemeine der kriegerischen Kombinationen zu würzen, hat man sich vorzugsweise an diese vornehmen Elemente der Theorie gehalten; sie sind das Lieblingsthema der gelehrten Soldaten, die Zauberrute der strategischen Adepten geworden, und alle Nichtigkeit dieses Gedankenspieles, aller Widerspruch der Erfahrung hat nicht hingereicht, Autoren und Leser zu überzeugen, daß sie hier ins lecke Faß der Danaiden schöpften. Die Bedingungen hat man für die Sache selbst, das Instrument für die Hand genommen. Das Einnehmen einer solchen Gegend und Stellung sieht man wie eine Kraftäußerung, wie einen Stoß oder Hieb an, die Gegend und Stellung selbst wie eine wirkliche Größe, während jenes doch nichts ist wie das Aufheben des Armes, diese nichts als ein totes Instrument, eine bloße Eigenschaft, die sich an einem Gegenstand verwirklichen muß, ein bloßes Plus- oder Minuszeichen, dem noch die Größe fehlt. Dieser Stoß und Hieb, dieser Gegenstand, diese Größe, ist *siegreiches Gefecht,* nur dieses zählt wirklich, nur mit ihm kann man rechnen, und immer muß man es im Auge haben, sowohl bei der Beurteilung in Büchern als beim Handeln im Felde.

Wenn also nur die Zahl und das Gewicht der siegreichen Gefechte entscheidet, so ist klar, daß das Verhältnis beider Armeen und ihrer Führer wieder in Betrachtung kommt, und daß die Rolle, welche der Einfluß der Gegend spielt, nur eine untergeordnete sein kann.

Sechstes Buch: Verteidigung

Erstes Kapitel: Angriff und Verteidigung

1. Begriff der Verteidigung

Was ist der Begriff der Verteidigung? Das Abwehren eines Stoßes. Was ist also ihr Merkmal? Das Abwarten dieses Stoßes. Dieses Merkmal also macht jedesmal die Handlung zu einer verteidigenden, und durch dieses Merkmal allein kann im Kriege die Verteidigung vom Angriff geschieden werden. Da aber eine absolute Verteidigung dem Begriff des Krieges völlig widerspricht, weil bei ihr nur der eine Krieg führen würde, so kann auch im Kriege die Verteidigung nur relativ sein, und jenes Merkmal muß also nur auf den Totalbegriff angewendet, nicht auf alle Teile von ihm ausgedehnt werden. Ein partielles Gefecht ist verteidigend, wenn wir den Anlauf, den Sturm des Feindes abwarten; eine Schlacht, wenn wir den Angriff, d. h. das Erscheinen vor unserer Stellung, in unserem Feuer abwarten; ein Feldzug, wenn wir das Betreten unseres Kriegstheaters abwarten. In allen diesen Fällen kommt dem Gesamtbegriff das Merkmal des Abwartens und Abwehrens zu, ohne daß daraus ein Widerspruch mit dem Begriff des Krieges folgt, denn man kann seinen Vorteil darin finden, den Anlauf gegen unsere Bajonette, den Angriff auf unsere Stellung und auf unser Kriegstheater abzuwarten. Da man aber, um wirklich auch seinerseits Krieg zu führen, dem Feinde seine Stöße zurückgeben muß, so geschieht dieser Aktus des Angriffs im Verteidigungskriege gewissermaßen unter dem Haupttitel der Verteidigung, d. h. die Offensive, deren wir uns bedienen, fällt innerhalb der Begriffe von Stellung oder Kriegstheater. Man kann also in einem verteidigenden Feldzuge angriffsweise schlagen, in einer verteidigenden Schlacht angriffsweise seine einzelnen Divisionen gebrauchen, endlich in der einfachen Aufstellung gegen den feindlichen Sturm schickt man ihm sogar noch die offensiven Kugeln entgegen. Die verteidigende Form des Kriegführens ist also kein unmittelbares Schild, sondern ein Schild, gebildet durch geschickte Streiche.

2. Vorteile der Verteidigung

Was ist der Zweck der Verteidigung? *Erhalten.* Erhalten ist leichter als gewinnen, schon daraus folgt, daß die Verteidigung bei vorausgesetzten gleichen Mitteln leichter sei als der Angriff. Worin liegt aber die größere Leichtigkeit des Erhaltens oder Bewahrens? Darin, daß alle Zeit, welche ungenutzt verstreicht, in die Waagschale des Verteidigers fällt. Er erntet, wo er nicht gesäet hat. Jedes Unterlassen des Angriffs aus falscher Ansicht, aus Furcht, aus Trägheit, kommt dem Verteidiger zugute. Dieser Vorteil hat den preußischen Staat im Siebenjährigen Kriege mehr als einmal vom Untergang gerettet. – Dieser aus Begriff und Zweck sich ergebende Vorteil der Verteidigung liegt in der Natur aller Verteidigung und ist im übrigen Leben, besonders in dem dem Kriege so ähnlichen Rechtsverkehr, durch das lateinische Sprichwort beati sunt possidentes fixiert. Ein anderer, der nur aus der Natur des Krieges hinzukommt, ist der Beistand der örtlichen Lage, welche die Verteidigung vorzugsweise genießt.

Nach Feststellung dieser allgemeinen Begriffe wollen wir uns mehr zur Sache wenden.

In der Taktik ist also jedes Gefecht, groß oder klein, ein *verteidigendes,* wenn wir dem Feinde die Initiative überlassen und sein Erscheinen vor unserer Fronte abwarten. Von diesem Augenblick an können wir uns aller offensiven Mittel bedienen, ohne daß wir die beiden genannten Vorteile der Verteidigung, nämlich den des Abwartens und den der Gegend, verlieren. In der Strategie tritt zuerst der Feldzug an die Stelle des Gefechts und das Kriegstheater an die Stelle der Stellung; sodann aber auch der ganze Krieg wieder an die Stelle des Feldzuges und das ganze Land an die Stelle des Kriegstheaters, und in beiden Fällen bleibt die Verteidigung, was sie in der Taktik war.

Daß die Verteidigung leichter sei als der Angriff, ist schon im allgemeinen bemerkt, da aber die Verteidigung einen negativen Zweck hat, *das Erhalten,* und der Angriff einen positiven, *das Erobern,* und da dieser die eigenen Kriegsmittel vermehrt, das Erhalten aber nicht, so muß man, um sich bestimmt auszudrücken, sagen: *die verteidigende Form des Kriegführens ist an sich stärker als die angreifende.* Auf dies Resultat haben wir hinausgewollt; denn ob es gleich ganz in der Natur der Sache liegt und von der Erfahrung tausendfältig bestätigt wird, so läuft es dennoch der herrschenden Meinung völlig entgegen – ein Beweis, wie sich die Begriffe durch oberflächliche Schriftsteller verwirren können.

Ist die Verteidigung eine stärkere Form des Kriegführens, die aber einen negativen Zweck hat, so folgt von selbst, daß man sich ihrer nur solange bedienen muß, als man sie der Schwäche wegen bedarf, und sie verlassen muß, sobald man stark genug ist, sich den positiven Zweck vorzusetzen. Da man nun, indem man unter ihrem Beistand Sieger wird, gewöhnlich ein günstigeres Verhältnis der Kräfte herbeiführt, so ist auch der natürliche Gang im Kriege, mit der Verteidigung anzufangen und mit der Offensive zu enden. Es ist also ebensogut im Widerspruch mit dem Begriff des Krieges, den letzten Zweck die Verteidigung sein zu lassen, als es Widerspruch war, die Passivität der Verteidigung nicht bloß vom Ganzen, sondern von allen seinen Teilen zu verstehen. Mit anderen Worten: Ein Krieg, bei dem man seine Siege bloß zum Abwehren benutzen, gar nicht widerstoßen wollte, wäre ebenso widersinnig als eine Schlacht, in der die absoluteste Verteidigung (Passivität) in allen Maßregeln herrschen sollte.

Gegen die Richtigkeit dieser allgemeinen Vorstellung könnte man viele Beispiele von Kriegen anführen, wo die Verteidigung in ihrem letzten Ziel nur verteidigend blieb, und an eine offensive Rückwirkung nicht gedacht war; das könnte man, wenn man vergäße, daß hier von einer allgemeinen Vorstellung die Rede ist, und daß die Beispiele, welche man derselben entgegenstellen könnte, sämtlich als solche Fälle zu betrachten sind, wo die Möglichkeit der offensiven Rückwirkung noch nicht gekommen war.

Im Siebenjährigen Kriege z. B. dachte Friedrich der Große, wenigstens in den letzten drei Jahren desselben, nicht an eine Offensive; ja wir glauben sogar, daß er überhaupt seine Offensive in diesem Kriege nur wie ein besseres Mittel der Verteidigung angesehen hat; seine ganze Lage nötigte ihn dazu, und es ist natürlich, daß ein Feldherr nur dasjenige im Auge hat, was in seiner Lage zunächst begründet ist. Nichtsdestoweniger kann man dieses Beispiel einer Verteidigung im großen nicht betrachten, ohne dabei den Gedanken einer möglichen offensiven Rückwirkung gegen Österreich dem Ganzen zum Grunde zu legen und sich zu sagen: der Augenblick dazu war nur bis dahin nicht gekommen. Daß diese Vorstellung auch bei diesem Beispiel nicht ohne Realität war, zeigt der Friede; was hatte die Österreicher anders zum Frieden bewegen können als der Gedanke, daß sie allein nicht imstande sein würden, mit ihrer Macht dem Talent des Königs das Gleichgewicht zu halten, daß ihre Anstrengungen in jedem Fall noch größer sein müßten als bisher, und daß bei dem mindesten Nachlasse derselben ein neuer Länderverlust zu fürchten sei. Und in der Tat, wer könnte bezweifeln, daß Friedrich der Große, wenn Rußland, Schweden und die Reichsarmee seine Kräfte nicht in Anspruch nahmen, gesucht haben würde, die Österreicher wieder in Böhmen und Mähren zu besiegen?

Nachdem wir also den Begriff der Verteidigung, wie er im Kriege allein genommen werden kann, festgestellt, nachdem wir die Grenze der Verteidigung angegeben haben, kehren wir noch einmal zu der Behauptung zurück, die Verteidigung sei *die stärkere Form des Kriegführens*.

Aus der näheren Betrachtung und Vergleichung des Angriffs und der Verteidigung wird dies völlig klar hervorgehen; jetzt aber wollen wir nur die Bemerkung machen, in welchen Widersprüchen mit sich selbst und mit der Erfahrung die umgekehrte Behauptung steht. Wäre die angreifende Form die stärkere, so gäbe es keinen Grund mehr, die verteidigende je zu gebrauchen, da diese ohnehin den bloß negativen Zweck hat; jedermann müßte also angreifen wollen, und die Verteidigung wäre ein Unding. Umgekehrt aber ist es sehr natürlich, daß man den höheren Zweck mit größeren Opfern erkauft. Wer stark genug zu sein glaubt, sich der schwächeren Form zu bedienen, der darf den größeren Zweck wollen; wer sich in den geringeren Zweck setzt, kann es nur tun, um den Vorteil der stärkeren Form zu genießen. – Sieht man auf die Erfahrung, so wäre es wohl etwas Unerhörtes, daß man bei zwei Kriegstheatern mit der schwächeren Armee den Angriff führte und die stärkere auf die Verteidigung ließe. Ist es aber von jeher und überall umgekehrt gewesen, so beweist das wohl, daß die Feldherren, selbst bei eigener entschiedener Neigung für den Angriff, dennoch die Verteidigung für stärker halten. Wir müssen in den nächsten Kapiteln noch einige vorläufige Punkte erläutern.

Zweites Kapitel: Wie verhalten sich Angriff und Verteidigung in der Taktik zueinander

Zuerst müssen wir uns nach den Umständen umsehen, welche im Gefechte den Sieg geben.

Von der Überlegenheit und Tapferkeit, Übung oder anderen Eigenschaften des Heeres ist hier nicht zu reden, weil sie in der Regel von Dingen abhängen, die außer dem Gebiete derjenigen Kriegskunst liegen, von der hier die Rede ist, übrigens bei Angriff und Verteidigung dieselbe Wirksamkeit äußern würden; ja, auch die Überlegenheit in der *Zahl im allgemeinen* kann hier nicht in Betrachtung kommen, da die Anzahl der Truppen gleichfalls ein Gegebenes ist und nicht in der Willkür des Feldherrn steht. Auch haben diese Dinge zum Angriff und zur Verteidigung keine besondere Beziehung. Außerdem aber scheinen uns nur noch drei Sachen von entscheidendem Vorteil zu sein, nämlich: *die Überraschung, der Vorteil der Gegend* und *der Anfall von mehreren Seiten.* Die Überraschung zeigt sich wirksam dadurch, daß man dem Feinde auf einem Punkt viel mehr Truppen entgegenstellt, als er es erwartete. Diese Überlegenheit der Zahl ist von der allgemeinen sehr verschieden, sie ist das wichtigste Agens der Kriegskunst. – Wie der Vorteil der Gegend zum Siege beiträgt, ist an sich verständlich genug, und es ist nur das eine zu bemerken, daß hier nicht bloß von den Hindernissen die Rede ist, welche dem Angreifenden bei seinem Vorrücken aufstoßen, wie: steile Gründe, hohe Berge, sumpfige Bäche, Hecken usw., sondern daß es auch ein Vorteil der Gegend ist, wenn sie uns Gelegenheit gibt, uns verdeckt darin aufzustellen; selbst von einer ganz gleichgültigen Gegend kann man sagen, daß der ihren Beistand genießt, der sie kennt. Der Anfall von mehreren Seiten schließt alle taktischen Umgehungen, groß und klein, in sich, und seine Wirkung gründet sich teils auf doppelte Wirksamkeit der Feuerwaffen, teils auf die Furcht vor dem Abschneiden.

Wie verhalten sich nun Angriff und Verteidigung in Rücksicht auf diese Dinge?

Wenn man die oben entwickelten drei Prinzipe des Sieges im Auge hat, so ergibt sich für diese Frage, daß der Angreifende nur einen geringen Teil des ersten und letzten Prinzips für sich hat, während der größere Teil und das zweite Prinzip ausschließend dem Verteidiger zu Gebote steht.

Der Angreifende hat nur den Vorteil des eigentlichen Überfalles des Ganzen mit dem Ganzen, während der Verteidiger im Laufe des Gefechts durch Stärke und Form seiner Anfälle unaufhörlich zu überraschen imstande ist.

Der Angreifende hat eine größere Leichtigkeit, das Ganze einzuschließen und abzuschneiden als der Verteidiger, weil dieser schon steht, während jener sich noch in Beziehung auf dieses Stehen bewegt. Aber dieses Umgehen bezieht sich auch wieder nur auf das Ganze, denn im Laufe des Gefechts und für die einzelnen Teile ist der Anfall von mehreren Seiten dem Verteidiger leichter als dem Angreifenden, *weil er, wie oben gesagt ist, durch Form und Stärke seiner Anfälle zu überraschen mehr imstande ist.*

Daß der Verteidiger den Beistand der Gegend vorzugsweise genießt, ist an sich klar; was aber die Überlegenheit in der Überraschung durch Stärke und Form der Anfälle betrifft, so folgt daraus, daß der Angreifende auf Straßen und Wegen einherziehen muß, wo es nicht schwer wird, ihn zu beobachten, während der Verteidiger sich verdeckt aufstellt und bis zum entscheidenden Augenblicke dem Angreifenden fast unsichtbar bleibt. – Seitdem die rechte Art der Verteidigung Mode geworden ist, sind Rekognoszierungen ganz aus der Mode gekommen, d. h. sie sind unmöglich geworden. Man rekognosziert zwar noch zuweilen, aber man bringt selten viel mit nach Hause. So unendlich groß der Vorteil ist, sich die Gegend zu seiner Aufstellung aussuchen zu können und mit ihr vor dem Gefecht völlig bekannt zu sein, so einfach es ist, daß der, welcher sich in dieser Gegend in den Hinterhalt legt, der Verteidiger, seinen Gegner viel mehr überraschen muß als der Angreifende, so hat man sich doch noch zur Stunde von den alten Begriffen nicht losmachen können, als sei eine angenommene Schlacht schon eine halb verlorene. Dies kommt von der Art von Verteidigung, die vor zwanzig Jahren und zum Teil auch im Siebenjährigen Kriege Mode war, wo man vom Terrain keinen anderen Beistand als den einer schwer zugänglichen Front (steile Berglehnen usw.) erwartete, wo die dünne Aufstellung und die Unbeweglichkeit der Flanken eine solche Schwäche gab, daß man sich von einem Berge zum anderen hinneckte und dadurch das Übel immer ärger machte. Hatte man nun eine Art von Anlehnung gefunden, so kam alles darauf an, daß in dieser wie auf einen Stickrahmen ausgespannten Armee kein Loch gestoßen wurde. Das besetzte Terrain bekam auf jedem Punkt einen unmittelbaren Wert, mußte also unmittelbar verteidigt werden. Da konnte also in der Schlacht weder von einer Bewegung noch Überraschung die Rede sein; es war der völlige Gegensatz von dem, was eine gute Verteidigung sein kann, und was sie in der neueren Zeit auch wirklich geworden ist. –

Eigentlich ist die Geringschätzung der Verteidigung immer die Folge einer Epoche, wo eine gewisse Manier der Verteidigung sich selbst überlebt hat, und das war dann auch der Fall mit der oben erwähnten, die früher ihre Zeit hatte, wo sie dem Angriff wirklich überlegen war.

Gehen wir die Ausbildung der neueren Kriegskunst durch, so war im Anfange, d. h. im Dreißigjährigen und im Spanischen Erbfolgekriege, die Entwicklung und Aufstellung der Armee eine der großen

Hauptsachen in der Schlacht. Sie war der größte Teil des Schlachtenplanes. Dies gab dem Verteidiger in der Regel große Vorteile, weil er schon aufgestellt und entwickelt war. Sobald die Manövrierfähigkeit der Truppen größer wurde, hörte dieser Vorteil auf, und der Angreifende bekam auf eine Zeitlang das Übergewicht. Nun suchte der Verteidiger Schutz hinter Flüssen, tiefen Taleinschnitten und auf Bergen. Dadurch bekam er abermals ein entschiedenes Übergewicht, welches solange dauerte, bis der Angreifende so beweglich und gewandt wurde, daß er sich in die durchschnittene Gegend selbst wagen und in getrennten Kolonnen angreifen, also den Gegner *umgehen* konnte. Dies führte zu der immer größeren Ausdehnung, bei welcher nun der Angreifende auf die Idee gebracht werden mußte, sich auf ein Paar Punkte zu konzentrieren und die dünne Stellung zu durchstoßen. Dadurch bekam der Angreifende das Übergewicht zum drittenmal, und die Verteidigung mußte ihr System abermals ändern. Das hat sie in den letzten Kriegen getan. Sie hat ihre Kräfte in großen Massen zusammengehalten, diese meistens unentwickelt, wo es anging, auch verdeckt aufgestellt, und sich also bloß in Bereitschaft gesetzt, den Maßregeln der Angreifenden zu begegnen, wenn diese sich näher entwickeln würden.

Dies schließt nicht die teilweise passive Verteidigung des Bodens ganz aus; der Vorteil davon ist zu entschieden, als daß die Benutzung desselben nicht hundertmal in einem Feldzuge vorkommen sollte. Aber diese passive Verteidigung des Bodens ist gewöhnlich nicht mehr die Hauptsache, und darauf kommt es hier an.

Sollte der Angreifende irgendein neues großes Hilfsmittel erfinden, welches doch bei der Einfachheit und inneren Notwendigkeit, zu der alles gediehen ist, nicht wohl abzusehen ist, so wird die Verteidigung auch ihr Verfahren ändern müssen. Immer aber wird ihr der Beistand der Gegend gewiß sein, und weil Gegend und Boden jetzt mehr als je den kriegerischen Akt mit ihren Eigentümlichkeiten durchdringen, ihr im allgemeinen ihre natürliche Überlegenheit sichern.

Drittes Kapitel: Wie verhalten sich Angriff und Verteidigung in der Strategie zueinander

Fragen wir wieder zuerst:

Welches sind die Umstände, die in der Strategie den glücklichen Erfolg geben?

In der Strategie gibt es keinen Sieg, wie das schon früher gesagt ist. Der strategische Erfolg ist von der einen Seite die glückliche Vorbereitung des taktischen Sieges; je größer dieser Erfolg ist, um so unbezweifelter[1] wird der Sieg im Gefecht. Von der anderen Seite ist der strategische Erfolg die Benutzung des erfochtenen Sieges. Je mehr Ereignisse die Strategie imstande gewesen ist, durch ihre Kombinationen nach einer gewonnenen Schlacht in die Folgen derselben hineinzuziehen, je mehr sie da der nachfallenden Trümmer, deren Grundfeste durch die Schlacht erschüttert worden, an sich reißen kann, je mehr sie mit großen Zügen scharenweise eintreibt, was in der Schlacht selbst mühevoll einzeln errungen werden mußte, um so glücklicher ist ihr Erfolg. – Diejenigen Dinge nun, welche diesen Erfolg vorzüglich herbeiführen oder erleichtern, also die Hauptprinzipe der strategischen Wirksamkeit, sind folgende:

1. Der Vorteil der Gegend.
2. Die Überraschung, entweder wie im eigentlichen Überfall oder durch die unvermutete Aufstellung größerer Kräfte auf gewissen Punkten.
3. Der Anfall von mehreren Seiten; alle drei wie in der Taktik.
4. Der Beistand des Kriegstheaters durch Festungen und alles, was dazugehört.
5. Der Beistand des Volkes.
6. Die Benutzung großer moralischer Kräfte*.

Wie verhalten sich nun Angriff und Verteidigung in Rücksicht auf diese Dinge?

Der Verteidiger hat den Vorteil der Gegend, der Angreifende den des Überfalles; dies ist in der Strategie wie in der Taktik. Vom Überfall ist aber zu bemerken, daß er in der Strategie ein unendlich viel wirksameres und wichtigeres Mittel ist als in der Taktik. In dieser wird man einen Überfall selten bis zum großen Sieg ausdehnen können, wogegen ein Überfall in der Strategie nicht selten den ganzen

* Wer seine Strategie aus Herrn v. Bülow hat, wird nicht begreifen, wie wir hier nichts mehr und nichts weniger ausgelassen haben als die ganze (Bülowsche) Strategie. Aber es ist nicht unsere Schuld, daß Herr v. Bülow von lauter Nebendingen spricht. Ein Kaufmannsbursche könnte sich ebensogut wundern, daß er das Inhaltsregister der ganzen Arithmetik durchlaufen und weder Regeldetri, noch die Regel quinque angetroffen hat. Aber so praktische Regeln sind Herrn von Bülows Meinungen am wenigsten, der Vergleich geschah aus anderen Gründen.[2]

1 [2. Auflage: wahrscheinlicher]
2 [Fehlt in der 2. Auflage.]

Krieg mit einem Streich geendigt hat. Wieder aber ist zu bemerken, daß der Gebrauch dieses Mittels *große, entschiedene, seltene* Fehler beim Gegner voraussetzt, daher es in die Waagschale des Angriffs kein sehr großes Gewicht legen kann.

Die Überraschung des Gegners durch Aufstellen überlegener Kräfte auf gewissen Punkten hat wieder sehr viel Ähnliches mit dem analogen Fall in der Taktik. Wäre der Verteidiger gehalten, seine Kräfte auf mehrere Zugangspunkte seines Kriegstheaters zu verteilen, so hätte der Angreifende offenbar den Vorteil, mit voller Macht auf einen Teil zu fallen.

Allein auch hier hat die neue Verteidigungskunst durch ein anderes Verfahren unmerklich andere Grundsätze herbeigeführt. Befürchtet der Verteidigende nicht, daß sich der Gegner in einer nicht besetzten Straße auf ein bedeutendes Magazin oder Depot oder auf eine unvorbereitete Festung oder auf die Hauptstadt werfe, – oder muß er sich nicht deswegen dem Angreifenden auf der gewählten Straße gerade entgegenwerfen, weil er sonst den Rückzug verlieren würde, so ist kein Grund vorhanden, seine Kräfte zu verteilen; denn wenn der Angreifende eine andere Straße wählt als die, auf welcher er den Verteidiger findet, so kann dieser ihn einige Tage später immer noch mit seiner ganzen Macht auf dieser Straße aufsuchen; ja er kann sogar in den meisten Fällen sicher sein, daß der Angreifende ihm die Ehre erzeigen wird, ihn selbst aufzusuchen. – Sieht sich aber der letztere veranlaßt, selbst mit geteilten Kräften vorzurücken, welches der Verpflegung wegen oft kaum zu vermeiden ist, so ist der Verteidigende offenbar in dem Vorteil, mit seiner ganzen Macht auf einen Teil seines Gegners fallen zu können.

Die Flanken- und Rückenangriffe verändern ihre Natur in der Strategie, wo sie sich auf den Rücken und die Seiten der Kriegstheater beziehen, in einem hohen Grade.

1. Fällt die doppelte Wirkung des Feuers weg, weil man nicht von dem einen Ende des Kriegstheaters bis zum anderen hinschießt.
2. Die Furcht, den Rückzug zu verlieren, ist bei dem Umgangenen sehr viel schwächer, denn die Räume lassen sich in der Strategie nicht sperren wie in der Taktik.
3. Es tritt in der Strategie des größeren Raumes wegen die Wirksamkeit der inneren, d. h. der kürzeren Linien stärker hervor und bildet ein großes Gegengewicht gegen die Anfälle von mehreren Seiten.
4. Ein neues Prinzip erscheint in der Empfindlichkeit der Verbin-

dungslinien, d. h. in der Wirkung, welche aus ihrer bloßen Unterbrechung hervorgeht.

Nun ist es allerdings in der Natur der Sache, daß in der Strategie wegen der größeren Räume das Umfassen, der Anfall von mehreren Seiten, in der Regel nur demjenigen zusteht, welcher die Initiative hat, also dem Angreifenden, und daß der Verteidiger nicht wie in der Taktik imstande ist, im Verlauf der Handlung den Umfassenden wieder zu umfassen, weil er seine Streitkräfte weder in solcher verhältnismäßigen Tiefe, noch so verborgen aufstellen kann; aber was hilft dem Angriff die Leichtigkeit des Umfassens, wenn die Vorteile desselben nicht vorhanden sind? Man würde daher in der Strategie den umfassenden Angriff überhaupt nicht als ein Prinzip des Sieges aufstellen können, wenn nicht die Wirkung auf die Verbindungslinien in Betrachtung käme. Aber dieser Faktor ist im ersten Augenblick, wo Angriff und Verteidigung einander begegnen und noch in ihrer einfachen Stellung gegeneinander sind, selten groß; er wird erst groß im Verlauf eines Feldzuges, wenn der Angreifende in Feindes Land nach und nach zum Verteidiger wird; dann werden die Verbindungslinien dieses neuen Verteidigers schwach, und der ursprüngliche Verteidiger kann von dieser Schwäche als Angreifender Nutzen ziehen. Wer sieht aber nicht, daß diese Überlegenheit des Angriffs ihm im allgemeinen nicht zugerechnet werden kann, da sie eigentlich aus höheren Verhältnissen der Verteidigung geschöpft ist!

Das vierte Prinzip, *der Beistand des Kriegstheaters,* ist natürlich auf der Seite des Verteidigers. Wenn die angreifende Armee den Feldzug eröffnet, so reißt sie sich von ihrem Kriegstheater los und wird dadurch geschwächt, d. h. sie läßt Festungen und Depots aller Art zurück. Je größer der Operationsraum ist, den sie zu durchschreiten hat, um so mehr wird sie geschwächt (durch den Marsch und durch Besatzungen); die verteidigende Armee bleibt mit allem dem verbunden, d. h. sie genießt den Beistand ihrer Festungen, wird durch nichts geschwächt und ist ihren Hilfsquellen näher.

Der Beistand des Volkes als fünftes Prinzip findet zwar nicht bei jeder Verteidigung statt, denn es kann einen Verteidigungsfeldzug in Feindes Land geben, aber dieses Prinzip geht doch nur aus dem Begriff der Verteidigung hervor und findet seine Anwendung in den allermeisten Fällen. Übrigens ist hiermit vorzugsweise, aber doch nicht ausschließend, die Wirksamkeit eines Landsturmes und einer Nationalbewaffnung gemeint, und es gehört auch dahin, daß alle Friktion geringer und alle Hilfsquellen näher sind und reichhaltiger fließen.

Eine deutliche Anschauung von der Wirksamkeit der unter 3 und 4 genannten Mittel wie im Vergrößerungsspiegel gibt der Feldzug von 1812: 500000 Mann gingen über den Njemen, 120000 schlugen die Schlacht von Borodino, und noch weniger kamen nach Moskau.

Man kann sagen: die Wirkung dieses ungeheuren Versuches war so groß, daß die Russen, auch wenn sie gar keine Offensive hätten folgen lassen, sich doch auf geraume Zeit vor einem neuen Einbruch gesichert haben würden. Freilich ist mit Ausnahme Schwedens kein europäisches Land in einer ähnlichen Lage wie Rußland, aber das wirkende Prinzip bleibt dasselbe und unterscheidet sich nur in dem Grade der Stärke.

Fügt man dem vierten und fünften Prinzip die Betrachtung hinzu, daß diese Kräfte der Verteidigung sich auf die ursprüngliche, nämlich auf die im eigenen Lande beziehen und geschwächt werden, wenn die Verteidigung auf feindlichen Boden verpflanzt und in Offensivunternehmungen verflochten ist, so wird daraus ungefähr wie oben beim dritten Prinzip ein neuer Nachteil des Angriffs; denn sowenig die Verteidigung aus bloß abwehrenden Elementen zusammengesetzt ist, ebensowenig ist der Angriff aus lauter aktiven Elementen zusammengesetzt, sogar muß sich jeder Angriff, der nicht unmittelbar zum Frieden führt, mit einer Verteidigung endigen.

Werden nun alle Verteidigungselemente, die im Angriff vorkommen, durch seine Natur, d. i. dadurch, daß sie ihm angehören, geschwächt, so muß dies wohl als ein allgemeiner Nachteil desselben betrachtet werden.

Dies ist so wenig eine mäßige Spitzfindigkeit, daß hierin vielmehr der Hauptnachteil alles Angriffs liegt, und daß man daher bei jedem Entwurf zu einem strategischen Angriff auf diesen Punkt, also auf die Verteidigung, welche ihm folgen wird, von Hause aus sein Hauptaugenmerk richten muß, wie wir das in dem Buche vom Feldzugsplan näher sehen werden.

Die großen moralischen Kräfte, welche zuweilen das Element des Krieges wie ein eigener Gärungsstoff durchdringen, und deren sich also ein Feldherr in gewissen Fällen zur Verstärkung seiner Kräfte bedienen kann, sind wohl ebensogut auf der Seite der Verteidigung als des Angriffs zu denken; wenigstens treten diejenigen, welche im Angriff besonders glänzen, wie Verwirrung und Schrecken beim Gegner, gewöhnlich erst nach dem entscheidenden Schlage auf und tragen folglich selten bei, diesem eine Richtung zu geben.

Hiermit glauben wir unseren Satz, *daß die Verteidigung eine stärkere Kriegsform sei als der Angriff,* zur Genüge durchgeführt zu haben; es bleibt aber noch ein kleiner, bisher unbeachteter Faktor zu erwähnen übrig. Es ist der Mut, das Gefühl der Überlegenheit im Heere, welches aus dem Bewußtsein entspringt, zum Angreifenden zu gehören. Die Sache ist an sich wahr, nur geht das Gefühl sehr bald in dem allgemeineren und stärkeren unter, welches einem Heere durch seine Siege oder Niederlagen, durch das Talent oder die Unfähigkeit seines Führers gegeben wird.

Viertes Kapitel: Konzentrizität des Angriffs und Exzentrizität der Verteidigung

Es kommen diese beiden Vorstellungen, diese beiden Formen in dem Gebrauch der Kräfte bei Angriff und Verteidigung, in Theorie und Wirklichkeit so häufig vor, daß sie sich der Phantasie unwillkürlich fast als notwendige, dem Angriff und der Verteidigung innewohnende Formen aufdringen, welches doch, wie die kleinste Überlegung zeigt, nicht eigentlich der Fall ist. Wir wollen sie daher so früh als möglich betrachten und uns ein- für allemal klare Vorstellungen davon verschaffen, um dann bei unseren weiteren Betrachtungen des Verhältnisses von Angriff und Verteidigung davon ganz abstrahieren zu können und nicht unaufhörlich durch den Schein von Vorteil und Nachteil, den sie auf die Dinge werfen, gestört zu werden. Wir betrachten sie also hier als reine Abstraktionen, ziehen den Begriff wie einen Alkohol heraus und behalten uns vor, in der Folge auf den Anteil, welchen er an den Dingen hat, aufmerksam zu machen.

Der Verteidiger in der Taktik wie in der Strategie wird als abwartend, also als stehend, der Angreifende als in Bewegung gedacht, und zwar sich bewegend in Beziehung auf jenes Stehen. Es folgt hieraus notwendig, daß das Umfassen und Umschließen nur in der Willkür des Angreifenden liegt, nämlich solange seine Bewegung und das Stehen des Verteidigers dauert. Diese Freiheit des Angriffs, konzentrisch zu sein oder es nicht zu sein, nachdem es vorteilhaft oder nachteilig ist, würde ihm als ein allgemeiner Vorzug angerechnet werden müssen. Allein diese Wahl ist ihm nur in der Taktik, in der Strategie aber nicht immer frei gegeben. In der ersteren sind die Anlehnungspunkte für beide Flügel fast niemals absolut sichernd, in der Strategie sehr häufig, wenn sich die Verteidigungslinie in gerader Richtung von Meer zu

Meer oder von neutralem Gebiet zu neutralem Gebiet fortzieht. In diesem Fall kann der Angriff nicht konzentrisch vorgehen, und die Freiheit seiner Wahl ist beschränkt. Noch unangenehmer wird sie aber beschränkt, wenn er konzentrisch vorgehen *muß*. Rußland und Frankreich können Deutschland nicht anders als mit umschließenden, also nicht mit vereinigten Kräften angreifen. Dürften wir nun annehmen, daß die konzentrische Form in der Wirkung der Kräfte in der Mehrheit der Fälle die schwächere sei, so würde der Vorteil, welchen der Angreifende von der größeren Freiheit in der Wahl hat, wahrscheinlich dadurch völlig aufgewogen, daß er in anderen Fällen gezwungen ist, sich der schwächeren Form zu bedienen.

Jetzt wollen wir die Wirkung dieser Formen in Taktik und Strategie näher betrachten.

Bei der konzentrischen Richtung der Kräfte, vom Umfang nach dem Mittelpunkt, hat man es als einen ersten Vorzug betrachtet, daß sich die Kräfte im Vorschreiten immer mehr vereinigen; das Faktum ist wahr, der vermeintliche Vorzug aber nicht, denn das Vereinigen findet bei beiden Teilen statt, hält sich also das Gleichgewicht. Ebenso ist es mit dem Zerstreuen bei der exzentrischen Wirkung.

Ein anderer und der wahre Vorzug aber ist, daß die konzentrisch bewegten Kräfte ihre Wirkung nach einem *gemeinschaftlichen* Punkt richten, die exzentrisch bewegten nicht. – Welches sind nun diese Wirkungen? Hier müssen wir Taktik und Strategie trennen.

Wir wollen die Analyse nicht zu weit treiben und geben daher folgende Punkte als die Vorteile dieser Wirkungen an:

1. Eine doppelte oder wenigstens verstärkte Wirkung des Feuers, sobald sich nämlich alles schon bis auf einen gewissen Punkt zusammengeschoben hat.
2. Anfall eines und desselben Teiles von mehreren Seiten.
3. Das Abschneiden des Rückzuges.

Das Abschneiden des Rückzuges kann strategisch auch gedacht werden, es ist aber offenbar viel schwieriger, weil sich die großen Räume nicht gut sperren lassen. Der Anfall eines und desselben Teiles von mehreren Seiten wird überhaupt um so wirksamer und entscheidender, je kleiner dieser Teil, je näher er der äußersten Grenze, nämlich dem einzelnen Kämpfenden gedacht wird. Ein Heer kann sich füglich von mehreren Seiten zugleich schlagen, eine Division schon weniger, ein Bataillon nur, wenn es eine Masse macht, ein einzelner Mensch gar nicht mehr. Nun nimmt aber die Strategie das Gebiet der großen Massen, Räume und Zeiten ein, und die Taktik liegt auf der entgegengesetzten Seite. Hieraus geht schon hervor, daß der mehrseitige Anfall in der Strategie nicht die Folgen haben kann, die er in der Taktik hat.

Die Wirkung des Feuers ist gar kein Gegenstand der Strategie, an dessen Stelle tritt aber etwas anderes. Es ist die Erschütterung der Basis, welche jede Armee mehr oder weniger empfindet, wenn der Feind, nahe oder weit, hinter ihrem Rücken siegreich ist.

Es steht also fest, daß die konzentrische Wirkung der Kräfte einen Vorzug hat, dadurch, daß die Wirkung gegen a zugleich eine gegen b wird, ohne darum gegen a schwächer zu sein, und daß die gegen b zugleich eine gegen a, das Ganze also nicht a+b, sondern noch etwas mehr ist, und daß dieser Vorteil in der Taktik und in der Strategie, wiewohl in beiden etwas verschieden, stattfindet.

Was steht nun diesem Vorteil bei der exzentrischen Wirkung der Kräfte entgegen? Offenbar das Nahebeisammensein, das Bewegen auf inneren Linien. Es ist unnötig zu entwickeln, auf welche Weise dies ein solcher Multiplikator der Kräfte werden kann, daß der Angreifende ohne eine große Überlegenheit sich diesem Nachteil nicht aussetzen darf. –

Hat die Verteidigung einmal das Prinzip der Bewegung in sich aufgenommen (einer Bewegung, die zwar später anfängt wie die des Angreifenden, aber immer zeitig genug, um die Fesseln der erstarrenden Passivität zu lösen), so wird dieser Vorteil der größeren Vereinigung und der inneren Linien ein sehr entscheidender und meistens wirksamer zum Siege als die konzentrische Figur des Angriffs. Sieg aber muß dem Erfolg vorhergehen; erst muß man überwinden, ehe man an das Abschneiden denken kann. Kurz, man sieht, es besteht hier ein ähnliches Verhältnis wie das zwischen Angriff und Verteidigung überhaupt; die konzentrische Form führt zu glänzenden Erfolgen, die exzentrische gewährt die ihrigen sicherer, jenes ist die schwächere Form mit dem positiveren Zweck, dieses die stärkere Form mit dem negativen Zweck. Dadurch, scheint uns, sind diese beiden Formen schon in ein gewisses schwebendes Gleichgewicht gebracht. Fügt man nun hinzu, daß die Verteidigung, weil sie nicht überall eine absolute Verteidigung ist, sich auch nicht immer in der Unmöglichkeit befindet, sich der konzentrischen Kräfte zu bedienen, so wird man wenigstens kein Recht mehr haben, zu glauben, daß diese Wirkungsart allein hinreichend sei, dem Angriff ein ganz allgemeines Übergewicht über die Verteidigung zuzusichern, und sich von dem Einfluß losmachen, den diese Vorstellungsart bei jeder Gelegenheit auf das Urteil auszuüben pflegt.

Was wir bisher gesagt haben, umfaßte Taktik und Strategie, jetzt muß noch ein höchst wichtiger Punkt herausgehoben werden, der die Strategie allein angeht. Der Vorteil der inneren Linien wächst mit den Räumen, worauf sich diese Linien beziehen. Bei Entfernungen von einigen tausend Schritten oder einer halben Meile kann natürlich die Zeit, welche man gewinnt, nicht so groß sein wie bei Entfernungen von mehreren Tagemärschen oder gar von 20 bis 30 Meilen; die ersteren, nämlich die kleinen Räume, gehören der Taktik an, die größeren der Strategie. Wenn man nun freilich in der Strategie auch mehr Zeit zur Erreichung des Zweckes braucht als in der Taktik, und eine Armee nicht so schnell überwunden ist als ein Bataillon, so nehmen doch diese Zeiten in der Strategie auch nur bis zu einem gewissen Punkt zu, nämlich bis zur Dauer einer Schlacht, und allenfalls die paar Tage, welche sich eine Schlacht ohne entscheidende Opfer vermeiden läßt. Ferner findet ein noch viel größerer Unterschied in dem eigentlichen Vorsprung statt, den man in dem einen und dem anderen Fall gewinnt. Bei den kleinen Entfernungen in der Taktik, in der Schlacht, geschehen die Bewegungen des einen fast unter den Augen des anderen; der auf der äußeren Linie Stehende wird also die seines Gegners meistens schnell gewahr. Bei den größeren Entfernungen der Strategie geschieht es wohl höchst selten, daß eine Bewegung des einen nicht wenigstens einen Tag dem anderen verborgen bleiben sollte, und es gibt Fälle genug, wo, wenn die Bewegung nur einen Teil betraf und in einer beträchtlichen Entsendung bestand, dies wochenlang verborgen geblieben ist. – Wie groß der Vorteil der Verbergung für denjenigen ist, welcher durch die Natur seiner Lage am meisten geeignet ist, davon Gebrauch zu machen, läßt sich leicht einsehen. –

Hiermit schließen wir unsere Betrachtungen über konzentrische und exzentrische Wirkung der Kräfte und ihr Verhältnis zu Angriff und Verteidigung und behalten uns vor, in beiden noch darauf zurückzukommen.

Fünftes Kapitel: Charakter der strategischen Verteidigung

Schon früher ist gesagt worden, was die Verteidigung überhaupt ist: Nichts als eine stärkere Form des Krieges, vermittelst welcher man den Sieg erringen will, um nach dem gewonnenen Übergewicht zum

Angriff, d. h. zu dem positiven Zweck des Krieges, überzugehen.

Selbst wenn die Absicht des Krieges bloße Erhaltung des status quo ist, so ist doch eine bloße Zurückweisung des Stoßes etwas dem Begriff des Krieges Widersprechendes, weil Kriegführung unstreitig kein Leiden[1] ist. Hat der Verteidiger einen bedeutenden Vorteil errungen, so hat die Verteidigung das Ihre getan, und er muß unter dem Schutz dieses Vorteiles den Stoß zurückgeben, wenn er sich nicht einem gewissen Untergang aussetzen will. Die Klugheit fordert, das Eisen zu schmieden, solange es warm ist, die gewonnene Überlegenheit zu benutzen, um einem zweiten Anfall vorzubeugen. Wie, wann und wo diese Reaktion eintreten soll, ist freilich vielen anderen Bedingungen unterworfen und wird sich erst in der Folge mehr entwickeln. Hier bleiben wir dabei stehen, daß dieser Übergang zum Rückstoß als eine Tendenz der Verteidigung, also als ein wesentlicher Bestandteil derselben gedacht werden muß, und daß überall, wo der durch die verteidigende Form errungene Sieg nicht auf irgendeine Weise in dem kriegerischen Haushalt verbraucht wird, wo er gewissermaßen ungenutzt dahinwelkt, ein großer Fehler gemacht wird.

Ein schneller, kräftiger Übergang zum Angriff – das blitzende Vergeltungsschwert – ist der glänzendste Punkt der Verteidigung; wer ihn sich nicht gleich hinzudenkt, oder vielmehr, wer ihn nicht gleich in den Begriff der Verteidigung aufnimmt, dem wird nimmermehr die Überlegenheit der Verteidigung einleuchten, er wird immer nur an die Mittel denken, die man durch den Angriff dem Feinde zerstört und sich erwirbt, welche Mittel aber nicht von der Art, den Knoten zu schürzen, sondern ihn aufzulösen, abhängen. Ferner ist es eine grobe Verwechslung, wenn man unter Angriff immer einen Überfall versteht und sich folglich unter Verteidigung nichts als Not und Verwirrung denkt.

Freilich faßt der Eroberer seinen Entschluß zum Kriege früher als der harmlose Verteidiger, und wenn er seine Maßregeln gehörig geheim zu halten weiß, wird er diesen wohl oft mehr oder weniger überfallen[2], aber das ist etwas dem Kriege selbst ganz Fremdes, denn es sollte nicht so sein. Der Krieg ist mehr für den Verteidiger als für den Eroberer da, denn der Einbruch hat erst die Verteidigung herbeigeführt und mit ihr erst den Krieg. Der Eroberer ist immer friedliebend (wie Bonaparte auch stets[3] behauptet hat), er zöge ganz

1 [2. Auflage: kein bloßes Dulden]

2 [2. Auflage: wohl auch überraschen können]

3 [2. Auflage ergänzt: von sich]

gern ruhig in unseren Staat ein; damit er dies aber nicht könne, darum müssen wir den Krieg wollen und also auch vorbereiten, d. h. mit anderen Worten: es sollen gerade die Schwachen, der Verteidigung Unterworfenen, immer gerüstet sein und nicht überfallen werden; so will es die Kriegskunst.

Das frühere Erscheinen auf dem Kriegstheater hängt übrigens in den meisten Fällen von ganz anderen Dingen ab als von der Angriffs- oder Verteidigungsabsicht,[1] diese sind also nicht die Ursache, aber oft die Folge davon. Wer früher fertig wird, geht, wenn der Vorteil des Überfalles groß genug ist, aus *diesem* Grunde angriffsweise, und der, welcher später fertig wird, kann den Nachteil, der ihm daraus entsteht, allein durch die Vorteile der Verteidigung noch einigermaßen ausgleichen.

Indessen muß es immer im allgemeinen als ein Vorteil des Angriffs angesehen werden, von der früheren Bereitschaft diesen schönen Gebrauch machen zu können, welches auch in dem dritten Buch schon anerkannt ist; nur ist dieser allgemeine Vorteil keine integrierende Notwendigkeit für jeden einzelnen Fall.

Wenn wir uns also die Verteidigung denken, wie sie sein soll, so ist es mit der möglichsten Vorbereitung aller Mittel, mit einem zum Kriege tüchtigen Heere, mit einem Feldherrn, der nicht aus verlegener Ungewißheit in Angst den Feind erwaret, sondern aus Wahl, mit ruhiger Besonnenheit, mit Festungen, die keine Belagerung scheuen, endlich mit einem gesunden Volk, das seinen Gegner nicht mehr fürchtet, als es von ihm gefürchtet wird. Mit solchen Attributen wird die Verteidigung dem Angriff gegenüber wohl keine so schlechte Rolle mehr spielen und dieser nicht mehr so leicht und unfehlbar erscheinen wie in der dunklen Vorstellung derjenigen, die beim Angriff nur an Mut, Willenskraft und Bewegung, bei der Verteidigung an Ohnmacht und Lähmung denken.

Sechstes Kapitel: Umfang der Verteidigungsmittel

Wir haben in dem zweiten undf dritten Kapitel dises Buches gezeigt, wie die Verteidigung im Gebrauch derjenigen Dinge, welche außer der absoluten Stärke und dem Wert der Streitkräfte den taktischen wie den strategischen Erfolg bestimmen, nämlich Vorteil der Ge-

1 [Restsatz fehlt in 2. Auflage]

gend, Überraschung, Anfall von mehreren Seiten, Beistand des Kriegstheaters, Beistand des Volkes, Benutzung großer moralischer Kräfte –, eine natürliche Überlegenheit hat. Wir halten es für nützlich, hier noch einen Blick auf den Umfang derjenigen Mittel zu werfen, welche dem Verteidiger vorzugsweise zu Gebote stehen und gewissermaßen als die verschiedenen Säulenordnungen seines Baues zu betrachten sind.

1. Die Landwehr. Sie ist in neueren Zeiten auch außer dem Lande zum Angriff des feindlichen Landes gebraucht worden, und es ist nicht zu leugnen, daß ihre Einrichtung in manchen Staaten, z. B. Preußen, von der Art ist, daß sie fast wie ein Teil des stehenden Heeres betrachtet werden muß, also der Verteidigung nicht allein angehört. Indessen ist doch nicht zu übersehen, daß ihr sehr kräftiger Gebrauch 1813, 1814 und 1815 von dem Verteidigungskriege ausging, daß sie an den wenigsten Orten wie in Preußen eingerichtet, bei jedem unvollkommenen Grade der Einrichtung aber notwendig mehr zur Verteidigung als zum Angriff geeignet sein muß. Außerdem aber liegt in dem Begriff der *Landwehr* immer der Gedanke einer außerordentlichen, mehr oder weniger freiwilligen Mitwirkung der ganzen Volksmasse beim Kriege mit ihren körperlichen Kräften, ihrem Reichtum und ihrer Gesinnung. Je mehr sich die Einrichtung davon entfernt, um so mehr wird das, was sie aufstellt, ein stehendes Heer unter anderem Namen sein, um so mehr wird es die Vorteile desselben haben, aber auch um so mehr die Vorteile der eigentlichen Landwehr entbehren, nämlich eines Kraftumfanges, der viel ausgedehnter, viel weniger bestimmt, viel leichter durch Geist und Gesinnung zu steigern ist. In diesen Dingen liegt das Wesen der Landwehr; dieser Mitwirkung des ganzen Volkes muß durch die Linien ihrer Einrichtung Spielraum gelassen werden, oder man verfolgt, indem man sich von der *Landwehr* etwas Besonderes verspricht, ein Schattenbild.

Nun ist aber die nahe Verwandschaft nicht zu verkennen, in welcher dieses Wesen einer Landwehr mit dem Begriff der Verteidigung steht, und also auch nicht zu verkennen, daß eine solche Landwehr der Verteidigung immer mehr angehören wird als dem Angriff, daß sie diejenigen Wirkungen, womit sie den Angriff überbietet, hauptsächlich bei der Verteidigung zeigen wird.

2. Festungen. Die Mitwirkung der Festungen des Angreifenden erstreckt sich nur auf die der Grenze zunächst gelegenen und ist nur schwach; bei dem Verteidiger greift sie tiefer ins Land hinein, bringt also mehrere in Wirksamkeit, und diese Wirksamkeit selbst ist von einer ungleich größeren intensiven Stärke. Eine Festung, die eine wirkliche Belagerung veranlaßt und aushält, drückt natürlich mit einem stärkeren Gewicht auf die Waagschale des Krieges als eine, welche durch ihre Werke bloß den Gedanken einer Wegnahme dieses Punktes entfernt, also nicht wirklich feindliche Kräfte beschäftigt und zerstört.

3. Das Volk. Obgleich der Einfluß eines einzelnen Bewohners des Kriegsschauplatzes auf den Krieg in den meisten Fällen nicht bemerklicher ist als die Mitwirkung eines Wassertropfens bei dem ganzen Strom, so ist doch selbst in Fällen, wo von gar keinem Volksaufstand die Rede ist, der *Gesamteinfluß,* den die Einwohner des Landes auf den Krieg haben, nichts weniger als unmerklich. Alles geht im eigenen Lande leichter, vorausgesetzt, daß die Gesinnung der Untertanen nicht im Widerspruch mit diesem Begriff ist[1]. Alle Leistungen, groß und klein, geschehen dem Feinde nur unter dem Zwange offenbarer Gewalt; diese muß von der Streitkraft bestritten werden und kostet ihr eine Masse von Kräften und Anstrengungen. Der Verteidiger erhält dies alles, wenn auch nicht eigentlich freiwillig wie in den Fällen enthusiastischer Hingebung, doch durch die langgeübten Wege des bürgerlichen Gehorsams, der dem Einwohner zur zweiten Natur geworden ist und außerdem durch ganz andere, vom Heere nicht ausgehende, viel entfernter liegende Furcht- und Zwangsmittel in Gang erhalten wird[2]. Aber auch die freiwillige, aus wahrer Anhänglichkeit hervorgehende Mitwirkung ist in allen Fällen sehr bedeutend,[3] insofern sie nämlich in allen den Punkten, die keine Opfer kosten, niemals ausbleibt. Wir wollen nur einen dieser Punkte herausheben, welcher von großer Bedeutung für die Kriegführung ist; es sind die Nachrichten. Nicht sowohl die einzelnen großen, wichtigen Kundschafternachrichten, als die[4] unzählige Masse von kleinen Berührungen, in welche der tägliche Dienst eines Heeres mit der Ungewißheit tritt, und wo das Verständnis mit den Einwohnern den Verteidigern eine allgemeine Überlegenheit gibt. Die kleinste Patrouille, jede Feld- und Schildwache, jeder versendete Offizier sind mit ihren Bedürfnis-

---

1 [2. Auflage: nicht entschieden schlecht ist]
2 [2. Auflage: ausgehende, Maßregeln der Regierung]
3 [Restsatz fehlt in 2. Auflage.]
4 [2. Auflage bis Schluß des Absatzes: die unzähligen täglichen Benachrichtigungen, die dem Heere im eigenen Lande, in Folge seines guten Einvernehmens mit dessen Bewohnern, von allen Seiten zukommen, sind es, die dem Verteidiger in dieser Beziehung eine entschiedene Überlegenheit über den Angreifenden geben.]

sen um Nachrichten über Feind, Freund und Gegner an den Landesbewohner verwiesen.

Steigt man nun von diesen ganz allgemeinen, nie ausbleibenden[1] Beziehungen zu den besonderen Fällen auf, wo das Land anfängt, an dem Kampfe selbst teilzunehmen, und bis zu dem höchsten Grad derselben, wo es, wie in Spanien, durch einen Volkskrieg diesen Kampf der Hauptsache nach selbst führt, so begreift man, daß hier nicht bloß eine Steigerung des Volksbeistandes, sondern eine wahrhaft neue Potenz entsteht, und daß wir also

4. die *Volksbewaffnung* oder den Landsturm als ein eigentümliches Mittel der Verteidigung anführen können.

5. Endlich dürfen wir noch die *Bundesgenossen* als die letzte Stütze des Verteidigers nennen. Die gewöhnlichen, welche der Angreifende auch hat, können wir hiermit natürlich nicht meinen, sondern diejenigen, welche bei der Erhaltung eines Landes *wesentlich beteiligt sind.* Wenn wir nämlich die Staatenrepublik des heutigen Europa im Auge haben, so finden wir, um nicht von einem systematisch geregelten Gleichgewicht der Macht und der Interessen zu reden, wie es nicht vorhanden und darum oft und mit Recht bestritten worden ist, doch unstreitig, daß sich die großen und kleinen Staats- und Volksinteressen auf die mannigfaltigste und veränderlichste Weise durchkreuzen. Jeder solche Kreuzpunkt bildet einen befestigenden Knoten, denn in ihm ist die Richtung des einen der Richtung des anderen das Gegengewicht; durch alle diese Knoten also wird offenbar ein mehr oder weniger großer Zusammenhang des Ganzen gebildet, und dieser Zusammenhang muß bei jeder Veränderung teilweise überwunden werden. Auf diese Weise dienen die Gesamtverhältnisse aller Staaten zueinander mehr das Ganze in seiner Gestalt zu erhalten, als Veränderungen darin hervorzubringen, d. h. es ist im allgemeinen jene *Tendenz*[2] vorhanden.

So, glauben wir, muß man den Gedanken eines politischen Gleichgewichts auffassen, und in diesem Sinn wird dasselbe überall von selbst entstehen, wo mehrere kultivierte Staaten in vielseitige Berührung treten.

Wie wirksam diese Tendenz der Gesamtinteressen zur Erhaltung des bestehenden Zustandes sei, ist eine andere Frage; es lassen sich allerdings Veränderungen in dem Verhältnis einzelner Staaten unter-

---

1 [2. Auflage ergänzt: günstigen]
2 [2. Auflage: *Tendenz* des Erhaltens]

einander denken, die diese Wirksamkeit des Ganzen erleichtern, und andere, die sie erschweren. In dem ersten Fall sind es Bestrebungen, das politische Gleichgewicht auszubilden, und da sie dieselbe Tendenz haben wie die Gesamtinteressen, so werden sie auch die Majorität dieser Interessen für sich haben. In dem anderen Fall aber sind es Ausweichungen, überwiegende Tätigkeit einzelner Teile, wahre Krankheiten; daß diese in einem so schwach verbundenen Ganzen, wie die Menge großer und kleiner Staaten ist, vorkommen, ist nicht zu verwundern, kommen sie doch in dem so wundervoll geordneten organischen Ganzen aller lebendigen Natur[1] vor.

Wenn man uns also auf die Fälle in der Geschichte hinweist, wo einzelne Staaten bedeutende Veränderungen bloß zu ihrem Vorteil haben bewirken können, ohne daß das Ganze auch nur einen Versuch gemacht hätte, dies zu verhindern, oder gar auf die Fälle, wo ein einzelner Staat imstande gewesen ist, sich so über die anderen zu erheben, daß er fast der unumschränkte Gebieter des Ganzen wurde, – so antworten wir: damit sei keineswegs erwiesen, daß die Tendenz der Gesamtinteressen zur Erhaltung des Zustandes nicht vorhanden, sondern nur, daß ihre Wirksamkeit in dem Augenblick nicht groß genug gewesen sei; das Streben zu einem Ziel ist etwas anderes als die Bewegung dahin, aber darum keineswegs etwas Nichtiges, wie wir das am besten aus der Dynamik des Himmels ersehen.

Wir sagen: die Tendenz des Gleichgewichts ist die Erhaltung des vorhandenen Zustandes, wobei wir allerdings voraussetzen, daß in diesem Zustande Ruhe, d. i. Gleichgewicht, vorhanden war; denn wo diese schon gestört ist, eine Spannung schon eingetreten ist, da kann die Tendenz des Gleichgewichts allerdings auch auf eine Veränderung gerichtet sein. Diese Veränderung kann aber, wenn wir auf die Natur der Sache sehen, immer nur einzelne wenige, also niemals die Majorität der Staaten treffen, und so ist es denn gewiß, daß diese ihre Erhaltung immer durch die Gesamtinteressen aller vertreten und versichert sehen, also auch gewiß, daß jeder einzelne Staat, der nicht in dem Fall ist, sich gegen das Ganze schon in einer Spannung zu befinden, bei seiner Verteidigung mehr Interessen für als gegen sich haben wird.

Wer über diese Betrachtungen wie über utopische Träume lacht, der tut es auf Kosten der philosophischen Wahrheit. Wenn diese uns die Verhältnisse erkennen läßt, in welchen die wesentlichen Elemente

1 [2. Auflage: alles Lebendigen]

der Dinge zueinander stehen, so wäre es freilich unüberlegt, mit Übergehung aller zufälligen Einmischungen daraus Gesetze herleiten zu wollen, nach welchen jeder einzelne Fall geregelt werden könnte. Wer sich aber nach dem Ausdruck eines großen Schriftstellers *nicht über die Anekdote erhebt,* die ganze Geschichte daraus zusammenbaut, überall mit dem Individuellsten, mit der Spitze des Ereignisses anfängt und nur so tief hinuntersteigt, als er eben Veranlassung findet, also niemals auf die tief im Grunde herrschenden allgemeinen Verhältnisse kommt, dessen Meinung wird auch niemals für mehr als einen Fall Wert haben, und dem wird freilich, was die Philosophie für die Allgemeinheit der Fälle ausmacht, wie ein Traum erscheinen.

Wenn jenes allgemeine Bestreben zur Ruhe und Erhaltung des Bestehenden nicht vorhanden wäre, so würde niemals eine Anzahl gebildeter Staaten eine geraume Zeit nebeneinander bestehen können,[1] sie müßten notwendig in einem zusammenfließen. Wenn also das jetzige Europa über 1000 Jahre besteht, so können wir diese Wirkung nur jener Tendenz der Gesamtinteressen zuschreiben, und wenn der Schutz des Ganzen nicht immer zur Erhaltung jedes einzelnen hingereicht hat, so sind das Unregelmäßigkeiten in dem Leben dieses Ganzen, die aber dasselbe doch nicht zerstört haben, sondern von ihm überwältigt worden sind.

Es würde sehr überflüssig sein, die Masse der Ereignisse zu durchlaufen, wo Veränderungen, welche das Gleichgewicht zu sehr störten, durch mehr oder weniger offenbare Entgegenwirkung[2] der anderen Staaten verhindert oder rückgängig gemacht worden sind; der flüchtigste Blick auf die Geschichte zeigt sie. Nur von einem Fall wollen wir sprechen, weil er stets im Munde derer ist, die den Gedanken eines politischen Gleichgewichts verspotten, und weil er ganz besonders hierher zu gehören scheint als ein Fall, in welchem ein harmloser Verteidiger unterging, ohne die Teilnahme eines fremden Beistandes zu gewinnen. Wir sprechen von Polen. Daß ein Staat von 8 Millionen Einwohnern verschwinden, von drei anderen geteilt werden konnte, ohne daß von einem der übrigen Staaten ein Schwert gezogen wurde, erscheint auf den ersten Blick als ein Fall, der entweder die allgemeine Unwirksamkeit des politischen Gleichgewichts hinreichend bewiese oder wenigstens zeigte, wie weit sie in einzelnen Fällen gehen könne. Daß ein Staat von solchem Umfang verschwinden und anderen zur

1 [Restsatz fehlt in 2. Auflage]
2 [2. Auflage: Gegenwirkung]

Beute werden könnte, die schon zu den mächtigsten gehörten (Rußland und Österreich), schien ein Fall der äußersten Art zu sein, und wenn ein solcher nichts von den Gesamtinteressen der ganzen Staatenrepublik aufregen konnte, wird man sagen, so ist die Wirksamkeit, welche diese Gesamtinteressen für die Erhaltung einzelner haben sollen, als eine eingebildete zu betrachten. Aber wir bleiben dabei stehen, daß ein einzelner Fall, wie auffallend er auch sei, nichts gegen die Allgemeinheit beweist, und behaupten demnächst, daß der Fall von Polens Untergang auch nicht so unbegreiflich ist, wie er erscheint. War denn Polen wirklich als ein europäischer Staat, als ein homogenes Glied in der euorpäischen Staatenrepublik zu betrachten? Nein! Es war ein Tatarenstaat, der, anstatt wie die Tataren der Krim am Schwarzen Meer, an der Grenze der europäischen Staatenwelt gelegen zu sein, an der Weichsel zwischen ihnen lag. Wir wollen damit weder verächtlich von dem Volk der Polen reden, noch die Teilung des Landes rechtfertigen, sondern nur die Sachen sehen, wie sie sind. Seit 100 Jahren hatte dieser Staat im Grunde keine politische Rolle mehr gespielt, sondern war nur der Zankapfel für andere gewesen. In seinem Zustand und seiner Verfassung konnte er sich auf die Dauer zwischen den anderen unmöglich erhalten; eine wesentliche Veränderung in diesem Tatarenzustand aber hätte nur das Werk eines halben oder ganzen Jahrhunderts sein könnnen, wenn die Führer dieses Volkes dazu willig gewesen wären. Diese aber waren selbst viel zu sehr Tataren, um eine solche Veränderung zu wünschen. Ihr liederliches Staatsleben und ihr unermeßlicher Leichtsinn gingen Hand in Hand und taumelten so in den Abgrund. Lange vor der Teilung Polens waren die Russen dort so gut wie zu Haus, der Begriff eines selbständigen, nach außen abgeschlossenen Staates gar nicht mehr vorhanden, und nichts gewisser, als daß Polen, wenn es nicht geteilt wurde, zur russischen Provinz werden mußte. Wäre das alles nicht, und Polen ein Staat gewesen, der einer Verteidigung fähig war, so würden die drei Mächte nicht so leicht an seine Teilung geschritten sein, und diejenigen Mächte, die bei seiner Erhaltung am meisten beteiligt waren, wie Frankreich, Schweden und die Türkei, hätten dann ganz anders zu seiner Erhaltung mitwirken können. Wenn aber die Erhaltung eines Staates bloß von außen[1] besorgt werden soll, so ist das freilich zu viel verlangt.

Die Teilung Polens war über 100 Jahre vorher mehrmals zur

1 [2. Auflage: von Andern]

Sprache gekommen, und das Land war seitdem nicht wie ein geschlossenes Haus, sondern wie eine öffentliche Straße zu betrachten gewesen, auf der sich beständig fremde Kriegsmacht herumtummelte. Sollten die anderen Staaten dies alles verhindern, sollten sie beständig das Schwert gezückt haben[1], um die politische Heiligkeit der polnischen Grenze zu bewachen? Das heißt eine moralische Unmöglichkeit fordern. Polen war in dieser Zeit politisch nicht viel mehr als eine unbewohnte Steppe; und sowenig man imstande gewesen wäre, diese zwischen anderen Staaten gelegene, verteidigungslose Steppe vor ihren Eingriffen immer zu schützen, ebensowenig konnte man die Unverletzlichkeit dieses sogenannten Staates sichern. Aus allen diesen Gründen sollte man sich ebensowenig über den geräuschlosen Untergang Polens verwundern als über den stillen Untergang der krimschen Tatarei; die Türken waren dabei in jedem Fall[2] mehr interessiert als irgendein europäischer Staat bei der Erhaltung Polens[3], aber sie sahen ein, daß es vergebliche Anstrengung sein würde, eine widerstandlose Steppe zu schützen. –

Wir kehren zu unserem Gegenstand zurück und glauben dargetan zu haben, daß ein Verteidiger im allgemeinen mehr auf äußeren Beistand rechnen darf als der Angreifende; er wird um so sicherer darauf rechnen dürfen, je bedeutender sein Dasein für alle übrigen, d. h. je gesunder und kräftiger sein politischer und kriegerischer Zustand ist.

Die Gegenstande, welche wir hier als eigentliche Mittel der Verteidigung genannt haben, werden nicht jeder einzelnen Verteidigung zu Gebot stehen, das versteht sich von selbst, bald werden die einen fehlen, bald die anderen, aber dem Kollektivbegriff der Verteidigung gehören sie insgesamt an.

Siebentes Kapitel: Wechselwirkung von Angriff und Verteidigung

Wir wollen jetzt die Verteidigung und den Angriff besonders in Betrachtung ziehen, soweit sich beide voneinander trennen lassen. Wir fangen mit der Verteidigung a]s folgenden Gründen an. Es ist zwar sehr natürlich und notwendig, die Regeln der Verteidigung auf

---

1 [2. Auflage: halten]
2 [2. Auflage: waren bei Polens Fall]
3 [2. Auflage: bei dessen Erhaltung]

die des Angriffs und die Regeln des Angriffs auf die der Verteidigung zu gründen, allein eins von Beidem muß noch einen dritten Punkt haben, wenn die ganze Vorstellungsreihe einen Anfang nehmen, also möglich werden soll. Die erste Frage ist nun dieser Punkt.

Wenn wir uns die Entstehung des Krieges philosophisch denken, so entsteht der eigentliche Begriff des Krieges nicht mit dem Angriff, weil dieser nicht sowohl den Kampf als die Besitznahme zum absoluten Zweck hat, sondern er entsteht erst mit der Verteidigung, denn diese hat den Kampf zum unmittelbaren Zweck, weil Abwehren und Kämpfen offenbar eins ist. Das Abwehren ist nur auf den Anfall gerichtet, setzt ihn also notwendig voraus, der Anfall aber nicht auf das Abwehren, sondern auf etwas anderes, nämlich die Besitznahme, setzt also das letztere nicht notwendig voraus. Es ist daher in der Natur der Sache, daß derjenige, welcher das Element des Krieges zuerst in die Handlung bringt, von dessen Standpunkt aus zuerst zwei Parteien gedacht werden, auch die ersten Gesetze für den Krieg aufstelle, nämlich *der Verteidiger*. Hier ist nicht von einem einzelnen Fall, sondern von dem allgemeinen, von dem abstrakten Fall die Rede, den sich die Theorie zur Bestimmung ihres Weges denkt.

Dadurch nun wissen wir, wo der feste Punkt außerhalb der Wechselwirkung von Angriff und Verteidigung zu suchen ist, nämlich bei der Verteidigung.

Ist diese Folgerung richtig, so muß es für den Verteidiger Bestimmungsgründe seines Verhaltens geben, auch wenn er gar noch nichts von dem weiß, was der Angreifende tun wird, und zwar müssen diese Bestimmungsgründe eine Anordnung der Kampfmittel enthalten. Umgekehrt müßte es für den Angreifenden, solange er nichts von seinem Gegner wüßte, auch keine Bestimmungsgründe seines Verfahrens geben, die eine Anwendung der Kampfmittel enthielten. Er müßte nichts tun können als diese mitnehmen, d. h. vermittelst einer Armee Besitz ergreifen. Und so ist es doch auch in der Tat; denn Kampfmittel schaffen, heißt noch nicht sie gebrauchen, und der Angreifende, der sie mitnimmt in der ganz allgemeinen Voraussetzung, daß er sie brauchen werde, und der, anstatt durch Kommissarien und Proklamationen von dem Lande Besitz zu nehmen, dies mit Armeen tut, übt eigentlich noch keinen positiven kriegerischen Akt aus; der Verteidiger aber, der seine Kampfmittel nicht bloß sammelt, sondern auch so disponiert, wie er den Kampf führen will, der übt zuerst eine Tätigkeit aus, auf welche der Begriff des Krieges wirklich paßt.

Die zweite Frage ist nun: welcher Natur können in der Theorie die Bestimmungsgründe sein, welche für die Verteidigung zuerst aufgestellt werden, ehe über den Angriff selbst etwas gedacht worden ist? Offenbar ist es das Vorschreiten zur Besitznahme, welches außerhalb des Krieges gedacht wird, aber den Stützpunkt für die ersten Sätze der kriegerischen Handlung abgibt. Dieses Vorschreiten soll die Verteidigung hindern, es muß also in Beziehung auf das Land gedacht werden, und so entstehen die ersten allgemeinsten Bestimmungen der Verteidigung. Sind diese einmal festgestellt, so wird der Angriff auf sie angewandt, und aus der Betrachtung der Mittel, welche dieser anwendet, ergeben sich neue Verteidigungsgrundsätze. Nun ist die Wechselwirkung da, welche die Theorie in ihrer Untersuchung solange fortsetzen kann, als sie die sich ergebenden neuen Resultate der Berücksichtigung wert findet.

Diese kleine Analyse war notwendig, um allen unseren künftigen Betrachtungen etwas mehr Klarheit und Festigkeit zu geben; dergleichen ist nicht für das Schlachtfeld, auch nicht für den künftigen Feldherrn gemacht, sondern für das Heer der Theoretiker, die sich die Sachen bisher gar zu leicht gemacht haben.

Achtes Kapitel: Widerstandsarten

Der Begriff der Verteidigung ist das Abwehren; in diesem Abwehren liegt das Abwarten, und dieses Abwarten ist uns das Hauptmerkmal der Verteidigung und zugleich ihr Hauptvorteil gewesen.

Da aber die Verteidigung im Kriege kein bloßes Leiden[1] sein kann, so kann auch das Abwarten kein absolutes sein, sondern nur ein relatives; der Gegenstand, auf welchen sich dasselbe bezieht, ist dem Raum nach entweder das Land oder das Kriegstheater oder die Stellung, der Zeit nach der Krieg, der Feldzug oder die Schlacht. Daß diese Gegenstände keine unveränderliche Einheiten sind, sondern nur die Mittelpunkte gewisser Gebiete, die sich miteinander verlaufen und ineinander verschlingen, wissen wir wohl; allein im praktischen Leben muß man sich oft begnügen, die Dinge nur zu gruppieren, nicht streng zu sondern, und jene Begriffe haben durch das praktische Leben selbst hinreichende Bestimmtheit bekommen, so daß man um sie die übrigen Vorstellungen bequem sammeln kann.

Eine Verteidigung des Landes also wartet nur den Angriff des

1 [2. Auflage: Dulden]

Landes, eine Verteidigung des Kriegstheaters den Angriff des Kriegstheaters, eine Verteidigung der Stellung den Angriff der Stellung ab. Jede positive und folglich mehr oder weniger angriffsartige Tätigkeit, welche sie nach diesem Augenblick übt, wird den Begriff der Verteidigung nicht aufheben, denn das Hauptmerkmal derselben und ihr Hauptvorteil, *das Abwarten,* hat stattgefunden.

Die der Zeit angehörigen Begriffe von Krieg, Feldzug, Schlacht gehen neben den Begriffen von Land, Kriegstheater und Stellung her und haben deshalb dieselbe Beziehung zu unserem Gegenstand.

Die Verteidigung besteht also aus zwei heterogenen Teilen, dem Abwarten und dem Handeln. Indem wir das erstere auf einen bestimmten Gegenstand bezogen haben und also dem Handeln vorangehen lassen, haben wir die Verbindung beider zu einem Ganzen möglich gemacht. Aber ein Akt der Verteidigung, besonders ein großer, wie ein Feldzug oder ganzer Krieg, wird der Zeit nach nicht aus zwei großen Hälften bestehen, der ersten, wo man bloß abwartet, und der zweiten, wo man bloß handelt, sondern aus einem Wechsel dieser beiden Zustände, so daß sich das Abwarten durch den ganzen Akt der Verteidigung wie ein fortlaufender Faden durchziehen kann.

Daß wir diesem Abwarten eine solche Wichtigkeit beilegen, geschieht bloß, weil die Natur der Sache es fordert; in den bisherigen Theorien ist es freilich als ein selbständiger Begriff niemals herausgehoben worden, in der praktischen Welt aber hat es, obgleich oft unbewußt, unaufhörlich zum Leitfaden gedient. Es ist ein solcher Grundbestandteil des ganzen kriegerischen Aktes, daß dieser ohne jenen kaum als möglich erscheint, und wir werden daher in der Folge noch oft darauf zurückkommen, indem wir auf die Wirkungen desselben in dem dynamischen Spiel der Kräfte aufmerksam machen.

Jetzt wollen wir uns damit beschäftigen, deutlich zu machen, wie das Prinzip des Abwartens sich durch den Akt der Verteidigung hindurchzieht, und welche Stufenfolge der Verteidigung selbst daraus entspringt.

Um unsere Vorstellungen an dem einfacheren Gegenstande festzustellen, wollen wir die Landesverteidigung, in welcher eine größere Mannigfaltigkeit und ein stärkerer Einfluß politischer Verhältnisse stattfinden, bis zu dem Buche vom Kriegsplan liegen lassen; auf der anderen Seite ist der Verteidigungsakt in einer Stellung und Schlacht ein Gegenstand der Taktik, welcher nur *als Ganzes* den Anfangspunkt der strategischen Tätigkeit bildet, daher wird die Verteidigung des *Kriegstheaters* derjenige Gegenstand sein, an dem wir die Verhältnisse der Verteidigung am besten zeigen können.

Wir haben gesagt, das Abwarten und das Handeln, welches letztere immer ein Zurückgeben des Stoßes, also eine Reaktion ist, sind beides ganz wesentliche Teile der Verteidigung, ohne das erstere wäre sie keine Verteidigung, ohne das letztere kein Krieg. Diese Ansicht hat uns früher schon auf die Vorstellungsart geführt, daß die Verteidigung nichts sei *als die stärkere Form des Krieges*[1], *um den Gegner um so sicherer zu besiegen;* diese Vorstellung müssen wir durchaus festhalten, teils, weil sie in letzter Instanz allein gegen das Absurdum schützt, teils, weil sie den ganzen Akt einer Verteidigung um so mehr kräftigt, je lebendiger und näher sie bleibt.

Wollte man also in der Reaktion, welche den zweiten notwendigen Bestandteil der Verteidigung ausmacht, einen Unterschied machen und diejenige, welche das eigentliche Abwehren ausmacht, das Abwehren vom Lande, vom Kriegstheater, von der Stellung, allein als den *notwendigen* Teil betrachten, der nur so weit reichen würde, als die Sicherung dieser Gegenstände es erfordert, und dagegen die Möglichkeit einer weiter getriebenen Reaktion, die in das Gebiet *des wirklichen strategischen Angriffs übergeht,* als einen der Verteidigung fremden und gleichgültigen Gegenstand ansehen, so würde das *gegen* die obige Vorstellungsart sein, und wir können daher einen solchen Unterschied nicht als einen wesentlichen betrachten, sondern mussen dabei beharren, daß jeder Verteidigung die Idee einer *Wiedervergeltung* zum Grunde liegen muß; denn, wieviel Nachteil man auch im glücklichen Falle bei jener ersten Reaktion seinem Gegner zugefügt haben könnte, es würde immer noch an dem gehörigen Gleichgewicht in dem dynamischen Verhältnis von Angriff und Verteidigung fehlen.

Wir sagen also: die Verteidigung ist die stärkere Form des Krieges[1], um den Gegner leichter zu besiegen, und überlassen es den Umständen, ob dieser Sieg über den Gegenstand, auf welchen sich die Verteidigung bezog, hinausgeht oder nicht.

Aber da die Verteidigung an den Begriff des Abwartens gebunden ist, so kann jener Zweck, *den Feind zu besiegen,* nur bedingungsweise vorhanden sein, nämlich nur, wenn der Angriff erfolgt, und es versteht sich also, daß die Verteidigung, wenn dies nicht geschieht, sich mit der Erhaltung des Besitzes begnügt; dies ist also ihr Zweck im Zustand des Abwartens, d. h. ihr nächster, und nur, indem sie sich mit diesem bescheideneren Ziel begnügt, kann sie zu den Vorteilen der stärkeren

---

1 [2. Auflage: der Kriegführung]

Kriegsform gelangen.

Denken wir uns nun ein Heer mit seinem Kriegstheater zur Verteidigung bestimmt, so kann dies geschehen:

1. Indem das Heer den Feind angreift, sobald er in das Kriegstheater eindringt (Mollwitz, Hohenfriedeberg).
2. Indem es eine Stellung nahe an der Grenze einnimmt und abwartet, bis der Feind zum Angriff vor derselben erscheint, um ihn dann selbst anzugreifen (Czaslau, Soor, Roßbach). Offenbar ist hier das Verhalten schon leidender, man wartet länger ab, und wenn auch *die Zeit* sehr gering oder Null sein wird, die durch das zweite Verfahren im Vergleich mit dem ersten gewonnen wird, im Fall der feindliche Angriff wirklich statthat, so ist doch die Schlacht, welche im vorigen Fall gewiß war, nun schon weniger gewiß, es kann sein, daß der Entschluß des Feindes nicht bis zum Angriff reicht; der Vorteil des Abwartens ist also schon größer.
3. Indem das Heer in einer solchen Stellung nicht bloß den Entschluß des Feindes zur Schlacht, d. h. das Erscheinen im Angesicht unserer Stellung, sondern auch den wirklichen Angriff abwartet. (Um bei demselben Feldherrn zu bleiben, Bunzelwitz). In diesem Fall wird man also eine wahre Verteidigungsschlacht liefern, welche aber, wie wir früher schon gesagt haben, doch die offensive Bewegung mit dem einen oder anderen Teil in sich schließen kann. Auch hier wird, wie vorher, der Zeitgewinn noch in gar keine Betrachtung kommen, der Entschluß des Feines aber wird auf eine neue Probe gestellt; mancher hat, nachdem er zum Angriff vorgerückt war, noch im letzten Augenblick oder bei dem ersten Versuch davon abgelassen, weil er die Stellung des Gegners zu stark fand.
4. Indem das Heer seinen Widerstand in das Innere des Landes verlegt. Der Zweck dieses Rückzuges ist, bei dem Angreifenden eine solche Schwächung zu veranlassen und abzuwarten, daß er entweder in seinem Vorschreiten von selbst innehalten muß oder wenigstens den Widerstand, welchen wir ihm am Ende seiner Bahn leisten, nicht mehr überwinden kann.

Am einfachsten und deutlichsten zeigt sich dieser Fall, wenn der Verteidiger eine oder mehrere seiner Festungen hinter sich lassen kann, die der Angreifende zu belagern oder einzuschließen gezwungen ist. Wie sehr seine Streitkraft dadurch geschwächt und dem Verteidiger Gelegenheit gegeben wird, sie auf einem Punkt mit großer Überlegenheit anzugreifen, ist an sich klar.

Aber auch wenn keine Festungen da sind, kann ein solcher Rückzug in das Innere dem Verteidiger nach und nach dasjenige Gleichgewicht oder die Überlegenheit verschaffen, die ihm nötig ist und an der Grenze fehlte, denn jedes Vorschreiten im strategischen Angriff schwächt teils absolut, teils durch die notwendig werdende Teilung, wovon wir beim Angriff mehr sagen werden. Wir antizipieren hier diese Wahrheit, indem wir sie als ein durch alle Kriege hinlänglich bewiesenes Faktum betrachten.

In diesem vierten Fall nun ist vor allen Dingen der Zeitgewinn als ein bedeutender Vorteil zu betrachten. Belegart der Angreifende unsere Festungen, so haben wir Zeit bis zu ihrem wahrscheinlichen Fall, welches doch mehrere Wochen, in einigen Fällen mehrere Monate sein können; ist aber seine Schwächung, d. h. die Erschöpfung seiner Angriffskraft bloß durch das Vorgehen und die Besetzung der notwendigen Punkte, also bloß durch die Länge seiner Bahn erhalten, so wird der Zeitgewinn in den meisten Fällen noch größer und unser Handeln nicht so an einen bestimmten Zeitpunkt gebunden sein.

Außer dem veränderten Machtverhältnis, welches am Ende dieser Bahn zwischen Verteidiger und Angreifendem eintritt, müssen wir für jenen auch wieder den *gesteigerten Vorteil* des Abwartens in Rechnung bringen. Wenn auch wirklich der Angreifende durch dieses Vorgehen noch nicht in dem Maße geschwächt worden wäre, daß er nicht unsere Hauptmacht da, wo sie Halt macht, noch angreifen könnte, so wird es ihm doch vielleicht an Entschluß dazu fehlen, denn dieser Entschluß wird hier immer stärker sein müssen, als er es an der Grenze zu sein brauchte; teils sind die Kräfte geschwächt und nicht mehr frisch und die Gefahr gesteigert, teils reicht bei unentschlossenen Feldherren der Besitz des Landes, in den sie gekommen sind, oft hin, den Gedanken an eine Schlacht ganz zu entfernen, weil sie entweder wirklich glauben oder den Vorwand nehmen, sie nicht mehr nötig zu haben. Durch diesen unterlassenen Angriff kann nun freilich nicht, wie an der Grenze, dem Verteidiger ein genügender negativer Erfolg werden, aber doch ein großer Zeitgewinn. –

Es ist klar, daß in allen den vier angegebenen Fällen der Verteidiger den Beistand der Gegend genießt, und ebenso, daß er dadurch die Mitwirkung seiner Festungen und des Volkes in die Handlung bringen kann, und zwar werden diese wirksamen Prinzipe mit jeder neuen Stufe der Verteidigung zunehmen, und diese Dinge sind es namentlich, welche bei der vierten Stufe die[1] Schwächung der feindlichen

1 [2. Auflage: welche die]

Macht herbeiführen. Da nun die Vorteile des Abwartens in eben der Richtung zunehmen, so folgt von selbst, daß jene Stufen als eine wahre Steigerung der Verteidigung zu betrachten sind, und daß diese Form des Krieges immer stärker wird, je weiter sie sich von dem Angriff entfernt. Wir fürchten nicht, daß man uns darum der Meinung beschuldige, als sei die passivste aller Verteidigungen die stärkste. Die Handlung des Widerstandes soll mit jeder neuen Stufe nicht geschwächt, sondern nur *verzögert, verlegt* werden. Daß man aber in einer starken und zweckmäßig verschanzten Stellung eines stärkeren Widerstandes fähig sei, und daß, wenn an diesem die Kräfte des Feindes sich halb erschöpft haben, auch ein wirksamerer Rückstoß gegen ihn erfolgen könne, ist gewiß nichts Widersinniges. Ohne die Vorteile der Stellung bei Kolin hätte Daun den Sieg wohl nicht errungen, und wenn er, nachdem Friedrich der Große nicht mehr als 18000 Mann vom Schlachtfelde zurückbrachte, diese stärker verfolgt hätte, so hätte der Erfolg einer der glänzendsten in der Kriegsgeschichte werden können.

Wir behaupten also, daß mit jeder neuen Verteidigungsstufe das Übergewicht oder, genauer gesprochen, das Gegengewicht wächst, welches der Verteidiger bekommt, und folglich auch die Stärke des Rückschlages.

Sind nun diese Vorteile der steigenden Verteidigung ganz umsonst zu haben? Keineswegs, die Opfer, mit welchen sie erkauft werden, steigen in eben dem Sinne[1].

Wenn wir den Feind innerhalb unseres Kriegstheaters abwarten, so wird, wie nahe auch die Entscheidung an der Grenze gegeben wird, dieses Kriegstheater doch immer von der feindlichen Macht betreten, welches nicht ohne Opfer von seiten desselben sein kann, während wir durch einen Angriff diesen Nachteil dem Feinde zugewendet[2] haben würden. Gehen wir dem Feinde nicht gleich entgegen, um ihn anzugreifen, so werden die Opfer schon etwas größer; der Raum, welchen der Feind einnimmt, und die Zeit, welche er braucht, um an unsere Stellung zu kommen, vermehren sie. Wollen wir eine Verteidigungsschlacht liefern, überlassen wir also den Entschluß und Augenblick dazu dem Feinde, so kann es sein, daß er geraume Zeit im Besitz des Landstriches bleibt, den er innehat, und die Zeit, welche er uns durch seinen Mangel an Entschluß gewinnen läßt, wird auf jene Weise

---

1 [2. Auflage: in demselben Verhältnis]
2 [2. Auflage: auferlegt]

von uns bezahlt. Noch fühlbarer werden die Opfer, wenn ein Rückzug in das Innere des Landes stattfindet.

Aber alle diese Opfer, welche der Verteidiger bringt, verursachen ihm meistens einen Ausfall an Kräften, der nur *mittelbar,* also später und nicht unmittelbar auf seine Streitkräfte wirkt, und oft so mittelbar, daß die Wirkung wenig fühlbar wird. Der Verteidiger sucht also sich auf Kosten der Zukunft im gegenwärtigen Augenblick zu verstärken, d. h. er borgt, wie jeder tun muß, der für seine Verhältnisse zu arm ist.

Wenn wir nun den Erfolg dieser verschiedenen Widerstandsformen betrachten wollen, so müssen wir auf *den Zweck des Angriffs* sehen. Dieser ist, in den Besitz unseres Kriegstheaters zu kommen oder wenigstens eines bedeutenden Teiles desselben, denn unter dem Begriff des Ganzen muß wenigstens die größere Masse desselben verstanden werden, und der Besitz eines Landstriches von wenigen Meilen hat in der Strategie in der Regel keine selbständige Wichtigkeit. Solange also der Angreifende in diesem Besitz noch nicht ist, d. h. solange er, weil er sich vor unserer Macht fürchtet, entweder noch gar nicht zum Angriff des Kriegstheaters vorgeschritten ist oder uns in unserer Stellung noch nicht aufgesucht hat oder der Schlacht, welche wir ihm geben wollten, ausgewichen ist, solange ist der Zweck der Verteidigung erfüllt, und die Wirkungen der Verteidigungsmaßregeln sind also erfolgreich gewesen. Aber freilich ist dieser Erfolg ein bloß negativer, welcher zu einem eigentlichen Rückstoß nicht unmittelbar die Kräfte geben kann. Er kann sie aber *mittelbar* geben, d. h. er ist auf dem Wege dazu, denn die Zeit, welche verstreicht, *verliert der Angreifende,* und jeder Zeitverlust ist ein Nachteil und muß auf irgendeine Art den, welcher ihn leidet schwächen.[1]

Es wird also bei den ersten drei Stufen der Verteidigung, d. h. wenn sie an der Grenze geschieht, schon die *Nichtentscheidung ein Erfolg der Verteidigung sein.* So ist es aber nicht bei der vierten.

Belagert der Feind unsere Festungen, so müssen wir sie zur rechten Zeit einsetzen, also ist es an uns, die Entscheidung durch positives Handeln zu geben.

Eben dies ist der Fall, wenn der Feind uns in das Innere des Landes gefolgt ist, ohne einen unserer Plätze zu belagern. Zwar haben wir in

---

1 [Für die letzten zwei Sätze die 2. Auflage: Aber freilich ist dieser Erfolg ein bloß *negativer*, welcher zu einem eigentlichen Rückstoß zwar nicht unmittelbar die Kräfte geben, sie aber *mittelbar* steigern kann, denn Zeit, welche der Verteidiger gewinnt, ist ein Nachteil für den Angreifenden.]

diesem Fall mehr Zeit, wir können den Augenblick der höchsten Schwächung des Feindes abwarten, aber immer bleibt doch die Voraussetzung, daß wir endlich zum Handeln übergehen. Der Feind ist zwar nun im Besitz vielleicht des ganzen Landstriches, welcher den Gegenstand seines Angriffs ausmachte; allein es ist ihm nur geliehen, die Spannung dauert fort, und die Entscheidung steht noch bevor. Solange der Verteidiger sich täglich verstärkt und der Angreifende sich täglich schwächt, ist die Nichtentscheidung in dem Interesse des ersteren; sowie aber der Kulminationspunkt eintritt, der notwendig eintreten muß, wäre es auch nur durch die endliche Einwirkung der allgemeinen Verluste, welcher der Verteidiger sich ausgesetzt hat,[1] so ist das Handeln und Entscheiden an dem Verteidiger, und der Vorteil des Abwartens ist als völlig erschöpft zu betrachten.

Dieser Zeitpunkt hat natürlich kein allgemeines Maß; eine Menge von Umständen und Verhältnissen können ihn bestimmen, aber bemerken müssen wir doch, daß der herannahende Winter einen sehr natürlichen Wendepunkt zu machen pflegt. Können wir den Feind nicht verhindern, in dem eingenommenen Landstrich zu überwintern, so wird in der Regel dieser als aufgegeben zu betrachten sein. Man braucht aber nur an das Beispiel von Torres Vedras zu denken, um einzusehen, daß diese Regel nicht allgemein ist.

Welches ist nun die Entscheidung überhaupt?

Wir haben sie in unserer Betrachtung stets in Form einer Schlacht gedacht; dies ist nun freilich nicht notwendig, sondern es lassen sich eine Menge Gefechtskombinationen mit geteilter Macht denken, die zu einem Umschwung führen, entweder, indem sie sich wirklich blutig entladen[2], oder indem ihre wahrscheinlichen Wirkungen den Rückzug des Gegners notwendig machen.

Eine andere Entscheidung kann es auf dem Kriegstheater selbst nicht geben, das folgt ganz notwendig aus der Ansicht vom Kriege, wie wir sie aufgestellt haben; denn selbst wenn ein feindliches Heer aus bloßem Mangel an Lebensmitteln seinen Rückzug antritt, so entsteht doch dieser erst aus der Einschränkung, in welcher unser Schwert[3] dasselbe hält; wäre unsere Streitkraft gar nicht vorhanden, so würde es schon Rat zu schaffen wissen.

Also auch am Ende seiner Angriffsbahn, wenn der Feind den

---

1 [2. Auflage fehlt der Nebensatz.]
2 [2. Auflage: wirklich stattfinden]
3 [2. Auflage: welcher der Verteidiger]

schwierigen Bedingungen seines Angriffs erliegt, Entsendungen, Hunger und Krankheit ihn geschwächt und ausgezehrt haben, ist es immer nur die Furcht vor unserem Schwert, die ihn veranlassen kann, umzukehren und alles wieder fahren zu lassen. Aber es findet freilich nichtsdestweniger ein großer Unterschied zwischen einer solchen Entscheidung statt und einer an der Grenze gegebenen.

Hier treten seinen Waffen nur unsere Waffen entgegen, nur diese halten jene im Zaum oder wirken zerstörend auf sie ein; dort aber, am Ende der Angriffsbahn, sind die feindlichen Streitkräfte schon durch die eigenen Anstrengungen halb zugrunde gerichtet, dadurch wird unseren Waffen ein ganz anderes Gewicht gegeben, und sie sind also, wenn auch der letzte, doch nicht mehr der einzige Entscheidungsgrund. Diese Vernichtung der feindlichen Streitkräfte im Vorgehen bereitet die Entscheidung vor, und sie kann das in dem Maße tun, daß die bloße Möglichkeit unserer Reaktion den Rückzug, also den Umschwung veranlassen kann. In diesem Falle also kann man praktisch nichts anderes als die Entscheidung diesen Anstrengungen im Vorgehen zuschreiben. Nun wird man freilich keinen Fall finden, wo das Schwert des Verteidigers nicht mitgewirkt hätte; aber es ist für die praktische Ansicht wichtig, zu unterscheiden, welches der beiden Prinzipe das vorherrschende gewesen ist.

In diesem Sinne nun glauben wir sagen zu können, daß es in der Verteidigung eine doppelte Entscheidung, also eine doppelte Reaktionsart gebe, je nachdem der Angreifende *durch das Schwert des Verteidigers* oder *durch seine eigenen Anstrengungen* zugrunde gehen soll.

Daß die erste Entscheidungsart bei den drei ersten Stufen der Verteidigung, die zweite bei der vierten vorherrschen wird, ist an sich klar; und zwar wird die letztere hauptsächlich nur vorkommen können, wenn der Rückzug tief in das Innere des Landes stattfindet; und sie allein ist es, welche einen solchen Rückzug mit den großen Opfern, die er kostet, motivieren kann.

Wir haben also zwei verschiedene Prinzipe des Widerstandes kennengelernt; es gibt Fälle in der Kriegsgeschichte, wo sie so rein und getrennt vorkommen, als im praktischen Leben ein Elementarbegriff nur vorkommen kann. Wenn Friedrich der Große 1745 die Österreicher bei Hohenfriedeberg angreift, indem sie eben aus dem schlesischen Gebirge niedersteigen wollen, so konnte ihre Kraft weder durch Entsendungen, noch durch Anstrengungen auf eine merkliche Weise geschwächt sein; wenn auf der anderen Seite Wellington in der verschanzten Stellung von Torres Vedras abwartet, bis Hunger und Kälte Massénas Heer so weit gebracht haben, daß es seinen Rückzug von selbst antritt, so hat an der wirklichen Schwächung des Angreifenden das Schwert des Verteidigers keinen Anteil gehabt. In anderen Fällen, wo sie vielfältig miteinander verbunden sind, herrscht doch das eine bestimmt vor. So war es im Jahre 1812. Es haben in diesem berühmten Feldzuge eine solche Masse blutiger Gefechte stattgefunden, daß man damit in anderen Fällen die vollkommenste Entscheidung durch das Schwert hätte geben können; nichtsdestoweniger ist wohl in keinem Fall so deutlich wie in diesem gesehen worden, wie der Angreifende durch seine eigenen Anstrengungen zugrunde gehen kann. Von den 300000 Mann, die das französische Zentrum ausmachten, kamen nur etwa 90000 nach Moskau; nur etwa 13000 waren detachiert, es waren also 197000 Mann verloren worden, und gewiß ist nicht über ein Drittel dieses Verlustes auf die Gefechte zu rechnen.

Alle Feldzüge, welche sich durch ein sogenanntes Temporisieren ausgezeichnet haben, wie die des berühmten Fabius Cunctator, sind vorzugsweise auf die Vernichtung des Gegners durch seine eigenen Anstrengungen berechnet.

Überhaupt gibt es eine Menge Feldzüge, wo dieses Prinzip die Hauptsachen gemacht hat, ohne daß es recht zur Sprache käme, und nur wenn man gegen die erkünstelten Gründe der Geschichtschreiber die Augen verschließt, dafür aber den Begebenheiten selbst scharf ins Auge sieht, wird man auf diesen wahren Grund vieler Entscheidungen hingeführt.[1]

Hiermit glauben wir diejenigen Vorstellungen, welche der Verteidigung zum Grunde liegen, hinlänglich entwickelt, die Stufen derselben, und in diesen zwei Hauptarten des Widerstandes deutlich gezeigt und verständlich gemacht zu haben, wie sich das Prinzip des Abwartens durch das ganze Gedankensystem durchzieht und sich mit dem positiven Handeln verbindet, so daß dieses hier früher, dort später hervortritt, und der Vorteil des Abwartens dann als erschöpft erscheint.

Wir meinen nun hiermit das ganze Gebiet der Verteidigung ausgemessen und umfaßt zu haben. Freilich gibt es noch Gegenstände in ihr

1 [2. Auflage für den ganzen Absatz: Dies Prinzip war in vielen Feldzügen das leitende und der *wahre* – wenn auch nicht ausgesprochene – Grund der Begebenheiten. Man wird sich hiervon leicht überzeugen, wenn man die Begebenheiten selbst scharf ins Auge faßt und sich nicht von den erkünstelten Gründen der Geschichtsschreiber irre führen läßt.]

von hinreichender Wichtigkeit, um besondere Abschnitte zu bilden, d. h. der MIttelpunkt eigener Gedankensysteme zu werden, deren wir also auch gedenken müssen – das Wesen und der Einfluß der Festungen, verschanzter Lager, der Gebirgs-, Flußverteidigungen, der Flankenwirkungen usw. Wir werden davon in den folgenden Kapiteln handeln; aber alle diese Gegenstände erscheinen uns nicht als außer unserer obigen Vorstellungsreihe vorhanden, sondern nur als eine nähere Anwendung derselben auf Örtlichkeit und Verhältnisse. Jene Vorstellungsreihe hat sich uns aus dem Begriff der Verteidigung und aus ihrem Verhältnis zum Angriff ergeben; wir haben diese einfachen Vorstellungen an die Wirklichkeit angeknüpft und so den Weg gezeigt, wie man aus der Wirklichkeit zu jenen einfachen Vorstellungen wieder zurückgelangen und also festen Grund gewinnen kann,[1] damit man nicht genötigt sei, im Räsonnement zu Stützpunkten seine Zuflucht zu nehmen, die selbst in der Luft schweben.

Allein der Widerstand durch das Schwert kann durch die Mannigfaltigkeit der Gefechtskombinationen, besonders in dem Fall, wo diese sich nicht blutig entladen[2], sondern durch ihre bloße Möglichkeit wirksam werden, ein so verändertes Ansehen, einen so verschiedenen Charakter bekommen, daß man sich zu der Meinung hingezogen fühlt, hier müsse auch ein anderes wirksames Prinzip aufgefunden werden können; zwischen dem blutigen Zurückweisen in einer einfachen Schlacht und den Wirkungen eines strategischen Gespinstes[3], welches die Sache gar nicht so weit kommen läßt, sei ein solcher Unterschied, daß man notwendig eine neue Kraft annehmen müsse: ungefähr wie die Astronomen aus dem großen Zwischenraum zwischen Mars und Jupiter auf das Dasein anderer Planeten geschlossen haben.

Wenn der Angreifende den Verteidiger in einer festen Stellung findet, die er nicht glaubt überwältigen, wenn er ihn hinter einem bedeutenden Fluß findet, den er nicht glaubt überschreiten zu können, selbst wenn er beim weiteren Vorgehen fürchtet, seine Verpflegung nicht gehörig sichern zu können, so ist es immer nur das Schwert des Verteidigers, welches diese Wirkungen hervorbringt; denn die Furcht, von diesem Schwert besiegt zu werden, entweder in Hauptge-

---

1 [In 2. Auflage fehlt der Restsatz.]
2 [2. Auflage: diese nicht wirklich zur Ausführung gelangen]
3 [2. Auflage: Wirkungen strategischer Kombinationen]

fechten oder auf besonders wichtigen Punkten[1], ist es, was das Handeln des Angreifenden zum Stillstand bringt, nur wird er dies entweder gar nicht oder wenigstens nicht unumwunden aussprechen.

Gibt man uns nun auch zu, daß selbst bei der unblutigen Entscheidung in letzter Instanz die Gefechte entschieden haben, welche nicht wirklich stattfanden, sondern *bloß angeboten wurden,* so wird man doch meinen, daß in diesem Falle die *strategische Kombination* dieser Gefechte als das wirksamste Prinzip betrachtet werden müßte, nicht ihre taktische Entscheidung, und daß dieses Vorwalten der strategischen Kombination nur gemeint sein könne, wenn man an andere Verteidigungsmittel als die des Schwertes denke. Wir räumen dies ein, befinden uns nun aber gerade auf dem Punkte, auf welchen wir gelangen wollten. Wir sagen nämlich: wenn der taktische Erfolg in den Gefechten die *Grundlage* aller strategischen Kombinationen ausmachen muß, so ist es immer möglich und zu fürchten, daß der Angreifende bis auf diese Grundlage durchgreift, sich vor allen Dingen darauf einrichtet, in diesen taktischen Erfolgen Meister zu werden, um dann die strategische Kombination zusammenzuwerfen[2]; daß diese also *niemals als etwas Selbständiges* betrachtet werden muß, sondern daß sie nur gültig werden kann, wenn man wegen der taktischen Erfolge aus diesem oder jenem Grunde ohne Sorgen ist. Um uns hier mit wenigem verständlich zu machen, wollen wir nur daran erinnern, daß ein Feldherr wie Bonaparte durch ein ganzes strategisches Gewebe seiner Gegner rücksichtslos durchschritt, um den Kampf selbst aufzusuchen, weil er in diesem Kampf fast niemals an dem Ausgang zweifelte.[3] Wo also die Strategie nicht ihre ganze Industrie[4] darauf verwendet, ihn bei diesem Kampf mit einer überlegenen Macht zu unterdrücken, wo sie sich auf feinere (schwächere) Beziehungen einließ, war sie wie Spinnwebe zerrissen. Ein Feldherr aber wie Daun konnte durch solche Beziehungen leicht aufgehalten werden. Es wäre also töricht, einem Bonaparte und seiner Armee zu bieten, was die preußische Armee des Siebenjährigen Krieges Daun und der seinigen bieten durfte. Warum? – Weil Bonaparte recht gut wußte, daß alles auf die taktischen Erfolge ankomme, und derselben

---

1 [2. Auflage beendet den Satz: Punkten besiegt zu werden, ist es, die den Angreifenden zum Stillstand nötigt.]

2 [2. Auflage: zu vernichten]

3 [2. Auflage: weil er nicht zweifelte, daß der Erfolg dieses Kampfes entscheidend sein werde.]

4 [2. Auflage: ihr ganzes Streben]

gewiß war, welches beides sich bei Daun anders verhielt. *Darum* also halten wir es für verdienstlich, zu zeigen, daß jede strategische Kombination nur auf den taktischen Erfolgen ruht, daß diese überall in der blutigen wie in der unblutigen Lösung die eigentlichen Grundursachen der Entscheidung sind. Nur wenn man diese nicht zu fürchten hat, sei es wegen des Charakters oder der Verhältnisse des Gegners oder wegen des moralischen und physischen Gleichgewichts beider Heere oder gar wegen des Übergewichts des unserigen, nur dann kann man von den strategischen Kombinationen *an sich*[1] etwas erwarten.

Wenn wir nun in dem ganzen Umfang der Kriegsgeschichte eine große Masse von Feldzügen finden, wo der Angreifende ohne blutige Entscheidung[2] seinen Angriff aufgibt, wo sich also die strategischen Kombinationen so wirksam zeigen, so könnte das zu dem Gedanken führen, daß diese Kombinationen wenigstens in sich eine große Stärke haben und da, wo nicht in den taktischen Erfolgen eine zu entschiedene Überlegenheit des Angreifenden vorauszusetzen wäre, die Sache meistens allein entscheiden könnten. Hierauf müssen wir antworten, daß, wenn man von den Dingen spricht, die auf dem Kriegstheater ihren Ursprung haben, also dem Kriege selbst mehr angehören, auch diese Vorstellung falsch ist, und daß die Unwirksamkeit der meisten Angriffe ihren Grund in den höheren, den politischen Verhältnissen des Krieges hat.

Die allgemeinen Verhältnisse, aus denen ein Krieg hervorgeht und die natürlich seine Grundlage ausmachen, bestimmen auch seinen Charakter; wir werden davon in der Folge beim Kriegsplan mehr zu sagen haben. Diese allgemeinen Verhältnisse aber haben die meisten Kriege zu einem Halbdinge gemacht, wo die eigentliche Feindschaft sich durch einen solchen Konflikt von Beziehungen winden mußte, daß sie nur ein sehr schwaches Element blieb. Dies muß sich natürlich beim Angriff, *auf dessen Seite sich das positive Handeln findet,* am meisten und stärksten zeigen. So ist es denn freilich kein Wunder, wenn ein solcher atemloser, hektischer Angriff durch den Druck eines Fingers zum[3] Stillstand gebracht werden konnte. Gegen einen matten, von tausend Rücksichten gelähmten, kaum noch vorhandenen Entschluß ist oft der Schein eines Widerstandes genug.

Es ist nicht die große Anzahl unangreifbarer Stellungen, welche sich überall finden, nicht die Fruchtbarkeit der dunklen Gebirgsmassen,

1 [2. Auflage: ohne Gefechte]
2 [2. Auflage: blutigen Kampf]
3 [2. Auflage: wenn ein matter Angriff durch den schwächsten Widerstand zum]

welche sich über das Kriegstheater hinlagern, oder des breiten Stromes, der es durchzieht, nicht die Leichtigkeit, durch[1] gewisse Zusammenstellungen der Gefechte den Muskel, der den Stoß gegen uns ausführen soll, wirklich zu lähmen; – diese Dinge sind nicht die Ursache des häufigen Erfolges, den der Verteidiger auf unblutigem Wege hat, sondern es ist die Schwäche des Willens, womit der Angreifende den zögernden Fuß vorsetzt.

Jene Gegengewichte können und müssen berücksichtigt werden, aber man soll sie nur erkennen als das, was sie sind, und ihre Wirkungen nicht anderen Dingen zuschreiben, nämlich den Dingen, von denen wir hier allein sprechen. Wir dürfen nicht unterlassen, ausdrücklich darauf hinzuweisen, wie die Kriegsgeschichte in dieser Beziehung so leicht zu einem stehenden Lügner und Betrüger werden kann, wenn die Kritik nicht darauf bedacht ist, einen[2] berichtigenden Standpunkt anzunehmen.

Betrachten wir jetzt die großen Massen der ohne blutige Lösung mißlungenen Angriffsfeldzüge in der Gestalt, welche wir die vulgäre nennen möchten.

Der Angreifende rückt in Feindesland vor, drängt den Gegner ein Stück zurück, findet aber zu viel Bedenken, es auf eine entscheidende Schlacht ankommen zu lassen; er bleibt also vor ihm stehen, tut, als habe er eine Eroberung gemacht und keine andere Aufgabe, als diese zu decken; als sei es an dem Gegner, die Schlacht zu suchen, als biete er sie ihm täglich an usw. Dies alles sind *Vorspiegelungen,* die der Feldherr seinem Heer, seinem Hof, der Welt, ja sich selbst macht. Der wahre Grund ist, daß man den Gegner in seiner Lage zu stark findet. Wir sprechen hier nicht von dem Fall, wo der Angreifende den Angriff unterläßt, weil er vom Siege keinen Gebrauch machen konnte, weil er am Ende seiner Laufbahn nicht mehr Schwungkraft genug hatte, eine neue zu beginnen. Dieser Fall setzt einen schon gelungenen Angriff, eine wirkliche Eroberung voraus; wir aber haben hier den Fall im Auge, wo der Angreifende mitten in der beabsichtigten Eroberung stecken bleibt.

Nur wird gewartet, um günstige Umstände zu benutzen; zu diesen

---

1 [2. Auflage für den Restsatz: strategische Demonstrationen den Stoß der uns bedroht, zu lähmen; alle diese Dinge sind nicht die wahre Ursache des häufigen Erfolges, den der Verteidiger ohne Kampf erlangt, sondern sie liegt in der Schwäche des Willens, mit welcher der Angreifende zaghaft den Fuß vorsetzt.]

2 [2. Auflage: wie oft die Kriegsgeschichte unwahre Darstellungen enthält, wie sehr also die Kritik darauf bedacht sein muß einen]

günstigen Umständen sind in der Regel keine Gründe vorhanden, denn der beabsichtigte Angriff beweist schon, daß man sich von der nächsten Zukunft nicht mehr versprechen konnte als von der Gegenwart; es ist also ein neues Trugbild. Ist nun, wie gewöhnlich, das Unternehmen im Zusammenhange mit anderen gleichzeitigen, so wird anderen Heeren zugeschoben, was man nicht selbst leisten will, und die Gründe der eigenen Untätigkeit werden im Mangel an Unterstützung und Zusammenstimmung gesucht. Es wird von unüberwindlichen Schwierigkeiten gesprochen, und Motive werden in den verwickeltsten feinsten Beziehungen gefunden. So verzehren sich die Kräfte des Angreifenden in Untätigkeit oder vielmehr in einer unzureichenden und darum erfolglosen Tätigkeit. Der Verteidiger gewinnt Zeit, worauf es ihm hauptsächlich ankommt, die schlechte Jahreszeit naht und der Angriff endigt damit, daß der Angreifende in sein eigenes Kriegstheater zu den Winterquartieren zurückkehrt.

Jenes Gewebe nun von unwahren Vorstellungen geht in die Geschichte über und verdrängt den ganz einfachen und wahren Grund des Nichterfolges, nämlich *die Furcht vor dem feindlichen Schwert.* Geht nun die Kritik in einen solchen Feldzug ein, so müht sie sich an einer Menge von Gründen und Gegengründen ab, die kein überzeugendes Resultat geben, weil sie alle in der Luft schweben, und man in den eigentlichen Grundbau der Wahrheit nicht hinuntersteigt.

Jener Betrug aber ist nicht etwa bloß eine üble Gewohnheit, sondern in der Natur der Dinge begründet.[1] Die Gegengewichte, wodurch die Elementarkraft des Krieges und also der Angriff insbesondere geschwächt wird, liegen dem größeren Teile nach in den politischen Verhältnissen und Absichten des Staates, und diese werden der Welt, dem eigenen Volke und Heere immer, in manchen Fällen aber sogar dem Feldherrn verborgen. Niemand z. B. kann und wird seinen Entschluß des Innehaltens oder Aufgebens durch das Geständnis motivieren, daß er fürchtet, mit seiner Kraft nicht bis ans Ende zu reichen, oder sich neue Feinde zu erwecken, oder daß er seinen Bundesgenossen nicht will zu stark werden lassen usw.[2] Alle

1 [Für die letzten zwei Sätze 2. Auflage: Dringt nun die Kritik nicht sogleich in den eigentlichen Grundbau der Wahrheit ein, so mühet sie sich an unzähligen Gründen und Gegengründen ab, die zu keinem überzeugendem Resultat führen können, weil sie alle in der Luft schweben.]

2 [2. Auflage für diesen Satz: Niemand wird seine Zaghaftigkeit durch das Geständnis motivieren, daß er fürchtet, mit seiner Kraft nicht bis ans Ende zu reichen, oder sich neue Feinde zu erwecken, oder daß er seinen Bundesgenossen nicht will zu stark werden lassen usw.]

solche Dinge bleiben lange verschwiegen oder bleiben es wohl auf immer[1]; für die Welt aber soll doch das Handeln im Zusammenhange dargestellt werden, und so wird denn der Feldherr genötigt, entweder für eigene Rechnung oder für Rechnung seiner Regierung ein Gewebe von falschen Gründen geltend zu machen. Diese immer wiederkehrenden Spiegelfechtereien der Kriegsdialektik haben sich in der Theorie zu Systemen verknöchert, die natürlich ebensowenig Wahrheit haben. Nur indem die Theorie, wie wir es versucht haben, dem einfachen Faden des inneren Zusammenhanges folgt, kann sie auf das Wesen der Dinge zurückkommen.

Sieht man die Kriegsgeschichte mit diesem Mißtrauen an, so sinkt ein großer Angriffs- und Verteidigungsapparat, der nur in Hin- und Herreden besteht, in sich zusammen, und die einfache Vorstellungsart, welche wir davon gegeben haben, tritt von selbst hervor. Wir glauben also, daß sie durch das ganze Gebiet der Verteidigung durchgreifend ist, und daß man nur, indem man fest an ihr hält, imstande ist, die Masse der Ereignisse mit klarer Einsicht zu beherrschen.

Jetzt haben wir uns noch mit der Frage über den Gebrauch dieser verschiedenen Formen der Verteidigung zu beschäftigen.

Da sie sämtlich Steigerungen derselben sind, die durch immer steigende Opfer erkauft werden, so würde dadurch, wenn andere Umstände nicht mitwirken, die Wahl des Feldherrn schon hinlänglich bestimmt. Er würde diejenige Form wählen, welche ihm eben zureichend schiene, seine Streitkraft auf den erforderlichen Punkt der Widerstandsfähigkeit zu führen; aber er würde nicht weiter in die Verteidigung zurückgehen, um keine unnützen Opfer zu bringen. Allein man muß sagen, daß die Wahl dieser verschiedenen Formen meistens sehr beschränkt ist, weil die anderen Hauptdinge, welche in der Verteidigung vorkommen, zu der einen oder anderen notwendig hindrängen. Für den Rückzug ins Innere des Landes ist eine beträchtliche Oberfläche erforderlich oder Verhältnisse wie die in Portugal 1810, wo ein Verbündeter (England) im Rücken den Anhalt gab, und ein anderer (Spanien) mit seiner weiten Länderfläche die Stoßkraft des Feindes beträchtlich schwächte. Die Lage der Festungen, mehr an der Grenze oder mehr im Inneren des Landes, kann ebenfalls für oder gegen einen solchen Plan entscheiden, noch mehr aber die Natur des Landes und Bodens, der Charakter, die Sitten, die Gesinnung der

1 [2. Auflage: Solche Dinge werden verschwiegen]

Einwohner. Die Wahl zwischen Angriffs- und Verteidigungsschlacht kann durch den Plan des Gegners, durch die Eigentümlichkeit beider Heere und Feldherren entschieden werden; endlich kann der Besitz einer vorzüglichen Stellung oder Verteidigungslinie oder der Mangel daran zu dem einen oder anderen führen; – kurz, es ist genug, diese Dinge zu nennen, um fühlen zu lassen, daß die Wahl bei der Verteidigung in vielen Fällen mehr durch sie als durch das bloße Machtverhältnis bestimmt werden wird. Da wir die wichtigsten hier berührten Gegenstände noch näher kennenlernen werden, so wird sich der Einfluß, welchen sie auf die Wahl haben, auch dann erst bestimmter entwickeln lassen, und zuletzt alles in dem Buche vom Kriegs- und Feldzugsplan zu einem Ganzen sich zusammenstellen.

Aber jener Einfluß wird meistens nur bestimmend werden, wenn das Machtverhältnis nicht zu ungleich ist, im entgegengesetzten Fall aber, sowie in der Allgemeinheit der Fälle, wird dieses Machtverhältnis durchgreifen. Daß es dies getan hat, ohne daß eine solche Vorstellungsreihe, wie wir sie hier entwickelt haben, vorhanden war, also *dunkel nach dem bloßen Takt des Urteils,* wie das meiste, was im Kriege geschieht, beweist die Kriegsgeschichte hinlänglich. Es war derselbe Feldherr, dasselbe Heer, welche auf demselben Kriegstheater einmal die Schlacht von Hohenfriedeberg lieferten und ein andermal das Lager von Bunzelwitz bezogen. Also auch Friedrich der Große, der, was die Schlacht betrifft, der offensivste[1] aller Feldherren war, sah sich zuletzt beim großen Mißverhältnis der Macht zu einer eigentlichen Verteidigungsstellung gezwungen, und Bonaparte, der früher wie ein wilder Eber seinen Gegner anging, sehen wir ihn nicht, als das Machtverhältnis sich gegen ihn wandte, im August und September 1813 schon wie in einem Käfig eingesperrt hin und her sich wenden, ohne auf einen der Gegner rücksichtslos fortzuschießen? Im Oktober desselben Jahres aber, als das Mißverhältnis seinen Gipfel erreichte, sehen wir ihn nicht bei Leipzig[2], in dem Winkel der Parthe, Elster und Pleiße Schutz suchend, wie im Winkel eines Zimmers den Rücken gegen die Wand gelehnt, seine Feinde abwarten?

Wir können nicht unbemerkt lassen, daß aus diesem Kapitel mehr als aus irgendeinem anderen unseres Buches deutlich wird, wie wir es

1 [2. Auflage: Große, welcher der offensivste]
2 [2. Auflage: Machtverhältnis ihm im August und September 1813 schon ungünstig geworden und er fast umstellt war, sich hin- und herwenden, anstatt einen seiner Gegner mit aller Gewalt rücksichtslos anzufallen? Und im Oktober desselben Jahres, als die Übermacht ihn zu erdrücken drohte, erblickten wir ihn da nicht bei Leipzig]

nicht darauf anlegen, neue Grundsätze und Methoden des Kriegführens anzugeben, sondern das längst Vorhandene in seinem innersten Zusammenhange zu untersuchen und auf seine einfachsten Elemente zurückzuführen.

Neuntes Kapitel: Die Verteidigungsschlacht

Wir haben im vorigen Kapitel gesagt, daß der Verteidiger sich in seiner Verteidigung einer Schlacht bedienen könne, die taktisch eine vollkommene Angriffschlacht ist, wenn er den Gegner im Augenblick, wo er in unser Kriegstheater einbricht, aufsucht und angreift; daß er aber auch den Feind vor seiner Fronte abwarten und dann zum Angriff übergehen könne, in welchem Fall die Schlacht taktisch wieder eine Angriffsschlacht sein wird, obgleich schon eine etwas bedingte; endlich, daß er den Angriff des Gegners in seiner Stellung wirklich abwarten und demselben sowohl durch örtliche Verteidigung als durch Anfälle mit einem Teil seiner Macht entgegenwirken könne. Hier lassen sich natürlich mehrere Grade und Abstufungen denken, welche immer mehr von dem Prinzip eines positiven Rückstoßes ab in das Prinzip einer örtlichen Verteidigung hineinführen. Wir können uns hier nicht darauf einlassen, zu sagen, wie weit das gehen darf, und welches das vorteilhafteste Verhältnis beider Elemente zur Gewinnung eines entscheidenden Sieges sein möchte. Aber wir bleiben dabei stehen, daß, wo dieser gesucht wird, der offensivste[1] Teil der Schlacht niemals ganz fehlen dürfe, und wir haben die Überzeugung, daß von diesem offensiven Teile aus alle Wirkungen eines entscheidenden Sieges hervorgehen können und müssen so gut wie in einer rein taktischen Offensivschlacht.

So wie das Schlachtfeld strategisch nur ein Punkt ist, so ist die Zeit einer Schlacht strategisch nur ein Moment, und nicht der Verlauf, sondern das Ende und Resultat einer Schlacht ist eine strategische Größe.

Wäre es nun wahr, daß sich an die Angriffselemente, die in jeder Verteidigungsschlacht liegen, ein vollständiger Sieg anknüpfen läßt, so müßte für die strategische Kombination im Grunde zwischen Angriff und Verteidigungsschlacht gar kein Unterschied sein. So ist es auch nach unserer Überzeugung, aber es scheint freilich anders. Um den Gegenstand schärfer ins Auge zu fassen, unsere Ansicht klar zu

1 [2. Auflage: offensive]

machen und damit jenen Schein zu entfernen, wollen wir das Bild einer Verteidigungsschlacht, wie wir sie uns denken, flüchtig hinwerfen.

Der Verteidiger erwartet den Angreifenden in einer Stellung, er hat sich eine passende Gegend dazu ausersehen und eingerichtet, d. h. er hat sie genau kennengelernt, hat auf einem paar der wichtigsten Punkte tüchtige Schanzen errichtet, Verbindungen geöffnet und geebnet, Batterien eingeschnitten, Dörfer befestigt und passende Orte zur verdeckten Aufstellung seiner Massen ausgesucht usw. Eine mehr oder weniger starke Fronte, deren Zugang durch einen oder mehrere parallele Einschnitte oder andere Hindernisse oder auch durch den Einfluß vorherrschender fester Punkte erschwert wird, setzt ihn in den Stand, in den verschiedenen Stadien des Widerstandes bis zum Kern der Stellung hin, während sich die gegenseitigen Kräfte in ihren Berührungspunkten aneinander verzehren, *mit wenigen der seinigen viele der feindlichen zu zerstören.* Die Anlehnungspunkte, welche er seinen Flügeln gegeben hat, sichern ihn vor einem urplötzlichen Anfall von mehreren Seiten; die verdeckte Gegend, die er zur Aufstellung gewählt hat, macht den Angreifenden behutsam, ja zaghaft und gewährt dem Verteidiger die Mittel, die allgemeine rückgängige Bewegung des sich immer mehr zusammenziehenden Gefechts durch kleine glückliche Anfälle zu schwächen. So blickt der Verteidiger mit Zufriedenheit in die Schlacht, die mit gemäßigtem Element vor ihm fortbrennt; – aber er hält seinen Widerstand in der Fronte nicht für unerschöpflich – aber er glaubt seine Seiten nicht unantastbar – aber er erwartet von dem glücklichen Anfall einiger Bataillone oder Schwadronen nicht den Umschwung der ganzen Schlacht. Seine Stellung ist *tief,* denn jeder Teil auf der Stufenleiter der Schlachtordnung, von der Division bis zum Bataillon hinab, hat seinen Rückhalt für unvorhergesehene Fälle und zur Erneuerung des Gefechts; aber eine bedeutende Masse, ¼ bis ⅓ des Ganzen, hält er ganz zurück außer der Schlacht, so weit zurück, daß von keinem Verlust durch das feindliche Feuer die Rede sein kann, und womöglich so weit, daß dieser Teil noch außerhalb der Umgehungslinie fällt[1], womit[2] der Angreifende den einen oder anderen Flügel der Stellung umfassen wird[3]. Mit diesem Teil will er seine Flügel für weitere und

1 [2. Auflage: bleibt]
2 [2. Auflage: auf welcher]
3 [2. Auflage: kann]

größere Umgehungen decken, sich gegen unvorhergesehene Fälle sichern, und im letzten Drittel der Schlacht, wenn der Angreifende seinen Plan ganz entwickelt, seine Kräfte größtenteils ausgegeben hat, dann will er mit dieser Masse sich auf einen Teil der feindlichen Macht werfen, gegen diesen seine eigene kleinere Angriffsschlacht entwikkeln, sich darin aller Elemente des Angriffs, wie Anfall, Überraschung, Umgehung, bedienen und durch diesen Druck gegen den noch auf einer Spitze ruhenden Schwerpunkt der Schlacht die zurückschlagende Bewegung des Ganzen hervorbringen.

Dies ist die Normalvorstellung, welche wir uns von einer Verteidigungsschlacht machen, die auf den jetzigen Stand der Taktik gegründet ist. In derselben ist das allgemeine Umfassen des Angreifenden, wodurch er seinem Angriff mehr Wahrscheinlichkeit und zugleich mehr Umfang des Erfolges geben will, durch ein untergeordnetes Umfassen erwidert, nämlich desjenigen Teils der feindlichen Streitkräfte, welcher zum Umgehen gebraucht worden ist. Dieses untergeordnete Umfassen kann als hinreichend gedacht werden, die Wirkung des feindlichen aufzuheben, aber es kann daraus nicht ein ähnliches allgemeines Umfassen des feindlichen Heeres entspringen, und es wird daher immer der Unterschied zwischen den Lineamenten des Sieges sein, daß er bei der Angriffsschlacht das feindliche Heer umfaßt und nach dem Mittelpunkt desselben wirkt, bei der Verteidigungsschlacht aber mehr oder weniger von dem Mittelpunkt nach dem Umfang und auf Radien.

Auf dem Schlachtfelde selbst und in dem ersten Stadium der Verfolgung muß die umfassende Form immer als die wirksamere erkannt werden, aber nicht sowohl überhaupt wegen ihrer Gestalt, als vielmehr nur dann, wenn es ihr gelingt, das Umfassen bis auf den äußersten Punkt durchzusetzen, nämlich dem feindlichen Heer schon in der Schlacht den Rückzug wesentlich zu beschränken. Gegen diesen äußersten Punkt aber ist gerade die positive Rückwirkung des Verteidigers gerichtet, und sie wird in vielen Fällen, wo sie nicht hinreicht, ihm den Sieg zu verschaffen, doch hinreichen, ihn gegen jenes Äußerste zu beschützen. Immer aber müssen wir einräumen, daß bei einer Verteidigungsschlacht diese Gefahr, nämlich die einer zu großen Beschränkung des Rückzuges, vorzugsweise vorhanden ist, und daß, wenn sie nicht abgewendet werden kann, der Erfolg in der Schlacht selbst und im ersten Stadtium der Verfolgung dadurch[1] sehr

1 [2. Auflage ergänzt: für den Gegner]

gesteigert wird.

Aber so ist es in der Regel nur im ersten Stadium der Verfolgung, nämlich bis zum Einbruch der Nacht; den folgenden Tag hat das Umfassen sein Ende erreicht, und beide Teile sind in dieser einen Beziehung wieder im Gleichgewicht.

Freilich kann der Verteidiger um seine beste Rückzugsstraße gekommen und dadurch strategisch fortwährend in eine nachteilige Lage versetzt sein, aber das Umfassen selbst wird, mit wenig Ausnahmen, immer sein Ende haben, weil es nur für das Schlachtfeld berechnet war und also nicht viel weiter reichen kann. Was wird aber auf der anderen Seite entstehen, wenn *der Verteidiger* siegreich ist? Eine Trennung des Geschlagenen. Diese erleichtert im ersten Augenblick den Rückzug, aber am *nächsten* Tage ist das höchste Bedürfnis *die Vereinigung aller Teile.* Ist nun der Sieg sehr entschieden erfochten worden, stößt der Verteidiger mit großer Energie nach, so wird jene Vereinigung oft nicht möglich, und es entstehen aus dieser Trennung des Geschlagenen die schlimmsten Folgen, die in einer Stufenfolge bis ans Zersprengen gehen können. Wenn Bonaparte bei Leipzig gesiegt hätte, so würde die gänzliche Trennung der verbündeten Heere die Folge davon gewesen sein und das Niveau ihres strategischen Verhältnisses mächtig heruntergedrückt haben. Bei Dresden, wo Bonaparte zwar keine eigentliche Verteidigungsschlacht lieferte, hatte doch der Angriff die geometrische Form, von welcher wir hier sprechen, nämlich von dem Mittelpunkt nach dem Umkreis; es ist bekannt, in welcher Verlegenheit sich das verbündete Heer durch seine Trennung befand, eine Verlegenheit, aus welcher sie nur der Sieg an der Katzbach riß, weil auf die Nachricht davon Bonaparte mit den Garden nach Dresden zurückkehrte.

Diese Schlacht an der Katzbach selbst ist ein ähnliches Beispiel: es ist ein Verteidiger, der im letzten Augenblick zum Angriff übergeht und folglich exzentrisch wirkt; die französischen Korps wurden dadurch auseinandergedrückt, und mehrere Tage nach der Schlacht fiel die Division Puthod als eine Frucht des Sieges den Verbündeten in die Hände.

Wir schließen hieraus, daß, wenn der Angriff durch die ihm homogenere[1] Form ein Mittel hat, seinen Sieg zu steigern, dem Verteidiger durch die ihm homogenere Form der Exzentrizität[2]

---

1 [2. Auflage ergänzt: konzentrische]
2 [2. Auflage: homogenere exzentrische Form]

gleichfalls ein Mittel wird, seinem Sieg größere Folgen zu geben, als bei einer bloß parallelen Stellung und senkrechten Wirkung der Kräfte der Fall sein würde, und wir glauben, daß das eine Mittel wenigstens ebensoviel gelten könne als das andere.

Wenn wir aber in der Kriegsgeschichte aus der Verteidigungsschlacht selten so große Siege hervortreten sehen als aus der Angriffschlacht, so beweist das nichts gegen unsere Behauptung, daß sie an sich dazu ebensosehr geeignet sei, sondern die Ursache liegt in den sehr verschiedenen Verhältnissen des Verteidigers. Der Verteidiger ist meistens der Schwächere, nicht bloß in der Streitkraft, sondern seinen ganzen Verhältnissen nach, er war oder glaubte sich meistens nicht imstande, seinem Siege eine große Folge zu geben, und begnügte sich dann mit der bloßen Zurückweisung der Gefahr und mit der geretteten Waffenehre. Daß der Verteidiger durch seine Schwäche und seine Verhältnisse in dem Maße gebunden sein kann, ist keine Frage; aber allerdings hat man auch oft das, was nur die Folge einer Notwendigkeit sein sollte, für die Folge der Rolle genommen, die man als Verteidiger spielt, und so ist es denn wirklich törichterweise eine Grundansicht über die Verteidigung geworden, daß ihre Schlachten nur auf das Abwehren, nicht auf das Vernichten des Feindes gerichtet wären. Wir halten dies für einen der schädlichsten Irrtümer, für eine wahre Verwechslung der Form mit der Sache und behaupten unbedingt, daß in der Kriegsform, welche wir Verteidigung nennen, nicht allein der Sieg wahrscheinlicher sei, sondern auch eben die Größe und Wirksamkeit erlangen könne wie beim Angriff, und daß dies nicht bloß in dem *summarischen Erfolg* aller Gefechte, die einen Feldzug ausmachen, der Fall sei, sondern auch in *der einzelnen* Schlacht, wenn es nicht an dem gehörigen Maß von Kraft und Willen fehlt.

Zehntes Kapitel: Festungen

Früher und bis zur Zeit der großen stehenden Heere herunter waren Festungen, d. i. Schlösser und befestigte Städte, nur zum Schutz ihrer Einwohner da. Der Edelmann, wenn er sich von allen Seiten bedrängt sah, rettete sich in sein Schloß, um Zeit zu gewinnen, einen besseren Augenblick abzuwarten; die Städte suchten durch ihre Befestigungen die vorüberziehende Wetterwolke des Krieges von sich abzuhalten. Bei dieser einfachsten und natürlichsten Bestimmung der Befestigungen ist es nicht geblieben; die Beziehungen, welche ein solcher Punkt zum ganzen Lande und wieder zu dem Kriegsvolk hatte, welches sich im Lande hier und dort bekämpfte, gaben den befestigten Punkten bald eine erweiterte Wichtigkeit, eine Bedeutung, die sich außerhalb ihrer Mauern erstreckte, zur Einnahme oder Behauptung des Landes, zum glücklichen oder unglücklichen Ausgang des ganzen Kampfes beitrug und auf diese Weise selbst ein Mittel wurde, den Krieg mehr zu einem zusammenhängenden Ganzen zu verbinden. So haben die Festungen ihre strategische Bedeutung bekommen, die eine Zeitlang für so wichtig angesehen wurde, daß sie die Grundlinien zu den Feldzugsplänen abgab, die mehr darauf gerichtet waren, eine oder ein paar Festungen zu erobern, als die feindliche Streitkraft zu vernichten. Man kehrte zu der Veranlassung dieser Bedeutung zurück, nämlich zu den Beziehungen, welche ein befestigter Punkt zur Gegend und zum Heere hat, und glaubte nun in der Bestimmung der zu befestigenden Punkte nicht sorgfältig, fein und abstrakt genug sein zu können. Über dieser abstrakten Bestimmung wurde die ursprüngliche fast ganz aus den Augen verloren, und man kam auf die Idee der Festungen ohne Städte und Einwohner.

Von der anderen Seite sind die Zeiten vorüber, wo die bloße Befestigung der Mauern ohne andere Kriegsanstalten einen Ort vor der Überschwemmung des Krieges, der über das ganze Land herzieht, völlig trocken erhalten konnte, denn diese Möglichkeit gründete sich teils auf die kleinen Staaten, in welche die Völker früher geteilt waren, teils auf die periodische Natur des damaligen Angriffs, der fast wie die Jahreszeiten seine bestimmte, sehr begrenzte Dauer hatte, weil entweder die Lehnleute nach Hause eilten oder das Geld für die Condottieri regelmäßig auszugehen pflegte. Seitdem große stehende Heere mit ihren gewalten Artilleriezügen den Widerstand der einzelnen Punkte maschinenartig niedermähen[1], hat keine Stadt und keine andere kleine Korporation mehr Lust, ihre Kräfte aufs Spiel zu setzen, um einige Wochen oder Monate später genommen und dann um so strenger behandelt zu werden. Noch weniger kann es das Interesse der Heere sein, sich in eine Unzahl fester[2] Plätze zu zersplittern, die das Vorschreiten des Feindes etwas langsam machen, aber notwendig mit Unterwerfung endigen würden. Es müssen immer soviel Kräfte übrigbleiben, um dem Feinde im Felde gewachsen zu sein, es sei denn, daß man sich auf die Ankunft eines Bundesgenossen stütze, der unsere festen Plätze entsetzt und unser Heer befreit. Es hat sich also die Zahl

1 [2. Auflage: Widerstand von Mauern und Wällen vernichten]
2 [2. Auflage: sein, sich durch Besetzung vieler fester]

der Festungen notwendig sehr vermindern müssen, und dies hat von neuem von der Idee, durch Befestigungen die Menschen und Güter der Städte unmittelbar zu schützen, ab- und zu der anderen Idee hinführen müssen, die Festungen als einen *mittelbaren* Schutz des Landes zu betrachten, den sie durch ihre strategische Bedeutung gewähren, als Knoten, die das strategische Gewebe zusammenhalten.

So ist der Gang der Ideen gewesen, nicht bloß in Büchern, sondern auch im praktischen Leben; aber freilich in Büchern weiter ausgesponnen, wie das gewöhnlich ist.

So notwendig diese Richtung der Sache war, so haben die Ideen doch zu weit geführt, und es haben Künstlichkeiten und Spielereien den gesunden Kern des natürlichen und großen Bedürfnisses verdrängt. Nur diese einfachen großen Bedürfnisse werden wir ins Auge fassen, wenn wir die Zwecke und Bedingungen der Festungen nebeneinander aufzählen, wir werden dabei von den einfachen zu den zusammengesetzteren fortschreiten und im folgenden Kapitel sehen, was sich daraus für die Bestimmung ihrer Lage und Anzahl ergibt.

Offenbar ist die Wirksamkeit einer Festung aus zwei verschiedenen Elementen zusammengesetzt, dem passiven und dem aktiven. Durch das erste schützt sie den Ort und alles, was in ihm enthalten ist, durch das andere übt sie einen gewissen Einfluß auf die auch über ihre Kanonenschußweite hinausliegende Umgegend.

Dieses aktive Element besteht in den Angriffen, welche die Besatzung auf jeden Feind unternehmen kann, der sich bis auf einen gewissen Punkt nähert. Je größer die Besatzung ist, um so größer werden die Haufen sein, welche zu solchen Zwecken aus ihr hervorgehen, und je größer diese sind, um so weiter können sie in der Regel gehen, woraus dann folgt, daß der aktive Wirkungskreis einer großen Festung nicht nur intensiv stärker, sondern auch größer ist wie der der kleinen. Aber das aktive Element besteht selbst gewissermaßen wieder aus zwei Teilen, nämlich den Unternehmungen der eigentlichen Besatzung und den Unternehmungen, welche andere, nicht dazugehörige, aber mit ihr in Verbindung stehende große und kleine Heerhaufen ausführen können. Es können nämlich Korps, die zu schwach sein würden, dem Feinde selbständig gegenüberzutreten, durch den Schutz, welchen sie im Notfall hinter den Mauern der Festung finden, in den Stand gesetzt werden, sich in der Gegend zu behaupten und dieselbe bis auf einen gewissen Grad zu[1] beherrschen.

1 [2. Auflage: dieselbe gewissermaßen zu]

Die Unternehmungen, welche die Besatzung einer Festung sich erlauben darf, sind immer ziemlich beschränkt. Selbst bei großen Festungen und starken Besatzungen sind die Haufen, welche dazu ausgesandt werden können, in Beziehung auf die im Felde stehenden Streitkräfte meistens nicht beträchtlich, und der Durchmesser ihres Wirkungskreises beträgt selten über ein paar Märsche. Ist die Festung aber klein, so werden die Haufen ganz unbedeutend und ihr Wirkungskreis meist auf die nächsten Dörfer beschränkt. Solche Korps aber, die nicht zur Besatzung gehören, also nicht notwendig in die Festung zurückkehren müssen, sind dadurch viel weniger gebunden, und so kann durch sie die aktive Wirkungssphäre einer Festung, wenn die übrigen Umstände dazu günstig sind, außerordentlich erweitert werden. Wir müssen also, wenn wir von der aktiven Wirksamkeit der Festungen im allgemeinen sprechen, diesen Teil derselben vorzüglich im Auge behalten.

Aber auch die kleinste aktive Wirksamkeit der schwächsten Besatzung ist immer noch ein ganz wesentliches Stück für alle Zwecke, welche die Festungen zu erfüllen haben; denn strenge genommen ist ja die passivste aller Tätigkeiten einer Festung, die Verteidigung beim Angriff, nicht ohne jene aktive Wirksamkeit zu denken. Indessen fällt es in die Augen, daß unter den verschiedenen Bedeutungen, welche eine Festung überhaupt oder in diesem und jenem Augenblick haben kann, die eine mehr die passive, die andere mehr die aktive Wirksamkeit in Anspruch nimmt. Diese Bedeutungen sind teils einfach, und die Wirksamkeit der Festung in diesem Fall gewissermaßen direkt, teils zusammengesetzt, und die Wirksamkeit ist dann mehr oder weniger indirekt. Wir wollen von den ersteren zu den letzteren übergehen, in jedem Fall aber sogleich erklären, daß natürlich eine Festung mehrere oder auch alle diese Bedeutungen zugleich oder wenigstens in verschiedenen Momenten haben kann.

Wir sagen also: die Festungen sind die ersten und größten[1] Stützen der Verteidigung, auf folgende Weise:

1. Als gesicherte Vorratshäuser. Der Angreifende lebt während des Angriffs von einem Tage zum anderen; der Verteidiger muß gewöhnlich lange vorher in Bereitschaft sein, er kann also nicht bloß aus der Gegend leben, worin er steht und die er ohnehin gern schont; Vorratshäuser sind ihm folglich ein sehr großes Bedürfnis. Die Vorräte aller Art, die der Angreifende hat, bleiben beim Vorgehen

---

1 [2. Auflage: sind große und vorzügliche]

zurück und werden also den Gefahren des Kriegstheaters entzogen, die des Verteidigers kommen mitten darin zu liegen. Sind diese Vorräte aller Art nicht in *befestigten Orten,* so müssen sie den nachteiligsten Einfluß auf das Handeln im Felde haben, und es sind namentlich oft die gezwungensten und gedehntesten Stellungen nötig, um sie zu decken.

Ein Verteidigungsheer ohne Festungen hat hundert verwundbare Stellen, es ist ein Körper ohne Harnisch.

2. Zur[1] *Sicherung großer und reicher Städte.* Diese Bestimmung ist der ersten sehr nahe verwandt, denn große und reiche Städte, besonders Handelsplätze, sind die natürlichen Vorratshäuser der Heere; als solche trifft ihr Besitz und Verlust das Heer unmittelbar. Außerdem ist es doch immer der Mühe wert, sich diesen Teil des Staatseigentums zu erhalten, teils wegen der Kräfte, die mittelbar daraus gezogen werden, teils weil ein bedeutender Ort selbst bei den Friedensunterhandlungen ein merkliches Gewicht in die Waagschale legt.

Diese Bestimmung der Festungen ist in der neueren Zeit zu wenig gewürdigt worden, und doch ist sie eine der natürlichsten, die am kräftigsten wirken und den wenigsten Irrtümern unterworfen sind. Gäbe es ein Land, wo nicht allein alle großen und reichen Städte, sondern jeder volkreiche Ort befestigt, durch seine Einwohner und die benachbarten Bauern verteidigt wäre[2], so würde die Geschwindigkeit der kriegerischen[3] Bewegung dadurch in einem solchen Maße geschwächt werden, und das angegriffene Volk mit einem solchen Teil seiner ganzen Schwere auf die Waagschale drücken, daß das Talent und die Willenskraft des feindlichen Heerführers zur Unmerklichkeit hinabsinken würden. Dieses Ideal einer Landesbefestigung wollen wir uns bloß vorhalten, damit der eben gedachten Bestimmung der Festungswerke ihr Recht widerfahren und die Wichtigkeit des *unmittelbaren* Schutzes, welchen sie gewähren, in keinem Augenblick übersehen werden möge; übrigens aber soll uns diese Vorstellung nicht in unserer Betrachtung stören, denn immer müßten unter der ganzen Masse der Städte einige sein, die stärker als die anderen befestigt, als die eigentlichen Stützen der bewaffenten Macht anzusehen sind.

---

1 [2. Auflage: Als]
2 [2. Auflage: sondern auch alle volkreichen Orte befestigt wären und durch ihre mutigen Einwohner, unterstützt von der benachbarten Bevölkerung, standhaft verteidigt würden]
3 [2. Auflage: offensiven]

Die beiden unter 1 und 2 genannten Zwecke nehmen fast nur die passive Wirksamkeit der Festungen in Anspruch.

3. Als eigentliche Schlösser. Sie sperren die Straßen und in den meisten Fällen auch die Flüsse, an welchen sie liegen.

Es ist nicht so leicht, wie man sich gewöhnlich denkt, einen brauchbaren Nebenweg zu finden, der die Festung umgeht, denn dieses Umgehen muß nicht bloß außer ihrem Kanonenschuß stattfinden, sondern auch in Beziehung auf die möglichen Ausfälle in mehr oder weniger großen Umkreisen.

Ist die Gegend im mindesten schwierig, so sind oft mit dem geringsten Ausbiegen aus der Straße Verzögerungen verknüpft, die einen ganzen Tagemarsch kosten, welches beim wiederholten Gebrauch der Straße sehr wichtig werden kann.

Wie sie durch das Sperren der Schiffahrt auf den Strömen in die Unternehmungen eingreifen, ist an sich klar.

4. Als taktische Anlehnungspunkte. Da der Durchmesser des Feuers einer nicht ganz unbedeutenden Festung schon einige Stunden zu betragen pflegt, und der offensive Wirkungskreis in jedem Fall noch etwas weiter reicht, so sind die Festungen immer als die besten Anlehnungspunkte für den Flügel einer Stellung zu betrachten. Ein See von mehreren Meilen Länge kann gewiß für einen ganz vortrefflichen Stützpunkt gelten, und doch leistet eine mäßige Festung mehr. Der Flügel braucht niemals nahe an ihr zu stehen, da der Angreifende sich nicht zwischen sie und diesen Flügel begeben kann, weil er sonst keinen Rückzug hätte.

5. Als Station. Liegen die Festungen auf der Verbindungslinie des Verteidigers, welches doch meistens der Fall ist, so sind sie bequeme Stationen für alles, was darauf hin- und herzieht. Die Gefahren, womit die Verbindungslinien bedroht sind, kommen von Streifzüglern her, deren Einwirkung immer nur stoßweise geschieht. Kann ein wichtiger Transport bei der Annäherung eines solchen Kometen[1] eine Festung erreichen, indem er seinen Zug vorwärts beeilt oder schnell umwendet, so ist er gerettet und wartet dann ab, bis die Gefahr vorüber ist. Ferner können alle hin- und herziehende Haufen hier einen oder mehrere Tage Rast halten und dadurch um so eher ihren übrigen Zug beschleunigen. Es sind aber gerade die Rasttage die, wo sie am meisten bedroht sind. Auf diese Weise wird eine 30[2] Meilen lange

---

1 [2. Auflage: eines feindlichen Streifzuges]
2 [2. Auflage: viele]

Verbindungslinie durch eine in ihrer Mitte gelegene Festung gewissermaßen um die Hälfte verkürzt.

6. *Als Zufluchtsort schwacher oder unglücklicher*[1] *Korps*. Unter den Kanonen einer nicht zu kleinen Festung ist jedes Korps vor den feindlichen Streichen gesichert, wenn auch kein verschanztes Lager dazu besonders eingerichtet ist. Feilich muß ein solches Korps, wenn es verweilen will, seinen weiteren Rückzug aufgeben, aber es gibt Verhältnisse, wo dies Opfer nicht groß ist, weil ein weiterer Rückzug doch nur mit völliger Zerstörung geendigt haben würde.

Aber in vielen Fällen kann die Festung auch auf einige Tage Aufenthalt gewähren, ohne daß der Rückzug darum verlorengeht. Besonders ist sie für die einem geschlagenen Heer vorauseilenden leicht Verwundeten, Versprengten usw. ein Zufluchtsort, um das Heer wieder abzuwarten.

Hätte Magdeburg im Jahre 1806 auf der geraden Rückzugslinie des preußischen Heeres gelegen, und wäre diese nicht schon bei Auerstedt verloren worden, so hätte sich das Heer bei dieser großen Festung füglich 3 bis 4 Tage verweilen, folglich sammeln und neu ordnen können. Aber auch so wie die Umstände waren, hat es den Überresten des Hohenloheschen Heeres zum Sammelplatz dienen können, welches erst dort wieder in die Reihe der Erscheinungen zurücktrat.

Nur im Kriege selbst erhält man mit der lebendigen Anschauung den rechten Begriff von dem wohltätigen Einfluß einer nahen Festung unter schlimmen Umständen. Sie enthalten Pulver und Gewehre, Hafer und Brot, geben Unterkommen den Kranken, Sicherheit den Gesunden und Besonnenheit den Erschreckten. Sie sind eine Herberge in der Wüste.

In den zuletzt genannten 4 Bedeutungen wird die aktive Wirksamkeit der Festungen schon etwas mehr in Anspruch genommen, welches an sich klar ist.

7. *Als eigentlicher Schild gegen den feindlichen Angriff*. Festungen, welche der Verteidiger vor sich läßt, brechen wie Eisblöcke den Strom des feindlichen Angriffs. Der Feind muß sie einschließen, und dazu braucht er, wenn die Besatzungen sich tüchtig[2] betragen, etwa das Doppelte an Truppen. Außerdem aber können und werden meistens diese Besatzungen zur Hälfte[3] aus Truppen bestehen, die man ohne

---

1 [2. Auflage: *geschlagener*]
2 [2. Auflage: tüchtig und unternehmend]
3 [2. Auflage: zum Teil]

die Festungen gar nicht mit ins Feld hätte nehmen können: halbfertige Landwehren, Halbinvaliden, bewaffnete Bürgerschaft, Landsturm usw. Der Feind wird also in diesem Fall vielleicht viermal mehr geschwächt als wir.

Diese unverhältnismäßige[1] Schwächung der feindlichen Macht ist der erste wichtigste Vorteil, den uns eine belagerte Festung durch ihren Widerstand gibt; aber er ist nicht der einzige. Von dem Augenblick an, wo der Angreifende die Linie unserer Festungen durchschnitten hat, bekommen alle seine Bewegungen einen viel größeren Zwang; er ist in seinen Rückzugswegen beschränkt und muß stets auf die unmittelbare Deckung der Belagerungen bedacht sein, die er unternimmt.

Hier also greifen die Festungen in den Akt der Verteidigung auf eine großartige und sehr entscheidende Weise ein, und man muß dies als die wichtigste aller Bestimmungen betrachten, die eine Festung haben kann.

Wenn wir nichtsdestoweniger diesen Gebrauch von den Festungen, weit entfernt, ihn regelmäßig wiederkehren zu sehen, verhältnismäßig selten[2] finden, so liegt der Grund in dem Charakter der meisten Kriege, für welche dieses Mittel gewissermaßen zu entscheidend, zu durchgreifend ist, welches sich erst in der Folge wird deutlicher machen lassen.

Bei dieser Bestimmung der Festung wird im Grunde hauptsächlich ihre Offensivkraft in Anspruch genommen, wenigstens ist es diese, von welcher ihre Wirksamkeit ausgeht. Wäre die Festung für den Angreifenden nichts als ein unbesetzbarer Punkt, so könnte sie ihm zwar hinderlich werden, aber niemals[3] in solchem Maße, daß er sich zu einer Belagerung bewogen fühlen sollte. Weil er aber 6, 8 bis 10000 Mann in seinem Rücken nicht schalten und walten lassen kann, darum muß er sie mit einer angemessenen Macht berennen, und um dies nicht immerwährend nötig zu haben, einnehmen, also belagern. Von dem Augenblick der Belagerung an ist es dann hauptsächlich die passive Wirksamkeit, welche tätig wird.

Alle die bisher betrachteten Bestimmungen der Festungen erfüllen sich ziemlich unmittelbar und auf eine einfache Weise. Dagegen ist in

---

1 [Fehlt in 2. Auflage]
2 [2. Auflage: nichtsdestoweniger diese Benutzung der Festungen in der Kriegsgeschichte verhältnismäßig selten]
3 [2. Auflage: nicht]

den nächsten beiden Zwecken die Wirkungsart zusammengesetzter.

8. *Als Deckung ausgedehnter Quartiere.* Daß eine mäßige Festung den Zugang zu den hinter ihr gelegenen Quartieren auf 3 bis 4 Meilen Breite verschließt, ist eine ganz einfache Wirkung ihres Daseins; wie aber ein solcher Platz zu der Ehre kommt, eine 15 bis 20 Meilen lange Quartierlinie zu decken, wovon doch in der Kriegsgeschichte so häufig die Rede ist, das bedarf, soweit es in der Tat stattfindet, einer Auseinandersetzung, und soweit es illusorisch sein möchte, einer Bemerkung[1].

Es kommt hier folgendes in Betrachtung:

1. Daß der Platz an sich eine der Hauptstraßen verschließt und die Gegend auf 3 bis 4 Meilen Breite wirklich deckt.
2. Daß er als ein ungewöhnlich starker Vorposten betrachtet werden kann oder eine vollkommenere Beobachtung der Gegend gestattet, die durch die bürgerlichen Verhältnisse, in welchen ein bedeutender Ort mit der Umgegend steht, auf dem Wege geheimer Nachrichten noch erhöht wird. Es ist natürlich, daß man in einem Ort von 6, 8 bis 10000 Einwohnern mehr von der Umgegend erfährt, als in einem Dorf, dem Standquartier eines gemeinen Vorpostens.
3. Daß kleinere Korps sich an ihn anlehnen, bei ihm Schutz und Sicherheit finden können, die von Zeit zu Zeit gegen den Feind ausziehen, um Nachrichten einzubringen oder auch, im Falle er an der Festung vorbeigeht, in seinem Rücken etwas zu unternehmen; daß also eine Festung, ob sie gleich ihre Stelle nicht verlassen kann, doch in etwas die Wirksamkeit eines vorgeschobenen Korps hat. (Fünftes Buch, achtes Kapitel.)
4. Daß die Aufstellung des Verteidigers, nachdem er seine Truppen versammelt hat, gerade hinter dieser Festung genommen werden kann, so daß der Angreifende bis zu diesem Aufstellungspunkt nicht vordringen kann[2], ohne daß ihm die Festung in seinem Rücken gefährlich werde.

Zwar ist jeder Angriff auf eine Quartierlinie als solcher in dem Sinn eines Überfalles zu nehmen, oder vielmehr, es ist hier nur von dieser Seite des Angriffs die Rede; nun ist es an sich klar, daß ein Überfall seine Wirkungen in einem viel kleineren Zeitraum vollbringt als der wirkliche Angriff eines Kriegstheaters. Wenn also in dem letzteren eine Festung, an der man vorbei muß, notwendig berennt und in

---

1 [2. Auflage: Widerlegung]
2 [2. Auflage: Angreifende nicht vorzudringen vermag]

Schranken gehalten sein will, so wird bei dem Überfall einer Quartierlinie dies nicht so notwendig, und darum wird also eine Festung denselben auch nicht in gleichem Maße schwächen. Dies ist allerdings wahr, auch können die 6 bis 8 Meilen von derselben entfernten Quartiere der Flügel dadurch nicht unmittelbar geschützt werden; allein in dem Anfall von ein paar Quartieren besteht auch der Zweck eines solchen Überfalles nicht. Wir können erst im Buch vom Angriff umständlicher sagen, was ein solcher Überfall eigentlich beabsichtigt und sich versprechen darf; soviel aber dürfen wir hier schon voraussetzen, daß sein Hauptresultat nicht durch das wirkliche Überfallen der einzelnen Quartierstände, sondern durch die Gefechte erhalten wird, welche der Angreifende im Nachdringen den einzelnen, nicht in gehöriger Verfassung befindlichen, mehr zum Eilen nach gewissen Punkten als zum Schlagen eingerichteten Korps aufdringt. Dieses Vor- und Nachdringen wird aber immer mehr oder weniger gegen das Zentrum der feindlichen Quartiere gerichtet sein müssen, und dabei würde eine vor demselben gelegene bedeutende Festung allerdings dem Angreifenden im hohen Grade beschwerlich sein.

Wir sagen: bedenkt man diese 4 Punkte in ihrer gemeinschaftlichen Wirkung, so wird man einsehen, daß eine bedeutende Festung auf dem direkten oder indirektem Wege allerdings einer viel größeren Quartierausdehnung einige Sicherheit gibt, als man auf den ersten Anblick glauben sollte. Wir sagen: einige Sicherheit, denn alle jene mittelbare Wirkungen machen das Vorrücken des Feindes nicht unmöglich, sondern machen es nur schwieriger und bedenklicher, dadurch also unwahrscheinlicher und weniger gefährlich für den Verteidiger. Das ist aber auch alles, was gefordert und was in diesem Fall unter Deckung verstanden wird. Die eigentliche unmittelbare Sicherheit muß durch Vorposten und Einrichtung der Quartiere erhalten werden.

Es ist also nicht ohne Realität, wenn man einer bedeutenden Festung die Fähigkeit zuschreibt, eine hinter ihr gelegene Quartierlinie von bedeutender Ausdehnung zu decken; aber es ist auch nicht zu leugnen, daß man hier bei den wirklichen Kriegsentwürfen, noch mehr aber in den historischen Darstellungen oft auf leere Ausdrücke oder illusorische Ansichten stößt. Denn wenn jene Deckung nur durch das Zusammenwirken mehrerer Umstände entsteht, wenn sie auch dann nur eine Verminderung der Gefahr ist, so sieht man wohl ein, wie in einzelnen Fällen durch besondere Umstände, vor allem durch die Kühnheit des Gegners diese ganze Deckung illusorisch werden kann, und man wird sich also im Kriege nicht damit begnügen, die Wirkung einer solchen Festung summarisch anzunehmen, sondern die einzelnen Fälle bestimmt durchdenken müssen.

9. Als Deckung einer nicht besetzten Provinz. Wenn eine Provinz im Kriege entweder gar nicht oder nicht mit einer namhaften Macht besetzt, gleichwohl feindlichen Streifereien mehr oder weniger ausgesetzt ist, so sieht man eine in ihr liegende nicht zu unbedeutende Festung als eine Deckung oder, wenn man will, als eine Sicherung dieser Provinz an. Als eine Sicherung kann man sie allerdings betrachten, weil der Feind nicht eher Herr der Provinz sein wird, als bis er die Festung genommen hat, wodurch wir Zeit gewinnen, zu ihrer Verteidigung herbeizueilen. Die eigentliche Deckung aber kann freilich nur sehr mittelbar gedacht oder *uneigentlich* verstanden werden. Die Festung kann nämlich nur durch ihre aktive Wirksamkeit den feindlichen Streifereien einigermaßen Grenzen setzen. Ist diese Wirksamkeit auf die bloße Besatzung beschränkt, so wird der Erfolg nicht merklich sein, da die Besatzungen solcher Festungen meistens nur schwach sind und aus bloßem Fußvolk und zwar nicht dem besten zu bestehen pflegen. Etwas mehr Wirklichkeit wird die Vorstellung gewinnen, wenn kleine Haufen mit der Festung in Verbindung treten, die sie zu ihrem Anhalt und Stützpunkt machen.

10. Als Mittelpunkt einer Volksbewaffnung. Lebensmittel, Waffen, Munition können zwar in einem Volkskriege nicht der Gegenstand regelmäßiger Lieferungen sein, sondern es ist eben die Natur eines solchen Krieges, sich in diesen Dingen zu helfen wie man kann und auf diese Weise tausend kleine Quellen der Widerstandkräfte zu wecken, die ohne ihn verschlossen blieben; allein es ist doch begreiflich, daß eine bedeutende Festung, die Vorräte jener Gegenstände zur Aushilfe hat, dem ganzen Widerstande mehr Dichtigkeit[1] und Gediegenheit, mehr Zusammenhang und Folge gibt.

Außerdem ist die Festung der Zufluchtsort der Verwundeten, der Sitz der leitenden Behörden, die Schatzkammer, der Versammlungspunkt für größere Unternehmungen usw., endlich der Kern des Widerstandes, der die feindliche Macht während der Belagerung in einen Zustand versetzt, für welchen die Anfälle der Landesbewaffnung recht eigentlich gemacht sind.

11. Zur Verteidigung der Ströme und Gebirge. Nirgens kann eine Festung soviel Zwecke erfüllen, soviel Rollen übernehmen, als wenn

1[2. Auflage: Kraft]

sie an einem großen Strome liegt. Hier sichert sie unseren Übergang zu jeder Zeit, verhindert den feindlichen auf einige Meilen in ihrem Umkreis, beherrscht den Handel des Stromes, nimmt alle Schiffe in sich auf, sperrt Brücken und Straßen und gibt Gelegenheit, den Strom auf dem indirekten Wege, nämlich durch eine Stellung auf der feindlichen Seite zu verteidigen. Es ist klar, daß sie durch diesen vielseitigen Einfluß die Stromverteidigung in einem hohen Grade erleichtert und als ein wesentliches Glied derselben zu betrachten ist.

Auf eine ähnliche Art werden die Festungen in Gebirgen wichtig. Hier öffnen und schließen sie ganze Straßensysteme, deren Knoten sie bilden, beherrschen dadurch die ganze Gegend, durch welche diese Straßen im Gebirge ziehen, und sind als die rechten Strebepfeiler ihres Verteidigungssystems zu betrachten.

Elftes Kapitel: Fortsetzung des vorigen Kapitels

Wir haben von der Bestimmung der Festungen gesprochen, jetzt von ihrer Lage. Im ersten Augenblick scheint die Sache sehr verwikkelt, wenn man an die Menge der Bestimmungen denkt, die wieder eine jede durch die Örtlichkeit modifiziert werden können; diese Besorgnis aber ist sehr ungegründet, wenn wir uns an das Wesen der Sache halten und vor überflüssigen Spitzfindigkeiten in acht nehmen.

Es ist klar, daß allen jenen Forderungen zu gleicher Zeit Genüge geschieht, wenn in denjenigen Landstrichen, welche als das Kriegstheater zu betrachten sind, die größten und reichsten Städte auf den großen, beide Länder miteinander verbindenden Landstraßen, und zwar vorzugsweise die an Hafenplätzen und Meerbusen, an großen Strömen und in Gebirgen befestigt werden. Große Städte und große Straßen gehen immer Hand in Hand, und auch mit den großen Strömen und der Meeresküste haben beide eine natürliche Verwandschaft, es werden also diese vier Bestimmungen leicht miteinander bestehen und keinen Widerspruch erzeugen; dagegen vertragen sich die Gebirge nicht damit, denn selten findet man große Städte in denselben. Es ist also, wenn die Lage und Richtung eines Gebirges dasselbe zur Verteidungslinie eignet, nötig, seine Straßen und Pässe durch kleine Forts zu schließen, die nur diesen Zweck haben und mit so wenig Kosten als möglich erbaut werden, während die großen Festungsanlagen für die großen Städte[1] der Ebene bestimmt bleiben müssen.

1 [2. Auflage: die wichtigen Waffenplätze]

Wir haben noch keine Beziehung auf die Grenze genommen, nichts von der geometrischen Gestalt der ganzen Festungslinie, auch nichts von den übrigen geographischen Beziehungen ihrer Lage gesagt, weil wir die gegebenen Bestimmungen als die wesentlichsten angesehen wissen wollen und der Meinung sind, daß sie in vielen Fällen, namentlich bei kleinen Staaten, allein hinreichen werden. Allerdings können aber bei Ländern von einer weiteren Oberfläche, welche entweder sehr viel bedeutende Städte und Straßen haben, oder auch welche umgekehrt derselben fast ganz entbehren, die entweder sehr reich sind und bei vielen schon vorhandenen Festungen noch neue anlegen wollen, oder die umgekehrt sehr arm und genötigt sind, sich mit sehr wenigem zu behelfen, kurz, in den Fällen, wo die Zahl der Festungen nicht ziemlich zusammenfällt mit der Zahl der bedeutenden Städte und Straßen, die sich von selbst darbieten, wo sie entweder bedeutend größer oder kleiner ist, da können noch andere Bestimmungen zugelassen und auch erforderlich werden, auf die wir nur einen Blick werfen wollen[1].

Die Hauptfragen, welche übrigbleiben, betreffen:

1. Die Auswahl der Hauptstraße, wenn zur Verbindung der beiden Länder ihrer mehr da sind, als man befestigen will.
2. Ob die Festungen nur an der Grenze liegen oder über das ganze Land verbreitet sein sollen.
3. Ob sie gleichmäßig oder gruppenweis verteilt werden sollen.
4. Die geographischen Beziehungen[2] der Gegend, auf welche Rücksicht zu nehmen ist.

Mehrere andere Fragen, welche sich noch aus der geometrischen Gestalt der Festungslinie ableiten ließen, ob sie in einer oder in mehreren Reihen angelegt werden sollen, d. h. ob sie mehr tun, wenn sie hintereinander, oder mehr, wenn sie nebeneinander liegen, ob sie schachbrettförmig gelegt, oder ob sie in gerader Linie oder mit vorspringenden und zurücktretenden Teilen wie die Befestigungen selbst sich hinziehen sollen, – halten wir für leere Spitzfindigkeiten, d.h. für Rücksichten von so unbedeutender Art, daß die wichtigeren sie niemals zur Sprache kommen lassen werden, und wir berühren sie hier nur deswegen, weil in manchen Büchern nicht allein die Rede davon gewesen, sondern diesen Erbärmlichkeiten auch eine[3] viel zu

1 [2. Auflage: behelfen, noch andere Bestimmungen erforderlich werden, auf die wir nur einen Blick werfen wollen]
2 [2. Auflage: Verhältnisse]
3 [2. Auflage: sondern diesem Gegenstande eine]

große Wichtigkeit eingeräumt worden ist.

Was die erste Frage betrifft, so wollen wir, um sie klarer vor Augen zu stellen, nur an das südliche Deutschland in seiner Beziehung zu Frankreich, d. h. zum Oberrhein, erinnern. Denkt man sich diesen Länderstrich als ein Ganzes, dessen Befestigung ohne Rücksicht auf die einzelnen Staaten, die denselben bilden, strategisch bestimmt werden sollte, so müßte eine sehr große Ungewißheit entstehen, denn es führt eine Unzahl der schönsten Kunststraßen vom Rhein in das Innere von Franken, Bayern und Österreich. Zwar fehlt es nicht an Städten, die ihrer Größe wegen unter den übrigen hervorragen, wie Nürnberg, Würzburg, Ulm, Augsburg, München, aber wenn man nicht alle befestigen will, so bleibt immer die Auswahl nötig; ferner wenn man auch nach unserer Ansicht die Befestigung der größten und reichsten Städte als die Hauptsache ansieht, so ist doch nicht zu leugnen, daß bei der Entfernung Nürnbergs von München das erstere auch von dem letzteren merklich verschiedene strategische Beziehungen haben wird, und es bliebe also immer die Frage denkbar, ob nicht statt Nürnbergs ein zweiter, wenn auch weniger bedeutender Ort in der Gegend von München anzulegen wäre.

Was also die Entscheidung in solchen Fällen, d. h. die Beantwortung der ersten Frage betrifft, so müssen wir auf das verweisen, was wir in den Kapiteln von dem allgemeinen Verteidigungsplan und von der Wahl des Angriffspunktes gesagt haben. Da, wo der natürlichste Angriffspunkt ist, da werden wir auch die Verteidigungsanstalten vorzugsweise hinlegen.

Wir werden also unter einer Anzahl Hauptstraßen, die von dem feindlichen Lande in das unserige führen, vorzugsweise diejenige befestigen, die die geradeste nach dem Herzen unseres Staates ist, oder diejenige, welche dem Feinde wegen der fruchtbaren Provinzen, wegen eines schiffbaren Stromes usw. die größte Leichtigkeit der Unternehmung gibt, und dann sicher sein, daß der Feind entweder auf diese Befestigung trifft oder, wenn er ihr vorbeigehen wollte, uns die Mittel zu einer natürlichen und vorteilhaften Flankenwirkung darbietet.

Wien ist das Herz des südlichen Deutschlands, und offenbar würde schon in Beziehung auf Frankreich allein, also die Schweiz und Italien neutral gedacht, München oder Augsburg als Hauptfestung wirksamer sein als Nürnberg oder Würzburg. Betrachtet man aber zugleich die von der Schweiz durch Tirol und aus Italien kommenden Straßen, so wird es noch fühlbarer, denn für diese bliebe München oder

Augsburg immer von einiger Wirksamkeit, während Würzburg und Nürnberg für sie so gut wie gar nicht vorhanden sind. –

Wir wenden uns zur zweiten Frage, ob die Festungen nur an den Grenzen liegen oder über das ganze Land verbreitet sein sollen. Zuvörderst bemerken wir, daß bei kleinen Staaten diese Frage überflüssig ist, denn was man strategisch Grenze nennen kann, fällt bei ihnen ziemlich mit dem Ganzen zusammen. Je größer der Staat ist, den man sich bei dieser Frage denkt, um so deutlicher springt ihre Notwendigkeit in die Augen.

Die natürlichste Antwort ist: daß die Festungen an die Grenzen gehören, denn sie sollen den Staat verteidigen, und der Staat ist verteidigt, solange die Grenzen es sind. Diese Bestimmung mag nun auch für die allgemeine gelten, aber wie sehr sie beschränkt werden kann, werden folgende Betrachtungen zeigen.

Jede Verteidigung, die hauptsächlich auf fremden Beistand berechnet ist, setzt einen größeren Wert im Zeitgewinn, sie ist nicht ein kräftiger Rückstoß, sondern ein langsames Vorgehen, wobei mehr die Zeit als die Schwächung des Feindes der Hauptgewinn ist. Nun ist es aber in der Natur der Sache, daß, alle übrigen Umstände gleich gedacht, Festungen, die über das ganze Land verbreitet sind und einen großen Flächenraum zwischen sich einschließen, langsamer eingenommen werden als die in einer dichten Linie an den Grenzen zusammengedrängten. Ferner wird es in allen Fällen, wo der Feind durch die Länge seiner Verbindungslinie und die Schwierigkeit seiner Existenz besiegt werden soll, also bei Ländern, welche auf diese Reaktionsart vorzüglich rechnen können, ein völliger Widerspruch sein, seine Verteidigungsanstalten nur an der Grenze zu haben. Bedenkt man endlich noch, daß die Befestigung der Hauptstadt, wenn die Umstände es irgend erlauben, eine Hauptsache ist, daß nach unseren Grundsätzen die Hauptstädte und Haupthandelsorte der Provinzen es auch erfordern, daß Ströme, welche das Land durchschneiden, Gebirge und andere Abschnitte des Bodens den Vorteil neuer Verteidigungslinien geben, daß manche Städte durch eine natürlich feste Lage zur Befestigung auffordern, endlich daß gewisse Kriegsanstalten, z. B. alle Waffenfabriken besser im Innern des Landes als an der Grenze liegen und ihrer Wichtigkeit wegen den Schutz der Festungswerke wohl verdienen, so sieht man, daß es immer bald mehr, bald weniger Veranlassungen gibt, Festungen im Innern des Landes anzulegen, und wir sind also der Meinung, daß, wenn auch bei Staaten, die sehr viel Festungen haben, mit Recht die größere Zahl an den Grenzen angelegt ist, es doch ein großer Fehler sein würde, wenn das Innere ganz davon entblößt wäre. Wir glauben z. B., daß dieser Fehler schon bei Frankreich in einem merklichen Grade stattfindet. – Ein großer Zweifel kann mit Recht entstehen, wenn die Grenzprovinzen des Landes von bedeutenden Städten ganz entblößt sind, und diese sich erst weiter rückwärts finden, wie dies namentlich der Fall mit Süddeutschland ist, weil Schwaben der großen Städte fast ganz entbehrt, während Bayern deren sehr viele hat. Diesen Zweifel ein für allemal nach allgemeinen Gründen aufzuheben, halten wir nicht für nötig, sondern glauben, daß in diesem Falle Gründe der individuellen Lage hinzutreten müssen, um die Bestimmung zu geben,[1] doch müssen wir auf die Schlußbemerkung dieses Kapitels aufmerksam machen. –

Die dritte Frage, ob die Festungen mehr gruppenweise zusammengehalten oder mehr gleichmäßig verteilt werden sollen, wird, wenn man alles überlegt, selten vorkommen; doch möchten wir sie deswegen nicht zu den unnützen Spitzfindigkeiten zählen, weil allerdings eine Gruppe von 2, 3 oder 4 Festungen, die nur einige Tagemärsche von einem gemeinschaftlichen Zentrum entfernt sind, diesem Punkt und der Armee, welche sich auf ihm befindet, eine solche Stärke gibt, daß man, wenn die anderen Bedingungen es einigermaßen zulassen, sehr versucht sein muß, sich ein solches strategisches Bastion zu bilden. –

Der letzte Punkt betrifft die noch übrigen geographischen Beziehungen des auszuwählenden Punktes. Am Meere, an Strömen und großen Flüssen und in Gebirgen sind Festungen doppelt wirksam, das haben wir schon gesagt, weil es zu den Hauptrücksichten gehört, aber es bleiben noch manche andere Beziehungen.

Kann eine Festung nicht am Strome selbst liegen, so ist es besser, sie nicht in seine Nähe, sondern 10-12 Meilen entfernt von demselben zu bauen; der Strom durchschneidet und stört die Wirkungssphäre der Festung in allen den Beziehungen, die wir oben angegeben haben*.

Dies findet nicht ebenso statt bei einem Gebirge, weil ein solches die Bewegung großer und kleiner Massen nicht in dem Maße auf einzel-

* Philippsburg war das Muster einer schlecht gelegenen Festung. Es gleicht einem blödsinnigen Menschen, der sich mit der Nase dicht an die Wand stellt.

1 [2. Auflage: Diesen Zweifel ein für allemal nach allgemeinen Gründen zu lösen, halten wir für unzulässig und glauben, daß in jedem besonderen Falle die speziellen Verhältnisse entscheiden und die Anlage von Festungen motivieren müssen.]

nen Punkten beschränkt wie ein Strom. Aber auf der feindlichen Seite der Gerbirge sind Festungen in ihrer Nähe darum nicht gut gelegen, weil sie schwer zu entsetzen sind. Auch wird, wenn sie diesseits liegen, dem Feinde die Belagerung außerordentlich erschwert, weil das Gebirge seine Verbindungslinien durchschneidet. Wir erinnern an Olmütz 1758.

Daß große unzugängliche Wälder und Moräste ähnliche Beziehungen geben wie die Ströme, ist leicht einzusehen.

Ob Städte von einer sehr unzugänglichen Örtlichkeit bessere oder schlechtere Festungen geben, ist auch häufig gefragt worden. Da sie mit weniger Kosten befestigt und verteidigt werden können oder bei gleichem Aufwande von Kräften viel stärker, oder unüberwindlich werden, und die Dienste einer Festung immer mehr passiv als aktiv sind, so scheint es, darf man auf die Einwendung, daß sie leicht gesperrt werden können, kein allzugroßes Gewicht legen.

Werfen wir zuletzt noch einen Rückblick auf unser so einfaches System der Länderbefestigung, so dürfen wir behaupten, daß es sich auf große, dauernde, mit der Grundlage des Staates unmittelbar verbundene Dinge und Verhältnisse gründet, daß folglich darin nichts von den vergänglichen Modeansichten des Krieges, von eingebildeten strategischen Feinheiten, von ganz individuellen Bedürfnissen des Augenblicks vorkommen kann, welches für Festungen, die für ein halbes, vielleicht für ein ganzes Jahrtausend gebaut werden, ein Fehler von trostlosen Folgen sein würde. Silberberg in Schlesien, welches Friedrich II. auf einem der Kämme der Sudeten erbaute, hat unter ganz veränderten Umständen fast seine ganze Bedeutung und Bestimmung verloren, während Breslau, wäre es eine tüchtige Festung gewesen und geblieben, sie unter allen Umständen behalten haben würde, gegen Franzosen wie gegen Russen, Polen und Österreicher.

Unser Leser wird nicht vergessen, daß diese Betrachtungen nicht sowohl für den Fall aufgestellt worden, daß ein Staat sich ganz neu mit Festungen waffnete, dann wären sie ebenfalls unnütz, weil das selten oder nie vorkommt, sondern daß sie alle bei der Anlage jeder einzelnen Festung vorkommen können.

Zwölftes Kapitel: Defensivstellung

Jede Stellung, in welcher wir eine Schlacht annehmen, indem wir uns dabei der Gegend als eines Schutzmittels bedienen, ist eine Defensivstellung, und wir machen keinen Unterschied, ob wir uns dabei mehr leidend oder mehr angriffsweise verhalten. Es folgt dies schon aus unserer allgemeinen Ansicht von der Verteidigung.

Nun könnte man ferner eine jede Stellung so benennen, in welcher ein Heer, indem es seinem Gegner entgegenzieht, allenfalls eine Schlacht annehmen würde, wenn dieser es darin aufsuchte. So tragen sich im Grunde die meisten Schlachten zu, und im ganzen Mittelalter war von etwas anderem nicht die Rede. Dies ist aber nicht der Gegenstand, von welchem wir hier sprechen; von der Art ist die große Mehrzahl aller Stellungen, und der Begriff der *Stellung* im Gegensatz eines *Marschlagers* würde hier schon genügen. Eine Stellung, die als eine *Verteidigungsstellung* ganz eigens bezeichnet wird, muß also noch etwas anderes sein. Offenbar herrscht bei den Entscheidungen, welche in einer gewöhnlichen Stellung gegeben werden, der Begriff der Zeit vor; die Heere gehen einander entgegen, um sich zu treffen; der Ort ist eine untergeordnete Sache, von der man nur verlangt, daß sie nicht unangemessen sei. Bei der eigentlichen Verteidigungsstellung aber herrscht der Begriff des *Ortes* vor; die Entscheidung soll an diesem Ort oder vielmehr hauptsächlich durch diesen Ort gegeben werden. Nur von dieser Stellung ist hier die Rede.

Die Beziehung des Ortes wird nun eine doppelte sein, nämlich einmal, indem eine auf diesen Punkt gestellte Streitkraft eine gewisse Wirksamkeit auf das Ganze übt, und dann, indem die Örtlichkeit dieser Streitkraft zum Schutz und Verstärkungsmittel dient; mit einem Wort: die strategische und die taktische Beziehung.

Nur aus dieser taktischen Beziehung entspringt, wenn wir genau sein wollen, der Ausdruck *Verteidigungsstellung,* denn die strategische Beziehung, daß nämlich die an diesem Ort aufgestellte Streitkraft durch ihr Dasein die Verteidigung des Landes bewirkt, wird auch auf eine angriffsweis verfahrende passen.

Die erste jener Beziehungen, die strategische Wirksamkeit einer Stellung, wird sich erst später bei der Verteidigung eines Kriegstheaters in ihrem vollkommenen Lichte zeigen lassen; wir wollen ihrer hier nur soweit gedenken, als es jetzt schon geschehen kann, und dazu müssen wir zwei Vorstellungen genauer kennen, die Ähnlichkeit miteinander haben und oft verwechselt werden, nämlich das Umgehen einer Stellung und das Vorbeigehen derselben. Das Umgehen einer Stellung bezieht sich auf die Fronte derselben und geschieht entweder, um sie von der Seite oder gar von hinten anzugreifen, oder um ihre Rückzugs- und Verbindungslinie zu unterbrechen.

Das erstere, nämlich der Seiten- und Rückenangriff, ist taktischer Natur. In unseren Tagen, wo die Beweglichkeit der Truppen so groß ist, und alle Gefechtspläne mehr oder weniger auf das Umgehen und umfassende Schlagen gerichtet sind, muß jede Stellung darauf gefaßt sein, und eine, die den Namen einer starken verdienen soll, muß bei einer starken Fronte für Seiten und Rücken, insofern sie bedroht sind, wenigstens gute Gefechtskombinationen zulassen. Durch das *Umgehen* in der Absicht, sie von der Seite oder im Rücken anzufallen, wird eine Stellung also nicht unwirksam gemacht, sondern die Schlacht, welche in ihr stattfindet, liegt in ihrer Bedeutung und muß dem Verteidiger die Vorteile gewähren, die er sich überhaupt von dieser Stellung versprechen konnte.

Wird die Stellung vom Angreifenden umgangen in der Absicht, auf ihre Rückzugs- und Verbindungslinie zu wirken, so ist dies eine strategische Beziehung, und es kommt darauf an, wie lange die Stellung dies aushalten und ob sie den Gegner nicht darin überbieten kann, welches beides von der Lage des Punktes, d. h. hauptsächlich von dem Verhältnis der gegenseitigen Verbindungslinien abhängt. Jede gute Stellung sollte darin der verteidigenden Armee die Überlegenheit sichern. In jedem Fall wird auch hierdurch die Stellung nicht unwirksam gemacht, sondern der Gegner, der sich auf diese Weise mit ihr beschäftigt, dadurch wenigstens neutralisiert.[1]

Wenn aber der Angreifende, ohne sich um das Dasein der in einer Verteidigungsstellung ihn erwartenden Streitkraft zu bekümmern, mit seiner Hauptmacht auf einem anderen Wege vordringt und seinen Zweck verfolgt, so *geht* er der Stellung *vorbei;* und wenn er imstande ist, dies ungestraft zu tun, so wird er, indem er es wirklich tut, uns augenblicklich zwingen, die Stellung zu verlassen, diese also unwirksam werden. Es gibt fast keine Stellung in der Welt, der man nicht im bloßen Wortsinn vorbeigehen könnte; denn Fälle wie die Landenge von Perekop verdienen ihrer Seltenheit wegen kaum eine Rücksicht. Die[2] Unmöglichkeit des Vorbeigehens muß sich also auf die

1 [In der 2. Auflage fehlt dieser Satz.]

2 [2. Auflage: Es gibt fast keine Stellung in der Welt, der man nicht vorbeigehen könnte; die]

Nachteile beziehen, in welche der Angreifende durch das Vorbeigehen gerät. Worin diese Nachteile bestehen, werden wir im siebenundzwanzigsten Kapitel zu sagen bessere Gelegenheit haben; sie mögen groß oder klein sein, in jedem Fall sind sie das Äquivalent für die nicht erfolgte taktische Wirksamkeit der Stellung und machen mit dieser gemeinschaftlich den Zweck der Stellung aus.

Aus dem bisher Gesagten haben sich also zwei strategische Eigenschaften der Verteidigungsstellung ergeben:

1. daß ihr nicht vorbeigangen werden könne;
2. daß sie in dem Kampf um die Verbindungslinien dem Verteidiger Vorteile gewähre.

Jetzt haben wir noch zwei andere strategische Eigenschaften hinzuzufügen:

3. daß das Verhältnis der Verbindungslinien auch auf die Gestalt des Gefechts vorteilhaft einwirke;
4. daß der allgemeine Einfluß der Gegend vorteilhaft sei.

Es hat nämlich das Verhältnis der Verbindungslinien nicht bloß Einfluß auf die Möglichkeit einer Stellung vorbeizugehen, ihr[1] die Lebensmittel abzuschneiden oder nicht, sondern auch auf den ganzen Gang der Schlacht. Eine schiefe Rückzugslinie erleichtert dem Angreifenden das taktische Umgehen und lähmt die eigenen taktischen Bewegungen in der Schlacht. Diese schiefe Aufstellung ist aber nicht immer Schuld der Taktik, sondern oft eine Folge des fehlerhaften strategischen Punktes; sie ist z. B. gar nicht zu vermeiden, wenn die Straße in der Gegend der Stellung eine veränderte Richtung nimmt (Borodino 1812); alsdann ist der Angreifende in der Richtung uns zu umgehen, *ohne selbst von seiner senkrechten Aufstellung abzuweichen.*

Ferner ist der Angreifende, wenn er viele Wege zu seinem Rückzug hat, während wir auf einen eingeschränkt sind, gleichfalls in dem Vorteil einer viel größeren taktischen Freiheit. In allen diesen Fällen kann die taktische Kunst des Verteidigers sich totquälen, es wird ihr nicht gelingen[2], des nachteiligen Einflusses mächtig zu werden, den der strategische Fehler ausübt.

Was endlich den vierten Punkt betrifft, so kann auch in den übrigen Beziehungen der Gegend ein so nachteiliges allgemeines Verhältnis herrschen, daß die sorgfältigste Auswahl und die höchste Industrie[3] der Taktik[4] nichts dagegen vermögen. Hier wird das Hauptsächlichste

1 [2. Auflage: oder dem Gegner] 2 [2. Auflage: Verteidigers vergebens trachten]
3 [2. Auflage: die zweckmäßigste Anwendung] 4 [2. Auflage: taktischen Hilfsmittel]

folgendes sein:

1. Der Verteidiger muß vorzugsweise die Vorteile suchen, seinen Gegner zu übersehen und sich innerhalb des Gebietes seiner Stellung schnell auf ihn werfen zu können. Nur da, wo sich die Zugangshindernisse des Bodens mit diesen beiden Bedingungen verbinden, ist dem Verteidiger die Gegend vorzugsweise günstig.
   Nachteilig sind ihm also alle Punkte, die unter dem Einfluß einer allgemein dominierenden Gegend stehen; alle oder die meisten Stellungen in Gebirgen, wovon in den Kapiteln vom Gebirgskrieg noch insbesondere die Rede sein wird; alle Stellungen, die sich an ein Gebirge seitwärts anlehnen, denn ein solches erschwert zwar dem Angreifenden das *Vorbeigehen,* erleichtert aber das *Umgehen;* ferner alle Stellungen, die ein Gebirge nahe vor sich haben, und überhaupt alle Fälle, die sich aus den oben genannten Bedürfnissen, in Beziehung gebracht mit den gewöhnlichen Gegenständen des Bodens, herleiten lassen.
   Von den Kehrseiten jener nachteiligen Verhältnisse wollen wir nun den Fall herausheben, wo die Stellung ein Gebirge im Rücken hat, woraus sich soviel Vorteile ergeben, daß sie für eine der besten allgemeinen Lagen für Verteidigungsstellungen angenommen werden kann.
2. Die Gegend kann dem Charakter des Heeres und seiner Zusammensetzung mehr oder weniger entsprechen. Eine sehr überlegene Reiterei läßt uns mit Recht offene Gegenden suchen. Mangel an dieser Waffe, vielleicht auch an Geschütz, ein krieggeübtes, landeskundiges, beherztes Fußvolk rät die Benutzung sehr schwieriger verwickelter Gegenden.

Von der taktischen Beziehung, welche die Örtlichkeit einer Verteidigungsstellung zur Streitkraft hat, haben wir hier im einzelnen nicht zu sprechen, sondern nur vom ganzen Resultat, weil dies allein eine strategische Größe ist.

Unstreitig soll eine Stellung, in der ein Heer den feindlichen Angriff vollkommen abwarten will, demselben bedeutende Vorteile des Bodens gewähren, so daß diese als ein Multiplikator seiner Kräfte anzusehen sind. Wo die Natur vieles tut, aber nicht so viel, als wir wünschen, kommt die Verschanzungskunst zu Hilfe. Auf diese Weise ist es nicht selten, daß einzelne Teile *unangreifbar* werden, und nicht ganz ungewöhnlich, daß das Ganze *unangreifbar werde.* Offenbar wird in diesem letzteren Fall die ganze Natur der Maßregel verändert. Nun ist es nicht mehr eine Schlacht unter vorteilhaften Bedingungen, welche wir suchen, und in dieser Schlacht den Erfolg des Feldzuges, sondern ein Erfolg ohne Schlacht. Indem wir unsere Streitkraft in einer unangreifbaren Stellung halten, versagen wir geradezu die Schlacht und drängen den Gegner in andere Wege der Entscheidung hinein.

Wir müssen also beide Fälle ganz voneinander trennen und werden von dem letzteren im folgenden Kapitel unter dem Titel einer *festen Stellung* handeln.

Die Verteidigungsstellung aber, mit der wir es hier zu tun haben, soll nichts sein als ein Schlachtfeld mit gesteigerten Vorteilen; damit sie aber ein Schlachtfeld werde, dürfen die Vorteile nicht *überspannt* werden. Welchen Grad der Stärke darf nun eine solche Stellung haben? Offenbar um so mehr, je entschlossener unser Gegner zum Angriff ist, und das hängt von der Beurteilung des individuellen Falles ab. Gegen einen Bonaparte darf und muß man sich hinter stärkere Schutzwehren zurückziehen als gegen einen Daun oder Schwarzenberg.

Sind einzelne Teile einer Stellung unangreifbar, z. B. die Fronte, so ist das als ein einzelner Faktor ihrer Gesamtstärke zu betrachten, denn die Kräfte, welche man auf diesen Punkten nicht braucht, kann man auf andere verwenden; allein es ist nicht unbemerkt zu lassen, daß, indem der Feind von solchen unangreifbaren Teilen ganz abgedrängt wird, die Form seines Angriffs einen ganz anderen Charakter bekommt, wovon erst auszumachen ist, ob er unseren Verhältnissen zusagt.

Sich z. B. so nahe hinter einem bedeutenden Fluß aufzustellen, daß dieser als Fronteverstärkung betrachtet wird, welches wohl vorgekommen ist, heißt nichts anderes, als den Fluß zum Stützpunkt seiner rechten oder linken Flanke zu machen, denn der Feind ist natürlich gezwungen, weiter rechts oder links überzugehen und uns mit verwandter[1] Fronte anzugreifen; es muß also die Hauptfrage sein, welche Vorteile oder Nachteile uns das bringt.

Nach unserer Meinung wird die Verteidigungsstellung sich ihrem Ideal um so mehr nähern, je versteckter ihre Stärke ist, und je mehr wir Gelegenheit haben, durch unsere Gefechtskombinationen zu überraschen. Wie man in Rücksicht der Streitkräfte veranlaßt ist, dem Gegner seine wahre Stärke und die wahre Richtung seiner Stärke zu verbergen, in eben dem Sinne sollte man ihm die Vorteile zu verber-

1 [2. Auflage: verkehrter]

gen suchen, die man von der Gestalt des Bodens zu ziehen gedenkt. Dies läßt sich freilich nur bis auf einen gewissen Punkt tun und erfordert vielleicht eine eigene, noch wenig versuchte Industrie[1].

Durch die Nähe einer bedeutenden Festung, in welcher Richtung es auch sei, gewinnt jede Stellung in der Bewegung und dem Gebrauch ihrer Kräfte ein großes Übergewicht über den Feind; durch einen passenden Gebrauch einzelner Feldschanzen kann der Mangel an natürlicher Festigkeit einzelner Punkte ersetzt, und es können dadurch die großen Lineamente des Gefechts im voraus willkürlich bestimmt werden: dies sind die Verstärkungen der Kunst; verbindet man damit eine gute Wahl derjenigen Hindernisse des Bodens, die die Wirksamkeit der feindlichen Streitkräfte erschweren, ohne sie unmöglich zu machen, sucht man allen Vorteil aus dem Umstande zu ziehen, daß wir das Schlachtfeld genau kennen und der Feind nicht, daß wir unsere Maßregeln besser verbergen können als er die seinigen und überhaupt in den Mitteln der Überraschung im Lauf des Gefechts ihm überlegen sind, so kann aus diesen vereinigten Beziehungen ein überwiegender und entscheidender Einfluß der Örtlichkeit entspringen, dessen Macht der Feind erliegt, ohne die wahre Quelle seiner Niederlage kennenzulernen. Das ist, was wir unter einer Verteidigungsstellung verstehen und für einen der größten Vorzüge des Verteidigungskrieges halten.

Ohne Rücksicht auf besondere Umstände kann man annehmen, daß ein wellenförmiges, nicht zu stark aber auch nicht zu wenig bebautes Land die meisten Stellungen solcher Art darbieten wird.

Dreizehntes Kapitel: Feste Stellungen und verschanzte Lager

Wir haben im vorigen Kapitel gesagt, daß eine Stellung, welche durch Natur und Kunst so stark ist, daß sie für unangreifbar gelten muß, ganz aus der Bedeutung eines vorteilhaften Schlachtfeldes heraustritt und darum eine eigene ausmacht. Wir wollen in diesem Kapitel ihre Eigentümlichkeit betrachten und sie wegen ihrer festungsähnlichen Natur *feste Stellungen* nennen.

Durch bloße Verschanzungen werden sie nicht leicht hervorgebracht, es sei denn als verschanzte Lager bei Festungen, aber noch weniger bloß durch natürliche Hindernisse. Natur und Kunst pflegen

---

1[2. Auflage: Verfahrungsweise]

sich die Hand zu geben, und daher werden sie häufig mit dem Namen verschanzter Lager oder Stellungen bezeichnet; indessen kann dieser Name eigentlich für jede mit mehr oder weniger Schanzen versehene Stellung gelten, die nichts mit der natur der hier in Rede stehenden gemein hat.

Die Absicht[1] einer festen Stellung ist also, die in ihr aufgestellte Streitkraft so gut wie unangreifbar[2] zu machen und dadurch entweder *wirklich* einen Raum unmittelbar zu schützen oder nur die *Streitkraft,* welche in diesem Raum aufgestellt ist, um mit dieser Streitkraft dann auf eine andere Art zur Deckung des Landes mittelbar zu wirken. Das erstere war die Bedeutung der Linien der früheren Kriege, namentlich[3] an der französischen Grenze, das letztere der nach allen Seiten hin Fronte machenden sowie der bei den Festungen angelegten verschanzten Lager.

Wenn nämlich die Fronte einer Stellung durch Schanzen und Zugangshindernisse so stark ist, daß ein Angriff unmöglich wird, so wird der Feind zur Umgehung gezwungen, um den Angriff von der Seite oder von hinten zu unternehmen. Damit dies nun nicht leicht geschehen könne, wurden für diese Linien Anlehnungspunkte gesucht, die sie von der Seite ziemlich stützten, wie der Rhein und die Vogesen bei den Linien im Elsaß. Je länger die Fronte einer solchen Linie war, um so eher war sie gegen Umgehungen zu schützen, weil jede Umgehung für den Umgehenden immer mit einiger Gefahr verbunden ist, und diese zunimmt in dem Grade wie die erforderliche Abweichung von der ursprünglichen Richtung der Kräfte. Also eine bedeutende Länge der Fronte, welche unangreiflich gemacht werden konnte, und gute Anlehnungspunkte bildeten die Möglichkeit, einen bedeutenden Raum unmittelbar vor dem feindlichen Eindringen zu schützen; so war wenigstens die Vorstellungsart[4], von der diese Einrichtungen ausgegangen sind, so die Bedeutung der Linien des Elsaß, die sich mit dem rechten Flügel an den Rhein, mit dem linken an die Vogesen, und der flandrischen, 15 Meilen langen, die sich mit dem rechten Flügel an die Schelde und die Festung Tournai, mit dem linken an das Meer stützten.

Wo man aber die Mittel[5] einer so langen starken Fronte und guter

---

1 [2. Auflage: Der Zweck]
2 [2. Auflage: schwer angreifbar]
3 [2. Auflage: war der Zweck der *verschanzten Linien,* namentlich]
4 [2. Auflage: Ansicht]
5 [2. Auflage: Vorteile]

Anstützungspunkte nicht hat, da muß, wenn die Gegend überhaupt durch eine wohlverschanzte Streitkraft behauptet werden soll, diese sich gegen das Umgehen dadurch schützen, daß sie und ihre Stellung Fronte nach allen Seiten machen. Nun verschwindet der Begriff eines wirklich gedeckten Raumes, denn eine solche Stellung ist strategisch wie ein Punkt anzusehen, und es ist nur die Streitkraft, welche gedeckt ist und welcher dadurch die Möglichkeit werden soll, das Land zu behaupten, d. h. *sich in dem Lande zu behaupten.* Ein solches Lager kann nicht mehr *umgangen,* d. h. nicht mehr in Seiten und Rücken als *schwächeren* Teilen angegriffen werden, weil es überall Fronte hat, überall gleich stark ist; aber einem solchen Lager kann vorbeigegangen werden, und zwar viel eher als einer verschanzten Linie, weil es so gut wie *keine*[1] Ausdehnung hat.

Verschanzte Lager bei Festungen sind im Grunde von dieser zweiten Art, denn sie haben die Bestimmung, die darin versammelte Streitkraft zu schützen; ihre weitere strategische Bedeutung, nämlich die Anwendung *dieser* geschützten Streitkraft, ist aber von den anderen verschanzten Lagern etwas verschieden.

Nach dieser Entwicklung der Entstehungsart wollen wir den Wert dieser drei verschiedenen Verteidigungsmittel betrachten und sie durch die Namen fester Linien, fester Stellungen und verschanzter Lager bei Festungen unterscheiden.

1. Die Linien. Sie sind die verderblichste Art des Kordonkrieges; das Hindernis, welches sie dem Angreifenden darbieten, ist durchaus nur von Wert, wenn es durch ein starkes Feuer verteidigt wird, an sich ist es so gut wie gar keines[2]. Nun ist aber diejenige Ausdehnung, welche einem Heer[3] noch eine solche Wirksamkeit des Feuers läßt, zum Verhältnis einer Landesausdehnung immer sehr gering, und die Linien werden also sehr kurz sein müssen und folglich sehr wenig Land decken, oder das Heer wird nicht imstande sein, alle Punkte wirklich zu verteidigen. Nun ist man wohl auf den Gedanken gekommen, nicht alle Punkte dieser Linien zu besetzen, sondern sie nur zu beobachten und vermittelst aufgestellter Reserven zu verteidigen, wie man einen mittleren Fluß verteidigen kann. Allein dies Verfahren ist gegen die Natur des Mittels. Sind die natürlichen Hindernisse des Bodens so groß, daß man eine solche Verteidigungsart anwenden könnte, so

---

1 [2. Auflage: es nur eine geringe]
2 [2. Auflage: an sich ist es unbedeutend]
3 [2. Auflage: dem Verteidiger]

wären die Schanzen unnütz und gefährlich, denn jene Verteidigungsart ist keine örtliche, und Schanzen sind nur für die örtliche gemacht; sind aber die Schanzen selbst als das Haupthindernis des Zuganges anzusehen, so ist begreiflich, wie wenig eine *unverteidigte* Verschanzung als Hindernis des Zuganges sagen will. Was ist ein 12 oder 15 Fuß tiefer Graben und ein 10-12 Fuß hoher Wall gegen die vereinigte Anstrengung vieler Tausende, wenn diese nicht durch feindliches Feuer gestört werden? Die Folge also ist, daß solche Linien, wenn sie kurz und mithin verhältnismäßig stark besetzt waren, *umgangen,* oder wenn sie ausgedehnt und nicht gehörig besetzt waren, ohne Schwierigkeit in der Fronte genommen worden sind.

Da nun dergleichen Linien die Streitkraft durch die örtliche Verteidigung fesseln und ihr alle Beweglichkeit nehmen, so sind sie gegen einen unternehmenden Feind ein sehr übel ausgesonnenes Mittel. Wenn sie sich nichtsdestoweniger in den neueren Kriegen lange genug erhalten haben, so liegt der Grund davon allein in dem geschwächten kriegerischen Element, wo die scheinbare Schwierigkeit oft so viel tat als eine wirkliche. Übrigens wurden diese Linien in den meisten Feldzügen bloß für eine untergeordnete Verteidigung gegen Streifereien benutzt; wenn sie sich dabei nicht ganz unwirksam gezeigt haben, so muß man nur zugleich im Auge haben, wieviel mit den Truppen, die zu ihrer Verteidigung erforderlich waren, auf anderen Punkten Nützlicheres hätte geschehen können. In den neuesten Kriegen konnte von ihnen gar nicht die Rede sein, auch findet sich keine Spur davon. Es ist zu bezweifeln, daß sie je wiederkehren werden.

2. *Die Stellungen.* Die Verteidigung eines Landstriches besteht, wie wir das im siebenundzwanzigsten Kapitel näher zeigen werden, solange, als die dazu bestimmte Streitkraft sich in demselben behauptet, und hört erst auf, wenn diese denselben verläßt und aufgibt.

Soll nun eine Streitkraft sich in einem Lande behaupten, das von einem sehr überlegenen Gegner angegriffen wird, so stellt sich das Mittel dar, diese Streitkraft in einer unangreiflichen Stellung gegen die Gewalt des Schwertes[1] zu schützen.

Da solche Stellungen, wie wir schon gesagt haben, nach allen Seiten Fronte machen müssen, so würden sie bei der *gewöhnlichen* Ausdehnung einer taktischen Aufstellung, wenn die Streitkraft nicht *sehr groß* wäre, was gegen die Natur des ganzen Falles ist, einen *sehr kleinen*

1 [2. Auflage: Streitkraft durch eine unangreifbare Stellung gegen die Übermacht]

Raum einnehmen, der in dem ganzen Verlauf des Gefechts so vielen Nachteilen unterworfen wäre, daß bei allen möglichen Verstärkungen durch Schanzen kaum an einen glücklichen Widerstand zu denken sein würde. Ein so nach allen Seiten Fronte machendes Lager muß also notwendig verhältnismäßig eine bedeutende Ausdehnung seiner Seiten haben; diese Seiten sollen aber gleichwohl so gut wie unangreifbar sein; ihnen diese Stärke zu geben trotz der großen Ausdehnung, dazu reicht die Verschanzungskunst nicht hin, es ist also eine Grundbedingung, daß ein solches Lager durch Hindernisse des Bodens, die manche Teile ganz unzugänglich, andere schwer zugänglich machen, verstärkt werde. Um also dieses Verteidigungsmittel anwenden zu können, ist es nötig, daß eine solche Stellung sich finde, und man kann nicht, wo sie fehlt, durch bloßes Schanzen den Zweck erreichen. Diese Betrachtungen beziehen sich auf die taktischen Resultate, um nur erst das Dasein dieses strategischen Mittels gehörig festzustellen; wir nennen dabei zur Deutlichkeit die Beispiele von Pirna, Bunzelwitz, Kolberg, Torres Vedras und Drissa. Nun von seinen strategischen Eigenschaften und Wirkungen.

Die erste Bedingung ist natürlich, daß die in diesem Lager aufgestellte Streitkraft ihren Unterhalt für einige Zeit, d. h. für so lange, als man die Wirksamkeit des Lagers nötig zu haben glaubt, gesichert hat, welches nur geschehen kann, wenn die Stellung den Rücken gegen einen Hafen hat, wie Kolberg und Torres Vedras, oder in naher Verbindung mit einer Festung ist, wie Bunzelwitz und Pirna, oder Vorräte in seinem Innern oder ganz in seiner Nähe angehäuft hat, wie Drissa.

Nur im ersten Fall wird diesem Punkte ziemlich genügt werden können, im zweiten und dritten Fall aber nur halb und halb[1], so daß schon von dieser Seite immer Gefahr droht; zugleich geht hieraus hervor, wie diese Bedingung eine Menge von starken Punkten, die sich sonst zu einer verschanzten Stellung eignen würden, davon ausschließt und also die geeigneten *selten* macht.

Um die Wirksamkeit einer solchen Stellung, ihre Vorteile und Gefahren kennenzulernen, müssen wir uns fragen, was der Angreifende dagegen tun kann.

a) Der Angreifende kann der festen Stellung vorbeigehen, seine Unternehmungen fortsetzen und jene mit mehr oder weniger Truppen

---

1 [2. Auflage: Nur im ersten Fall wird die Verpflegung auf die Dauer gesichert werden können, im zweiten und dritten Fall aber nur auf eine mehr oder minder beschränkte Zeit]

beobachten.

Wir müssen hier die beiden Fälle unterscheiden, wenn die verschanzte Stellung von der Hauptmacht oder nur von einer untergeordneten Streitkraft besetzt ist.

Im ersten Fall kann das Vorbeigehen dem Angreifenden nur etwas helfen, wenn es außer der Hauptmacht des Verteidigers noch einen anderen für ihn erreichbaren *entscheidenden Gegenstand des Angriffs* gibt, z. B. die Eroberung einer Festung, der Hauptstadt usw. Aber auch wenn es diesen gibt, kann er ihn nur verfolgen, wenn die Stärke seiner Basis und die Lage seiner Verbindungslinie ihn nicht die Einwirkung auf seine strategische Flanke fürchten läßt.

Schließen wir daraus auf die Zulässigkeit und Wirksamkeit einer festen Stellung für die Hauptmacht des Verteidigers zurück, so wird sie nur stattfinden, wenn entweder die Wirksamkeit auf die strategische Flanke des Angreifenden so entschieden ist, daß man im voraus sicher sein kann, ihn dadurch auf einem unschädlichen Punkt festzuhalten, oder wenn es gar keinen dem Angreifenden[1] erreichbaren Gegenstand gibt, für den der Verteidiger[2] besorgt sein dürfte. Ist ein solcher Gegenstand vorhanden und die strategische Flanke des Feindes dabei nicht hinreichend bedroht, so kann die Stellung entweder gar nicht genommen[3] werden oder nur zum Schein und Versuch, ob der Angreifende ihre Bedeutung gelten lassen will, wobei denn aber immer die Gefahr entsteht, daß, wenn dies nicht ist, der bedrohte Punkt nicht mehr werde zu erreichen sein.

Ist die starke Stellung bloß von einer untergeordneten Streitkraft besetzt, so kann es dem Angreifenden niemals an einem anderweitigen Gegenstande seines Angriffs fehlen, weil dieser die feindliche Hauptmacht sein kann; in diesem Fall ist also die Bedeutung der Stellung durchaus auf die Wirksamkeit eingeschränkt, welche sie gegen die feindliche strategische Flanke haben kann und an diese Bedingung gebunden.

b) Der Angreifende kann, wenn er es nicht wagt, der Stellung vorbeizugehen, diese förmlich einschließen und durch Hunger zur Übergabe bringen. Dies setzt aber zwei Bedingungen voraus: die erste, daß die Stellung nicht einen freien Rücken habe, die zweite, daß der Angreifende stark genug zu einer solchen Einschließung sei.

---

1 [1. Auflage(!): Verteidiger]
2 [1. Auflage(!): Angreifende]
3 [2. Auflage: gehalten]

Treffen diese beiden Bedingungen zu, so würde das angreifende Heer zwar eine Zeitlang durch das feste Lager neutralisiert werden, aber es würde auch der Verlust der Verteidigungskräfte der Preis sein, den der Verteidiger für diesen Vorteil zu tragen hätte.

Hieraus geht also hervor, daß man mit der *Hauptmacht* die Maßregel einer solchen festen Stellung nur nehmen wird:

aa) Wenn man einen ganz sicheren Rücken hat, Torres Vedras.

bb) Wenn man voraussieht, daß die feindliche Überlegenheit nicht groß genug sein wird, uns in unserem Lager förmlich einzuschließen. Wollte der Feind bei nicht hinreichender Überlegenheit dies dennoch tun, so würden wir imstande sein, aus dem Lager mit Erfolg hervorzubrechen und ihn einzeln zu schlagen.

cc) Wenn man auf einen Entsatz rechnen kann, wie die Sachsen 1756 bei Pirna es taten, und wie es sich im Grunde 1757 nach der Schlacht von Prag zutrug, weil Prag selbst nur wie ein verschanztes Lager zu betrachten war, in welches Prinz Karl sich nicht würde haben einschließen lassen, wenn er nicht gewußt hätte, daß die mährische Armee ihn befreien könnte.

Eine jener drei Bedingungen ist also durchaus erforderlich, wenn die Wahl einer festen Stellung mit der Hauptmacht gerechtfertigt sein soll, und doch muß man gestehen, daß die beiden letzten Bedingungen für den Verteidiger schon nahe an einer großen Gefahr hinstreifen.

Ist aber von einem untergeordneten Korps die Rede, welches zum Besten des Ganzen allenfalls aufgeopfert werden kann, so fallen jene Bedingungen fort, und es fragt sich dann nur, ob durch eine solche Aufopferung ein wirklich größeres Übel abgewendet wird. Dies wird wohl nur selten der Fall sein, indessen ist es freilich nicht undenkbar. Das verschanzte Lager von Pirna hat verhindert, daß Friedrich der Große Böhmen schon im Jahre 1756 angriff. Die Österreicher waren damals so wenig in Bereitschaft, daß der Verlust dieses Königreiches unzweifelhaft scheint, und vielleicht wäre damit auch ein größerer Verlust an Menschen verknüpft gewesen als die 17000 Verbündeten, welche im Lager von Pirna kapitulierten.

c) Findet für den Angreifenden keine jener unter a und b angegebenen Möglichkeiten statt, sind also die Bedingungen erfüllt, welche wir für den Verteidiger dabei aufgestellt haben, so bleibt dem Angreifenden freilich nichts übrig, als vor der Stellung stehen zu bleiben wie der Hund vor einem Volk Hühner, sich[1] allenfalls durch Entsendungen im

---

1 [2. Auflage: zu bleiben, sich]

Lande so viel als möglich auszubreiten und, mit diesem kleinen und unentscheidenden Vorteil sich begnügend, die wahre Entscheidung über den Besitz des Landstriches der Zukunft zu überlassen. In diesem Fall hat die Stellung ihre volle Bedeutung erfüllt.

3. Die verschanzten Lager bei Festungen. Sie gehören, wie schon gesagt, insofern zur Klasse der verschanzten Stellungen überhaupt, als sie die Absicht[1] haben, nicht einen Raum, sondern eine Streitkraft gegen den feindlichen Angriff zu schützen, und sind eigentlich von den anderen nur darin verschieden, daß sie mit der Festung ein unzertrennliches Ganze machen, wodurch sie denn natürlich eine viel größere Stärke bekommen.

Es folgen aber daraus noch folgende Eigentümlichkeiten:

a) Daß sie noch den besonderen Zweck haben können, die Belagerung der Festung entweder ganz unmöglich oder sehr schwierig zu machen. Dieser Zweck kann ein großes Opfer an Truppen wert sein, wenn der Platz ein Hafen ist, der nicht gesperrt werden kann; in jedem anderen Fall aber ist zu befürchten, daß derselbe durch Hunger doch zu früh fallen würde, um das Opfer einer bedeutenden Truppenmasse ganz zu verdienen.

b) Diese verschanzten Lager bei Festungen können für kleinere Korps eingerichtet werden als die im freien Felde. Vier- bis fünftausend Mann können unter den Mauern einer Festung unüberwindlich sein, die im freien Felde im stärksten Lager von der Welt verloren sein würden.

c) Sie können zur Versammlung und Zurichtung solcher Streitkräfte gebraucht werden, die noch zu wenig inneren Halt haben, um sie ohne den Schutz der Festungswälle mit dem Feinde in Berührung zu bringen. Rekruten, Landwehren, Landsturm usw.

Sie würden also als eine vielseitig nützliche Maßregel sehr empfehlenswert sein, wenn sie nicht den außerordentlichen Nachteil hätten, der Festung, wenn sie nicht besetzt werden können, mehr oder weniger zu schaden; die Festung aber immer mit einer Besatzung zu versehen, die auch einigermaßen für dies verschanzte Lager zureicht, würde eine viel zu drückende Bedingung sein.

Wir sind daher sehr geneigt, sie nur bei Küstenplätzen für empfehlenswert und in allen anderen Fällen mehr für schädlich als nützlich zu halten.

Sollen wir am Schluß unsere Meinung noch mit einem Gesamtblick

---

1 [2. Auflage: den Zweck]

zusammenfassen, so sind feste und verschanzte Stellungen:

1. Um so weniger zu entbehren, je kleiner das Land, je weniger Raum zum Ausweichen ist.
2. Um so weniger gefährlich, je sicherer auf Hilfe und Entsatz zu rechnen ist, entweder durch andere Streitkräfte oder durch schlechte Jahreszeit oder durch Volksaufstand oder durch Mangel[1] usw.
3. Um so wirksamer, je schwächer die Elementarkraft des feindlichen Stoßes ist.

Vierzehntes Kapitel: Flankenstellungen

Nur damit man diesen in der gewöhnlichen militärischen Ideenwelt so sehr hervorragenden Begriff hier leichter wiederfinde, haben wir ihm nach Wörterbücherart ein eigenes Kapitel gewidmet, denn wir glauben nicht, daß damit ein selbständiges Ding bezeichnet werde.

Jede Stellung, welche auch dann behauptet werden soll, wenn der Feind an ihr vorbeigeht, ist eine Flankenstellung, denn von dem Augenblick an, wo er dies tut, kann sie keine andere Wirksamkeit haben als die auf die feindliche strategische Flanke. Es sind also notwendig alle *festen Stellungen* zugleich Flankenstellungen, denn da sie nicht angegriffen werden können, der Gegner also auf das Vorbeigehen angewiesen ist, so können sie nur durch die Wirksamkeit auf seine strategische Flanke ihren Wert bekommen. Wie die eigentliche Fronte der festen Stellung sei, ob sie parallel mit der feindlichen strategischen Flanke laufe wie Kolberg, oder senkrecht wie Bunzelwitz und Drissa, ist eine vollkommen gleichgültige Sache, denn eine feste Stellung muß nach allen Seiten Fronte machen.

Aber man kann auch in einer Stellung, die *nicht* unangreifbar ist, die Absicht haben, sie dann noch zu behaupten, wenn der Feind an ihr vorbeigeht, sobald nämlich der Punkt ihrer Lage ein so überwiegendes Verhältnis der Rückzugs- und Verbindungslinie darbietet, daß nicht nur ein wirksamer Angriff auf die strategische Flanke des Vorrückenden stattfinden kann, sondern daß er, für seinen eigenen Rückzug besorgt, nicht imstande ist, uns den unserigen ganz zu nehmen; denn wäre dies letztere nicht der Fall, so würden wir, weil die Stellung keine feste, d. h. unangreifbare ist, in Gefahr sein, uns ohne Rückzug zu

---

1 [*Oder durch Mangel* fehlt in 2. Auflage.]

schlagen.

Das Jahr 1806 erläutert uns dies durch ein Beispiel. Die Aufstellung des preußischen Heeres auf dem rechten Ufer der Saale konnte in Beziehung auf Bonapartes Vorrücken über Hof vollkommen zu einer Flankenstellung werden, wenn man nämlich Fronte gegen die Saale machte und in dieser Stellung das Weitere abwartete.

Wäre hier nicht ein solches Mißverständnis der physischen und moralischen Macht gewesen, hätte sich nur ein Daun an der Spitze des französischen Heeres befunden, so würde die preußische Stellung sich in der glänzendsten Wirksamkeit gezeigt haben. Ihr vorbeizugehen war ganz unmöglich, das hat selbst Bonaparte anerkannt, indem er sich entschloß, sie anzugreifen; ihr den Rückzug abzuschneiden, ist selbst Bonaparte nicht *vollkommen* gelungen, und würde bei einem geringeren Mißverhältnis der physischen und moralischen Kraft ebensowenig tunlich gewesen sein als das Vorbeigehen, denn die preußische Armee war durch eine Überwältigung ihres linken Flügels viel weniger in Gefahr als die französische durch eine Überwältigung ihres linken. Selbst bei dem physischen und moralischen Mißverhältnis der Streitkräfte würde eine entschlossene und besonnene Führung noch große Hoffnungen zu einem Sieg gegeben haben. Nichts hätte den Herzog von Braunschweig verhindert, am 13. solche Einrichtungen zu treffen, daß den 14. morgens mit Tagesanbruch 80000 Mann sich den 60000 Mann gegenüber befanden, die Bonaparte bei Jena und Dornburg über die Saale führte. Wenn dies Übergewicht und das steile Tal der Saale im Rücken der Franzosen auch nicht hingereicht haben würde, einen entscheidenden Sieg zu geben, so muß man doch sagen, daß es an sich ein sehr vorteilhaftes Resultat[1] war, und daß, wenn man mit einem solchen keine glückliche Entscheidung gewinnen konnte, man überhaupt an keine Entscheidung in dieser Gegend hätte denken, sondern weiter zurückgehen, sich dadurch verstärken und den Feind schwächen sollen.

Die preußische Stellung an der Saale also, ob sie gleich angreifbar war, konnte als Flankenstellung für die über Hof kommende Straße betrachtet werden, nur war ihr wie jeder angreifbaren Stellung diese Eigenschaft nicht absolut beizulegen, weil sie erst dann dazu wurde, wenn der Feind ihren Angriff nicht wagte.

Noch weniger würde es einer klaren Vorstellungsart entsprechen, wenn man auch denjenigen Stellungen, welche das Vorbeigehen *nicht*

---

1 [2. Auflage: günstiges Verhältnis]

aushalten können, und von welchen aus der Verteidiger den Angreifenden deshalb von der Seite anfallen will, den Namen der *Flankenstellung* geben wollte, bloß deswegen, weil dieser Angriff von der Seite geschieht; denn dieser Seitenanfall hat mit der Stellung selbst kaum etwas zu tun oder geht wenigstens der Hauptsache nach nicht aus ihren Eigenschaften hervor, wie dies der Fall mit der Einwirkung auf die strategische Flanke ist.

In jedem Fall geht hieraus hervor, daß über die Eigenschaften einer Flankenstellung nichts Neues festzustellen ist. Nur ein paar Worte über den Charakter dieser Maßregel finden hier eine bequeme Stelle.

Von eigentlich festen Stellungen sehen wir ganz ab, weil wir davon hinreichend gesprochen haben.

Eine Flankenstellung, die nicht unangreifbar ist, ist ein äußerst wirksames, aber freilich auch eben darum gefährliches Instrument. Wird der Angreifende durch sie gebannt, so hat man eine große Wirkung mit einem unbedeutenden Kraftaufwand, es ist der Druck des kleinen Fingers auf den langen Hebel[1] eines scharfen Gebisses. Ist aber die Wirkung zu schwach, wird der Angreifende nicht festgehalten, so hat der Verteidiger seinen Rückzug mehr oder weniger aufgeopfert und muß entweder in der Eile auf Umwegen, also unter sehr nachteiligen Umständen noch zu entkommen suchen, oder er ist in Gefahr, sich ohne Rückzug zu schlagen. Gegen einen dreisten, moralisch überlegenen Gegner, der eine tüchtige Entscheidung sucht, ist dieses Mittel also höchst gewagt und keineswegs an seinem Ort, wie oben das Beispiel von 1806 beweist. Dagegen kann es bei einem behutsamen Gegner und in bloßen Beobachtungskriegen für eins der besten Mittel gelten, zu welchen das Talent des Verteidigers greifen kann. Des Herzogs Ferdinand Verteidigung der Weser durch eine Stellung auf dem linken Ufer derselben und die bekannten Stellungen von Schmottseifen und Landeshut sind Beispiele davon; nur zeigt freilich die letztere zugleich in der Katastrophe des Fouquéschen Korps 1760 die Gefahr einer falschen Anwendung.

1 [2. Auflage beendet hier den Satz.]

Fünfzehntes Kapitel: Gebirgsverteidigung

Der Einfluß des Gebirgsbodens[1] auf die Kriegführung ist sehr groß, der Gegenstand also für die Theorie sehr wichtig. Da dieser Einfluß ein aufhaltendes Prinzip in die Handlung bringt, so gehört er zunächst der Verteidigung an; wir werden ihn also hier abhandeln, ohne bei dem engeren Begriff einer Gebirgsverteidigung stehen zu bleiben. Da wir bei der Betrachtung dieses Gegenstandes in manchen Punkten ein der gewöhnlichen Meinung entgegenlaufendes Resultat gefunden haben, so werden wir in manche Zergliederung eingehen müssen. Zuerst wollen wir die taktische Natur des Gegenstandes betrachten, um den strategischen Anknüpfungspunkt zu gewinnen.

Die unendliche Schwierigkeit, die ein Marsch mit großen Kolonnen auf Gebirgswegen hat, die außerordentliche Stärke, die ein kleiner Posten durch eine steile Bergfläche bekommt, die seine Fronte deckt, und durch Schluchten rechts und links, an die er sich stützen kann, sind unstreitig die beiden Hauptumstände, welche der Gebirgsverteidigung von jeher einen so allgemeinen Anspruch auf Wirksamkeit und Stärke verliehen haben, daß nur die Eigentümlichkeiten gewisser Zeiten in Bewaffnung und Taktik die[2] großen Massen der Streitkräfte davon entfernt gehalten haben.

Wenn sich eine Kolonne in Schlangenlinien mühsam durch enge Schluchten den Berg hinaufwindet und sich schneckenartig über ihn fortschiebt, die Artilleristen und Trainknechte mit Fluchen und Schreien die abgetriebenen Gäule durch die rauhen Hohlwege peitschen, jeder zerbrochene Wagen mit unsäglicher Mühe hinausgebracht werden muß, während hinten alles stockt, schimpft und flucht, so denkt ein jeder bei sich – nun, hier dürfte der Feind nur mit ein paar hundert Mann kommen, um alles davonzujagen. Daher kommt der Ausdruck der historischen Schriftsteller, wenn sie von Straßenengen sprechen, wo eine Handvoll Menschen ganze Heere aufhalten könnten. Indes weiß jeder oder sollte jeder wissen, der den Krieg kennt, daß ein solcher Zug durchs Gebirge wenig oder gar nichts mit *dem Angriff desselben* gemein hat, und daß darum der Schluß von *dieser* Schwierigkeit auf eine noch viel größere beim Angriff falsch ist.

Natürlich ist es, daß ein Unerfahrener diesen Schluß macht, und fast ebenso natürlich, daß die Kriegskunst einer gewissen Zeit selbst in diesen Irrtum verwickelt wurde, die Erscheinung war dem Kriegser-

1 [2. Auflage: Gebirges]

2 [2. Auflage: verliehen und die]

erfahrenen damals fast ebenso neu als dem Fremdling. Vor dem Dreißigjährigen Kriege war bei der tiefen Schlachtordnung, der vielen Reiterei, den unausgebildeten Feuerwaffen und anderen Eigentümlichkeiten die Benutzung starker Hindernisse des Bodens sehr ungewöhnlich und eine förmliche Gebirgsverteidigung, wenigstens durch die regelmäßigen Truppen, fast unmöglich. Fast wie die Schlachtordnung gedehnter, das Fußvolk und bei diesem die Feuerwaffe die Hauptsache wurde, dachte man an Berge und Täler. Hundert Jahre gingen hin, ehe sich dies bis auf den höchsten Punkt ausbildete, nämlich bis in die Mitte des achtzehnten Jahrhunderts.

Der zweite Umstand, nämlich die große Widerstandsfähigkeit, welche ein kleiner Posten, in einem schwierigen Zugang aufgestellt, durch diesen bekommt, war noch viel mehr geeignet, auf eine große Kraft der Gebirgsverteidigung schließen zu lassen. Man dürfte ja, schien es, einen solchen Posten nur mit einer gewissen Zahl multiplizieren, um aus einem Bataillon ein Heer und aus einem Berg ein Gebirge zu machen.

Es ist unverkennbar, daß ein kleiner Posten bei einer guten Auswahl seiner Aufstellung im Gebirge eine ungewöhnliche Stärke bekommt. Ein Haufe, der in der Ebene von ein paar Schwadronen verjagt würde und von Glück zu sagen hätte, wenn er durch den eiligsten Rückzug sich vor Auflösung und Gefangenschaft rettete, ist imstande, im Gebirge, man möchte sagen mit einer Art taktischer Frechheit einer ganzen Armee unter die Augen zu treten und von ihr die kriegerischen Ehren eines methodischen Angriffs, einer Umgehung usw. zu fordern. Wie er diese Widerstandsfähigkeit durch Hindernisse des Zuganges, durch Flügelstützpunkte, durch neue Stellungen, die er auf seinem Rückzug findet, gewinnt, ist von der Taktik zu entwickeln, wir nehmen es als einen Erfahrungssatz an.

Es war sehr natürlich, zu glauben, daß eine Menge solcher starker Posten, einer neben den anderen hingestellt, eine sehr starke, fast unangreifbare Fronte geben mußte, und es kam also nur darauf an, sich gegen die Umgehung zu sichern, indem man sich rechts und links so weit ausdehnte, bis man entweder Anlehnungspunkte fand, die der Wichtigkeit des Ganzen angemessen waren, oder bis man glauben konnte, durch die Ausdehnung selbst gegen eine Umgehung gesichert zu sein. Ein Gebirgsland ladet dazu besonders ein, denn es bietet sich eine solche Menge von Posten[1] dar, deren einer immer schöner wie

1 [2. Auflage: Menge Aufstellungspunkte]

der andere zu sein scheint, daß man schon deshalb nicht weiß, wo man aufhören soll. Man endigte also damit, in einer gewissen Weite alle und jede Eingänge des Gebirges mit Abteilungen zu besetzen und zu verteidigen und glaubte, wenn man so mit zehn oder fünfzehn einzelnen Posten einen Raum von etwa zehn Meilen und darüber einnahm, doch endlich vor dem verhaßten Umgehen Ruhe haben zu können. Da nun diese einzelnen Posten durch einen unzugänglichen Boden (weil man mit Kolonnen nicht außer den Wegen marschieren kann) genau miteinander verbunden schienen, so glaubte man dem Feinde eine eherne Mauer entgegengestellt zu haben. Zum Überfluß behielt man noch ein paar Bataillons, einige reitende Batterien und ein Dutzend Schwadronen Reiterei in Reserve für den Fall, daß durch ein halbes Wunder irgendwo ein Durchbruch stattfinden sollte.

Daß diese Vorstellung völlig historisch ist, wird niemand leugnen, und daß wir über diese Verkehrtheit völlig hinaus wären, ist nicht zu behaupten.

Der Gang, welchen die Ausbildung der Taktik seit dem Mittelalter mit den immer zahlreicher werdenden Heeren genommen hat, hat gleichfalls beigetragen, den Gebirgsboden in diesem Sinn in die militärische Handlung zu ziehen.

Der Hauptcharakter der Gebirgsverteidigung ist die entschiedenste Passivität; es war also, ehe die Armeen ihre jetzige Beweglichkeit erhalten hatten, die Tendenz zur Gebirgsverteidigung von der Seite ziemlich natürlich. Die Heere waren immer größer geworden und fingen immer mehr an, sich des Feuers wegen in langen und dünnen Linien aufzustellen, deren Zusammenhang sehr künstlich und deren Bewegung sehr schwierig, oft unmöglich war. Die Aufstellung dieser künstlichen Maschine war oft ein halbes Tagewerk, und die halbe Schlacht und fast alles, was jetzt den Schlachtenentwurf ausmacht, ging in ihr auf. War dieses Werk einmal vollendet, so war es schwer, nach neueingetretenen Umständen eine Abänderung zu treffen; daraus folgte, daß der Angreifende, der seinen Aufmarsch später besorgte, ihn mit Beziehung auf die Stellung des Verteidigers nehmen, und daß dieser dies nicht erwidern konnte. Der Angriff gewann also ein allgemeines Übergewicht und die Verteidigung wußte dies nicht anders einzubringen, als wenn sie Schutz hinter Hindernissen des Bodens suchte, und da gab es denn kein so allgemeines und wirksames wie den Gebirgsboden. Man suchte also das Heer mit einem tüchtigen Bodenabschnitt gewissermaßen zu kopulieren. Beide machten dann gemeinschaftliche Sache. Das Bataillon verteidigte den Berg und der

Berg das Bataillon. So gewann die passive Verteidigung durch eine Gebirgsgegend einen hohen Grad von Stärke, und es war in der Sache selbst noch kein Übel enthalten, als daß man die Freiheit der Bewegung noch mehr verlor, von der man aber ohnehin keinen sonderlichen Gebrauch zu machen wußte.

Wo zwei feindliche Systeme aufeinander einwirken, da zieht die preisgegebene Seite, d. i. die Schwäche des einen immer die Stöße des anderen auf sich. Steht der Verteidiger in Posten, die an sich fest und unüberwindlich sind, starr und wie angenagelt fest, so wird der Angreifende im Umgehen dadurch dreist gemacht, weil er für seine eigenen Seiten nichts mehr zu besorgen hat. Dies geschah – das sogenannte Tournieren kam bald an die Tagesordnung; ihm zu begegnen, dehnten sich die Stellungen immer mehr und mehr aus, sie wurden dafür in der Fronte gehörig geschwächt und der Angriff wandte sich plötzlich auf die entgegengesetzte Seite: statt durch Ausdehnung zu überflügeln, vereinigte er seine Massen gegen einen Punkt und zersprengte die Linie. Auf diesem Punkte ungefähr hat sich die Gebirgsverteidigung der neuesten Kriegsgeschichte befunden.

Der Angriff hatte also wieder ein vollkommenes Übergewicht errungen, und zwar durch die immer mehr ausgebildete Beweglichkeit: nur in dieser konnte die Verteidigung Hilfe suchen; der Beweglichkeit aber ist der Gebirgsboden seiner Natur nach entgegen, und es hat daher, wenn wir uns so ausdrücken dürfen, die ganze Gebirgsverteidigung eine Niederlage erlitten, der ähnlich, welche die in ihr befangenen Heere im Revolutionskrieg so oft erfahren haben.

Damit wir aber das Kind nicht mit dem Bade ausschütten und uns mit dem Strom der Gemeinsprüche zu Behauptungen fortreißen lassen, die im wirklichen Leben tausendmal durch die Gewalt der Umstände widerlegt werden, müssen wir die Wirkungen der Gebirgsverteidigung nach der Natur der Fälle unterscheiden.

Die Hauptfrage, welche hier zur Entscheidung kommt, und die über den ganzen Gegenstand das Hauptlicht verbreitet, ist, ob der Widerstand, welchen man mit der Gebirgsverteidigung beabsichtigt, ein relativer oder ein absoluter sein, ob er nur eine Zeitlang dauern oder mit einem entschiedenen Siege endigen soll. Für den Widerstand der ersteren Art ist der Gebirgsboden im höchsten Grade geeignet, er trägt ein sehr großes Prinzip der Verstärkung hinein; für den der letzteren Art ist er es dagegen im allgemeinen gar nicht und nur in einigen besonderen Fällen.

Im Gebirge ist jede Bewegung langsamer und schwieriger, sie kostet mithin mehr Zeit, und wenn sie in der Region der Gefahr gemacht wird, mehr Menschen. Aufwand von Zeit und Menschen machen aber das Maß des geleisteten Widerstandes aus. Solange also die Bewegungen allein die Sache des Angreifenden sind, solange hat der Verteidiger ein entschiedenes Übergewicht, sobald aber der Verteidiger das Prinzip der Bewegung auch anwenden soll, so hört dieser Vorteil auf. Nun liegt es in der Natur der Sache, d. h. in taktischen Gründen, daß ein relativer Widerstand eine viel größere Passivität zuläßt als einer, der zur Entscheidung führen soll, und daß er erlaubt, diese Passivität bis aufs äußerste, d. h. bis ans Ende des Gefechts auszudehnen, welches in dem anderen Falle niemals geschehen darf. Das erschwerende Element des Gebirgsbodens, welches als ein dichteres Mittel alle positiven Tätigkeiten schwächt, ist also ganz für ihn geeignet.

Daß ein kleiner Posten im Gebirge durch die Natur des Bodens eine ungewöhnliche Stärke bekommt, haben wir schon gesagt, wir müssen aber, obgleich dieses taktische Resultat sonst keines weiteren Beweises bedürfte, noch eine Erläuterung hinzufügen. Es ist nämlich hier die relative von der absoluten Kleinheit zu unterscheiden. Wenn ein Heerhaufe von irgendeiner Größe einen seiner Teile isoliert aufstellt, so ist dieser möglicherweise dem Angriff des ganzen feindlichen Heerhaufens, also einer überlegenen Macht ausgesetzt, gegen die er selbst klein ist. Da kann in der Regel kein absoluter, sondern nur ein relativer Widerstand der Zweck sein. Je kleiner der Posten im Verhältnis zu seinem eigenen und dem feindlichen Ganzen ist, um so mehr ist dies wahr.

Aber auch der absolut kleine Posten, d. h. der, welcher einen nicht stärkeren Feind gegen sich hat, also an einen absoluten Widerstand, an einen eigentlichen Sieg denken dürfte, wird sich im Gebirge unendlich viel besser befinden als ein großes Heer und von der Stärke des Bodens mehr Nutzen ziehen als dieses, wie wir das weiter unten zeigen werden.

Unser Resultat ist also, daß ein kleiner Posten im Gebirge eine große Stärke hat. Wie das in allen Fällen, wo es auf einen *relativen* Widerstand ankommt, von entscheidendem Nutzen sein wird, ist an sich klar; wird es aber für den absoluten Widerstand eines Heeres von ebenso *entscheidendem* Nutzen sein? Auf die Untersuchung dieser Frage kommt es uns jetzt an.

Zuerst fragen wir weiter: ob eine Frontelinie, von mehreren solchen Posten zusammengesetzt, eine verhältnismäßig ebenso große Stärke haben wird wie jeder einzelne, welches man bisher anzunehmen pflegte. Gewiß nicht, und zwar weil man mit diesem Schlusse von zwei Irrtümern den einen oder anderen begehen würde.

Zuerst verwechselt man oft eine unwegsame Gegend mit einer unzugänglichen. Wo man nicht mit einer Kolonne, nicht mit Artillerie und Kavallerie *marschieren* kann, da kann man meistens doch mit Infanterie vorgehen, da kann man auch wohl Artillerie vorschieben, denn die sehr angestrengten, aber kurzen Bewegungen im Gefecht sind nicht mit dem Maßstab des Marsches zu messen. Die sichere Verbindung der einzelnen Posten untereinander beruht also geradezu auf einer Illusion, und die Flanken derselben sind dadurch bedroht[1].

Oder man glaubt die Reihe der kleinen Posten, welche auf ihrer Fronte sehr stark sind, deswegen auch auf ihren Flanken von ebensolcher Stärke, weil eine Schlucht, ein Felsenriff usw. ganz gute Anlehnungspunkte für einen kleinen Posten sind. Warum aber sind sie es? – Nicht weil sie das Umgehen unmöglich machten, sondern weil sie mit demselben einen der Wirkung des Postens angemessenen Zeit- und Kraftaufwand verbinden. Der Feind, welcher einen solchen Posten trotz der Schwierigkeit des Bodens umgehen will und muß, weil die Fronte unangreifbar ist, braucht vielleicht einen halben Tag, um dies Manöver auszuführen, und wird es dennoch nicht können, ohne Menschen dabei aufzuopfern. Ist nun ein solcher Posten auf Unterstützung angewiesen oder darauf berechnet, nur eine Zeitlang Widerstand zu leisten, oder endlich, ist er dem Feinde an Stärke ganz gewachsen, so hat die Flügelstützung das ihrige getan, und man konnte also sagen, er hatte nicht allein eine starke Fronte, sondern auch starke Flügel. So ist es aber nicht, wenn von einer Reihe von Posten die Rede ist, die zu einer ausgedehnten Gebirgsstellung gehören. Da findet keine jener drei Bedingungen statt. Der Feind fällt mit sehr überlegener Macht auf einen Punkt, die Unterstützung von hinten ist höchst unbedeutend, und doch kommt es auf ein absolutes Abwehren an. Unter diesen Umständen ist die Flügelanlehnung solcher Posten für nichts zu achten.

Auf diese Blöße hat der Angriff seine Stöße gerichtet. Ein Anfall mit vereinigter, also sehr überlegener Kraft auf einem der Frontepunkte *hat einen für diesen Punkt sehr heftigen, für das Ganze aber sehr unbedeutenden Widerstand hervorgebracht,* nach dessen Überwindung das Ganze gesprengt und der Zweck erreicht war. –

Es geht hieraus hervor, daß der *relative* Widerstand im Gebirge

1 [2. Auflage: Illusion, denn die Flanken derselben sind nicht völlig geschützt]

überhaupt größer ist als in der Ebene, daß er verhältnismäßig am größten ist bei kleinen Posten und nicht in dem Maße steigt, wie die Massen zunehmen. –

Wenden wir uns nun zu dem eigentlichen Zweck allgemeiner großer Gefechte, zu dem *positiven Sieg,* der auch das Ziel bei einer Gebirgsverteidigung sein muß, sobald das Ganze oder die Hauptmacht dazu verwendet wird, so verwandelt sich eo ipso die *Gebirgsverteidigung in eine Verteidigungsschlacht im Gebirge.* Eine Schlacht, d. h. die Anwendung aller Streitkräfte zur Vernichtung der feindlichen, wird jetzt die Form, ein Sieg wird der Zweck des Gefechts. Die Gebirgsverteidigung, welche dabei vorkommt, wird untergeordnet, ist nicht mehr Zweck, sondern Mittel. Und wie wird sich nun in diesem Fall der Gebirgsboden zu diesem Zweck verhalten?

Der Charakter der Defensivschlacht ist eine passive Reaktion in der Fronte und eine potenzierte aktive in unserem Rücken, dabei ist aber ein Gebirgsboden ein tötendes[1] Prinzip. Zwei Dinge machen ihn dazu. Erstens sind keine Wege da, um in allen Richtungen von hinten nach vorn schnell marschieren zu können, und selbst der taktische plötzliche Anfall wird durch die Unebenheit des Bodens geschwächt; zweitens fehlt die Übersicht der Gegend und der feindlichen Bewegungen. Der Gebirgsboden gewährt also hier dem Feinde dieselben Vorteile, die er uns in der Fronte gegeben hat, und lähmt die ganze bessere Hälfte des Widerstandes[2]. Nun kommt noch ein Drittes hinzu: es ist die Gefahr, abgeschnitten zu werden. So sehr der Rückzug gegen den ganzen Druck in der Fronte durch den Gebirgsboden begünstigt wird, so viel Zeitverlust dieser dem Feinde verursacht, wenn er uns umgehen will, so sind doch das eben auch nur wieder Vorteile für den Fall des *relativen* Widerstandes, die auf den Fall einer entscheidenden Schlacht, d. h. eines Ausharrens bis aufs äußerste, keine Beziehung haben[3]. Zwar wird es auch hier etwas länger dauern, bis der Feind mit seinen Flügelkolonnen die Punkte eingenommen hat, welche unseren Rückzug bedrohen oder geradezu sperren; hat er sie aber erreicht, so ist auch keine Hilfe dagegen mehr möglich. Keine Offensive von hinten her kann ihn aus den drohenden Punkten wieder vertreiben, kein verzweiflungsvolles Draufwerfen mit dem Ganzen ihn in den sperrenden überwältigen. Wer hierin einen Widerspruch findet und

1 [2. Auflage: lähmendes]
2 [2. Auflage: lähmt dadurch den besseren Teil der Verteidigung]
3 [2. Auflage: keinen entscheidend günstigen Einfluß haben]

glaubt, es müßten die Vorteile, die der Angreifende im Gebirge hat, auch dem sich Durchschlagenden zugute kommen, der vergißt die Verschiedenheit der Umstände. Das Korps, welches den Durchgang streitig macht, hat nicht die Aufgabe einer *absoluten* Verteidigung, wenige Stunden reichen wahrscheinlich hin; es ist also in dem Fall eines kleinen Postens. Außerdem befindet sich der Gegner nicht mehr im Besitz aller Streitmittel, er ist in Unordnung, es fehlt an Munition usw. Es ist also in jedem Fall die Aussicht zum Erfolg sehr gering, und diese Gefahr macht, daß der Verteidiger diesen Fall mehr als alles fürchtet; diese Furcht aber wirkt zurück durch die ganze Schlacht und schwächt alle Fibern des ringenden Athleten. Es entsteht eine krankhafte Reizbarkeit auf den Flanken; und jede Handvoll Menschen[1], die der Angreifende auf einer waldigen Berglehne in unserem Rücken figurieren läßt, wird ihm ein neuer Hebel zum Siege.

Diese Nachteile würden größtenteils verschwinden und alle Vorteile bleiben, wenn die Verteidigung des Gebirges in der vereinten Aufstellung des Heeres auf einem weiten Gebirgsplateau bestände. Hier könnte man sich eine starke Fronte, sehr schwer zugängliche Flanken und doch die vollkommenste Freiheit in allen Bewegungen im Innern und im Rücken der Stellung denken. Eine solche Stellung würde zu den stärksten gehören, die es gibt. Allein dies ist fast nur eine illusorische Vorstellung, denn obgleich die meisten Gebirge auf ihrem Rücken etwas zugänglicher sind als an ihren Abhängen, so sind doch die meisten Hochebenen der Gebirge entweder für diesen Zweck zu klein, oder sie führen den Namen nicht mit vollem Recht und mehr in einer geologischen als geometrischen Bedeutung.

Ferner vermindern sich die Nachteile einer Defensivstellung im Gebirge für kleinere Heerhaufen, wie wir das schon angedeutet haben. Der Grund davon ist, weil sie weniger Raum einnehmen, weniger Rückzugsstraßen brauchen usw. Ein einzelner Berg ist kein Gebirge und hat nicht die Nachteile desselben. Je kleiner aber ein Heerhaufe wird, um so mehr wird sich seine Aufstellung auf einzelne Rücken und Berge beschränken und nicht nötig haben, sich in das vom Schleier der Wälder bedeckte Gewebe steiler Einschnitte zu verwikkeln, welches die Quelle aller jener Nachteile ist[2].

---

1 [2. Auflage: jede schwache Abteilung]

2 [2. Auflage: nötig haben, sich in das Netz unzähliger steiler Einschnitte des Gebirges zu verwickeln]

Sechzehntes Kapitel: Fortsetzung

Wir wenden uns jetzt zu dem strategischen Gebrauch der im vorigen Kapitel entwickelten taktischen Resultate.

Wir unterscheiden hier folgende Beziehungen:

1. Das Gebirge als Schlachtfeld;
2. den Einfluß, welchen sein Besitz auf andere Gegenden hat;
3. seine Wirkung als eine strategische Barriere;
4. die Rücksicht, die es beim Unterhalt verdient.

1. In der ersten und wichtigsten Beziehung müssen wir wieder unterscheiden:

a) eine Hauptschlacht,
b) untergeordnete Gefechte.

[1]Wir haben im vorigen Kapitel gezeigt, wie wenig der *Gebirgsboden* dem Verteidiger in einer *entscheidenden Schlacht* günstig ist, und folglich wie sehr dem Angreifenden. Dies läuft der gewöhnlichen Meinung gerade entgegen; aber freilich, was wirft die gewöhnliche Meinung auch alles durcheinander, wie wenig unterscheidet sie die verschiedenartigsten Beziehungen; von dem außerordentlichen Widerstand kleiner untergeordneter Teile bekommt sie den Eindruck einer außerordentlichen Stärke aller Gebirgsverteidigung und ist erstaunt, wenn jemand für den Hauptakt aller Verteidigung, für die Verteidigungsschlacht, diese Stärke leugnet. Auf der anderen Seite ist sie aber augenblicklich bereit, in jeder vom Verteidiger im Gebirge verlorenen Schlacht den unbegreiflichen Fehler eines Kordonkrieges zu erblicken, ohne zu sehen, wie die Natur der Dinge unvermeidlich darin verwickelt. Wir scheuen es nicht, mit solcher Meinung im geraden Widerspruch zu sein, müssen dagegen bemerken, wie wir unsere Behauptung zu unserer großen Genugtuung in einem Autor gefunden haben, der uns in mehr als einer Rücksicht hier viel gelten muß: es ist der Erzherzog Karl in seinem Werk über die Feldzüge von 1796 und 1797, ein guter Geschichtschreiber, ein guter Kritiker und vor allem ein guter Feldherr in einer Person.

Wir können also nicht anders, als es eine bedauernswerte Lage finden, wenn der schwächere Verteidiger, der alle seine Kräfte mühsam und mit der größten Anstrengung aufgetrieben hat, um den Angreifenden in einer entscheidenden Schlacht die Wirkung seiner Vaterlandsliebe, Begeisterung und klugen Besonnenheit fühlen zu

---

1 [2. Auflage ergänzt: 1. Das Gebirge als Schlachtfeld.]

lassen, auf den alles mit gespannter Erwartung den Blick geheftet hat, – wenn der sich in die Nacht eines vielfach verschleierten Gebirgsbodens hinstellen, durch den eigensinnigen Boden in jeder Bewegung gefesselt, sich den tausend möglichen Anfällen seines überlegenen Gegners preisgeben soll. Nur nach einer einzigen Seite hin hat seine Intelligenz ein weites Feld, es ist die möglichste Benutzung aller Hindernisse des Bodens, und dies führt dicht an die Grenzen des verderblichen Kordonkrieges hin, er muß sich also mit Gewalt davon losreißen[1]. Weit entfernt also, für den Fall einer entscheidenden Schlacht in dem Gebirgslande ein Asyl des Verteidigers zu sehen, würden wir vielmehr den Feldherrn raten, es aufs äußerste zu vermeiden.

Aber freilich ist dies zuweilen unmöglich; die Schlacht wird dann notwendig einen merklich verschiedenen Charakter von der in der Ebene haben, die Stellung wird viel gedehnter, in den meisten Fällen zwei- oder dreimal so lang, der Widerstand wird viel passiver, der Rückstoß viel schwächer sein. Das sind Einwirkungen des Gebirgsbodens, denen nicht auszuweichen ist; aber freilich soll die Verteidigung in einer solchen Schlacht dennoch nicht in eine Gebirgsverteidigung übergehen, sondern der vorherrschende Charakter soll nur eine gesammelte Aufstellung der Streitkraft im Gebirge sein, wo sich alles in *einem* Gefecht, unter den Augen *eines* Feldherrn zuträgt, und wo Reserven genug bleiben, um die Entscheidung etwas mehr sein zu lassen als ein bloßes Abwehren, ein bloßes Vorhalten des Schildes. Diese Bedingung ist unerläßlich, aber sie ist sehr schwer zu erfüllen, und das Hineingleiten in die wahre Gebirgsverteidigung liegt so nahe, daß man sich nicht wundern muß, wenn es so oft vorkommt; es ist aber dabei so gefährlich, daß die Theorie nicht genug davor warnen kann.

Soviel von einer entscheidenden Schlacht mit der Hauptmacht.

Für Gefechte von untergeordneter Bedeutung und Wichtigkeit kann dagegen ein Gebirge unendlich nützlich sein, weil es dabei auf keinen absoluten Widerstand ankommt, und weil keine entscheidenden Folgen damit verbunden sind. Wir können uns dies klarer machen, wenn wir die Zwecke dieser Reaktion aufzählen:

a) Ein bloßer Zeitgewinn. Dieser Zweck kommt hundertmal vor, schon jedesmal bei einer Verteidigungslinie, die zu unserer Benachrichtigung aufgestellt ist; außerdem bei allen Fällen, wo eine Unterstützung erwartet wird.

---

1 [2. Auflage: hin, welcher unter allen Umständen vermieden werden soll]

b) Die Abwehrung einer bloßen Demonstration oder einer kleinen Nebenunternehmung des Feindes. Wenn eine Provinz durch ein Gebirge geschützt, und dies Gebirge durch Truppen verteidigt ist, wie schwach auch diese Verteidigung sein mag, sie wird immer hinreichen, feindliche Streifereien und andere kleine Unternehmungen zur Plünderung der Provinz zu verhindern. Ohne das Gebirge wäre eine solche schwache Kette ein Unding[1].
c) Um selbst zu demonstrieren. Es wird noch lange dauern, ehe die Meinung, die man von einem Gebirge haben soll, auf ihren rechten Punkt gekommen ist. Bis dahin wird es immer Gegner geben, die sich davor fürchten und in ihren Unternehmungen davor erstarren[2]. In diesem Fall kann also auch die Hauptmacht zur Verteidigung eines Gebirges verwandt werden. In Kriegen ohne große Kraft und Bewegung wird dieser Zustand vielfältig vorkommen; aber die Bedingung ist dann immer, daß man weder die Absicht habe, eine Hauptschlacht in dieser Gebirgsstellung anzunehmen, noch dazu gezwungen werden könne.
d) Überhaupt ist eine Gebirgsgegend zu allen Aufstellungen geschickt, in denen man kein Hauptgefecht annehmen will, denn alle einzelnen Teile sind darin stärker, und nur das Ganze als solches ist schwächer; außerdem kann man nicht so leicht darin überrascht und zu einem entscheidenden Gefecht gezwungen werden.
e) Endlich sind Gebirge das eigentliche Element der Volksbewaffnungen. Volksbewaffnungen aber müssen immer durch kleine Abteilungen des Heeres unterstützt werden; dagegen scheint die Nähe des großen Heeres für sie nachteilig zu wirken: daher dieser Punkt in der Regel keine Ursach werden wird, das Gebirge mit dem Heere aufzusuchen.

Soviel vom Gebirge in Beziehung auf die in demselben vorkommenden Gefechtsstellungen. –

2. *Der Einfluß des Gebirges auf andere Gegenden.* Weil es, wie wir gesehen haben, so leicht ist, beim Gebirgsboden sich durch schwache Posten einer bedeutenden Länderfläche zu versichern, durch Posten, die in einer zugänglichen Gegend sich nicht halten könnten und beständigen Gefahren ausgesetzt wären, weil jedes Vorschreiten im Gebirge, wenn der Gegner es besetzt hat, viel langsamer geht als in der

---

1 [2. Auflage: Kette nutzlos]
2 [2. Auflage: zurückschrecken]

Ebene, also mit diesem nicht Schritt halten kann, so ist beim Gebirge viel mehr als bei einem anderen gleich großen Landstrich die Frage wichtig, wer im Besitz desselben sei. In einer offenen Gegend kann dieser Besitz sich von einem Tage zum anderen ändern; das bloße Vorgehen starker Haufen nötigt die feindlichen, uns die Gegend, welche wir brauchen, zu überlassen. So ist es aber nicht im Gebirge; hier ist auch bei viel geringeren Kräften ein merklicher Widerstand möglich, und deshalb sind, wenn wir einen Abschnitt der Gegend brauchen, welche das Gebirge einnimmt, immer eigene, dazu besonders angelegte und oft eines merklichen Kraft- und Zeitaufwandes benötigte Unternehmungen erforderlich, um uns in den Besitz des Landstriches zu setzen. Wenn also ein Gebirge auch nicht der Schauplatz der Hauptunternehmungen ist, so kann es doch nicht, wie das bei einer zugänglicheren Gegend der Fall sein würde, als von diesen abhängig und seine Einnahme und sein Besitz wie eine sich von selbst ergebende Folge unseres Vorschreitens betrachtet werden.

Die Gebirgsgegend hat also eine viel größere Selbständigkeit, ihr Besitz ist entschiedener und weniger veränderlich. Fügt man hinzu, daß ein Gebirgsstrich seiner Natur nach von den Rändern desselben gegen das offene Land eine gute Übersicht gewährt, während er selbst stets wie in die dunkelste Nacht gehüllt bleibt, so wird man begreifen, wie jedes Gebirge für den, welcher es nicht innehat und doch damit in Berührung kommt, immer wie ein unversiegbarer Quell nachteiliger Einflüsse, wie eine verhüllte Werkstätte feindlicher Kräfte zu betrachten ist, und daß dies am meisten der Fall sein wird, wenn das Gebirge vom Gegner nicht allein besetzt, sondern auch ihm zugehörig ist. Die kleinsten Haufen verwegener Partisanen finden in ihm Zuflucht, wenn sie verfolgt werden, und können dann ungestraft an einem anderen Punkt wieder hervorbrechen, die stärksten Kolonnen können sich in ihm unbemerkt vorschieben, und immer müssen sich unsere Streitkräfte in einer merklichen Entfernung von ihm halten, wenn sie nicht in den Bereich seines dominierenden Einflusses geraten und in einen ungleichen Kampf eingehen wollen von Anfällen und Stößen, die sie nicht erwidern können.

Auf diese Weise übt jedes Gebirge bis auf eine gewisse Entfernung einen regelmäßigen[1] Einfluß auf die niedriger liegende Gegend aus. Ob dieser Einfluß augenblicklich, zum Beispiel in einer Schlacht, wirksam sein kann (die Schlacht von Malsch am Rhein 1796) oder erst

1 [2. Auflage: bedeutenden]

nach geraumer Zeit gegen die Verbindungslinien, hängt von den räumlichen Verhältnissen ab; ob er durch das, was im Tale oder der Ebene Entscheidendes geschieht, mitüberwältigt und fortgerissen werden kann oder nicht, hängt von den Verhältnissen der Streitkräfte ab.

Bonaparte ist 1805 und 1809 nach Wien gezogen[1], ohne sich viel um Tirol zu bekümmern; Moreau aber hat 1796 Schwaben verlassen müssen, hauptsächlich, weil er der höheren Gegenden nicht Herr war und zu viel Kräfte auf ihre Beobachtung verwenden mußte. In Feldzügen, wo ein gleichgewichtiges Hin- und Herspielen der Kräfte stattfindet, wird man sich dem fortdauernden Nachteil eines Gebirges, in dessen Besitz der Feind geblieben ist, nicht aussetzen; man wird also den Teil desselben, welchen man nach der Richtung der Hauptlinien unseres Angriffs braucht, einzunehmen und festzuhalten suchen; und darum findet sich gewöhnlich, daß in solchen Fällen das Gebirge der Haupttummelplatz der einzelnen kleinen Kämpfe ist, die beide Heere miteinander bestehen. Aber man hüte sich, diesen Gegenstand zu überschätzen und ein solches Gebirge in allen Fällen wie den Schlüssel zum Ganzen und seinen Besitz wie die Hauptsache zu betrachten. Wo es auf einen Sieg ankommt, ist dieser die Hauptsache, und wenn er errungen ist, kann die Einrichtung der übrigen Verhältnisse nach den herrschenden Bedürfnissen stattfinden.

3. Das Gebirge als strategische Barriere betrachtet. Hier müssen wir zwei Beziehungen unterscheiden.

Die erste ist wieder eine entscheidende Schlacht. Man kann nämlich das Gebirge wie einen Fluß, also als eine Barriere mit gewissen Zugängen betrachten, die uns dadurch zu einem siegreichen Gefecht Gelegenheit gibt, daß sie die feindliche Macht im Vorschreiten trennt, sie auf gewisse Wege einschränkt und uns also in den Stand setzt, mit unserer hinter dem Gebirge vereinigt aufgestellten Macht über einen einzelnen Teil der feindlichen herzufallen. Da der Angreifende beim Vorgehen durch ein Gebirge, wenn er auch alle andere Rücksichten beiseite setzen wollte, schon deswegen nicht in einer Kolonne bleiben kann, weil er sich der entscheidenden Gefahr aussetzen würde, sich mit einer einzigen Rückzugsstraße in eine entscheidende Schlacht einzulassen, so ist allerdings diese Methode auf sehr wesentliche Umstände gegründet. Da aber die Begriffe von Gebirgen und Gebirgsausgängen sehr unbestimmt sind, so kommt bei dieser Maßre-

1 [2. Auflage: vorgedrungen]

gel alles auf die Gegend selbst an, und sie kann daher nur als eine mögliche angedeutet werden, bei der auch noch zweier Nachteile gedacht werden muß: das erste, daß der Feind, wenn er einen Stoß erhalten hat, im Gebirge sehr bald Schutz findet; das zweite, daß er die überhöhende Gegend innehat, welches zwar kein entscheidender, aber doch immer ein Nachteil für den Verteidiger ist.

Uns ist keine Schlacht bekannt, die unter solchen Umständen geliefert worden wäre, wenn man nicht die Schlacht gegen Alvinczy 1796 dahin rechnen will. Aber daß der Fall eintreten kann, macht Bonapartes Übergang über die Alpen im Jahr 1800 deutlich, wo ihn Melas vor der Vereinigung seiner Kolonnen mit der ganzen Macht hätte anfallen können und sollen.

Die zweite Beziehung, welche das Gebirge als eine Barriere haben kann, ist die auf die feindlichen Verbindungslinien, wenn es diese nämlich durchschneidet. Abgesehen von der Befestigung der Durchgänge durch Forts und von Wirkungen einer Volksbewaffnung können schlechte Gebirgswege in schlechter Jahreszeit die Verzweiflung einer Armee ausmachen[1], und sie haben nicht selten den Rückzug veranlaßt, nachdem sie dem Heere zuvor Mark und Blut ausgesogen hatten. Kommt ein häufiges Streichen[2] der Parteigänger oder gar ein Volkskrieg hinzu, so wird die feindliche Armee zu großen Entsendungen und zuletzt zur Aufstellung fester Posten im Gebirge genötigt und so in die nachteiligste Lage verwickelt, die es im Angriffskrieg geben kann.

4. Das Gebirge in Beziehung auf den Unterhalt der Heere. Dieser Gegenstand ist sehr einfach und an sich verständlich. Der größte Nutzen, welchen der Verteidiger in dieser Beziehung davon haben kann, wird eintreten, wenn der Angreifende entweder im Gebirge stehenbleiben oder wenigstens es hinter sich nehmen muß.

Man wird diese Betrachtungen über die Gebirgsverteidigung, welche im Grunde den ganzen Gebirgskrieg umfassen, insofern ihre Reflexe auch auf den Angriffskrieg in dieser Beziehung das nötige Licht werfen, nicht deswegen für unrichtig oder unpraktisch halten, weil man im Gebirge nicht Ebenen und aus der Ebene kein Gebirge machen kann, und die Wahl des Kriegstheaters durch so viele andere Dinge bestimmt wird, daß es scheint, es könne nur wenig Spielraum für Gründe dieser Art bleiben. Bei großen Verhältnissen wird man

---

1 [2. Auflage: Jahreszeit allein schon einer Armee verderblich werden]
2 [2. Auflage: Streifen]

finden, daß dieser Spielraum so gering nicht ist. Ist von der Aufstellung und Wirksamkeit der Hauptmacht, und zwar im Augenblick der entscheidenden Schlacht die Rede, so können einige Märsche mehr vorwärts oder rückwärts das Heer aus dem Gebirgsboden in die Ebene bringen und eine entschlossene Vereinigung der Hauptmassen in der Ebene das danebenliegende Gebirge neutralisieren.

Wir wollen jetzt das über diesen Gegenstand verteilte Licht noch einmal in einem Brennpunkte zu einem deutlichen Bilde sammeln.

Wir behaupten und glauben erwiesen zu haben, daß das Gebirge sowohl in der Taktik wie in der Strategie der Verteidigung im allgemeinen ungünstig sei, und verstehen dann unter Verteidigung die *entscheidende,* von deren Erfolg die Frage über den Besitz oder Verlust des Landes abhängt. Es raubt die Übersicht und hindert die Bewegungen nach allen Richtungen; es zwingt zur Passivität und nötigt jedes Loch zuzustopfen[1], woraus denn immer mehr oder weniger ein Kordonkrieg wird. Man soll also mit der Hauptmacht das Gebirge womöglich vermeiden und es seitwärts liegen lassen oder vor oder hinter sich nehmen.

Hingegen glauben wir, daß für die untergeordneten Zwecke und Rollen im Gebirgsboden ein verstärkendes Prinzip liegt, und nach dem, was wir darüber gesagt haben, wird man es für keinen Widerspruch halten, wenn wir sagen, daß er ein wahrer Zufluchtsort des Schwachen ist, d. h. desjenigen, der eine absolute Entscheidung nicht mehr suchen darf. – Dieser Anspruch, den[2] die Nebenrollen auf den Gebirgsboden haben, schließt die Hauptmacht von demselben zum zweiten Male aus[3]. Aber alle diese Betrachtungen werden schwerlich dem Eindruck der Sinne das Gleichgewicht halten. Im einzelnen Fall wird die Einbildungskraft nicht allein aller Unerfahrenen, sondern auch aller in einer schlechten Kriegsmethode Erfahrenen[4] so überwiegende Eindrücke von den Schwierigkeiten bekommen, welche der Gebirgsboden wie ein dichteres zäheres Element allen Bewegungen des Angreifenden entgegenstellt, daß sie Mühe haben werden, unsere Meinung nicht für die wunderlichste Paradoxie zu halten. Bei allen allgemeinen Betrachtungen aber wird die Geschichte des letzten Jahrhunderts mit seiner eigentümlichen Kriegskunst an die Stelle des

1 [2. Auflage: jeden Zugang zu verstopfen]
2 [2. Auflage: Die Vorteile, welche]
3 [2. Auflage: schließen die Hauptmacht wiederum von demselben aus]
4 [2. Auflage: Gewöhnten]

sinnlichen Eindrucks treten, und sie werden z. B. sich nie entschließen zu glauben, daß Österreich seine Staaten gegen Italien mit nicht mehr Leichtigkeit als gegen den Rhein sollte verteidigen können. Dagegen werden die Franzosen, die den Krieg zwanzig Jahre lang unter einer energievollen und rücksichtslosen Führung gemacht haben, und welche die glücklichen Folgen dieses Systems immer vor Augen gehabt haben, sie noch lange in diesem Fall wie in anderen durch den Takt eines geübten Urteils auszeichnen.

So wäre also ein Staat mehr geschützt durch offene Gegenden als durch Gebirge; Spanien stärker ohne seine Pyrenäen, die Lombardei unzugänglicher ohne die Alpen, und ein ebenes Land, z. B. Norddeutschland, schwerer zu erobern als ein Gebirgsland[1] z. B. Ungarn. An diese falschen Folgerungen wollen wir unsere letzten Bemerkungen anknüpfen.

Wir behaupten nicht, daß Spanien ohne seine Pyrenäen stärker wäre als mit denselben, sondern daß eine spanische Armee, die sich stark genug fühlt, es auf eine entscheidende Schlacht ankommen zu lassen, besser tut, sich hinter dem Ebro vereinigt aufzustellen, als sich in die fünfzehn Pässe der Pyrenäen zu verteilen. Dadurch wird die Einwirkung der Pyrenäen auf den Krieg noch lange nicht aufgehoben. Dasselbe behaupten wir von einer italienischen Armee. Verteilte sie sich in den hohen Alpen, so würde sie von jedem entschlossenen Gegner überwunden werden, ohne die Alternative eines Sieges oder einer Niederlage zu haben, während sie in der Ebene von Turin die Ansprüche jeder anderen Armee hat. Deswegen aber wird noch niemand glauben, daß es dem Angreifenden angenehm sei, eine Gebirgsmasse wie die der Alpen zu durchziehen und hinter sich zu lassen. – Übrigens wird durch diese in der Ebene angenommene Hauptschlacht nicht einmal eine vorläufige Verteidigung des Gebirges mit untergeordneten Kräften ausgeschlossen, die bei solchen Massen, wie die Alpen und Pyrenäen sind, sehr zu raten ist. Endlich sind wir weit entfernt, die Eroberung eines ebenen Landes für leichter als die eines gebirgigen zu halten, es sei denn, daß ein einziger Sieg den Feind gänzlich entwaffnete. Nach diesem Siege tritt für den Erobernden ein Zustand der Verteidigung ein, bei welchem ihm der Gebirgsboden ebenso nachteilig und nachteiliger werden muß, als er es dem Verteidiger war. Dauert der Krieg also fort, kommen äußere Hilfen herbei, tritt das Volk unter die Waffen, dann werden alle diese Reaktionen

---

1 [2. Auflage beendet hier den Satz.]

durch den Gebirgsboden gesteigert.

Es ist bei diesem Gegenstand wie in der Dioptrik, die Bilder nehmen an Stärke des Lichtes zu, wenn man den Gegenstand in einer gewissen Richtung fortbewegt; aber nicht so weit man will, sondern bis sie den Brennpunkt erreichen, über den hinaus alles umgekehrt wird.

Ist die Verteidigung im Gebirge schwächer, so könnte dies eine Veranlassung für den Angreifenden sein, das Gebirge vorzugsweise zu seiner Richtungslinie zu nehmen. Dies wird aber nur selten geschehen, weil die Schwierigkeiten des Unterhaltes und der Wege, die Ungewißheit, ob der Gegner eine Hauptschlacht gerade im Gebirge annehmen, und auch die, ob er seine Hauptmacht in demselben aufstellen wird, jenem möglichen Vorteil reichlich das Gleichgewicht halten.

Siebzehntes Kapitel: Fortsetzung

Wir haben im fünfzehnten Kapitel von der Natur der Gefechte im Gebirge, im sechzehnten von dem Gebrauch gesprochen, den die Strategie davon machen kann; wir sind dabei öfter auf den Begriff einer eigentlichen Gebirgsverteidigung gestoßen, ohne uns bei der Form und den Einrichtungen einer solchen Maßregel zu verweilen. Wir wollen sie hier näher in Betrachtung ziehen.

Da Gebirge häufig wie Streifen oder Gürtel über die Erdfläche hinziehen und die Teilung zwischen den rechts und links abfallenden Wässern, folglich die Scheidung ganzer Wassersysteme ausmachen, und da diese Form des Ganzen sich in seinen Teilen wiederholt, indem diese sich in Armen oder Rücken von dem Hauptstock absondern und dann später die Scheidung für kleinere Wassersysteme bilden, so hat sich die Vorstellung von einer Gebirgsverteidigung ganz natürlich an die Hauptform eines mehr langen als breiten, folglich wie eine große Barriere hinziehenden Hindernisses zuerst festgesetzt. Obgleich unter den Geologen bis jetzt über die Entstehung der Gebirge und das Gesetz ihrer Gestaltung noch nichts ausgemacht ist, so zeigt in jedem Fall der Lauf des Wassers das System derselben am kürzesten und sichersten, sei es, daß seine Wirkungen an diesem System Anteil haben (durch den Spülungsprozeß), oder daß der Wasserlauf eine Folge jenes Systems ist.[1] Es war daher auch wieder natürlich, bei dem

1 [2. Auflage: Da Gebirge häufig wie die Streifen oder Gürtel über die Erdoberfläche hinziehen und die Teilung zwischen den nach verschiedenen Richtungen hin abfließenden

Gedanken einer Gebirgsverteidigung den Wasserzug zum Führer anzunehmen. Der Wasserzug ist nicht allein als ein natürliches Nivellement zu betrachten, wodurch man die allgemeine Erhöhung, also das allgemeine Profil der Erdoberfläche vollkommen kennenlernt, sondern es sind auch die vom Wasser gebildeten Täler als die zugänglichsten Wege zu den höchsten Punkten zu betrachten,[1] weil in jedem Fall so viel von der Wasserspülung feststeht, daß sie strebt, die Ungleichheiten der Abhänge in eine regelmäßige Kurve auszugleichen. Es würde hieraus also die Vorstellung der Gebirgsverteidigung sich so gestalten, daß man das Gebirge, wenn es der Verteidigungsfronte ungefähr parallel liefe, als ein großes Hindernis des Zuganges, als eine Art Wall betrachtete, dessen Eingänge durch die Täler gebildet werden. Die eigentliche Verteidigung würde also an der Krete[2] dieses Walles, d. h. an dem Rande der auf dem Gebirge befindlichen Hochebene, stattfinden und die Haupttäler quer durchschneiden. Wäre der Hauptzug des Gebirges mehr senkrecht auf die Verteidigungsfronte, so würde einer seiner Hauptarme die Verteidigung bilden, die einem Haupttal parallel und bis zum großen Teilungsrücken[3] hinaufliefe, welcher als der Schlußpunkt betrachtet werden müßte.

Wir haben diesen Schematismus einer Gebirgsverteidigung nach der geologischen Struktur hier angedeutet, weil er wirklich der Theorie eine Zeitlang vorgeschwebt und in der sogenannten Terrainlehre die Gesetze des Spülungsprozesses mit der Kriegführung amalgamiert hat.

Aber hier ist alles so voll falscher Voraussetzungen und ungenauer Substitutionen, daß von dieser Ansicht in der Wirklichkeit zu wenig übrigbleibt, um daraus irgendeinen systematischen Anhalt machen zu können.

Gewässern, folglich die Scheidung ganzer Wassersysteme, bewirken, und da diese Form des Ganzen sich in seinen Teilen wiederholt, indem sich von dem Hauptstock Äste sondern und die Scheidung für kleinere Wassersysteme bilden, so hat sich die Vorstellung von einer Gebirgsverteidigung natürlich zuerst auf die Anschauung der Hauptgestalt eines mehr langen, als breiten, einer Barriere ähnlichen Hindernisses gestützt und aus ihr entwickelt. Obschon bis jetzt unter den Geologen über die Entstehung der Gebirge und die Gesetze ihrer Gestaltung noch große Meinungsverschiedenheit herrscht, so zeigt doch in jedem Fall der Lauf der Gewässer deren Zusammenhang am deutlichsten und übersichtlichsten.]

1 [2. Auflage fehlt der Restsatz.]
2 [2. Auflage: also auf dem Kamm]
3 [2. Auflage: bis zum Hauptrücken]

Die Hauptrücken sind bei eigentlichen Gebirgen viel zu unwirtbar und unwegsam, um auf ihnen bedeutende Truppenmassen aufzustellen; mit den Nebenrücken ist es oft ebenso, oft sind sie zu kurz und unregelmäßig. Hochebenen auf dem Rücken der Gebirge finden sich nicht auf allen, und wo sie sich finden, sind sie meistens schmal und dabei sehr unwirtbar; ja es gibt sogar wenige Gebirge, die, genauer angesehen, einen ununterbrochenen Hauptrücken und an ihren Seiten einen solchen Abhang bilden, der einigermaßen für eine schiefe Fläche oder wenigstens für eine terrassenförmige Abdachung gelten könnte. Der Hauptrücken windet, krümmt und spaltet sich, mächtige Arme in gebogenen Linien streichen ins Land hinein und erheben sich oft gerade in ihren Endpunkten wieder zu beträchtlicheren Höhen als der Hauptrücken selbst ist; Vorgebirge lagern sich daran und bilden große Talvertiefungen, die in das System nicht passen. Dazu kommt, daß, wo sich mehrere Gebirgszüge kreuzen, oder in dem Punkt, von dem mehrere auslaufen, der Begriff eines schmalen Streifens oder Gürtels ganz aufhört und einem strahlenförmigen Wasser- und Gebirgszuge Platz macht[1].

Hieraus geht schon hervor, und jeder, der Gebirgsmassen in diesem Sinne angesehen hat, wird es noch deutlicher fühlen, wie die Idee einer systematischen Aufstellung zurücktritt, und wie wenig praktisch man sein würde, wenn man sie als Grundidee der Anordnungen festhalten wollte. Aber es ist noch ein wichtiger Punkt aus dem Gebiet der näheren Anwendung zu beachten.[2]

Fassen wir die taktischen Erscheinungen des Gebirgskrieges noch einmal scharf ins Auge, so ist klar, daß zwei Hauptelemente darin vorkommen, nämlich: erstens die Verteidigung steiler Abhänge, zweitens enger Täler. Diese letztere nun, die oft, *ja meistens* die größere Wirksamkeit im Widerstande gewährt, läßt sich mit der Aufstellung auf dem Hauptrücken nicht wohl vereinigen, denn es ist oft die Besetzung des Tales *selbst* erforderlich, und zwar mehr bei seinem Austritt aus der Gebirgsmasse als bei seinem Ursprung, weil es dort tiefer eingeschnitten ist. Außerdem gibt diese Talverteidigung ein Mittel, Gebirgsgegenden auch dann zu verteidigen, wenn auf dem Rücken selbst gar keine Aufstellung zu nehmen ist; sie spielt also gewöhnlich eine um so größere Rolle, je höher und unwegsamer die Masse des Gebirges ist.

1 [2. Auflage: auslaufen, die Zugänglichlkeit oft ganz aufhört]
2 [2. Auflage fehlt dieser Satz.]

Aus allen diesen Betrachtungen geht hervor, daß man von dem Gedanken einer zu verteidigenden mehr oder weniger regelmäßigen Linie, die mit einer der geologischen Grundlinien zusammenfiele, ganz loslassen und ein Gebirge nur wie eine mit Unebenheiten und Hindernissen von mancherlei Art durchzogene Fläche betrachten muß, von deren Teilen man einen so guten Gebrauch zu machen sucht, als es die Umstände gestatten, – daß also, wenn auch die geologischen Lineamente des Bodens zu einer klaren Einsicht in die Gestalt der Gebirgsmassen unentbehrlich sind, sie doch in den Verteidigungsmaßregeln wenig zum Vorschein kommen.

Weder im Österreichischen Erbfolgekriege, noch im Siebenjährigen, noch im Revolutionskriege finden wir Aufstellungen, die ein ganzes Gebirgssystem umfaßten, und wo die Verteidigung nach seinen Hauptlineamenten geordnet wäre. Niemals finden wir die Heere auf dem Hauptrücken, immer an dem Abhang, bald höher, bald tiefer aufgestellt, bald in dieser, bald in jener Richtung; parallel, senkrecht und schief; mit und gegen den Wasserzug; bei höheren Gebirgen, wie die Alpen, sogar oft in einem Tale fortlaufend; bei geringeren, wie die Sudeten, und das ist die stärkste Anomalie, auf der Hälfte des dem Verteidiger zugekehrten Abhanges, also den Hauptrücken vor sich habend, wie die Stellung, in der Friedrich der Große 1762 die Belagerung von Schweidnitz deckte und die Hohe Eule vor der Fronte seines Lagers hatte.

Die berühmten Stellungen des Siebenjährigen Krieges von Schmottseifen und Landeshut sind im allgemeinen Talvertiefungen, eben dies ist der Fall mit der Stellung von Feldkrich in Voralberg. In den Feldzügen von 1799 und 1800 haben die Hauptposten der Franzosen wie der Österreicher jederzeit in den Tälern selbst gestanden, nicht bloß quer über dieselben, um sie zu sperren, sondern auch in ihnen der ganzen Länge nach, während die Rücken entweder gar nicht oder nur mit wenigen einzelnen Posten besetzt waren.

Die Rücken der höheren Alpen sind nämlich von einer solchen Unwegsamkeit und Unwirtlichkeit, daß es unmöglich wird, sie mit namhaften[1] Truppenmassen zu besetzen. Will man nun durchaus Streitkräfte im Gebirge haben, um Herr desselben zu sein, so bleibt nichts anderes übrig, als sie in den Tälern aufzustellen. Auf den ersten Anblick scheint dies ein Unding[2], weil man nach den gewöhnlichen

1 [2. Auflage: starken]
2 [2. Auflage: dies fehlerhaft]

theoretischen Vorstellungen sagen würde: die Rücken[1] beherrschen die Täler. Allein so schlimm ist es dennoch nicht, die Rücken sind nur auf wenigen Wegen und Pfaden zugänglich und mit seltener Ausnahme nur für Fußvolk, weil die Fahrstraßen alle in den Tälern laufen. Der Feind könnte also nur auf einzelnen Punkten derselben mit Infanterie erscheinen; für ein wirksames Flintenfeuer ist aber bei diesen Gebirgsmassen die Entfernung zu groß, und so steht man denn im Tal weniger gefährlich, als es das Ansehen hat. Aber freilich ist eine solche Talverteidigung einer anderen großen Gefahr ausgesetzt, nämlich der, abgeschnitten zu werden. Der Feind kann zwar nur mit Fußvolk und nur langsam und mit großen Anstrengungen auf einzelnen Punkten ins Tal hinabsteigen, er kann also nicht überraschen, aber keine der Stellungen verteidigt die Ausmündung eines solchen Pfades im Tal, der Feind bringt also nach und nach überlegene Massen hinunter, breitet sich dann aus und sprengt die dünne und von dem Augenblick an sehr schwache Linie, die nichts zu ihrem Schutz mehr hat als das steinige Bett eines flachen Gebirgsstromes. Nun ist aber der Rückzug, der stückweise immer im Tal stattfinden muß, bis man einen Ausgang aus dem Gebirge gefunden hat, für viele Teile der Linie unmöglich, und die Österreicher haben daher in der Schweiz fast jedesmal ein Dritteil oder die Hälfte ihrer Truppen an Gefangenen verloren. –

Jetzt noch einige Worte über den Grad der Teilung, welchen die Streitkräfte bei solcher Verteidigung gewöhnlich bekommen.

Jede solche Aufstellung geht von einer mehr oder weniger in der Mitte der ganzen Linie auf dem hauptsächlichsten Zugang genommenen Stellung der Hauptmacht aus. Von dieser werden rechts und links andere Korps zur Besetzung der wichtigsten Eingänge abgeschickt, und es entsteht also für das Ganze eine Aufstellung von 3, 4, 5, 6 Posten usw. ziemlich in einer Linie. Wieweit diese Ausdehnung getrieben werden darf oder muß, hängt von den Bedürfnissen des einzelnen Falles ab. Ein paar Märsche, also 6 bis 8 Meilen, sind eine sehr mäßige, und man hat sie wohl bis zu 20 und 30 Meilen steigen sehen.

Zwischen den einzelnen, eine oder ein paar Stunden voneinander gelegenen Posten finden sich dann leicht andere weniger wichtige Zugänge, auf welche man später aufmerksam wird; es finden sich

---

1 [2. Auflage: Höhen]

einzelne vortreffliche Posten für ein paar Bataillone, die sich zur Verbindung der Hauptposten sehr gut eignen; sie werden also besetzt. Daß die Zerteilung der Kräfte noch weiter gehen und bis zu einzelnen Kompagnien und Schwadronen heruntersteigen könne, ist leicht einzusehen, und der Fall ist oft genug vorgekommen; es gibt also hier keine allgemeine Grenzen der Zersplitterung. Von der anderen Seite hängt die Stärke der einzelnen Posten von der Stärke des Ganzen ab, und es ist also auch schon darum nichts über den möglichen oder natürlichen[1] Grad der Stärke zu sagen, welche die Hauptposten behalten werden. Wir wollen nur ein paar Sätze, welche die Erfahrung und die Natur der Sache lehren, zum Anhalt geben.

1. Je höher und unzugänglicher das Gebirge ist, um so größer darf die Teilung sein, um so größer *muß sie aber auch werden,* denn je weniger eine Gegend durch Kombinationen gesichert werden kann, die auf Bewegungen beruhen, um so mehr muß die Sicherung durch unmittelbare Deckung erfolgen. Die Verteidigung der Alpen nötigt zu viel größerer Teilung, bringt dem Kordon viel näher als die Verteidigung der Vogesen oder des Riesengebirges.
2. Noch überall, wo eine Gebirgsverteidigung eingetreten ist, hat eine solche Teilung der Kräfte stattgefunden, daß die Hauptposten meistens nur ein Treffen Fußvolk und im zweiten Treffen einige Schwadronen Reiterei hatten; nur die in der Mitte aufgestellte Hauptmacht hatte allenfalls auch ein paar Bataillone im zweiten Treffen.
3. Eine zurückgestellte strategische Reserve, um die angegriffenen Punkte zu verstärken, hat in den wenigsten Fällen stattgefunden, weil man sich bei der Ausdehnung in der Fronte schon überall zu schwach fühlt. Deswegen ist die Unterstützung, welche der angegriffene Posten erhalten hat, meistens von anderen nicht angegriffenen Posten aus der Linie entnommen worden.
4. Auch da, wo die Teilung der Kräfte verhältnismäßig noch gering und die Stärke der einzelnen Posten noch groß war, hat der Hauptwiderstand derselben immer in der örtlichen Verteidigung bestanden, und wenn der Feind sich einmal vollkommen im Besitz des Postens befand, so war durch angekommene Unterstützung keine Abhilfe mehr zu erwarten.

Was hiernach von einer Gebirgsverteidigung zu erwarten ist, in

1 [2. Auflage: angemessenen]

welchen Fällen man dieses Mittel anwenden dürfe, wieweit man in der Ausdehnung und in der Zersplitterung der Kräfte gehen könne und dürfe, das alles muß die Theorie dem Takt des Feldherrn überlassen. Es ist genug, wenn sie ihm gesagt hat, was dies Mittel eigentlich sei, welche Rolle es in dem kriegerischen Verkehr der Heere einnehmen dürfe.

Ein Feldherr, der sich in einer ausgedehnten Gebirgsstellung auf das Haupt schlagen läßt, verdient vor ein Kriegsgericht gestellt zu werden.

Achtzehntes Kapitel: Verteidigung von Strömen und Flüssen

Ströme und bedeutende Flüsse gehören, insofern von ihrer Verteidigung die Rede ist, gleich den Gebirgen in die Klasse der strategischen Barrieren. Sie unterscheiden sich aber von dem Gebirge in zwei Punkten: der eine betrifft ihre relative, der andere ihre absolute Verteidigung.

Wie die Gebirge verstärken sie den relativen Widerstand, aber ihre Eigentümlichkeit ist, daß sie sich wie ein Werkzeug von harter und spröder Materie verhalten; sie halten entweder jeden Stoß aus, ohne zu biegen, oder ihre Verteidigung zerbricht und hört dann gänzlich auf. Ist der Strom sehr groß, und sind die übrigen Bedingungen vorteilhaft, so kann der Übergang absolut unmöglich werden. Ist aber die Verteidigung irgendeines Stromes an einem Punkt gebrochen, so findet nicht wie im Gebirge noch ein nachhaltiger Widerstand statt, sondern die Sache ist mit diesem einen Akt abgemacht, es sei denn, daß der Strom selbst in einem Gebirgslande fließt.

Die andere Eigentümlichkeit der Ströme in Beziehung auf das Gefecht ist die, daß sie in manchen Fällen sehr gute und im allgemeinen bessere Kombinationen zu einer entscheidenden Schlacht zulassen als Gebirge.

Gemein haben beide wieder, daß sie gefährliche und verführerische Gegenstände sind, die oft zu falschen Maßregeln verleitet und in gefährliche[1] Lagen versetzt haben. Wir werden auf diese Resultate bei der näheren Betrachtung der Flußverteidigung aufmerksam machen.

Obgleich die Geschichte ziemlich arm ist an wirksamen Stromverteidigungen und dadurch die Meinung gerechtfertigt wird, daß sie[2]

---

1 [2. Auflage: mißliche]
2 [2. Auflage: Ströme und Flüsse]

keine so starke Barrieren sind, als man in der Zeit geglaubt hat, wo ein absolutes Defensivsystem nach allen Verstärkungen griff, welche die Gegend darbot, so ist ihr vorteilhafter Einfluß auf das Gefecht und die Landesverteidigung im allgemeinen doch nicht zu leugnen.

Wir wollen, um die Sache im Zusammenhang zu übersehen, die verschiedenen Gesichtspunkte zusammenstellen, aus denen wir den Gegenstand zu betrachten gedenken.

Zuerst und überhaupt müssen wir unterscheiden die strategischen Resultate, welche die Ströme und Flüsse durch ihre Verteidigung geben, von dem Einfluß, welchen sie auf die Landesverteidigung haben, ohne selbst verteidigt zu werden.

Ferner kann die Verteidigung selbst drei verschiedene Bedeutungen haben:

1. einen absoluten Widerstand mit der Hauptmacht;
2. einen bloßen Scheinwiderstand;
3. einen relativen Widerstand für untergeordnete Teile, wie Vorposten, Deckungslinien, Nebenkorps usw. sind.

Endlich müssen wir an der Verteidigung in Rücksicht auf ihre Form drei Hauptgrade oder Arten unterscheiden, nämlich:

1. eine unmittelbare durch Verhinderung des Überganges,
2. eine mehr mittelbare, wobei der Fluß und sein Tal nur als Mittel zur besseren Schlachtkombination benutzt werden,
3. eine ganz unmittelbare durch die Behauptung einer unangreifbaren Stellung auf der feindlichen Seite des Flusses.

Diesen drei Graden nach werden wir unsere Betrachtungen einteilen, und nachdem wir jeden derselben in Beziehung auf die erste und wichtigste Bedeutung kennengelernt haben, am Schluß auch die beiden anderen berücksichtigen. – Also zuerst die unmittelbare Verteidigung, d. i. diejenige, wo der Übergang des feindlichen Heeres selbst verhindert werden soll.

Von dieser kann nur bei großen Strömen, d. h. bei großen Wassermassen die Rede sein.

Die Kombinationen von Raum, Zeit und Kraft, welche als die Elemente dieser Verteidigungstheorie angesehen werden müssen, machen den Gegenstand ziemlich verwickelt, so daß es nicht ganz leicht ist, einen festen Punkt zu gewinnen. Bei einer genaueren Überlegung wird jeder auf folgendes Resultat kommen.

Die Zeit, welche zur Schlagung einer Brücke erforderlich ist, bestimmt die Entfernung, in welcher die Korps, die den Fluß verteidigen sollen, voneinander aufgestellt werden dürfen. Mit diesen Entfernungen in die ganze Länge der Verteidigungslinie dividiert, gibt die Anzahl der Korps; mit dieser in die Masse der Truppen dividiert, die Stärke derselben. Vergleicht man nun diese Stärke der einzelnen Korps mit den Truppen, die der Feind während des Baues der Brücke durch anderweitige Mittel übergesetzt haben kann, so wird sich beurteilen lassen, ob an einen glücklichen Widerstand zu denken ist. Denn nur dann darf man annehmen, daß der Übergang nicht erzwungen werden kann, wenn es dem Verteidiger möglich ist, mit einer *beträchtlichen Überlegenheit,* also etwa dem Doppelten, die übergesetzten Truppen anzugreifen, ehe die Brücke vollendet ist. Ein Beispiel:

Braucht der Feind 24 Stunden zur Errichtung seiner Brücke, kann er in diesen 24 Stunden nicht mehr als 20000 Mann mit anderen Mitteln übersetzen, und kann der Verteidiger innerhalb etwa 12 Stunden mit 20000 Mann auf jedem beliebigen Punkt erscheinen, so ist der Übergang nicht zu erzwingen, denn man[1] wird ankommen, wenn er[2] etwa die Hälfte jener 20000 Mann übergesetzt hat. Da man nun in 12 Stunden, die Zeit der Benachrichtigung mit eingerechnet, 4 Meilen marschieren kann, so würden alle 8 Meilen 20000 Mann erforderlich sein und 60000 zur Verteidigung des Flusses auf eine Strecke von 24 Meilen. Diese würden hinreichen, nicht nur auf jedem beliebigen Punkt mit 20000 Mann zu erscheinen, wenn auch der Feind zwei Übergänge zu gleicher Zeit versuchte, sondern sogar mit dem Doppelten, wenn dies nicht wäre.

Hier sind also drei Umstände entscheidend: 1. die Breite des Stromes, 2. die Mittel des Überganges, denn beides entscheidet sowohl über die Dauer des Brückenbaues als über die Anzahl der Truppen, die während des Brückenbaues übergeschafft werden können, 3. die Stärke des Verteidigers. Die Stärke der feindlichen Armee selbst kommt hierbei noch nicht in Betrachtung. Nach dieser Theorie kann man sagen, daß es einen Punkt gibt, wo die Möglichkeit des Überganges ganz aufhört und keine Übermacht imstande sein würde, ihn zu erzwingen.

Dies ist die einfache Theorie der unmittelbaren Stromverteidigung, d. h. derjenigen, wo man den Feind an der Vollendung seiner Brücke und am Übergange selbst hindern will; es ist dabei noch auf keine

---

1 [2. Auflage: der Verteidiger]
2 [2. Auflage: der Übergehende]

Wirkung der Demonstrationen, die der Übergehende anwenden kann, Rücksicht genommen.[1] Wir wollen nun die näheren Umstände und die erforderlichen Maßregeln einer solchen Verteidigung in Betrachtung ziehen.

Abstrahiert man zuvörderts von aller geographischen Individualität[2], so ist nur zu sagen, daß die durch die eben gegebene Theorie bestimmten Korps unmittelbar am Strom, in sich vereinigt aufgestellt werden. Unmittelbar am Strom, weil jede Stellung weiter rückwärts die Wege ohne Not und Nutzen verlängert; denn da die Wassermasse des Stromes sie vor jeder bedeutenden Einwirkung des Feindes sichert, so ist es ja nicht nötig, sie wie eine Reserve bei einer Landesverteidigungslinie zurückzuhalten. Außerdem sind die Straßen an den Strömen auf und ab in der Regel gangbarer als Transversalwege von hinten gegen einen beliebigen Punkt des Stromes. Endlich ist durch diese Stellung der Strom unleugbar besser beobachtet als durch eine bloße Postenkette, hauptsächlich weil sich die Befehlshaber alle in der Nähe befinden. – In sich vereinigt müssen diese Korps sein, weil sonst die ganze Rechnung[3] eine andere sein müßte. Wer es weiß, was das Vereinigen sagen will in Beziehung auf Zeitverlust, der wird begreifen, daß gerade in diesem vereinigten Aufstellen die größte Wirksamkeit der Verteidigung liegt. Freilich ist es auf den ersten Anblick sehr anziehend, durch einzelne Posten dem Feinde auch das Überschiffen selbst schon unmöglich zu machen; aber mit wenigen Ausnahmen an Punkten, die sich besonders zum Übergange eignen, ist diese Maßregel höchst verderblich. Der Schwierigkeit nicht zu gedenken, daß der Feind vom gegenüberstehenden Ufer einen solchen Posten meistens mit einem überlegenen Feuer erdrücken kann, so gibt man in der Regel seine Kräfte völlig umsonst aus, d. h. man erreicht durch einen solchen Posten weiter nichts, als daß der Feind einen anderen Übergangspunkt wählt. Ist man also nicht so stark, daß man den Fluß wie einen Festungsgraben behandeln und verteidigen kann, ein Fall, für den es weiter keiner Regeln bedürfte, so führt diese eigentliche Uferverteidigung notwendig vom Ziele ab. Außer diesen Grundsätzen der allgemeinen Aufstellung kommen nun noch in Betrachtung: erstens die Berücksichtigung der individuellen Eigentümlichkeiten des Stromes, zweitens die Wegschaffung der Über-

1 [Halbsatz ab Semikolon fehlt in 2. Auflage]
2 [2. Auflage: Eigentümlichkeit]
3 [2. Auflage: Zeitberechnung]

gangsmittel, drittens der Einfluß, welchen die an ihm gelegenen Festungen haben.

Der Strom, als eine Verteidigungslinie betrachtet, muß rechts und links Anlehnungspunkte haben wie das Meer oder ein neutrales Gebiet; oder es müssen andere Verhältnisse den Übergang des Feindes über den Endpunkt der Verteidigungslinie hinaus nicht tunlich machen. Da nun weder solche Anlehnungspunkte noch solche Verhältnisse anders als bei großen Ausdehnungen vorkommen werden, so sieht man schon daraus, daß die Flußverteidigungen sich immer auf sehr beträchtliche Strecken ausdehnen müssen, und die Möglichkeit einer großen Menge von Truppen, hinter einer verhältnismäßig kurzen Stromlinie aufgestellt, verschwindet aus der Reihe der wirklichen Fälle, an die wir uns immer halten müssen. Wir sagen eine *verhältnismäßig kurze Stromlinie* und verstehen darunter eine Länge, die das gewöhnliche Maß der Ausdehnung in der Aufstellung ohne Strom nicht beträchtlich überschreitet. Solche Fälle, sagen wir, kommen nicht vor, und jede unmittelbare Stromverteidigung ist immer eine Art von Kordonsystem, wenigstens was die Ausdehnung betrifft, und ist also gar nicht geeignet, einer Umgehung auf dem Wege entgegenzuwirken, der bei vereinigter Aufstellung der natürliche ist. Wo also ein Umgehen möglich ist, da ist die unmittelbare Stromverteidigung, wie gut auch sonst ihre Resultate sein möchten, ein höchst gefährliches Unternehmen.

Was nun den Strom innerhalb seiner Endpunkte betrifft, so versteht sich von selbst, daß nicht alle Punkte in gleichem Maß zum Übergang geeignet sind. Es kann dieser Gegenstand im allgemeinen zwar etwas näher bestimmt, aber nicht eigentlich festgestellt werden, denn die allerkleinste Lokaleigentümlichkeit entscheidet oft viel mehr als alles, was sich in Büchern groß und wichtig ausnimmt. Eine solche Feststellung ist aber auch völlig unnütz, denn der Anblick des Stromes und die Nachrichten, welche man von den Einwohnern bekommt, führen fast sichtlich darauf hin, ohne daß man nötig hätte, dabei an Bücher zurückzudenken. –

Zur näheren Bestimmung können wir sagen, daß die zum Fluß führenden Straßen, die in ihn fallenden Nebenflüsse, die an ihm liegenden großen Städte und endlich vorzüglich seine Inseln diejenigen Gegenstände sind, welche den Übergang am meisten begünstigen, daß dagegen die Überhöhung der Ufer, die gebogene Gestalt des Laufes an der Übergangsstelle, welche in Büchern die Hauptrolle zu spielen pflegen, am seltensten von Einfluß gewesen sind. Die Ursach ist, weil der Einfluß dieser beiden Dinge sich auf die beschränkte Idee einer absoluten Uferverteidigung gründet, ein Fall, der bei den größten Strömen wenig oder niemals vorkommt.

Welches nun auch die Umstände sind, die den einzelnen Punkten des Stromes mehr Brauchbarkeit zum Übergang geben, so werden sie Einfluß auf die Stellung haben und das allgemeine geometrische Gesetz etwas modifizieren; allein sich von demselben zu weit zu entfernen, zu sehr auf die Schwierigkeiten mancher Punkte sich zu verlassen, ist nicht ratsam. Der Feind wählt dann gerade die von der Natur am wenigsten begünstigten Orte, wenn er sicher ist[1], uns dort am wenigsten zu begegnen.

In jedem Fall aber ist die möglichst starke Besetzung der Inseln eine empfehlenswerte Maßregel, weil ihr ernstlicher Angriff den Übergangsort auf die sicherste Weise zu erkennen gibt.

Da die nahe am Strome aufgestellten Korps denselben auf- und abmarschieren sollen, je nachdem es die Umstände erfordern, so gehört in Ermangelung einer Parallelstraße die Zurichtung der nächsten kleinen mit dem Fluß parallel laufenden Wege oder die Einrichtung ganz neuer auf kurze Strecken zu den wesentlichen Vorbereitungsstücken[2] der Verteidigung.

Der zweite Punkt, von dem wir zu reden haben, ist die Wegschaffung der Übergangsmittel. – Die Sache ist schon auf dem Strome selbst nicht leicht, wenigstens gehört dazu eine beträchtliche Zeit, aber unüberwindlich sind die Schwierigkeiten meistens bei den auf der feindlichen Seite einfallenden Nebenströmen, weil diese gewöhnlich schon in den Händen des Feindes sind. Daher ist es wichtig, die Ausmündungen dieser Nebenflüsse mit Festungen zu verschließen.

Da bei großen Strömen die Übergangsmittel, welche der Feind mitbringt, nämlich seine Pontons, selten zureichen, so kommt vieles auf die Mittel an, die er am Strome selbst, an den Nebenflüssen und in den großen auf seiner Seite liegenden Städten findet, endlich auf die Wälder in der Nähe des Stromes, die er zum Schiff- und Floßbau benutzen kann. Es gibt Fälle, wo ihm alle diese Umstände so sehr entgegen sind, daß der Stromübergang dadurch fast unmöglich wird.

Endlich sind die Festungen, welche auf beiden Seiten oder auf der feindlichen Seite des Stromes liegen, nicht nur ein gegen den Übergang deckender Schild für alle ihnen oberhalb und unterhalb nahe

1 [2. Auflage: er hoffen kann]
2 [2. Auflage: Vorbereitungs-Maßregeln]

liegenden Punkte, sondern auch ein Mittel, die Nebenflüsse zu sperren und die Übergangsmittel schnell in sich aufzunehmen.

Soviel von der unmittelbaren Stromverteidigung, welche eine große Wassermasse voraussetzt. Kommt ein tiefer, steiler Taleinschnitt, oder kommen sumpfige Ufer hinzu, so wird die Schwierigkeit des Überganges und die Wirksamkeit der Verteidigung zwar vermehrt, aber die Wassermasse kann dadurch nicht ersetzt werden, denn jene Umstände bilden keine absolute Unterbrechung der Gegend, und diese ist eine *notwendige* Bedingung der unmittelbaren Verteidigung.

Frägt man sich, welche Rolle eine solche unmittelbare Stromverteidigung in dem strategischen Plan des Feldzuges spielen kann, so muß man einräumen, daß sie niemals zu einem entscheidenden Siege führen kann, teils weil es ihre Absicht ist, den Feind nicht herüber zu lassen, sondern die erste bedeutende Masse, welche er übergesetzt hat, zu erdrücken, teils weil der Strom verhindert, die erfochtenen Vorteile durch einen kräftigen Ausfall[1] zum entscheidenden Siege zu erweitern.

Dagegen kann eine solche Stromverteidigung oft einen großen Gewinn an Zeit bringen, worauf es doch dem Verteidiger gewöhnlich ankommt. Die Herbeischaffung der Übergangsmittel kostet oft viel Zeit; mißlingen mehrere Versuche, so ist noch ungleich mehr Zeit gewonnen. Gibt der Feind seinen Kräften wegen des Stromes eine ganze andere Richtung, so werden auch wohl noch andere Vorteile dabei erreicht; endlich in allen Fällen, wo es dem Feinde mit dem Vordringen nicht rechter Ernst ist, wird der Strom seinen Bewegungen Stillstand gebieten und eine bleibende Schutzwehr des Landes machen.

Eine unmittelbare Flußverteidigung kann also zwischen großen Truppenmassen bei großen Strömen und günstigen Bedingungen als ein sehr gutes Verteidigungsmittel angesehen werden und Resultate geben, auf die man in der neueren Zeit, nur an die verunglückten Stromverteidigungen mit unzureichenden Mitteln denkend, zu wenig Rücksicht genommen hat. Denn wenn man[2] bei den eben gemachten Voraussetzungen, die bei einem Strom, wie der Rhein und die Donau sind, doch leicht zutreffen können, eine wirksame Verteidigung von 24 Meilen Länge vermittelst 60000 Mann gegen eine bedeutend

1 [2. Auflage: eine kräftige Verfolgung]
2 [1. Auflage: wir; 2. Auflage: Denn wenn unter den eben]

überlegene Macht erhält, so kann man wohl sagen, daß das ein beachtenswertes Resultat ist.

Wir sagen gegen eine *bedeutend überlegene* Macht und müssen noch einmal auf diesen Punkt zurückkommen. Nach der Theorie, welche wir gegeben haben, kommt alles auf die Mittel des Überganges und nichts auf die Macht an, welche übergehen will, sobald diese nur nicht kleiner ist als die, welche den Fluß verteidigt. Dies scheint sehr auffallend, und doch ist es wahr. Aber man muß freilich nicht vergessen, daß die meisten Flußverteidigungen, oder praktischer gesprochen, daß alle insgesamt keine absoluten Stützpunkte haben, also umgangen werden können, und daß dieses Umgehen durch eine große Übermacht sehr erleichtert wird.

Bedenkt man nun, daß eine solche unmittelbare Stromverteidigung, selbst wenn sie vom Feinde überwältigt wird, doch noch nicht einer verlorenen Schlacht zu vergleichen ist und am wenigsten zu einer Niederlage führen kann, weil nur ein Teil unserer Truppen ins Gefecht gekommen ist, und der Gegner, durch den langsamen Übergang vermittelst einer Brücke aufgehalten, seinem Siege über dieselbe nicht gleich eine große Folge geben kann, so wird man von diesem Verteidigungsmittel um so weniger ganz gering denken können.

In allen Dingen des praktischen Lebens kommt es darauf an, den rechten Punkt zu treffen, und so macht es bei der Stromverteidigung einen großen Unterschied, ob man alle Verhältnisse richtig übersieht; ein anscheinend unbedeutender Umstand kann den Fall wesentlich verändern, und was hier eine höchst weise und wirksame Maßregel gewesen wäre, dort zu einer verderblichen Verkehrtheit machen. Diese Schwierigkeit, alles richtig zu beurteilen und nicht zu glauben, Strom sei Strom, ist hier vielleicht größer als anderswo, deshalb müssen wir uns gegen die Gefahr falscher Anwendung und Auslegung besonders verwahren; aber nachdem wir dies getan haben, können wir auch nicht umhin, unumwunden zu erklären, daß wir einer Beachtung ganz unwürdig das Geschrei derer halten, die nach dunkeln Gefühlen und unfixierten Vorstellungen alles von Angriff und Bewegung erwarten und in dem mit über dem Kopf geschwungenem Säbel hervorpreschenden Husaren das ganze Bild des Krieges sehen.

Solche Vorstellungen und Gefühle sind nicht immer zureichend, wenn sie wirklich aushalten (wir wollen nur an den weiland berühmten Diktator Wedel bei Züllichau 1759 erinnern); aber was das Schlimmste ist, sie halten selten aus und verlassen den Befehlshaber im letzten Augenblick, wenn große, zusammengesetzte, in tausend Beziehungen verwickelte Fälle auf ihn eindringen.

Wir glauben also, daß eine unmittelbare Stromverteidigung bei großen Truppenmassen unter guten Bedingungen gute Resultate geben kann, wenn man sich mit der bescheidenen Negative begnügt, aber so ist es nicht für kleinere Truppenmassen. Während 60000 Mann auf eine gewisse Stromlinie imstande sind, einem Heer von 100000 Mann und darüber den Übergang zu verwehren, würden 10000 Mann auf derselben Entfernung nicht imstande sein, ihn einem Korps von 10000 Mann zu verbieten, ja nicht einem halb so starken, wenn dieses sich in die Gefahr begeben wollte, sich mit einem so überlegenen Feinde auf einer Seite[1] zu befinden. Die Sache ist klar, weil die Übergangsmittel sich nicht verändern.

Wir haben uns bisher wenig auf die Scheinübergänge eingelassen, weil sie bei der unmittelbaren Stromverteidigung nicht sehr in Betrachtung kommen; denn teils kommt es bei derselben nicht auf eine Versammlung des Heeres auf einen Punkt an, sondern es ist einem jeden Teil ohnehin eine gewisse Weite des Stromlaufes zur Verteidigung zugedacht, teils sind dergleichen Scheinübergänge auch unter den vorausgesetzten Umständen sehr schwierig. Wenn nämlich die Übergangsmittel an sich schon rar, d. h. nicht in dem Maße vorhanden sind, wie der Angreifende es zur Sicherstellung seiner Unternehmung wünschen muß, so wird er schwerlich einen bedeutenden Teil zum Scheinübergang verwenden können und wollen; in jedem Fall wird dadurch die Masse der Truppen, welche er dadurch an den wahren Übergangspunkt herüberschaffen kann, um so geringer, und man[2] gewinnt also auf der anderen Seite wieder an Zeit, was man durch die Ungewißheit verlieren könnte.

Diese unmittelbare Stromverteidigung dürfte sich in der Regel nur für die erste Klasse der europäischen Ströme auf der letzten Hälfte ihres Weges eignen.

Die zweite Art ist die für kleinere Flüsse und bei tief eingeschnittenen Tälern, oft selbst für sehr unbedeutende geeignete. Sie besteht in einer weiter rückwärts in solcher Entfernung genommenen Aufstellung, daß man die Möglichkeit hat, die feindliche Armee beim Übergang entweder geteilt zu finden, wenn sie auf mehreren Punkten zugleich übergeht, oder nahe am Strome und auf eine Brücke und Straße beschränkt, wenn sie auf einem Punkt übergegangen ist. Mit

1 [2. Auflage: auf derselben Seite des Stromes]
2 [2. Auflage: der Gegner]

dem Rücken dicht an einen bedeutenden Fluß oder einen tiefen Taleinschnitt geklemmt und auf einen einzigen Rückzugsweg beschränkt zu sein, ist eine höchst nachteilige Lage für die Schlacht, und in der Benutzung dieses Umstandes besteht die Verteidigung aller mittleren Flüsse und tiefen Taleinschnitte.

Die Aufstellung einer Armee in großen Korps dicht am Strome, welche wir bei der unmittelbaren Verteidigung für die beste halten, setzt voraus, daß es dem Feinde unmöglich ist, den Fluß unvermutet in großen Massen zu passieren, weil sonst die Gefahr, getrennt und einzeln geschlagen zu werden, bei jener Aufstellungsart sehr groß sein würde. Sind also die Umstände, welche die Flußverteidigung begünstigen, nicht vorteilhaft genug, hat der Feind zu viel Mittel des Überschiffens schon in Händen, hat der Strom zu viel Inseln oder gar Furten, ist er nicht breit genug, sind wir zu schwach usw., so kann von jener Methode nicht mehr die Rede sein; die Truppen müssen zu ihrer sicheren Verbindung untereinander etwas vom Strom zurückgezogen werden, und alles, was nun übrigbleibt, ist eine soviel als möglich beschleunigte Vereinigung auf demjenigen Punkt, wo der Feind den Übergang macht, um ihn anzugreifen, ehe er noch soviel Feld gewonnen, daß ihm mehrere Übergänge zu Gebote stehen. Hier wird also der Fluß oder das Tal durch eine Vorpostenkette beobachtet und schwach verteidigt, während die Armee in mehreren Korps auf passenden Punkten in einiger Entfernung (gewöhnlich einige Stunden) vom Fluß aufgestellt wird.

Der Hauptumstand ist hier der Durchzug durch die Straßenenge, welche der Fluß und sein Tal bildet. Hier kommt es also nicht bloß auf die Wassermasse an, sondern auf das Ganze der Straßenenge, und in der Regel leistet ein tiefes Felsental viel mehr als eine beträchtliche Flußbreite. Die Schwierigkeit, welche der Durchzug einer bedeutenden Truppenmasse durch eine beträchtliche Straßenenge hat, ist in der Wirklichkeit sehr viel größer, als aus der bloßen Überlegung sich zu ergeben scheint. Die erforderliche Zeit ist sehr beträchtlich, die Gefahr, daß der Feind auch während des Durchzuges sich zum Meister der umgebenden Höhen machen könnte, sehr beunruhigend. Rücken die ersten Truppen zu weit vor, so treffen sie früher auf den Feind und sind in Gefahr, von einer überlegenden Macht erdrückt zu werden, bleiben sie in der Nähe des Übergangspunktes, so schlägt man sich in der schlimmsten Lage. Der Übergang über einen solchen Einschnitt des Bodens, um jenseits desselben sich mit der feindlichen Armee zu messen, ist daher ein kühnes Unternehmen oder setzt eine große

Überlegenheit und Sicherheit in der Führung voraus.

Freilich kann sich eine solche Verteidigungslinie nicht zu einer ähnlichen Länge ausdehnen wie die unmittelbare Verteidigung eines großen Stromes, denn man will mit dem Ganzen vereinigt schlagen, und die Übergänge, wenn sie auch noch so schwierig sind, können doch nicht mit denen über einen großen Strom verglichen werden; das Umgehen liegt also dem Feinde viel näher. Allein dieses Umgehen verschiebt ihn aus seiner natürlichen Richtung (denn wir setzen, wie sich versteht, voraus, daß der Taleinschnitt diese ungefähr senkrecht durchschneidet), und die nachteilige Wirkung der beengten Rückzugslinien verliert sich nicht mit einem Male, sondern erst nach und nach, so daß der Verteidiger auch dann immer noch einige Vorteile über den Vorgehenden hat, wenn dieser auch nicht gerade im Augenblick der Krise von ihm erreicht worden ist, sondern durch das Umgehen etwas mehr Spielraum gewonnen hat.

Da wir nicht bloß von den Flüssen in Beziehung auf ihre Wassermasse reden, sondern fast mehr als diese den tiefen Einschnitt ihrer Täler im Auge haben, so müssen wir bevorworten, daß darunter kein förmliches Gebirgstal verstanden werden dürfe, weil dann alles davon gilt, was vom Gebirge gesagt worden ist. Bekanntlich gibt es aber sehr viel ebene Gegenden, wo selbst die kleinsten Flüsse tiefe und steile Einschnitte bilden; außerdem gehören auch morastige Ufer und andere Hindernisse des Zuganges hierher.

Unter diesen Bedingungen ist also die Aufstellung einer Verteidigungsarmee hinter einem beträchtlichen Fluß oder tieferen Taleinschnitt eine sehr vorteilhafte Lage und diese Art der Flußverteidigung zu den besten strategischen Maßregeln zu zählen.

Die Blöße derselben, der Punkt, auf dem der Verteidiger leicht straucheln kann, ist die zu große Ausdehnung der Kräfte[1]. Es ist so natürlich, sich in einem solchen Fall von einem Übergangspunkte bis zum anderen fortziehen zu lassen und den rechten Punkt zu verfehlen, wo man abschneiden muß; gelingt es aber nicht, mit der ganzen Armee vereinigt zu schlagen, so ist die Wirkung verfehlt: ein verlorenes Gefecht, ein notwendiger Rückzug und mancherlei Verwirrung und Verlust bringen die Armee einer völligen Niederlage nahe, selbst wenn sie nicht bis aufs äußerste standhält.

Daß man[2] unter dieser Bedingung sich nicht weit ausdehnen

1 [2. Auflage: Streitkräfte]
2 [2. Auflage: der Verteidiger]

dürfe, daß man in jedem Fall seine Kräfte am Abend desselben Tages gesammelt haben müsse, wo der Feind übergeht, ist genug gesagt und kann die Stelle aller weiteren Kombinationen von Zeit, Kraft und Raum vertreten, die hier von so vielen Örtlichkeiten abhängig sind.

Die unter solchen Umständen herbeigeführte Schlacht muß einen eigentümlichen Charakter haben, nämlich den der höchsten Impetuosität von seiten des Verteidigers. Die Scheinübergänge, womit der Angreifende ihn eine Zeitlang in Ungewißheit gehalten haben kann, werden ihn in der Regel erst erscheinen lassen, wenn es die höchste Zeit ist. Die eigentümlichen Vorteile seiner Lage bestehen in der nachteiligen Lage der feindlichen Korps, die er gerade vor sich hat; kommen von anderen Übergangspunkten andere Korps herbei, die ihn umfassen, so kann er diesen nicht wie in einer Defensivschlacht mit kräftigen Stößen von hinten entgegenwirken, sonst opferte er die Vorteile seiner Lage auf; er muß also die Sache in seiner Fronte entscheiden, ehe diese Korps ihm nachteilig werden, d. h. er muß, was er vor sich hat, so schnell und kräftig als möglich angreifen und durch die Niederlage desselben das Ganze entscheiden.

Der Zweck *dieser* Flußverteidigung kann aber niemals der Widerstand gegen eine zu überlegene Macht sein, wie allenfalls bei der unmittelbaren Verteidigung eines großen Stromes denkbar ist; denn in der Regel bekommt man es mit dem größten Teil der feindlichen Macht wirklich zu tun, und wenn dies auch unter vorteilhaften Umständen der Fall ist, so ist doch leicht einzusehen, daß das Verhältnis der Macht schon in Betrachtung kommt.

So ist es mit der Verteidigung mittlerer Flüsse und tiefer Taleinschnitte, wenn von den großen Massen des Heeres selbst die Rede ist, für welche der beträchtliche Widerstand, den man an den Talrändern selbst tun kann, in keinen Betracht gegen die Nachteile einer verzettelten Stellung kommen kann, und denen ein entschiedener Sieg Bedürfnis ist. Kommt es aber bloß auf die Verstärkung einer untergeordneten Verteidigungslinie an, die eine Zeitlang widerstehen soll und auf Unterstützung berechnet ist, so kann allerdings eine unmittelbare Verteidigung der Talränder oder selbst der Ufer stattfinden, und wenngleich hier nicht ähnliche Vorteile zu erwarten sind wie in Gebirgsstellungen, so wird der Widerstand doch immer länger dauern als in gewöhnlicher Gegend. Nur ein Fall macht diesen Gebrauch sehr gefährlich oder unmöglich: wenn der Fluß sich in sehr krausen

Schlangelinien fortzieht, welches gearde bei tiefeingeschnittenen oft vorkommt. Man betrachte nur den Lauf der Mosel[1] in Deutschland. In diesem Fall[2] würden die an den ausgehenden Bogen vorgeschobenen Teile beim Rückzug fast unvermeidlich verlorengehen.

Daß ein großer Strom dasselbe Verteidigungsmittel darbietet, welches wir hier in Beziehung auf die Masse des Heeres den mittleren Flüssen angeeignet haben, und zwar unter viel günstigeren Bedingungen, versteht sich von selbst, und dieser Fall wird jedesmal zur Anwendung kommen, wo es dem Verteidiger auf einen völligen Sieg ankommt. (Aspern.)

Der Fall, wo ein Heer einen Strom, einen Fluß oder ein tiefes Tal *dicht* vor seiner Fronte nimmt, um ein taktisches Zugangshindernis dadurch zu gewinnen, eine *taktische*[3] *Fronteverstärkung,* ist ein ganz anderer, dessen nähere Betrachtung in die Taktik gehört; wir wollen aber von dem Resultat dieser Maßregel soviel sagen, daß sie im Grunde eine völlige Selbsttäuschung ist. – Ist der Einschnitt sehr beträchtlich, so wird die Fronte der Stellung dadurch absolut unangreifbar; da nun das Vorbeigehen einer solchen Stellung nicht mehr Umstände macht als das jeder anderen, so ist es im Grunde nicht viel mehr, als wenn der Verteidiger dem Angreifenden selbst aus dem Wege gegangen wäre, welches doch schwerlich die Absicht der Aufstellung war. Eine solche Aufstellung kann also nur da Nutzen haben, wo das Verhältnis der Verbindungslinien durch die Örtlichkeit dem Angreifenden so ungünstig gestellt wird, daß jedes Ausbiegen von der direkten Straße mit zu nachteiligen Folgen verbunden wäre.

Bei dieser zweiten Verteidigungsart sind die Scheinübergänge viel gefährlicher, denn der Angreifende hat mehr Leichtigkeit, sie zu machen, und der Verteidiger die Aufgabe, sein ganzes Heer auf dem rechten Punkt zu versammeln. Allein von der einen Seite ist dem Verteidiger die Zeit hier nicht ganz so knapp zugemessen, weil seine Vorteile so lange nicht aufhören, bis der Angreifende seine ganze Macht vereinigt und mehrere Übergänge hinter sich genommen hat; von der anderen Seite ist die Wirksamkeit der Scheinangriffe immer hier noch nicht so groß wie bei der Verteidigung eines Kordons, wo alles festgehalten werden soll, und es also bei Verwendung der Reserve nicht wie bei unserer Aufgabe auf die bloße Frage ankommt, wo der Gegner seine Hauptmacht hat, sondern auf die viel schwieri-

1 [Hier endet der Satz in 2. Auflage.]
2 [2. Auflage: Im Falle ihrer Verteidigung]
3 [Fehlt in 2. Auflage.]

gere, welcher Punkt am ersten überwältigt werden wird.

Von beiden Verteidigungsarten großer und kleiner Flüsse müssen wir im allgemeinen noch bemerken, daß sie, in der Eile und Verwirrung eines Rückzuges angeordnet, ohne Vorbereitungen, ohne Wegschaffung der Übergangsmittel, ohne genaue Kenntnis der Gegend allerdings nicht das leisten können, was wir uns hier darunter gedacht haben; in den meisten Fällen ist gar nicht darauf zu rechnen, und um deswillen sich in ausgedehnte Stellungen zu verzetteln, eine große Torheit.

Überhaupt wird, so wie im Kriege alles fehlschlägt, was man nicht mit klarem Bewußtsein, mit ganzem und festem Willen tut, auch eine *Flußverteidigung* schlechten Erfolg haben, die gewählt wird, weil man den Mut hat, dem Gegner in offener Feldschlacht entgegenzutreten, und hofft, daß der breite Fluß, das tiefe Tal ihn aufhalten werden. Da ist so wenig von wahrem Vertrauen zu der eigenen Lage die Rede, daß gewöhnlich Feldherr und Heer voll der besorglichsten Ahnungen sind, die denn auch schnell genug in Erfüllung zu gehen pflegen. Eine offene Feldschlacht setzt ja nicht wie ein Duell völlig gleiche Umstände voraus, und ein Verteidiger, der sich in derselben keine Vorteile durch die Eigentümlichkeit der Verteidigung zu erwerben weiß, keine durch schnelle Märsche, keine durch Kenntnis der Gegend, keine durch Freiheit der Bewegungen, dem ist nicht zu helfen, und am wenigsten wird der Fluß und sein Tal es vermögen. –

Die dritte Art der Verteidigung, durch eine auf der feindlichen Seite genommene feste Stellung, gründet ihre Wirksamkeit auf die Gefahr, welche dem Feinde daraus entspringt, daß ein Fluß seine Verbindungslinien durchschneiden und also auf ein oder ein paar Brückenübergänge beschränken würde. Hieraus ergibt sich von selbst, daß hier nur von bedeutenden Flüssen mit bedeutenden Wassermassen die Rede sein kann, da diese allein jenen Fall bedingen, während ein bloß tiefeingeschnittener Fluß gewöhnlich eine solche Zahl von Übergängen hat, daß jene Beziehung ganz wegfällt[1].

Sehr fest, fast unangreifbar muß die Stellung sein, sonst würden wir ja dem Feind halben Weges entgegenkommen und unsere Vorteile aufgeben. Ist sie aber von solcher Stärke, daß der Feind sich nicht zu einem Angriff entschließen wird, so wird er unter gewissen Umständen dadurch selbst auf das Ufer gebannt, auf dem wir uns befinden. Ginge er über, so würde er seine Verbindungen preisgeben, aber

1 [2. Auflage: daß jede Gefahr verschwindet]

freilich zugleich die unserigen bedrohen. Hier, wie bei allen Fällen, wo man einander vorbeigeht, kommt es darauf an, wessen Verbindungen der Zahl, der Lage und den übrigen Umständen nach mehr gesichert sind, ferner wer auch in anderer Rücksicht mehr dabei zu verlieren hat und also von dem Gegner leicht überboten werden kann, endlich wer in seinem Heer mehr Siegeskraft bewahrt, um sich im äußersten Fall darauf zu stützen. Der Fluß tut hierbei nichts, als daß er die gegenseitigen Gefahren einer solchen Bewegung potenziert, weil man auf Brücken eingeschränkt ist. Insofern man nun annehmen kann, daß nach der gewöhnlichen Ordnung der Dinge die Übergänge des Verteidigers sowie seine Depots aller Art durch Festungen mehr gesichert sein werden als die des Angreifenden, so ist eine solche Verteidigung allerdings denkbar und würde dann in den Fällen, wo die übrigen Umstände einer unmittelbaren Flußverteidigung nicht günstig genug sind, diese ersetzen. Zwar ist dann der Fluß nicht durch die Armee verteidigt, auch die Armee nicht durch den Fluß, aber das Land ist es durch die Verbindung beider, worauf es doch ankommt.

Indessen muß man gestehen, daß diese Verteidigungsart ohne entscheidenden Schlag, welche der Spannung gleicht, in der sich die beiden Elektrizitäten bei der bloßen Berührung ihrer Atmosphäre befinden, nur geeignet ist, einen nicht sehr kräftigen Impuls aufzuhalten. Gegen einen vorsichtigen, unentschlossenen Feldherrn, den nichts heftig vorwärts drängt, wird sie, selbst bei großer Überlegenheit seiner Kräfte, anwendbar sein; ebenso, wenn schon ein gleichgewichtiges Schweben der Kräfte vorher eingetreten ist und man einander nur kleine Vorteile abzugewinnen sucht. Hat man es aber mit überlegenen Kräften zu tun, von einem Waghals angeführt, so ist es ein gefährlicher Weg, der dicht an den Abgrund hinführt.

Diese Verteidigungsart nimmt sich übrigens so keck und doch so wissenschaftlich aus, daß man sie die elegante nennen möchte; aber da Eleganz leicht an Fatuität hinstreift, und diese im Kriege nicht so leicht verziehen werden würde wie in der Gesellschaft, so hat man doch wenig Beispiele dieser elegenten Art. Aus dieser dritten Art entwikkelt sich ein besonderes Hilfsmittel für die beiden ersten Arten, nämlich durch das Festhalten einer Brücke und eines Brückenkopfes immer mit dem Übergang zu drohen. –

Außer dem Zweck eines absoluten Widerstandes mit der Hauptmacht kann jede der drei Arten der Flußverteidigung noch den eines *Scheinwiderstandes* haben.

Dieser Schein eines Widerstandes, den man nicht wirklich leisten will, ist zwar mit vielen anderen Maßregeln und im Grunde mit jeder Stellung verbunden, die etwas anderes als ein bloßes Marschlager ist, allein die Scheinverteidigung eines großen Flusses wird dadurch zu einer wahren Vorspiegelung, daß man dazu eine Menge mehr oder weniger umständliche Maßregeln nimmt, und daß die Wirkung größer und dauernder zu sein pflegt als bei allen anderen; denn der Akt eines solchen Stromüberganges im Angesicht unseres Heeres ist für den Angreifenden immer ein wichtiger Schritt, worüber er sich oft lange besinnt, oder den er für gelegenere Zeit aufschiebt.

Zu einer solchen Scheinverteidigung ist also erforderlich, daß sich das Hauptheer ungefähr in der Weise, wie es bei einer ernstlichen statthaben würde, an dem Flusse verteilt und aufgestellt; da aber die Absicht der bloßen Scheinverteidigung zeigt, daß für eine wirkliche die Umstände nicht günstig genug sind, so würde aus jener Aufstellung, die notwendig immer eine mehr oder weniger ausgedehnte und zerstreute sein muß, sehr leicht die Gefahr großer Verluste entstehen, wenn die Korps sich wirklich in einen wenn auch nur mäßigen Widerstand einlassen wollten; das würde im eigentlichen Verstande[1] eine halbe Maßregel sein. Bei einer Scheinverteidigung muß also alles auf eine unfehlbare Vereinigung des Heeres in einem weiter und zwar beträchtlich, oft mehrere Tagemärsche weiter zurückliegenden Punkte berechnet sein; und nur soviel Widerstand, als damit verträglich ist, kann geleistet werden.

Um unsere Meinung deutlich zu machen und zugleich die Wichtigkeit zu zeigen, welche eine solche Scheinverteidigung haben kann, erinnern wir an das Ende des Feldzuges von 1813. Bonaparte brachte etwa 40–50000 Mann wieder über den Rhein. Diesen Strom damit in dem Bereich verteidigen zu wollen, in welchem die Verbündeten nach der Richtung ihrer Kräfte bequem übergehen konnten, nämlich von Mannheim bis Nymwegen, wäre eine Unmöglichkeit gewesen. Bonaparte konnte also nur daran denken, den ersten ernstlichen Widerstand etwa an der französischen Maas zu tun, wo er einigermaßen wieder verstärkt auftreten konnte. Hätte er seine Kräfte sogleich bis dahin zurückgezogen, so würden ihm die Verbündeten auf dem Fuß gefolgt sein; hätte er sie hinter dem Rhein in Erholungsquartiere verlegt, so konnte einen Moment später dasselbe fast nicht ausbleiben; denn auch bei der kleinmütigsten Behutsamkeit würde man[2]

1 [2. Auflage: Sinne]
2 [2. Auflage: die Alliierten]

doch Schwärme von Kosaken und anderen leichten Truppen haben übergehen lassen, und wenn man sah, daß dies so gut gelang, so würde man mit anderen Korps gefolgt sein. Es war also nötig, daß die französischen Korps Anstalten machten, den Rhein ernstlich zu verteidigen. Da vorauszusehen war, daß bei dieser Verteidigung, sobald die Verbündeten den Übergang wirklich unternahmen, nichts herauskommen konnte, so war sie als eine bloße Demonstration zu betrachten, wobei die französischen Korps gar keine Gefahr liefen, da ihr Vereinigungspunkt an der oberen Mosel lag. Nur Macdonald, der bekanntlich mit 20000 Mann bei Nymwegen stand, beging den Fehler, abzuwarten, bis er wirklich vertrieben wurde, welches, da dies durch die spätere Ankunft des Wintzingerodeschen Korps erst Mitte Januars geschah, ihn verhinderte, sich vor der Schlacht von Brienne mit Bonaparte zu vereinigen. Diese Scheinverteidigung des Rheins nun hat hingereicht, die Verbündeten in ihrer vorschreitenden Bewegung zum Stehen und zu dem Entschluß zu bringen, den Übergang bis zur Ankunft ihrer Verstärkungen, d. h. 6 Wochen lang zu verschieben. Diese 6 Wochen mußten Bonaparte von unendlichem Wert sein. Ohne die Scheinverteidigung des Rheins hätte der Sieg von Leipzig unmittelbar nach Paris geführt, und eine Schlacht diesseits dieser Hauptstadt wäre den Franzosen vollkommen unmöglich gewesen.

Auch bei der Flußverteidigung der zweiten Art, also bei mittleren Flüssen, kann eine solche Vorspiegelung stattfinden, nur wird sie im allgemeinen viel weniger wirksam sein, weil hier bloße Versuche zu einem Übergang leichter sind, und also der Zauber bald gebrochen sein wird.

Bei der dritten Art der Flußverteidigung würde die Demonstration vermutlich noch unwirksamer sein und nicht weiter gehen als die einer jeden anderen vorläufig genommenen Stellung.

Endlich sind die beiden ersten Verteidigungsarten sehr geeignet, einer Vorposten- oder anderen Verteidigungslinie, für irgendeinen untergeordneten Zweck aufgestellt (Kordon), oder auch einem zur bloßen Beobachtung aufgestellten Nebenkorps eine viel größere und sicherere Stärke zu gewähren, als es ohne den Fluß haben würde. In allen diesen Fällen kann nur von einem relativen Widerstand die Rede sein, und dieser wird natürlich durch einen solchen Bodeneinschnitt beträchtlich gesteigert. Hierbei muß man indessen nicht bloß an die verhältnismäßig beträchtliche Zeit denken, die der Widerstand im Gefecht selbst dauert, sondern an das viele Bedenken, was jeder Unternehmung dagegen vorhergeht, und wodurch sie bei nicht dringenden Veranlassungen unter hundert Malen neunundneunzig Mal unterbleibt.

Neunzehntes Kapitel: Fortsetzung

Wir haben jetzt noch etwas über die Wirksamkeit zu sagen, welche Ströme und Flüsse in der Landesverteidigung haben, wenn sie auch nicht selbst verteidigt werden.

Jeder bedeutende Fluß mit seinem Haupttal und seinen Nebentälern bildet ein sehr beträchtliches Bodenhindernis und wird also dadurch der Verteidigung im allgemeinen vorteilhaft; sein eigentümlicher Einfluß aber läßt sich in seinen Hauptbeziehungen näher angeben.

Zuerst müssen wir unterscheiden, ob er der Grenze, d. h. der allgemeinen strategischen Fronte, parallel fließt oder schief oder senkrecht gegen dieselbe. Bei dem Parallellauf müssen wir den Fall unterscheiden, wo ihn das eigene Heer, von dem, wo ihn der Angreifende hinter sich hat, und in beiden Fällen wieder die Entfernung, in welcher sich das Heer von ihm befindet.

Ein Verteidigungsheer, welches einen bedeutenden Fluße nahe, doch nicht unter einem gewöhnlichen Marsch hinter sich hat und an diesem Fluß eine hinreichende Menge gesicherter Übergangspunkte, ist unstreitig in einer viel stärkeren Lage, als es ohne den Fluß sein würde; denn wenn es durch die Rücksicht auf die Übergangspunkte in allen seinen Bewegungen etwas an Freiheit verliert, so gewinnt es viel mehr durch die Sicherheit seines strategischen Rückens, d. h. hauptsächlich seiner Verbindungslinien. Wohlverstanden, daß wir hierbei die Verteidigung im eigenen Lande denken, denn im feindlichen würden wir, wenn auch die feindliche Armee vor uns steht, doch immer mehr oder weniger den Feind auch hinter uns jenseits des Flusses zu befürchten haben, und dann würde der Fluß durch den Straßenzwang, welchen er verursacht, mehr nachteilig als vorteilhaft auf unsere Lage wirken. Je weiter der Fluß sich hinter dem Heere befindet, um so geringer wird er ihm nützlich werden, und bei gewissen Entfernungen wird sein Einfluß ganz Null sein.

Muß das angreifende Heer in seinem Vorrücken einen Fluß hinter sich nehmen, so wird er nur nachteilig auf seine Bewegungen wirken können, denn er schränkt seine Verbindungslinien auf einzelne Übergangspunkte ein. Prinz Heinrich im Jahr 1760 hatte, als er bei Breslau auf dem rechten Oderufer den Russen entgegentrat, durch die auf einen Marsch hinter ihm fließende Oder offenbar einen Stützpunkt; dagegen waren die später über die Oder gegangenen Russen unter Tschernitschew in einer sehr unbequemen Lage, eben durch die Gefahr, bei der einzigen Brücke ihren Rückzug zu verlieren.

Geht aber ein Fluß mehr oder weniger senkrecht durch das Kriegstheater, so ist der Vorteil davon wieder auf der Seite des Verteidigers, denn erstlich gibt es gewöhnlich eine Anzahl guter Aufstellungen durch Anlehnung an den Fluß und Benutzung der einfallenden Transversaltäler als Fronteverstärkungen (wie die Elbe im Siebenjährigen Kriege für die Preußen); zweitens wird der Angreifende entweder die eine der beiden Seiten intakt[1] lassen müssen oder sich teilen; und bei dieser Teilung kann es nicht fehlen, daß der Verteidiger wieder im Vorteil ist, weil er mehr gesicherte Übergänge besitzen wird als der Angreifende. Man darf nur einen Gesamtblick auf den Siebenjährigen Krieg werfen, um sich zu überzeugen, daß die Oder und Elbe Friedrich dem Großen bei der Verteidigung seines Kriegstheaters, nämlich Schlesiens, Sachsens und der Mark, sehr nützlich und folglich den Österreichern und Russen bei der Eroberung dieser Provinzen sehr hinderlich gewesen sind, obgleich eine eigentliche Verteidigung dieser Flüsse im ganzen Siebenjährigen Kriege nicht einmal vorkommt und ihr Lauf in den meisten Beziehungen zum Feinde mehr schief oder senkrecht gegen die Fronte als parallel mit derselben ist.

Nur die Beziehung, welche der Fluß als Transportstraße im Fall seines mehr oder weniger senkrechten Laufes haben kann, ist im allgemeinen zum Besten des Angriffs, aus dem Grunde, weil dieser die längere Verbindungslinie und also die größere Schwierigkeit beim Transport aller Bedürfnisse hat, eine wesentliche Erleichterung also wie die Wasserfracht hauptsächlich ihm zum Nutzen gereichen muß. Zwar wird auch hier der Verteidiger den Vorteil haben, den Fluß von dem Punkt der Grenze ab durch feste Plätze sperren zu können; allein dadurch werden die Vorteile nicht aufgehoben, welche der Fluß dem Angreifenden durch seinen früheren Lauf gewährt. Indessen, wenn man bedenkt, daß viele Flüsse auch da, wo sie schon eine für die übrigen kriegerischen Beziehungen nicht unbedeutende Breite haben, noch nicht schiffbar sind, daß andere es nicht zu jeder Jahreszeit sind, daß die Schiffahrt stromaufwärts sehr langsam, oft schwierig ist, daß

1 [2. Auflage: unbesetzt]

die vielen Serpentinen mancher Ströme den Weg mehr als verdoppeln, daß jetzt die Hauptverbindungsstraßen zweier Länder meistens Chausseen sind, endlich, daß man jetzt die Hauptmasse der Bedürfnisse mehr als sonst in den nächsten Provinzen aufzubringen und nicht so merkantilisch von weit herbeizuführen pflegt, so sieht man wohl, daß die Wasserfahrt überhaupt keine so große Rolle beim Unterhalt der Heere spielt, als in Büchern vorgestellt zu werden pflegt, und daß diese Einwirkung auf den Gang der Begebenheiten darum eine sehr entfernte und ungewisse ist.

Zwanzigstes Kapitel: A. Verteidigung von Morästen

Große ausgedehnte Sümpfe, wie das Bourtanger Moor in Norddeutschland[1], kommen so selten vor, daß es nicht der Mühe wert wäre, dabei zu verweilen; aber man muß nicht vergessen, daß gewisse Niederungsstriche und sumpfige Ufer kleiner Flüsse häufiger vorkommen und dann sehr beträchtliche Abschnitte in der Gegend bilden, die zur Verteidigung benutzt werden können, und die man auch nur häufig dazu benutzt sieht.

Die Maßregeln zu ihrer Verteidigung sind zwar ziemlich dieselben wie bei den Flüssen, indessen sind doch ein paar Eigentümlichkeiten besonders zu beachten. Die erste und hauptsächlichste ist, daß ein Sumpf, der außer den Dämmen für Fußvolk ganz unwegsam ist, viel größere Schwierigkeiten des Überganges hat als irgendein Fluß; denn erstlich ist ein Damm nicht so schnell gebaut wie eine Brücke, zweitens gibt es keine vorläufigen Übergangsmittel, wodurch die den Bau deckenden Truppen hinübergeschafft werden könnten. Niemand wird anfangen, eine Brücke zu bauen, ohne einen Teil der Schiffe zum Übersetzen der Avantgarde zu brauchen; beim Morast aber findet keine dementsprechende Aushilfe statt; die leichteste Art für bloßes Fußvolk, einen Übergang über einen Morast zu gewinnen, wären bloße Bretter, aber wenn der Morast von einiger Breite ist, so hält doch diese Arbeit ungleich mehr auf als das Überfahren der ersten Schiffe. Läuft nun in der Mitte des Morastes noch ein Fluß, der nicht ohne Brücke passiert werden kann, so wird die Aufgabe zur Herüberschaffung der ersten Truppen noch schwieriger, denn auf bloßen Brettern können wohl einzelne Menschen übergehen, aber nicht

1 [2. Auflage fehlt der Nebensatz.]

schwere Lasten fortgeschafft werden, wie sie zum Bau der Brücke nötig sind. Diese Schwierigkeit kann unter manchen Umständen unüberwindlich werden.

Eine zweite Eigentümlichkeit des Sumpfes ist, daß man seine Übergänge nicht wie die der Flüsse ganz aufgeben kann; Brücken kann man abbrechen oder sie so zerstören, daß sie gar nicht benutzt werden können; Dämme aber kann man höchstens durchstechen, welches nicht viel sagen will. Fließt ein kleiner Fluß in der Mitte, so kann zwar seine Brücke weggenommen werden, aber der ganze Übergang wird dadurch doch nicht in dem Maße aufgehoben wie bei einem beträchtlichen Flusse durch das Zerstören seiner Brücke. Die natürliche Folge ist, daß man die vorhandenen Dämme jedesmal ziemlich stark besetzen und ernstlich verteidigen muß, wenn man überhaupt einen Vorteil von dem Moraste haben will.

Man ist also von der einen Seite zur örtlichen Verteidigung genötigt, von der anderen wird eine solche durch die Schwierigkeit des anderweitigen Überganges erleichtert, und es machen also diese beiden Eigentümlichkeiten, daß die Verteidigung der Sümpfe mehr lokal und passiv sein muß als die der Flüsse.

Eine Folge darin ist, daß man verhältnismäßig stärker sein muß als bei der unmittelbaren Stromverteidigung oder mit anderen Worten keine so lange Verteidigungslinie bilden kann, besonders in dem kultivierten Europa[1], wo die Zahl der Übergänge auch unter den günstigsten Umständen immer noch sehr groß zu sein pflegt.

In dieser Rücksicht stehen sie also großen Strömen nach, und diese Rücksicht ist sehr wichtig, denn alle örtliche Verteidigung hat etwas höchst Verfängliches und Gefährliches. Wenn man aber bedenkt, daß solche Moräste und Niederungen eine Breite zu haben pflegen, mit der die der größten europäischen Ströme sich nicht vergleichen läßt, daß folglich ein zur Verteidigung eines Überganges aufgestellter Posten niemals in Gefahr ist, vom jenseitigen Feuer überwältigt zu werden, daß die Wirkung seines eigenen Feuers durch einen ganz engen, sehr langen Damm unendlich gesteigert wird, und daß überhaupt der Durchgang durch eine solche Straßenenge von einer Viertel- oder halben Meile Länge ungleich mehr aufhält als der Übergang über eine Brücke, so muß man eingestehen, daß solche Niederungen und Moräste, wenn ihre Übergänge nicht gar zu zahl-

1 [2. Auflage: in kultivierten Ländern]

reich sind, zu den stärksten Verteidigungslinien gehören, die es geben kann.

Eine mittelbare Verteidigung, wie wir sie bei den Strömen und Flüssen kennengelernt haben, indem der Einschnitt des Bodens benutzt wird, eine Hauptschlacht vorteilhaft einzuleiten, bleibt übrigens ebenso anwendbar für Moräste.

Die dritte Methode einer Flußverteidigung durch eine Stellung auf der feindlichen Seite würde aber wegen des langwierigen Überganges zu gewagt werden.

Höchst gefährlich aber ist es, sich auf die Verteidigung solcher Moräste, Wiesen, Brücher usw. einzulassen, die außer den Dämmen nicht absolut unwegsam sind. Eine einzige Übergangsstelle, die der Feind entdeckt hat, reicht dann zur Sprengung der Verteidigungslinie hin, welches im Fall eines ernstlichen Widerstandes immer mit großen Verlusten verknüpft ist.

B. Überschwemmungen

Wir haben nun noch der Überschwemmungen zu gedenken. Sie sind unstreitig als Verteidigungsmittel sowie als Naturerscheinung großen Morästen am ähnlichsten.

Freilich kommen sie wohl selten vor; vielleicht ist Holland das einzige Land in Europa, wo sie eine Erscheinung bilden, die in unserer Beziehung der Mühe wert ist, betrachtet zu werden; aber gerade dieses Land nötigt uns wegen der merkwürdigen Feldzüge von 1672 und 1787 sowie wegen seiner für Deutschland und Frankreich beziehungsreichen Lage, diesem Vorkommen ein paar Betrachtungen zu widmen.

Der Charakter dieser holländischen Überschwemmungen ist von dem einer gewöhnlichen sumpfigen und unzugänglichen Niederung in folgendem verschieden:

1. Das Land selbst ist trocken und besteht entweder in trockener Wiese oder auch in Fruchtfeldern;
2. eine Anzahl kleiner Bewässerungs- und Entwässerungsgräben von mehr oder weniger Tiefe und Breite durchschneiden es so, daß sie sich strichweise in parallelen Richtungen befinden;
3. größere für die Bewässerung, Entwässerung und Schiffahrt bestimmte Kanäle, von Deichen eingeschlossen, durchziehen das Land in allen möglichen Richtungen und sind von der Art, daß sie ohne Brücken nicht passiert werden können;

4. die Fläche des Bodens der ganzen Überschwemmungsgegend liegt merklich unter dem Niveau des Meeres und folglich auch unter dem Niveau der Kanäle;
5. es folgt hieraus, daß man vermittelst Durchstechung der Dämme, Sperrung und Aufziehung der Schleusen imstande ist, das Land selbst unter Wasser zu setzen, so daß nur die auf den höheren Dämmen liegenden Wege trocken bleiben, die anderen entweder ganz unter Wasser kommen oder durch das Wasser wenigstens so aufgeweicht werden, daß man sich ihrer nicht mehr bedienen kann. Ist nun auch die Überschwemmung nur 3 oder 4 Fuß hoch, so daß man sie allenfalls auf kurze Strecken durchwaten könnte, so verhindern dies doch die unter 2. genannten kleinen Gräben, welche man nicht sieht. Nur da, wo die Gräben eine entsprechende Richtung haben, so daß man zwischen zweien fortgehen kann, ohne einen oder den anderen zu überschreiten, hört die Überschwemmung auf, ein absolutes Hindernis des Zuganges zu sein. Es ist begreiflich, daß dies immer nur auf ganz kurze Strecken der Fall sein wird, also nur für ganz spezielle taktische Bedürfnisse benutzt werden kann.

Aus allem diesen ergibt sich als Folge:

1. daß der Angreifende auf eine mehr oder weniger geringe Zahl von Zugängen beschränkt ist, die auf ziemlich schmalen Dämmen liegen und gewöhnlich noch rechts und links einen Wassergraben haben, also eine unendlich lange ängstliche[1] Straßenenge bilden;
2. daß jede Verteidigungsanstalt auf einem solchen Damm außerordentlich leicht bis zum Unüberwindlichen verstärkt werden kann;
3. daß aber der Verteidiger, eben weil er so eingeschränkt ist, auch was den einzelnen Punkt betrifft, bei der passivsten Verteidigung stehenbleibt und folglich sein ganzes Heil von dem passiven Widerstand erwarten muß;
4. daß von einer einzelnen Verteidigungslinie, die wie eine einfache Barriere das Land schließt, nicht die Rede ist, sondern daß, weil man überall dasselbe Hindernis des Zuganges zum Schutz seiner Flanken hat, man auch unaufhörlich neue Posten anlegen und ein verlorengegangenes Stück der ersten Verteidigungslinie auf diese Weise durch ein neues ersetzen kann. Man möchte sagen, die Zahl der Kombinationen sei hier wie auf dem Schachbrett unerschöpflich.

---

1 [2. Auflage: eine sehr lange]

5. Weil aber dieser ganze Zustand eines Landes nur bei der Voraussetzung einer sehr großen Kultur und Bevölkerung denkbar ist, so folgt von selbst, daß die Zahl der Durchgänge und folglich die Zahl der Posten, welche sie schließen, im Verhältnis zu anderen strategischen Aufstellungen sehr groß sein wird; woraus dann wieder folgt, daß eine solche Verteidigungslinie nicht lang sein darf.

Die holländische hauptsächlichste Linie geht von Naarden am Zuidersee größtenteils hinter der Vecht bis Gorkum an der Waal, d. h. eigentlich an den Biesbosch und hat eine Ausdehnung von etwa 8 Meilen. Zur Verteidigung dieser Linie ist 1672 und 1787 eine Macht von 25 bis 30000 Mann verwendet worden. Könnte man mit Sicherheit auf einen unüberwindlichen Widerstand rechnen, so wäre das Resultat allerdings ein sehr großes, wenigstens für die dahinterliegende Provinz Holland. Im Jahr 1672 widerstand die Linie wirklich einer beträchtlichen Übermacht unter großen Feldherren, nämlich anfangs Condé und nachher Luxemburg, die wohl 40 bis 50000 dagegen hätten führen können, und die doch mit Gewalt nichts unternehmen, sondern den Winter abwarten wollten, der aber nicht strenge genug war. Dagegen war im Jahr 1787 der Widerstand in dieser ersten Linie völlig nichtig, und selbst der in einer viel kürzeren zwischen dem Zuidersee und Haarlemer Meer, obgleich etwas ernstlicher, wurde durch die bloße Wirkung einer sehr künstlichen, auf die Lokalität genau berechneten taktischen Disposition des Herzogs von Braunschweig an einem Tage überwunden, obgleich die Streitkraft der Preußen, welche wirklich gegen diese Linien anrückte, den Verteidigern wenig oder gar nicht überlegen war.

Der verschiedene Erfolg in den beiden Verteidigungen lag in der Verschiedenheit des Oberbefehls. Im Jahr 1672 wurden die Holländer von Ludwig XIV. in ihren Friedenseinrichtungen überfallen, in denen, was die Landmacht betraf, bekanntlich kein sehr kriegerischer Geist lebte. Daher war der größte Teil der Festungen mit allen Ausrüstungsgegenständen schlecht versorgt, mit schwachen Besatzungen gemieteter Truppen besetzt, entweder von treulosen Ausländern oder von unfähigen Eingeborenen als Kommandanten verteidigt. Daher fielen die von den Holländern am Rhein besetzten brandenburgischen Festungen sowie alle ihre eigenen der obigen Verteidigungslinie östlich gelegenen Plätze mit Ausnahme von Groningen den Franzosen sehr bald und meistens ohne wahre Verteidigung in die Hände. Und in der Eroberung dieser großen Zahl von Festungen bestand dann die Haupttätigkeit der 150000 Mann starken französischen Armee.

Als aber durch die im August 1672 eingetretene Ermordung der Gebrüder De Witt der Prinz von Oranien an die Spitze der Gewalt kam und Einheit in die Verteidigungsmaßregeln brachte, da war es eben noch Zeit, die obige Verteidigungslinie zu schließen, und nun griffen alle Maßregeln so gut ineinander, daß weder Condé, noch Luxemburg, der nach dem Abmarsch der beiden Armeen unter Turenne und unter Ludwig XIV. die in Holland zurückgebliebene anführte, etwas gegen die einzelnen Posten zu unternehmen wagten.

Im Jahr 1787 waren die Verhältnisse ganz anders. Es war nicht die Republik der vereinigten sieben Provinzen, sondern eigentlich nur die Provinz Holland, welche den eigentlichen Feind des Angreifenden ausmachte und den Hauptwiderstand tun sollte. Von der Eroberung aller der Festungen, die im Jahr 1672 die Hauptsache ausmachte, war also nicht die Rede, die Verteidigung beschränkte sich sogleich auf die oben gedachte Linie. Der Angreifende hatte aber auch nicht 150-, sondern nur 25000 Mann und war kein mächtiger König eines benachbarten großen Reiches, sondern nur der abgeordnete Feldherr eines sehr entfernten, in manchen Rücksichten gebundenen Fürsten. Das Volk war zwar überall, auch in Holland, in zwei Parteien geteilt, aber die republikanische in Holland entschieden vorherrschend und dabei in einer wahrhaft enthusiastischen Spannung. Unter diesen Umständen hätte allerdings der Widerstand im Jahr 1787 wenigstens ein ebenso gutes Resultat liefern sollen als der von 1672. Aber es bestand ein wichtiger Unterschied zum Nachteil des Jahres 1787, es fehlte die Einheit des Befehls. Was 1672 der verständigen, klugen, kräftigen Leitung Wilhelms von Oranien übergeben war, wurde 1787 einer sogenannten Defenskommission anvertraut, die, ob sie gleich aus vier kräftigen Männern bestand, doch nicht imstande war, in das ganze Werk eine solche Einheit der Maßregeln und in die einzelnen Menschen ein solches Vertrauen zu bringen, daß sich nicht das ganze Instrument im Gebrauch unvollkommen und untüchtig gezeigt hätte.

Wir sind hierbei einen Augenblick verweilt, um der Vorstellung von dieser Verteidigungsmaßregel etwas mehr Bestimmtheit zu geben und zugleich zu zeigen, wie verschieden die Wirkungen sind, je nachdem in der Leitung des Ganzen mehr oder weniger Einheit und Folge[1] ist.

Obgleich die Einrichtung und Widerstandsart einer solchen Verteidigungslinie ein Gegenstand der Taktik ist, so können wir doch nicht

1 [2. Auflage: Konsequenz]

unterlassen, in Beziehung auf die letztere, welche der Strategie schon näher liegt, uns eine Bemerkung zu erlauben, welche uns der Feldzug von 1787 an die Hand gegeben hat. Wir glauben nämlich, daß, so passiv die Verteidigung auf den einzelnen Posten nach der Natur der Dinge sein muß, doch eine offensive Gegenwirkung von irgendeinem Punkt der ganzen Linie aus nicht unmöglich und nicht ohne guten Erfolg sein wird, wenn der Gegner, wie 1787 der Fall war, nicht merklich überlegen ist. Denn obgleich ein solcher Ausfall auch nur auf Dämmen geschehen kann, und da er allerdings auch keine große Freiheit der Bewegung und keine sonderliche Stoßkraft haben wird, so wird doch der Angreifende nicht imstande sein, alle die Dämme und Wege, auf denen er nicht selbst vorgeht, zu besetzen, und da dürfte es für den Verteidiger, der das Land kennt und im Besitz der festen Punkte ist, immer noch Mittel geben, um auf diese Weise entweder einen wirklichen Seitenanfall gegen die vorgehenden Angriffskolonnen auszuführen oder ihnen die Verbindung mit ihren Vorräten abzuschneiden. Wenn man aber bedenkt, in welcher unendlich gezwungenen Lage sich der Vorgehende selbst befindet, daß er namentlich von seinen Verbindungen abhängiger ist als in allen anderen Fällen, so wird man wohl begreifen, daß jeder Ausfall des Verteidigers, der nur eine entfernte Möglichkeit des Erfolges für sich hat, schon als Demonstration von einer großen Wirksamkeit sein muß. Wir sind sehr zweifelhaft, ob der vorsichtige und behutsame Herzog von Braunschweig, wenn die Holländer eine einzige solche Demonstration, z. B. von Utrecht aus, gemacht hätten, es gewagt haben würden, sich Amsterdam zu nähern.

Einundzwanzigstes Kapitel: Verteidigung von Wäldern

Man muß vor allem dichte, unwegsame, wild verwachsene Wälder unterscheiden von kultivierten, ausgebreiteten Holzungen, die teils ganz licht sind, teils von einer Unzahl von Wegen durchschnitten werden.

Die letzteren soll man, sobald von einer Verteidigungslinie die Rede ist, entweder im Rücken nehmen oder sie aufs äußerste[1] vermeiden. Der Verteidiger hat mehr als der Angreifende das Bedürfnis, frei um sich zu sehen, teils weil er in der Regel der Schwächere ist,

1 [2. Auflage: möglichst]

teils weil ihn die natürlichen Vorteile seiner Lage veranlassen, seinen Plan später zu entwickeln als der Angreifende. Wollte er eine Waldgegend vor sich nehmen, so würde er, ein Blinder, mit einem Sehenden kämpfen. Stellte er sich mitten in den Wald hinein, so wären freilich beide blind, aber diese Gleichheit ist eben gegen sein natürliches Bedürfnis gerichtet.

Eine solche Waldgegend kann also mit den Gefechten des Verteidigers in gar keine vorteilhafte Beziehung gebracht werden, ausgenommen die, daß er sie in seinen Rücken nimmt und sowohl alles, was hinter ihm vorgeht, dem Feinde dadurch verbirgt, als auch sie zur Deckung und Erleichterung seines Rückzuges benutzt.

Es ist indessen hier nur die Rede von Wäldern ebener Gegenden, denn wo der entschiedene Gebirgscharakter eintritt, wird auch sein Einfluß auf die taktischen und strategischen Maßregeln vorherrschend, und davon haben wir anderswo gesprochen.

Unwegsame Wälder aber, d. h. solche, die nur auf bestimmten Straßen durchzogen werden können, bieten allerdings einer mittelbaren Verteidigung ähnliche Vorteile dar, wie die sind, welche sie aus Gebirgen zur günstigen Einleitung einer Schlacht zieht; das Heer kann hinter dem Walde in mehr oder weniger vereinigter Stellung den Feind erwarten, um ihn in dem Augenblick anzufallen, wo er aus den Straßenengen hervortritt. Ein solcher Wald gleicht in seiner Wirkung mehr einem Gebirge als einem Strom; denn er hat einen sehr langen und beschwerlichen Durchgang, ist aber in Beziehung auf den Rückzug eher vorteilhaft als gefährlich.

Eine unmittelbare Verteidigung der Wälder aber, wenn sie auch noch so unwegsam sind, ist selbst für die leichteste Vorpostenkette ein gewagtes Stück Arbeit[1]; denn Verhaue sind nur eingebildete Schranken, und kein Wald ist so unwegsam, daß man nicht an hundert Stellen mit kleinen Abteilungen durchkönnte, und diese gleichen bei einer Verteidigungskette den ersten Wassertropfen, welche durch einen Deich[2] sintern, und denen bald ein allgemeiner Durchbruch nachfolgt.

Unendlich wichtiger ist der Einfluß der großen Wälder jeder Art, den sie bei der Volksbewaffnung haben; unstreitig sind sie das rechte Element derselben; kann also der strategische Verteidigungsplan so eingerichtet werden, daß des Feindes Verbindungslinien durch große

1 [2. Auflage: eine gefahrvolle Aufgabe]
2 [2. Auflage: Deich (Damm)]

Wälder laufen, so ist dadurch ein mächtiger Hebel in dem Verteidigungswerk mehr angebracht.

Zweiundzwanzigstes Kapitel: Der Kordon

Der Name des Kordons wird jeder Verteidigungsanstalt gegeben, welche durch eine Reihe aneinanderhängender Posten einen ganzen Landstrich unmittelbar schützen will. Wir sagen unmittelbar, denn mehrere nebeneinander aufgestellte Korps eines großen Heeres könnten einen bedeutenden Landstrich vor dem feindlichen Eindringen schützen, ohne einen Kordon zu bilden; dann würde dieser Schutz aber nicht unmittelbar, sondern durch die Wirkung von Kombinationen und Bewegungen stattfinden.

Daß eine so lange Verteidigungslinie, wie die sein muß, die einen bedeutenden Landstrich unmittelbar decken soll, nur einen sehr geringen Grad der Widerstandsfähigkeit haben kann, springt in die Augen. Selbst bei den größten Truppenmassen würde dies der Fall sein, wenn ähnliche Truppenmassen dagegen wirkten. Die Absicht eines Kordons kann also nur sein, gegen einen schwachen Stoß zu schützen, sei es daß die Willenskraft schwach ist, oder die Streitkraft, mit der der Stoß erfolgen kann, klein.

In diesem Sinn ist die chinesische Mauer errichtet, ein Schutz gegen die Streifereien der Tataren. Diese Bedeutung haben alle Linien- und Grenzverteidigungsanstalten der mit Asien und der Türkei in Berührung stehenden europäischen Staaten. Bei dieser Anwendung hat ein Kordon weder etwas Widersinniges, noch erscheint er unzweckmäßig. Freilich wird dadurch nicht jede Streiferei abgehalten werden können; aber sie werden doch erschwert und folglich seltener, und bei Verhältnissen wie die mit asiatischen Völkern, wo der Kriegszustand fast nie aufhört, ist das sehr wichtig.

Dieser Bedeutung eines Kordons am nächsten kommen die Linien, welche in den neuen Kriegen auch zwischen europäischen Staaten entstanden sind, wie die französischen am Rhein und in den Niederlanden. Sie sind im Grunde nur errichtet, um das Land gegen solche Angriffe zu schützen, die bloß darauf abgesehen sind, Kontributionen einzutreiben und auf Unkosten des Gegners zu leben. Sie sollen also nur Nebenunternehmungen abhalten, und folglich nur mit einer untergeordneten Macht. Aber freilich wird in den Fällen, wo die feindliche Hauptmacht die Richtung gegen diese Linie nimmt, auch der Verteidiger genötigt sein, sie mit seiner Hauptmacht zu besetzen, woraus denn nicht die besten Verteidigungsanstalten entspringen. Um dieses Nachteiles willen, und weil der Schutz gegen Streifereien in einem vorübergehenden Kriege ein Zweck von sehr untergeordneter Wichtigkeit ist, für den durch das Dasein solcher Linien leicht ein zu großer Kraftaufwand abgezwungen werden kann, sind sie in unseren Tagen als eine schädliche Maßregel angesehen worden. Je stärker die Kraft ist, mit welcher der Krieg tobt, um so unnützer und gefährlicher[1] ist dieses Mittel.

Endlich sind noch alle sehr ausgedehnten Vorpostenlinien, welche die Quartiere eines Heeres decken und dazu einen gewissen Widerstand leisten sollen, als wahre Kordons zu betrachten.

Dieser Widerstand ist hauptsächlich gegen Streifereien und andere kleine, gegen die Sicherheit einzelner Quartiere gerichtete Unternehmungen bestimmt, und dazu kann er, wenn die Gegend die Hand bietet, hinreichende Stärke gewinnen. Gegen die anrückende Hauptmacht des Feindes kann es nur ein relativer, d. h. auf Zeitgewinn berechneter Widerstand sein; aber auch dieser Zeitgewinn wird in den meisten Fällen nicht sehr beträchtlich sein und also auch weniger als der Zweck des Vorpostenkordons angesehen werden können. Das Versammeln und Anrücken des feindlichen Heeres selbst kann niemals so unbemerkt geschehen, daß der Verteidiger erst durch seine Vorposten davon Nachricht erhielte, und er würde in einem solchen Fall sehr zu bedauern sein.

Es ist also auch in diesem Fall der Kordon nur gegen den Angriff einer schwachen Kraft bestimmt, und insoweit hat er wie in den anderen beiden Fällen nichts Widersprechendes.

Daß aber die zur Verteidigung eines Landes bestimmte Hauptmacht gegen die feindliche Hauptmacht sich in eine lange Reihe von Defensivposten, also in einen Kordon auflöst, scheint so widersinnig zu sein, daß man sich nach den näheren Umständen umsehen muß, welche dieses Vorkommen begleiten und motivieren.

Jede Stellung im Gebirgsboden, wenn sie auch in der Absicht einer Schlacht mit ganz vereinigter Macht genommen ist, kann und muß notwendig ausgedehnter sein wie in der Ebene. Sie kann es, weil der Beistand des Bodens die Widerstansfähigkeit sehr erhöht, sie muß es, weil man eine breitere Rückzugsbasis braucht, wie wir das in dem Kapitel von der Gebirgsverteidigung schon gezeigt haben. Ist aber die

---

1 [2. Auflage: nachteiliger]

Aussicht zu einer Schlacht nicht nahe, ist es wahrscheinlich, daß der Gegner uns geraume Zeit gegenüber bleiben wird, ohne etwas anderes zu unternehmen, als wozu sich ihm gerade eine vorteilhafte Gelegenheit darbietet, ein Zustand, der in den meisten Kriegen der gewöhnliche war, so ist es auch natürlich, sich in betreff der Gegend nicht auf den notwendigsten Besitz zu beschränken, sondern Herr zu bleiben von so viel Land rechts und links, als es die Sicherheit unseres Heeres uns gestattet, woraus, wie wir das noch näher angeben werden, mancherlei Vorteile für uns entspringen. In einer offenen und zugänglichen Gegend kann dies durch das Prinzip der *Bewegung* in einem höheren Grade erreicht werden als im Gebirge, daher ist die Ausdehnung und Zersplitterung der Streitkraft dort zu diesem Zweck weniger notwendig; sie würde aber auch viel gefährlicher sein, weil jeder Teil weniger Widerstandsfähigkeit hat.

Im Gebirge aber, wo aller Besitz der Gegend mehr von ihrer örtlichen Verteidigung abhängt, wo man nicht so schnell nach einem bedrohten Punkt hinkommen kann, und wo man, wenn der Feind ihn früher erreicht hat, diesen nicht so leicht wieder durch einige Überlegenheit vertreiben kann, – im Gebirge wird man unter solchen Umständen immer zu einer solchen Aufstellung kommen, die, wenn sie auch nicht ein eigentlicher Kordon wird, doch als eine Reihe von Verteidigungsposten demselben näher kommt. Von einer solchen, in mehrere Posten aufgelösten Aufstellung bis zum Kordon ist freilich noch ein großer Schritt, aber die Feldherren tun ihn nichtsdestoweniger oft, ohne es selbst zu wissen, weil sie von einer Stufe zur anderen fortgezogen werden. Anfangs ist die Deckung und der Besitz des Landes der Zweck der Teilung, später wird es die Sicherheit der Streitkraft selbst. Jeder Befehlshaber eines Postens berechnet den Vorteil, welcher ihm aus der Besetzung dieses oder jenes Zugangspunktes entspringen würde, der rechts oder links neben seinem Posten liegt, und so kommt das Ganze unmerklich von einer Stufe der Teilung zu anderen.

Ein Kordonkrieg mit der Hauptmacht ist also, wenn er entsteht, nicht als eine absichtlich gewählte Form zu betrachten, jeden Stoß der feindlichen Kräfte aufzuhalten, sondern als eine Lage, in welche man durch die Verfolgung eines ganz anderen Zieles hineingeraten ist, nämlich durch die Behauptung und Deckung des Landes gegen einen Feind, der keine Hauptunternehmung beabsichtigt. Immer bleibt eine solche Lage ein Fehler, und die Gründe, die dem Feldherrn nach und nach einen kleinen Posten nach dem anderen abgelockt haben, sind in Beziehung auf den Zweck einer Hauptmacht kleinlich zu nennen;

allein diese Ansicht zeigt wenigstens die Möglichkeit einer solchen Verirrung. Daß es eine solche Verirrung, nämlich ein Verkennen des Gegners und der eigenen Lage ist, *übersieht* man und spricht nur von dem fehlerhaften *System*. Man läßt aber dies System stillschweigend gelten da, wo es mit Vorteil oder wenigstens ohne Schaden befolgt worden ist. Jedermann rühmt die *fehlerfreien* Feldzüge des Prinzen Heinrich im Siebenjährigen Kriege, weil der König sie so benannt hat, obgleich diese Feldzüge die allerstärksten und unbegreiflichsten Beispiele von so ausgedehnter Postenstellung enthalten, daß sie den Namen eines Kordons so sehr verdienen wie irgend andere. Man kann diese Stellungen vollkommen rechtfertigen, wenn man sagt: der Prinz kannte seine Gegner, er wußte, daß er keine entscheidende Unternehmungen zu fürchten hatte, und da übrigens der Zweck seiner Aufstellung war, immer einen so großen Landstrich als möglich innezuhaben, so ging er so weit, wie die Umstände nur irgend gestatten wollten. Wäre der Prinz in einem solchen Spinngewebe einmal verunglückt und zu einem tüchtigen Verlust gekommen, so hätte man sagen müssen, nicht daß der Prinz ein fehlerhaftes Kriegssystem befolgte, sondern daß er sich in seiner Maßregel vergriffen, sie auf einen ungeeigneten Fall angewendet hatte.

Wenn wir uns auf diese Weise bemühen, begreiflich zu machen, wie ein sogenanntes Kordonsystem bei der Hauptmacht des Kriegstheaters entstehen, ja wie es vernünftig und nützlich sein kann, also dann nicht mehr als eine Absurdität erscheint, so wollen wir nur zugleich bekennen, daß es wirklich Fälle gegeben zu haben scheint, wo die Feldherren oder ihr Generalstab die eigentliche Bedeutung eines Kordonsystems übersehen, seinen relativen Wert für einen allgemeinen gehalten und es wirklich zur Deckung gegen jeden feindlichen Angriff geeignet geglaubt haben; wo also keine Verwechslung der Maßregel, sondern ein vollkommenes Mißverstehen derselben stattgefunden hat. Wir wollen es gestehen, daß diese wahre Absurdität unter anderen dagewesen zu sein scheint in der Verteidigung der Vogesen durch das preußische und österreichische Heer 1793 und 1794.

Dreiundzwanzigstes Kapitel: Schlüssel des Landes

Es gibt in der Kriegskunst keine theoretische Vorstellung, welche in der Kritik eine solche Rolle gespielt hat als diejenige ist, mit welcher wir uns hier beschäftigen. Sie ist das Paradepferd aller Schlacht- und

Feldzugsbeschreibungen, der häufigste Standpunkt alles Räsonnements und eines von jenen Fragmenten wissenschaftlicher Form, womit die Kritik sich viel weiß. Und doch steht der damit verbundene Begriff weder fest, noch ist er je deutlich ausgesprochen.

Wir wollen versuchen, ihn deutlich zu entwickeln, und sehen, welchen Wert er für das praktische Handeln denn noch behalten wird.

Wir geben ihm diese Stelle, weil die Gebirgs- und Flußverteidigung sowie die Begriffe von festen und verschanzten Stellungen, an die er sich zunächst anschließt, vorausgegangen sein mußten.

Der unbestimmte, verworrene Begriff, welcher sich hinter dieser uralten militärischen Metapher versteckt, hat bald die Gegend bedeutet, wo ein Land am offensten, bald die, wo es am stärkstens ist.

Wenn es eine Gegend gibt, *ohne deren Besitz man es nicht wagen darf, in das feindliche Land einzudringen,* so wird sie mit Recht der Schlüssel des Landes genannt werden. Allein diese einfache, aber freilich auch nicht sehr fruchtbare Vorstellung hat den Theoretikern nicht genügt, sie haben sie potenziert und sich unter Schlüssel des Landes *Punkte* gedacht, welche *über den Besitz des Ganzen entscheiden.*

Wenn die Russen in die Halbinsel der Krim vordringen wollten, so mußten sie sich zum Herrn von Perekop und seiner Linien machen, nicht sowohl um dadurch überhaupt den Eingang zu gewinnen, denn Lacy hat sie 1737 und 1738 zweimal umgangen, sondern um in der Krim sich mit leidlicher Sicherheit festsetzen zu können. Das ist sehr einfach, aber freilich gewinnt man dabei durch den Begriff eines Schlüsselpunktes eben nicht viel. Wenn man aber sagen könnte: wer die Gegend von Langres innehat, der besitzt oder beherrscht ganz Frankreich bis Paris hin, d. h. es hängt dann nur von ihm ab, es in Besitz zu nehmen, so wäre das offenbar etwas ganz anderes, etwas von einer viel höheren Wichtigkeit. Nach der ersten Vorstellungsart kann der Besitz des Landes nicht ohne den Besitz des Punktes, den wir Schlüssel nennen, gedacht werden, das begreift sich mit bloßem gemeinem Verstande; nach der zweiten Vorstellungsart aber kann der Besitz des Punktes, den man Schlüssel nennen will, nicht gedacht werden, ohne daß der Besitz des Landes daraus folgt, das ist offenbar etwas Wunderbares; dazu reicht gemeiner Verstand nicht mehr hin, es ist die Magie geheimer Wissenschaft nötig. Und diese Kabbala hat wirklich vor etwa 50[1] Jahren in Büchern ihre Entstehung genommen,

1 [2. Auflage: sechzig]

am Ende des vorigen Jahrhunderts ihren Kulminationspunkt erreicht, und hat trotz der überwältigenden Kraft, Sicherheit und Klarheit, womit die Kriegsgeschichte unter Bonapartes Führung die Überzeugungen fortriß, – wir sagen, jene Kabbala hat demungeachtet ihr zähes Judenleben in den Büchern noch[1] an einem dünnen Faden fortzuspinnen gewußt.

Daß, wenn wir *unseren* Begriff des Schlüsselpunktes verlassen wollen, es in jedem Lande auch noch Punkte von *vorherrschender* Wichtigkeit gibt, in welchen sich viele Straßen vereinigen, in welchen man seine Unterhaltsmittel bequem vereinigen, von welchen aus man bequem hier- oder dorthin sich wenden kann, kurz, durch deren Besitz man mancherlei Bedürfnisse befriedigt, mancherlei Vorteile gewinnt, das versteht sich von selbst. Wenn nun die Feldherren die Wichtigkeit eines solchen Punktes mit einem Worte haben bezeichnen wollen und ihn deshalb Schlüssel des Landes genannt haben, so wäre es eine Pedanterie, daran einen Anstoß zu nehmen, vielmehr hat der Ausdruck dann viel Bezeichnendes und Gefälliges. Wenn man aber aus dieser Blume des bloßen Stils einen Kern machen will, aus dem sich ein ganzes System mit mannigfaltigen Verzweigungen wie ein Baum entwickeln soll, so fordert man den gesunden Menschenverstand heraus, den Ausdruck auf seinen wahren Wert zurückzuführen.

Von der praktischen, aber freilich sehr unbestimmten Bedeutung, welche der Begriff eines Schlüssels des Landes in den Erzählungen der Feldherren hat, wenn sie von ihren Kriegsunternehmungen sprechen, mußte man zu einer bestimmteren, also einseitigeren übergehen, wenn man ein System daraus entwickeln wollte. Man wählte unter allen Beziehungen die der hohen Gegend.

Wenn eine Straße einen Gebirgsrücken durchschneidet, so dankt man dem Himmel, wenn man auf dem höchsten Punkt angelangt ist, und es nun an das Hinabsteigen geht. Dies ist schon beim einzelnen Reisenden der Fall, noch mehr bei einem Heere. Alle Schwierigkeiten scheinen überwunden und sind es auch meistens wirklich; das Hinuntersteigen ist ein Leichtes, man fühlt sein Übergewicht über jeden, der es uns verwehren wollte, man übersieht das ganze Land vor sich und beherrscht es mit dem Blick im voraus. So ist stets der höchste Punkt, den eine Straße beim Durchzug eines Gebirges gewinnt, als der entscheidende betrachtet worden; er ist es auch in der Mehrheit der

1 [2. Auflage: Klarheit, mit der die Kriegsführung Bonapartes die Überzeugung fortriß, noch in Büchern ihre zähe Ideologie]

Fälle wirklich, aber er ist es keineswegs in allen. Solche Punkte sind also sehr häufig von den Feldherren in ihren Geschichtserzählungen mit dem Namen von Schlüsselpunkten, freilich wieder in einem etwas anderen Sinn und meistens in beschränkter Beziehung genannt worden. An diese Vorstellung hat die falsche Theorie, als deren Gründer vielleicht Lloyd zu betrachten ist, vorzugsweise angeknüpft und deshalb diejenigen hohen Punkte, von welchen mehrere Straßen in das zu betretende Land hinabsteigen, als die Schlüsselpunkte dieses Landes angesehen, als Punkte, welche das Land *beherrschen*. Es war natürlich, daß diese Vorstellungsart mit einer ihr nahe verwandten, nämlich mit der einer *systematischen Gebirgsverteidigung* zusammenfloß, und daß die Sache dadurch noch weiter in das Illusorische hineingetrieben wurde; denn nun kamen noch eine Menge taktischer Elemente, auf welche es bei der Gebirgsverteidigung ankommt, ins Spiel, und so wurde denn bald der Begriff des höchsten *Straßenpunktes* verlassen und überhaupt der höchste Punkt des ganzen Gebirgssystems, also der *Wasserteilungspunkt*, für den Schlüssel des Landes angesehen.

Da nun um jene Zeit, nämlich in der letzten Hälfte des vorigen Jahrhunderts, gerade bestimmtere Vorstellungen über die Bildung der Erdoberfläche durch den Spülungsprozeß verbreitet wurden, so bot die Naturwissenschaft in diesem geologischen System der Kriegsgeschichte die Hand, und nun war jeder Damm praktischer Wahrheit durchbrochen, und alles Räsonnement schwamm in dem illusorischen System einer geologischen Analogie. Daher hörte man am Ende des achtzehnten Jahrhunderts oder vielmehr man las von nichts als der Quelle des Rheins und der Donau. Freilich hat dieser Unfug meistens nur in Büchern geherrscht, wie denn immer nur ein kleiner Teil von der Bücherweisheit in die wirkliche Welt übergeht, und zwar um so weniger, je törichter sich die Theorie beträgt; allein die, von welcher wir sprechen, ist zum Schaden Deutschlands nicht ohne Einfluß auf das Handeln geblieben, wir kämpfen also nicht mit Windmühlen, und um dies zu beweisen, wollen wir an zwei Begebenheiten erinnern: erstens an die wichtigen, aber sehr gelehrten Feldzüge des preußischen Heeres 1793 und 1794 in den Vogesen, wozu die Bücher Grawerts und Massenbachs den theoretischen Schlüssel geben; zweitens an den Feldzug von 1814, wo ein Heer von 200000 Mann sich am Narrenseil dieser Theorie durch die Schweiz nach Langres führen ließ.

Ein hoher Punkt einer Gegend, von dem alle Wasser abfließen, ist aber meistens nichts als ein hoher Punkt, und alles, was man von seinem Einfluß auf die kriegerischen Ereignisse in Übertreibung und falscher Anwendung an sich wahrer Vorstellungen am Ende des achtzehnten und Anfange des neunzehnten Jahrhunderts geschrieben hat, ist völlig phantastisch. Wenn Rhein und Donau und alle sechs Ströme Deutschlands einen Berg mit ihrem gemeinschaftlichen Ursprung ehren wollten, so würde er darum doch auf keine größere militärische Auszeichnung Anspruch haben, als etwa ein trigonometrisches Signal auf ihm zu errichten. Zu einem Fanal würde er schon weniger tauglich sein, für eine Vedette noch weniger und für ein Heer ganz und gar nicht.

Die Schlüsselstellung des Landes also in der sogenannten *Schlüsselgegend,* nämlich *da* zu suchen, wo die verschiedenen Gebirgsarme von einem gemeinschaftlichen Punkt ausgehen und die höchsten Quellen liegen, ist eine bloße Bücheridee, welcher schon die Natur selbst entgegensteht, die die Rücken und Täler von oben herab nicht so zugänglich macht wie die bisherige sogenannte Terrainlehre, sondern Kuppen und Einschnitte nach Gefallen ausstreut, und die nicht selten den niedrigsten Wasserspiegel mit den höchsten Massen umgibt. Wenn man die Kriegsgeschichte hierüber befragt, so wird man sich überzeugen, wie wenig regelmäßigen Einfluß die geologischen Schlußpunkte einer Gegend auf den kriegerischen Gebrauch derselben haben, und wie sehr andere Örtlichkeiten und andere Bedürfnisse überwiegen, so daß die Stellungslinien oft ganz an jenem Punkte hinlaufen und doch nicht von ihm angezogen werden.

Wir verlassen diese falsche Vorstellung, bei der wir nur so lange verweilt haben, weil sich ein ganzes vornehmes System daran geknüpft hat, und kehren zu unserer Ansicht zurück.

Wir sagen also: wenn der Ausdruck Schlüsselstellung in der Strategie einem selbständigen Begriff entsprechen soll, so kann es nur der einer Gegend sein, ohne deren Besitz man nicht wagen darf, in ein Land einzudringen. Will man aber damit auch jeden bequemen Eingang in ein Land oder jeden bequemen Zentralpunkt in demselben bezeichnen, so verliert die Benennung ihren eigentümlichen Begriff, d. h. ihren Wert und bezeichnet etwas, was sich mehr oder weniger überall finden muß; sie wird dann bloß eine gefällige Redefigur.

Jene Stellungen aber, welche wir uns dabei denken, sind dann freilich selten genug zu finden. Meistens liegt der beste Schlüssel zum Lande im feindlichen Heer, und wo der Begriff der Gegend über den Begriff der Streitkraft vorherrschen soll, müssen schon besonders günstige Bedingungen obwalten, und diese lassen sich nach unserer

Meinung in zwei Hauptwirkungen erkennen: erstens, daß die darin aufgestellte Streitkraft durch den Beistand des Bodens eines starken taktischen Widerstandes fähig sei; zweitens, daß die Stellung früher die Verbindungslinie des Feindes wirksam bedrohe, als die eigene von ihm bedroht wird.

Vierundzwanzigstes Kapitel: Flankenwirkung

Wir brauchen wohl kaum zu bemerken, daß wir von der strategischen Flanke, d. h. der Seite des Kriegstheaters sprechen, und daß der Anfall von der Seite in der Schlacht, also die taktische Fankenwirkung, damit gar nicht in Beziehung steht und selbst in den Fällen, wo die strategische Flankenwirkung in ihrer letzten Erledigung mit einer taktischen zusammenfiele, ganz füglich davon getrennt werden kann, weil niemals die eine notwendig aus der anderen folgt.

Diese Flankenwirkungen und die dahin gehörigen Flankenstellungen gehören auch zu den Paradepferden der Theorie, die man im Kriege nur selten gewahr wird. Nicht daß das Mittel selbst unwirksam oder illusorisch wäre, sondern weil beide Teile sich gewöhnlich gegen die Wirkungen desselben zu verwahren suchen, die Fälle aber, wo dies nicht unmöglich wäre, nur zu den seltenen gehören. In diesen seltenen nun hat denn jenes Mittel auch oft eine große Wirksamkeit gezeigt, und wegen dieser sowie eben wegen jener beständigen *Rücksicht,* die es im Kriege hervorruft, ist es wichtig, in der Theorie eine deutliche Vorstellung davon zu geben. Obgleich die strategische Flankenwirkung natürlich nicht bloß bei der Verteidigung, sondern auch beim Angriff denkbar ist, so ist sie doch der ersteren viel analoger und findet deshalb ihren Platz unter den Verteidigungsmitteln.

Ehe wir in die Sache eingehen, müssen wir den einfachen Grundsatz aufstellen und dann bei der Betrachtung nie aus dem Auge verlieren, daß Kräfte, die im Rücken und in der Seite des Feindes wirken sollen, nicht vorn gegen ihn wirken können; daß es also eine ganze falsche Vorstellungsart ist, wenn man, sei es in der Taktik oder in der Strategie, das *in den Rücken Kommen* schon an sich für etwas hält. An sich ist dies noch nichts, sondern es wird erst etwas in Beziehung zu anderen Dingen, und zwar entweder etwas Vorteilhaftes oder auch etwas Nachteiliges, je nachdem diese anderen Dinge sind, auf deren Untersuchung es uns nun vorzüglich ankommt.

Zuerst müssen wir bei der Wirkung gegen die strategische Seite zwei

Gegenstände derselben unterscheiden, nämlich die Wirkung auf die bloße *Verbindungslinie* von der Wirkung auf die *Rückzugslinie,* womit denn auch eine Wirkung auf die Verbindungslinie verbunden sein kann.

Als Daun 1758 Streifkorps absandte, um die zur Belagerung von Olmütz gehenden Zufuhren aufzuheben, wollte er dem Könige offenbar den Rückzug nach Schlesien nicht verlegen, er wollte ihn vielmehr veranlassen und würde ihm den Weg gern geöffnet haben.

Im Feldzuge von 1812 hatten alle Streifkorps, welche im Monat September und Oktober von dem russischen Hauptheer abgingen, nur die Absicht, die Verbindung zu unterbrechen, nicht den Rückzug zu verlegen; diese letztere war aber ganz offenbar die Absicht der Moldauarmee, welche unter Tschitschagow gegen die Beresina vorrückte, sowie des Angriffs, welcher dem General Wittgenstein gegen die an der Düna stehenden französischen Korps aufgetragen wurde.

Diese Beispiele bloß zur Klarheit der Vorstellungen.

Die Wirkung auf die Verbindungslinien ist gegen die feindlichen Zufuhren, gegen nachrückende kleine Haufen, gegen Kuriere und Reisende, gegen kleine feindliche Depots usw. gerichtet, also gegen lauter Gegenstände, die zum kräftigen und gesunden Bestehen des feindlichen Heeres nötig sind; sie soll also den Zustand dieses Heeres auf diese Weise schwächen und dasselbe dadurch zum Rückzug veranlassen.

Die Wirkung auf die feindliche Rückzugslinie soll dem feindlichen Heer diesen Rückzug abschneiden, sie kann diesen Zweck nur erreichen, wenn der Gegner den Rückzug wirklich beschließt; aber freilich kann sie ihn dadurch, daß sie ihn bedroht, auch veranlassen und also, indem sie als Demonstration wirkt, denselben Erfolg haben wie die Wirkung auf die Verbindungslinie. Alle diese Wirkungen aber können, wie schon gesagt, nicht von dem bloßen Umgehen, nicht von der bloßen geometrischen Form in der Aufstellung der Streitkräfte, sondern nur von den dazu passenden Bedingungen erwartet werden.

Um diese Bedingungen deutlicher einzusehen, wollen wir beide Flankenwirkungen ganz trennen und zuerst die auf die Verbindungslinien gerichtete betrachten.

Hier müssen wir zuerst zwei Hauptbedingungen aufstellen, wovon entweder die eine oder die andere vorhanden sein muß.

Die erste ist: daß zu dieser Wirkung auf die feindliche Verbindungslinie Streitkräfte genügen, die so unbedeutend sind, daß sie in der Fronte kaum vermißt werden;

die zweite: daß das feindliche Heer sich am Ende seiner Bahn befinde und also von einem neuen Sieg über das unserige keinen Gebrauch mehr machen oder demselben, wenn es ausweicht, nicht mehr folgen könne.

Diesen letzteren Fall, welcher keineswegs so selten ist, wie es scheinen möchte, lassen wir vorderhand liegen und beschäftigen uns mit den weiteren Bedingungen des ersten.

Die nächste dieser Bedingungen ist, daß die feindliche Verbindungslinie eine gewisse Länge habe und nicht mehr durch ein paar gute Posten gedeckt werden könne; die zweite, daß sie durch ihre Lage unserer Einwirkung bloßgestellt sei.

Diese Bloßstellung kann von einer doppelten Art sein: entweder durch die Richtung, wenn diese nicht senkrecht auf die Aufstellungsfronte des feindlichen Heeres trifft, oder dadurch, daß die Verbindungslinien durch unser Land gehen; vereinigen sich beide Verhältnisse, so wird die Bloßstellung um so größer. Beide Verhältnisse bedürfen einer näheren Auseinandersetzung.

Man sollte glauben, daß, wenn von Deckungen einer 40 oder 50 Meilen langen Verbindungslinie die Rede ist, wenig darauf ankomme, ob das am Ende dieser Linie stehende Heer schief oder senkrecht auf diese Linie stehe, da seine Ausdehnung gegen die Linie fast nur als ein Punkt erscheint, und doch ist dies anders. Selbst bei bedeutender Überlegenheit ist es schwer, in einem solchen Fall die feindliche Verbindungslinie durch Streifereien, die vom Heer ausgehen, zu unterbrechen. Wenn man nur an die Schwierigkeit denkt, einen gewissen Raum absolut zu decken, so sollte man dies nicht glauben, sondern meinen, es müsse im Gegenteil einem Heer schwer werden, seinen Rücken, d. h. die Gegend hinter sich, gegen alle Haufen zu decken, die ein überlegener Feind absenden kann. Allerdings, wenn man im Kriege alles übersähe wie auf dem Papier! Alsdann würde der Deckende in seiner Unwissenheit, auf welchen Punkten die Streifer erscheinen werden, gewissermaßen blind sein und die Parteigänger allein sehend. Aber wenn man an die Unsicherheit und Unvollständigkeit aller Nachrichten denkt, die man im Kriege hat, und weiß, daß beide Teile unaufhörlich im Finstern tappen, so sieht man wohl, daß die Streifpartei, welche um die Flügel eines feindlichen Heeres herum in seinen Rücken gesendet worden ist, sich in dem Falle eines Menschen befindet, der in einem dunkeln Zimmer es mit vielen zu tun hat. Auf die Dauer muß er zugrunde gehen; so also auch die Haufen, die das feindliche Heer in einer senkrechten Stellung umgehen, sich also in seiner Nähe und von dem eigenen ganz getrennt befinden. Nicht genug, daß man in Gefahr ist, auf diese Weise viel Kräfte zu verlieren, sondern das Instrument selbst wird sich augenblicklich abstumpfen, das erste unglückliche Schicksal eines einzigen solchen Haufens wird alle anderen verzagt machen, und anstatt eines kühnen Anfalls und dreisten Neckens wird man nur das Schauspiel des beständigen Ausreißens haben.

Durch diese Schwierigkeit deckt also die gerade Aufstellung eines Heeres die nächsten Punkte seiner Verbindungslinien, und zwar nach der Stärke des Heeres auf zwei bis drei Märsche; diese nächsten Punkte aber sind die am meisten bedrohten, weil sie auch dem feindlichen Heer am nächsten liegen.

Dagegen ist bei einer merklich schiefen Aufstellung kein solcher Teil der Verbindungslinie gesichert, der kleinste Druck, der gefahrloseste Versuch von seiten des Gegners führt sogleich auf einen empfindlichen Punkt.

Was bestimmt nun aber die Fronte einer Aufstellung, wenn es nicht eben die senkrechte Richtung auf die Verbindungslinie ist? Die Fronte des Gegners; aber diese kann ebensogut gedacht werden als abhängig von unserer Fronte. Hier tritt eine Wechselwirkung ein, deren Anfangspunkt wir suchen müssen.

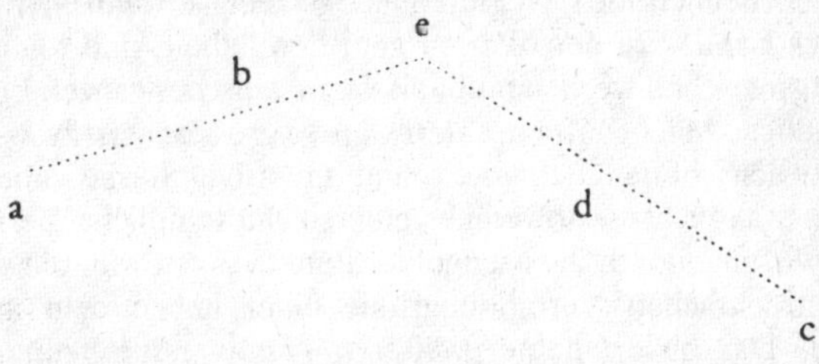

Denken wir uns die Verbindungslinie des Angreifenden a b gegen die des Verteidigers c d so gelegen, daß sie einen beträchtlichen Winkel mit ihr macht, so ist klar, daß, wenn der Verteidiger seine Aufstellung in e nehmen wollte, wo beide Linien zusammentreffen, der Angreifende von b aus ihn durch das bloße geometrische Verhältnis zwingen könnte, Fronte gegen ihn zu machen und folglich seine Verbindungslinie bloßzugeben. Umgekehrt würde es sein, wenn der Verteidiger seine Aufstellung diesseits des Vereinigungspunktes, etwa in d, nehme; dann würde der Angreifende Fronte gegen ihn machen müssen, vorausgesetzt, daß er die Lage seiner Unternehmungslinie, die durch geographische Gegenstände näher bestimmt ist, nicht willkürlich verändern und sie zum Beispiel wie a d ziehen könne. Hieraus würde hervorgehen, daß der Verteidiger in diesem System der Wechselwirkung einen Vorteil voraus hätte, weil er seine Stellung nur diesseits des Zusammentreffens beider Linien zu nehmen braucht. Allein weit entfernt, auf dieses geometrische Element eine große Wichtigkeit zu legen, führen wir die Betrachtung bloß darauf zurück, um vollkommen klar zu sein, und sind vielmehr überzeugt, daß örtliche und überhaupt individuelle Verhältnisse die Aufstellung des Verteidigers viel stärker bedingen werden, und daß sich also durchaus nicht allgemein angeben läßt, wer von beiden Teilen in dem Fall sein wird, seine Verbindungslinie mehr bloßzugeben.

Liegen die gegenseitigen Verbindungslinien in einer und derselben Richtung, so wird allerdings derjenige von beiden Teilen, welcher eine schiefe Aufstellung dagegen nimmt, den anderen zwingen, ein Gleiches zu tun, dann aber ist geometrisch nichts dabei gewonnen, und beide Teile kommen in dieselben Vorteile und Nachteile.

Wir halten uns also für unsere weitere Betrachtung nur an das Faktum einer einseitig bloßgestellten Verbindungslinie.

Was nun das zweite nachteilige Verhältnis einer Verbindungslinie betrifft, wenn sie nämlich durch feindliches Land läuft, so ist es an sich klar, in welchem Grade sie dadurch bloßgestellt ist, wenn die Einwohner dieses Landes zu den Waffen gegriffen haben, und folglich die Sache so angesehen werden muß, als wenn längs der ganzen Linie hin eine feindliche Macht aufmarschiert wäre; diese Macht ist zwar an sich sehr schwach, ohne Dichtigkeit und intensive Stärke, aber man bedenke, was nichtsdestoweniger eine solche feindliche Berührung und Einwirkung durch die Menge der Punkte sagen will, die sich auf einer beträchtlichen Verbindungslinie einer neben dem anderen befinden. Das bedarf keiner weiteren Auseinandersetzung. Aber auch dann, wenn die feindlichen Untertanen *nicht* zu den Waffen gegriffen haben, und selbst wenn in dem Lande keine Landwehren und andere Vorzüge kriegerischer Einrichtungen stattfinden, ja wenn auch das Volk von sehr unkriegerischem Geiste ist, bleibt immer das bloße Untertanenverhältnis zur feindlichen Regierung ein für die Verbindungslinie des anderen Teiles sehr fühlbarer Nachteil. Der Beistand, welchen ein streifender Haufe durch bloße leichtere Verständigung mit den Einwohnern, durch Bekanntschaft mit der Gegend und den Menschen, durch Nachrichten, durch Unterstützung der Behörden genießt, ist für sein kleines Verhältnis von entscheidendem

Wert, und dieser Beistand wird ohne besondere Kraftanstrengung einem jeden solcher Haufen zuteil. Dazu kommt, daß es in einer gewissen Entfernung doch niemals an Festungen, Strömen, Gebirgen oder anderen Zufluchtsorten fehlen wird, die dem Gegner immer angehören, sooft wir sie nicht förmlich in Besitz genommen und mit Besatzungen versehen haben.

In einem solchen Fall nun, besonders wenn ihn andere günstige Umstände begleiten, ist die Wirkung auf die feindliche Verbindungslinie auch dann möglich, wenn ihre Richtung senkrecht auf die feindliche Aufstellung ist, denn unsere Streifer brauchen dann nicht immer zum Heer zurückzukehren, sondern sie können in dem bloßen Ausweichen ins eigene Land hinein hinreichenden Schutz finden.

Wir haben also jetzt:
1. eine beträchtliche Länge,
2. eine schiefe Lage und
3. feindliches Gebiet

als die Hauptumstände kennengelernt, unter welchen die Verbindungslinien eines Heeres durch verhältnismäßig geringe Streitkräfte des Feindes unterbrochen werden können; daß diese Unterbrechung wirksam sei, erfordert noch eine vierte Bedingung, nämlich eine gewisse Dauer. Wegen dieses Punktes berufen wir uns auf das, was wir im fünfzehnten Kapitel des fünften Buches darüber gesagt haben.

Aber diese vier Bedingungen sind nur die Hauptverhältnisse, welche den Gegenstand umfassen; es knüpfen sich daran eine Menge örtlicher und individueller Umstände, die oft sehr viel wichtiger und durchgreifender werden als die Hauptverhältnisse selbst. Um nur an die vornehmsten[1] zu erinnern, so nennen wir: die Beschaffenheit der Straßen, die Natur der Gegend, durch welche sie führen, die Dekkungsmittel von Strömen, Gebirgen, Morästen, die sie haben können, die Jahreszeit und Witterung, die Wichtigkeit einzelner Zufuhren wie eines Belagerungstrains, die Zahl leichter Truppen usw. usw.

Von allen diesen Umständen also wird der Erfolg abhängen, mit welchem ein Feldherr auf die Verbindungslinie seines Gegners wirken kann, und indem man das Resultat aller dieser Umstände bei dem einen mit dem Resultat derselben Umstände bei dem anderen vergleicht, kommt man auf das Verhältnis beider Verbindungssysteme, und von diesem Verhältnis wird es abhängen, welcher von beiden Feldherren den anderen in diesem Punkt überbieten kann.

---

1 [2. Auflage: wesentlichsten]

Was sich hier in der Entwicklung so weitläuftig ausnimmt, entscheidet sich im konkreten Fall oft auf den ersten Blick; aber es ist doch der Takt eines geübten Urteils dazu nötig, und man muß an alle die hier entwickelten Fälle einmal gedacht haben, um sich bewußt zu sein, wie die gewöhnliche Torheit der kritischen Schriftsteller beantwortet werden kann, wenn sie glauben, mit dem bloßen Wort der Umgehung und Flankenwirkung ohne nähere Motive etwas ausgemacht zu haben.

Wir kommen jetzt zur *zweiten Hauptbedingung,* unter welcher die strategische Flankenwirkung stattfinden kann.

Ist das feindliche Heer am weiteren Vordringen gehindert durch irgendeinen anderen Grund als den Widerstand unseres Heeres, sei dieser Grund welcher er wolle, so darf unser Heer auch nicht mehr scheuen, sich durch beträchtliche Entsendungen zu schwächen; denn wollte das feindliche uns auch wirklich dafür durch einen Angriff bestrafen, so dürften wir nur ausweichen. Dies war der Fall des russischen Hauptheeres im Jahr 1812 bei Moskau. Es sind aber gar nicht so große Dimensionen und Verhältnisse nötig, wie in diesem Feldzug stattfanden, um einen solchen Fall hervorzubringen. Friedrich der Große war an der Grenze Böhmens oder Mährens in den ersten Schlesischen Kriegen jedesmal in diesem Fall, und es lassen sich in dem zusammengesetzten Verhältnis der Feldherren und ihrer Heere eine Menge der verschiedenartigsten namentlich politischer Ursachen denken, die das Weitergehen unmöglich machen.

Da in diesem Falle die auf die Flankenwirkung verwendeten Streitkräfte beträchtlicher sein können, so brauchen die übrigen Bedingungen weniger günstig zu sein; selbst das Verhältnis unseres Verbindungssystems zu dem feindlichen braucht nicht zu unserem Vorteil zu sein, da der Feind, der von unserem weiteren Rückzug keinen sonderlichen Gebrauch machen kann, nicht leicht das Vergeltungsrecht üben, sondern mehr auf die unmittelbare Deckung des eigenen bedacht sein wird.

Eine solche Lage ist also sehr geeignet, um diejenige Wirkung, die man in einer Schlacht nicht suchen will, weil man diese für zu gewagt hält, durch ein Mittel zu erreichen, welches weniger glänzend und erfolgreich als ein Sieg, aber auch weniger gefährlich ist.

Da in solchem Fall eine Seitenstellung, wodurch die eigenen Verbindungen bloßgestellt werden, weniger Bedenken hat, und dadurch eine schiefe Aufstellung des Gegners gegen seine Verbindungslinien jedesmal erhalten werden kann, so wird *diese eine* der oben aufgestellten Bedingungen nicht leicht fehlen. Je mehr die übrigen und andere günstige Umstände mitwirken, um so eher wird man sich von dem Mittel einen glücklichen Erfolg versprechen können; je weniger aber solche begünstigende Umstände vorhanden sind, um so mehr wird alles auf überlegene Geschicklichkeit in den Kombinationen und auf Schnelligkeit und Sicherheit in der Ausführung ankommen.

Hier ist das eigentliche Feld des strategischen Manövrierens, wie es im Siebenjährigen Kriege in Schlesien und Sachsen, in den Feldzügen von 1760 und 1762 so vielfältig vorkommt. Wenn ein solches strategisches Manövrieren in den Kriegen von einer schwachen Elementarkraft so häufig vorkommt, so ist es freilich nicht, weil der Fall, daß ein Feldherr sich am Ende seiner Bahn befände, ebenso häufig wäre, sondern weil Mangel an Entschlossenheit, Mut und Unternehmungsgeist, Furcht vor Verantwortlichkeit oft die Stelle wahrer Gegengewichte vertreten, wobei wir nur an Feldmarschall Daun zu erinnern brauchen.

Wollen wir von unseren Betrachtungen noch ein Hauptresultat zusammenfassen, so wäre es, daß die Flankenwirkung am wirksamsten sein wird:

1. bei der Verteidigung;
2. gegen das Ende des Feldzuges;
3. vorzugsweise beim Rückzug in das Innere des Landes und
4. in Verbindung mit einer Volksbewaffnung.

Über die Ausführung dieser Wirkung auf die Verbindungslinien haben wir nur ein paar Worte zu sagen.

Die Unternehmungen müssen durch gewandte Parteigänger ausgeführt werden, die mit schwachen Haufen und kühnen Märschen und Angriffen auf die feindlichen kleinen Besatzungen, Zufuhren, hin- und herziehenden kleinen Haufen fallen, den Landsturm ermuntern und sich mit ihm zu einzelnen Unternehmungen vereinigen. Sie müssen mehr zahlreich als stark und so organisiert sein, daß die Vereinigung mehrerer zu einem größeren Unternehmen möglich wird und nicht in der Eitelkeit und Willkür der einzelnen Führer ein zu großes Hindernis finde.

Jetzt haben wir noch von der Wirkung auf die Rückzugslinie zu reden.

Hier ist es, wo wir den gleich anfangs aufgestellten Grundsatz vorzüglich im Auge haben müssen, daß, was hinten wirken soll, nicht vorn gebraucht werden kann, daß also die Wirkung von hinten oder von der Seite an sich nicht als eine Multiplikation der Kräfte, sondern nur als eine potenzierte Verwendung derselben betrachtet werden muß; potenziert von seiten des Erfolges, aber auch potenziert von seiten der Gefahr. Jeder Widerstand durch das Schwert, der nicht ein gerader und einfacher ist, hat die Tendenz, die Wirkung auf Kosten der Sicherheit zu erhöhen. Eine Wirkung von der Seite, sei es mit vereinigter Macht oder von mehreren Seiten mit getrennter und umfassender Macht, gehört in diese Kategorie.

Nun ist aber bei dem Abschneiden des Rückzuges, wenn es nicht eine bloße Demonstration, sondern ernstlich gemeint sein soll, eine entscheidende Schlacht oder wenigstens alle Bedingungen zu derselben die eigentliche Lösung, und eben in dieser Lösung werden sich jene beiden Elemente von größerer Entscheidung und größerer Gefahr wiederfinden. Soll sich also ein Feldherr zu dieser Wirkungsart berechtigt halten, so müssen günstige Bedingungen dasselbe motivieren.

Wir müssen bei dieser Widerstandsart die beiden schon genannten Formen unterscheiden. Die erste ist, wenn der Feldherr mit seinem ganzen Heer den Gegner von hinten angreifen will, entweder von einer Seitenstellung aus, die er zu dem Behuf genommen, oder indem er ihn förmlich umgeht; die zweite, wenn er seine Streitkräfte teilt und durch eine umfassende Stellung mit dem einen Teil den feindlichen Rücken, mit dem anderen die Fronte bedroht.

Die Steigerung des Erfolges ist in beiden Fällen dieselbe, nämlich: entweder ein wirkliches Abschneiden des Rückzuges und daraus entstehendes Gefangennehmen, oder Zerstreuen eines großes Teiles der feindlichen Streitkraft, oder ein beträchtliches Zurückschnellen der feindlichen Macht, um solcher Gefahr vorzubeugen.

Die gesteigerte Gefahr aber ist in beiden Fällen eine andere.

Wenn wir den Feind mit der ganzen Streitkraft umgehen, so liegt die Gefahr in der Bloßstellung des eigenen Rückens, und es kommt also hierbei wieder auf das Verhältnis der gegenseitigen Rückzugslinien an, wie es bei der Wirkung auf die Verbindungslinien in einem ähnlichen Fall auf ihr Verhältnis ankam.

Nun ist allerdings der Verteidiger, wenn er in seinem eigenen Lande ist, sowohl in seinen Rückzugs- als Verbindungslinien weniger beschränkt als der Angreifende und insofern zu einer strategischen Umgehung mehr befähigt, allein dieses allgemeine Verhältnis greift doch zu wenig durch, um darauf eine wirksame Methode zu bauen; es können also nur die Gesamtverhältnisse der individuellen Fälle entscheiden.

Nur soviel kann man noch sagen, daß die günstigen sich in weiten Räumen natürlich häufiger finden werden als in kleinen; und bei selbständigen Staaten häufiger als bei schwachen, auf fremde Unterstützung harrenden, deren Heere also vor allen Dingen den Vereinigungspunkt mit dem Hilfsheer im Auge haben müssen; endlich, daß sie am Ende eines Feldzuges, wenn sich die Stoßkraft des Angreifenden erschöpft hat, für den Verteidiger am günstigsten werden: ungefähr wieder auf dieselbe Art, wie es bei dem Verhältnis der Verbindungslinien war.

Eine solche Flankenstellung, wie die Russen 1812 mit so vielem Vorteil auf der Straße von Moskau nach Kaluga nahmen, als Bonapartes Stoßkraft erschöpft war, würde ihnen beim Anfang des Feldzuges im Lager von Drissa sehr schlecht bekommen sein, wenn sie nicht klug genug gewesen wären, ihren Plan kurz vor dem Torschluß zu ändern.

Die andere Form der Umgehung und des Abschneidens vermittelst einer Teilung der Macht hat die Gefahr der eigenen Trennung, während der Gegner durch den Vorteil der inneren Linien beisammenbleibt und also imstande ist, den einzelnen Teil mit großer Überlegenheit anzufallen. Sich diesem Nachteil auszusetzen, welcher durch nichts aufgehoben werden kann, dazu kann es nur drei Hauptveranlassungen geben:

1. die ursprüngliche Verteilung der Kräfte, die eine solche Wirkungsart notwendig macht, wenn man sich nicht großem Zeitverlust unterwerfen will;
2. eine große physische und moralische Überlegenheit, die zu den entscheidenden Formen berechtigt;
3. der Mangel an Stoßkraft des Gegners, sobald er sich am Ende seiner Bahn befindet.

Friedrichs des Großen konzentrisches Eindringen in Böhmen im Jahr 1757 hatte zwar nicht die Absicht, mit dem Angriff in der Fronte einen auf den strategischen Rücken zu verbinden, wenigstens war dies keinesweges eine Hauptsache dabei, wie wir das anderswo etwas mehr entwickeln werden, aber in jedem Fall ist es klar, daß von keiner Vereinigung der Macht in Schlesien oder Sachsen vor dem Einfall die Rede sein konnte, da er dadurch alle Vorteile der Überraschung aufgeopfert haben würde.

Als die Verbündeten den zweiten Teil des Feldzuges von 1813 anordneten, durften sie bei ihrer großen physischen Überlegenheit schon daran denken, Bonaparte mit der Hauptmacht in der rechten Flanke, nämlich an der Elbe, anzufallen und dadurch das Kriegstheater von der Oder nach der Elbe zu verlegen. Daß es ihnen bei Dresden so schlecht erging, ist nicht diesen allgemeinen, sondern den näheren[1] strategischen und taktischen Anordnungen zuzuschreiben,[2] denn das Machtverhältnis, mit dem sie bei Dresden mit Bonaparte zusammentreffen konnten, war 220000 gegen 130000, welches doch wohl nichts zu wünschen übrig liß, wenigstens war es bei Leipzig (285:157) wenig günstiger. Freilich hatte Bonaparte für das eigentümliche System einer Verteidigung auf einer Linie seine Macht zu gleichmäßig verteilt (in Schlesien 70000 gegen 90000, in der Mark 70000 gegen 110000), allein in jedem Falle würde es ihm, ohne Schlesien ganz aufzugeben, schwer geworden sein, an der Elbe eine Macht zu versammeln, die gegen die Hauptarmee den entscheidenden Schlag führen konnte. Ebenso konnten die Verbündeten das Heer unter Wrede füglich an den Main vorrücken lassen und damit den Versuch machen, ob Bonaparte der Weg nach Mainz abgeschnitten werden könnte.

Endlich durften 1812 die Russen ihrem Moldauheer die Bestimmung nach Wolhynien und Litauen geben, um später in dem Rücken des französischen Hauptheeres vorzugehen, weil nichts gewisser war, als daß Moskau der Kulminationspunkt der französischen Unternehmungslinie werden mußte. Für das jenseits Moskau liegende Rußland war in diesem Feldzuge nichts zu fürchten, und das russiche Hauptheer hatte also keine Ursache, sich für zu schwach zu halten.

Dieselbe Form in der Aufstellung der Streitkräfte lag in dem ersten, von dem General Phull herrührenden Verteidigungsplan, wonach das Heer unter Barclay das Lager von Drissa beziehen und das unter Bagration im Rücken des feindlichen Hauptheeres vordringen sollte. Aber welch ein Unterschied in diesen beiden Momenten! Im ersten waren die Franzosen dreimal so stark als die Russen; im zweiten waren die Russen merklich stärker als die Franzosen. Im ersten ist in Bonapartes Hauptheer eine Stoßkraft, die bis Moskau reicht, 80 Meilen über Drissa hinaus; im zweiten kann sie sich nicht einen Marsch mehr von Moskau entfernen; im ersten würde die Rückzugslinie bis an den Njemen nicht über 30 Meilen betragen haben, im zweiten war sie 112. Dasselbe Wirken gegen den feindlichen Rückzug also, das sich in dem zweiten Moment so erfolgreich gezeigt hat, würde

1 [2. Auflage: ihren fehlerhaften]

2 [2. Auflage fährt mit neuem Satz fort: Sie konnten bei Dresden 220000 gegen Bonaparte's 130000 Mann vereinigen, ein Machtverhältnis, welches ihnen überaus günstig war (bei Leipzig verhielt sich dasselbe wie 285:157).]

in dem ersten die unbesonnenste Torheit gewesen sein.

Da die Wirkung auf die Rückzugslinie, wenn sie mehr als Demonstration ist, in einem förmlichen Angriff von hinten besteht, so würde darüber noch manches zu sagen sein, was aber in dem Buche vom Angriff eine passendere Stelle findet; wir brechen also hier ab und begnügen uns, die Bedingungen angegeben zu haben, unter welchen diese Reaktionsart stattfinden kann.

Gewöhnlich aber hat man, indem man von derselben spricht, mehr die Demonstration als die Wirklichkeit im Auge, in der Absicht, dadurch den Rückzug des Feindes zu veranlassen.[1] Müßte jeder wirksamen Demonstration notwendig die vollkommene Ausführbarkeit der wirklichen Handlung zum Grunde liegen, wie sich auf den ersten Anblick von selbst zu verstehen scheint, so würde sie in allen Bedingungen mit derselben zusammenfallen. Allein so ist es nicht, sondern wir werden in dem Kapitel von den Demonstrationen sehen, daß diese allerdings an etwas andere Bedingungen geknüpft sind, und müssen hier auf dieses Kapitel verweisen.

Fünfundzwanzigstes Kapitel: Rückzug in das Innere des Landes

Wir haben den freiwilligen Rückzug in das Innere des Landes als eine eigene mittelbare Widerstandsart angesehen, bei welcher der Feind nicht sowohl durch das Schwert als durch seine eigenen Anstrengungen zugrunde gehen soll. Es wird also hierbei entweder gar keine Hauptschlacht vorausgesetzt oder der Zeitpunkt derselben so spät angenommen, daß die feindlichen Kräfte schon beträchtlich geschwächt sind.

Jeder im Angriff Vorschreitende wird in seiner Streitkraft durch dieses Vorschreiten geschwächt; dies werden wir im siebenten Buche ausführlicher betrachten; hier müssen wir das Resultat antizipieren, welches wir um so eher können, als in der Kriegsgeschichte jeder Feldzug, mit welchem ein merkliches Vorschreiten verbunden gewesen ist, dies deutlich zeigt.

Diese Schwächung im Vorgehen wird gesteigert, wenn der Gegner unbesiegt ist, sich mit einer ungebrochenen frischen Streitkraft freiwil-

---

1 [2. Auflage: Gewöhnlich denkt man bei der Absicht, den Feind durch Bedrohung seiner Rückzugslinie zum Rückzuge zu veranlassen, mehr an eine bloße Demonstration, als an die wirkliche Ausführung derselben.]

lig vor ihm zurückzieht, ihn aber durch einen beständigen abgemessenen Widerstand jeden Schritt Landes blutig erkaufen läßt, so daß sein Vorschreiten ein beständiges Vordringen und nicht ein bloßes Verfolgen ist.

Von der anderen Seite werden die Verluste, welche ein zurückgehender Verteidiger erleidet, viel größer sein, wenn er nach einer verlorenen Schlacht zurückgeht, als wenn er es freiwillig tut. Denn wäre er[1] auch imstande, dem Verfolgenden den täglichen Widerstand zu leisten, den wir bei einem freiwilligen Rückzug erwarten, so würde er *wenigstens* dabei *eben* die Verluste machen und also der Verlust in der Schlacht noch hinzukommen. Aber welche Voraussetzung gegen die Natur der Sache würde das sein! Das beste Heer von der Welt wird, wenn es nach einer verlorenen Schlacht genötigt ist, sich tief ins Innere des Landes zurückzuziehen, dabei *unverhältnismäßige* Verluste machen, und ist der Feind beträchtlich überlegen, wie wir es in den Fällen, wovon wir sprechen, voraussetzen, dringt er mit großer Energie nach, wie es in den neuesten Kriegen fast immer geschehen ist, so wird die höchste Wahrscheinlichkeit einer wirklichen Flucht entstehen, wodurch gewöhnlich die Streitkraft ganz zugrunde gerichtet wird.

Ein *abgemessener* täglicher Widerstand, d. h. einer, der jedesmal nur so lange dauert, wie das Gleichgewicht des Kampfes noch schwebend erhalten werden kann, und in welchem wir uns vor der Niederlage sichern, indem wir den Boden zur rechten Zeit aufgeben, um den man sich schlug, ein solcher Kampf wird dem Angreifenden wenigstens ebensoviel Menschen kosten als dem Verteidiger, denn was dieser beim Abzuge hin und wieder unvermeidlicherweise an Gefangenen verliert, wird der andere im Feuer mehr einbüßen, da er beständig gegen die Vorteile des Bodens ankämpfen muß. Nun gehen zwar dem Zurückgehenden die Schwerverwundeten ganz verloren, allein diese gehen dem Angreifenden vorderhand gleichfalls ab, da sie gewöhnlich mehrere Monate in den Hospitälern bleiben.

Das Resultat wird also sein, daß beide Heere sich ungefähr in gleichem Grade in dieser beständigen Reibung aneinander verzehren.

Ganz anders ist es beim Verfolgen eines geschlagenen Heeres. Hier machen die in der Schlacht verlorene Streitkraft, die zerstörte Ordnung, der gebrochene Mut, die Sorge um den Rückzug bei dem Zurückgehenden einen solchen Widerstand sehr schwer, in manchen

---

1 [2. Auflage: der Geschlagene]

Fällen unmöglich; und der Verfolger, der im ersten Fall höchst behutsam, ja zaghaft wie ein Blinder immer um sich her tastend vorwärtsschreitet, geht im zweiten Fall mit dem festen Schritt eines Siegers, mit dem Übermut eines Glücklichen, mit der Sicherheit eines Halbgottes immer drauf, und je toller er draufgeht, desto mehr beschleunigt er die Dinge in der Richtung, welche sie einmal genommen haben, weil hier das rechte Feld der moralischen Kräfte ist, die sich steigern und vervielfältigen, ohne an die engen Zahlen und Maße der physischen Welt gebunden zu sein.

Es ist also wohl klar, wie verschieden das Verhältnis beider Heere sein wird, je nachdem sie auf die eine oder die andere Weise den Punkt miteinander erreichen, der als das Ende der Bahn des Angreifenden betrachtet werden kann.

Dies ist bloß das Resultat der gegenseitigen Zerstörung; an dieses Resultat knüpft sich nun die Schwächung an, welche der Vorschreitende noch sonst erleidet, und worüber wir, wie schon gesagt, an das siebente Buch verweisen, auf der anderen Seite aber die Verstärkung, welche der Zurückgehende in der großen Mehrheit der Fälle durch diejenigen Streitkräfte erhält, die später herbeikommen, sei es durch äußere Hilfe oder durch nachhaltige Anstrengungen.

Endlich besteht zwischen dem Zurückgehenden und dem Vorschreitenden ein solches Mißverhältnis in den Verpflegungsmitteln, daß der erstere nicht selten im Überfluß lebt, wenn der andere im Mangel verkommt.

Der Zurückgehende hat die Mittel, überall Vorräte aufzuhäufen, denen er entgegengeht, während der Verfolgende alles nachfahren lassen muß, welches, solange er in Bewegung bleibt, auch bei der kürzesten Verbindungslinie schwierig ist und deshalb gleich von vornherein Mangel erzeugt.

Alles, was die Gegend selbst darbietet, wird von dem Zurückgehenden zuerst benutzt und meistens erschöpft. Es bleiben nur ausgezehrte Dörfer und Städte, abgemähte und zertretene Felder, ausgeschöpfte Brunnen, getrübte Bäche zurück.

Das vorgehende Heer kämpft also nicht selten vom ersten Tag an mit den dringendsten Bedürfnissen. Auf feindliche Vorräte kann es dabei gar nicht rechnen, es wäre bloßer Zufall oder unverzeihlicher Fehler des Gegners, wenn ihm hin und wieder eines in die Hände fiele.

So ist es denn nicht zweifelhaft, daß bei beträchtlichen Dimensionen und nicht zu ungleicher Macht der Kriegführenden auf diese Weise ein Verhältnis der Streitkräfte entstehen wird, welches dem Verteidiger unendlich mehr Wahrscheinlichkeit des Erfolges verspricht, als er bei einer Entscheidung an der Grenze gehabt hätte. Aber nicht bloß die Wahrscheinlichkeit, zu siegen, wird wegen des veränderten Machtverhältnisses größer, sondern auch der Erfolg des Sieges wegen der veränderten Lage. Welch ein Unterschied besteht zwischen einer verlorenen Schlacht an der eigenen Grenze und einer mitten im feindlichen Lande! Ja, der Zustand des Angreifenden ist am Ende seiner Bahn oft von der Art, daß selbst eine *gewonnene* Schlacht ihn zum Rückzug bewegen kann, weil er weder Stoßkraft genug hat, seinen Sieg zu vervollständigen und zu benutzen, noch imstande ist, die verlorenen Kräfte zu ersetzen.

Es ist also ein gewaltiger Unterschied, ob die Entscheidung am Anfang oder am Ende des Angriffs gegeben wird.

Den großen Vorteilen dieser Verteidigungsar* stehen zwei Gegengewichte zur Seite; das erste ist der Verlust, welchen das Land durch das Vordringen des Feindes macht, das andere der moralische Eindruck.

Das Land vor Verlust zu bewahren, kann zwar niemals als ein Zweck der gesamten Verteidigung angesehen werden, sondern dieser Zweck ist ein vorteilhafter Friede. Diesen so sicher als möglich zu erhalten, ist das Bestreben, und dazu muß kein augenblickliches Opfer zu groß geachtet werden. Allein jener Verlust, wenn er auch nicht entscheiden soll, muß doch in die Waagschale gelegt werden, denn er ist immer ein Gegenstand unseres Interesses.

Dieser Verlust trifft nicht unmittelbar unsere Streitkraft, sondern wirkt nur mit einem mehr oder weniger großen Umwege auf dieselbe, während der Rückzug selbst die Streitkraft unmittelbar verstärkt. Es ist also schwer, diesen Vorteil und jenen Nachteil aneinander abzumessen; es sind Dinge verschiedener Art, die keinen nahen gemeinschaftlichen Wirkungspunkt haben. Wir müssen also dabei stehenbleiben, zu sagen, daß dieser Verlust größer ist, wenn eine fruchtbare und bevölkerte Provinz und große Handelsstädte aufgeopfert werden sollen, daß er aber als am größten zu betrachten ist, wenn ganze oder halbfertige Streitmittel mit verloren gehen.

Das zweite Gegengewicht ist der moralische Eindruck. Es gibt Fälle, wo sich der Feldherr über ihn hinwegsetzen, seinen Plan ruhig verfolgen und sich den Nachteilen aussetzen muß, welche ein kurzsichtiger Kleinmut hervorbringt; aber darum ist dieser Eindruck doch kein Phantom, welches Geringschätzung verdient. Er ist nicht einer Kraft zu vergleichen, die auf einen Punkt wirkt, sondern einer, die mit

Blitzesschnelle alle Fibern durchläuft und alle Tätigkeiten lähmt, die im Volk und Heer wirksam sein sollen. Es gibt wohl Fälle, wo der Rückzug in das Innere des Landes vom Volk und Heer schnell verstanden wird, und wo er das Vertrauen und die Erwartungen sogar steigern könnte, aber die sind sehr selten. Gewöhnlich wird Volk und Heer nicht einmal unterscheiden, ob es eine freie Bewegung oder ein Zurückstolpern ist, und noch weniger, ob der Plan aus Klugheit in Aussicht sicherer Vorteile oder aus Furcht vor dem feindlichen Schwert befolgt wird. Das Volk wird Mitleiden und Unwillen fühlen, wenn es das Schicksal der aufgeopferten Provinzen sieht, das Heer wird leicht sein Vertrauen zu seinem Führer oder gar zu sich selbst verlieren, und die beständigen Gefechte der Nachhut während des Rückzuges werden ihm eine immer erneuerte Bekräftigung seiner Befürchtungen werden. Über *diese Folgen* des Rückzuges darf man sich nicht täuschen. Und allerdings ist es an und für sich betrachtet natürlicher, einfacher, edler, dem moralischen Dasein des Volkes entsprechender, offen in die Schranken zu treten, damit der Angreifende die Grenzen eines Volkes nicht überschreiten könne, ohne seinem Genius zu begegnen, der ihm die blutige Rechenschaft abfordert.

Dies sind die Vorteile und Nachteile einer solchen Verteidigungsart, jetzt ein paar Worte über die Bedingungen und begünstigenden Umstände derselben.

Eine weite Oberfläche oder wenigstens eine lange Rückzugslinie ist die Haupt- und Grundbedingung; denn ein paar Märsche vorwärts werden den Feind natürlich nicht merklich schwächen. Bonapartes Zentrum im Jahre 1812 war bei Witebsk 250000 Mann, bei Smolensk 182000 Mann, und erst bei Borodino war es auf 120000[1] Mann heruntergekommen, d. h. mit dem russichen Zentrum ins Gleichgewicht der Zahl getreten. Borodino ist 90 Meilen von der Grenze; aber erst bei Moskau war ein entschiedenes Übergewicht für die Russen eingetreten, welches den Umschlag von selbst so sicher herbeiführte, daß der französische Sieg bei Malojaroslawetz keinen wesentlichen Unterschied darin machte.

Solche Dimensionen wie Rußland hat kein anderes europäisches Reich, und bei den wenigsten ist eine Rückzugslinie von 100 Meilen denkbar. Allein eine Macht wie die französische 1812 wird auch nicht leicht in anderen Verhältnissen vorkommen, und noch weniger ein

---

1 [2. Auflage: 130000]

solches Übergewicht, wie es im Anfang des Feldzuges zwischen beiden Teilen bestand, wo die Franzosen mehr als das Doppelte in der Zahl und außerdem ein entschiedenes moralisches Übergewicht hatten. Was also hier nur nach 100 Meilen erreicht wurde, kann in anderen Fällen vielleicht mit 50 oder 30 erreicht werden.

Zu den begünstigenden Umständen gehören:

1. eine wenig bebaute Gegend,
2. ein treues kriegerisches Volk,
3. die schlechte Jahreszeit.

Alle diese Dinge machen die Erhaltung des feindlichen Heeres schwieriger, nötigen zu großen Zufuhren, vielen Entsendungen, beschwerlichem Dienst, verursachen Krankheiten und erleichtern die Flankenwirkung des Verteidigers.

Endlich müssen wir noch von der absoluten Masse der Streitkräfte sprechen, welche darauf Einfluß hat.

An und für sich ist es in der Natur der Dinge, daß, abgesehen von dem Verhältnis der gegenseitigen Streitkräfte, eine kleine Streitkraft überhaupt sich früher erschöpft als eine größere, und daß ihre Bahn also nicht so lang, der Umfang ihres Kriegstheaters nicht so groß sein kann. Es findet also gewissermaßen ein konstantes Verhältnis zwischen der absoluten Größe der Macht und denjenigen Räumen statt, welche diese Macht einnehmen kann. Es kann nicht die Rede davon sein, dies Verhältnis auf eine Zahl zu bringen, auch wird es immer durch andere Umstände modifiziert werden, es ist uns aber genug, zu sagen, daß die Dinge im tiefsten Grunde ihres Wesens diesen Zusammenhang haben. Man kann mit 500000 Mann auf Moskau ziehen, aber nicht mit 50000, wenn das Verhältnis zur feindlichen Macht im letzten Fall auch viel günstiger wäre wie im ersten.

Nehmen wir nun dieses Verhältnis der absoluten Macht zum Raum in zwei verschiedenen Fällen als dasselbe an, so ist nicht zu bezweifeln, daß die Wirksamkeit unseres Rückzuges in Beziehung auf die Schwächung des Feindes mit den Massen steigen wird.

1. Unterhalt und Unterkommen des Feindes werden schwieriger; denn wenn auch die Räume, welche die Heere einnehmen, gerade soviel wachsen sollten als die Heere selbst, so wird doch der Unterhalt niemals ganz aus diesem Raum bestritten, und alles, was nachgeführt werden muß, erliegt größeren Verlusten; zum Unterkommen aber wird niemals der ganze Raum benutzt, sondern nur ein sehr kleiner Teil desselben, der nicht verhältnismäßig mit den Massen wächst.

2. Das Vordringen wird in dem Maße langsamer, als die Massen

größer werden, folglich dauert die Zeit, bis die Angriffsbahn durchlaufen ist, länger, und die Summe der täglich darin vorkommenden Verluste wird größer.

Dreitausend Mann, welche zweitausend vor sich hertreiben, werden ihnen in gewöhnlicher Gegend nicht erlauben, sich in kleinen Märschen von 1, 2, höchstens 3 Meilen zurückzubewegen und von Zeit zu Zeit ein paar Tage Halt zu machen. An sie kommen, sie angreifen und vertreiben ist das Werk von einigen Stunden. Multiplizieren wir aber diese Massen mit der Zahl von 100, so sieht es anders aus. Wirkungen, zu denen im ersten Fall wenige Stunden hinreichten, erfordern nun vielleicht einen ganzen Tag oder auch zwei. Beide Teile können nun nicht mehr auf einem Punkt zusammenbleiben, damit wächst also die Mannigfaltigkeit aller Bewegungen und Kombinationen und folglich die Zeit, welche sie brauchen. Der Angreifende aber ist hierbei in dem Nachteil, daß er wegen der schwierigen Verpflegung sich noch mehr ausbreiten muß als der Zurückgehende, folglich immer in einiger Gefahr ist, daß dieser mit überlegener Macht auf einen Punkt falle, wie die Russen bei Witebsk es wollten.

3. Je größer die Massen werden, um so größer wird für jeden einzelnen der Kraftaufwand, den der tägliche strategische und taktische Dienst erfordert. Hunderttausend Mann, die täglich einmal ab- und aufmarschieren, jetzt Halt machen, dann wieder in Marsch gesetzt werden, jetzt zu den Waffen greifen, dann wieder kochen oder Lebensmittel empfangen, hunderttausend Mann, die nicht eher ins Lager rücken sollen, als bis von allen Seiten die nötigen Meldungen eingegangen sind – diese brauchen zu allen diesen Nebenanstrengungen des eigentlichen Zuges in der Regel doppelt soviel Zeit als 50000 brauchen würden, der Tag aber hat für beide nur 24 Stunden. Wie sehr verschieden aber die Zeit und Anstrengung eines Marsches ist nach der Masse der Truppen, haben wir im neunten Kapitel des vorigen Buches gesagt. Diese Anstrengungen teilt nun freilich der Zurückgehende mit dem Vorrückenden, aber sie sind bei dem letzteren merklich größer:

1. Weil seine Massen größer sind, wegen der Überlegenheit, die wir voraussetzen.
2. Weil der Verteidiger, da er immer den Boden räumt, mit diesem Opfer sich das Recht erkauft, immer der Bestimmende zu bleiben, stets dem anderen das Gesetz zu geben. Er macht seinen Plan vorher, und in den meisten Fällen wird dieser durch nichts gestört, der Vorschreitende aber kann seinen Plan nur nach der feindlichen

Aufstellung machen, die er immer erst zu erforschen suchen muß. Wir müssen aber daran erinnern, daß hier von dem Verfolgen eines Gegners die Rede ist, der keine Niederlage erlitten, nicht einmal eine Schlacht verloren hat, damit man nicht glaube, wir widersprächen unserem zwölften Kapitel des vierten Buches.

Jenes Vorrecht aber, dem Feinde das Gesetz zu geben, macht für Zeit- und Kraftgewinn und für mancherlei Nebenvorteile einen Unterschied, der auf die Dauer sehr wesentlich wird.

3. Weil der Zurückgehende von der einen Seite alles tut, seinen Rückweg zu erleichtern, Wege und Brücken ausbessern läßt, die bequemsten Lagerplätze aussucht usw. und von der anderen Seite wieder ebensoviel tut, dem Nachfolgenden das Vorgehen zu erschweren, indem er die Brücken zerstört, schon durch seinen bloßen Marsch schlechte Wege noch mehr verdirbt, dem Feinde die besten Lager- und Wasserplätze entzieht, indem er sie selbst einnimmt.

   Endlich müssen wir noch als einen besonders begünstigenden Umstand den Volkskrieg anführen. Dies bedarf hier um so weniger einer weiteren Auseinandersetzung, als wir von demselben noch in einem eigenen Kapitel sprechen werden.

Wir haben bisher von den Vorteilen gesprochen, die ein solcher Rückzug gewährt, von den Opfern, die er fordert, von den Bedingungen, die vorhanden sein müssen; jetzt wollen wir noch etwas über die Ausführung sagen.

Die erste Frage, welche wir zu tun haben, ist über die Richtung des Rückzuges.

Er soll in das *Innere* des Landes geschehen, also womöglich auf einen Punkt führen, wo der Feind auf beiden Seiten von unseren Provinzen umgeben ist; dann wird er ihrer Einwirkung ausgesetzt sein und wir nicht in Gefahr, *von der Hauptmasse unseres Landes abgedrängt zu werden,* welches geschehen könnte, wenn wir eine Rückzugslinie wählen, die zu nahe an der Grenze hinliefe, wie die Russen im Jahr 1812, wenn sie südlich statt östlich hätten zurückgehen wollen.

Dies ist die Bedingung, welche in dem Zweck der Maßregel selbst liegt. Welcher Punkt des Landes der beste ist, wieweit sich damit die Absicht verbinden läßt, die Hauptstadt oder einen anderen wichtigen Punkt unmittelbar zu decken oder den Feind von der Richtung dahin abzuziehen, hängt von den Verthältnissen ab.

Hätten die Russen 1812 den Rückzug vorher überlegt gehabt und also vollkommen planmäßig gemacht, so konnten sie füglich von

Smolensk die Richtung auf Kaluga nehmen, die sie erst von Moskau aus einschlugen; es ist sehr möglich, daß unter diesen Umständen Moskau ganz verschont geblieben wäre.

Die Franzosen waren nämlich bei Borodino etwa 130000 Mann stark; es ist kein Grund vorhanden, daß sie, wenn diese Schlacht von den Russen auf dem halben Weg von Kaluga angenommen worden wäre, dort hätten stärker sein sollen; wieviel hätten sie aber von dieser Macht entbehren können, um es auf Moskau zu schicken? Offenbar sehr wenig; mit wenig Truppen aber kann man nicht auf 50 Meilen (dies ist die Entfernung von Smolensk nach Moskau) eine Entsendung gegen einen Ort wie Moskau machen.

Gesetzt, Bonaparte hätte bei Smolensk, wo er nach den Gefechten etwa 160000 Mann stark war, geglaubt, eine Entsendung auf Moskau wagen zu dürfen, *ehe* noch eine Hauptschlacht erfolgt war, und dazu 40000 Mann genommen, während 120000 Mann der russischen Hauptarmee gegenüber geblieben wären, so würden diese 120000 Mann in der Schlacht etwa nur 90000 gewesen sein, nämlich 40000 schwächer als bei Borodino; die Russen würden also ein Übergewicht von 30000 Mann gehabt haben. Wenn man den Verlauf der Schlacht von Borodino als Maßstab nimmt, so ist wohl zu glauben, daß sie damit Sieger geblieben wären. In jedem Fall wäre das Resultat dieses Kalküls ein viel besseres gewesen als das Verhältnis bei Borodino. Aber der Rückzug der Russen war kein Werk überdachten Planes; man ging so weit zurück, weil man in jedem Augenblick, wo man die Schlacht annehmen wollte, sich noch nicht stark genug dazu fand; alle Erhaltungs- und Verstärkungsmittel waren auf die Straße von Moskau auf Smolensk gerichtet, und es konnte in Smolensk niemand einfallen, diese Straße zu verlassen. Außerdem aber würde ein Sieg zwischen Smolensk und Kaluga in den Augen der Russen das Unrecht niemals gutgemacht haben, Moskau nicht zu decken und einer möglichen Besitznahme preiszugeben.

Noch gewisser hätte Bonaparte 1813 Paris vor einem Anfall schützen können, wenn er seine Aufstellung merklich seitwärts, etwa hinter dem Kanal von Bourgogne, genommen und in Paris nur einige tausend Mann mit seinen zahlreichen Nationalgarden gelassen hätte. Niemals hätten die Verbündeten den Mut gehabt, ein Korps von 50 bis 60000 Mann auf Paris gehen zu lassen, während sie Bonaparte mit 100000 Mann bei Auxerre wußten. Umgekehrt würde wohl niemand einem verbündeten Heer in Bonapartes Lage geraten haben, den Weg zur eigenen Hauptstadt zu verlassen, wenn *er* der Gegner war. Mit solcher

Überlegenheit würde er nicht einen Augenblick angestanden haben, auf die Hauptstadt loszugehen. So verschieden wird sogar unter denselben Umständen, aber bei anderen moralischen Verhältnissen das Resultat sein.

Wir wollen nur noch bemerken, daß bei einer solchen Seitenrichtung in jedem Fall die Hauptstadt oder der Ort, welchen man dadurch außer Spiel bringen will, einige Widerstandsfähigkeit haben muß, um nicht von jedem Streifer besetzt und gebrandschatzt zu werden, und dann diesen Gegenstand hier fallen lassen, weil wir in der Folge bei dem Kriegsplan doch noch einmal darauf zurückkommen werden.

Aber noch eine andere Eigentümlichkeit in der Richtung einer solchen Rückzugslinie müssen wir betrachten, nämlich die einer plötzlichen *Wendung*. Nachdem die Russen bei Moskau dieselbe Richtung behalten hatten, verließen sie diese, die sie nach Wladimir geführt haben würde, gingen zuerst in der auf Rjazanj weiter und dann in die von Kaluga über. Hätten sie ihren Rückzug fortsetzen müssen, so konnte solcher füglich in dieser neuen Richtung geschehen, welche sie nache Kiew geführt haben würde, also der feindlichen Grenze wieder viel näher. Daß die Franzosen, wenn sie den Russen in dieser Zeit auch noch merklich überlegen gewesen wären, das ungeheure Knie ihrer Verbindungslinie über Moskau nicht hätten behaupten können, ist wohl an sich klar; sie hätten nicht allein Moskau, sondern höchstwahrscheinlich auch Smolensk aufgeben, also die mühsam gemachten Eroberungen wieder verlassen und sich mit dem Kriegstheater diesseits der Beresina begnügen müssen.

Nun wäre freilich das russische Heer in denselben Nachteil getreten, dem es sich ausgesetzt hätte, wenn es gleich anfangs die Richtung auf Kiew hätte einschlagen wollen, nämlich von der Hauptmasse seiner Staaten getrennt zu sein; aber dieser Nachteil wurde nun fast illusorisch, denn in welcher ganz anderen Verfassung würde das feindliche Heer bei Kiew angekommen sein, wenn es nicht die Reise[1] über Moskau gemacht hätte!

Es ist klar, daß eine solche plötzliche Wendung der Rückzugslinie, die bei großen Dimensionen sehr tunlich ist, eminente Vorteile gewährt:

1. Die Wendung macht es dem Gegner unmöglich, seine alten Verbindungslinien beizubehalten; die Einrichtung von neuen ist aber immer eine schwierige Sache, wozu noch kommt, daß er seine

1 [2. Auflage: den Umweg]

Richtung nur nach und nach verändert, also wahrscheinlich mehr als einmal eine neue Verbindungslinie suchen muß.

2. Beide Teile nähern sich auf diese Weise der Grenze wieder; der Angreifende deckt seine gemachten Eroberungen nicht mehr durch seine Stellung und muß sie höchstwahrscheinlich aufgeben.[1] Rußland mit seinen ungeheuren Dimensionen ist ein Reich, worin sich zwei Heere auf diese Weise förmlich Zeck jagen können.[2]

Aber auch bei kleineren Oberflächen bleibt eine solche Wendung möglich, wenn die übrigen Umstände sie begünstigen, welches nur aus allen[3] Verhältnissen des einzelnen Falles entnommen werden kann.

Ist die Richtung einmal bestimmt, in welcher der Feind ins Land hineingezogen werden soll, so folgt von selbst, daß unsere Hauptmacht diese Richtung hatte, denn sonst würde der Feind die seinige nicht dahin vorgehen lassen, und täte er es auch, so würden wir nicht imstande sein, ihm dabei alle die Bedingungen aufzulegen, die wir oben vorausgesetzt haben. Es kann also nur die Frage sein, ob man mit der ungeteilten Macht diese Richtung halten oder mit bedeutenden Teilen derselben nach der Seite hin ausweichen und also seinen Rückzug exzentrisch machen soll.

Auf diese Frage müssen wir antworten, daß diese Form an sich verwerflich ist:

1. weil die Kräfte dadurch mehr verteilt werden, das Zusammenhäufen derselben auf einen Punkt aber gerade eine Hauptschwierigkeit für den Angreifenden ist;
2. weil der Gegner in den Vorteil der inneren Linie kommt, mehr als wir vereinigt ist und folglich auf einzelnen Punkten um so überlegener sein kann.[4] Nun ist freilich diese Überlegenheit bei einem System weniger zu fürchten, was vorderhand immer im Ausweichen besteht, allein immer ist die Bedingung dieses Ausweichens, dem Gegner furchtbar zu bleiben, nicht von ihm zu Paaren getrieben zu werden;[5] das könnte aber eintreten. Ferner ist die Bedingung dieses Rückzuges, nach und nach bei der Hauptmacht zu einer Überlegenheit zu kommen, um die Entscheidung geben zu

1 [2. Auflage fährt mit Absatz fort.]

2 [2. Auflage: Rußland eignet sich seiner ungeheueren Dimensionen zu solcher Kriegsführung vorzüglich;]

3 [2. Auflage: begünstigen. Ob diese von der Art sind, sie ratsam ziehen, muß aus den]

4 [2. Auflage: weil der Angreifende die Vorteile der inneren Linien erlangt, mehr vereinigt, als der Verteidiger, ist, und folglich auf einzelnen Punkten überlegen sein kann.]

5 [2. Auflage: bleiben, und sich nicht vereinzelt schlagen zu lassen,]

können, welches aber bei der Teilung der Kräfte ungewiß bleiben würde.

3. Weil überhaupt das konzentrische Wirken auf den Feind dem Schwächeren nicht ziemt;
4. weil durch eine solche Stellung der Kräfte ein Teil der feindlichen Schwäche ganz eliminiert wird.[1]

Die Hauptschwächen eines weit vorgehenden Angriffs sind nämlich: die langen Verbindungslinien, die offenen strategischen Flanken. Durch die exzentrische Form des Rückzuges wird der Angreifende genötigt, einen Teil seiner Macht nach der Seite Fronte machen zu lassen, und dieser Teil, welcher eigentlich nur bestimmt sein sollte, unsere ihm entgegenstehende Streitkraft zu neutralisieren, tut gewissermaßen nebenher noch etwas anderes, nämlich einen Teil der Verbindungslinie zu schützen.

Für die bloße strategische Wirkung des Rückzuges also ist die exzentrische Form nicht vorteilhaft; soll sie aber eine spätere Wirkung auf die feindliche Rückzugslinie vorbereiten, so müssen wir an das im vorigen Kapitel Gesagte erinnern.

Nur *ein* Zweck kann zu einem exzentrischen Rückzug veranlassen: wenn wir nämlich dadurch Provinzen sichern können, die der Feind sonst besetzt haben würde.

Welche Landstriche rechts und links der Vorgehende besetzen wird, läßt sich meistens mit ziemlicher Wahrscheinlichkeit aus der Sammlung und Richtung seiner Kräfte, aus der Lage seiner Provinzen, Festungen usw. gegen die unserigen vorhersehen; diejenigen Landstriche, welche er wahrscheinlich intakt[2] lassen wird, mit Streitkräften zu versehen, wäre eine gefährliche Kraftverschwendung. Ob man aber in denjenigen Landstrichen, welche der Angreifende, wahrscheinlich besetzen wird, *imstande sein wird, ihn durch eine aufgestellte Streitkraft daran zu verhindern,* ist schon schwieriger zu übersehen, und es hängt also dabei viel von dem Takt des Urteils ab.

Als die Russen 1812 zurückgingen, ließen sie unter Tormassow 30000 Mann in Wolhynien gegen die österreichische Macht, die in diese Provinz einbrechen sollte. Die Größe der Provinz, die mancherlei Schwierigkeiten des Bodens, welche sie darbietet, die nicht überlegene Macht, mit welcher sie angegriffen werden sollte, berechtigen zu

1 [2. Auflage: weil den getrennten Streitkräften des Verteidigers gegenüber manche Nachteile der Schwächen des Angreifenden verschwinden.]
2 [2. Auflage: unbesetzt]

der Hoffnung, daß die Russen auf dieser Seite ihrer Grenze die Oberhand behalten oder sich wenigstens in der Nähe der Grenze behaupten würden. Aus dieser Behauptung konnten in der Folge sehr wichtige Vorteile hervorgehen, bei denen wir uns hier nicht aufhalten wollen; außerdem war es fast unmöglich, diese Truppen noch zur rechten Zeit an das Hauptheer heranzuziehen, wenn man es auch gewollt hätte. Alle diese Dinge mußten auf die genügendste Weise dazu bestimmen, das Heer in Wolhynien zu lassen, um dort seinen eigenen Krieg zu führen. Wenn dagegen in dem Plan, welchen der General Phull zum Feldzug entworfen hatte, bloß das Heer von Barclay (80000 Mann) nach Drissa zurückgehen und das Heer von Bagration (40000 Mann) den Franzosen in der rechten Flanke bleiben sollte, um ihnen dann in den Rücken zu fallen, so sieht man auf den ersten Blick, daß dieses Heer nicht daran denken konnte, sich im südlichen Litauen zu behaupten, also einen Landstrich *mehr,* und der *näher* gelegen war, im Rücken der Franzosen zu erhalten. Dies Heer würde durch die überwältigenden Massen zugrunde gerichtet worden sein.[1]

Daß der Verteidiger an sich das Interesse habe, dem Angreifenden so wenig Provinzen als möglich zu überlassen, versteht sich von selbst, aber dies bleibt immer ein sehr untergeordneter Zweck; daß der Angriff auch um so schwieriger wird, je kleiner oder vielmehr schmaler das Kriegstheater ist, auf dem wir den Feind einschränken können, ist gleichfalls an sich klar; aber dies alles unterliegt doch der Bedingung, daß man bei diesem Beginnen die Wahrscheinlichkeit eines Erfolges für sich habe, und daß man dadurch nicht bei der Hauptmacht zu sehr geschwächt werde; denn hier muß vorzugsweise die endliche Entscheidung gesucht werden, weil die Verlegenheiten, die bei der feindlichen Hauptmacht entstehen, den Entschluß zum Rückzuge am ersten hervorrufen und den damit verbundenen Verlust physischer und moralischer Kräfte am meisten steigern.

Der Rückzug in das Innere des Landes soll also in der Regel mit unbesiegter und ungeteilter Macht geschehen, und soll gerade vor der feindlichen Hauptmacht hergehen, so langsam als möglich, und durch einen beständigen Widerstand den Gegner zu einer beständigen Schlachtfertigkeit, zu einem gewissen verderblichen Luxus taktischer und strategischer Vorsichtsmaßregeln zwingen.

---

1 [2. Auflage: Litauen, im Rücken der nahen französischen Hauptmacht, zu behaupten, deren überwältigende Massen ihn bald zu Grunde gerichtet haben würden.]

Sind beide Teile so am Ende der Angriffsbahn angelangt, so wird der Verteidiger seine Aufstellung, wenn es irgend sein kann, schief gegen die Richtung dieser Bahn nehmen und nun durch alle Mittel, die ihm zu Gebote stehen, auf den Rücken des Feindes wirken.

Der Feldzug 1812 in Rußland zeigt alle diese Erscheinungen, und zwar in einem hohen Grade, und die Wirkungen derselben wie im Vergrößerungsspiegel, und ob er gleich nicht ein freiwilliger Rückzug war, so kann er doch füglich unter diesem Gesichtspunkt betrachtet werden, und es ist wohl keine Frage, daß, wenn die Russen ihn mit der Kenntnis des Erfolges, die sie jetzt davon haben, noch einmal genau unter denselben Verhältnissen zu führen hätten, sie freiwillig und mit Plan tun würden, was 1812 größtenteils absichtslos geschehen ist. Allein man würde sehr unrecht haben, zu glauben, daß es sonst kein Beispiel von solcher Wirkungsart gebe, und daß es keines geben könne, wo die russischen Dimensionen fehlen.

Überall, wo ein strategischer Angriff ohne Schlachtentscheidung an den bloßen Schwierigkeiten des Daseins gescheitert und der Vorgedrungene zu einem bald mehr, bald weniger zerstörenden Rückzug gezwungen gewesen ist, hat die Hauptbedingung und Hauptwirkung dieser Widerstandsart stattgefunden, von welchen modifizierenden Umständen sie auch sonst begleitet gewesen sein mag. Friedrichs des Großen Feldzug von 1742 in Mähren, von 1744 in Böhmen, der französische Feldzug von 1743 in Österreich und Böhmen, des Herzogs von Braunschweig Feldzug von 1792 in Frankreich, Massénas Winterfeldzug von 1810 auf 1811 in Portugal sind Beispiele, die ähnliche Fälle, aber in viel geringeren Dimensionen und Verhältnissen zeigen; außerdem aber gibt es noch eine Unzahl fragmentarischer Wirkungen der Art, wo nicht der ganze Erfolg, aber wohl ein Teil desselben dem Prinzip, welches wir hier geltend machen, zugeschrieben werden muß, die wir aber nicht anführen, weil eine Entwicklung der Verhältnisse dabei nötig wäre, die uns hier zu weit führen würde.

In Rußland und den anderen angeführten Fällen ist der Umschwung erfolgt, ohne daß eine glückliche Schlacht am Kulminationspunkt die Entscheidung gegeben; aber wo eine solche Wirkung auch nicht zu erwarten ist, bleibt es schon ein Gegenstand von hinreichender Wichtigkeit, durch diese Widerstandsart ein Machtverhältnis herbeizuführen, welches den Sieg möglich macht, und durch diesen Sieg wie durch einen ersten Stoß eine Bewegung zu veranlassen, die sich dann in ihren verderblichen Wirkungen nach den Gesetzen des Falles zu vergrößern pflegt.

Sechsundzwanzigstes Kapitel: Volksbewaffnung

Der Volkskrieg ist im kultivierten Europa eine Erscheinung des neunzehnten Jahrhunderts. Er hat seine Anhänger und seine Widersacher, die letzteren entweder aus politischen Gründen, weil sie ihn für ein revolutionäres Mittel, einen für gesetzlich erklärten Zustand der Anarchie halten, der der gesellschaftlichen Ordnung nach innen ebenso gefährlich sei wie dem Feinde nach außen, oder aus militärischen Gründen, weil sie glauben, der Erfolg entspräche nicht der aufgewendeten Kraft. Der erste Punkt berührt uns hier gar nicht, denn wir betrachten den Volkskrieg bloß als Kampfmittel, also in seiner Beziehung auf den Feind; der letzte Punkt aber führt uns zu der Bemerkung, daß der Volkskrieg im allgemeinen als eine Folge des Durchbruches anzusehen ist, den das kriegerische Element in unserer Zeit durch seine alte künstliche Umwallung gemacht hat; als eine Erweiterung und Verstärkung des ganzen Gärungsprozesses, den wir Krieg nennen. Das Requisitionssystem, die Anschwellung der Heere zu ungeheuren Massen vermittelst desselben und der allgemeinen Dienstpflicht, der Gebrauch der Landwehren sind alles Dinge, die, wenn man vom ehemaligen engbegrenzten Militärsystem ausgeht, in derselben Richtung liegen, und in dieser Richtung liegt nun auch der Aufruf des Landsturmes oder die Volksbewaffnung. Sind die ersten dieser neuen Hilfsmittel eine natürliche und notwendige Folge weggeworfener Schranken, und haben sie die Kraft dessen, der sich ihrer zuerst bedient hat, so gewaltig gesteigert, daß der andere[1] mit fortgerissen worden ist und sie auch hat ergreifen müssen, so wird beides auch der Fall mit dem Volkskriege sein. In der Allgemeinheit der Fälle würde dasjenige Volk, welches sich desselben mit Verstand bediente, ein verhältnismäßiges Übergewicht über diejenigen bekommen, die ihn verschmähen. Ist dem also, so kann nur die Frage sein, ob diese neue Verstärkung des kriegerischen Elementes der Menschheit überhaupt heilsam ist oder nicht; eine Frage, die sich wohl ganz so beantworten dürfte wie die Frage über den Krieg selbst – wir überlassen beide den Philosophen. Aber man könnte auch meinen, die Kräfte, welche der Volkskrieg kostet, könnten auf andere Streitmittel verwendet mit mehr Erfolg benutzt werden; es gehört indessen keine große Untersuchung dazu, um sich zu überzeugen, daß diese Kräfte größtenteils nicht disponibel sind und sich nicht nach Willkür

1 [2. Auflage: der Gegner]

verwenden lassen. Ein wesentlicher Teil derselben, nämlich die moralischen Elemente, erhalten sogar erst durch diese Art des Gebrauches ihr Dasein.

Wir fragen also nicht mehr: was kostet der Widerstand, den ein ganzes Volk mit den Waffen in der Hand leistet, diesem Volke? Sondern wir fragen: welchen Einfluß kann dieser Widerstand haben, welches sind seine Bedingungen und wie ist der Gebrauch desselben?

Daß ein so verteilter Widerstand nicht zu der in Zeit und Raum konzentrierten Wirkung großer Schläge geeignet ist, geht aus der Natur der Sache hervor. Seine Wirkung richtet sich, wie in der physischen Natur der Verdampfungsprozeß, nach der Oberfläche. Je größer diese ist und der Kontakt, in welchem sie mit dem feindlichen Heere sich befindet, also je mehr dieses sich ausbreitet, um so größer ist die Wirkung der Volksbewaffnung. Sie zerstört wie eine still fortschwelende Glut die Grundfesten des feindlichen Heeres. Da sie zu ihren Erfolgen Zeit braucht, so entsteht, während beide Elemente so aufeinander wirken, ein Zustand der Spannung, die sich entweder nach und nach löst, wenn der Volkskrieg an einzelnen Stellen erstickt wird und an anderen langsam erlischt, oder die zu einer Krise führt, wenn die Flammen dieses allgemeinen Brandes über das feindliche Heer zusammenschlagen und es nötigen, das Land vor eigenem gänzlichen Untergange zu räumen. Daß diese Krisis[1] durch den bloßen Volkskrieg herbeigeführt werden sollte, setzt entweder eine solche Oberfläche des eingenommenen Reiches voraus, wie außer Rußland kein europäischer Staat sie hat, oder ein Mißverhältnis zwischen der einfallenden Armee und der Oberfläche des Landes, wie es in der Wirklichkeit nicht vorkommt. Will man also kein Phantom verfolgen, so muß man sich den Volkskrieg in Verbindung mit dem Kriege eines stehenden Heeres denken und beide durch einen das Ganze umfassenden Plan geeinigt.

Die Bedingungen, unter welchen allein der Volkskrieg wirksam werden kann, sind folgende:

1. daß der Krieg im Innern des Landes geführt,
2. daß er nicht durch eine einzige Katastrophe entschieden werde;
3. daß das Kriegstheater eine beträchtliche Länderstrecke einnehme;
4. daß der Volkscharakter die Maßregel unterstütze;
5. daß das Land sehr durchschnitten und unzugänglich sei, entweder

---

1 [2. Auflage: Entscheidung]

durch Gebirge oder durch Wälder und Sümpfe oder durch die Natur der Bodenkultur.

Ob die Bevölkerung groß oder klein ist, tut nichts Entscheidendes, denn an Menschen fehlt es dabei am wenigsten. Ob die Einwohner arm oder reich sind, ist auch nicht geradezu entscheidend oder sollte es wenigstens nicht sein, es ist aber nicht zu verkennen, daß eine arme, an anstrengende Arbeit und Entbehrungen gewöhnte Menschenklasse[1] sich auch kriegerischer und kräftiger zu zeigen pflegt.

Eine Landeseigentümlichkeit, welche die Wirkung des Volkskrieges ungemein begünstigt, ist der zerstreute Anbau der Wohnungen, wie er sich in vielen Provinzen Deutschlands findet. Das Land wird dadurch zerschnittener und verdeckter, die Wege werden schlechter, obgleich zahlreicher, die Unterbringung der Truppen hat unendliche Schwierigkeiten, und vor allem es wiederholt sich im kleinen die Eigentümlichkeit, welche der Volkskrieg im großen hat, nämlich daß das widerstehende Prinzip überall und nirgends vorhanden ist. Wohnen die Einwohner in Dörfern beisammen, so werden die unruhigsten mit Truppen belegt oder auch wohl zur Strafe ausgeplündert, abgebrannt usw., welches sich aber bei einer westfälischen Bauerschaft nicht wohl ausführen läßt.

Der Gebrauch des Landsturmes und bewaffneter Volkshaufen kann und soll nicht gegen die feindliche Hauptmacht, auch nicht einmal gegen beträchtliche Korps gerichtet sein, er soll nicht den Kern zermalmen, sondern nur an der Oberfläche, an den Umgrenzungen nagen. Er soll sich in den Provinzen erheben, welche dem Kriegstheater seitwärts liegen und wohin der Angreifende nicht mit Macht kommt,[2] um diese Provinzen seinem Einfluß ganz zu entziehen. Diese sich seitwärts auftürmenden Wetterwolken sollen sich hinter ihm fortziehen in dem Maße, als er vorschreitet. Da, wo noch gar kein Feind ist, fehlt es nicht an Mut, sich gegen ihn zu rüsten, und an diesem Beispiel entzündet sich nach und nach die Masse der angrenzenden Einwohner. So verbreitet sich das Feuer wie ein Brand in der Heide und trifft am Ende die Bodenfläche, auf welche der Angreifende basiert ist; es ergreift seine Verbindungslinie und zehrt an den Lebensfaden seines Daseins. Denn wenn man auch keine übertriebenen Vorstellungen von der Allmacht eines Volkskrieges hat, ihn nicht für ein unerschöpfliches, unbezwingliches Element hält, dem die

1 [2. Auflage: Bevölkerung]
2 [Restsatz fehlt in 2. Auflage.]

bloße Heeresmacht so wenig Stillstand gebieten könne wie der Mensch dem Winde oder Regen, kurz, wenn man sein Urteil auch nicht auf rednerische[1] Flugschriften gründet, so muß man doch zugeben, daß man bewaffnete Bauern nicht vor sich hertreiben kann wie eine Abteilung Soldaten, die aneinander halten wie eine Herde und gewöhnlich der Nase nachlaufen, während jene auseinandergesprengt sich nach allen Seiten zerstreuen, ohne dazu eines künstlichen Planes zu bedürfen. Dadurch bekommt der Marsch jeder kleinen Abteilung in einem Gebirge, einer Wald- oder sonst sehr durchschnittenen Gegend einen sehr gefährlichen Charakter; denn es kann in jedem Augenblick aus dem Marsch ein Gefecht werden, und wenn schon lange von keinem feindlichen Kriegsvolk mehr die Rede sein würde, können noch zu jeder Stunde dieselben Bauern am Ende einer Kolonne erscheinen, die die Spitze derselben längst vertrieben hatte. Ist von Verderbung der Wege und Sperrung enger Straßen die Rede, so verhalten sich die Mittel, welche Vorposten oder Streifkorps des Heeres anwenden, zu denjenigen, welche eine aufgebrachte Bauernmasse herbeischafft, ungefähr wie die Bewegungen eines Automaten zu den Bewegungen eines Menschen. Der Feind hat kein anderes Mittel gegen die Wirkungen des Landsturmes als das Absenden vieler Haufen zur Geleitung seiner Zufuhren, zur Besetzung der militärischen Stationen, der Pässe, Brücken usw. So wie die ersten Versuche des Landsturmes gering sein werden, so werden auch diese entsendeten Haufen schwach sein, weil man die große Zersplitterung der Kräfte fürchtet; an diesen schwachen Haufen pflegt sich dann das Feuer des Volkskrieges erst recht zu entzünden, man wird ihrer an einigen Orten durch die Menge Meister, es wächst der Mut und die Lust[2], und die Intensität dieses Kampfes nimmt zu, bis sich der Kulminationspunkt nähert, der über den Ausgang entscheiden soll.

Nach unserer Vorstellung vom Volkskriege muß er wie ein nebel- und wolkenartiges Wesen sich nirgends zu einen widerstehenden Körper konkreszieren[3], sonst richtet der Feind eine angemessene Kraft auf diesen Kern, zerstört ihn und macht eine große Menge Gefangene; dann sinkt der Mut, alles glaubt, die Hauptfrage sei entschieden, ein weiteres Bemühen vergeblich, und die Waffen fallen dem Volke aus den Händen. Von der anderen Seite aber ist es

---

1 [2. Auflage: schönrednerische]
2 [2. Auflage: Mut, die Kampflust steigert sich]
3 [2. Auflage: einem kompakten Körper verdichten]

dennoch nötig, daß sich dieser Nebel an gewissen Punkten zu dichteren Massen zusammenziehe und drohende Wolken bilde, aus denen einmal ein kräftiger Blitzstrahl herausfahren kann. Diese Punkte sind hauptsächlich auf den Flügeln des feindlichen Kriegstheaters, wie wir schon gesagt haben. Da muß sich die Volksbewaffnung in größere und mehr geordnete Ganze vereinigen, mit einem geringen Zusatz stehender Truppen, so daß sie schon das Ansehen eines geordneten Heeres gewinnt und imstande ist, sich an größere Unternehmungen zu wagen. Von diesen Punkten aus muß die Intensität des Landsturmes abnehmen nach dem Rücken des Feindes hin, wo er seinen stärksten Schlägen ausgesetzt ist. Jene dichteren Massen sind bestimmt, über die beträchtlicheren Garnisonen herzufallen, welche der Feind zurückschickt, außerdem flößen sie Furcht und Besorgnis ein, vermehren den moralischen Eindruck des Ganzen; ohne sie würde die Totalwirkung nicht kräftig und der ganze Zustand für den Feind nicht beunruhigend genug werden.

Diese willkürliche[1] Gestaltung der ganzen Volksbewaffnung bringt der Feldherr am leichtesten durch die kleinen Haufen des stehenden Heeres hervor, womit er den Landsturm unterstützt. Ohne eine solche zur Ermunterung dienende Unterstützung durch etwas Truppen des stehenden Heeres wird es beim Einwohner meistens an Vertrauen und an Trieb fehlen, zu den Waffen zu greifen. Je stärker nun die Haufen sind, die dazu bestimmt werden, um so stärker wird die Anziehungskraft, um so größer die Lawine, die sich herabstürzen soll. Aber dies hat seine Grenze; denn teils wäre es verderblich, für diesen untergeordneten Zweck das ganze Heer zu verteilen, im Landsturm gewissermaßen aufzulösen und damit eine ausgedehnte, überall schwache Verteidigungslinie zu bilden, wobei man gewiß sein könnte, daß Heer und Landsturm gleich gründlich zerstört werden würden, teils scheint auch die Erfahrung zu lehren, daß, wenn allzuviel regelmäßige Truppen in der Provinz anwesend sind, der Volkskrieg an Energie und Wirksamkeit abzunehmen pflegt; die Ursache ist, weil erstens dadurch zu viel feindliche Truppen in die Provinz gezogen werden, zweitens die Einwohner sich nun auf die eigenen stehenden Truppen verlassen wollen, drittens das Dasein beträchtlicher Truppenmassen die Kräfte der Einwohner auf eine andere Art zu sehr in Anspruch nimmt: nämlich durch Bequartierung, Fuhren, Lieferungen usw.

Ein anderes Mittel zur Verhütung einer zu wirksamen Reaktion des

---

1 [2. Auflage: kräftigere]

Feindes gegen den Volkskrieg bildet zugleich einen Hauptgrundsatz in dem Gebrauch desselben; es ist der Grundsatz: bei diesem großen strategischen Verteidigungsmittel es selten oder niemals zur taktischen Verteidigung kommen zu lassen. Der Charakter eines *Landsturmgefechts* ist der aller Gefechte mit schlechteren Truppenmassen: eine große Gewalt und Hitze im Anlauf, aber wenig kaltes Blut und wenig Nachhalt in der Dauer[1]. Ferner ist wenig daran gelegen, ob eine Landsturmmasse besiegt und vertrieben wird, denn darauf ist sie gestellt, aber sie darf nicht zugrunde gerichtet werden durch eine Unzahl von Toten, Verwundeten und Gefangenen; dergleichen Niederlagen würden die Glut bald erdrücken. Diese beiden Eigentümlichkeiten sind aber der Natur der taktischen Verteidigung durchaus entgegen. Das Verteidigungsgefecht erfordert ein nachhaltiges, langsames, planvolles Wirken und entschiedenes Wagen; ein bloßer Versuch, von dem man ablassen kann, so schnell man will, kann in der Verteidigung niemals zum Erfolg führen. Soll also der Landsturm die Verteidigung irgendeines Bodenabschnittes übernehmen, so muß es niemals zu einem entscheidenden Hauptverteidigungsgefecht kommen; er wird dann zugrunde gehen, wenn ihm die Umstände auch noch so günstig sind. Er kann und soll also die Eingänge eines Gebirges, die Dämme eines Sumpfes, die Übergänge eines Flusses verteidigen, solange es ihm möglich ist, aber er soll, wenn sie einmal durchbrochen sind, sich lieber zerstreuen und mit unvermuteten Anfällen seine Verteidigung fortsetzten, als sich in ein enges, letztes Refugium, in eine förmliche Defensivstellung zusammenziehen und einsperren lassen. – Wie tapfer auch ein Volk sei, wie kriegerisch seine Sitten, wie groß sein Haß gegen den Feind, wie günstig sein Boden: es ist unleugbar, daß der Volkskrieg sich in einer zu dichten Atmosphäre der Gefahr nicht erhalten kann. Soll sich also sein Brennstoff irgendwo zu einer bedeutenden Glut anhäufen, so muß es auf entfernteren Punkten geschehen, wo er Luft hat und nicht mit einem großen Schlage erdrückt werden kann.

Nach diesen Betrachtungen, die mehr ein Herausfühlen der Wahrheit sind als eine objektive Zergliederung, weil der Gegenstand überhaupt noch zu wenig dagewesen und von denen, die ihn lange mit eigenen Augen beobachtet haben, zu wenig dargestellt worden ist, haben wir nur noch zu sagen, daß der strategische Verteidigungsplan die Mitwirkung der Volksbewaffnung auf zwei verschiedenen Wegen

1 [2. Auflage: und geringe Ausdauer]

in sich aufnehmen kann, nämlich: entweder als ein letztes Hilfsmittel nach verlorener Schlacht oder als ein natürlicher Beistand, ehe eine entscheidende Schlacht geliefert wird. Das letztere setzt den Rückzug ins Innere des Landes und diejenige mittelbare Reaktionsart voraus, wovon wir im achten und vierundzwanzigsten Kapitel dieses Buches gesprochen haben. Wir haben also hier nur noch ein paar Worte über das Aufgebot des Landsturmes nach verlorener Schlacht zu sagen.

Kein Staat sollte sein Schicksal, nämlich sein ganzes Dasein, von einer Schlacht, sei sie auch die entscheidenste, abhängig glauben. Ist er geschlagen, so kann das Aufbieten neuer eigener Kräfte und die natürliche Schwächung, welche jeder Angriff in der Dauer erleidet, einen Umschwung der Dinge herbeiführen, oder er kann von außen her Hilfe bekommen. Zum Sterben ist es immer noch Zeit, und wie es ein Naturtrieb ist, daß der Untergehende nach dem Strohhalm greift, so ist es in der natürlichen Ordnung der moralischen Welt, daß ein Volk die letzten Mittel seiner Rettung versucht, wenn es sich an den Rand des Abgrundes geschleudert sieht.

Wie klein und schwach ein Staat in Beziehung auf seinen Feind auch sei, er soll sich diese letzten Kraftanstrengungen nicht ersparen, oder man müßte sagen, es ist keine Seele mehr in ihm. Dies schließt nicht die Möglichkeit aus, sich durch einen opfervollen Frieden von dem gänzlichen Untergange zu retten, eine solche Absicht schließt aber auch ihrerseits nicht die Nützlichkeit neuer Verteidigungsmaßregeln aus; sie machen den Frieden weder schwieriger noch schlechter, sondern leichter und besser. Noch notwendiger sind sie, wenn Hilfe von denen erwartet wird, die bei unserer Erhaltung interessiert sind. Eine Regierung also, die nach verlorener Hauptschlacht nur daran denkt, das Volk schnell in das Bette des Friedens steigen zu lassen und übermannt von dem Gefühl einer großen fehlgeschlagenen Hoffnung, nicht mehr den Mut und die Lust in sich fühlt, alle Kräfte anzuspornen, begeht in jedem Fall aus Schwäche eine große Inkonsequenz und zeigt, daß sie des Sieges nicht würdig und eben deswegen vielleicht auch gar nicht fähig war.

Wie entschieden also auch die Niederlage sei, die ein Staat erfahren, so muß doch mit dem Rückzug des Heeres in das Innere des Landes die Wirksamkeit der Festungen und der Volksbewaffnungen hervorgerufen werden. Es ist in dieser Beziehung vorteilhaft, wenn die Flügel des Hauptkriegstheaters durch Gebirge oder sonst sehr schwierige Gegenden begrenzt werden, die nun wie Bastione hervortreten, deren strategisches Flankenfeuer der Vordringende auszuhalten hat.

Ist der Sieger mitten in seinen Belagerungsarbeiten, hat er überall starke Garnisonen zurückgelassen, um seine Verbindungslinie zu bilden, oder gar Korps entsendet, um sich die Ellenbogen frei zu machen und die benachbarten Provinzen in Ordnung zu halten, ist er schon durch mannigfaltige Verluste lebender und toter Streitmittel geschwächt, dann ist der Zeitpunkt, wo die Verteidigungsarmee von neuem in die Schranken treten und den Angreifenden in seiner zwangvollen[1] Lage durch einen wohlangebrachten Stoß zum Wanken bringen muß.

Siebenundzwanzigstes Kapitel: Verteidigung eines Kriegstheaters

Wir könnten uns vielleicht begnügen, von den *wichtigsten Verteidigungsmitteln* gesprochen zu haben, und die Art, wie sich dieselben an den ganzen Verteidigungsplan anknüpfen, erst im letzten Buch berühren, wenn wir von dem Kriegsplan sprechen; denn nicht nur wird von diesem jeder untergeordnete Plan von Angriff und Verteidigung ausgehen und in seinen Hauptlineamenten bestimmt werden, sondern in vielen Fällen wird der Kriegsplan selbst nichts anderes sein als der Angriff oder die Verteidigung auf dem hauptsächlichsten Kriegstheater. Allein wir haben überhaupt nicht mit dem Ganzen des Krieges anfangen können, obgleich im Kriege mehr als irgendwo die Teile durch das Ganze bestimmt und von dem Charakter desselben durchdrungen und wesentlich verändert werden, sondern wir haben uns erst der einzelnen Gegenstände wie abgerissener Teile deutlicher bewußt werden müssen. Ohne dieses Fortschreiten von dem Einfacheren zum Zusammengesetzteren würde uns eine Masse unbestimmter Vorstellungen überwältigt, und besonders würden die im Kriege so vielfältigen Wechselwirkungen unsere Vorstellungen beständig verwirrt haben. Wir wollen uns also dem Ganzen erst noch um einen Schritt nähern, d. h. wir wollen die Verteidigung eines Kriegstheaters an und für sich betrachten und den Faden suchen, an dem sich die abgehandelten Gegenstände anreihen lassen.

Die Verteidigung ist nach unserer Vorstellungsweise nichts als die stärkere Form des Kampfes. Die Erhaltung der eigenen Streitkräfte, die Vernichtung der feindlichen, mit einem Wort der Sieg ist der

1 [2. Auflage: ungünstigen]

Gegenstand dieses Kampfes; aber er ist freilich nicht der letzte Zweck. Die Erhaltung des eigenen Staates und die Niederwerfung des feindlichen ist dieser Zweck, und wieder mit einem Wort: der beabsichtigte Friede, weil in ihm sich dieser Konflikt ausgleicht und in ein gemeinschaftliches Resultat endigt.

Was heißt nun der feindliche Staat in Beziehung auf den Krieg? Vor allen Dingen seine Streitkraft, dann seine Oberfläche; aber freilich auch noch vieles andere, was durch individuelle Umstände eine vorherrschende Wichtigkeit bekommen kann; vorzüglich gehören dahin äußere und innere politische Verhältnisse, die zuweilen mehr entscheiden als alles übrige. Aber wenn auch die Streitkraft und die Oberfläche des feindlichen Staates nicht der Staat selbst sind, und auch nicht alle Beziehungen damit erschöpft sind, die der Staat zum Kriege haben kann, so bleiben jene beiden Gegenstände doch die stets *vorherrschenden,* an Wichtigkeit allen anderen Beziehungen meistens *unendlich überlegen.*[1] Die Streitkraft soll die eigene Landesfläche des Staates beschützen, die feindliche erobern, die Landesfläche aber ernährt und regeneriert unaufhörlich die Streitkraft. Beide hängen also voneinander ab, tragen sich gegenseitig, sind einander gleich wichtig. Aber es besteht doch in ihrem Wechselverhältnis ein Unterschied. Wenn die Streitkraft vernichtet, d. h. niedergeworfen, zu fernerem Widerstande unfähig gemacht ist, so folgt der Verlust des Landes eo ipso, aber nicht umgekehrt folgt aus der Eroberung des Landes die Vernichtung der Streitkraft, denn diese kann das Land freiwillig räumen, um es nachher um so leichter zu erobern. Ja, nicht bloß die gänzliche Niederwerfung der Streitkraft entscheidet über das Schicksal des Landes, sondern schon jede *beträchtliche Schwächung* derselben führt regelmäßig einen Verlust an Land herbei; dagegen führt nicht jeder beträchtliche Verlust an Land regelmäßig eine beträchtliche Schwächung der Streitkraft herbei; für die Dauer freilich, aber nicht immer innerhalb des Zeitraumes, in welchen die Kriegsentscheidung fällt.

Hieraus folgt, daß die Erhaltung und Vernichtung der Streitkraft dem Besitz des Landes immer vorgehen, d. h. daß sie vom Feldherrn zunächst erstrebt werden soll, und daß der Besitz des Landes sich nur

---

1 [2. Auflage: Aber wenn auch Streikraft und Oberfläche allein noch nicht die *ganze* Macht des feindlichen Staates ausmachen, so sind sie doch meistens von überwiegender Bedeutsamkeit.]

überall als Zweck hervordrängt, *wo jenes Mittel ihn nicht vollkommen deckt.*[1]

Wäre die ganze feindliche Streitkraft in *einem* Heer vereinigt, und bestände der ganze Krieg in *einem* Gefecht, so würde der Besitz des Landes von dem Ausgang dieses Gefechts abhängen; Vernichtung der feindlichen Streitkräfte, Eroberung des feindlichen Landes und Sicherung des eigenen würden daraus folgen und gewissermaßen identisch damit sein. Es frägt sich nun; was kann den Verteidiger zuerst bewegen, von dieser einfachsten Form des kriegerischen Aktes abzuweichen und seine Macht im Raum zu verteilen? Die Antwort ist die Unzulänglichkeit des Sieges, den er mit vereinter Macht erringen könnte. Jeder Sieg hat seinen Wirkungskreis. Reicht dieser über den ganzen feindlichen Staat, also über seine ganze Streitkraft und Länderfläche hin, d. h. werden alle Teile in dieselbe Bewegung mit fortgerissen, welche wir dem Kern seiner Macht gegeben haben, so ist ein solcher Sieg alles, was wir brauchen, und eine Teilung unserer Macht würde ohne zureichenden Grund sein. Gibt es aber Teile der feindlichen Kriegsmacht und der gegenseitigen Länder, über die unser Sieg keine Gewalt mehr haben würde, so müssen wir auf diese Teile besonders Rücksicht nehmen, und da wir die Länderfläche nicht wie die Kriegsmacht in einem Punkt sammeln können, so müssen wir diese zur[2] Verteidigung jener teilen.

Nur bei kleinen und abgerundeten Staaten ist eine solche Einheit der Kriegsmacht möglich und wahrscheinlich, daß von dem Sieg über *diese* alles abhängt. Bei großen Ländermassen, die uns in großer Ausdehnung berühren, oder gar bei einem Bündnis solcher Staaten gegen uns, die uns von mehreren Seiten umgeben, ist eine solche Einheit praktisch ganz unmöglich. Hier also werden notwendig Teilungen der Macht entstehen und damit verschiedene Kriegstheater.

Der Wirkungskreis eines Sieges wird natürlich abhängen von der *Größe* des Sieges und diese von der *Masse der besiegten Truppen.* Also gegen *den* Teil, wo die meisten feindlichen Streitkräfte beisammen sind, wird *derjenige Stoß* geschehen können, dessen glückliche Wirkungen am weitesten reichen; und wir werden dieses Erfolges am

1 [2. Auflage: Hieraus folgt, daß die Erhaltung der eigenen und die Schwächung oder Vernichtung der feindlichen Sreitkraft an Wichtigkeit dem Besitze des Landes vorangeht, also dem Feldherrn *zunächst* erstrebt werden soll. Der Besitz des Landes drängt sich erst dazu als *Zweck* hervor, wenn jenes Mittel (Schwächung oder Vernichtung der feindlichen Streitkraft) ihn noch nicht bewirkt hat.]
2 [2. Auflage: diese zum Angriff oder zur]

meisten gewiß sein, je größer die Masse der eigenen Streitkräfte ist, die wir zu diesem Stoß verwenden. Diese natürliche Vorstellungsreihe führt uns auf ein Bild, in welchem wir sie klarer feststellen können, es ist die Natur und Wirkung des Schwerpunktes in der Mechanik.

So wie sich der Schwerpunkt immer da findet, wo die meiste Masse beisammen ist, und wie jeder Stoß gegen den Schwerpunkt der Last am wirksamsten ist, wie ferner der stärkste Stoß mit dem Schwerpunkt der Kraft erhalten wird, so ist es auch im Kriege. Die Streitkräfte jedes Kriegführenden, sei es ein einzelner Staat oder ein Bündnis von Staaten, haben eine gewisse Einheit und durch diese Zusammenhang; wo aber Zusammenhang ist, da treten die Analogien des Schwerpunktes ein. Es gibt also in diesen Streitkräften gewisse Schwerpunkte, deren Bewegung und Richtung über die anderen Punkte entscheidet, und diese Schwerpunkte finden sich da, wo die meisten Streitkräfte beisammen sind. So wie aber in der toten Körperwelt die Wirkung gegen den Schwerpunkt in dem Zusammenhang der Teile ihr Maß und ihre Grenze hat, so ist es auch im Kriege, und es kann hier wie dort ein Stoß leicht größer werden, als der Widerstand verträgt, und damit ein Luftstoß, eine Kraftverschwendung entstehen.

Wie verschieden ist der Zusammenhang des Heeres *einer* Fahne, welches durch den persönlichen Befehl *eines* Feldherrn in die Schlacht geführt wird, und der einer *verbündeten Kriegsmacht,* die auf 50 oder 100 Meilen ausgedehnt oder gar nach ganz verschiedenen Seiten hin basiert ist! Dort ist der Zusammenhang als der stärkste, die Einheit als die nächste zu betrachten; hier ist die Einheit sehr entfernt, oft nur noch in der gemeinschaftlichen politischen Absicht, und da auch nur dürftig und unvollkommen vorhanden und der Zusammenhang der Teile meistens sehr schwach, oft ganz illusorisch.

Gebietet also von der einen Seite die Gewalt, welche wir dem Stoß zu geben wünschen, die größte Vereinigung der Macht, so müssen wir von der anderen jede Übertreibung als einen wirklichen Nachteil fürchten, weil sie eine Kraftverschwendung mit sich führt, und diese wieder den *Mangel an Kraft* auf anderen Punkten.

Diese Centra gravitatis in der feindlichen Kriegsmacht zu unterscheiden, ihre Wirkungskreise zu erkennen, ist also ein Hauptakt des strategischen Urteils. Man wird sich nämlich jedesmal fragen müssen, welche Wirkungen das Vorgehen und Zurückgehen des einen Teiles der gegenseitigen Streitkräfte auf die übrigen hervorbringen wird.

Wir glauben hiermit keineswegs ein neues Verfahren erfunden zu haben, sondern wir haben nur dem Verfahren aller Zeiten und

Feldherren Vorstellungen zum Grunde gelegt, die den Zusammenhang desselben mit der Natur der Dinge klarer machen sollen.

Wie dieser Gedanke von dem Schwerpunkt der feindlichen Macht bei dem ganzen Kriegsplan wirksam wird, werden wir im letzten Buche betrachten, denn dahin gehört der Gegenstand überhaupt, und wir haben ihn von daher nur entlehnt, um keine Lücke in der Vorstellungsreihe zu lassen. Wir haben in dieser Betrachtung gesehen, was die Verteilung der Streitkräfte überhaupt bedingt. Es sind im Grunde zwei einander entgegentretende Interessen; das eine, *der Besitz des Landes,* strebt die Streitkräfte zu verteilen; das andere, *der Stoß gegen den Schwerpunkt der feindlichen Macht,* vereinigt sie wieder bis auf gewisse Grade.

So entstehen die Kriegstheater oder einzelnen Heergebiete. Sie sind nämlich solche Abgrenzungen der Oberfläche des Landes und der auf ihr verteilten Streitkraft, daß jede von der Hauptmacht dieses Gebietes gegebene Entscheidung sich unmittelbar über das Ganze ausdehnt und dieses in ihre Richtung mit fortreißt. Wir sagen *unmittelbar,* denn einen mehr oder weniger entfernten Einfluß muß natürlich die Entscheidung eines Kriegstheaters auch auf seine benachbarten haben.

Daß wir auch hier wie überall in unseren Definitionen nur die Mittelpunkte gewisser Vorstellungsgebiete treffen, nicht durch scharfe Linien die Grenzen umziehen wollen und können, müssen wir ausdrücklich wieder erinnern, obgleich es schon in der Natur der Sache liegt.

Wir glauben also, daß ein Kriegstheater, wie groß oder klein es nur sein mag, mit seiner Streitkraft, welchen Umfang diese auch habe, eine solche Einheit darstellt, die sich auf *einen* Schwerpunkt zurückführen läßt. In diesem Schwerpunkt soll die Entscheidung gegeben werden, und hier Sieger zu sein, heißt im weitesten Sinne das Kriegstheater verteidigen.

Achtundzwanzigstes Kapitel: Fortsetzung

Aber die Verteidigung besteht aus zwei verschiedenen Elementen, nämlich der *Entscheidung* und dem *Abwarten.* Die Verbindung dieser beiden Elemente soll der Gegenstand dieses Kapitels sein.

Zuerst müssen wir sagen, daß der Zustand des Abwartens zwar nicht die vollendete Verteidigung ist, aber doch das Gebiet derselben, in welchem sie gegen ihr Ziel vorschreitet. Solange eine Streitkraft den ihr anvertrauten Landstrich nicht verlassen hat, dauert die Spannung der Kräfte, in welche der Angriff beide Teile versetzt, fort; die Entscheidung erst bringt die Ruhe, und diese Entscheidung, welche sie auch sei, ist erst als gegeben zu betrachten, wenn entweder der Angreifende oder der Verteidiger das Kriegstheater verlassen hat.

Solange sich also eine Streitkraft in ihrem Gebiete behauptet, dauert ihre Verteidigung desselben, und in diesem Sinn ist die Verteidigung des Kriegstheaters mit der Verteidigung *in demselben* identisch. Ob der Feind einstweilen von dem Landstrich viel oder wenig eingenommen hat, ist dabei unwesentlich, denn es ist ihm nur geliehen.

Aber diese Vorstellungsart, wodurch wir den Zustand des Abwartens in seinem richtigen Verhältnis zum Ganzen feststellen wollen, ist nur wahr, wenn wirklich eine Entscheidung gegeben werden soll und von beiden Teilen als unvermeidlich betrachtet wird. Denn nur durch diese Entscheidung werden die Schwerpunkte der gegenseitigen Macht und die von ihnen ausgehenden Kriegstheater *wirksame Dinge.* Sowie der Gedanke einer Entscheidung wegfällt, so werden die Schwerpunkte neutralisiert, ja in einem gewissen Sinn werden es die ganzen Streitkräfte, und nun drängt sich also der Besitz der Landesfläche, die das zweite Hauptglied des ganzen Kriegstheaters ausmacht, unmittelbar als Zweck hervor. Mit anderen Worten, je weniger in einem Kriege von beiden Seiten die entscheidenden Schläge gesucht werden, je mehr es eine gegenseitige bloße Beobachtung ist, um so wichtiger wird der Landbesitz, um so mehr strebt der Verteidiger, alles unmittelbar zu decken, um so mehr der Angreifende, sich im Vorrücken auszubreiten.

Nun kann man sich nicht verhehlen, daß die große Mehrheit der Kriege und Feldzüge einem reinen Beobachtungszustande viel näher liegt als einem Kampf auf Leben und Tod, d. h. einem Kampf, wo wenigstens einer der beiden Teile die Entscheidung schlechterdings sucht. Nur die Kriege des neunzehnten Jahrhunderts haben diesen letzteren Charakter in einem so hohen Grade gehabt, daß man dabei von einer Theorie Gebrauch machen konnte, die davon ausgeht. Weil aber schwerlich alle künftige Kriege diesen Charakter haben werden, vielmehr vorauszusehen ist, daß die Mehrzahl sich wieder zu dem Beobachtungscharakter hinneigen wird, so muß eine Theorie, welche für das wirkliche Leben taugen soll, darauf Rücksicht nehmen. Wir werden uns also zuerst mit dem Fall beschäftigen, wenn der Gedanke einer Entscheidung das Ganze durchdringt und leitet, welches der Fall des eigentlichen, wenn wir uns so ausdrücken dürfen, des absoluten Krieges ist, und dann in einem anderen Kapitel diejenigen Modifikationen in Betrachtung ziehen, welche durch die mehr oder weniger große Annäherung an den Beobachtungszustand entstehen.

In dem ersten Fall also, wo wir entweder von dem Angreifenden eine Entscheidung erwarten müssen, oder wo wir sie selbst suchen, denn beides ist uns hier dasselbe, wird die Verteidigung eines Kriegstheaters darin bestehen, daß wir uns in demselben auf eine solche Art behaupten, daß wir die Entscheidung in jedem Augenblick mit Vorteil geben können. Diese Entscheidung kann in einer Schlacht, sie kann in einer Reihe anderer großer Gefechte, sie kann aber auch in dem Resultat bloßer Verhältnisse bestehen, die aus der Disposition der gegenseitigen Streitkräfte, d. i. *möglicher Gefechte* entspringen.

Wäre die Schlacht auch nicht das vornehmste[1], das gewöhnlichste und wirksamste Mittel der Entscheidung, wie wir das früher schon bei mehreren Gelegenheiten gezeigt zu haben glauben, so würde es doch hinreichen, daß sie überhaupt zu den Mitteln der Entscheidung gehört, um die *stärkste Vereinigung der Kräfte* zu fordern, welche die Umstände nur gestatten. Eine Hauptschlacht auf dem Kriegstheater ist der Stoß des Schwerpunktes gegen den Schwerpunkt; je mehr Kräfte wir in dem unserigen versammeln können, um so sicherer und größer wird die Wirkung sein. Also jede Teilverwendung der Kräfte, welche nicht durch einen Zweck hervorgerufen wird, der entweder selbst durch die glückliche Schlacht nicht erreicht werden kann, oder der den glücklichen Ausgang der Schlacht selbst bedingt, ist *verwerflich.*

Aber nicht bloß die größte Vereinigung der Streitkräfte ist die Grundbedingung, sondern auch eine solche Stellung und Lage derselben, daß sie die Schlacht unter den gehörigen vorteilhaften Umständen geben können.

Die verschiedenen Stufen der Verteidigung, welche wir im Kapitel von den Widerstandsarten kennengelernt haben, sind mit diesen Grundbedingungen vollkommen homogen, es kann also nicht schwerfallen, sie nach dem Bedürfnis des individuellen Falles daran anzuknüpfen. Aber ein Punkt scheint auf den ersten Anblick einen Widerspruch in sich zu schließen und bedarf um so mehr einer

---

1 [2. Auflage: kräftigste]

Entwicklung, als er einer der wichtigsten in der Verteidigung ist, es ist das Treffen des feindlichen Schwerpunktes.

Erfährt der Verteidiger zeitig genug, auf welchen Straßen der Feind vordringen wird, und auf welcher namentlich der Kern seiner Macht unfehlbar anzutreffen ist, so kann er ihm auf dieser Straße entgegentreten. Dieser Fall wird der gewöhnliche sein, denn wenn auch in den allgemeinen Maßregeln, in der Anlage von festen Plätzen, großen Waffenniederlagen und dem Friedensstand der Streitkräfte die Verteidigung dem Angriff vorhergeht und diesem also zur Richtschnur wird, so ist doch bei der wirklichen Eröffnung des Aktes in Beziehung auf die ins Feld rückende Macht die Verteidigung schon in dem ihr überhaupt eigentümlichen Vorteil der Hinterhand.

Das Vorrücken mit einer beträchtlichen Streitkraft in Feindesland erfordert beträchtliche Voranstalten an Anhäufung von Lebensmitteln, Vorräten von Ausrüstungsgegenständen usw., die lange genug dauern, um dem Verteidiger Zeit zu lassen, sich danach zu richten, wobei nicht zu übersehen ist, daß der Verteidiger überhaupt weniger Zeit braucht, weil in jedem Staat die Dinge mehr auf die Verteidigung als auf den Angriff vorbereitet sind.

Allein wenn dies auch für die Mehrheit der Fälle vollkommen wahr ist, so bleibt doch immer die Möglichkeit, daß im einzelnen Fall der Verteidiger über die Hauptlinie des feindlichen Vordringens in Ungewißheit sei, und dieser Fall kann um so eher eintreten, wenn die Verteidigung auf Maßregeln beruht, die selbst viel Zeit kosten, z. B. die Anlegung einer festen Stellung usw. Ferner kann der Angreifende, wenn der Verteidiger sich auch wirklich auf seiner Vorrückungslinie befindet, in allen Fällen, wo dieser ihm nicht eine Offensivschlacht liefert, der von ihm genommenen Stellung aus dem Wege gehen, indem er seine ursprüngliche Richtung nur etwas verändert, denn in dem kultivierten Europa ist man niemals so gestellt, daß es nicht rechts und links Wege gäbe, die an uns vorbeiführten. Offenbar könnte in diesem Fall der Verteidiger seinen Gegner nicht in einer Stellung erwarten, wenigstens nicht mit der Absicht, dort eine Schlacht zu liefern.

Ehe wir aber davon reden, welche Mittel in diesem Fall dem Verteidiger verbleiben, müssen wir doch erst die Natur eines solchen Falles und die Wahrscheinlichkeit seines Vorkommens näher in Betrachtung ziehen.

Natürlich gibt es bei jedem Staat und auch so bei jedem Kriegstheater, wovon wir vorderhand allein zu reden haben, Gegenstände und

Punkte, auf welche ein Angriff vorzugsweise wirksam sein wird. Wir finden es am angemessensten, darüber beim Angriff bestimmter und ausführlicher zu reden. Hier wollen wir nur dabei stehenbleiben, daß, wenn der vorteilhafteste Gegenstand und Punkt des Angriffs für den Angreifenden ein Bestimmungsgrund für die Richtung seines Stoßes wird, dieser Bestimmungsgrund auch auf den Verteidiger zurückwirken und ihn in den Fällen, wo er nichts von den Absichten des Feindes weiß, leiten muß. Nähme der Angreifende diese beste Richtung nicht, so würde er sich eines Teiles seiner natürlichen Vorteile begeben. Wir sehen, daß, wenn der Verteidiger auf dieser Richtung ist, das Mittel, ihm auszuweichen und vorbeizugehen, nicht umsonst zu haben ist, sondern ein Opfer kostet. Hieraus folgt also, daß von der einen Seite die Gefahr des Verteidigers, *seines Gegners Richtung zu verfehlen,* und von der anderen die Fähigkeit des Angreifenden, *seinem Gegner vorbeizugehen,* beide nicht so groß sind, wie es auf den ersten Blick scheint, weil ein bestimmter, meistens überwiegender Grund für die eine oder andere Richtung schon vorhanden ist, und daß folglich der Verteidiger mit seinen an den Ort gebundenen Einrichtungen in der Mehrheit der Fälle den Kern der feindlichen Macht nicht verfehlen wird. Mit anderen Worten: *hat der Verteidiger sich richtig gestellt, so darf er meistens sicher sein, daß der Gegner ihn aufsuchen wird.*

Aber hiermit soll und kann die Möglichkeit nicht geleugnet werden, daß der Verteidiger mit seinen Anstalten den Angreifenden irgendeinmal nicht treffe, und es entsteht also die Frage, was er tun soll und wieviel ihm von den eigentlichen Vorteilen seiner Lage noch übrigbleiben werde.

Fragen wir uns, welche Wege überhaupt einem Verteidiger übrigbleiben, dem der Angreifende vorbeigeht, so sind es folgende:

1. Seine Macht von Hause aus teilen, um den Gegner mit einem Teil gewiß zu treffen und dann mit dem übrigen zu Hilfe zu eilen.
2. Eine Stellung mit der vereinigten Macht zu nehmen und sich, im Fall der Gegner vorbeigeht, schnell zur Seite vorzuschieben. In den meisten Fällen wird ein solches Vorschieben nicht mehr genau seitwärts geschehen können, sondern die neue Stellung muß etwas weiter rückwärts genommen werden.
3. Den Gegner mit vereinigter Macht von der Seite anzufallen;
4. auf seine Verbindungslinien zu wirken;
5. durch einen Gegenangriff seines Kriegstheaters[1] genau das zu tun,

1 [2. Auflage ergänzt: oder Landes]

was der Gegner tut, indem er uns vorbeigeht.

Wir führen dies letztere Mittel hier an, weil man sich den Fall denken kann, wo es wirksam wäre; allein da es im Grunde der Absicht der Verteidigung, d. h. den Gründen, warum diese gewählt worden ist, widerspricht, so kann es nur als eine Abnormität betrachtet werden, die nur große Fehler des Gegners oder andere Eigentümlichkeiten des individuellen Falles herbeiführen können.

Das Wirken auf die feindliche Verbindungslinie setzt eine Überlegenheit der unserigen voraus, und diese ist allerdings eine der Grundbedingungen einer guten Verteidigungsstellung. Aber wenn darum diese Wirkung dem Verteidiger auch stets einen gewissen Vorteil versprechen sollte, so ist sie doch bei der Verteidigung eines bloßen Kriegstheaters selten geeignet, die *Entscheidung* zu geben, welche wir als Zweck des Feldzuges vorausgesetzt haben.

Die Dimensionen in einem einzelnen Kriegstheater sind gewöhnlich nicht so groß, daß die Verbindungslinien eine große Empfindlichkeit kämen, und selbst wenn sie diese haben, so ist die Zeit, welche der Gegner zur Ausführung seines Schlages braucht, gewöhnlich zu kurz, als daß dieser bei der langsamen Wirksamkeit jenes Mittels noch dadurch gehemmt werden könnte.

Es wird also dieses Mittel gegen einen zur Entscheidung entschlossenen Gegner sowie auch dann, wenn wir selbst diese Entscheidung lebhaft wünschen, in den meisten Fällen ganz unwirksam sein.

Die drei anderen Mittel, welche dem Verteidiger übrigbleiben, sind auf eine unmittelbare Entscheidung, auf ein Treffen des Schwerpunktes mit dem Schwerpunkt gerichtet, sie sind also der Aufgabe entsprechender. Aber wir wollen es nur gleich von vornherein sagen, daß wir dem dritten einen großen Vorzug vor den anderen beiden einräumen, und ohne diese letzteren ganz zu verwerfen, jenes in der Mehrheit der Fälle für das wahre Mittel des Widerstandes halten.

Bei einer geteilten Aufstellung ist man in Gefahr, in einen Postenkrieg verwickelt zu werden, bei dem gegen einen entschiedenen Gegner im günstigsten Fall nichts als ein *bedeutender relativer Widerstand* herauskommen kann, nicht aber eine Entscheidung, wie wir sie beabsichtigen; hat man aber auch durch einen richtigen Takt diesen Abweg zu vermeiden gewußt, so wird doch durch den vorläufigen geteilten Widerstand unser Stoß immer merklich geschwächt werden, und man kann niemals sicher sein, ob die zuerst vorgeschobenen Korps nicht unverhältnismäßige Verluste erleiden. Dazu kommt, daß der Widerstand dieser Korps, welcher doch gewöhnlich mit einem

Rückzug auf die herbeieilende Hauptmacht endigt, den Truppen meistens in dem Licht verlorener Gefecht und verfehlter Maßregeln erscheint und die moralischen Kräfte auf diese Weise merklich schwächt.

Das zweite Mittel, sich mit der in einer Stellung vereinigten Macht dem Gegner dahin vorzulegen, wohin dieser ausweichen will, setzt in die Gefahr, zu spät zu kommen und also zwischen zwei Maßregeln stecken zu bleiben. Außerdem erfordert eine Verteidigungsschlacht Ruhe, Überlegung, Bekanntschaft, ja Vertrautheit mit der Gegend, und das alles ist bei einem eiligen Vorschieben nicht zu erwarten. Endlich sind die Stellungen, welche ein gutes Verteidigungsschlachtfeld bilden, doch zu selten, um sie auf jeder Straße und jedem Punkt derselben voraussetzen zu können.

Dagegen ist das dritte Mittel, nämlich den Angreifenden von der Seite anzufallen, ihm also eine Schlacht mit verwandter Fronte zu liefern, von großen Vorteilen begleitet.

Zuerst entsteht hierbei immer, wie wir wissen, eine Entblößung der Verbindungs-, hier der Rückzugslinien, und es liegt schon in den allgemeinen Verhältnissen des Verteidigers, demnächst aber vorzüglich in den strategischen Eigenschaften, welche wir von seiner Aufstellung gefordert haben, daß der Verteidiger dabei im Vorteil sein wird.

Ferner, und dies ist die Hauptsache, ist jeder Angreifende, der an seinem Gegner vorbeigehen will, in zwei ganz entgegengesetzte Bestrebungen verwickelt. Ursprünglich will er vorwärts, um den Gegenstand des Angriffs zu erreichen; die Möglichkeit aber, jeden Augenblick von der Seite angefallen zu werden, erzeugt das Bedürfnis, nach dieser Seite hin in jedem Augenblick einen Stoß, und zwar einen Stoß mit vereinter Macht zu richten. Diese beiden Bestrebungen widersprechen sich und erzeugen eine solche Verwicklung der inneren Verhältnisse, eine solche Schwierigkeit der Maßregeln, wenn sie für alle Fälle passen sollen, daß es strategisch kaum eine verwünschtere Lage geben kann. Wüßte der Angreifende mit Gewißheit den Punkt und den Augenblick, wo er angefallen werden wird, so könnte er mit Kunst und Geschick alles dazu vorrichten, aber in der Ungewißheit darüber und bei der Notwendigkeit des Vorschreitens kann es kaum fehlen, daß, wenn die Schlacht kommt, sie ihn in höchst dürftig zusammengerafften und also gewiß nicht vorteilhaften Verhältnissen findet.

Gibt es also für einen Verteidiger günstige Augenblicke zu einer Angriffsschlacht, so sind sie gewiß in solchen Verhältnissen am ersten zu erwarten. Bedenkt man noch, daß dem Verteidiger hierbei die

Kenntnis der Wahl der Gegend zu Gebote stehen, und daß er seine Bewegungen vorbereiten und einleiten kann, so wird man nicht bezweifeln können, daß er auch unter diesen Umständen noch eine entschiedene strategische Überlegenheit über seinen Gegner behauptet.

Wir glauben also, daß ein Verteidiger, der sich mit vereinigter Macht in einer gut gelegenen Stellung befindet, das Vorbeigehen des Gegners ganz ruhig abwarten kann, und daß, wenn dieser ihn nicht in seiner Stellung aufsucht, und wenn die Wirkung auf dessen Verbindungslinie den Umständen nicht entspräche, ihm in dem Seitenanfall ein vortreffliches Mittel der Entscheidung bleibt.

Wenn Fälle der Art in der Geschichte fast ganz fehlen, so liegt es teils darin, daß die Verteidiger selten den Mut gehabt haben, in einer solchen Stellung auszuharren, sondern sich entweder geteilt oder dem Angreifenden durch Quer- und Diagonalmärsche noch eiligst vorgeschoben haben, oder eben darin, daß kein Angreifender einem Verteidiger unter solchen Umständen vorbeizugehen wagt, und daß gewöhnlich die Bewegung desselben dadurch in Stillstand gerät.

Der Verteidiger ist also in diesem Fall zu einer Angriffsschlacht gezwungen; die weiteren Vorteile *des Abwartens, einer starken Stellung, guter Verschanzungen* usw. muß er entbehren; die Lage, in welcher er den vorrückenden Feind findet, kann ihm in der Allgemeinheit der Fälle diese Vorteile nicht ganz ersetzen; denn eben um ihnen auszuweichen, hat der Angreifende sich dieser Lage ausgesetzt; aber sie bietet ihm immer einen *gewissen Ersatz,* und die Theorie ist also hier nicht etwa in dem Fall, eine Größe mit einem Male aus der Rechnung verschwinden, das pro et contra sich gegenseitig verschlingen zu sehen, wie es sooft geschieht, wenn kritische Geschichtschreiber ein fragmentarisches Stück Theorie einlegen.

Aber man glaube ja nicht, daß wir es hier mit logischen Spitzfindigkeiten zu tun haben, vielmehr erscheint dieser Gegenstand, je mehr man ihn praktisch betrachtet, als ein das ganze Verteidigungswesen umfassender, überall durchgreifender und dasselbe regelnder Gedanke.

Nur wenn der Verteidiger entschlossen ist, seinen Gegner, sobald er ihm vorbeigeht, mit aller Macht anzufallen, kann er den beiden Abgründen sicher ausweichen, an welchen die Verteidigung so nahe hinführt, nämlich einer geteilten Aufstellung und einem eiligen Vorschieben. In beiden nimmt er das Gesetz des Angreifenden an; in beiden behilft er sich mit Maßregeln der höchsten Notdurft und gefährlichsten Eile, und überall, wo ein entschlossener, nach Sieg und Entscheidung dürstender Gegner auf ein solches Verteidigungssystem gestoßen ist, hat er es zertrümmert. Hat aber der Verteidiger seine Macht zum gemeinschaftlichen Schlagen auf dem rechten Punkt versammelt, ist er entschlossen, mit dieser Macht im schlimmsten Fall seinen Gegner von der Seite anzufallen, so ist und bleibt er *im Recht* und gestützt auf alle Vorteile, die ihm die Verteidigung in seiner Lage darbieten kann. *Gute Vorbereitung, Ruhe, Sicherheit, Einheit* und *Einfachheit* werden der Charakter seines Handelns sein.

Wir können nicht umhin, hier eines großen geschichtlichen Ereignisses zu gedenken, welches von den hier entwickelten Begriffen nahe berührt wird, hauptsächlich um eine falsche Bezugnahme darauf zu verhüten.

Als im Oktober 1806 das preußische Heer in Thüringen das französische unter Bonaparte erwartete, befand sich das erstere zwischen den beiden Hauptstraßen, auf welchen das letztere vordringen konnte, nämlich der über Erfurt und der über Hof auf Leipzig und Berlin. Die frühere Absicht, gerade über den Thüringerwald nach Franken einzubrechen, und später, als diese Absicht aufgegeben war, die Ungewißheit, auf welcher der beiden Straßen die Franzosen kommen würden, hatte diese Zwischenstellung veranlaßt. Als eine *solche* hätte sie also zu der Maßregel des eiligen Vorschiebens führen müssen.

Dies war auch die Idee, im Fall der Feind über Erfurt gekommen wäre, denn dahin waren die Wege vollkommen zugänglich; dagegen war an ein Vorschieben auf die Straße von Hof nicht zu denken, teils weil man von dieser Straße zwei bis drei Märsche entfernt war, teils weil der tiefe Einschnitt der Saale dazwischenlag; auch war das nie die Absicht des Herzogs von Braunschweig gewesen, und es war keine Art Vorbereitung dazu getroffen. Dagegen war es immer die Absicht des Fürsten Hohenlohe, d. h. des Obersten Massenbach, der den Herzog in diese Idee mit Gewalt hineinziehen wollte. Noch weniger konnte davon die Rede sein, aus der auf dem linken Saaleufer genommenen Aufstellung zu einer Angriffsschlacht auf den vorrückenden Bonaparte überzugehen, d. h. zu einem solchen Seitenanfall, wie wir ihn oben angegeben haben; denn war die Saale ein Bedenken, um sich dem Feinde im letzten Augenblick noch vorzulegen, so mußte sie ein noch viel größeres sein, um in dem Augenblick zu einem Angriff überzugehen, wo er schon im Besitz des jenseitigen Ufers, wenigstens teilweis, sein mußte. Der Herzog beschloß also, hinter der Saale das

Weitere abzuwarten, wenn man dem, was in diesem vielköpfigen Hauptquartier und in dieser Zeit der wahren Verwirrung und höchsten Unentschlossenheit geschah, noch den Namen eines individuellen Entschlusses beilegen kann.

Sei es mit diesem Abwarten wie ihm wolle, so folgte daraus, daß man dabei:

a) den Feind angreifen konnte, wenn er über die Saale kam, um die preußische Armee aufzusuchen, oder

b) wenn er sie stehen ließ[1], auf seine Verbindungslinie wirken, oder

c) wenn man es tunlich und ratsam fand, sich ihm durch einen schnellen Flankenmarsch noch bei Leipzig vorschieben konnte.

Im ersten Fall befand sich die preußische Armee wegen des gewaltigen Saaletales in einer großen strategischen und taktischen Überlegenheit, im zweiten in einer ebenso großen rein strategischen, weil der Feind zwischen uns und dem neutralen Böhmen nur eine sehr schmale Basis hatte, während die unserige außerordentlich breit war; selbst im dritten war sie, durch die Saale gedeckt, immer noch in keiner nachteiligen Lage. Alle diese Fälle sind auch im Hauptquartier, trotz Verwirrung und Unklarheit desselben, wirklich zur Sprache gekommen, aber freilich ist es nicht wunderbar, daß, während eine *Idee* sich im Wirrwarr und der Unentschlossenheit noch aufrechterhält, die *Ausführung* in diesem Strudel zugrunde gehen mußte.

In den beiden ersten Fällen wurde also die Stellung auf dem linken Ufer der Saale als eine wahre Flankenstellung betrachtet, und sie hatte unstreitig als solche sehr große Eigenschaften; aber freilich ist eine Flankenstellung mit einem Heere, das seiner Sache wenig gewiß war, gegen einen sehr überlegenen Feind, *gegen* einen *Bonaparte eine sehr kühne Maßregel.*

Nach langer Unentschlossenheit wählte der Herzog am 13. die letzte der drei angegebenen Maßregeln, aber es war zu spät. Bonaparte war schon im Überschreiten der Saale begriffen, und die Schlachten von Jena und Auerstedt mußten geschlagen werden. Der Herzog in seiner Unentschlossenheit hatte sich zwischen zwei Stühle gesetzt; für das *Vorschieben* verließ er die Gegend zu spät und für eine *zweckmäßige Schlacht* zu früh. Nichtsdestoweniger hat die starke Natur dieser Stellung sich dermaßen bewährt, daß der Herzog den rechten Flügel seines Gegners bei Auerstedt vernichten, während der Fürst Hohenlohe mit einem blutigen Rückzugsgefecht sich aus der Schlinge ziehen

---

1 [2. Auflage: wenn er dieser auf dem rechten Saale-Ufer vorbeiging]

konnte; aber bei Auerstedt wagte man nicht, auf dem Siege zu bestehen, der *unfehlbar,* und bei Jena glaubte man auf einen rechnen zu können, der *ganz unmöglich* war.

In jedem Fall hatte Bonaparte ein solches Gefühl von der strategischen Bedeutung der Stellung an der Saale, daß er es nicht gewagt hat, ihr vorbeizugehen, sondern sich zu einem Übergang über die Saale im Angesicht des Feindes entschlossen hat. –

Durch das, was wir gesagt haben, glauben wir die Verhältnisse der Verteidigung zum Angriff im Fall des entscheidenden Handelns hinreichend angegeben und die Fäden, woran sich die einzelnen Gegenstände der Verteidigungspläne anknüpfen lassen, ihrer Lage und ihrem Zusammenmhang nach gezeigt zu haben. Die einzelnen Anordnungen noch bestimmter durchzugehen, kann nicht unsere Absicht sein, denn es führt in ein unerschöpfliches Feld individueller Fälle. Hat der Feldherr sich einen bestimmten Richtungspunkt vorgesetzt, so wird er sehen, wie die geographischen, statistischen, politischen Umstände, die materiellen und personellen Verhältnisse seines Heeres und des feindlichen dahineinpassen, und wie sie das eine oder andere in der Verfahrungsweise bedingen.

Um aber die Steigerung der Verteidigung, welche wir in dem Kapitel von den Widerstandsarten kennengelernt haben, hier bestimmter anzuknüpfen und dem Auge wieder näher zu bringen, wollen wir das, was sich in Beziehung auf dieselben uns Allgemeines aufdringt, hier angeben.

1. Veranlassungen, dem Feinde mit einer Offensivschlacht entgegenzugehen, können folgende sein:

a) Wenn wir wissen, daß der Angreifende mit sehr geteilter Macht vorgehen wird, und wir also, selbst bei großer Schwäche, noch die Aussicht auf einen Sieg haben.

Ein solches Vorgehen des Angreifenden ist aber an sich sehr unwahrscheinlich und folglich jener Plan nur gut in dem Fall, daß wir bereits davon unterrichtet sind; denn darauf rechnen und alle seine Hoffnungen darauf stützen, in einer bloßen *Voraussetzung* ohne genügendes Motiv, führt gewöhnlich in eine nachteilige Lage. Die Umstände wollen sich dann nicht finden, wie man sie erwartet hat, man muß die offensive Schlacht aufgeben, ist zu einer defensiven nicht vorbereitet, muß mit einem unfreiwilligen Rückzug anfangen und fast alles dem Ungefähr[1] überlassen.

---

1 [2. Auflage: Zufall]

Ungefähr so war es mit der Verteidigung beschaffen, welche im Feldzug von 1759 die Armee unter Dohna gegen die Russen führte, und die unter dem General Wedel mit der unglücklichen Schlacht von Züllichau endigte.

Nur zu sehr sind die Planmacher mit diesem Mittel bei der Hand, weil es die Sache so kurz abmacht, ohne viel zu fragen, inwieweit die Voraussetzungen, auf die es sich stützt, gegründet sind.

b) Wenn wir überhaupt zur Schlacht stark genug sind, und

c) wenn ein sehr unbeholfener und unentschlossener Gegner dazu besonders einladet.

In diesem Fall kann die Wirkung des Unerwarteten mehr wert sein als aller Beistand der Gegend in einer guten Stellung. Das ist das eigentlichste Wesen einer guten Kriegführung, die Macht moralischer Kräfte auf diese Weise ins Spiel zu bringen; – aber die Theorie kann es nicht laut genug, nicht oft genug sagen: es müssen *objektive Gründe* zu diesen Voraussetzungen vorhanden sein; ohne diese *individuellen Gründe* immer nur von Überraschung, von dem Übergewicht eines ungewöhnlichen Angriffs zu reden, darauf Pläne, Betrachtungen, Kritiken zu bauen, ist ein ganz unzulässiges, grundloses[1] Verfahren.

d) Wenn die Beschaffenheit unseres Heeres sich zum Angriff vorzugsweise eignet.

Es war sicher keine leere oder falsche Vorstellung, wenn Friedrich der Große glaubte, mit seinem beweglichen, mutigen, vertrauensvollen, an Gehorsam gewöhnten, in Präzision geübten, von Stolz beseelten und gehobenen Heere mit seiner eingeübten schrägen Angriffsart ein Instrument zu besitzen, was in seiner festen und dreisten Hand zum Angriff vielmehr geeignet sei als zur Verteidigung; alle jene Eigenschaften gingen seinen Gegnern ab, und er hatte gerade in dieser Beziehung die entschiedenste Überlegenheit; davon Gebrauch zu machen, konnte ihm in den meisten Fällen mehr wert sein, als Schanzen und Hindernisse des Bodens zu Hilfe zu rufen. – Aber eine solche Überlegenheit wird immer selten sein; ein gut exerziertes, in großen Bewegungen wohlgeübtes Heer ist nur *ein Teil* davon. Wenn Friedrich der Große behauptet, die preußischen Truppen seien vorzüglich zum Angriff geschickt, und ihm das seit dem unaufhörlich nachgesprochen worden ist, so muß man doch nicht zu viel auf eine solche Äußerung geben: in den meisten Fällen fühlt man sich im Kriege beim Angriff leichter und mutiger als bei der Verteidigung;

---

1 [2. Auflage: unverständiges]

dies ist aber ein Gefühl, was alle Truppen haben, auch gibt es kaum ein Heer, von dem seine Feldherren und Führer nicht dieselbe Behauptung aufgestellt hätten. Man soll also hier nicht leichtsinnig dem Schein einer Überlegenheit nachgeben und darüber reelle Vorteile versäumen.

Eine sehr natürliche und sehr gewichtige Veranlassung zur Angriffsschlacht kann die Zusammensetzung der Waffen sein, nämlich viel Reiterei und wenig Geschütz.

Wir fahren in Aufzählung der Gründe fort:

e) wenn man durchaus keine gute Stellung finden kann;
f) wenn wir mit der Entscheidung eilen müssen;
g) endlich das gesamte Einwirken mehrerer oder aller dieser Gründe.

2. Das Abwarten des Gegners in einer Gegend, in der man ihn dann selbst anfallen will (Minden 1759) hat seine natürlichste Veranlassung darin:

a) daß kein so großes Mißverhältnis der Macht zu unserem Nachteil vorhanden sei, um eine starke und verstärkte Stellung zu suchen;
b) daß sich eine Gegend finde, die dazu vorzüglich geschickt ist. Die Eigenschaften, welche dies bestimmen, gehören in die Taktik, wir wollen nur erwähnen, daß sie vorzüglich in einem leichten Zugang von unserer Seite und in allerhand Hindernissen von der feindlichen Seite her bestehen werden.

3. Eine Stellung, um darin wirklich den feindlichen Angriff abzuwarten, wird man nehmen:

a) wenn das Mißverhältnis der Macht uns nötigt, in Hindernissen des Bodens und hinter Schanzen Schutz zu suchen;
b) wenn die Gegend eine vorzügliche Stellung der Art darbietet.

Die beiden Widerstandsarten 2. und 3. werden mehr Rücksicht verdienen in dem Grade, als wir die Entscheidung selbst nicht suchen, uns mit einem negativen Erfolg begnügen und von unserem Gegner erwarten können, daß er zögere, unentschlossen sei und zuletzt in seinen Plänen steckenbleiben werde.

4. Ein verschanztes, unangreifbares Lager erfüllt den Zweck nur:

a) wenn es auf einem ganz vorzüglichen strategischen Punkte liegt.

Der Charakter einer solchen Stellung ist, daß man darin gar nicht überwältigt werden könne; der Feind ist also gezwungen, jedes andere Mittel zu versuchen, d. h. seinem Zweck ohne Rücksicht auf die Stellung nachzugehen oder sie einzuschließen und auszuhungern; soll er dazu nicht imstande sein, so müssen die strategischen Eigenschaften dieser Stellung sehr groß sein.

b) Wenn man in dem Fall ist, Hilfe von außen zu erwarten.

Dies war der Fall des sächsischen Heeres in seiner Stellung bei Pirna. Was man auch bei dem üblen Ausgang der Sache gegen diese Maßregel gesagt hat, so bleibt doch gewiß, daß 17000 Sachsen niemals auf eine andere Art 40000 Preußen hätten neutralisieren können. Wenn die österreichische Armee bei Lobositz keinen besseren Gebrauch von der dadurch erhaltenen Überlegenheit machte, so beweist das nur, wie schlecht die ganze Kriegführung und Kriegseinrichtung war, und es ist nicht zu bezweifeln, daß Friedrich der Große, wenn die Sachsen, anstatt in das Lager von Pirna zu gehen, nach Böhmen gegangen wären, Österreicher und Sachsen in demselben Feldzuge bis über Prag hinausgetrieben und diesen Ort genommen haben würde. Wer diesen Vorteil nicht gelten lassen will und immer nur an die Gefangennehmung der ganzen Armee denkt, der weiß überhaupt keine Rechnung der Art anzulegen, und ohne Rechnung gibt es kein sicheres Resultat.

Weil aber die Fälle von a) und b) sehr selten sind, so ist die Maßregel der verschanzten Lager allerdings eine, die reiflich überlegt werden muß, und die nur selten eine gute Anwendung findet. Die Hoffnung, dem Feind durch ein solches Lager zu *imponieren* und dadurch seine ganze Tätigkeit zu lähmen, ist mit zu großer Gefahr verknüpft; nämlich mit der Gefahr, sich ohne Rückzug schlagen zu müssen. Wenn Friedrich der Große seinen Zweck bei Bunzelwitz damit erreichte, so muß man dabei die richtige Beurteilung seiner Gegner bewundern, aber freilich zugleich mehr, als in anderen Fällen gestattet ist, auf die Mittel geben, die er im letzten Augenblick gefunden haben würde, sich mit den Trümmern seines Heeres einen Weg zu bahnen, und auf die *Nichtverantwortlichkeit* eines Königs.

5. Befindet sich eine oder befinden sich mehrere Festungen in der Nähe der Grenze, so entsteht die Hauptfrage: ob der Verteidiger seine Entscheidung vor oder hinter ihnen geben soll. Das letztere wird motiviert:

a) durch die Überlegenheit des Feindes, die uns zwingt, seine Macht zu brechen, ehe wir sie bekämpfen;
b) durch die Nähe dieser Festungen, damit das Opfer an Land nicht größer sei, als wir gezwungen sind, es zu bringen;
c) durch die Verteidigungsfähigkeit der Festungen.

Eine der Hauptbestimmungen der Festungen ist es unstreitig oder sollte es sein, die feindliche Macht in ihrem Vorgehen zu brechen und denjenigen Teil, welchem wir die Entscheidung abfordern, beträchtlich zu schwächen. Wenn wir von den Festungen diesen Gebrauch so selten machen sehen, so rührt es daher, daß der Fall, wo eine Entscheidung von einem der beiden Teile gesucht wird, so selten vorkommt. Von diesem Fall aber handeln wir hier allein. Wir sehen es also als einen ebenso einfachen als wichtigen Grundsatz an, in allen Fällen, wo der Verteidiger eine oder mehrere Festungen in der Nähe hat, diese vor sich zu nehmen und die entscheidende Schlacht hinter denselben zu liefern. Wir wollen zugeben, daß eine Schlacht, die wir diesseits unserer Festungen verlieren, uns etwas weiter in unser Land zurückwirft, als wenn wir sie mit eben den taktischen Resultaten jenseits verloren hätten, wiewohl die Ursachen dieses Unterschiedes mehr in der Einbildungskraft als in materiellen Dingen ihren Grund haben; wir wollen uns auch selbst daran erinnern, daß eine Schlacht jenseits der Festungen in einer gutgewählten Stellung geliefert werden kann, während eine Schlacht diesseits in vielen Fällen eine Angriffsschlacht werden muß, nämlich wenn der Feind die Festung belagert und diese also in Gefahr ist, verloren zu werden; aber was sind diese feinen Nuancen gegen den Vorteil, daß wir den Feind in der Entscheidungsschlacht um ein Vierteil oder ein Dritteil seiner Macht schwächer finden werden oder, wenn es mehrere Festungen sind, vielleicht gar um die Hälfte?

Wir glauben also, daß in allen Fällen einer *unvermeidlichen Entscheidung,* sei es, daß der Gegner oder unser eigener Feldherr sie sucht, und wo wir unseres Sieges über die feindliche Macht nicht ohnehin schon ziemlich sicher sind, oder wo die Gegend nicht eine dringende Veranlassung gibt, die Schlacht weiter vorwärts zu liefern, – in allen diesen Fällen, sagen wir, muß eine nahegelegene und widerstandsfähige Festung die dringendste Veranlassung geben, uns von Hause aus hinter sie zurückzuziehen und die Entscheidung diesseits, also unter ihrer Mitwirkung zu geben. Nehmen wir dabei unsere Stellung so nahe an dieser Festung, daß der Angreifende sie weder belagern noch einschließen kann, ohne uns vertrieben zu haben, so setzen wir ihn auch noch in die Notwendigkeit, uns in unserer Stellung aufzusuchen. Uns erscheint daher von allen Verteidigungsmaßregeln in gefahrvollen Lagen keine so einfach und wirksam als die Wahl einer guten Stellung nahe hinter einer bedeutenden Festung.

Aber freilich würde die Frage sich anders stellen, wenn die Festung bedeutend weit zurückläge, weil man dann einen bedeutenden Teil seines Kriegstheaters einräumte; ein Opfer, welches, wie wir wissen, nur gebracht wird, wenn die Umstände es fordern. In diesem Fall nähert sich diese Maßregel mehr dem Rückzug ins Innere des Landes.

Eine andere Bedingung ist die Widerstandsfähigkeit des Platzes. Bekanntlich gibt es befestigte Plätze, besonders große, die mit dem feindlichen Heer in keine Berührung gebracht werden dürfen, weil sie einem gewaltsamen Angriff mit einer bedeutenden Truppenmasse nicht gewachsen sind. In diesem Fall müßte wenigstens unsere Stellung so nahe dahinter sein, daß die Besatzung unterstützt werden könnte.

6. Endlich ist der Rückzug in das Innere des Landes nur unter folgenden Umständen eine natürliche Maßregel:

a) wenn unser physisches und moralisches Verhältnis zum Gegner an einen glücklichen Widerstand an der Grenze oder in ihrer Nähe nicht denken läßt;
b) wenn Zeitgewinn eine Hauptsache ist;
c) wenn die Verhältnisse des Landes dazu die Hand bieten, wovon wir im fünfundzwanzigsten Kapitel bereits gesprochen haben.

Wir schließen hiermit das Kapitel von der Verteidigung eines Kriegstheaters, wenn auf der einen oder anderen Seite eine Entscheidung gesucht wird, diese als unvermeidlich ist. Aber wir müssen freilich daran erinnern, daß im Kriege die Fälle sich nicht so rein darstellen, und daß man also, wenn man unsere Sätze und Entwicklungen in Gedanken auf den wirklichen Krieg überträgt, auch schon das dreißigste Kapitel im Auge haben und sich in der Mehrheit der Fälle den Feldherrn zwischen beiden Richtungen, nach Maßgabe der Umstände der einen oder anderen *näher,* denken muß.

Neunundzwanzigstes Kapitel: Fortsetzung. Sukzessiver Widerstand

Wir haben im zwölften und dreizehnten Kapitel des dritten Buches gezeigt, daß in der Strategie ein sukzessiver Widerstand nicht in der Natur der Sache ist, und daß alle Kräfte, welche vorhanden sind, gleichzeitig gebraucht werden sollen.

Für alle beweglichen Streitkräfte bedarf dies keiner näheren Bestimmung; wenn wir aber das Kriegsgebiet selbst mit seinen Festungen, Bodenabschnitten und selbst mit seiner bloßen Flächenausdehnung auch als eine Streitkraft betrachten, so ist diese unbeweglich, und wir können sie also nur nach und nach in Tätigkeit bringen, oder wir müssen gleich so weit zurückgehen, daß alle die Teile, welche in Wirksamkeit treten sollen, vor uns liegen. Alle Beziehungen, welche ein Heergebiet zu der Schwächung des feindlichen Heeres hat, treten dann in Wirksamkeit. Der Feind muß unsere Festungen einschließen, er muß sich der Landesoberfläche durch Besatzungen und andere Posten sichern, er muß lange Wege zurücklegen, alles auf langen Wegen herbeiziehen usw. Alle diese Wirkungen treten für den Angreifenden ein, er mag vorschreiten *vor der Entscheidung oder nach der Entscheidung,* nur daß sie im ersten Fall noch etwas stärker sein werden als im letzten. Hieraus folgt also, daß, wenn der Verteidiger seine Entscheidung sogleich zurückverlegen will, er allerdings darin ein Mittel hat, jene unbeweglichen Streitkräfte alle zugleich ins Spiel zu bringen.

Von der anderen Seite ist es klar, daß dieses Zurückverlegen der Entscheidung, strenge genommen, auch keinen Einfluß haben kann auf die Wirkungssphäre, welche dem Angreifenden seinen Sieg gibt. Wir werden diese Wirkungssphäre beim Angriff näher betrachten, hier aber schon bemerken, daß sie so weit reicht, bis die Überlegenheit (nämlich das Produkt des moralischen und physischen Verhältnisses) erschöpft ist. Diese Überlegenheit erschöpft sich aber einmal durch den Verbrauch der Streitkräfte, den das Kriegstheater kostet, und dann durch den Verlust in den Gefechten; beide Teile können nicht wesentlich verändert werden, ob die Gefechte am Anfang oder am Ende, vorn oder hinten liegen. Wir glauben z. B., daß ein Sieg Bonapartes über die Russen 1812 bei Wilna ihn ebensoweit geführt haben würde wie der von Borodino, vorausgesetzt, daß er von eben der Stärke war, und daß einer bei Moskau ihn auch nicht weiter geführt hätte; Moskau war in jedem Fall die Grenze dieser Siegessphäre. Ja, es ist wohl keinen Augenblick zweifelhaft, daß eine entscheidende Schlacht an der Grenze (aus anderen Gründen) viel größere Siegesresultate gegeben haben würde und dann vielleicht auch eine weitere Siegessphäre. Es wird also auch das Zurückverlegen der Entscheidung für den Verteidiger von dieser Seite *nicht bedingt.*[1]

Wir haben in dem Kapitel von den Widerstandsarten dasjenige Zurückverlegen der Entscheidung, welches als das äußerste betrachtet werden kann, unter dem Namen *Rückzug ins Innere des Landes* und als eine eigene Widerstandsart kennengelernt, bei der es mehr darauf abgesehen ist, daß der Angreifende sich selbst aufreiben soll, als daß er durch das Schwert der Schlacht[2] zugrunde gerichtet werde. Aber nur wenn eine solche Absicht vorherrschend wird, kann das

---

1 [Der Satz fehlt in 2. Auflage.]
2 [2. Auflage: des Zurückweichenden]

Zurückverlegen der Entscheidung als eine eigene *Widerstandsart* angesehen werden, denn sonst ist es klar, daß dabei unendlich viel Abstufungen gedacht werden können, und daß sich diese mit allen Mitteln der Verteidigung verbinden lassen. Wir sehen also die mehr oder weniger starke Mitwirkung des Kriegstheaters nicht als eine eigene Art des Widerstandes an, sondern nur als eine beliebige Beimischung der unbeweglichen Widerstandsmittel nach dem Bedürfnis der Verhältnisse und Umstände.

Glaubt nun aber ein Verteidiger von diesen unbeweglichen Streitkräften nichts zu seiner Entscheidung nötig zu haben, oder sind ihm die damit verknüpften anderweitigen Opfer zu groß, dann bleiben sie ihm für die Folge und bilden dann gewissermaßen neuankommende Verstärkungen, die er nicht hat abwarten können; und so können sie die Mittel werden, mit derselben beweglichen Streitkraft auf die erste Entscheidung noch eine zweite und auf diese vielleicht noch eine dritte folgen zu lassen, d. h. es wird auf diese Weise eine *sukzessive* Kraftanwendung möglich.

Wenn der Verteidiger an der Grenze eine Schlacht verloren hat, die nicht gerade eine Niederlage geworden ist, so kann man sich sehr wohl denken, daß er hinter seiner nächsten Festung schon imstande ist, eine zweite anzunehmen; ja, wenn er es mit einem nicht sehr entschiedenen Gegner zu tun hat, so reicht vielleicht ein beträchtlicher Bodeneinschnitt schon dazu hin, diesen zum Stehen zu bringen.

Es ist also die Strategie beim Verbrauch des Kriegstheaters wie in allem übrigen *eine Ökonomie*[1] *der Kräfte;* mit je wenigerem man auslangt, um so besser; aber auslangen muß man, und es kommt natürlich hier, wie im Handel, auf etwas anderes an als auf bloßes Knausern.

Um aber einem großen Mißverständnis vorzubeugen, müssen wir darauf aufmerksam machen, daß dasjenige, was man nach einer verlorenen Schlacht noch an Widerstand leisten und versuchen kann, hier gar nicht der Gegenstand unserer Betrachtung ist, sondern nur wieviel Erfolg wir uns von diesem zweiten Widerstand *im voraus* versprechen, wie hoch wir ihn also in unserem Plan anschlagen dürfen. Hier gibt es fast nur einen Punkt, auf den der Verteidiger zu sehen hat, es ist sein Gegner, und zwar seinem Charakter und seinen Verhältnissen nach. Ein Gegner von schwachem Charakter, von keiner Sicherheit, von keinem großartigen Ehrgeiz oder in sehr gebundenen

---

1 [2. Auflage: *verständige Ökonomie*].

Verhältnissen wird sich, im Fall er glücklich ist, mit einem mäßigen Vorteil begnügen und bei jeder neuen Entscheidung, die ihm der Verteidiger anzubieten wagt, zaghaft innehalten. In diesem Fall darf der Verteidiger darauf rechnen, die Widerstandsmittel seines Kriegstheaters nach und nach in immer neuen, obgleich an sich schwachen Entscheidungsakten geltend zu machen, in welchen sich für ihn stets die Aussicht erneuert, diese Entscheidung für sich zu wenden.

Aber wer fühlt nicht, daß wir uns hier schon auf dem Wege zu den Feldzügen ohne Entscheidung befinden, und daß diese weit mehr das Feld sukzessiver Kraftverwendungen sind, wovon wir im folgenden Kapitel mehr sagen wollen.

Dreißigstes Kapitel: Fortsetzung. Verteidigung eines Kriegstheaters, wenn keine Entscheidung gesucht wird

Ob und auf welche Art es Kriege geben könne, in welchen keiner von beiden Teilen der angreifende ist, also keiner etwas Positives will, werden wir im letzten Buche näher in Betrachtung ziehen, hier haben wir nicht nötig, uns mit diesem Widerspruch zu beschäftigen, da wir für ein einzelnes Kriegstheater die Gründe zu einer solchen doppelseitigen Verteidigung[1] füglich in den Verhältnissen, welche diese Teile zum Ganzen haben, voraussetzen können.

Aber nicht bloß solche Feldzüge werden ohne den Brennpunkt einer notwendigen Entscheidung sein, sondern es gibt auch, wenn wir uns an die Geschichte halten, eine Menge von Feldzügen, wo es nicht an einem Angreifenden, also nicht an einem positiven Wollen von der einen Seite fehlt, wo aber dieses Wollen so schwach ist, daß es nicht mehr um jeden Preis sein Ziel verfolgt und *notwendig* eine Entscheidung herbeiführt, sondern wo der Angreifende keine anderen Vorteile sucht, als die sich ihm aus den Umständen ergeben wollen. Er verfolgt hier entweder gar kein bestimmtes selbstgestecktes Ziel und erntet nur die Früchte, die sich ihm in dem Verlauf der Zeit darbieten, oder er hat zwar ein Ziel, macht es aber von günstigen Umständen abhängig.

Obgleich ein solcher Angriff, der von der strengen logischen Notwendigkeit eines Vorschreitens gegen das Ziel losläßt und fast wie ein Müßling den Feldzug durchschlendert, um sich rechts und

1 [2. Auflage: schwachen Kriegführung]

links nach einer wohlfeilen Gelegenheitsfrucht umzusehen, sehr wenig von der Verteidigung selbst verschieden ist, die ja ihrem Feldherrn auch verstattet, solche Früchte zu brechen, so wollen wir doch die nähere philosophische Betrachtung dieser Kriegführung bis auf das Buch vom Angriff verschieben und uns hier nur an die Folgerung halten, daß in einem solchen Feldzug weder vom Angreifenden noch vom Verteidiger alles auf die Entscheidung bezogen werden kann, daß diese also nicht mehr den Schlußstein des Gewölbes abgibt, nach dem alle Linien der strategischen Überbogung hingerichtet werden können.

Feldzüge dieser Art sind nun, wenn man die Kriegsgeschichte aller Zeiten und Länder im Auge hat, nicht nur die Mehrzahl überhaupt, sondern eine solche Mehrzahl, daß die anderen wie Ausnahmen von der Regel erscheinen. Wenn nun auch in der Folge dies Verhältnis sich ändern sollte, so ist doch gewiß, daß es immer eine große Zahl solcher Feldzüge geben wird, und daß wir also bei der Lehre von der Verteidigung eines Kriegstheaters auf diese Seite derselben Rücksicht nehmen müssen. Wir werden versuchen, die Eigentümlichkeiten anzugeben, welche sich an den äußersten Grenzen dieser Seite zeigen. Der wirkliche Fall des Krieges wird meistens zwischen die beiden verschiedenen Richtungen fallen, bald der einen, bald der anderen näher liegen, und wir können daher die praktische Wirksamkeit dieser Eigentümlichkeiten nur in der Modifizierung sehen, welche durch ihre Gegenwirkung *in der absoluten Form* des Krieges hervorgebracht wird. Wir haben schon im dritten Kapitel dieses Buches gesagt, daß das Abwarten einer der größten Vorteile ist, den die Verteidigung vor dem Angriff voraus hat; es geschieht überhaupt im Leben selten, aber am allerwenigsten im Kriege alles, was nach den Umständen geschehen sollte. Die Unvollkommenheit der menschlichen Einsicht, die Scheu vor einem üblen Ausgang, die Zufälle, von welchen die Entwicklung der Handlung berührt wird, machen, daß von allen durch die Umstände gebotenen Handlungen immer eine Menge nicht zur Ausführung kommen. Im Kriege, wo die Unvollkommenheit des Wissens, die Gefahr der Katastrophe, die Menge der Zufälle unvergleichlich viel größer sind als in jeder anderen menschlichen Tätigkeit, muß deshalb auch die Zahl der Versäumnisse, wenn wir es so nennen wollen, notwendig viel größer sein. Dies ist nun das reiche Feld, auf dem die Verteidigung Früchte erntet, die ihr von selbst zuwachsen. Verbinden wir mit dieser Erfahrung die selbständige Wichtigkeit, welche die Bodenfläche im Kriegführen hat, so ergibt sich die auch im

Kampf des Friedens, nämlich im Rechtsstreit geheiligte Maxime[1]: beati sunt possidentes; und diese Maxime[2] ist es, welche hier an die Stelle der *Entscheidung* tritt, die in allen auf *gegenseitiges Niederwerfen* gerichteten Kriegen den Brennpunkt der ganzen Bahn ausmacht. Sie ist von außerordentlicher Fruchtbarkeit, freilich nicht an Handlungen, die sie hervorruft, aber an Aufschlüssen und Motiven für das Nichthandeln und für alles dasjenige Handeln, welches im Interesse des Nichthandelns geschieht. Wo keine Entscheidung gesucht und erwartet werden kann, da ist kein Grund, etwas aufzugeben, denn dies könnte nur geschehen, um sich damit bei der Entscheidung Vorteile zu erkaufen. Die Folge ist, daß der Verteidiger alles oder wenigstens soviel als möglich behalten, d. h. decken, der Angreifende aber soviel als ohne Entscheidung geschehen kann, einnehmen, d. h. sich soweit als möglich ausbreiten will. Wir haben es hier nur mit dem ersteren zu tun.

Überall, wo der Verteidiger mit seinen Streitkräften nicht ist, kann der Angreifende in Besitz treten, und dann ist der Vorteil des Abwartens *für ihn;* es entsteht also das Bestreben, das Land überall mittelbar zu decken und es darauf ankommen zu lassen, ob der Gegner die zur Deckung aufgestellten Streitkräfte angreifen wird.

Ehe wir nun die Eigentümlichkeiten der Verteidigung näher angeben, müssen wir aus dem Buche vom Angriff diejenigen Gegenstände entlehnen, welchen derselbe im Fall einer nichtgesuchten Entscheidung nachzustreben pflegt. Es sind folgende:

1. die Einnahme eines beträchtlichen Landstriches, soweit dies ohne entscheidendes Gefecht zu erreichen ist;
2. die Eroberung eines bedeutenden Magazins unter eben der Bedingung;
3. die Eroberung einer nicht gedeckten Festung. Zwar ist eine Belagerung ein mehr oder weniger großes Werk, was oft große Anstrengungen kostet, aber es ist eine Unternehmung, die nichts von der Natur einer Katastrophe hat. Man kann im schlimmsten Fall davon ablassen, ohne dabei einen bedeutenden positiven Verlust zu machen.
4. Endlich ein glückliches Gefecht von einiger Bedeutung, wobei aber nicht viel gewagt und folglich nichts Großes gewonnen werden

---

1 [2. Auflage: der zum Sprichwort gewordene Erfahrungssatz]
2 [2. Auflage: dieser Erfahrungssatz]

kann; ein Gefecht, was nicht als folgereicher Knoten eines ganzen strategischen Verbandes, sondern um seiner selbst willen, wegen der Trophäen, wegen der Waffenehre da ist. Für einen solchen Zweck liefert man natürlich das Gefecht nicht um jeden Preis, sondern erwartet entweder vom Zufall die Gelegenheit dazu oder sucht sie durch Geschicklichkeit herbeizuführen.

Diese vier Gegenstände des Angriffs bringen nun beim Verteidiger folgende Bestrebungen hervor:

1. die Festungen zu decken, indem er sie hinter sich nimmt;
2. das Land zu decken, indem er sich ausdehnt;
3. wo die Ausdehnung nicht zureicht, durch Seitenmärsche sich schnell vorzulegen;
4. sich dabei vor nachteiligen Gefechten zu hüten.

Daß diese drei ersten Bestrebungen die Absicht haben, dem Gegner die Initiative zuzuschieben und vom Abwarten den äußersten Nutzen zu ziehen, ist klar, und diese Absicht ist so tief in der Natur der Sache gegründet, daß es eine große Torheit wäre, sie von vornherein zu mißbilligen. Sie muß notwendig in dem Maße Platz greifen, als die Entscheidung weniger zu erwarten ist, und sie macht in allen solchen Feldzügen immer das Wesen der tiefsten Fundamente aus, wenn auch auf der Oberfläche des Handelns, in den kleinen, nicht entscheidenden Akten, oft ein ziemlich lebhaftes Spiel der Tätigkeit sein kann.

Hannibal so gut wie Fabius und Friedrich der Große so gut wie Daun haben diesem Prinzip gehuldigt, sooft sie eine Entscheidung weder suchten noch erwarteten. Das vierte Bestreben dient den drei anderen zum Korrektiv, ist die Conditio sine qua non derselben.

Wir wollen jetzt einige nähere Betrachtungen über diese Gegenstände anstellen.

Daß man sich mit dem Heer vor eine Festung stellt, um sie vor dem feindlichen Angriff zu schützen, hat auf den ersten Anblick etwas Widersinniges, es scheint eine Art von Pleonasmus zu sein, denn Festungswerke werden ja gebaut, damit sie dem feindlichen Angriff selbst widerstehen. Gleichwohl sehen wir diese Maßregel tausend- und abermals tausendmal vorkommen. So ist es aber mit der Kriegführung, daß die gewöhnlichsten Dinge oft am unverständlichsten zu sein scheinen. Wer könnte aber den Mut haben, auf den Grund dieses anscheinenden Widerspruches jene tausend und abermals tausend Fälle für ebensoviel Fehler zu erklären? Die ewig wiederkehrende Form beweist, daß es einen tiefliegenden Grund dafür geben muß.

Dieser Grund aber ist kein anderer als der oben angegebene, in der moralischen Inertie[1] liegende.

Stellen wir uns vor unserer Festung, so kann der Feind diese nicht angreifen, wenn er unsere Armee nicht vorher schlägt; eine Schlacht aber ist eine Entscheidung; sucht er diese nicht, so wird er die Schlacht nich liefern, und wir bleiben ohne Schwertstreich im Besitz unserer Festung. Wir müssen es also in allen Fällen, wo wir dem Gegner die Absicht einer Entscheidung nicht zutrauen, darauf ankommen lassen, ob er sich dazu entschließt, denn es ist die größte Wahrscheinlichkeit, daß er es nicht tut. Bedenkt man, daß dabei in den meisten Fällen noch das Mittel bleibt, uns in dem Augenblick, wo der Feind gegen unser Vermuten zum Angriff anrückt, hinter die Festung zurückzuziehen, so ist bei dieser Aufstellung vor der Festung noch weniger Gefahr, und die *nahe* Wahrscheinlichkeit, den Status quo ohne Aufopferung zu erhalten, ist dann nicht einmal von einer *entfernten* Gefahr begleitet.

Stellen wir uns hinter der Festung, so geben wir dem Angreifenden einen Gegenstand hin, der recht für seine Verhältnisse gemacht ist. Er wird, wenn die Festung nicht etwa sehr bedeutend und er sehr unvorbereitet ist, die Belagerung wohl oder übel unternehmen; damit nun diese nicht mit der Einnahme endige, müssen wir zum Entsatz schreiten. Das positive Handeln, die Initiative ist also nun an uns,[2] und der Gegner, welcher bei seiner Belagerung als vorschreitend gegen sein Ziel zu betrachten ist, ist im Posseß. Daß die Sache immer diese Wendung nimmt, lehrt die Erfahrung, und es liegt auch in ihrer Natur. Eine Belagerung ist, wie wir schon gesagt haben, nicht mit einer Katastrophe verbunden. Der schwächste, unentschlossenste, faulste Feldherr[3], der sich niemals zu einer Schlacht entschlossen hätte, schreitet unbedenklich zur Belagerung, sobald er an die Festung kommen kann, und wäre es auch nur mit dem Feldgeschütz. Im schlimmsten Fall kann er die Sache aufgeben, ohne einen positiven Verlust zu leiden. Zu dieser Wendung des Verhältnisses tritt noch die Gefahr, in welcher die meisten Festungen mehr oder weniger schweben, durch einen Sturm oder sonst auf eine unregelmäßige Art genommen zu werden, und dieser Umstand darf gewiß von dem Verteidiger in seinem Kalkül der Wahrscheinlichkeiten nicht übersehen werden.

---

1 [2. Auflage: Schlaffheit und Untätigkeit]
2 [In 2. Auflage fehlt Restsatz]
3 [2. Auflage: Sogar ein Feldherr ohne Unternehmungsgeist und Energie]

Es ist also, diese beiden Momente aneinander abgewogen, natürlich, daß der Verteidiger den Vorteil, sich unter besseren Umständen zu schlagen, jenem anderen nachsetzt, sich höchst wahrscheinlich *gar nicht* schlagen zu brauchen. Auf diese Weise erscheint uns dann die Sitte, sich mit den Truppen im Felde vor seiner Festung aufzustellen, sehr natürlich und einfach. Friedrich der Große hat sie mit Glogau gegen die Russen, mit Schweidnitz, Neiße und Dresden gegen die Österreicher fast immer beobachtet. Dem Herzog von Bevern bekam diese Maßregel bei Breslau schlecht, hinter Breslau hätte er nicht angegriffen werden können; aber die Überlegenheit des österreichischen Heeres während des Königs Abwesenheit und der Umstand, daß die Annäherung des letzteren den Österreichern diese Überlegenheit bald zu nehmen drohte, machten auch, daß der Zeitpunkt der Breslauer Schlacht *keineswegs ein solcher war, wo eine Entscheidung nicht zu erwarten gewesen wäre,* daher denn auch die Stellung von Breslau weniger angemessen erscheint.[1] Auch würde der Herzog von Bevern es gewiß vorgezogen haben, sich hinter Breslau aufzustellen, wenn dann der Ort mit seinen Vorräten nicht einem Bombardement preisgegeben wäre, welches der in solchen Fällen nichts weniger als billig denkende König dem Herzog sehr übel genommen haben würde. Daß der Herzog *einen Versuch machte,* Breslau durch eine davor genommene verschanzte Stellung zu sichern, kann man am Ende nicht mißbilligen, denn es war sehr möglich, daß der Prinz Karl von Lothringen, durch die Einnahme von Schweidnitz zufriedengestellt und durch des Königs Anmarsch bedroht, sich dadurch hätte vom weiteren Vorschreiten abhalten lassen. Das Beste wäre gewesen, es mit der Schlacht selbst nicht ernstlich zu meinen, sondern in dem Augenblick, wo die Österreicher zum Angriff vorrückten, sich durch Breslau abzuziehen; dann zog der Herzog von Bevern aus dem Abwarten alle Vorteile, ohne sie mit einer großen Gefahr zu bezahlen.

Wenn wir hier die Aufstellung des Verteidigers *vor* den Festungen aus einem höheren, durchgreifenden Grund hergeleitet und gerechtfertigt haben, so müssen wir doch auch bemerken, daß ein untergeordneter Grund hinzutritt, der freilich näher liegt, aber für sich allein nicht gelten konnte, weil er nicht durchgreifend ist. Es ist nämlich der Gebrauch, welchen die Armee von der nächsten Festung als Vorrats-

1 [2. Auflage: können; die Überlegenheit der Österreicher während der Abwesenheit des Königs mußte bei seiner Annäherung bald aufhören, und so hätte die Schlacht durch eine Aufstellung *hinter* Breslau bis zu seinem Eintreffen vermieden werden können.]

ort zu machen pflegt; dies ist so bequem und hat so manche Vorteile, daß ein General sich nicht leicht entschließen wird, seine Bedürfnisse von weiter entlegenen Festungen zu beziehen oder in offenen Plätzen niederzulegen. Ist aber die Festung Vorratsort des Heeres, so ist in vielen Fällen das Aufstellen vor derselben durchaus notwendig und in den meisten sehr natürlich. Aber man sieht wohl, daß dieser naheliegende Grund, welcher von denen, die überhaupt nicht viel nach den entfernteren fragen, leicht überschätzt werden kann, weder hinreicht, alle vorgekommenen Fälle zu erklären, noch in seinen Beziehungen wichtig genug ist, um ihm die höchste Entscheidung einzuräumen.

Die Eroberung einer oder mehrerer Festungen, ohne dabei eine Schlacht zu wagen, ist so sehr das natürliche Ziel aller der Angriffe, die nicht auf große Entscheidung gehen, daß der Verteidiger die Verhinderung dieser Absicht zu einem Hauptgegenstand seiner ganzen Industrie macht.[1] Daher sehen wir denn auf den Kriegstheatern, wo viele Festungen sind, sich fast alle Bewegungen darum drehen, daß der Angreifende einer derselben unvermutet beizukommen sucht und deshalb mancherlei Finten anwendet, der Verteidiger aber stets durch gut vorbereitete Bewegungen sich noch schnellstens vorzulegen sucht. Dies ist der durchgehende Charakter fast aller niederländischen Feldzüge von Ludwig XIV. bis auf den Marschall von Sachsen.

Soviel über das Decken der Festungen.

Die Deckung des Landes durch eine ausgedehnte Aufstellung der Streitkräfte kann nur in Verbindung mit beträchtlichen Hindernissen des Bodens gedacht werden. Die großen und kleinen Posten, welche man dabei bilden muß, können nur durch starke Stellungen eine gewisse Widerstandsfähigkeit bekommen, und da die natürlichen Hindernisse selten zureichend gefunden werden, so tritt die Verschanzungskunst hinzu. Nun ist aber wohl zu merken, daß der Widerstand, welchen man dadurch auf einem Punkt erhält, immer nur als ein *relativer* (siehe das Kapitel von der Bedeutung des Gefechts) und nicht als ein *absoluter* betrachtet werden kann. Es kann sich zwar wohl zutragen, daß ein solcher Posten unüberwältigt bleibt und also in dem einzelnen Fall ein absolutes Resultat erhält, allein da die große Zahl der Posten jeden einzelnen im Verhältnis zum Ganzen doch nur als schwach und dem möglichen Anfall einer großen Übermacht preisgegeben erscheinen läßt, so wäre es unvernünftig, auf den Widerstand jedes einzelnen Postens sein ganzes Heil zu bauen. Es ist also bei so

1 [2. Auflage: Absicht als eine Hauptaufgabe betrachtet.]

ausgedehnter Aufstellung nur auf einen verhältnismäßig langen Widerstand, aber nicht auf eigentlichen Sieg zu rechnen. Aber dieser Wert der einzelnen Posten reicht auch für den Zweck und die Berechnung des Ganzen hin. In Feldzügen, wo man keine große Entscheidung zu fürchten hat, kein rastloses Vorschreiten zur Überwältigung des Ganzen, da sind Postengefechte, wenn sie auch mit dem Verlust des Postens endigen, weniger gefährlich. Selten ist damit etwas anderes als eben der Verlust dieses Postens und einiger Trophäen verbunden; der Sieg greift nicht weiter in die Verhältnisse ein, er reißt kein Fundament nieder, dem eine Menge Trümmer nachfallen. Im schlimmsten Fall, wenn nämlich das ganze Verteidigungssystem durch den Verlust des einzelnen Postens gestört worden ist, wird dem Verteidiger immer noch Zeit bleiben, sein Korps zu vereinigen und mit der Gesamtheit die Entscheidung *anzubieten,* die der Angreifende nach unserer Voraussetzung nicht sucht. Gewöhnlich geschieht es daher auch, daß mit dieser Vereinigung der Macht der Akt beschlossen und dem weiteren Vorschreiten des Angreifenden Stillstand geboten wird. Etwas Land, einige Menschen und Kanonen sind die Verluste des Verteidigers und die genügenden Erfolge des Angreifenden.

Einer solchen Gefahr, sagen wir, kann sich der Verteidiger für den Fall des Unglückes schon aussetzen, wenn er auf der anderen Seite die Möglichkeit oder vielmehr die Wahrscheinlichkeit erringt, daß es zu allem dem nicht kommt, und der Angreifende zaghaft oder vorsichtig, wie es eben zu nennen ist, vor seinen Posten stehen bleibt, ohne sich an ihnen den Kopf blutig zu rennen.[1] Bei dieser Betrachtung müssen wir nur nicht aus dem Auge lassen, daß wir einen Angreifenden voraussetzen, der nichts Großes wagen will; einem solchen kann ein mäßiger, aber starker Posten mit Recht Stillstand gebieten: denn wenn er ihn auch unzweifelhaft überwältigen kann, so frägt es sich doch, um welchen Preis das geschehen wird, und ob dieser Preis nicht zu hoch für das ist, was er in seiner Lage mit dem Sieg anfangen kann.

Auf diese Weise zeigt es sich, wie dem Verteidiger der starke relative Widerstand, welchen eine in viele nebeneinanderliegende Posten ausgedehnte Aufstellung gewähren kann, in der Berechnung seines ganzen Feldzuges ein genügendes Resultat sein kann. Um den Blick auf die Kriegsgeschichte, den hierbei der Leser in Gedanken tun wird, gleich auf den rechten Punkt zu führen, wollen wir bemerken,

1 [2. Auflage: ohne sie anzugreifen.]

daß diese ausgedehnten Stellungen am häufigsten in der letzten Hälfte der Feldzüge vorkommen, weil dann der Verteidiger den Angreifenden sowie seine Absichten und Verhältnisse für dieses Jahr erst recht kennengelernt, und bei dem Angreifenden sich das wenige von Unternehmungsgeist, was er mitgebracht hatte, verloren hat.

Bei dieser Verteidigung in einer ausgedehnten Aufstellung, wodurch *das Land, die Vorräte, die Festungen* gedeckt werden, müssen natürlich alle großen Hindernisse des Bodens wie Ströme, Flüsse, Gebirge, Wälder, Moräste eine große Rolle spielen, eine vorherrschende Wichtigkeit bekommen. Über ihren Gebrauch beziehen wir uns auf das früher Gesagte.

Durch diese vorherrschende Wichtigkeit des topographischen Elementes wird dasjenige Wissen und diejenige Tätigkeit des Generalstabes besonders in Anspruch genommen, welche als die eigentümlichsten desselben betrachtet zu werden pflegen. Weil nun der Generalstab derjenige Teil des Heeres zu sein pflegt, welcher am meisten schreibt und drucken läßt, so folgt, daß diese Teile der Feldzüge historisch mehr fixiert werden, und es entspringt zugleich die ziemlich natürliche Neigung, sie zu systematisieren und aus der historischen Auflösung des einen Falles allgemeine Auflösungen für die folgenden Fälle zu machen. Dies aber ist ein vergebliches und also falsches Bestreben. Auch bei dieser mehr passiven, mehr an die Örtlichkeit gebundenen Kriegsart ist jeder Fall ein anderer und muß anders behandelt werden. Die vortrefflichsten räsonierenden Memoiren über diese Gegenstände sind daher nur geeignet, mit ihnen vertraut zu machen, nicht aber als Vorschriften zu dienen;[1] sie werden eigentlich wieder *Kriegsgeschichte,* nur eine diesen Kriegen eigentümliche Seite derselben.

So notwendig und achtungswert die Tätigkeit des Generalstabes ist, die wir hier nach der gewöhnlichen Ansicht als seine eigentümlichste bezeichnet haben, so müssen wir doch gegen die Usurpationen warnen, welche oft zum Nachteil des Ganzen daraus hervorgehen. Die Wichtigkeit, welche diejenigen Häupter desselben, die in diesem Zweige des Kriegsdienstes die stärksten sind, dabei bekommen, gibt ihnen oft eine gewisse allgemeine Herrschaft über die Geister und am ersten über den Feldherrn selbst, und daraus entspringt denn eine zur Einseitigkeit führende Ideengewohnheit; zuletzt sieht der Feldherr nichts mehr als Berge und Pässe, und was eine nach den Umständen

1 [Der Restsatz fehlt in 2. Auflage]

bestimmte frei gewählte Maßregel sein sollte, wird Manier, wird zur zweiten Natur.

So hat im Jahr 1793 und 1794 bei dem preußischen Heere der Oberst Grawert, welcher die Seele des damaligen Generalstabes und bekanntlich ein rechter Mann der Berge und Pässe war, zwei Feldherren von der größten eigentümlichen Verschiedenheit, den Herzog von Braunschweig und den General Möllendorf, genau in denselben Wegen der Kriegführung erhalten.

Daß eine längs einem starken Bodenabschnitt gebildete Verteidigungslinie der Weg sei, welcher zum Kordonkrieg führen kann, ist einleuchtend. Sie würde in den meisten Fällen notwendig dahin führen müssen, wenn wirklich die ganze Ausdehnung des Kriegstheaters auf diese Weise unmittelbar gedeckt werden sollte, weil doch die meisten Kriegstheater eine Ausdehnung haben, gegen welche die natürliche taktische Ausdehnung der zur Verteidigung bestimmten Streitkräfte sehr gering ist. Allein da der Angreifende durch die Umstände sowie durch seine eigenen Anstalten an gewisse Hauptrichtungen und Straßen gebunden ist, und zu starke Ausweichungen davon selbst gegen den passivsten Verteidiger zu viel Unbequemlichkeiten und Nachteile herbeiführen würden, so kommt es für den Verteidiger meistens nur darauf an, von diesen Hauptrichtungen rechts und links eine gewisse Anzahl Meilen oder Märsche weit die Gegend zu decken. Diese Deckung selbst aber geschieht wieder, indem man sich begnügt, die Hauptstraßen und Zugänge mit Verteidigungsposten zu versehen und die zwischenliegende Gegend bloß mit Beobachtungsposten. Die Folge ist dann freilich, daß der Angreifende zwischen zwei Posten mit einer Kolonne durchgehen und also den auf einen dieser Posten beabsichtigen Angriff von mehreren Seiten tun kann. Darauf sind nun diese Posten einigermaßen eingerichtet, indem sie teils Flankenanlehnungen haben, teils Flankenverteidigungen (sogenannte Haken) bilden, teils durch eine zurückstehende Reserve oder durch einige Truppen des Nebenspostens Hilfe erhalten. Auf diese Weise schränkt sich die Menge der Posten noch mehr ein, und das gewöhnliche Resultat ist, daß ein in solcher Verteidigung begriffenes Heer sich in 4 oder 5 Hauptposten auflöst.

Für zu weit entfernte und doch einigermaßen bedrohte Hauptzugänge werden dann besondere Zentralpunkte bestimmt, die gewissermaßen kleine Kriegstheater innerhalb des großen bilden. So haben die Österreicher während des Siebenjährigen Krieges mit ihrer Hauptarmee meist 4 bis 5 Posten im niederschlesischen Gebirge eingenommen, während in Oberschlesien ein kleines, einigermaßen selbständiges Korps ein ähnliches Verteidigungssystem für sich hatte.

Je weiter nun ein solches Verteidigungssystem sich von der unmittelbaren Deckung entfernt, um so mehr müssen Bewegung, aktive Verteidigung und selbst offensive Mittel zu Hilfe genommen werden. Gewisse Korps werden als Reserven betrachtet, außerdem eilt ein Posten mit seinen entbehrlichen Truppen dem anderen zu Hilfe. Diese Unterstützung geschieht entweder, indem man wirklich von hinten zur Verstärkung und Erneuerung des passiven Widerstandes herbeieilt, oder indem der Feind in der Seite angefallen, oder indem er gar in seinem Rückzug bedroht wird. Bedroht der Angreifende die Seite eines Postens nicht mit einem Angriff sondern bloß mit einer Stellung, indem er auf die Verbindungen dieses Postens zu wirken sucht, so wird entweder das zu diesem Behuf vorgeschobene Korps wirklich angegriffen oder der Weg der Repressalien eingeschlagen, indem man auf die feindlichen Verbindungen zu wirken sucht.

Man sieht also, daß diese Verteidigung, so passiver Natur auch die Hauptgrundlage derselben ist, doch eine Menge aktiver Mittel in sich aufnehmen muß und damit auf mancherlei Weise in den zusammengesetzten Verhältnissen ausgerüstet sein kann. Gewöhnlich gelten diejenigen, welche sich der aktiven oder gar der offensiven Mittel am meisten bedienen, für die besseren; allein teils hängt dies sehr von der Natur der Gegend, der Beschaffenheit der Streitkräfte und selbst von dem Talent des Feldherrn ab, teils kann man überhaupt doch auch von der Bewegung und den übrigen aktiven Hilfsmitteln leicht zu viel erwarten und an der örtlichen Verteidigung eines starken Bodenhindernisses leicht zu viel aufgeben. Wir glauben hiermit, was wir unter einer ausgedehnten Verteidigungslinie verstehen, hinreichend auseinandergesetzt zu haben, und wenden uns nun zu dem dritten Hilfsmittel: dem Vorlegen durch eine schnelle Seitenbewegung.

Dieses Mittel gehört ganz notwendig zu dem Apparat derjenigen Landesverteidigung, von welcher hier die Rede ist. Teils kann der Verteidiger oft trotz der ausgedehntesten Stellungen nicht alle bedrohten Eingänge seines Landes besetzen; teils muß er in vielen Fällen mit dem Kern seiner Macht bereit sein, sich nach denjenigen Posten hinzubegeben, gegen welche sich der Kern der feindlichen Macht werfen will, weil diese Posten sonst zu leicht überwältigt werden würden; endlich muß überhaupt derjenige Feldherr, welcher seine Streitkräfte nicht gern in einer ausgedehnten Stellung zum passiven Widerstand festnageln läßt, seinen Zweck, die Deckung des

Landes, um so mehr durch schnelle, wohlüberlegte, wohleingeleitete Bewegungen erreichen. Je größer die Stellen sind, welche er offenläßt, um so größer muß die Virtuosität in der Bewegung sein, um sich überall noch zur rechten Zeit vorzuschieben.

Die natürliche Folge dieses Bestrebens ist, daß man sich überall Stellungen aussucht, die man in solchem Fall bezieht, und die Vorteile genug darbieten, um den Gedanken eines Angriffs beim Gegner zu entfernen, sobald unser Heer oder auch nur ein Teil desselben in der Stellung angelangt ist. Da diese Stellungen immer wiederkehren, und sich dabei alles um die Erreichung derselben dreht, so werden sie gewissermaßen die Selbstlauter dieser ganzen Kriegführung, und daher hat man dieselbe auch wohl den *Postenkrieg* genannt.

So wie die gedehnte Aufstellung und der relative Widerstand in einem Kriege *ohne große Entscheidung* nicht die Gefahren hat, die ursprünglich darin liegen, so hat auch dieses Vorlegen durch Seitenmärsche nicht das Bedenken, welches im Augenblick großer Entscheidungen damit verknüpft sein würde. Einem entschlossenen Gegner, der Großes kann und will, und der also eine beträchtliche Kraftausgabe nicht scheut, sich im letzten Augenblick eiligst in eine Stellung vorschieben zu wollen, wäre der halbe Weg zur entschiedensten Niederlage, denn gegen einen rücksichtslosen Stoß mit voller Gewalt würde ein solches Hineilen und Hinstolpern in eine Stellung nicht Stich halten. Aber für einen Gegner, der das Werk nicht mit der vollen Faust, sondern nur mit den Fingerspitzen angreift, der von einem großen Resultat oder vielmehr von der Einleitung dazu nicht einmal Gebrauch machen kann, der nur einen mäßigen Vorteil sucht, aber zu geringem Preise, einem solchen kann diese Art des Widerstandes allerdings mit Erfolg entgegengestellt werden.

Eine natürliche Folge ist, daß auch dieses Mittel im allgemeinen mehr in der zweiten Hälfte der Feldzüge vorkommt als bei der Eröffnung.

Auch hier hat der Generalstab Gelegenheit, sein topographisches Wissen in ein System zusammenhängender Maßregeln auszubilden, welches sich auf die Wahl und Zubereitung der Stellungen und der dahin führenden Wege bezieht.

Wo am Ende alles darauf gerichtet ist, auf der einen Seite einen gewissen Punkt zu erreichen, auf der anderen es zu verhindern, da kommen beide Teile oft in den Fall, ihre Bewegungen unter den Augen des Gegners ausführen zu müssen, daher denn diese Bewegungen mit einer sonst nicht erforderlichen Vorsicht und Genauigkeit eingerichtet werden müssen. Ehemals, wo das Hauptheer nicht in selbständige Divisionen geteilt war und auch auf dem Marsch immer wie ein unteilbares Ganzes betrachtet wurde, war diese Vorsicht und Genauigkeit mit viel mehr Umständlichkeit und deshalb mit einem großen Aufwand von taktischer Kunst verbunden. Freilich mußten gerade bei diesen Gelegenheiten oft einzelne Brigaden eines Treffens vorauseilen, sich gewisser Punkte versichern und also eine selbständige Rolle übernehmen, bereit, mit dem Feinde anzuknüpfen, wenn auch das übrige nicht heran war; aber[1] das waren und blieben *Anomalien,* und die Marschordnung blieb im allgemeinen immer darauf gerichtet, das Ganze in seiner ungestörten Ordnung hinzuführen und solche Aushilfen soviel als möglich zu vermeiden. Jetzt, wo die Teile des Hauptheeres wieder in selbständige Glieder zerfallen, und diese Glieder es wagen dürfen, selbst mit dem feindlichen Ganzen das Gefecht anzufangen, wenn nur die anderen nahe genug sind, es fortzuführen und zu beendigen, jetzt hat auch ein solcher Seitenmarsch, selbst unter den Augen des Gegners, weniger Schwierigkeit. Was sonst durch den eigentlichen Mechanismus der Marschordnung erreicht werden mußte, erreicht man jetzt durch das frühere Absenden einzelner Divisionen, den beschleunigten Marsch anderer und die größte Freiheit in Verwendung des Ganzen.

Durch die hier betrachteten Mittel des Verteidigers soll dem Angreifenden die Eroberung einer Festung, die Einnahme eines beträchtlichen Landstriches oder eines Magazins verwehrt werden. Sie wird ihm verwehrt, wenn vermittelst jener Wege ihm überall solche Gefechte angeboten werden, daß er darin entweder zu wenig Wahrscheinlichkeit des Erfolges, zu große Gefahr einer Rückwirkung im Falle des Mißlingens oder überhaupt einen für den Zweck und für seine Verhältnisse zu großen Kraftaufwand findet.

Wenn nun der Verteidiger diesen Triumph seiner Kunst und Einrichtungen erlebt, der Angreifende überall, wohin er den Blick richtet, durch weise Vorkehrungen sich jede Aussicht benommen sieht, einen seiner mäßigen Wünsche zu erreichen, so sucht das offensive Prinzip oft einen Ausweg in der Befriedigung der bloßen Waffenehre. Der Gewinn irgendeines bedeutenden Gefechts gibt den Waffen das Ansehen einer Überlegenheit, befriedigt die Eitelkeit des Feldherrn, des Hofes, des Heeres und des Volkes und damit einigermaßen die Erwartungen, welche natürlich an jeden Angriff geknüpft

---

1 [2. Auflage: übernehmen, bis das Heer anlangen konnte; aber]

sind. Ein vorteilhaftes Gefecht von einiger Wichtigkeit bloß um des Sieges, um der Trophäen willen ist also die letzte Hoffnung des Angreifenden. Man glaube nicht, daß wir uns in einen Widerspruch verwickeln, weil wir uns hier noch unter unserer *eigenen Voraussetzung* befinden: daß die guten Maßregeln des Verteidigers dem Angreifenden alle Aussicht benommen haben, vermittelst eines *glücklichen Gefechts* einen jener anderen Gegenstände zu erreichen. Zu dieser Aussicht würden zwei Bedingungen gehören, nämlich *vorteilhafte Verhältnisse im Gefecht* und demnächst, *daß der Erfolg auch wirklich zu einem jener Gegenstände führe.*

Das erstere kann sehr wohl ohne das letztere stattfinden, und es werden sich also einzelne Korps und Posten des Verteidigers viel häufiger in der Gefahr befinden, in nachteilige Gefechte zu geraten, wenn der Angreifende es bloß auf die *Ehre des Schlachtfeldes* absieht, als wenn er auch noch die Bedingung weiterer Vorteile daranknüpft.

Wenn wir uns ganz in Dauns Lage und Denkungsart hineinverset- obeabsichtigte, daß aber ein folgenreicher Sieg, der den König gezwungen hätte, Dresden und Neiße sich selbst zu überlassen, eine ganz andere Aufgabe war, in welche er sich nicht einlassen wollte.

Man glaube ja nicht, daß dies kleinliche oder gar müßige Distinktionen sind, vielmehr haben wir es hier mit einem der am tiefsten gehenden Grundzüge des Krieges zu tun. Die Bedeutung eines Gefechts ist für die Strategie die Seele desselben, und wir können nicht genug wiederholen, daß bei ihr alle Hauptsachen immer aus der letzten Absicht beider Teile wie aus dem Schlußpunkt des ganzen Gedankensystems hervorgehen. Daher kann dann zwischen Schlacht und Schlacht ein solcher strategischer Unterschied sein, daß sie gar nicht mehr als dasselbe Instrument betrachtet werden kann.

Da nun der Verteidiger, obgleich ein solcher[1] Sieg des Angreifenden kaum als eine wesentliche Beeinträchtigung der Verteidigung betrachtet werden kann, doch seinem Gegner auch *diesen* Vorteil nicht gern einräumen wird, zumal da man niemals weiß, was sich zufällig noch daran anknüpfen kann, so ist die beständige Aufmerksamkeit auf die Verhältnisse aller seiner bedeutenden Korps und Posten noch ein besonderer Gegenstand seiner Industrie. Freilich

---

1 [2. Auflage: nicht erfolgreicher]

hängt hier das meiste von dem klugen Betragen der Führer dieser Korps ab, aber sie können doch auch durch unzweckmäßige Bestimmungen von seiten des Feldherrn in unvermeidliche Katastrophen verwickelt werden. Wem fällt hier nicht das Fouquésche Korps bei Landeshut und das Finckschebei Maxen ein?

Friedrich der Große hatte in beiden Fällen zu viel auf die Wirkung hergebrachter Ideen gerechnet. Er konnte unmöglich glauben, daß man sich in der Stellung von Landeshut mit 10000 Mann wirklich gegen 30000 mit Glück schlagen, oder daß Finck einer von allen Seiten überwältigend herbeiströmenden Übermacht widerstehen könne; sondern er glaubte, die Stärke der Landeshuter Stellung werde wie bisher als ein gültiger Wechsel akzeptiert und Daun in der Flankendemonstration eine hinreichende Veranlassung finden, die unbequeme Stellung in Sachsen mit der bequemeren in Böhmen zu vertauschen. Er hat dort Laudon und hier Daun diesmal falsch beurteilt, und darin liegt der Fehler jener Maßregeln.

Aber abgesehen von solchen Irrtümern, die auch Feldherren begegnen können, die nicht zu stolz, keck und eigensinnig sind, wie man es Friedrich dem Großen bei einzelnen Maßregeln wohl vorwerfen kann, so liegt in Beziehung auf unseren Gegenstand immer eine große Schwierigkeit darin, daß der Feldherr von der Einsicht, dem guten Willen, dem Mut und der Charakterstärke seiner Korpsführer nicht immer das Wünschenswerte erwarten kann. Er kann also nicht alles ihrem Gutdünken überlassen, sondern muß ihnen manches vorschreiben, wodurch ihr Handeln gebunden wird und dann leicht mit den augenblicklichen Umständen in Mißverhältnis geraten kann. Dies ist ein ganz unvermeidlicher Übelstand. Ohne gebieterischen, herrischen Willen, der bis auf das letzte Glied durchgreift, ist keine gute Heerführung möglich, und wer der Gewohnheit folgen wollte, immer das Beste von den Leuten zu glauben und[1] zu erwarten, würde dadurch schon zu einer guten Heerführung ganz untüchtig sein.

Es müssen also die Verhältnisse eines jeden Korps und Postens immer scharf ins Auge gefaßt werden, um dasselbe nicht unerwartet in eine Katastrophe verwickelt zu sehen.

Alle diese vier Bestrebungen sind auf die Erhaltung des Status quo gerichtet. Je glücklicher und erfolgreicher sie sind, um so länger wird der Krieg auf demselben Punkt verweilen; je länger aber der Krieg auf einem Punkt bleibt, um so wichtiger wird die Sorge um den Unterhalt.

---

1 [2. Auflage: immer die besten Entschlüsse und Maßregeln von seinen Untergebenen]

An die Stelle der Beitreibungen und Lieferungen tritt entweder von Hause aus oder doch wenigstens sehr bald die Verpflegung aus Magazinen; an die Stelle der jedesmaligen Beitreibung von Landfuhren tritt mehr oder weniger die Bildung eines stehenden Fuhrwesens, entweder von Landfuhren oder von solchen, die dem Heere selbst angehören; kurz, es entsteht jene Annäherung an eine enggeregelte Magazinalverpflegung[1], von der wir schon im Kapitel des Unterhaltes gesprochen haben.

Diese Seite der Sache ist es indessen nicht, welche auf diese Kriegführung einen großen Einfluß ausübte; denn da sie ihrer Bestimmung und ihrem Charakter nach schon an sehr enge Räume gebunden ist, so kann die Verpflegung dabei wohl Bestimmungen abgeben und wird sogar den größten Teil derselben abgeben, aber diese Bestimmungen werden den Charakter des Ganzen nicht ändern. Dagegen werden die gegenseitigen Einwirkungen auf die Verbindungslinien aus zwei Gründen eine viel größere Wichtigkeit bekommen. Erstlich, weil es in solchen Feldzügen an größeren und durchgreifenderen Mitteln fehlt, die Industrie der Feldherren also auf dergleichen schwächere geführt werden muß; zweitens, weil es hier nicht an der nötigen Zeit fehlt, um die Wirksamkeit des Mittels abzuwarten.[2] Die Sicherung der eigenen Verbindungslinie wird also noch als ein Gegenstand von besonderer Wichtigkeit erscheinen. Ihre Unterbrechung kann zwar nicht ein Zweck des feindlichen Angriffs sein, aber sie kann ein sehr wirksames Mittel werden, den Verteidiger zum Rückzug zu zwingen und also andere Gegenstände preiszugeben.

Alle den Raum des Kriegstheaters selbst schützende Maßregeln müssen natürlich auch die Wirkung haben, die Verbindungslinien zu decken, ihre Sicherung ist also zum Teil darin enthalten, und wir haben nur zu bemerken, daß die Rücksicht auf jene Sicherung eine Hauptbestimmung bei der Aufstellung abgeben wird.

Ein *besonderes* Mittel der Sicherung aber besteht in den die einzelnen Zufuhren begleitenden kleinen oder auch ziemlich beträchtlichen Heerhaufen. Teils reichen die ausgedehntesten Stellungen nicht immer hin, die Verbindungslinien zu sichern, teils wird besonders da eine solche Bedeckung nötig, wo der Feldherr die gedehnte

---

1 [2. Auflage: an jene geregelte Verpflegung der Truppen]

2 [2. Auflage für die nächsten 2 Sätze: Die Sicherung jener des Verteidigers wird deshalb besonders wichtig, denn ihre Unterbrechung könnte ihn zum Rückzuge und zum Aufgeben anderer Gegenstände zwingen.]

Aufstellung hat vermeiden wollen. Wir finden daher in Tempelhoffs Geschichte des Siebenjährigen Krieges unendlich viele Beispiele, daß Friedrich der Große seine Brot- und Mehlwagen durch einzelne Regimenter Fußvolk oder Reiterei, zuweilen aber auch durch ganze Brigaden begleiten ließ. Von den Österreichern finden wir es niemals angemerkt, welches seinen Grund freilich zum Teil darin hat, daß sich auf ihrer Seite kein so umständlicher Geschichtschreiber befindet, zum Teil aber auch eben darin, daß sie immer viel ausgedehntere Stellungen einnahmen.

Nachdem wir die vier von allen Angriffselementen der Hauptsache nach ganz freien Bestrebungen durchgegangen sind, welche die Grundlage einer Verteidigung ausmachen, die auf keine Entscheidung gerichtet ist, müssen wir noch etwas von den offensiven Mitteln sagen, womit sie mehr oder weniger untermischt, gewissermaßen gewürzt werden können. Diese Offensivmittel sind nun hauptsächlich:

1. das Einwirken auf die feindliche Verbindungslinie, wohin wir auch gleich die Unternehmungen gegen die Vorratsorte des Feindes rechnen wollen;
2. Diversionen und Streifereien in das feindliche Gebiet;
3. Angriffe feindlicher Korps und Posten und selbst des feindlichen Hauptheeres unter begünstigenden Umständen oder auch nur die Bedrohung damit.

Das erste Mittel ist in allen solchen Feldzügen unaufhörlich wirksam, aber gewissermaßen ganz in der Stille ohne ein faktisches Erscheinen. Jede wirksame Stellung des Verteidigers zieht aus der Besorgnis, welche sie dem Angreifenden in Beziehung auf seine Verbindungslinie gewährt, den größten Teil ihrer Wirksamkeit, und da in einem solchen Kriege, wie wir das oben bei der Verteidigung gesagt haben, die Verpflegung eine vorherrschende Wichtigkeit bekommt, die ebensogut für den Angreifenden stattfindet, so wird durch diese Rücksicht auf die aus den feindlichen Stellungen hervorgehenden möglichen offensiven Einwirkungen ein großer Teil des strategischen Gewebes bestimmt, wie wir das beim Angriff noch einmal berühren werden.

Aber nicht bloß diese allgemeine Einwirkung durch die Wahl der Stellungen, die, wie in der Mechanik der Druck, eine *unsichtbare* Wirksamkeit hat, sondern auch ein wahres offensives Vorschreiten gegen die feindliche Verbindungslinie mit einem Teil der Streitkräfte ist in dem Bereich einer solchen Verteidigung. Soll es aber mit Vorteil geschehen, so muß doch immer *die Lage der Verbindungslinien, die*

Natur der Gegend oder die *Eigentümlichkeiten der Streitkräfte* eine nähere Veranlassung dazu geben.

Streifereien in das feindliche Gebiet, welche den Zweck einer Wiedervergeltung oder der Brandschatzung um des Gewinnes willen haben, können eigentlich nicht als Verteidigungsmittel betrachtet werden, sie sind vielmehr wahre Angriffsmittel; sie verbinden sich aber gewöhnlich mit dem Zweck der eigentlichen Diversion; diese aber hat die Schwächung der feindlichen, uns gegenüberstehenden Macht zur Absicht und kann also als ein wahres Verteidigungsmittel betrachtet werden. Da sie aber ebensogut beim Angriff gebraucht werden kann und an und für sich ein wirklicher Angriff ist, so finden wir es angemessener, davon im folgenden Buch umständlicher[1] zu reden. Wir wollen also dieses Mittel hier nur aufzählen, um die Rüstkammer der kleinen Offensivwaffen, welche der Verteidiger eines Kriegstheaters hat, vollständig anzugeben, und nur vorläufig das eine bemerken, daß es an Umfang und Wichtigkeit bis auf den Punkt zunehmen kann, dem ganzen Kriege einen *Schein* und damit auch die Ehre der Offensive zu geben. So sind Friedrichs des Großen Unternehmungen nach Polen, Böhmen, Franken vor Eröffnung des Feldzuges von 1759. Sein Feldzug selbst ist offenbar eine reine Verteidigung, aber diese Ausfälle in das feindliche Gebiet haben ihm einen Charakter von Offensive gegeben, der vielleicht wegen seines moralischen Gewichtes einen besonderen Wert hat.

Der Angriff feindlicher Korps oder des feindlichen Hauptheeres muß als ein notwendiges Komplement der ganzen Verteidigung gedacht werden für alle diese Fälle, wo der Angreifende sich die Sache zu leicht machen will und deshalb auf einzelnen Punkten große Blößen gibt. Unter dieser stillschweigenden Bedingung geschieht das ganze Handeln. Allein auch hier kann der Verteidiger wie bei der Einwirkung auf die Verbindungslinien des Gegners noch einen Schritt weiter in das offensive Gebiet tun und ebensogut wie sein Gegner *die Lauer auf einen vorteilhaften Streich* zu einem Gegenstande seiner besonderen Industrie machen. Um sich in diesem Felde einigen Erfolg zu versprechen, muß er entweder seinem Gegner an Kräften merklich überlegen sein, welches im allgemeinen gegen die Natur der Verteidigung ist, aber doch vorkommen kann, oder er muß das System und Talent haben, seine Kräfte mehr vereinigt zu halten, und durch Tätigkeit und Bewegung ersetzen, was er dabei auf der anderen Seite

1 [2. Auflage: ausführlicher]

preisgeben muß.

Das erstere war im Siebenjährigen Kriege Dauns Fall, das letztere der Fall Friedrichs des Großen. Dauns Offensive sehen wir aber fast immer nur zum Vorschein kommen, wenn Friedrich der Große durch übertriebene Dreistigkeit und Geringschätzung ihn dazu einlud. Hochkirch, Maxen, Landeshut. Dagegen sehen wir Friedrich den Großen fast in beständiger Bewegung, dem einen oder anderen der Daunschen Korps mit seiner Hauptarmee etwas anzuhaben. Es gelingt ihm selten, wenigstens sind die Resultate niemals groß, weil Daun mit seiner großen Überlegenheit eine seltene Vorsicht und Behutsamkeit verband; aber man muß nicht glauben, daß darum des Königs Bestreben ganz ohne Wirkung geblieben wäre. In diesem Bestreben lag vielmehr ein sehr wirksamer Widerstand, denn in der Sorgfalt und Anstrengung, zu welcher sein Gegner gezwungen wurde, um nachteiligen Schlägen auszuweichen, lag die Neutralisierung derjenigen Kraft, welche sonst zum Vorschreiten des Angriffs beigetragen haben würde. Man denke nur an den Feldzug von 1760 in Schlesien, wo Daun und die Russen vor lauter Besorgnis, vom Könige jetzt hier, dann dort angegriffen und überwältigt zu werden, zu keinem Schritt vorwärts gelangen konnten.

Wir glauben nun hiermit alle die Gegenstände durchgegangen zu sein, welche bei der Verteidigung eines Kriegstheaters, wenn keine Entscheidung vorliegt, die herrschenden Ideen, die vorzüglichsten Bestrebungen und also den Anhalt des ganzen Handelns ausmachen werden. Wir haben sie hauptsächlich nur nebeneinander hinstellen wollen, um den Zusammenhang des strategischen Handelns übersehen zu lassen; die einzelnen Maßregeln, mit welchen sie in das Leben treten, Stellungen, Märsche usw. haben wir früher schon näher betrachtet.

Indem wir nun den Blick noch einmal auf das Ganze richten, muß die Bemerkung entstehen, daß bei einem so schwachen Prinzip des Angriffs, bei so geringem Verlagen nach einer Entscheidung von beiden Seiten, bei so schwachen positiven Anregungen, bei so vielen inneren Gegengewichten, welche auf- und zurückhalten, wie wir es uns hier denken, – daß da der wesentliche Unterschied zwischen Angriff und Verteidigung immer mehr verschwinden muß. Bei Eröffnung des Feldzuges wird freilich der eine in das Kriegstheater des anderen vorrücken und dadurch gewissermaßen die Form des Angriffs annehmen; allein es kann sehr wohl sein und geschieht sehr häufig, daß er bald genug alle seine Kräfte darauf verwendet, auf dem feindlichen Boden das eigene Land zu verteidigen. So stehen denn beide einander gegenüber, im Grunde in gegenseitiger Beobachtung; beide bedacht, nichts zu verlieren, vielleicht auch beide in gleichem Maße bedacht, sich einen positiven Gewinn zu verschaffen. Ja, es kann geschehen, wie bei Friedrich dem Großen, daß der eigentliche Verteidiger darin seinen Gegner sogar überbietet.

Je mehr nun der Angreifende von der Stellung eines Vorschreitenden aufgibt, je weniger der Verteidiger durch ihn bedroht, durch das dringende Bedürfnis der Sicherheit an die strikte Verteidigung hingedrängt wird, um so mehr tritt eine Gleichheit der Verhältnisse ein, bei welcher dann die Tätigkeit beider darauf gerichtet sein wird, dem Gegner einen Vorteil abzugewinnen und sich gegen jeden Nachteil zu schützen, also auf ein wahres strategisches *Manövrieren,* und diesen Charakter haben denn auch offenbar alle die Feldzüge mehr oder weniger, wo die Verhältnisse oder die politischen Absichten keine große Entscheidung zulassen. Wir haben dem strategischen Manövrieren im folgenden Buche ein eigenes Kapitel gewidmet, allein wir sehen uns genötigt, weil dies gleichgewichtige Spiel der Kräfte in der Theorie häufig eine falsche Wichtigkeit bekommen hat, hier bei der Verteidigung, wo sie ihm vorzugsweise beigelegt wird, in eine nähere Erörterung deshalb einzugehen.

Wir nennen es ein gleichgewichtiges Spiel der Kräfte. Wo keine Bewegung des Ganzen ist, da ist Gleichgewicht; wo kein großer Zweck treibt, da ist keine Bewegung des Ganzen; es sind also in solchem Fall beide Teile, wie ungleich sie auch immer sein mögen, doch als im Gleichgewicht zu betrachten. Aus diesem Gleichgewicht des Ganzen treten nun die einzelnen Motive zu kleineren Handlungen und geringeren Zwecken hervor. Sie können sich hier entwickeln, weil sie nicht mehr unter dem Druck einer großen Entscheidung und einer großen Gefahr stehen. Es wird also, was überhaupt gewonnen und verloren werden kann, in kleinere Spielmarken umgesetzt und die ganze Tätigkeit in kleinere Handlungen zerlegt. Mit diesen kleineren Handlungen um diese geringeren Preise entsteht nun zwischen beiden Feldherren ein Kampf der Geschicklichkeit; aber da dem Zufall und folglich dem Glück im Kriege der Zutritt niemals ganz versagt werden kann, so wird dieser Kampf auch niemals aufhören, ein *Spiel* zu sein. Indessen entstehen hier zwei andere Fragen, nämlich: ob bei diesem Manövrieren der Zufall nicht einen kleineren und der überlegende Verstand einen größeren Anteil an der Entscheidung haben wird als da, wo alles in einen einzigen großen Akt zusammengedrängt ist. Die letzte dieser Fragen müssen wir bejahen. Je vielgliedriger das Ganze wird, je öfter Zeit und Raum, jene mit einzelnen Momenten, dieser mit einzelnen Punkten, in die Betrachtung kommen, um so größer wird offenbar das Feld das Kalküls, also die Herrschaft des überlegenden Verstandes; was der überlegende Verstand gewinnt, wird dem Zufall zum Teil entzogen, aber nicht notwendig ganz, und darum sind wir nicht genötigt, die erste Frage auch mit Ja zu beantworten. Wir müssen nämlich nicht vergessen, daß der überlegende Verstand nicht die einzige intellektuelle Kraft des Feldherrn ist. Mut, Kraft, Entschlossenheit, Besonnenheit usw. sind die Eigenschaften, die wieder da mehr gelten werden, wo es auf eine einzige große Entscheidung ankommt; sie werden also in einem gleichgewichtigen Spiel der Kräfte etwas weniger gelten, und die vorherrschende Wichtigkeit kluger Berechnung wächst nicht bloß auf Kosten des Zufalls, sondern auch auf Kosten dieser Eigenschaften. Von der anderen Seite können diese glänzenden Eigenschaften im Augenblick einer großen Entscheidung dem Zufall einen großen Teil seiner Herrschaft rauben und also dasjenige gewissermaßen binden, was die berechnende Klugheit in diesem Fall freigeben mußte. Wir sehen also, daß hier ein Konflikt von mehreren Streitkräften ist, und daß man nicht geradezu behaupten kann, es sei in einer großen Entscheidung dem Zufall ein größeres Feld eingeräumt als in dem summarischen Erfolg bei jenem gleichgewichtigen Spiel der Kräfte. – Wenn wir also in diesem Spiel der Kräfte vorzugsweise einen Kampf gegenseitiger Geschicklichkeit sehen, so muß das nur auf die Geschicklichkeit kluger Berechnung bezogen werden und nicht auf die ganze kriegerische Virtuosität[1].

Diese Seite nun des strategischen Manövrierens hat eben Veranlassung gegeben, dem Ganzen jene falsche Wichtigkeit beizulegen, von der wir oben gesprochen haben. Einmal hat man diese Geschicklichkeit mit dem ganzen intellektuellen Wert des Feldherrn verwechselt; dies ist aber ein großer Fehler, denn es ist, wie schon gesagt, nicht zu verkennen, daß in Augenblicken großer Entscheidungen andere moralische Eigenschaften des Feldherrn über die Gewalt der Umstände herrschen können. Ist diese Herrschaft mehr der Impuls großer Empfindungen und jener Blitze des Geistes, die fast unbewußt entstehen und also nicht an einer langen Gedankenkette fortlaufen, so ist sie ja darum nicht weniger eine echte Bürgerin der Kriegskunst[2],

1 [2. Auflage: Tätigkeit]
2 [2. Auflage: echte Virtuosität des Feldherrn]

denn die Kriegskunst ist ja weder ein bloßer Akt des Verstandes, noch sind die Tätigkeiten des Verstandes darin die höchsten. Zweitens hat man geglaubt, daß jede erfolglose Tätigkeit eines Feldzuges von einer solchen Geschicklichkeit des einen oder gar beider Feldherren herrühren müsse, während sie doch ihren allgemeinen und hauptsächlichsten Grund immer in den allgemeinen[1] Verhältnissen hatte, die der Krieg zu diesem Spiel machte.

Da die meisten Kriege zwischen den ausgebildeten Staaten mehr ein gegenseitiges Beobachten als Niederwerfen zum Zweck hatten, so hat natürlich der größte Teil der Feldzüge den Charakter des strategischen Manövrierens an sich tragen müssen. Von diesen hat man diejenigen, die keinen berühmten Feldherrn aufzuweisen hatten, unbeachtet gelassen; wo aber ein großer Feldherr war, der die Augen auf sich zog, oder gar zwei einander gegenüber wie Turenne und Montecuccoli, da hat man dieser ganzen Manövrierkunst durch den Namen dieser Feldherren noch den letzten Stempel der Vortrefflichkeit aufgeprägt. Die weitere Folge ist dann gewesen, daß man dieses Spiel als den Gipfel der Kunst, als die Wirkung ihrer hohen Ausbildung betrachtet hat und folglich auch als Quelle, an der die Kriegskunst vorzugsweise studiert werden müßte.

Diese Ansicht war in der Theorienwelt ziemlich allgemein vor den französischen Revolutionskriegen. Wie diese mit einem Male eine ganz andere Welt von kriegerischen Erscheinungen öffneten, die, anfangs etwas roh und naturalistisch, dann später unter Bonaparte in eine großartige Methode zusammengefaßt, Erfolge hervorbrachte, die das Erstaunen von jung und alt machten, da ließ man von den alten Mustern los und glaubte nun, das sei alles die Folge neuer Entdeckungen, großartiger Ideen usw., aber auch allerdings des veränderten gesellschaftlichen Zustandes. Man glaubte nun, das Alte gar nicht mehr zu brauchen und auch nie wieder zu erleben. Wie aber bei solchen Umwälzungen der Meinungen immer Parteien entstehen, so hat denn auch hier die alte ihre Ritter gefunden, welche die neueren Erscheinungen wie rohe Gewaltstöße betrachten, wie einen allgemeinen Verfall der Kunst, und die den Glauben haben, daß gerade das gleichgewichtige, erfolglose, nichtige Kriegsspiel das Ziel der Ausbildung sein müßte. Dieser letzteren Ansicht liegt ein solcher Mangel an Logik und Philosophie zum Grunde, daß man sie nur eine trostlose Verwirrung der Begriffe nennen kann. Aber auch die entgegenge-

1 [2. Auflage: obwaltenden]

setzte Meinung, als wenn dergleichen nicht weiter vorkommen würde, ist sehr unüberlegt. Von den neueren Erscheinungen im Gebiet der Kriegskunst ist das allerwenigste neuen Erfindungen oder neuen Ideenrichtungen zuzuschreiben und das meiste den neuen gesellschaftlichen Zuständen und Verhältnissen. Aber auch diese müssen nicht gerade in der Krise eines Gärungsprozesses zur Norm genommen werden, und es ist darum nicht zu bezweifeln, daß ein großer Teil der früheren Kriegsverhältnisse wieder zum Vorschein kommen wird. Es ist hier nicht der Ort, weiter auf diese Dinge einzugehen, sondern es ist uns genug, durch das Verhältnis, welches dieses gleichgewichtige Spiel der Kräfte in der ganzen Kriegführung einnimmt, durch seine Bedeutung und seinen inneren Zusammenhang mit den übrigen Gegenständen gezeigt zu haben, daß es immer das Produkt der gegenseitigen beengten Verhältnisse und des sehr ermäßigten kriegerischen Elementes ist. Es kann in diesem Spiel ein Feldherr sich geschickter zeigen als der andere und daher, wenn er ihm an Kräften gewachsen ist, auch manche Vorteile über ihn gewinnen oder, wenn er schwächer ist, vermöge dieser Überlegenheit des Talentes ihm das Gleichgewicht halten; aber es ist ein starker Widerspruch gegen die Natur der Sache, hier die höchste Ehre und Größe des Feldherrn zu suchen; es ist vielmehr ein solcher Feldzug immer ein untrügliches Zeichen, daß entweder keiner der beiden Feldherren ein großes kriegerisches Talent ist, oder daß der talentvolle durch seine Verhältnisse abgehalten wird, eine große Entscheidung zu wagen; wo aber das der Fall ist, da ist auch nimmermehr das Gebiet des höchsten kriegerischen Ruhmes.

Wir haben hier von dem allgemeinen Charakter des strategischen Manövrierens gesprochen; jetzt müssen wir noch eines besonderen Einflusses gedenken, den es auf die Kriegführung hat, nämlich den, daß es die Streitkräfte häufig von den Hauptstraßen und Orten in entlegene oder wenigstens in bedeutungslose Gegenden führt. Wo kleine, augenblicklich entstehende und wieder verschwindende Interessen die Bestimmungen abgeben, da wird der Einfluß der großen Lineamente des Landes auf die Kriegführung schwächer. Wir finden daher, daß die Streitkräfte sich oft auf Punkte hinschieben, wo man sie nach den großen einfachen Bedürfnissen des Krieges nie suchen sollte, und daß folglich auch der Wechsel und die Veränderlichkeit in den Einzelheiten des kriegerischen Ganges hier noch viel größer sind als in Kriegen mit großer Entscheidung. Man sehe nur, wie in den fünf letzten Feldzügen des Siebenjährigen Krieges trotz der sich immer gleichbleibenden Verhältnisse im großen ein jeder Feldzug sich anders gestaltet und, genau besehen, keine einzige Maßregel zweimal vorkommt, und doch ist in diesen Feldzügen noch ein viel stärkeres Angriffsprinzip von seiten der verbündeten Heere als in den meisten anderen der früheren Kriege.

Wir haben in diesem Kapitel von der Verteidigung eines Kriegstheaters, wenn keine große Entscheidung vorliegt, nur die Bestrebungen gezeigt, welche das Handeln haben wird, den Zusammenhang, das Verhältnis, den Charakter derselben; die einzelnen darin liegenden Maßregeln sind uns schon früher näher bekanntgeworden. Jetzt frägt es sich, ob denn für diese verschiedenen Bestrebungen keine das Ganze umfassende Grundsätze, Regeln und Methoden anzugeben sind. Hierauf antworten wir, daß wenn wir uns an die Geschichte halten, wir durchaus nicht durch stets wiederkehrende Formen daraufgeführt werden, und doch könnte man für ein Ganzes so mannigfaltiger veränderlicher Natur kaum ein anderes theoretisches Gesetz gelten lassen, als was in der Erfahrung seinen Ursprung hätte. Der Krieg mit großen Entscheidungen ist nicht nur viel einfacher, sondern auch viel naturgemäßer, von inneren Widersprüchen freier, objektiver, durch ein Gesetz innerer Notwendigkeit gebundener: darum kann die Vernunft ihm Formen und Gesetze vorschreiben; in diesem Krieg aber scheint uns das sehr viel schwieriger. Selbst die beiden Hauptgrundsätze der erst in unseren Zeiten entstandenen Theorie der großen Kriegführung, die Breite der Basis bei Bülow und die Stellung auf der inneren Linie bei Jomini haben, wenn man sie auf die Verteidigung eines Kriegstheaters anwendet, sich in der Erfahrung nirgends als durchgreifende, wirkungsvolle Grundsätze gezeigt. Sie sollten aber als bloße Formen gerade hier sich am wirksamsten zeigen, weil Formen immer wirksamer werden, immer mehr das Übergewicht über die anderen Faktoren des Produktes bekommen müssen, je mehr die Handlung sich in Zeit und Raum ausdehnt. Nichtsdestoweniger finden wir daß sie nichts sind als einzelne Seiten des Gegenstandes, besonders aber nichts weniger als durchgreifende Vorteile. Daß die Eigentümlichkeit der Mittel und der Verhältnisse schon einen großen, alle allgemeinen Grundsätze durchschneidenden Einfluß haben müsse, ist sehr einleuchtend. Was Daun die Ausdehnung und vorsichtige Wahl der Aufstellung war, das war dem Könige die immer zusammengehaltene, dem Gegner immer dicht auf den Leib rükkende, zum Extemporieren stets bereite Hauptmacht. Beides ging nicht nur aus der Natur ihrer Heere, sondern auch aus ihren Verhältnissen hervor; das Extemporieren ist einem Könige viel leichter als jedem unter Verantwortung stehenden Feldherrn. Wir wollen hier noch einmal ausdrücklich darauf aufmerksam machen, daß die Kritik kein Recht hat, die verschiedenen Manieren und Methoden, welche entstehen können, als Stufen verschiedener Volkommenheit zu betrachten und die eine der anderen unterzuordnen, sondern daß sie nebeneinander gehören, und daß in dem einzelnen Fall dem Urteil überlassen werden muß, den Gebrauch zu würdigen.

Diese verschiedenen Manieren, welche aus der Eigentümlichkeit des Heeres, des Landes, der Verhältnisse entstehen können, hier aufzuzählen, kann nicht unsere Absicht sein, wir haben den Einfluß jener Dinge schon früher im allgemeinen angegeben.

Wir bekennen also, daß wir in diesem Kapitel keine Grundsätze, Regeln oder Methoden anzugeben wissen, weil uns die Geschichte nichts dergleichen darbietet und man dagegen fast in jedem einzelnen Moment auf Eigentümlichkeiten stößt, die sehr häufig ganz unverständlich sind, oft sogar durch Wunderlichkeit überraschen. Aber darum ist es nicht unnütz, die Geschichte auch in dieser Beziehung zu studieren. Wo es auch kein System, keinen Wahrheitsapparat gibt, da gibt es doch eine Wahrheit, und diese wird dann meistens nur durch ein geübtes Urteil und den Takt einer langen Erfahrung gefunden. Gibt also die Geschichte hier keine Formeln, so gibt sie doch hier wie überall *Übung des Urteils.*[1]

Nur einen das Ganze umfassenden Grundsatz wollen wir aufstellen, oder vielmehr wir wollen die natürliche Voraussetzung, unter welcher sich alles hier Gesagte befindet, noch in der Form eines eigenen Grundsatzes erneuern und lebendiger vor Augen stellen.

Alle die hier angegebenen Mittel haben nur einen *relativen* Wert. Sie befinden sich alle in dem Gerichtsbann einer gewissen Unvermögenheit beider Teile; *über* dieser Region herrscht ein höheres Gesetz, und da ist eine ganze andere Welt der Erscheinungen. Nie darf der Feldherr das vergessen, nie sich mit eingebildeter Sicherheit in dem engen Kreis als in etwas *Absolutem* bewegen; nie die Mittel, welche er hier anwendet, für *die notwendigen, für die einzigen* halten *und sie dann auch noch ergreifen, wenn er selbst schon vor ihrer Unzulänglichkeit zittert*[2].

Auf dem Standpunkt, auf welchen wir uns hier gestellt haben, mag

1 [2. Auflage: so gewöhnt sie doch hier wie überall *dem Urteile Übung*.]
2 [2. Auflage: schon ihre Unzulänglichkeit erkennt.]

ein solcher Irrtum fast als unmöglich erscheinen; aber er ist es in der wirklichen Welt nicht, weil die Dinge da nicht in so scharfen Gegensätzen erscheinen.

Wir müssen nämlich wieder darauf aufmerksam machen, daß wir, um unseren Vorstellungen Klarheit, Bestimmtheit und Kraft zu geben, nur die vollkommenen Gegensätze, also die äußersten jeder Weise zum Gegenstand unserer Betrachtung gemacht haben, daß aber der konkrete Fall des Krieges meist in der Mitte liegt und von diesem äußersten nur in dem Maße beherrscht wird, als er sich ihm nähert.

Es kommt also ganz allgemein darauf an, daß der Feldherr vor allen Dingen bei sich ausmache, ob der Gegner nicht Lust und Vermögen[1] hat, durch eine größere und entscheidendere Maßregel ihn zu überbieten. Sobald er diese Besorgnis hat, muß er die kleinen Maßregeln zur Verhütung kleiner Nachteile aufgeben, und es bleibt ihm dann das Mittel, durch freiwillige Opfer sich in eine bessere Lage zu versetzen und einer größeren Entscheidung gewachsen zu sein. Mit anderen Worten: das erste Erfordernis ist, daß der Feldherr den rechten Maßstab ergreife, wonach er sein Werk einrichten will.

Um diesen Vorstellungen noch durch das wirkliche Leben mehr Bestimmtheit zu geben, wollen wir eine Reihe Fälle flüchtig berühren, wo nach unserer Meinung ein falscher Maßstab gebraucht worden ist, d. h. wo einer der Feldherren seine Maßregeln auf ein viel weniger entscheidendes Handeln seines Gegners berechnet hatte. Wir machen den Anfang mit der Eröffnung des Feldzuges von 1757, wo die Österreicher durch die Stellung ihrer Streitkräfte bewiesen, daß sie auf eine so durchgreifende Offensive Friedrichs des Großen nicht gerechnet hatten; selbst das Verweilen des Korps von Piccolomini an der schlesischen Grenze, während der Herzog Karl von Lothringen in die Gefahr kam, mit seinem Heere die Waffen zu strecken, ist ein solches vollkommenes Mißverstehen der Verhältnisse.

1758 wurden die Franzosen nicht nur vollkommen über die Wirkungen der Konvention von Kloster Zeven getäuscht, welches ein nicht hierher gehöriges Faktum ist, sondern sie irrten sich auch zwei Monate später ganz in der Beurteilung dessen, was ihr Gegner unternehmen könnte, welches ihnen das Land von der Weser bis an den Rhein kostete. Daß Friedrich der Große 1759 bei Maxen und 1760 bei Landeshut seine Gegner ganz falsch beurteilte, indem er ihnen keine so entscheidene Maßregeln zutraute, haben wir schon gesagt.

---

1 [2. Auflage: nicht Neigung und Macht]

Einen größeren Irrtum in dem Maßstab aber finden wir kaum in der Geschichte als den von 1792. Man glaubte, mit einer mäßigen Hilfsmacht einem Bürgerkrieg den Ausschlag zu geben, und wälzte sich die ungeheure Last durch politischen Fanatismus aus seinen Angeln gehobenen französischen Volkes auf den Leib. Wir nennen diesen Irrtum nur groß, weil er sich hinterher so gezeigt hat, nicht weil er leicht zu vermeiden gewesen wäre. In der Kriegführung selbst ist nicht zu verkennen, daß man den hauptsächlichsten Grund zu allen folgenden unglücklichen Jahren in dem Feldzug von 1794 gelegt hat. Es ist von seiten der Verbündeten nicht nur in diesem Feldzuge selbst die kräftige Natur des feindlichen Angriffs ganz verkannt worden, indem man ihm ein kleinliches System von ausgedehnten Stellungen und strategischen Manövern entgegensetzte, sondern man hat auch in den politischen Uneinigkeiten zwischen Preußen und Österreich und in dem törichten Aufgeben Belgiens und der Niederlande gesehen, wie wenig die Kabinette eine Ahnung hatten von der Gewalt des einbrechenden Stromes. Im Jahr 1796 beweisen die einzelnen Widerstandsakte von Montenotte, Lodi usw. hinreichend, wie wenig die Österreicher verstanden, worauf es gegen diesen Bonaparte ankomme.

Im Jahr 1800 war es nicht die unmittelbare Wirkung des Überfalles, sondern die falsche Ansicht, welche Melas von den möglichen Folgen dieses Überfalles hatte, wodurch seine Katastrophe herbeigeführt wurde.

Ulm im Jahre 1805 war der letzte Knoten eines losen Gewebes gelehrter, aber äußerst schwacher strategischer Beziehungen, gut genug, einen Daun oder Lacy darin festzuhalten, aber nicht einen Bonaparte und[1] Revolutionskaiser.

Bei den Preußen 1806 war die Unentschlossenheit und Verwirrung eine Folge, daß veraltete, kleinliche, unbrauchbare Ansichten und Maßregeln sich mit einigen hellen Blicken und einem richtigen Gefühl von der großen Bedeutung des Augenblicks vermischten. Wie hätte man bei einem klaren Bewußtstein und einer vollkommenen Würdigung seiner Lage 30000 Mann in Preußen lassen und daran denken können, in Westfalen ein besonderes Kriegstheater zu errichten, durch kleine Offensiven wie die, wozu das Rüchelsche und das Weimarsche Korps bestimmt waren, irgendeinen Erfolg zu gewinnen, und wie hätte in den letzten Augenblicken der Beratung noch von

1 [2. Auflage: ‚den]

Gefahr der Magazine, Verlust dieses oder jenes Landstriches die Rede sein können!

Selbst 1812, in diesem großartigsten aller Feldzüge, fehlte es anfangs nicht an falschen, von einem unrichtigen Maßstab herrührenden Bestrebungen. Im Hauptquartier zu Wilna war eine Partei angesehener Männer, welche auf eine Schlacht an der Grenze bestanden, damit man Rußlands Boden nicht ungestraft betreten konnte. Daß man diese Schlacht an der Grenze verlieren könne, ja verlieren werde, sagten sich diese Männer wohl; denn obgleich sie nicht wußten, daß 300000 Franzosen auf 80000 Russen kommen würden, so wußten sie doch, daß eine bedeutende Überlegenheit des Feindes vorausgesetzt werden müßte. Der Hauptirrtum bestand in dem Wert, welchen sie dieser Schlacht beilegten; sie glaubten, es sei eine verlorene Schlacht wie jede andere, während doch fast mit Sicherheit behauptet werden kann, daß diese Hauptentscheidung an der Grenze eine ganz andere Reihe von Erscheinungen hervorgebracht haben würde. Selbst das Lager von Drissa war eine Maßregel, welcher noch ein ganz falscher Maßstab in Bezug auf den Gegner zum Grunde lag. Hätte man darin verweilen wollen, so mußte man sich von allen Seiten abschneiden und völlig isolieren lassen, und es fehlte dann dem französischen Heer nicht an Mitteln, das russische zum Niederlegen der Waffen zu zwingen. An ein solches Maß der Kraft und des Willens hatte der Erfinder dieses Lagers nicht gedacht.

Aber auch Bonaparte hat zuweilen einen falschen Maßstab gebraucht. Nach dem Waffenstillstand 1813 hat er geglaubt, die untergeordneten Heere der Verbündeten, Blüchern[1] und den Kronprinzen von Schweden, durch Korps zu beschwichtigen, die zwar zu einem wirklichen Widerstand nicht hinreichten, aber doch der Behutsamkeit hinreichende Veranlassung sein konnten, nichts zu wagen, wie man das in den früheren Kriegen so häufig gesehen hatte. Er dachte nicht genug an die Reaktion eines tiefgewurzelten Hasses und dringender Gefahr, die in Blücher und Bülow wirkten.

Überhaupt hat er den Unternehmungsgeist des alten Blücher nirgends hoch genug angeschlagen. Bei Leipzig brachte dieser ihn allein um den Sieg; bei Laon hätte Blücher ihn zugrunde richten können, und daß es nicht geschah, lag in Umständen, die ganz außer dem Kalkül Bonapartes waren; bei Belle-Alliance endlich erreichte ihn die Strafe dieses Fehlers wie ein vernichtender Blitzstrahl.

---

1 [2. Auflage: geglaubt, die Heere Blüchers]

Dritter Teil

Nachdem ich es schon einmal gewagt habe, zu den Lesern des vorliegenden Werkes zu sprechen, und diese Kühnheit, so viel ich weiß, mit Nachtsicht aufgenommen worden ist, muß ich um die Erlaubnis bitten, auch diesen dritten Teil mit einigen Zeilen zu begleiten, und zwar zuvörderst um dessen verspätetes Erscheinen zu erklären und zu entschuldigen.

Dieser Teil enthält das siebente und achte Buch des Werkes vom Kriege, welche beide leider unvollendet geblieben sind und nur in flüchtigen Skizzen und Vorarbeiten vorhanden waren. Man wollte sie den Lesern nicht vorenthalten, denn auch in dieser unvollendeten Gestalt waren sie von Interesse, da sie wenigstens den Weg andeuten, den der Verfasser zu gehen beabsichtigte. Sie bedurften jedoch einer sorgfältigen Durchsicht, und da der Herr Major O'Etzel, der die Güte hatte, diese Arbeit zu übernehmen, durch Dienstgeschäfte lange in derselben gestört wurde, schien es um so zweckmäßiger, diesem dritten Teile den vierten, ganz vollendeten vorangehen zu lassen, als dieser den Feldzug von 1796, mithin den Anfang der eigentlichen Kriegsgeschichte enthielt, und schon von mehreren Seiten der Wunsch ausgesprochen worden war, auch mit dieser Abteilung des vorliegenden Werkes so bald als möglich bekannt gemacht zu werden.

Man hoffte diesen dritten Teil zugleich mit dem fünften herausgeben zu können, aber auch dies war nicht möglich, und so muß denn die Nachsicht der Leser wegen dieser doppelten Unterbrechung der natürlichen Reihenfolge in Anspruch genommen werden.

Es sind den beiden unvollendeten Büchern des Werkes vom Kriege noch einige Aufsätze[1] beigefügt worden, die zwar nicht eigentlich zu demselben gehören, aber doch in so naher Beziehung damit stehen, daß sie hoffentlich nicht unwillkommen sein werden.

Der erste dieser Aufsätze wurde durch den Unterricht veranlaßt, den der Verfasser in den Jahren 1810, 11 und 12 die Ehre hatte, Seiner Königlichen Hoheit dem Kronprinzen zu erteilen. Derselbe enthält erstens den Entwurf, den der Verfasser dem Herrn General von Gaudi, Gouverneur des Kronprinzen, vorlegte, zweitens die Übersicht des Ganzen, mit welcher er diesen Unterricht schloß. Es ist schon in der Vorrede zum ersten Bande gesagt worden, daß diese Arbeit gleichsam den *Keim* des ganzen Werkes vom Kriege enthält, und schon in dieser Hinsicht dürfte sie wohl für die meisten Leser ein

---

1 [Diese finden sich im Materialien-Band »Clausewitz in Perspektive« (= Ullstein-Buch Nr. 35052) versammelt.]

besonderes Interesse haben. Seine Königliche Hoheit der Kronprinz haben die Gnade gehabt, den Druck dieses Aufsatzes zu erlauben, wofür ich Höchstdemselben hier nochmals meinen untertänigsten Dank zu Füßen lege.

Berlin, den 5. Dezember 1833.

Marie von Clausewitz[1]

1 [In 2. Auflage fehlen diese »Zeilen«.]

Skizzen zum siebenten Buche: Der Angriff

Erstes Kapitel: Der Angriff in Beziehung auf die Verteidigung

Wenn zwei Begriffe wahre logische Gegensätze bilden, der eine also das Komplement des anderen wird, so geht im Grunde aus dem einen schon der andere hervor; wo aber auch die Beschränktheit unseres Geistes nicht gestattet, beide mit einem Blicke zu übersehen und in der Totalität des einen durch den bloßen Gegensatz die Totalität des anderen wiederzufinden, da wird doch in jedem Fall von dem einen immer ein bedeutendes und für viele Teile genügendes Licht auf den anderen fallen. So glauben wir, daß die ersten Kapitel der Verteidigung ein hinreichendes Licht auf den Angriff werfen in allen Punkten, welche sie berühren. Aber so wird es nicht durchgehends bei allen Gegenständen sein; das Gedankensystem hat niemals ganz erschöpft werden können, es ist also natürlich, daß da, wo der Gegensatz nicht so unmittelbar in der Wurzel des Begriffs liegt, wie bei den ersten Kapiteln, aus dem, was in der Verteidigung gesagt ist, nicht unmittelbar dasjenige folgt, was vom Angriff gesagt werden kann. Eine Veränderung des Standpunktes bringt uns dem Gegenstande näher, und es ist also natürlich, dasjenige, was man aus dem entfernten Standpunkte überblickt hat, aus diesem näheren in Betrachtung zu ziehen. Es wird also eine Ergänzung des Gedankensystems sein, wobei nicht selten das, was vom Angriff gesagt wird, noch ein neues Licht auf die Verteidigung wirft. So werden wir in dem Angriff meistens dieselben Gegenstände vor uns haben, die in der Verteidigung dagewesen sind. Aber es ist nicht in unserer Ansicht und nicht in der Natur der Sache, nach Art der meisten Ingenieurlehrbücher beim Angriffe alle positiven Werte, welche wir in der Verteidigung gefunden haben, zu umgehen oder zu vernichten und zu beweisen, daß es gegen jedes Mittel der Verteidigung irgendein unfehlbares Mittel des Angriffs gebe. Die Verteidigung hat ihre Stärken und Schwächen; sind die ersteren auch nicht unüberwindlich, so kosten sie doch einen unverhältnismäßigen Preis, und das muß von jedem Standpunkte aus wahr bleiben oder man widerspricht sich. Ferner ist es nicht unsere Absicht, das Widerspiel der Mittel erschöpfend durchzugehen; jedes Mittel der Verteidigung führt zu einem Mittel des Angriffs, aber oft liegt dieses so nahe, daß man nicht nötig hat, erst von dem Standpunkte der Verteidigung zu dem des Angriffs überzugehen, um es gewahr zu werden; das eine ergibt sich aus dem anderen von selbst. Unsere Absicht ist, bei einem jeden Gegenstande die eigentümlichen Verhältnisse des Angriffs, insoweit sie nicht unmittelbar aus der Verteidigung hervorgehen, anzugeben, und diese Art der Behandlung muß uns dann notwendig auch zu manchen Kapiteln führen, die in der Verteidigung keine korrespondierende haben.

Zweites Kapitel: Natur des strategischen Angriffs

Wir haben gesehen, daß die Verteidigung im Kriege überhaupt, also auch die strategische, kein absolutes Abwarten und Abwehren, also kein vollkommenes Leiden ist, sondern ein relatives, folglich mit mehr oder weniger offensiven Prinzipen durchdrungen. Ebenso ist der Angriff kein homogenes Ganze, sondern mit der Verteidigung unaufhörlich vermengt. Der Unterschied aber ist, daß die Verteidigung ohne Rückstoß gar nicht gedacht werden kann, daß dieser ein notwendiger Bestandteil derselben ist. So ist es aber nicht beim Angriff; der Stoß oder der Akt des Angriffs ist an sich ein vollständiger Begriff, die Verteidigung ist ihm an sich nicht nötig, aber Zeit und Raum, an welche er gebunden ist, führen ihm die Verteidigung als ein notwendiges Übel zu.[1] Denn *erstlich* kann er nicht in einer stetigen Folge bis zur Vollendung fortgeführt werden, sondern erfordert Ruhepunkte, und in dieser Zeit der Ruhe, wo er selbst neutralisiert ist, tritt der Zustand der Verteidigung von selbst ein. *Zweitens* ist der Raum, welchen die vorschreitende Streitmacht hinter sich läßt und den sie zu ihrem Bestehen notwendig braucht, nicht immer durch den Angriff an sich gedeckt, sondern muß besonders geschützt werden.

Es ist also der Akt des Angriffs im Kriege, vorzugsweise aber in der Strategie, ein beständiges Wechseln und Verbinden von Angriff und Verteidigung, wobei aber letztere nicht als eine wirksame Vorbereitung zum Angriff, als eine Steigerung desselben anzusehen ist, also nicht als ein tätiges Prinzip, sondern als ein bloßes notwendiges Übel, als das retardierende Gewicht, welches die bloße Schwere der Masse hervorbringt; sie ist seine Erbsünde, sein Todesprinzip. Wir sagen ein

---

1 [2. Auflage: [ab . . vermengt.] Zwischen beiden findet aber der Unterschied statt, daß die Verteidigung ohne offensiven Rückstoß gar nicht gedacht werden kann, während beim Angriff der Stoß oder Akt an sich ein vollständiger Begriff, und nur an Zeit und Raum gebunden ist. Diese (nämlich Zeit und Raum) sind es aber, die dem Angriff Elemente der Verteidigung beimischen;]

retardierendes Gewicht, weil, wenn die Verteidigung nichts für den Angriff tut, sie schon durch den bloßen Zeitverlust, welchen sie repräsentiert, seine Wirkung vermindern muß. Aber kann dieser Bestandteil von Verteidigung, der in jedem Angriffe enthalten ist, nicht auch positiv nachteilig auf denselben einwirken? Wenn man sich sagt, daß der *Angriff die schwächere, die Verteidigung die stärkere Form* des Krieges ist, so scheint daraus zu folgen, daß diese nicht positiv nachteilig auf jene einwirken könne, denn solange man für die schwächere Form noch Kräfte genug hat, müssen diese um so mehr für die stärkere ausreichen. Dies ist im allgemeinen, d. h. in der Hauptsache wahr, und wie es sich noch näher bestimmt, werden wir im Kapitel *von dem Kulminationspunkt des Sieges* genauer auseinandersetzen; aber wir müssen nicht vergessen, daß jene Überlegenheit der *strategischen Verteidigung* eben zum Teil darin ihren Grund hat, daß der Angriff selbst nicht ohne Beimischung von Verteidigung sein kann, und zwar von einer Verteidigung viel schwächerer Art; was er von der Verteidigung mit sich herumschleppen muß, sind die schlimmsten Elemente derselben; von diesen kann nicht mehr behauptet werden, was vom Ganzen gilt, und so begreift sich, wie diese Elemente der Verteidigung auch positiv ein schwächendes Prinzip für den Angriff werden können. Eben diese Augenblicke einer schwachen Verteidigung im Angriff sind es ja, in welche die positive Tätigkeit des offensiven Prinzips in *der Verteidigung* eingreifen soll. In welcher verschiedenen Lage befinden sich während der 12 Stunden Rast, die einem Tagwerk zu folgen pflegen, der Verteidiger in seiner ausgesuchten, ihm wohlbekannten, zubereiteten Stellung und der Angreifende in seinem Marschlager, in welches er wie ein Blinder hineingetappt ist, oder während der längeren Rast, die eine neue Einrichtung der Verpflegung, das Abwarten von Verstärkungen usw. erfordern kann, wo der Verteidiger in der Nähe seiner Festungen und Vorräte und der Angreifende wie der Vogel auf dem Aste ist. Aber jeder Angriff muß mit einem Verteidigen endigen; wie dies beschaffen sein wird, hängt von Umständen ab; diese können sehr günstig sein, wenn die feindlichen Streitkräfte zerstört sind, aber auch sehr schwierig, wenn dies nicht der Fall ist. Obgleich diese Verteidigung nicht mehr zum Angriff selbst gehört, so muß doch ihre Beschaffenheit auf ihn zurückwirken und seinen Wert mitbestimmen helfen.

Das Resultat dieser Betrachtung ist: daß bei jedem Angriff auf die demselben notwendig beiwohnende Verteidigung Rücksicht genommen werden muß, um die Nachteile, welchen er unterworfen ist, klar einzusehen und sich darauf gefaßt machen zu können.

Dagegen ist der Angriff in einer anderen Beziehung vollkommen in sich immer ein und derselbe.[1] Die Verteidigung aber hat ihre Stufen, nämlich je mehr das Prinzip des Abwartens erschöpft werden soll. Dies gibt Formen, die sich wesentlich voneinander unterscheiden, wie wir in dem Kapitel von den Widerstandsarten entwickelt haben.

Da der Angriff nur *ein* tätiges Prinzip hat und die Verteidigung in ihm nur ein totes Gewicht ist, das sich an ihn hängt, so ist eine solche Verschiedenheit in ihm nicht vorhanden. Freilich findet in der Energie des Angriffs, in der Schnelligkeit und Kraft des Stoßes ein ungeheurer Unterschied statt, aber das ist nur ein Unterschied in den Graden, nicht in der Art. – Man könnte sich wohl denken, daß auch der Angreifende einmal die verteidigende Form wählte, um besser zum Ziele zu kommen, daß er sich z. B. in einer guten Stellung aufstellte, um sich darin angreifen zu lassen; aber diese Fälle sind so selten, daß wir in unserer Gruppierung der Begriffe und der Sachen, wo wir immer von dem Praktischen ausgehen, nicht darauf Rücksicht zu nehmen brauchen. Es findet also beim Angriff keine solche Steigerung statt, wie sie die Widerstandsarten darbieten.

Endlich besteht der Umfang der Angriffsmittel in der Regel nur aus der Streitkraft; zu dieser muß man dann freilich auch die Festungen rechnen, die, in der Nähe des feindlichen Kriegstheaters gelegen, auf den Angriff einen merklichen Einfluß haben. Aber dieser Einfluß wird mit dem Vorschreiten immer schwächer, und es ist begreiflich, daß beim Angriffe die eigenen Festungen niemals eine so wesentliche Rolle spielen können wie bei der Verteidigung, wo sie oftmals eine Hauptsache werden. Der Beistand des Volkes läßt sich mit dem Angriff in solchen Fällen verbunden denken, wo die Einwohner dem Angreifenden mehr zugetan sind als ihrem eigenen Heere; endlich kann der Angreifende auch Bundesgenossen haben, aber sie sind dann bloß das Ergebnis besonderer oder zufälliger Verhältnisse, nicht eine aus der Natur des Angriffs hervorgehende Hilfe. Wenn wir also in der Verteidigung Festungen, Volksaufstand und Bundesgenossen in den Umfang der Widerstandsmittel aufgenommen haben, so können wir dies nicht auch beim Angriff tun; dort gehören sie zur Natur der Sache, hier finden sie sich selten und sind dann meistens zufällig.

1 [Der Satz fehlt in 2. Auflage.]

Drittes Kapitel: Vom Gegenstande des strategischen Angriffs

Das Niederwerfen des Feindes ist das Ziel des Krieges, Vernichtung der feindlichen Streitkräfte das Mittel. Es bleibt beim Angriff wie bei der Verteidigung. Diese führt durch die Vernichtung der feindlichen Streitkräfte zum Angriff, dieser zur Eroberung des Landes; es ist also dies sein Gegenstand, braucht aber nicht das ganze Land zu sein, sondern kann sich auf einen Teil, eine Provinz, einen Landstrich, eine Festung usw. beschränken. Alle diese Dinge können einen genügenden Wert haben als politische Gewichte beim Frieden, entweder zum Behalten oder zum Austausch.

Der Gegenstand des strategischen Angriffs kann also von der Eroberung des ganzen Landes in zahllosen Abstufungen herab gedacht werden bis zum unbedeutendsten Platz. Sobald dieser Gegenstand erreicht ist und der Angriff aufhört, tritt die Verteidigung ein. – Man könnte sich also einen strategischen Angriff als eine bestimmte begrenzte Einheit denken. So ist es aber, wenn wir die Sache praktisch nehmen, d. h. nach den wirklichen Erscheinungen nicht. Hier laufen die Angriffsmomente, d. h. die Absichten und Maßregeln oft ebenso unbestimmt in die Verteidigung aus wie die Pläne der Verteidigung in den Angriff. Selten oder wenigstens nicht immer schreibt sich der Feldherr genau vor, was er erobern will, sondern er läßt es von den Ereignissen abhangen. Sein Angriff führt ihn oft weiter, als er gedacht hat, er bekommt oft nach mehr oder weniger kurzer Rast neue Gewalt, ohne daß man veranlaßt wäre, zwei ganz verschiedene Akte daraus zu machen; ein andermal kommt er früher zum Stehen, als er gedacht, ohne jedoch seinen Plan aufzugeben und in eine wahre Verteidigung überzugehen. Man sieht also, daß, wenn die erfolgreiche Verteidigung unmerklich in den Angriff übergehen kann, dies umgekehrt auch bei dem Angriff der Fall ist. Diese Abstufungen muß man im Auge haben, wenn man von dem, was wir von dem Angriff allgemein sagen, nicht eine falsche Anwendung machen will.

Viertes Kapitel: Abnehmende Kraft des Angriffs

Dies ist ein Hauptgegenstand der Strategie; von seiner richtigen Würdigung im einzelnen Fall hängt das richtige Urteil über das ab, was man tun kann.

Die Schwächung der absoluten Macht entsteht:

1. durch den Zweck des Angriffs, das feindliche Land selbst zu besetzen; dies tritt meistens erst nach der ersten Entscheidung ein, aber mit der ersten Entscheidung hört so der Angriff nicht auf;
2. durch das Bedürfnis der angreifenden Armeen, das Land hinter sich zu besetzen, um sich die Verbindungslinien zu sichern und leben zu können;
3. durch Verluste in Gefechten und durch Krankheiten;
4. Entfernung von den Ergänzungsquellen;
5. Belagerungen, Einschließungen von Festungen;
6. Nachlassen in den Anstrengungen;
7. Abtreten von Verbündeten.

Aber diesen Schwierigkeiten gegenüber befinden sich auch einige, die den Angriff verstärken können. Es ist jedoch klar, daß er die Ausgleichung dieser verschiedenen Größen das allgemeine Resultat bestimmt; so kann z. B. die Schwächung des Angriffs durch die Schwächung der Verteidigung zum Teil oder ganz aufgewogen oder überwogen werden. Dies letztere ist selten der Fall; man muß nur nicht immer alle im Felde stehende Streitkräfte miteinander vergleichen, sondern die an der Spitze oder die auf den entscheidenden Punkten sich gegenüberstehenden. – Beispiele verschiedener Art: die Franzosen in Österreich und Preußen, in Rußland; die Verbündeten in Frankreich, die Franzosen in Spanien.

Fünftes Kapitel: Kulminationspunkt des Angriffs

Der Erfolg im Angriff ist das Resultat einer vorhandenen Überlegenheit, wohlverstanden physische und moralische Kräfte zusammengenommen. Wir haben im vorigen Kapitel gezeigt, daß sich die Kraft des Angriffs nach und nach erschöpft; möglicherweise kann die Überlegenheit dabei wachsen, aber in der großen Mehrheit der Fälle wird sie abnehmen. Der Angreifende kauft Friedensvorteile ein, die ihm bei den Unterhandlungen etwas gelten sollen, die er aber auf der Stelle bar mit seinen Streitkräften bezahlen muß. Führt dieses im Vorteil des Angriffs sich täglich vermindernde Übergewicht bis zum Frieden, so ist der Zweck erreicht. – Es gibt strategische Angriffe, die unmittelbar zum Frieden geführt haben – aber die wenigsten sind von der Art, und die meisten führen nur bis zu einem Punkt, wo die Kräfte noch eben hinreichen, sich in der Verteidigung zu halten und den Frieden abzuwarten. – Jenseits dieses Punktes liegt der Umschwung, der Rückschlag; die Gewalt eines solchen Rückschlages ist gewöhnlich viel größer, als die Kraft des Stoßes war. Dies nennen wir den Kulminationspunkt des Angriffs. – Da der Zweck des Angriffs der Besitz des feindlichen Landes ist, so folgt, daß das Vorschreiten solange dauern muß, bis die Überlegenheit erschöpft ist; dies treibt also an das Ziel und kann auch leicht darüber hinausführen. – Bedenkt man, aus wieviel Elementen die Gleichung der Kräfte zusammengesetzt ist, so begreift man, wie schwer es in manchen Fällen auszumachen ist, wer von beiden die Überlegenheit auf seiner Seite hat. Oft hängt alles an dem seidenen Faden der Einbildung.

Es kommt also alles darauf an, den Kulminationspunkt mit einem feinen Takt des Urteils herauszufühlen. – Hier stoßen wir auf einen scheinbaren Widerspruch. – Die Verteidigung ist stärker als der Angriff, man sollte also glauben, daß dieser nie zu weit führen könne, denn solange die schwächere Form stark genug bleibt, ist man es ja für die stärkere um so mehr*.

Sechstes Kapitel: Vernichtung der feindlichen Streitkräfte

Vernichtung der feindlichen Streitkräfte ist das Mittel zum Ziel. – Was darunter verstanden wird. – Preis, den es kostet. – Verschiedene Gesichtspunkte, welche dabei möglich sind:

1. nur soviel zu vernichten, als der Gegenstand des Angriffs erfordert;
2. oder soviel als überhaupt möglich ist;
3. wenn die Schonung der eigenen dabei der Hauptgesichtspunkt wird;[1]
4. dies kann wieder so weit gehen, daß der Angriff *nur bei günstiger Gelegenheit* etwas zur Vernichtung der feindlichen Streitkräfte unternimmt; wie dies bei dem Gegenstand des Angriffs auch der

* Hier folgt in dem Manuskript die Stelle:
»Entwicklung diese Gegenstandes nach B. III., in dem Aufsatz über den Kulminationspunkt des Sieges.«
Unter diesem Titel findet sich nun in einem Umschlage mit der Aufschrift: *einzelne Abhandlungen als Materialien* ein Aufsatz welcher eine Bearbeitung des hier nur skizzierten Kapitels zu sein scheint und am Ende des siebenten Buches abgedruckt ist. Anmerkung der Herausgeberin.

1 [2. Auflage: die Schonung der eigenen Streitkräfte;]

Fall sein kann und im dritten Kapitel schon vorgekommen ist.

Das einzige Mittel zur Zerstörung der feindlichen Streitkräfte ist das Gefecht, aber freilich auf eine doppelte Art: 1. unmittelbar; 2. mittelbar, durch Kombination von Gefechten. – Wenn also die Schlacht das Hauptmittel ist, so ist sie doch nicht das einzige. Die Einnahme einer Festung, eines Stück Landes ist an sich schon eine Zerstörung der feindlichen Streitkräfte, sie kann aber auch zu einer größeren führen, es also auch mittelbar werden.

Die Besetzung eines unverteidigten Landstriches kann also außer dem Wert, welchen sie als eine unmittelbare Zweckerfüllung hat, auch noch als Zerstörung der feindlichen Streitkräfte gelten. Das Herausmanövrieren des Feindes aus einer von ihm besetzten Gegend ist etwas nicht viel anderes und kann also nur unter demselben Gesichtspunkt, nicht wie ein eigentlicher Waffenerfolg angesehen werden. – Diese Mittel werden meistens überschätzt – selten haben sie den Wert einer Schlacht; und dabei ist immer noch zu fürchten, daß man die nachteilige Lage übersieht, in welche sie führen; wegen des geringen Preises, den sie kosten, sind sie verführerisch.

Überall müssen sie als geringere Einsätze angesehen werden, die auch nur zu geringen Gewinnen führen und sich für beschränktere Verhältnisse und schwächere Motive passen. Dann sind sie offenbar besser als zwecklose Schlachten. – Siege, deren Erfolge sich nicht erschöpfen lassen.[1]

Siebentes Kapitel: Die Offensivschlacht

Was wir von der Defensivschlacht gesagt haben, wirft schon ein großes Licht auf die Offensivschlacht.

Wir haben dort die Schlacht im Auge gehabt, wo die Verteidigung am stärksten ausgesprochen ist, um das Wesen derselben fühlbar zu machen – die wenigsten Schlachten sind aber so, die meisten sind halbe rencontres, wo der Defensivcharakter sehr verlorengeht. So ist es aber nicht mit der Offensivschlacht; sie behält ihren Charakter unter allen Umständen und darf ihn um so dreister behaupten, als der Verteidiger sich nicht in seinem eigentlichen esse[2] befindet. Darum bleibt auch bei der nicht recht ausgesprochenen Defensivschlacht und

1 [2. Auflage: Siege ohne Erfolge.]
2 [2. Auflage: Verhältnisse]

bei den wahren rencontres immer etwas von dem Unterschiede in dem Charakter der Schlacht auf seiten des einen und des anderen. Die Haupteigentümlichkeit der Offensivschlacht ist das Umfassen oder Umgehen, also zugleich die Lieferung der Schlacht.

Das Gefecht mit umfassenden Linien hat an sich ganz offenbar große Vorteile; dies ist ein Gegenstand der Taktik. Diese Vorteile kann der Angriff nicht aufgeben, weil die Verteidigung ein Mittel dagegen hat, denn dieses Mittel kann er selbst nicht anwenden, insofern es mit den übrigen Verhältnissen der Verteidigung zu genau zusammenhängt. Um den umfassenden Feind mit Vorteil wieder zu umfassen, muß man sich in einer ausgesuchten und wohleingerichteten Stellung befinden. Aber was viel wichtiger ist, nicht alle Vorteile, welche die Verteidigung darbietet, kommen wirklich in Anwendung; die meisten Verteidigungen sind ein dürftiger Notbehelf, und die Verteidiger befinden sich meistens in einer sehr bedrängten und bedrohten Lage, wo sie, das Schlimmste erwartend, dem Angriff auf halbem Wege entgegenkommen. Die Folge ist, daß Schlachten mit umfassenden Linien oder gar mit verwandter Fronte, welche eigentlich die Folge eines vorteilhaften Verhältnisses der Verbindungslinien sein sollten, gewöhnlich die Folge der moralischen und physischen Überlegenheit sind. Marengo, Austerlitz, Jena. – Bei der ersten Schlacht ist übrigens die Basis des Angreifenden, wenn auch nicht der der Verteidigung überlegen, doch wegen der nahen Grenze meistens sehr groß, also kann er schon etwas wagen.[1] – Der Seitenanfall, d. h. die Schlacht mit verwandter Fronte, ist übrigens wirksamer als die umfassende. – Falsche Vorstellung, daß ein umfassendes strategisches Vorrücken von Hause aus damit verbunden sein müsse wie bei Prag. Dies hat selten etwas damit gemein und ist eine sehr mißliche Sache, worüber in dem Angriff eines Kriegstheaters das Nähere. – So wie in der Verteidigungsschlacht der Feldherr das Bedürfnis hat, die Entscheidung möglichst lange hinzuhalten, Zeit zu gewinnen, weil eine unentschiedene Verteidigungsschlacht mit Sonnenuntergang gewöhnlich eine gewonnene ist, so hat der Feldherr in der Angriffsschlacht das Bedürfnis, die Entscheidung zu beschleunigen; aber von der anderen Seite ist mit der Übereilung eine große Gefahr verbunden, weil sie zur Verschwendung der Kräfte führt. Eine Eigentümlichkeit der Angriffsschlacht ist in den meisten Fällen die Ungewißheit über die Lage des Gegners; sie ist ein wirkliches Hineintappen in unbekannte Verhält-

---

1 [Dieser Satz fehlt in 2. Auflage.]

nisse. Austerlitz, Wagram, Hohenlinden, Jena, Katzbach. Je mehr sie das ist, um so mehr Vereinigung der Kräfte, um so mehr Umgehen als Umfassen. Daß die Hauptfrüchte des Sieges erst im Verfolgen errungen werden, lehrt schon das zwölfte Kapitel des vierten Buches. Der Natur der Sache nach ist bei der Offensivschlacht das Verfolgen mehr ein integrierender Teil der ganzen Handlung als in der Verteidigungsschlacht.

Achtes Kapitel: Flußübergänge

1. Ein beträchtlicher Fluß, welcher die Richtungslinie des Angriffs durchschneidet, ist immer eine sehr unbequeme Sache für den Angreifenden; denn er ist, wenn er ihn überschritten hat, meistens auf eine Brücke eingeschränkt und wird also, wenn er nicht dicht an demselben stehenbleiben will, in all seinem Handeln sehr beengt sein. Denkt er gar darauf, dem Feinde jenseits ein entscheidendes Gefecht zu geben, oder darf er erwarten, daß dieser ihm dazu entgegenkommen wird, so begibt er sich in große Gefahren; ohne bedeutende moralische und physische Überlegenheit wird sich also ein Feldherr in diese Lage nicht begeben.

2. Aus dieser Schwierigkeit des bloßen Hintersichnehmens des Flusses entsteht auch die Möglichkeit, ihn wirklich zu verteidigen, viel öfter, als es sonst der Fall sein würde. Setzt man voraus, daß diese Verteidigung nicht als das einzige Heil betrachtet, sondern so eingerichtet wird, daß, wenn sie selbst mißlungen ist, doch noch ein Widerstand in der Nähe des Flusses möglich bleibt, so treten zu dem Widerstand, welchen der Angreifende durch die Verteidigung des Flusses erleiden kann, in seinem Kalkül auch noch alle Vorteile, wovon unter Nr. 1 gesprochen ist, und beides zusammen macht, daß man die Feldherren beim Angriff vor einem verteidigten Fluß so viel Respekt haben sieht.

3. Aber wir haben im vorigen Buch gesehen, daß unter gewissen Bedingungen die eigentliche Verteidigung des Flusses recht gute Erfolge verspricht, und wenn wir auf die Erfahrungen sehen, so müssen wir gestehen, daß diese Erfolge eigentlich noch viel häufiger eintreten, als die Theorie sie verspricht, weil man in dieser doch nur mit den wirklichen Verhältnissen rechnet, wie sie sich finden, während in der Ausführung dem Angreifenden gewöhnlich alle etwas schwieriger erscheinen, als sie wirklich sind, und daher ein starker Hemmschuh seines Handelns werden.

Ist nun gar von einem Angriff die Rede, der nicht auf eine große Entscheidung geht und nicht mit durchgreifender Energie geführt wird, so kann man sagen, daß in der Ausführung eine Menge von kleinen, in der Theorie gar nicht zu berechnenden Hindernissen und Zufällen sich zum Nachteil des Angreifenden zeigen werden, weil er der Handelnde ist, also mit ihnen am ersten in Konflikt kommt. Man bedenke nur, wie oft die an sich unbedeutenden lombardischen Flüsse mit Erfolg verteidigt worden sind. – Wenn es in der Kriegsgeschichte dagegen auch Flußverteidigungen gibt, die nicht das von ihnen Erwartete geleistet haben, so liegt es darin, daß man zuweilen von diesem Mittel ganz übertriebene Wirkung verlangt hat, die sich ganz und gar nicht auf seine taktische Natur gründete, sondern bloß auf seine aus der Erfahrung bekannte Wirksamkeit, die man dann noch über alle Gebühr ausdehnen wollte.

4. Nur dann, wenn der Verteidiger den Fehler macht, auf die Verteidigung seines Flusses sein ganzes Heil zu bauen und sich in den Fall setzt, durch ihre Sprengung in große Verlegenheiten und eine Art Katastrophe zu geraten, nur dann kann die Flußverteidigung als eine dem Angriff günstige Form des Widerstandes angesehen werden, denn es ist allerdings leichter, eine Flußverteidigung zu sprengen als eine gewöhnliche Schlacht zu gewinnen.

5. Es folgt aus dem Bisherigen von selbst, daß Flußverteidigungen von einem großen Wert werden, wenn keine große Entscheidung gesucht wird, daß aber da, wo diese von der Übermacht oder Energie des Gegners zu erwarten ist, dies Mittel, wenn es falsch angewendet wird, von einem positiven Wert für den Angreifenden sein kann.

6. Die wenigsten Flußverteidigungen sind so, daß sie nicht umgangen werden könnten, sei es im allgemeinen der ganzen Verteidigungslinie oder im besonderen eines einzelnen Punktes. Es bleibt also dem überlegenen, auf große Schläge ausgehenden Angreifenden immer das Mittel, auf einem Punkt zu demonstrieren und auf einem anderen überzugehen und dann die ersten nachteiligen Verhältnisse im Gefecht, welche ihn treffen können, durch die Überzahl und ein rücksichtsloses Vordringen gutzumachen, denn auch dies letztere wird durch die Überlegenheit möglich gemacht. Ein eigentliches taktisches Forcieren eines verteidigten Flusses, indem man einen feindlichen Hauptposten durch überlegenes Feuer und überlegene Tapferkeit vertreibt, kommt daher selten oder nie vor, und der Ausdruck eines gewaltsamen Überganges ist immer nur strategisch zu nehmen, insofern der Angreifende durch seinen Übergang an einer gar nicht oder

wenig verteidigten Stelle innerhalb der angeordneten Linie alle Nachteile, die ihm nach der Absicht des Verteidigers aus seinem Übergang erwachsen sollen, braviert. – Das Schlechteste aber, was der Angreifende tun kann, ist ein wirklicher Übergang auf mehreren Punkten, wenn sie nicht ganz nahe beieinander liegen und ein gemeinschaftliches Schlagen gestatten; denn da der Verteidiger notwendig geteilt sein muß, so begibt der Angreifende sich durch ein Teilen seiner Kräfte seines natürlichen Vorteils. Dadurch verlor Bellegarde 1814 die Schlacht am Mincio, wo zufällig beide Armeen zugleich an verschiedenen Punkten übergingen, und die Österreicher mehr geteilt als die Franzosen.

7. Bleibt der Verteidiger diesseits des Flusses, so versteht es sich von selbst, daß es zwei Wege gibt, ihn strategisch zu besiegen: entweder, indem man dessenungeachtet auf irgendeinem Punkt übergeht und also den Verteidiger in demselben Mittel überbietet, oder durch eine Schlacht. Bei dem ersten sollten die Verhältnisse der Basis und Verbindungslinien vorzüglich entscheiden, aber freilich sieht man oft die speziellen Anstalten mehr entscheiden als die allgemeinen Verhältnisse; wer bessere Posten zu wählen weiß, besser sich einzurichten, wem besser gehorcht wird, wer schneller marschiert usw., kann mit Vorteil gegen die allgemeinen Umstände ankämpfen. Was das zweite Mittel betrifft, so setzt es bei dem Angreifenden die Mittel, die Verhältnisse und den Entschluß zu einer Schlacht voraus; wo aber diese vorauszusetzen sind, da wird der Verteidiger nicht leicht diese Art von Flußverteidigung wagen.

8. Als Endresultat müssen wir also sagen, daß, wenn auch der Übergang über einen Fluß an und für sich in den wenigsten Fällen große Schwierigkeiten hat, doch in allen Fällen, die keine große Entscheidung mit sich führen, sich soviel Bedenken für die Folgen und entfernteren Verhältnisse daran anknüpfen, daß allerdings der Angreifende dadurch leicht zum Stehen gebracht werden kann: so daß er entweder den Verteidiger diesseits des Flusses läßt oder allenfalls übergeht, aber dann dicht am Fluß stehenbleibt. Denn daß beide Teile lange an verschiedenen Seiten des Flusses einander gegenüberbleiben, kommt nur in wenigen Fällen vor.

Aber auch in Fällen großer Entscheidung ist ein Fluß ein wichtiges Objekt; er schwächt und stört immer die Offensive, und das günstigste in diesem Falle ist, wenn der Verteidiger dadurch verleitet wird, ihn als eine taktische Barriere zu betrachten und aus seiner eigentlichen Verteidigung den Hauptakt seines Widerstandes zu machen, so daß der Angreifende den Vorteil in die Hände bekommt, den entscheidenden Schlag auf eine leichte Art zu tun. – Freilich wird dieser Schlag im ersten Augenblick niemals eine vollständige Niederlage des Gegners sein, aber er wird in einzelnen vorteilhaften Gefechten bestehen, und diese dann beim Gegner sehr schlechte allgemeine Verhältnisse herbeiführen wie 1796 bei den Österreichern am Niederrhein.

Neuntes Kapitel: Angriff von Defensivstellungen

Im Buche von der Verteidigung ist hinreichend auseinandergesetzt, inwiefern Defensivstellungen zwingen werden, sie entweder anzugreifen oder sein Vorschreiten aufzugeben. Nur solche, die das tun, sind zweckmäßig und geeignet, die Angriffskraft ganz oder zum Teil zu verzehren oder zu neutralisieren, und insoweit vermag der Angriff nichts dagegen, d. h. es gibt in seinem Bereich kein Mittel, diesen Vorteil aufzuwiegen. Aber nicht alle Defensivstellungen, die vorkommen, sind wirklich so. Sieht der Angreifende, daß er sein Ziel verfolgen kann, ohne sie anzugreifen, so wäre der Angriff ein Fehler; kann er sein Ziel nicht verfolgen, so frägt es sich, ob er den Gegner durch Flankenbedrohung herausmanövrieren kann. Nur wenn diese Mittel unwirksam sind, entschließt man sich zum Angriff einer guten Stellung, und dann pflegt der Angriff von der Seite her immer etwas weniger Schwierigkeit darzubieten; aber die Wahl zwischen beiden Seiten entscheidet die Lage und Richtung der gegenseitigen Rückzugslinien, also die Bedrohung des feindlichen Rückzuges und die Sicherung des eigenen. Zwischen beiden kann dann Konkurrenz entstehen, und dabei gebührt der ersten Rücksicht ein natürlicher Vorzug, denn sie ist selbst offensiver Natur, also mit dem Angriff homogen, während die andere defensiver Natur ist. Aber es ist gewiß und muß hier als eine Hauptwahrheit betrachtet werden: daß *einen tüchtigen Gegner in einer guten Stellung anzugreifen ein mißliches Ding ist.* Es fehlt freilich nicht an Beispielen solcher Schlachten, und zwar glücklicher, wie Torgau, Wagram (Dresden nennen wir nicht, weil wir den Gegner in derselben nicht tüchtig nennen mögen); aber im ganzen ist die Gefahr sehr gering und verschwindet gegen die Unzahl der Fälle, wo wir die entschlossensten Feldherren vor guten Stellungen salutieren sahen.[1]

---

1 [2. Auflage: im Ganzen ist jedoch die Gefahr für den mutigen und umsichtigen Verteidiger in einer guten, festen Stellung gering, denn, wie die Geschichte in gar vielen Beispielen zeigt, wagten auch die entschlossensten Feldherren nicht, solche Stellungen anzugreifen (Torres-Bedras).]

Aber man muß mit dem Gegenstand, den wir hier im Auge haben, nicht die gewöhnlichen Schlachten verwechseln. Die meisten Schlachten sind wahre rencontres, in denen zwar der eine steht, aber in einer unzubereiteten Stellung.[1]

Zehntes Kapitel: Angriff verschanzter Lager

Es war eine Zeitlang Mode, sehr geringschätzend von Schanzen und ihren Wirkungen zu sprechen. Die kordonartigen Linien der französischen Grenzen, welche oft gesprengt worden waren, das verschanzte Lager von Breslau, in dem der Herzog von Bevern die Schlacht verlor, die Schlacht bei Torgau und mehrere andere Fälle hatten dies Urteil herbeigeführt, und die durch Bewegung und Offensivmittel errungenen Siege Friedrichs des Großen hatten auf alle Verteidigung, alles stehende Gefecht und namentlich alle Schanzen einen Reflex geworfen, der diese Geringschätzung noch vermehrte. Freilich, wenn ein paar tausend Mann mehrere Meilen Land verteidigen sollen, oder wenn Schanzen nichts anderes sind als umgekehrte Laufgräben, so sind sie für nichts zu rechnen, und es entsteht also durch das Vertrauen, welches man auf sie setzt, eine gefährliche Lücke. Aber ist es denn nicht Widerspruch oder vielmehr Unsinn, wenn man dies im Geist eines gemeinen Schwadroneurs, wie Tempelhoff es tut, auf den Begriff der Verschanzung selbst ausdehnt? Wozu wären dann überhaupt Schanzen, wenn sie nicht geeignet wären, die Verteidiger zu stärken? Nein! – nicht nur die Vernunft, sondern auch hundert und tausend Erfahrungen zeigen, daß eine gut eingerichtete, gut besetzte, gut verteidigte Schanze *als ein in der Regel unnehmbarer Punkt zu betrachten ist* und auch so von den Angreifenden betrachtet wird. Von diesem Element der Wirksamkeit einer einzelnen Schanze ausgegangen, ist es wohl nicht zu bezweifeln, daß der Angriff eines verschanzten Lagers eine sehr schwierige, meistens eine unmögliche Aufgabe für den Angreifenden ist.

Es liegt in der Natur der verschanzten Lager, daß sie schwach besetzt sind; aber mit guten Terrainhindernissen und tüchtigen Schanzen kann man sich auch gegen eine große Überzahl wehren. Friedrich der Große hielt den Angriff auf das Lager von Pirna für untunlich, ob er gleich das Doppelte der Besatzung dagegen anwenden konnte, und

1 [2. Auflage: rencontres, auch wenn der eine Teil sie, zwar stehenden Fußes, aber nicht in einer wohl vorbereiteten Stellung, annimmt.]

wenn später hin und wieder behauptet worden ist, daß es wohl hätte genommen werden können, so gründet sich der einzige Beweis dieser Behauptung auf den sehr schlechten Zustand der sächsischen Truppen, welches denn freilich nichts gegen die Wirksamkeit der Schanzen beweist. Aber es ist die Frage, ob diejenigen, welche hinterher den Angriff nicht allein für möglich, sondern sogar für leicht gehalten haben, in dem Augenblick sich dazu entschlossen hätten.

Wir glauben also, daß der Angriff eines verschanzten Lagers zu den ganz ungewöhnlichen Mitteln der Offensive gehört. Nur wenn die Schanzen in der Eile aufgeworfen, nicht vollendet, noch weniger mit Zugangshindernissen verstärkt sind, oder wenn überhaupt, wie das oft der Fall ist, das ganze Lager nur ein Schema von dem ist, was es sein sollte, eine halbfertige Ruine, dann kann ein Angriff darauf ratsam sein und sogar ein Weg werden, den Gegner mit Leichtigkeit zu besiegen.

Elftes Kapitel: Angriff eines Gebirges

Was ein Gebirge in den allgemeinen strategischen Beziehungen ist, sowohl bei der Verteidigung als selbst beim Angriff, geht hinreichend aus dem fünften und den folgenden Kapiteln des sechsten Buches hervor. Auch die Rolle, welche ein Gebirge als eigentliche Verteidigungslinie spielt, haben wir dort zu entwickeln gesucht, und daraus geht schon hervor, wie dasselbe in dieser Bedeutung von seiten des Angriffs zu betrachten ist. Es bleibt uns daher über diesen wichtigen Gegenstand hier wenig zu sagen übrig. Unser Hauptresultat war dort: daß die Verteidigung den ganz verschiedenen Gesichtspunkt eines untergeordneten Gefechts oder einer Hauptschlacht annehmen muß, daß im ersten Fall der Angriff eines Gebirges nur als ein notwendiges Übel betrachtet werden kann, weil er alle Verhältnisse gegen sich hat, daß aber im zweiten Fall sich die Vorteile auf Seite des Angriffs befinden.

Ein Angriff also, der mit den Kräften und dem Entschluß zu einer Schlacht ausgerüstet ist, wird seinem Gegner im Gebirge begegnen und gewiß seine Rechnung dabei finden.

Aber wir müssen auch hier noch einmal darauf zurückkommen, daß es schwer sein wird, diesem Resultat Gehör zu verschaffen, weil es gegen den Augenschein und auf den ersten Blick auf gegen alle Kriegserfahrung läuft. Noch in den meisten Fällen hat man nämlich gesehen, daß eine zum Angriff vordringende Armee, sie mag nun eine

Hauptschlacht suchen oder nicht, es für ein unerhörtes Glück gehalten hat, wenn der Feind das Zwischengebirge nicht besetzt hatte, und sie beeilte sich dann, ihm zuvorzukommen, und niemand wird in diesem Zuvorkommen einen Widerspruch mit dem Interesse des Angreifenden finden. Dies ist auch in unserer Ansicht sehr zulässig, nur muß man hier genauer unterscheiden.

Eine Armee, die dem Feinde entgegengeht, um ihm eine Hauptschlacht zu liefern, wird, wenn sie ein unbesetztes Gebirge zu überschreiten hat, die natürliche Besorgnis haben, daß der Feind nur eben diejenigen Pässe, welcher sie sich dazu bedienen will, im letzten Augenblick verrennt; in diesem Falle würden für den Angreifenden nicht mehr dieselben Vorteile vorhanden sein, die ihm eine gewöhnliche Gebirgsstellung des Feindes dargeboten hätte. Dieser ist nämlich dann nicht mehr übernatürlich ausgedehnt, ist nicht mehr ungewiß über den Weg, welchen der Angreifende einschlägt, der Angreifende hat die Wahl seiner Straßen nicht mit Rücksicht auf die feindliche Aufstellung wählen können, und es ist also diese Schlacht im Gebirge nicht mehr mit allen den Vorzügen für den Angreifenden ausgerüstet, von denen wir im sechsten Buche gesprochen haben; unter solchen Umständen könnte der Verteidiger in einer unangreifbaren Stellung gefunden werden. Sonach würde ja dem Verteidiger auf diese Weise doch das Mittel zu Gebot stehen, einen vorteilhaften Gebrauch für seine Hauptschlacht aus dem Gebirge zu ziehen. – Möglich wäre dies allerdings, aber wenn man die Schwierigkeiten bedenkt, die es für den Verteidiger haben würde, sich im letzten Augenblick in einer guten Stellung im Gebirge festzusetzen, zumal wenn er es vorher ganz unbesetzt gelassen hätte, so wird man wohl dieses Verteidigungsmittel für ein ganz unzuverlässiges und also auch den Fall, welchen der Angreifende zu fürchten hat, für einen sehr *unwahrscheinlichen* halten. Aber darum, weil dieser Fall sehr unwahrscheinlich ist, bleibt es doch natürlich, ihn zu fürchten. Denn im Kriege ist es oft der Fall, daß eine Besorgnis sehr natürlich und doch ziemlich überflüssig ist.

Aber ein anderer Gegenstand, welchen der Angreifende hier zu fürchten hat, ist die vorläufige Gebirgsverteidigung durch eine Avantgarde oder Vorpostenkette. Auch dieses Mittel wird nur in den wenigsten Fällen seinem Interesse zusagen, aber der Angreifende ist nicht wohl imstande zu unterscheiden, inwiefern dies der Fall sein wird oder nicht, und so fürchtet er das Schlimmste.

Ferner widerspricht unsere Ansicht in diesem Punkt keineswegs der Möglichkeit, daß eine Stellung durch den Gebirgscharakter des Terrains ganz unangreifbar werde; es gibt dergleichen Stellungen, die darum noch nicht im Gebirge liegen: Pirna, Schmottseifen, Meißen, Feldkirch; und gerade weil sie nicht im Gebirge liegen, sind sie tauglicher. Aber man kann sich auch sehr wohl denken, daß solche Stellungen im Gebirge selbst gefunden werden können, wo sich die Verteidiger von den gewöhnlichen Nachteilen der Gebirgsstellungen losmachen können, z. B. auf hohen *Plateaus,* doch sind sie äußerst selten, und wir konnten nur die Mehrzahl im Auge haben.

Wie wenig sich Gebirge zu entscheidenden Verteidigungsschlachten eignen, sehen wir gerade aus der Kriegsgeschichte, denn die großen Feldherren, wenn sie es auf eine solche Schlacht ankommen lassen wollten, haben sich lieber in der Ebene aufgestellt, und es finden sich in der ganzen Kriegsgeschichte keine anderen Beispiele entscheidender Gefechte im Gebirge als die im Revolutionskrieg, wo offenbar eine falsche Anwendung und Analogie den Gebrauch der Gebirgsstellungen auch da herbeigeführt hat, wo man auf entscheidende Schläge rechnen mußte, 1793 und 1794 in den Vogesen und 1795, 96 und 97 in Italien. Jedermann hat Melas angeklagt, daß er 1800 die Alpendurchgänge nicht besetzt hatte; aber das sind Kritiken des ersten Einfalles, des bloßen, man möchte sagen kindischen Urteils nach dem Augenschein. Bonaparte an Melas' Stelle hätte sie ebensowenig besetzt.

Die Anordnung eines Gebirgsangriffs ist größtenteils taktischer Natur, nur glauben wir hier für die ersten Umrisse, also für diejenigen Teile, welche der Strategie zunächst liegen und mit ihr zusammenfallen, folgendes angeben zu müssen:

1. Da man im Gebirge nicht wie in anderen Gegenden von der Straße ausweichen und aus einem zwei oder drei machen kann, wenn das Bedürfnis des Augenblicks es erfordert, die Masse der Truppen zu teilen, sondern meistens in langen Defileen stockt, so muß das Vorgehen überhaupt auf mehreren Straßen oder vielmehr auf einer etwas breiteren Fronte geschehen.

2. Gegen eine weit ausgedehnte Gebirgsverteidigung wird natürlich der Angriff mit gesammelten Kräften geschehen; an ein Umfassen des Ganzen ist da nicht zu denken, und wenn ein bedeutender Siegeserfolg eintreten soll, so muß er mehr durch das Sprengen der feindlichen Linie und das Abdrängen der Flügelpartien erreicht werden als durch umfassendes Abschneiden. Schnelles, unaufhaltsames Vordringen auf der Hauptrückzugsstraße des Feindes ist da das natürliche Bestreben des Angreifenden.

3. Ist aber der Feind in einer weniger gesammelten Aufstellung im Gebirge anzugreifen, so sind die Umgehungen ein sehr wesentlicher Teil des Angriffs, denn die Stöße auf die Fronte werden auf die größte Stärke des Verteidigers treffen; die Umgehungen aber müssen wieder mehr auf ein wahres Abschneiden als auf einen taktischen Seiten- oder Rückenanfall abzielen, denn selbst im Rücken sind Gebirgsstellungen, wenn es nicht an Kräften fehlt, noch eines großen Widerstandes fähig; und es ist der schnellste Erfolg immer nur von der Besorgnis zu erwarten, die man dem Feinde gibt, daß er seinen Rückzug verliere; und diese Besorgnis entsteht im Gebirge früher und wirkt stärker, weil man sich im schlimmsten Fall nicht so leicht mit dem Degen in der Faust Platz machen kann. Aber eine bloße Demonstration ist hier nicht das genügende Mittel; sie würde den Feind allenfalls aus seiner Stellung herausmanövrieren, aber keinen sonderlichen Erfolg geben, es muß also auf ein wirkliches Abschneiden abgesehen sein.

Zwölftes Kapitel: Angriff von Linienkordons

Wenn in ihrer Verteidigung und in ihrem Angriff eine Hauptentscheidung enthalten sein soll, so gereichen sie dem Angreifenden zu einem wahren Vorteil, denn ihre übernatürliche Ausdehnung widerspricht noch mehr als die unmittelbare Fluß- oder Gebirgsverteidigung allen Erfordernissen einer entscheidenden Schlacht. Eugens Linien von Denain 1712 sind wohl hierher zu zählen, denn ihr Verlust glich einer verlorenen Schlacht vollkommen, schwerlich aber hätte Villars in einer konzentrierten Stellung gegen Eugen diesen Sieg erfochten. Wo die Mittel zu einer entscheidenden Schlacht nicht im Angriff liegen, da sind selbst Linien respektiert, wenn sie nämlich von der feindlichen Hauptarmee besetzt sind, wie die von Stollhofen unter Ludwig von Baden im Jahre 1703 selbst von Villars respektiert wurden. Sind sie aber nur von einer untergeordneten Streitkraft besetzt, so kommt freilich alles auf die Stärke des Korps an, welches man zu ihrem Angriff verwenden kann. Der Widerstand ist dann meistens nicht groß, aber freilich das Resultat des Sieges auch selten viel wert.

Die Zirkumvallationslinien der Belagerer haben einen eigenen Charakter, wovon in dem Kapitel vom Angriff eines Kriegstheaters gesprochen werden soll.

Alle kordonartigen Aufstellungen, z.B. verstärkte Vorpostenlinien usw., haben immer das Eigentümliche, daß sie leicht zu sprengen sind; aber wenn es nicht geschieht, um weiter vorzudringen und eine Entscheidung daraus zu nehmen, so geben sie nur einen schwachen Erfolg, der meistens nicht der Mühe wert ist, die man darauf gewendet hat.

Dreizehntes Kapitel: Manövrieren

1. Schon im dreißigsten Kapitel des sechsten Buches ist dasselbe berührt. Es ist aber allerdings, obgleich dem Verteidiger und Angreifenden gemeinschaftlich, doch immer etwas mehr angreifender als verteidigender Natur, daher wir es hier näher charakterisieren wollen.

2. Das Manövrieren steht nicht der gewaltsamen Ausführung des Angriffs durch große Gefechte, sondern jeder solchen Ausführung des Angriffs entgegen, die unmittelbar aus den Mitteln desselben hervorgeht, wäre es auch eine Wirkung auf die feindlichen Verbindungslinien, auf den Rückzug, eine Diversion usw.

3. Halten wir uns an den Sprachgebrauch, so liegt in dem Begriff des Manövrierens eine Wirksamkeit, welche gewissermaßen aus nichts, d.h. aus dem *Gleichgewicht,* erst *hervorgerufen* wird durch die Fehler, welche man dem Feinde ablockt. Es sind die ersten Züge im Schachspiel. Es ist also ein Spiel gleichgewichtiger Kräfte, um eine glückliche Gelegenheit zu Erfolgen herbeizuführen und diese dann als eine Überlegenheit über den Gegner zu benutzen.

4. Diejenigen Interessen aber, welche teils als das Ziel, teils als die Stützpunkte des Handelns hierbei betrachtet werden müssen, sind hauptsächlich:

a) die Verpflegung, welche man dem Gegner abzuschneiden oder zu beschränken sucht;

b) die Vereinigung mit anderen Korps;

c) die Bedrohung anderer Verbindungen mit dem Innern des Landes oder mit anderen Armeen und Korps;

d) die Bedrohung des Rückzuges;

e) der Angriff einzelner Punkte mit überlegenen Kräften.

Diese fünf Interessen können sich in den allerkleinsten Einzelheiten der individuellen Lage festsetzen und diese dadurch zu dem Gegenstand werden, um den sich eine Zeitlang alles dreht. Eine Brücke, eine Straße, eine Schanze spielen dann oft die Hauptrolle. Es ist leicht in jedem Fall darzutun, daß nur die Beziehung, die sie zu einem der eben genannten Gegenstände haben, ihnen die Wichtigkeit gibt.

f) Das Resultat eines glücklichen Manövers ist dann für den Angreifenden oder vielmehr für den aktiven Teil, welches allerdings auch der Verteidigende sein kann, ein Stückchen Land, ein Magazin usw.

g) Bei dem strategischen Manöver kommen zwei Gegensätze vor, die das Ansehen verschiedener Manöver haben und auch wohl zu Ableitung falscher Maximen und Regeln gebraucht worden sind, wovon vier Glieder, aber im Grunde alle notwendige Bestandteile der Sache sind und als solche betrachtet werden müssen. Der erste Gegensatz ist das Umfassen und das Wirken auf inneren Linien, der zweite das Zusammenhalten der Kräfte und das Ausdehnen in vielen Posten.

h) Was den ersten Gegensatz betrifft, so kann man durchaus nicht sagen, daß eines der beiden Glieder vor dem anderen einen allgemeinen Vorzug verdiene; denn teils ist es natürlich, daß das Bestreben der einen Art die andere als sein natürliches Gegengewicht, als seine wahre Arznei hervorruft; teils ist das Umfassen dem Angriff, das Bleiben auf den inneren Linien aber der Verteidigung homogen, und es wird also meistens jenes dem Angreifenden, dieses dem Verteidiger mehr zusagen. Diejenige Form wird die Oberhand behalten, die am besten gehandhabt wird.

i) Die Glieder des anderen Gegensatzes lassen sich ebensowenig eines dem anderen unterordnen. Dem Stärkeren ist es verstattet, sich in mehreren Posten auszudehnen; dadurch wird er sich in vielen Rücksichten ein bequemes strategisches Dasein und Handeln verschaffen und die Kräfte seiner Truppen schonen. Der Schwächere muß sich mehr zusammenhalten und durch Bewegung den Schaden einzubringen suchen, der ihm sonst daraus erwachsen würde. Diese größere Beweglichkeit setzt einen höheren Grad von Fertigkeit in den Märschen voraus. Der Schwächere muß also seine physischen und moralischen Kräfte mehr anstrengen – ein letztes Resultat, was uns natürlich überall entgegentreten muß, wenn wir immer konsequent geblieben sind, und welches man daher gewissermaßen als die logische Probe des Räsonnements betrachten kann. Friedrich der Große gegen Daun im Jahr 1759 und 1760 und gegen Laudon 1761 und Montecuccoli gegen Turenne 1673 und 1675 haben immer für die kunstvollsten Ereignisse dieser Art gegolten, und aus ihnen haben wir hauptsächlich unsere Ansichten entnommen.

k) So wie die vier Glieder der gedachten beiden Gegensätze nicht zu falschen Maximen und Regeln gemißbraucht werden sollen, so müssen wir auch warnen, anderen allgemeinen Verhältnissen, z. B. der Basis, dem Terrain usw. eine Wichtigkeit und einen durchgreifenden Einfluß beizulegen, die sich in der Wirklichkeit nicht finden. Je kleiner die Interessen sind, um die es sich handelt, um so wichtiger werden die Einzelheiten des Ortes und des Augenblicks, um so mehr tritt das Allgemeine und Große zurück, welches in dem kleinen Kalkül gewissermaßen nicht Platz hat. Gibt es, allgemein betrachtet, eine widersinnigere Lage als die Turennes im Jahre 1675, als er mit dem Rücken dicht am Rhein in einer Ausdehnung von 3 Meilen stand und seine Rückzugsbrücke auf seinem äußersten rechten Flügel hatte? Gleichwohl erfüllten seine Maßregeln ihren Zweck, und es geschieht nicht mit Unrecht, daß ihnen ein hoher Grad von Kunst und Verständigkeit zugeschrieben wird. Man begreift aber diesen Erfolg und diese Kunst erst, wenn man mehr auf das einzelne achtet und es nach dem Wert würdigt, den es in dem individuellen Fall haben mußte.

l) Wir sind also überzeugt, daß es für das Manövrieren keine Art von Regeln gibt, daß keine Manier, kein allgemeiner Grundsatz den Wert des Handelns bestimmen kann, sondern daß überlegene Tätigkeit, Präzision, Ordnung, Gehorsam, Unerschrockenheit in den individuellsten und kleinsten Umständen die Mittel finden können, sich fühlbare Vorteile zu verschaffen, und daß also von jenen Eigenschaften hauptsächlich der Sieg in diesem Wettkampf abhängen wird.

Vierzehntes Kapitel: Angriff von Morästen, Überschwemmungen, Wäldern

Moräste, d. h. ungangbare Wiesen, die nur durch wenig Dämme durchschnitten sind, bieten dem taktischen Angriff eigene Schwierigkeiten dar, wie wir das schon bei der Verteidigung gesagt haben. Ihre Breite erlaubt nicht, den Feind durch Geschütz vom jenseitigen Ufer zu vertreiben und eigene Übergangsmittel zu konstruieren. Die strategische Folge ist, daß man ihren Angriff zu vermeiden und sie zu umgehen sucht. Wo die Kultur so groß ist, wie in manchen Niederungsstrichen, daß die Durchgänge zahllos werden, da ist der Widerstand des Verteidigers zwar relativ noch immer stark genug, aber für eine absolute Entscheidung auch um so schwächer und also ganz ungeeignet. – Dagegen wird, wenn die Niederung, wie in Holland, durch eine Überschwemmung gesteigert ist, der Widerstand bis zum absoluten wachsen können und dann jeder Angriff daran zuschanden werden. Holland hat es im Jahre 1672 gezeigt, wo nach Eroberung und Besetzung aller außerhalb der Überschwemmungslinie liegenden Festungen doch noch 50000 Mann französischer Truppen übrigblieben, die erst unter Condé und dann unter Luxemburg nicht imstande waren, die Überschwemmungslinie zu überwältigen, obgleich vielleicht nur 20000 Mann diese Linie verteidigten. Wenn der Feldzug der Preußen von 1787 unter dem Herzog von Braunschweig gegen die Holländer ein ganz entgegengesetztes Resultat zeigt, daß mit fast gar keiner Übermacht und sehr unbedeutendem Verlust diese Linien überwältigt wurden, so muß man die Ursache in dem durch politische Meinungen gespaltenen Zustande der Verteidiger und der fehlenden Einheit im Befehl suchen, und doch ist nichts ausgemachter, als daß das Gelingen des Feldzuges, d. h. das Vordringen durch die letzte Überschwemmungslinie bis vor die Mauern von Amsterdam auf einer so feinen Spitze ruhte, daß man unmöglich daraus eine Folgerung ziehen kann. Diese Spitze war das unbewachte Haarlemer Meer. Vermittelst desselben umging der Herzog die Verteidigungslinie und kam dem Posten von Amstelveen in den Rücken. Hätten die Holländer auf diesem Meer ein paar Schiffe gehabt, so wäre der Herzog niemals bis vor Amsterdam gekommen;[1] denn er war au bout de son latin. Welchen Einfluß dies auf den Friedensschluß gehabt hätte, geht uns hier nichts an, aber es ist dadurch ausgemacht, daß von einem Überwältigen der letzten Überschwemmungslinie nicht weiter die Rede sein konnte.

Der Winter ist freilich der natürliche Feind dieses Verteidigungsmittels, wie die Franzosen 1794 und 1795 gezeigt haben, aber es gehört ein *strenger* Winter dazu.

Wälder von geringer Zugänglichkeit haben wir gleichfalls zu den Mitteln gezählt, welche der Verteidigung einen kräftigen Beistand darbieten. Sie sind von geringer Tiefe, so kann der Angreifende auf ein paar nahe beieinander liegenden Wegen durchdringen und die bessere Gegend erreichen, denn die taktische Stärke der einzelnen Punkte wird nicht groß sein, weil ein Wald niemals so absolut undurchdringlich gedacht werden kann wie ein Fluß oder Morast. – Aber wenn, wie in Rußland und Polen, ein bedeutender Landstrich fast überall mit Wald bedeckt ist und die Kraft des Angreifenden ihn nicht darüber hinausführen kann, so wird allerdings seine Lage eine

---

1 [2. Auflage fehlt der Restsatz.]

sehr beschwerliche sein. Man bedenke nur, mit wievielen Schwierigkeiten der Verpflegung er zu kämpfen hat, und wie wenig er imstande ist, im Dunkel der Wälder den überall gegenwärtigen Gegner seine Überlegenheit in der Zahl fühlen zu lassen. Gewiß gehört dies zu den schlimmsten Lagen, in die sich der Angriff begeben kann.

Fünfzehntes Kapitel: Angriff eines Kriegstheaters mit Entscheidung

Die meisten Gegenstände sind schon im sechsten Buche berührt und geben für den Angriff durch den bloßen Reflex das gehörige Licht.

Der Begriff eines geschlossenen Kriegstheaters hat ohnehin eine nähere Beziehung zur Verteidigung als zum Angriff. Manche Hauptpunkte, *Gegenstand des Angriffs, Wirkungssphäre des Sieges,* sind in diesem Buche schon abgehandelt, und das Durchgreifendste und Wesentlichste über die Natur des Angriffs wird sich beim Kriegsplan erst darstellen lassen; doch bleibt uns hier noch manches zu sagen, und wir wollen wieder mit dem Feldzug den Anfang machen, in welchem die Absicht einer großen Entscheidung vorhanden ist.

1. Das nächste Ziel des Angriffs ist ein Sieg. Alle Vorteile, welche der Verteidiger in der Natur seiner Lage findet, kann der Angreifende nur durch Überlegenheit gutmachen und allenfalls durch den mäßigen Vorzug, welchen das Gefühl, der Angreifende und Vorschreitende zu sein, dem Heere gibt. Meistens wird dies letztere sehr überschätzt, denn es dauert nicht lange und hält gegen reellere Schwierigkeiten nicht Stich. Es versteht sich, daß wir hierbei voraussetzen, daß der Verteidiger ebenso fehlerfrei und angemessen verfahre wie der Angreifende. Wir wollen mit dieser Bemerkung die dunklen Ideen von Überfall und Überraschung entfernen, welche man sich beim Angriff gewöhnlich als reichliche Siegesquellen denkt, und die doch ohne besondere individuelle Umstände nicht eintreten. Wie es mit dem eigentlichen strategischen Überfall ist, haben wir schon an einem anderen Ort gesagt. – Fehlt also dem Angriff die physische Überlegenheit, so muß eine moralische da sein, um die Nachteile der Form aufzuwiegen, und wo auch diese fehlt, ist der Angriff nicht motiviert und wird nicht glücklich sein.

2. So wie Vorsicht der eigentliche Genius der Verteidigung ist, so ist es Kühnheit und Zuversicht beim Angreifenden; nicht daß die ent-

gegengesetzten Eigenschaften beiden fehlen dürften, sondern es stehen die ihnen zur Seite in einer stärkeren Affinität damit.[1] Alle diese Eigenschaften sind ja überhaupt nur nötig, weil das Handeln kein mathematisches Konstruieren ist, sondern eine Tätigkeit in dunklen oder höchstens dämmernden Regionen, wo man sich demjenigen Führer anvertrauen muß, der sich am meisten für unser Ziel eignet. – Je moralisch schwächer sich der Verteidiger zeigt, um so dreister muß der Angreifende werden.

3. Zum Sieg gehört das Treffen der feindlichen Hauptmacht mit der eigenen. Dies hat beim Angriff weniger Zweifel als bei der Verteidigung, denn der Angreifende sucht den Verteidiger, welcher ja gewöhnlich schon steht, in seiner Stellung auf. Allein wir haben behauptet (bei der Verteidigung), er solle ihn, wenn der Verteidiger sich *falsch* gestellt hat, nicht aufsuchen, weil er sicher sein könne, daß dieser *ihn* aufsuchen würde und er dann den Vorteil hätte, ihn unvorbereitet zu treffen. Es kommt hierbei alles auf die wichtigste Straße und Richtung an, und diesen Punkt haben wir bei der Verteidigung unerörtert gelassen und auf dieses Kapitel verwiesen. Wir wollen also hier das Nötige darüber sagen.

4. Welches die näheren Gegenstände des Angriffs und also die *Zwecke* des Sieges sein können, haben wir schon früher gesagt; liegen nun diese innerhalb des Kriegstheaters, welches angegriffen wird und innerhalb der wahrscheinlichen Siegessphäre, so sind die Wege dahin die natürlichen Richtungen des Stoßes. Aber wir müssen nicht vergessen, daß der Gegenstand des Angriffs gewöhnlich erst seine Bedeutung mit dem Siege erhält, daß der Sieg also immer in Verbindung damit gedacht werden muß; es kommt also dem Angreifenden nicht so sehr darauf an, den Gegenstand bloß zu erreichen, sondern als Sieger, und so wird denn die Richtung seines Stoßes nicht sowohl auf den Gegenstand selbst, als auf *den* Weg treffen müssen, den das feindliche Heer dahin zu nehmen hat. Dieser Weg ist uns das nächste Objekt. Die feindliche Armee zu treffen, ehe sie jenen Gegenstand erreicht, sie davon abzuschneiden und in dieser Lage zu schlagen, gibt den potenzierten Sieg. – Wäre also die feindliche Hauptstadt das Hauptobjekt des Angriffs, und der Verteidiger hätte sich nicht zwischen ihr und dem Angreifenden aufgestellt, so hätte dieser unrecht, gerade auf die Hauptstadt loszugehen, sondern er tut besser, auf die Verbindung

---

1 [2. Auflage: so sollen Kühnheit und Zuversicht den Angreifenden beseelen, weil diese Eigenschaften die stärkere Affinität mit den entgegengesetzten Aufgaben haben.]

zwischen der feindlichen Armee und der Hauptstadt seine Richtung zu nehmen und dort den Sieg zu suchen, der ihn dahin bringen soll.

Liegt in der Siegessphäre des Angriffs kein großes Objekt, so ist die Verbindung der feindlichen Armee mit dem nächsten großen Objekt der Punkt, welcher die vorherrschende Wichtigkeit hat. Es wird sich also jeder Angreifende fragen: wenn ich in der Schlacht glücklich bin, was fange ich mit dem Siege an? Das Eroberungsobjekt, worauf ihn dieses führt, ist dann die natürliche Richtung des Stoßes. Hat der Verteidiger sich in dieser Richtung aufgestellt, so ist er im Recht, und es bleibt nichts übrig, als ihn da aufzusuchen. Wäre seine Stellung zu stark, so müßte der Angreifende das Vorbeigehen versuchen, d. h. aus der Not eine Tugend machen. Ist der Verteidiger aber nicht auf der rechten Stelle, so wählt der Angreifende diese Richtung und wendet sich, sobald er in die Höhe des Verteidigers kommt und dieser sich unterdes nicht seitwärts vorgeschoben hat, in die Richtung seiner Verbindungslinie mit dem Gegenstand, um die feindliche Armee dort aufzusuchen; wäre sie ganz stehengeblieben, so würde der Angreifende gegen dieselbe umkehren müssen, um sie von hinten anzugreifen.

Unter allen Wegen, deren Wahl der Angreifende zum Objekt hat, sind die großen Handelsstraßen immer die besten und natürlichsten. Wo sie eine zu starke Biegung machen, muß man freilich für diese Stellen die geraderen, wenn auch kleineren Wege wählen, denn eine von der geraden Linie stark abweichende Rückzugsstraße hat immer große Bedenklichkeiten.

5. Zu einer Teilung der Macht hat der Angreifende, der auf eine große Entscheidung ausgeht, durchaus keine Ursache, und es ist meistens, wenn es dennoch geschieht, als ein Fehler der Unklarheit zu betrachten. Er soll also mit seinen Kolonnen nur in solcher Breite vorrücken, daß alle zugleich schlagen können. Hat der Feind selbst seine Macht geteilt, so wird das dem Angreifenden um so mehr zum Vorteil gereichen, nur können dabei freilich kleine Demonstrationen vorkommen, die gewissermaßen die strategischen fausses attaques sind und die Bestimmung haben, jene Vorteile festzuhalten; die dadurch veranlaßte Teilung der Macht wäre dann gerechtfertigt.

Die ohnehin notwendige Teilung in mehrere Kolonnen muß zur umfassenden Anordnung des taktischen Angriffs benutzt werden, denn diese Form ist dem Angriff natürlich und darf nicht ohne Not versäumt werden. Aber sie muß taktischer Natur bleiben, denn ein strategisches Umfassen, während ein großer Schlag geschieht, ist vollkommene Kraftverschwendung. Es wäre also nur zu entschuldigen, wenn der Angreifende so stark wäre, daß der Erfolg gar nicht als zweifelhaft betrachtet werden könnte.

6. Aber auch der Angriff hat seine Vorsicht, denn der Angreifende hat auch einen Rücken, hat Verbindungen, die gesichert werden müssen. Diese Sicherung muß aber womöglich durch die Art geschehen, wie er sich vorbewegt, d. h. also eo ipso durch die Armee selbst. Wenn dazu besondere Kräfte bestimmt werden müssen, also eine Teilung der Kräfte hervorgerufen wird, so kann dies natürlich der Kraft des Stoßes selbst nur schaden. – Da eine beträchtliche Armee immer in der Breite von wenigstens einem Marsch vorzurücken pflegt, so wird, wenn die Rückzugsverbindungslinien nicht zu sehr von der senkrechten abweichen, die Deckung derselben meistens schon durch die Fronte der Armee erreicht.

Die Gefahren dieser Art, welchen der Angreifende ausgesetzt ist, müssen hauptsächlich nach der Lage und dem Charakter des Gegners abgemessen werden. Wo alles unter dem Atmosphärendruck einer großen Entscheidung ruht, bleibt dem Verteidiger für Unternehmungen dieser Art wenig Spielraum; der Angreifende wird also in den gewöhnlichen Fällen nicht viel zu fürchten haben. Aber wenn das Vorschreiten vorüber ist, der Angreifende nach und nach selbst in den Zustand der Verteidigung mehr und mehr übergeht, dann wird die Deckung des Rückens immer notwendiger, immer mehr eine Hauptsache. Denn da der Rücken eines Angreifenden der Natur der Sache nach schwächer ist als der des Verteidigers, so kann dieser schon lange vorher, ehe er zum wirklichen Angriff übergeht, und sogar indem er selbst noch immer Land einräumt, angefangen haben, auf die Verbindungslinien des Angreifenden zu wirken.

Sechzehntes Kapitel: Angriff eines Kriegstheaters ohne Entscheidung

1. Wenn auch der Wille und die Kraft nicht zu einer großen Entscheidung hinreichen, so kann doch noch die bestimmte Absicht eines strategischen Angriffs vorhanden sein, auf irgendein geringes Objekt gerichtet. Gelingt der Angriff, so kommt mit der Erreichung dieses Objektes das Ganze in Ruhe und Gleichgewicht. Finden sich einigermaßen Schwierigkeiten, so tritt der Stillstand des allgemeinen Fortschreitens schon vorher ein. Nun tritt eine bloße Gelegenheitsoffensive oder auch ein strategisches Manövrieren an die Stelle. Dies ist

der Charakter der meisten Feldzüge.

2. Die Gegenstände, welche das Ziel einer solchen Ofensive ausmachen, sind:

a) Ein Landstrich. Vorteile der Verpflegung, allenfalls auch Kontributionen, Schonung des Landes, Äquivalent beim Frieden sind die Vorteile, welche daraus fließen. Zuweilen knüpft sich auch der Begriff der Waffenehre daran, wie in den Feldzügen der französischen Feldherren unter Ludwig XIV. unaufhörlich vorkommt. Einen sehr wesentlichen Unterschied macht es, ob der Landstrich behauptet werden kann oder nicht. Das erstere ist gewöhnlich nur der Fall, wenn er sich an das eigene Kriegstheater anschließt und ein natürliches Komplement desselben ausmacht. Nur solche können beim Frieden als Äquivalent in Betrachtung kommen, die anderen sind gewöhnlich nur für die Dauer eines Feldzuges eingenommen und sollen im Winter verlassen werden.

b) Ein bedeutendes feindliches Magazin. Wenn es nicht bedeutend ist, so kann es auch nicht wohl als der Gegenstand einer den ganzen Feldzug bestimmenden Offensive angesehen werden. Es bringt zwar an und für sich dem Verteidiger Verlust und dem Angreifenden Gewinn, indessen ist der Hauptvorteil des letzteren dabei doch, daß der Verteidiger dadurch genötigt wird, ein Stück zurückzugehen und einen Landstrich aufzugeben, den er sonst gehalten hätte. Die Eroberung des Magazins ist also eigentlich mehr das Mittel und wird hier nur als Zweck angeführt, weil sie das nächste bestimmte Ziel des Handelns wird.

c) Die Eroberung einer Festung. Wir haben von der Eroberung der Festungen ein eigenes Kapitel handeln lassen und verweisen darauf zurück. Aus den daselbst entwickelten Gründen ist es begreiflich, wie die Festungen immer den vorzüglichsten und erwünschtesten Gegenstand derjenigen Angriffskriege und Feldzüge ausmachen, die auf ein völliges Niederwerfen des Gegners oder auf die Eroberung eines bedeutenden Teiles seines Landes ihre Absicht *nicht* richten können; und so ist es denn leicht erklärlich, wie in den festungsreichen Niederlanden sich alles immer um die Besetzung der einen oder der anderen Festung drehte, und zwar so, daß meistens dabei die Sukzessiveroberung der ganzen Provinz *nicht einmal als Hauptlineament durchschien,* sondern daß jede Festung wie eine diskrete Größe betrachtet wurde, die an sich etwas wert wäre, und bei der wohl mehr auf die Bequemlichkeit und Leichtigkeit des Unternehmens als auf den Wert des Platzes gesehen wurde.

Indessen ist eine Belagerung eines nicht ganz unbedeutenden Platzes immer ein bedeutendes Unternehmen, weil es große Geldausgaben verursacht, und bei Kriegen, wo sichs nicht immer um das Ganze handelt, diese sehr berücksichtigt werden müssen. Daher gehört eine solche Belagerung hier schon zu den bedeutenden Gegenständen eines strategischen Angriffs. Je unbedeutender der Platz ist, oder je weniger es mit der Belagerung ernst ist, je weniger Vorbereitungen dazu getroffen sind, je mehr alles en passant gemacht werden soll, um so kleiner wird dies strategische Ziel, um so angemessener ganz schwachen Kräften und Absichten, und oft sinkt dann das Ganze zu einer bloßen Spiegelfechterei hinab, um den Feldzug mit Ehren hinzubringen, weil man als Angreifender doch irgend etwas tun will.

d) Ein vorteilhaftes Gefecht, Treffen oder gar eine *Schlacht* um der Trophäen oder gar um der bloßen Waffenehre willen und zuweilen auch aus bloßem Ehrgeiz des Feldherrn; daß dies vorkommt, könnte nur der bezweifeln, der gar keine Kriegsgeschichte wüßte. In den Feldzügen der Franzosen zur Zeit Ludwig XIV. sind die meisten Offensivschlachten von der Art. Aber notwendiger ist es, zu bemerken, daß diese Dinge nicht ohne objektives Gewicht, nicht bloßes Spiel der Eitelkeit sind; sie sind von einem sehr bestimmten Einfluß auf den Frieden, führen also ziemlich direkt ans Ziel. Die Waffenehre, das moralische Übergewicht des Heeres und des Feldherrn sind Dinge, die unsichtbar wirken, aber den ganzen kriegerischen Akt unaufhörlich durchdringen.

Das Ziel eines solchen Gefechts setzt freilich voraus: a) daß man eine ziemliche Aussicht zum Siege habe, b) daß man bei dem Verlust des Gefechts nicht zu viel auf das Spiel setze. – Mit einer solchen Schlacht, die man in beengten Verhältnissen und mit beschränktem Ziel liefert, muß man natürlich nicht Siege verwechseln, die bloß aus moralischer Schwäche unbenutzt geblieben sind.

3. Mit Ausnahme des letzten dieser Gegenstände (d) lassen sich alle ohne bedeutendes Gefecht erreichen,[1] und gewöhnlich werden sie vom Angreifenden ohne ein solches erstrebt. Die Mittel nun, welche ohne entscheidendes Gefecht dem Angreifenden zu Gebot stehen, liegen in allen den Interessen, welche der Verteidiger in seinem Kriegstheater hat: das Bedrohen seiner Verbindungslinien, sei es mit Gegenständen des Unterhaltes wie Magazinen, fruchtbaren Provinzen, Wasserstraßen usw., oder mit anderen Korps oder mit mächtigen

1 [Restsatz fehlt in 2. Auflage.]

Punkten wie Brücken, Pässen usw.; das Einnehmen starker Stellungen, aus denen er uns nicht wieder vertreiben kann, und die ihm unbequem liegen; die Einnahme bedeutender Städte, fruchtbarer Landstriche, unruhiger Gegenden, die zur Rebellion verführt werden könnten; das Bedrohen schwacher Verbündeten usw.[1]. Indem der Angriff jene Verbindungen wirklich unterbricht, und zwar auf eine solche Weise, daß der Verteidiger sie sich nicht ohne bedeutende Opfer wieder öffnen kann, indem er jene Punkte einzunehmen sich anschickt, nötigt er den Verteidiger, eine andere Stellung mehr rückwärts oder seitwärts zu nehmen, um jene Objekte zu decken und lieber geringere aufzugeben. So wird denn ein Landstrich frei, ein Magazin, eine Festung entblößt; jenes der Eroberung, diese der Belagerung preisgegeben. Dabei können kleinere und größere Gefechte vorkommen, aber sie werden dann nicht gesucht und als Zweck behandelt, sondern als ein notwendiges Übel und können einen gewissen Grad der Größe und Wichtigkeit nicht überschreiten.

4. Die Einwirkung des Verteidigers auf die Verbindungslinie des Angreifenden ist eine Reaktionsart, die in den Kriegen mit großer Entscheidung nur dann vorkommen kann, wenn die Operationslinien sehr groß werden, dagegen ist diese Reaktionsart bei Kriegen ohne große Entscheidung mehr in der Natur der Sache. Die Verbindungslinien des Gegners werden zwar hier selten sehr lang sein, aber es kommt auch hier nicht darauf an, dem Gegner so große Verluste der Art beizubringen, eine bloße Belästigung und Verkürzung seines Unterhaltes tut oft schon Wirkung, und was den Linien an Länge fehlt, ersetzt einigermaßen die Länge der Zeit, welche man auf diese Bekämpfung des Gegners verwenden kann; darum wird also die Deckung seiner strategischen Flanken ein wichtiger Gegenstand des Angreifenden. Wenn also zwischen dem Angreifenden und dem Verteidiger ein Kampf der Art entsteht, ein Überbieten, so muß der Angreifende seine natürlichen Nachteile durch seine Überlegenheit gutmachen. Bleibt dem ersteren noch soviel Vermögen und Entschluß, einmal einen bedeutenden Streich gegen ein feindliches Korps oder die feindliche Hauptarmee selbst zu wagen, so wird er sich durch diese Gefahr, die er über seinem Gegner schweben läßt, noch am besten decken können.

---

1 [2. Auflage: Provinzen, bedeutenden Städten oder wichtigen Punkten (wie Brücken, Pässe u. dergl.), oder auch mit andern Korps, durch Einnahme starker Stellungen bestehen, die dem Gegner besonders unbequem liegen, usw.]

5. Schließlich müssen wir noch eines bedeutenden Vorteils gedenken, den in Kriegen dieser Art der Angreifende allerdings über seinen Gegner hat, nämlich ihn seiner Absicht und seinem Vermögen nach besser beurteilen zu können, als dies umgekehrt der Fall ist. In welchem Grade ein Angreifender unternehmend und dreist sein wird, ist viel schwerer vorherzusehen, als ob der Verteidiger etwas Großes im Sinn führt. Gewöhnlich liegt, praktisch genommen, schon in der Wahl dieser Kriegsform eine Garantie, daß man nichts Positives wolle; außerdem sind die Anstalten zu einer großen Reaktion von den gewöhnlichen Verteidigungsanstalten viel verschiedener als die Anstalten des Angriffs bei größeren oder geringeren Absichten; endlich ist der Verteidiger genötigt, seine Maßregeln früher zu nehmen und der Angreifende in dem Vorteil der Hinterhand.

Siebzehntes Kapitel: Angriff von Festungen

Der Angriff von Festungen kann uns natürlich nicht von der Seite der fortifikatorischen Arbeiten hier beschäftigen, sondern erstens in Beziehung auf den damit verbundenen strategischen Zweck, zweitens auf die Wahl unter mehreren Festungen, drittens auf die Art, die Belagerung zu decken.

Daß der Verlust einer Festung die feindliche Verteidigung schwächt, besonders dann, wenn sie ein wesentliches Stück derselben ausgemacht hat, daß dem Angreifenden aus ihrem Besitz große Bequemlichkeiten entspringen, indem er sie zu Magazinen und Depots gebrauchen, Landstriche und Quartiere dadurch decken kann usw., daß sie, wenn sein Angriff zuletzt in die Verteidigung übergehen sollte, die stärksten Stützen dieser Verteidigung werden: alle diese Beziehungen, welche die Festungen zu den Kriegstheatern in dem Fortgang des Krieges haben, lassen sich hinreichend aus dem erkennen, was wir im Buch von der Verteidigung über die Festungen gesagt haben, der Reflex davon wird das nötige Licht über den Angriff verbreiten.

Auch in Beziehung auf die Eroberung fester Plätze findet ein großer Unterschied zwischen den Feldzügen mit einer großen Entscheidung und den anderen statt. Dort ist diese Eroberung immer als ein notwendiges Übel anzusehen. Man belagert nur, was man schlechterdings nicht unbelagert lassen kann, solange man nämlich noch etwas zu entscheiden hat. Nur wenn die Entscheidung ganz gegeben, die Krise, die Spannung der Kräfte auf geraume Zeit vorüber und also ein

Zustand der Ruhe eingetreten ist, dann dient die Eroberung der festen Plätze als eine Konsolidierung der gemachten Eroberung, und dann kann sie meistens, zwar nicht ohne Anstrengung und Kraftaufwand, aber doch ohne Gefahr ausgeführt werden. In der Krise selbst ist die Belagerung einer Festung eine hohe Steigerung derselben zum Nachteil des Angreifenden; es ist augenscheinlich, daß nichts so sehr seine Kräfte schwächt und also nichts so gemacht ist, ihm auf eine Zeitlang sein Übergewicht zu rauben. Aber es gibt Fälle, wo die Eroberung einer oder der anderen Festung ganz unerläßlich ist, wenn der Angriff überhaupt fortschreiten soll, und in diesen ist das Belagern als ein intensives Fortschreiten des Angriffs zu betrachten; die Krise wird dann um so größer, je weniger vorher schon entschieden ist. Was über diesen Gegenstand noch in Betrachtung zu ziehen ist, gehört in das Buch vom Kriegsplan.

In den Feldzügen mit einem beschränkten Ziel ist die Festung gewöhnlich nicht das Mittel, sondern der Zweck selbst; sie wird als eine selbständige kleine Eroberung angesehen, und als solche hat sie folgende Vorzüge vor jeder anderen:

1. daß die Festung eine kleine, sehr bestimmt begrenzte Eroberung ist, die nicht zu einer größeren Kraftanstrengung nötigt und also keinen Rückschlag befürchten läßt;

2. daß sie beim Frieden als Äquivalent so gut geltend zu machen ist;

3. daß die Belagerung ein intensives Fortschreiten des Angriffs ist oder wenigstens so aussieht, ohne daß die Schwächung der Kräfte dabei immer zunehme, wie das jedes andere Vorschreiten im Angriff mit sich bringt;

4. daß die Belagerung ein Unternehmen ohne Katastrophe ist.

Alle diese Dinge machen, daß die Eroberung eines oder mehrerer feindlicher Plätze sehr gewöhnlich ein Gegenstand derjenigen strategischen Angriffe ist, die sich kein größeres Ziel vorsetzen können.

Die Gründe, welche bei der Wahl der Festung, welche belagert werden soll, bestimmen, im Fall diese überhaupt zweifelhaft sein kann, sind:

a) daß sie bequem zu behalten sei, also als Äquivalent beim Frieden recht hoch stehe.

b) Die Mittel der Eroberung. Geringe Mittel lassen nur kleine Festungen zu, und es ist besser, daß man eine kleine wirklich einnimmt, als vor einer großen scheitert.

c) Die fortifikatorische Stärke. Sie steht ja offenbar nicht immer mit der Wichtigkeit in Verhältnis; nichts wäre törichter, als vor einem sehr festen Platz von geringer Wichtigkeit seine Kräfte zu verschwenden, wenn man einen weniger starken zum Gegenstand seines Angriffs machen kann.

d) Die Stärke der Ausrüstung, also auch der Besatzung. Ist die Festung schwach besetzt und ausgerüstet, so ist ihre Eroberung natürlich leichter; aber es ist hierbei zu bemerken, daß die Stärke der Besatzung und Ausrüstung zugleich zu denjenigen Dingen gezählt werden muß, die die *Wichtigkeit* des Platzes mitbestimmen, weil Besatzung und Ausrüstung unmittelbar zu den Streitkräften des Feindes gehören, welches nicht in dem Maße mit den Fortifikationswerken der Fall ist. Die Eroberung einer Festung mit starker Besatzung kann also die Opfer, welche sie kostet, viel eher lohnen als die einer mit besonders starken Werken.

e) Die Leichtigkeit der Belagerungstransporte. Die meisten Belagerungen scheitern aus Mangel an Mitteln, und diese fehlen meistens wegen der Schwierigkeit des Transportes. Eugens Belagerung von Landrecies 1712 und Friedrichs des Großen Belagerung von Olmütz 1758 sind die hervorstechendsten Beispiele.

f) Endlich ist die Leichtigkeit der Deckung noch als ein Punkt zu betrachten.

Es gibt zwei wesentlich verschiedene Arten, die Belagerung zu decken: durch Verschanzung der Belagerungsarmee, also durch eine Zirkumvallationslinie, und durch eine sogenannte Observationslinie. Die ersteren sind ganz aus der Mode gekommen, obgleich offenbar eine Hauptsache für sie spricht: daß nämlich auf diese Art die Macht des Angreifenden diejenige Schwächung durch Teilung eigentlich gar nicht erfährt, die ein großer Nachteil des Belagerers überhaupt ist. Aber freilich findet die Schwächung auf eine andere Weise doch in einem sehr merklichen Grade statt.

1. Die Stellung um die Festung herum erfordert in der Regel eine zu große Ausdehnung für die Stärke des Heeres.

2. Die Besatzung, welche, ihre Stärke noch zur feindlichen Entsatzarmee hinzugefügt, nichts geben würde als die Macht, welche ursprünglich der unserigen entgegenstand, ist *unter*[1] *diesen Umständen* als ein feindliches Korps mitten in unserem Lager zu betrachten, welches aber, durch seine Wälle geschützt, *unverwundbar* oder wenigstens nicht zu überwältigen ist, wodurch seine Wirksamkeit sehr erhöht wird.

---

1 [2. Auflage: Die Besatzung *unter*]

3. Die Verteidigung einer Zirkumvallationslinie läßt nichts als die absoluteste Defension zu, weil die ungünstigste und schwächste aller möglichen Aufstellungsformen in einem Kreise mit der Fronte nach außen allen vorteilhaften Anfällen[1] auf das äußerste widerstrebt. Es bleibt also nichts übrig, als sich in seinen Verschanzungen aufs äußerste zu wehren. Daß diese Umstände eine viel größere Schwächung der Verteidigung herbeiführen können als die Verminderung des Heeres um ein Drittel seiner Streiter, welche vielleicht bei einer Observationsarmee stattfinden würde, ist leicht begreiflich. Bedenkt man nun noch die allgemeine Vorliebe, die man seit Friedrich dem Großen für die sogenannte Offensive (es ist eigentlich nicht immer eine solche), für Bewegungen und Manövrieren hat, und den Widerwillen gegen Schanzen, so wird man sich nicht wundern, wenn die Zirkumvallationslinien ganz außer Mode gekommen sind. Aber jene Schwächung des taktischen Widerstandes ist keineswegs der einzige Nachteil derselben, und wir haben nur die Vorurteile, die sich auch hineindrängen, gleich neben jenem Nachteil aufgezählt, weil sie ihm zunächst verwandt sind. Eine Zirkumvallationslinie deckt vom ganzen Kriegstheater im Grunde nur den Raum, den sie einschließt, alles übrige ist dem Feinde mehr oder weniger preisgegeben, wenn nicht besondere Detachements zur Deckung bestimmt werden, woraus aber eine Teilung der Kräfte entstehen würde, die man doch vermeiden will. Also wird der Belagernde schon wegen der zur Belagerung nötigen Zufuhren immer in Besorgnis und Verlegenheit sein, und es ist überhaupt eine Deckung derselben durch Zirkumvallationslinien, wenn die Armee und die Belagerungsbedürfnisse einigermaßen beträchtlich sind, und wenn der Feind mit einer namhaften Macht im Felde ist, nicht anders denkbar als unter Verhältnissen wie die in den Niederlanden, wo ein ganzes System nahe beieinander liegender Festungen und dazwischen angelegter Linien die übrigen Teile des Kriegstheaters deckt und die Zufuhrlinien in einem hohen Grade abkürzt. In der Zeit vor Ludwig XIV. war mit der Aufstellung einer Streitkraft noch nicht der Begriff eines Kriegstheaters verbunden. Namentlich zogen die Armeen im Dreißigjährigen Kriege sporadisch hin und her, vor dieser oder jener Festung, in deren Nähe sich nicht gerade ein feindliches Korps befand, und belagerten so lange, wie die mitgebrachten Belagerungsmittel zureichten, und bis eine feindliche Armee sich zum Ersatz näherte. Da waren die Zirkumvallationslinien

---

1 [2. Auflage: günstigen Ausfällen]

in der Natur der Sache.

In der Folge werden sie wohl nur in wenigen Fällen wieder gebraucht werden können, wenn nämlich die Verhältnisse ähnlicher Art sind; wenn der Feind im Felde ganz schwach ist, wenn der Begriff des Kriegstheaters gegen den der Belagerung selbst gewissermaßen verschwindet, dann wird es natürlich sein, seine Kräfte bei der Belagerung selbst vereinigt zu behalten, weil diese dadurch unstreitig in einem hohen Grade an Energie gewinnt.

Die Zirkumvallationslinien unter Ludwig XIV. bei Cambrai und Valenciennes haben wenig geleistet, als jene von Turenne gegen Condé, und diese von Condé gegen Turenne gestürmt wurden; aber man darf auch nicht übersehen, in wie unendlich vielen anderen Fällen sie respektiert worden sind, selbst dann, wenn die dringendste Aufforderung zum Entsatz vorhanden und der Feldherr des Verteidigers ein sehr unternehmender Mann war wie 1708, als Villars es nicht wagte, die Verbündeten in ihren Linien vor Lille anzugreifen. Auch Friedrich der Große bei Olmütz 1758 und bei Dresden 1760 hatte, obgleich keine eigentliche Zirkumvallationslinie, doch ein System, das im wesentlichen damit zusammenfiel, er belagerte und deckte mit derselben Armee. Die Entfernung der österreichischen Armee bei Olmütz verleitete ihn dazu, aber die Verluste seiner Transporte bei Domstadtl ließen es ihn bereuen; 1760 bei Dresden wurde dies Verfahren durch die Geringschätzung, welche er für die Reichsarmee hatte, und durch die Eile, mit welcher er Dresden einnehmen wollte, motiviert.

Endlich ist es ein Nachteil der Zirkumvallationslinien, daß das Belagerungsgeschütz im unglücklichen Fall schwerer zu retten ist. Wird die Entscheidung einen oder ein paar Tagemärsche von dem belagerten Orte gegeben, so kann die Aufhebung erfolgen, ehe der Feind ankommt, und man gewinnt mit dem großen Transport auch wohl einen Vorsprung von einem Marsch.

Bei Aufstellung der Observationsarmee kommt vorzüglich die Frage in Betrachtung: in welcher Entfernung von der Belagerung? Diese Frage wird sich in den meisten Fällen durch das Terrain beantworten oder durch die Stellung anderer Armeen und Korps, mit welchen die Belagerungsarmee in Verbindung bleiben will. Sonst ist leicht einzusehen, daß die größere Entfernung die Belagerung besser deckt, aber die kleinere, welche nicht über einige Meilen beträgt, auch leichter erlaubt, daß beide Armeen sich unterstützen.

Achtzehntes Kapitel: Angriff von Transporten

Der Angriff und die Verteidigung eines Transportes sind ein Gegenstand der Taktik; wir würden also hier gar nichts darüber zu sagen haben, wenn nicht der Gegenstand überhaupt gewissermaßen erst als möglich nachgewiesen werden müßte, welches nur aus strategischen Gründen und Verhältnissen geschehen kann. Schon bei der Verteidigung hätten wir in dieser Beziehung davon zu reden gehabt, wenn nicht das wenige, was darüber zu sagen ist, sich füglich für Angriff und Verteidigung zusammenfassen ließe, und der erstere dabei der Sache die Hauptwichtigkeit gibt.

Ein mäßiger Transport von 3 bis 400 Wagen, sie mögen nun geladen haben, was sie wollen, nimmt eine halbe Meile ein, ein bedeutender mehrere Meilen. Wie ist nun daran zu denken, eine solche Entfernung mit so wenig Truppen zu decken, als gewöhnlich zur Begleitung bestimmt sind? Nimmt man zu dieser Schwierigkeit die Unbeweglichkeit dieser Masse, die nur im langsamen Schritt fortkriecht, und wobei doch immer die Gefahr der Verwirrung zu befürchten ist, endlich, daß es dabei auf eine partielle Deckung eines jeden Teiles ankommt, weil sogleich alles stockt und in Verwirrung gerät, sobald ein Teil vom Feinde erreicht wird, so kann man sich mit Recht fragen, wie ist die Deckung und Verteidigung eines solchen Dinges überhaupt möglich? – oder mit anderen Worten: warum werden nicht alle genommen, die angegriffen werden, und warum werden nicht alle angegriffen, die überhaupt gedeckt werden müssen, d. i. die dem Feinde zugänglich sind? Es ist offenbar, daß alle taktischen Auskunftsmittel, wie die höchst unpraktische Verkürzung durch beständiges Auf- und Abmarschieren, die Tempelhoff vorschläg, oder wie die viel bessere durch Teilung in mehrere Kolonnen, zu der Scharnhorst rät, nur schwache Hilfe gegen das Grundübel sind.

Der Aufschluß liegt darin, daß bei weitem die meisten Transporte schon durch ihr strategisches Verhältnis eine allgemeine Sicherung genießen, die sie vor jedem anderen dem feindlichen Angriff bloßgestellten Teile voraushaben, und die ihren geringen Verteidigungsmitteln eine viel größere Wirksamkeit gibt. Sie finden nämlich immer mehr oder weniger im Rücken des eigenen Heeres oder wenigstens in großer Entfernung vom feindlichen statt. Die Folge ist, daß nur schwache Haufen zu ihrem Angriff abgesendet werden können, und daß diese schwachen genötigt sind, sich durch starke Reserven zu decken,[1] um nicht Flanken und Rücken durch einen herbeieilenden anderweitigen Feind zu verlieren. Nimmt man hierzu, daß eben die Unbehilflichkeit solcher Fuhrwerke es sehr schwer macht, sie fortzuschaffen, daß der Angreifende sich meistens begnügen muß, die Stränge abzuhauen, die Pferde wegzuführen, Pulverkarren in die Luft zu sprengen usw., wodurch das Ganze aufgehalten und desorganisiert wird, aber doch nicht wirklich verloren geht, so sieht man noch mehr ein, wie die Sicherheit eines solchen Transportes mehr in diesen allgemeinen Verhältnissen als in dem Widerstand seiner Bedeckung liegt. Kommt nun dieser Widerstand der Bedeckung hinzu, welcher durch entschlossenes Draufgehen zwar nicht seinen Transport unmittelbar schützen, aber das System des feindlichen Angriffs stören kann, so erscheint zuletzt der Angriff der Transporte, anstatt leicht und unfehlbar zu sein, als ziemlich schwierig und in seinen Folgen ungewiß.

Aber ein Hauptpunkt bleibt noch übrig: es ist die Gefahr, daß die feindliche Armee oder ein Korps derselben an dem Angreifenden Rache nimmt und ihn durch eine Niederlage für das Unternehmen hinterher bestraft. Diese Besorgnis hält eine Menge Unternehmungen zurück, ohne daß die Ursache ans Licht tritt, so daß man die Sicherheit in der Bedeckung sucht und sich nicht genug wundern kann, wie eine so bemitleidenswerte Verfassung, wie die einer Bedeckung ist, solche Ehrfurcht einflößen kann. Um die Wahrheit dieser Bemerkung zu fühlen, denke man an den berühmten Rückzug, welchen Friedrich der Große 1758 nach der Belagerung von Olmütz durch Böhmen machte, wo die Hälfte seiner Armee in Pelotons aufgelöst war, um einen aus 4000 Fuhrwerken bestehenden Train zu decken. Was hinderte Daun, dieses Unding anzufallen? Die Furcht, daß ihm Friedrich der Große mit der anderen Hälfte auf den Leib rücken und ihn in eine Schlacht verwickeln würde, die Daun nicht suchte. Was hinderte Laudon, in Zischbowitz den Transport, dem er immer zur Seite war, früher und dreister anzufallen als er tat? Die Furcht, etwas auf die Finger zu bekommen.[2] Zehn Meilen von seiner Hauptarmee entfernt und durch die preußische Armee ganz von ihr getrennt, glaubte er sich in Gefahr einer tüchtigen Niederlage, wenn der durch Daun auf keine Weise beschäftigte König den größeren Teil seiner Kräfte gegen ihn richtete.

Nur wenn die strategische Lage eines Heeres dasselbe in die

1 [Restsatz fehlt in 2. Auflage.]
2 [Der Satz fehlt in 2. Auflage.]

widernatürliche Notwendigkeit verwickelt, seine Transporte ganz seitwärts oder gar von vornher zu beziehen, dann werden diese Transporte in wirklich großer Gefahr sein und folglich ein vorteilhaftes Objekt des Angriffs für den Gegner werden, wenn ihm seine Lage erlaubt, Kräfte dazu abzusenden. Derselbe Feldzug zeigt in dem aufgehobenen Transport von Domstadtl den vollkommensten Erfolg eines solchen Unternehmens. Die Straße nach Neiße lag in der linken Seite der preußischen Aufstellung, und des Königs Kräfte waren durch die Belagerung und das gegen Daun aufgestellte Korps so neutralisiert, daß die Parteigänger für sich selbst gar nichts zu besorgen hatten und sich mit vollkommener Muße an ihren Angriff begeben konnten.

Eugen 1712 zog, als er Landrecies belagerte, seine Belagerungsbedürfnisse von Bouchain über Denain heran, also eigentlich vor der Fronte der strategischen Aufstellung. Welche Mittel er anwendete, um die unter diesen Umständen so schwierige Deckung zu bewirken, und in welche Schwierigkeiten er sich verwickelte, die mit einem förmlichen Umschwung der Angelegenheiten endigten, ist bekannt.

Wir ziehen also das Resultat: daß der Angriff von Transporten, wie leicht er auch, taktisch betrachtet, sich ausnehmen möge, doch aus strategischen Gründen nicht soviel für sich hat, sondern nur in den ungewöhnlichen Fällen sehr preisgegebener Verbindungslinien bedeutende Erfolge verspricht.

Neunzehntes Kapitel: Angriff einer feindlichen Armee in Quartieren

Wir haben in der Verteidigung diesen Gegenstand nicht gehabt, weil eine Quartierlinie nicht als ein Verteidigungsmittel betrachtet werden kann, sondern als ein bloßer Zustand des Heeres, und zwar als einer, der eine sehr geringe Schlachtfertigkeit[1] mit sich führt. Wir haben uns also in Beziehung auf diese Schlachtfertigkeit[1] mit dem begnügt, was wir im dreizehnten Kapitel des fünften Buches über diesen Zustand eines Heeres zu sagen hatten.

Hier beim Angriff aber haben wir eines feindlichen Heeres in Quartieren allerdings als eines besonderen Gegenstandes zu gedenken; denn teils ist ein solcher Angriff sehr eigentümlicher Art, teils kann er als ein strategisches Mittel von besonderer Wirksamkeit betrachtet werden. Es ist also hier nicht die Rede von dem Anfall eines

1 [2. Auflage: Schlagfertigkeit]

einzelnen feindlichen Quartieres oder eines kleinen, in wenig Dörfer verteilten Korps, denn die Anordnungen dazu sind ganz taktischer Natur, sondern von dem Angriff einer bedeutenden, in mehr oder weniger ausgedehnte Quartiere verteilten Streitkraft, so daß nicht mehr der Überfall des einzelnen Quartieres selbst, sondern das Verhindern der Versammlung das Ziel ist.

Der Angriff einer feindlichen Armee in Quartieren ist also der Überfall einer nicht versammelten Armee. Soll der Überfall als gelungen betrachtet werden, so muß die feindliche Armee den vorher bestimmten Versammlungspunkt nicht mehr erreichen, also genötigt sein, einen anderen, weiter rückwärts gelegenen zu wählen; da dies Zurückverlegen im Augenblick der Not selten unter einem Tagemarsch, gewöhnlich aber mehrere betragen wird, so ist der Terrainverlust, welcher dadurch entsteht, nicht unbedeutend, und dies ist der erste Vorteil, welcher dem Angreifenden zuteil wird.

Nun kann aber dieser auf die allgemeinen Verhältnisse sich beziehende Überfall allerdings im Anfang zugleich Überfall einiger einzelner Quartiere sein; nur freilich nicht aller und nicht sehr vieler, weil schon das letztere ein solches Ausbreiten und Zerstreuen der Angriffsarmee vorausetzen würde, wie in keinem Fall ratsam wäre. Es können also nur die vordersten feindlichen Quartiere, welche in der Richtung der vorrückenden Kolonnen liegen, überfallen werden, und auch dies wird wohl selten bei vielen und im vollkommenen Maße gelingen, weil das Annähern einer bedeutenden Macht nicht so unbemerkt geschehen kann. Doch ist dieses Element des Angriffs keineswegs zu übersehen, und wir rechnen die Erfolge, welche daraus hervorgehen, als den zweiten Vorteil eines solchen Überfalles.

Ein dritter Vorteil sind die partiellen Gefechte, wozu der Feind veranlaßt wird, und in denen er große Verluste erleiden kann. Eine beträchtliche Truppenmasse versammelt sich nämlich nicht in einzelnen Bataillonen auf dem Hauptversammlungspunkt, sondern sie vereinigt sich gewöhnlich erst in Brigaden oder Divisionen oder doch in Korps, und diese Massen können dann nicht in eiligster Flucht nach dem Rendezvous eilen, sondern sie sind genötigt, wenn eine feindliche Kolonne an sie gerät, das Gefecht anzunehmen; nun können sie zwar darin als Sieger gedacht werden, wenn nämlich die angreifende Kolonne nicht stark genug war, aber selbst im Siegen verlieren sie Zeit, und überhaupt ist leicht begreiflich, daß ein Korps unter solchen Verhältnissen und bei der allgemeinen Tendenz, einen rückwärts gelegenen Punkt zu gewinnen, von seinem Siege keinen sonderlichen

Gebrauch machen kann. Sie können aber auch geschlagen werden, und das ist an sich wahrscheinlicher, weil sie nicht die Zeit haben, sich zu einem guten Widerstand einzurichten. Es läßt sich also wohl denken, daß bei einem gut angelegten und ausgeführten Überfall der Angreifende durch diese partiellen Gefechte zu bedeutenden Trophäen kommen werde, die dann eine Hauptsache in dem allgemeinen Erfolg sein werden.

Endlich ist der vierte Vorteil und der Schlußstein des Ganzen eine gewisse momentane Desorganisation des feindlichen Heeres und eine Entmutigung desselben, die es selten erlauben, von den endlich versammelten Kräften Gebrauch zu machen, sondern gewöhnlich den Überfallenen nötigen, noch mehr Land zu räumen und überhaupt einen ganz anderen Abschnitt in seinen Operationen zu machen.

Dies sind die eigentümlichen Erfolge eines gelungenen Überfalles der feindlichen Quartiere, d. h. eines solchen, wo der Gegner nicht imstande gewesen ist, sein Heer ohne Verlust da zu versammeln, wo es in seinem Plane lag. Aber das Gelingen wird der Natur der Sache nach sehr viel Abstufungen haben, und so werden die Erfolge in einem Fall sehr bedeutend, in dem anderen kaum nennenswert sein. Aber selbst da, wo sie bedeutend sind, weil das Unternehmen sehr gut gelungen ist, werden sie doch selten den Erfolg einer gewonnenen Hauptschlacht geben, teils weil die Trophäen selten so groß sein werden, teils weil der moralische Eindruck nicht so hoch angeschlagen werden kann.

Dieses Gesamtresultat muß man im Auge haben, um sich nicht von einem solchen Unternehmen mehr zu versprechen, als es leisten kann. Manche halten es für das non plus ultra offensiver Wirksamkeit; das ist es aber, wie uns diese nähere Betrachtung und auch die Kriegsgeschichte lehrt, keineswegs.

Einer der glänzendsten Überfälle ist der, welchen der Herzog von Lothringen 1643 bei Tuttlingen gegen die französischen Quartiere unter dem General Rantzau unternahm. Das Korps war 16000 Mann stark, verlor den kommandierenden General und 7000 Mann. Es war eine vollkommene Niederlage. Der Mangel an allen Vorposten ließ diesen Erfolg zu.

Der Überfall, welchen Turenne im Jahr 1645[1] bei Mergentheim (Marienthal, wie die Franzosen es nennen) erlitt, war in seinen Wirkungen allerdings gleichfalls einer Niederlage gleich zu achten,

1 [2. Auflage: 1644]

denn er verlor von 8000 Mann 3000, welches hauptsächlich davon herrührte, daß er sich verleiten ließ, mit den versammelten Truppen einen unzeitigen Widerstand zu tun. Auf ähnliche Wirkungen kann man daher nicht oft rechnen; es war mehr der Erfolg eines schlecht überlegten Treffens als des eigentlichen Überfalles, denn Turenne hätte füglich dem Gefecht ausweichen und sich mit seinen in entlegenere Quartiere geschickten Truppen anderswo vereinigen können.

Ein dritter berühmt gewordener Überfall ist der, welchen Turenne gegen die unter dem Großen Kurfürsten, dem kaiserlichen General Bournonville und dem Herzoge von Lothringen im Elsaß stehenden Verbündeten im Jahr 1674 unternahm. Die Trophäen waren sehr gering, der Verlust der Verbündeten nicht über 2000 bis 3000 Mann, welches bei einer Macht von 50000 Mann nicht entscheidend sein konnte; aber sie glaubten doch im Elsaß keinen weiteren Widerstand wagen zu können und zogen sich über den Rhein zurück. Dieser strategische Erfolg war alles, was Turenne brauchte, aber man muß die Ursachen nicht in dem eigentlichen Überfall suchen. Turenne überraschte mehr die Pläne des Gegners als die Truppen desselben, die Uneinigkeit der verbündeten Heerführer und der nahe Rhein taten das übrige. Diese Begebenheit verdient überhaupt genauer angesehen zu werden, weil sie gewöhnlich falsch aufgefaßt wird.

1741 überfällt Neipperg den König[1] in seinen Quartieren, der ganze Erfolg besteht aber nur darin, daß der König ihm mit nicht ganz vereinten Kräften und in verkehrter Fronte die Schlacht von Mollwitz liefern muß.

1745 überfällt Friedrich der Große den Herzog von Lothringen in der Lausitz in seinen Quartieren; der Haupterfolg entsteht durch den wirklichen Überfall eines der bedeutendsten Quartiere, nämlich von Hennersdorf, wodurch die Österreicher einen Verlust von 2000 Mann erleiden; der allgemeine Erfolg ist, daß der Herzog von Lothringen durch die Oberlausitz nach Böhmen zurückkehrt, aber freilich nicht verhindert wird, auf dem linken Ufer der Elbe wieder nach Sachsen zurückzukehren, so daß ohne die Schlacht von Kesselsdorf kein bedeutender Erfolg eingetreten wäre.

1758 überfällt der Herzog Ferdinand die französischen Quartiere; der nächste Erfolg ist der Verlust von einigen tausend Mann, und daß die Franzosen ihre Aufstellung hinter der Aller nehmen müssen. Der moralische Eindruck mag wohl etwas weiter gereicht und auf die

---

1 [2. Auflage: Friedrich den Großen]

spätere Räumungf ganz Westfalens Einfluß gehabt haben.

Wenn wir aus diesen verschiedenen Beispielen ein Resultat über die Wirksamkeit eines solchen Angriffs ziehen wollen, so sind nur die beiden ersten gewonnenen Schlachten gleich zu achten. Hier waren aber die Korps nur klein und der Mangel an Vorposten in der damaligen Kriegführung ein sehr begünstigender Umstand. Die vier anderen Fälle, obgleich sie zu den vollkommen gelungenen Unternehmungen gezählt werden müssen, sind in ihrem Erfolg einer gewonnenen Schlacht offenbar nicht gleichzustellen. Der allgemeine Erfolg konnte hier nur bei einem Gegner von schwachem Willen und Charakter eintreten, und daher blieb er in dem Fall von 1741 ganz aus.

Im Jahr 1806 hatte die preußische Armee den Plan, die Franzosen in Franken auf diese Weise zu überfallen. Der Fall war wohl zu einem genügenden Resultat geeignet. Bonaparte war nicht gegenwärtig, die französischen Korps in sehr ausgedehnten Quartieren; unter diesen Umständen durfte die preußische Armee bei großer Entschlossenheit und Schnelle wohl darauf rechnen, sie mit mehr oder weniger Verlust über den Rhein zu treiben. Dies war aber auch alles; hätte sie auf mehr gerechnet, z. B. ein Verfolgen ihrer Vorteile über den Rhein oder ein solches moralisches Übergewicht, daß die Franzosen es in demselben Feldzug nicht gewagt hätten, wieder auf dem rechten Rheinufer zu erscheinen, so wäre diese Rechnung ganz ohne genügenden Grund gewesen.

1812, anfangs August, wollten die Russen von Smolensk her die französischen Quartiere überfallen, als Napoleon in der Gegend von Witebsk seine Armee einen Halt hatte machen lassen. Es verging ihnen aber in der Ausführung der Mut dazu, und das war ein Glück für sie, da der französische Feldherr mit seinem Zentro dem ihrigen nicht allein um mehr als das Doppelte überlegen war, sondern auch der entschlossenste Feldherr, der je dagewesen ist, da der Verlust von einigen Meilen Raum gar nichts entscheiden konnte, gar kein Terrainabschnitt nahe genug lag, um ihre Erfolge bis an denselben zu treiben und dadurch einigermaßen sichern zu können; da es auch nicht etwa ein Feldzug war, der sich matt zu seinem Ende hinschleppt, sondern der erste Plan eines Angreifenden, der seinen Gegner vollkommen niederwerfen will. – So können die kleinen Vorteile, welche ein Überfall der Quartiere gewähren kann, nicht anders als im äußersten Mißverhältnis mit der Aufgabe erscheinen – sie konnten unmöglich soviel Ungleichheit der Kräfte und Verhältnisse gutmachen. – Dieser Versuch zeigt aber, wie eine dunkle Vorstellung von diesem Mittel zu einer ganz falschen Anwendung desselben verleiten kann.

Das bisher Gesagte stellt den Gegenstand als strategisches Mittel ins Licht. Es liegt aber in der Natur desselben, daß seine Ausführung nicht bloß taktisch ist, sondern zum Teil der Strategie selbst wieder angehört, insofern nämlich ein solcher Angriff gewöhnlich in einer beträchtlichen Breite geschieht und die Armee, welche ihn ausführt, zum Schlagen kommen kann und meistens kommen wird, ehe sie vereinigt ist, so daß das Ganze ein Agglomerat einzelner Gefechte wird. Wir müssen also nun auch ein paar Worte über die natürlichste Einrichtung eines solchen Angriffs sagen.

Die erste Bedingung also ist: die feindliche Quartierfronte in einer gewissen Breite anzugreifen, denn nur so wird man mehrere Quartiere wirklich überfallen, andere abschneiden und überhaupt die Desorganisation, die man sich vorgesetzt hat, in das feindliche Heer bringen können. – Die Anzahl und Entfernung der Kolonnen hängt dann von den individuellen Umständen ab.

Zweitens. Die Richtung der verschiedenen Kolonnen muß konzentrisch gegen einen Punkt gehen, auf dem man sich vereinigen will; denn der Gegner endet mehr oder weniger mit einer Vereinigung, und so müssen wir es auch. Dieser Vereinigungspunkt wird womöglich der feindliche Verbindungspunkt sein oder auf der Rückzugslinie des feindlichen Heeres liegen, natürlich am besten da, wo diese irgendeinen Terrainabschnitt durchschneidet.

Drittens. Die einzelnen Kolonnen müssen, wo sie mit feindlichen Kräften zusammentreffen, diese mit großer Entschlossenheit, mit Wagnis und Kühnheit anfallen, denn sie haben die allgemeinen Verhältnisse für sich, und da ist das Wagen immer am rechten Ort. Die Folge ist, daß die Befehlshaber der einzelnen Kolonnen in dieser Beziehung große Freiheit und Vollmacht haben müssen.

Viertens. Die taktischen Angriffspläne gegen die sich zuerst stellenden feindlichen Korps müssen immer auf das Umgehen gerichtet sein, denn vom Trennen und Abschneiden wird ja der Hauptерfolg erwartet.

Fünftens. Die einzelnen Kolonnen müssen aus allen Waffen bestehen und dürfen nicht zu schwach an Reiterei sein, es kann sogar gut sein, wenn die ganze Reservekavallerie unter sie verteilt wird; denn es wäre ein großer Irrtum, wenn man glaubte, diese könnte als solche bei diesem Unternehmen eine Hauptrolle spielen. Das erste beste Dorf, die kleinste Brücke, der unbedeutendste Busch hält sie auf.

Sechstens. Ob es gleich in der Natur eines Überfalles ist, daß der

Angreifende seine Avantgarde nicht weit voraus haben darf, so gilt doch das nur von der Annäherung. Ist das Gefecht in der feindlichen Quartierlinie schon wirklich angefangen, also das, was vom eigentlichen Überfall zu erwarten war, bereits gewonnen, so müssen die Kolonnen Avantgarden von allen Waffen so weit als möglich vorschieben, denn diese können durch ihre schnelleren Bewegungen die Verwirrung beim Feinde sehr vermehren. Nur dadurch wird man imstande sein, hier und da den Troß von Bagage, Artillerie, Kommandierten und Traineurs wegzunehmen, welcher einem eiligst aufbrechenden Kantonnement nachzuziehen pflegt, und diese Avantgarden müssen das Hauptmittel des Umgehens und Abschneidens werden.

Siebentens. Endlich muß für eintretende Unglücksfälle[1] der Rückzug und die Versammlung des Heeres angegeben werden.

Zwanzigstes Kapitel: Diversion

Unter Diversion versteht der Sprachgebrauch einen solchen Anfall des feindlichen Landes, wodurch Kräfte von dem Hauptpunkt abgezogen werden. Nur wenn dies die Hauptabsicht ist und nicht der Gegenstand, welchen man bei der Gelegenheit angreift und erobert, ist[2] es eine Unternehmung eigentümlicher Art, sonst bleibt es ein gewöhnlicher Angriff.

Natürlich muß die Diversion darum doch immer ein Angriffsobjekt haben, denn nur der Wert dieses Objektes kann den Feind veranlassen, Truppen dahin zu schicken; außerdem sind diese Objekte, im Fall die Unternehmung als Diversion nicht wirkt, eine Entschädigung für die darauf gewandten Kräfte.

Diese Angriffsobjekte können nun Festungen sein oder bedeutende Magazine oder reiche und große Städte, besonders Hauptstädte, Kontributionen aller Art, endlich Beistand unzufriedener Untertanen des Feindes.

Daß Diversionen nützlich sein können, ist leicht zu begreifen, aber gewiß sind sie es nicht immer, sondern oft sogar schädlich. Die Hauptbedingung ist: daß sie mehr Streitkräfte des Feindes vom Hauptkriegstheater abziehen, als wir auf die Diversion verwenden, denn wenn sie nur ebensoviel abziehen, so hört die Wirksamkeit als eigentliche Diversion auf und das Unternehmen wird ein untergeord-

1 [2. Auflage: für den Fall des Nichtgelingens]
2 [2. Auflage: angreift, ist]

neter Angriff. Selbst da, wo man einen Nebenangriff anordnet, weil man der Umstände wegen die Aussicht hat, mit wenig Kräften unverhältnismäßig viel auszurichten, z. B. eine wichtige Festung leicht zu nehmen, muß man es nicht mehr Diversion nennen. Man pflegt es freilich auch Diversion zu nennen, wenn ein Staat, während er sich gegen einen anderen wehrt, durch einen dritten angefallen wird – aber ein solcher Anfall unterscheidet sich von einem gewöhnlichen Angriff in nichts als der Richtung, es ist also kein Grund, ihm einen besonderen Namen zu geben, denn in der Theorie soll man durch eigene Benennungen auch nur Eigentümliches bezeichnen.

Wenn aber schwache Kräfte stärkere herbeiziehen sollen, so müssen offenbar eigentümliche Verhältnisse die Veranlassung dazu geben, und es ist also für den Zweck einer Diversion nicht genug, irgendeine Streitkraft auf einen bisher unbetretenen Punkt abzuschicken.

Wenn der Angreifende irgendeine feindliche Provinz, die nicht zum Hauptkriegstheater gehört, durch einen kleinen Haufen von 1000 Mann heimsuchen läßt, um Kontributionen einzutreiben usw., so ist freilich vorherzusehen, daß der Feind dies nicht durch 1000 Mann verhindern kann, die er dahin absendet, sondern er wird, wenn er die Provinz gegen Streifereien sichern will, allerdings mehr dahin schikken müssen. Aber, muß man fragen, kann der Verteidiger anstatt seine Provinz zu sichern, nicht das Gleichgewicht dadurch herstellen, daß er die korrespondierende Provinz unseres Landes durch ein ebensolches Detachement heimsuchen läßt? Es muß also, wenn für den Angreifenden ein Vorteil hervorgehen soll, zuvor feststehen, daß in der Provinz des Verteidigers mehr zu holen oder zu bedrohen ist als in der unserigen. Ist dies der Fall, so kann es nicht fehlen, daß eine ganz schwache Diversion mehr feindliche Streitkräfte beschäftigen wird, als die ihrigen betragen. Dagegen geht aus der Natur der Sache hervor, daß, je mehr die Massen wachsen, dieser Vorteil schwindet, denn 50000 Mann können eine mäßige Provinz nicht nur gegen 50000 Mann mit Erfolg verteidigen, sondern selbst gegen eine etwas[1] größere Zahl. Bei stärkeren Diversionen wird also der Vorteil sehr zweifelhaft, und je größer sie werden, um so entschiedener müssen die übrigen Verhältnisse sich schon zum Vorteil der Diversion stellen, wenn bei dieser überhaupt etwas Gutes herauskommen soll.

Diese vorteilhaften Verhältnisse können nun sein:

1 [Fehlt in 2. Auflage.]

a) Streitkräfte, welche der Angreifende für die Diversion disponibel machen kann, ohne den Hauptangriff zu schwächen;

b) Punkte des Verteidigers, die von großer Wichtigkeit sind und durch die Diversion bedroht werden können;

c) unzufriedene Untertanen desselben;

d) eine reiche Provinz, welche beträchtliche Kriegsmittel hergeben kann.

Wenn eine solche Diversion unternommen werden soll, die, nach diesen verschiedenen Rücksichten geprüft, Erfolg verspricht, so wird man finden, daß die Gelegenheit dazu nicht häufig ist.

Aber nun kommt noch ein Hauptpunkt. Jede Diversion bringt den Krieg in eine Gegend, wohin er ohne sie nicht gekommen wäre; dadurch wird sie mehr oder weniger immer feindliche Streitkräfte wecken, die sonst geruht hätten, sie wird dies aber auf eine höchst fühlbare Weise tun, wenn der Gegner durch Milizen und Nationalbewaffnungsmittel zum Kriege ausgerüstet ist. Es ist ja ganz in der Natur der Sache, und die Erfahrung lehrt es hinlänglich, daß, wenn eine Gegend plötzlich von einer feindlichen Abteilung bedroht wird und zu ihrer Verteidigung nichts vorgekehrt ist, alles, was sich in einer solchen Gegend an tüchtigen Beamten vorfindet, alle mögliche außergewöhnliche Mittel aufbietet und in Gang setzt,[1] um das Übel abzuwehren. Es entstehen also hier neue Widerstandskräfte, und zwar solche, die dem Volkskrieg naheliegen und ihm leicht wecken können.

Dieser Punkt muß bei jeder Diversion wohl ins Auge gefaßt werden, damit man sich nicht seine eigene Grube gräbt.

Die Unternehmung auf Nordholland im Jahr 1799, auf Walcheren 1809 sind, als Diversionen betrachtet, nur insofern zu rechtfertigen, als man die englischen Truppen nicht anders brauchen konnte, aber es ist nicht zweifelhaft, daß dadurch die Summe der Widerstandsmittel bei den Franzosen erhöht worden ist, und eben das würde jede Landung in Frankreich selbst tun. Daß die französische Küste bedroht sei, hat allerdings große Vorteile, weil es doch eine bedeutende Truppenzahl, die die Küste bewachen, neutralisiert, aber die Landung mit einer bedeutenden Macht wird immer nur dann zu rechtfertigen sein, wenn man auf den Beistand einer Provinz gegen ihre Regierung

---

1 [2. Auflage: Es liegt ganz in der Natur der Sache, und die Geschichte bewahrt viele rühmliche Beispiele davon, daß, wenn eine Gegend plötzlich von einer feindlichen Abteilung bedroht wird, alle erdenklichen außergewöhnlichen Mittel aufgeboten und in Gang gebracht werden,]

rechnen kann.

Je weniger eine große Entscheidung im Kriege vorliegt, um so eher sind Diversionen zulässig, aber freilich um so kleiner wird auch der Gewinn, welcher aus ihnen zu ziehen ist. Sie sind nur ein Mittel, die gar zu stagnante Masse in Bewegung zu bringen.[1]

Ausführung

1. Eine Diversion kann einen wirklichen Angriff in sich schließen, dann ist die Ausführung von keinem besonderen Charakter begleitet als dem der Kühnheit und Eile.
2. Sie kann aber auch die Absicht haben, mehr zu scheinen, als sie ist, indem sie zugleich Demonstration ist. Welche besonderen Mittel hier anzuwenden sind, kann nur ein schlauer Verstand angeben, der die Verhältnisse und Menschen gut kennt. Daß hierbei immer eine große Zerstreuung der Kräfte notwendig wird, ist in der Natur der Sache.
3. Sind die Kräfte nicht ganz unbedeutend, und ist der Rückzug auf gewisse Punkte beschränkt, so ist eine Reserve, an die sich alles anschließt, eine wesentliche Bedingung.

Einundzwanzigstes Kapitel: Invasion

Was wir davon zu sagen haben, besteht fast nur in der Worterklärung. Wir finden den Ausdrück in den neueren Schriftstellern sehr häufig gebraucht und sogar mit der Prätension, etwas Eigentümliches dadurch zu bezeichnen, – guerre d'invasion kommt bei den Franzosen unaufhörlich vor. Sie bezeichnen damit jeden in das feindliche Land weit vorgehenden Angriff und möchten ihn allenfalls als Gegensatz aufstellen und von einem methodischen, d. h. einem, der nur an der Grenze nagt. Aber dies ist ein unphilosophischer Sprachwirrwarr. Ob ein Angriff an der Grenze bleiben, tief in das feindliche Land vordringen, ob er sich mit der Einnahme der festen Plätze vor allem beschäftigen oder den Kern der feindlichen Macht aufsuchen und unablässig verfolgen soll, hängt nicht von einer Manier ab, sondern ist Folge der Umstände, wenigstens kann die Theorie es nicht anders einräumen. In gewissen Fällen kann das weite Vordringen methodi-

1 [Der Satz fehlt in 2. Auflage.]

scher und sogar vorsichtiger sein als das Verweilen an der Grenze, in den meisten Fällen aber ist es nichts anderes als eben der glückliche Erfolg eines mit Kraft unternommenen *Angriffs* und folglich von diesem nicht verschieden.

Über den Kulminationspunkt des Sieges*

Nicht in jedem Kriege ist der Sieger imstande, den Gegner völlig niederzuwerfen. Es tritt oft und meistens ein Kulminationspunkt des Sieges ein. Die Masse der Erfahrungen zeigt dies hinlänglich; weil aber der Gegenstand für die Theorie des Krieges besonders wichtig und der Stützpunkt fast aller Feldzugspläne ist, weil dabei auf seiner Oberfläche wie bei schillernden Farben ein Lichtspiel von scheinbaren Widersprüchen schwebt, so wollen wir ihn schärfer ins Auge fassen und uns mit den inneren Gründen beschäftigen.

Der Sieg entspringt in der Regel schon aus einem Übergewicht der Summe aller physischen und moralischen Kräfte, unstreitig vermehrt er dieses Übergewicht, denn sonst würde man ihn nicht suchen und teuer erkaufen. Dies tut der Sieg *selbst* unbedenklich, auch seine Folgen tun es, aber diese nicht bis ans äußerste Ende, sondern meistens nur bis auf einen gewissen Punkt. Dieser Punkt kann sehr nahe liegen und liegt zuweilen so nahe, daß die ganzen Folgen der siegreichen Schlacht sich auf die Vermehrung der moralischen Überlegenheit beschränken können. Wie das zusammenhängt, haben wir zu untersuchen.

In dem Fortschreiten des kriegerischen Aktes begegnet die Streitkraft unaufhörlich Elementen, die sie vergrößern, und anderen, die sie verringern. Es kommt also auf das Übergewicht an. Da jede Verminderung der Kraft als eine Vermehrung der feindlichen anzusehen ist, so folgt hieraus von selbst, daß dieser doppelte Strom von Zu- und Abfluß beim Vorgehen wie beim Zurückgehen stattfinde.

Es kommt darauf an, die hauptsächlichste Ursache dieser Veränderung in dem einen Fall zu untersuchen, um über den anderen mit entschieden zu haben.

Beim Vorgehen sind die hauptsächlichsten Ursachen der Verstärkung:

1. der Verlust, welchen die feindliche Streitkraft erleidet, weil er

---

* Vergl. das vierte und fünfte Kapitel.

gewöhnlich größer ist als der unserige;

2. der Verlust, welchen der Feind an toten Streitkräften als Magazinen, Depots, Brücken usw. erleidet, und den wir gar nicht mit ihm teilen;

3. von dem Augenblick an, wo wir das feindliche Gebiet betreten, der Verlust von Provinzen, folglich von Quellen neuer Streitkraft;

4. für uns der Gewinn eines Teiles dieser Quellen; mit anderen Worten: der Vorteil, auf Kosten des Feindes zu leben;

5. der Verlust des inneren Zusammenhanges und der regelmäßigen Bewegung aller Teile beim Feinde;

6. die Verbündeten des Gegners lassen von ihm los, und andere wenden sich uns zu;

7. endlich Mutlosigkeit des Gegners, wobei ihm die Waffen zum Teil aus den Händen fallen.

Die Ursachen der Schwächung sind:

1. daß wir genötigt sind, feindliche Festungen zu belagern, zu berennen oder zu beobachten; oder daß der Feind vor dem Siege dasselbe tat und beim Rückzug diese Korps an sich zieht;

2. von dem Augenblick an, wo wir das feindliche Gebiet betreten, ändert sich die Natur des Kriegstheaters, es wird feindlich; wir müssen dasselbe besetzen, denn es gehört uns nur so weit, wie wir es besetzt haben, und doch bietet es der ganzen Maschine überall Schwierigkeiten dar, die notwendig zur Schwächung ihrer Wirkungen führen müssen;

3. wir entfernen uns von unseren Quellen, während der Gegner sich den seinigen nähert; dies verursacht Aufenthalt in dem Ersatz der ausgegebenen Kräfte;

4. die Gefahr des bedrohten Staates ruft andere Mächte zu seinem Schutz auf;

5. endlich größere Anstrengung des Gegners wegen der Größe der Gefahr, dagegen ein Nachlassen in den Anstrengungen von seiten des siegenden Staates.

Alle diese Vorteile und Nachteile können miteinander bestehen, sich gewissermaßen einander begegnen und ihren Weg in entgegengesetzter Richtung fortsetzen. Nur die letzten begegnen sich wie wahre Gegensätze, können nicht aneinander vorbei, schließen also einander aus. Dies allein schon zeigt, wie unendlich verschieden die Wirkungen des Sieges sein können, je nachdem sie den Gegner betäuben oder zu größerer Kraftanstrengung drängen.

Wir wollen jeden der einzelnen Punkte mit ein paar Bemerkungen zu charakterisieren versuchen.

1. Der Verlust der feindlichen Streitkraft nach einer Niederlage kann im ersten Augenblick am stärksten sein und dann täglich geringer werden, bis er auf einen Punkt kommt, wo er mit dem unserigen ins Gleichgewicht tritt, er kann aber auch mit jedem Tage in steigender Progression wachsen. Die Verschiedenheit der Lagen und Verhältnisse entscheidet. Allgemein kann man bloß sagen, daß bei einem guten Heere das erstere, bei einem schlechten das andere gewöhnlicher sein wird; nächst dem Geist des Heeres ist der Geist der Regierung das Wichtigste dabei. Es ist im Kriege sehr wichtig, beide Fälle zu unterscheiden, um nicht aufzuhören, wo man erst recht anfangen sollte und umgekehrt.

2. Ebenso kann der Verlust des Feindes in toten Streitkräften ab- und zunehmen, und dies hängt von der zufälligen Lage und Beschaffenheit seiner Vorratsörter ab. Dieser Gegenstand kann sich übrigens seiner Wichtigkeit nach heutiges Tages nicht mehr mit den anderen messen.

3. Der dritte Vorteil muß notwendig mit dem Vorschreiten im Steigen bleiben, ja man kann sagen, daß er überhaupt erst in Betrachtung kommt, wenn man schon tief in den feindlichen Staat vorgedrungen ist, d. h. ein Viertel bis ein Drittel seiner Länder hinter sich hat. Übrigens kommt dabei noch der innere Wert in Betrachtung, den die Provinzen in Beziehung auf den Krieg haben.

Ebenso muß der 4. Vorteil mit dem Vorschreiten wachsen.

Aber es ist von diesen beiden letzten zu bemerken, daß ihr Einfluß auf die im Kampf begriffenen Streitkräfte selten schnell fühlbar ist, sondern daß sie erst langsamer auf einem Umwege wirken, und daß man also um ihrer willen den Bogen nicht zu scharf spannen, d. h. sich in keine zu gefährliche Lage begeben soll.

Der 5. Vorteil kommt wieder erst in Betrachtung, wenn man schon bedeutend vorgeschritten ist und die Gestalt des feindlichen Landes Gelegenheit gibt, einige Provinzen von der Hauptmasse zu trennen, die dann wie abgebundene Glieder bald abzusterben pflegen.

Von dem 6. und 7. ist es wenigstens wahrscheinlich, daß sie mit dem Vorschreiten wachsen, wir werden übrigens von beiden weiter unten sprechen.

Gehen wir jetzt zu den Schwächungsursachen über.

1. Das Belagern, Berennen und Einschließen der Festungen wird in den meisten Fällen mit dem Vorschreiten wachsen. Diese Schwächung allein wirkt auf *den augenblicklichen Stand der Streitkräfte* so mächtig,

daß sie in dieser Beziehung leicht alle Vorteile aufwiegen kann. Freilich hat man in neueren Zeiten angefangen, Festungen mit sehr wenigem Volk zu berennen oder gar mit noch wenigerem zu beobachten;[1] auch muß der Feind diese Festungen mit Besatzungen versehen. Nichtsdestoweniger bleibt es ein wichtiges Sicherungsprinzip. Die Besatzungen bestehen gewöhnlich zur Hälfte aus Leuten, die vorher nicht mitspielten[2]; vor denjenigen, welche an der Verbindungsstraße liegen, muß man doch das Doppelte der Besatzung zurücklassen, und will man nur eine einzige bedeutende frömlich belagern oder aushungern, so kostet sie eine kleine Armee.

2. Die zweite Ursache, die Einrichtung eines Kriegstheaters im feindlichen Lande, wächst notwendig mit dem Vorschreiten[3] und ist, wenn auch nicht für den augenblicklichen Stand der Streitkräfte, doch für die dauernde Lage derselben[4] noch wirksamer als die zweite.

Nur denjenigen Teil des feindlichen Landes können wir als unser Kriegstheater betrachten, den wir besetzt, d. h. wo wir entweder kleine Korps im freien Felde oder hin und wieder Besatzungen in den beträchtlichsten Städten, auf den Etappenörtern usw. gelassen haben; wie klein nun auch die Garnisonen sind, die wir zurücklassen, so schwächt es doch die Streitkraft beträchtlich. Aber dies ist das geringste.

Jede Armee hat strategische Flanken, nämlich die Gegend, welche sich auf beiden Seiten ihrer Verbindungslinien hinzieht; weil die feindliche Armee sie aber gleichfalls hat, so ist die Schwäche dieser Teile nicht fühlbar. Dies ist aber nur der Fall im eigenen Lande; sowie man sich im feindlichen befindet, wird die Schwäche dieser Teile fühlbar, weil bei einer sehr langen, wenig oder gar nicht gedeckten Linie die unbedeutendste Unternehmung einigen Erfolg verspricht und diese überall aus einer feindlichen Gegend hervorgehen kann.

Je weiter man vordringt, um so länger werden diese Flanken, und die daraus entstehende Gefahr wächst in steigender Progression; denn nicht bloß sind sie schwer zu decken, sondern der Unternehmungsgeist der Feindes wird auch hauptsächlich erst durch die langen ungesicherten Verbindungslinien hervorgerufen, und die Folgen, welche ihr Verlust im Fall eines Rückzuges haben kann, sind höchst

---

1 [Restsatz fehlt in 2. Auflage.]
2 [2. Auflage: nicht mitgefochten haben, aus zum Felddienst untauglichen und Rekruten]
3 [Hier endet der Satz in 2. Auflage.]
4 [1. Auflage(!): desselben]

bedenklich.

Alles dieses trägt dazu bei, der vorschreitenden Armee mit jedem Schritt, den sie weiter tut, ein neues Gewicht anzuhängen, so daß, wenn sie nicht mit einer ungewöhnlichen Überlegenheit angefangen hat, sie sich nach und nach immer mehr beengt in ihren Plänen, immer mehr geschwächt in ihrer Stoßkraft und zuletzt ungewiß und besorglich in ihrer Lage fühlt.

3. Die dritte Ursache, die Entfernung von der Quelle, aus welcher die unaufhörlich sich schwächende Streitkraft auch unaufhörlich ergänzt werden muß, steigt mit der Entfernung. Eine erobernde Armee gleicht hierin dem Licht einer Lampe; je weiter sich das nährende Öl hinuntersenkt und vom Fokus entfernt, um so kleiner wird dieser, bis er nachher ganz erlischt.[1]

Freilich kann der Reichtum eroberter Provinzen dieses Übel sehr vermindern, doch niemals ganz aufheben, weil es immer eine Menge Gegenstände gibt, die man von Hause kommen lassen muß, namentlich Menschen, weil die Leistungen des feindlichen Landes in der *Allgemeinheit der Fälle* nicht so schnell und sicher sind als die im eigenen Lande, weil für ein unvermutet entstehendes Bedürfnis nicht so schnell Hilfe geschafft werden kann, weil Mißverständnisse und Fehler aller Art nicht so früh entdeckt und verbessert werden können.

Führt der Fürst sein Heer nicht selbst an, wie das in den letzten Kriegen Sitte geworden, ist er demselben nicht mehr nahe, so entsteht noch ein neuer, sehr großer Nachteil aus dem Zeitverlust, den das Hin- und Herfragen mit sich bringt, denn die größte Vollmacht eines Heerführers kann den weiten Raum seines Wirkungskreises nicht ausfüllen.

4. Die Veränderung der politischen Verbindungen. Sind diese Veränderungen, welche der Sieg hervorruft, von der Art, daß sie dem Sieger nachteilig sein werden, so werden sie wahrscheinlich mit seinen Fortschritten im geraden Verhältnis stehen, ebenso wie das der Fall ist, wenn sie ihm günstig sind. Hier kommt alles auf die bestehenden politischen Verbindungen, Interessen, Gewohnheiten Richtungen, auf Fürsten, Minister, Günstlinge und Maitressen usw. an[2]. Allgemein kann man nur sagen, daß, wenn ein großer Staat besiegt wird, der kleinere Bundesgenossen hat, diese bald das Reißaus zu nehmen pflegen, und daß dann der Sieger in dieser Beziehung mit

1 [Der Satz fehlt in 2. Auflage.]
2 [2. Auflage: Minister usw. an]

jedem Schlage stärker wird; ist aber der besiegte Staat kleiner, so werden sich viel eher Beschützer aufwerfen, wenn er in seinem Dasein bedroht wird, und andere, die geholfen haben, ihn zu erschüttern, werden umkehren, wenn sie glauben, daß es zu viel wird[1].

5. Der größere Widerstand, welcher beim Feinde hervorgerufen wird. Einmal fallen dem Feinde die Waffen aus den Händen vor Schreck und Betäubung, ein andermal ergreift ihn ein enthusiastischer Paroxismus, alles eilt zu den Waffen, und der Widerstand ist nach der ersten Niederlage viel größer als vor derselben. Der Charakter des Volkes und der Regierung, die Natur des Landes, die politischen Verbindungen desselben sind die Daten, aus denen das Wahrscheinliche erraten werden muß.

Wie unendlich verschieden machen diese beiden letzten Punkte allein die Pläne, welche man im Kriege in dem einen und dem anderen Fall machen darf und machen soll! Während der eine durch Ängstlichkeit und sogenanntes methodisches Verfahren sein bestes Glück verscherzt,[2] plumpst der andere bis über die Ohren hinein und sieht dann hinterher aus wie einer, den man eben aus dem Wasser gezogen hat, ganz bestürzt und verwundert.

Noch müssen wir hier der Erschlaffung gedenken, welche bei dem Sieger nicht selten dann zu Hause eintritt, wenn die Gefahr entfernt ist, während doch umgekehrt neue Anstrengungen nötig wären, um den Sieg zu unterstützen. Wirft man einen allgemeinen Blick auf diese verschiedenen einander entgegengesetzten Prinzipien, so ergibt sich ohne Zweifel, daß die Benutzung des Sieges, das Vorschreiten in dem Angriffskriege in der Allgemeinheit der Fälle die Überlegenheit vereinzelt, mit welcher man angefangen oder die man durch den Sieg erworben hat.

Hier muß uns notwendig die Frage einfallen – wenn dem so ist, was treibt nun den Sieger zum Verfolgen seiner Siegesbahn, zum Vorschreiten in der Offensive? Und kann dies wirklich noch eine Benutzung des Sieges genannt werden? Wäre es nicht besser, da innezuhalten, wo noch gar keine Verringerung des erhaltenen Übergewichts stattgefunden hat?

Hierauf muß man natürlich antworten: das Übergewicht der Streitkräfte ist nicht der Zweck, sondern das Mittel. Der Zweck ist entweder, den Feind niederzumachen, oder ihm wenigstens einen Teil

---

1 [2. Auflage: umkehren, um seinen Untergang zu verhindern]

2 [2. Auflage fährt fort: stürzt sich der Andere durch Unüberlegtheit ins Verderben.]

seiner Länder zu nehmen, um sich dadurch *zwar nicht für den augenblicklichen Stand der Streitkräfte,* aber doch für den Stand des Krieges und des Friedens in den Vorteil zu setzen.[1] Selbst wenn wir den Gegner ganz niederwerfen wollen, müssen wir uns gefallen lassen, daß vielleicht jeder Schritt vorwärts unsere Überlegenheit schwächt, woraus aber nicht notwendig folgt, daß sie vor dem Fall des Gegners Null werden müsse; der Fall des Gegners kann vorher eintreten, und ließe sich dieser mit dem letzten Minimum des Übergewichts erreichen, so wäre es ein Fehler, dieses nicht darangewendet zu haben.

Das Übergewicht also, welches man im Kriege hat oder erwirbt, ist nur das Mittel, nicht der Zweck und muß für diesen darangesetzt werden. Aber man muß den Punkt kennen, wohin es reicht, um nicht über diesen hinauszugehen und, anstatt neue Vorteile, Schande zu ernten.

Daß es sich mit dem Erschöpfen des strategischen Übergewichts in dem strategischen Angriff also verhält, darüber brauchen wir besondere Fälle der Erfahrung nicht anzuführen; die Masse der Erscheinungen hat uns vielmehr gedrängt, die inneren Gründe dafür aufzusuchen. Nur seit Bonapartes Erscheinen kennen wir Feldzüge unter gebildeten Völkern, wo das Übergewicht ununterbrochen bis zum Fall des Gegners führte; vor ihm endigte jeder Feldzug damit, daß die siegende Armee einen Punkt zu gewinnen suchte, wo sie sich mit dem bloßen Gleichgewicht erhalten konnte, und daß in diesem die Bewegung des Sieges aufhörte oder auch wohl, daß gar ein Rückzug notwendig wurde. Dieser Kulminationspunkt des Sieges wird nun auch in der Folge in allen Kriegen vorkommen, wo das Niederwerfen des Gegners nicht das kriegerische Ziel sein kann, und so werden doch immer die meisten Kriege sein. Es ist also das natürliche Ziel aller einzelnen Feldzugspläne der Wendepunkt des Angriffs zur Verteidigung.

Nun ist aber das Überschreiten dieses Zieles nicht etwa bloß eine *unnütze* Kraftanstrengung, die keinen Erfolg mehr gibt, sondern eine *verderbliche,* welche Rückschläge verursacht, und diese Rückschläge sind nach einer ganz allgemeinen Erfahrung immer von unverhältnismäßiger Wirkung. Diese letztere Erscheinung ist so allgemein, scheint so naturgemäß und dem inneren Menschen verständlich, daß wir uns überheben können, die Ursachen davon umständlich anzugeben.

---

1 [2. Auflage: um sich dadurch in den Stand zu setzen, die erlangten Vorteile beim Friedensschluß geltend zu machen.]

Mangel an Einrichtung in dem eben eroberten Lande und der starke Gegensatz, welchen ein bedeutender Verlust gegen den erwarteten neuen Erfolg in den Gemütern bildet, sind in jedem Fall die hauptsächlichsten. Die moralischen Kräfte, Ermutigung auf der einen Seite, die oft bis zum Übermut steigt, Niedergeschlagenheit auf der anderen bekommen hier gewöhnlich ein ungewöhnlich lebhaftes Spiel. Die Verluste beim Rückzug werden dadurch größer, und man dankt in der Regel dem Himmel, wenn man mit der Rückgabe des Eroberten davonkommt, ohne Einbuße vom eigenen Lande zu leiden.

Hier müssen wir einen anscheinenden Widerspruch beseitigen, welcher sich zu ergeben scheint.

Man sollte nämlich glauben, daß, solange das Vorschreiten im Angriff seinen Fortgang hat, auch noch Überlegenheit vorhanden sei, und da die Verteidigung, welche am Ende der Siegeslaufbahn eintritt, eine stärkere Form des Krieges ist als der Angriff, so sei um so weniger Gefahr, daß man unversehens der Schwächere werde. Und doch ist dem also, und wir müssen [gestehen][1], wenn wir die Geschichte im Auge haben, daß oft die größte Gefahr des Umschwunges erst eintritt in dem Augenblick, wo der Angriff nachläßt und in Verteidigung übergeht. Wir wollen uns nach dem Grunde umsehen.

Die Überlegenheit, welche wir der verteidigenden Kriegsform zugeschrieben haben, liegt:

1. in der Benutzung der Gegend;
2. in dem Besitz eines eingerichteten Kriegstheaters;
3. in dem Beistand des Volkes;
4. in dem Vorteil des Abwartens.

Es ist klar, daß diese Prinzipe nicht immer im gleichen Maße vorhanden und wirksam sein werden, und daß folglich eine Verteidigung der anderen nicht immer gleich ist, daß folglich auch die Verteidigung nicht immer dieselbe Überlegenheit über den Angriff haben wird. Namentlich muß dies der Fall sein bei einer Verteidigung, die nach einem erschöpften Angriff eintritt, und deren Kriegstheater gewöhnlich an der Spitze eines weit vorgeschobenen Offensivdreiekkes zu liegen kommt. Diese behält von den genannten vier Prinzipien nur das erste, die Benutzung der Gegend, unverändert, das zweite fällt meistens ganz weg, das dritte wird negativ und das vierte wird sehr geschwächt. Nur über das letzte ein paar Worte zur Erläuterung.

Wenn nämlich das eingebildete Gleichgewicht, in welchem oft

---

1 [Zusatz der Redaktion. A. C.]

ganze Feldzüge erfolglos verstreichen, weil der, an welchem das Handeln ist, nicht die notwendige Entschlossenheit besitzt, und worin wir den Vorteil des Abwartens finden, – wenn dieses Gleichgewicht durch einen Offensivakt gestört, das feindliche Interesse verletzt, sein Wille zum Handeln hingedrängt ist, so ist die Wahrscheinlichkeit, daß er in müßiger Unentschlossenheit bleiben werde, sehr verringert. Eine Verteidigung, die man auf erobertem Boden einrichtet, hat einen viel mehr herausfordernden Charakter als eine bei sich zu Haus; es wird ihr gewissermaßen das offensive Prinzip eingeimpft und ihre Natur dadurch geschwächt. Die Ruhe, welche Daun Friedrich II. in Schlesien und Sachsen gönnte, würde er ihm in Böhmen nicht gestattet haben.

Es ist also klar, daß die Verteidigung, welche in eine Offensivunternehmung verflochten ist, in allen ihren Hauptprinzipien geschwächt sein und also nicht mehr die Überlegenheit über diese haben wird, welche ihr ursprünglich zukommt.

Wie kein Verteidigungsfeldzug aus bloßen Verteidigungselementen zusammengesetzt ist, so besteht auch kein Angriffsfeldzug aus lauter Angriffselementen, weil außer den kurzen Zwischenperioden eines jeden Feldzuges, in welchen beide Heere sich in der Verteidigung befinden, jeder Angriff, der nicht bis zum Frieden reicht, notwendig mit einer Verteidigung endigen muß.

Auf diese Weise ist es die Verteidigung selbst, welche zur Schwächung des Angriffs beiträgt. Dies ist so wenig eine müßige Spitzfindigkeit, daß wir es vielmehr als den hauptsächlichsten Nachteil des Angriffs betrachten, dadurch später in eine ganz unvorteilhafte Verteidigung versetzt zu werden.

Und hiermit ist denn erklärt, wie der Unterschied, welcher in der Stärke der offensiven und defensiven Kriegsform ursprünglich besteht, nach und nach geringer wird. Wir wollen nun noch zeigen, wie er ganz verschwinden und auf eine kurze Zeit in die entgegengesetzte Größe übergehen kann.

Will man uns erlauben, einen Hilfsbegriff aus der Natur herbeizurufen, so werden wir uns kürzer fassen können.

Es ist die Zeit, welche in der Körperwelt jede Kraft braucht, um sich wirksam zu zeigen. Eine Kraft, die hinreichend wäre, einen bewegten Körper aufzuhalten, wenn sie langsam und nach und nach angewendet wird, wird von ihm überwältigt werden, wenn es an Zeit fehlt. Dieses Gesetz der Körperwelt ist ein treffendes Bild für manche Erscheinung unseres inneren Lebens. Sind wir einmal zu einer gewissen Richtung des Gedankenzuges angeregt, so ist nicht jeder an sich hinreichende Grund imstande, eine Veränderung oder ein Innehalten hervorzubringen. Es ist Zeit, Ruhe, nachhaltiger Eindruck des Bewußtseins erforderlich. So ist es auch im Kriege. Hat die Seele einmal eine bestimmte Richtung fort zum Ziele oder zurückgewendet nach einem Rettungshafen, so geschieht es leicht, daß die Gründe, welche den einen zum Innehalten nötigen, den anderen zum Unternehmen berechtigen, nicht leicht in ihrer ganzen Stärke gefühlt werden, und da die Handlung indes fortschreitet, so kommt man im Strom der Bewegung über die Grenze des Gleichgewichts, über die Kulminationslinie hinaus, ohne es gewahr zu werden; ja es kann geschehen, daß dem Angreifenden, unterstützt von den moralischen Kräften, die vorzugsweise im Angriff liegen, das Weiterschreiten trotz der erschöpften Kraft weniger beschwerlich wird als das Innehalten, so wie Pferden, welche eine Last den Berg hinaufziehen. Hiermit glauben wir nun ohne inneren Widerspruch gezeigt zu haben, wie der Angreifende über denjenigen Punkt hinauskommen kann, der ihm im Augenblick des Innehaltens und der Verteidigung noch Erfolge, d. h. Gleichgewicht verspricht. Es ist also wichtig, beim Entwurf des Feldzuges diesen Punkt richtig festzuhalten, sowohl für den Angreifenden, damit er nicht über sein Vermögen unternehme, gewissermaßen Schulden mache, als für den Verteidiger, damit er diesen Nachteil, in welchen sich der Angreifende begeben hat, erkenne und benütze.

Werfen wir nun einen Blick zurück auf alle die Gegenstände, welche der Feldherr bei dieser Feststellung im Auge haben soll, und erinnern uns, daß er von den wichtigsten die Richtung und den Wert erst durch den Überblick vieler anderen nahen und entfernten Verhältnisse schätzen, gewissermaßen *erraten* muß – erraten, ob das feindliche Heer nach dem ersten Stoß einen festeren Kern, eine immer zunehmende Dichtigkeit zeigen, oder ob es wie die Bologneser Flaschen in Staub zerfallen wird, sobald man seine Oberfläche verletzt; – erraten, wie groß die Schwächung und Lähmung sein werde, die das Versiegen einzelner Quellen, das Unterbrechen einzelner Verbindungen im feindlichen Kriegsstaat hervorbringt; – erraten, ob der Gegner von dem brennenden Schmerz der Wunde, die er ihm geschlagen, ohnmächtig zusammensinkt oder wie ein verwundeter Stier zur Wut gesteigert wird; – erraten, ob die anderen Mächte erschreckt oder entrüstet sind, ob und welche politische Verbindungen sich lösen oder bilden werden – sagen wir uns, daß er dies alles und vieles andere mit dem Takt seines Urteiles treffen soll wie der Schütze sein Ziel, so müssen wir eingestehen, daß ein solcher Akt des menschlichen Geistes nichts Geringes sei. Tausend Abwege bieten sich dem Urteil, die sich hier- und dorthin verlaufen; und was die Menge, Verwicklung und Vielseitigkeit der Gegenstände nicht tun, das tut die Gefahr und Verantwortlichkeit.

Und so geschieht es denn, daß die große Mehrheit der Feldherren lieber weit hinter dem Ziel zurückbleibt, als sich ihm zu sehr zu nahen, und daß ein schöner Mut und hoher Unternehmungsgeist oft darüber hinausgerät und also seinen Zweck verfehlt. Nur wer mit geringen Mitteln Großes tut, hat es glücklich getroffen.

Achtes Buch[1]: Kriegsplan

Erstes Kapitel: Einleitung

In dem Kapitel vom Wesen und Zweck des Krieges haben wir seinen Gesamtbegriff gewissermaßen skizziert und seine Verhältnisse zu den ihn umgebenden Dingen angedeutet, um mit einer richtigen Grundvorstellung anzufangen. Wir haben die mannigfaltigen Schwierigkeiten, auf welche der Verstand dabei stößt, durchblicken lassen, uns eine genauere Betrachtung derselben vorbehaltend, und sind bei dem Resultat stehen geblieben, daß die Niederwerfung des Feindes, folglich die Vernichtung seiner Streitkräfte das Hauptziel des ganzen kriegerischen Aktes sei. Dies hat uns in den Stand gesetzt, im folgenden Kapitel zu zeigen, daß das Mittel, dessen sich der kriegerische Akt bedient, allein das Gefecht sei. Auf diese Weise glauben wir vorläufig einen richtigen Standpunkt gewonnen zu haben.

Nachdem wir nun die beachtenswertesten Verhältnisse und Formen, welche in dem kriegerischen Handeln außerhalb des Gefechts vorkommen, einzeln durchgegangen sind, um ihren Wert teils nach der Natur der Sache, teils nach der Erfahrung, welche die Kriegsgeschichte darbietet, bestimmter anzugeben, sie von unbestimmten, zweideutigen Vorstellungen, die damit verbunden zu sein pflegen, zu reinigen und auch bei ihnen das eigentliche Ziel des kriegerischen Aktes, die Vernichtung des Feindes, überall gehörig als die Hauptsache herantreten zu lassen, kehren wir nun zu dem Ganzen des Krieges zurück, indem wir uns vornehmen, von dem Kriegs- und Feldzugsplan zu reden, und sind also genötigt, an die Vorstellungen unseres ersten Buches wieder anzuknüpfen.

In diesen Kapiteln, welche die Gesamtfrage abhandeln sollen, ist die eigentlichste Strategie, das Umfassendste und Wichtigste derselben enthalten. Wir betreten dieses Innerste ihres Gebietes, in welchem alle übrigen Fäden zusammenlaufen, nicht ohne Scheu.

In der Tat ist diese Scheu nicht mehr als billig.

Wenn man auf der einen Seite sieht, wie das kriegerische Handeln so höchst einfach erscheint, wenn man hört und liest, wie die größten Feldherren gerade am einfachsten und schlichtesten sich darüber ausdrücken, wie das Regieren und Bewegen der aus hunderttausend

---

1 [2. Auflage: Skizzen zum achten Buche]

Gliedern zusammengesetzten schwerfälligen Maschine in ihrem Munde sich nicht anders ausnimmt, als ob von ihrem einzigen Individuo die Rede sei, so daß der ganze ungeheure Akt des Krieges zu einer Art Zweikampf individualisiert wird, wenn man dabei die Motive ihres Handelns bald mit ein paar einfachen Vorstellungen, bald mit irgendeiner Regung des Gemütes angegeben findet, wenn man diese leichte, sichere, man möchte sagen leichtfertige Weise sieht, wie sie den Gegenstand auffassen – und nun von der anderen Seite die Anzahl von Verhältnissen, die für den untersuchenden Verstand in Anregung kommen, die großen, oft unbestimmten Entfernungen, in welchen die einzelnen Fäden auslaufen, und die Unzahl von Kombinationen, die vor uns liegen, wenn man dabei an die Verpflichtung denkt, welche die Theorie hat, diese Dinge systematisch, d. h. mit Klarheit und Vollständigkeit aufzufassen und das Handeln immer auf die Notwendigkeit des zureichenden Grundes zurückzuführen, so überfällt uns die Angst mit unwiderstehlicher Gewalt, zu einem pedantischen Schulmeistertum hinabgerissen zu werden, in den unteren Räumen schwerfälliger Begriffe herumzukriechen und dem großen Feldherrn in seinem leichten Überblick also niemals zu begegnen. Wenn so das Resultat theoretischer Bemühungen sein sollte, so wäre es ebensogut oder vielmehr besser, sie gar nicht angestellt zu haben; sie ziehen der Theorie die Geringschätzung des Talentes zu und fallen bald in Vergessenheit. Und von der anderen Seite ist dieser leichte Überblick des Feldherrn, diese einfache Vorstellungsart, diese Personifizierung des ganzen kriegerischen Handelns so ganz und gar die Seele jeder guten Kriegführung, daß nur bei dieser großartigen Weise sich die Freiheit der Seele denken läßt, die nötig ist, wenn sie über die Ereignisse herrschen und nicht von ihnen überwältigt werden soll.

Mit einiger Scheu setzen wir unseren Schritt fort; wir können es nur, wenn wir den Weg verfolgen, welchen wir uns gleich anfangs vorgezeichnet haben. Die Theorie soll mit einem klaren Blick die Masse der Gegenstände beleuchten, damit der Verstand sich leichter in ihnen finde, sie soll das Unkraut ausreißen, welches der Irrtum überall hat hervorschießen lassen, sie soll die Verhältnisse der Dinge untereinander zeigen, das Wichtige von dem Unwichtigen sondern. Wo sich die Vorstellungen von selbst zu einem solchen Kern der Wahrheit zusammenfinden, den wir Grundsatz nennen, wo sie von selbst eine solche Linie halten, die eine Regel bildet, da soll die Theorie es angeben.

Was nun der Geist von dieser unterirdischen Wanderung zwischen den Fundamentalvorstellungen der Sache mit sich nimmt, die Lichtstrahlen, welche in ihm geweckt werden, das ist der Nutzen, welchen ihm die Theorie gewährt. Sie kann ihm keine Formeln zur Auflösung der Aufgaben mitgeben, sie kann seinen Weg nicht auf eine schmale Linie der Notwendigkeit einschränken durch Grundsätze, die sie zu beiden Seiten aufmarschieren läßt. Sie läßt ihn einen Blick in die Masse der Gegenstände und ihrer Verhältnisse tun und entläßt ihn dann wieder in die höheren Regionen des Handelns, um nach dem Maß der ihm gewordenen natürlichen Kräfte mit der vereinten Tätigkeit aller zu handeln und sich das *Wahren* und *Rechten* wie eines einzelnen klaren Gedankens bewußt zu werden, der, durch den Gesamteindruck aller jener Kräfte hervorgetrieben, mehr ein Produkt der Gefahr als des Denkens zu sein scheint.

Zweites Kapitel: Absoluter und wirklicher Krieg

Der Kriegsplan faßt den ganzen kriegerischen Akt zusammen, durch ihn wird er zur einzelnen Handlung, die einen letzten endlichen Zweck haben muß, in welchem sich alle besonderen Zwecke ausgeglichen haben. Man fängt keinen Krieg an, oder man sollte vernünftigerweise keinen anfangen, ohne sich zu sagen, was man mit und was man in demselben erreichen will, das erstere ist der Zweck, das andere das Ziel. Durch diesen Hauptgedanken werden alle Richtungen gegeben, der Umfang der Mittel, das Maß der Energie bestimmt, und er äußert seinen Einfluß bis in die kleinsten Glieder der Handlung hinab.

Wir haben im ersten Kapitel gesagt, daß die Niederwerfung des Gegners das natürliche Ziel des kriegerischen Aktes sei, und daß, wenn man bei der philosophischen Strenge des Begriffs stehenbleiben will, es im Grunde ein anderes nicht geben könne.

Da diese Vorstellung von beiden kriegführenden Teilen gedacht werden muß, so würde daraus folgen, daß es im kriegerischen Akt keinen Stillstand geben und nicht eher Ruhe eintreten könne, bis einer der beiden Teile wirklich niedergeworfen sei.

In dem Kapitel von dem Stillstand im kriegerischen Akt haben wir gezeigt, wie das bloße Prinzip der Feindschaft auf den Träger desselben, den Menschen, und alle Umstände angewendet, aus denen es den Krieg zusammensetzt, aus inneren Gründen der Maschine einen Aufenthalt und eine Ermäßigung erleidet.

Aber diese Modifikation ist lange nicht hinreichend, um uns von dem ursprünglichen Begriff des Krieges zu der konkreten Gestalt desselben, wie wir sie fast überall finden, überzuführen. Die meisten Kriege erscheinen nur wie eine gegenseitige Entrüstung, wobei jeder zu den Waffen greift, um sich selbst zu schützen und dem anderen Furcht einzuflößen und – gelegentlich ihm einen Streich beizubringen. Es sind also nicht zwei sich einander zerstörende Elemente, die zusammengebracht sind, sondern es sind Spannungen noch getrennter Elemente, die sich in einzelnen kleinen Schlägen entladen.

Welches ist nun aber die nicht leitende Scheidewand, die das totale Entladen verhindert? Warum geschieht der philosophischen Vorstellungsweise nicht Genüge? Jene Scheidewand liegt in der großen Zahl von Dingen, Kräften, Verhältnissen, die der Krieg im Staatsleben berührt, und durch deren unzählbare Windungen sich die logische Konsequenz nicht wie an dem einfachen Faden von ein paar Schlüssen fortführen läßt; in diesen Windungen bleibt sie stecken, und der Mensch, der gewohnt ist, im großen und kleinen mehr nach einzelnen vorherrschenden Vorstellungen und Gefühlen als nach strenger logischer Folge zu handeln, wird sich hier seiner Unklarheit, Halbheit und Inkonsequenz kaum bewußt.

Hätte aber auch die Intelligenz, von welcher der Krieg ausgeht, wirklich alle diese Verhältnisse durchlaufen können, ohne ihr Ziel einen Augenblick zu verlieren, so würden alle übrigen Intelligenzen im Staate, welche dabei in Betrachtung kommen, nicht eben das können und also ein Widerstreben entstehen und mithin eine Kraft nötig sein, die Inertie der ganzen Masse zu überwinden, und diese Kraft wird meistens unzureichend sein.

Diese Inkonsequenz findet bei dem einen der beiden Teile statt, oder bei dem anderen, oder bei beiden, und wird so die Ursache, daß der Krieg zu etwas ganz anderem wird, als er dem Begriff nach sein sollte, zu einem Halbdinge, zu einem Wesen ohne inneren Zusammenhang.

So finden wir ihn fast überall, und man könnte zweifeln, daß unsere Vorstellung von dem ihm absolut zukommenden Wesen einige Realität hätte, wenn wir nicht gerade in unseren Tagen den wirklichen Krieg in dieser absoluten Vollkommenheit hätten auftreten sehen. Nach einer kurzen Einleitung, die die französische Revolution gemacht hat, hat ihn der rücksichtslose Bonaparte schnell auf diesen Punkt gebracht. Unter ihm ist er rastlos vorgeschritten, bis der Gegner niederlag; und fast ebenso rastlos sind die Rückschläge erfolgt. Ist es nicht natürlich und notwendig, daß uns diese Erscheinung auf den ursprünglichen Begriff des Krieges mit allen strengen Folgerungen zurückführt?

Sollen wir nun dabei stehenbleiben und alle Kriege, wie sehr sie sich auch davon entfernen, danach beurteilen? Alle Forderungen der Theorie daraus ableiten?

Wir müssen uns jetzt darin entscheiden, denn wir können kein gescheites Wort vom Kriegsplan sagen, ohne bei uns selbst ausgemacht zu haben, ob der Krieg nur so sein soll oder noch anders sein kann.

Wenn wir uns zu dem ersteren entschließen, wird unsere Theorie sich überall dem Notwendigen mehr nähern, mehr eine klare, abgemachte Sache sein. Aber was sollen wir dann zu allen Kriegen sagen, welche seit Alexander und einigen Feldzügen der Römer bis auf Bonaparte geführt worden sind? Wir mußten sie in Bausch und Bogen verwerfen und konnten es doch vielleicht nicht, ohne uns unserer Anmaßung zu schämen. Was aber schlimm ist, wir mußten uns sagen, daß im nächsten Jahrzehnt vielleicht wieder ein Krieg der Art da sein wird, unserer Theorie zum Trotz, und daß diese Theorie mit einer starken Logik doch sehr ohnmächtig bleibt gegen die Gewalt der Umstände. Wir werden uns also dazu verstehen müssen, den Krieg, wie er sein soll, nicht aus seinem bloßen Begriff zu konstruieren, sondern allem Fremdartigen, was sich darin einmischt und daransetzt, seinen Platz zu lassen, aller natürlichen Schwere und Reibung der Teile, der ganzen Inkonsequenz, Unklarheit und Verzagtheit des menschlichen Geistes; wir werden die Ansicht fassen müssen, daß der Krieg und die Gestalt, welche man ihm gibt, hervorgeht aus augenblicklich vorhergehenden Ideen, Gefühlen und Verhältnissen, ja wir müssen, wenn wir ganz wahr sein wollen, einräumen, daß dies selbst der Fall gewesen ist, wo der seine absolute Gestalt angenommen hat, nämlich unter Bonaparte.

Müssen wir das, müssen wir zugeben, daß der Krieg entspringt und seine Gestalt erhält nicht aus einer endlichen Abgleichung aller unzähligen Verhältnisse, die er berührt, sondern aus einzelnen unter ihnen, die gerade vorherrschen, so folgt von selbst, daß er auf einem Spiel von Möglichkeiten, Wahrscheinlichkeiten, Glück und Unglück beruht, in dem sich die strenge logische Folgerung oft ganz verliert, und wobei sie überhaupt ein sehr unbehilfliches, unbequemes Instrument des Kopfes[1] ist; auch folgt dann, daß der Krieg ein Ding sein kann, was bald mehr, bald weniger Krieg ist.

---

1 [2. Auflage: unbehilfliche, unbequeme Sache]

Dies alles muß die Theorie zugeben, aber es ist ihre Pflicht, die absolute Gestalt des Krieges obenan zu stellen und sie als einen allgemeinen Richtpunkt zu brauchen, damit derjenige, der aus der Theorie etwas lernen will, sich gewöhne, sie nie aus den Augen zu verlieren, sie als das ursprüngliche Maß aller seiner Hoffnungen und Befürchtungen zu betrachten, um sich ihr zu nähern, wo er *es kann* oder wo er *es muß*.

Daß eine Hauptvorstellung, welche unserem Denken und Handeln zum Grunde liegt, ihm auch da, wo die nächsten Entscheidungsgründe aus ganz anderen Regionen kommen, einen gewissen Ton und Charakter gibt, ist ebenso gewiß, als daß der Maler seinem Bilde durch die Farben, womit er es untermalt, diesen oder jenen Ton geben kann.

Daß die Theorie dies jetzt mit Wirksamkeit tun kann, verdankt sie den letzten Kriegen. Ohne diese warnenden Beispiele von der zerstörenden Kraft des losgelassenen Elements würde sie sich vergeblich heiser schreien; niemand würde für möglich halten, was jetzt von allen erlebt ist.

Würde Preußen im Jahr 1798 es gewagt haben, mit 70000 Mann in Frankreich einzudringen, wenn es geahnt hätte, daß der Rückschlag im Fall des Nichtgelingens so stark sein würde, das alte europäische Gleichgewicht über den Haufen zu werfen?

Würde Preußen im Jahr 1806 den Krieg gegen Frankreich mit 100000 Mann angefangen haben, wenn es erwogen hätte, daß der erste Pistolenschuß ein Funken in den Minenherd sei, der es in die Luft sprengen sollte?

Drittes Kapitel: A. Innerer Zusammenhang des Krieges

Je nachdem man die absolute Gestalt des Krieges oder eine der davon mehr oder weniger entfernten wirklichen im Auge hat, entstehen zwei verschiedene Vorstellungen von dem Erfolge desselben.

Bei der absoluten Gestalt des Krieges, wo alles aus notwendigen Gründen geschieht, alles rasch ineinandergreift, kein, wenn ich so sagen darf, wesenloser neutraler Zwischenraum entsteht, gibt es wegen der vielfältigen Wechselwirkungen, die der Krieg in sich schließt*, wegen des Zusammenhanges, in welchem, strenge genommen, die ganze Reihe der aufeinanderfolgenden Gefecht steht**,

---

* *Erstes Kapitel* des ersten Buches

** *Zweites Kapitel* des ersten Buches

wegen des Kulminationspunktes, den jeder Sieg hat, über welchen hinaus das Gebiet der Verluste und Niederlagen angeht*, wegen aller dieser natürlichen Verhältnisse des Krieges, sage ich, gibt es nur einen Erfolg, nämlich den *Enderfolg*. Bis dahin ist nichts entschieden, nichts gewonnen, nichts verloren. Hier ist es, wo man sich unaufhörlich sagen muß: das Ende krönt das Werk. In dieser Vorstellung ist also der Krieg ein unteilbares Ganze, dessen Glieder (die einzelnen Erfolge) nur Wert haben in Beziehung auf dies Ganze. Die Eroberung von Moskau und von halb Rußland 1812 hatte für Bonaparte nur Wert, wenn sie ihm den beabsichtigten Frieden verschaffte. Sie war aber nur ein Stück seines Feldzugsplanes, und in diesem fehlte noch ein Teil, nämlich die Zertrümmerung des russischen Heeres; denkt man sich diese zu den übrigen Erfolgen hinzu, so war der Friede so gewiß, wie Dinge der Art werden können. Diesen zweiten Teil konnte Bonaparte nicht mehr erringen, weil er ihn früher versäumt hatte, und so wurde ihm der ganze erste Teil nicht bloß unnütz, sondern verderblich. –

Dieser Vorstellung von dem Zusammenhange der Erfolge im Kriege, welche man als eine äußerste betrachten kann, steht eine andere äußerste gegenüber, nach welcher derselbe aus einzelnen für sich bestehenden Erfolgen zusammengesetzt ist, bei denen, wie im Spiel bei den Partien, die vorhergehenden keinen Einfluß auf die nachfolgenden haben. Hier kommt es also nur auf die Summe der Erfolge an, und man kann jeden einzelnen wie eine Spielmarke zurücklegen.

So wie die erste Vorstellungsart ihre Wahrheit aus der Natur der Sache schöpft, so finden wir die der zweiten in der Geschichte. Es gibt eine Unzahl von Fällen, wo ein kleiner mäßiger Vorteil hat gewonnen werden können, ohne daß sich daran irgendeine erschwerende Bedingung geknüpft hätte. Je mehr das Element des Krieges ermäßigt ist, um so häufiger werden diese Fälle, aber so wenig wie je in einem Kriege die erste der Vorstellungsarten vollkommen wahr ist, ebensowenig gibt es Kriege, wo die letztere überall zutrifft und die erstere entbehrlich wäre.

Halten wir uns an die erste dieser beiden Vorstellungsarten, so müssen wir die Notwendigkeit einsehen, daß ein jeder Krieg von Hause aus als ein Ganzes aufgefaßt werde, und daß beim ersten Schritt vorwärts der Feldherr schon das Ziel im Auge habe, wohin alle Linien laufen.

---

* *Viertes* und *fünftes Kapitel* des siebenten Buches (vom Kulminationspunkt des Sieges)

Lassen wir die zweite Vorstellungsart zu, so können untergeordnete Vorteile um ihrer selbst willen verfolgt und das Weitere den weiteren Ergebnissen überlassen werden.

Da keine dieser beiden Vorstellungsarten ohne Resultat ist, so kann die Theorie auch keine derselben entbehren. Der Unterschied, den sie im Gebrauch derselben macht, besteht darin, daß sie fordert, die erstere als die Grundvorstellung auch überall zum Grunde zu legen und die letztere nur als eine Modifikation zu gebrauchen, die durch die Umstände gerechtfertigt wird.

Wenn Friedrich der Große in den Jahren 1742, 1744, 1757 und 1758 von Schlesien und Sachsen aus eine neue Offensivspitze in den österreichischen Staat hineintrieb, von der er recht gut wußte, daß sie nicht zu einer neuen, dauernden Eroberung führen konnte, wie die von Schlesien und Sachsen war, so geschah es, weil er damit nicht die Niederwerfung des österreichischen Staates, sondern einen untergeordneten Zweck, nämlich Zeit- und Kraftgewinn beabsichtigte, und er durfte diesen untergeordneten Zweck verfolgen, ohne zu fürchten, daß er damit sein ganzes Dasein auf das Spiel setzte*. Wenn aber Preußen 1806 und Österreich 1805 und 1809 sich noch ein viel bescheideneres Ziel vorsetzte, nämlich die Franzosen über den Rhein zu treiben, so konnten sie das vernünftigerweise nicht, ohne im Geiste die ganze Reihe der Begebenheiten zu durchlaufen, die sich sowohl im Fall des guten als schlechten Erfolges wahrscheinlich an den ersten Schritt anknüpfen und bis zum Frieden führen würde. Dies war ganz unerläßlich, sowohl um bei sich auszumachen, wie weit sie ihren Sieg ohne Gefahr verfolgen konnten, als wie und wo sie den feindlichen Sieg zum Stehen zu bringen imstande wären.

Worin der Unterschied beider Verhältnisse sei, zeigt eine aufmerk-

---

* Hätte Friedrich der Große die Schlacht von Kolin gewonnen und mithin die österreichische Hauptarmee mit ihren beiden obersten Feldherren in Prag gefangen genommen, so war das ein so furchtbarer Schlag, daß er allerdings daran denken konnte, auf Wien zu gehen, die österreichische Monarchie zu erschüttern und dadurch den Frieden unmittelbar zu gewinnen. Dieser für die damaligen Zeiten unerhörte Erfolg, der den Erfolgen der neuesten Kriege ganz ähnlich, nur wegen des kleinen Davids und des großen Goliaths viel wunderbarer und glänzender gewesen wäre, würde nach dem Gewinn dieser einen Schlacht höchstwahrscheinlich eingetreten sein, welches aber der oben gemachten Behauptung nicht widerspricht; denn diese spricht nur von dem, was der König mit seiner Offensive ursprünglich beabsichtigte; die Einschließung und Gefangennahme der feindlichen Hauptarmee aber war ein Ereignis, was außer aller Berechnung lag, und woran der König nicht gedacht hatte, wenigstens nicht eher, als bis die Österreicher durch ihre ungeschickte Aufstellung bei Prag dazu Veranlassung gaben.

same Betrachtung der Geschichte. Im achtzehnten Jahrhundert, zur Zeit der Schlesischen Kriege, war der Krieg noch eine bloße Angelegenheit des Kabinetts, an welchem das Volk nur als blindes Instrument teilnahm; im Anfang des neunzehnten Jahrhunderts standen die beiderseitigen Völker in der Wageschale. Die Feldherren, welche Friedrich dem Großen gegenüberstanden, waren Männer, die im Auftrag handelten, und eben deswegen Männer, in welchen die Behutsamkeit ein vorherrschender Charakterzug war; der Gegner der Österreicher und Preußen war, um es kurz zu sagen, der Kriegsgott selbst.

Mußten diese verschiedenen Verhältnisse nicht ganz verschiedene Betrachtungen veranlassen? Mußten sie nicht im Jahre 1805, 1806 und 1809 den Blick auf das äußerste der Unglücksfälle als auf eine nahe Möglichkeit, ja als auf eine große Wahrscheinlichkeit richten und mithin zu ganz anderen Anstrengungen und Plänen führen als solche, deren Gegenstand ein paar Festungen und eine mäßige Provinz sein konnten?

Sie haben es nicht in gehörigem Maße getan, wiewohl die Mächte Preußen und Österreich bei ihren Rüstungen die Gewitterschwere der politischen Atmosphäre hinreichend fühlten. Sie haben es nicht vermocht, weil sie damals noch nicht so deutlich von der Geschichte entwickelt waren. Eben jene Feldzüge von 1805, 1806 und 1809 sowie die späteren haben es uns so sehr erleichtert, den Begriff des neueren, des absoluten Krieges in seiner zerschmetternden Energie davon zu abstrahieren.

Die Theorie fordert also, daß bei jedem Kriege zuerst sein Charakter und seine großen Umrisse nach der Wahrscheinlichkeit aufgefaßt werden, die die politischen Größen und Verhältnisse ergeben. Je mehr nach dieser Wahrscheinlichkeit sein Charakter sich dem absoluten Kriege nähert, je mehr die Umrisse die Masse der kriegführenden Staaten umfassen und in den Strudel hineinziehen, um so leichter wird der Zusammenhang seiner Begebenheiten, um so notwendiger, nicht den ersten Schritt zu tun, ohne an den letzten zu denken.

Drittes Kapitel: B. Von der Größe des kriegerischen Zweckes und der Anstrengung

Der Zwang, welchen wir unserem Gegner antun müssen, wird sie nach der Größe unserer und seiner politischen Forderungen richten. Insofern diese gegenseitig bekannt sind, würde es dasselbe Maß der Anstrengung geben; allein sie liegen nicht immer so offen da, und dies kann ein erster Grund zur Verschiedenheit in den Mitteln sein, die beide aufbieten.

Die Lage und Verhältnisse der Staaten sind einander nicht gleich, dies kann ein zweiter Grund werden.

Die Willensstärke, der Charakter, die Fähigkeiten der Regierungen sind sich ebensowenig gleich, dies ist ein dritter Grund.

Diese drei Rücksichten bringen eine Ungewißheit in die Berechnung des Widerstandes, welchen man finden wird, folglich der Mittel, die man anwenden soll, und des Zieles, welches man sich setzen darf.

Da im Kriege aus unzureichenden Anstrengungen nicht bloß ein Nichterfolg, sondern positiver Schaden entstehen kann, so treibt das beide Teile, sich einander zu überbieten, wodurch eine Wechselwirkung entsteht.

Dies könnte an das äußerste Ziel der Anstrengungen führen, wenn sich ein solches bestimmen ließe. Dann würde aber die Rücksicht auf die Größe der politischen Forderungen verlorengehen, das Mittel alles Verhältnis zum Zweck verlieren und in den meisten Fällen diese Absicht einer äußersten Anstrengung an dem Gegengewicht der eigenen inneren Verhältnisse scheitern.

Auf diese Weise wird der Kriegsunternehmer[1] wieder in einen Mittelweg zurückgeführt, in welchem er gewissermaßen nach dem direkten Grundsatz handelt, um diejenigen Kräfte aufzuwenden und sich im Kriege dasjenige Ziel zu stellen, welches zur Erreichung seines politischen Zweckes eben hinreicht. Um diesen Grundsatz möglich zu machen, muß er jeder absoluten Notwendigkeit des Erfolges entsagen, die entfernten Möglichkeiten aus der Rechnung weglassen.

Hier verläßt also die Tätigkeit des Verstandes das Gebiet der strengen Wissenschaft, der Logik und Mathematik, und wird, im weiten Verstande des Wortes, zur Kunst, d. h. zu der Fertigkeit, aus einer unübersehbaren Menge von Gegenständen und Verhältnissen die wichtigsten und entscheidenden durch den Takt des Urteils

---

1 [2. Auflage: Krieg]

herauszufinden. Dieser Takt des Urteils besteht unstreitig mehr oder weniger in einer dunkeln Vergleichung aller Größen und Verhältnisse, wodurch die entfernten und unwichtigen schneller beseitigt und die nächsten und wichtigsten schneller herausgefunden werden, als wenn dies auf dem Wege strenger Schlußfolge geschehen sollte.

Um also das Maß der Mittel kennenzulernen, welches wir für den Krieg aufzubieten haben, müssen wir den politischen Zweck desselben unsererseits und von seiten des Feindes bedenken; wir müssen die Kräfte und Verhältnisse des feindlichen Staates und des unserigen, wir müssen den Charakter seiner Regierung, seines Volkes, die Fähigkeiten beider, und alles das wieder von unserer Seite, wir müssen die politischen Verbindungen anderer Staaten und die Wirkungen, welche der Krieg darin hervorbringen kann, in Betrachtung ziehen. Daß das Abwägen dieser mannigfachen und mannigfach durcheinandergreifenden Gegenstände eine große Aufgabe, daß es ein wahrer Lichtblick des Genies ist, hierin schnell das Rechte herauszufinden, während es ganz unmöglich sein würde, durch eine bloße schulgerechte Überlegung der Mannigfaltigkeit Herr zu werden, ist leicht zu begreifen.

In diesem Sinne hat Bonaparte ganz richtig gesagt: es würde eine algebraische Aufgabe werden, vor der selbst ein Newton zurückschrecken könnte.

Erschweren die Mannigfaltigkeit und Größe der Verhältnisse und die Unsicherheit des rechten Maßes das günstige Resultat in hohem Grade, so müssen wir nicht übersehen, daß die ungeheure vergleichungslose *Wichtigkeit* der Sache, wenn auch nicht die Verwicklung und Schwierigkeit der Aufgabe, doch das Verdienst der Lösung steigert. Die Freiheit und Tätigkeit des Geistes wird im gewöhnlichen Menschen durch die Gefahr und Verantwortlichkeit nicht erhöht, sondern heruntergedrückt; wo aber diese Dinge das Urteil beflügeln und kräftigen, da dürfen wir nicht an seltener Seelengröße zweifeln.

Wir müssen also zuvörderst einräumen, daß das Urteil über einen bevorstehenden Krieg, über das Ziel, welches er haben darf, über die Mittel, welche nötig sind, nur aus dem Gesamtüberblick aller Verhältnisse entstehen kann, in welchem also die individuellsten Züge des Augenblickes mitverflochten sind, und daß dieses Urteil, wie jedes im kriegerischen Leben, niemals rein objektiv sein kann, sondern nach den Geistes- und Gemütseigenschaften der Fürsten, Staatsmänner, Feldherren bestimmt wird, sei es, daß sie in einer Person vereinigt sind oder nicht.

Allgemein und einer abstrakten Behandlung fähiger wird der Gegenstand schon dann, wenn wir auf die allgemeinen Verhältnisse der Staaten sehen, die sie von ihrer Zeit und den Umständen erhalten haben. Wir müssen uns hier einen flüchtigen Blick auf die Geschichte erlauben.

Halbgebildete Tataren, Republiken der alten Welt, Lehnsherren und Handelsstädte des Mittelalters, Könige des achtzehnten Jahrhunderts, endlich Fürsten und Völker des neunzehnten Jahrhunderts: alle führen den Krieg auf ihre Weise, führen ihn anders, mit anderen Mitteln und nach einem anderen Ziel.

Die Tatarenschwärme suchen neue Wohnsitze. Sie ziehen mit dem ganzen Volke aus, mit Weib und Kind, sie sind also zahlreich wie verhältnismäßig kein anderes Heer, und ihr Ziel ist Unterwerfung oder Vertreibung des Gegners. Sie würden mit diesen Mitteln bald alles vor sich niederwerfen, ließe sich damit ein hoher Kulturzustand vereinigen.

Die alten Republiken, mit Ausnahme Roms, sind von geringem Umfange; noch geringer ist der Umfang ihres Heeres, denn sie schließen die große Masse, den Pöbel, aus; sie sind zu zahlreich und zu nahe beieinander, um nicht in dem natürlichen Gleichgewicht, in welches sich nach einem ganz allgemeinen Naturgesetz kleine abgesonderte Teile immer setzen, Hindernis zu großen Unternehmungen zu finden; daher beschränken sich ihre Kriege auf Verheerungen des flachen Landes und Einnahme einzelner Städte, um in diesen sich für die Folge einen mäßigen Einfluß zu sichern.

Nur Rom macht davon eine Ausnahme, doch erst in seinen späteren Zeiten. Lange kämpfte es mit kleinen Scharen um Beute und um Bündnis mit seinen Nachbarn den gewöhnlichen Kampf. Er wird groß, mehr durch die Bündnisse, die es schließt, und in welchen sich die benachbarten Völker nach und nach mit ihm zu einem Ganzen verschmelzen, als durch wahre Unterwerfungen. Nur erst, nachdem es sich auf diese Weise in ganz Unteritalien ausgebreitet hat, fängt es an, wirklich erobernd vorzuschreiten. Karthago fällt, Spanien und Gallien werden erobert, Griechenland unterworfen und in Asien und Ägypten seine Herrschaft ausgebreitet. In dieser Zeit sind seine Streitkräfte ungeheuer, ohne daß seine Anstrengungen es wären: sie werden mit seinen Reichtümern bestritten; es gleicht nicht mehr den alten Republiken und nicht mehr sich selbst. Es steht einzig da.

Ebenso einzig in ihrer Art sind die Kriege Alexanders. Mit einem kleinen, aber durch seine innere Vollkommenheit ausgezeichneten

Heere wirft er die morschen Gebäude der asiatischen Staaten nieder. Ohne Rast und rücksichtslos durchzieht er das weite Asien und dringt bis Indien vor. Republiken konnten das nicht; das konnte so schnell nur ein König vollbringen, der gewissermaßen sein eigener Kondottiere war.

Die großen und die kleinen Monarchien des Mittelalters führten ihre Kriege mit Lehnsheeren. Da war alles auf eine kurze Zeit beschränkt; was in der nicht ausgerichtet werden konnte, mußte als unausführbar angesehen werden. Das Lehnsheer selbst bestand aus einer Einschachtelung von Vasallentum; das Band, welches dasselbe zusammenhielt, war halb gesetzliche Pflicht, halb freiwilliges Bündnis, das Ganze eine wahre Konförderation. Bewaffnung und Taktik waren auf das Faustrecht, auf den Kampf des einzelnen gegründet, also für eine größere Masse wenig geschickt. Überhaupt hat es nie eine Zeit gegeben, wo der Staatsverband so locker und der einzelne Staatsbürger so selbständig war. Dies alles bedingte die Kriege dieser Zeit auf die bestimmteste Art. Sie wurden verhältnismäßig rasch geführt, müßiges im Felde Liegen kam wenig vor, aber der Zweck bestand meistens nur in Züchtigung, nicht in Niederwerfung des Feindes; man trieb seine Herden weg, verbrannte seine Burgen und zog wieder nach Haus.

Die großen Handelsstädte und kleinen Republiken brachten die Kondottieri auf. Das war eine kostbare, mithin dem äußeren Umfange nach sehr beschränkte Kriegsmacht. Noch geringer war sie ihrer intensiven Kraft nach zu schätzen; von höchster Energie und Anstrengung konnte da so wenig die Rede sein, daß es meist nur eine Spiegelfechterei wurde. Mit einem Wort: Haß und Feindschaft regten den Staat nicht mehr zu persönlicher Tätigkeit an, sondern wurden ein Gegenstand seines Handels; der Krieg verlor einen großen Teil seiner Gefahr, veränderte durchaus seine Natur, und nichts, was man aus dieser Natur für ihn bestimmen kann, paßte auf denselben.

Das Lehnssystem zog sich nach und nach zu einer bestimmten Territorialherrschaft zusammen, der Staatsverband wurde enger, die persönlichen Verpflichtungen verwandelten sich in sächliche, das Geld trat nach und nach an die Stelle der meisten, und aus den Lehnsheeren wurden Söldner. Die Kondottieri machten den Übergang dazu und waren daher eine Zeitlang auch das Instrument der größeren Staaten; es dauerte aber nicht lange, so wurde aus dem auf kurze Zeit gemieteten Soldaten ein *stehender Söldner,* und die Kriegsmacht der Staaten war nun auf das auf den Staatsschatz gegründete stehende Heer gekommen.

Daß das langsame Fortschreiten zu diesem Ziel ein mannigfaches Ineinandergreifen aller drei Arten von Kriegsmacht verursachte, ist natürlich. Unter Heinrich IV. finden wir Lehnsleute, Kondottieri und stehendes Heer beisammen. Die Kondottieri haben sich bis in den 30jährigen Krieg, ja mit einzelnen schwächeren Spuren bis ins achtzehnte Jahrhundert hineingezogen.

Ebenso eigentümlich wie die Kriegsmacht dieser verschiedenen Zeiten war, waren es auch die übrigen Verhältnisse der Staaten in Europa. Im Grunde war dieser Weltteil in eine Masse von kleinen Staaten zerfallen, die teils in sich unruhige Republiken, teils kleine, in ihrer Regierungsgewalt höchst beschränkte und unsichere Monarchien waren. Ein solcher Staat war gar nicht als eine wahre Einheit zu betrachten, sondern als ein Agglomerat von locker verbundenen Kräften. Einen solchen Staat darf man sich also auch nicht wie eine Intelligenz denken, die nach einfachen logischen Gesetzen handelt.

Von diesem Gesichtspunkt aus muß man die äußere Politik und die Kriege des Mittelalters betrachten. Man denke nur an die beständigen Züge der deutschen Kaiser nach Italien während eines halben Jahrtausends, ohne daß je eine gründliche Eroberung dieses Landes daraus folgte oder auch nur die Absicht war. Es ist leicht, dies als einen sich immer erneuernden Fehler, als eine in der Zeit gegründete falsche Ansicht zu betrachten, aber es ist vernünftiger, es als eine Folge von hundert großen Ursachen anzusehen, in die wir uns allenfalls hineindenken können, die wir aber darum doch nicht mit der Lebendigkeit ergreifen wie der mit ihnen im Konflikt begriffene Handelnde. Solange die großen Staaten, welche aus diesem Chaos hervorgegangen sind, Zeit gebraucht haben, sich zusammenzufügen und auszubilden, geht ihre Kraft und Anstrengung hauptsächlich nur *darauf* hinaus; es gibt der Kriege gegen einen äußeren Feind weniger, und die es gibt, tragen das Gepräge des unreifen Straatsverbandes.

Die Kriege der Engländer gegen Frankreich treten am frühesten hervor, und doch ist Frankreich damals noch nicht als eine wahre Monarchie zu betrachten, sondern als ein Agglomerat von Herzogtümern und Grafschaften; England, obgleich es dabei mehr als Einheit erscheint, ficht doch mit Lehnsheeren und unter vielen inneren Unruhen.

Unter Ludwig XI. tut Frankreich den stärksten Schritt zu seiner inneren Einheit, unter Karl VIII. erscheint es als erobernde Macht in Italien und unter Ludwig XIV. hat es seinen Staat und sein stehendes

Heer auf den höchsten Grad ausgebildet.

Spanien fängt seine Einheit unter Ferdinand dem Katholischen an, durch zufällige Heiratsverbindungen entsteht plötzlich unter Karl V. die große spanische Monarchie, aus Spanien, Burgund, Deutschland und Italien zusammengesetzt. Was diesem Koloß an Einheit und innerem Staatsverbande fehlt, ersetzt er durch Geld, und die stehende Kriegsmacht desselben gerät zuerst mit der stehenden Kriegsmacht Frankreichs in Berührung. Der große spanische Koloß zerfällt nach Karls V. Abdankung in zwei Teile, Spanien und Österreich. Dies letztere tritt nun, durch Böhmen und Ungarn verstärkt, als große Macht und schleppt die deutsche Konföderation wie eine Schaluppe hinter sich her.

Das Ende des siebzehnten Jahrhunderts, die Zeit Ludwigs XIV., läßt sich als den Punkt in der Geschichte betrachten, wo die stehende Kriegsmacht, wie wir sie im achtzehnten Jahrhundert finden, ihre Höhe erreicht hatte. Diese Kriegsmacht war auf Werbung und Geld begründet. Die Staaten hatten sich zur vollkommenen Einheit ausgebildet und die Regierungen, indem sie die Leistungen ihrer Untertanen in Geldabgaben verwandelten, ihre ganze Macht in ihren Geldkasten konzentriert. Durch die schnell vorgeschrittene Kultur und eine sich immer mehr ausbildende Verwaltung war diese Macht im Vergleich mit der früheren sehr groß geworden. Frankreich rückte mit ein paarmal hunderttausend Mann stehender Truppen ins Feld, und nach Verhältnis die übrigen Mächte.

Auch die übrigen Verhältnisse der Staaten hatten sich anders gestaltet. Europa war unter ein Dutzend Königreiche und ein paar Republiken verteilt; es war denkbar, daß zwei davon einen großen Kampf miteinander kämpften, ohne daß zehnmal soviel andere davon berührt wurden, wie es ehedem geschehen mußte. Die möglichen Kombinationen der politischen Verhältnisse waren immer noch sehr mannigfaltig, aber sie waren doch zu übersehen und von Zeit zu Zeit nach Wahrscheinlichkeiten festzustellen.

Die inneren Verhältnisse hatten sich fast überall zu einer schlichten Monarchie vereinfacht, die ständischen Rechte und Einwirkungen hatten nach und nach aufgehört, und das Kabinett war eine vollkommene Einheit, welche den Staat nach außen hin vertrat. Es war also dahin gekommen, daß ein tüchtiges Instrument und ein unabhängiger Wille dem Kriege eine seinem Begriff entsprechende Gestalt geben konnte.

Auch traten in dieser Epoche drei neue Alexander auf: Gustav

Adolf, Karl XII. und Friedrich der Große, die es versuchten, aus kleinen Staaten vermittelst eines mäßigen und sehr vervollkommneten Heeres große Monarchien zu stiften und alles vor sich niederwerfen. Hätten sie es nur mit asiatischen Reichen zu tun gehabt, so würden sie in ihrer Rolle dem Alexander ähnlicher geworden sein. In jedem Fall kann man sie in Rücksicht auf das, was man im Kriege wagen dürfte, als die Vorläufer Bonapartes ansehen.

Allein was der Krieg von der einen Seite an Kraft und Konsequenz gewann, ging ihm auf der anderen Seite wieder verloren.

Die Heere wurden aus dem Schatz unterhalten, den der Fürst halb und halb wie seine Privatkasse ansah oder wenigstens wie einen der Regierung und nicht dem Volke angehörigen Gegenstand. Die Verhältnisse mit den anderen Staaten berührten, ein paar Handelsgegenstände ausgenommen, meistens nur das Interesse des Schatzes oder der Regierung und nicht des Volkes; wenigstens waren überall die Begriffe so gestellt. Das Kabinett sah sich also an wie den Besitzer und Verwalter großer Güter, die es stets zu vermehren trachtete, ohne daß die Gutsuntertanen bei dieser Vermehrung ein sonderliches Interesse haben konnten. Das Volk also, welches bei den Tatarenzügen alles im Kriege ist, bei den alten Republiken und im Mittelalter, wenn man den Begriff desselben gehörig auf die eigentlichen Staatsbürger beschränkt, sehr vieles gewesen war, ward bei diesem Zustand des achtzehnten Jahrhunderts unmittelbar nichts, sondern hatte bloß durch seine allgemeinen Tugenden oder Fehler noch einen mittelbaren Einfluß auf den Krieg.

Auf diese Weise wurde der Krieg in eben dem Maße, wie sich die Regierung vom Volke trennte und sich als den Staat ansah, ein bloßes Geschäft der Regierungen, welches sie vermittelst der Taler in ihrem Koffer und der müßigen Herumtreiber in ihren und den benachbarten Provinzen zustande brachten. Die Folge war, daß die Mittel, welche sie aufbieten konnten, ein ziemlich bestimmtes Maß hatten, welches die eine von der anderen gegenseitig übersehen konnte, und zwar ein Maß sowohl ihrem Umfang als ihrer Dauer nach; dies raubte dem Kriege die gefährlichste seiner Seiten: nämlich das Bestreben zu dem Äußersten und in dunkle Reihe von Möglichkeiten, die sich daran knüpft.

Man kannte ungefähr die Geldmittel, den Schatz, den Kredit seines Gegners; man kannte die Größe seines Heeres. Bedeutende Vermehrungen im Augenblick des Krieges waren nicht tunlich. Indem man so die Grenzen der feindlichen Kräfte übersah, wußte man sich vor einem gänzlichen Untergange ziemlich sicher, und indem man die Beschränkung der eigenen fühlte, sah man sich auf ein mäßiges Ziel zurückgewiesen. Vor dem Äußersten geschützt, brauchte man nicht mehr das Äußerste zu wagen. Die Notwendigkeit trieb nicht mehr dazu, es konnte also nur der Mut und Ehrzeig dazu treiben. Aber diese fanden in den Staatsverhältnissen ein mächtiges Gegengewicht. Selbst die königlichen Feldherren mußten behutsam mit dem Kriegsinstrumente umgehen. Wenn das Heer zertrümmert wurde, so war kein neues zu beschaffen, und außer dem Heere gab es nichts. Dies heischte große Vorsicht bei allen Unternehmungen. Nur wenn sich ein entschiedener Vorteil zu ergeben schien, machte man Gebrauch von der kostbaren Sache: diesen herbeizuführen, war eine Kunst des Feldherrn; solange aber, wie er nicht herbeigeführt war, schwebte man gewissermaßen im absoluten Nichts, es gab keinen Grund zum Handeln, und alle Kräfte, nämlich alle Motive, schienen zu ruhen. Das ursprüngliche Motiv des Aggressors erstarb in Vorsicht und Bedenklichkeit.

So wurde der Krieg seinem Wesen nach ein wirkliches Spiel, wobei Zeit und Zufall die Karten mischten; seiner Bedeutung nach war er aber nur eine etwas verstärkte Diplomatie, eine kräftigere Art zu unterhandeln, in der Schlachten und Belagerungen die Hauptnoten waren. Sich in einen mäßigen Vorteil zu setzen, um beim Friedensschluß davon Gebrauch zu machen, war das Ziel auch des Ehrgeizigsten.

Diese beschränkte, zusammengeschrumpfte Gestalt des Krieges rührte, wie wir gesagt haben, von der schmalen Unterlage her, worauf er sich stützte. Daß aber ausgezeichnete Feldherren und Könige wie Gustav Adolf, Karl XII. und Friedrich der Große mit ebenso ausgezeichneten Heeren nicht stärker aus der Masse der Totalerscheinungen hervortreten konnten, daß auch sie sich gefallen lassen mußten, in dem allgemeinen Niveau des mittelmäßigen Erfolges zu bleiben, lag in dem politischen Gleichgewicht Europas. Was früher bei der Menge kleiner Staaten das unmittelbare, ganz natürliche Interesse, die Nähe, die Berührung, die verwandtschaftliche Verbindung, die persönliche Bekanntschaft getan hatte, um den einzelnen zu verhindern, schnell groß zu werden, das tat jetzt, wo die Staaten größer und ihre Zentren weiter voneinander entfernt waren, die größere Ausbildung der Geschäfte. Die politischen Interessen, Anziehungen und Abstoßungen hatten sich zu einem sehr verfeinerten System ausgebildet, so daß kein Kanonenschuß in Europa geschehen konnte, ohne daß alle

Kabinette ihren Teil daran hatten.

Ein neuer Alexander mußte sich also neben seinem guten Schwerte auch eine gute Feder halten, und doch brachte er es mit seinen Eroberungen selten weit.

Aber auch Ludwig XIV., obgleich er die Absicht hatte, das europäische Gleichgewicht umzustoßen, und sich am Ende des siebzehnten Jahrhunderts schon auf dem Punkte befand, sich wenig um die allgemeine Feindschaft zu bekümmern, führte den Krieg auf die hergebrachte Weise, denn seine Kriegsmacht war zwar die des größten und reichsten Monarchen, aber ihrer Natur nach wie die der anderen.

Plünderungen und Verheerungen des feindlichen Gebietes, welche bei den Tataren, bei den alten Völkern und selbst im Mittelalter eine so große Rolle spielen, waren nicht mehr im Geist der Zeit. Man sah es mit Recht wie eine unnütze Roheit an, die leicht vergolten werden konnte und den feindlichen Untertanen mehr traf als die feindliche Regierung, daher wirkungslos blieb und nur dazu diente, die Völker in ihrem Kulurzustande ewig zurückzuhalten. Der Krieg wurde also nicht bloß seinen Mitteln, sondern auch seinem Ziele nach immer mehr auf das Heer selbst beschränkt. Das Heer mit seinen Festungen und einigen eingerichteten Stellungen machte einen Staat im Staate aus, innerhalb dessen sich das kriegerische Element langsam verzehrte. Ganz Europa freute sich dieser Richtung und hielt sie für eine notwendige Folge des fortschreitenden Geistes[1]. Obgleich hierin ein Irrtum lag, weil das Fortschreiten des Geistes[2] niemals zu einem Widerspruch führen, niemals machen kann, daß aus zweimal zwei fünf wird, wie wir schon gesagt haben und noch in der Folge sagen müssen, so hatte allerdings diese Veränderung eine wohltätige Wirkung für die Völker; nur ist nicht zu verkennen, daß sie den Krieg auch noch mehr zu einem bloßen Geschäft der Regierung machte und dem Interesse des Volkes noch mehr entfremdete. Der Kriegsplan eines Staates bestand in dieser Zeit, wenn er der Angreifende war, meistens darin, sich einer oder der anderen feindlichen Provinz zu bemächtigen; wenn er der Verteidigende war, dies zu verhindern; der einzelne Feldzugsplan: die eine oder die andere feindliche Festung zu erobern oder die Eroberung einer eigenen zu verhindern; nur wenn dazu eine Schlacht unvermeidlich war, wurde sie gesucht und geliefert. Wer ohne diese Unvermeidlichkeit eine Schlacht aus bloßem inneren Siegesdrange

1 [2. Auflage: der fortschreitenden Humanität]
2 [2. Auflage: Fortschreiten in dieser Richtung]

suchte, galt für einen kecken Feldherrn. Gewöhnlich verstrich der Feldzug über einer Belagerung oder, wenn es hoch kam, über zwei, und die Winterquartiere, die wie eine neutrale Notwendigkeit betrachtet wurden, in welchen die schlechte Verfassung des einen niemals ein Vorteil des anderen werden konnte, in welchen die gegenseitigen Beziehungen beider fast gänzlich aufhörten, ich sage die Winterquartiere bildeten eine bestimmte Abgrenzung der Tätigkeit, welche in einem Feldzuge statthaben sollte.

Waren die Kräfte zu sehr im Gleichgewicht, oder war der Unternehmende von beiden entschieden der Schwächere, so kam es auch nicht zur Schlacht und Belagerung, und dann drehte sich die ganze Tätigkeit eines Feldzuges um Erhaltung gewisser Stellungen und Magazine und die regelmäßige Auszehrung gewisser Gegenden.

Solange der Krieg allgemein so geführt wurde und die natürlichen Beschränkungen seiner Gewalt immer so nahe und sichtbar waren, fand niemand darin etwas Widersprechendes, sondern alles in der schönsten Ordnung, und die Kritik, welche im achtzehnten Jahrhundert anfing, das Feld der Kriegskunst zu besuchen, richtete sich auf das einzelne, ohne sich viel um Anfang und Ende zu bekümmern. So gab es denn Größe und Vollkommenheit aller Art, und selbst Feldmarschall Daun, der hauptsächlich dazu beitrug, daß Friedrich der Große seinen Zweck vollkommen erreichte und Maria Theresia den ihrigen vollkommen verfehlte, mußte als ein großer Feldherr angesehen werden können. Nur hin und wieder brach ein durchgreifendes Urteil hervor, nämlich der gesunde Menschenverstand, welcher meinte, daß man mit seiner Übermacht etwas Positives erreichen müsse oder den Krieg mit aller Kunst schlecht führe.

So waren die Sachen, als die französische Revolution ausbrach. Österreich und Preußen versuchten es mit ihrer diplomatischen Kriegskunst; sie zeigte sich bald unzureichend. Während man nach der gewöhnlichen Art, die Sachen anzusehen, auf eine sehr geschwächte Kriegsmacht sich Hoffnung machte, zeigte sich im Jahr 1793 eine solche, von der man keine Vorstellung gehabt hatte. Der Krieg war urplötzlich wieder eine Sache des Volkes geworden, und zwar eines Volkes von 30 Millionen, die sich alle als Staatsbürger betrachteten. Ohne uns hier auf die näheren Umstände einzulassen, von welchen diese große Erscheinung begleitet war, wollen wir nur die Resultate festhalten, auf die es hier ankommt. Mit dieser Teilnahme des Volkes an dem Kriege trat statt eines Kabinetts und eines Heeres das ganze Volk mit seinem natürlichen Gewicht in die Waagschale.

Nun hatten die Mittel, welche angewandt, die Anstrengungen, welche aufgeboten werden konnten, keine bestimmte Grenze mehr; die Energie, mit welcher der Krieg selbst geführt werden konnte, hatte kein Gegengewicht mehr und folglich war die Gefahr für den Gegner die äußerste.

Wenn der ganze Revolutionskrieg darüber hingegangen ist, ehe sich das in seiner Stärke fühlbar machte und zur völligen Klarheit wurde, wenn nicht schon die Revolutionsgenerale unaufhaltsam bis ans letzte Ziel vorgeschritten sind und die europäischen Monarchien zertrümmert haben, wenn die deutschen Heere noch hin und wieder Gelegenheit gehabt haben, mit Glück zu widerstehen und den Siegesstrom aufzuhalten, so lag dies wirklich nur in der technischen Unvollkommenheit, womit die Franzosen zu kämpfen hatten, und die sich anfangs bei den gemeinen Soldaten, dann bei den Generalen, dann zur Zeit des Direktoriums beim Gouvernement selbst zeigte.

Wie in Bonapartes Hand sich das alles vervollkommnet hatte, schritt diese auf die ganze Volkskraft gestützte Kriegsmacht zertrümmernd durch Europa mit einer solchen Sicherheit und Zuverlässigkeit, daß, wo ihr nur die alte Heeresmacht entgegengestellt wurde, auch nicht einmal ein zweifelhafter Augenblick entstand. Die Reaktion ist noch zu rechter Zeit erwacht. In Spanien ist der Krieg von selbst zur Volkssache geworden. In Österreich hat die Regierung im Jahre 1809 zuerst ungewöhnliche Anstrengungen mit Reserven und Landwehren gemacht, die sich dem Ziele näherten und alles überstiegen, was dieser Staat früher als tunlich geglaubt hatte. In Rußland hat man 1812 das Beispiel von Spanien und Österreich zum Muster genommen; die ungeheuren Dimensionen dieses Reiches erlaubten den verspäteten Anstalten, noch in Wirksamkeit zu treten und vergrößerten diese Wirksamkeit von der anderen Seite. Der Erfolg war glänzend. In Deutschland raffte sich Preußen zuerst auf, machte den Krieg zur Volkssache und trat mit Kräften auf, die, bei halb soviel Einwohnern, gar keinem Gelde und Kredit doppelt so groß waren als die von 1806. Das übrige Deutschland folgte früher oder später dem Beispiele Preußens, und Österreich, obgleich weniger sich anstrengend als im Jahr 1809, trat doch auch mit ungewöhnlicher Kraft auf. So geschah es, daß Deutschland und Rußland in den Jahren 1813 und 1814, alles mitgerechnet, was in Tätigkeit war, und was in diesen beiden Feldzügen verbraucht wurde, mit etwa einer Million Menschen gegen Frankreich auftraten.

Unter diesen Umständen war auch die Energie der Kriegführung eine andere, und wenn sie die französische nur teilweise erreichte und auf anderen Punkten die Zaghaftigkeit vorwaltete, so war doch der Gang der Feldzüge im allgemeinen nicht im alten, sondern im neuen Stil. In acht Monaten wurde das Kriegstheater von der Oder an die Seine versetzt, das stolze Paris mußte zum erstenmal sein Haupt beugen und der furchtbare Bonaparte lag gefesselt am Boden.

Seit Bonaparte also hat der Krieg, indem er zuerst auf der einen Seite, dann auch auf der anderen wieder Sache des ganzen Volkes wurde, eine ganze andere Natur angenommen, oder vielmehr, er hat sich seiner wahren Natur, seiner absoluten Vollkommenheit sehr genähert. Die Mittel, welche aufgeboten worden sind, hatten keine sichtbare Grenze, sondern diese verlor sich in der Energie und dem Enthusiasmus der Regierungen und ihrer Untertanen. Die Energie der Kriegführung war durch den Umfang der Mittel und das weite Feld möglichen Erfolges sowie durch die starke Anregung der Gemüter ungemein erhöht worden, das Ziel des kriegerischen Aktes war Niederwerfung des Gegners; nur dann erst, wenn er ohnmächtig zu Boden liege, glaubte man innehalten und sich über die gegenseitigen Zwecke verständigen zu können.

So war also das kriegerische Element, von allen konventionellen Schranken befreit, mit seiner ganzen natürlichen Kraft losgebrochen. Die Ursache war die Teilnahme, welche den Völkern an dieser großen Staatsangelegenheit wurde; und diese Teilnahme entsprang teils aus den Verhältnissen, welche die französische Revolution in dem Innern der Länder herbeigeführt hatte, teils aus der Gefahr, womit alle Völker von dem französischen bedroht waren.

Ob es nun immer so bleiben wird, ob alle künftigen Kriege in Europa immer mit dem ganzen Gewicht der Staaten und folglich nur um große, den Völkern naheliegende Interessen geführt sein werden, oder ob nach und nach wieder eine Absonderung der Regierung von dem Volke eintreten wird, dürfte schwer zu entscheiden sein, und am wenigsten wollen wir uns eine solche Entscheidung anmaßen. Aber man wird uns recht geben, wenn wir sagen, daß Schranken, die gewissermaßen nur in der Bewußtlosigkeit dessen, was möglich sei, lagen, wenn sie einmal eingerissen sind, sich nicht leicht wieder aufbauen lassen, und daß, wenigstens jedesmal, sooft ein großes Interesse zur Sprache kommt, die gegenseitige Feindschaft sich auf die Art erledigen wird, wie es in unseren Tagen geschehen ist.

Wir schließen hier unseren geschichtlichen Überblick, den wir nicht angestellt haben, um für jede Zeit in der Geschwindigkeit ein paar

Grundsätze der Kriegführung anzugeben, sondern nur um zu zeigen, wie jede Zeit ihre eigenen Kriege, ihre eigenen beschränkenden Bedingungen, ihre eigene Befangenheit hatte. Jede würde also auch ihre eigene Kriegstheorie behalten, selbst wenn man überall, früh und spät, aufgelegt gewesen wäre, sie nach philosophischen Grundsätzen zu bearbeiten. Die Begebenheiten jeder Zeit müssen also mit Rücksicht auf ihre Eigentümlichkeiten beurteilt werden, und nur der, welcher nicht sowohl durch ein ängstliches Studium aller kleinen Verhältnisse als durch einen treffenden Blick auf die großen sich in jede Zeit versetzt, ist imstande, die Feldherren derselben zu verstehen und zu würdigen.

Aber diese nach den eigentümlichen Verhältnissen der Staaten und der Kriegsmacht bedingte Kriegführung muß doch etwas noch Allgemeineres oder vielmehr etwas ganz Allgemeines in sich tragen, mit welchem vor allem die Theorie es zu tun haben wird.

Die letzte Zeit, wo der Krieg seine absolute Gewalt erreicht hatte, hat des allgemein Gültigen und Notwendigen am meisten. Aber es ist ebenso unwahrscheinlich, daß die Kriege fortan alle diesen großartigen Charakter haben werden, als daß sich je die weiten Schranken, welche ihnen geöffnet worden sind, ganz wieder schließen können. Man würde also mit einer Theorie, die nur in diesem absoluten Kriege verweilte, alle Fälle, wo fremdartige Einflüsse seine Natur verändern, entweder ausschließen oder als Fehler verdammen. Dies kann nicht der Zweck der Theorie sein, die die Lehre eines Krieges nicht unter idealen, sondern unter wirklichen Verhältnissen sein soll. Die Theorie wird also, indem sie ihren prüfenden, scheidenden und ordnenden Blick auf die Gegenstände wirft, immer die Verschiedenartigkeit der Verhältnisse im Auge haben, von welchen der Krieg ausgehen kann, und sie wird also die großen Lineamente desselben so angeben, daß das Bedürfnis der Zeit und des Augenblickes darin seinen Platz finde.

Hiernach müssen wir sagen, daß das Ziel, welches sich der Kriegsunternehmer setzt, die Mittel, welche er aufbietet, sich nach den ganz individuellen Zügen seiner Lage richten, daß sie aber eben den Charakter der Zeit und der allgemeinen Verhältnisse an sich tragen werden, endlich, daß sie den *allgemeinen Folgerungen, welche aus der Natur des Krieges gezogen werden müssen, unterworfen bleiben.*

Viertes Kapitel: Nähere Bestimmungen des kriegerischen Zieles. Niederwerfung des Feindes

Das Ziel des Krieges sollte nach seinem Begriff stets die Niederwerfung des Gegners sein; dies ist die Grundvorstellung, von der wir ausgehen.

Was ist nun diese Niederwerfung? Nicht immer ist die ganze Eroberung des feindlichen Staates dazu nötig. Wäre man im Jahr 1792 nach Paris gekommen, so war nach aller menschlichen Wahrscheinlichkeit der Krieg mit der Revolutionspartei vorderhand geendigt; es war nicht einmal nötig, ihre Heere vorher zu schlagen, denn diese Heere waren noch nicht als einzige Potenz zu betrachten. Im Jahre 1814 hingegen würde man auch mit Paris nicht alles erreicht haben, sobald Bonaparte noch an der Spitze eines beträchtlichen Heeres geblieben wäre; da aber sein Heer größtenteils aufgerieben war, so entschied auch in den Jahren 1814 und 1815 die Einnahme von Paris alles. Hätte Bonaparte im Jahre 1812 das russische Heer von 120000 Mann, welches auf der Straße von Kaluga stand, vor oder nach der Einnahme von Moskau gehörig zertrümmern können, wie er 1805 das österreichische und 1806 das preußische Heer zertrümmert hat, so würde der Besitz jener Hauptstadt höchstwahrscheinlich den Frieden herbeigeführt haben, obgleich noch ein ungeheurer Landstrich zu erwerben blieb. Im Jahre 1805 entschied die Schlacht von Austerlitz; es war also der Besitz von Wien und zwei Dritteln der österreichischen Staaten nicht hinreichend, den Frieden zu gewinnen; von der anderen Seite aber war auch nach jener Schlacht die Integrität von ganz Ungarn nicht hinreichend, ihn zu verhindern. Die Niederlage des russischen Heeres war der letzte Stoß, der erforderlich war; der Kaiser Alexander hatte kein anderes in der Nähe, und so war der Friede eine unzweifelhafte Folge des Sieges. Hätte sich die russische Armee schon an der Donau bei den Österreichern befunden und die Niederlage derselben geteilt, so wäre wahrscheinlich die Eroberung Wiens gar nicht erforderlich gewesen und der Friede schon in Linz geschlossen.

In anderen Fällen reicht die vollständige Eroberung des Staates nicht hin, wie im Jahr 1807 in Preußen, wo der Stoß gegen die russische Hilfsmacht in dem zweifelhaften Siege von Eylau nicht entschieden genug gewesen war, und der unzweifelhafte Sieg bei Friedland werden mußte, was der Sieg bei Austerlitz ein Jahr vorher gewesen war.

Wir sehen, auch hier läßt sich der Erfolg nicht aus allgemeinen Ursachen bestimmen; die individuellen, die kein Mensch übersieht, der nicht zur Stelle ist, und viele moralische, die nie zur Sprache kommen, selbst die kleinsten Züge und Zufälle, die sich in der Geschichte nur als Anekdoten zeigen, sind oft entscheidend. Was sich die Theorie hier sagen kann, ist folgendes: Es kommt darauf an, die vorherrschenden Verhältnisse beider Staaten im Auge zu haben. Aus ihnen wird sich ein gewisser Schwerpunkt, ein Zentrum der Kraft und Bewegung bilden, von welchem das Ganze abhängt, und auf diesen Schwerpunkt des Gegners muß der gesammelte Stoß aller Kräfte gerichtet sein.

Das Kleine hängt stets vom Großen ab, das Unwichtige von dem Wichtigen, das Zufällige von dem Wesentlichen. Dies muß unseren Blick leiten.

Alexander, Gustav Adolf, Karl XII., Friedrich der Große hatten ihren Schwerpunkt in ihrem Heer, wäre dies zertrümmert worden, so würden sie ihre Rolle schlecht ausgespielt haben; bei Staaten, die durch innere Parteiungen zerrissen sind, liegt er meistens in der Hauptstadt; bei kleinen Staaten, die sich an mächtige stützen, liegt er im Heer dieser Bundesgenossen; bei Bündnissen liegt er in der Einheit des Interesses; bei Volksbewaffnung in der Person der Hauptführer und in der öffentlichen Meinung. Gegen diese Dinge muß der Stoß gerichtet sein. Hat der Gegner dadurch das Gleichgewicht verloren, so muß ihm keine Zeit gelassen werden, es wieder zu gewinnen; der Stoß muß immer in dieser Richtung fortgesetzt werden, oder mit anderen Worten, der Sieger muß ihn immer ganz und das Ganze nicht gegen einen Teil des Gegners richten. Nicht indem man mit gemütlicher Ruhe und Übermacht eine feindliche Provinz erobert und den mehr gesicherten Besitz dieser kleinen Eroberung großen Erfolgen vorzieht, sondern indem man den Kern der feindlichen Macht immer wieder aufsucht, das Ganze daransetzt, um das Ganze zu gewinnen, wird man den Gegner wirklich zu Boden werfen.

Was aber auch das Hauptverhältnis des Gegners sein mag, wogegen unsere Wirksamkeit zu richten ist, so bleibt doch die Besiegung und Zerstörung seiner Streitkraft der sicherste Anfang und in allen Fällen ein sehr wesentliches Stück.

Wir glauben daher, daß nach der Masse der Erfahrungen folgende Umstände die Niederwerfung des Gegners hauptsächlich ausmachen:

1. Zertrümmerung seines Heeres, wenn es einigermaßen eine Potenz bildet.
2. Einnahme der feindlichen Hauptstadt, wenn sie nicht bloß der Mittelpunkt der Staatsgewalten, sondern auch der Sitz politischer

Körper und Parteiungen ist.

3. Ein wirksamer Stoß gegen den hauptsächlichsten Bundesgenossen, wenn dieser an sich bedeutender ist als der Gegner.

Wir haben uns bis jetzt den Gegner im Kriege immer als Einheit gedacht, welches für die allgemeinsten Beziehungen zulässig war. Aber nachdem wir gesagt haben, daß die Niederwerfung des Gegners in der Überwindung seines im Schwerpunkt vereinigten Widerstandes liegt, müssen wir diese Voraussetzung verlassen und den Fall unterscheiden, wo wir es mit mehr als einem Gegner zu tun haben.

Wenn sich zwei oder mehrere Staaten gegen einen dritten verbinden, so bildet das, politisch genommen, nur *einen* Krieg; indessen hat auch diese politische Einheit ihre Grade.

Die Frage ist: ob jeder Staat ein selbständiges Interesse und eine selbständige Kraft, dasselbe zu verfolgen, besitzt, oder ob sich die Interessen und die Kräfte der übrigen nur an das Interesse und die Kraft des einen unter ihnen anlehnen. Je mehr dies letztere der Fall ist, um so leichter lassen sich die verschiedenen Gegner für uns als ein einziger betrachten, um so eher können wir unsere Hauptunternehmung zu einem Hauptstoß vereinfachen; und solange dies irgend möglich ist, bleibt es das durchgreifendste Mittel zum Erfolg.

Wir würden also den Grundsatz aufstellen, daß, solange wir imstande sind, die übrigen Gegner in einem zu besiegen, die Niederwerfung dieses einen das Ziel des Krieges sein muß, weil wir in diesem einen den gemeinschaftlichen Schwerpunkt des ganzen Krieges treffen.

Es gibt sehr wenig Fälle, wo diese Vorstellungsart nicht zulässig, wo diese Reduktion mehrer Schwerpunkte auf einen ohne Realität wäre. Wo dies aber nicht ist, bleibt freilich nichts übrig, als den Krieg wie zwei oder mehrere zu betrachten, wovon jeder sein eigenes Ziel hat. Da dieser Fall die Selbständigkeit mehrer Feinde, folglich die große Überlegenheit aller voraussetzt, so wird darin von Niederwerfung des Gegners überhaupt nicht die Rede sein können.

Wir wenden uns nun bestimmter zu der Frage, wann ein solches Ziel möglich und ratsam ist.

Zuerst muß unsere Streitkraft hinreichend sein:

1. einen entscheidenden Sieg über die feindliche zu erhalten;
2. den Kraftaufwand zu machen, welcher nötig ist, wenn wir den Sieg bis auf den Punkt verfolgen, wo die Herstellung des Gleichgewichts nicht mehr denkbar ist.

Sodann müssen wir nach unserer politischen Lage sicher sein, durch einen solchen Erfolg nicht Feinde zu erwecken, die uns auf der Stelle zwingen können, von dem ersten Gegner abzulassen.

Frankreich konnte im Jahr 1806 Preußen völlig niederwerfen, wenn es sich auch dadurch die ganze russische Kriegsmacht auf den Hals zog, denn es war imstande, sich in Preußen gegen Rußland zu wehren.

Eben das konnte Frankreich 1808 in Spanien in Beziehung auf England, aber nicht in Beziehung auf Österreich. Es mußte 1809 sich in Spanien beträchtlich schwächen und würde es ganz haben aufgeben müssen, wenn es nicht gegen Österreich schon eine zu große physische und moralische Überlegenheit gehabt hätte.

Jene drei Instanzen muß man sich also wohl überlegen, um nicht vor der letzten den Prozeß zu verlieren, den man vor den früheren gewonnen hat, und dann in die Kosten verurteilt zu werden.

Bei dieser Überlegung der Kräfte und dessen, was damit ausgerichtet werden kann, stellt sich häufig der Gedanke ein, nach einer dynamischen Analogie die Zeit als einen Faktor der Kräfte anzusehen und zu meinen: die halbe Anstrengung, die halbe Summe von Kräften würde hinreichen, in zwei Jahren das zustande zu bringen, was in einem nur mit dem Ganzen errungen werden konnte. Diese Ansicht, welche bald klar, bald dunkel den kriegerischen Entwürfen zum Grunde liegt, ist durchaus falsch.

Der kriegerische Akt braucht seine Zeit wie jedes Ding auf Erden[1]; man kann nicht in acht Tagen zu Fuß von Wilna nach Moskau gehen, das versteht sich; aber von einer Wechselwirkung zwischen Zeit und Kraft, wie sie in der Dynamik stattfindet, ist hier keine Spur.

Die Zeit ist beiden Kriegführenden nötig, und es frägt sich nur, welcher von beiden wird seiner Stellung nach am ersten *besondere Vorteile* von ihr zu erwarten haben; dies aber ist, die Eigentümlichkeit des einen Falles gegen den anderen aufgewogen, offenbar der Unterliegende: freilich nicht nach dynamischen, aber nach psychologischen Gesetzen. Neid, Eifersucht, Besorgnis, auch wohl hin und wieder Edelmut sind die natürlichen Fürsprecher des Unglücklichen, sie werden ihm auf der einen Seite Freunde erwecken, auf der anderen das Bündnis seiner Feinde schwächen und trennen. Es wird sich also mit der Zeit eher für den Eroberten etwas Vorteilhaftes ergeben als für den Erobernden. Ferner ist zu bedenken, daß die Benutzung eines ersten Sieges, wie wir anderswo gezeigt haben, einen großen Kraftaufwand erfordert; dieser will nicht bloß gemacht, er will wie ein großer

1 [2. Auflage: jede andere Handlung]

Hausstand unterhalten sein; nicht immer sind die Staatskräfte, welche uns den Besitz feindlicher Provinzen zugeführt, hinreichend, diese Mehrausgaben auszugleichen, nach und nach wird die Anstrengung schwieriger, zuletzt kann sie unzureichend werden, die Zeit also von selbst einen Umschwung herbeiführen.

Was Bonaparte im Jahr 1812 von Russen und Polen an Geld und anderen Mittel zog, konnte ihm das Hunderttausende von Menschen verschaffen, die er hätte nach Moskau senden müssen, um sich zu behaupten?

Sind die eroberten Provinzen aber bedeutend genug, liegen in ihnen Punkte, die für die nicht eroberten wesentlich sind, so daß das Übel wie ein Krebsschaden von selbst weiterfrißt, so ist es freilich möglich, daß der Erobernde bei diesem Zustande, wenn auch nichts weiter geschieht, mehr gewinnt als verliert. Wenn nun keine Hilfe von außen kommt, so kann die Zeit das angefangene Werk vollenden; was noch nicht erobert war, wird vielleicht von selbst nachfallen. So kann also die Zeit auch ein Faktor seiner Kräfte werden, aber dies ist der Fall, wo dem Unterliegenden kein Rückstoß mehr möglich, wo ein Umschwung nicht mehr denkbar war, und wo also dieser Faktor seiner Kräfte für den Eroberer keinen Wert mehr hat; denn er hat die Hauptsache getan, die Gefahr der Kulmination war vorüber, mit einem Wort, der Gegner war schon niedergeworfen.

Wir haben durch dieses Räsonnement klarmachen wollen, daß keine Eroberung schnell genug vollendet werden kann; daß ihre Verteilung auf einen *größeren Zeitraum* als absolut nötig, um die Handlung zu vollbringen, *sie nicht erleichtert, sondern erschwert.* Ist diese Behauptung richtig, so ist es auch die, daß, wenn man überhaupt stark genug ist, eine gewisse Eroberung zu vollbringen, man es auch sein müsse, um sie in einem Zuge zu machen, ohne Zwischenstation. Daß unbedeutende Ruhepunkte, um die Kräfte zu sammeln, um eine und die andere Maßregel zu treffen, hier nicht gemeint sind, versteht sich von selbst.

Mit dieser Ansicht, die dem Angriffskriege einen Charkater des raschen, unaufhaltsamen Entscheidens als wesentlich beilegt, glauben wir *diejenige* Meinung in ihren Quellen umgangen zu haben, die der unverhaltenen, fortschreitenden Eroberung eine langsame, sogenannte methodische als mehr gesichert und vorsichtiger gegenüberstellt. Aber unsere Behauptung hat vielleicht selbst für diejenigen, die uns willig bis zu ihr gefolgt sind, hinterher so sehr das Ansehen einer paradoxen, ist dem ersten Anschein so sehr entgegen und greift eine

Meinung an, die als ein altes Vorurteil so tief gewurzelt, in Büchern tausendmal wiederholt worden ist, daß wir es für geraten halten, die Scheingründe, welche uns entgegentreten, näher zu untersuchen. Freilich ist es leichter, ein nahes Ziel zu erreichen als ein entferntes; aber wenn das nahe unserer Absicht nicht entspricht, so folgt noch nicht, daß ein Abschnitt, ein Ruhepunkt uns in den Stand setzt, die zweite Hälfte des Weges leichter zu durchlaufen. Ein kleiner Sprung ist leichter als ein großer, aber darum wird doch niemand, der über einen breiten Graben setzen will, zuerst mit einem halben Sprung hineinspringen.

Wenn wir näher ins Auge fassen, was dem Begriff eines sogenannten methodischen Angriffskrieges zum Grunde liegt, so sind es gewöhnlich folgende Gegenstände:

1. Eroberung der feindlichen Festungen, auf welche man stößt;
2. Aufhäufung nötiger Vorräte;
3. Befestigung wichtiger Punkte, als: *Niederlagen, Brücken, Stellungen* usw.;
4. Ausruhen der Kräfte im Winter und Erholungsquartiere;
5. Abwarten der Verstärkungen des folgenden Jahres.

Setzt man zur Erreichung aller dieser Zwecke einen förmlichen Abschnitt im Laufe des Angriffs, einen Ruhepunkt in der Bewegung fest, so glaubt man, eine neue Basis und neue Kräfte zu gewinnen, als rückte der eigene Staat hinter seiner Armee her, und als erhielte diese mit jedem neuen Feldzuge eine neue Schwungkraft.

Alle diese preislichen Zwecke mögen den Angriffskrieg bequemer machen, aber sie machen ihn nicht in seinen Folgen sicherer und sind meistens nur Scheinbenennungen für gewisse Gegengewichte im Gemüte des Feldherrn oder in der Unentschlossenheit des Kabinetts. Wir wollen sie vom linken Flügel her aufzurollen suchen.

1. Das Abwarten neuer Kräfte ist ebensogut, und man kann wohl sagen, mehr der Fall des Gegners. Außerdem liegt es in der Natur der Sache, daß ein Staat an Streitkräften in einem Jahr ziemlich dasselbe aufstellen kann, was er in zweien aufstellt; denn was ihm in diesem zweiten Jahre an Staatskräften[1] wirklich zuwächst, ist im Verhältnis zum Ganzen nur sehr unbedeutend.
2. Ebenso ruht der Gegner sich mit uns zu gleicher Zeit aus.
3. Die Befestigung von Städten und Stellungen ist nicht das Werk des Heeres und also kein Grund zum Aufenthalt.

1 [2. Auflage: Streitkräften]

4. Wie die Heere sich jetzt verpflegen, sind Magazine mehr nötig, wenn sie still stehen, als wenn sie im Vorschreiten sind. Solange dies glücklich vonstatten geht, kommt man immer in den Besitz feindlicher Vorräte, die da aushelfen, wo die Gegend arm ist.
5. Die Eroberung der feindlichen Festungen kann nicht als ein Innehalten des Angriffs betrachtet werden; es ist ein intensives Vorschreiten und also der dadurch veranlaßte äußere Stillstand nicht eigentlich der Fall, wovon wir sprechen, nicht ein Aufhalten und Ermäßigen der Kraft. Ob aber die wirkliche Belagerung oder eine bloße Einschließung oder gar eine bloße Beobachtung des einen oder anderen das Zweckmäßigste ist, bleibt eine Frage, die erst nach den besonderen Umständen entschieden werden kann. Nur das können wir allgemein sagen, daß bei der Beantwortung dieser Frage lediglich die andere entscheiden muß: ob man durch die bloße Einschließung und weiteres Vorschreiten in zu große Gefahr kommen würde. Wo das nicht ist, wo noch Raum zum Ausbreiten der Kräfte ist, da tut man besser, die förmliche Belagerung bis ans Ende der ganzen Angriffsbewegung aufzusparen. Man muß sich also nicht durch den Gedanken verführen lassen, das Eroberte recht schnell in Sicherheit zu bringen, beiseite zu legen und darüber Wichtigeres versäumen.

Es hat freilich das Ansehen, als ob man beim weiteren Vorschreiten das Errungene gleich wieder aufs Spiel setzte. – – Wir glauben also, daß im Angriffskriege kein Abschnitt, kein Ruhepunkt, keine Zwischenstation naturgemäß ist, sondern daß man sie, wo sie unvermeidlich sind, als Übel betrachten muß, die den Erfolg nicht gewisser, sondern ungewisser machen, ja daß, wenn wir uns streng an die allgemeine Wahrheit halten wollen, es von einem Stationspunkt aus, den wir aus Schwäche haben suchen müssen, in der Regel keinen zweiten Anlauf zum Ziele gibt, daß, wenn dieser zweite Anlauf möglich ist, die Station nicht notwendig war, und daß, wo ein Ziel für die Kräfte von Hause aus zu weit ist, es auch immer zu weit bleiben wird.

Wir sagen, so sieht die allgemeine Wahrheit aus, und wollen damit nur die Idee entfernen, als könne die Zeit an und für sich etwas zum Besten der Angreifenden tun. Da sich aber von einem Jahre zum anderen die politischen Verhältnisse ändern können, so werden darum allein schon häufig Fälle vorkommen, die sich dieser allgemeinen Wahrheit entziehen.

Es hat vielleicht das Ansehen, als hätten wir unseren allgemeinen

Gesichtspunkt verloren und nur den Angriffskrieg im Auge gehabt; dies ist aber gar nicht unsere Meinung. Freilich wird derjenige, welcher sich die völlige Niedermachung seines Gegners zum Ziel setzen kann, nicht leicht in dem Falle sein, zur Verteidigung seine Zuflucht zu nehmen, deren nächstes Ziel nur die Erhaltung des Besitzes ist; allein da wir durchaus dabei beharren müssen, eine Verteidigung ohne alles positive Prinzip in der Strategie wie in der Taktik für einen inneren Widerspruch zu erklären, und also immer wieder darauf zurückkommen, daß jede Verteidigung nach Kräften suchen wird, zum Angriff überzugehen, sobald sie die Vorteile der Verteidigung genossen hat, so müssen wir unter das Ziel, welches dieser Angriff haben kann, und welches als das eigentliche Ziel der Verteidigung zu betrachten ist, wie groß oder wie klein es sei, doch auch möglicherweise die Niederwerfung des Feindes aufnehmen und sagen, daß es Fälle geben kann, wo der Kriegführende, ungeachtet er ein so großes Ziel im Auge hatte, es doch vorzog, sich anfangs der verteidigenden Form zu bedienen. Daß diese Vorstellung nicht ohne Realität sei, läßt sich durch den Feldzug von 1812 leicht beweisen. Der Kaiser Alexander hat vielleicht nicht daran gedacht, durch den Krieg, in welchen er sich einließ, seinen Gegner ganz zugrunde zu richten, wie es nachher geschehen ist; aber wäre ein solcher Gedanke unmöglich gewesen? Und würde es nicht dabei immer sehr natürlich geblieben sein, daß die Russen den Krieg verteidigungsweise anfingen?

Fünftes Kapitel: Fortsetzung. Beschränktes Ziel

Wir haben im vorigen Kapitel gesagt, wie wir unter Niederwerfung des Feindes das eigentliche absolute Ziel des kriegerischen Aktes verstehen, wenn wir es für zulässig halten; jetzt wollen wir betrachten, was übrig bleibt, wenn die Bedingungen der Zulässigkeit nicht erfüllt sind.

Diese Bedingungen setzen eine große physische oder moralische Überlegenheit oder einen großen Unternehmungsgeist, einen Hang zu großen Wagnissen voraus. Wo nun dies alles nicht ist, kann das Ziel des kriegerischen Aktes nur von zweierlei Art sein, entweder die Eroberung irgendeines kleinen oder mäßigen Teiles der feindlichen Länder oder das Erhalten des eigenen bis zu besseren Augenblicken; dies letztere ist der gewöhnliche Fall des Verteidigungskrieges.

Wo das eine oder das andere von rechter Art sei, daran erinnert uns schon der Ausdruck, welchen wir bei dem letzten gebraucht haben. *Das Abwarten bis zu besseren Augenblicken* setzt voraus, daß wir von der Zukunft dergleichen zu erwarten haben, und es ist also dieses Abwarten, d. h. der Verteidigungskrieg, allemal durch diese Aussicht motiviert; dagegen ist allemal der Angriffskrieg, d. h. die Benutzung des gegenwärtigen Augenblicks da geboten, wo die Zukunft nicht uns, sondern dem Feinde bessere Aussichten gewährt.

Der dritte Fall, welcher vielleicht der gewöhnlichste ist, würde der sein, wo beide Teile von der Zukunft nichts Bestimmtes zu erwarten haben, wo also aus ihr auch kein Bestimmungsgrund genommen werden kann. In diesem Fall ist der Angriffskrieg offenbar demjenigen geboten, der politisch der Angreifende ist, d. h. der den positiven Grund hat; denn für diesen Zweck hat er sich bewaffnet, und alle Zeit, die verlorengeht ohne hinreichendes Motiv, geht *ihm* verloren.

Wir haben hier aus Gründen für den Angriffs- oder Verteidigungskrieg entschieden, die mit dem Machtverhältnis weiter nichts zu tun haben, und es könnte doch viel natürlicher scheinen, dies wohl hauptsächlich von dem Machtverhältnis abhängen zu lassen[1]; wir glauben aber, daß man gerade dann vom rechten Wege abkommen würde. Die logische Richtigkeit unserer so einfachen Schlußfolge wird niemand bestreiten, wir wollen nun sehen, ob sie im konkreten Falle ad absurdum führt.

Denken wir uns einen kleinen Staat, der mit sehr überlegenen Kräften in Konflikt geraten ist, aber voraussieht, daß sich seine Lage mit jedem Jahre verschlimmern wird; muß er nicht, wenn er den Krieg nicht vermeiden kann, die Zeit benutzen, wo seine Lage noch weniger schlimm ist? Er muß also angreifen; aber nicht, weil der Angriff *an sich* ihm Vorteile gewährte, er wird vielmehr die Ungleichheit der Kräfte noch vergrößern, sondern weil er das Bedürfnis hat, die Sache entweder ganz zu entledigen[2], ehe die schlimmen Perioden eintreten, oder sich wenigstens einstweilen Vorteile zu erringen, von denen er nachher zehren kann. Diese Lehre kann nicht absurd scheinen. Wäre dieser kleine Staat ganz sicher, daß die Gegner gegen ihn vorschreiten werden, dann kann und mag er sich der Verteidigung gegen sie zu Erringung seines ersten Erfolges bedienen, er ist dann nicht in Gefahr,

---

1 [2. Auflage: entschieden, die nicht aus dem Machtverhältnis hervorgehen und doch könnte es scheinen, als wenn gerade dieses hauptsächlich über die Wahl der Kriegführungsweise, d.h. über Angriff oder Verteidigung, entscheiden müsse]

2 [2. Auflage: entweder schnell zu erledigen]

Zeit zu verlieren.

Ferner, denken wir uns einen kleinen Staat mit einem größeren im Kriege begriffen und die Zukunft ohne allen Einfluß auf ihre Entschlüsse, so müssen wir doch, wenn der kleine Staat politisch der Angreifende ist, von ihm auch fordern, daß er zu seinem Ziel vorschreite.

Hat er die Keckheit gehabt, sich gegen einen mächtigeren den positiven Zweck vorzusetzen, so muß er auch handeln, d. h. den Gegner angreifen, wenn dieser ihm nicht die Mühe erspart. Das Abwarten wäre eine Absurdität; es müßte denn sein, daß er seinen politischen Entschluß im Augenblick der Ausführung geändert hätte, ein Fall, der häufig vorkommt und nicht wenig dazu beiträgt, den Kriegen einen bestimmten Charakter zu geben,[1] aus dem der Philosoph nicht weiß, was er machen soll.

Unsere Betrachtung über das beschränkte Ziel führt uns zu dem Angriffskrieg mit einem solchen und zum Verteidigungskrieg; wir wollen beide in besonderen Kapitel betrachten. Vorher aber müssen wir uns noch nach einer anderen Seite hinwenden.

Wir haben die Modifikation des kriegerischen Zieles bis jetzt bloß aus den inneren Gründen abgeleitet. Die Natur der politischen Absicht haben wir nur in Betrachtung gezogen, insofern sie etwas Positives will oder nicht. Alles übrige in der politischen Absicht ist im Grunde für den Krieg selbst etwas Fremdes, allein wir haben im zweiten Kapitel des ersten Buches (Zweck und Mittel im Kriege) bereits eingeräumt, daß die Natur des politischen Zweckes, die Größe unserer oder der feindlichen Forderung und unser ganzes politisches Verhältnis faktisch den entscheidensten Einfluß auf die Kriegführung behauptet, und wir wollen daher im folgenden Kapitel uns damit noch besonders beschäftigen.

Sechstes Kapitel: A. Einfluß des politischen Zweckes auf das kriegerische Ziel

Niemals wird man sehen, daß ein Staat, der in der Sache eines anderen auftritt, diese so ernsthaft nimmt wie seine eigene. Eine mäßige Hilfsarmee wird vorgesandt; ist sie nicht glücklich, so sieht man die Sache ziemlich als abgemacht an und sucht so wohlfeil als

1 [In 2. Auflage endet der Satz hier.]

möglich herauszukommen.

Es ist in der europäischen Politik eine hergebrachte Sache, daß die Staaten sich in Schutz- und Trutzbündnissen zu gegenseitigem Beistand verpflichten, aber nicht so, als wenn die Feindschaft und das Interesse des einen dadurch eben das für den anderen werden sollte, sondern indem sie sich einander ohne Rücksicht auf den Gegenstand des Krieges und die Anstrengungen des Gegners im voraus eine bestimmte, gewöhnlich sehr mäßige Kriegsmacht zusagen. Bei einem solchen Akt der Bundesgenossenschaft betrachtet sich der Bundesgenosse mit dem Gegner nicht in einem eigentlichen Krieg begriffen, der notwendig mit einer Kriegserklärung anfangen und mit einem Friedensschluß endigen müßte. Aber auch dieser Begriff besteht nirgends mit einiger Schärfe, und der Gebrauch schwankt hin und her.

Die Sache würde eine Art von innerem Zusammenhang haben und die Theorie des Krieges weniger in Verlegenheit dabei kommen, wenn diese zugesagte Hilfe von 10, 20 oder 30000 Mann dem im Kriege begriffenen Staat völlig überlassen würde, so daß er sie nach seinem Bedürfnis brauchen könnte; alsdann wäre sie wie eine gemietete Truppe zu betrachten. Allein davon ist der Gebrauch weit entfernt. Gewöhnlich haben die Hilfstruppen ihren eigenen Feldherrn, der nur von seinem Hofe abhängt, und dem dieser ein Ziel steckt, wie es sich mit der Halbheit seiner Absichten am besten verträgt.

Aber selbst dann, wenn zwei Staaten wirklich Kriegführende gegen einen dritten sind, heißt es nicht immer, wir müssen diesen dritten als unseren Feind ansehen, den wir vernichten müssen, damit er uns nicht vernichte, sondern die Sache wird oft wie ein Handelsgeschäft abgemacht; ein jeder legt nach Verhältnis der Gefahr, die er zu bestehen und der Vorteile, die er zu erwarten hat, eine Aktie von 30 bis 40000 Mann ein und tut, als könne er nichts als diese dabei verlieren.

Dieser Gesichtspunkt fndet nicht bloß dann statt, wenn ein Staat dem anderen in einer Angelegenheit beispringt, die ihm ziemlich fremd ist, sondern selbst dann, wenn beide ein gemeinsames großes Interesse haben, kann es ohne diplomatischen Rückhalt nicht abgehen, und die Unterhandelnden pflegen sich nur zu einem geringen traktatenmäßigen Beistand zu verstehen, um das übrige ihrer kriegerischen Kräfte nach den besonderen Rücksichten zu gebrauchen, zu welchen die Politik etwa führen könnte.

Diese Art, den Bündniskrieg zu betrachten, war ganz allgemein und hat nur in der neuesten Zeit, wo die äußerste Gefahr die Gemüter in die natürlichen Wege hineintrieb, wie *gegen* Bonaparte, und wo schrankenlose Gewalt sie hineinzwang, wie *mit*[1] Bonaparte, der natürlichen weichen müssen. Sie ist eine Halbheit, eine Anomalie, denn Krieg und Friede sind im Grunde Begriffe, die keiner Gradation fähig sind; aber sie ist nichtsdestoweniger kein bloßes diplomatisches Herkommen, über welches sich die Vernunft hinwegsetzen könnte, sondern tief in der natürlichen Beschränktheit und Schwäche des Menschen gegründet.

Endlich hat auch im eigenen Kriege die politische Veranlassung desselben einen mächtigen Einfluß auf seine Führung.

Wollen wir vom Feinde nur ein geringes Opfer, so begnügen wir uns, durch den Krieg nur ein geringes Äquivalent zu gewinnen, und dazu glauben wir mit mäßigen Anstrengungen zu gelangen. Ungefähr ebenso schließt der Gegner. Findet nun der eine oder der andere, daß er sich in seiner Rechnung etwas betrogen hat, daß er dem Feinde nicht, wie er gewollt, um etwas überlegen, sondern daß er selbst schwächer ist, so fehlt es doch in dem Augenblick gewöhnlich an Geld und an allen anderen Mitteln, es fehlt an hinreichendem moralischen Anstoß zu größerer Energie; man behilft sich also, wie man kann, hofft von der Zukunft günstige Ereignisse, wenn man auch gar kein Recht dazu hat, und der Krieg schleppt sich unterdessen wie ein siecher Körper kraftlos fort.

So geschieht es, daß die Wechselwirkung, das Überbieten, das Gewaltsame und Unaufhaltsame des Krieges sich in der Stagnation schwacher Motive verlieren, und daß beide Parteien sich in sehr verkleinerten Kreisen mit einer Art Sicherheit bewegen.

Läßt man diesen Einfluß des politischen Zweckes auf den Krieg einmal zu, wie man ihn denn zulassen muß, so gibt es keine Grenze mehr, und man muß sich gefallen lassen, auch zu solchen Kriegen herunterzusteigen, die in *bloßer Bedrohung des Gegners* und in einem *Subsidium des Unterhandelns*[2] bestehen.

Daß sich die Theorie des Krieges, wenn sie eine philosophische Überlegung sein und bleiben will, hier in Verlegenheit befindet, ist klar. Alles, was in dem Begriff des Krieges Notwendiges liegt, scheint vor ihr zu fliehen, und sie ist in Gefahr, jedes Stützpunktes zu entbehren. Aber es zeigt sich bald der natürliche Ausweg. Je mehr in den kriegerischen Akt ein ermäßigendes Prinzip kommt, oder vielmehr, je schwächer die Motive des Handelns werden, um so mehr geht

1 [2. Auflage: *unter*]
2 [2. Auflage: und in *Unterhandeln*]

das Handeln in ein Leiden über, um so weniger trägt sich zu, um so weniger bedarf es leitender Grundsätze. Die ganze Kriegskunst verwandelt sich in bloße Vorsicht, und diese wird hauptsächlich darauf gerichtet sein, daß das schwankende Gleichgewicht nicht plötzlich zu unserem Nachteil umschlage und der halbe Krieg sich in einen ganzen verwandle.

Sechstes Kapitel: B. Der Krieg ist ein Instrument der Politik

Nachdem wir uns bis jetzt bei dem Zwiespalt, in dem die Natur des Krieges mit anderen Interessen des einzelnen Menschen und des gesellschaftlichen Verbandes steht, bald nach der einen, bald nach der anderen Seite haben umsehen müssen, um keines dieser entgegengesetzten Elemente zu vernachlässigen, ein Zwiespalt, der in dem Menschen selbst gegründet ist, und den der philosophische Verstand also nicht lösen kann, wollen wir nun diejenige Einheit suchen, zu welcher sich im praktischen Leben diese widersprechenden Elemente verbinden, indem sie sich teilweis gegenseitig neutralisieren. Wir würden diese Einheit gleich von vornherein aufgestellt haben, wenn es nicht notwendig gewesen wäre, eben jene Widersprüche recht deutlich hervorzuheben und die verschiedenen Elemente auch getrennt zu betrachten. Diese Einheit nun ist der *Begriff, daß der Krieg nur ein Teil des politischen Verkehrs sei, also durchaus nichts Selbständiges.*

Man weiß freilich, daß der Krieg nur durch den politischen Verkehr der Regierungen und der Völker hervorgerufen wird; aber gewöhnlich denkt man sich die Sache so, daß mit ihm jener Verkehr aufhöre und ein ganz anderer Zustand eintrete, welcher nur seinen eigenen Gesetzen unterworfen sei.

Wir behaupten dagegen, der Krieg ist nichts als eine Fortsetzung des politischen Verkehrs mit Einmischung anderer Mittel. Wir sagen mit Einmischung anderer Mittel, um damit zugleich zu behaupten, daß dieser politische Verkehr durch den Krieg selbst nicht aufhört, nicht in etwas ganz anderes verwandelt wird, sondern daß er in seinem Wesen fortbesteht, wie auch seine Mittel gestaltet sein mögen, deren er sich bedient, und daß die Hauptlinien, an welchen die kriegerischen Ereignisse fortlaufen und gebunden sind, nur seine Lineamente sind, die sich zwischen den Krieg durch bis zum Frieden fortziehen. Und wie wäre es anders denkbar? Hören denn mit den diplomatischen Noten je die politischen Verhältnisse verschiedener Völker und Regierungen auf? Ist nicht der Krieg bloß eine andere Art von Schrift und Sprache ihres Denkens? Er hat freilich seine eigene Grammatik, aber nicht seine eigene Logik.

Hiernach kann der Krieg niemals von dem politischen Verkehr getrennt werden, und wenn dies in der Betrachtung irgendwo geschieht, werden gewissermaßen die Fäden des Verhältnisses zerrissen, und es entsteht ein sinn- und zweckloses Ding.

Diese Vorstellungsart würde selbst dann unentbehrlich sein, wenn der Krieg ganz Krieg, ganz das ungebundene Element der Feindschaft wäre, denn alle die Gegenstände, auf welchen er ruht und die seine Hauptrichtungen bestimmen: eigene Macht, Macht des Gegners, beiderseitige Bundesgenossen, gegenseitiger Volks- und Regierungscharakter usw., wie wir sie im ersten Kapitel des ersten Buches aufgezählt haben, sind sie nicht politischer Natur, und hängen sie nicht mit dem ganzen politischen Verkehr so genau zusammen, daß es unmöglich ist, sie davon zu trennen? – Aber diese Vorstellungsart wird doppelt unentbehrlich, wenn wir bedenken, daß der wirkliche Krieg kein so konsequentes, auf das Äußerste gerichtetes Bestreben ist, wie er seinem Begriff nach sein sollte, sondern ein Halbding, ein Widerspruch in sich; daß er als solcher nicht seinen eigenen Gesetzen folgen kann, sondern als Teil eines anderen Ganzen betrachtet werden muß, – und dieses Ganze ist die Politik.

Die Politik, indem sie sich des Krieges bedient, weicht allen strengen Folgerungen aus, welche aus seiner Natur hervorgehen, bekümmert sich wenig um die endlichen Möglichkeiten und hält sich nur an die nächsten Wahrscheinlichkeiten. Kommt dadurch viel Ungewißheit in den ganzen Handel, wird er also zu einer Art Spiel, so hegt die Politik eines jeden Kabinetts zu sich das Vertrauen, es dem Gegner in Gewandtheit und Scharfsicht bei diesem Spiel zuvorzutun.

So macht also die Politik aus dem alles überwältigenden Element des Krieges ein bloßes Instrument; aus dem furchtbaren Schlachtschwert, was mit beiden Händen und ganzer Leibeskraft aufgehoben sein will, um damit einmal und nicht mehr zuzuschlagen, einen leichten, handlichen Degen, der zuweilen selbst zum Rapier wird, und mit dem sie Stöße, Finten und Paraden abwechseln läßt.

So lösen sich die Widersprüche, in welche der Krieg den von Natur furchtsamen Menschen verwickelt, wenn man dies für eine Lösung gelten lassen will.

Gehört der Krieg der Politik an, so wird er ihren Charakter annehmen. Sobald sie großartiger und mächtiger wird, so wird es auch der Krieg, und das kann bis zu der Höhe steigen, wo der Krieg zu seiner absoluten Gestalt gelangt.

Wir haben also bei dieser Vorstellungsart nicht nötig, den Krieg in dieser Gestalt aus den Augen zu verlieren; vielmehr muß fortwährend sein Bild im Hintergrunde schweben.

Nur durch diese Vorstellungsart wird der Krieg wieder zur Einheit, nur mit ihr kann man alle Kriege als Dinge *einer* Art betrachten, und nur durch sie wird dem Urteil der rechte und genaue Stand und Gesichtspunkt gegeben, aus welchem die großen Entwürfe gemacht und beurteilt werden sollen.

Freilich dringt das politische Element nicht tief in die Einzelheiten des Krieges hinunter, man stellt keine Vedetten und führt keine Patrouille nach politischen Rücksichten: aber desto entschiedener ist der Einfluß dieses Elementes bei dem Entwurf zum ganzen Kriege, zum Feldzuge und oft selbst zur Schlacht.

Wir haben uns deshalb auch nicht beeilt, diesen Gesichtspunkt gleich anfangs aufzustellen. Bei den einzelnen Gegenständen würde es uns wenig genutzt, unsere Aufmerksamkeit gewissermaßen zerstreut haben; bei dem Kriegs- und Feldzugsplan ist er unentbehrlich.

Es ist überhaupt nichts so wichtig im Leben, als genau den Standpunkt auszumitteln, aus welchem die Dinge aufgefaßt und beurteilt werden müssen, und an diesem festzuhalten; denn nur von *einem* Standpunkte aus können wir die Masse der Erscheinungen mit Einheit auffassen, und nur die Einheit des Standpunktes kann uns vor Widersprüchen sichern.

Wenn also auch bei Kriegsentwürfen der zwei- und mehrfache Standpunkt nicht zulässig ist, wonach die Dinge angesehen werden könnten, jetzt mit dem Auge des Soldaten, jetzt mit dem des Administrators, jetzt mit dem des Politikers usw., so fragt es sich nun, ob es denn notwendig die *Politik* ist, der sich alles übrige unterordnen muß.

Daß die Politik alle Interessen der inneren Verwaltung, auch die der Menschlichkeit, und was sonst der philosophische Verstand zur Sprache bringen könnte, in sich vereinigt und ausgleicht, wird vorausgesetzt; denn die Politik ist ja nichts an sich, sondern ein bloßer Sachwalter aller dieser Interessen gegen andere Staaten. Daß sie eine falsche Richtung haben, dem Ehrgeiz, dem Privatinteresse, der Eitelkeit der Regierenden vorzugsweise dienen kann, gehört nicht hierher; denn in keinem Fall ist es die Kriegskunst, welche als ihr Präzeptor betrachtet werden kann, und wir können hier die Politik nur als Repräsentanten aller Interessen der ganzen Gesellschaft betrachten.

Die Frage bleibt also nur, ob bei Kriegsentwürfen der politische Standpunkt dem rein militärischen (wenn ein solcher überhaupt denkbar wäre) weichen, d. h. ganz verschwinden oder sich ihm unterordnen, oder ob er der herrschende bleiben und der militärische ihm untergeordnet werden müsse.

Daß der politische Gesichtspunkt mit dem Kriege ganz aufhören sollte, würde nur denkbar sein, wenn die Kriege aus bloßer Feindschaft Kämpfe auf Leben und Tod wären; wie sie sind, sind sie nichts als Äußerungen der Politik selbst, wie wir oben gezeigt haben. Das Unterordnen des politischen Gesichtspunktes unter den militärischen wäre widersinnig, denn die Politik hat den Krieg erzeugt; sie ist die Intelligenz, der Krieg aber bloß das Instrument, und nicht umgekehrt. Es bleibt also nur das Unterordnen des militärischen Gesichtspunktes unter den politischen möglich.

Denken wir an die Natur des wirklichen Krieges, erinnern wir uns des im dritten Kapitel dieses Buches Gesagten, *daß jeder Krieg vor allen Dingen nach der Wahrscheinlichkeit seines Charakters und seiner Hauptumrisse aufgefaßt werden soll, wie sie sich aus den politischen Größen und Verhältnissen ergeben,* und daß oft, ja wir können in unseren Tagen wohl behaupten, *meistens* der Krieg wie ein organisches Ganze betrachtet werden muß, von dem sich die einzelnen Glieder nicht absondern lassen, wo also jede einzelne Tätigkeit mit dem Ganzen zusammenströmen und aus der Idee dieses Ganzen hervorgehen muß, so wird es uns vollkommen gewiß und klar, daß der oberste Standpunkt für die Leitung des Krieges, von dem die Hauptlinien ausgehen, kein anderer als der der Politik sein könne.

Von diesem Standpunkt aus sind die Entwürfe wie aus einem Guß hervorgegangen, das Auffassen und Beurteilen wird leichter, natürlicher, die Überzeugung kräftiger, die Motive befriedigender und die Geschichte verständlicher.

Von diesem Standpunkte aus ist ein Streit zwischen den politischen und kriegerischen Interessen wenigstens nicht mehr in der Natur der Sache und also da, wo er eintritt, nur als eine Unvollkommenheit der Einsicht zu betrachten. Daß die Politik an den Krieg Forderungen macht, die er nicht leisten kann, wäre gegen die Voraussetzung, daß sie das Instrument kenne, welches sie gebrauchen will, also gegen eine natürliche, ganz unerläßliche Voraussetzung. Beurteilt sie aber den Verlauf der kriegerischen Ereignisse richtig, so ist es ganz ihre Sache und kann nur die ihrige sein, zu bestimmen, welche Ereignisse und welche Richtung der Begebenheiten dem Ziele des Krieges entsprechen.

Mit einem Wort, die Kriegskunst auf ihrem höchsten Standpunkte wird zur Politik, aber freilich eine Politik, die statt Noten zu schreiben, Schlachten liefert.

Mit dieser Ansicht ist es eine unzulässige und selbst schädliche Unterscheidung, wonach ein großes kriegerisches Ereignis oder der Plan zu einem solchen eine *rein militärische Beurteilung* zulassen soll; ja, es ist ein widersinniges Verfahren, bei Kriegsentwürfen Militäre zu Rate zu ziehen, damit sie *rein militärisch* darüber urteilen sollen, wie die Kabinette wohl tun; aber noch widersinniger ist das Verlangen der Theoretiker, daß die vorhandenen Kriegsmittel dem Feldherrn überwiesen werden sollen, um danach einen rein militärischen Entwurf zum Kriege oder Feldzuge zu machen. Auch lehrt die allgemeine Erfahrung, daß trotz der großen Mannigfaltigkeit und Ausbildung des heutigen Kriegswesens die Hauptlineamente des Krieges doch immer von den Kabinetten bestimmt worden sind, d. h. von einer, wenn man technisch sprechen will, nur politischen, nicht militärischen Behörde.

Dies ist vollkommen in der Natur der Dinge. Keiner der Hauptentwürfe, welche für einen Krieg nötig sind, kann ohne Einsichten in die politischen Verhältnisse gemacht werden, und man sagt eigentlich etwas ganz anderes, als man sagen will, wenn man, was häufig geschieht, von dem schädlichen Einfluß der Politik auf die Führung des Krieges spricht. Es ist nicht dieser Einfluß, sondern die Politik selbst, welche man tadeln sollte. Ist die Politik richtig, d. h. trifft sie ihr Ziel, so kann sie auf den Krieg in ihrem Sinn auch nur vorteilhaft wirken; und wo diese Einwirkung vom Ziel entfernt, ist die Quelle nur in der verkehrten Politik zu suchen.

Nur dann, wenn die Politik sich von gewissen kriegerischen Mitteln und Maßregeln eine falsche, ihrer Natur nicht entsprechende Wirkung verspricht, kann sie mit ihren Bestimmungen einen schädlichen Einfluß auf den Krieg haben. Wie jemand in einer Sprache, der er nicht ganz gewachsen ist, mit einem richtigen Gedanken zuweilen[1] Unrichtiges sagt, so wird die Politik dann oft Dinge anordnen, die ihrer eigenen Absicht nicht entsprechen.

Dies ist unendlich oft vorgekommen, und dies macht es fühlbar, daß eine gewisse Einsicht in das Kriegswesen von der Führung des

---

1 [2. Auflage: ist, seiner Absicht entgegen zuweilen]

politischen Verkehrs nicht getrennt werden sollte.[1]

Aber ehe wir ein Wort weiterreden, müssen wir uns vor einer falschen Deutung verwahren, die sehr nahe liegt. Wir sind weit entfernt, zu glauben, daß ein in Akten vergrabener Kriegsminister oder ein gelehrter Ingenieur oder auch selbst ein im Felde tüchtiger Soldat darum den besten Staatsminister abgeben würde, wo der Fürst es nicht selbst ist; oder, mit anderen Worten, wir wollen durchaus nicht, daß diese Einsicht in das Kriegswesen die Haupteigenschaft desselben sei:[2] ein großartiger, ausgezeichneter Kopf, ein starker Charakter, das sind die Haupteigenschaften; die Einsicht in das Kriegswesen läßt sich auf eine oder die andere Art wohl ergänzen. Frankreich ist in seinen kriegerischen und politischen Händeln nie schlechter beraten gewesen als unter den Gebrüdern Belle-Isle und dem Herzog von Choiseul, obgleich alle drei gute Soldaten waren.

Soll ein Krieg ganz den Absichten der Politik entsprechen, und soll die Politik den Mitteln zum Kriege ganz angemessen sein, so bleibt, wo der Staatsmann und der Soldat nicht in einer Person vereinigt sind, nur ein gutes Mittel übrig, nämlich den obersten Feldherrn zum Mitglied des Kabinetts zu machen, damit dasselbe teil an den Hauptmomenten seines Handelns nehme. Dies ist aber wieder nur möglich, wenn das Kabinett, d. h. also die Regierung, selbst sich in der Nähe des Schauplatzes befindet,[3] damit die Dinge ohne merklichen Zeitverlust abgemacht werden können.

So hat es der Kaiser von Österreich im Jahre 1809, und so haben es die verbündeten Monarchen in den Jahren 1813, 1814 und 1815 gemacht, und diese Einrichtung hat sich vollkommen bewährt.

Höchst gefährlich ist der Einfluß eines anderen Militärs als des obersten Feldherrn im Kabinett; selten wird das zum gesunden tüchtigen Handeln führen. Frankreichs Beispiel, wo Carnot 1793, 1794 und 1795 die Kriegsangelegenheiten von Paris aus leitete, ist durchaus verwerflich, weil der Terrorismus nur revolutionären Regierungen zu Gebote steht.

Wir wollen jetzt mit einer historischen Betrachtung schließen.

---

1 [2. Auflage: Dies ist unendlich oft vorgekommen und zeigt, daß die Politik einer gewissen Einsicht in das Kriegswesen nicht ermangeln darf.]

2 [2. Auflage: Staatsminister sein würden; oder: daß eine tiefe Einsicht in das Kriegswesen die Haupteigenschaft eines die Politik leitenden Ministers sei;]

3 [2. Auflage: damit er in den wichtigsten Momenten an dessen Beratungen und Beschlüssen Teil nehme. Wichtig ist deshalb auch, daß das Kabinett sich in der Nähe des Krigesschauplatzes befindet.]

Als in den neunziger Jahren des vorigen Jahrhunderts eine merkwürdige Umwälzung der europäischen Kriegskunst eintrat, wodurch die besten Heere einen Teil ihrer Kunst unwirksam werden sahen, und kriegerische Erfolge stattfanden, von deren Größe man bisher keinen Begriff gehabt hatte, schien es freilich, daß aller falsche Kalkül der Kriegskunst zur Last falle. Es war offenbar, daß sie, durch die Gewohnheit in engere Kreise der Begriffe eingeschränkt, überfallen worden war durch Möglichkeiten, die außerhalb dieser Kreise, aber freilich nicht außerhalb der Natur der Dinge lagen.

Diejenigen Beobachter, welche den umfassendsten Blick hatten, schrieben die Erscheinung dem allgemeinen Einfluß zu, welchen die Politik seit Jahrhunderten auf die Kriegskunst zum größten Nachteil derselben gehabt hatte, und wodurch diese zu einem Halbdinge, oft zu einer wahren Spiegelfechterei herabgesunken war. Das Faktum war richtig, aber es war nur falsch, dasselbe als ein zufällig entstandenes, vermeidliches Verhältnis anzusehen. Andere glaubten, alles aus dem augenblicklichen Einfluß der individuellen Politik Österreichs, Preußens, Englands usw. erklären zu können.

Ist es aber wahr, daß der eigentliche Überfall, wovon sich die Intelligenz getroffen fühlte, innerhalb der Kriegführung fällt und nicht innerhalb der Politik selbst? D. h. nach unserer Sprache zu reden: ist das Unglück entstanden aus dem Einfluß der Politik auf den Krieg oder aus der falschen Politik selbst?

Die ungeheuren Wirkungen der französischen Revolution nach außen sind aber offenbar viel weniger in neuen Mitteln und Ansichten ihrer Kriegführung als in der ganz veränderten Staats- und Verwaltungskunst, in dem Charakter der Regierung, in dem Zustande des Volkes usw. zu suchen. Daß die anderen Regierungen alle diese Dinge unrichtig ansahen, daß sie mit gewöhnlichen Mitteln Kräften die Waage halten wollten, die neu und überwältigend waren: das alles sind Fehler der Politik. Hätte man nun diese Fehler von dem Standpunkte einer rein militärischen Auffassung des Krieges einsehen und verbessern können? Unmöglich. Denn wenn es auch wirklich einen philosophischen Strategen gegeben hätte, welcher bloß aus der Natur des feindlichen Elementes alle Folgen hätte herleiten und dadurch eine Prophezeihung entfernter Möglichkeiten aufstellen wollen, so wäre es doch rein unmöglich gewesen, solchen Hirngespinsten die geringste Folge zu geben.[1]

1 [2. Auflage: gewesen, solche Erkenntnis geltend zu machen.]

Nur wenn die Politik sich zu einer richtigen Würdigung der in Frankreich erwachten Kräfte und der in der Politik Europas neuentstehenden Verhältnisse erhob, konnte sie das Resultat vorhersehen, welches für die großen Lineamente des Krieges daraus entstehen würde, und nur auf diese Weise auf den notwendigen Umfang der Mittel und die Wahl der besten Wege geführt werden.

Man kann also sagen: die zwanzigjährigen Siege der Revolution sind hauptsächlich die Folge der fehlerhaften Politik der ihr gegenüberstehenden Regierungen.

Freilich haben sich diese Fehler erst innerhalb des Krieges offenbart, und die Erscheinungen desselben haben den Erwartungen, welche die Politik hatte, völlig widersprochen. Dies ist aber nicht deshalb geschehen, weil die Politik versäumt hatte, sich bei der Kriegskunst Rats zu erholen. Diejenige Kriegskunst, an welche ein Politiker glauben konnte, d. h. die aus der wirklichen Welt, die der Politik der Zeit zugehörige, das ihr wohlbekannte Instrument, dessen sie sich bis dahin bedient hatte, *diese* Kriegskunst, sage ich, war natürlich in dem Irrtum der Politik mitbefangen und konnte sie darum nicht eines Besseren belehren. Es ist wahr, auch der Krieg selbst hat in seinem Wesen und in seinen Formen bedeutende Veränderungen erlitten, die ihn seiner absoluten Gestalt nähergebracht haben; aber diese Veränderungen sind nicht dadurch entstanden, daß die französische Regierung gewissermaßen emanzipiert, vom Gängelbande der Politik losgelassen hätte, sondern sie sind aus der veränderten Politik entstanden, welche aus der französischen Revolution sowohl für Frankreich als für ganz Europa hervorgegangen ist. Diese Politik hatte andere Mittel, andere Kräfte aufgeboten und dadurch eine Energie der Kriegführung möglich gemacht, an welche außerdem nicht zu denken gewesen wäre.

Also auch die wirklichen Veränderungen der Kriegskunst sind eine Folge der veränderten Politik, und weit entfernt, für die mögliche Trennung beider zu beweisen, sind sie vielmehr ein starker Beweis ihrer innigen Vereinigung.

Also noch einmal: der Krieg ist ein Instrument der Politik; er muß notwendig ihren Charakter tragen, er muß mit ihrem Maße messen; die Führung des Krieges in seinen Hauptumrissen ist daher die Politik selbst, welche die Feder mit dem Degen vertauscht, aber darum nicht aufgehört hat, nach ihren eigenen Gesetzen zu denken.

Siebentes Kapitel: Beschränktes Ziel. Angriffskrieg

Selbst dann, wenn auch nicht die Niederwerfung des Gegners das Ziel sein kann, kann es doch noch ein unmittelbar positives sein, und dieses positive Ziel kann also nur in der Eroberung eines Teiles der feindlichen Länder bestehen.

Der Nutzen einer solchen Eroberung besteht darin, daß wir die feindlichen Staatskräfte, folglich auch seine Streitkräfte, schwächen und die unserigen vermehren; daß wir also den Krieg zum Teil auf seine Kosten führen. Ferner, daß beim Friedensschluß der Besitz feindlicher Provinzen als ein barer Gewinn anzusehen ist, weil wir sie entweder behalten oder andere Vorteile dafür eintauschen können.

Diese Ansicht von einer Eroberung des feindlichen Staates ist sehr natürlich und würde nichts gegen sich haben, wenn nicht der Verteidigungszustand, welcher dem Angriff folgen muß, häufig Bedenken erregen könnte.

In dem Kapitel vom Kulminationspunkt des Sieges haben wir hinreichend auseinandergesetzt, auf welche Weise eine solche Offensive die Streitkräfte schwächt, und daß ihr ein Zustand folgen kann, der gefährliche Folgen besorgen läßt.

Diese Schwächung unserer Streitkraft durch die Eroberung eines feindlichen Landstriches hat ihre Grade, und diese hängen am meisten von der geographischen Lage eines solchen Landstriches ab. Je mehr er ein Supplement unserer eigenen Länder ist, innerhalb derselben liegt oder sich an ihnen hinzieht, je mehr er in der Richtung der Hauptkräfte liegt, um so weniger wird er unsere Streitkraft schwächen. Sachsen, im Siebenjährigen Kriege, war ein natürliches Supplement des preußischen Kriegstheaters, und die Streitkraft Friedrichs des Großen wurde durch die Besetzung desselben nicht bloß nicht vermindert, sondern verstärkt, weil es Schlesien näher liegt als der Mark und diese doch zugleich deckt.

Selbst Schlesien, nachdem Friedrich der Große im Jahr 1740 und 1741 es einmal erobert hatte, schwächte seine Streitkräfte nicht, denn seiner Gestalt und Lage sowie der Beschaffenheit seiner Grenze nach bot es den Österreichern nur eine schmale Spitze dar, solange sie nicht Meister von Sachsen waren, und dieser schmale Punkt des Kontaktes lag ohnehin noch in der Richtung, welche die gegenseitigen Hauptstöße nehmen mußten.

Wenn dagegen der eroberte Landstrich sich mitten zwischen die anderen feindlichen Provinzen hineinstreckt, eine exzentrische Lage hat und eine ungünstige Gestalt des Bodens, so wächst die Schwächung so sichtbar, daß nicht bloß eine siegreiche Schlacht dem Feinde erleichtert, sondern daß diese für ihn unnötig wird.

Die Österreicher haben jedesmal die Provence ohne Schlacht räumen müssen, wenn sie von Italien aus einen Versuch darauf gemacht haben. Die Franzosen im Jahr 1744 dankten Gott, aus Böhmen zu entkommen, auch ohne eine Schlacht verloren zu haben. Friedrich der Große konnte sich 1758 in Böhmen und Mähren nicht halten mit derselben Streitkraft, die ihm im Jahr 1757 in Schlesien und Sachsen so glänzende Erfolge gegeben hatte. Überhaupt gehören die Beispiele von Armeen, die sich in dem eroberten Landstrich nicht halten konnten, bloß weil ihre Streitkraft dadurch geschwächt wurde, zu dem gewöhnlichen Vorkommen, und es ist also nicht der Mühe wert, noch andere davon herauszuheben.

Es kommt also bei der Frage, ob wir uns ein solches Ziel stecken sollen, darauf an, ob wir uns versprechen können, im Besitz der Eroberung zu bleiben, oder ob ein vorübergehender Besitz (Invasion, Diversion) die darauf verwendeten Kräfte hinreichend vergilt, besonders, ob nicht ein starker Rückschlag zu befürchten ist, der uns ganz aus dem Gleichgewicht wirft. Wie vieles bei dieser Frage in jedem einzelnen Fall zu überlegen ist, davon haben wir im Kapitel von dem Kulminationspunkt gesprochen.

Nur eines müssen wir noch hinzufügen.

Eine solche Offensive ist nicht immer geeignet, dasjenige wieder einzubringen, was wir auf anderen Punkten verlieren. Während wir uns mit einer Teileroberung beschäftigen, kann der Feind auf anderen Punkten dasselbe tun, und wenn unser Unternehmen nicht von einer überwiegenden Wichtigkeit ist, so wird der Feind dadurch nicht gezwungen werden, das seinige aufzugeben. Es kommt also auf eine reifliche Überlegung an, ob wir auf der einen Seite nicht mehr verlieren, als wir auf der anderen gewinnen.

An und für sich verliert man immer mehr durch die feindliche Eroberung, als man durch die eigene gewinnt, wenn auch der Wert beider Provinzen genau derselbe sein sollte, weil eine Menge von Kräften gewissermaßen als feux froids[1] außer Wirksamkeit kommen. Allein da dies auch der Fall beim Gegner ist, so sollte dies eigentlich kein Grund sein, mehr auf die Erhaltung als auf die Eroberung bedacht zu sein. Und doch ist es so. Die Erhaltung des Eigenen liegt

---

1 [2. Auflage: faux frais]

immer näher, und der eigene Schmerz, den unser Staat erleidet, wird nur dann durch die Vergeltung aufgewogen und gewissermaßen neutralisiert, wenn diese merkliche Prozente verspricht, d. h. viel größer ist.

Die Folge von allem ist: daß ein solcher strategischer Angriff, der nur ein mäßiges Ziel hat, sich viel weniger von der Verteidigung der anderen, durch ihn nicht unmittelbar gedeckten Punkte losmachen kann als einer, der gegen den Schwerpunkt des feindlichen Staates gerichtet ist; es kann also in ihm auch die Vereinigung der Kräfte in Zeit und Ort niemals so weit getrieben werden. Damit sie nun wenigstens in der Zeit stattfinden könne, so entsteht das Bedürfnis, von allen einigermaßen dazu geeigneten Punkten angriffsweise, und zwar gleichzeitig, vorzugehen, und es entgeht also diesem Angriff der andere Vorteil, daß er sich durch die Verteidigung auf einzelnen Punkten mit weit geringeren Kräften behelfen könnte. Auf diese Weise stellt sich bei einem so mittelmäßigen Ziele alles mehr im Niveau; der ganze kriegerische Akt kann nicht mehr in eine Haupthandlung zusammengedrängt und diese nach Hauptgesichtspunkten geleitet werden; er breitet sich mehr aus, überall wird die Friktion größer und überall dem Zufall mehr Feld eingeräumt.

Dies ist die natürliche Tendenz der Sache. Der Feldherr wird durch sie heruntergezogen, immer mehr neutralisiert. Je mehr er sich fühlt, je mehr innere Hilfsmittel und äußere Gewalt er hat, um so mehr wird er suchen, sich von dieser Tendenz loszumachen, um einem einzelnen Punkt eine vorherrschende Wichtigkeit zu geben, sollte es auch nur durch ein größeres Wagen möglich werden.

Achtes Kapitel: Beschränktes Ziel. Verteidigung

Das endliche Ziel der Verteidigungskriege kann niemals eine absolute Negation sein, wie wir es schon früher gesagt haben. Es muß auch für den Schwächsten irgend etwas geben, womit er seinem Gegner empfindlich werden, ihn bedrohen kann.

Zwar könnte man sagen, dieses Ziel könne im Ermüden des Gegners bestehen, denn da dieser das Positive will, so ist im Grunde jede fehlgeschlagene Unternehmung, wenn sie auch keine andere Folgen hat als den Verlust der darauf verwendeten Kräfte, schon ein Zurückschreiten, während der Verlust, welchen der Angegriffene erleidet, nicht vergeblich war, weil die Erhaltung sein Ziel war und dieses Ziel erreicht ist. So, würde man sagen, liegt für den Verteidiger in der bloßen Erhaltung sein positives Ziel.[1] Diese Vorstellungsart könnte gelten, wenn man imstande wäre, zu sagen: der Angreifende muß nach einer bestimmten Anzahl vergeblicher Versuche ermüden und nachlassen. Allein diese Notwendigkeit fehlt eben.[2] Sehen wir auf das reelle Erschöpfen der Kräfte, so ist der Verteidiger bei der Totalvergleichung *im Nachteil.* Der Angriff schwächt, aber nur in dem Sinn, daß es einen Umschwungspunkt geben kann; wo dieser gar nicht mehr gedacht wird, ist die Schwächung allerdings größer beim Verteidiger als beim Angreifenden: denn teils ist er der Schwächere, und bei gleicher Einbuße verliert er also mehr als der andere, teils nimmt ihm jener gewöhnlich einen Teil seiner Länder und Hilfsquellen.

Es kann also hieraus kein Grund des Nachlassens für den Gegner entnommen werden, und es bleibt immer nur die Vorstellung übrig, daß, wenn der Angreifende seine Streiche wiederholt, während der Verteidiger nichts tut, als sie abzuwehren, dieser die Gefahr, daß einer früher oder später gelingen könnte, durch kein Gegengewicht ausgleichen kann.

Wenn also auch wirklich die Erschöpfung oder vielmehr die Ermüdung des Stärkeren schon oft einen Frieden herbeigeführt hat, so liegt das in jener Halbheit, welche der Krieg meistens hat, und kann philosophisch nicht als das allgemeine und letzte Ziel irgendeiner Verteidigung gedacht werden, und es bleibt nichts übrig, als daß diese ihr Ziel in dem Begriff des Abwartens findet, der überhaupt ihr eigentliches Charakteristikon ist. Dieser Begriff schließt eine Veränderung der Umstände, eine Verbesserung der Lage in sich, die also da, wo sie durch innere Mittel, d. h. durch den Widerstand selbst, gar nicht erreicht werden kann, nur von außen zu erwarten ist. Diese Verbesserung von außen kann nun keine andere sein als andere politische Verhältnisse; es entstehen entweder für den Verteidiger neue Bündnisse, oder alte, die gegen ihn gerichtet waren, zerfallen.

Dies ist also das Ziel des Verteidigers, im Fall seine Schwäche ihm nicht erlaubt, an irgendeinen bedeutenden Rückstoß zu denken. So ist aber nicht jede Verteidigung nach dem Begriff, welchen wir davon gegeben haben. Nach diesem ist sie die stärkere Form des Krieges und kann also um dieser Stärke willen auch dann angewendet werden, wenn es auf einen mehr oder weniger starken Rückschlag abgesehen ist.

---

1 [In 2. Auflage fehlt der Satz.]
2 [Die zwei nachfolgenden Sätze fehlen in 2. Auflage.]

Diese beiden Fälle muß man von vornherein trennen, weil sie Einfluß auf die Verteidigung haben.

Im ersten Fall sucht der Verteidiger sein Land so lange wie möglich zu besitzen und intakt zu erhalten, weil er dabei die meiste Zeit gewinnt, und Zeit gewinnen der einzige Weg zum Ziel ist. Das positive Ziel, was er meist erreichen kann, was ihm Gelegenheit geben soll, seine Absicht beim Frieden durchzusetzen, kann er noch nicht in seinen Kriegsplan aufnehmen. In dieser strategischen Passivität sind die Vorteile, welche er auf einzelnen Punkten erhalten kann, bloße abgewehrte Streiche; das Übergewicht, welches er auf diesen Punkten gewinnt, führt er auf andere Punkte über, denn gewöhnlich ist da Not an allen Ecken und Orten; hat er dazu keine Gelegenheit, so bleibt ihm oft nur der kleine Gewinn übrig, daß der Feind ihm eine Zeitlang Ruhe lassen wird.

Kleine Offensivunternehmungen, wobei es geringer auf einen bleibenden Besitz als auf einen einstweiligen Vorteil als Spieraum für spätere Einbuße abgesehen ist, Invasionen, Diversionen, Unternehmungen gegen eine einzelne Festung können, wenn der Verteidiger nicht allzuschwach ist, in diesem Verteidigungssystem Platz finden, ohne das Ziel und Wesen desselben zu ändern.

Im zweiten Fall aber, wo der Verteidigung schon eine positive Absicht eingeimpft ist, nimmt sie auch mehr den positiven Charakter an, und zwar um so mehr, je größer der Rückstoß ist, welchen die Verhältnisse zulassen. Mit anderen Worten: je mehr die Verteidigung aus freier Wahl entstanden ist, um den ersten Stoß sicher zu führen, um so kühnere Schlingen darf der Verteidiger dem Gegner legen. Das Kühnste und, wenn es gerät, Wirksamste ist der Rückzug ins Innere des Landes; und dieses Mittel ist dann zugleich dasjenige, welches von dem anderen System am weitesten entfernt ist.

Man denke nur an die Verschiedenheit der Lage, in welcher sich Friedrich der Große im Siebenjährigen Kriege und Rußland im Jahr 1812 befunden haben.

Als der Krieg anfing, hatte Friedirch durch seine Schlagfertigkeit eine Art Überlegenheit; dies verschaffte ihm den Vorteil, sich Sachsens zu bemächtigen, welches übrigens so sehr ein natürliches Komplement seines Kriegstheaters war, daß der Besitz desselben seine Streitkräfte nicht verminderte, sondern vermehrte.

Bei Eröffnung des Feldzuges von 1757 suchte er seinen strategischen Angriff fortzusetzen, welches, solange die Russen und Franzosen noch nicht auf dem Kriegstheater von Schlesien, der Mark und

Sachsen angekommen waren, nicht unmöglich war. Der Angriff mißlang, er wurde für den übrigen Teil des Feldzuges auf die Verteidigung zurückgeworfen, mußte Böhmen wieder räumen und das eigene Kriegstheater vom Feinde befreien, welches ihm nur gelang, indem er sich mit einer und derselben Armee erst gegen die[1] Österreicher wandte, und diesen Vorteil verdankte er nur der Verteidigung.

Im Jahr 1758, wo seine Feinde den Kreis schon enger um ihn gezogen hatten, und seine Streitkräfte anfingen, in ein sehr ungleiches Verhältnis zu kommen, wollte er noch eine kleine Offensive in Mähren versuchen; er gedachte Olmütz zu nehmen, ehe seine Gegner recht unter den Waffen wären; nicht in der Hoffnung, es zu behalten oder gar von da aus weiter vorzuschreiten, sondern es als ein Außenwerk, eine contre-approche gegen die Österreicher zu benutzen, die dann den übrigen Feldzug, vielleicht noch einen zweiten, darauf verwenden mußten, um es wieder zu nehmen. Auch dieser Angriff mißlang. Friedrich gab nun den Gedanken an jede wirkliche Offensive auf, weil er fühlte, wie sie nur das Mißverhältnis in den Streitkräften vermehrte. Eine zusammengezogene Aufstellung in der Mitte seiner Länder, in Sachsen und Schlesien, eine Benutzung der kurzen Linien, um die Streitkräfte plötzlich auf dem bedrohten Punkte zu vermehren, eine Schlacht, wo sie unvermeidlich wurde, kleine Invasionen, wo sich die Gelegenheit darbot, und demnächst ein ruhiges Abwarten, ein Aufsparen seiner Mittel für bessere Zeiten, war nun sein Kriegsplan im Großen. Nach und nach wurde die Ausführung immer passiver. Da er sah, daß auch die Siege ihm zu viel kosteten, so versuchte er es, mit wenigerem auszukommen; es kam ihm nur auf Zeitgewinn an, nur auf die Erhaltung dessen, was er noch besaß, er wurde mit dem Boden immer ökonomischer und scheute sich nicht, in ein wahrhaftes Kordonsystem überzugehen. Diesen Namen verdienen sowohl die Stellungen des Prinzen Heinrich in Sachsen als die des Königs im schlesischen Gebirge. In seinen Briefen an den Marquis d'Argens sieht man die Ungeduld, mit der er den Winterquartieren entgegensieht, und wie froh er ist, wenn er sie wieder beziehen kann, ohne merklich eingebüßt zu haben.

Wer Friedrich hierin tadeln und darin nur seinen gesunkenen Mut sehen wollte, würde, wie es uns scheint, ein sehr unüberlegtes Urteil fällen.

---

1 [2. Auflage: die Franzosen, dann gegen die]

Wenn das verschanzte Lager von Bunzelwitz, die Postierungen des Prinzen Heinrich in Sachsen und des Königs im schlesischen Gebirge uns jetzt nicht mehr wie solche Maßnehmungen erscheinen, auf welche man seine letzte Hoffnung setzen kann, weil ein Bonaparte diese taktischen Spinngewebe bald durchstoßen würde, so muß man nicht vergessen, daß die Zeiten sich geändert haben, daß der Krieg ein ganz anderer geworden ist, von anderen Kräften belebt, und daß also damals Stellungen wirksam sein konnten, die es nicht mehr sind, daß aber auch der Charakter des Gegners Rücksicht verdient. Gegen die Reichsarmee, gegen Daun und Buturlin konnte der Gebrauch von Mitteln, die Friedrich selbst für nichts gehalten haben würde, die höchste Weisheit sein.

Der Erfolg hat diese Ansicht gerechtfertigt. Im ruhigen Abwarten hat Friedrich das Ziel erreicht und Schwierigkeiten umgangen, gegen die seine Kraft zerschellt sein würde. –

Das Verhältnis der Streitkräfte, welche die Russen den Franzosen im Jahr 1812 bei Eröffnung des Feldzuges entgegenzustellen hatten, war noch viel ungünstiger, als es für Friedrich dem Großen im Siebenjährigen Kriege gewesen war. Allein die Russen hatten die Aussicht, sich im Laufe des Feldzuges beträchtlich zu verstärken. Bonaparte hatte ganz Europa zu heimlichen Feinden, seine Macht war auf den äußersten Punkt hinaufgeschraubt, ein verzehrender Krieg beschäftigte ihn in Spanien, und das weite Rußland erlaubte, durch einen hundert Meilen langen Rückzug die Schwächung der feindlichen Streitkräfte aufs äußerste zu treiben. Unter diesen großartigen Umständen war nicht allein auf einen starken Rückschlag zu rechnen, wenn das französische Unternehmen nicht gelang (und wie konnte es gelingen, wenn der Kaiser Alexander nicht Friede machte oder seine Untertanen nicht rebellierten?), sondern dieser Rückschlag konnte auch den Untergang des Gegners herbeiführen. Die höchste Weisheit hätte also keinen besseren Kriegsplan angeben können, als derjenige war, welchen die Russen unabsichtlich befolgten.

Daß man damals nicht so dachte und eine solche Ansicht für eine Extravaganz gehalten haben würde, ist für uns jetzt kein Grund, sie nicht als die richtige aufzustellen. Sollen wir aus der Geschichte lernen, so müssen wir die Dinge, welche sich wirklich zugetragen haben, doch auch für die Folge als möglich ansehen, und daß die Reihe der großen Begebenheiten, die dem Marsch auf Moskau gefolgt sind, nicht eine Reihe von Zufällen ist, wird jeder einräumen, der auf ein Urteil in solchen Dingen Anspruch machen kann. Wäre es den Russen möglich gewesen, ihre Grenzen notdürftig zu verteidigen, so wäre zwar ein Sinken der französischen Macht und ein Umschwung des Glückes immer wahrscheinlich geblieben, aber er wäre gewiß nicht so gewaltsam und entscheidend eingetreten. Mit Opfern und Gefahren (die freilich für jedes andere Land viel größer, für die meisten unmöglich gewesen wären) hat Rußland diesen ungeheuren Vorteil gekauft.

So wird man immer einen großen positiven Erfolg nur durch positive, auf *Entscheidung* und nicht auf bloßes Abwarten gerichtete Maßregeln herbeiführen, kurz, man erhält auch in der Verteidigung den großen Gewinn nur durch einen hohen Einsatz.

Neuntes Kapitel: Kriegsplan, wenn Niederwerfung[1] des Feindes das Ziel ist

Nachdem wir die verschiedenen Zielpunkte, welche der Krieg haben kann, näher charakterisiert haben, wollen wir die Anordnung des ganzen Krieges für die drei einzelnen Abstufungen durchgehen, welche sich nach jenen Zielpunkten ergeben haben.

Nach allem, was wir bis jetzt über den Gegenstand schon gesagt haben, werden zwei Hauptgrundsätze den ganzen Kriegsplan umfassen und allen übrigen zur Richtung dienen.

Der erste ist: das Gewicht der feindlichen Macht auf so wenig Schwerpunkte als möglich zurückzuführen, wenn es sein kann, auf einen; wiederum den Stoß gegen diese Schwerpunkte auf so wenig Haupthandlungen als möglich zurückzuführen, wenn es sein kann, auf eine; endlich alle untergeordnete Handlungen so untergeordnet als möglich zu halten. Mit einem Wort, der erste Grundsatz ist: so konzentriert als möglich zu handeln.

Der zweite Grundsatz: so schnell als möglich zu handeln, also keinen Aufenthalt und keinen Umweg ohne hinreichenden Grund.

Das Reduzieren der feindlichen Macht auf einen Schwerpunkt hängt ab:

Erstens von dem politischen Zusammenhang derselben. Sind es Heere eines Herrn, so hat es meist keine Schwierigkeit; sind es verbündete Heere, deren das eine als bloßer Bundesgenosse ohne eigenes Interesse handelt, so ist die Schwierigkeit nicht viel größer;

---

1 [2. Auflage (auch folgend später im Text!): Niederwerfen]

sind es zu gemeinschaftlichen Zwecken Verbündete, so kommt es auf den Grad der Befreundung an; wir haben davon schon geredet.

Zweitens von der Lage des Kriegstheaters, auf welchem die verschiedenen feindlichen Heere erscheinen.

Sind die feindlichen Kräfte auf einem Kriegstheater in einem Heere beisammen, so bilden sie faktisch eine Einheit, und wir brauchen nach dem übrigen nicht zu fragen; sind sie auf einem Kriegstheater in getrennten Heeren, die verschiedenen Mächten angehören, so ist die Einheit nicht mehr absolut, es ist aber doch noch ein hinreichender Zusammenhang der Teile da, um durch einen entschiedenen Stoß gegen *einen* Teil den anderen mitfortzureißen. Sind die Heere auf benachbarten, durch keine großen Naturgegenstände getrennten Kriegstheatern aufgestellt, so fehlt es auch hier noch nicht an dem entschiedenen Einfluß des einen auf das andere; sind die Kriegstheater sehr weit voneinander entfernt, liegen neutrale Strecken, große Gebirge usw. dazwischen, so ist der Einfluß sehr zweifelhaft, also unwahrscheinlich; liegen sie gar an ganz verschiedenen Seiten des bekriegten Staates, so daß die Wirkungen gegen dieselben in exzentrischen Linien auseinandergehen, so ist fast die Spur jedes Zusammenhanges verschwunden.

Wenn Preußen von Rußland und Frankreich zugleich bekriegt würde, so wäre das in Beziehung auf die Kriegführung so gut, als wenn es zwei verschiedene Kriege wären; allenfalls würde die Einheit in den Unterhandlungen zum Vorschein kommen.

Die sächsische und die österreichische Kriegsmacht im Siebenjährigen Kriege waren dagegen als eine zu betrachten; was die eine litt, mußte die andere mitempfinden, teils wie die Kriegstheater in derselben Richtung für Friedrich dem Großen lagen, teils weil Sachsen gar keine politische Selbständigkeit hatte.

Soviel Feinde Bonaparte im Jahr 1813 zu[1] bekämpfen hatte, so lagen sie ihm doch alle ziemlich nach einer Richtung hin, und die Kriegstheater ihrer Heere standen in einer nahen Verbindung und starken Wechselwirkung. Hätte er irgendwo durch Vereinigung seiner Kräfte die Hauptmacht überwältigen können, so hätte er dadurch über alle Teile entschieden. Wenn er die böhmische Hauptarmee geschlagen hätte, über Prag gegen Wien vorgedrungen wäre, so hätte Blücher bei dem besten Willen nicht in Sachsen bleiben können, weil man ihn nach Böhmen zu Hilfe gerufen haben würde, und dem

1 [2. Auflage: 1813 in Deutschland zu]

Kronprinzen von Schweden würde es sogar an gutem Willen gefehlt haben, in der Mark zu bleiben.

Dagegen wird es für Österreich immer schwer sein, wenn es den Krieg gegen Frankreich am Rhein und in Italien zugleich führt, durch einen erfolgreichen Stoß auf einem dieser Kriegstheater über das andere mit zu entscheiden. Teils trennt die Schweiz mit ihren Bergen beide Kriegstheater zu stark, teils ist die Richtung der Straßen auf beiden exzentrisch. Frankreich dagegen kann schon eher durch einen entscheidenden Erfolg auf dem einen über das andere mitentscheiden, weil die Richtung seiner Kräfte auf beide konzentrisch gegen Wien und den Schwerpunkt der österreichischen Monarchie geht; ferner kann man sagen, daß es leichter von Italien aus über das rheinische Kriegstheater als umgekehrt mitentscheiden kann, weil der Stoß von Italien aus mehr auf das Zentrum und der vom Rhein aus mehr auf den Flügel der österreichischen Macht trifft.

Es geht hieraus hervor, daß der Begriff von getrennter und zusammenhängender feindlicher Macht auch durch alle Stufenverhältnisse fortläuft, und daß man also im einzelnen Fall erst übersehen kann, welchen Einfluß die Begebenheiten des einen Kriegstheaters auf das andere haben werden, wonach sich dann erst ausmachen läßt, inwiefern man die verschiedenen Schwerpunkte der feindlichen Macht auf einen zurückführen kann.

Von dem Grundsatz, alle Kraft gegen den Schwerpunkt der feindlichen Macht zu richten, gibt es nur eine Ausnahme: wenn nämlich Nebenunternehmungen *ungewöhnliche Vorteile* versprechen, und doch setzen wir dabei voraus, daß entschiedene Überlegenheit uns dazu in den Stand setzt, ohne auf dem Hauptpunkt zu viel zu wagen.

Als General Bülow im Jahr 1814 nach Holland marschierte, konnte man voraussehen, daß die 30000 Mann seines Korps nicht allein ebensoviel Franzosen neutralisieren, sondern auch den Holländern und Engländern Gelegenheit geben würden, mit Kräften aufzutreten, die ohnedem gar nicht in Wirksamkeit gekommen wären.

So wird also der erste Gesichtspunkt beim Entwurf des Krieges[1] der sein: die Schwerpunkte der feindlichen Macht auszumitteln und sie womöglich auf einen zurückzuführen. Der zweite wird sein: die Kräfte, welche gegen diesen Schwerpunkt gebraucht werden sollen, zu einer Haupthandlung zu vereinigen.

---

1 [2. Auflage: eines Kriegsplanes]

Hier können nun folgende Gründe für ein Teilen und Trennen der Streitkräfte uns entgegentreten:

1. Die ursprüngliche Aufstellung der Streitkräfte, also auch die Lager der im Angriff begriffenen Staaten.

Wenn die Vereinigung der Streitkräfte Umwege und Zeitverlust verursacht und die Gefahr beim getrennten Vordringen nicht zu groß ist, so kann dasselbe dadurch gerechtfertigt sein; denn eine nicht notwendige Vereinigung der Kräfte mit großem Zeitverlust zu bewerkstelligen und dem ersten Stoß dadurch seine Frische und Schnellkraft zu benehmen, wäre gegen den zweiten von uns aufgestellten Hauptgrundsatz. In allen Fällen, wo man Aussicht hat, den Feind einigermaßen zu überraschen, wird dies eine besondere Rücksicht verdienen.

Aber wichtiger ist noch der Fall, wenn der Angriff von verbündeten Staaten unternommen wird, die gegen den angegriffenen Staat nicht auf einer Linie, nicht hinter, sondern nebeneinander liegen. Wenn Preußen und Österreich den Krieg gegen Frankreich unternehmen, so wäre es eine sehr gezwungene[1], Zeit und Kräfte verschwendende Maßregel, wenn die Heere beider Mächte von einem Punkte aus vorgehen wollten, da die natürliche Richtungslinie der Preußen vom Niederrhein und der Österreicher vom Oberrhein auf das Herz von Frankreich geht. Die Vereinigung könnte also hier nicht ohne Aufopferung erreicht werden, und es fragt sich also in dem einzelnen Fall, ob sie so notwendig ist, diese Opfer bringen zu müssen.

2. Das getrennte Vorgehen kann größere Erfolge darbieten.

Da hier von dem getrennten Vorgehen gegen *einen* Schwerpunkt die Rede ist, so setzt das ein *konzentrisches* Vorgehen voraus. Ein getrenntes Vorgehen auf parallelen oder exzentrischen Linien gehört in die Rubrik der *Nebenunternehmungen,* wovon wir schon gesprochen haben.

Nun hat jeder konzentrische Angriff in der Strategie wie in der Taktik die Tendenz der *größeren* Erfolge; denn wenn er gelingt, so ist nicht ein einfaches Werfen, sondern mehr oder weniger ein Abschneiden der feindlichen Armeen die Folge davon. Der konzentrische Angriff ist also immer der erfolgreichere, aber wegen der getrennten Teile und des vergrößerten Kriegstheaters auch der gewagtere; es verhält sich damit wie mit Angriff und Verteidigung, die schwächere Form hat den größten Erfolg für sich.

---

1 [2. Auflage: fehlerhafte]

Es kommt also darauf an, ob sich der Angreifende stark genug fühlt, nach diesem großen Ziel zu streben.

Als Friedrich der Große im Jahr 1757 in Böhmen vordringen wollte, tat er es mit getrennter Macht von Sachsen und Schlesien aus. Die beiden Hauptgründe dazu waren: daß seine Macht sich im Winter so aufgestellt fand und ein Zusammenziehen derselben auf einen Punkt dem Stoß die Überraschung benommen haben würde; nächst dem aber, daß durch dieses konzentrische Vordringen jedes der beiden österreichischen Kriegstheater in seiner Flanke und im Rücken bedroht war. Die Gefahr, welcher sich Friedrich der Große dabei aussetzte, war, daß eine seiner beiden Armeen von überlegener Macht zugrunde gerichtet würde; verstanden die Österreicher das *nicht,* so konnten sie die Schlacht entweder nur im Zentro annehmen, oder sie waren in Gefahr, auf der einen oder anderen Seite ganz aus ihrer Rückzugslinie hinausgeworfen zu werden und eine Katastrophe zu erleben; und dies war der erhöhte Erfolg, welchen dieses Vordringen dem Könige versprach. Die Österreicher zogen die Schlacht im Zentro vor, aber Prag, wo sie sich aufstellten, lag noch zu sehr im Einfluß des umfassenden Angriffs, der, weil sie sich ganz leidend verheilten, Zeit hatte, in seine letzte Wirksamkeit auszulaufen. Die Folge war, als sie die Schlacht verloren hatten, eine wahre Katastrophe; denn daß zwei Drittel der Armee mit dem kommandierenden General sich in Prag einschließen lassen mußten, kann wohl dafür gelten.

Dieser glänzende Erfolg bei Eröffnung des Feldzuges lag in dem Wagstück des konzentrischen Angriffs. Wenn Friedrich die Präzision seiner eigenen Bewegungen, die Energie seiner Generale, die moralische Überlegenheit seiner Truppen auf der einen Seite und die Schwerfälligkeit der Österreicher auf der anderen für hinreichend hielt, um seinem Plan Erfolg zu versprechen, wer konnte ihn tadeln! Aber diese moralischen Größen dürfen nicht aus dem Kalkül weggelassen und der einfachen geometrischen Form des Angriffs schlechtweg die Ursache zugeschrieben werden. Man denke nur an den nicht weniger glänzenden Feldzug Bonapartes im Jahr 1796, wo die Überreicher für ein konzentrisches Vordringen in Italien so auffallend bestraft wurden. Die Mittel, welche dem französischen General hier zu Gebot standen, hätten mit Ausschluß der moralischen auch dem österreichischen Feldherrn im Jahr 1757 zu Gebot gestanden, und zwar mehr als das, denn er war nicht, wie Bonaparte, schwächer als sein Gegner. Wo man also befürchten muß, dem Gegner durch ein getrenntes konzentrisches Vordringen die Möglichkeit zu verschaffen, vermittelst der inneren Linien die Ungleichheit der Streitkräfte aufzuheben, da ist es nicht zu raten, und wenn es der Lage der Streitkräfte wegen stattfinden muß, als ein notwendiges Übel zu betrachten.

Wenn wir von diesm Gesichtspunkt aus einen Blick auf den Plan werfen, welcher im Jahr 1814 für das Eindringen in Frankreich gemacht wurde, so können wir ihn unmöglich billigen. Die russische, österreichische und preußische Armee befanden sich auf einem Punkt bei Frankfurt am Main in der natürlichsten und geradesten Richtung gegen den Schwerpunkt der französischen Monarchie. Man trennte sie, um mit einer Armee von Mainz her, mit der anderen durch die Schweiz in Frankreich einzudringen. Da der Feind so schwach an Kräften war, daß an eine Verteidigung der Grenze nicht gedacht werden konnte, so war der ganze Vorteil, welchen man von diesem konzentrischen Vordringen zu erwarten hatte, wenn es gelang, daß, indem man mit der einen Armee Lothringen und den Elsaß eroberte, mit der anderen die Franche-Comté genommen wurde. War dieser kleine Vorteil der Mühe wert, nach der Schweiz zu marschieren? – Wir wissen wohl, daß noch andere, übrigens ebenso schlechte Gründe für diesen Marsch entschieden haben; wir bleiben aber hier bei diesem Element stehen, wovon wir gerade handeln.

Von der anderen Seite war Bonaparte der Mann, der die Verteidigung gegen einen konzentrischen Angriff sehr wohl verstand, wie sein meisterhafter Feldzug von 1796 gezeigt hatte, und wenn man ihm sehr an der Zahl überlegen war, so räumte man doch bei jeder Gelegenheit ein, wie sehr er es moralisch[1] sei. Er kam zu spät bei seiner Armee nach Châlons an und dachte überhaupt zu geringschätzig von seinen Gegnern, und doch fehlte wenig daran, daß er die beiden Armeen unvereinigt getroffen hätte; und wie fand er sie bei Brienne dennoch geschwächt? Blücher hatte von seinen 65000 Mann noch 27000 unter den Händen und die Hauptarmee von 200000 Mann noch 100000. Es war unmöglich, dem Gegner ein besseres Spiel zu geben. Auch fühlte man von dem Augenblick an, wo man zum Handeln schritt, kein sehnlicheres Bedürfnis als die Wiedervereinigung.[2]

Wir glauben nach allen diesen Betrachtungen, daß, wenn der konzentrische Angriff auch an sich das Mittel zu größeren Erfolgen ist, er doch hauptsächlich nur aus der ursprünglichen Verteilung der

1 [2. Auflage: er es als Feldherr]
2 [Der Satz fehlt in 2. Auflage.]

Streitkräfte hervorgehen soll, und daß es wenig Fälle geben wird, wo man recht hat, um seinetwillen die kürzeste und einfachste Richtung der Kräfte zu verlassen.

3. Die Ausbreitung eines Kriegstheaters kann ein Grund zum getrennten Vorgehen sein.

Wenn eine angreifende Armee von einem Punkt aus vorgeht und mit Erfolg weiter in das feindliche Land eindringt, so wird zwar der Raum, welchen sie beherrscht, nicht genau auf die Wege, die sie zieht, beschränkt bleiben, sondern sich etwas erweitern, doch wird dies von der Dichtigkeit und Kohäsion des feindlichen Staates abhängen, wenn wir uns dieses Bildes bedienen dürfen. Hängt der feindliche Staat nur locker zusammen, ist sein Volk weichlich und des Krieges entwöhnt, so wird, ohne daß wir viel dazu tun, sich hinter unserem siegreichen Heer ein weiter Landstrich öffnen; haben wir es aber mit einem tapferen und treuen Volk zu tun, so wird der Raum hinter unserem Heere mehr oder weniger ein schmales Dreieck sein.

Um nun diesem Übel vorzubeugen, hat der Vorgehende das Bedürfnis, sein Vordringen in einer gewissen Breite anzuordnen. Ist die feindliche Macht auf einem Punkt vereinigt, so kann diese Breite nur so lange beibehalten werden, als wir nicht im Kontakt mit ihr sind, und muß sich zu ihrem Aufstellungspunkt hin verengen; das ist an sich verständlich.

Aber wenn der Feind sich selbst in einer gewissen Breite aufgestellt hat, so würde eine ebenmäßige Verteilung unserer Streitkräfte an sich nichts Widersinniges haben. Wir sprechen hier von einem Kriegstheater, oder von mehreren, die aber nahe beieinander liegen. Offenbar ist also dies da der Fall, wo nach unserer Ansicht die Hauptunternehmung über die Nebenpunkte mitentscheiden soll.

Kann man es nun *immer* darauf ankommen lassen, und darf man sich der Gefahr aussetzen, welche entsteht, wenn der Einfluß des Hauptpunktes auf die Nebenpunkte nicht groß genug ist? Verdient das Bedürfnis einer gewissen Breite des Kriegstheaters nicht eine besondere Rücksicht?

Hier wie überall ist es unmöglich, die Zahl der Kombinationen zu erschöpfen, die stattfinden können; aber wir behaupten, daß mit wenig Ausnahmen die Entscheidung auf dem Hauptpunkte die Nebenpunkte mittreffen werde. Nach diesem Grundsatz ist also die Handlung in allen Fällen einzurichten, wo nicht das Gegenteil offenbar ist.

Als Bonaparte in Rußland eindrang, durfte er mit Recht glauben, die Streitkräfte der Russen an der oberen Düna durch die Überwältigung der Hauptmacht mitfortreißen zu können. Er ließ anfangs nur das Korps von Oudinot gegen sie stehen, allein Wittgenstein ging zum Angriff über, und Bonaparte war genötigt, auch noch das sechste Korps dahin zu schicken.

Dagegen hatte er von Hause aus einen Teil seiner Streitkräfte gegen Bagration gerichtet; dieser aber wurde von der rückgängigen Bewegung der Mitte mit fortgerissen, und Bonaparte konnte diese Streitkräfte wieder an sich ziehen. Hätte Wittgenstein nicht die zweite Hauptstadt zu decken gehabt, so würde auch er[1] Barclay gefolgt sein.

In den Jahren 1805 und 1809 hatte Bonaparte bei Ulm und Regensburg über Italien und Tirol mitentschieden, obgleich das erstere doch ein ziemlich entlegenes, für sich bestehendes Kriegstheater war. Im Jahr 1806 hat er bei Jena und Auerstedt über alles entschieden, was in Westfalen, Hessen und auf der Frankfurter Straße gegen ihn geschehen konnte.

Unter der Menge von Umständen, welche auf den Widerstand der Seitenteile Einfluß haben können, treten hauptsächlich zwei hervor.

Der erste ist: wenn man, wie in Rußland, einem Lande von großen Dimensionen und verhältnismäßig auch großen Kräften, den entscheidenden Schlag im Hauptpunkte lange verzögern kann und nicht genötigt ist, dort alles in der Eile zusammenzuraffen.

Der zweite: wenn, wie im Jahr 1806 Schlesien, ein Seitenpunkt durch eine Masse von Festungen ungewöhnliche Selbständigkeit bekommt. Und doch hat Bonaparte diesen Punkt mit großer Geringschätzung behandelt, indem er, ob er in gleich bei seinem Marsch auf Warschau hinter sich lassen mußte, doch nur 20000 Mann unter seinem Bruder Jérôme dahin anrücken ließ.

Hat sich nun in einem vorliegenden Falle ergeben, daß der Schlag auf den Hauptpunkt die Seitenpunkte höchstwahrscheinlich nicht erschüttern wird oder wirklich nicht erschüttert hat, so liegt doch darin, daß der Feind auf diesen Punkten wirklich Streitkräfte aufgestellt hat, und diesen werden dann als ein notwendiges Übel andere, angemessenere entgegengestellt werden müssen, weil man seine Verbindungslinie nicht von Hause aus absolut preisgeben kann.

Die Vorsicht aber kann noch einen Schritt weiter gehen; sie kann fordern, daß das Vorschreiten gegen den Hauptpunkt mit dem Vorschreiten auf Nebenpunkten genau Schritt halte, und daß folglich

1 [2. Auflage: er der rückgängigen Bewegung der Hauptarmee unter]

jedesmal mit dem Hauptunternehmen innegehalten werde, wenn die Nebenpunkte des Feindes nicht weichen wollen.

Dieser Grundsatz würde dem unserigen, alles in eine Haupthandlung soviel als möglich zu vereinigen, zwar nicht geradezu widersprechen, allein der Geist, aus welchem er entspringt, ist dem Geist, in welchem der unserige gedacht ist, vollkommen entgegen. Aus diesem Grundsatz würde ein solches Abmessen der Bewegung, ein solches Lähmen der Stoßkraft, ein solches Spiel von Zufällen, ein solcher Zeitverlust entstehen, daß er sich mit einer Offensive, die auf die Niederwerfung des Gegners gerichtet ist, praktisch durchaus nicht verträgt.

Die Schwierigkeit wird noch größer, wenn die Kräfte dieser Nebenpunkte sich exzentrisch zurückziehen können – was würde da aus der Einheit unseres Stoßes werden?

Wir müssen uns also gegen die Abhängigkeit des Hauptangriffs von den Nebenpunkten als Grundsatz durchaus erklären und behaupten: daß ein auf das Niederwerfen des Gegners gerichteter Angriff, der nicht die Kühnheit hat, wie eine Pfeilspitze gegen das Herz des feindlichen Staates hinzuschießen, sein Ziel nicht erreichen kann.

4. Endlich liegt noch in der Erleichterung des Unterhaltes ein vierter Grund zum getrennten Vorgehen.

Es ist freilich viel angenehmer, mit einer kleinen Armee durch eine wohlhabende Provinz zu ziehen als mit einer großen durch eine arme; aber bei zweckmäßigen Maßregeln und einem an Entbehrung gewöhnten Heere ist das letztere nicht unmöglich, und es sollte also das erstere niemals so viel Einfluß auf unsere Entschlüsse haben, um uns einer großen Gefahr auszusetzen.

Wir haben nun hiermit den Gründen zur Trennung der Kräfte, wodurch die eine Haupthandlung in mehrere zerlegt wird, ihr Recht eingeräumt und werden nicht zu tadeln wagen, wenn die Trennung nach einem dieser Gründe mit deutlichem Bewußtsein des Zweckes und sorgfältiger Abwägung der Vorteile und Nachteile geschieht.

Wenn aber, wie es gewöhnlich geschieht, von einem gelehrten Generalstabe der Plan bloß aus der Gewohnheit so gemacht wird, wenn die verschiedenen Kriegstheater wie die Felder im Schachspiel, jedes mit seinem Teil, vorher besetzt werden müssen, ehe die Züge anfangen, wenn diese Züge mit einer eingebildeten Kombinationsweisheit in verwickelten Linien und Verhältnissen sich dem Ziele nähern, wenn die Heere sich heute trennen müssen, um ihre ganze Kunst darin bestehen zu lassen, sich in vierzehn Tagen mit größter

Gefahr wieder zu vereinigen – dann haben wir ein Greuel an diesem Verlassen des geraden, einfachen, schlichten Weges, um sich absichtlich in lauter Verwirrung zu stürzen. Diese Torheit tritt um so leichter ein, je weniger es der oberste Feldherr ist, der den Krieg leitet und ihn in dem Sinne, wie wir im ersten Kapitel angedeutet haben, als eine einfache Handlung seines mit ungeheuren Kräften ausgerüsteten Individuums führt, je mehr also der ganze Plan in der Fabrik eines unpraktischen Generalstabes entstanden und aus den Ideen von einem Dutzend Halbwisser hervorgegangen ist. –

Wir haben nun noch den dritten Teil unseres ersten Grundsatzes zu bedenken: nämlich die untergeordneten Teile so untergeordnet als möglich zu halten.

Indem man den ganzen kriegerischen Akt auf ein einfaches Ziel zurückzuführen strebt und dieses soviel als möglich durch *eine* große Handlung zu erreichen sucht, beraubt man die übrigen Berührungspunkte der gegenseitigen Kriegsstaaten eines Teiles ihrer Selbständigkeit; sie werden untergeordnete Handlungen. Könnte man alles absolut in eine einzige zusammendrängen, so würden jene Berührungspunkte ganz neutralisiert werden; das ist aber selten möglich, und es kommt also darauf an, sie so in Schranken zu halten, daß sie der Hauptsache nicht zu viel Kräfte entziehen.

Wir fangen damit an, zu sagen, daß der Kriegsplan diese Tendenz selbst dann haben muß, wenn es nicht möglich ist, den ganzen feindlichen Widerstand auf einen Schwerpunkt zurückzuführen, wenn man also in dem Fall ist, wie wir uns schon einmal ausgedrückt haben, zwei fast ganz verschiedene Kriege zu gleicher Zeit zu führen. Immer muß der eine als *die Hauptsache* angesehen werden, auf welche sich vorzugsweise die Kräfte und Tätigkeiten richten.

Bei dieser Ansicht ist es vernünftig, *angriffsweise* nur nach dieser einen Hauptseite hinzugehen, auf der anderen aber verteidigend zu bleiben. Nur wo ungewöhnliche Umstände zu einem Angriff einladen, würde er zu rechtfertigen sein.

Ferner wird man diese Verteidigung, welche auf den untergeordneten Punkten stattfindet, mit so wenigen Kräften als möglich zu führen und sich aller Vorteile zu bedienen suchen, welche diese Widerstandsform zu gewähren vermag.

Noch viel mehr wird diese Ansicht bei allen Kriegstheatern gelten, auf welchen zwar auch Heere verschiedener Mächte auftreten, aber doch solche, die in dem allgemeinen Schwerpunkte mitgetroffen werden.

Gegen *den* Feind aber, welchem der Hauptstoß gilt, kann es hiernach auf Nebenkriegstheatern keine Verteidigung mehr geben. Der Hauptangriff selbst und die durch andere Rücksichten herbeigeführten untergeordneten Angriffe machen diesen Stoß aus und machen jede Verteidigung von Punkten, welche durch sie nicht unmittelbar gedeckt werden, überflüssig. Auf die Hauptentscheidung kommt es an, in ihr wird jeder Verlust eingebracht. Reichen die Kräfte hin, eine solche Hauptentscheidung vernünftigerweise zu suchen, so kann die *Möglichkeit des Fehlschlagens* nicht mehr als ein Grund gebraucht werden, sich in jedem Fall auf anderen Punkten für Schaden zu hüten; denn dieses Fehlschlagen wird *eben dadurch* viel wahrscheinlicher, und es ist also in unserer Handlung ein Widerspruch entstanden.

Aber dieses Vorherrschen der Haupthandlung über die untergeordneten soll auch selbst bei den einzelnen Gliedern des ganzen Angriffs stattfinden. Da sich aber meist aus anderweitigen Gründen bestimmt, welche Kräfte von dem einen Kriegstheater, und welche von dem anderen gegen den gemeinschaftlichen Schwerpunkt vordringen sollen, so kann hier nur gemeint sein, daß ein *Bestreben* da sein muß, die Haupthandlung *vorwalten zu lassen,* und daß alles einfacher und weniger Zufällen unterworfen sein wird, je mehr dieses Vorwalten erreicht werden kann.

Der zweite Grundsatz betrifft den schnellen Gebrauch der Streitkräfte.

Jeder unnütze Zeitaufwand, jeder unnütze Umweg ist eine Verschwendung der Kräfte und also der Strategie ein Greuel.

Aber wichtiger ist die Erinnerung, daß der Angriff überhaupt fast seinen einzigen Vorzug in der Überraschung besitzt, womit die Eröffnung der Szene wirken kann. Das Plötzliche und Unaufhaltsame sind seine stärksten Schwingen, und wo es auf die Niederwerfung des Gegners ankommt, kann er dieser selten entbehren.

Hiermit fordert die Theorie also die kürzesten Wege zum Ziel und schließt die zahllosen Diskussionen über rechts und links, hierhin oder dorthin von der Betrachtung ganz aus.

Wenn wir an das erinnern, was wir in dem Kapitel von dem Gegenstand des strategischen Angriffs über die Herzgrube der Staaten gesagt haben, ferner an das, was im vierten Kapitel dieses Buches über den Einfluß der Zeit vorkommt, so glauben wir, bedarf es keiner weiteren Entwicklungen, um zu zeigen, daß jenem Grundsatz der Einfluß wirklich gebühre, welchen wir für ihn fordern.

Bonaparte hat niemals anders gehandelt. Die nächste Hauptstraße von Heer zu Heer oder von Hauptstadt zu Hauptstadt war ihm immer der liebste Weg.

Und worin wird nun die Haupthandlung, auf welche wir alles zurückgeführt, und für welche wir eine rasche und unumwundene Vollziehung gefordert haben, bestehen?

Was die Niederwerfung des Feindes sei, haben wir, soviel es sich im allgemeinen tun läßt, im vierten Kapitel gesagt, und es wäre unnütz, es zu wiederholen. Worauf es nun auch dabei im einzelnen Fall am Ende ankommen mag, so ist doch der Anfang dazu überall derselbe: die Vernichtung der feindlichen Streitkraft, d. h. ein großer Sieg über dieselbe und ihre Zetrümmerung. Je früher, d. h. je näher an unseren Grenzen dieser Sieg gesucht wird, um so *leichter* ist er; je später, d. h. je tiefer im feindlichen Lande er erfochten wird, um so *entscheidender* ist er. Hier wie überall halten sich die Leichtigkeit des Erfolges und die Größe desselben das Gleichgewicht.

Sind wir also der feindlichen Streitkraft nicht so überlegen, daß der Sieg unzweifelhaft ist, so müssen wir sie, d. h. ihre Hauptmacht, womöglich aufsuchen. Wir sagen womöglich, denn wenn dieses Aufsuchen zu großen Umwegen, falschen Richtungen und Zeitverlust für uns führte, so könnte es leicht ein Fehler werden. Findet sich die feindliche Hauptmacht nicht auf unserem Wege, und können wir, weil es sonst gegen unser Interesse ist, sie nicht aufsuchen, so dürfen wir sicher sein, sie später zu finden, denn sie wird nicht säumen, sich uns entgegenzuwerfen. Wir werden dann, wie wir eben gesagt haben, unter weniger vorteilhaften Umständen schlagen: ein Übel, dem wir uns unterziehen müssen. Gewinnen wir die Schlacht dennoch, so wird sie um so entscheidender sein.

Hieraus folgt, daß in dem angenommenen Fall ein absichtliches Vorbeigehen der feindlichen Hauptmacht, wenn sie sich schon auf unserem Wege befindet, ein Fehler sein würde, wenigstens insofern man dabei eine Erleichterung des Sieges beabsichtigte.

Dagegen folgt aus dem Obigen, daß man bei einer sehr entschiedenen Überlegenheit der feindlichen Hauptmacht absichtlich vorbeigehen könne, um späterhin eine entscheidendere Schlacht zu liefern.

Wir haben von einem vollständigen Siege, also von einer Niederlage des Feindes, und nicht von einer bloßen gewonnenen Schlacht gesprochen. Zu einem solchen Siege aber gehört ein umfassender Angriff oder eine Schlacht mit verwandter Fronte, denn beide geben dem Ausgang jedesmal einen entscheidenden Charakter. Es gehört also zum Wesentlichen des Kriegsplanes, daß wir uns darauf einrichten, sowohl was die Masse der Streitkräfte betrifft, die nötig, als die Richtungen, welche ihnen zu geben sind, wovon das Weitere im Kapitel von dem Feldzugsplan gesagt werden soll.

Daß auch Schlachten mit gerader Fronte zu vollkommenen Niederlagen führen, ist zwar nicht unmöglich, und es fehlt nicht an Beispielen in der Kriegsgeschichte, allein der Fall ist seltener und wird immer seltener, je mehr die Heere sich an Ausbildung und an Gewandtheit ähnlicher werden. Jetzt macht man nicht mehr wie bei Blenheim einundzwanzig Bataillone in einem Dorfe gefangen.

Ist nun der große Sieg erfochten, so soll von keiner Rast, von keinem Atemholen, von keinem Besinnen, von keinem Feststellen usw. die Rede sein, sondern nur von der Verfolgung, von neuen Stößen, wo sie nötig sind, von der Einnahme der feindlichen Hauptstadt, von dem Angriff der feindlichen Hilfsheere, oder was sonst als der Unterstützungspunkt des feindlichen Staates erscheint.

Führt uns der Strom des Sieges an feindlichen Festungen vorbei, so hängt es von unserer Stärke ab, ob sie belagert werden sollen oder nicht. Bei großer Überlegenheit wäre es ein Zeitverlust, sich ihrer nicht so früh als möglich zu bemächtigen; sind wir aber des ferneren Erfolges an der Spitze nicht sicher, so müssen wir uns vor den Festungen mit so wenigem als möglich behelfen, und das schließt die gründliche Belagerung derselben aus. Von dem Augenblick an, wo die Belagerung der Festungen uns zwingt, mit dem Vorschreiten des Angriffs innezuhalten, hat dieser *in der Regel* seinen Kulminationspunkt erreicht. Wir fordern also ein schnelles, rastloses Vordringen und Nachdringen der Hauptmacht; wir haben es schon verworfen, daß dieses Vorschreiten auf dem Hauptpunkte sich nach dem Erfolg auf den Nebenpunkten richte; die Folge wird also sein, daß in allen gewöhnlichen Fällen unser Hauptheer nur einen schmalen Landstrich hinter sie behält, welchen es sein nennen kann, und der also sein Kriegstheater ausmacht. Die Art, wie dies die Stoßkraft an der Spitze schwächt, die Gefahren, welche dem Angreifenden daraus erwachsen, haben wir früher gezeigt. Wird diese Schwierigkeit, wird dieses innere Gegengewicht nicht einen Punkt erreichen können, der das weitere Vordringen hemmt? Allerdings kann das sein. Aber so wie wir oben behauptet haben, daß es ein Fehler wäre, von Hause aus dieses verengte Kriegstheater vermeiden zu wollen und um dieses Zweckes willen dem Angriff seine Schnellkraft zu benehmen, so behaupten wir auch jetzt: solange der Feldherr seinen Gegner noch nicht niedergeworfen hat, solange er glaubt, stark genug zu sein, um das Ziel zu gewinnen, solange muß er es verfolgen. Er tut es vielleicht mit steigender Gefahr, aber auch mit steigender Größe des Erfolges. Kommt ein Punkt, wo er es nicht wagt, weiterzugehen, wo er glaubt, für seinen Rücken sorgen zu müssen, sich rechts und links auszubreiten – wohlan, es ist höchst wahrscheinlich sein Kulminationspunkt. Die Flugkraft ist dann zu Ende, und wenn der Gegner nicht niedergeworfen ist, so wird höchstwahrscheinlich nichts daraus werden.

Alles, was er zur intensiven Ausbildung seines Angriffs mit Eroberung von Festungen, Pässen, Provinzen tut, ist zwar noch ein langsames Vorschreiten, aber nur ein relatives, kein absolutes mehr. Der Feind ist nicht mehr auf der Flucht, er rüstet sich vielleicht schon zu erneuertem Widerstand, und es ist also schon möglich, daß, obgleich der Angreifende noch intensiv vorwärtsschreitet, der Verteidiger, indem er es auch tut, schon täglich etwas über ihn gewinnt. Kurz, wir kommen darauf zurück: es gibt in der Regel nach einem notwendigen Halt keinen zweiten Anlauf.

Die Theorie fordert also nur, daß, solange die Idee[1] besteht, den Feind niederzuwerfen, rastlos gegen ihn vorgeschritten werde; gibt der Feldherr dieses Ziel auf, weil er die Gefahr dabei zu groß findet, so tut er recht, innezuhalten und sich auszubreiten. Die Theorie tadelt dies nur, wenn er es tut, um dadurch zum Niederwerfen des Gegners geschickter zu werden.

Wir sind nicht so töricht, zu behaupten, daß es kein Beispiel von Staaten gäbe, die nach und nach aufs äußerste gebracht worden wären. Erstlich ist der von uns aufgestellte Satz keine absolute Wahrheit, von der eine Ausnahme unmöglich wäre, sondern er gründet sich nur auf den wahrscheinlichen und gewöhnlichen Erfolg; sodann muß man unterscheiden, ob der Untergang eines Staates nach und nach sich historisch zugetragen hat, oder ob er gleich das Ziel des ersten Feldzuges gewesen war. Nur von diesem Fall sprechen wir hier, denn nur in ihm findet jene Spannung der Kräfte statt, die den Schwerpunkt der Last entweder überwältigt oder in Gefahr ist, von ihm überwältigt zu werden. Wenn man sich im ersten Jahre einen mäßigen Vorteil verschafft, zu diesem im folgenden einen anderen hinzufügt und so nach und nach langsam gegen das Ziel vorschreitet, so findet sich nirgends eine eminente Gefahr, aber dafür ist sie auf viele Punkte verteilt. Jeder Zwischenraum von einem Erfolg zum

1 [2. Auflage: Absicht]

anderen gibt dem Feinde neue Aussichten; die Wirkungen des früheren Erfolges haben auf den späteren einen sehr geringen Einfluß, oft keinen, oft einen negativen, weil der Feind sich erholt oder gar zu größerem Widerstand entflammt wird oder neue Hilfe von außen bekommt, während da, wo alles in einem Zuge geschieht, der gestrige Erfolg den heutigen mit sich fortreißt, der Brand am Brande sich entzündet. Wenn es Staaten gibt, die durch sukzessive Stöße überwältigt worden sind, und wo sich also die Zeit dem Verteidiger, dessen Schutzheiliger sie ist, verderblich gezeigt hat, – wie unendlich viel zahlreicher sind die Beispiele, wo die Absicht des Angreifenden darüber ganz verfehlt worden ist. Man denke nur an den Erfolg des Siebenjährigen Krieges, wo die Österreicher das Ziel mit soviel Gemächlichkeit, Behutsamkeit und Vorsicht zu erreichen suchten, daß sie es ganz verfehlten.

Bei dieser Ansicht können wir also gar nicht der Meinung sein, daß die Sorge für ein gehörig eingerichtetes Kriegstheater dem Trieb nach vorwärts immer zur Seite stehen und ihm gewissermaßen das Gleichgewicht halten müsse, sondern wir sehen die Nachteile, die daraus erwachsen, als ein unvermeidliches Übel an, welches erst dann Rücksicht verdient, wenn uns nach vornhin keine Hoffnung mehr bleibt.

Bonapartes Beispiel vom Jahre 1812, weit entfernt, uns von unserer Behauptung zurückzuschrecken, hat uns vielmehr darin bestärkt.

Sein Feldzug ist nicht mißraten, weil er zu schnell und zu weit vorgedrungen ist, wie die gewöhnliche Meinung geht, sondern weil die einzelnen Mittel zum Erfolg fehlschlugen. Das russische Reich ist kein Land, was man förmlich erobern, d. h. besetzt halten kann, wenigstens nicht mit den Kräften jetziger europäischer Staaten, und auch nicht mit den 500000 Mann, die Bonaparte dazu anführte. Ein solches Land kann nur bezwungen werden durch eigene Schwäche und durch die Wirkungen des inneren Zwiespaltes. Um auf diese schwachen Stellen des politischen Daseins zu stoßen, ist eine bis ins Herz des Staates gehender Erschütterung notwendig. Nur wenn Bonaparte mit seinem kräftigen Stoß bis Moskau hinreichte, durfte er hoffen, den Mut der Regierung und die Treue und Standhaftigkeit des Volkes zu erschüttern. In Moskau hoffte er den Frieden zu finden, und dies war das einzige vernünftige Ziel, welches er sich bei diesem Kriege stecken konnte.

Er führte also seine Hauptmacht gegen die Hauptmacht der Russen, die vor ihm zurück über das Lager von Drissa hinstolperte und erst bei

Smolensk zum Stehen kam. Er riß Bagration mit fort, schlug beide[1] und nahm Moskau ein. Er handelte hier, wie er immer gehandelt hatte; nur auf diese Weise war er der Gebieter Europas geworden, und nur auf diese Weise hatte er es werden können.

Wer also Bonaparte in allen seinen früheren Feldzügen als den größten Feldherrn bewundert, der soll sich in diesem nicht über ihn erheben.

Es ist erlaubt, eine Begebenheit nach dem Erfolg zu beurteilen, weil dieser die beste Kritik davon ist (siehe fünftes Kapitel des zweiten Buches), aber dieses bloß aus dem Erfolg gezogene Urteil muß man dann nicht mit menschlicher Weisheit nachweisen wollen. Die Ursachen eines verunglückten Feldzuges aufsuchen, heißt noch nicht, eine Kritik desselben machen; nur wenn man beweist, daß diese Ursachen nicht hätten übersehen oder unbeachtet bleiben sollen, macht man die Kritik und erhebt sich über den Feldherrn.

Nun behaupten wird, daß, wer in dem Feldzug von 1812 bloß wegen seines ungeheuren Rückschlages eine Absurdität findet, während er beim glücklichen Erfolg darin die erhabensten Kombinationen gesehen hätte, eine völlige Unfähigkeit des Urteils zeigt.

Wäre Bonaparte in Litauen stehengeblieben, wie die meisten Kritiker gewollt haben, um sich erst der Festungen zu versichern, deren es übrigens außer dem völlig seitwärts gelegenen Riga kaum eine gab, beil Bobruisk ein kleines, unbedeutendes Nest ist, so würde er sich für den Winter in ein trauriges Verteidigungssystem verwickelt haben; dann würden dieselben Leute die ersten gewesen sein, welche ausgerufen hätten: das ist nicht mehr der alte Bonaparte! Wie, nicht einmal zu einer ersten Hauptschlacht hat er es getrieben, er, der seine Eroberungen durch die Siege von Austerlitz und Friedland an den letzten Mauern der feindlichen Staaten zu besiegeln pflegte? Die feindliche Hauptstadt, das entblößte, zum Fall bereite Moskau hat er zu nehmen zaghaft versäumt und dadurch den Kern bestehen lassen, um den sich neuer Widerstand sammeln konnte? Er hat das unerhörte Glück, diesen entfernten, ungeheuren Koloß zu überfallen, wie man eine benachbarte Stadt, oder wie Friedrich der Große das kleine, nahe Schlesien überfällt, und er benutzt diesen Vorteil nicht, hält mitten im Siegeslauf inne, als wenn sich ein böser Geist an seine Fersen gelegt hätte? – So würden die Leute geurteilt haben, denn so sind die Urteile der meisten Kritiker beschaffen.

---

1 [2. Auflage: schlug das russische Hauptheer]

Wir sagen: der Feldzug von 1812 ist nicht gelungen, weil die feindliche Regierung fest, das Volk treu und standhaft blieb, weil er also nicht gelingen konnte. Es mag ein Fehler Bonapartes sein, ihn unternommen zu haben, wenigstens hat der Erfolg gezeigt, daß er sich in seinem Kalkül betrogen hat, aber wir behaupten, daß, wenn dieses Ziel gesucht werden sollte, es der Hauptsache nach nicht anders zu erreichen war.

Anstatt sich im Osten einen endlosen, kostbaren Verteidigungskrieg aufzuladen, wie er ihn schon im Westen zu führen hatte, versuchte Bonaparte das einzige Mittel zum Zweck: mit einem kühnen Schlag dem bestürzten Gegner den Frieden abzugewinnen. Daß seine Armee dabei zugrunde ging, war die Gefahr, welcher er sich dabei unterzog, es war der Einsatz im Spiel, der Preis der großen Hoffnung. Ist dieser Zerstörung seiner Streitkräfte durch seine Schuld größer geworden, als nötig gewesen wäre, so ist diese Schuld nicht in das weite Vordringen zu setzen, denn dies war Zweck und unvermeidlich, sondern in die späte Eröffnung des Feldzuges, in die Menschenverschwendung seiner Taktik, in den Mangel an Sorgfalt für den Unterhalt des Heeres und für die Einrichtung der Rückzugsstraße, endlich in den etwas verspäteten Abmarsch von Moskau.

Daß sich ihm die russischen Armeen an der Beresina vorlegen konnten, um ihm förmlich den Rückzug zu verwehren, ist kein starkes Argument gegen uns. Denn: erstlich hat gerade dies gezeigt, wie schwer das wirkliche Abschneiden zu bewirken ist, da sich der Abgeschnittene unter den ungünstigsten denkbaren Umständen am Ende den Weg noch gebahnt hat, und dieser ganze Akt zur Vergrößerung seiner Katastrophe zwar beigetragen hat, aber sie doch nicht wesentlich ausmachte.[1] Zweitens bot nur die seltene Beschaffenheit der Gegend die Mittel dar, es so weit zu treiben, und ohne die der großen Straße sich quervorlegenden Sümpfe der Beresina mit ihren waldreichen, unzugänglichen Rändern wäre ein Abschneiden noch weniger möglich gewesen. Drittens gibt es überhaupt kein Mittel, sich gegen eine solche Möglichkeit anders zu sichern, als indem man seine Macht in einer gewissen Breite vorführt, welches wir schon früher verworfen haben; denn ist man einmal darauf eingegangen, in der Mitte vorzudringen und sich die Seiten durch Heere zu decken, die man rechts und links zurückläßt, so müßte man bei jedem möglichen Unfall eines solchen Heeres mit der Spitze gleich zurückeilen, und

1 [2. Auflage: Weg, obschon mit großen Verlusten, bahnen konnte.]

dann könnte wohl aus dem Angriff nicht viel werden.

Man kann gar nicht sagen, daß Bonaparte seine Seiten vernachlässigt habe. Gegen Wittgenstein bleib eine überlegene Macht stehen: vor Riga stand ein angemessenes Belagerungskorps, welches sogar dort überflüssig war, und im Süden hatte Schwarzenberg 50000 Mann, womit er Tormassow überlegen und selbst Tschitschagow beinahe gewachsen war; dazu kamen noch 30000 Mann unter Victor im Mittelpunkt des Rückens. – Selbst im Monat November, also im entscheidenden Augenblick, als sich die russischen Streitkräfte verstärkt hatten und die französischen schon sehr geschwächt waren, war die Überlegenheit der Russen im Rücken der Moskauer Armee noch nicht so außerordentlich. Wittgenstein, Tschitschagow und Sacken bildeten zusammen eine Macht von 110000 Mann. Schwarzenberg, Reynier, Victor, Oudinot und St.-Cyr waren effektiv noch 80000 Mann. Der behutsamste General würde beim Vorgehen seinen Flanken kaum eine größere Streitkraft widmen.

Hätte Bonaparte von den 600000 Mann, die im Jahr 1812 den Njemen überschritten haben, statt 50000, die mit Schwarzenberg, Reynier und Macdonald über denselben zurückgegangen sind, 250000 zurückgebracht, welches bei Vermeidung der Fehler, die wir ihm vorgeworfen haben, möglich war, so bleib es ein unglücklicher Feldzug, aber die Theorie hätte nichts dagegen einwenden können, denn über die Hälfte seines Heeres einzubüßen, ist in solchem Fall nichts Ungewöhnliches und nimmt sich für uns nur wegen des großen Maßstabes so aus.

Soviel über die Haupthandlung, ihre notwendige Tendenz und ihre unvermeidlichen Gefahren. Was die untergeordneten Handlungen betrifft, so sagen wir vor allen Dingen: es muß ein gemeinschaftliches Ziel aller da sein, aber dieses Ziel muß so gestellt werden, daß es nicht die Tätigkeiten einzelner Teile lähmt. Wenn man vom Ober- und Mittelrhein und von Holland aus gegen Frankreich vordringt, um sich bei Paris ein Rendezvous zu geben, und jede Armee nichts wagen, sondern sich soviel wie möglich intakt erhalten soll, bis diese Vereinigung erreicht ist, so nennen wir das einen *verderblichen* Plan. Es entsteht notwendig ein Abwägen der dreifachen Bewegung[1], welche Zögerung, Unentschlossenheit und Zaghaftigkeit in das Vorschreiten jedes Teiles bringt. Besser ist es, jedem Teil seine Armee für sich zuzumessen und nur die Einheit dahin zu setzen, wo diese verschiede-

1 [2. Auflage: Tendenz]

nen Tätigkeiten von selbst zur Einheit werden.

Dieses Trennen, um sich ein paar Märsche später wieder zu vereinigen, kommt fast in allen Kriegen vor und ist doch im Grunde ganz ohne Sinn. Ist man getrennt, so muß man wissen, warum man es ist, und dieses *Warum* muß erfüllt werden und kann nicht in der späteren Vereinigung bestehen wie bei einer Quadrillentour.[1]

Es soll also, wenn die Kriegsmacht zum Angriff auf getrennten Kriegstheatern vorgeht, jedem Heer seine Aufgabe für sich bestehend gegeben werden, an deren Gegenstand es seine Stoßkraft erschöpfen kann. Daß *dies letztere* von allen Seiten geschehe, *darauf* kommt es an, und nicht darauf, daß alle verhältnismäßige[2] Vorteile erringen.

Wird einem der Heere seine Rolle zu schwer, weil der Feind eine andere Verteidigung gemacht hat, als wir glaubten, erlebt es Unglücksfälle, so muß und darf dies keinen Einfluß auf die Tätigkeit der anderen haben, oder man würde von Hause aus die Wahrscheinlichkeit des allgemeinen Erfolges gegen sich selbst wenden. Nur wenn die Mehrheit unglücklich ist oder die Hauptteile es sind, darf und muß dies Einfluß auf die anderen haben: alsdann ist nämlich der Fall eines verfehlten Planes eingetreten.

Eben diese Regel gilt für diejenigen Heere und Abteilungen, welche ursprünglich zur Verteidigung bestimmt sind und durch einen günstigen Erfolg derselben zum Angriff übergehen können, wenn es nicht vorzuziehen ist, ihre überflüssigen Streitkräfte auf den Hauptpunkt der Offensive überzuführen, welches hauptsächlich von der geographischen Lage des Kriegstheaters abhängt.

Aber was wird unter diesen Umständen aus der geometrischen Gestalt und Einheit des ganzen Angriffs, was aus Flanken und Rücken der einem geschlagenen Teile benachbarten Abteilungen?

Das ist es eben, was wir hauptsächlich bekämpfen wollen. Dieses Zusammenleimen eines großen Angriffs in ein geometrisches Viereck ist eine Verirrung in ein falsches Gedankensystem hinein.

Wir haben in dem fünfzehnten Kapitel des dritten Buches gezeigt, daß das geometrische Element in der Strategie nicht so wirksam ist als in der Taktik, und wir wollen hier nur das Resultat wiederholen, daß besonders beim Angriff die wirklichen Erfolge auf den einzelnen Punkten durchaus mehr Rücksicht verdienen als die Figur, welche aus dem Angriff nach und nach durch die Verschiedenheit der Erfolge

---

1 [Der Absatz fehlt in 2. Auflage.]
2 [2. Auflage: gleichmäßig]

entstehen kann.

In jedem Fall aber ist es eine ausgemachte Sache, daß bei den großen Räumen in der Strategie die Rücksichten und Entschlüsse, welche die geometrische Lage der Teile veranlassen, füglich dem Oberfeldherrn überlassen bleiben können; daß also keiner der Unterfeldherren das Recht hat, nach dem zu fragen, was sein Nachbar tut oder unterläßt, sondern angewiesen werden kann, sein Ziel unbedingt zu verfolgen. Entsteht wirklich ein starkes Mißverhältnis daraus, so kann die Abhilfe von oben her immer noch zur rechten Zeit gegeben werden. Und damit ist denn das Hauptübel dieser getrennten Wirkungsweise entfernt: daß an die Stelle reeler Dinge eine Menge von Befürchtungen und Voraussetzungen sich in den Verlauf der Begebenheit mischen, daß jeder Zufall nicht bloß den Teil, den er trifft, sondern konsensualisch das Ganze affiziert, und daß persönlichen Schwächen und persönlicher Feindschaft der Unterfeldherren ein weites Feld eröffnet wird.

Wir glauben, daß man diese Ansicht nur dann paradox finden wird, wenn man noch nicht lange und ernst genug die Kriegsgeschichte im Auge gehabt, das Wichtige von dem Unwichtigen getrennt und den ganzen Einfluß der menschlichen Schwächen gewürdigt hat.

Wenn es schon in der Taktik schwer ist, den glücklichen Erfolg eines Angriffs in mehreren getrennten Kolonnen durch die genaue Zusammenstimmung aller Teile zu erhalten, wie das Urteil aller Erfahrenen einräumt, wieviel schwieriger oder vielmehr wie ganz unmöglich wird dies in der Strategie sein, wo die Trennung soviel größer ist. Sollte also das beständige Zusammenstimmen aller Teile eine notwendige Bedingung des Erfolges sein, so müßte ein solcher strategischer Angriff durchaus verworfen werden. Aber von der einen Seite hängt es nicht von unserer Willkür ab, ihn ganz zu verwerfen, weil Umstände dazu bestimmen können, über welche wir gar nicht zu gebieten haben, von der anderen ist selbst in der Taktik diese beständige Zusammenstimmung aller Teile für jeden Augenblick des Verlaufes nicht einmal nötig, und viel weniger ist sie es, wie gesagt, in der Strategie. Man muß also in dieser um so mehr davon absehen und um so mehr darauf beharren, daß jedem Teil ein selbständiges Stück Arbeit zugemessen werde.

Diesem haben wir noch eine wichtige Bemerkung anzuschließen, sie betrifft die gute Verteilung der Rollen.

In den Jahren 1793 und 1794 befand sich die österreichische Hauptmacht in den Niederlanden, die preußische am Oberrhein. Die österreichischen Truppen wurden von Wien nach Condé und Valenciennes gefahren und durchkreuzten sich mit den preußischen, die von Berlin nach Landau mußten. Die Österreicher hatten zwar dort ihre belgischen Provinzen zu verteidigen, und wenn sie Eroberungen im französischen Flandern machten, so waren sie ihnen sehr gelegen, allein dies Interesse war nicht stark genug. Nach dem Tode des Fürsten Kaunitz setzte der österreichische Minister Thugut die Maßregel durch, die Niederlande ganz aufzugeben, um seine Kräfte mehr zu konzentirieren. In der Tat haben die Österreicher nach Flandern fast noch einmal so weit als nach dem Elsaß, und in einer Zeit, wo die Streitkräfte sich in sehr gemessenen Grenzen befanden und alles mit barem Gelde unterhalten werden mußte, war das keine Kleinigkeit.[1] Doch war die Absicht des Ministers Thugut offenbar noch eine andere:[2] er wollte die Mächte, welche bei der Verteidigung der Niederlande und des Niederrheins interessiert waren, Holland, England und Preußen, durch die Dringlichkeit der Gefahr in den Fall setzen, stärkere Anstrengungen zu machen. Er hat sich in seinem Kalkül betrogen, weil dem preußischen Kabinett damals auf keine Weise beizukommen war. Aber immer zeigt dieser Hergang den Einfluß des politischen Interesses auf den Gang des Krieges.

Preußen hatte im Elsaß weder etwas zu verteidigen noch zu erobern. Es hatte im Jahr 1792 den Marsch durch Lothringen nach der Champagne in einem ritterlichen Sinne unternommen. Als dieser gegen den Drang der Umstände nicht mehr vorhielt, führte es den Krieg nur noch mit halbem Interesse fort. Hätten sich die preußischen Truppen in den Niederlanden befunden, so waren sie mit Holland in unmittelbarer Verbindung, welches sie halb und halb als ihr eigenes Land ansehen konnten, da sie es im Jahr 1787 unterworfen hatten, sie deckten den Niederrhein und folglich denjenigen Teil der preußischen Monarchie, der dem Kriegstheater am nächsten lag. Auch mit England befand sich Preußen wegen der Subsidien in einem stärkeren Bundesverhältnisse, welches unter diesen Umständen nicht so leicht in die Hinterlist ausarten konnte, welcher sich das preußische Kabinett damals schuldig gemacht hat.

Es wäre also eine viel bessere Wirkung zu erwarten gewesen, wenn

---

1 [2. Auflage: Elsaß; in einer Zeit also, wo alles mit barem Gelde bestritten werden mußte, die Finanzen sich auch schon in schlechtem Zustand befanden, war das keine Kleinigkeit.]

2 [2. Auflage: Die Absicht des Ministers Thugut beim Aufgeben der Niederlande war jedoch, außer der Ersparung lästiger Ausgaben, offenbar noch eine andere:]

die Österreicher mit ihrer Hauptmacht am Oberrhein, die Preußen mit ihrer ganzen Macht in den Niederlanden aufgetreten wären, und die Österreicher dort nur ein verhältnismäßiges Korps gelassen hätten.

Wenn man im Jahr 1814 statt des unternehmenden Blüchers den General Barclay an die Spitze der Schlesischen Armee gestellt und Blücher unter Schwarzenberg bei der Hauptarmee behalten hätte, so wäre der Feldzug vielleicht ganz verunglückt.

Wenn der unternehmende Laudon, statt sein Kriegstheater auf dem stärksten Punkt der preußischen Monarchie, nämlich in Schlesien zu haben, sich an der Stelle der Reichsarmee befunden hätte, so würde vielleicht der ganze Siebenjährige Krieg eine andere Wendung genommen haben. Um diesem Gegenstande näher zu treten, müssen wir die Fälle nach ihren Hauptverschiedenheiten betrachten.

Der erste ist: wenn wir den Krieg mit anderen Mächten gemeinschaftlich führen, die nicht bloß als unsere Bundesgenossen auftreten, sondern ein selbständiges Interesse haben.

Der zweite: wenn ein Bundesheer zu unserem Beistande herbeigekommen ist.

Der Dritte: wenn nur von der persönlichen Eigentümlichkeit der Generale die Rede ist.

Für die beiden ersten Fälle kann man die Frage aufwerfen, ob es besser sei, die Truppen der verschiedenen Mächte vollkommen zu vermischen, so daß die einzelnen Heere aus Korps verschiedener Mächte zusammengesetzt sind, wie das in den Jahren 1813 und 1814 stattgefunden hat, oder ob man sie soviel als möglich trennen soll, damit jede selbständiger handle.

Offenbar ist das erste das Heilsamste, aber es setzt einen Grad von Befreundung und gemeinschaftlichem Interesse voraus, der selten stattfinden wird. Bei dieser engen Verbindung der Streitkräfte wird den Kabinetten die Absonderung ihrer Interessen weit schwerer, und was den schädlichen Einfluß egoistischer Ansichten bei den Heerführern betrifft, so kann er sich unter diesen Umständen nur bei den Unterfeldherren, also nur im Gebiet der Taktik, und auch hier nicht so ungestraft und frei zeigen wie bei einer vollkommenen Trennung. Bei dieser geht er in die Strategie über und wirkt also in entscheidenden Zügen. Aber, wie gesagt, es gehört eine seltene Hingebung von seiten der Regierung dazu. Im Jahr 1813 drängte die Not alle in diese Richtung, und doch ist es nicht genug zu preisen, daß der Kaiser von Rußland, der mit der stärksten Streitkraft auftrat und das größte

Verdienst um den Umschwung des Glückes hatte, seine Truppen den preußischen und österreichischen Befehlshabern unterordnete, ohne den Ehrgeiz zu haben, mit einer selbständigen russischen Armee aufzutreten.

Ist nun eine solche Vereinigung der Streitkräfte nicht zu erhalten, so ist eine vollkommene Trennung derselben allerdings besser als eine halbe, und das Schlimmste ist immer, wenn zwei unabhängige Feldherren verschiedener Mächte sich auf ein und demselben Kriegstheater befinden, wie das im Siebenjährigen Kriege mit den Russen, Österreichern und der Reichsarmee häufig der Fall war. Bei einer vollkommenen Trennung der Kräfte sind auch die Lasten, welche überwunden werden sollen, mehr getrennt, und es wird dann jeder von der seinigen gedrückt, also durch die Gewalt der Umstände mehr zur Tätigkeit gedrängt; befinden sie sich aber in naher Verbindung oder gar auf einem Kriegstheater, so ist dies nicht der Fall, und außerdem lähmt der üble Wille des einen die Kräfte des anderen mit.

Im ersten der drei angegebenen Fälle wird die völlige Trennung keine Schwierigkeiten haben, weil das natürliche Interesse jeder Macht ihr gewöhnlich schon eine andere Richtung ihrer Kräfte zuweist; im zweiten Fall kann es daran fehlen, und dann bleibt in der Regel nichts übrig, als sich der Hilfsarmee, wenn ihre Stärke einigermaßen dazu geeignet ist, ganz unterzuordnen, wie die Österreicher am Ende des Feldzuges von 1815 und die Preußen im Feldzug von 1807 getan haben.

Was die persönliche Eigentümlichkeit der Generale betrifft, so geht hier alles in das Individuelle über, aber die eine allgemeine Bemerkung dürfen wir nicht übergehen, daß man nicht, wie wohl zu geschehen pflegt, die vorsichtigsten und behutsamsten an die Spitze der untergeordneten Armeen stellen soll, sondern die *unternehmendsten,* denn wir kommen darauf zurück: es ist bei der getrennten strategischen Wirksamkeit nichts so wichtig, als daß jeder Teil tüchtig arbeite, die volle Wirksamkeit seiner Kräfte äußere, wobei denn die Fehler, welche auf einem Punkte begangen sein können, durch die Geschicklichkeit[1] auf anderen ausgeglichen werden. Nun ist man aber dieser vollen Tätigkeit aller Teile nur gewiß, wenn die Führer rasche, unternehmende Leute sind, die der innere Trieb, das eigene Herz vorwärtstreibt,[2] weil eine bloße objektive, kalte Überlegung von der

---

1 [2. Auflage: durch Erfolge]
2 [In 2. Auflage endet hier bereits der Satz.]

Notwendigkeit des Handelns selten ausreicht.

Endlich bleibt noch die Bemerkung übrig, daß, wenn es sonst die Umstände gestatten, die Truppen und Feldherren in Beziehung auf ihre Bestimmung und auf die Natur der Gegend nach ihren Eigentümlichkeiten gebraucht werden sollen.

Stehende Heere, gute Truppen, zahlreiche Reiterei, alte, vorsichtige, verständige Feldherren in offenen Gegenden; Landmilizen, Volksbewaffnung, zusammengerafftes Gesindel,[1] junge, unternehmende Führer in Wäldern, Bergen und Pässen, Hilfsheere in reichen Provinzen, wo sie sich gefallen.

Was wir bisher über den Kriegsplan im allgemeinen und in diesem Kapitel über denjenigen insbesondere gesagt haben, welcher auf die Niederwerfung des Gegners gerichtet ist, hatte die Absicht, das Ziel desselben über alles hervorzuheben und demnächst Grundsätze anzugeben, welche bei der Einrichtung der Mittel und Wege leiten sollen. Wir wollten dadurch ein klares Bewußtsein von dem, was man in einem solchen Kriege will und soll, bewirken. Das Notwendige und Allgemeine wollten wir herausheben, dem Individuellen und Zufälligen seinen Spielraum lassen, aber das *Willkürliche, Unbegründete, das Spielende oder Phantastische oder Sophistische*[2] wollten wir entfernen. Haben wir diesen Zweck erreicht, so sehen wir unsere Aufgabe als gelöst an.

Wer nun sehr betreten ist, hier nichts von Umgehung der Flüsse, von Bemeisterung der Gebirge durch ihre beherrschenden Punkte, von Vermeidung der festen Stellungen und Schlüssel des Landes zu finden, der hat uns nicht verstanden, und wir gestehen, daß wir glauben, ein solcher hat auch den Krieg in seinen großen Beziehungen noch nicht verstanden.

Wir haben in den früheren Büchern diese Gegenstände im allgemeinen charakterisiert und dabei gefunden, daß sie meistens von einer viel schwächeren Natur sind, als man nach ihrem Ruf glauben sollte. Um so weniger können und sollen sie in einem Kriege, dessen Ziel die Niederwerfung des Feindes ist, eine große Rolle spielen, nämlich eine solche, die auf den ganzen Kriegsentwurf Einfluß hätte.

Der Einrichtung des Oberfehls werden wir am Schlusse dieses Buches ein eigenes Kapitel widmen. –

Wir wollen dies Kapitel mit einem Beispiel beschließen.

---

1 [Fehlt in 2. Auflage.]
2 [2. Auflage: *Unbegründete, und Falsche*]

Wenn Österreich, Preußen, der Deutsche Bund, die Niederlande und England einen Krieg gegen Frankreich beschließen, Rußland aber neutral bleibt, ein Fall, der sich seit hundertundfünfzig Jahren schon so oft erneuert hat, so sind sie imstande, einen Angriffskrieg zu führen, der auf die Niederwerfung des Gegners gerichtet ist. Denn so groß und mächtig Frankreich ist, so kann es doch in den Fall kommen, die größere Hälfte seines Reiches von feindlichen Armeen überschwemmt, die Hauptstadt in ihrem Besitz und sich auf unzureichende Hilfsquellen zurückgeführt zu sehen, ohne daß es außer Rußland eine Macht gäbe, die es mit großer Wirksamkeit unterstützen könnte. Spanien ist zu weit entfernt und zu unvorteilhaft gelegen; die italienischen Staaten sind vorderhand zu morsch und ohnmächtig.

Die genannten Länder haben ohne ihre außereuropäischen Besitzungen über 75000000 Einwohner zu gebieten, während Frankreich nur 30000000 hat[1], und das Heer, welches sie zu einem ernstlich gemeinten Kriege gegen Frankreich aufzubieten haben, würde ohne Übertreibung folgendes sein können:

Österreich	250000 Mann
Preußen	200000 Mann
Das übrige Deutschland	150000 Mann
Die Niederlande	75000 Mann
England	50000 Mann
	Summa 725000 Mann.

Treten diese effektiv auf, so sind sie der Macht, welche Frankreich entgegenstellen kann, höchstwahrscheinlich weit überlegen, denn dieses Land hat unter Bonaparte zu keiner Zeit eine Streitmasse von ähnlicher Stärke gehabt. Bedenkt man nun, was an Festungsbesatzungen und Depots zur Bewachung der Küste usw. abgeht, so wird man die Wahrscheinlichkeit einer bedeutenden Überlegenheit auf dem Hauptkriegstheater nicht bezweifeln, und auf diese ist der Zweck, den Feind niederzuwerfen, hauptsächlich gegründet.

Der Schwerpunkt des französischen Reiches liegt in seiner Kriegsmacht und in Paris. Jene in einer oder mehreren Hauptschlachten besiegen, Paris erobern, die Überreste des feindlichen Heeres über die Loire zurückwerfen, muß das Ziel der Verbündeten sein. Die

1 [In 2. Auflage folgt Note des Herausgebers, daß dieses Kapitel wahrscheinlich 1828 geschrieben wurde, die Zahlenverhältnisse hätten sich »allerdings« geändert.]

Herzgrube der französischen Monarchie liegt zwischen Paris und Brüssel, dort ist die Grenze von der Hauptstadt nur 30 Meilen entfernt. Der eine Teil der Verbündeten, die Engländer, Niederländer, Preußen und die norddeutschen Staaten, haben dort ihren natürlichen Aufstellungspunkt, ihre Länder liegen zum Teil in der Nähe, zum Teil gerade dahinter. Österreich und Süddeutschland kann seinen Krieg mit Bequemlichkeit nur vom Oberrhein her führen. Die natürlichste Richtung geht auf Troyes und Paris oder auch auf Orléans. Beide Stöße, der von den Niederlanden wie der vom Oberrhein her, sind also ganz direkt und ohne Zwang, kurz und kräftig, und beide führen zum Schwerpunkt der feindlichen Macht. Auf diese beiden Punkte sollte also die ganze feindliche Macht verteilt werden.

Nur zwei Rücksichten entfernen von dieser Einfachheit des Planes.

Die Österreicher werden Italien nicht entblößen, sie werden dort in jedem Fall Meister der Begebenheiten bleiben wollen. Sie werden es also nicht darauf ankommen lassen, Italien durch einen Angriff auf das Herz von Frankreich mittelbar zu decken. Bei dem politischen Zustande des Landes ist diese Nebenabsicht nicht zu verwerfen; aber es würde ein ganz entschiedener Fehler sein, wenn die alte, schon so oft versuchte Idee eines Angriffs des südlichen Frankreichs von Italien her damit verbunden und aus diesem Grunde der italienischen Macht eine Größe gegeben würde, die sie zur bloßen Sicherung gegen die äußersten Unglücksfälle im ersten Feldzuge nicht brauchte. Nur soviel soll in Italien bleiben, nur soviel darf der Hauptunternehmung entzogen werden, wenn man dem Hauptgedanken, *Einheit des Planes, Vereinigung der Macht,* nicht untreu werden will. Wenn man Frankreich an der Rhône erobern will, so ist das, als wenn man eine Muskete an der Spitze ihres Bajonetts aufheben will; aber auch als Nebenunternehmung ist ein Angriff auf das südliche Frankreich verwerflich, denn er weckt nur neue Kräfte gegen uns. Jedesmal, wo man eine entfernte Provinz angreift, rührt man Interessen und Tätigkeiten auf, die sonst geschlummert hätten. Nur wenn sich zeigt, daß die in Italien gelassenen Kräfte für die bloße Sicherung des Landes zu groß wären und also müßig bleiben müßten, ist ein Angriff auf das südliche Frankreich von da aus gerechtfertigt.

Wir wiederholen es daher: die italienische Macht muß so schwach gehalten werden, als es die Umstände nur irgend zulassen, und sie ist hinreichend, wenn die Österreicher nicht in einem Feldzuge das ganze Land verlieren können. Nehmen wir diese Macht in unserem Beispiele mit 50000 Mann an.

Die andere Rücksicht ist das Verhältnis Frankreichs als Küstenland, Da England zur See die Oberhand hat, so folgt daraus eine große Reizbarkeit Frankreichs längs seiner ganzen atlantischen Küste und folglich eine mehr oder weniger starke Besetzung derselben. Wie schwach diese nun auch eingerichtet sei, so wird doch die französische Grenze damit verdreifacht, und es kann nicht fehlen, daß dadurch den französischen Armeen auf den Kriegstheatern eine Menge von Kräften entzogen werden. 20 oder 30000 Mann disponibler Landungstruppen, womit die Engländer Frankreich bedrohen, würden vielleicht das Doppelte oder Dreifache von französischen Kräften absorbieren, wobei man nicht bloß an Truppen, sondern auch an Geld, Kanonen usw. denken muß, welche Flotte und Strandbatterien erfordern. Nehmen wir an, daß die Engländer dazu 25000 Mann verwenden.

Unser Kriegsplan würde also ganz einfacherweise darin bestehen:

Erstens: Daß sich in den Niederlanden

200000 Mann Preußen,
75000 Mann Niederländer,
25000 Mann Engländer,
50000 Mann norddeutscher Bundestruppen,

Summa 350000 Mann versammelten, wovon etwa 50000 zur Besetzung der Grenzfestungen verwendet werden und 300000 übrigbleiben, um gegen Paris vorzudringen und den französischen Armeen eine Hauptschlacht zu liefern.

Zweitens: Daß sich 200000 Österreicher und 100000 Mann süddeutscher Truppen am Oberrhein versammelten, und gleichzeitig mit der niederländischen Armee vorzudringen, und zwar gegen die obere Seine und von da gegen die Loire, um der feindlichen Armee gleichfalls eine Hauptschlacht zu liefern. An der Loire würden sich vielleicht diese beiden Stöße zu einem verbinden.

Hiermit ist die Hauptsache bestimmt; was wir weiter zu sagen haben, betrifft hauptsächlich die Entfernung falscher Ideen und besteht in folgendem:

Erstens: Die vorgeschriebene Hauptschlacht zu suchen und sie mit einem Machtverhältnis und unter Umständen zu liefern, die einen entscheidenden Sieg versprechen, muß die Tendenz der Feldherren sein; diesem Zweck müssen sie alles aufopfern und sich übrigens in Belagerungen, Einschließungen, Besatzungen usw. mit so wenigem als möglich behelfen. Wenn sie, wie Schwarzenberg im Jahre 1814 tat, sobald sie das feindliche Gebiet betreten, in exzentrischen Radien auseinandergehen, so ist alles verloren, und die Verbündeten verdankten im Jahre 1814 es nur der Ohnmacht Frankreichs, daß nicht in den ersten vierzehn Tagen wirklich alles verlorenging. Der Angriff soll einem kräftig getriebenen Pfeil und nicht einer Seifenblase gleichen, die sich bis zum Zerplatzen ausdehnt.

Zweitens: Die Schweiz muß man ihren eigenen Kräften überlassen. Bleibt sie neutral, so hat man am Oberrhein einen guten Anlehnungspunkt; wird sie von Frankreich angegriffen, so mag sie sich ihrer Haut wehren, wozu sie in mehr als einer Hinsicht sehr geeignet ist. Nichts wäre törichter, als der Schweiz, weil sie das höchste Land Europas ist, einen geographisch herrschenden Einfluß auf die Kriegsbegebenheiten einräumen zu wollen. Ein solcher Einfluß besteht nur unter gewissen, sehr beschränkten Bedingungen, die hier gar nicht vorhanden sind. Während die Franzosen im Herzen ihres Landes angegriffen sind, können sie keine kräftige Offensive von der Schweiz aus weder nach Italien noch nach Schwaben hinein unternehmen, und am wenigsten kann dabei die hohe Lage dieses Landes als ein entscheidender Umstand in Betrachtung kommen. Der Vorteil des strategischen Dominierens ist zuerst hauptsächlich bei der Verteidigung wichtig, und was für den Angriff von dieser Wichtigkeit übrigbleibt, kann sich in einem einzelnen Stoß zeigen. Wer dies nicht weiß, hat die Sache nicht bis zur Klarheit durchdacht, und wenn im künftigen Rat des Machthabers und Feldherrn sich ein gelehrter Generalstabsoffizier finden sollte, der mit sorgenvoller Stirn solche Weisheit auskramt, so erklären wir es im voraus für eitle Torheit und wünschen, daß sich in eben diesem Rat irgendein tüchtiger Haudegen, ein Kind des gesunden Menschenverstandes finden möge, der ihm das Wort beim Munde abschneidet.

Drittens: Den Raum zwischen beiden Angriffen lassen wir so gut wie unbeachtet. Muß man, während sich 600000 Mann 30 und 40 Meilen von Paris versammeln, um gegen das Herz des französischen Staates vorzudringen, noch darauf denken, den Mittelrhein, also Berlin, Dresden, Wien und München zu decken? Darin wäre kein Menschenverstand. Soll man die Verbindung decken? Das wäre nicht unwichtig; aber dann kann man logisch bald dahin geführt werden, dieser Deckung die Stärke und Wichtigkeit eines Angriffs geben zu müssen und also, anstatt auf zwei Linien vorzugehen, wozu die Lage der Staaten unbedingt nötigt, auf dreien vorzugehen, wozu sie nicht nötigt, und diese drei würden dann vielleicht zu fünf oder gar zu sieben werden und so die ganze alte Litanei wieder an die Tagesordnung kommen.

Unsere beiden Angriffe haben jeder ihr Ziel; die darauf verwendeten Kräfte sind höchstwahrscheinlich den feindlichen merklich überlegen; geht jeder seinen kräftigen Gang vorwärts, so kann es nicht anders sein, als daß sie gegenseitig vorteilhaft aufeinander wirken. Wäre einer der beiden Angriffe unglücklich, weil der Feind seine Macht zu ungleich verteilt hat, so ist mit Recht zu erwarten, daß der Erfolg des anderen dieses Unglück von selbst gutmachen werde, und dies ist der wahre Zusammenhang beider. Einen Zusammenhang, welcher sich auf die Begebenheiten der einzelnen Tage erstreckte, können sie bei der Entfernung nicht haben; sie brauchen ihn nicht, und darum ist die unmittelbare oder vielmehr die gerade Verbindung von keinem so großen Werte.

Der Feind, welcher in seinem Innersten angegriffen ist, wird ohnehin keine namhaften Streitkräfte zur Unterbrechung dieser Verbindung verwenden können; alles, was zu befürchten ist, besteht vielmehr darin, daß diese Unterbrechung durch die Mitwirkung der von Streifparteien unterstützten Einwohner allein bewirkt werde, so daß dieser Zweck dem Feinde an eigentlicher Streitkraft nichts kostet. Um dem zu begegnen, ist es hinreichend, wenn von Trier aus ein 10 bis 15 000 Mann, an Kavallerie vorzüglich starkes Korps die Richtung auf Reims hält; es wird hinreichend sein, jedem Parteigänger über den Leib zu marschieren und die Höhe der großen Armee zu halten. Es soll weder Festungen einschließen noch beobachten, sondern zwischen ihnen durchmarschieren, sich keine feste Basis halten und einer Übermacht nach jeder beliebigen Richtung ausweichen. Ein großes Unglück wird ihm da nicht begegnen können, und wenn dies geschähe, so wäre es wieder kein großes Unglück für das Ganze. Unter diesen Umständen wird ein solches Korps wahrscheinlich hinreichen, einen Zwischenpunkt für die beiden Angriffe zu bilden.

Viertens: Die beiden Nebenunternehmungen, nämlich die österreichische Armee in Italien und die englische Landungsarmee, mögen ihrem Zweck nach bester Weise nachgeben. Wenn sie nicht müßig bleiben, so ist er der Hauptsache nach schon erfüllt, und auf keinen Fall soll einer der beiden großen Angriffe in irgendeiner Art davon abhängig gemacht werden.

Wir halten uns fest überzeugt, daß auf diese Weise Frankreich jedesmal niedergeworfen und gezüchtigt werden kann, wenn es sich einfallen läßt, den Übermut, womit es Europa 150 Jahre lang gedrückt hat, wieder anzunehmen. Nur jenseits Paris an der Loire kann man von ihm die Bedingungen erhalten, die zu Europas Ruhe nötig sind. Nur so wird sich schnell das natürliche Verhältnis von 30000000 zu 75000000 kundtun, nicht aber wenn jenes Land, wie 150 Jahre lang geschehen ist, von Dünkirchen bis Genua mit einem Gürtel von Armeen umschnallt werden soll, indem man fünfzigerlei verschiedene kleine Zwecke sich vorsetzt, wovon keiner stark genug ist, die Inertie, die Friktion, die fremdartigen Einflüsse zu überwältigen, die sich überall, besonders aber bei verbündeten Heeren, erzeugen und ewig regenerieren.

Wie wenig einer solchen Anordnung die vorläufigen Anordnungen des deutschen Bundesheeres entsprechen, wird dem Leser von selbst einfallen. In diesen Einrichtungen bildet der föderative Teil Deutschlands den Kern der deutschen Macht, und Preußen und Österreich, durch ihn geschwächt, verlieren ihr natürliches Gewicht. Ein föderativer Staat ist aber im Kriege ein sehr morscher Kern; da ist keine Einheit, keine Energie, keine vernünftige Wahl des Feldherrn, keine Autorität, keine Verantwortlichkeit denkbar.

Österreich und Preußen sind die beiden natürlichen Mittelpunkte des Stoßes für das Deutsche Reich, sie bilden den Schwingungspunkt[1], die Stärke der Klinge, sie sind monarchische Staaten, des Krieges gewohnt, haben ihre bestimmten Interessen, Selbständigkeit der Macht, sind vorherrschend vor den anderen. Diesen natürlichen Lineamenten muß die Einrichtung folgen und nicht einer falschen Idee von Einheit; diese ist hier ganz unmöglich, und wer über dem Unmöglichen das Mögliche versäumt, der ist ein Tor.

1 [2. Auflage: Schwerpunkt]

Anhang

Bibliographie

(der wichtigsten vollständigen deutschen Ausgaben)

[Carl von Clausewitz,] Vom Kriege. Hinterlassenes Werk des Generals Carl von Clausewitz. Teil 1–3. Berlin 1832/33/34.

Dasselbe. Berlin ^{2}1853; Berlin 1857; Berlin ^{3}1867/ß69; Berlin ^{4}1880; Berlin ^{5}1905; Berlin ^{6}1911; Berlin ^{7}1912; Berlin ^{8}1914; Berlin/Leipzig ^{9}1915; Berlin/Leipzig ^{10}1915; Berlin/Leipzig ^{11}1915; Berlin/Leipzig ^{12}1917; Berlin/Leipzig ^{13}1918; Berlin/Leipzig ^{14}1933; Berlin ^{15}1937; Bonn ^{16}1952 [Mit historisch-kritischer Würdigung von Werner Hahlweg]; Bonn ^{17}1966; Bonn ^{18}1972; Bonn ^{19}1980.

Personenregister

Editorisches Nachwort

Der Text unserer Edition folgt dem der Erstauflage von 1832/33/34, die von Frau Marie von Clausewitz herausgegeben wurde. Wie sie in der Vorrede [zur ersten Auflage] schreibt, sei es des Autors Wunsch gewesen, das Werk zu vollenden, nicht aber seine »Absicht, es während seines Lebens der Welt mitzuteilen«, freilich solle sie es herausgeben, und sie tat dies mit »weibliche[r] Hand«. Ihre Vorrede gibt im übrigen interessante Informationen zur Entstehungsgeschichte dieses epochalen Werkes. Wir präsentieren es in ungekürzter Fassung; der ›Anhang‹ wurde in den von Günter Dill herausgegebenen Materialien-Band ›Clausewitz in Perspektive‹ (=Ullstein-Buch Nr. 35052) aufgenommen. Die Orthographie wurde heutigen Regeln angeglichen, auch die Zeichensetzung wurde vorsichtig modernisiert. Unverändert blieb selbstverständlich Wortwahl, Satzbau und Diktion. Dankbar und mit großem Gewinn wurde hier die von Werner Hahlweg (Bonn ^{18}1972) herausgegebene Ausgabe zu Rate gezogen.

Im Jahre 1853 erschien nun eine zweite vom Grafen Friedrich Wilhelm von Brühl besorgte Ausgabe, und eben dieser Graf nahm durchaus entscheidende Textveränderungen gegenüber der ersten Auflage vor. Diese Varianten beinhalten andere, wenn nicht gar gegensätzliche Aussagen, über deren Sinn und Zweck hier nicht der Ort sein kann, Überlegungen anzustellen. Sehr aufschlußreich aber hierzu die Hahlweg'schen Überlegungen in seinem Vorwort (a.a.O., p. 70ff). Diese Veränderungen gehen über das übliche Maß bei Veranstaltungen von Nach-Auflagen hinaus, und selbst die ›Allgemeine Militär-Zeitung‹ notiert am 28. Januar 1854, die Veränderungen seien »aber kaum nötig, also auch nicht gerechtfertigt«. Diese Veränderungen von der ersten zur zweiten Auflage weisen wir in redaktionellen Fußnoten unter einer durchgehenden Linie in [eckigen] Klammern nach. Die Varianten wurden immer dann aufgeführt, wenn sinnentstellende oder -verfälschende, neue Theorieentwicklungen andeutende Korrekturen angebracht wurden. Atmosphärisch in der Prosa war Clausewitz durchaus geistreich; Fortfall oder Abschwächung dieser ist ebenfalls notiert. Nicht notiert wurden nicht sinnentstellende: Umstellungen im Satz, andere Wortwahl und auch andere grammatikalische Formulierungen. Eine Wortveränderung ist immer angegeben, nicht aber die sich daraus ergebenden Veränderungen etwa des Verbs etc. Andere formale Hervorhebungen wie Kursivierung oder Sperrung der beiden Auflagen sind nicht berücksichtigt. Nochmals verweisen wir auf die fruchtbaren Überlegungen von Werner Hahlweg zu dieser Problematik auf p. 165f seines Essay (a.a.O.).

Herzlich zu danken ist Günter Dill für Beratung und Kritik.

Die Redaktion